- Praktische Tipps A–Z
- Land und Leute
- Routenteil A
- Routenteil B
- Routenteil C
- Routenteil D
- Routenteil E
- Anhang
- Atlas

Erika Därr, Astrid Därr
Marokko

„Marokko liefert sich nicht aus,
man muss es sich selbst suchen."
Tahar Ben Jelloun

Impressum

Erika Därr, Astrid Därr
Marokko

erschienen im
REISE KNOW-HOW Verlag Peter Rump GmbH
Osnabrücker Str. 79, 33649 Bielefeld

© REISE KNOW-HOW Verlag Därr GmbH
 1981, 1984, 1986, 1989, 1991, 1994, 1996, 1999
© Peter Rump 2001, 2004, 2007
12., neu gestaltete, neu bearbeitete und komplett aktualisierte Auflage Sept. 2011

Alle Rechte vorbehalten.

Gestaltung:
 Umschlag: G. Pawlak, P. Rump (Layout); M. Luck (Realisierung)
 Inhalt: G. Pawlak (Layout); M. Luck (Realisierung)
 Fotos: siehe Nachweis auf S. 863
 Titelfoto: A. Därr (Camp im Erg Chegaga)
 Karten: B. Spachmüller; Th. Buri; der Verlag
 Atlas: world mapping project, REISE KNOW-HOW Verlag Peter Rump GmbH

Lektorat: M. Luck

Druck und Bindung: Wilhelm & Adam, Heusenstamm

ISBN 978-3-8317-1961-7
PRINTED IN GERMANY

Dieses Buch ist erhältlich in jeder Buchhandlung Deutschlands, Österreichs, der Niederlande, Belgiens und der Schweiz. Bitte informieren Sie Ihren Buchhändler über folgende Bezugsadressen:

Deutschland
 Prolit Verlagsauslieferung GmbH
 Siemensstr. 16, D-35461 Fernwald (Annerod)
 sowie alle Barsortimente
Schweiz
 AVA Verlagsauslieferung AG
 Postfach 27, CH-8910 Affoltern a.A.
Österreich
 Mohr-Morawa Buchvertrieb GmbH
 Sulzengasse 2, A-1230 Wien
Niederlande, Belgien
 Willems Adventure
 www.willemsadventure.nl

Wer im Buchhandel trotzdem kein Glück hat, bekommt unsere Bücher auch über
unseren **Büchershop im Internet:**
www.reise-know-how.de

Wir freuen uns über Kritik, Kommentare und Verbesserungsvorschläge, gern auch per E-Mail an info@reise-know-how.de.

Alle Informationen in diesem Buch sind von den Autoren mit größter Sorgfalt gesammelt und vom Lektorat des Verlages gewissenhaft bearbeitet und überprüft worden.

Da inhaltliche und sachliche Fehler nicht ausgeschlossen werden können, erklärt der Verlag, dass alle Angaben im Sinne der Produkthaftung ohne Garantie erfolgen und dass Verlag wie Autoren keinerlei Verantwortung und Haftung für inhaltliche und sachliche Fehler übernehmen.

Die Nennung von Firmen und ihren Produkten und ihre Reihenfolge sind als Beispiel ohne Wertung gegenüber anderen anzusehen. Qualitäts- und Quantitätsangaben sind rein subjektive Einschätzungen der Autoren und dienen keinesfalls der Bewerbung von Firmen oder Produkten.

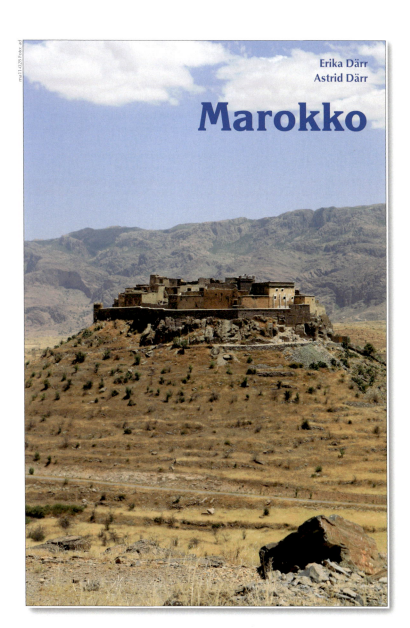

Erika Därr
Astrid Därr

Marokko

REISE KNOW-HOW im Internet

www.reise-know-how.de
- Ergänzungen nach Redaktionsschluss
- kostenlose Zusatzinfos und Downloads
- das komplette Verlagsprogramm
- aktuelle Erscheinungstermine
- Newsletter abonnieren

Bequem einkaufen im Verlagsshop mit Sonderangeboten

Vorwort

Marokko oder „Maghreb el Aksa", wie das Land bei den Arabern heißt, ist durch seine Nähe zu Europa, aufgrund der vielen kulturellen Sehenswürdigkeiten, seiner orientalischen Traditionen und wegen der vielfältigen Naturschönheiten **zum Urlaubsland prädestiniert.** Es bietet sowohl dem Pauschal- als auch dem Individualtouristen und nicht zuletzt Sportlern und Aktivurlaubern eine Fülle von Reisemöglichkeiten und Abwechslung zu allen Jahreszeiten.

Dieses Buch wendet sich in erster Linie an **aktive Reisende,** die das Land auf eigene Faust kennen lernen wollen, egal ob als Off-Roader (mit GPS-Koordinaten zur Orientierung), Wanderer, Mountainbiker, Radfahrer, Motorrad- oder Autofahrer, Tramper oder Bus-/Bahnreisender. Es bietet aber auch unternehmungslustigen Pauschalurlaubern mehr als die übliche Aufzählung von Sehenswürdigkeiten. Mit diesem Buch möchten wir **Wissen über das Land,** seine Menschen und seine vielfältigen Probleme vermitteln (siehe Kapitel „Land und Leute") und damit optimal auf das, was den Reisenden erwartet, vorbereiten.

Zum unbeschwerten Reisen gehören freilich nicht nur Hintergrundinformationen über Land und Leute, sondern auch **zahlreiche praktische Informationen** über Verkehrsmittel und Übernachtungsmöglichkeiten sowie Tipps zur Reisevorbereitung von der Finanzausstattung bis zu Fragen der Gesundheit. Das erste Buchkapitel „Praktische Tipps A–Z" soll helfen, Fehler in dieser Hinsicht zu vermeiden und eine bestmögliche Vorbereitung zu ermöglichen.

Die **Routenbeschreibungen** (Routenteile A bis E) enthalten natürlich alle Highlights des Landes, geben aber auch die Möglichkeit, Marokko abseits touristisch ausgetretener Pfade gründlich kennen zu lernen.

Die Fülle der Themen und Routen – und auch die Ergänzungen und Anregungen vieler LeserInnen – haben den Umfang des Buches im Laufe von 30 Jahren dicker werden lassen als gewünscht. Die vorliegende 12. Auflage wurde komplett neu gestaltet und Seite für Seite, Adresse für Adresse sehr gewissenhaft aktualisiert.

Marokko ist kein „einfaches" Land: Obwohl es so nah an Europa liegt und sich in den letzten Jahren enorm entwickelt hat, blieb das orientalische Flair weitgehend erhalten, und gerade die für diesen Kulturraum typischen Verhaltensweisen machen es dem Marokko-Einsteiger oft schwer, das Land und seine Menschen zu begreifen. **Marokko polarisiert** – nach der ersten Reise heißt es meistens „einmal und nie wieder" oder „einmal und immer wieder"!

Der islamistische **Terroranschlag** auf ein Café am Djamâa-el-Fna in Marrakesch am 28. April 2011 mit 17 Toten traf Marokko direkt in sein touristisches Herz. Die Weltöffentlichkeit und vor allem der Großteil der marokkanischen Bevölkerung reagierten schockiert und mit Empörung auf das Attentat. König *Mohamed VI.* ließ sich – auch mit Blick auf die Unruhen und Staatskrisen in der gesamten arabischen Welt – nicht von seinem Reformkurs zur Demokratisierung und Bekämpfung der Arbeitslosigkeit und Armut abbringen. Die Terrorgefahr ist inzwischen allgegenwärtig, auch in Europa. Sie sollte uns nicht davon abhalten, Reisen zu unternehmen, auch nach Marokko. Wachsamkeit und Unvoreingenommenheit können dabei durchaus Hand in Hand gehen.

Wir hoffen, es gefällt Ihnen in Marokko ebenso gut wie uns, und wünschen Ihnen eine gute Reise!

Ihre *Erika* und *Astrid Därr*

Hinweise zur Benutzung

Eine Anmerkung zur **Problematik der Transkription:** In diesem Buch wird versucht, arabische Begriffe und historische Personen in der allgemein verbindlichen Übertragung (Transkription) der arabischen Sprache in die lateinische Schrift wiederzugeben. Diese weicht von den französischen Schreibweisen ab, die in Marokko – neben den offiziellen arabischen Schreibweisen – häufig benutzt werden. Ortsnamen wurden deshalb meist in der französischen Schreibweise beibehalten (z.B. „ou" statt „u"), außer die offizielle Transkription ist unmissverständlich. Bei Ortsbezeichnungen wurden meist die Namen aus der Michelin-Karte verwendet, es sei denn, eine abweichende Schreibweise ist in Marokko gebräuchlicher. Trotzdem ist es unvermeidlich, dass bei der Fülle von Namen eine konsequente Vereinheitlichung kaum durchführbar ist.

Vor allem bei dem **Mischlaut „gh"** bzw. **„rh"**, der in unserem Alphabet nicht vorkommt, ist eine gültige Übertragung nicht möglich. Ein Ort wie „Tinerhir" wird häufig mit „Tineghir", der Berg „Irhil M'goun" als „Ighil M'goun", das „Oued Rheris" als „Oued Gheris" bezeichnet. Beide Varianten sind richtig. Ich bitte deshalb, mögliche unterschiedliche Schreibweisen zu entschuldigen.

GPS-Koordinaten sind nach dem Kartendatum WGS 84 aufgenommen und in Kommaminuten angegeben.

In diesem Buch sind viele Informationen zusammengetragen, die naturgemäß veralten (Preise, Busverbindungen, Hotels, Straßenzustände, Bestimmungen usw.). Diesbezüglich lassen sich Fehler in einem Reiseführer diesen Umfangs nicht vermeiden – konstant ist nur der Wandel. Wenn Sie auf Fehler stoßen sollten oder Ergänzungen, Tipps oder Verbesserungen vorzuschlagen haben, sind wir für Zuschriften (an den Verlag, siehe Impressum, info@reise-know-how.de) dankbar. Bitte geben Sie bei Ihren **Korrekturen** die Stadt/den Ort, die Routennummer und die Seitenzahl an und auf welche Auflage Sie sich beziehen. Auch eine Angabe der Reiseart (mit öffentlichen Verkehrsmitteln, eigenem Fahrzeug, Leihauto, Fahrrad, Motorrad, Veranstalter etc.) ist sinnvoll. Für ausführliche und stichhaltige Ergänzungen und Tipps gibt es ein kostenloses Exemplar eines Kauderwelsch-Bandes aus dem Programm des REISE KNOW-HOW Verlages.

Hinweise zur Routensystematik

Die Städte werden, entsprechend ihrer jeweiligen geografischen Zugehörigkeit, im Rahmen der Routenbeschreibungen/-teile A bis E behandelt. Die Beschreibung der Routen ist unterteilt wie folgt:

- **Routenteil A:** Mittelmeerküste, Rif und marokkanischer Osten
- **Routenteil B:** Mittlerer Atlas
- **Routenteil C:** Hoher Atlas und Süden
- **Routenteil D:** Sous, Anti-Atlas, südliche Atlantikküste und Westsahara

● **Routenteil E:** die Atlantikküste und der Westen

Jedem Routenteil ist eine **Übersichtskarte** vorangestellt. Der **Atlas** am Ende des Buches deckt die touristisch wichtigsten Gebiete des Landes ab.

Manche „Nicht-Autofahrer" werden von den **Routenbeschreibungen** irritiert sein, da hier viel von Straßen, Kilometern und Wegbeschreibungen die Rede ist. Wir haben diese Form der Beschreibung gewählt, da viele Autofahrer und Busreisende nicht von einem Ort ausgehend kreisförmig (oder gar in alphabetischer Reihenfolge) das Umland bereisen – so wie es oft der Aufbau in anderen Reiseführern nahelegt – oder sich nur innerhalb von Orten bzw. Städten aufhalten, sondern sich meist von Zielpunkt zu Zielpunkt in bestimmten Richtungen bewegen und auch entlang der Strecke einiges Interessante zu sehen ist. Wer einen Ort nicht über das Inhaltsverzeichnis findet, sollte im Register nachsehen.

Da es ein unmögliches Unterfangen ist, die Informationen über sämtliche Pisten und Nebenstrecken im gesamten Land immer auf dem neuesten Stand zu halten (selbst wenn wir das Land regelmäßig mehrere Wochen im Jahr bereisen), sind wir für alle Ergänzungen und Korrekturen dankbar.

Bei den beschriebenen Routen sind auch die Verbindungen für **öffentliche Verkehrsmittel und Übernachtungsmöglichkeiten aller Preisklassen** genannt, ferner natürlich ausführliche Stadt- und Ortsbeschreibungen, sodass kein Rucksackreisender fürchten muss, in diesem Reiseführer wären seine Belange nicht ausreichend repräsentiert.

Die **Hotelpreise** sind in Preiskategorien eingeteilt (Erläuterungen dazu siehe im Kapitel Praktische Tipps A–Z, Unterkunft).

Es ist unmöglich, alle existierenden **Busverbindungen** und Abfahrtszeiten zu nennen, denn der Fahrplan der privaten Linien wechselt alle zwei Monate und der von CTM zweimal jährlich. Deshalb geben wir nur die Anzahl der Abfahrten pro Tag an, die jedoch nicht immer alle kleinen privaten Gesellschaften beinhalten, sodass es womöglich mehr Verbindungen gibt als angegeben. Die **Bahn** (O.N.C.F.) mit ihren Bussen Supratours sowie CTM findet man auch im Internet unter www.oncf.ma und www.ctm.co.ma. Die Fahrtdauer der Busse ist vom Verkehrsaufkommen und auch von Pannen abhängig. Sie sollten keinesfalls mehr als 40 km/h rechnen. Die Eisenbahn ist sehr pünktlich, zuverlässig und auch bequem.

Wer auf den beschriebenen **Pisten** mit öffentlichen Verkehrsmitteln reisen will, muss mit einem Sammeltaxi oder der Pritsche eines Lastwagens vorliebnehmen und viel Zeit und Geduld mitbringen.

Inhalt

Vorwort	7
Hinweise zur Benutzung	8
Hinweise zur Routensystematik	8

Praktische Tipps A–Z

unter Mitarbeit von *Elfi H. M. Gilissen*

Als Gast in Marokko	18
An- und Weiterreise	28
Ausrüstung	35
Behindertenreisen	40
Diplomatische Vertretungen	41
Drogen	41
Ein- und Ausreise	42
Elektrizität	48
Essen und Trinken	48
Feiertage	51
Fremdenführer	53

Hinweis: Manche **Internet- und E-Mail-Adressen** im Buch können – bedingt durch den Zeilenumbruch – so getrennt werden, dass ein Trennstrich erscheint, der nicht zur Adresse gehören muss!

INHALT

Geld und Finanzen	53
Gesundheit	56
Informationen	60
Medien	62
Mit dem Auto unterwegs	63
Mit dem Fahrrad in Marokko	67
Mit dem Motorrad unterwegs	69
Notfälle	70
Post, Telefon, Internet	71
Öffnungszeiten	74
Reiseveranstalter und Rundreisen	74
Reisezeit	75
Sicherheit	76
Souvenirs	77
Sport	83
Sprache	86
Transport	86
Trinkgeld	91
Uhrzeit	91
Unterkunft	91
Versicherungen	99

Land und Leute

Geografie und Geologie	104
Klima	109
Pflanzen und Tiere	112
Nationalparks und Reservate	118
Geschichte und Zeitgeschehen	121
Wirtschaft	143
Tourismus	147
Bevölkerung und Sozialwesen	148
Religion	158
Kunst und Kultur	162
Marokkos Küche	180

Routenteil A

Routenübersicht	186
Einleitung zu Routenteil A	186

Tanger	188
Route A 1: Tanger – Tétouan	214
Route A 2: Ceuta – Tétouan – Chefchaouen – Ouazzane – Fès	216
Ceuta	216
F'nideq	221
M'diq	221
Martil	222
Tétouan	222
Chefchaouen	229
Ouazzane	235
Route A 3: Tétouan – Oued Laou – Al Hoceima (entlang der Küste)	237
Et Tleta des Oued Laou	238
Nationalpark Al Hoceima	240
Route A 4: Chefchaouen – Issaguen (Ketama) – Targuist – Al Hoceima	242
Issaguen (ehem. Ketama)	243
Al Hoceima	243
Route A 5: Al Hoceima – Nador – Melilla	247
Nador	248
Route A 6: Issaguen (Ketama) bzw. Targuist – Taounate – Fès	254
Route A 7: Nador – Selouane – Taourirt	256
Route A 8: Nador – Kariat Arkmane – Ras el-Ma – Saïdia	256
Saïdia	257
Route A 9: Nador – Zaio – Berkane – Oujda	261
Berkane	261
Oujda	263
Route A 10: Oujda – Bouarfa – Figuig	269
Bouarfa	269
Figuig	270

KARTENVERZEICHNIS

Kartenverzeichnis

Routenplan A ... 187
Routenplan B ... 287
Routenplan C ... 389
Routenplan D ... 589
Routenplan E ... 701

Agadir Zentrum ... 596
Agadir Überblick ... 594
Al Hoceima ... 245
Al Hoceima Nationalpark ... 240
Asilah ... 809
Casablanca Überblick ... 748
Casablanca Umgebung ... 771
Casablanca Zentrum ... 754
Ceuta ... 219
Chefchaouen ... 231
Dakhla ... 695
Djabal Tazzeka – Djabal Bou Naceur ... 279
El Jadida ... 743
Erfoud ... 515
Errachidia ... 483
Essaouira ... 712
Essaouira Medina ... 714
Fès el-Bali ... 320
Fès Neustadt ... 318
Fès Überblick ... 317
Fès – Umgebung der Kairaouyine-Moschee ... 315
Guelmim Zentrum ... 668
Hoher Atlas Ost (Khénifra – Boumalne – Errachidia) ... 561
Ifrane ... 343
Inezgane ... 628
Ksar es Seghir ... 215
Laâyoune ... 690
Landschaftliche Gliederung ... 105
Lixus ... 802
Marrakesch Gueliz und Hivernage ... 418
Marrakesch Medina Nord ... 400
Marrakesch Südliche Medina ... 408
Marrakesch Überblick ... 392
Massa-Nationalpark ... 650
Meknès Neustadt ... 293
Meknès Medina ... 292
Meknès Überblick ... 290
M'goun-Tal/Rosental ... 557
Midelt ... 356
Mittlerer Atlas ... 349
Nador ... 251
Ouarzazate ... 454
Oujda ... 266
Rabat ... 784
Rabat – Ruinen von Chellah ... 779
Rabat/Salé Überblick ... 782
Rabat Umgebung ... 797
Region Ifrane – Azrou ... 345
Region Nekob – Tizi n'Tazazert ... 549
Rissani ... 523
Safi ... 734
Saïdia/Mediterrania Saïdia ... 258
Salé ... 787
Sidi Ifni ... 672
Südlicher Mittlerer Atlas/ Nördlicher Mittlerer Atlas ... 371
Tafilalet ... 529
Tafraoute ... 633
Tafraoute und Ammelntal ... 637
Tanger Medina ... 195
Tanger Überblick ... 196
Tanger Umgebung ... 213
Tanger Zentrum ... 198
Tan-Tan ... 682
Taroudannt ... 622
Taza ... 277
Tétouan ... 226
Tinerhir ... 476
Tiznit ... 647
Trekking rund um den Toubkal ... 578
Volubilis ... 304
Zagora ... 497

In den **Kopfzeilen** wird auf die jeweiligen in den Kontext passenden Karten bzw. Stadtpläne verwiesen.

Atlas: Bei vielen Orten erfolgt jeweils hinter der Überschrift ein Verweis auf die entsprechende Karte und die genaue Positionierung des Ortes; so bedeutet z.B. „Rabat, ⌀ IV, A2", dass die Stadt Rabat im Atlas Seite IV und dort im Planquadrat A2 zu finden ist.

INHALT

Route A 11: Nador –
 Guercif – Taza 274
Guercif 274
Taza 275
Route A 12: Taza – Nationalpark
 Djabal Tazzeka – Fès 278
Nationalpark Djabal Tazzeka 278
Grotte (Gouffre) Friouato 278
Sidi Harazem 281
Route A 13: Taza – Merhaoua –
 Djabal Bou Iblane –
 Bir Tam Tam – Fès 281
Route A 14: Oujda –
 Guercif – Midelt 282

Routenteil B

Routenübersicht 286
Einleitung zu Routenteil B 286

Meknès 288
Route B 1: Meknès –
 Mulay Idris – Volubilis – Fès 301
M(o)ulay Idris 301
Volubilis (Oualili) 303
Fès 307
Route B 2: Fès – Sefrou –
 Dayet Ifrah – Ifrane – Azrou 337
Sefrou 338
Ifrane 341
Azrou 344
Route B 3: Azrou – Meknès 348
Route B 4: Fès –
 Immouzzer Kandar – Ifrane 350
Immouzzer Kandar 350
Route B 5: Azrou – Aïn Leuh –
 Sources de L'Oum er-Rbia –
 Aguelmame Azigza – Khénifra 350
Khénifra 353
Route B 6: Khénifra –
 Zeida – Midelt 354

Midelt 355
Route B 7:
 Azrou – Timahdite – Midelt 357
Route B 8: Fès – Sefrou –
 Boulemane – Zeida 361
Route B 9: Zeida –
 Boumia – Cirque de Jaffar
 (Jaafar) – Midelt 361
Route B 10: Khénifra –
 Kasba Tadla – Beni-Mellal 364
El Ksiba 364
Kasba Tadla 365
Beni-Mellal 365
Route B 11: Beni-Mellal –
 Ouaouizarht – Zaouiat
 Ahansal – Tabant – Agouti 367
Agouti 372
Djabal M'goun 374
Route B 12: Marrakesch –
 Oued-el-Abid-Schlucht – Ouzoud-
 Wasserfälle – Azilal – Agouti
 (Aït-Bougoumez-Tal) 375
Ouzoud 377
Azilal 378
Route B 13: Beni-Mellal –
 Bin el-Ouidane – Azilal –
 Demnate – Marrakesch 382
Stausee Bin el-Ouidane 383
Demnate 384

Routenteil C

Routenübersicht 388
Einleitung zu Routenteil C 388

Marrakesch 390
Route C 1: Marrakesch –
 Tizi-n-Tichka – Ouarzazate 446
Telouèt 447
Aït Benhaddou 450
Ouarzazate 453

INHALT, EXKURSE

Route C 2: Ouarzazate – Tinerhir – Errachidia	465	**Route C 6:** Zagora – Tamegroute – M'hamid – Erg Chegaga – Foum-Zguid	503
Skoura	465	Tamegroute	503
El Kelâa des M'gouna	468	M'hamid	506
Boumalne Dadès	470	Foum-Zguid	510
Tinerhir (Tineghir)	474	**Route C 7:** Foum-Zguid – Zagora	510
Tinejdad	481		
Goulmima	481	**Route C 8:** Agdz – Tasla – Bou-Azzer – Tazenakht	511
Errachidia	482	**Route C 9:** Midelt – Errachidia – Erfoud – Rissani – Merzouga	512
Route C 3: Errachidia – Boudenib – Figuig	484	*Source Bleue de Meski*	513
Route C 4: Ouarzazate – Tazenakht – Taliouine – Taroudannt	485	Erfoud (Arfoud)	514
Tazenakht	485	Rissani	520
Taliouine	487	Merzouga	525
Route C 5: Ouarzazate – Agdz – Zagora	489	**Route C 10:** Erfoud – Merzouga	534
Agd(e)z	490	**Route C 11:** Merzouga – Taouz – Hassi Ousina – Hassi Remlia – Tamassint – Tissemoumine – Zagora	536
Tamnougalte	492		
Zagora	495		

Exkurse

Die Suqs ... 82
König Hassan II. ... 130
König Mohammed VI. ... 134
Die Gestrandeten von Oujda ... 137
Der vergessene Krieg in der Westsahara ... 138
Fatima Mernissi und der Kampf der marokkanischen Frauen um ihre Rechte / von *M. Brunswig* ... 154
Nass el-Ghiwane, die Geschichte eines Mythos / von *M. Brunswig* ... 178
Von Steinen zum Staunen / von *Dr. F. Becker* ... 358
Marrakesch und Hollywood / von *Dr. Stefan Zimmermann* und *Prof. Dr. Anton Escher* ... 422
Das Tafilalet ... 517
Kunst in der Wüste – die „Himmelstreppe" und die „Goldene Spirale" ... 541
Trekking im Djabal Saghro ... 546
Bergsteigen im Djabal-Toubkal-Gebiet ... 576
Eine Wüstenoase geht die Zukunft an / von *N. Schmidt* ... 661
Die Westsahara ... 688
G. Rohlfs und Leo Africanus berichten über Rabat ... 780

INHALT

Route C 12: Erfoud – Tinejdad 540
Die „Himmelstreppe" 540
Route C 13: Rissani –
  Tazzarine – Nekob – Drâa-Tal 542
Tazzarine 543
Nekob 545
Route C 14: Nekob – Tizi-n-
  Tazazert – Boumalne Dadès 548
Route C 15: Tizi-n-Tazazert –
  Ikniounn – Tinerhir 551
Route C 16a: Tazzarine –
  Aït Ouazik – Zagora 552
Route C 16b: Tazzarine –
  Aït-Ali – Zagora 554
Route C 17: El Kelâa des M'gouna –
  Bou Thrarar – Tabia Aït Zaghar –
  Skoura 555
Route C 18: Boumalne Dadès –
  Dadès-Schlucht – Agoudal –
  Imilchil – El Ksiba 558
Imilchil 563
Route C 19: Tinerhir – Todrha-
  Schlucht – Tamtattouchte –
  Agoudal – Imilchil 566
Route C 20: Rich – Amellago –
  Aït Hani – (Goulmima) – Tinerhir
  (über Todrha-Schlucht) 568
Route C 21: Marrakesch –
  Ourika-Tal – Setti Fatma
  bzw. Oukaïmeden 569
Oukaïmeden 572
Route C 22: Marrakesch – Asni –
  Tizi-n-Test – Taroudannt 573
Mulay Brahim 573
Asni 574
Ouirgane 580
Tin Mal 581
Route C 23: Marrakesch –
  Amizmiz – Ouirgane 584
Route C 24: Demnate – Tessaout-
  Tal – Assermo – Ouarzazate 585

Routenteil D

Routenübersicht 588
Einleitung zu Routenteil D 588

Agadir 590
Route D 1: Agadir – Taroudannt 621
Taroudannt 621
Route D 2: Agadir – Tafraoute –
  Tiznit – Massa-NP – Agadir 627
Inezgane 627
Tafraoute 632
Tiznit 645
Massa-Nationalpark 650
Route D 3: Tafraoute – Jemaa
  Ida Oussemlan – Bou Izakarne 652
Route D 4: Tafraoute –
  Aït-Mansour-Tal – Souk d'Afella
  Ighir – Ukas – Tamanart 653
Route D 5: Tafraoute –
  Igherm – Taroudannt 654
Agadir Tasguent 655
Route D 6: Tiznit – Bou Izakarne –
  Akka – Tata – Foum-Zguid –
  Tazenakht 657
Amtoudi/Agadir Id Aïssa 658
Tata 660
Tissint 663
Route D 7: Id Aïssa (Amtoudi) –
  Jemâa Ida Oussemlal 664
Route D 8: Tata –
  Igherm – Taliouine 665
Route D 9: Tiznit –
  Bou Izakarne – Guelmim 666
Guelmim 666
Route D 10: Tiznit –
  Sidi Moussa d'Aglou –
  Sidi Ifni – Guelmim 669
Mirleft 670
Legzira 671
Sidi Ifni 672

INHALT

Route D 11: Fam-el-Hism (Foum-el-Hassan) – Assa – Guelmim	675
Assa	675
Route D 12: Guelmim (– Fort Bou Djerif) – Plage Blanche	676
Route D 13: Guelmim – Tan-Tan – Tarfaya – Laâyoune – Dakhla – mauret. Grenze	680
Tan-Tan	681
El Ouatia (ehem. Tan-Tan Plage)	685
Tarfaya	687
Laâyoune	689
Boujdour	692
Dakhla	693

Routenteil E

Routenübersicht	700
Einleitung zu Routenteil E	700
Route E 1: Agadir – Essaouira	702
Taghazoute	703
Immesouane Plage	705
Sidi Kaouki	706
Essaouira	708
Route E 2: Marrakesch – Essaouira	730
Route E 3: Essaouira – Safi	731
Route E 4: Essaouira – Safi (entlang der Küste)	731
Safi	733
Route E 5: Safi – El Jadida – Casablanca	738
Oualidia	739
El Jadida	741
Azemmour	745
Casablanca	746
Route E 6: Casablanca – Rabat (Küstenstraße)	770
Mohammedia	772
Rabat und Salé	**774**
Route E 7: Rabat – Oulmès – Khenifra	798
Route E 8: Rabat – Kénitra – Larache	798
Mehdiya	800
Kénitra	800
Ksar-al-Kebir	801
Larache	801
Route E 9: Larache – Mulay Bousselham – Kénitra	804
Mulay Bousselham	804
Route E 10: Larache – Tanger	805
Asilah	807
Route E 11: Meknès – Rabat	812
Route E 12: Casablanca – Marrakesch	812
Settat	812
Kasbah Boulâouane	813

Anhang

Reise-Gesundheitsinformationen zu Marokko	816
Sprachhilfe	818
Glossar	823
Literatur	826
Landkarten	829
Register	848
Danksagung	863
Fotonachweis	863
Die Autorinnen	864

Atlas   nach Seite 864

Praktische Tipps A–Z

Praktische Tipps A–Z

Trekking im Aït-Bougoumez-Tal

Einkauf im Souk von Fès

An der Sprache soll's nicht scheitern …

Als Gast in Marokko

Was erwartet den Gast in Marokko?

Touristen bringen Geld, und Marokko ist um den weiteren Ausbau des Tourismus bemüht. Allerdings kommen die Devisen nur zum Teil der marokkanischen Bevölkerung zu Gute, denn ein großes Stück vom Kuchen bleibt den Touristen in Form von Luxusgütern, die importiert werden müssen, um die Ansprüche der Besucher zu befriedigen. Auch sonst hat der Tourismus nicht nur positive Seiten. Wenn man beobachtet, wie Busladungen kamerabewehrter Urlauber sich zur Schnellvisite über ein abgelegenes Bergdorf ergießen oder Touristinnen in knappen Shorts und tief ausgeschnittenen Tops durch arabische Altstädte bummeln, lässt sich erahnen, welch **unterschiedliche Welten und Moralvorstellungen** hier aufeinanderprallen. Daher sollte nie vergessen werden: Auch wer bezahlt, bleibt Gast und hat die **landestypischen Sitten zu respektieren.** Religion, Gebräuche, Kultur und Mentalität der meisten Marokkaner weichen nun einmal stark von europäischen Maßstäben ab.

Wo zu viele Fremde auftauchen, hat sich das **Verhalten der Einheimischen** inzwischen verändert. Während man sich entlang der Küste und in den großen Städten mittlerweile an Touristen gewöhnt hat und diesen mal reserviert, mal geschäftstüchtig, aber weitestgehend freundlich begegnet, wird der Besucher an stark frequentierten Ausflugszielen vor allem in den Hochgebirgsregionen des südlichen Hohen Atlas oft bedrängt, gelegentlich regelrecht belästigt und angebettelt. Man bedenke jedoch: Für den einfachen Marokkaner ist ein Europäer, der sich eine Auslandsreise leisten kann, der gut gekleidet in für ihn unerschwinglichen Hotels wohnt, zumindest reich genug, um auch ihn daran teilhaben zu lassen. Wenn wohlmeinende, aber gedankenlose Touristen Geschenke oder gar Geld an die vermeintlich armen Kinder verteilen, ist es kein Wunder, wenn die nächsten Besucher umso forscher bedrängt werden. In manchen Regionen hat sich daraus regelrecht ein Sport entwickelt, nach dem Motto „Wer luchst den Touristen am meisten ab?". Unterstützen Sie diese Entwicklung nicht! Spenden Sie lieber an Hilfsorganisationen (siehe Webadressen), oder geben Sie Sachspenden z.B. an Schulen. Abseits der Touristenpfade, aber oft auch in den Touristenhochburgen trifft man nach wie vor auf eine überaus freundliche Bevölkerung und herzliche Gastfreundschaft.

Das **große Geld im Tourismus** machen vorwiegend Veranstalter und (immer mehr europäische) Hotelbesitzer. Angestellte und kleine Dienstleistende finden oft nur saisonweise Arbeit und müssen bei geringem Einkommen zusehen, wie die Gäste in Saus und Braus leben. Zudem haben Kauflust und -kraft der Europäer nachgelassen, oder die Touristen bleiben zum Beispiel nach Terroranschlägen wie denen des 11. September 2001 und des 16. Mai 2003 in Casablanca ganz aus, sodass der

Als Gast in Marokko

Konkurrenzkampf von Teppichhändlern und Souvenirverkäufern immer härter wird. Nur wer ständig auf sich und seine Ware aufmerksam macht, hat Chancen auf ein Geschäft. Man sollte das berücksichtigen, wenn die Händler wieder einmal besonders penetrant und nervend zum Kauf animieren.

Es wird sich nie ganz vermeiden lassen, dass man in einem fremden Land da oder dort ins Fettnäpfchen tritt. Wer sich jedoch für die Menschen, ihre Lebensart und ihren Alltag interessiert und versucht, sie zu **verstehen,** wird ganz von allein nicht so viel falsch machen wie der ignorante Reisende, dem nur seine Erholung, Sonne, Meer und die Qualität des Strandes und des Essens wichtig sind und der das Drumherum lediglich als malerische und exotische Kulisse registriert.

Touristenknigge

- Beginnen Sie Ihre Reise unvoreingenommen mit dem Wunsch, mehr über das Land und seine Menschen zu erfahren.
- **Respektieren Sie die Gefühle der gastgebenden Bevölkerung.** Bedenken Sie, dass Sie durch Ihr Verhalten auch ungewollt verletzen können. Dies trifft vor allem auf das Fotografieren zu.
- Machen Sie es sich zur Gewohnheit, **zuzuhören** und zu beobachten anstatt nur zu hören und zu sehen.
- Halten Sie sich vor Augen, dass andere Völker oft **andere Zeitbegriffe** haben. Das heißt aber nicht, dass diese schlechter sind – sie sind eben verschieden.
- Entdecken Sie, wie interessant und wertvoll es sein kann, **eine andere Art des Lebens kennen zu lernen.**
- Machen Sie sich mit den **örtlichen Sitten** und Gebräuchen vertraut. Sie werden sicher jemanden finden, der Ihnen dabei hilft.
- **Legen Sie die Gewohnheit ab, auf alles eine Antwort parat zu haben.** Seien Sie mal derjenige, der eine Antwort haben möchte.
- Denken Sie daran, dass Sie nur einer von Tausenden Touristen im Land sind. **Beanspruchen Sie keine besonderen Privilegien.**
- **Wenn Sie etwas günstig eingekauft haben,** denken Sie daran, dass Ihr Vorteil vielleicht nur deswegen möglich war, weil die Löhne in Ihrem Gastland niedrig sind.
- **Machen Sie niemandem Versprechungen,** wenn Sie nicht sicher und willens sind, sie auch zu halten.
- **Nehmen Sie sich täglich etwas Zeit, um Ihre Erlebnisse zu verdauen;** sie werden dann mehr vom Reisen haben.
- **Wenn Sie es auf Reisen wie zu Hause haben wollen,** dann sollten Sie Ihr Geld nicht fürs Reisen verschwenden und lieber daheimbleiben.

Drei **empfehlenswerte Bücher** zu dieser Thematik sind (alle Bände aus dem Reise Know-How Verlag, Bielefeld):
- *Muriel Brunswig-Ibrahim,* **KulturSchock Marokko**
- *Harald A. Friedl,* **Respektvoll reisen**
- *Kirstin Kabasci,* **Islam erleben**

Fotografieren

Die vielen fremdartigen Motive Marokkos verlocken zu häufigem Gebrauch der Kamera. Aber Vor- und Rücksicht! Grundsätzlich verboten ist das Filmen und Fotografieren militärischer Einrichtungen im weitesten Sinne, dazu gehören auch die Staumauern der Stauseen. Zurückhaltung also, wenn Antennenanlagen, beflaggte Gebäude, Militärzäune, Uniformierte etc. mit in die „Schusslinie" kommen.

Nach strenger Koranauslegung ist jede bildliche Darstellung des Menschen verboten, daher ist vor allem **bei Personenaufnahmen äußerstes Feingefühl**

Als Gast in Marokko

gefragt. Wer Menschen fotografieren will (und dies nicht unbemerkt tun kann), sollte sich durch Fragen oder entsprechende freundliche Gestik vergewissern, dass der Betroffene nichts dagegen hat. Im Zweifelsfall: kein Foto. Während die berberische Bevölkerung zumeist aufgeschlossen aufs Fotografieren reagiert, ist es nach wie vor undenkbar, z.B. eine traditionell gekleidete arabische Frau ungefragt aus der Nähe „abzuschießen". Auf wenig Verständnis stoßen auch Fotografen, die ärmliche Verhältnisse (Slums, Müllhalden, baufällige Häuser, Bettler etc.) als Motiv wählen.

Mit der **Digitalkamera** kann man fotografierscheue Menschen eventuell doch von einem Foto überzeugen, indem man ihnen einen Blick auf das Display gewährt – die Freude und das Erstaunen, das eigene Abbild so schnell bewundern zu können, lassen die Skepsis vielleicht schwinden.

Digitalaufnahmen, von denen man auch in Marokko problemlos Abzüge machen lassen kann, sind eine gute Möglichkeit, sich für eine Einladung oder Dienstleistung zu revanchieren, ebenso das (natürlich einzuhaltende) Versprechen, Bilder später von zu Hause aus zu schicken.

Einladungen

Der Besucher Marokkos entwickelt mit der Zeit ein Gespür dafür, ob echte Gastfreundschaft oder nur Geschäftssinn hinter einer Einladung steckt. In touristischen Hochburgen kann ein gesundes Misstrauen nicht schaden. Zwar mag das Angebot einer Tasse Tee schließlich in einen Laden mit hohen Stapeln von Teppichen führen, doch wer partout nichts kaufen will und dies klar kundtut, wird ohne Groll wieder entlassen.

Abseits der touristischen Zentren wird der Besucher im Allgemeinen auch heute noch traditionsgemäß herzlich und ohne kommerzielle Hintergedanken begrüßt und aufgenommen. Legen Sie dann Ihre europäische Hektik ab, zeigen Sie Interesse für Ihre Gastgeber, lassen Sie Ihre Schuhe vor der Wohnungstüre stehen, und strecken Sie Ihrem Gegenüber niemals die Fußsohlen entgegen, also am besten im Schneidersitz.

Man sitzt traditionell auf Teppichen oder Sitzkissen, die später auch zum Schlafen benutzt werden. Die Frauen der Familie werden Sie abseits der großen Städte in der Regel nur zum Auftragen der Speisen sehen. Üblicherweise essen die Frauen und Kinder von den Männern getrennt. Bei Touristinnen wird eine Ausnahme gemacht. **Essen Sie nur mit der rechten Hand, die Linke gilt als unrein** (da man sich damit nach der Toilette das Hinterteil säubert). Reichen Sie einem Marokkaner Zigaretten oder auch ein kleines Gastgeschenk – was im Falle einer privaten Einladung angebracht wäre – ebenfalls nur mit der rechten Hand!

Üblicherweise wird vor und nach dem Essen ein Krug mit Wasser, Seife und eine Schüssel zum Händewaschen gereicht. Dieser Brauch ist sehr sinnvoll, wird aber inzwischen oft unterlassen. Die übliche marokkanische **Begrüßung** auf der Straße ist: „Läbäs (bes)?", was in etwa heißt: „Wie geht's?". Im Haus wird man meist mit „marhaba" – „Willkommen" bzw. dem arabischen „Salam aleikum" in Empfang genommen. Darauf folgt ein „läbäs" und als Antwort „läbäs el hamdulilah" – „Es geht gut, Gott sei Dank". Zur Verabschiedung sagt man „Besslama" bzw. „Ma S'lama (Ma Salama – Saleikum ma Salam)" – „Auf Wiedersehen".

Wenn Sie bei einer Stadtfamilie zu Gast sind, kann es durchaus vorkommen, dass den ganzen Abend der **Fernseher** läuft, was nicht etwa Unhöflichkeit dem Besucher gegenüber darstellt, sondern den Stolz auf die modernen technischen Errungenschaften dokumentiert. Der Fernseher ist in den Städten ein solch wichtiger Bestandteil des Haushalts geworden, dass er häufig den ganzen Tag über eingeschaltet bleibt, auch wenn nebenbei alle anderen Dinge des täglichen Lebens erledigt werden.

Allein reisende Frauen

Eine Frau kann sich grundsätzlich unbesorgt allein und fernab des Hotelbereichs frei bewegen (das betrifft insbesondere die Städte Agadir, Marrakesch, Ouarzazate und Essaouira). **Einige wichtige Punkte** sollten jedoch beachtet werden: Westliches Fernsehen und Filme sowie das Verhalten einer nicht unerheblichen Zahl von Touristinnen, die einem kleinen Abenteuer im Urlaubsland nicht abgeneigt sind und sich entsprechend benehmen, haben unter vielen marokkanischen Männern die Ansicht verstärkt, dass Touristinnen „leicht zu haben" seien. Was bei den eigenen Frauen undenkbar wäre – bei den freizügigen Ausländerinnen kann man doch zumindest mal sein Glück versuchen. Gelegentliche Anmache in Form von dummen Sprüchen wie „Bonjour, la gazelle!" oder „Oooh, la belle!" bis hin zu eindeutigen Angeboten, kessen Blicken und anerkennendem Pfeifen sollten vor diesem Hintergrund gesehen und nicht allzu ernst genommen werden. Am besten Sie ignorieren solche Kennenlernversuche einfach, auch wenn dies in manchen Städten Nerven und Geduld strapazieren kann. Aggressive Annäherungsversuche passieren so gut wie nie – zumindest sind uns keine Fälle (auch aus eigener Erfahrung als allein reisende, junge und blonde Frau) bekannt. Bei echten Belästigungen machen Sie sich lautstark bemerkbar. Ältere Marokkaner missbilligen das aufdringliche Verhalten der Jüngeren und werden entsprechend eingreifen.

Allein reisende Frauen in **dezenter Kleidung,** die zurückhaltend, gleichzeitig aber **selbstsicher** auftreten, womöglich schon ein bisschen in die Jahre gekommen sind, haben im Allgemeinen nichts zu befürchten. In Agadir allerdings haben sich jüngere Männer darauf spezialisiert, älteren Damen Avancen zu machen, vorwiegend mit dem Ziel, an eine Aufenthaltsgenehmigung

---

Buchtipp – Praxis-Ratgeber:
● Birgit Adam
Als Frau allein unterwegs
(REISE KNOW-HOW Verlag)

für Europa zu kommen. Annäherungsversuche sollte man, auch wenn man sich geschmeichelt fühlt, sehr skeptisch begegnen. Wer seine Ruhe haben will, sollte auch jeden direkten **Blickkontakt mit Männern vermeiden** und eventuelle Zudringlichkeiten freundlich, aber bestimmt (und laut) ablehnen. Wenn in Gesprächen der eigene Verlobte, Ehemann oder gar Kinder erwähnt werden, dürfte auch das hartnäckigste Interesse versiegen. Als Verlobte oder verheiratete Frau und erst recht als Mutter wird auch eine Ausländerin respektiert. Allerdings fehlt nach wie vor das Verständnis, warum man ohne männliche Begleitung reist.

Sonstiges

Gefühlsbezeugungen oder gar der Austausch von Zärtlichkeiten zwischen Mann und Frau in der Öffentlichkeit widersprechen den islamischen Moralvorstellungen. Umgekehrt lässt sich beobachten, dass marokkanische Männer häufig Händchen haltend oder Arm in Arm miteinander durch die Straßen gehen. Dies ist meist Ausdruck einer ganz „normalen" guten Freundschaft unter Männern und in Marokko durchaus üblich. Man sollte jedoch nicht verschweigen, dass Homosexualität zwar verboten, aber weit verbreitet ist. Viele Marokkaner machen ihre ersten sexuellen Erfahrungen mit dem gleichen Geschlecht. Diesbezügliche Offerten werden daher immer wieder an männliche Touristen herangetragen.

Als ungebührlich gilt, wenn ein männlicher Tourist in der Öffentlichkeit eine **marokkanische Frau** anspricht, und sei es nur, um nach dem Weg zu fragen. Ganz und gar ungewöhnlich ist es, als Mann von einer oder mehreren marokkanischen Frauen angesprochen zu werden. Diese Form der Kontaktaufnahme wird nur von Prostituierten gewählt, selbst wenn die Damen überhaupt nicht danach aussehen und sich erst ganz harmlos als am Fremden interessierte Studentinnen ausgeben.

Außereheliche und gleichgeschlechtliche **Sexualbeziehungen** sind in Marokko Straftatbestände, jedoch zeigt die Praxis, dass eine Sexualbeziehung unter europäischen nicht verheirateten Hetero-Paaren nicht geahndet wird, jedoch Schwierigkeiten auftreten, wenn einer der unverheirateten Partner die marokkanische Staatsbürgerschaft besitzt.

Zu respektieren sind die religiösen Sitten: Moscheen dürfen in Marokko von Andersgläubigen (Ausnahmen sind die Moschee Hassan II. in Casablanca und die renovierte Moschee von Tin Mal im Hohen Atlas) nicht besichtigt werden. Allenfalls kann man einen Blick durch den Eingang in den Innenhof werfen. Nach der Religion gefragt, sollte man sich nicht als Atheist, sondern als Christ bekennen, wenn man nicht Unverständnis ernten will. Während des Fastenmonats Ramadan sollten auch Touristen in der Öffentlichkeit Zurückhaltung bezüglich Rauchen, Essen und Trinken üben. Alkoholgenuss sollte generell auf Hotels, Bars und Restaurants beschränkt bleiben. Animieren Sie keinen Moslem zum Alkoholkonsum!

In der Nähe von Grenzen, im Süden in Richtung Westsahara und häufig

ALS GAST IN MAROKKO

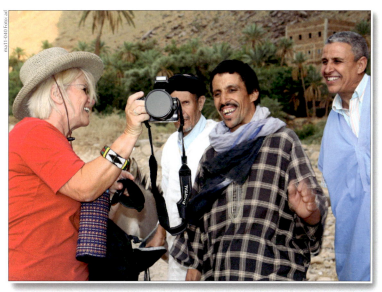

auch an den Ein- und Ausfahrtsstraßen der großen Städte (hier v.a. zur Geschwindigkeitskontrolle; siehe dazu im Kapitel Verkehr) gibt es **Polizei-Checkpoints,** deshalb sollte der Pass immer griffbereit sein und nicht für die Dauer des Urlaubs an der Hotelrezeption verbleiben.

Beamten sollte man immer **freundlich begegnen.** Autoritäten werden in Marokko noch wesentlich mehr respektiert als bei uns. Die Autorität des Staates, der Amtspersonen, aber auch der Eltern ist noch kaum in Frage gestellt. Deshalb sollten kritische oder gar beleidigende Äußerungen, sowohl was den König (Straftatbestand!) als auch das Land betrifft, unterbleiben. Der Stolz auf das Land, seine Kultur und seine Werte ist groß, und selbst dem System kritisch gegenüberstehende Marokkaner werden selten negativ über ihre Heimat sprechen.

Nur Mut zu eigenen Unternehmungen

Direkte Kontakte mit Einheimischen und persönliche Beobachtungen prägen sich tiefer ein und bleiben oft stärker in Erinnerung als jedes noch so spektakulär organisierte Programm. Sie machen den eigentlichen Reiz jeder Reise aus, und auf solche Erlebnisse

Nach dem Schnappschuss: Foto zeigen und schon ist das „Eis gebrochen"

sollte kein Besucher, auch nicht der organisiert Reisende, verzichten.

Wer **zum ersten Mal nach Marokko,** vielleicht auch zum ersten Mal nach Afrika, kommt wird zunächst vermutlich ziemlich „fremdeln". Vieles ist anders als bei uns, die Sprache, die Religion, die Mentalität der Landesbewohner. Man kennt sich nicht aus mit öffentlichen Verkehrsmitteln, ist unsicher beim Einkaufen und in Restaurants, fühlt sich schutzlos im Gewühle eines Marktes oder in unbekannten Stadtvierteln. Kurzum: Viele Pauschalurlauber trauen sich oft kaum aus ihrem ghettoartigen Hotelbereich hinaus. Ausflüge werden meist nur unter den Fittichen erfahrener Agenturen und Reiseleiter unternommen, die zweifellos bemüht sind, so viel wie möglich an Sehenswertem in ihre Touren zu packen. Das hat allerdings zur Folge, dass das Programm prallvoll ist und es keine Zeit zum „Atmosphäre schnuppern", keine Chance für private Erlebnisse lässt.

Nichts spricht dagegen, Ausflüge und Rundfahrten zu buchen – manches lässt sich ohnehin kaum oder nur mühsam in der Kürze der Zeit auf eigene Faust organisieren. Wer jedoch das Land und seine Menschen wirklich kennen lernen will, sollte versuchen, die **ausgetretenen Touristenpfade zu verlassen.** Das ist für jeden Hotelgast problemlos möglich und keineswegs ein riskantes Unterfangen, wie Reiseleiter gelegentlich – in weiser Berechnung – zu suggerieren versuchen.

Die Marokkaner sind ausgesprochen gastfreundlich, tolerant, hilfsbereit und kontaktfreudig. Man spürt dies schnell und fühlt sich dadurch auch bald sicherer in der fremdartigen Umgebung. Wenn Sie sich irgendwo verlaufen haben oder sonst wie Hilfe brauchen, sprechen Sie einen Passanten an oder gehen Sie ins nächstbeste Geschäft. Man wird Sie notfalls so lange „weiterreichen", bis irgendjemand gefunden ist, der Ihnen – vielleicht sogar in Ihrer Sprache – weiterhilft (vor allem in Agadir sprechen inzwischen viele Marokkaner deutsch).

Dunkle, enge, abgelegene Altstadtgassen, die man in südeuropäischen Ländern – wenn überhaupt – nur mit Gänsehaut, schnellem Schritt und festem Griff um die Handtasche durcheilen würde, können in Marokko tagsüber sorglos durchstreift werden. Die **Kriminalitätsrate** insgesamt liegt im Vergleich zu Deutschland und anderen Urlaubsländern extrem niedrig, auch wenn sie in Agadir und Marrakesch steigt. Dies ist auch auf die extremen Gegensätze zwischen der Glitzerwelt des Tourismus und den ärmlichen Lebensverhältnissen der häufig arbeitslosen Jugendlichen und ebenso auf den **Alkoholkonsum** der männlichen Stadtbevölkerung zurückzuführen. Nicht selten setzen Männer ihren geringen Verdienst in Bier oder Spirituosen um. Alkohol ist in Agadir, Essaouira und Marrakesch leicht erhältlich, und die Abhängigkeit steigt trotz islamischen Alkoholverbots. Wenn das Geld nicht ausreicht für die entsprechende Zeche, dann kommt der eine oder andere schon auf den Gedanken, sich das Geld von Touristen zu verschaffen. Im ländlichen Marokko wäre so etwas undenkbar: Alkohol ist kaum erhältlich, und vor allem würde man in der Öffentlichkeit nicht damit gesehen werden wollen. Allenfalls wird, verschämt in der Plastiktüte versteckt, eine Flasche Wein oder Bier für einen Gast nach Hause gebracht.

Der Konsum von **Cannabis** (Kif) gehört in manchen Regionen zum marokkanischen Alltag und ist im Gegensatz zum Alkoholkonsum nach religiöser Auslegung nicht „haram" (verboten). Kif ist Marokkanern für den Eigenverbrauch erlaubt, für Touristen jedoch streng verboten. Junge Männer z.B. in Essaouira versuchen sich als Drogendealer oder locken Touristen mit fragwürdigen Einladungen, wo man entweder ausgenommen oder beschwatzt wird, Drogen zu kaufen.

Trotz einer gewissen Gefahr des Taschendiebstahls in Touristenzentren (v.a. in dichten Menschenmengen, z.B. auf dem Djamâa-el-Fna in Marrakesch), muss man sich eher gegen eine gewisse **„Schlitzohrigkeit"** wappnen. So wird z.B. in fantasievollen Varianten immer wieder versucht, dem Besucher Führerdienste oder jede Art von Souvenirs aufzudrängen. „Wäre es Ihnen möglich, mir den Brief eines deutschen Freundes zu übersetzen?", ist einer der ältesten **Tricks,** um Sie in einen Laden zu locken. Auch nicht gerade selten ist eine vorgetäuschte Autopanne (insbesondere auf der Strecke über den Tizin-Tichka-Pass und in Richtung Zagora) und die Bitte, doch einen der Beifahrer mit in die nächste Stadt zu nehmen. Darauf folgt selbstverständlich eine Einladung zum Tee – im nächsten Teppichladen! Man übe sich in freundlicher, aber selbstsicherer und konsequenter Ablehnung – dann kehrt Ruhe ein, zumindest für kurze Zeit ...

Urlaub und Umwelt

Wasserknappheit ist ein zunehmendes Problem in den Sahara- und Sahelländern. Gehen Sie sparsam, zumindest bewusst mit Wasser um! Einige Touristenhotels machen ihre Gäste gezielt auf dieses Problem aufmerksam, indem sie beispielsweise die Handtücher nicht täglich waschen. Weisen Sie ggf. die Rezeption darauf hin, dass z.B. das tägliche Wechseln von Handtüchern und Bettwäsche nicht notwendig ist. Gut gefüllte Pools und Wellnessbereiche in allen besseren Hotels gaukeln Wasser in Hülle und Fülle vor, aber nur durch den kostspieligen Bau zahlreicher Stauseen kann die Versorgung des Landes mit Trinkwasser aufrechterhalten werden. Die Hotelzentren in Agadir wurden z.B. selbst in Trockenjahren immer mit Wasser versorgt, während der einheimischen Bevölkerung das Wasser rationiert wurde. Besonders kritisch ist die Situation in den Saharaoasen, wo durch den unverhältnismäßig hohen zusätzlichen „touristischen" Bedarf der Grundwasserspiegel sinkt und dadurch die gesamte Oasenwirtschaft gefährdet ist.

Wer sich öfters in Dritte-Welt-Ländern aufhält, gewöhnt sich an den **Müll,** den Schutt und die Plastiktüten, die wild verstreut in der Gegend herumliegen. Auch Marokko erreicht natürlich keinen deutschen Umweltstandard. Aber im Vergleich zu vielen anderen

ALS GAST IN MAROKKO

arabischen Staaten herrschen hier geradezu paradiesische Zustände. Ausnahmen sind vor allem die Randgebiete der Großstädte. Trifft man mit dem Touristenbus von Marrakesch kommend am Stadtrand von Agadir ein, oder fährt man von Aït Melloul die Stadtautobahn vom Flughafen zur Stadt, dann wird man ein verständnisloses Kopfschütteln nicht unterdrücken können. Auch die dunkelste Sonnenbrille bewahrt einen nicht vor dem Anblick der herumfliegenden schwarzen Plastiktüten.

Aber keine Sorge: Ist man erst einmal im Hotel, so entsprechen die **hygienischen Verhältnisse** den Anforderungen der ausländischen Kundschaft. Heerscharen von Bediensteten und Putzpersonal sind im Einsatz, um Zimmer, Außenanlagen und Strände in Schuss zu halten. Leider endet die Verantwortlichkeit schon vor der Tür, und außerhalb der Touristenmeile und des Stadtzentrums ist es oft vorbei mit der Sauberkeit. Gleiches gilt übrigens für die privaten marokkanischen Haushalte: Ihr gepflegter und sauberer Charakter steht in krassem Gegensatz zu dem Schmutz im öffentlichen Raum.

Eine perfekte **Müllentsorgung** und **Straßenreinigung,** wie wir sie kennen, existiert in Marokko nur in Ansätzen. Agadir immerhin hat sich dank eines umsichtigen Gouverneurs sehr zum Positiven gewandelt! Müll, Luft- und Umweltverschmutzung werden mit zunehmender Bevölkerungszahl und Industrialisierung ein immer brennenderes Problem. Zwar sind in größeren Städten Müllcontainer aufgestellt (in kleineren Orten offene Kübel oder Fässer), man bemüht sich auch um die Aufklärung der Bevölkerung, trotzdem landet viel Abfall einfach im Gelände. Außerdem sorgen Wind, Hunde und Katzen dafür, dass der gesammelte Müll wieder verteilt wird. Besonders in den Gassen der Medinas gibt es meist keine funktionierende Abfallentsorgung.

Eine regelrechte „Landplage" sind die **Plastiktüten,** die beim Einkauf großzügig ausgegeben werden und dann landesweit Straßen, Gehwege, Gärten und Felder verunzieren und an Zäunen, Sträuchern und Bäumen hängen. Hier wäre ein gewaltiger Schritt in Richtung Umweltschutz möglich, würde eine Gebühr auf Plastiktüten erhoben. Dann würden Einheimische und Touristen wohl schnell auf die traditionellen Bastkörbe zurückgreifen.

Der **Mangel an Umweltbewusstsein** ist erschreckend. Wenn schöne Strände, Park- oder Picknickplätze übersät sind mit Plastikflaschen, Kronkorken und rostigen Sardinenbüchsen, dann könnte man schon in Depressionen verfallen – auch wenn von Zeit zu Zeit Säuberungsaktionen stattfinden, vor allem wenn der König im Land herumreist. Andererseits sollte berücksichtigt werden, dass Umweltschutz und die entsprechende Bewusstseinshaltung immer auch in direkter Beziehung stehen zum allgemeinen Wohlstand eines Landes und seiner Einwohner. Eine bekannte Weisheit paraphrasierend, könnte man formulieren: „Fressen kommt vor Sauberkeit" – und viele Marokkaner haben nun mal in erster Linie damit zu tun, ihren Lebensunterhalt zu sichern, und sorgen sich wenig um die Sauber-

Als Gast in Marokko

keit außerhalb ihrer vier Mauern. Wie in allen arabischen Ländern ist es dafür in der eigenen Wohnung umso sauberer!

Besonders ärgerlich ist es, wenn der in ökologischer Hinsicht sensibilisierte **Tourist im Ausland** alle Hemmungen fallen lässt, nur weil sich die meisten Einheimischen einen Dreck um die Umwelt kümmern. Hier besteht eine gute Gelegenheit, als Vorbild aufzutreten: Hinterlassen Sie keinen Müll, gehen Sie sparsam mit Wasser um, verwenden Sie umweltfreundliche Shampoos, Seifen und Waschpulver, da die Abwässer meist ungeklärt ins Meer fließen.

Das Erscheinungsbild mancher Dörfer und Städte wird auch beeinträchtigt durch deren anhaltenden **Baustellencharakter.** Häuser bleiben lange Zeit halbfertig und unverputzt. Steine, Sand, Bauschutt und Abfall werden nach der Fertigstellung nur peu à peu weggeräumt. Der Wind wirbelt Staub und Dreck unbefestigter Bodenflächen durch die Gassen. Mancherorts stolpert man bei Rundgängen über hochstehende Steinplatten, steigt über Sandhaufen und Baumaterial, hüpft über Löcher und offene Kanalschächte – und niemand stört sich daran. **Rollstuhlfahrer** haben es deshalb, auch mangels durchgehend gepflasterter Gehwege, besonders schwer. Wenn dann die wenigen gut ausgebauten Fußgängerwege noch mit Buden und Caféstühlen vollgestellt sind, gleicht das Fußgängerdasein eher einem Hindernislauf.

Abstriche von der uns gewohnten Sauberkeit und Hygiene müssen häufig auch gemacht werden, wenn **Billighotels,** kleine Restaurants und **Garküchen** besucht werden – von **öffentlichen Toiletten** ganz zu schweigen.

Diese Zu- und Missstände sind den Verantwortlichen durchaus bewusst. In Ministerien, Kommunen, Universitäten und Schulen sind landesweit **Umweltspezialisten** eingesetzt, die forschen, informieren und aufklären – ein weites Aufgabengebiet, das viel Geld kostet. 2007 trat mit Unterstützung der deutschen GTZ ein neues **Abfallgesetz** in Kraft, das die Verbesserung der städtischen Müllabfuhr, die Errichtung moderner Deponien und die Aufklärung der Bevölkerung hinsichtlich der Vermeidung von Müll vorsieht.

Schutt und Müll in der Altstadt von Essaouira

An- und Weiterreise

Mit dem Flugzeug

Nonstop- oder Direktverbindungen aus dem deutschsprachigen Raum mit Linienfluggesellschaften nach Marokko bestehen **nach Casablanca** mit Lufthansa von Frankfurt, mit Royal Air Maroc von Düsseldorf, Frankfurt, Genf und Zürich sowie mit Austrian Airlines von Wien. Royal Air Maroc fliegt auch direkt von Düsseldorf und Frankfurt **nach Nador** sowie von München direkt **nach Marrakesch,** Austrian Airlines auch von Wien **nach Agadir.**

Die **Flugzeit** z.B. von München nach Agadir beträgt rund vier Stunden.

Daneben gibt es etliche Umsteigeverbindungen mit mindestens einem Zwischenstopp im Heimatflughafen der jeweiligen Airline. In Casablanca bestehen Anschlüsse zu allen großen Städten.

Flugpreise

Je nach Fluggesellschaft, Jahreszeit und Aufenthaltsdauer **schwanken die Preise** für einen Hin- und Rückflug nach Marokko **erheblich.** So kann es im Januar, Februar, Juni oder November durchaus möglich sein, einen Linienflug ab 160 Euro zu ergattern, während für die Ferienmonate ein Flug unter 450 Euro kaum zu bekommen ist.

Kinder unter zwei Jahren fliegen ohne Sitzplatzanspruch für 10% des Erwachsenenpreises, ansonsten werden für ältere Kinder die regulären Preise je nach Airline um 25–50% ermäßigt. Ab dem zwölften Lebensjahr gilt der Erwachsenentarif.

Von Zeit zu Zeit offerieren die Fluggesellschaften **befristete Sonderangebote.** Dann kann man z.B. mit Condor für rund 100 Euro von vielen deutschen Flughäfen nach Agadir und zurück fliegen. Diese Tickets haben in der Regel eine befristete Gültigkeitsdauer und eignen sich nicht für Langzeitreisende.

AN- UND WEITERREISE

Ob für die gewünschte Reisezeit gerade Sonderangebote für Flüge nach Marokko auf dem Markt sind, lässt sich im Internet auf der Website von Jet-Travel (www.jet-travel.de) unter „Flüge" entnehmen, wo sie als Schnäppchenflüge nach Afrika mit aufgeführt sind.

In Deutschland gibt es **ab Frankfurt** die häufigsten Verbindungen nach Marokko. Flugverbindungen mit anderen deutschen Flughäfen sind oft teurer. Da kann es für Deutsche attraktiver sein, mit einem **Rail-and-Fly-Ticket** per Bahn nach Frankfurt zu reisen (entweder bereits im Flugpreis enthalten oder 30–60 Euro extra). Man kann je nach Fluglinie auch einen preiswerten **Zubringerflug** der gleichen Airline von einem kleineren Flughafen in Deutschland buchen. Zudem gibt es **Fly-&-Drive-Angebote,** wobei eine Fahrt vom und zum Flughafen mit einem Mietwagen im Ticketpreis inbegriffen ist.

Reist man viel per Flugzeug, kann man als Mitglied eines **Vielflieger-Programms** auch indirekt sparen, z.B. im Verbund der www.star-alliance.com (Mitglieder u.a. Austrian Airlines, Lufthansa). Die Mitgliedschaft ist kostenlos, und die gesammelten Flugmeilen bei Fluggesellschaften innerhalb eines Verbundes reichen dann vielleicht schon für einen Freiflug bei einer der Partnergesellschaften beim nächsten Flugurlaub. Bei Einlösung eines Gratisfluges ist langfristige Vorausplanung nötig.

In Marokko selbst lassen sich **Inlandsflüge** (auch verbilligte Wochenendtarife) über die Royal Air Maroc buchen, jedoch gehen diese in der Regel nicht von Stadt zu Stadt, sondern immer über Casablanca, sodass sich diese Art des Reisens im Land nicht lohnt.

Buchung

Für die Tickets der Linienairlines kann man bei folgenden zuverlässigen Reisebüros meistens günstigere Preise als bei vielen anderen finden:

Ryan Air fliegt nach
Agadir, Marrakesch und Fès

- **Jet-Travel,** In der Flent 7, 53773 Hennef, Tel. 02242 86 86 06, Fax 86 86 07, www.jet-travel.de
- **Globetrotter Travel Service,** Löwenstr. 61, 8023 Zürich, Tel. 044 22 86 666, www.globetrotter.ch

Die vergünstigten Spezialtarife und befristeten Sonderangebote kann man nur bei wenigen Fluggesellschaften in ihren Büros oder direkt auf ihren Websites buchen; diese sind jedoch immer auch bei den oben genannten Reisebüros erhältlich.

Billigfluglinien

Preiswerter geht es mit etwas Glück nur, wenn man bei einer Billigairline **sehr früh online bucht.** Es werden keine Tickets ausgestellt, sondern man bekommt nur eine Buchungsnummer per E-Mail. Zur Bezahlung wird in der Regel eine Kreditkarte verlangt.

Im Flugzeug gibt es oft **keine festen Sitzplätze**, sondern man wird meist schubweise zum Boarden aufgerufen, um Gedränge weitgehend zu vermeiden. **Verpflegung** wird **extra** berechnet, bei einigen Fluggesellschaften auch aufgegebenes Gepäck. Für die Region interessant sind:

- **Air Arabia,** www.airarabia.com. Von Basel nach Casablanca und von Brüssel nach Fès und Casablanca.
- **Air Berlin,** www.air-berlin.de. Von vielen deutschen Flughäfen sowie von Salzburg, Wien und Basel nach Agadir; von Köln/Bonn nonstop und von vielen anderen deutschen Flughäfen sowie von Basel über Köln/Bonn nach Nador; von Köln/Bonn nonstop und von vielen anderen deutschen Flughäfen über Köln/Bonn nach Tanger; von Hamburg, Berlin, Köln und München nach Casablanca.
- **Easy Jet,** www.easyjet.com. Von Genf und Basel-Mühlhausen-Freiburg nach Marrakesch.
- **Jet4you,** www.jet4you.com. Von Genf nach Casablanca.
- **Ryan Air,** www.ryanair.de. Von Hahn im Hunsrück und Weeze am Niederrhein nach Agadir, Marrakesch und Fès.
- **Transavia,** www.transavia.com. Von Amsterdam nach Marrakesch und Agadir.

Mini-„Flug-Know-how"

Check-in

Nicht vergessen: Ohne einen **gültigen Reisepass** (oder bei Pauschalreisen ohne gültigen Personalausweis) kommt man nicht an Bord eines Flugzeuges nach Marokko. Man muss mindestens **1 Stunde vor Abflug am Schalter** der Airline eingecheckt haben. Viele Airlines neigen zum Überbuchen, d.h., sie buchen mehr Passagiere ein, als Sitze im Flugzeug vorhanden sind, und wer zuletzt kommt, hat dann möglicherweise das Nachsehen.

Das Gepäck

In der Economy-Class darf man in der Regel nur **Gepäck bis zu 20 kg pro Person** einchecken (steht auf dem Flugticket) und zusätzlich ein Handgepäck von 7 kg in die Kabine mitnehmen, welches eine Größe von 55 x 40 x 23 cm nicht überschreiten darf. In der Business Class sind es meist 30 kg pro Person und zwei Handgepäckstücke, die insgesamt nicht mehr als 12 kg wiegen dürfen. Man sollte sich beim Kauf des Tickets über die Bestimmungen der Airline informieren.

Aus Sicherheitsgründen dürfen **Taschenmesser, Nagelfeilen, Nagelscheren,** sonstige Scheren und Ähnliches nicht im Handgepäck untergebracht werden. Diese Gegenstände sollte man unbedingt im aufzugebenden Gepäck verstauen, sonst werden sie bei der Sicherheitskontrolle einfach weggeworfen. Darüber hinaus gilt, dass Feuerwerke, leicht entzündliche Gase (in Sprühdosen, Campinggas), entflammbare Stoffe (in Benzinfeuerzeugen, Feuerzeugfüllung) etc. nichts im Passagiergepäck zu suchen haben.

Flüssigkeiten oder vergleichbare Gegenstände in ähnlicher Konsistenz (z.B. Getränke, Gels, Sprays, Shampoos, Cremes, Zahnpasta, Suppen) dürfen nur in der Höchstmenge von 0,1 Liter als Handgepäck mit ins Flugzeug genommen werden. Die Flüssigkeiten müssen in einem durchsichtigen wiederverschließbaren Plastikbeutel transportiert werden, der max. 1 Liter Fassungsvermögen hat. Es ist allerdings kein Problem, sich im Duty-free-Bereich nach der Kontrolle wieder mit Wasser oder dort erhältlichen alkoholischen und nichtalkoholischen Getränken oder Kosmetika einzudecken (in versiegelten Einkaufstüten). Da sich diese Regelungen ständig ändern, sollte man sich beim Reisebüro oder der Fluggesellschaft nach dem jeweils gültigen Stand erkundigen.

Rückbestätigung

Bei den meisten Airlines ist heutzutage die **Bestätigung des Rückfluges** nicht mehr notwendig. Allerdings empfehlen alle Airlines, sich dennoch telefonisch zu erkundigen, ob sich an der Flugzeit nichts geändert hat, denn kurzfristige Änderungen der genauen Abflugsuhrzeit kommen beim zunehmenden Luftverkehr heute immer häufiger vor.

Wenn die Airline allerdings eine Rückbestätigung *(reconfirmation)* **bis 72 oder 48 Stunden vor dem Rückflug** verlangt, sollte man auf keinen Fall versäumen, die Airline kurz anzurufen, sonst kann es passieren, dass die Buchung im Computer der Airline gestrichen wird; der Flugtermin ist dahin. Das Ticket verfällt aber nicht dadurch, es sei denn, die Gültigkeitsdauer wird überschritten, aber unter Umständen ist in der Hochsaison nicht sofort ein Platz auf einem anderen Flieger frei.

Die **Rufnummer** kann man von Mitarbeitern der Airline bei der Ankunft, im Hotel, dem Telefonbuch oder auf der Website der Airline erfahren.

Buchtipps – Praxis-Ratgeber:
- Frank Littek
Fliegen ohne Angst
- Erich Witschi
Clever buchen, besser fliegen
(beide Bände REISE KNOW-HOW Verlag)

An- und Weiterreise

Last Minute

Wer sich erst im letzten Augenblick für eine Reise nach Marokko entscheidet oder gern pokert, kann Ausschau nach Last-Minute-Flügen halten, die von einigen Airlines mit deutlicher Ermäßigung ab etwa 14 Tage vor Abflug angeboten werden. Die Flüge lassen sich nur bei Spezialisten buchen:

- **L'Tur,** www.ltur.com, Tel. 00800 21 21 21 00 (gebührenfrei für Anrufer aus Europa); 165 Niederlassungen europaweit.
- **Lastminute.com,** www.lastminute.de, (D)-Tel. 01805 28 43 66 (0,14 €/Min.), für Anrufer aus dem Ausland Tel. 0049 89 44 46 900.
- **5 vor Flug,** www.5vorflug.de, (D)-Tel. 01805 10 51 05 (0,14 €/Min.), (A)-Tel. 0820 20 30 85 (0,145 €/Min.).
- **Restplatzbörse,** www.restplatzboerse.at, (A)-Tel. (01) 58 08 50.

Mit der Bahn

Die Anreise mit der Bahn nach Marokko ist natürlich zeitaufwendiger als die mit dem Flugzeug, mildert aber vielleicht gerade deshalb den sonst drohenden Kulturschock etwas ab – ein **Erlebnis** ist eine Zugfahrt bis nach Afrika auf jeden Fall. Preislich fällt eine Bahnreise im Zeitalter der Billigflieger allerdings nicht mehr günstiger aus.

Wer Marokko mit möglichst wenigen Zwischenstopps erreichen möchte, nimmt in der Regel den ICE bzw. TGV nach Paris und reist dann weiter über Madrid nach Algeciras (mind. 28 Std. Reisezeit, ca. 550 Euro Normaltarif 2. Klasse ohne Bahncard). Andere Verbindungen führen über die Schweiz und Barcelona nach Südspanien. Von Algeciras dauert die Überfahrt mit der Fähre nach Tanger nur etwa 1 Std. (vgl. „Fähren über das Mittelmeer"). Von dort ist die Weiterreise mit der marokkanischen Bahn (ONCF), per Mietwagen oder Bus möglich. Achtung: Die Nachtzüge in Spanien und Frankreich müssen unbedingt frühzeitig reserviert werden!

Das **Inter-Rail-Ticket** beinhaltet zwar die meisten europäischen Länder, jedoch nicht mehr Marokko. Es ist dennoch evtl. eine günstige Alternative, falls man sich ein bisschen die Städte auf dem Weg ansehen möchte. Ein 5-Tagesticket für beliebig viele Fahrten im europäischen Bahnnetz kostet für Erwachsene 249 Euro, für 15 Tage 399 Euro und für einen ganzen Monat 599 Euro.

- **Detaillierte Infos** über Preise und Zugverbindungen gibt die Deutsche Bahn, www.bahn.de, Service-Tel. 0180 5 99 66 33.

Mit dem Bus

Günstiger als die Bahn fällt eine Busfahrt mit der Deutschen Touring GmbH aus. Diese fährt dreimal wöchentlich von verschiedenen deutschen Städten (z.B. Frankfurt, Darmstadt, Mannheim, Heidelberg München) nach Algeciras. Ticketbüros sind in den meisten größeren Städten vertreten (Adressen vgl. Website). Ein Ticket für Hin- und Rückfahrt kostet ca. 250 Euro.

- **Deutsche Touring GmbH,** Servicehotline: (069) 79 03-501, **www.deutsche-touring.com.**

Trampen und Mitfahrzentralen

Nach Marokko zu **trampen** ist nur Leuten mit viel Zeit zu empfehlen. Spanien ist nach Erfahrungen von Lesern das schwierigste Tramperland – Einheimische halten so gut wie gar nicht, nur ausländische Urlauber.

Auf der Rückreise hat man die besten Chancen, wenn man sich in **Algeciras** direkt bei der Autoausfahrt der Fähre hinstellt. Vor allem marokkanische Gastarbeiter auf der Rückreise vom Heimaturlaub nehmen Leute mit. Lkws stehen ebenfalls in Sichtweite, fahren aber nicht an Wochenenden. Den Fahrern großer Speditionen ist es verboten, Tramper mitzunehmen.

Die billigste (und noch dazu ökologisch sinnvolle) Möglichkeit, bis nach Südspanien oder weiter zu reisen, bieten **Mitfahrzentralen.** Die Kostenbeteiligung für eine mitfahrende Person von Süddeutschland bis Südspanien liegt bei ca. 100 Euro. Die Fahrer sind bei der Mitfahrzentrale mit allen Daten

An- und Weiterreise

registriert, was vor allem allein reisenden Frauen ein besseres Sicherheitsgefühl gibt als zu trampen.

Infos und Angebote zu Mitfahrgelegenheiten im Internet:
- www.mitfahrzentrale.de
- www.mitfahrgelegenheit.de

Anreise und Rückreise mit eigenem Auto

Die Autobahn durch Spanien ist zwar inzwischen bis Algeciras (über Granada, Málaga) ausgebaut, für eine **Fahrt über die Schweiz, Frankreich und Spanien** bis nach Marokko sind dennoch mind. 2½–3 Tage zu veranschlagen (München – Algeciras 2480 km auf der Autobahn). Wer ohne Zeitnot reist und sich nach und nach auf den Süden einstimmen will, sollte auf die teuren Autobahnen verzichten und über Landstraßen gemütlich bis Marokko reisen. Für Reisende **aus Norddeutschland** ist es vielleicht günstiger, über Luxemburg, Frankreich (in Südfrankreich entlang der Atlantikküste) und Zentralspanien bis nach Algeciras zu fahren (Hamburg – Algeciras ohne Autobahn 3050 km).

Für die **Autobahnen** fallen insgesamt ca. 150 Euro **Gebühren** an (inkl. Schweizer Jahresvignette). Für die Zahlstellen in Frankreich und Spanien ist es sinnvoll, etwas Kleingeld parat zu halten, um ohne Wartezeit beim Automaten durchfahren zu können.

Mit einem Campmobil oder Dachzelt ist es problemlos möglich, an den Autobahnraststätten zu **übernachten.** Mittlerweile ist vor allem in Spanien aus Sicherheitsgründen jedoch ein Campingplatz vorzuziehen.

Preiswert und gut **essen** kann man in Frankreich in den Restaurants der Supermärkte (Hypermarché, Carrefour), die sich an den großen Ausfallstraßen bzw. im *centré industrielle* am Rand der Städte befinden. Auch Truckerkneipen sind die richtige Anlaufstelle für reichhaltiges und preiswertes Essen.

Wenn Sie in **Spaniens Urlaubszentren** Pausen einlegen und unbewacht parken, dann lassen Sie **nichts Wichtiges im Auto** – Autoaufbrüche gehören zur Tagesordnung.

Vernünftige Übersichtskarten mit Kurzinfos über die Anreiseländer, Einfuhrbestimmungen, Benzinpreise, Grenzübergänge sowie eine Gebührenübersicht für die Autobahnen erhalten Mitglieder in der Geschäftsstelle ihres **Automobilclubs** oder auf deren Internetseite:

- **ADAC,** www.adac.de
- **ÖAMTC,** www.oeamtc.at
- **TCS,** www.tcs.ch

Eine Weiterreise nach Mauretanien ist möglich – sofern man ein Visum hat (vgl. „Ein- und Ausreise").

Fähren über das Mittelmeer

Es gibt zahlreiche Fährverbindungen von Spanien, Frankreich und Italien nach Marokko. Ticketschalter befinden sich unmittelbar im Hafenbereich, sowohl in den spanischen als auch in den marokkanischen Fährhäfen.

Generell gilt, dass eine **frühzeitige Buchung** der Hin- und Rückfahrt preiswerter ist, als die Einzeltickets jeweils im Hafen zu kaufen, denn:
- manche Reedereien gewähren Preisnachlässe von bis zu 20% gegenüber zwei Einzelfahrten;
- die in Marokko auf Fährtickets fälligen Steuern von 10% extra zum Ticketpreis entfallen;
- in Marokko gibt es keine Möglichkeit die Fähre für die Rückreise (außer nach Sète) vorauszubuchen, auch nicht in Casablanca bei der Acciona-Trasmediterranea-Vertretung;
- für Studenten und Rentner gibt es auf einzelnen Strecken Preisnachlässe bei Vorlage eines internationalen Ausweises.

Während der **Hauptsaison** in den Sommermonaten und ganz besonders zum Ferienbeginn in Frankreich und Holland (meist Ende Juli/Anfang August) sind die meisten Strecken sehr stark frequentiert und viele Abfahrten ausgebucht. Wer sich lange Wartezeiten ersparen will, sollte daher seine Fährtickets frühzeitig vorausbuchen. Dies ist sowohl bei den Generalagenturen als auch bei spezialisierten Reisebüros möglich.

An- und Weiterreise

Bei der **Einreise nach Marokko** bieten vor allem in Tanger und den spanischen Enklaven Ceuta und Melilla für die Passabfertigung oder zum Geldwechseln **selbst ernannte „Grenzguides"** – die durch Kleidung und angehängte „Ausweise" einen offiziellen Eindruck erwecken – an, den Vorgang zu beschleunigen. Diese „Hilfe" und das dann verlangte (überhöhte) Trinkgeld können Sie sich sparen. Die Einreise ist unproblematisch selbst zu schaffen (siehe „Ein- und Ausreise").

Algeciras/Tarifa – Tanger

Diese Strecke zum neuen Hafen Tanger Med ist zwar etwas länger als die unten genannte Verbindung Algeciras – Ceuta, aber inzwischen diejenige mit den **häufigsten Abfahrten** (bis 14x täglich) – daher sind auch die Wartezeiten meist deutlich kürzer. Es fahren die Reedereien Comarit, Comanav, Balearia, FRS und acciona Trasmediterranea. Die Tickets kauft man für Hin- und Rückfahrt direkt im Hafen von Algeciras. Dabei ist es egal, bei welcher Gesellschaft, denn die Schiffe von allen Reedereien fahren nur von einem Kai ab, und die wartenden Fahrzeuge werden der Reihe nach abgefertigt. Bereits bei der Einfahrt in den Hafen bekommt man eine Nummer zugeteilt. Es kann also durchaus vorkommen, dass man mit einer anderen Gesellschaft übersetzt als man gebucht hat. Trotz dieser kulanten Handhabung sollte man diese Strecke keinesfalls vorab im Reisebüro oder im Internet buchen, denn mit diesen Tickets können die Fährgesellschaften nichts anfangen – man müsste nochmals zahlen und steht genauso in der Schlange wie alle anderen. Die Überfahrt mit der Schnellfähre dauert etwa 1 Stunde. Die Hin- und Rückfahrt kostet etwa 75 Euro p.P., 190 Euro für einen Pkw und 280 Euro für ein Wohnmobil/VW-Bus.

Eine Alternative zu dieser Verbindung sind die Schnellboote **Tarifa – Tanger** (FRS und Comarit, bis 8x täglich, ca. 35 Min.). Das Ticket kostet etwa genauso viel wie die Überfahrt von Algeciras. Die Einreiseformalitäten (ohne Zoll) werden auf den Fähren nach Tanger bereits auf dem Schiff erledigt (s.a. „Ein- und Ausreise, Auf dem Landweg").

Algeciras – Ceuta

Dies ist die **billigste und kürzeste Verbindung** – besonders in der Hochsaison muss man deswegen mit längeren Wartezeiten rechnen! Die Überfahrt mit den „Fast Ferrys" (6x täglich) dauert 30 Min. bis 1 Stunde. Bedient wird diese Strecke von den Reedereien Balearia, FRS und acciona Trasmediterranea. Ein Hin- und Rückfahrtticket kostet etwa 67 Euro p.P., 170 Euro für einen Pkw und 250 Euro für ein Wohnmobil. Auch hier gilt: Keinesfalls im Reisebüro vorab buchen (s.o.)! Nachteil dieser Verbindung ist (ebenso wie nach Melilla, s.u.), dass man die Grenzformalitäten nicht an Bord erledigen kann, sondern erst an der Landesgrenze in Ceuta.

Genua/Sète – Tanger

Die **längsten und teuersten Fährverbindungen** – dafür aber mit der kürzesten und bequemsten Anreise nach Italien bzw. Frankreich – sind Genua – Tanger und Sète – Tanger bzw. Nador.

Hin- und Rückfahrt kosten von **Genua nach Tanger** (48–51 Std. mit COMANAV und Grandi Navi Veloci) je nach Saison und Kabinenkategorie 170–290 Euro p.P. bzw. mindestens 600 Euro für 2 Pers. inkl. Pkw und Innenkabine.

Die Überfahrt von **Sète nach Tanger** dauert 36 Std. (mit COMANAV und COMARIT, 2–3x pro Woche, im Juli/August alle 4 Tage). Für die Hin- und Rückfahrt muss man – je nach Saison und Kabinenkategorie, inkl. Mahlzeiten an Bord – zwischen 265 (Pullmann Sitz) und 560 Euro p.P. (2-Bett Außenkabine mit Dusche/WC) rechnen. Für einen Pkw müssen (ebenfalls saisonabhängig) 460–740 Euro für Hin- und Rückfahrt bezahlt werden, für große Fahrzeuge bis zu 1500 Euro. Von **Sète nach Nador** ist man etwa 30 Std. unterwegs (mit COMANAV, 1x pro Woche, im Juli/August 2x pro Woche), die Überfahrt kostet genauso viel wie nach Tanger. Grimaldi Lines verkehrt auch **von Livorno nach Tanger** (1x pro Woche, 54 Std., www.grimaldi-lines.com).

● **Informationen** im Internet s.u.

Almeria – Melilla/Nador

Der **schnellste Weg** von Europa nach Marokko sind die Verbindungen Almeria – Melilla (Acciona Trasmediterranea, 1x wöchentlich, 6–8 Stunden) oder Almeria – Nador. Diese Strecken sind wesentlich weniger frequentiert als diejenigen von Algeciras nach Ceuta. Nach Melilla gibt es Nachtfähren (Abfahrt gegen Mitternacht), bei denen Sie eine Kabine buchen können und am nächsten Morgen entspannt um 8 Uhr ankommen. Bei den Fähren von Almeria nach Melilla ist im August zwar mit längeren Wartezeiten zu rechnen (einige sind auch ausgebucht), man bekommt aber gelegentlich noch ein Ticket, wenn man einen (teureren) Kabinenplatz bucht. Um evtl. Wartezeiten von 1–2 Tagen zu vermeiden, sollte man **in Deutschland vorbuchen,** sofern die Reise im **Juli oder August** geplant ist. Eine Rückreise von Melilla zwischen 5. und 11.9. ohne vorherige Reservierung sollte man unbedingt vermeiden. Wegen der großen Fiesta in Melilla sind dort die Fährbüros geschlossen, und die Chance, ein Ticket zu bekommen, besteht nur noch abends nach Öffnung der Schalter (bei großem Gedränge). Die Hin- und Rückfahrt von Almeria nach Melilla kostet für 2 Pers. inkl. Pkw ca. 520 Euro (ohne Kabine).

Die Verbindung **Almeria – Nador** (1x wöchentlich mit Acciona Trasmediterranea, in der Hochsaison evtl. öfter, 6–8 Std.) ist etwas stressfreier als die vorher genannte Route, da man direkt Marokko ansteuert und nicht erst den Grenzübergang Melilla nach Marokko überqueren muss. Stattdessen kann man die Polizeiformalitäten, wie auf den Fähren nach Tanger, direkt an Bord erledigen. Die Hin- und Rückfahrt kostet ca. 570 Euro für 2 Pers. inkl. Pkw.

Acciona Trasmediterranea und Grandi Navi Veloci verkehren auch **von Barcelona nach Tanger.**

Mitglieder können vom **ADAC** ein Faltblatt **„Kraftfahrzeug-Fähren in Nordafrika"** anfordern.

Ausrüstung

Im **Internet** findet man unter **www.direct-ferries.de** und **www.ocean24.de** eine gute Übersicht zu fast allen Europafähren mit Buchungsmöglichkeit.

Reedereien und Buchungsbüros

Acciona Trasmediterranea

Strecken: Almeria bzw. Málaga – Melilla, Almeria – Nador, Barcelona – Tanger und Algeciras – Ceuta bzw. Tanger. Internet: www.trasmediterranea.es.

- **Voigt Seereisen Agentur,** Koberg 17, 23552 Lübeck, www.seereisen-agentur.de, Tel. 0451-50 56 17 23
- **Trasmediterranea,** 10, Avda. de Europa, Madrid (Hauptsitz), Tel. 0091-423 85 00
- **Trasmediterranea,** 5, Av. Youssef Ibn Tachfine, Tanger, Tel. 00212 (0)539 34 39 80, ajhira@trasmediterranea.es

Außerdem **Büros** in den Häfen von (u.a.) Málaga, Ceuta, Melilla, Almeria, Algeciras.

Balearia Eurolínias Marítimas

Strecke: Algeciras – Ceuta bzw. Tanger. Internet: www.balearia.com.

- **Balearia,** im Hafen von Algeciras und Ceuta, Tel. 0034 (0)96 642 87 00, reservas@balearia.com
- **Balearia,** im Hafen Tanger Med, Tel. 00212 (0)539 93 44 63

COMARIT/COMANAV

Strecken: Algeciras/Tarifa – Tanger, Sète – Tanger/Nador, Tarifa – Tanger. Internet: www.comarit.es und www.clbliner.fr.

- **CLB Liner,** im Hafen von Sète, Tel. 0033 (0)4 67 80 75 40, ccambon@clbliner.fr
- **Comarit Zentrale,** Avda. Virgen del Carmen 31, Algeciras, Tel. 0034 (9)56 65 74 62,

algeciras@comarit.com; im Hafen von Algeciras, Tel. 0034 (9)56 63 41 49
- **Sahara Wings e.K. inclusive Tours,** Marsstr. 12, 80335 München, info@sahara-wings.de
- **Round World Tours GmbH,** Wydenstrasse 5, 5242 Lupfig (Schweiz), Tel. 0041 (0)56 450 08 50, reisebuero@rwtours.com

Grandi Navi Veloci

Strecke: Genua – Tanger (über Barcelona), 1x wöchentlich. Internet: www.gnv.it.

- **Grandi Navi Veloci,** Via Fieschi 17A, Genua, Tel. 0039 (0)20 945 91, booking@gnv.it
- **IMTC & COMARSHIP,** im Hafen von Tanger, Tel. 00212 (0)38 80 00 20/21 oder 00212 (0)39 37 09 83
- **Voigt Seereisen Agentur,** s.o.

FRS Iberia

Strecken: Algeciras – Ceuta, Tarifa/Algeciras/Gibraltar – Tanger. Internet: www.frs.de oder www.frs.es.

- **Förde Reederei Seetouristik,** Norderhofenden 19–20, 24937 Flensburg, Tel. 0461 86 40, info@frs.de.
- **FRS Iberia S.L.,** Estación Maritima, P.O./Aptdo. de Correos 13, 11380 Tarifa (Cádiz), Tel. 0034 (9)56 68 18 30.
- **FRS Maroc S.A.R.L.,** 18, Rue Farabi, Tanger, Tel. 00212 (0)539 94 26 12.

Ausrüstung

Reisegepäck

Eine rechtzeitig angelegte **Checkliste** hilft, dass man nichts einzupacken (und vorab zu erledigen) vergisst. Im Grunde erfordert eine Marokkoreise kaum andere Vorbereitungen als eine beliebige Südeuropareise. Zu beachten ist jedoch, dass man in ein arabisches Land reist (u.a. Kleidungssitten).

Blick auf den Hafen von Bei Enzar (Nador)

Ausrüstung

Auch wenn Sie etwas zu Hause vergessen haben – bis auf hochmoderne Reise- und Outdoorausrüstung lässt sich in Marokko alles nachkaufen. Generell ist wichtig, an die persönlichen und unersetzlichen Dinge zu denken, z.B. Personaldokumente, Brille und Medikamente, Adressbüchlein sowie Wörterbuch bzw. Sprachführer (z.B. Kauderwelsch „Marokkanisch-Arabisch – Wort für Wort", REISE KNOW-HOW Verlag). Reiseführer/-karte und Urlaubslektüre (deutsche Tageszeitungen, Zeitschriften) sind auch in den Urlaubszentren erhältlich.

Fotografen sollten ausreichend Ersatzbatterien und Filme bzw. für Digitalkameras die Ladestation (kein Adapter notwendig) und eine Speicherkarte mit ausreichend Kapazität mitnehmen (Speicherchips und Filme sind in marokkanischen Fotoläden erhältlich, aber teurer).

Sollten Sie vorzugsweise in kleinen, unklassifizierten Hotels nächtigen, kann ein **Handtuch** nicht schaden, denn diese gehören nicht immer zur Ausstattung. Low-Budget-Touristen sollten auch an einen **Hüttenschlafsack** (aus Seide od. Baumwolle) denken, falls keine oder nur verschmutzte Bettwäsche vorhanden ist. Ein wärmerer Schlafsack ist notwendig, wenn man plant, auf Dachterrassen, im Zelt oder open air in der Wüste zu übernachten. Packen Sie eine kleine **Taschenlampe** (z.B. LED-Stirnlampe) ein: Sie brauchen sie bei evtl. Stromausfällen, bei abendlichen Spaziergängen durch schlecht oder unbeleuchtete Straßen, bei Touren über Land und für Übernachtungen in Zelten oder Hütten und bei Höhlenbesuchen (z.B. im Mittleren Atlas). Ein kleiner **Schirm** ermöglicht Spaziergänge notfalls auch bei Regen (im Frühjahr und Spätherbst).

Empfehlenswert ist die Mitnahme einiger individueller **Geschenkartikel** als Dank für kleinere Dienstleistungen und als Mitbringsel bei Einladungen. Beliebt sind duftende Kosmetikartikel (Seifen, Bodylotion o.a.) oder ein typisches Souvenir (Kalender/Postkarten/ Bildband) von zu Hause.

In einem **Notizbuch** kann man Erlebnisse, Adressen und praktische Infos zu besuchten Hotels, Restaurants etc. festhalten. Zu Hause fällt anhand der Notizen die Zuordnung der Reisebilder leichter und bei einer evtl. weiteren Reise kann man leicht auf das Notierte zurückgreifen.

Auch ein **Notebook** ist in Marokko nützlich: In immer mehr Hotels, Restaurants und Cafés in großen Städten und touristischen Zentren wie Agadir, Essaouira und Marrakesch kann man kabellos im Internet surfen (WLAN).

Kopien von Pass und Dokumenten – separat aufbewahrt – sind nützlich bei Verlust der Originale. Sinvoll ist es auch, eine digitale Kopie der Dokumente im Internet zu speichern (z.B. im passwortgeschützten E-Mail-Postfach) – so sichert man sich bei Verlust jederzeit und überall auf der Welt den Zugriff auf Passdaten o.Ä.

Kleidung

Generell auf Reisen empfehlenswert ist Kleidung aus **leichter Baumwolle oder**

AUSRÜSTUNG

atmungsaktiver Microfaser – beides bietet ein angenehmes Tragegefühl bei Hitze, Kunstfaser trocknet zudem schnell und hat meistens einen besonders guten UV-Schutz. Mit leichten Hosen oder Röcken, die bis über die Knie reichen, sowie weiten Blusen oder T-Shirts ist man unterwegs nicht nur einigermaßen „anständig" angezogen, sondern auch vor der intensiven Sonneneinstrahlung geschützt. Marokkaner wird man außerhalb der Küstenstädte selbst im (sehr heißen) Hochsommer allenfalls in knielangen Shorts auf der Straße antreffen. Auch der wohlgeformteste Mann würde sich daneben benehmen, liefe er mit entblößter Brust herum. Diese Regeln gelten umso mehr, je weiter man sich von touristischen Zentren entfernt.

Selbst in der größten Hitze muss **Rücksicht auf das islamische Gastland** genommen werden. Nacktbaden ist in Marokko verboten, „oben ohne" wird allerhöchstens an den Hotelpools geduldet, an Stränden jedoch signalisiert die barbusige Europäerin dem männlichen Marokkaner sexuelle Bereitschaft, was Belästigungen nach sich zieht. Badekleidung, Shorts, tief ausgeschnittene, rücken-/bauchfreie Oberteile sowie Miniröcke sollten auf die Badezonen und den Hotelbereich beschränkt bleiben und sind vor allem in den Medinas und in religiösen Monumenten absolut unangebracht!

Das **Tragen marokkanischer Landestracht** empfiehlt sich nur zu geeigneten Anlässen: Als Kopfbedeckung bei einer staubigen Tour unter sengender Sonne etwa, ist ein **Chech** (Wickelkopftuch der Tuareg und anderer Saharavölker) sehr praktisch. Beim Rundgang in der Altstadt kann durchaus eine **Djellabah** getragen werden. Insgesamt aber sollte auch hier das nötige Fingerspitzengefühl bewiesen werden.

Für Frauen empfiehlt sich ein großes, leichtes **Tuch,** das frau beliebig über Kopf und/oder Schultern tragen kann – im Süden kann für diesen Zweck auch ein Chech gekauft werden. Dies ist nicht nur ein empfehlenswertes Zugeständnis an die Landessitte, es schützt auch Kopf und Nacken vor der Sonne und das Haar vor Austrocknung und Staub – außerdem lässt sich damit beim Besuch z.B. von Moscheen, Museen, Souks, Restaurants ein etwaiges Zuviel an nackter Haut im Schulterbereich dezent verhüllen.

Auch ins Sommergepäck gehören ein **warmer Pullover, Windstopper oder Fleece** für kühle Abende sowie ein leichter Wind- und Regenschutz. Im Winter braucht man vor allem im Gebirge, aber auch in der Wüste (Nachtfrost!), genug warme Klamotten und einen entsprechend warmen Schlafsack. Für Trekkingtouren im Hohen Atlas müssen vor März und ab September unbedingt Mütze und Handschuhe ins Gepäck!

Feste, geschlossene **Schuhe** sind nicht nur für Wüstenexkursionen empfehlenswert, sondern auch für längere und kürzere Wanderungen, Ausflüge ins Gelände und Besichtigungen antiker Ruinenstätten. Ansonsten sind robuste Trekkingsandalen ideal, sowohl für den Altstadtbummel als auch für Spaziergänge abseits der Straße.

Praktische Tipps A–Z

Ausrüstung

Campingausrüstung

Wer die Reisekasse schonen möchte und gerne im **Zelt** in der Natur übernachtet, statt im Hotelzimmer, der sollte eine komplette Campingausrüstung einpacken. Moderne Kuppelzelte mit Alugestänge lassen sich schnell und unkompliziert aufbauen, sind leicht und stehen auch ohne Heringe. Besonders praktisch sind Zelte mit separatem Innen- und Überzelt, sodass man in warmen Wüstennächsten luftig ohne Überzelt schlafen und durch das Moskitonetz den Sternenhimmel beobachten kann. Für dornigen, steinigen oder feuchten Untergrund sollte man auch eine robuste Plane als Zeltunterlage mitnehmen. Die teuerste, aber sicher praktischste Möglichkeit für Autofahrer ist ein **Autodachzelt** (erhältlich bei Expeditionsausrüstern). Das auf dem Dachgepäckträger mit einer Plane verpackte Zelt wird zum Schlafen wie eine Ziehharmonika auseinandergeklappt und mit der Leiter am Boden gestützt. So kann man sein Lager ohne viel Raum einzunehmen auch schnell am Straßenrand oder auf einem Parkplatz aufbauen.

Als **Schlafsack** empfiehlt sich ein Kunstfaserschlafsack, diese sind pflegeleichter als Daunenschlafsäcke. Warme Schlafsäcke braucht man vor allem im marokkanischen Winter und in den Hochgebirgsregionen. Im Frühjahr und Herbst sind die Nächte in Marokko noch empfindlich kalt. Rucksackreisende, die vorwiegend im Hotel und in der Jugendherberge übernachten werden, können auf einen warmen Schlafsack verzichten, sofern sie nicht gerade im Winter in einfachsten Herbergen ohne Heizung übernachten. Normalerweise reicht ein Baumwoll- oder Seiden-Hüttenschlafsack, den man sowohl in Jugendherbergen als auch in einfachen Hotels verwenden kann.

Die bequemste und gegen Bodenkälte und -wärme am besten isolierende **Schlafunterlage** fürs Camping sind selbstaufblasbare Liegematten, z.B. von Thermarest. Einfache, robuste Isomatten sind zwar weniger bequem, dafür billiger und eignen sich auch recht gut als Unterlage beim Picknicken und als Sitzgelegenheit auf Marokkos staubigen Campingplätzen – im Gegensatz zu den selbst aufblasbaren Matten, die haben beim Außengebrauch von den vielen Akaziendornen schnell ein Loch.

Über den passenden **Campingkocher** lassen Sie sich am besten in einem Ausrüstungsladen beraten. Welches Modell Sie wählen, hängt vor allem davon ab, wie viel Platz zur Verfügung steht. In Marokko sind 5-kg-Campinggasflaschen mit aufschraubbarem Kochaufsatz fast überall (an Tankstellen und in speziellen Gaslagern) erhältlich. Kleine Kartuschen gibt es nur in den Großstädten. Gas und Flaschenpfand sind in Marokko wesentlich billiger als bei uns. Die großen 11-kg-Flaschen passen in der Regel nicht an unsere Anschlüsse. Es existieren aber örtlich Nachfüllstationen für **europäische Campinggasflaschen**. Propan ist nicht aufzufüllen, es gibt auch keine Wechselflaschen unseres Typs, nehmen Sie also bei einer solchen Gasversorgung ausreichend Gas mit. Achtung: Befüllte Gas- und Benzinflaschen für Campingkocher dürfen nicht im Fluggepäck transportiert werden (nur leere Flaschen)!

Für die Campingküche ist ein **Dampfkochtopf** sehr praktisch, um das häufig in großen Stücken verkaufte Fleisch und/oder Gemüse schneller zu garen. Die praktischen französischen Dampfkochtöpfe von SEB (speziell für Gas) sind in Marokko wesentlich billiger als bei uns.

Als unersetzlicher Ausrüstungsgegenstand fürs Camping hat sich eine **faltbare Plastikwanne** (z.B. von Ortlieb) erwiesen: zum Geschirr und Gemüse waschen, aber auch für die Körper- und Kleiderwäsche unterwegs. Die wasserdichte Wanne ist leicht und lässt sich klein zusammenfalten.

Ein **Kühlschrank** (mit 12-V-Anschluss für den Zigarettenanzünder) ist zwar praktisch, aber durchaus zu entbehren. Bewährt haben sich Schwingkompressor-Modelle, die auch in Schräglagen und bei extremer Hitze funktionieren. Absorbermodelle arbeiten nur, wenn das Fahrzeug waagerecht steht und die Außentemperaturen nicht zu hoch sind. Sehr zu empfehlen sind z.B. die Kompressorkühlschränke der Firma Waeco – sie arbeiten nach unserer Erfahrung auch nach jahrelangem Afrikaeinsatz in Sand, Hitze und auf rumpeligen Pisten noch einwandfrei. Eine Al-

Ausrüstungsliste für eine Campingreise mit eigenem Kfz

Camping
- Campingtisch/-stühle
- Zelt/Dachzelt
- Schlafsack, Schlafmatte, Leinentuch, Kopfkissen
- Wasserkanister 20 od. 30 l bzw. Wassertank
- Taschenlampe/Stirnlampe
- Kerzen, Stablampe, LED-Leuchte o.Ä.
- Ersatzbatterien
- Boxen für Kleidung, Lebensmittel usw.
- Klappspaten
- Tagesrucksack

Küche
- Kocher, evtl. Ersatz-Gasflasche
- Geschirr, Töpfe, Pfanne usw.
- Wasserentkeimungsmittel
- Trinkgefäße, Vorratsgefäße, Wasserflasche
- faltbare Plastikwanne
- Grillrost
- evtl. Kompressorkühlschrank

Orientierung
- Karten, Reiseführer, GPS-Daten, sonstiges Infomaterial
- GPS-Gerät inkl. Halterung, Außenantenne
- großer Fahrzeugkompass od. kleiner Handkompass

Technische Geräte
- Notebook, inkl. Kfz-Adapter bzw. Netzteil
- Mobiltelefon inkl. Ladekabel
- Kamera inkl. Filme bzw. Speicherkarten und Ersatzbatterien
- MP3-Player

Sicherheit
- Geldgürtel, Brustbeutel, Bauchtasche o.Ä.
- evtl. im Kfz fest installierte Stahlkassette/Safe
- (mehrfache) Kopien aller Papiere
- Notrufnummern (z.B. Auslandskrankenversicherung, Kreditkartenverlust)
- Adressen von Kontaktpersonen zu Hause und vor Ort

Sonstiges
- Taschenrechner
- Spanngurte
- Kehrbesen und -schaufel
- Wäscheleine und -klammern
- biologisch abbauabare Seife (als Wasch-/Geschirrspülmittel und für die Körperhygiene)
- Flick- und Nähzeug (für Matte, Zelt, Kleidung usw.)
- kleine Geschenke/Mitbringsel
- Rettungsdecke
- Weltempfänger
- Notizblock, Kalender, Adressbuch, franz. Wörterbuch
- Reiseapotheke
- Reisewecker
- Sonnenbrille, Kopfschutz
- Sportausrüstung (Taucherbrille, Trekkingstöcke u.Ä.)
- Fernglas
- Taschenmesser od. Multitool (z.B. Leatherman)
- Taschenspiegel
- Mückenmittel, Moskitonetz
- Feuerzeug, Gasanzünder, Streichhölzer
- Schirm

ternative zum Kühlschrank ist eine einfache Kühlbox, in der Käse, Milch und Fleisch zumindest einen begrenzten Zeitraum frisch bleiben.

Zur Fahrzeugausrüstung vgl. „Mit dem Auto unterwegs".

Wasserversorgung

Für die Wasserversorgung unterwegs ist ein 20-Liter-Wasserkanister ausreichend, wenn man vornehmlich Campingplätze ansteuert. Wenn man überwiegend wild campen will, sollten zusätzlich 20 Liter Brauchwasser eingeplant werden. Bei mehrtägigen Pistenfahrten in der Wüste sollten mind. 10 Liter pro Person pro Tag mitgenommen werden. Faltbare Kanister sind zwar praktisch, gehen aber leicht kaputt.

Eine robuste **Trinkflasche** (Alu- oder Weithalsflaschen) sind für Rucksackreisende und Wanderer zwar praktisch, alternativ kann man aber auch überall 1,5-Liter-Mineralwasserflaschen kaufen und ggf. diese wieder befüllen.

Wasserdesinfektionsmittel sind für Fahrrad-, Auto-, bzw. Motorradreisende, die häufig campen möchten, auf jeden Fall ratsam. Präparate auf Silberionenbasis von Micropur, Certisil oder Romin (in Tabletten oder flüssiger Form) machen klares Wasser haltbar. Präparate mit Chlor desinfizieren zweifelhaftes Wasser und sind (bei richtiger Dosierung) annähernd geschmacksneutral. Für Rucksack- und Fahrradtouristen sind 1-Liter-Tabletten praktisch, für Autoreisende eher Tabletten mit 20-Liter-Dosierung. Das Leitungswasser in den Städten ist sehr chlorhaltig, sollte besser nicht getrunken werden, ist zum Zähneputzen aber unbedenklich. Rucksackreisende, die entlang der Hauptrouten unterwegs sind, können überall Mineralwasser, Tee und Softdrinks kaufen und müssen folglich nicht an Wasserdesinfektion denken.

Ausrüstungsläden

Es gibt mittlerweile in allen größeren Städten Deutschlands Ausrüstungsläden. Viele dieser Firmen werden von erfahrenen Globetrottern geführt, die Sie professionell beraten. Hier eine Auswahl an bekannten und altbewährten Ausrüstern:

- **Atlas Travelshop**
Schauplatzgasse 21, CH-3011 Bern,
Tel. 0041 (0)31 311 90 44, www.atw.ch;
Bahnhofstr. 76, CH-3232 Ins,
Tel. 0041 (0)32 313 44 07
- **Därr Expeditionsservice GmbH**
Theresienstraße 66, 80333 München,
Tel. 089 28 20 32, www.daerr.de
- **Globetrotter Ausrüstung**
Wiesendamm 1, 22305 Hamburg, Tel. 040 29 12 23, www.globetrotter.de
- **Hof & Turecek Expeditionsservice**
Markgraf-Rüdiger-Str. 1, 1150 Wien,
Tel. 0043 (0)1 982 23 61, www.turecek.at
- **Lauche & Maas**
Alte Allee 28, 81245 München, Tel. 089 88 07 05, www.lauche-maas.de
- **Woick**
Plieningerstr. 21, 70794 Filderstadt, Tel. 0711 7096-700, www.woick.de

Behindertenreisen

Marokko ist kein ideales Land für Behinderte. Es gibt nur wenige behindertengerechte Hotels, öffentliche Einrichtungen oder gar öffentliche Verkehrsmittel. Am ehesten funktioniert dies noch mit der Eisenbahn. Auch die Straßen und Gehsteige sind nicht für einen Rollstuhl geeignet: So sind Gehwege oft nicht vorhanden bzw. häufig uneben, mit Löchern und hohen Bordsteinkanten. In den Medinas sind die Gassen oft so eng, dass man schon als normaler Fußgänger seine liebe Not hat, Mopeds, Eselswagen und Menschen auszuweichen. Behinderte, die auf den Rollstuhl angewiesen sind, sollten deshalb unbedingt mit Begleitperson reisen. Es gibt zwar Rollstuhlfahrer, die sich alleine durch Marokko geschlagen haben, aber dieses Unterfangen ist ausgesprochen mühsam – immerhin lautet das einstimmige Urteil aller, dass die Bevölkerung Behinderten gegenüber sehr aufgeschlossen, hilfsbereit und freundlich wäre.

● Eine kostenlose **Reiseberatung für Behinderte** erhält man bei der **Bundesarbeitsgemeinschaft der Clubs Behinderter und ihrer Freunde: BAGcbf,** Langenmarckweg 21, 51465 Bergisch-Gladbach, Tel. 02202 560 16, www.bagcbf.de oder www.cbf.eu.

Diplomatische Vertretungen

Adressen aller Vertretungen auch im Internet unter www.auswaertiges-amt.de, www.bmeia.gv.at und www.amb-maroc.ch.

Marokkanische Vertretungen

Botschaft des Königreichs Marokko

● Niederwallstr. 39, 10117 **Berlin,** Tel. 030 206 12 40, Fax 206 12 420, www.botschaft-marokko.de
● Opernring 3–5, 1010 **Wien,** Tel. 01 586 66 50, 586 66 51, Fax 586 76 67
● Helvetiastrasse 42, 3005 **Bern,** Tel. 031 351 03 62, Fax 351 03 64, www.amb-maroc.ch

Vertretungen in Marokko

● **Deutsche Botschaft: Ambassade de la République fédérale d'Allemagne**
7, Zankat Madnine, Rabat, Postadresse: Ambassade de la République fédérale d'Allemagne, B.P. 235, 10001 **Rabat,** Marokko, Tel. 00212 (0)537 21 86 00 bzw. Fax (0)537 70 68 51, www.rabat.diplo.de; in dringenden Notfällen außerhalb der Öffnungszeiten kann man auch unter Tel. 0661 14 70 59 einen Mitarbeiter der Botschaft erreichen; Rechts- und Konsularreferat: 12, Av. Mehdi Ben Barka, Souissi, Tel. 00212 (0)537 63 54 00, Fax (0)537 65 36 49, visallemagne@menara.ma
● **Consulat de l'Allemagne**
Deutsches Konsulat, Honorarkonsul *Hamza Choufani,* 6, Rue de Madrid, Sec. résidentiel, 80000 **Agadir,** Tel. 00212 (0)528 84 10 25, Fax (0)528 84 09 26, conshono@menara.ma
● **Ambassade de l'Autriche**
Österreichische Botschaft, 2, Zankat Tiddas, **Rabat,** Tel. 00212 (0)537 76 40 03, 76 16 98, rabat-ob@bmeia.gv.at
● **Ambassade de Suisse**
Schweizerische Botschaft, Square de Berkane, 10020 **Rabat,** Postanschrift: B.P. 169, 10000 Rabat, Marokko, Tel. 00212 (0)537 26 80-30/-31/-32, rab.vertretung@eda.admin.ch

Drogen

Konsum, Besitz und Handel von Drogen sind in Marokko verboten! Wer erwischt wird, dem drohen lange Haftstrafen. Die Haftbedingungen entsprechen Dritte-Welt-Niveau!

Ein Problem in Marokko ist die leichte Erhältlichkeit bzw. die zwiespältige Handhabung im Umgang mit Drogen. Weniger gebräuchlich sind harte Drogen, aber **Marihuana bzw. Haschisch** sind allgegenwärtig – vor allem im Norden. Hanf/Cannabis wird im Rif-Gebirge angebaut. Da Hanf häufig die einzige, sicherlich aber die lukrativste Einnahmequelle, der armen Bergbauern ist und die Rif-Kabylen schon immer aufsässig gegen die Regierung waren, unternimmt der Staat wenig gegen die Hanfanpflanzer, um sich in diesem Gebiet die Ruhe zu sichern. Andererseits will sich Marokko nicht den Ärger der westlichen Partner USA und Europa einhandeln und bestraft deshalb nicht nur den Handel mit harten Drogen sondern auch den Marihuana-/Haschischhandel und -besitz. Nach Zeitungsberichten wurde inzwischen ein Fonds der UNO gegründet, um die Bauern aus der Abhängigkeit vom Hanf-Anbau zu lösen. Dieses **UNFDAC-Programm** bietet den Bewohnern landwirtschaftliche Beratung und finanzielle Unterstützung zur Anpflanzung von Obstbäumen und Getreide sowie zur Züchtung von Rindern, Schafen und Ziegen.

Die **Anmache** durch Händler und Bauernburschen **im Rif-Gebirge** ist ziemlich bedeutungslos geworden, hier reist man mittlerweile problemlos und meist unbelästigt. Die Zeiten der Verfolgungsjagden mit Autos sind definitiv vorbei. Nur in den Städten (z.B. Chefchaouen, Tétouan) erhält man gelegentlich im Vorbeigehen ein unauffällig geflüstertes Angebot.

Touristen sollten unbedingt die Finger von diesen Angeboten lassen, denn ein schneller Joint unter „Freunden" führt nicht selten zu Komplikationen. Rucksackreisende berichten gelegentlich von **massiven Erpressungsversuchen** bei „Einladungen". Vermeintlich freundlichen Studenten auf den Leim gegangen, stellt sich oft heraus, dass diese nichts anderes im Sinne haben, als ihren Stoff zu verkaufen. Grundsätzlich sollte man vorsichtig sein und keinesfalls leichtfertig Einladungen annehmen!

Wer sich immer noch Illusionen hingibt, was Rauschgiftkonsum und dessen Folgen in Marokko anbelangt, sollte sich von *amnesty international* die Berichte deutscher Gefangener in Marokko zuschicken lassen.

Ein- und Ausreise

Deutsche Staatsbürger benötigen für einen Aufenthalt in Marokko bis zu 90 Tagen einen noch sechs Monate gültigen **Reisepass,** Kinder brauchen für die Ein- und Ausreise entweder einen (Kinder-)Reisepass nach neuem Muster oder den bisherigen Kinderausweis als Passersatz, der in jedem Fall mit einem Lichtbild versehen sein muss. Jugendliche ab 16 Jahren brauchen einen eigenen Reisepass, allein reisende Minderjährige grundsätzlich einen eigenen Reisepass und eine schriftliche Reisegenehmigung der Eltern, die notariell oder von einer Behörde beglaubigt und ins Französische übersetzt sein muss. Für deutsche **Pauschalreisende,** die einen Charterflug (fester Hin- und Rückflugtermin) mit Hotelaufenthalt für die gesamte Reisedauer gebucht und bezahlt haben, genügt auch der **Personalausweis.** Impfvorschriften bestehen nicht.

Hinweis: Da sich die **Einreisebedingungen kurzfristig ändern** können, raten wir, sich kurz vor der Abreise beim Auswärtigen Amt (www.auswaertiges-amt.de bzw. www.bmaa.gv.at oder www.dfae.admin.ch) oder der jeweiligen Botschaft zu informieren.

Eine **Verlängerung des Aufenthalts** ist grundsätzlich **nicht möglich,** es sei denn, der Ausländerpolizei wird ein vollständiger Antrag mit Nachweis über finanzielle Mittel, ggf. Arbeitsvertrag in Marokko und Begründung, warum ein längerer Aufenthalt erforderlich ist, vorgelegt. Ein Aufenthalt über 90 Tage hinaus stellt einen Verstoß gegen das Aufenthaltsrecht dar und wird strafrechtlich geahndet.

Einreise über den Flughafen

Die Abfertigung am Flughafen ist ziemlich unproblematisch. Dem Polizeibeamten legt man den Pass und den Ein-/Ausreisezettel (*Carte d'Embarquement/Débarquement*) vor. Daraufhin erhält man den **Einreisestempel mit Identifikationsnummer,** auf deren Lesbarkeit man achten sollte, da sie beim Einchecken in die Hotels und für weitere Einreisen benötigt wird. Bei der Ausreise ist der gleiche Zettel auszufüllen, der meistens bei den Säulen am Flughafen rumliegt, und dem Beamten mitsamt Pass und Boarding Pass vorzulegen. Falls man mit dem Personalausweis einreist (was nur für Pauschaltouristen im Rahmen einer Gruppenreise möglich ist), erhält man ein gesondertes Blatt mit dem Einreisestempel, das bei der Ausreise wieder vorgezeigt werden muss. Bei der Zollabfertigung werden Gruppenreisende selten kontrolliert.

Vor jedem Flughafen warten **Grand Taxis** (vgl. Transport) für die bequeme und schnelle Fahrt in die Innenstadt. Vom stadtnahen **Flughafen Marrakesch Ménara** (nur ca. 20 Min. in die Neustadt) verkehren auch günstigere Petit Taxis. Außerdem hält direkt vor dem Flughafengebäude ein billiger Shuttlebus, der zum Djamâa-el-Fna und in die Neustadt fährt (siehe Marrakesch/Busse).

Auch vom **Flughafen Agadir/Aït Melloul** ist es möglich, mit dem **Bus** zu fahren (Bus Nr. 22 an der Kreuzung zur Hauptstraße, ca. 400 m vom Flughafen entfernt, vgl. Agadir). Wer in der Umgebung von Agadir sehr günstig wohnen möchte, nimmt am besten gleich ein Ta-

Ein- bzw. Ausreiseformular

xi oder den Bus nach Inezgane (südlich von Agadir in Richtung Flughafen), wo sich Billigquartiere und der Busbahnhof für die Fernbusse befinden.

Wichtig: Es gibt **Festpreise für die Taxifahrt** (mit Grand od. Petit Taxi) vom Flughafen in die Stadt – diese sind am Taxistandplatz oder im Flughafen ausgeschrieben. Lassen Sie sich nicht auf völlig überhöhte Preisforderungen unverschämter Taxifahrer ein!

Vom **Flughafen Casablanca Mohamed V.** verkehrt (im Untergeschoss) die **Bahn** ungefähr stündlich zum Bahnhof Casa Port oder Casa Voyageurs. Die letzte Bahn vom Flughafen nach Casa Voyageurs geht um ca. 22 Uhr, die letzte Bahn von der Innenstadt (Casa Port) zum Flughafen um 21.30 Uhr. Der Bahnhof Casa Port liegt wesentlich näher an der Innenstadt und den meisten Hotels.

Einreise auf dem Landweg

Reisen Sie zum erstenmal in ein außereuropäisches Land, dann wird Sie der Trubel an der Grenze und die unkonventionelle Abwicklung noch schockieren. Tatsächlich sind die Grenzformalitäten im Vergleich zu anderen afrikanischen Ländern völlig harmlos. Für die Abwicklung der Formalitäten bei der Ein- und Ausreise sollten Sie mit mindestens zwei Stunden rechnen. In den spanischen Exklaven Ceuta und Mellila gibt es eigene Schalter für EU-Bürger, die die Einreise in die EU von Marokko beschleunigen.

An der Grenze müssen ein Ein- bzw. Ausreisezettel (*Carte d'Embarquement/Débarquement*, vgl. oben) und eine Zollerklärung ausgefüllt werden und zusammen mit dem Pass am Polizeischalter abgegeben werden. Manchmal ist es schwer, einen dieser Zettel zu ergattern: Fragen Sie hartnäckig am Schalter nach oder bitten Sie bei großem Gedränge einen der vorne Anstehenden um die Weitergabe eines Einreiseformulars (franz. *fiches*). Die Einreise- bzw. Ausreisezettel sind in Englisch und Französisch gehalten und leicht auszufüllen.

Auf vielen **Fähren** (z.B. nach Tanger und Nador) werden die Formulare **direkt an Bord** oder **bei der Abfahrt** von Tanger nach Spanien im Hafen von der Schiffahrtsgesellschaft ausgeteilt. Achten Sie auf die Durchsagen an Bord: Der marokkansiche Beamte wartet in der Regel in der Cafeteria und verteilt den Einreisestempel, wenn man Pass und Einreiseformular vorweist. Falls die Formalitäten nicht schon an Bord erledigt werden können, stellt man sich im Ankunftshafen an den enstprechenden (Zoll-/Polizei-)Posten in die Schlange.

Auto-/Motorradfahrer müssen an der Landesgrenze die **Grüne Versicherungskarte** und den **Kraftfahrzeugschein** (franz. *carte grise*) vorweisen (vgl. unten „Fahrzeugbestimmungen"). Außerdem muss ein grünes **Formular zur temporären Einfuhr des Fahrzeugs** für den Zoll ausgefüllt werden. Auch dieses ist in der Hochsaison auf den Fähren erhältlich, sonst im Hafen. Unter www.douane.gov.ma/edouane/dmcv/at/Formulaire_AT.asp können Sie das Fahrzeugformular (*Déclaration d'Admission Temporaire de Moyens de Transport*) schon vor der Reise ausfüllen

Ein- und Ausreise

und ausdrucken. In die Deklaration wird eine Einfuhrgenehmigung von drei Monaten eingetragen, auf Wunsch auch für sechs Monate (max. Dauer ist sechs Monate, mehrere Einreisen werden zusammengerechnet). Sie erhalten einen Durchschlag, den Sie unbedingt für die Ausreise aufbewahren müssen. Falls das Fahrzeug nicht auf Sie zugelassen ist, muss eine Vollmacht in französischer Sprache vorgelegt werden (vgl. unten Fahrzeugbestimmungen). Die Gepäckkontrolle durch einen (häufig nicht uniformierten) Zöllner kann je nach Lust und Laune des Beamten mehr oder weniger Zeit in Anspruch nehmen. Meist werden bei der Einreise nach Marokko (in Kleidung und Auftreten einigermaßen seriös erscheinende) Touristen nur oberflächlich kontrolliert.

Alle Personen- und Fahrzeugdaten werden per PC elektronisch erfasst. Die bei der ersten Einreise in den Pass gestempelte **Identifikationsnummer** (vgl. oben) bleibt für alle weiteren Einreisen nach Marokko die gleiche. **Alle Kennzeichen und Fahrgestellnummern** werden **überprüft,** um evtl. Autodiebstählen oder illegalen Einfuhren einen Riegel vorzuschieben.

Grundsätzlich gilt an afrikanischen Grenzen: Immer freundlich sein, auch bei längeren Kontrollen. Nie nach einem Warum und Wieso fragen, **nie fotografieren** (an Grenzen und militärischen Anlagen streng verboten). Sofort auf Anweisung die Kofferräume und Luken öffnen, damit gar nicht erst der Verdacht entsteht, Sie hätten etwas zu verbergen. Streng kontrolliert und nach Drogen gefilzt wird nur manchmal bei der Ausreise und nachfolgend bei der Einreise nach Spanien. Fahren Sie bei der Rückreise also rechtzeitig vor der Abfahrt des Schiffes in Ceuta oder Melilla zur marokk.-span. Grenze.

In der **Nähe der Grenzen,** manchmal vor größeren Städten, und im Bereich der **Westsahara** oder auch im **Rif,** treffen Sie ab und zu auf **Kontrollposten.** Das Militär oder die Polizei hat entweder Wachhäuschen postiert oder die Straße mit Nagelketten abgesperrt. Die meist sehr freundlichen Beamten fragen nach dem Woher und Wohin, notieren gelegentlich das Kennzeichen und **im Süden** auch **persönliche Daten.** Ferner kontrollieren sie die **Pässe und Fahrzeugpapiere.**

Grenzübergänge

- **Nach Spanien**: Die Hafenzollämter sind Tag und Nacht geöffnet (Tanger und Nador), aber auch die Grenzübergänge von Melilla und Ceuta. An den Grenzen gibt es Wechselstuben.
- **Nach Algerien:** Maghnia – Oujda (Zouj-Beghal), Ahfir und Figuig. Die Grenzen nach Algerien sind für Touristen weiterhin geschlossen (seit 1994 wegen eines Überfalls von Fundamentalisten auf ein Hotel in Marrakesch). Außer den genannten Grenzübergängen im Osten sind **im Süden die Grenzen zu Algerien generell gesperrt** – hier ist der Grenzverlauf mit Algerien ungeklärt. Versuchen Sie nicht, grenznahes Gelände querfeldein zu erkunden!
- **Nach Mauretanien:** Eine Weiterfahrt nach Mauretanien entlang der Atlantikküste (nicht in Richtung Bir Moghrein) ist auf Teerstraße möglich. Alle marokkanischen Formalitäten werden hinter Guergarat am Grenzposten erledigt. Danach folgen ca. 10 km durch vermintes Niemandsland zum mauretanischen Posten, wo **Visa** auf Gültigkeit kontrolliert und die Polizei-/Zollformalitäten erledigt werden. Von der marokkanischen Grenze

Ein- und Ausreise

führt eine Teerstraße durchs Landesinnere bis nach Nouakchott.

Fahrzeugbestimmungen

Auto- oder Motorradfahrer können ihr Fahrzeug (bis zu sechs Monate) zollfrei einführen. Erforderliche Dokumente sind der (nationale) Führerschein sowie Fahrzeugschein *(carte grise)*. Sie benötigen für Marokko außerdem die **Grüne Versicherungskarte,** die ihren Versicherungsschutz in der Kfz-Haftpflichtversicherung bescheinigt; Sie erhalten diese kostenlos von Ihrer Versicherung. Achten Sie darauf, dass die Karte für Marokko gültig geschrieben ist, sonst muss an der Grenze eine lokale Haftpflichtversicherung abgeschlossen werden (ca. 900 DH pro Monat). 2006 und 2007 war Marokko vom zuständigen Versicherungsdachverband ausgeschlossen und mit der Grünen Versicherungskarte kein Versicherungsschutz gegeben (auch wenn Marokko auf der Karte vermerkt war). Erkundigen Sie sich vor der Abreise bei Ihrem Versicherungsbüro oder beim Deutschen Büro Grüne Karte (www.gruene-karte.de) über den aktuellen Stand!

Das Auto, wie auch natürlich jedes Wohnmobil, Boote ohne Motor und Wohnwagen, wird in den Zollcomputer eingetragen und muss in einem grünen Zollformular *(Déclaration d'Admission Temporaire de Moyens de Transport,* siehe oben) deklariert werden. Auf diesem Formular wird die **temporäre Einfuhr** des Fahrzeugs für 6 Monate genehmigt (s.o. „Einreise auf dem Landweg"). Da in den Bestimmungen nur von „fourgonette" und „camionette" die Rede ist, aber Lkw (franz. *poids lourds*) von dieser Regelung ausschließt, ist hier der freien Auslegung durch die Zöllner Tür und Tor geöffnet. Die Handhabung war in den letzten Jahren so, dass als Wohnmobile zugelassene Lkw bzw. Lkw mit Wohnmobileinrichtung die temporäre Importgenehmigung in der Regel erhielten. Lkw, die offensichtlich nicht eingerichtet sind, müssen evtl. Kaution hinterlegen und erhalten diese bei der Ausreise nur an derselben Grenze wie bei der Einreise wieder zurück!

Überschreitet man die Frist von sechs Monaten genehmigter Einfuhr, so muss man Strafe bezahlen. Man erhält vom Zoll eine Bestätigung über die Bezahlung und muss innerhalb von vier Tagen das Land verlassen.

Ist das Fahrzeug ausgeliehen und nicht auf Ihren Namen zugelassen, so muss eine französische beglaubigte **Vollmacht** des Fahrzeughalters bzw. bei Mietfahrzeugen der Mietvertrag vorgewiesen werden. Mehrsprachige Vordrucke für **Vollmachten** und die dazugehörige Beglaubigung bekommen z.B. Mitglieder beim ADAC.

Ein **Verkauf des Fahrzeugs** ist nur mit offizieller Zustimmung der Zollbehörden, Verzollung (50% des Fahrzeugneuwertes in Marokko) und Austrag aus den Papieren möglich. Diese Genehmigung wird so gut wie nie erteilt. Nähere Infos zur Verzollung *(Dédouanement)* gibt es unter www.douane.gov.ma.

Erst mit eigenem oder Leihauto erschließt sich Marokko in seiner ganzen Vielfalt

Ein- und Ausreise

Das Fahrzeug sollte nicht in Militär- oder Tarnfarben lackiert sein, sonst kann die Einreise verweigert werden!

Zollbestimmungen

Private Gebrauchsgegenstände können zollfrei eingeführt werden. Laptops, Surfbretter, Fahrräder und Boote müssen evtl. in einem extra Formular deklariert bzw. gegebenenfalls in den Pass eingetragen und wieder ausgeführt werden. Normalerweise gibt es damit aber keine Probleme. Die Einfuhr von Barmitteln, deren Wert 100.000 Dirham (ca. 9000 Euro) übersteigt, muss ebenfalls bei der Einreise deklariert werden – dies ist für Touristen jedoch kaum relevant.

Erwachsene Reisende dürfen an Genussmitteln 200 Zigaretten oder 400 g Tabak oder 50 Zigarren, 1 Liter Wein und 1 Liter Spirituosen oder drei Flaschen Wein zollfrei mitführen. Die Mitnahme von **Funkgeräten** aller Art, auch eingebauten, ist verboten. Amateurfunker (nicht CB) können aber in Deutschland bzw. Österreich oder der Schweiz eine Gastlizenz beantragen. Die Einfuhr von Pornografie ist ebenfalls verboten.

Sollten Sie noch eine alte Landkarte bei sich führen, welche die **Westsahara** nicht als marokkanisches Gebiet ausweist, kann es sein, das sie Ihnen abgenommen wird.

Die marokkanische **Währung (Dirham)** darf nur bis zu einem Höchstbetrag von 1000 Dirham ein- oder ausgeführt werden.

Jagdwaffen und Munition können zeitlich befristet mit einer **Genehmigung** der Sûreté Nationale ins Land gebracht werden. Alle sonstigen Waffen und Tränengassprays sind verboten.

Die Ein- und Ausfuhr von Rauschgift (in Marokko vor allem **Cannabis** in Form von Haschisch, Marihuana und Kif) ist ebenfalls verboten und wird mit langen Gefängnisstrafen geahndet.

Bei der Mitnahme von **Hunden** (und Katzen) sind vor allem die Bestimmungen für die Wiedereinfuhr in die EU relevant: Der EU-Heimtierpass muss eine gültige Tollwutimpfung vor wenigstens einem Monat und nicht länger als zwölf Monaten nachweisen. Außerdem brauchen Sie einen sog. Tollwut-Titer, der nachweist, dass die Impfung auch angeschlagen hat. Das Tier muss tätowiert oder mit einem implantierten Chip gekennzeichnet sein. Für die Einreise nach Marokko ist offiziell ein amtstierärztliches Zeugnis nötig, das in den Impfpass eingetragen wird (jedoch sehr selten Kontrollen). Beachten Sie, dass es Probleme gibt, wenn Sie einen Hund aus Marokko mitbringen: Selbst wenn dieser geimpft ist und ein amtsärztliches Zeugnis aus Marokko vorliegt, wird dies oft nicht anerkannt und das Tier muss in Quarantäne. Mit einem Hund kann es erhebliche Probleme bei der Hotelsuche geben: Viele Hotels akzeptieren keine Tiere in den Zimmern!

Duty-Free: Bei Ein- und Ausreise kann an allen Flughäfen in Duty-Free-Shops eingekauft werden (gegen Devisen, nicht marokkanische Dirham!). Neuerdings gibt es in Marokko „**tax free shopping**": Bei Einkäufen über 2000 Dirham im gleichen Geschäft am gleichen Tag werden 250 DH rückerstattet, wenn man die Ware(n) wieder ausführt. Angeschlossen sind derzeit 890 Geschäfte. Eine Vorlage des Reisepasses ist notwendig. Näheres dazu auf der Website des Office National de Tourisme: www.visitmorocco.com.

Bei der **Rückeinreise** gibt es auch auf europäischer Seite Freigrenzen, Verbote und Einschränkungen. Folgende **Freimengen** darf man zollfrei einführen (EU und Schweiz):

- **Tabakwaren** (für Personen ab 17 Jahren): 200 Zigaretten oder 100 Zigarillos oder 50 Zigarren oder 250 g Tabak oder eine anteilige Zusammenstellung dieser Waren.
- **Alkohol** (für Personen ab 17 Jahren) in die EU: 1 Liter Spirituosen über 22 Vol.-% oder 2 Liter Spirituosen unter 22 Vol.-% oder eine anteilige Zusammenstellung dieser Waren, und 4 Liter nicht-schäumende Weine, und 16 Liter Bier; in die Schweiz: 2 Liter bis 15 Vol.-% und 1 Liter über 15 Vol.-%.
- **Andere Waren** (in die EU): 10 Liter Kraftstoff im Benzinkanister; für See- und Flugreisende bis zu einem Warenwert von insgesamt 430 Euro, über Land Reisende 300 Euro, alle Reisende unter 15 Jahren 175 Euro (bzw. 150 Euro in Österreich); (in die Schweiz): neu angeschaffte Waren für den Privatgebrauch bis zu einem Gesamtwert von 300 SFr; bei Nahrungsmitteln gibt es innerhalb dieser Wertfreigrenze auch Mengenbeschränkungen.

Wird die Wertfreigrenze überschritten, sind **Einfuhrabgaben** auf den Gesamtwert der Ware zu zahlen und nicht nur auf den die Freigrenze übersteigenden Anteil. Die Berechnung erfolgt entweder pauschal oder nach dem Tarif jeder einzelnen Ware zuzüglich sonstiger Steuern.

Einfuhrbeschränkungen bestehen u.a. für Tiere, Pflanzen, Arzneimittel, Betäubungsmittel, Feuerwerkskörper, Lebensmittel, Raubkopien, verfassungswidrige Schriften, Pornografie, Waffen und Munition; in Österreich auch für Rohgold und in der Schweiz auch für CB-Funkgeräte.

Nähere Informationen
- **Deutschland:** www.zoll.de oder unter Tel. 0351 44 83 45 10
- **Österreich:** www.bmf.gv.at oder unter Tel. 01 514 33 56 40 53
- **Schweiz:** www.ezv.admin.ch oder unter Tel. 061 287 11 11

Elektrizität

Die Netzspannung beträgt **220 V.** Gelegentlich passen unsere Gerätestecker nicht in die marokkanischen Steckdosen; für ältere Hotels wird die Mitnahme eines Südeuropasteckers empfohlen.

Essen und Trinken

Restaurants, Cafés und Konditoreien

In den meisten Hotels können Sie zwischen **europäischer** (meist französischer) und **marokkanischer Küche** wählen. In den touristischen Zentren muss kein Tourist auf gewohnte Kost verzichten, in Agadir kommt sogar deutsches Bier vom Fass und Wiener Schnitzel auf den Tisch. In Marrakesch kann man französisch, marokkanisch, italienisch, thailändisch, chinesisch und sogar Sushi essen. Auch **Pizza und Fast Food** (Burger King, Pizza Hut, McDonald's) haben in allen größeren Städten Einzug gehalten.

Restaurants mit marokkanischer und französischer Küche gibt es in den Großstädten in reicher Auswahl. In der **Altstadt** dominieren einfache **Garküchen** mit einheimischem Essen. In den letzten Jahren eröffneten in den Medinas außerdem immer mehr exklusive, in renovierten Stadthäusern untergebrachte **Palastrestaurants**. Wer es sich leisten kann (Menü 300–600 DH), der verbringt in einem solchen Restaurant einen romantischen

Abend in stilvollem Orientambiente, häufig auch mit Livemusik und Tanz. Zu den typischen marokkanischen Gerichten vgl. das ausführliche Kapitel „Marokkos Küche" im landeskundlichen Teil dieses Buches.

Ein 3-Gänge-Menü mit Suppe, Hauptspeise (Tajine/Couscous/Brochette) und Dessert (z.B. Obstsalat) ist in einem mittelpreisigen Restaurant für 90–150 DH zu bekommen. Da sich die Lokale meist auf bestimmte Stadtviertel (meist in der Neustadt oder am zentralen Platz) konzentrieren, kann man bei einem Stadtbummel anhand der aushängenden Speisekarten einen Preisvergleich anstellen. In einfachen Lokalen mit marokkanischer Küche und weniger Atmosphäre (z.B. Plastikstühle, keine Tischdecken, evtl. verschmutzte Toiletten) ist ein Hauptgericht schon ab 45 DH zu haben. In **Grill-Schnellimbissen** (rôtisseries) entlang der Fernverkehrsstraßen, an Tankstellen und großen Kreuzungen gibt es preisgünstig poulet rôti (Grillhähnchen) mit Pommes frites, kefta (Rinderhackwürstchen), merguez (rote Würstchen) oder brochettes (Fleischspieße) für jeweils 35–50 DH. In sog. casse-croûte an den Straßen werden Sandwiches, Pizzas und Omelettes angeboten.

Gute **Konditoreien** (pâtisserie) in jeder Stadt garantieren, dass man zwischendurch alle möglichen Kuchen und süßes Gebäck mit Mandeln und Honig kaufen kann. Als Ramadan-Gebäck gibt es Griouch (mit Hand gefaltet) und Chebakia.

Salate aus frischem Gemüse sind in Marokko weit verbreitet und in verschiedensten Variationen erhältlich. Der typische Salade marocaine besteht aus Tomaten, Gurken, Zwiebeln, Kartoffeln und Oliven.

Alkohol darf in Marokko nur in lizensierten (d.h. großen oder teureren) Restaurants und Hotels ausgeschenkt werden. In den lizensierten Einrichtungen bekommt man u.a. sehr guten marokkanischen Wein aus der Region um Meknès, Casablanca oder Essaouira.

Entlang der Küste bieten zahlreiche Lokale hervorragend zubereitete **Meeresfrüchte** (fruits de mer) und **frischen Fisch** an. Am besten, frischesten und preiswertesten isst man Fisch direkt im Hafenbereich (z.B. Essaouira, Salé, Agadir). Die Küche im **Süden** Marokkos und abseits der Touristengebiete gestaltet sich weniger abwechslungsreich und konzentriert sich häufig auf die gleichen Tajine-Variationen mit Gemüse und Huhn.

Der Besuch eines der zahllosen einfachen Cafés gehört zum Marokkoerlebnis: Das **traditionelle Café** im islamischen Kulturkreis ist Männertreffpunkt, Kommunikationszentrum und Austauschbörse, häufig auch Vermittlungsort von Prostituierten und Kiffertreffpunkt. Wie bei uns reicht hier die Bandbreite der Lokale von gediegen bis zwielichtig, was natürlich in entscheidendem Maße vom Viertel abhängt. In kleineren Orten kann das Café aber auch sämtliche der genannten Funktionen erfüllen, selbst wenn dies dem Touristen verborgen bleibt. Die traditionellen marokkanischen Cafés in der Medina (mit reinem Männerpublikum) sind vor allem für allein reisende Frauen Tabu. In den Eisdielen oder modernen Cafés der Neustädte trifft man die marokkanische Jugend und durchaus auch moderne junge Frauen ohne männliche Be-

Kulinarisch kommt in Marokko jedermann auf seine Kosten

ESSEN UND TRINKEN

gleitung. Dort trinkt man am besten einen **marokkanischen Tee** *(thé à la menthe)* oder einen **frisch gepressten Orangensaft**.

Selbstversorger

Selbstversorger finden auf den Märkten *(marché central* oder *marché municipal)* bzw. den Wochenmärkten in den kleineren Orten *(souk hebdomaire)* und in den Lebensmittelgeschäften *(alimentaire)* alles, was man für die Küche braucht. Das Angebot auf den Märkten variiert abhängig von der Jahreszeit. Im Frühjahr gibt es alle erdenklichen **Obst- und Gemüsesorten** zu kaufen, im Sommer wird das Angebot etwas spärlicher mit Paprika, Kartoffeln, Blumenkohl, Karotten, Tomaten und Zwiebeln sowie Orangen und Zitronen. Selbst in abgelegenen Dörfern der Westsahara und in den Bergen ist frisches Obst und Gemüse erhältlich.

In allen großen Städten gibt es zudem hervorragend sortierte, riesige **Supermärkte** (Marjane, Carrefour, ACIMA, Metro) mit einem Angebot, das demjenigen in Europa in nichts nachsteht – abgesehen von Schweinefleisch und Schwarzbrot.

Trekkingtouristen, Radfahrer und Kajakfahrer sollten einen kleinen Vorrat an Müsli-/Energieriegeln und leichter Fertignahrung (entweder gefriergetrocknete Expeditionsnahrung oder Fertigpackungen aus dem Supermarkt) von zu Hause mitnehmen, um bei mehrtägigen Exkursionen mit Übernachtung in der Natur versorgt zu sein.

Brot (arab. *chobs*) wird in Form von französischem Stangenweißbrot und Fladenbrot verkauft – frisch schmeckt beides ausgezeichnet. Im Ramadan wird Brot evtl. erst nachmittags verkauft, um dann zum Fastenbrechen bei Sonnenuntergang ganz frisch auf den Tisch zu kommen.

Der Anblick von **Fleisch** auf marokkanischen Märkten ist nicht für jedes Gemüt erträglich: unförmige Fleischfetzen oder ganze Ziegen- oder Kamelköpfe hängen am Fleischerhaken vor der Metzgerei. Auch Rinderhälften oder Schafskeulen, Pansen und Darmhäute dekorieren die Auslage. Der Hygienestandard ist jedoch großteils gut: Die Metzgereien bekommen das Fleisch frisch angeliefert und bis auf kleine Mengen, die auf der Theke liegen, wird das Fleisch im Kühlschrank aufbewahrt. Eine gute Auswahl an Frischfleisch findet man u.a. auf dem **marché municipal** (in einer Markthalle untergebrachter öffentlicher Markt) in jeder Stadt. Auf kleineren Märkten wird meist Schaf- oder Ziegenfleisch *(chèvre)* verkauft, in größeren Orten auch Rind und Kamel.

Auf dem *marché municipal* kann man sich auch mit Eiern und **Milchprodukten** wie Frischmilch, Joghurt, Schmelzkäse (vorwiegend *La vache qui rit*) und Butter eindecken. Im **südlichen Marokko** und in kleinen Dörfern ist Frischmilch evtl. schwer aufzutreiben, dafür aber Milchpulver (franz. *lait entier en poudre*, z.B. der Marke Nido), das sich gut in lauwarmem Wasser auflösen lässt und billiger verkauft wird als bei uns. Aromatisierten Joghurt von Danone gibt es in jedem Ort, frischen Käse wie Edamer und Emmentaler nur in den größeren Orten und Supermärkten.

An der Atlantik- und Mittelmeerküste kann man direkt bei Fischern oder in den Markthallen nahe der Fischerhäfen guten und frischen **Fisch** kaufen.

In **abgelegenen Orten** im Süden oder im Gebirge ist es bei Nachfrage oft möglich, Eier, Obst und Tomaten direkt von den Bauern aus deren Oasengärten und Obsthainen zu kaufen. Konserven wie Sardinen, Erbsen, Tomatenmark etc. sind in jedem noch so kleinen Laden auf dem Land erhältlich.

Olivenöl kann man mancherorts direkt von der Presse beim Bauern kaufen, der Liter kostet ca. 60 DH. Im Süden entstehen immer mehr Arganienölkooperativen, die das besonders gesunde und nussig schmeckende **Arganienöl** an Touristen verkaufen. Das Öl hat sich in den letzten Jahren wegen der steigenden Nachfrage rapide verteuert, inzwischen kostet ein Liter ca. 250 DH.

Alkoholika (wie Bier und Wein) erhalten Sie nur in den großen Städten in den Supermärkten, in kleineren Orten in manchen Läden der Neustadt und in größeren Hotels und Restaurants mit Alkohllizenz. In den größeren Hotels wird überall recht guter marokkanischer Wein ausgeschenkt, die Vier- und Fünf-Sterne-Hotels verfügen über eine Bar oder einen Night Club, wo auch härtere Alkoholika über den Tresen gereicht werden.

Soft-Drinks und **Mineralwasser** in 1,5-Liter-Flaschen (z.B. Sidi Ali, Sidi Harazem, Oulmès) gibt es an jeder Ecke zu kaufen. Verpackter Fruchtsaft ist in Supermärkten oder auf den *marchés municipaux* erhältlich. Am besten schmeckt der **frisch gepresste Orangensaft,** z.B. in einem Café oder an den Ständen am Djâmaa el-Fna in Marrakesch (4 DH pro Glas).

Im Gegensatz zu anderen Waren in den Suqs wird **bei Lebensmitteln kaum gehandelt,** außer bei größeren Mengen oder ab und zu beim Gewürzeinkauf. In den *marchés municipaux* sind die Lebensmittel meist mit Preistäfelchen ausgezeichnet.

Beim Einkaufen sollte man auch **auf die marokkanischen Festtermine achten,** während des *Aid el-kebir* (Hammelfest) herrscht für eine Woche im öffentlichen Leben Stillstand. Dann sollte man unbedingt am Wochenende vorher einkaufen ...

Feiertage

Der islamische Kalender

Das islamische Jahr wird **nach Mondmonaten** gerechnet, ist also kürzer als das Sonnenjahr. Ein Hidjri (bzw. *Higri*) entspricht einem Jahr christlicher Zeitrechnung minus 10–11 Tage je nach Mondaufgang. 100 Hidjri sind also ungefähr 97 „christliche" Jahre. Da die arabischen Ziffern ebenso von muslimischen Türken wie von nichtmuslimischen Arabern verwendet werden, sagen Inschriften und Jahresangaben ohne den Zusatz „Hidjri" nicht eindeutig aus, ob sie sich tatsächlich nach der islamischen Zeitrechnung richten.

2011/2012 ist nach der islamischen Zeitrechnung das Jahr **1433/1434.**

Jedes neue islamische Tagesdatum beginnt abends nach Sonnenuntergang, jeder neue islamische Monat mit Mondaufgang.

Wochentage

- **Sonntag** = *nhar el had*
- **Montag** = *nhar et tnin*
- **Dienstag** = *nhar el tlata*
- **Mittwoch** = *nhar el arba*
- **Donnerstag** = *nhar el khemis*
- **Freitag** = *el djemâa*
- **Samstag** = *nhar es sebt*

Religiöse Feiertage

Von allen Muslimen gemeinsam werden nur zwei Feste gefeiert: das Aid al-Fitr und das Aid al-Adha. Die anderen Feste sind jedoch in vielen weiteren islamischen Ländern üblich. Die aktuellen Festtermine sind im Internet unter **www.islam.de** zu finden. Aufgrund verschiedener Berechnungsgrundlagen kann das Datum der Feste um einen Tag variieren.

Aid al-Fitr oder Aid as-Saghir

Das **Fest am Ende des Fastenmonats Ramadan** (s.u.) findet 2011 am 30.08., 2012 am 19.08. und 2013 am 08.08. statt.

Aid al-Adha oder Aid al-Kabir

Das **Opfer-,** im Volksmund auch **Hammelfest** genannt, erinnert an die – uns auch durch das Alte Testament bekannte – nicht vollzogene Opferung *Ismails (Isaaks)* durch seinen Vater *Ibrahim (Abraham)*. Das Fest dauert vier Tage bis eine Woche, und überall in der islamischen Welt werden zu diesem Anlass Hammel geschlachtet. Das Opferfest findet am zehnten Tag des Pilgermonats statt, und jede Familie, die es sich leisten kann, schlachtet ein Schaf, Rind oder Kamel. Zwei Drittel des Fleisches sind für die Armen bestimmt, ein Drittel behält die Familie selbst.

Während dieser Zeit sind die **meisten Geschäfte geschlossen,** und auch die Ämter haben nur gelegentlich offen. Viele Verkehrs-

FEIERTAGE

mittel verkehren nicht. Man sollte sich unbedingt am Donnerstag oder Freitag vor Beginn des Festes mit einem Lebensmittelvorrat eindecken und Amtsgänge vorher erledigen. Fleisch ist in diesem Zeitraum kaum zu bekommen, da die Familien selber schlachten und dies für einige Zeit reicht. Geschlachtet werden darf nach islamischen Regeln nur ein männliches erwachsenes Tier, das mindestens zwei Jahre alt ist. Arme Familien können sich lediglich ein Huhn leisten, da ein ganzer Hammel 1300–1600 DH kostet, bei vielen Familien mehr als ein Monatsverdienst. Die Banken haben die ersten beiden Tage des Festes geschlossen und die restlichen Tage meist vormittags offen, besser aber noch vorher Geld wechseln!

● **Termine:** Das Opferfest beginnt 2011 am 07.11., 2012 am 25.10. und 2013 am 15.10.

Mevlid (Maulad)

Am 12. Tag des 3. Monats (Rabia I), **Geburtstag Mohameds.** Im Islam werden Geburtstage eigentlich nicht gefeiert, dieser Tag ist aber zugleich ein Gedenktag an die Emigration der Muslime von Mekkah nach Medina (früher Yathrib), die Hidjra.

● **Termine:** 2012 am 03./04.02. und 2013 am 23./24.01.

Ashura

Am 1. Tag des Monats Muharram. Ursprünglich ein Trauertag zur Erinnerung an den Tod von *Hussein*, Enkel des Propheten. Heutzutage wird Ashura in Marokko ähnlich wie Weihnachten in unseren Gefilden mit **Geschenken und Süßigkeiten für die Kinder** gefeiert.

● **Termine:** 2011 am 05.12., 2012 am 24.11. und 2013 am 13.11.

Ramadan

Der 9. Monat ist der **Fastenmonat.** Während dieser Zeit darf von Sonnenaufgang bis Sonnenuntergang weder gegessen noch getrunken werden. Diese Maßnahme legt das öffentliche Leben ziemlich lahm, da nachts gegessen und gefeiert wird und tagsüber, soweit möglich, geschlafen. Banken und Ämter sind im Ramadan meist nur vormittags offen. Dörfer wirken total verwaist, Restaurants sind tagsüber geschlossen (nur in großen Städten und Hotels bekommt man tagsüber etwas zu essen), Brot ist meist nur abends erhältlich!

● **Termine:** 2012 vom 20.07. bis 19.08. und 2013 vom 09.07. bis 08.08.

Die Pilgerfahrt (Hadj)

Beginn der Pilgerfahrt **im 12. Monat des islamischen Kalenders.** Auf diesen Tag fällt in der ganzen islamischen Welt der Aufbruch zur Pilgerfahrt nach Mekka. Hat man einmal in seinem Leben dieses Pilgerziel erreicht, darf man sich „al Hadj" nennen, eine der wichtigsten Auszeichnungen in der muslimischen Welt.

Vefat/Wafa

Todestag des Propheten Mohamed am 2. Rabia I.

Staatliche Feiertage

● **1. Januar:** Neujahrsfest
● **1. Mai:** Tag der Arbeit
● **14. Mai:** Jahrestag der Armeegründung
● **30. Juli:** Thronfest *(Fête du Throne)*, Thronbesteigung *Mohamed VI.*
● **21. August:** Fest der Jugend *(Fête de la Jeunesse)*, am Geburtstag des Königs
● **6. November:** Jahrestag des Grünen Friedensmarsches zum Wiederanschluss der ehemals spanischen Sahara *(Anniversaire de la Marche Verte)*
● **18. November:** Unabhängigkeitsfest *(Fête de l'Indépendance)*

Wochenfeiertag und arbeitsfreier Tag ist der Sonntag, freitags sind mittags zu Gebetszeiten zahlreiche Ämter zu, aber auch im Souk sind Freitag vormittag und mittwochs viele Läden geschlossen.

Fremdenführer

Der Ärger mit (inoffiziellen) Fremdenführern und die Belästigung durch aufdringliche Kinder, Jugendliche und/oder „Mopedguides" haben in der Vergangenheit wesentlich zum touristischen **Negativimage** Marokkos beigetragen. Kampagnen in Fernsehen und Rundfunk sowie verstärkte Polizeikontrollen haben vor allem in den Großstädten die Situation wesentlich verbessert. Selbst in Marrakesch kann man mittlerweile unbeschwert bummeln. Anders verhält sich die Situation in den kleinen Oasen im Süden, wo man auf Schritt und Tritt von Kindern, Jugendlichen oder Geschäftemachern angesprochen wird.

Nehmen Sie sich, wenn Sie sich unsicher fühlen, kein Französisch sprechen oder auf eigene Faust etwas unternehmen wollen, einen **autorisierten offiziellen Führer.** Diese sind vor großen Hotels anzutreffen, bei den örtlichen Fremdenverkehrsbüros und bei den Vertretungen des Staatlichen Fremdenverkehrsamtes ONMT. Kompetente deutschsprachige Stadtführer verlangen für eine halbtägige Führung ca. 30 Euro und für den ganzen Tag 50–60 Euro. Der Preis sollte immer vorher vereinbart werden!

Zu erkennen sind die offiziellen Führer an dem vom Tourismusministerium ausgestellten **Ausweis.** Sagen Sie vor Beginn Ihrer Tour deutlich, was Sie sehen wollen und was nicht (z.B. Souvenir-/Teppichgeschäfte!). Wobei zu bedenken ist, dass auch staatliche Führer in keinem festen Anstellungsverhältnis stehen, also im Falle eines schleppenden Geschäftsgangs oder nach Krankheit für den Verdienstausfall nicht entschädigt werden und deswegen auf Provisionen des Teppichhändlers oder Restaurantbesitzers angewiesen sind.

Engagieren Sie **keinesfalls einen illegalen Führer** (faux guide), denn diesem droht, erwischt man ihn, eine Gefängnisstrafe bis zu einem Jahr. Zudem ist bei einem faux guide die Wahrscheinlichkeit sehr hoch, nur von einem Laden zum nächsten geführt zu werden. Einige empfehlenswerte offizielle Führer sind in den Städtekapiteln genannt.

Geld und Finanzen

Währung und Wechselkurs

Währungseinheit ist der **Marokkanische Dirham (DH).** Bis zu einer Summe von 1000 DH darf die Währung ein- und ausgeführt werden. Der Dirham ist in **100 Centimes** unterteilt. Es gibt Scheine zu 20, 50, 100 und 200 sowie Münzen zu 0,01, 0,05, 0,10, 0,20, 0,50, 1, 2, 5 und 10 DH. Der Kurs des Dirham richtet sich nach dem US-Dollar, sodass der Wechselkurs zum Euro sehr von dessen Stärke oder Schwäche abhängt.

Wechselkurse (Juli 2011)
- **100 DH** = 8,70 Euro, 1 Euro = 11,22 DH
- **100 DH** = 10,72 SFr, 1 SFr = 9,10 DH
- **100 DH** = 12,65 US-$, 1 US-$ = 7,72 DH
- **Aktuelle Wechselkurse** im Internet unter **www.oanda.com**.

Geldwechsel

An den Grenzen und Flughäfen befinden sich **Wechselstuben,** die Bargeld tauschen. Autorisierte Wechselstuben findet man auch in großen Hotels, in manchen Reisebüros und in den Touristenstädten in der Nähe stark frequentierter Plätze oder Straßen. Fast alle großen **Banken** wie Attijariwafa, BMCI und BMCE sind in den Städten vertreten und haben auch Geldautomaten (s.u.). Auch größere **Hotels** wechseln Euros, allerdings zu einem schlechten Kurs (meist 1:10).

Travellerschecks können Sie problemlos in vielen Banken wechseln. Viele Geldinstitute (auch in Spanien) verlangen beim Einlösen die Kaufquittung, deshalb sollte man diese an einem sicheren Ort griffbereit aufbewahren. Der Vorteil ist die größere Sicherheit bei Diebstahl. Sie sind gegen Verlust versichert, und so bekommen Sie die Schecks in der Regel innerhalb von 24 Stunden nach Verlustmeldung ersetzt. Travellerscheck-Kunden sollten die bei der Ausstellung den Schecks beigelegten Bestimmungen gut durchlesen, hier finden sie auch die Notrufnummern. Sinnvoll ist es, die Travellerschecks **in größeren Beträgen ausstellen** zu lassen, da sich die Wechselgebühren nach der Anzahl der Schecks richten!

Nehmen Sie nie Ihre gesamten Geldmittel in Schecks mit, denn wenn Ihnen mal das Geld ausgeht und gerade keine Bank greifbar ist, haben Sie eher die Chance, Bargeld von privat gewechselt zu bekommen als einen Travellerscheck.

Bargeld können Sie in fast allen Banken tauschen, die internationalen Geldverkehr anbieten. **Euro** werden überall gern gesehen, auch im Souk (Suq) und in Geschäften der Touristenzentren können Sie damit zahlen, wenn Ihnen die Dirhams ausgegangen sind.

Auf der Straße zu tauschen ist illegal und kann auch eher dazu führen, über's Ohr gehauen zu werden, als finanzielle Vorteile zu erzielen.

Lassen Sie sich bei den Banken **genügend Kleingeld** geben, denn grundsätzlich herrscht überall Kleingeldmangel. Selten kann etwa ein Gemüsehändler auf größere Scheine herausgeben, und wenn kleine Dienstleistungen an Kinder oder Jugendliche zu zahlen sind oder ein Bettler seinen Obolus fordert, dann ist es sinnvoll, einige Münzen griffbereit zu haben.

Warten Sie mit dem **Wechseln** nicht bis zum Nachmittag, wenn Ihre Dirhams knapp werden, denn **am Vormittag hat jede Bank geöffnet.** Über Mittag sind die Banken in der Regel geschlossen, die Öffnungszeiten nachmittags variieren, manche kleine Banken schließen bereits sehr zeitig. Immer wieder findet man Banken oder Wechselstuben, die auch Samstagvormittag geöffnet haben, **im Notfall** gibt es die Möglichkeit, **in Hotels** zu wechseln (die Wechselschalter werden oft von einer Bank betrieben). Auch **Geldautomaten** (ATM) sind manchmal nur zu den Banköffnungszeiten in Betrieb, beachten Sie evtl. Hinweise.

Bei der **Ausreise** können übrige Dirham-Beträge (z.B. am Schalter im Flughafen im bzw. vor dem Check-in-Be-

GELD UND FINANZEN 55

reich und vor der Handgepäckkontrolle) zurückgetauscht werden – jedoch zu einem sehr ungünstigen Kurs.

Öffnungszeiten der Banken

- **Montag bis Donnerstag:**
8.30 (9)–11.30 und 14.30–16.30 (17) Uhr.
- **Freitag:** evtl. nachmittags geschlossen oder längere Mittagspause.
- **Im Ramadan bzw. Sommer:**
8–14 (14.30) Uhr.
- Während der **Aid-Feiertage** (siehe „Feiertage") sind Banken und Amtsstuben **mehrere Tage geschlossen.**

Geld- und Kreditkarte

Im Hafen, an den Flughäfen sowie in allen Städten gibt es inzwischen Bankomaten, an denen man mit seiner Maestro-/EC-Karte unter Angabe der PIN-Nummer **Geld abheben** kann – max. 2000 DH. Dies funktioniert auch mit der Kreditkarte (verbreitet sind VISA und vor allem MasterCard, American Express ist eher unbekannt). Ob und welche Kosten für die Barabhebung anfallen, ist abhängig von der kartenausstellenden Bank und von der Bank, bei der die Abhebung erfolgt. Man sollte sich daher vor der Reise bei seiner Hausbank informieren, mit welcher marokkanischen Bank sie zusammenarbeitet. Im ungünstigsten Fall wird pro Abhebung eine Gebühr von bis zu 1% des Abhebungsbetrages per Maestro-/EC-

Luxus wie im La Mamounia (Marrakesch) hat auch in Marokko seinen Preis

Karte oder gar 5,5% des Abhebungsbetrages per Kreditkarte berechnet.

Die regelmäßige Abhebung von **Bargeld am Automaten** bietet sicher die bequemste Geldversorgung unterwegs und hat den Vorteil, dass man nicht von Anfang an sein gesamtes Reisebudget mit sich rumträgt.

Kreditkarten werden in den großen Hotels und in exklusiveren Restaurants und vielen großen Geschäften in den Städten zum bargeldlosen Zahlen angenommen. Auf dem Land und in kleinen Hotels ist dies nicht möglich. Von der Bank werden in der Regel 1–2% für den Auslandseinsatz berechnet. Bei Verlust der Kreditkarte siehe Kapitel „Notfall".

Gesundheit

Eine Reise nach Marokko birgt normalerweise keine größeren gesundheitlichen Risiken als eine Reise in ein beliebiges südeuropäisches Land. **Impfungen sind keine vorgeschrieben.** Einen guten Überblick und alle Informationen zu gesundheitlichen Risiken, Impfvorschriften, Präventivmaßnahmen, Reiseapotheke, Adressen qualifizierter Berater, von Impfstellen und Tropenmedizinischen Instituten u.v.m. findet man auf der Internetseite www.crm.de (siehe auch **im Anhang**).

Das Risiko, während eines Aufenthalts in Marokko (schwer) zu erkranken, ist geringer als das Risiko, Opfer eines Verkehrsunfalls oder von Kriminalität zu werden. **Reisestil, Reisezeit, Aufenthaltsdauer und -orte** spielen natürlich bei der Beurteilung des Risikos eine wichtige Rolle. Das Risiko einer Infektionskrankheit ist in Marokko nur gegeben, wenn man sehr viel Kontakt mit der einheimischen Bevölkerung auf dem Land hat und dort auch isst. Im eigentlichen touristischen Bereich ist die Wahrscheinlichkeit, ernsthaft zu erkranken, sehr gering.

Reisedurchfall

Die **häufigste Erkrankung** während eines Marokkoaufenthalts ist der sogenannte Reisedurchfall. Meist wird er durch relativ harmlose landesspezifische Bakterien – an die der Einheimische gewöhnt ist, nicht aber der Tourist – oder durch Viren hervorgerufen. Seltener sind die gefährlichen Erreger des Typhus, der bakteriellen Ruhr, der Cholera, Lambliasis und Amöbenruhr Ursache von Durchfall. Die Ansteckung erfolgt über verschmutztes Wasser und damit verunreinigte Lebensmittel. Auch Wurminfektionen (z.B. Spulwürmer, Ascaris) und Hepatitis A werden über verunreinigte Lebensmittel übertragen. Häufig genug erkranken Touristen nicht vom Essen der Garküchen, sondern vom vermeintlich „guten Essen" der Hotelküche. Man kann keine verbindliche Regel aufstellen, warum und weswegen man das eine oder andere Mal an Durchfall erkrankt oder nicht. Vieles hängt von den eigenen Abwehrkräften und der momentanen gesundheitlichen Gesamtkonstitution ab. Wer längere Zeit im Ausland weilt, stärkt sein Immunsystem eher durch einheimisches Essen, als wenn man versucht, möglichst „keimfrei" zu essen.

Folgende **Vorbeugemaßnahmen** helfen, einen Reisedurchfall zu vermeiden:
- Zum **Trinken** sollten nur abgepackte Getränke oder abgekochtes Wasser verwendet werden. Das Leitungswasser in den Städten Marokkos ist ausreichend gechlort, sodass es zum Zähneputzen reicht. Zum Abkochen muss das Wasser mindestens 10 Minuten sprudelnd kochen. Im Handel befindliche Tabletten zur chemischen Wasserdesinfektion

GESUNDHEIT

können in Marokko das Abkochen ersetzen. Desinfizieren Sie bei Auto-/Motorrad-/Fahrradreisen Ihr Trinkwasser mit Micropur, Romin oder Certisil, das es flüssig (nur ein Jahr haltbar), in Pulver- oder Tablettenform gibt. Flaschenwasser gibt es überall preiswert zu kaufen. Filterpumpen müssen unbedingt nach Herstelleranweisung regelmäßig gereinigt werden.

- **Tee und Kaffee** aus nur kurz erhitztem Wasser sind nicht keimfrei.
- **Eiswürfel** sind in einfachen Hotelanlagen und Restaurants zu meiden.
- **Kohlensäurehaltige Getränke** sollten bevorzugt werden, da die vorhandene Kohlensäure als Beweis der intakten Originalverpackung gelten kann.
- **Obst** sollte man selbst schälen.
- **Fleisch und Gemüse** sollten stets stark gekocht sein, wenn man sich selbst versorgt am besten im Dampfkochtopf. Über rohes oder nicht ausreichend gegartes Fleisch kann eine Ansteckung mit Trichinen erfolgen. In Restaurants sollte bei Kurzgebratenem, wie Brochettes oder Kefta, darauf geachtet werden, dass das Fleisch ganz durchgebraten wurde. Tajines und Couscous sind immer lange genug gegart, hier braucht man keine Bedenken zu haben. Auf rohe Salate und Obst ohne Schale sollten Sie verzichten, wenn Sie zum erstenmal im Land und noch nicht abgehärtet sind. Marokkanischer Salat besteht meist aus gekochten Roten Rüben, Kartoffelsalat, geschälten Gurken und Tomaten – man kann ihn bedenkenlos essen. Blattsalat wird ohnehin selten verwendet.
- **Eier** sollten Sie nach Möglichkeit in Läden mit Kühlschrank kaufen, da sie auf den normalen Märkten oft tagelang in der Sonne brüten.
- **Frischmilch** sollte gemieden werden, da über sie Rindertuberkulose und die Brucellose übertragen werden kann.

Kommt es trotzdem zu Durchfall, sollte man darauf achten, dass die dadurch entstehenden Wasser- und Elektrolytverluste ausgeglichen werden. Dazu gibt es in den Apotheken erhältliche Elektrolytpulver (z.B. Elotrans), die man aber gewöhnlich nicht braucht. Im Notfall kann man sich mit 1 Teelöffel Kochsalz, 10 Teelöffel Zucker und 1 Glas Orangensaft auf 1 Liter Tee behelfen. Das sind Zutaten, die Sie in Marokko überall bekommen. Diese **Kochsalzmischung,** ähnlich Elotrans, kann man in Marokko ebenfalls in Apotheken bekommen. Sie heißt Sels de Rehydration orale und kostet ca. 20 DH für 10 Päckchen à 1-Liter-Lösung. Zur Überbrückung kann kurzfristig Loperamid (z.B. Immodium) eingesetzt werden. Da der Durchfall durch die Ausscheidung der Erreger auch zur Heilung führt, sollte man der Sache, sobald eine geeignete Toilette zur Verfügung steht, unbedingt freien Lauf lassen. Antibiotika sollten nicht selbstständig eingenommen werden. Lang anhaltender Durchfall mit Fieber oder Blut im Stuhl sollte sofort zum Arztbesuch führen. Sinnvoll ist erstmal schwarzer Tee (kein Kamillentee) sowie Zwieback oder Salzstangen. Am zweiten Tag Hühnerbrühe, Haferschleimsuppe und leicht verdauliche Speisen. Gegen Erbrechen und Durchfall wirkt auch Coca-Cola. Hungern ist lediglich bei starkem Erbrechen vorzuziehen. In den marokkanischen Apotheken wird von den Apothekern „Intetrix" empfohlen, das sehr gut gegen Durchfall helfen soll.

Reise-Gesundheitsinformationen
zu Marokko online unter
www.crm.de und im Buchanhang.

Buchtipps:
Zum Thema Gesundheit bzw. Krankheiten auf Reisen hat REISE KNOW-HOW nützliche Ratgeber im Programm:
- Dr. Dürfeld, Dr. Rickels
Selbstdiagnose und -behandlung unterwegs
- David Werner
Wo es keinen Arzt gibt, Gesundheitshandbuch zur Hilfe und Selbsthilfe
- Armin Wirth
Erste Hilfe unterwegs effektiv und praxisnah
- Thomas Ruhstorfer
Gesundheits-Handbuch für Fernreisen

GESUNDHEIT

Sonnenschutz

In Marokko ist ein guter Sonnenschutz **dringend zu empfehlen,** da die Sonneneinstrahlung sehr stark ist und jeder Sonnenbrand das Hautkrebsrisiko erhöht. Lange Sonneneinstrahlung (z.B. am Strand eingeschlafen) kann zu schweren Hautverbrennungen, Sonnenstich oder Hitzschlag durch Überwärmung führen. Durch Benutzen einer Sonnencreme, Tragen eines Sonnenhuts, Aufenthalt im Schatten und regelmäßiges Trinken kann man dem vorbeugen.

Bilharziose

Die Krankheit wird durch winzige Würmer übertragen, die **beim Baden oder Waten in befallenen Gewässern** durch die Haut eindringen. Die Eiablage der Würmer erfolgt in Blase und Darm und hat starke (bei Nichtbehandlung tödliche) Folgen. Vorsicht ist in Marokko vor allem im Falle stehender Wassertümpel, bei Bewässerungskanälen in den Oasen südlich des Atlas geboten! Die Würmer können sich nur bei warmen Temperaturen halten, deshalb gibt es diese Krankheit nicht in den Gebirgsregionen des Atlas. In Bergseen und Gebirgsbächen kann man problemlos baden!

Tollwut

Für Fahrrad- oder Motorradfahrer, die abseits der Hauptrouten unterwegs sind, besteht die Gefahr, von streunenden Hunden gebissen zu werden. Eine **Tollwutimpfung** ist bei dieser Reiseform oder auch wenn man mit eigenem Hund reist (wegen evtl. vermehrtem Kontakt mit anderen Hunden) unbedingt empfehlenswert! In Marokko kam es in den letzten Jahren vereinzelt zu Tollwutinfektionen bei Menschen, die durch streunende Hunde übertragen wurden.

Haut-/Augenschutz

Sonne und Wind trocknen die Haut aus. Eine Fettcreme und ein Fettstift für die Lippen gehören ins Gepäck, ebenso eine gute Sonnenbrille, die die Augen vor grellem Licht und Staub schützt.

Insektenschutz

Hautsprays oder Lotions (z.B. *Autan*, *Toxial*, *Zedan*); Insektensprays halten Stechmücken fern bzw. bringen sie um; Insektensalbe (in Marokko *Mousticrème*) oder -stift (z.B. *Soventol* oder *Fenistil*) verhindern Schwellungen und lindern den Juckreiz, wenn die Biester trotzdem gestochen haben.

Schlangenbisse/ Skorpionstiche

Vergiftungen durch Gifttiere, insbesondere durch Giftschlangen und Skorpione, sind in Marokko bei Touristen **sehr selten.** Eine gewisse Vorsicht ist bei Kindern angebracht: Sie sollten nicht unbeaufsichtigt in der Wildnis spielen, denn unter dem einen oder anderen Stein mag ein Skorpion sitzen, vielleicht sonnt sich auch auf einem Felsen ganz unscheinbar eine Schlange oder zieht in der Nähe einer Wasserstelle ihre Bahnen.

AIDS

Ansteckungsgefahr mit AIDS (franz. SIDA) besteht, wie bekannt, hauptsächlich bei ungeschütztem Sex. Die AIDS-Quote liegt laut offiziellen (!!) Daten bei nur 0,1%, bei Prostituierten und Homosexuellen jedoch mit Sicherheit um ein Vielfaches höher. Am besten schützt sexuelle Zurückhaltung. Wer es nicht lassen kann: Vorsicht und Kondome!

Mit Kleinkindern unterwegs

Sie brauchen keine Bedenken zu haben, Ihre Kinder mit nach Marokko zu nehmen. Auch Säuglinge haben solche Touren mit einigen Vorsichtsmaßnahmen gut überstanden. Was Wasserdesinfektion, Durchfallvorsorge und das Essen anbelangt, gelten die gleichen Empfehlungen wie für Erwachsene.

GESUNDHEIT

Vor **Mücken und Fliegen** schützen Sie Ihr Kind bei einem Campingaufenthalt am besten mit einem Moskitonetz über dem Bettchen, evtl. sollten Sie das Kind mit einem Moskitomittel aus ätherischen Ölen wie z.B. Zedan einreiben. Engen Kontakt zu streunenden Hunden und Katzen sollten Sie meiden. Kontakt mit der Bevölkerung ist auf Reisen immer wünschenswert, aber wenn man kleine Kinder dabei hat, nicht ganz ungefährlich. Jeder will Ihrem Baby auch die Hand schütteln oder es gar abküssen, und bei einer Einladung stoßen Sie auf Unverständnis, wenn Sie Ihr Kind nicht vom gemeinsamen Teller mitessen lassen.

Ungünstig ist die Mitnahme von **Kindern im Krabbelalter** (außer Sie planen einen reinen Hotelaufenthalt), da der Boden in tropischen und nordafrikanischen Ländern meist stark verschmutzt ist. Zudem stecken Kinder in diesem Alter fast alles in den Mund. Wenn Ihr Kind laufen kann, steht einer Mitnahme nichts mehr entgegen. Mit kleinen Kindern sollten Sie natürlich möglichst selbst kochen und das Essen in sehr einfachen Marktlokalen vermeiden.

Ein Blick auf die **sanitären Anlagen** eines Restaurants ist oft ein Gradmesser für die restliche Sauberkeit. Starrt das Örtchen vor Dreck, fehlen die Wasserhähne bzw. tropft das Wasser nur, dann können Sie davon ausgehen, dass die Küche ebenfalls ungepflegt ist und der Koch mit nicht gerade sauberen Händen seine Mahlzeiten bereitet. Eis ist oft eine Infektionsquelle (verunreinigte Milch), inzwischen aber in den Touristengebieten wie Agadir unbedenklich genießbar. Innerhalb der Touristikkomplexe von Agadir und den Königsstädten ist ohnehin für einwandfreie europäische Kost gesorgt.

Versicherungsschutz

Die staatlichen Krankenhäuser und Gesundheitszentren in Marokko bieten ihre Grundleistungen auch für Ausländer kostenlos an. Sonderleistungen, Behandlungen in den besser ausgestatteten Privatkliniken und private Konsultationen müssen allerdings selbst bezahlt werden.

Die Kosten für eine Behandlung in Marokko werden von den gesetzlichen Krankenversicherungen in Europa nicht übernommen, daher ist der Abschluss einer privaten **Auslandskrankenversicherung unverzichtbar.** Bei Abschluss der Versicherung – die es mit bis zu einem Jahr Gültigkeit gibt – sollte darauf geachtet werden, dass ein Vollschutz ohne Summenbeschränkung besteht und im Falle einer schweren Krankheit oder eines Unfalls der Rücktransport übernommen wird. Diese Zusatzversicherung bietet sich auch über einen Automobilclub an, insbesondere wenn man bereits Mitglied ist. Diese Versicherung bietet den Vorteil billiger Rückholleistungen (Helikopter, Flugzeug) in extremen Notfällen. Wichtig ist auch, dass im Krankheitsfall der Versicherungsschutz über die vorher festgelegte Zeit hinaus automatisch verlängert wird, wenn die Rückreise nicht möglich ist.

Schweizer sollten bei ihrer Krankenversicherungsgesellschaft nachfragen, ob die Auslandsdeckung auch für Marokko inbegriffen ist. Sofern man keine Auslandsdeckung hat, kann man sich kostenlos bei Soliswiss (Gutenbergstr. 6, Postfach, 3001 Bern, Tel. 031 380 70 30, www.soliswiss.ch) über mögliche Krankenversicherer informieren.

Zur **Erstattung der Kosten** benötigt man ausführliche Quittungen (mit Datum, Namen, Bericht über Art und Umfang der Behandlung, Kosten der Behandlung und Medikamente).

Medizinische Versorgung im Land

Vor einer Reise empfiehlt sich ein Zahnarztbesuch, da vor Ort eine qualifizierte zahnärztliche Versorgung problematisch sein kann. Viele Hotels verfügen über einen (teuren) Hotelarzt oder empfehlen zuverlässige Ärzte. Auch über die Botschaften oder Konsulate können Sie Adressen von zuverlässigen Ärzten vor Ort erfahren. Auf dem Land gibt es Gesundheitsstationen, die auch für Touristen eine kostenlose Erstversorgung gewährleisten.

In den Städten ist eine gute ärztliche Versorgung gewährleistet. Größere Hotels verfügen gelegentlich über einen eigenen Medizinischen Dienst. In den Ferienorten nennen Ihnen Hotelrezeptionen und Fremdenverkehrsämter die jeweils diensthabenden und evtl. auch englisch- oder sogar deutschsprachigen **Ärzte.** Beim ADAC (www.adac.de) können sich Mitglieder vorab erkundigen, wo sich in Marokko deutsch sprechende Ärzte befinden. Sie finden auch Empfehlungen in den Städtekapiteln!

In den Städten gibt es **staatliche Krankenhäuser** *(hôpital)* und **private Kliniken** *(clinique)*, in kleineren Orten oft nur Polikliniken, einfache Ambulatorien *(dispensaire)* oder mobile Stationen. Adressen finden Sie bei den Städten.

Apotheken *(pharmacie)* führen neben einheimischen auch ausländische (vor allem französische, schweizer und deutsche) Medikamente, die meist rezeptfrei und billiger als bei uns zu haben sind. In jedem größeren Ort gibt es Bereitschaftsapotheken *(pharmacie de nuit)*, die auch nachts und an Sonn- und Feiertagen geöffnet und oft in den Rathäusern untergebracht sind.

Informationen

Fremdenverkehrsämter

Die Website des Moroccan National Tourist Office ist **www.visitmorocco.com.** Die offizielle Website der Fremdenverkehrsämter in mehreren Sprachen ist mittlerweile sehr nützlich und gibt Informationen über das ganze Land: Unterkünfte, Städte, Routenplaner, Transport, Wetter, Veranstaltungen etc.

In Deutschland

●**Staatliches Marokkanisches Fremdenverkehrsamt (ONMT),** Graf-Adolf-Straße 59, 40210 Düsseldorf, Tel. 0211 37 05 51/52, Fax 37 40 48, www.tourismus-in-marokko.com (identisch mit www.visitmorocco.com). Das Fremdenverkehrsamt verschickt eine Übersichtskarte sowie mehrere farbige, stimmungsvolle Prospekte zu touristischen Zielen (u.a. Marrakesch und Agadir) mit schönen Fotos, die aber wenig Informationen enthalten. Es sind auch Broschüren mit Urlaubstipps und praktischen Informationen sowie zum Trekking erhältlich. Die Publikationen können auch online bestellt werden.

In der Schweiz

●**Staatliches Marokkanisches Fremdenverkehrsamt (ONMT),** Schifflände 5, 8001 Zürich, Tel. 044 252 77 52, Fax 251 10 44, info@marokko.ch.

In Österreich

●**Staatliches Marokkanisches Fremdenverkehrsamt (ONMT),** Kärntnerring 17/2/23A, 1010 Wien, Tel. (01) 512 53 26, Fax 512 39 73, marokkotourismus@aon.at.

In Marokko

Die Hauptniederlassung des Fremdenverkehrsamtes und die Vertretung des Touris-

Tajine – guten Appetit!

INFORMATIONEN

musministeriums befinden sich in Rabat. Die Auskünfte sind nicht wesentlich besser als in anderen marokkanischen Städten. Sie erhalten dort dieselben Prospekte wie in Deutschland. Zweigniederlassungen des ONMT gibt es in den großen Städten und wichtigen Touristenorten. Adressen siehe bei den jeweiligen Orten.

- **Office National Marocain du Tourisme** (ONMT bzw. Tourismusministerium), Angle Rue Oued El Makhazine/Rue Zallaqa, **Rabat-Agdal,** Tel. 00212 (0)537 67 39 18, Fax (0)537 67 40 15, website@onmt.org.ma.

Vereine

- **ADAC Camping- und Urlaubsservice,** Am Westpark 8, 81373 München, Info-Tel. 01805 10 11 12 (0,123 Euro/Min.), www.adac.de (Mail-Anfragen zu verschiedenen Themengebieten möglich). Hier erhalten ADAC-Mitglieder eine Infomappe (Touren-Set mit den wichtigsten Sehenswürdigkeiten, Routenplaner und übersichtlicher Landkarte) mit Info-Blättern über Einreise- und Verkehrsbestimmungen etc., Schutzbrief und Auslandskrankenversicherung. Der ADAC unterhält auch eine Niederlassung in Agadir (siehe dort).

Zahlreiche Vereine wollen dem **Informationsaustausch zwischen Reisenden** dienen oder haben sich **Völkerverständigung** oder **interkulturellen Austausch** zum Ziel gesetzt:

- **DMG Deutsch-Marokkanische Gesellschaft e.V.,** Sekretariat *Klingner,* Auf der Papenburg 45, 44801 Bochum, Tel. 0234 70 22 89, www.deutschmarokkanischegesellschaft. de. Viele Aktivitäten, Regionaltreffen mit interessanten Vorträgen und geselligem Beisammensein.
- **Euro-Arabischer Freundeskreis e.V.,** c/o *Helmut Six,* Trautmannstr. 5, 81373 München, Tel. 089 760 44 98, Fax 769 18 56, www.eaf-ev.de. Monatliches Informationsheft über Kulturelles und Touristisches aus arabischen Ländern, regelmäßige Treffen und Diaabende in München u.v.m.

Informationen im Internet

- **www.marokko.com**
- **www.marokko-online.net**

Eine sehr aktive Website mit Wirtschaftsinfos, Reiseberichten, Fotos, Filmen, Städte- und Landesinfos sowie Diskussionsforum zu Themen von Tourismus bis Politik und marokkanischer Küche. Viele Links zu anderen Marokko-Seiten. Das Tourismusforum wird von den Autorinnen moderiert.

- **www.visitmorocco.com**

Offizielle Seite des ONMT (Office Nationale Marocain du Tourisme (s.o.).

- **www.tourismus-in-marokko.com**

(identisch mit www.visitmorocco.com) Staatl. Marokkanisches Fremdenverkehrsamt Deutschland bzw. Österreich, Schweiz. Infos, Veranstaltungshinweise, schöne Bilder, Bestellmöglichkeit von Broschüren.

- **www.tourisme.gov.ma**
- **www.tourismemaroc.com**

Erstere ist die offizielle Seite des Tourismusministeriums, die zweite eine Art Forum dazu. Beide Seiten bieten aktuelle Zahlen, Tourismusprojekte, News etc.

- **www.menara.ma**

Aktuelle News und E-Mail-Dienst. Unter „annuaires" findet man außerdem die Gelben Seiten und das Telefonbuch aller marokkanischen Großstädte (sehr praktisch!).

- **www.oncf.ma**

Die Bahn in Marokko (Preise, Fahrplan).

- **www.ctm.ma**

Busverbindungen in Marokko (Preise, Fahrpläne).

- **www.kohlbach.org/marokko**

Homepage der Reisebuchautorin *Edith Kohlbach* mit vielen Informationen zu Hotels und Campingplätzen, mit Reiseberichten und Bestellmöglichkeit ihres Camping- und Hotelführers.

- **www.marokko-hotels.com**

Hotelinfos, Buchungen etc. Gute Übersicht über Städte, Hotels (mit Buchungsmöglichkeit), Fahrzeugvermietung, Restaurants, Taxi-Zubringer-Service.

- **www.TripAdvisor.de**

Guter Überblick zu Hotels und Gasthäusern im Land, einschließlich der Bewertungen von Gästen.

- www.agadir-net.com
- www.essaouiranet.com
- www.marrakech-info.com
- www.ouarzazate.com

Die Seiten werden von dem lange in Marokko lebenden *Patrick Exler* betrieben und geben eine gute Übersicht über Städte, Hotels (mit Buchungsmöglichkeit), Fahrzeugvermietung, Restaurants, Taxi-Zubringer-Service.

- www.amazighworld.org

Interessante Seite zu den Berbern: Kultur, Politik, Geschichte etc.

- www.maroc.ma

Offizielle Website der marokkanischen Regierung: Politik, viele Statistiken, Informationen zu Kultur und Sozialwesen, Links zu Ministerien etc.

- www.telquel-online.com

Website der unabhängigen Zeitung „Telquel" mit vielen Hintergrundinfos, die nicht immer regierungskonform sind.

- www.hcp.ma

Aktuelle Statistiken und Zahlen zu Marokko (französisch).

- www.maroc.net

Aktuelle Informationen zu Politik, Gesellschaft, Kultur, Wirtschaft usw. (französisch und englisch).

- web.worldbank.org

Informationen über Projekte der Weltbank in Marokko (französisch).

- www.dihkcasa.org

Diverse nützliche Informationen und Links der Deutschen Industrie- und Handelskammer in Casablanca. Bestellmöglichkeit von Publikationen.

- www.arso.org

Aktuelle Infos zur Westsahara.

- www.maghrebarts.ma

Sehr gute Seiten über kulturelle Belange und Veranstaltungen in Marokko (Film, Theater, Musik, Medien, Festivals etc.).

- www.traenenmond.de

Die Autorin des Buches „Tränenmond", *Warda Saillo*, unterstützt mit ihrem Verein ein Hilfsprojekt für missbrauchte Hausmädchen („petites bonnes") in Agadir.

- www.weltreiseforum.info

Aktives und umfassendes Forum mit Austausch (Welt-)Reisender zu allen Themenbereichen und Erdteilen.

- www.daerr.info/www.durchafrika.info

Private Seiten der *Därrs*. Infos und aktuelle Nachrichten rund um Afrika, Tipps zu Saharareisen, Weltreisetagebuch etc.

- www.lehmexpress.de

Projekt von *Manfred Fahnert* über traditionelle Lehmbautechniken und die Restaurierung der Kasbah Asslim bei Agdz.

- www.marokko-per-rad.de

Diese überaus nützliche Website betreibt *Jan Cramer*, der seit Jahren mit dem Rad in Marokko unterwegs ist.

- www.wuestenschiff.de

Das Forum zur Sahara und Afrika, nützliche Informationen für Individualreisende.

Medien

Es existieren einige **französischsprachige Zeitungen,** welche für den sprachkundigen, politisch interessierten Touristen lesenswert sind, so z.B. die kritische Zeitschrift „Telquel".

Deutschsprachige Zeitungen und Illustrierte sind (etwas verspätet) in den großen Hotels der Touristenzentren und an Kiosken der Ferienorte und Großstädte zu kaufen, dort meist nur in der Hauptstraße (Mohamed V. und Hassan II.).

Die **Deutsche Welle** (Radio) ist mit einem **Kurzwellenradio** recht gut zu empfangen, manchmal auch Bayern 3 und Bayern 1. Das beste Programm bietet wohl **BBC-World-Service** (in Englisch) mit aktuellen Nachrichten- und guten Musiksendungen.

Große Hotels verfügen häufig über **Satelliten-TV,** sodass deutsche und andere europäische Programme empfangen werden können.

# Mit dem Auto unterwegs

Mit dem eigenen Fahrzeug

Marokko kann mit jedem Autotyp bereist werden – das Teerstraßennetz befindet sich ständig im Ausbau, sodass man mit einem normalen **Pkw** alle wichtigen touristischen Ziele erreicht. Am bequemsten reist man mit einem **Campingmobil**; sofern man auch auf kleineren Gebirgsstrecken unterwegs sein möchte, sollte es über genügend Bodenfreiheit verfügen und nicht zu groß sein. Auch mit einem Pkw mit Dachzelt kann man überall campieren, allerdings muss man sich wegen des begrenzten Stauraums auf einen Basis-Campingausrüstung beschränken.

Mit einem **Geländewagen** (am besten ein Dieselfahrzeug) hat man die Möglichkeit, die abgelegenen und wenig befahrenen Pisten im Hohen und Mittleren Atlas und die Wüste abseits der Touristenströme zu erkunden – fantastische Landschaftseindrücke sind garantiert. Diese Gegenden kann man natürlich auch zu Fuß, mit dem Mountainbike oder einer Enduro erreichen.

Inzwischen sind fast alle **Automarken** in Marokko vertreten. Eine Vertragswerkstatt (mit Ersatzteilen) für VW existiert in Casablanca (www.volkswagen.ma), für BMW (www.bmw.ma) gibt es Vertragswerkstätten in Casablanca, Rabat, Tanger und Agadir. Weit verbreitet – mit entsprechendem Servicenetz – sind Peugeot, Renault, Fiat, Mercedes und japanische Modelle. Für etwas exotischere Automarken ist die Ersatzteilversorgung in Marokko schwierig, dann müssen im Falle einer Panne die Teile erst teuer und zeitintensiv aus Europa eingeflogen werden.

Die Qualität und Dichte an **Werkstätten** in Marokko ist zwar sicher nicht mit europäischen Maßstäben zu vergleichen, das Improvisationstalent der Mechaniker ist dafür um so erstaunlicher.

Wohnanhänger sieht man in Marokko immer wieder, aber steile Pässe und enge kurvige Straßen machen das Fahren abseits der Hauptrouten mühsam.

Die **Fahrzeugausrüstung** hängt natürlich in entscheidendem Maße von der Art Ihrer Unternehmungen ab. Beschränken Sie sich auf die Teerstraßen, so genügt sicher ein Ersatzreifen mit Wagenheber und Montiereisen und etwas Werkzeug. Luft- und Ölfilter, Keilriemen, Zündkerzen, Kleinteile für die Elektrik wie Ersatzsicherungen, Anlasserkohlen, Unterbrecherkontakte, Verteilerkappe, Bergegurt und Starthilfekabel schaden sicher nicht, wenn man öfter die Teerstraßen verlässt und auch weiß, wie man mit den Teilen umgeht. Ein wichtiges Utensil für Fahrten abseits der Hauptstraßen sind Bindedraht, (entsprechend lange) Kabelbinder oder Schellen, mit denen Sie gerissene Aufhängungen in Ordnung bringen oder den Auspuff wieder befestigen können.

Wirkliche **Wüstenausrüstung** und ein Geländefahrzeug sind notwendig, wenn Sie die kleinen Pisten entlang der algerischen Grenze oder in sehr abgelegene Gebiete im Hohen oder Anti-Atlas bzw. nach Mauretanien weiterfahren wollen. Sandbleche und -schaufel, Ersatzkanister, Wasser für drei Tage, mindestens ein Ersatzrad, Flickzeug samt Montiereisen und Luftpumpe sind unerlässlich. Außerdem sollte einer von der Mannschaft in der Lage sein, das Auto in Notfällen wieder zum Laufen zu bringen.

Wer eine längere Rundfahrt mit dem eigenen Fahrzeug plant, sollte einen Schutzbrief bei einem der großen Automobilclubs beantragen, denn diese beinhalten in der Regel Assistenz im Notfall auch in Marokko.

Mit dem Mietwagen

In Marokko sind sehr **viele, auch internationale Autovermietungen** (Avis, Hertz, Europcar, Holiday-Cars usw.) vertreten, die in der Regel nie ausgebucht sind.

Wenn Sie versiert im Handeln sind und französisch sprechen, können Sie vor Ort bei Vermietern günstigere Tarife als von Deutschland aus erzielen. Bei der Preiskalkulation zu beachten ist allerdings, dass bei manchen marokkanischen Vermietern die Autos in katastrophalem Zustand sind und bei den Angeboten in Deutschland **unbeschränkte Ki-**

Mit dem Auto unterwegs

lometerzahl *(kilometrage illimité)* sowie lokale **Steuer** (20% T.V.A.) und **Versicherung** enthalten sind, außerdem keine **Kaution** in Form eines Blanko-Kreditkartenabzugs hinterlegt werden muss. In Marokko können Sie wählen zwischen Tagespreisen und Wochenpauschalen. Handeln ist immer möglich.

Voraussetzungen zur Miete eines Fahrzeugs sind: Man muss offiziell mind. 21 Jahre alt und ein Jahr im Besitz eines gültigen Führerscheins sein, bei den Fly-and-drive-Angeboten von Deutschland aus gilt sogar ein Mindestalter von 25 Jahren.

Tipp: Checken Sie das Mietauto gut durch, schon aus eigenem Sicherheitsinteresse (Bremsen, Licht, Reifen, Bordwerkzeug) und auch, um eventuelle Forderungen des Vermieters bei Rückgabe des Fahrzeugs zu vermeiden – wenn es etwa heißt, Sie hätten die Beule im Kotflügel zu verantworten, die aber tatsächlich schon fünf Jahre alt ist ... Auch der Zustand der Reifen sollte geprüft werden.

Es gibt unterschiedliche **Versicherungspakete.** In der Regel sind bei der Grundversicherung nur Schäden am Fahrzeug des Unfallgegners versichert, nicht am Mietfahrzeug; wenn Sie also einen selbst verschuldeten Unfall mit dem Mietfahrzeug haben, wird der Vermieter die Kosten auf Sie abwälzen bzw. die Kaution einbehalten. Am unbeschwertesten reisen Sie, wenn Sie gegen einen Aufpreis eine Vollkaskoversicherung ohne Selbstbeteiligung *(assurance tous risques sans franchise)* abschließen.

Die kleinsten, preiswertesten und am weitesten verbreiteten **Mietwagen-Typen** sind vor allem Fiat Uno oder Palio (Kat. A–B) und Peugeot 206 (Kat. B–C). Die **Tagespreise** bewegen sich hier zwischen 300 und 400 DH. Größere Fahrzeuge von Peugeot oder der auch nicht gerade große Renault Clio sind in die Kategorien D und E eingestuft, sie kosten 450–700 DH. Am größten und teuersten sind Geländewagen (Kat. G), franz. Bezeichnung „Kat-Kat" (von franz. 4x4), wie Mitsubishi Pajero, Nissan Terrano, Landrover oder Toyota Land Cruiser; hier muss man als Tagesmiete 1000–1300 DH rechnen.

Autobahnen

Marokko verfügt über das **dichteste Teerstraßennetz Nordafrikas.** Die Hauptstraßen *(routes principales)* sind vorwiegend in sehr gutem Zustand. Das **Autobahnnetz** wurde in den letzten Jahren kontinuierlich ausgebaut. Inzwischen existierten (mautpflichtige) Autobahnen zwischen Tanger – Rabat – Casablanca – El Jadida, Ceuta – Tétouan, Casablanca – Marrakesch – Agadir und von Rabat nach Fès (Ausbau nach Oujda im Gang). Im Bau befindet sich die Autobahn von Casablanca nach Beni Mellal. Vorsicht: Die Seitenstreifen der marokkanischen Autobahnen werden nicht selten von Tieren und Fußgängern bevölkert, die gelegentlich sogar versuchen, die Fahrbahnen zu überqueren!

Landstraßen/Pisten

Auf den **Nebenstrecken** lässt der Asphaltbelag manchmal zu wünschen übrig (v.a. bedingt durch Wetterschäden). Die Seitenstreifen sind häufig ausgefranst und die Bankette schlecht befestigt. Da die Nebenstraßen und Pisten oft nicht breit genug für zwei Fahrzeuge sind, muss man sich bei Gegenverkehr darauf gefasst machen, den Teer seitlich zu verlassen. Es gleicht manchmal einem Machtkampf, wer am längsten die Nerven behält, den Platz auf den schmalen Teerstreifen für sich zu beanspruchen – der Schwächere weicht schon rechtzeitig aus. Fahren Sie besser gleich (möglichst vorsichtig) zur Seite.

Die **Gebirgsstrecken** im Rif und Hohen Atlas sind vergleichbar mit den kleinen Alpenpass-Straßen in Europa. Für (nicht schwindelfreie) Flachlandbewohner kann sich eine Fahrt durchs marokkanische Gebirge zum Alptraum entwickeln, denn oft sind die schmalen Straßen ohne Leitplanken, Seitenbegrenzung oder Mittelstreifen. In **endlosen Kurven** winden sich viele Gebirgsrouten bergauf und -ab, neben der Straße tut sich ein tiefer Abgrund auf. Nach Unwettern sind die Bergstrecken häufig beschädigt und der Belag z.T. weggeschwemmt oder durchlöchert. Wohnmobilisten sollten schmale Gebirgsstrecken meiden.

Pistenfahren – auch wenn es sich laut Karte um eine für alle Fahrzeuge befahrbare Strecke handelt – sind für Pkws allemal ein Wagnis. Wir haben auf Touren mit Mietfahrzeug zwar diverse Pisten gemeistert, aber viele der Strecken, die ganz passabel begannen, verwandelten sich früher oder später in übelste Geröllpisten. Um Pannen irgendwo im Nirgendwo zu vermeiden, ist es deshalb ratsamer, Pisten nur mit größeren Fahrzeugen mit entsprechender **Bodenfreiheit** (VW-Bus oder Geländewagen) zu befahren. In der Regel ist im Reiseteil angegeben, welche Pisten auch mit Pkw befahrbar sind. Je nachdem, ob es in den vergangenen Monaten stark geregnet hat, variiert der Routenzustand entsprechend – so kann es durchaus sein, dass die eine oder andere im Buch als mit Pkw befahrbar bezeichnete Strecke inzwischen nur noch mit 4x4 zu bezwingen ist. Erkundigen Sie sich deshalb immer vor Antritt der Pistenfahrt im letzten Ort vor Verlassen der Teerstraße, ob eine Weiterfahrt auf der ausgewählten Route mit dem Pkw möglich ist.

Sogenannte **Wellblechpisten,** auf denen der Untergrund waschbrettartig zu Wellen festgefahren ist, finden Sie auch in Marokko, vor allem auf den häufig befahrenen Strecken im Süden. Diese Wellblechpisten kann man nur mit hoher oder sehr niedriger Geschwindigkeit meistern, wenn man verhindern will, dass sich am Auto und Skelett sämtliche Schrauben und Knochen lockern ...

Die **Straßenbeschilderung** ist inzwischen entlang der größeren Straßen durchwegs in Französisch und Arabisch, sodass eine Orientierung relativ leicht fällt. In ländlichen Gebieten und im Anti-Atlas fehlen gelegentlich sämtliche Wegweiser oder es existieren nur arabische Schilder – dann sollte man in den Dörfern nachfragen, die Leute helfen gerne.

Der Verkehr hat in Marokko in den letzten Jahren deutlich zugenommen, und es passieren leider auch viele tödliche Unfälle. **Erhöhte Vorsicht ist im Bereich von Großstädten und nachts** geboten: Eselskarren behindern,

In der Werkstatt in Zegangane

Mit dem Auto unterwegs

Fußgänger und Tiere laufen plötzlich auf die Straße, Mopeds und andere Fahrzeuge scheren unerwartet aus und nutzen jede Lücke, um sich plötzlich wieder einzureihen, oder blockieren wegen einer Panne eine Spur. Oft haben Pannen-Lkw kein Warndreieck, stattdessen werden auf Landstraßen, im Gebirge auch an unübersichtlichen Kehren, Äste oder Steine auf die Straße gelegt und häufig nach Ende der Panne liegen gelassen! Viele ältere Gefährte sind nicht oder nur schlecht beleuchtet und nachts erst im letzten Moment auszumachen. Wer hier nicht über gute Nerven verfügt, schwitzt „Blut und Wasser", wie es ein Leser ausdrückte.

Stadtverkehr

Die großen Städte Marokkos teilen sich i.d.R. in zwei Bezirke: Medina (Altstadt) und Neustadt (Ville Nouvelle). In den **Neustädten** ist die **Orientierung meist kein Problem,** da diese in der französischen Kolonialzeit angelegt wurden und klar gegliedert sind. Die Hauptstraße der Neustadt ist meist nach dem Königsvater Hassan II. benannt. Viele früher gebräuchlichen französischen Straßennamen wurden in **arabische Straßennamen umbenannt.** So wird heute häufig statt des französischen *Rue* das arabische *Zankat* oder *Sharia* verwendet (z.B. Rue d'Algier = Zankat al Jazair), *Derb* bezeichnet eine Gasse. Da die Schreibweise aber selten nach der offiziellen **Transkription** vom Arabischen ins Lateinische, sondern in der im Französisch gebräuchlichen Transkription vorgenommen wurde, differieren hier die Schreibweisen erheblich. So gibt es z.B. für den arabischen Eroberer *Yussuf ibn Tashfin* (offizielle Transkription), nach dem viele Straßen benannt sind, die Schreibweisen *Youssouf Ben Tachfine* (franz.), *Yussef ibn Tachfin, Jussef ben Taschfin* usw. Ebenso für *Mulay Idris* z.B. *Moulay Idriss, Mulay ben Driss, Mulay Ibn Driss* oder bei *Mohammed* alias *Muhamad* (offiz. Transkription) oder *Muhammed* bzw. *Mohamed*. Diese Beispiele ließen sich beliebig fortsetzen. Manche Stadtpläne geben noch alte Straßennamen an, was es erschwert, sich zurechtzufinden. Straßenschilder sind in kleineren Orten üblicherweise nur an den Hauptstraßen angebracht, eine Adresse in der Medina oder in einem Wohnviertel ausfindig zu machen erweist sich deshalb meistens als ziemlich schwierig.

Die **Medinas** kann man, abgesehen von sehr wenigen Durchgangsstraßen, **nicht mit dem Auto befahren.** Die Gassen sind so eng, dass sich allenfalls wenige Lieferfahrzeuge, meist aber nur Packesel und Mopeds durch das Menschengewühl drängen. Bewachte Parkplätze findet man am Rand der Medina nahe der Eingangstore (arab. *Bab*).

Bei **Orientierungsproblemen** fragen Sie am besten einen Polizisten nach dem Weg. Die Beamten sind durchweg sehr hilfsbereit und sprechen gutes Französisch, evtl. auch Englisch.

Insgesamt ist der **Stadtverkehr** in Marokko nach europäischen Maßstäben recht chaotisch. Besonders in den vielen Kreisverkehren drängeln sich ständig verwegene Moped- und Fahrradfahrer, Taxis und Pferdekutschen durch den Verkehr nach vorne. Immerhin werden rote Ampeln (im Gegensatz zu manch anderen Ländern) respektiert, Zebrastreifen aber beispielsweise konsequent ignoriert. Deshalb drängen sich auch Fußgänger einfach kreuz und quer über die Straße. Die Hupe wird oft und gerne benutzt. Wird ein Auto mal von hinten oder seitlich touchiert, entstehen zwar lautstarke Wortgefechte, aber meistens setzen nach einigen Minuten beide Fahrer ihren Weg fort.

Treibstoffversorgung

Es gibt ein dichtes Tankstellennetz in Städten und entlang der Hauptstraßen. Auch bleifreies Benzin und Super ist mittlerweile fast überall erhältlich. Auf Nebenstraßen in dünn besiedelten Gebieten sollte man vorsichtshalber einen Ersatzkanister mit sich führen bzw. zeitig auftanken.

Kraftstoffpreise (pro Liter/Mitte 2011)

- **Super** *(supercarburant)*: 10,40 DH
- **Bleifrei** *(sans plombe)*: 10,40 DH
- **Diesel** *(gasoil)*: 7,30 DH

Die Spritpreise sind innerhalb einer Provinz gleich – je abgelegener die Provinz, desto teurer ist der Treibstoff. Südlich von Tan-Tan und **in der Westsahara** (Zollfreigebiet) ist Diesel und Benzin **deutlich billiger.**

Verkehrsregeln

Es herrscht **Rechtsverkehr.** Vorfahrt hat, wer von rechts kommt, auch im Kreisverkehr, es sei denn ein Stoppschild hebt die Vorfahrt auf.

Geschwindigkeitsbeschränkungen: 100 km/h außerhalb von Ortschaften und auf Autobahnen, in Ortschaften 40 km/h, beim Überholen von Militärkolonnen 30 km/h. An den Ausfallstraßen stehen häufig Polizisten und überwachen den Verkehr mit und ohne Radar.

Polizeikontrollen sind in Marokko sehr häufig, inzwischen stehen an fast jedem Kreisverkehr vor und nach größeren Städten uniformierte Polizisten. Kontrollen entlang der Straße werden (leider nicht immer) durch runde rot-weiße Schilder (wie allgemeines Fahrverbot) mit der Aufschrift „Ralentir, gendarmerie" und „Halte, gendarmerie" angekündigt. Die früher übliche Einheitsstrafe von 400 DH war gelegentlich verhandelbar (weil sich der Beamte dann das Geld ohne Quittung in die eigene Tasche steckte), 2010 jedoch wurden die **Strafgelder für Verkehrsübertretungen** drastisch erhöht. Die neue Straßenverkehrsordnung setzt schon bis 10 km/h Übertretung eine Strafe von 300 DH fest, ab 10–20 km/h sind es bereits 600 DH. Auch fürs Parken im Halteverbot, für überladene Fahrzeuge, Sichtbehinderung etc. sind empfindliche Geldbußen vorgesehen. Zu hoffen ist, dass dadurch Marokkos Straßen sicherer werden. Touristen sei geraten, sich strikt an die Straßenverkehrsordnung zu halten – auch Radarkontrollen sind häufig.

Anschnallpflicht besteht, wenn das Auto über Gurte verfügt. Es herrscht **absolutes Alkoholverbot!** Rotweiße Streifen am Randstein zeigen ein Halteverbot an.

Mit dem Fahrrad in Marokko

Die folgenden Informationen stammen von **Jan Cramer** – mehr Infos, Routen und Tipps unter **www.marokko-per-rad.de.**

Marokkos spektakuläre Landschaften suchen ihresgleichen und sind für afrikanische Verhältnisse relativ leicht zu erreichen. Es gibt eine große Auswahl an guten Teerstraßen**,** jedoch ist der Asphalt ungewohnt rau und kostet Kraft. Mit Schlaglöchern, Bodenwellen und fehlendem Belag ist überall zu rechnen. Die Randstreifen sind nicht befestigt, oftmals sind selbst die Hauptrouten nur eineinhalbspurig ausgebaut. Fuß- oder Radwege sind nicht vorhanden. Insbesondere durch den Hohen Atlas und den Süden des Landes führen zahlreiche Gebirgs- und Wüstenstrecken, fernab jeglicher Touristenhauptrouten. Der überwiegende Anteil der unbefestigten Strecken besteht aus Schotter- bzw. Lehmpisten, die nach dem Regen stark verschlammt sein

Mit dem Fahrrad in Marokko

können, vereinzelt trifft man im Süden auf leicht versandete Pisten.

Kilometerleistungen von maximal 50 km pro Tag für Geländestrecken und 80 km pro Tag über Landstraßen scheinen realistisch, um noch ausreichend Eindrücke aufnehmen zu können.

Die **besten Reisezeiten** für Radler sind das Frühjahr und der Herbst. Der Sommer ist, wenn überhaupt, nur für den Hohen Atlas geeignet. Der Winter ist besonders für die südlichen Landesteile empfehlenswert. Im Rif und im Mittleren Atlas kann es jedoch durch häufige Niederschläge recht ungemütlich werden, die die Pisten auch für Radfahrer teilweise unbefahrbar machen. Mit Schneefall muss in allen Gebirgsregionen, besonders aber im Hohen Atlas, gerechnet werden.

Fahrradtransport in Marokko

Aufgrund der Topografie und Größe Marokkos kann es erforderlich werden, eine Etappe oder den Rückweg **mit öffentlichen Verkehrsmitteln** anzutreten. Grundsätzlich ist die Fahrradmitnahme immer möglich. Der Aufpreis hängt meist vom persönlichen Verhandlungsgeschick und von der Tageslaune des Fahrers ab. Viel Zeit, Ruhe, freundliche Beharrlichkeit und (eigennützige) Hilfe beim Beladen wirken hier manchmal Wunder.

Sammeltaxi: Der Preis für ein Rad liegt in der Regel bei dem des Transfers für eine Person. Zahlreiche Packriemen geben beim Festzurren auf dem Dach ein gutes Gefühl. Falls kein Gepäckträger vorhanden, ist auch ein Transport im Kofferraum möglich.

Bus: Der Preis für den Radtransport liegt erheblich unter dem des Personenpreises. Oftmals wollen Jugendliche für das Befestigen der Räder und Packtaschen zusätzlich einen Obolus erhalten. Der Sicherheit wegen sollte man die Befestigung immer prüfen und ggf. eigene Packriemen einsetzen.

Radfahrspezifische Gefahren

Steine werfende Kinder und Jugendliche sind manchmal sehr lästig und nicht immer ungefährlich. Es hilft hier, die Fahrt zu verlangsamen und die möglichen Täter zu fixieren, was in der Gruppe einfacher ist als für Alleinreisende. Straßenbarrieren durch Gruppen von Kindern können in der Regel problemlos „durchbrochen" werden.

Es gilt im Straßenverkehr das **Recht des Stärkeren,** auf einspurigen Strecken weicht das kleinere Fahrzeug aus. Jeder motorisierte Verkehrsteilnehmer steht in der Hierarchie über dem Radfahrer – niemals auf sein Recht beharren!

Asphalttouren

Grundsätzlich bietet das gesamte Land, wenn man von den viel befahrenen Transitstrecken der Küste absieht, **wunderschöne Fahrradstrecken.** Bei einer Ankunft in Agadir (der Flughafen liegt etwa 30 Kilometer vom Zentrum entfernt) kann man direkt ins Landesinnere starten. Eine Rundreise im Rahmen einer einwöchigen Tour durch den Antiatlas (Route D 2), evtl. in Kombination mit den Routen D 3 oder D 5, von der Rollbahn weg bietet sich an.

Durch einen Taxi- oder Bustransfer lassen sich die unangenehm verkehrsreichen Strecken um Agadir herum (Richtung Taroudannt und Tiznit) überbrücken und man erreicht nach kurzer Zeit Ausgangspunkte zu traumhaften Touren (Marrakesch, Taroudannt, Tiznit). Die Rundreise über die großen **Passstraßen** des Hohen Atlas (Tizi-n-Test und Tichka) ist ein besonderes Erlebnis. Hierfür sollten zwei Wochen eingeplant werden und Marrakesch als Startpunkt. Ein Highlight ist die Atlasüberquerung auf der Teerstraße von Demnate nach Skoura (Route C 24) durch kaum touristisch erschlossene Gegend. Als Startpunkt bieten sich Marrakesch oder Ouarzazate an.

Ouarzazate bietet eine herrliche Basis als Ausgangspunkt in alle südlichen Landesteile. Gemessen an den übrigen Strecken des Südens ist die Straße der Kasbahs (C 2) aufgrund des Touristenansturmes relativ stark frequentiert und landschaftlich monoton.

Geheimtipps für asphaltliebende Wüstenradler ist die **Route D 6** (Tazenakht – Taroudannt bzw. Bou Izakarn), die auch während eines zwei- bis dreiwöchigen Trips von Agadir aus gut zu bewältigen sind.

Wer lieber durch grüne Eichen- und Zedernwälder radelt statt durch schroffe Wüstenlandschaften, sollte sich den **Mittleren Atlas** vornehmen (Routen B 2, B 3, B 6, B 7). Ausgangspunkt wären entweder Fès oder Meknès. Auch entlang der Mittelmeerküste gibt es schöne Touren mit großartigen Ausblicken (Route A 3). Wer lieber gemütlicher, ohne viele Steigungen an der **Küste** radelt, der findet auf der Route A 8 noch einige Highlights, bevor man die breit ausgebaute Straße nach Saidia erreicht. Ausgangspunkt wären hier Tétouan bzw. Ceuta und Melilla (Flug nach Málaga, Überfahrt mit der Fähre).

Pistentouren

Zahlreiche Pisten, die selbst mit dem Geländefahrzeug oft mühsam zu befahren sind, stellen für den Radfahrer bei guter Kondition, Vorbereitung und Ausrüstung **fantastische Reviere** dar. Im Prinzip sind alle im Führer erwähnten Strecken mit entsprechender Erfahrung und Ausrüstung auch für den Radreisenden machbar. Vom Mittleren in den Hohen Atlas sind die Route B 12 und die Bergrouten um Taza – A 12 und A 13 – ein Highlight.

Die Strecken C 6 (Foum Zguid – M'hamid) für Wüstenfreaks enthält im Verlauf ein ca. 500 m langes, nur schiebend zu meisterndes Weichsandfeld und eine ca. 5 km lange Schiebepassage vor M'hamid. Ansonsten ist die Strecke in drei Tagesetappen zu befahren.

Die Querung des Djabel Saghro auf den Routen C 14 und C 15 sowie die Querung des Hohen Atlas auf den Routen C 18 und C 19 ist möglich. Die Straße zum Erg Chebbi ist seit Jahren geteert. Von dort vermittelt die Piste entlang der algerischen Grenze (bis Taouz geteert) über Hassi Ouzina, Remlia, Fougani (Tafraout), ggf. sogar bis Tagounite, echtes Wüstenfeeling (Route C 11).

Es gelten die gleichen Vorsichtsmaßnahmen wie für den Autofahrer. Alleinfahrten sollten unterbleiben, eine Abmeldung am Startpunkt ist zu erwägen. Nie zu weit von der Hauptroute abdriften, bei einem irreparablen Defekt oder einer Verletzung kann sonst keine Hilfe erwartet werden. Ein **GPS-Handgerät** ist eine gute Orientierungshilfe auf Pistenfahrten und kann in Verbindung mit der neuen Garmin-Karte „Topo Marokko" oder der unter www.island-olaf.de/travel/marokko/gps.html kostenlos erhältlichen digitalen Marokkokarte genutzt werden.

Mit dem Motorrad unterwegs

Marokko ist auch bei Motorradfahrern ein beliebtes Reiseziel. Die Infrastruktur ist gut genug, um einen Motorradfahrer nicht vor unlösbare Probleme zu stellen und die Ausrüstungserfordernisse einer Maschine nicht ins Unermessliche steigen zu lassen. Ideal sind aufgrund ihrer Robustheit und Geländetauglichkeit (zumindest für Sand-/Schotterpisten) Enduros, aber nicht unbedingt notwendig, wenn man auf Teerstraßen fährt. Übrigens: In Marokko besteht **Schutzhelmpflicht.** Mietmotorräder vor Ort sind relativ schwer aufzutreiben (siehe Agadir).

Die **Treibstoffversorgung** ist gut, ein großer Tank (bei vielen Motorrädern serienmäßig oder für Enduros als Zubehör erhältlich) reicht normalerweise aus. Für abgelegene Gebiete sollte man über einen Ersatzkanister oder einen Zusatztank verfügen, was den Schwerpunkt und damit die Handlichkeit allerdings stark beeinträchtigt.

Ein gute Möglichkeit der **Gepäckaufbewahrung** ist ein robuster Tankrucksack. Dazu kommt ein Gepäckträger mit Kofferhaltern, die aber in der käuflichen Form meist nicht so belastbar sind. Die Alternative ist eine selbstgebaute Konstruktion, die allerdings etwas handwerkliches Geschick erfordert. Bei gekauften Gepäcksystemen müssen manchmal die Blinker vom Rahmen nach außen an den Gepäckträger versetzt werden, was bedeutet, dass die Blinker auch bei flexibler Montage schon bei einem Umfaller im Stand bruchgefährdet sind. Als sehr praktisch haben sich die **Bike-Boxen** erwiesen, dies sind speziell angefertigte Alu-Kisten, welche man seitlich an den Kofferhalter bzw. an eigene Aufhängungen montiert, und die als Aufbewahrungsbehälter für alle Art von Gepäck dienen. Erhältlich sind sie bei Därr Expeditionsservice (siehe „Ausrüstungsläden").

Auf die Reise sollte man **Sturz- und Verschleißteile,** wie z.B. Brems-, Kupplungs- und Schalthebel, Zündkerzen und -stecker, Sicherungen, Luftfilter etc. mitnehmen, dazu ein Werkzeugsatz, mit dem man evtl. auch Reparaturen im Innenleben des Motors ausführen kann (der serienmäßige reicht in der Regel nicht aus).

Ein **Ersatzvisier** oder -brillenglas für den Helm sollte ebenfalls bruchsicher verstaut werden.

Utensilien für Kleinreparaturen zahlen sich sicher auch aus, wie z.B. Dichtungsmasse, Kaltmetall, Draht, Kabel, Schrauben, Reepschnur, Isolierband. Unbedingt mitnehmen sollte man Montiereisen, Ersatzschlauch (notfalls auch für schlauchlose Reifen), Flickzeug bzw. Reifen-Pilot und eine Luftpumpe. Passende Ersatzreifen sind in Marokko allenfalls für gängige Enduros erhältlich.

Weil sich die Lebensdauer von Kettenritzel, Kettenrad und Kette (O-Ring) unter Staubeinwirkung und im Geländeeinsatz verkürzt, sollte man vor der Reise sein Fahrzeug mit neuen Teilen ausrüsten. Da Sie als Fahrer Ihre Maschine kennen, wissen Sie selbst, ob es angebracht ist, noch eine Kette und ein Kettenrad mitzunehmen. Das Ritzel hält meist etwas länger. Vergessen Sie Kettenspray, -trenner und -schloss nicht. Ein Mindestmaß an technischem Verständnis sollte schon vorhanden sein, um sich abseits der Hauptrouten selbst helfen zu können. Eine typenspezifische Reparaturanleitung oder ein Werkstatthandbuch im Tankrucksack helfen notfalls weiter.

Wenn Ihr finanzielles Budget größer ist als Ihr Zeitbudget, können Sie Ihr **Motorrad** auch **per Flugzeug nach Marokko** verfrachten. Verschiedene Cargo Services bieten den Motorradtransport per Luftfracht an, meist günstiger als die Airline. Auch einige Motorradreiseveranstalter organisieren den Transport nach Marokko, so z.B. GS Sportreisen (www.gs-sportreisen.de) und Bikeworld Travel (www.bikeworld-travel.de). Alternativ ist es möglich, die Maschine nach Spanien fliegen oder in einem Anhänger transportieren zu lassen. Von Spanien kann man dann problemlos mit der Fähre übersetzen.

Notfälle

Autopanne/-unfall

Bei **Unfällen** in Marokko ist unbedingt das Schadensprotokoll der Polizei oder das Schuldanerkenntnis des Verursachers nötig, da sonst die marokkanische Versicherung nicht bezahlt. Versicherungsfälle werden nur schleppend abgewickelt. Gerichtssprache ist arabisch, Prozesse sind langwierig und kostspielig – daher sollte zu Hause evtl. eine Kurzkasko- und Insassen-Unfallversicherung abgeschlossen werden.

Für ADACPlus- oder ÖAMTC-Mitglieder gibt es im Ausland Beratung und Hilfe teilweise kostenlos. Man kann sich auch direkt an seinen Automobilclub wenden. Hier die drei größten für Deutschland, Österreich und die Schweiz:

- **ADAC,** (D)-Tel. 089 22 22 22; unter (D)-Tel. 089 76 76 76 gibt es Adressen von deutschsprachigen Ärzten in der Nähe des Urlaubsortes (Liste auch vorab anforderbar)
- **ÖAMTC,** (A)-Tel. 01 251 20 00 oder (A)-Tel. 01 251 20 20 für medizinische Notfälle
- **TCS,** (CH)-Tel. 022 417 22 20

Verlust von Geldkarten

Bei Verlust oder Diebstahl der Kredit- oder Maestro-/EC-Karte sollte man diese umgehend sperren lassen. Für deutsche Maestro- und Kreditkarten gibt es die einheitliche **Sperrnummer 0049 116 116** und im Ausland zusätzlich 0049 30 4050 4050. Der TCS (Schweiz) betreibt einen Kartensperrservice; Infos unter 0844 888 111. Für österreichische und schweizerische Karten gelten:

- **Maestro-/EC-Karte,** (A)-Tel. 0043 1 204 88 00; (CH)-Tel. 0041 44 271 22 30, UBS: Tel.

Post, Telefon, Internet

0041 848 888 601, Credit Suisse: Tel. 0041 800 800 488
- **MasterCard,** internationale Tel. 001 636 722 7111 (R-Gespräch)
- **VISA,** internationale Tel. 001 410 581 9994

Verlust von Reiseschecks

Nur wenn man den Kaufbeleg mit den Seriennummern der Reiseschecks sowie den Polizeibericht vorlegen kann, wird der Geldbetrag von einer größeren Bank vor Ort binnen 24 Stunden zurückerstattet. Also muss der Verlust oder Diebstahl umgehend bei der örtlichen **Polizei** und auch bei American Express bzw. Travelex/Thomas Cook gemeldet werden. Die Rufnummer für das Reiseland steht auf der Notrufkarte, die man mit den Reiseschecks bekommen hat.

Geldnot

Wer dringend eine größere Summe ins Ausland überweisen lassen muss wegen eines Unfalles oder Ähnlichem, kann sich auch nach Marokko **über Western Union Geld schicken** lassen. Für den Transfer muss man die Person, die das Geld schicken soll, vorab benachrichtigen. Diese kann es via www.westernunion.de online über ihr Bankkonto versenden oder muss bei einer Vertretung von Western Union (in Deutschland u.a. bei der Postbank) ein entsprechendes Formular ausfüllen und den Code der Transaktion telefonisch oder anderweitig übermitteln. Mit dem Code und dem Reisepass geht man zu einer beliebigen Vertretung von Western Union in Marokko (siehe Telefonbuch oder unter www.westernunion.de „Vertriebsstandort suchen"), wo das Geld nach Ausfüllen eines Formulares binnen Minuten ausgezahlt wird. Je nach Höhe der Summe muss der Absender eine Gebühr ab 10,50 Euro zahlen.

Ausweisverlust/ dringender Notfall

Wird der **Reisepass oder Personalausweis** im Ausland gestohlen, muss man dies bei der örtlichen Polizei melden. Darüber hinaus sollte man sich an die nächste diplomatische Auslandsvertretung seines Landes wenden, damit man einen Ersatz-Reiseausweis zur Rückkehr ausgestellt bekommt (ohne kommt man nicht an Bord eines Flugzeuges!).

Auch in **dringenden Notfällen** (z.B. medizinischer oder rechtlicher Art, bei der Vermisstensuche, Hilfe bei Todesfällen, Häftlingsbetreuung) können die Auslandsvertretungen vermitteln (zu den Adressen siehe Kapitel „Diplomatische Vertretungen").

Post, Telefon, Internet

Post

Postämter gibt es in allen größeren Orten. Sie sind leicht zu erkennen an der Aufschrift „P.T.T.".

Briefmarken sind meist auch in Tabak- und Schreibwarenläden erhältlich, in denen Postkarten verkauft werden. Postkarten und Briefe bis 20 g nach Deutschland müssen bei Luftpost mit 7 DH frankiert werden.

Die **Laufzeit** für Briefe und Karten in die Heimat bewegt sich zwischen einer und drei Wochen.

Telefonieren (Festnetz)

Telefonieren ist inzwischen kein Problem mehr, denn überall in den Städten gibt es **öffentliche Telefone** mit Direktwahlapparaten, von denen auch nach Deutschland bzw. Europa telefoniert werden kann.

Kartentelefone sind an jeder Ecke zu finden, Telefonkarten gibt es bei allen Niederlassungen der Maroc Telecom und in den meisten Läden zu 20 (30 DH), 50 (67,50 DH) und 100 Einheiten (129 DH).

In jedem Ort existieren privat betriebene **Téléboutiquen** (teils mit Fax und Internet) mit Münzapparaten. Das Personal hilft bei Problemen und wechselt Kleingeld.

Post, Telefon, Internet

Der **Minutentarif** lag im Jahr 2010 bei 3 DH (*plein tarif*) und 1,50 DH (*tarif réduit*). Bei einem Anruf auf ein Mobiltelefon gilt ein Tarif von 4,20 DH (*plein tarif*) und 3,30 DH (*tarif réduit*).

Telefonieren nach Deutschland **vom Hotel** aus ist horrend teuer (3–5 Euro/Min.). Am günstigsten ist es, sich mit einer deutschen Billigvorwahl zurückrufen zu lassen.

Marokkos Telefongesellschaft **Maroc Telecom** (www.iam.ma) wurde vor einigen Jahren privatisiert und das Telefonnetz komplett modernisiert. Im Zuge dieser Änderungen wurden auch die **marokkanischen Vorwahlen geändert.** Statt acht Vorwahlbereichen blieben nur noch vier Vorwahlen übrig. Im März 2006 wurden die Vorwahlen in einem weiteren Schritt zu nur noch zwei Vorwahlkreisen vereinfacht: Zone Nord mit den ersten beiden Ziffern 02 (ehemals 02 und 04), Zone Süd mit den ersten beiden Ziffern 03 (ehemals 03 und 05). Alle alten Vorwahlen beginnend mit 02 (plus dritte Stelle x) und 04 (plus dritte Stelle x) sind also einheitlich in 02x umgewandelt. Vorwahlen, die früher mit 05 und 03 begannen, sind nun alle 03x. Die dritte Ziffer der Vorwahl blieb unverändert. Doch damit nicht genug: Im März 2009 wurden die Vorwahlen für Festnetz und Mobilfunk erneut geändert. Allen Vorwahlen wurde noch eine Ziffer vorangestellt, sodass die Vorwahl nun vierstellig und die gesamte Telefonnummer zehnstellig ist:

Festnetz:
02x wird zu 052x
03x wird zu 053x
08x wird zu 080x
09x wird zu 089x

Mobilfunk:
01x wird zu 061x
04x wird zu 064x
05x wird zu 065x
06x wird zu 066x
07x wird zu 067x

Wenn Sie also alte Visitenkarten erhalten oder auf nicht aktualisierten Websites nur eine dreistellige Vorwahl angegeben ist, fügen Sie bei der Nummer hinter der 0 nach obigem Beispiel eine 5 (Festnetz) oder eine 6 (Mobilfunk) ein. In Marokko wählt man in Städten die Nummer immer komplett, d.h. inklusive der Vorwahl.

Bei **Gesprächen aus dem Ausland** wählt man die Vorwahl für Marokko 00212 und die zehnstellige Nummer ohne die 0 am Anfang.

Das **marokkanische Telefonbuch** sowie die **Gelben Seiten** (*Les Pages Jaunes*) findet man auch im Internet: **www.menara.ma** („annuaires").

Auslandsvorwahlen
- **Deutschland: 0049**
- **Österreich: 0043**
- **Schweiz: 0041**
- **Marokko: 00212**

Auskunft
- **National: 160**
- **International: 120**

Mobil telefonieren

Sie können Ihr Handy problemlos nach Marokko mitnehmen, denn die meisten Mobilfunkgesellschaften haben **Roamingverträge** mit den marokkanischen Gesellschaften Maroc Telecom und Méditel (beide GSM 900 MHz). Wegen **hoher Gebühren** sollte man sich bei seinem Anbieter erkundigen, welcher der Roamingpartner günstig ist und diesen per manueller Netzauswahl voreinstellen. Nicht zu vergessen sind die **passiven Kosten,** wenn man von zu Hause angerufen wird (Mailbox abstellen!). Der Anrufer zahlt nur die Gebühr ins heimische Mobilnetz, die teure Rufweiterleitung ins Ausland zahlt der Empfänger. Wesentlich preiswerter ist es, sich auf SMS zu beschränken, der Empfang ist in der Regel kostenfrei.

Buchtipp – Praxis-Ratgeber:
- Volker Heinrich
**Handy global –
mit dem Handy im Ausland**
(Reise Know-How Verlag)

POST, TELEFON, INTERNET

Inzwischen ist die **Netzabdeckung fast überall** (sogar in der Westsahara) gewährleistet. Nur an manchen einsamen Stränden, abseits der großen Straßen im Gebirge oder in der Wüste gibt es kein Netz.

Falls das Mobiltelefon **SIM-lock-frei** ist (keine Sperrung anderer Provider vorhanden ist) und man längere Zeit in Marokko unterwegs ist, ist es sinnvoll, sich ein Handy mit lokaler Nummer (**SIM-Card**) und Prepaid-Guthaben anzuschaffen. Den SIM-lock kann man sich auch in den diversen Telefongeschäften oder bei Bastlern in Marokko entfernen lassen. Eine lokale SIM-Card ist problemlos an den Kiosken der Mobilfunkanbieter oder in Téléboutiquen erhältlich. Mit einer marokkanischen SIM-Card müssen Sie bei ankommenden Anrufen und Telefonaten im Land keine teuren Auslandsgebühren an den deutschen Mobilfunkanbieter bezahlen. Sie sollten aber auch in Marokko bei den verschiedenen Anbietern nachfragen, ob Sie bei eingehenden Telefonaten eine Gebühr bezahlen müssen bzw. ob man zum Ein- oder Auswählen noch eine zusätzliche Nummer braucht. Eine Méditel-SIM-Karte mit marokkanischer Nummer kostet z.B. 75 DH inkl. 50 DH Gesprächsguthaben. Eine **SMS** nach Deutschland kostet 5 DH, innerhalb Marokkos nur 1 DH. Das Guthaben kann jederzeit durch Kauf einer Prepaid-Karte aufgeladen werden. Die Stände und Läden von Méditel und anderen Mobilfunkanbietern sind in jedem größeren Ort zu finden.

Ähnliche Preise hat die **Carte Jawal** der Maroc Telecom (IAM, www.iam.ma). Deren Netz hat die größte Abdeckung im Land. Eine SMS kostet 4 DH, 1 Minute nach Deutschland 7,80 DH. Ferner gibt es noch SIM-Karten von **Wana** (www.wana.ma); dieser Anbieter ist deutlich preiswerter, das Netz aber nicht so dicht.

Gelegenheit zum Telefonieren: eine Téléboutique

Satellitentelefon

Wer wirklich **abseits der Hauptwege** reist (Kameltouren, Weiterreise nach Mauretanien und andere Saharastaaten, Trekking) oder geschäftlich immer erreichbar sein muss, für den lohnt sich unter Umständen die Miete eines Satellitentelefons. Für Marokko (nicht Westsahara) bietet Thuraya einen günstigen Eco-Tarif an, der mit ca. 0,86 Euro pro Minute billiger ausfällt, als wenn man mit dem deutschen Handy (mit deutscher SIM-Card) telefoniert. Näheres unter www.thuraya.de oder www.expeditionstechnik.de.

Internet

Marokko boomt in dieser Hinsicht. Es gibt in jeder Stadt und jedem größeren Ort **zahlreiche Internetcafés**. Die Stunde im Netz kostet zwischen 4 und 10 DH (in Hotels teurer). Beim Stadtbummel sind die Cybercafés nicht zu übersehen, wer trotzdem Adressen sucht, findet sie im Internet z.B. auf der Seite www.cybercafes.com.

Mit daheim per Mail zu kommunizieren oder sich seine E-Mails auch unterwegs abzurufen, ist kinderleicht, ebenso wie heimische Nachrichten über die Seiten der großen deutschen Zeitungen oder der Fernsehsender zu lesen. **E-Mail-Kommunikation** ist in Marokko nicht mehr die Ausnahme, sondern bei Firmen oder touristischen Unternehmen der Alltag geworden. So kann man sein Hotelzimmer, den Mietwagen oder den Bergführer bequem per E-Mail buchen.

Wer längere Zeit in Marokko ist, kann einen **Surfstick** mit SIM-Karte (z.B. von Maroc Telecom für 220 DH monatliche Flatrate) erwerben und über das Mobilfunknetz mit dem eigenen Notebook fast überall online gehen.

Öffnungszeiten

Generell sind die Öffnungszeiten im Ramadan und in der Woche nach dem Opferfest (Aid el Kebir) sehr eingeschränkt. (Post-)Ämter und Behörden haben dann meist nur von 9.30–15 Uhr geöffnet, Geschäfte nach Lust des Besitzers manchmal nur vormittags oder nur in den späten Nachmittagsstunden. Am Freitagmittag (Moscheebesuch und islamischer Feiertag) haben viele Geschäfte in den Souk-Vierteln und in Dörfern geschlossen. Am Nachmittag ab 15/16 Uhr ist dann wieder mit offenen Läden zu rechnen.

Geschäfte und Büros: Da es in Marokko kein Ladenschlussgesetz gibt, hier nur die Kernöffnungszeiten der Geschäfte: Mo bis Sa 9.30–13 und 15–19 Uhr.

Ämter und Behörden: Mo bis Do 8.30–12 und 14.30–18.30 Uhr, Fr 8–11.30 und 15.30–18.30 Uhr.

Museen/Sehenswürdigkeiten: Die meisten Museen sind täglich außer Di von 9–12 und 14–17.30/18 Uhr geöffnet, der Eintritt beträgt 10–20 DH. Auch bei Sehenswürdigkeiten wie Palästen, Medersen (Koranschulen) etc. gelten diese Eintrittspreise und in etwa die gleichen Öffnungszeiten, wobei muslimische Sehenswürdigkeiten wie Koranschulen meist am Freitagvormittag geschlossen haben.

Reiseveranstalter und Rundreisen

Marokkoreisen werden in **deutschen Reisebüros** in vielfältiger Form angeboten, neben reinem **Badeurlaub** auch immer mehr interessante **Rundreisen** diverser Veranstalter. Dabei handelt es sich vor allem um Touren zu den Königsstädten Rabat, Fès, Meknès und Marrakesch, zu Kasbahs und Speicherburgen, um Bus- oder Geländewagenfahrten in die Berge und die Wüste. Beachten Sie aber bei Rundreisen durch das ganze Land, dass eine solche Unternehmung mindestens 14 Tage dauern sollte, eher länger. Für eine

REISEZEIT

Tour im Süden, also von Agadir nach Marrakesch und weiter nach Ouarzazate und entlang der Straße der Kasbahs, reichen 14 Tage, auf eine 8-Tage-Rundreise sollten Sie sich auch hier nicht einlassen.

Ferner werden u.a. **Wander- und Trekkingtouren, Golfreisen** sowie **Rundfahrten mit Mietwagen** angeboten. Ein Badeurlaub lässt sich problemlos anhängen. Aber auch Bausteinprogramme (Flug, kombiniert mit individuellen Destinationen und Ausflügen oder Mietwagen) kann man buchen.

Wer das Land und seine Leute wirklich kennen lernen und sich auch abseits der touristischen Zentren und Hauptrouten bewegen möchte, sollte bei spezialisierten Reiseveranstaltern buchen.

Wenn man auf eigene Faust durchs Land reist, so bieten sich für einige mit dem Bus oder Pkw schwer erreichbare Gebiete Tagestouren an. Diese können vor Ort bei **lokalen Veranstaltern** gebucht werden, z.B. Wüstentouren per Kamel und 4x4 von Erfoud, Zagora oder Mhamid aus. Empfehlenswerte lokale Veranstalter sind in den jeweiligen Kapiteln genannt.

Reisezeit

Die angenehmste Reisezeit in Marokko ist das Frühjahr **von Anfang März bis Ende Mai,** denn hier zeigt sich die im Herbst graubraune Landschaft in ihrem schönsten Kleid, und alles grünt und blüht. Die Zeit um Ostern ist jedoch auch diejenige mit den meisten Touristen, also Hochsaison, was sich vor allem in Marrakesch in erhöhten Preisen und vollen Hotels auswirkt. Preiswerter wird es im Mai, jedoch ist gerade Agadir um diese Zeit häufig mit einer Nebeldecke verhüllt. Trotz meist sehr angenehmer Temperaturen im Frühjahr kann es zu dieser Zeit auch starke Regenfälle und Kälteeinbrüche geben.

Im **Sommer,** vor allem im August, während der europäischen und marokkanischen Ferien, sind die Badeorte am Atlantik (und am Mittelmeer) überfüllt, und die Campingplätze quellen von marokkanischen Großfamilien über, mit der Folge, dass die Zustände auf manchen Plätzen unerträglich sind. Im Landesinnern dagegen lässt es sich vor allem an den hoch gelegenen Seen des Mittleren Atlas gut aushalten, und auch der Hohe Atlas ist noch nicht von Touristen überlaufen. Übrigens bietet selbst der Hochsommer keine Schönwettergarantie. Gerade im Gebirge sind sturzflutartige Regenfälle nicht selten.

Der **Herbst** ist wiederum eine sehr beliebte Reisezeit auch für Gruppen- und Trekkingreisen. Es fehlt jedoch die Farbenpracht des Frühjahrs, und, wie bereits erwähnt, wirken weite Landstriche aufgrund der abgeernteten Felder braun und kahl.

Wichtig ist es, bei der Reiseplanung zu überlegen, ob die Reisezeit in den Fastenmonat **Ramadan** fällt. Da ein erwachsener Moslem während dieser Zeit von Sonnenaufgang bis Sonnenuntergang nichts essen darf, bleibt es nicht aus, dass man, sofern man tagsüber etwas zu sich nimmt, als Tourist entweder unangenehm auffällt oder sich irgendwohin zurückziehen muss. Rucksacktouristen haben es etwas schwerer als Pauschaltouristen, da in kleinen Restaurants und arabischen Hotels nicht gekocht wird und der Geldbeutel für große Hotels zu schmal ist. Ein sparsamer Esser oder man/frau mit Diätabsichten hat während des Ramadan allerdings eine beschaulichere Reisezeit, da wesentlich weniger Touristen im Land unterwegs sind. Und wenn die Fastenzeit nicht gerade in den Hochsommer fällt, wenn die Tage am längsten sind, dann lässt sich das Fasten ganz gut auch für den Touristen durchhalten. Cluburlauber und Gäste größerer Hotels brauchen auf die gewohnte Küche nicht zu verzichten, aber einem marokkanischen Hotelangestellten wird man es kaum verübeln, wenn er angesichts opulenter Buffets und eigenem knurrenden Magen nur mürrisch seiner Arbeit nachgeht. Das öffentliche Leben insgesamt läuft während des Ramadan auf Sparflamme: Man kann nur vormittags mit geöffneten Schaltern rechnen; Museen und andere Sehenswürdigkeiten haben verkürzte Öffnungszeiten; Cafés sind tagsüber geschlossen; Brot gibt es in kleineren Orten erst nachmittags, alle anderen Lebensmittel aber sind reichlich auf den Märkten zu haben.

Nach Sonnenuntergang wird umso üppiger gegessen und gefeiert, auf den Straßen ist viel mehr los, und wegen des turbulenten Nachtlebens kann es recht interessant sein, zu Ramadanzeiten zu reisen.

Vgl. auch den Abschnitt „Klima" im Kapitel „Land und Leute".

Sicherheit

Die **Kriminalitätsrate** in Marokko ist im Vergleich zu den westlichen Industrienationen **sehr gering.** In deutschen Städten, in Italien und Spanien ist es wesentlich wahrscheinlicher, bestohlen oder überfallen zu werden als in Marokko. Besonders immer wieder kursierende Schauergeschichten über lauernde Drogenhändler und entführte blonde Mädchen müssen eindeutig ins Reich der Märchen verwiesen werden. Raubüberfälle und Vergewaltigungen sind in Marokko sehr selten. **Allgemeine Vorsichtsmaßnahmen** zur Verhinderung von Diebstählen sind – wie überall auf der Welt – allerdings in den Großstädten und touristischen Destinationen wie Casablanca, Tanger, Fès, Marrakesch, Agadir u.a. angebracht.

Grundsätzlich sollten **in Hotels** keine Wertgegenstände im Zimmer gelassen, sondern gegen Quittung an der Rezeption oder im Hotelsafe deponiert werden. Wer in höherpreisigen Hotels absteigt, sollte auf jeden Fall besser die Wertgegenstände im Hotel deponieren, denn die Gefahr, vom Hotelpersonal bestohlen zu werden, ist geringer, als dass die Wertsachen im Gedränge beim Stadtbummel oder am Strand abhanden kommen.

Unterwegs sollten keine teuren Elektronikgeräte (Laptop, iPhone etc.) oder Schmuckstücke offen zur Schau getragen werden, um Diebe nicht in Versuchung zu führen. Auch teure Kameras trägt man in den Städten besser gut verstaut in einer Kameratasche oder im Rucksack und nicht lose an der Schulter. Im Gedränge auf dem Suq oder in der Medina tragen Sie eine Umhängetasche oder den Rucksack am besten nach vorne oder unter den Arm geklemmt, um einen schnellen Zugriff von hinten zu vermeiden. **Pass, Kreditkarte, größere Geldsummen etc.** tragen Sie am besten im **Brust- oder Hüftbeutel** oder im **Geldgürtel** direkt am Körper unter der Kleidung. Der Beutel macht natürlich nur Sinn, so lange er unter der Kleidung versteckt bleibt und nicht irgendwo in der Öffentlichkeit präsentiert oder im Auto oder auf dem Restauranttisch liegen gelassen wird. Für die täglichen Einkäufe und Ausgaben hält man am besten einen kleinen Geldbeutel griffbereit, in dem nur ein geringer, für den Tag benötigter Betrag enthalten ist. Verteilen Sie grundsätzlich das Barvermögen auf möglichst viele Stellen (im Auto, Rucksack oder am Körper), damit im Zweifelsfall nicht alle Geldreserven verloren sind.

Meiden Sie in Städten **abends dunkle Viertel und einsame Gassen,** vor allem wenn sie alleine unterwegs sind. Allein reisende Frauen sollten auf nächtliche Spaziergänge in der Medina (nach 22 Uhr) oder am Strand verzichten.

Gehen Sie beim **Baden** immer abwechselnd ins Wasser, um die Wertsachen oder auch den Autoschlüssel im Blick zu behalten.

Kurbeln Sie im Auto die Fenster hoch, wenn Sie durch große Menschenmengen (z.B. am Markttag in einem Ort) fahren oder beim Anhalten von Kindern umringt werden. Damit verhindern Sie einen schnellen Zugriff auf im Auto herumliegende Dinge. **Sperren Sie das Auto immer ab,** auch wenn Sie sich nur kurz für ein paar Meter entfernen.

In dichter besiedelten Gebieten sollten beim **Wildcampen** nachts keine Stühle, Schuhe oder Ausrüstungsgegenstände draußen vor dem Auto bleiben. Lassen Sie keine Wertsachen über Nacht in Ihrem Fahrzeug, sondern nehmen Sie diese mit ins Zelt oder

---

Buchtipp – Praxis-Ratgeber:
● Matthias Faermann
**Schutz vor Gewalt
und Kriminalität unterwegs**
(REISE KNOW-HOW Verlag)

Hotelzimmer! **Autoaufbrüche** sind zwar selten, kommen aber besonders dann, wenn im Fahrzeug von außen einsehbar Gepäck gelagert ist, immer wieder vor. Lassen Sie **nie Geld, Papiere oder wertvolle Fotoausrüstung im Wagen,** es sei denn, Sie haben eine gut getarnte und befestigte Sicherheitskasette im Auto.

Parken Sie Ihr Auto an belebten Stränden und in Städten möglichst nur auf **bewachten Parkplätzen** oder so, dass Sie es beim Café- oder Restaurantbesuch vom Tisch aus sehen können. In den größeren Orten gibt es überall in der Nähe von Sehenswürdigkeiten, der Stadttore und bei Ämtern bewachte Parkplätze, für die nur eine geringe Gebühr bezahlt werden muss. Häufig bieten sich auch herumhängende Jugendliche an, auf das Auto aufzupassen – diese bekommen dann bei der Rückkehr zum Auto ein Trinkgeld von ein paar Dirham. Merken Sie sich genau, wen Sie beauftragt haben, das Auto zu bewachen, sonst dürfen Sie hinterher die ganze Meute bezahlen. In Gebirgsregionen und abseits der touristischen Städte ist es kein Problem, sein Fahrzeug z.B. für eine Trekkingtour ein paar Tage stehen zu lassen. Am besten parken Sie das Auto bei der Herberge, in der sie vor oder nach der Exkursion übernachten, oder alternativ vor der Gemeindeverwaltung, der Polizei oder bei einem Forsthaus. Sie sollten allerdings die Beamten oder den Qaid darüber informieren, wie lange sie weg sind.

Für **Rucksackreisende,** die in einfacheren Quartieren oder Jugendherbergen absteigen, ist es manchmal nicht leicht, unbeschwert durch die Stadt zu bummeln, ohne einen schweren Rucksack mit sich rumzuschleppen. In vielen Unterkünften gibt es einen abgesperrten Raum, in dem man sein Gepäck deponieren kann. Auch an den Busbahnhöfen kann man sein Gepäck am Schalter lagern lassen, falls man ein Busticket für die spätere Weiterfahrt gebucht hat. Die wichtigsten Wertsachen (Pass, Kreditkarte, Ticket) sollten nicht im großen Rucksack, sondern in einem Brustbeutel oder Hüftgurt am Körper versteckt werden.

Das **Sicherheitsrisiko durch Terroranschläge** schätzen wir in Marokko nicht höher ein als in Europa. Als Tourist wird man im Land von der überwiegenden Mehrheit der Menschen nach wie vor höchst willkommen geheißen! Der marokkanische Staat bekämpft den islamistischen Terror rigoros, die Präsenz der (uniformierten oder als Zivilisten getarnten) Polizisten in den Städten ist sehr groß. Vgl. dazu auch den Abschnitt zur Terrorismusbekämpfung im Kapitel Land und Leute/Politik.

Souvenirs

Marokko hat eine fantastische Auswahl an geschmackvollen Souvenirs – vor allem das Kunsthandwerk ist weltweit berühmt.

Die größte Auswahl und die günstigsten Preise für Souvenirs findet man auf dem **Suq** (franz. **Souk** = Markt). Diese sind nach **Handwerkervierteln** gliedert, wo man auch die Möglichkeit hat, die Handwerker bei ihrer Arbeit zu beobachten. In den typischen **Souvenirgeschäften** ist die Auswahl meist nur auf den Touristen abgestimmt, alltägliche Gebrauchsgegenstände sind in der Regel dort nicht zu bekommen.

Auf den **regionalen Märkten** werden oft sehr hübsche Töpferwaren und Dinge des täglichen Gebrauchs angeboten, das „Drumherum" ist wesentlich ursprünglicher und schöner als in den Großstadtsuqs.

Sollten Sie Spaß am **Feilschen** haben, so können Sie das in den Großstadtsuqs stundenlang betreiben und auch einen Gegenstand einigermaßen günstig erstehen. Billig ist in den Städten allerdings nichts mehr, viele Gegenstände werden nur noch für den Verkauf an Touristen gefertigt. Im Normalfall konn-

Souvenirs

ten wir jeden genannten **Preis bis auf die Hälfte herunterhandeln,** inzwischen werden aber in Touristenorten dermaßen unverschämt hohe Summen angesetzt, dass es sinnvoll ist, 75% unter dem genannten Preis mit dem Handel anzufangen. Man sollte nie ohne **Preisvergleich** handeln und sich niemals als Marokko-Neuling outen. Wenn Sie auf entsprechende Fragen Ihres Pendants mehrere Städte aufzählen, in denen Sie schon gewesen sind und einen Aufenthalt in Marokko von mindestens drei Wochen angeben, suggeriert dies Erfahrung, und die Verhandlungsbasis ist eine ganz andere.

Eine Ausnahme ist **silberner Berber-** und auch **Goldschmuck,** hier sind die Preise relativ konstant, es wird meist nach Gramm abgerechnet.

Beim Feilschen gilt eine Anstandsregel: Beginnen Sie keinen Handel, wenn Sie nicht die Absicht haben, den Gegenstand wirklich **zu kaufen.** Manchmal wird man zwar fast zum Handeln gezwungen, aber meist kann man bekunden, dass kein Interesse besteht. Sollte der Händler trotzdem nicht lockerlassen, nennt man einen so idiotisch niedrigen Preis, dass ihm von selbst die Lust zum Handeln vergeht. Haben Sie bei dem Handel das Gefühl, auch nach 50% Reduktion oder mehr noch übers Ohr gehauen zu werden, so trösten Sie sich: Das geht jedem so! Das Wort Betrug in diesem Zusammenhang würde ich vermeiden. Die Araber sind ganz einfach geschickte Händler, und man macht es sich zu leicht, die Geschäftsmethoden als Betrug abzustempeln, wenn Preise nicht festgesetzt sind und die Einheimischen an den Touristen ganz einfach Geld verdienen.

Touristen, die nicht handeln, werden belächelt. Handeln Sie aber wie ein Araber, werden Sie Ihrem Gegenüber gehörigen Respekt abringen.

Sollten Sie am Handeln keinen Spaß finden oder Angst haben, zu teuer zu kaufen, dann besuchen Sie die **staatlichen Läden Maisons de l'Artisanat** oder **Centres Artisanales/Ensemble Artisanal** in den großen Städten. Diese führen ein gutes Sortiment an landestypischen Handwerksprodukten. Hier können Sie zu **Festpreisen** kaufen und bekommen die Waren auf Wunsch sogar nach Hause geschickt.

Grundsätzlich gilt: **Lassen Sie sich nie von einem Händler unter Druck setzen!** Will er Sie am Gehen hindern oder schlägt er einen aggressiven Ton an, sagen Sie ihm in aller Deutlichkeit, was Sie davon halten und drohen Sie ggf. mit der Touristenpolizei. Dann ist dieses Theater meist schnell beendet.

Lederwaren

Die Lederbearbeitung in Marokko beruht auf **jahrhundertealter Tradition,** die Produkte fanden schon früh in Europa Absatz (Lederwarengeschäfte heißen in Frankreich „Maroqinerie"!).

In der Gegend von Tétouan und im Rif sind die großen braunen und beigefarbenen **Ledertaschen** der Hirten und Nomaden mit farbigen Riemen verziert. Die Lederwarenhersteller von Rabat verfeinerten diese Technik und benutzten gefärbtes Leder mit gepunzten Ledermustern, um Taschen, Geldbeutel und Gürtel herzustellen. Die **Vergolder von Fès** bringen auf den verschiedensten Lederwaren goldene Ranken, Girlanden, Sterne und Muster an. In Marrakesch verzieren **Sticker** gelbes, violettes und weißes Leder mit farbiger Seide und verarbeiten es zu wunderschönen Kissen und Taschen. Diese werden dann mit roten oder blauen Riemen versehen. In der Gegend von Zemmour werden Sandalen, Gürtel und Taschen mit Filzringen und Silberfäden verziert.

Neben den traditionellen Lederwaren gibt es natürlich auch „moderne", z.B. Taschen und Rucksäcke, Geldbeutel, Bekleidung, Sitzkissen etc.

Messing- und Kupferwaren

Die Messing- und Kupferbearbeitung ist in Marokko, wie in allen arabischen Staaten, **sehr verbreitet.** Die Gegenstände werden nach jahrhundertealten Mustern mit geometrischen Flechtwerken, Ranken, Blumen und Ornamenten verziert. Tabletts, Wasserkessel, Teekannen, Zuckertöpfe, Mokkaservices, Mörser, Leuchter, Laternen, Becher, Türklopfer und vieles mehr werden dadurch zu wertvollem und wunderschönem Hausrat. Leider ist gerade dieses Handwerk durch das Vordringen von Plastikgegenständen und billigem Aluminiumhausrat stark gefährdet.

Kunstschmiede

Bei den Kunstschmieden wird hauptsächlich **Eisen** zu Ranken, Bändern, Scheiben und Ornamenten verarbeitet, die Eingangstüren, Leuchter und Blumenvasen, Gartentore, Balkonbrüstungen, Fenster u.v.m. verzieren.

Schmuck

Silber- und Goldschmuck ist in den Dörfern der Hochebenen bei den Berbern immer noch eine wertvolle **Geldanlage.** Er ist Aussteuer, Brautgeschenk und Prestigeobjekt zugleich, und man trägt ihn dauernd bei sich.

Der Silberschmuck der Berber wird mit Kerben und einfachen Linien dekoriert und zu sehr schweren Armbändern, Kopf- und Gürtelschmuck, Ringen und Anhängern verarbeitet, die oft **mit Bernstein, Malachit oder Korallen verziert** sind.

Der Schmuck dient in Form von Amuletten vor allem zur **Abwehr des „Bösen Blickes".** Silber und Kupfer wird eine segensreiche Wirkung zugesprochen, welche noch durch die Form des Schmuckstückes verstärkt werden kann. So sind vor allem Amulette als fünffingrige Hand üblich, welche als „Hand der Fatima" (nach der Tochter Mohameds) oder als *chamsa* (arabisch für fünf) bezeichnet werden. Diese Amulette sollen ebenfalls böse Geister und Unglück abwehren. Die Fünf wird als magische Zahl angesehen: Schon das Aussprechen der Zahl oder auch nur das Ausstrecken der rechten Hand genügt, um den bösen Blick von sich abzuwenden. Die Fünf bestimmt in zahlreichen Kombinationen das Design der Schmuckstücke, so auch in Form von Kreuzen und Sternen mit fünf Zacken (Doppelkreuz mit gemeinsamem Mittelpunkt) und als Kreuzbalken in Blütenform. Aber auch Dreiecksamulette und Amulette in Form eines stilisierten Auges sind sehr üblich.

Traditionell wird der Schmuck bei den Bervervölkern **von männlichen Schmieden hergestellt,** die je nach Gebiet einen unterschiedlichen Status haben. Da sie magisches Material verarbeiten, werden ihnen häufig **magische Kräfte zugesprochen.** Schmiede werden oft als Berater hochgestellter Persönlichkeiten herangezogen, sie werden aber auch wegen ihrer Kräfte gefürchtet und deshalb im öffentlichen Leben gemieden. Meist stehen sie außerhalb der Sozialordnung. Der Beruf des Schmiedes wird innerhalb der Familie weitervererbt.

Oft übernahmen den Beruf des Schmiedes Zugewanderte, Nachkommen von Negersklaven *(Haratin)* und Juden, welche vor allem in den jüdischen Vierteln *(Mellah)* der Städte die Mehrheit der Schmiede stellten. Sie verarbeiteten auch den **Goldschmuck,** der vor allem von der arabisitische Bevölkerung der Städte gekauft wurde. Da aber die Juden nach dem Ersten Weltkrieg in großer Zahl das Land verließen, zudem die Edelmetalle für viele Familien unerschwinglich wurden, ist ein **Niedergang des Schmuckhandwerks zu beobachten.** Oft wird anstelle von Silber Aluminium verwendet, damit viele sich überhaupt noch Schmuck leisten können.

Souvenirs

Goldschmuck wird hauptsächlich in der Stadt zu zierlichen Schmuckstücken verarbeitet. Sie werden mit Smaragden, Türkisen, Perlen und Granaten besetzt und haben einfache, aber trotzdem kunstvolle Muster. Besonders schön und inzwischen auch sehr wertvoll sind die silbernen, mit Edelsteinen verzierten Dolche und Gewehre der Berber.

Alter Schmuck ist selten geworden. In Agadir und Marrakesch haben Antiquitätengeschäfte solchen Schmuck zu sehr hohen Preisen im Angebot.

Intarsienarbeiten

Dazu wird das **Holz von Zeder, Zitronen-, Nussbaum und Thuja** verwendet. Für Intarsien in Schmuckkästchen, zierlichen Möbeln, Schränken und Zigarettendosen kommt oftmals auch Perlmutt, Silber und Ebenholz zum Einsatz, um besonders hübsche Farbschattierungen und -nuancen zu erreichen. Die Muster bestehen in erster Linie aus Arabesken, Blumendekors und Linien. Die fertigen Stücke werden auf Hochglanz poliert und spiegeln in goldenen, braunen, beigen, schwarzen Farbtönen, jedes auf seine Art. Besondere Tradition hat die Intarsienarbeit in Essaouira, wo kunstvoll Kästchen, Tische und andere Möbelstücke gefertigt werden.

Holzschnitzereien

Viele Moscheen, Koranschulen und auch neuere Bauwerke wie das Mausoleum Mohamed V. bieten herrliche Beispiele für die **Kunstfertigkeit** der Holzschnitzer. Decken und Kuppeln, Wände und Leuchter sind mit Unmengen von Sternen, Geflechten und Ranken kunstvoll verziert (zu besichtigen beispielsweise im Palais de la Bahia in Marrakesch). Auch an Grabmälern und in Medersas (Koranschulen) findet man prachtvolle Holzschnitzereien, ebenso werden Musikinstrumente, Teller, Tabletts, Pfeifen etc. verziert. Den Touristen werden in der Regel nur kleinere Stücke interessieren, aber auch komplette Türen (mit Malereien) und Fenster-

läden kann man mit Glück im Souk erstehen. Wer will und es zu transportieren weiß, kann sich eine Wohnzimmereinrichtung anfertigen lassen.

Keramik

Die **Töpferei** des Abaka-Stammes ist bekannt für ihre rustikalen Formen und das fahlrote und weiße geometrische Dekor. Rotbraun glasierte Töpfe für Tajine und Couscous und andere Gerichte bilden das übliche Geschirr marokkanischer Hausfrauen. Kobaltblaue, schwarz umringte Muster auf Email verzieren Schüsseln, Buttertöpfe, Krüge, Schalen und Vasen. Salé ist auf Ziertöpferei mit farbigem Email spezialisiert, ebenfalls aus Ton sind die grünen Ziegel der Dächer von Fès, Meknès und manchen Heiligtums.

Die **bekanntesten Keramiken** stammen **aus Fès** (typische blau-weiße Keramik) **und Safi**, aber auch aus der Region Tétouan. Sie sind durchaus mit Keramiken aus Italien und Spanien vergleichbar, oft wegen der kunstvollen Bemalung sogar schöner.

Am besten kauft man direkt bei den Töpfern. Man kann aber auch in den Touristikzentren oft teure, sehr schöne Keramiken erstehen, mitunter sogar in Kunsthandwerksläden in Deutschland.

Stickereien

Stickereien sind vor allem als **Raumschmuck** beliebt – Kissen, Tischdecken, Nischenvorhänge und Wandbehänge werden mit Baumwoll- oder Seidenfaden auf Baumwollstoff gefertigt. Die Stickereien stammen aus dem Norden, wo sich in allen großen Städten (Meknès, Fès, Tétouan, Chefchaouen, Rabat, Salé) ein eigener Stil herausgebildet hat.

Bestickte Kleidungsstücke, z.B. *Djeballahs* oder *Gandouras*, eignen sich hervorragend als Mitbringsel.

Souvenirangebot in der Dadès-Schlucht

Teppiche

Sie fehlen in keinem Haushalt. Selbst in den Nomadenzelten der Berber verwendet man sie als Sitzgelegenheit und als Bettdecke in kühlen Nächten. Als Materialien werden **Baumwolle, Wolle und Seide** verwendet.

In einfacheren Häusern sieht man oftmals nur Rohrmatten, auf die mit Wolle Muster geknüpft wurden. **Kelims**, Webteppiche, findet man **bei den Berbern**, bei denen sie *Hambel* heißen. Sie sind sehr strapazierfähig; erst werden sie einfarbig gewebt, danach Muster darauf gestickt.

Am häufigsten sind **Knüpfteppiche**, die als Boden- oder Wandschmuck dienen.

Die Teppichornamente sind vielfältig. Oft verwendet werden Rautengitter-Muster. Das Dekor besteht aus unverbundenen, in sich geschlossenen Längs- oder Querstreifen mit Rauten oder Zickzackbändern oder miteinander verbundenen Rechteckketten. Bei vielen Teppichen, vor allem bei Hochzeitsteppichen, die als Aussteuergut dienen, werden Geschichten aus dem täglichen Leben einer Familie dargestellt und in die einzelnen Ornamente Bilder von Häusern und Tieren eingearbeitet, seltener auch Menschenfiguren.

Traditionelle Berberteppiche haben geometrische Muster und im Gegensatz zu den asiatischen Orientteppichen nie eine abschließende Bordüre, die den Teppich umrahmt. Erst Anfang des 20. Jahrhunderts tauchten Teppiche mit Bordüren auf, die in Anlehnung an asiatische Vorbilder gearbeitet waren. Sie scheinen farblich den Berglandschaften angepasst zu sein. Fahlrot und Beige bevorzugen die Marmouchka-Stämme im Hohen Atlas, die Beni Ouarain Schwarz, Weiß und Grün. Bei den Uled Besseba in der Haouz-Ebene bei Chichoua werden Teppiche mit stilisierten Menschen, Tieren und Mustern in den Farben Ocker und Rot gefertigt. Nomadenteppiche werden in der Grundfarbe Orange gefertigt.

Rif-Teppiche werden in drei Techniken hergestellt: gewebt, geknüpft und gestickt.

Sehr berühmt sind die **Teppiche der Glawa** (Glaoua) aus dem Hohen Atlas. Die Stämme der Aït Glawa weben in farbenfrohen Mustern, vor allem in Orange, Schwarz,

DIE SUQS

ma11-089 Foto: ad

Die Suqs

Zu jeder Stadtbesichtigung gehört der Besuch des Suq, manchem auch unter dem persischen Wort „**Basar**" bekannt. Das Suqviertel liegt nach alter Tradition in der Nähe der Hauptmoschee in der Medina (Altstadt) und ist durchzogen von unzähligen unübersichtlichen Gassen, in denen kein Auto, vielleicht gerade noch ein Eselskarren Platz findet. Diese Gassen sind oft mit Stroh- oder Schilfmatten als Schutz gegen Regen und Sonne überdacht. Der Suq ist keineswegs nur Kaufhaus oder traditioneller Supermarkt, sondern **Arbeits- und Verkaufsstätte zugleich.** Die Viertel des Suqs sind unterteilt nach Handwerkszweigen: So gibt es den Töpfer- und den Tischler-, den Wollfärber-, den Messing- und Kupferschmiede-, den Schneider-, den Babuschen-, den Hutmacher- und den Apotheker-, den Schmuck- und den Ledersuq, an den sich meist das Gerberviertel anschließt, das normalerweise am Stadtrand untergebracht ist, da auch im Chemiezeitalter häufig noch mit Tierurin gegerbt wird und bestialische Gerüche über der malerischen Szene hängen. Dieses Viertel ist vor allem in Fès Touristenattraktion, spiegelt aber auch die unmenschlichen Arbeitsbedingungen in solchen traditionellen Berufen wieder. Die Färber stehen bis zu den Knien in riesigen gemauerten Bottichen, in denen das Leder in der Farbe gestampft und gewalkt wird. Für den Reisenden Fotomotiv, aber für die Arbeiter der niedrigste Dienst auf der untersten sozialen Stufe.

Der Suq als Arbeits- und Handelsplatz zählt zu den schönsten Erlebnissen einer Orientreise und entfaltet eine Farbenpracht und Fülle von Eindrücken, wie sie kein noch so schönes Großkaufhaus in westlichen Städten bieten kann. Auch wird hier ein repräsentativer **Querschnitt durch die Bevölkerung** – ob arm oder reich, Gelegenheitsverkäufer, Gaukler, Handwerker mit Kleinbetrieb oder angesehener Händler im riesigen Teppichladen – präsentiert. Dem Besucher bietet sich die Möglichkeit, das Entstehen einer Ware bis zu ihrem Verkauf zu verfolgen, ein für uns ungewohntes Erlebnis. In den verschiedenen Vierteln wird gehämmert, gefeilt, getischlert, gewebt, gefärbt, genäht oder nur einfach verkauft. Auch der Verkauf ist nicht nur ein Entgegennehmen und Bezahlen von Ware, sondern dem Kauf geht nicht selten ein ausführliches Einführungsgespräch über die Art der Ware, vor allem bei Teppichen über deren Muster, Herkunft und Bedeutung, voraus. Der Kunde wird mit Tee oder Softdrinks bewirtet und in ein persönliches Gespräch verwickelt, und nebenbei findet ein erstes Vortasten über die Preisvorstellung statt. Nicht selten ist man bei einem ersten Suqbesuch überwältigt und zugleich überfordert, deshalb ein hilfloses Opfer geschäftstüchtiger Bazaristen (siehe auch nächstes Kapitel). Der Suq ist aber in erster Linie eine Einrichtung für Einheimische, und er ist dies trotz vieler touristischer Einflüsse in den meisten Städten und Orten auch geblieben. Das Warenangebot reicht von einfachen Plastiksandalen und -schüsseln bis zu kunstvoll ziselierten Kästchen und Holzmöbeln. Der Suq ist ein wesentlicher Bestandteil des orientalischen Lebens: Handels-, Arbeits- und Begegnungsstätte, auf der Waren hergestellt und verkauft, Neuigkeiten ausgetauscht und Verbindungen geknüpft werden.

Auf dem Lande ist der Suq keine feste Einrichtung wie in den Städten, sondern Wochenmarkt, der an bestimmten Tagen abgehalten wird und eine typische Erscheinung des Landlebens darstellt. Nicht selten ist ein Ort nach dem Tag benannt, an dem der Wochenmarkt stattfindet. Der große Anteil der Landbevölkerung macht es notwendig, dass jeder Stamm mehrere Suqs abhalten muss, die sich gewöhnlich mitten auf dem Lande oder an einem ganz bestimmten, mit Mauern umgebenen Platz abspielen. Oft sind die Bauern und Nomaden schon ab fünf Uhr morgens mit ihren Eseln unterwegs, um sich auf die Wochenmärkte zu begeben. Diese Märkte sind ein malerisches Schauspiel für den Touristen, noch echt und unverfälscht. Neben dem Viehmarkt, auf dem meist Schafe, im Süden auch Kamele, angeboten werden, findet man sämtliche Waren des täglichen Gebrauchs. Von Töpferwaren bis zum Plastikgeschirr, allerlei Amulette als Glücksbringer, verschiedenste Gewürze und die schönsten Gemüse und Früchte des Landes. Der Wochenmarkt dient mehr zur Befriedigung der unmittelbaren alltäglichen Bedürfnisse, während der Stadtsuq sämtliche Utensilien des täglichen wie auch des häuslichen und längerfristigen Bedarfs, wie z.B. Kleider und Möbel, feilbietet. Neben den ländlichen Marktplätzen sind die Eselsparkplätze mit Bergen von Sätteln entlang der Mauern und zahlreichen schreienden und fortpflanzungswilligen Eselhengsten eine malerische und amüsante Fotokulisse.

Die **bekanntesten Suqs** sind die von **Fès** und **Marrakesch**, hier finden Sie das größte Warenangebot, aber auch sämtliche traditionellen Handwerkszweige sind dort vertreten. Auch Meknès und Rabat haben schöne Suqs, die bei weitem nicht so touristisch sind wie die erstgenannten.

Gelb, Grün und Weiß. In der Gegend von Ouarzazate werden Blau, Rot und Weiß bevorzugt.

Die in den Städten vertriebenen Teppiche werden in den Nachbarregionen **von Stämmen gefertigt,** zu denen traditionell enge Handelsbeziehungen bestehen, z.B. von den Stämmen der Beni Nguild und der Zayan im Mittleren Atlas.

Der **einzige Teppich städtischer Herkunft ist der Rabatteppich,** der zum Vorbild den Orientteppich hat.

Gebetsteppiche werden nur zum Beten benutzt, sind häufig industriell gefertigt und nicht durch traditionelle Muster zu erkennen.

Sport

Marokko ist ein Mekka für Outdoorenthusiasten! Alles ist möglich, und das in wunderschöner Umgebung: kurze Oasen- und Strandwanderungen oder mehrtägige Trekkingtouren im Hohen Atlas, Radfahren in der Wüste und den Bergen, Wind-, Body- und Kitesurfen in den Wellen des Atlantiks, Paragliden am Tizi'n'Test und im Anti-Atlas, Quadfahrten im Gelände und am Strand, Kajakfahrten auf Assif M'goun, Dadès und Drâa, Ausritte zu Pferd oder Kamel, Alpin- und Sportklettern im Hohen und Anti-Atlas, Frühjahrs-Skitouren am Djabal Toubkal oder Pisten-Skifahren in Oukaïmeden, Segeln und Hochseefischen in Agadir, Golfen in Essaouira und Agadir. Zu empfehlenswerten Aktivitäten, Veranstaltern und Bergführern siehe die Regional-/Städtekapitel.

Wandern/Trekking/Klettern

Tipps für Wanderungen in den Oasengärten, zu Kasbahs, Agadirs und Schluchten geben

SPORT

die Unterkünfte vor Ort (s.a. jeweilige Regionalkapitel). Häufig hängt dort auch eine Karte mit allen Highlights der Umgebung aus.

Die schönsten Regionen für mehrtätige **Trekkingtouren oder Tageswanderungen** sind der Hohe Atlas um Imlil (vgl. Exkurs zum Djabal Toubkal) und das Aït-Bougoumez-Tal mit den über 4000 m hohen Gipfeln des Djabal Toubkal und Djabal M'goun, das Djabal-Saghro-Massiv (vgl. entsprechenden Exkurs), der Anti-Atlas um Tafraoute und das Djabal-Siroua-Gebiet. Die beste Jahreszeit für Wanderungen in Höhen über 2000 m ist das Frühjahr ab etwa April und der Herbst ab September. Im Sommer ist es sehr heiß, im Winter liegt hier Schnee. Detaillierte Wanderkarten der Gebiete sind leider schwer erhältlich, deshalb ist für weniger erfahrene Wanderer auf jeden Fall das Engagement eines lizenzierten Bergführers *(guide de montagne breveté)* sinnvoll. Die marokkanischen **Bergführer** werden nach einem vom französischen Alpenverein in Marokko etablierten Programm ausgebildet und geprüft. Häufig sprechen sie englisch oder sogar deutsch. Ein Bergführer, ein lokaler Veranstalter oder das „Bureau des guides et accompagnateurs" vor Ort organisieren bei Bedarf auch Gepäckmulis samt Mulitreiber und einen Koch für mehrtägige Trekkings in der Gruppe. Berghütten, wie wir sie aus den Alpen kennen, gibt es in Marokko nur am Djabal Toubkal und am Djabal M'goun. Wer nicht im Zelt übernachten möchte, kann seine Tour so planen, dass er in kleinen Bergdörfern bei einheimischen Familien in einfachen Gîtes d'étape (vgl. „Unterkunft") schläft. Camping- und Kochausrüstung für eine gebuchte Trekkingtour stellt die Agentur. Diese kümmert sich auch um den Einkauf der Lebensmittel und der Wasserflaschen. Selbst mitbringen sollte man einen Schlafsack, gut eingelaufene Wanderstiefel sowie je nach Jahreszeit ausreichend warme Kleidung und Regenbekleidung.

Mehr Infos zum Trekking: **www.caf-maroc.com** *(Club Alpin Français Casablanca).*

Ausführliche Trekking-Informationen und Beschreibungen von Wandertouren im Hohen Atlas und Djabal Saghro gibt das Büchlein **„Trekking in the Atlas Mountains"** (engl.) von *Karl Smith,* Cicerone Guide 2004.

Die schönsten Trekkingtouren in Marokko

- **Djabal-Toubkal-Besteigung:** Imlil – Toubkal-Hütte – Djabal-Toubkal-Gipfel – Toubkal-Hütte oder Imlil; 3 Tage, max. Höhe 4167 m.
- **Djabal-Saghro-Durchquerung:** Tagdilt – Almoun'n'Ouarg – Igli – Bab'n'Ali – Tifdassine – Nekob; 5 Tage, max. Höhe 2592 m.
- **Trekking im Hohen Atlas:** verschiedene Routen möglich, z.B. Oukaimeden – Ouaneskra – Imi Oughlad – Azib Tamsoult – Imlil (anschließende Djabal-Toubkal-Besteigung möglich); 4 Tage, max. Höhe 2960 m.
- **Ighil-M'goun-Überschreitung:** Tabant – Azib'n'Ikiss – Terkkeddit-Plateau – Ighil M'goun – Oulilimt-Tal – Ouzighimit-Tal – Achaabou-Schlucht – Vallée des Roses – Boumalne Dadès; 8 Tage, max. Höhe 4068 m.
- **Große Atlasdurchquerung:** Imilchil – Quellen von Aghbaloul – Batli – Assif Melloul – Hochplateau von Kousser – Zaouiat Ahançal – Assem Souk – Aït-Bougoumez-Tal – Timit – Oulilimt-Tal – Ighil M'goun – Terkkeddit-Plateau – Tessaout-Tal – Tifardzine – Tamda-See – Ounila-Tal/Telouèt; 16 Tage, max. Höhe 4068 m.

Mehrtägige **Kameltrekkings** werden vor allem in Zagora und in M'hamid zum Dünengebiet des Erg Chegaga angeboten (siehe dort). Eine Tour mit diesen liebenswürdigen Tieren ist vor allem für Familien ein tolles Erlebnis. Bei einer mehrtägigen Kameltour wird jeden Tag vier bis sechs Stunden marschiert oder geritten. Für das nicht abgehärtete Gesäß ist es empfehlenswert, zunächst nur ein bis zwei Stunden zu reiten und dann wieder zu laufen, sonst reitet man sich schnell wund. Übernachtet wird in der Wüste unter freiem Himmel oder in einem fest installierten Nomadenzelt auf Matratzen, abends gibt es Tajine am romantischen Lagerfeuer. Die Kamelführer sind „Söhne der Wüste" und können sich auch im Sandsturm problemlos orientieren, bei der vermittelnden Agentur sollte man sich jedoch unbedingt nach den Sprachkenntnissen erkundigen. Auch ein kurzer Kamelritt durch die Dünen zum Sonnenaufgang am Erg Chebbi ist reizvoll.

Sport

In den Felsen gebohrte **Sportkletterrouten** existieren in der Todhra-Schlucht, im Anti-Atlas um Tafraoute und im Aït-Bougoummez-Tal. Schöne **alpine Touren** sind sicherlich auch an den vulkanischen Felstürmen im Djabal-Saghro-Gebiet möglich, müssen jedoch selbst gesichert werden.

Radfahren

Marokko mit dem eigenen Rad/Mountainbike zu bereisen, wird **immer beliebter.** Schöne Mountainbike-Touren sind z.B. am Südrand des Djabal Saghro (Bab'n'Ali, Tizi'n'Tazazert), im Gebiet der Todhra- und Dadès-Schlucht oder in der Aït-Mansour-Schlucht bei Tafraoute möglich. Häufig kann man Fahrräder in Hotels oder bei lokalen Veranstaltern vor Ort für etwa 100 DH/Tag mieten.

Marokko mit dem eigenen Fahrrad zu bereisen, verspricht ein besonders **hautnahes Erlebnis** von Natur, Land und Leuten, allerdings muss man sich wegen der großen Distanzen und z.T. schlechten Straßenverhältnisse auf eine sehr begrenzte Region beschränken. Kilometerleistungen von 50 km pro Tag auf Pisten und 80 km auf Straßen sind realistisch. Die beste Reisezeit ist wie bei Wanderungen das Frühjahr und der Herbst.

Ausführliche Infos mit Routentipps und zahlreichen Fotos finden Radfahrer auf der Website von *Jan Cramer*, der Marokko viele Male durchradelt hat: **www.marokko-per-rad.de** (siehe auch den Abschnitt „Mit dem Fahrrad in Marokko").

Surfen

Marokko wurde in den letzten Jahren in der internationalen Surferszene immer beliebter. Die besten Spots für Wind-, Body- und Kitesurfer befinden sich **in Essaouira,** südlich davon bei Sidi Kaouki und Immsouane, nördlich von Essaouira in Moulay Bouzerktoun, in Agadir und an den nördlichen Stränden bei Taghazoute und Tamri, in Mirleft, Sidi Ifni und entlang der südlichen Atlantikküste in der Westsahara. In Essaouira und Agadir existieren diverse Agenturen, die pauschale Surfreisen inkl. Unterkunft in einer Surferpension und Transfers zu den besten Spots, Surfkurse und Ausrüstungsverleih anbieten. Man kann sich aber auch vor Ort stunden- oder tageweise Ausrüstung ausleihen und Surfunterricht nehmen (Adressen in den jeweiligen Ortsbeschreibungen).

Die **Endo-Surfschule** von *Steffen Landgraf* und *Gerrit Handl* (www.endosurf.com, Mobil 0667 13 17 44 oder 0668 39 51 24, Büro in Wiesbaden: Tel. 06127 43 21) in Taghazoute gehört als Anbieter von Surfreisen seit 1999 zu den besten Surfschulen in Marokko: Das Komplettpaket umfasst Flughafentransfer, Unterkunft, Vollverpflegung, Surfunterricht, Leihmaterial und Begleitung zu den interessantesten Surfspots.

Infos zum Surfen, guten Spots, zu Unterkünften etc. auch unter www.windsurfing-morocco.com oder www.oceanvagabond.com (Surfschule und Hotel in Essaouira).

Golfen

Das Angebot für Golftouristen wurde in Marokko in den letzten Jahren **stark ausgebaut.** Selbst der König nimmt regelmäßig an Golfturnieren teil. Allein in Agadir und Marrakesch existieren jeweils vier Golfplätze (mehr Infos siehe dort), in Essaouira wurde Anfang 2010 ein neuer 18-Loch-Platz bei Diabat eröffnet. Die Green Fee variiert zwischen etwa 25 und 50 Euro. In Agadir bieten mehrere Hotels spezielle Packages für Golfer an, mit vergünstigten Tarifen und täglichem Bustransfer zum Platz (z.B. Club Méd, Tikida Beach Hotel). Informationen zum Golfen in Marokko enthält die Zeitschrift „Golf du Maroc" (www.golfdumaroc.com).

Sprache

In Marokko ist **Arabisch** die **offizielle Amts- und Landessprache.**

Französisch ist seit der Kolonialzeit **Verkehrs-, Bildungs- und Handelssprache,** also bei Behörden, in Büros und im Geschäftsverkehr üblich. Es ist Pflichtfach in den Schulen, in den meisten höheren Schulen sogar Unterrichtssprache. Straßen- und Hinweisschilder sind oft auf Französisch abgefasst. In den Ferienhotels und an populären Ausflugszielen hat man sich auf die ausländischen Besucher eingestellt. Hotelpersonal, Fremdenführer und Souvenirhändler verblüffen oft mit passablen Deutschkenntnissen.

Außerhalb der Touristenzentren muss man ohne Kenntnis wenigstens der wichtigsten französischen Grundbegriffe und Redewendungen mit Verständigungsschwierigkeiten rechnen. Es lohnt sich also, vor der Reise die Französischkenntnisse aufzupolieren und zumindest ein Wörterbuch oder kleinen Sprachführer mitzunehmen. Wer sich gar die Mühe macht, wenigstens ein paar Begriffe, Grußformeln, Redewendungen etc. auf Arabisch zu lernen, erleichtert Kontakte mit den Bewohnern und steigt in deren Achtung. In Marokko werden zusätzlich noch drei verschiedene Berbersprachen gesprochen; hier kann die Verständigung sehr schwierig werden.

Eine einheitliche **berberische Sprache** existiert nicht. In Marokko unterscheidet man drei Hauptsprachen: **Tashelhai** (im Sous, Anti-Atlas sowie um Marrakesch), **Tamazirt** (im zentralen Hohen Atlas, im Mittleren Atlas sowie im Gebiet zwischen Taza und Melilla) sowie **Tarifit** (im Rif-Gebirge).

Sprachführer

- **Sehr zu empfehlen** für den Aufenthalt in Marokko sind zwei handliche und sehr praxisnahe Sprachführer aus der Kauderwelsch-Reihe des Reise Know-How Verlags: **„Marokkanisch-Arabisch – Wort für Wort"** sowie **„Französisch – Wort für Wort".**
- Vgl. auch **Sprachhilfe im Anhang.**

Transport

Dem Urlauber stehen **vielerlei Transportmittel** zur Verfügung, um auf eigene Faust die Umgebung seines Ferienortes zu erkunden (Hinweise bei den jeweiligen Ortsbeschreibungen). Für den Nahbereich eignet sich z.B. das Fahrrad (Verleih – gelegentlich auch von Motorrädern und Vespas – in den Hotelzonen). In vielen Touristenorten verkehren Pferdekutschen *(calèches).* Für größere Distanzen bieten sich Busse, (Sammel-)Taxis und die Eisenbahn an. Absolut unabhängig reist man mit Mietwagen.

Auch **Rundreise- und Ausflugsprogramme** sind in diesem Zusammenhang zu erwähnen (vgl. unten). Siehe dazu auch jeweils bei den Städten unter „Ausflüge".

Busse

Die größten **Busunternehmen** in Marokko mit Verbindungen in fast alle Städte sind **CTM** (*Compagnie de Transport au Maroc Lignes Nationales*, www.ctm.ma), **Supratours**

TRANSPORT

(www.supratours.ma) sowie im Süden **SATAS** mit Niederlassungen in Agadir und Marrakesch. Des Weiteren existiert eine Reihe kleinerer privater Buslinien. Busse sind das billigste und populärste Transportmittel, sowohl für Überland- wie für Stadtfahrten. Zwischen den großen Städten der Küste verkehren alle ½–2 Std. Busse verschiedener Linien, zwischen den anderen Orten/Städten mehrmals täglich, im äußersten Süden nur einmal täglich, zu abgelegenen Zielen evtl. gar nicht.

Die Busse von CTM und Supratours sind in gutem Zustand, schnell und pünktlich, viele **Langstreckenbusse (Moumtaz)** sind sogar klimatisiert und sehr komfortabel. Supratours hat zwei Fahrer an Bord, und diese fahren auch nicht schneller als die vorgeschriebenen 80 km/h. Fahrer der Privatlinienbusse legen öfter mal eine Essenspause ein und halten die vorgegebenen Fahrzeiten und meist auch die Geschwindigkeitsbegrenzungen nicht ein. Das führt zu schlimmen Unfällen, auch die Häufigkeit der Pannen ist bei den Privatbussen höher, weil die Busse oft in schlechtem Zustand sind. Vorteile der Privatbusse sind, dass sie häufiger auch abgelegene Ziele frequentieren und preislich günstiger sind. Allein reisende Frauen empfinden die Busse wegen der Enge u.U. als unangenehm.

Busfahrpläne für die Hauptverbindungsstrecken sind meist am Busbahnhof (gare routière) bzw. im jeweiligen Stadtbüro der Busgesellschaften zu bekommen. Die **Abfahrtszeiten** sind manchmal angeschlagen (von CTM in lateinischer Schrift, von kleinen privaten Gesellschaften meist nur auf Arabisch). Die Abfahrtszeiten für CTM- und Supratours-Busse kann man im Internet nachsehen bzw. bei CTM unter www.ctm.ma/transport-touristique.html als pdf herunterladen. Die **Busbahnhöfe** liegen manchmal noch am Rande der Altstadt, wurden aber in fast allen Großstädten an eine wichtige Haupt- oder Ausfallstraße am Rande der Neustadt verlegt.

In abgelegenen Regionen ist der Esel das Transportmittel der Wahl

Hin und wieder gibt es einen Bahnhof für CTM, einen für Supratours sowie einen für die anderen Privatlinien. Die Adressen sind bei den Ortsbeschreibungen im Routenteil angegeben, ebenso die Häufigkeit der Abfahrten der CTM-Linien (Hauptverbindungsstrecken) und die Fahrpreise. Erkundigen Sie sich rechtzeitig am Busbahnhof oder bei der örtlichen Niederlassung über die Zeiten. Es empfiehlt sich, die CTM- und Supratours-Busse **schon am Vortag der Reise** zu **buchen,** jedoch spätestens eine Stunde vor Abfahrt, sonst sind sie voll. Stehplätze werden nicht verkauft. Meistens muss pro **Gepäckstück** (abhängig von Größe und Gewicht) eine extra Gebühr bezahlt werden (10–15 DH).

Fluglinien

Royal Air Maroc (RAM, www.royalairmaroc.com) unterhält Flugverbindungen zwischen allen größeren Städten Marokkos. Inlandsflüge sind in Marokko relativ preiswert, da jedoch die RAM immer über Casablanca fliegt, lohnt sich ein Flug im Inland nur bei weiten Strecken bzw. solchen, die nicht von der Bahn bedient werden. Bei Buchung mit der RAM in Ihrem Herkunftsland können Sie Ihren Anschlussflug in den Süden (z.B. Ouarzazate, Marrakesch) gleich mitbuchen. Häufig sind die Transferzeiten in Casablanca sehr lang. RAM-Niederlassungen gibt es in allen größeren Städten (siehe jeweils im Reiseteil).

Seit 1997 fliegt auch die Binnenfluglinie **Regional Air Lines** (Tel. 0522 53 69 40, in Casablanca) mit kleinen Maschinen von Agadir nach Casablanca sowie nach Tanger, Marrakesch, Tétouan, Fès, Oujda, Rabat, Ouarzazate und Laâyoune.

Taxis

In den Städten verkehren **Petit Taxis,** die höchstens drei Passagiere befördern dürfen. Die Petit Taxis sind allesamt vom Typ Fiat Uno und durch ihre einheitliche Farbe leicht zu erkennen (z.B. Rot in Marrakesch).

Man sollte den **Preis immer vorher aushandeln** oder am besten darauf bestehen, dass der **Taxameter eingeschaltet** wird. Eine

Stadtfahrt im Zentrum bzw. innerhalb einer Kleinstadt darf tagsüber normalerweise nicht mehr als 15 DH kosten. Weigert sich der Fahrer, den Taxameter einzuschalten und nennt einen überzogenen Preis, sollte man gar nicht erst einsteigen oder wieder aussteigen – dies bewirkt meist ein schnelles Einlenken. Gerade in Touristenstädten wie Marrakesch muss hart verhandelt werden. Es ist üblich, den am Taxameter angezeigten Preis aufzurunden, also das Wechselgeld als Trinkgeld zu geben.

Offizielle, mit dem Taxameter abgerechnete **Tarife:** 1,40 DH Grundgebühr + 0,20 DH pro 80 m, nachts 50% Aufschlag.

Grand Taxis führen sowohl Stadtfahrten als auch Ausflugsfahrten und Fahrten in andere Städte durch. Sie verkehren auch als **Sammeltaxis,** bei denen sich alle Fahrgäste den Fahrpreis teilen. Es empfiehlt sich auch hier, vor Antritt der Fahrt einen festen Preis auszuhandeln. Bei kompletten Tagesmieten muss ein Sonderpreis vereinbart werden (600–1000 DH).

Von/zu den meist außerhalb des Stadtbereichs liegenden **Flughäfen** fahren **nur Grand Taxis** – stellen Sie sich darauf ein, um nicht ewig auf ein kleines Taxi zu warten! In Marrakesch verkehren auch Petit Taxis zum zentrumsnahen Airport. In der Nähe der Flughäfen an den Hauptverkehrsstraßen halten auch Taxis, die Sie für ca. 4 DH ins Zentrum befördern. Für die Fahrt mit dem Grand Taxi vom/zum Flughafen gibt es in jeder Stadt Festtarife von 120 bis 350 DH, je nach Tageszeit und Entfernung. Teilen Sie sich evtl. ein Taxi mit anderen Fluggästen.

Erwähnt seien noch die **Pick-ups** (*camionettes*) und **Berber-Trucks** (*camions*), auf denen man gegen (ausgehandelte) Bezahlung auf der Pritsche mitfahren kann. Die günstigste Gelegenheit, zuzusteigen, bietet sich auf dem örtlichen Markt.

Bahn

Die Eisenbahn in Marokko ist **pünktlich, bequem, preiswert und zuverlässig.** Während das Schienennetz im Nordteil des Landes (vor allem an der Küste) recht gut ausgebaut ist, verlaufen die Gleise im Süden nur bis Marrakesch, sodass allenfalls eine Anfahrt bis dorthin möglich ist. Der Ausbau ist zwar bis Agadir und in die Westsahara geplant, doch wann es so weit ist, weiß allein Allah ... Zwischen Marrakesch und Agadir und weiter in den Süden verkehren allerdings Busse der bahneigenen Linie Supratours.

Wie in Deutschland gibt es in den marokkanischen Zügen zwei Klassen. Während des **Berufsverkehrs** ist die 2. Klasse total überfüllt, sodass die Passagiere auch in die 1. Klasse drängen. Auch an bestimmten Festtagen oder zu Ramadanzeiten kurz vor dem Fastenbrechen (Einbruch der Dunkelheit) sind die Züge überfüllt. Am besten sichern Sie sich möglichst früh vor der Abfahrt einen Sitzplatz. Für ein kleines Entgelt ist es auch möglich, eine Sitzplatzreservierung vorzunehmen. Die Zugtickets 1. und 2. Klasse kann man auch schon einige Tage vorher an den Schaltern am Bahnhof kaufen.

Schnellzüge (*T.N.R. = train navette rapide*) sind klimatisiert und zuschlagspflichtig. Schnellzugverbindungen existieren z.B. zwischen Rabat und Casablanca sowie zwischen Casablanca und El Jadida. Zwischen Rabat und Casablanca ist der Zug nur 55 Minuten unterwegs – auch auf der Autobahn geht's nicht schneller. Wie für die Schnellzüge muss auch für **Liegewagen** (*couchette*, z.B. zwischen Tanger und Marrakesch sowie Oujda und Casablanca) ein Aufschlag von etwa 90 DH bezahlt werden.

In jedem größeren Bahnhof informieren große **Übersichtstafeln** über Verbindungen, Abfahrtszeiten und Zugarten (normal, rapid, klimatisiert). Die **Fahrpläne** und weitere Informationen können außerdem bequem online abgefragt werden: www.oncf.ma.

Wichtig: Fragen Sie beim Kauf der Fahrkarte nach den **Umsteigebahnhöfen,** z.B. Sidi Slimane, Sidi Kacem, Kénitra etc. Dies sind aber meist auch aus den Fahrplänen in den Bahnhöfen ersichtlich.

Für Touristen, die viel mit dem Zug durchs Land fahren möchten, lohnt sich evtl. der Kauf des **Rail Pass.** Dieser berechtigt für 7, 15 oder 30 Tage zu beliebig vielen Fahrten in der jeweiligen Klasse. Der Rail Pass für 7 Tage kostet 600 DH in der 2. Klasse, 900 DH für die 1. Klasse, Kinder und Erwachsene unter 26 Jahren erhalten Ermäßigung.

Trampen

Mitfahren ohne zu bezahlen ist in Marokko **nur abseits der Hauptrouten üblich.** Marokkanern ist es offiziell nicht erlaubt, Personen gegen Entgelt auf Strecken mitzunehmen, auf denen Busse verkehren. Dennoch machten viele Tramper in Marokko durchaus gute Erfahrungen mit hilfsbereiten Marokkanern, die sie mitnahmen.

Auf den kleinen Nebenstrecken ohne Bus- und Sammeltaxiverkehr nehmen **Lastwagen** (camions, camionettes) oder **Pick-ups** häufig gegen Bezahlung Passagiere mit – der Tarif richtet sich nach den Buspreisen. In abgelegeneren Regionen wie z.B. um Imilchil verkehren noch die uralten roten Bedford-Lkw, die selbst auf den kleinsten Pisten im Hohen Atlas Einheimische, Schafe und Ziegen zum nächsten Dorf oder zum Wochenmarkt transportieren.

Mit langen Wartezeiten muss beim Trampen auch in Marokko gerechnet werden. Stellen Sie sich nie in unübersichtliche Kurven und kleiden Sie sich so ordentlich wie möglich. **Große Gepäckstücke** wirken **abschreckend,** sind also bei Reisen per Anhalter nicht zu empfehlen. Postieren Sie sich an **großen Ausfallstraßen** – oder besser noch – sprechen Sie einen Lkw-Fahrer auf dem örtlichen **Markt** an. Oft geht allerdings erst zu den entsprechenden Markttagen ein Lkw in die Zielorte, in denen ein Suq abgehalten wird, oder er startet am Ende eines Markttages, wenn die Händler nach Hause fahren.

Mit Touristenfahrzeugen mitzukommen ist unwahrscheinlich, da diese meist selbst bis unters Dach beladen sind. Wenn Sie als Tourist einen Marokkaner umsonst mitnehmen, wird er sich überschwenglich bedanken oder Sie sogar zum Tee einladen. So sind viele nette Begegnungen möglich. Es kann aber auch passieren, dass Sie zum „Dank" in ein Verkaufsgespräch verwickelt oder in einen Laden gelotst werden (s.a. Souvenirs).

Trinkgeld

Trinkgeld spielt eine **wichtige Rolle** angesichts des meist geringen Einkommens der Einheimischen. **Zimmermädchen, Kofferträger** (3–15 DH) sowie **Kellner** im Hotel sollten nicht erst bei der Abreise bedacht werden – ein Trinkgeld vorweg bzw. zwischendurch hebt die Stimmung und verbessert den Service.

Im **Restaurant** sind je nach Service 5–10% angemessen, bei **Bar- und Taxipreisen** rundet man auf. **Busfahrer, Reiseleiter, Bergführer** etc. bekommen ihren Tarif, erwarten aber trotzdem Trinkgeld von der Gruppe. Bei viel persönlichem Einsatz des Führers, Reiseleiters etc. können schon 100 DH pro Führungstag drin sein. Für Fahrer einer Gruppe sind 20–50 DH am Tag angemessen.

Falls Sie jemanden als Aufpasser *(gardien)* für Ihr **Auto** engagieren, darf auch dieser ein paar Dirham erwarten (1–5 DH), wenn nicht ein offizielles Ticket einen anderen Preis ausweist. Parken über Nacht kostet 10–15 DH. In Touristenstädten wie Essaouira und Marrakesch wird schon mal deutlich mehr verlangt, vor allem wenn man gezwungen ist, sein Fahrzeug über Nacht auf einem öffentlichen Parkplatz abzustellen, weil man in die Altstadt nicht fahren darf. Erkundigen Sie sich bei Ihrem Hotel über einen angemessenen Preis.

Am Supratours-Bahnhof in Marrakesch

Uhrzeit

In Marokko gilt die **Westeuropäische Zeit (UTC),** daher müssen Besucher aus Deutschland, Österreich und der Schweiz (alle MEZ) ihre Uhren um eine Stunde zurückstellen, während der Sommerzeit (MESZ) um zwei Stunden. In dem Zeitraum, in dem sich die neu eingeführte marokkanische Sommerzeit und die deutsche Sommerzeit überschneiden, beträgt der Zeitunterschied wiederum nur eine Stunde.

Unterkunft

Wer eine **Pauschalreise** nach Marokko plant, tut gut daran, verschiedene Kataloge und Angebote zu vergleichen. Nicht jeder Veranstalter bietet alle Ferienzentren an. **Große Unterschiede** bestehen bei Rundfahrtprogrammen. Spartarife, Sonderangebote und Nachlässe für Kinder führen teilweise zu spürbaren Preisunterschieden.

Die in diesem Buch enthaltene Beschreibung der wichtigsten Urlaubszentren, der verschiedenen Hotelzonen bis hin zu einzelnen Hotels soll dem Leser schon bei der Buchung Hilfestellung leisten. Die **Preise** im Buch beziehen sich in der Regel auf die im Internet auf der Website des Hotels veröffentlichten Tarife. Bei Online-Buchung (s.u.) können manche Hotels deutlich billiger gebucht werden.

Wer **individuell reist,** sollte in der **Hochsaison** in Marrakesch und Essaouira **vorbuchen** (Ostern, Weihnachten, Neujahr, in Agadir Weihnachten und

August), sofern man ein bestimmtes Hotel präferiert. Zu anderen Zeiten ist eine Vorausbuchung nicht notwendig. Jedoch bekommt man auch in den Großstädten Marokkos bei den Mittelklasse- und Luxushotels einen besseren Preis übers Reisebüro oder einen Internetanbieter, als wenn man direkt vor Ort ein Hotel ohne Buchung besucht (walk-in-rate). Es lohnt sich also, bei den in Frage kommenden Hotels in größeren Städten die Preise vorher online zu prüfen, um dann zu entscheiden, ob man im Voraus bucht oder spontan vor Ort eincheckt.

Einen sehr guten **Überblick** über Preise und Hotels inklusive Bewertungen findet man bei **www.trivago.de.** Hier kann man sich eine Liste aller in einer Stadt verzeichneten Hotels nach Preis-Leistungsverhältnis erstellen und dazu noch den Anbieter mit dem günstigsten Preis (z.B. **www.opodo.de** oder **www.booking.com**) nennen lassen. Letztere Seite ist eine der größten Hotelbuchungsplattformen, während man sich bei Opodo auch günstige Flüge, Hotels, Mietwagen auflisten lassen kann. Ein weitere sehr beliebte Internetseite mit Hotelbewertungen von Gästen ist **www.tripadvisor.de.**

Reservierungen für große Hotels, Apartments und Bungalows können Sie, wenn Sie nicht über einen Veranstalter buchen wollen, direkt per Mail oder Fax in Marokko (Adressen siehe Städtekapitel) bzw. über die Reservierungszentralen der großen Hotelketten tätigen.

Es ist marokkanischen Hotels **verboten, ein Zimmer gemeinsam an Ausländer und Marokkaner zu vermieten.** Das soll Prostitution oder homosexuelle Kontakte unterbinden; Homosexualität ist in Marokko offiziell verboten! Übernachtung ohne Trauschein gehört sich nicht, deshalb sollte man bei „Multikulti-Ehen" den Trauschein nicht vergessen! Bei nicht verheirateten ausländischen Paaren wird nicht nachgefragt.

Hotels, Riads, Clubs usw.

In Marokko findet man **Hotels aller Kategorien.** Gruppenreisende werden in der Regel in den besseren Hotels ab drei Sternen untergebracht. In den Reiseprospekten bzw. im Internet findet man dazu recht vernünftige Angaben, oft auch mit Bildern. Wer auch als Gruppenreisender Reisekosten sparen will, kann durchaus auf ein Mittelklassehotel zurückgreifen. Diese sind oft kleiner, persönlicher und genauso sauber wie die großen.

Wichtiger ist, vor allem in Agadir, ob sich das Hotel in Strandnähe befindet, sofern man sich dort länger aufhalten will, oder auf einer Königsstädtetour die Nähe zur Medina. Auf die **Lage** an verkehrsreichen oder ruhigen Straßen sollte ebenso geachtet werden wie auf die **eigenen Bedürfnisse,** vor allem hinsichtlich des Abendprogramms. Will man viel marokkanische Atmosphäre erleben, sich sozusagen ins Alltagsgetümmel werfen, dann sollte man ein Hotel nahe oder in der Altstadt wählen. Legt man mehr Wert auf Restaurantbesuche, Kino und Discos, dann ist man besser entweder in der Neustadt der Königsstädte oder in Agadir gleich in

UNTERKUNFT

den Touristikhochburgen entlang der Küste aufgehoben. Will man mehr Erholungsurlaub, dann sollte sowohl auf Strandnähe als auch auf eine Lage möglichst am Rande der Touristenzentren, oder gar einige Kilometer davon entfernt, geachtet werden. Denn gerade im „complexe touristique" in Agadir, wo die meisten Hotels und Restaurants zu finden sind, dröhnt bis Mitternacht laute Musik durch die Gassen.

Im **Ramadan** ist in Hotels mit angeschlossenen Restaurants, die nicht nur von Touristen besucht werden, mit Musikveranstaltungen zu rechnen oder in Hotels mit benachbarten Lokalen mit Live-Musik – vor 1 Uhr nachts ist dann nicht an Schlaf zu denken!

Es ist auch möglich, über die **Fremdenverkehrsämter der Städte** eine Liste der Hotels anzufordern (Adressen siehe bei den Städten), oder Sie beschaffen sich den „Hotelführer Marokko" von *Edith Kohlbach*. Sie können sich über viele Hotels auch im **Internet** informieren: entweder auf den Seiten der verschiedenen Städte (siehe Routenteil) oder unter **www.tourism-in-morocco.com.** Außerdem finden Sie im Reiseteil dieses Buches bei allen größeren Orten eine ausführliche Beschreibung von Hotels aller Kategorien.

Neben Hotels gibt es auch komfortable **Ferienclubs** (Club Valtur, Club Med, Club Robinson), Clubhotels mit vielfältigem Sportangebot und Apart-

Zimmer im Hotel Ksar Massa
im Massa-Nationalpark

ments *(Residence)* und Bungalows für Selbstversorger.

Selbstversorger-Apartments werden zu sehr günstigen Preisen als Wochenarrangements von den Reiseveranstaltern in Deutschland angeboten.

Der Begriff **Riad** (oder Ryad) stammt aus dem Arabischen und bedeutet ursprünglich Garten. Der Begriff wurde für ein traditionelles Stadthaus mit Garten (z.B. Orangenbäume) und Springbrunnen im Innenhof übernommen. Inzwischen wird der Einfachheit halber auch ein **Dar,** ein Stadthaus ohne Grün im Innenhof, als Riad bezeichnet. Ein Riad war früher meist das Haus eines reichen Händlers, Wesirs oder anderweitig wichtiger Menschen, die sich in der Altstadt z.B. von Marrakesch, Essaouira oder Fès ein prachtvolles Haus leisten konnten. Solche Häuser wurden in den letzten zehn Jahren in zunehmendem Maße zu individuellen und sehr stilvoll marokkanisch gestalteten Hotels mit fünf bis maximal zehn Zimmern umgebaut, den sog. **Maison d'Hôtes.** Die Besitzer sind meist Ausländer (Deutsche, Franzosen, Italiener), aber auch wohlhabende Marokkaner. Diese Gästehäuser sind wahre Kleinode, jedes Zimmer ist traditionell und individuell eingerichtet – häufig auch in einem schicken Stilmix mit modernen Elementen –, die Räume sind mit Mosaiken, Springbrunnen, Stuckornamenten und Zedernholzschnitzereien versehen. Die Auswahl in Marrakesch, Fès, Asilah und Essaouira ist groß, allein in Marrakesch gibt es mittlerweile Hunderte Gästehäuser. Die Zimmerpreise in einem Riad reichen von 300–3500 DH für das Doppelzimmer bzw. eine Suite. Manchmal kann man ein Haus auch komplett mieten.

Billige Hotels, vor allem von Rucksackreisenden frequentiert, gibt es in Marokko viele. Man findet sie in der **Nähe der Busstationen** und in der **Altstadt** (Medina).

Preise und Ausstattung

Bezüglich der Hotelpreise, zumindest wenn man an Komfort gewöhnt ist, gehört Marokko nicht mehr zu den preiswerten Ländern.

Im Reiseteil sind die **Hotelpreise nach Kategorien** angegeben (½€ bis €€€€€). Die Preiskategorien werden entsprechend der **Hotelklassifizierung** (von nicht klassifiziert bis 5***** de Luxe, von ½€ bis €€€€€A) angegeben, wobei im Preisniveau durchaus ein besser oder schlechter kategorisiertes Hotel in der darunter oder darüber liegenden Preiskategorie eingruppiert sein kann. Zusätzlich füge ich ein A oder B an, d.h. €€€A liegt eher am oberen Grenzwert der Drei-Sterne-Preiskategorie, also um die 500–600 DH, B eher am unteren Grenzwert der entsprechenden Kategorie. Ohne Angabe A oder B liegt der Preis ungefähr in der Mitte. Wer es ganz genau wissen will, sollte beim Hotel anfragen.

Die **Toiletten in einfachen Hotels** sind wie in den meisten Ländern der Dritten Welt

---

Im Buch verwendete Preiskategorien (für ein DZ)

- €€€€€: 5 Sterne und Luxusriads, 1600–3500 DH
- €€€€: 4 Sterne, 600–1600 DH
- €€€: 3 Sterne, 350–600 DH
- €€: 2 Sterne, 200–350 DH
- €: 1 Stern, 100–200 DH
- ½€: unklassifiziert, 50–200 DH

gewöhnungsbedürftig: Nicht immer sauber, für Klopapier muss man selbst sorgen, die Spülung funktioniert häufig nicht, und auch die arabischen Stehklosetts sind für viele Europäer ungewohnt. Manchmal stehen ein Wasserhahn und Eimer als Spülung bereit, dann wieder sind Gemeinschaftsduschen mit den Toiletten kombiniert, und man duscht über der Stehtoilette.

Besichtigen Sie in einfachen Hotels das Zimmer und die sanitären Anlagen, bevor Sie fest zusagen. **Testen Sie**, ob die Duschen funktionieren, und **überprüfen Sie** das Bettzeug nach Sauberkeit und Ungeziefer. Zu hohe Ansprüche können Sie hier nicht stellen, aber in den meisten größeren Orten können Sie unter vielen billigen Hotels auswählen. Einfache Hotels dienen gelegentlich als Stundenhotels.

Bei Übernachtung **in unklassifizierten Hotels** ist es ratsam, einen **Schlafsack** mitzunehmen, da die Matratzen nicht die saubersten sind. Im Winter sollte man darauf achten, dass das Zimmer eine **Heizung** hat bzw. einen dickeren Schlafsack einpacken.

Hitzeempfindliche Menschen sollten im Sommer ein **klimatisiertes Zimmer** buchen.

Der **Preis in einfachen, unklassifizierten Hotels** liegt bei 50–200 DH (Doppelzimmer/DZ) und bei 50–100 DH für ein Einzelzimmer/EZ (Preisklasse ½€). Letztere sind in der Regel schwer zu bekommen. Häufig ist die Übernachtung in einem Doppelzimmer billiger, auch wenn man es als Einzelperson benutzt. Selbstverständlich kann man sich sein Mehrbettzimmer auch mit anderen Gästen teilen. Auf diese Weise ist ein Hotelzimmer oft nicht teurer als eine Jugendherberge.

Oft stellen Herbergen einen **Schlafsaal** oder eine **Dachterrasse** zur Verfügung, wo man seinen Schlafsack auf Matratzen oder Polstern ausrollen kann (15–50 DH).

Die **Ein-Stern-Hotels** unterscheiden sich wenig von den sog. „Billig-Hotels" und kosten zwischen 100 und 200 DH (Preisklasse €).

Meist recht einfache und nicht immer saubere **Zwei-Sterne-Hotels** kosten zwischen 200 und 350 DH (€€).

Ab drei Sternen aufwärts kann man meist mit sauberen, oft sogar mit komfortablen und geräumigen Zimmern rechnen. In dieser Kategorie findet man fast in jeder Stadt ein Hotelzimmer. Diese **Mittelklassehotels** sind meist gut geführt und kosten zwischen 350 und 600 DH (€€€). Sie bieten Reisenden mit normalen Ansprüchen guten Komfort. Oft gehört zu diesen Hotels auch ein Swimmingpool oder ein Garten. Dusche und WC im Zimmer sowie Klimatisierung/Heizung sind in dieser Kategorie selbstverständlich. Außerhalb der Saison kann man oft den Preis heruntehandeln, Nachlässe bis zu 15% sind keine Seltenheit. In den Prospekten der Reiseveranstalter sind die günstigsten Zeiten mit saisonaler Ermäßigung oder Preisnachlass bei längeren Aufenthalten angegeben.

Sollten Sie auf einem **Fünf-Sterne-Hotel** bestehen, so müssen Sie für eine Übernachtung 1600–3000 DH (€€€€) für ein Doppelzimmer oder eine Suite berappen, in einem **Vier-Sterne-Hotel** zahlen Sie immerhin 600–1600 DH (€€€€).

Der Preis für ein Doppelzimmer in einem **Maison d'Hôtes** kann je nach Ausstattung (einfach und familiär bis zu durchgestyltem Superluxus) 30 bis über 400 Euro betragen.

Die Hotelpreise sollten gut leserlich an der Rezeption angeschlagen sein. Der Übernachtungspreis beeinhaltet nicht immer das **Frühstück** (30–150 DH) und die **Touristensteuer**, die von der Hotelkategorie abhängig ist.

Saisoneinteilung

● **Hauptsaison:** Anfang Juli bis Anfang September, Ostern und Weihnachten. Höchste Preise in den Hotels.
● **Zwischensaison:** Anfang April bis Ende Juni und Mitte September bis Ende Oktober. Günstige Hotelpreise, wenig Betrieb.
● **Nebensaison:** November bis Mitte Dezember und Mitte Januar bis März. Niedrigste Hotelpreise.

Campingplätze

Es gibt in Marokko eine stattliche Anzahl von Campingplätzen **unterschiedlichster Qualität, teils in staatlicher, teils in privater Hand.** Während die privaten Plätze je nach Engagement des

Unterkunft

Besitzers durchaus passabel, manche sogar hervorragend ausgestattet sind, verfügen die vor über 30 Jahren konzipierten staatlichen bzw. städtischen Anlagen nur über eine rudimentäre Ausstattung. Der Grund: Die städtischen Plätze werden verpachtet, und die Pachthöhe richtet sich nach dem Zustand des Platzes. So versucht der Pächter ohne Investitionen möglichst viel zu verdienen, und wenn nach einem Jahr die Pacht neu festgelegt wird, zahlt er weniger, weil der Platz heruntergekommen ist ...

Abgesehen von den neueren Plätzen entsprechen die Toiletten und **sanitären Einrichtungen meist nicht europäischen Normen.** Sie sind oft verdreckt, die Spülung funktioniert selten, aus den Duschen (ohne Duschkopf) läuft oft nur kaltes Wasser – ist eine Warmwasserversorgung vorhanden, muss man dafür extra bezahlen.

Die Sauberkeit der Plätze schwankt nach Jahreszeit und Andrang. Im August, zur Ferienzeit der Marokkaner, müssen Sie vor allem entlang der Atlantikküste mit überfüllten und verdreckten Anlagen rechnen.

In den **Wintermonaten** quellen die Plätze an der südlichen Atlantikküste und südlich des Hohen Atlas über. Europäische Rentner überwintern mit ihrem Wohnmobil in Marokko und belegen nicht nur die Campingplätze, sondern auch noch einfache Stellplätze, Parkplätze und lange Jahre die sogenannte „Platte" bei Taghazoute (s.u.) für mehrere Monate.

Die **Campingplatzgebühren** betragen je nach Standard des Platzes 20–50 DH pro Person (Erwachsene; Kinder

UNTERKUNFT

zahlen meist die Hälfte) und nochmals 20–50 DH je nach Fahrzeugtyp (Pkw, Wohnmobil, Caravan). Für ein Motorrad müssen 15–20 DH, für ein Zelt 10–20 DH bezahlt werden. Ein Stromanschluss kostet ca. 20 DH, ist aber nur auf den großen Plätzen vorhanden. Manchmal kostet die heiße Dusche extra (ca. 5 DH).

Wild campen

Wild campen war in der Vergangenheit abseits der großen Städte kein Problem. In Zeiten des Wohnmobilmassentourismus (v.a. in den Wintermonaten) sind **immer mehr Campen-verboten-Schilder** („camping sauvage interdit") zu sehen. Dies betrifft vor allem die Küste südlich von Essaouira bis etwa Sidi Ifni. Die sogenannte „Platte" bei Taghazoute, ein flaches Gelände an der Küste nördlich von Agadir, wo die Wohnmobile im Winter in Zehnerreihen standen, ist mittlerweile geschlossen, nachdem die Verhältnisse dort für die Anwohner unerträglich wurden (Müll, Fäkalien etc.).

In der **Nähe von Städten** und von ausgesprochenen Touristenorten, inzwischen auch an der touristisch erschlossenen **Mittelmeerküste** von Ceuta bis Tétouan, empfehlen wir, aus Sicherheitsgründen einen **Campingplatz** aufzusuchen. Wenn man partout keinen Campingplatz oder Platz zum wild Campen findet, kann man im Zweifelsfall auch bei einer Polizei- oder Forstation nachfragen, ob man dort für eine Nacht campieren darf. Wenn Sie in der **Nähe von Häusern** übernachten wollen, sollten Sie die **Erlaubnis des Grundstücksbesitzers** einholen, diese wird Ihnen in der Regel nicht verwehrt.

Einsame, saubere und schöne **Strände** zum wild Campen findet man zwischen Tanger bis Agadir kaum mehr. Falls man sich an Fischern, anderen Autos und angeschwemmtem Strandgut nicht stört, kann man aber durchaus in einigen Buchten campen. Schöne Strandplätze findet man vor allem in der Gegend von Larache oder Essaouira bis Safi und südlich von Tan-Tan. Im Landesinneren gibt es zahllose wildromantische Wildcamping-Plätze an Flussufern, Seen, in Bergtälern, Zedernwäldern, zwischen Sanddünen oder unter Palmen.

Für Marokkaner ist es oft unverständlich, warum sich Reisende außerhalb eines Ortes für die Nacht einrichten. Besonders in ländlichen, weniger touristischen Regionen wird man Sie deshalb evtl. aus Fürsorge auffordern, doch in das nächste Dorf zu fahren und dort zu übernachten. **Totale Einsamkeit** beim Campen sollte man in Marokko sowieso **nicht erwarten:** Auch an einem vermeintlich abgeschiedenen Platz dauert es meist nicht lange, bis ein Einheimischer auf dem Weg zu seinem Dorf, eine Gruppe Kinder oder ein Ziegenhirte vorbeikommt und die interessanten Fremden begrüßt. Häufig ergeben sich daraus nette Kontakte und Gespräche – spätestens nach Einbruch der Dunkelheit trollen sich die Besucher von alleine.

Wohnmobilisten berichten immer wieder, dass sie **von Kindern mit Steinen beworfen** wurden. Die Gründe dafür sind schwer durchschaubar. Vielleicht spielt die Abschottung der Touristen in den Wohnmobilen, die oft in ganzen Pulks, ohne anzuhalten und Geld zu hinterlassen, durch ein Dorf rattern, eine Rolle. Kinder, die schon einmal Süßigkeiten oder Kugelschreiber von wohlmeinenden Touristen erhalten haben, werfen die Steine wohl auch aus Enttäuschung darüber, dass sie diesmal leer ausgegangen sind. Bettelgaben sind jedoch keine Lösung, deshalb sollte man bei Steinattacken sofort bremsen, dem Übeltäter nachlaufen und diesen zur Rede zu stellen – das Kind wird so erschrecken, dass es so schnell nicht mehr daran denkt, Steine zu werfen. Freundliches Winken beim Vorbeifahren hilft ebenso: Dann fällt der Stein zu Boden und stattdessen erhebt sich die Hand zum Zurückwinken ...

Campen am Djabal M'goun

UNTERKUNFT

Einige Grundregeln zum Wildcampen

- Niemals in der Nähe von Großstädten wild campen!
- In der Nähe von Siedlungen oder Häusern die Erlaubnis des Grundbesitzers einholen.
- Keine Wertgegenstände sichtbar liegen lassen, auch nicht tagsüber, die zum Diebstahl verführen könnten.
- Bei vermeintlich weniger sicheren Plätzen möglichst das Auto so stellen, dass man im Gefahrenfall sofort losfahren kann: nichts draußen liegen lassen, evtl. sogar Zündschlüssel stecken lassen und Fenster und Türen verriegeln.
- Bei einem drohenden Wetterumschwung nie in einem trockenen Flussbett zelten, bei Regenfällen wird aus dem Wadi in kurzer Zeit ein reißender Strom!
- Nie am Rande steiler Felsüberhänge zelten, bei Regenfällen besteht Steinschlaggefahr!
- Den Platz sauber hinterlassen, den Abfall in die nächste Stadt mitnehmen.
- Beim Toilettengang eine Schaufel benutzen, damit keine hässlichen Häufchen und Klopapierfahnen die Umgebung zieren. Das Toilettenpapier am besten mit einem Feuerzeug verbrennen.
- Die Entsorgung von Campingtoiletten ist in Marokko nur an großen, sehr gut ausgestatten Campingplätzen (z.B. in der Umgebung von Agadir) möglich. Falls Sie den Toiletteninhalt gar nicht anders loswerden, dann bitte nur weit abseits von Siedlungen in der Wüste oder an Müllkippen ablassen.

Jugendherbergen und Gîtes d'étape

Die Unterkünfte des internationalen Jugendherbergsverbands (www.hihostels.com) sind in der Regel zentral gelegen, gepflegt und sauber. In Marokko existieren **Herbergen in Casablanca, Fès, Marrakesch, Meknès, Ouarzazate und Rabat**. Die genauen Adressen sind im Reiseteil bei den jeweiligen Städten genannt. Die Herbergen haben ganzjährig geöffnet, eine Übernachtung im DZ kostet etwa 150 DH mit Frühstück, im Mehrbettlager ca. 70 DH p.P.

In den Bergregionen gibt es **Gîtes d'étape** für Trekkingtouristen, einfache Dorfunterkünfte bei Einheimischen mit Schlafsälen oder Zimmern mit Matratzen auf dem Boden. Gemeinschaftsduschen (nicht immer warm) und Toiletten sind vorhanden. Sie kosten in der Regel 45–50 DH p.P. In den Gîtes macht man sehr nette Bekanntschaften mit der Familie des Hauses und erfährt etwas über die Lebensbedingungen der einfachen Leute auf dem Land.

Tipp

- In den Jugendherbergen, die dem internationalen Jugendherbergsverband (**www.hihostels.com**) angeschlossen sind, kann man unabhängig von seinem Alter absteigen! Hat man einen internationalen Jugendherbergsausweis aus dem Heimatland, schläft man auch in diesen Jugendherbergen zum günstigeren Tarif, sonst muss man eine Tagesmitgliedschaft erwerben. Hat man noch keine Jahresmitgliedschaft bei den Jugendherbergsverbänden daheim, kostet diese 12,50–21 Euro in Deutschland (www.jugendherberge.de), 10–20 Euro in Österreich (www.oejhv.or.at) und 22–55 SFr in der Schweiz (www.youthostel.ch).

Tipp: Der französische Verein **„Maroc chez l'habitant"** (Tel./Fax 0033 478 38 16 89, www.marocchezlhabitant.com) vermittelt für Reisende mit Französischkenntnissen Unterkunft bei marokkanischen Familien. So erhält man einen authentischen Einblick ins marokkanische Alltagsleben und die Familien profitieren unmittelbar vom Tourismus.

Versicherungen

Reisekrankenversicherung

Siehe den Abschnitt Versicherungsschutz im Kapitel Gesundheit.

Andere Versicherungen

Ist man mit einem Fahrzeug unterwegs, ist der **Europaschutzbrief** eines Automobilclubs eine Überlegung wert. Wird man erst in der Notsituation Mitglied, gilt diese Mitgliedschaft nur für dieses Land, und man ist in der Regel verpflichtet, fast einen Jahresbeitrag zu zahlen, obwohl die Mitgliedschaft nur für einen Monat gültig ist. Adressen der Automobilclubs siehe im Kapitel Notfälle. Die Schutzbriefe (z.B. ADACplus) beinhalten fast sämtliche unten aufgeführten Versicherungen inklusive Krankenversicherung und Rückholflug im Notfall.

Ob es sich lohnt, eine Reiserücktritts-, Reisegepäck-, Reisehaftpflicht- oder Reiseunfallversicherung abzuschließen, ist individuell abzuklären. Gerade diese Versicherungen enthalten viele **Ausschlussklauseln,** sodass sie nicht immer Sinn machen.

Eine **Reiserücktrittsversicherung** (der Beitrag hängt vom Reisepreis ab) lohnt sich nur für teure, lang im Voraus bei einem Veranstalter gebuchte Reisen und gilt nur für den Fall, dass man vor der Abreise einen schweren Unfall hat, schwer erkrankt, schwanger wird, gekündigt wird oder nach Arbeitslosigkeit einen neuen Arbeitsplatz bekommt, die Wohnung abgebrannt ist u.Ä.; Terroranschläge, Streik, Naturkatastrophen etc. gelten hingegen nicht.

Die **Reisegepäckversicherung** lohnt sich seltener, da z.B. bei Flugreisen verlorenes Gepäck oft nur nach Kilopreis und auch sonst nur der Zeitwert nach Vorlage der Rechnung ersetzt wird. Wurde eine Wertsache nicht im Safe aufbewahrt, gibt es bei Diebstahl auch keinen Ersatz. Kameraausrüstung und Notebook dürfen beim Flug nicht als Gepäck aufgegeben worden sein. Gepäck im unbeaufsichtigt abgestellten Fahrzeug ist ebenfalls nicht versichert. Die Liste der Ausschlussgründe ist endlos ... Überdies deckt häufig die Hausratversicherung schon Einbruch, Raub und Beschädigung von Eigentum auch im Ausland. Für den Fall, dass etwas passiert ist, muss der Versicherung als Schadensnachweis ein Polizeiprotokoll vorgelegt werden.

Eine **Privathaftpflichtversicherung** hat man in der Regel schon. Hat man eine **Unfallversicherung,** sollte man prüfen, ob diese im Falle plötzlicher Arbeitsunfähigkeit aufgrund eines Unfalls im Urlaub zahlt. Auch durch manche (Gold-)Kreditkarten oder eine Automobilclubmitgliedschaft ist man für bestimmte Fälle schon versichert. Die Versicherung über die Kreditkarte gilt aber meist nur für den Karteninhaber!

Veranstalter: Pleite!

Jeder, der eine Rund- oder Pauschalreise bucht, hat das Recht darauf, sich zu vergewissern, dass der **Veranstalter gegen eine Insolvenz versichert** ist. Spätestens bei der ersten (An-)Zahlung sollte der Veranstalter bzw. das Reisebüro dem Kunden deshalb einen Sicherungsschein aushändigen.

Wenn kein Sicherungsschein ausgehändigt wird und man annehmen muss, dass der Veranstalter nicht versichert ist, sollte man ermessen, wie wahrscheinlich eine Insolvenz bei diesem Unternehmen ist. Das **Risiko** ist bei namhaften Veranstaltern eher gering, bei sogenannten **Billigveranstaltern** jedoch durchaus möglich. Im Zweifelsfall erhält man bereits bezahlte Reiseleistungen nicht – beispielsweise den Rückflug ... Jedoch gibt es auch Veranstalter, die als Landeskenner z.B. individuell einmal pro Jahr eine Reise veranstalten, dann ist per Gesetz ein Sicherungsschein nicht notwendig – eine Buchung bei solchen Veranstaltern ist Vertrauenssache.

LAND UND LEUTE

Land und Leute

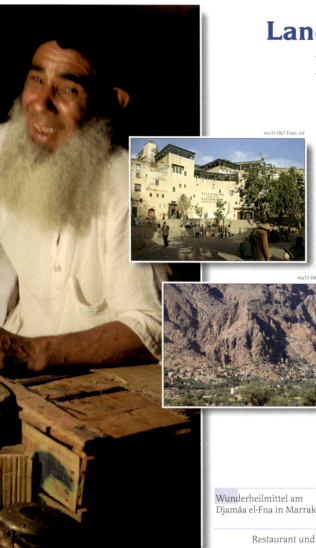

Wunderheilmittel am
Djamâa el-Fna in Marrakesch

Restaurant und Riad Palais de Fès

Dorf vor der Bergkulisse des Anti-Atlas

Marokko im Überblick

Lage
- Marokko erstreckt sich zwischen dem 23. und 36. Breitengrad und zwischen dem 1. und 16. Längengrad. Begrenzt wird das Land vom Mittelmeer im Norden, vom Atlantik im Westen, im Süden von Mauretanien, im Osten von Algerien.

Größe
- **458.730 km²**, mit dem Gebiet der Westsahara ca. 710.850 km²; diese wird von Marokko als nationales Territorium beansprucht und verwaltet; Eingliederung des nördlichen Teils 1975 und des südlichen Teils 1979.

Staatsform
- **Konstitutionelle Monarchie** mit sehr weitreichenden Zuständigkeiten des Königs; Zweikammerparlament (erste Kammer – *Chambre des Répresentants* – mit 325 Mitgliedern und zweite Kammer – *Chambre des Conseillers* –, die aus gewählten Vertretern von Standesorganisationen, Berufsverbänden und Arbeitnehmerorganisationen besteht); staatliche Unabhängigkeit seit 1956; König ist seit 1999 *Mohamed VI.*, Premierminister seit den Wahlen 2007 M. Abbas El Fassi.

Bevölkerung
- Etwa **34,9 Millionen**, das Gebiet der Westsahara mitgerechnet (Schätzung aus dem Jahr 2009).

Bevölkerungsdichte
- **42 Einwohner/km²** mit Westsahara

Bevölkerungswachstum
- **ca. 1,48%**

Bevölkerungsverteilung
- **44% Landbevölkerung, 56% Stadtbevölkerung.** 30% der Bevölkerung ist unter 15 Jahre (in Deutschland: 14,7%) alt, 64,7% zwischen 15 und 64 Jahren und nur 5,2% über 65 Jahre (in Deutschland: 19%).

Lebenserwartung
- **71,8 Jahre**

Analphabetenrate
- **ca. 47,7%** (52,3% der Erwachsenen über 15 Jahre können lesen und schreiben).

Arbeitslosigkeit
- 15,8% in der Stadt, gesamt **9,8%**

Religion
- **97,6% sunnitische Moslems** (der Islam ist Staatsreligion); jüdische (0,2%) und christliche (2,2%) Minderheiten.

Sprachen
- **Staatssprache ist Arabisch.**
- Sehr verbreitet ist **Französisch** als Handels- und teilweise als Bildungs- und zweite Amtssprache.
- In den nördlichen Regionen zwischen Mittelmeer und Rif und in der Westsahara wird von der älteren Bevölkerung gelegentlich **Spanisch** gesprochen.
- Verbreitete **Berbersprachen** sind Tamazight, Tachelheit, Tarafit und Hassania (keine Berbersprache, sondern ein in der Westsahara gesprochener arabischer Dialekt).

Währung (Kurs Juli 2011)
- **Dirham;** 100 DH = 8,70 Euro/10,72 SFr
- 1 Euro = 11,22 DH, 1 SFr = 9,10 DH

Marokko im Überblick

Bruttoinlandsprodukt (BIP)
- **88,8 Mrd. US-$** (2008)
- **BIP pro Einwohner: 4500 US-$** (2008)

Auslandsverschuldung
- **20,12 Mrd. US-$** (2008)

Inflationsrate
- **3,8%** (2008)

Wichtigste Städte
Einwohnerzahl; Angaben nach der Volkszählung 2004 und Hochrechnung 2008:
- **Agadir:** 678.596 / 742.130
- **Casablanca:** 2.933.684 / 3.239.585
- **Fès:** 946.815 / 1.008.782
- **Kénitra:** 359.142 / 388.375
- **Marrakesch:** 823.154 / 887.192
- **Meknès:** 536.232 / 576.152
- **Oujda:** 400.738 / 419.154
- **Rabat** (mit Salé): 1.620.860 / 1.754.425
- **Tanger:** 669.685 / 730.849
- **Tétouan:** 320.539 / 341.689

Mitgliedschaft in internationalen Organisationen
- **UNO** (Vereinte Nationen)
- **ECA** (Economic Commission for Africa)
- **FAO** (Food and Agriculture Organization)
- **IWF** (Internationaler Währungsfond)
- **Weltbank**
- **GATT/WTO** (Welthandelsabkommen)
- **Arabische Liga**
- **Islamische Konferenz**
- **OSZE-Partnerland**

Maßsystem
- metrisch

Uhrzeit
- **MEZ minus 1 Stunde** (während unserer Sommerzeit minus 2 Stunden).

Strom
- **220 V**, Südeuropastecker, aber auch deutsche Normstecker.

Quellen für die Daten in der Landeskunde: Royaume du Maroc Haut-Commissariat au Plan (www.hcp.ma), Bundesministerium für Auswärtige Angelegenheiten (www.bmz.de), CIA Worldfactbook (www.cia.gov), Weltbank

Geografie und Geologie

von *Ludger Reichert*

Landschaftliche Gliederung

Marokko bildet mit Tunesien und Algerien zusammen den Landschaftsraum der **Atlasländer**. Die Gipfelhöhen des Atlas-Gebirgsmassivs nehmen westwärts von Tunesien über Algerien nach Marokko hin ständig zu und erreichen im Hohen Atlas ihre größten Höhen. Die beiden Gebirgsketten des nördlichen Rifgebirge an der Mittelmeerküste und des Mittleren Hohen Atlas, der sich Richtung Südwesten bis zur Atlantikküste bei Agadir fortsetzt, umschließen den atlantischen Kernraum Marokkos, die Meseta.

In geologischen Fachkreisen wurde zeitweise diskutiert, ob Afrika nicht schon jenseits der Pyrenäen beginnt oder umgekehrt Europa nicht erst in Südmarokko endet. Diese Vorstellung mag abwegig klingen, sie rührt jedoch daher, dass, geologisch betrachtet, die uralte afrikanische Tafel erst südlich des Hohen Atlas beginnt (und sich andererseits marokkanische und spanische Meseta landschaftlich äußerst ähnlich sind). Tatsächlich trennt die Grenze zwischen Hohen Atlas und Anti-Atlas (die sich geologisch im Dadès-Tal weiterzieht) als so genannte **vorafrikanische Furche** entlang des Oued Souss nach ONO verlaufend, die alte afrikanische Tafel aus präkambrischen und paläozoischen Gesteinen (über 1 Mrd. Jahre alt mit einzelnen Gebirgsbildungen von ca. 350 Mio. Jahren) von den relativ jungen Faltengebirgen Nordmarokkos, die wie die Alpen im Tertiär entstanden sind. Wenn von Marokko als einer Insel gesprochen wird, so ist der beschriebene Kernraum mit den umrahmenden Gebirgen im Norden, Osten und Süden gemeint. Damit ist aber nicht einmal die Hälfte der Fläche Marokkos abgedeckt. Die übrigen Gebiete werden oft als das **transmontane Marokko** bezeichnet. Hierzu gehört einerseits der Nordosten Marokkos östlich des Flusses Moulouya, ein ebenfalls altes Hochlandmassiv, das jenseits der Grenze nach Algerien in das Hochland der Schotts übergeht. Zum anderen gehören hierzu die Landschaftsräume im Süden und Südosten, die nun in der Tat zum eigentlichen afrikanischen Festlandsockel gezählt werden. Es sind im wesentlichen die Gebiete des Anti-Atlas und des östlich anschließenden Djabal Sarhro sowie die atlantischen Wüstenbereiche der Westsahara im äußersten Südwesten Marokkos.

Die **landschaftliche und klimatische Gestaltung** Marokkos wird wesentlich von den Ketten des **Atlas-Gebirges geprägt**. So sind bereits in der gebirgsbildenden Hebungsphase vor 30 bis 50 Millionen Jahren Teile auch der zentralen Meseta in die Hebung mit einbezogen worden. Gleichzeitig bedecken die bei der Gebirgsbildung abgetragenen Sedimente weite Bereiche des alten Massives Zentralmarokkos wie auch der transmontanen Hochsteppen und Wüsten. Die Wassermassen der Flüsse werden nahezu ausschließlich von den Gebirgshängen des Atlas gespeist und gelenkt. Und nicht zuletzt bildet diese Gebirgsmauer die alles dominierende Klimascheide Marokkos und ist damit für die unterschiedlichen Klimate sowie für die agrarische Nutzung der verschiedenen Landesteile verantwortlich.

Die Einzellandschaften

Rif-Gebirge und Rif-Vorland

Das Rif-Gebirge als nördlichster Faltenstrang des Atlas-Gebirgssystems zieht sich die **marokkanische Mittelmeerküste** entlang. Seine Ausläufer fallen westlich zur Atlantikküste und südlich zum Sebou-Becken ab. Am Mittelmeer bildet das Gebirge über weite Strecken eine Steilküste, die nur durch Mündungsebenen weniger Flüsse unterbrochen wird, während das auslaufende Vorgebirge am Atlantik flache Küstenterrassen ausbildet.

Die mittleren Gipfelhöhen des Rif-Gebirges liegen **zwischen 1500 m und 1800 m** und zeigen in weiten Teilen Mittelgebirgscharakter. Stärker zergliedert und entsprechend wilder ist der mittlere Gebirgsteil um Chefchaouen und Ketama mit höchsten Er-

LANDSCHAFTLICHE GLIEDERUNG

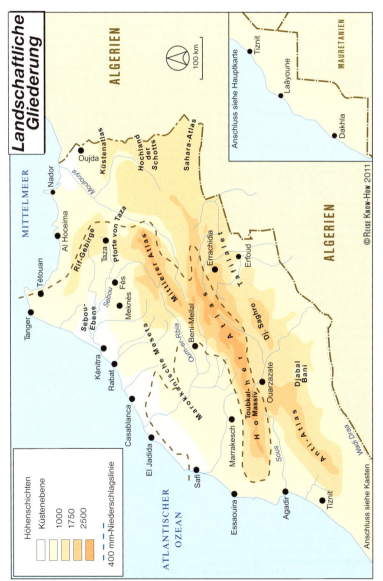

Geografie und Geologie

hebungen bis 2500 m. Das weit verbreitete Flyschgestein fördert die Erosionsleistung der Bäche und Flüsse, sodass meist stark ausgeräumte Täler das Gebirge durchziehen. Das Flussnetz wird aus **beachtlichen Niederschlägen** gespeist, die von 400 mm pro Jahr im trockenen Osten auf reichlich 800 mm im Westen ansteigen. Am östlichen Rand des Rifs südlich der spanischen Enklave Melilla liegen basaltische Sedimentdecken vor, die auf vulkanische Tätigkeit im Anschluss an die Gebirgsbildung im Tertiär zurückgehen.

Die **einst reich bewaldeten Gebirgshänge** wurden insbesondere zur Mittelmeerküste hin durch Weidewirtschaft und Brandfeldwirtschaft stark in ihrem Baumbestand dezimiert und damit der **Erosion** ausgesetzt. Bislang weniger in Mitleidenschaft gezogen wurden dagegen die zentralen Bereiche des Rifs, die auch heute noch in Teilen reich bewaldet sind. Diese Wälder werden ab einer Höhe von 1400 m von der Atlaszeder und der marokkanischen Tanne geprägt, darunter geht der Nadelwald in einen Steineichenwald über. Im tieferen Vorland gesellen sich Aleppokiefer, Zwergpalme, Thuja und zahlreiche Sträucher hinzu.

Im Westen und Süden läuft das Rif-Gebirge in die **fruchtbaren Ebenen des Loukos- und des Sebou-Flusses** aus. Vor allem letzterer schlängelt sich in unendlichen Mäandern durch weites, agrarisch genutztes Schwemmland mit Gerste, Weizen, Mais, Gemüse sowie Feigen-, Öl- und Nussbäumen. Im Gebirge überwiegt neben dem Terrassenanbau an den Talhängen die Schaf- und Ziegenwirtschaft. Obstanbau u.a. wird mit EU-Mitteln als Alternative zum weit verbreiteten Cannabis-Anbau gefördert. Die Dörfer liegen häufig zerstreut (und nicht festungsartig zusammengeschlossen wie etwa im Anti-Atlas), die Häuser sind aus Stein oder gehärtetem Lehm gebaut.

Atlantisches Becken

Das atlantische Becken, umrahmt vom Sebou-Becken, Mittleren und Hohen Atlas, wird allgemein als **geistiger und wirtschaftlicher Mittelpunkt Marokkos** angesehen. Landschaftlich zerfällt es in eine 60–100 km breite Küstenmeseta und eine anschließende zentrale (Mittelgebirgs-)Meseta.

Der Begriff „**Meseta**" kommt aus dem Spanischen und bezeichnet eine **tischebene Hochfläche**. Sie beginnt an der Atlantikküste mit einem bis zu 100 m hohen Strandkliff, steigt im Bereich der Küstenmeseta sanft und in der zentralen Meseta merklich bis auf mittlere Höhen von 500–600 m an. Nur in Teilbereichen durchragen hier alte (paläozoische = erdaltertümliche) Massive die ansonsten mit Sedimenten eingeebneten oder nur flachwelligen Gebiete.

Die mit 400–600 mm ausreichenden Niederschläge, häufige Küstennebel und ein fruchtbarer, schwarzer Boden (Tirs) begünstigen in der Küstenmeseta einen **intensiven Regenfeldbau**. Dieser versorgt einerseits die großen Küstenstädte wie Rabat, Casablanca und Kenitra, ist andererseits aber auch auf den Export ausgerichtet. Angebaut werden vor allem Getreide, Flachs, Frühgemüse, Frühobst sowie Reis und Zuckerrohr.

Die **Wälder** dagegen sind im atlantischen Becken bis auf Restflächen **nahezu gänzlich verschwunden**. Die zentrale Meseta hat im Norden noch Anteil an den fruchtbaren, vom Niederschlag begünstigten Gebieten des Rharb und des Sebou-Beckens.

So liegen hier um Meknès die **ausgedehntesten Weinfelder Marokkos.** Nach Süden hin nehmen ab Khouribga (hier Phosphatförderung) die Niederschläge bis Marrakesch merklich bis auf 200 mm ab und hinterlassen eine meist baumleere, öde Hochlandsteppe.

Mittlerer Atlas

Von Westen her gehen die Mittelgebirge der zentralen Meseta südlich von Meknès und Fès in den so genannten Flächenatlas und dieser schließlich in den eigentlichen Mittleren Atlas über. Dieser gefaltete und am stärksten gehobene Gebirgsteil erreicht im äußersten Osten seine größten Höhen mit **über 3300 m.** Ein schroffer, steiler Abfall zum

Flusstal des Assif Melloul im Hohen Atlas

GEOGRAFIE UND GEOLOGIE

Moulouya-Tal auf 700–800 m markiert dann deutlich die Grenze zu den ostmarokkanischen Hochsteppen.

Die **Niederschläge** sind im Hochgebirge des Mittleren Atlas **sehr reichlich** (bis über 1000 mm) und ermöglichen (meist über Stauseen) die Bewässerung weiter Landesteile. Der Schnee bleibt in den Wintermonaten oft vier bis fünf Monate liegen, sodass selbst Skifahren in diesem Gebiet möglich ist. Zur Zeit der Schneeschmelze in den Monaten März und April sind deshalb plötzliche Hochwasser nicht selten.

Verbreitet sind auf den zentralen Hochplateaus verschiedene **Karsterscheinungen,** etwa Dolinen (Erdfälle oder größere Senken, die zuweilen Seen enthalten) oder Karren (scharfe Gesteinskämme, vergleichbar dem Gottesacker). Die Baumgrenze wird bei 2600–2800 m erreicht. Es wachsen insbesondere die Steineiche, daneben laubabwerfende Eichen und die Atlaszeder.

Die **Dörfer** im Mittleren Atlas liegen, abgesehen von manchen Randgebieten, **sehr weit verstreut.** Einige der Stämme im Mittleren Atlas betreiben als Nomaden Wechselweidewirtschaft (absteigende Transhumanz), d.h. Familiengruppen oder Hirten ziehen im Winter auf die Weiden im Gebirgsvorland, während im Sommer ein Teil der Bevölkerung oder Hirten mit den Tieren (Schafe und Ziegen, aber auch Rinder) auf die Hochweiden zieht und dort in selbstgebauten Zelten *(Khaimas)* lebt, der übrige Teil aber zurückbleibt und die meist terrassierten Felder bewirtschaftet. Durch die Intensivierung des Ackerbaus verliert jedoch die Wechselweidewirtschaft zunehmend an Bedeutung. Große Städte entstanden erst mit der Einrichtung von Militärstützpunkten oder an den Handelsplätzen. Auf den 900–1500 m hohen Ebenen zwischen dem Mittleren und Hohen Atlas, vor allem in der Region Midelt, gewinnt der Apfelanbau immer mehr an Bedeutung.

Hoher Atlas

Gewaltiger noch als der Mittlere Atlas ragt der südlichere Hohe Atlas empor. Seine Ausdehnung vom Atlantischen Ozean bei Agadir

Geografie und Geologie

in nordöstlicher Richtung beträgt ca. 700 km, seine höchsten Gipfel erreichen Höhen **über 4100 m.**

Die Gipfelketten trennen das mediterrane vom saharischen Marokko, sie schieben die Wüstensteppe gewissermaßen um mehrere hundert Kilometer nach Süden (vgl. dagegen z.B. das weitere Vordringen der Wüste nach Norden in Algerien).

Der Gegensatz zwischen den vegetationsbedeckten Nordhängen und den nackten, schroffen Südhängen zeigt sich am deutlichsten im gewaltigen Massiv des Hohen Atlas von Marrakesch. Südlich davon trennt die schmale Depression des Sous und Dadès nochmals die Kette des Anti-Atlas und des Djabal Sarho ab, bevor dann die Wüstensteppe endgültig das Landschaftsbild beherrscht. Der **östliche Hohe Atlas** ist im Gegensatz zum zentralen (paläozoischen = erdaltertümlichen) Hohen Atlas aus **„mittelalterlichen" Jurakalken** aufgebaut (Alter ca. 169–190 Millionen Jahre). Er geht nach Osten allmählich in den so genannten Sahara-Atlas über, der das Bindeglied zum algerischen Teil des Atlas bildet. Die Gebirgshänge sind insbesondere oberhalb von 3000 m von mächtigen Schutthalden überdeckt. Sie sind das Resultat häufigen Frostwechsels vor allem in den winterlichen Grenzmonaten (stärkere Erwärmung tagsüber, nächtlicher Frost). Große, eiszeitlich gebildete Hangmulden (so genannte Kare) und beachtliche Schuttmäntel auch in den niederen Höhen unter 2700 m zeugen von einer eiszeitlichen Vergletscherung des Hohen Atlas.

Der Wald ist in weiten Teilen des Hohen Atlas durch **Überweidung** dezimiert. Allerdings ist auch unter natürlichen Bedingungen der Wald im Hohen Atlas aufgrund der geringen Niederschläge nie so dicht gewesen wie im Mittleren Atlas.

Anti-Atlas und Sous-Ebene

Hoher Atlas und Anti-Atlas sind durch die bereits erwähnte „vorafrikanische Furche" getrennt. Diese ist als von Ost nach West verlaufende Längssenke ausgebildet, bestehend aus der Sous-Ebene und dem Dadès-Tal. Als einzige Nahtstelle zwischen den beiden Gebirgssystemen fungiert lediglich das vulkanische Massiv des Djabal Siroua.

Die **Sous-Ebene** zeichnet sich durch eine offene Lage zum Atlantik hin aus. Der hier vorbeiströmende **kühle Kanarenstrom** führt bis 30 km landeinwärts zu häufigen Nebelbänken, die die geringen Niederschläge von unter 200–300 mm zumindest teilweise wettmachen und den Anbau von Zitrusfrüchten, Mandeln, Artischocken und weiteren Gemüsearten ermöglichen.

Der **Anti-Atlas** erweist sich als **trocken-felsiges,** in weiten Teilen **wenig reliefiertes Gebirge** mit Höhen bis 2100 m. Das Gestein besteht im zentralen Bereich aus Granit, während es randlich von (karbonischen) Kalken umgeben ist, die schließlich im Djabal Sarho in sandige Sedimente übergehen. Im Süden und Südosten dagegen tauchen die Sedimente der auslaufenden Berghänge allmählich unter die weiten Hammada-Flächen.

Kennzeichnend für die lichten Wälder des Anti-Atlas ist der **in Marokko endemische Arganienbaum,** in dem allerorts Ziegen klettern und Früchte und Blätter fressen. Aus den Früchten des Arganienbaumes wird ein wohlschmeckendes Öl gewonnen. Weiterhin wachsen Mandelbäume, Gummi-Akazien und Palmen.

Jahresniederschläge von meist unter 200 mm in diesem Gebiet machen eine Vorratswirtschaft notwendig. Zu diesem Zweck wurden in der Vergangenheit unweit der Dörfer **Speicherburgen** angelegt.

Hammadas

Bereits die nach Südosten abfließenden Täler des Anti-Atlas und des Djabal-Sarho weisen **deutlich wüstenhafte Züge** auf. Die Siedlungen haben Oasencharakter (beginnend im Nordwesten mit dem malerischen Tafraoute und seiner Umgebung), das Landschaftsbild wird von **Palmenbäumen** bestimmt, während der Ackerbau auf wenige Anbauflächen in den Talsohlen beschränkt bleibt.

Die letzten Erhebungen vor den Hammadas bilden die quarzitischen Schichtkämme des Djabal Bani, die bis zu 500 m über die umliegenden Steppen-Hochflächen emporragen. Das nach Südosten hin folgende weit verzweigte Talnetz des Wadi Draâ schließlich unterscheidet sich mit seinen feinsandigen, schlammigen Trockenbetten nur noch morphologisch von den Felswüsten der Sahara.

In dieser **Übergangslandschaft** treffen auch **zwei Kulturen, zwei entgegengesetzte Wirtschaftsformen** aufeinander, die der sesshaften Oasenbauern Südmarokkos und der nomadischen Wüstenbewohner mit ihren Schaf- und Kamelherden.

Die **klimatische und landschaftliche Grenze** zur Sahara-Wüste verläuft in Südmarokko genau in Südwest-Nordost-Richtung. Diesem Verlauf folgt auch der riesige **Wadi Draâ,** ebenso wie die Atlas-Ketten, einschließlich des Anti-Atlas und des Djabal Sarhro. Für die im Winter und Frühjahr von Westen und Nordwesten heranziehenden Niederschlagsgebiete wirkt die gewaltige Gebirgsmauer als letzter Regenfänger, sodass auf der nach Süden gewandten Seite kaum noch Niederschläge zu verzeichnen sind. Dennoch wird ein Großteil der Abflüsse vor allem aus kurzzeitig heftigen Gewitterregen mit starker Sedimentfracht nach Süden abgeführt, sodass sich hier ein weit verzweigtes gebirgsparalleles Talsystem herausgebildet hat, dessen Hauptader das Wadi Draâ ist.

Bei den Hammadas der randlichen Sahara selbst handelt es sich um **riesige Tafelschollen,** die durch vormals aktivere Flusssysteme zerschnitten und voneinander getrennt wurden. Die Flusstäler führen heute nur kurzzeitig nach heftigen Regenschauern bzw. Gewittern am Ende des Sommers Wasser. Neben den riesigen kargen Felsflächen sind die weiteren Bereiche der Flusssysteme meist dicht mit Geröllen übersät. Größere Dünenfelder fehlen dagegen im marokkanischen Teil der Sahara weitgehend.

Westsahara

Bei der Westsahara handelt es sich um ein **reines Wüstengebiet.** Wenige Schichtstufenkämme ziehen sich hier als Fortsetzung des Anti-Atlas weit nach Süden hin. In Küstennähe sind häufiger auch reine Sandwüsten anzutreffen. Die Vegetation dagegen wirkt hier aufgrund der regelmäßigen Nebel mit Taufällen eher halbwüstenartig. Der Fischreichtum und riesige Phosphatvorkommen ermöglichen eine dünne Besiedelung.

Östliche Meseta

Die ostmarokkanischen Hochlandsteppen stellen gewissermaßen das **Gegenstück zur atlantischen Meseta** dar und werden auch als Östliche Meseta bezeichnet. Zwischen diesem Hochplateau und dem gefalteten Mittleren Atlas im Westen bildete sich am Ende des Tertiärs vor ca. 25 Mio. Jahren die Talebene des Moulouya als Grabenbruch. Sie ist heute als weite Talsenke ausgestaltet und steigt Richtung Osten sanft bis zum Fuß des Hochplateaus an. Dieses erstreckt sich auf einer mittleren Höhenlage von 1300 m bis weit über die algerische Grenze hinaus.

Im Norden ist das Hochplateau durch die Ausläufer des algerischen Tell-Atlas begrenzt, im Süden durch Teile des hier in Ost-West-Richtung bis ebenfalls nach Algerien verlaufenden Sahara-Atlas.

Das weite Hochland ist **verkehrsmäßig wenig erschlossen und äußerst dünn besiedelt** – die Zahl der wenigen Nomaden und Halbnomaden geht weiter zurück. Eine bescheidene Existenz ermöglicht gebietsweise die Ernte des Halfagrases, das mit seinen Büscheln weiträumig das Landschaftsbild prägt. Verbreitet wächst auch Rosmarin, bei Niederschlägen über 300 mm auch vereinzelt Steineiche und Thuja.

Klima

Marokko hat von Norden her **bis etwa zum Anti-Atlas** Anteil am **gemäßigten Mittelmeerklima.** Dieses zeichnet sich durch trockene, warme Sommer und milde Winter aus. Die je nach Region meist zwischen 300 und 600 mm schwankenden Niederschläge fallen überwiegend im Winterhalbjahr, wenn atlantische Tiefausläufer bis nach Marokko vorstoßen. Ergänzt werden sie am Atlantik und insbesondere in den Mündungsebenen durch ausgedehnte morgendliche Nebel.

KLIMA

Der **kalte Kanarenstrom** zeigt seine ausgleichende Wirkung unmittelbar an der Atlantikküste bis weit in den Süden Marokkos hinein. Die Tagesmitteltemperaturen liegen nur selten über 25°C bzw. unter 18°C.

Im Landesinnern sorgt der Atlantik bis zu den Atlasketten für jahreszeitlich relativ ausgeglichene Temperaturen. Die mittlere Jahrestemperatur liegt meist um 18°C, die Monatsmittel der wärmsten Monate um 25°C (mit Tagesmaxima häufig über 35°C).

Südlich der als Klimascheide wirkenden Atlas-Ketten bewegen wir uns bis etwa zum Breitengrad der Kanarischen Inseln bei 28° im Bereich des **Steppenklimas**. Hier sinken die Niederschläge bereits deutlich auf meist unter 200 mm im Jahr ab, die Temperaturschwankungen zwischen Tag und Nacht nehmen dagegen spürbar zu. Das Jahresmittel der Temperatur liegt hier meist noch unter 18°C, die Tagesmaxima im Sommer klettern allerdings bereits auf über 40°C.

Wesentlich heißer und trockener noch wird es im Wüstenklima der **Westsahara und der südöstlichen Hammadas**. Tagestemperaturen von oft 40–50°C im Sommer und immer noch bis 30°C im Winter stehen nächtliche Werte gegenüber, die zwischen 20°C im Sommer und 2,5°C im Winter, d.h. teilweise bis unter den Gefrierpunkt liegen.

Auch **zum Landesinneren hin** wird das Klima allgemein extremer, d.h. die Temperaturgegensätze zwischen Tag und Nacht und – vor allem im Gebirge – auch zwischen Sommer und Winter nehmen zu. So können in den Hochgebirgen des Atlas oberhalb 2000 m die reichlichen Niederschläge von bis zu 1000 mm als geschlossene Schneedecke oft bis ins Frühjahr liegen bleiben.

Ein **sehr angenehmes Klima** herrscht im **Mittleren Atlas** in der Gegend von **Ifrane und Azrou** mit Sommertemperaturen um die 25°C und Schneereichtum im Winter, sodass sich diese Region zum bevorzugten Erholungsgebiet der reichen Marokkaner entwickelt hat. Im Hohen Atlas herrschen im Winter eisige Winde und sehr kalte Temperaturen, und im Sommer ist es selbst in den Hochtälern sehr heiß und trocken.

Die Gebiete des **östlichen transmontanen Hochlandes** weisen ein typisches Steppenklima auf. Die Sommer sind trocken und heiß mit Durchschnittstemperaturen im Juli von 25–30°C, die Winter relativ kalt mit Januarmittel unter 10°C und zeitweisem Schneefall. Die tägliche Sonnenscheindauer weicht von den Verhältnissen in unseren Breiten bereits deutlich ab.

Marokko liegt in seiner **Nord-Süd-Erstreckung** zwischen dem 36. Breitengrad und im äußersten Süden in der Westsahara bei 30°. Die Sonne steht also im Sommer, je weiter wir nach Süden zum Wendekreis kommen, um so näher im Zenit. Dies bedeutet auch, dass der nächtliche Schattenwurf, eingedenk der Erdrotation, größer ist und länger andauert als bei uns. Die höchste Sonnenscheindauer im Sommer erreicht deshalb nur etwa 14 Stunden. Im Winter steht die Sonne dagegen nie so tief wie bei uns, die kürzeste (mögliche) Sonnenscheindauer sinkt kaum unter zehn Stunden ab.

Kennzeichnend für die regelhaften Windsysteme und damit verantwortlich für die Wetterlagen in Marokko sind einerseits das vor allem im Sommer relativ ortsfeste **Azoren-Hoch** sowie das ebenfalls im Sommer ausgeprägte **Sahara-Hitzetief**.

Das Hoch bewirkt im Uhrzeigersinn umlaufende Winde, die auf die marokkanische Küste als Nord- oder Nordwestwinde treffen. Nach Süden zum Wendekreis gehen sie mit einer leichten Drehung in den **Nordostpassat** über. Das Hitzetief der Sahara dagegen bewirkt leicht gegen den Uhrzeigersinn umlaufende Winde. Sie erreichen den Süden Marokkos aus östlicher Richtung oft als **heiße Wüstenwinde** (*Schirokko* bzw. *Chergui*), die mehrere Tage andauern können und weite Landstriche austrocknen. Diese großräumig wirkenden Zirkulationssysteme werden häufig durch vielfältige lokale Winde überlagert. Als Beispiel mag das bei allgemein windarmen Wetterlagen auffällig in Erscheinung tretende Land-See-Windsystem gelten. Danach weht der Wind tagsüber vom Meer aufs Land, weil sich dieses stärker erwärmt und die dadurch aufsteigende Luft bodennah eine Sogwirkung erzeugt, die die kühlere Meeresluft nachfließen lässt. Umgekehrt weht abends und nachts der Wind aufs Meer hinaus, weil dann das Wasser gegenüber

KLIMATABELLE

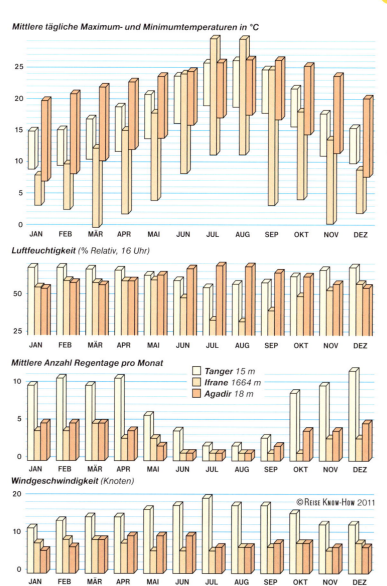

Pflanzen und Tiere

dem sich auskühlenden Land vergleichsweise wärmer ist.

Die **Wassertemperaturen** im Atlantik werden in ihrem Jahresverlauf vom kalten, aber gleichmäßig temperierten Kanarenstrom geprägt. Sie sinken im Januar und Februar auf noch erträgliche 17°C ab, steigen aber im Sommer kaum über 21°C.

Vgl. auch den Abschnitt „Reisezeit" im Kapitel „Praktische Tipps A–Z".

Pflanzen und Tiere

von *Carola Stoob*,
Ethologie und Wildforschung, UZI, Zürich

Bemerkenswert an Marokko ist nicht eine bestimmte Landschaftsformation oder das einzigartige Vorkommen von Pflanzen und Tieren, sondern der **Wechsel** und das zum Teil **sehr krasse Nebeneinander der verschiedenen Landschaftstypen.** Zwischen Laubmischwald und Wüste sind alle Übergänge anzutreffen, dazu kommen zwei verschiedene Küstenregionen und spezielle Kulturformen wie die „sagenhaften" künstlich bewässerten Gärten aus 1001 Nacht, die Palmenhaine und die Oasen.

Marokko ist ein **Agrarland,** und ein großer Teil der Produkte dient der Subsistenz der einheimischen Bevölkerung. Die Landwirtschaft ist auf natürlich vorkommendes Wasser angewiesen (Täler, Wadis, Oasen). Dessen Ausnutzung wird durch Bewässerungssysteme verbessert. Unter solchen Voraussetzungen fallen zunächst Kulturpflanzen und Haustiere oder sogenannte Kulturfolger, z.B. Spatzen, ins Auge.

Die **wichtigsten Kulturpflanzen** sind etwa: Olivenbäume (= Ölbaum), Pistazien, Lorbeer, Drum- oder Dattelpalmen, Agaven, Feigenkaktus, Agrumen (das sind die Bäume, die die Zitrusfrüchte liefern), Mandel, Pfirsich, Maulbeere, Walnuss, Feige, Wein, Banane, Baumwolle, Weizen, Gerste, Hirse, Paprika, Artischocke, Aubergine, Mais, Eukalyptus,

sog. Mimosen (es sind aber Akazien), Oleander, Thuja, Zypressen, Pappeln und Arganien. Einige dieser Pflanzen sind uns aus dem Supermarkt durch ihre Früchte oder andere essbare Teile längst bekannt, trotzdem kann die Entdeckung der ganzen Pflanze zum Erlebnis werden – meine erste Artischocke, die als Riesen-Distel daherkam, hat mich jedenfalls beeindruckt!

Marokko lässt, bedingt durch die unterschiedliche Höhe und Klimazonen, sowohl **Mittelmeervegetation** wie auch eine **tropische Vegetation** zu. Diesen Vorteil nutzen zahlreiche Hotels, indem sie ihre Gärten zu wahren Pflanzenparadiesen gestalten: So wachsen zwischen verschiedensten Palmenarten prachtvoll leuchtende Bougainvilleen, Jacarandas, Kakteen, Agaven, Bambus- und sogar Bananenstauden.

Vor allem die **Rosenzucht** hat in Marokko eine lange Tradition. Wer Ende Mai bis Ende Juni durch Marokko reist, wird den Duft der Rosen, der aus Haus-, Hotel- und Oasengärten strömt, nicht mehr vergessen. Rosen werden entlang der Oasen der Straße der Kasbahs als Nutzpflanzen geerntet und zu Rosenwasser und Rosenöl, auch als Grundsubstanz für Parfüms, verarbeitet.

Nutztiere sind Geflügel, Schafe, Ziegen, Rinder, Pferde, Kamele, Esel und Maultiere. Hunde und Katzen sind nicht eigentlich „Haustiere", sondern führen in Marokko ein recht freies, wildes Leben. Kamel, Pferd, Esel und Maultier sind traditionelle Transportmittel.

In den Lebensraum der Kulturpflanzen gehört selbstverständlich auch eine Reihe von Tieren, die der Mensch nicht direkt nutzt oder als schädlich bezeichnet. Aufgrund der Temperaturen ist Marokko ziemlich ideal für **Insekten.** Diese bilden die **Nahrungsgrundlage für Reptilien** (z.B. Eidechsen, Geckos, Skinke), **Vögel, Nagetiere** und – systematisch – sog. **Insektenfresser** (das sind z.B. Igel und Spitzmäuse). Man findet hier neben „alten Bekannten" wie Bienen, Ameisen, Tag- und Nachtfaltern, Spinnen, Smaragdeidechsen, Tauben, Spatzen, Nachtigallen, Käuzen, Eulen, Mäusen und Igeln auch Arten, die man bei uns gar nicht oder höchst selten zu Gesicht bekommt: den Dungkäfer Skarabäus oder den echten „heiligen" Skarabäus, die „biblische" Wanderheuschrecke, Fangschrecken, die Maulwurfsgrille, den Hirschkäfer, Skorpione, den Mauretanischen Mauergecko, Hausammer, Steinsperling, verschiedene Grasmückenarten (z.B. Cistensänger), Blaumerle, Bienenfresser, Blassspötter, Heckensänger, Zwergohreule und diverse Spitzmausarten.

Atlantikküste und Mittelmeer

Der **reine Sandstrand und ein Strand aus Kies** verdanken ihren optischen Reiz vielleicht gerade der Abwesenheit von Pflanzen und Tieren – als Biotope sind sie **vergleichsweise artenarm**. Für Pflanzen bieten sie beispielsweise keine Möglichkeit der Verwurzelung, und nur wenige Spezialisten vertragen Salzwasser (sog. Halophyten wie Sode, Queller, Salzkraut).

Ein typischer Bewohner des Sandstrandes ist der **Sandflohkrebs** *(Talitrus),* der aber lieber in gestrandeten Algen Deckung sucht, als dass er auf dem bloßen Sand umherhüpft. Die meisten anderen Sandbewohner graben sich ein und bilden dabei eine röhrenförmige Behausung (Borsten- und Sandröhrenwürmer). Auf dem Sand direkt unter Wasser leben nur wenige vegetarische oder räuberische Schnecken, z.B. die Hornschnecke, *Cerithium*, die Netzreusenschnecke, *Nassarius*, und die Halsbandschnecke *(Natica).* In tieferem Wasser oder in Tümpeln mit stehendem Meerwasser können sich Algen entwickeln und bereits einer größeren Vielfalt von Tieren als Lebensraum dienen.

An **felsigen Küsten** entfaltet sich dann der ganze **Artenreichtum des Meeres** – mal abgesehen von der Möglichkeit, dass die Einleitung von Abwässern oder die letzte Tankerkatastrophe dort ihre nachhaltigen Wirkungen hinterlassen haben. Es ist unmöglich, an dieser Stelle die verschiedenen Schwämme, Seeigel-, Seestern-, Muschel-, Schnecken-, Krebs- und Fischarten aufzulisten.

Bergziege im Hohen Atlas

PFLANZEN UND TIERE

Der Rand des Festlandes ist vor allem dort, wo er für den Menschen „unattraktiv" oder schwer zugänglich ist (etwa als Steilküste oder verschlammte Flussmündung), ein **Rückzugsgebiet für Wasservögel.** „Besucher" sind eigentlich immer „ungebetene Gäste", und man sollte die Tiere daher nur durch ein Fernglas beobachten.

Wald

Neben den tropischen Wäldern stellt sich der Tiergeograf unter „Wald" vor allem die sommergrünen Laubwälder gemäßigter Breiten vor, die sich überwiegend aus Eichen, Buchen und Ahorn zusammensetzen. Diesen Waldtyp wird man in Marokko jedoch vergeblich suchen, aber aufgrund der Restbe-

Die Atlas-Zeder –
typischer Baum im Mittleren Atlas

stände nimmt man an, dass vor ein paar tausend Jahren das Rif, der Mittlere und der Hohe Atlas dicht bewaldet waren.

Die **Atlas-Zeder** (Cedrus atlantica) ist – wie der Name schon sagt – der typische Baum Marokkos und eine der wenigen ursprünglichen Arten. Sie wird im Rahmen von Aufforstungsprogrammen zusammen mit Libanon-Zedern (C. libani) und eingeführten Kiefern (Pinus) und Tannen (Abies) kultiviert. Auch Korkeichen (Quercus suber) sind in Marokko heimisch und bildeten vermutlich mit Stein- und Kermeseichen (Q. ilex, Q. coccifera) den ursprünglichen, immergrünen Eichenwald bis in eine Höhe von 1100 m. Weiter oben findet man Thuja und Wacholder (Cupressaceen).

Reiner **Nadelwald** ist wegen der Ansäuerung der Böden ein recht schwieriger Lebensraum. Nadelbäume haben jedoch den wirtschaftlichen Vorteil, dass sie geringere Ansprüche an die Bodenbeschaffenheit und Wasserversorgung stellen und relativ schnell wachsen. Die Aufforstung der Zedern- und Eichenwälder mit teilweise nicht heimischen Laub- und Nadelbäumen ist ein Kompromiss zwischen den Nutzungsaspekten des Waldes und dem Bedürfnis nach Erhaltung oder Wiederherstellung einer relativ ursprünglichen Vegetation und Tierwelt.

Zum Wald gehören pflanzenfressende oder -saugende **Insekten:** Blattkäfer, Rüsselkäfer (an verschiedenen Eichenarten), Coccinelliden (erinnern an Marienkäfer – der VW-Käfer heißt auf Französisch coccinelle), Chrysomeliden (kleine, gedrungene, metallisch glänzende Käfer; eine Art ist auf Minze spezialisiert), Schmetterlinge und ihre Raupen, Bienen, Ameisen, (Holz-)Wespen und Zikaden – um nur einige zu nennen. „Ameisenlöwen", Wanderheuschrecken und Maulwurfsgrillen trifft man eher an trockenen Standorten. Hundert- und Tausendfüßler (die einen meint man gerade noch zählen zu können, bei den anderen versucht man es gar nicht mehr), Laufkäfer (dazu gehören die beiden häufig anzutreffenden Skarabäusarten) sowie Spinnen leben eher im Verborgenen.

Wegen der Vielfalt der Nahrungsquellen und der guten Deckung ist der **Wald bzw. der Waldrand bei Vögeln beliebt.** Kuckuck,

Pflanzen und Tiere

Eichelhäher, Grün- und Buntspecht, Amseln, Drosseln, Finken – Stare weniger –, aber Baumläufer, Meisen, Nachtigall, Fitis, Rotkehlchen, Ammern, Würger, Dorn- und Mönchsgrasmücke, Ziegenmelker, Uhu und Waldohreule sind entweder „alte Bekannte" oder kommen in einer nah verwandten spezielleren Art vor: zum Beispiel Einfarbstar, Häherkuckuck, Rothalsziegenmelker, Zaunammer, Alpendohle, Berglaubsänger und Rotflügelgimpel. Spezielle Bewohner Marokkos sind z.B. die Atlasgrasmücke, der Diademrotschwanz und der Blauwangenspint.

Nagetiere wie Eichhörnchen und Mäuse gehören in den Wald, und in Marokko kommen zudem Stachelschweine (Hystrix christata) vor. Spezialisierte Insektenfresser sind der Wanderigel (Erinaceus algirus) und die Rot- und Weißzahn-Spitzmäuse (Soricidae, Crociduridae = Wimpernspitzmäuse), die aber auch einen Wurm nicht verschmähen. Neben dem Fuchs, dem marderartigen Wiesel, Dachs und Fischotter könnten in den marokkanischen Wäldern auch Ginsterkatzen (Genetta genetta), Luchse und der Serval (Felis lynx, F. serval) vorkommen. Es soll auch Leoparden (Panthera pardus) und Berberhirsche (Cervus elaphus barbarus) geben, aber es fehlen aktuelle Angaben dazu. Wildschweine (Sus scrofa) gibt es genug, da sie kaum gejagt werden.

Erwähnenswert im Vergleich zur heimischen Fauna ist sicher das Vorkommen der **Berberaffen** (Macaca sylvanus, franz. magot). Marokko besitzt neben Algerien die letzten nennenswerten Bestände dieser schwanzlosen, „winterfesten" Affenart, die vor den Kaltzeiten auch in Europa verbreitet war.

Stehende und fließende Gewässer bilden einen eigenen Lebensraum innerhalb des Waldes. Hier kommen Rohrkolben (Typha), Binsen (Juncus), Süßgräser (Poaceen) und „passende" Tiere vor: Libellen, Barben, Hechte, Forellen (eingeführt), Frösche, Kröten, Salamander, Wasserschildkröten, (Bach)stelzen, Wasseramseln, Eisvögel und Gebirgsstelzen.

In felsige, höhere Lagen können sich Mufflons (Ovis ammon) und Mähnenschafe (Ammotragus lervia) zurückziehen. Einige Vogelarten bevorzugen die Felsen als unzugängliche Brutplätze (beispielsweise Greifvögel, verschiedene Segler, Blaumerle oder Alpenbraunelle).

Stachelschwein, Fuchs und Hase sowie die Landschildkröte und verschiedene Greifvogelarten kommen auch im offeneren Gelände und in den sich an den Wald anschließenden trockeneren Regionen vor. In diesen **Übergangsgebieten** kann man zudem gestreiften Hyänen (Hyaena hyaena) begegnen.

Trockengebiete

Die **Macchie** (franz. le maquis) besteht aus immergrünen Sträuchern und Bäumen mit harten Blättern (1–6 m hoch). Dazu gehören Lorbeer (Laurus), Erdbeerbaum (Arbutus unedo), Myrte (Myrtus), Lentisken (Pistacia lentiscus), Rosmarin, Ginster (Genista), Kreuzdorn (Rhamnus), Baumheide (Erica) und aromatische Büsche wie Lavendel und Thymian. Sie bilden ein dichtes Gewirr von Zweigen und Ästen. Ihren Namen verdankt die Macchie der spanischen Bezeichnung für eine charakteristische Pflanze, die Zistrose (Cistus).

Auf durchlässigem Kalkstein degeneriert die Macchie zur **Garrigue** (auch Garide). Die Vegetation besteht aus **niederwüchsigen,** ca. 1 m hohen **Sträuchern und Polsterpflanzen.** Zwischen bloßem Felsen wachsen z.B. Stechginster, Lavendel, Salbei und andere Gewürz- und Heilkräuter. Übergänge zu den Vegetationstypen Steppe und Wald kommen vor; oft sind die Gebiete nur kleinräumig und liegen wie Inseln zwischen anderen Regionen. Größere Areale, die aber auch unter menschlichem Einfluss stehen, befinden sich in der Meseta (Atlantikküste nördlich von Agadir bis Rabat und landeinwärts bis an den Fuß des Hohen und Mittleren Atlas) und in der Ebene von Sebou, die sich nordostwärts daran anschließt. Auch in der Garrigue gibt es Korkeichen, die hier aber nur Strauchhöhe erreichen.

In diesem Vegetationstypus sind **manche Tiere leichter zu finden und besser zu beobachten** als im Wald oder in der Macchie: Ein einzelner Tritt kann eine Vielzahl von ihnen aufscheuchen. Man kann ihnen dann vorsichtig folgen. Wieder sind Insekten und insektenfressende Arten stark vertreten. Es

PFLANZEN UND TIERE

gibt spezielle Heuschrecken, Spinnen (z.B. die Wolfsspinne *Lycosa*), Eidechsen, Schlangen und Vögel. Landschildkröten aufzuspüren ist dagegen nicht so einfach. Skorpione lieben dunkle, feuchte Unterschlupfe, die sie nicht nur unter Steinen, sondern manchmal auch in Camper-Schuhen finden; eine gewisse Vorsicht ist daher angebracht. Haben sie die Wahl, ziehen **Skorpione** und **Schlangen** auf jeden Fall die Flucht dem Angriff vor.

In der Garrigue gibt es auch **Chamäleons**, man muss sie nur finden – ihrer Anpassungsfähigkeit entspricht der Mangel an natürlicher Deckung. Dieser Mangel zieht eine Reihe von **Greifvögeln** (Bussard, Falke, Milan, Sperber, Steinadler oder gelegentlich die selteneren Schlangen-, Habichts- und Steppenadler) an, die Jagd auf kleinere Wirbeltiere machen. Verhältnismäßig häufig kann man im Bereich der Sous-Mündung und entlang der südlichen Atlantikküste das gestreifte **Zieselhörnchen** beobachten *(Xerus erythropus)*, das nur einen Streifen auf der Flanke hat und ca. 20 cm groß ist. Sein Vetter, das **Atlashörnchen** *(Atlantoxerus getulus)* lebt an der Atlantikküste bis hinauf in die Höhen des 4000 m hohen Atlasgebirges, ist viel kleiner, besitzt drei helle Streifen auf der Flanke und hat einen körperlangen, buschigen Schwanz. Kleinere **Vögel** leben ähnlich von Insekten, z.B. der Bienenfresser *(Merops apiaster)* und der Wendehals *(Jynx torquill)* sowie verschiedene Grasmückenarten (z.B. Brillen-, Weißbart-, Provence- und Samtkopfgrasmücke). Die verschiedenen dort vorkommenden Lerchenarten und die Wachteln bevorzugen „gemischte" Kost. Vor allem in der Dämmerung und in der Dunkelheit sind der Ziegenmelker *(Caprimulgus)*, die Zwergohreule *(Otus scops)*, der Steinkauz *(Athene noctua)* und Fledermäuse *(Hufeisennasen, Rhinolophus)* unterwegs auf der Jagd nach Insekten und anderen kleinen Tieren.

Natürliche Trockengebiete

Einiges spricht dafür, dass **Macchie und Garrigue** im Bereich der Mittelmeerküsten als Trockengebiete nicht auf klimatische Einflüsse, sondern vielmehr auf die **Einwirkung des Menschen** zurückzuführen sind.

Daneben gibt es in Marokko verschiedene **Formen natürlich entstandener Trockengebiete,** wo aufgrund der Bodenverhältnisse, Niederschläge und Temperaturen keine Bäume wachsen. Dort können nur Pflanzen und Tiere vorkommen, die besondere „Techniken" entwickelt haben, um ihren Wasserverbrauch einzuschränken. Viele Pflanzen wirken z.B. unscheinbar, weil die Blattoberflächen klein und die Stengel hart und holzig sind. Sprosse werden in Dornen umgewandelt und Blätter mit Haaren und Borsten versehen. Unauffälligkeit, Verholzung und Dornbildung schützen zugleich gegen saugende Insekten und Verbiss der Triebe durch Weidetiere. Charakteristisch für die Trockengebiete sind Dornsträucher wie beispielsweise der Kameldorn *(Zizyphus lotus)* und die Tamarisken *(Tamarix)*. In der atlantiknahen Sahara findet man in Strauchwüsten (z.B. *Rhus oxiacantha*) auch kaktusähnliche Wolfsmilchgewächse (Euphorbiaceen) und Arganien, in denen Ziegen klettern, um die Früchte zu fressen. Räumlich begrenzt, z.B. im Hohen Atlas und am Djabal Sarho, treten Trocken- und Wüstensteppen mit Halfa- oder Espartogras auf *(Stipa tenacissima, Lygeum spartum)*. Das Halfagras, das einen durchlässigen Standort bevorzugt, verdankt sein Überleben in den trockenen Gebieten vermutlich seiner Nützlichkeit: Im 19. Jahrhundert wurden seine hervorragenden Eigenschaften für die Papierherstellung entdeckt (Geldscheine, Zigarettenpapier), und es wird gelegentlich kultiviert.

Am Südfuß des Hohen Atlas begegnet man neben Kameldorn *(Zizyphus lotus)* und Akazien dem Kapernstrauch *(Capparis spinosa)* und an feuchten Standorten durchaus Oleander *(Nerium oleander)*.

An die mit Graspolstern durchsetzte **Strauchwüste** schließt sich die **Hammada** mit Dornpolsterpflanzen (z.B. *Limoniastrum,* Bleiwurzgewächse) an. Dazwischen gibt es Areale mit Pflanzen, die die hohen Salzkonzentrationen im Boden vertragen, z.B. spezi-

Skorpion

elle Sodenarten. Allmählich geht die Vegetation über in „echte" Wüste, deren „klassischer" Dornbusch, Zilla spinosa, ein Verwandter unserer Kohlpflanzen (Brassicaceae) ist. Einzelne Dünenstandorte (nebkas) bestehen u.a. aus Kameldorn, Retam (Retama raetam), Tamarisken, „Salzbusch" (Atriplex), Drinn (Aristida pungens) und „Keuschlamm" (Vitex agni castus).

In diesem **Übergangsbereich zur echten Sandwüste** findet sich ein relativ **reiches Tierleben,** vor allem Insekten, Reptilien und Vögel: Felsenhühner, Trappen, Rennvogel, Steinschmätzer- und Lerchenarten, Triele, Flughühner (in Wassernähe), Felsen- und (evtl.) Brachschwalbe.

Die **Wüste** beherbergt Vertreter verschiedener Echsenfamilien mit sprechenden Namen wie Fransenfinger, Wüstenrenner, Dornschwanz oder Wühlechse (sog. Skinke). Skorpione und Schlangen (z.B. die giftige Hornviper, Cerastes cerastes) hinterlassen deutliche Spuren im Sand. Viele Arten sind aber nachtaktiv und graben sich tagsüber ein. Von Insekten, Schlangen und Echsen ernährt sich z.B. der Wüstenigel (Parechinus aethiopicus). Größere Wirbeltiere, die von kleineren leben, passen sich deren Nachtleben an: z.B. die Sandkatze (Felis margerita), der Wüstenluchs/Caracal (F. caracal) und der Wüstenfuchs/Fennek (Fennecus zerda). Umgekehrt vermeiden die Mhorr-, Dorcas- und Edmi-Gazellen, die vom spärlichen Pflanzenbewuchs leben können und nicht regelmäßig trinken müssen, ihre möglichen Feinde, indem sie tag- bzw. dämmerungsaktiv sind. Auch das Gundi, ein Verwandter der Meerschweinchen, ist dämmerungsaktiv und ein reiner Pflanzenfresser. Seine Nagetierverwandten, die Mäuse, nutzen alle Nahrungs- und Zeit„nischen": Tagsüber ist die Wüste der Tummelplatz für die Sandrennmaus (Psammonys obesus), Springmäuse (Jaculus) sind nachtaktiv, die Stachelmaus (Acomys) dämmerungsaktiv.

Im Bereich der **Wadis und Oasen** kommen aufgrund der Feuchtigkeit wieder Tier- und Pflanzenarten vor, die stärker auf Wasser angewiesen sind, z.B. findet man hier verschiedene Natternarten (Vipernnatter, Diademnatter und die Sandrennatter) sowie Arten, die die Nähe des Menschen vertragen.

Nationalparks und Reservate

In Marokko gibt es bzw. entstehen zehn Nationalparks und 14 Naturschutzgebiete, die über das ganze Land verteilt sind.

Nationalparks

Als erster Nationalpark wurde 1942 der **Parc National du Toubkal** ausgewiesen, der 38.000 ha groß ist. Wie der Name bereits aussagt, umfasst dieser Park, das Gebiet um den höchsten Berg Marokkos, den 4167 m hohen Djabal Toubkal, der ca. 60 km (Luftlinie) südlich von Marrakesch im Hohen Atlas liegt. In den Höhen zwischen 800 m und 4000 m leben 16 verschiedene Säugetierarten, 50 verschiedene Vogelarten und zahlreiche Amphibien sowie Fischarten. Die bekanntesten Spezies sind das Mähnenschaf *(Moufflon à manchettes)* und der Lämmergeier. In diesem Park sind die meisten endemisch vorkommenden Pflanzenarten Marokkos zu finden. 15% des Parks sind mit Wald bedeckt, in dem die ältesten Eichen und Thujen des Landes wachsen. Auch zahlreiche Felsgravuren, die mehr als 5000 Jahre alt sind, gibt es im Nationalpark zu entdecken.

Bereits 1950 wurde der zweite Nationalpark – der **Parc National du Tazzekka** – auf einer Fläche von 680 ha rings um den Djabal Tazzekka (1980 m) ausgewiesen, um die Zedern auf dem Gipfel des Berges zu schützen. Er liegt ca. 80 km östlich von Fès und wurde auf 12.800 ha ausgeweitet, um die weitere Region mit ihren Wäldern und zahlreichen Höhlensystemen, vor allem die größten Tropfsteinhöhlen Nordafrikas – die Friatou-Grotten – mit einzubeziehen. Wichtige Wasserressourcen, Zedern- und Korkeichenwälder, 506 verschiedene Gefäßpflanzen (höhere Pflanzen mit Leitsystemen für Wasser) und verschiedenste Wildarten wie Hirsche, Rehe, Wildschweine, Wiesel, Luchs, Ginsterkatze, Igel, Stachelschwein und viele Fledermausarten, sind hier zu Hause. Der seltene Berberhirsch wurde 1993 wieder angesiedelt.

Erst 1991 entstand der nächste Nationalpark, diesmal an den Mündungen des Oued Sous und Oued Massa in den Atlantik, südlich von Agadir. Der **Parc National de Souss-Massa** ist 34.000 ha groß und beherbergt 257 Vogelarten, 46 Säugetierarten, 40 Reptilien- und Amphienarten, neun verschiedene Fisch- sowie zahlreiche Schmetterlingsarten. Im Park ist weltweit noch das einzige Vorkommen des kahlköpfigen **Ibis (Waldrapp)** zu verzeichnen, der bis zum 17. Jahrhundert noch in den Alpen lebte und heute bis auf die Regionen nördlich und südlich von Agadir ausgestorben ist. Auch die seltene **Wassereule** ist hier beheimatet. Dorcas- und Mhorr-Gazellen, Oryx-. und Addaxantilopen, aber auch Strauße wurden hier ausgewildert. Dieses Gebiet liegt in einer Übergangszone, das vom gemäßigten Mittelmeerklima zum tropischen und saharaischen Klima übergeht, aber trotz weniger Niederschläge eine hohe Luftfeuchtigkeit, infolge der Temperaturunterschiede zwischen heißem Inlandsklima und dem vorbeiziehenden kalten Kanarenstrom, vorzuweisen hat. So ist durch dieses Klima auch ein großer Artenreichtum an Pflanzen zu verzeichnen. Verschiedenste Euphorbienarten, Dünengräser, Steppenvegetation und Arganienbäume sind hier zu finden. Die Feuchtzonen entlang der Flüsse bieten den Vögeln ideale Voraussetzungen zum Überwintern, sodass dieser Nationalpark ein beliebtes Durchzugsgebiet von Zugvögeln aus Europa ist.

Der **Nationalpark Al Hoceima** an der Mittelmeerküste umfasst 47.000 ha und schließt weite Zonen des Mittelmeers mit ein. Dieser landschaftlich einzigartige Küstenstreifen, mit klaren Felsbuchten und vorgelagerten Inseln, ist nur dünn besiedelt und kaum durch Straßen erschlossen. So konnten sich in der Gegend die fast ausgestorbene Mönchsrobbe, aber auch drei Delfin- und 69 Vogelarten erhalten. Zahlreiche Muscheln, Krustentiere, Fischarten und Schnecken leben im glasklaren Meereswasser.

Wenig bekannt ist der 60.000 ha große **Nationalpark Talassemtane** im Rif, zwischen Ceuta und Assifane. Das schroffe, calciäre Gestein bildet spektakuläre Felslandschaften mit Wäldern, Schluchten und fantas-

NATIONALPARKS UND RESERVATE

tischen Aussichtspunkten. Mehr als 239 Pflanzenarten – erwähnt sei vor allem die Atlaszeder, die Schwarzkiefer und die einzige marokkanische Tannenart „abies marocana" – wachsen hier. 37 Säugetierarten, so auch der in Nordafrika beheimatete Berberaffe, leben in den Wäldern und finden Unterschlupf in den zahlreichen Höhlen. Von den 117 vorkommenden Vogelarten sind besonders der Lämmergeier und der Goldadler erwähnenswert.

Auf 53.000 ha dehnt sich der **Parc National d'Ifrane** im Mittleren Atlas. Dieses einzigartige Gebiet mit zahlreichen kleinen Vulkanseen, Flüssen, Quellen, Grotten und vielen Zedern- und Eichenwäldern ist aufgrund seiner kargen, steinigen Böden kaum besiedelt. Nur im Sommer findet man hier Halbnomaden, die ihre schwarzen Wollzelte auf den Hochplateaus aufstellen und ihre Schafen und Ziege hier weiden lassen. Diese Region ist das Gebiet mit den größten zusammenhängenden Zedernwäldern in Marokko. 37 verschiedene Säugetierarten gibt es hier. Deren in dieser Region wichtigster Vertreter, der Berberaffe, hat hier sein größtes Siedlungsgebiet, und auch wenige Leoparden soll es noch geben. 142 verschiedene Vogelarten und 33 verschiedene Amphibien- und Reptilienarten und so seltene Fische wie die Fario-Forelle sind hier noch heimisch.

Der **Parc National du Haut-Atlas Oriental** liegt im Hochgebirge zwischen einem relativ feuchten Gebiet im Norden und einer trockenen wüstenartigen Zone im Süden. Er umfasst 49.000 ha und zieht sich entlang der bis zu 3000 m hohen, schwer zugänglichen Hochplateaus um Imilchil. Die Berghänge sind im Norden von Zedern, Steineichen, Mittelmeerpinie, Thujen und Wacholder bewachsen und von zahlreichen Wasserläufen durchzogen, während auf den trockenen, zum Süden weisenden Hochebenen hauptsächlich Dornbuschgewächse wie der *Erinacea pungens* wachsen und, abgesehen von den Flussauen entlang der Siedlungsgebiete, keine Bäume mehr gedeihen. In dieser wilden, kargen Landschaft leben die letzten Leoparden und Berggazellen, und auch eine größere Population von Mähnenschafen ist noch anzutreffen.

Der **Parc National d'Iriqui** soll nahe der Grenze zu Algerien, südlich von Zagora, entlang des Wadi Drâa und des nur sehr selten wasserführenden Sees Lac Iriqui entstehen. Er wird im Norden durch die Ausläufer des Anti-Atlas bei dem Ort Foum Zguid begrenzt. Dieses Gebiet gehört bereits zur Sahara und kann die typische Wüstenflora und -fauna im Übergang zur Savanne vorweisen. Die goldgelben Sandgebiete sind mit Tamarisken und Akazien, diversen Wüstengräsern und Dornbuschgewächsen bewachsen, zwischen denen Dorcasgazellen, Wüstenschafe, Reptilien, Chamäleons, Geckos, Wüstenwarane und auch der Wüstenfuchs viele Verstecke finden. Auch hier sollen Oryx- und Addaxantilopen sowie Strauße ausgesetzt

Wanderung im Nationalpark Al Hoceima an der Mittelmeerküste

NATIONALPARKS UND RESERVATE

werden. Das Parkprojekt scheiterte bislang daran, dass die Gazellenjagd in der Region nicht verboten wurde, da das Gebiet für lukrative Jagdreisen marokkanischer Unternehmer mit saudi-arabischen Gästen genutzt wird.

Die im Folgenden beschriebenen Nationalparks existieren ebenfalls nur auf dem Papier:

Im Bereich des unteren Drâa, zwischen Djabal Bani und Djabal Ouarzik, entsteht der **Parc National du Bas Drâa.** In diesem Park, mit seinen schroffen Wüstenbergen und sandigen Tälern, gibt es noch große Bestände von *Acacia raddiana* (Mimosen) gemischt mit *Balanites* (Jochblattgewächsen) und Tamarisken. Nach offiziellen Angaben sollen dort noch Geparden leben sowie Wildkatzen *(Caracal),* Gazellen, Honigdachse, aber auch viele Reptilien, u.a. Kobras. Um 1940 wurden die letzten Krokodile ausgerottet.

Der südlichste, geplante Nationalpark auf dem Gebiet der Westsahara, ist der **Parc National de Dakhla,** der aus zwei Teilen besteht. Der sich weit südlich von Dakhla ins Landesinnere ziehende Teil des Parks um den Adrar Souttouf mit seinen von Sand durchzogenen Steinhügeln wird von Trockenflussbetten durchzogen, die mit Akazien bewachsen sind. Es gibt dort noch wenige Mähnenschafe (Moufflons) und Dorcas-Gazellen. Geplant ist aber die Wiederansiedlung einiger, früher in der Sahara heimischen Tierarten, u.a. von Addax- und Oryxantilopen. Der **Küstenbereich des Dakhla-Nationalparks,** die **Mönchsrobbenküste** (Côte de Monques) bei Aguergar, liegt im Grenzbereich zu Mauretanien, im Anschluss an den in Mauretanien ausgewiesenen Nationalpark Banque d'Arguin. Dieser Park zieht sich 180 km entlang der Küste und reicht zwölf nautische Seemeilen weit ins Meer. Wie der Name schon sagt, sind hier die seltenen Mönchsrobben zu Hause. Es soll sich weltweit um die größte Population handeln. Im Küstenbereich, der das Meer mit hellgelben Sanddünen begrenzt, sind noch Dorcasgazellen heimisch. Dieser Park ist wegen der ungeklärten Westsaharasituation, der Grenznähe und aus militärischen Gründen für Touristen nicht zugänglich.

Naturreservate

Es gibt in Marokko 14 Naturreservate, die meist in den 1980er Jahren auf Initiative der Wasser- und Forstverwaltungsbehörde gegründet wurden. Sie sollen sowohl das biologische Gleichgewicht erhalten als auch Studienzwecken und der Bewusstseinsbildung der Öffentlichkeit zum Erhalt des Ökosystems dienen.

Das **Naturreservat M'Sabih Talaa** ist eines der ältesten, von der Wasser- und Forstverwaltung gegründeten Reservate in Marokko. Seine Aufgabe ist es, die letzten Dorcas-Gazellen der Haouz-Ebene zu schützen. Die Population der Tiere ist mittlerweile auf 200 Stück angestiegen. Die Haouz-Ebene zwischen Marrakesch und Essaouira gehört zur semi-ariden Klimazone, und der jährliche Regenfall beträgt unter 200 mm im Jahr. Es wachsen u.a. Akazien, Kreuzdorngewächse und wilde Olivenbäume.

In einem neu errichteten, 40 km² großen **Gebiet zum Schutz der Mhorr-Gazellen** gelang ein einmaliges Experiment mit Hilfe deutscher Zoologen. Sechs Tiere der Gazellenart, die bereits als ausgestorben galt, wurden 1992 aus einem Reservat in Almeria im königlichen Jagdgebiet **R'Mila** bei Marrakesch untergebracht. Dr. Henning Wiesner vom Tierpark München Hellabrunn gelang es, die Gazellen auf 220 Tiere zu vermehren. Im Frühjahr 2009 wurden mit Hilfe des Ministeriums „Eaux et Fôrets et à la Lutte Contre la Désertification" 18 Tiere südlich des Hohen Atlas bei **Mecissi** (zwischen Rissani und Alnif) in das Naturschutzprojekt umgesiedelt, wo sie ideale Lebensbedingungen vorfinden und durch einen Zaun gegen das Vieh der Nomaden geschützt sind.

Das **Réserve des Îles d'Essaouira** liegt auf den der gleichnamigen Stadt vorgelagerten Inseln. Die Inseln waren wegen des Purpurexports bereits den Phöniziern bekannt. Der Farbstoff, der vor allem den Prachtgewändern der Könige und Kardinäle seine rote Farbe verlieh, wurde aus der Muschel – *Murex,* bei uns als **Purpurschnecke** bekannt – gewonnen. Jetzt sind die Inseln in erster Linie Vogelschutz-Reservat und dem Besucher nur mit Sondergenehmigung zugänglich. Es brü-

Geschichte und Zeitgeschehen

ten dort sehr seltene Vogelarten wie der Eleonorafalke und die gelbfüßige Heringsmöwe.

Marokko hat die meisten **Feuchtgebiete** in Nordafrika. So finden sich im Königreich mehr als zwanzig natürliche Seen und über dreißig Stauseen, viele Flussläufe – auch ein Flussdelta (Moulouya) und vier große Meereslagunen. Einige dieser Feuchtgebiete, vorwiegend Rückzugsgebiet vieler Vogelarten – auch durchziehender Vögel aus Europa – wurden als Naturreservate ausgewiesen. Vier Reservate wurden 1980 in die Schutzliste RAMSAR aufgenommen: das **Naturreservat Sidi Boughaba,** am gleichnamigen See bei Khenitra, das **Reservat Merja Zerga** bei Mulay Bousselham, das **Reservat Khnefiss** im Süden zwischen Tan-Tan und Tarfaya und das **Reservat d'Afennourir** im Mittleren Atlas.

Quellen: *Royaume du Maroc, Ministère de l'Agriculture et de Mise en Valeur agricole* und *Adminstration des Eaux et Forêts*, in Zusammenarbeit mit der GTZ: *Parcs nationaux et Reserves Naturelles du Maroc*.

Literatur:
- *Bergier, P.:* **A Birdwatcher's Guide to Morocco.** Bird Watchers' Guides Prion Ltd. 2003
- *Schatanek, V., Elkharassi, H.:* **Kosmos Naturführer Sahara. Tiere, Pflanzen, Spuren.** Franckh-Kosmos Verlag 2006
- *Svensson, Grant, Mullarney:* **Der neue Kosmos-Vogelführer. Alle Arten Europas, Nordafrikas und Vorderasiens.** Franckh-Kosmos Verlag 2011

Geschichte und Zeitgeschehen

Frühgeschichte

Die Besiedlung Marokkos ist durch den Fund des *Homo erectus atlanthropus* in den Steinbrüchen von Sidi Abd er-Rahman in der Nähe von Casablanca **bis auf die Zeit um 300.000 v.Chr.** nachgewiesen. Die Überreste eines *Homo sapiens neandertaliensis* bei Rabat und Tanger werden der Zeit um 100.000 v.Chr. zugeordnet. Werkzeuge aus Feuerstein und Knochen, entdeckt vor allem im algerisch-marokkanischen Grenzgebiet, stammen aus der Jungsteinzeit (um 40.000 v.Chr.) und weisen auf die Präsenz des *Homo sapiens* hin. Im östlichen Rif-Gebirge südlich von Melilla wurden noch ältere Funde getätigt (bis zu 130.000 Jahre alt) und Ergebnisse zu allen Epochen der Menschheitsgeschichte – vom Altpaläolithikum bis in die Jungsteinzeit – zutage gefördert. Besonders ergiebig waren die 1997 begonnenen und mittlerweile abgeschlossenen Grabungen am Abri (Felsüberhang) Ifri n'Ammar an einem Verbindungsweg zum Oued Moulouya. Die Funde von Lagerplätzen, Steinwerkzeugen, menschlichen und Tierskeletten, Keramiken und den ältesten jemals entdeckten Schmuckgegenständen aus Schnecken reichen bis ins 13. und 10. Jahrtausend zurück und waren laut Deutschem Archäologischen Institut, das die Grabungen leitete, die ergiebigsten in ganz Nordafrika. Neuere Funde bei Ausgrabungen des Instituts in den Jahren 2005 und 2006 wurden im Raum Al Hoceima gemacht, die in die Zeit von 5600 bis 7000 v.Chr. zurückreichen. Näheres dazu unter www.dainst.org.

Bis 5000 v.Chr. treten die **Capsien-** und die **Mouillien-Kultur** auf (nach den Fundorten Capsa = Gafsa, Tunesien, und Mouillah bei Maghnia im marokkanisch-algerischen Grenzbereich). Aus dieser Zeit liegen Werkzeug- und Skelettfunde vor, auch Gräber wurden entdeckt. Ein Bezug dieser Kulturen zu den Berbern der geschichtlich fassbaren Zeit ist noch ungeklärt.

Geschichte und Zeitgeschehen

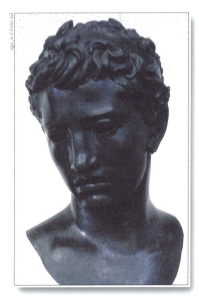

Die letzte Epoche der Neusteinzeit **8000 bis 2000 v.Chr.** ist die Zeit der **Felsbilder und Megalithkulturen.** Der bekannteste **Steinkreis,** dessen Ursprünge Bezüge zu einer unbekannten Seefahrerkultur aufweisen, die auch Dolmen und Steinkreise in der Bretagne, an der Ostseeküste und in Korsika geschaffen hat, liegt in Mzoura südlich von Tanger. Felsgravuren finden sich überwiegend im Hohen Atlas (Oukaïmeden und Djabal Yagour südlich von Marrakesch) und im Anti-Atlas bei Tazzerine und Foum el-Hassan.

Im Laufe des frühen zweiten Jahrtausends v.Chr. wird auch die Einwanderung der Berber vermutet. Stichhaltige Beweise fehlen jedoch, sodass nicht auszuschließen ist, dass es sich bei den Berbern um die Urbevölkerung handelt, die als Nomaden im dünn besiedelten Maghreb umherstreifte.

Büste von Juba II. im Museum Rabat

Phönizier und Karthager

Ende des 2. Jahrtausends v.Chr. begannen Phönizier von Tyros (Libanon) aus im gesamten Mittelmeerraum **Handelskolonien** zu bilden. Man nimmt an, dass sie um 1100 v.Chr. durch die Meerenge von Gibraltar in den Atlantik vorstießen. In der Folgezeit wurden u.a. Gadir (Cadiz, Südspanien) und Liks (röm. Lixus, bei Larache in Nordmarokko) sowie Rusaddir (Melilla) gegründet. Gehandelt wurde mit der einheimischen Bevölkerung. Bis Mitte des 1. Jahrtausends v.Chr. wurden weitere Handelsstützpunkte angelegt, die den Karthagern zugerechnet werden: Tingis (Tanger), Rusibis (Mazagan, Al-Jadida) und Chellah (bei Rabat). Der südlichste Punkt lag bei Mogador (Essaouira). Diese übernahmen nach der Gründung von Karthago (Nordwest-Tunesien) 814 v.Chr. die Oberhoheit über die bis dahin phönikischen Handelsniederlassungen im westlichen Mittelmeerraum.

460 v.Chr. stieß der karthagische Seefahrer *Hanno* bei seiner „Afrika-Umseglung", bis in die Gegend des Río de Oro, womöglich bis zum Golf von Guinea vor. Das **bekannteste Handelsgut** wurde die **Purpurschnecke,** aus der der rot-lila Farbstoff Purpur gewonnen wurde. Die Schnecken stammten ursprünglich aus der Levante (Libanon) und gediehen hervorragend auf den Inseln vor Mogador.

Die einheimische Bevölkerung war – außerhalb ihres Stammes – bis in die letzten vorchristlichen Jahrhunderte nur sehr lose organisiert. Erst im 3. Jh. v.Chr. scheint sich eine Art Herrschaftsbereich beidseits des Moulouya-Flusses herausgebildet zu haben. In der Geschichtsschreibung ist er als das mauretanische **Königreich von Marusia** bekannt geworden. In diesem Zusammenhang ist möglicherweise auch die Erwähnung des Masmudakönigs *Baga* zu sehen.

Römer und Byzantiner

Nach dem 3. Punischen Krieg und dem **Fall der Stadt Karthago** im Jahre 146 v.Chr. übernahmen die Römer die Herrschaft über die karthagischen Gebiete und gaben den

Masmuda oder (I)masiren bzw. Amazigh (die Freien), wie sie sich selbst nennen, auch ihre bis heute geläufigen Namen: **Berber** (von lat. *barbarus,* vom griech. *barbaroi* = „stammeln" bzw. ein mit der einheimischen Sprache nicht vertrauter Ausländer") und **Mauren** (lat. *mauri,* von griech. *amauros* = dunkel). **Mauretanien** ist also das **„Land der Dunkelhäutigen".** Es umfasste das nördliche Marokko bis zum Fluss Ampsaga (dem heutigen Oued al-Kebir im westlichen Algerien).

Der wohl bekannteste Herrscher der Mauren war **Juba II.,** den *Augustus* im Jahre 25 v.Chr. auf den Thron von Numidien und Mauretanien hob. Er behielt diese Stellung bis ins Jahr 23 n.Chr. Seine Frau *Kleopatra Selene,* die Tochter der berühmten ägyptischen Herrscherin und des *Antonius,* brachte das griechische Kulturgut nach Nordwestafrika. *Juba II.* residierte in Jol (Cherchell in Algerien) und in **Volubilis,** der wohl bekanntesten römischen Stadt in Marokko, die auch schon vor der Römerzeit von Masmuda besiedelt war.

Im Jahre 40 n.Chr. wurde Jubas Sohn *Ptolemäus* auf *Caligulas* Geheiß in Rom ermordet. In der Folge kam es in Mauretanien zu **Aufständen,** die im Jahre 42 von Kaiser *Claudius* niedergeschlagen wurden. Er teilte die Provinz in zwei Teile: **Mauretania Tingitana** (Hauptstadt: Tanger) und **Mauretania Caesarea** (Hauptstadt: Cherchell). Die Grenze bildete der Fluss Mulucha (Oued Moulouya). Der römische Einfluss beschränkte sich letztendlich auf einen ziemlich kleinen Teil des heutigen Marokko: auf die nördlichen Küstenstädte und (ungefähr) auf die gedachte Linie Salé – Fès – Taza – Oujda. Südlich dieser Linie, die im Jahre 146 teilweise durch einen Limes befestigt wurde, blieben die Berber unabhängig.

Die ersten nachchristlichen Jahrhunderte waren eine Zeit der Wirren, in der es einigen Statthaltern immer wieder gelang, sich für einige Zeit von Rom loszusagen. Anfang des 5. Jahrhunderts beherrschte Rom nur noch das Gebiet von Tingis (Tanger) und Septem (Ceuta).

Im Jahre 429 kamen die **Wandalen** über die Meerenge von Gibraltar nach Afrika. Die Berber schlossen sich dem Wandalenkönig *Geiserich* an. Dieser besetzte Tingis und Septem, zog aber bald mit dem Großteil seines Heeres und einer nicht unbeträchtlichen Anzahl von Berbern gen Osten, um seinen großen Feldzug fortzuführen. **Nach dem Tod Geiserichs** im Jahr 477 **zerfiel das Reich der Wandalen** sehr schnell, und die Berber übernahmen die westlichen Gebiete. Der letzte Wandalenherrscher *Gelimer* wurde von den Truppen *Justinians I.* unter dem Feldherr *Belisar* 533 besiegt. Kaiser *Maurikios* (582–602) fasste Tingis und Septem mit einigen südspanischen Küstenstädten und den Balearen zur Provinz Mauretania Secunda zusammen. Dieser Schritt hatte allerdings fast nur noch nominale Bedeutung, denn die Masiren waren die faktischen Herrscher Marokkos, abgesehen von den beiden Küstenstädten.

Islamisierung

Das erste Eindringen der Araber in Marokko ist mit dem Namen **Uqba Ibn Nafi** verbunden, der im Rahmen des großen islamischen Eroberungsfeldzuges des 7. Jahrhunderts der Überlieferung nach im Jahre 682 bis zum Atlantik, auf der Höhe des heutigen Agadir, vorstieß. Danach kämpfte er gegen die Berber im Mittleren Atlas, die in großer Zahl den Islam annahmen. Doch deren Widerstand war damit nicht gebrochen; zahlreiche Aufstände zwangen Uqba ben Nafi zum Rückzug nach Osten, bei dem sein Heer in der Nähe von Biskra (Algerien) von der Berberarmee unter *Kusaila Ben Lemzen* vernichtend geschlagen wurde und Uqba den Tod fand.

Zwischen 698 und 709 gab es weitere Vorstöße Richtung Atlantik unter der Führung *Musa Ibn Nusairs.* Marokko wurde dem **Umayyaden-Kalifat** von Damaskus einverleibt und ein Teil der Provinz Ifriqiya (= Afrika).

Der **Islam breitete sich** unterdessen **immer weiter unter den Berbern aus,** und zwar in Form der kharidjitischen Lehre. Diese Richtung schien ihnen eine gerechtere, ihrem Status als Muslime angemessenere Behandlung zu verheißen. Das **kharidjitische Dogma** ging nämlich davon aus, dass es keine Unterschiede unter den Muslimen aufgrund ihrer Herkunft geben dürfe, und so die Ara-

GESCHICHTE UND ZEITGESCHEHEN

ber nicht automatisch das Recht auf das Kalifenamt besaßen. Nur der beste Muslim sei für dieses Amt geeignet, nicht der mächtigste. Dieses Dogma machte es ihnen zur Pflicht, eine Art „Heiligen Krieg" gegen die „illegitimen" Kalifen zu führen.

711 setzte **Tariq Ibn Ziyad** nach Gibraltar (= Djabal at-Tariq/Berg des Tariq) über und leitete damit die **Eroberung der iberischen Halbinsel** ein. Binnen zwei Jahren gelang es dem arabisch-berberischen Heer, nahezu das ganze heutige Spanien in seinen Besitz zu bringen.

In Marokko kam es in den folgenden Jahrzehnten zu mehreren Aufständen, deren bedeutendster, von *Maisara al-Matghar* geführt (739–740), die **Loslösung vom Kalifat** zur Folge hatte und das Land in Anarchie stürzte.

Die **Dynastie der Idrissiden** (788–974) unternahm den ersten Versuch zur Organisation eines selbstständigen staatlichen Gemeinwesens. *Idris I.* errichtete sein befestigtes Lager *Madinat Fas*, das unter seinem Nachfolger *Idris II.* (803–828) die Züge der künftigen **Stadt Fès** annahm. Um das Ende des 8. Jahrhunderts erfolgte die Errichtung der Moschee der Fatima, der nachmaligen Kairawiyine-Moschee. Das Arabische wird als Verwaltungssprache immer gebräuchlicher, und der sunnitische Islam (die orthodoxe Richtung des Bagdader Kalifats) gewinnt allmählich die Vorherrschaft.

Am Anfang des 10. Jahrhunderts entwickelte sich in Nordafrika die **Fatimiden-Dynastie** (974–1061), die sich gegen das herrschende, auf die Umayyaden folgende Kalifat der Abbasiden stellte und dem schiitischen Glaubenszweig (Ismailiten) anhing. Die Herkunft dieser neuen Herrscherfamilie lag im Bereich zwischen Ostalgerien und dem westlichen Libyen. Im Verlauf weniger Jahrzehnte dehnte sie ihre Macht bis Ägypten (969) und Marokko aus. Da sich das Interesse der Fatimiden nach der Eroberung Ägyptens immer mehr nach Osten orientierte, konnte sich in Nordalgerien eine neue Dynastie etablieren, die **Ziriden,** die zum sesshaften Zweig der Sanhadja-Berber gehörten. 1051 sagte sich *al-Mu'izz*, der bedeutendste Ziridenemir, von den Fatimiden los und unterstellte sich dem Kalifat von Bagdad. Diesen Ungehorsam beantwortete der Fatimidenherrscher *al-Mustansir* mit der wohl folgenschwersten Entscheidung für den gesamten Maghreb, mit der Entsendung der **Beni-Hillal-Nomaden** nach Westen.

Ursprünglich vom Hidjaz auf der südlichen arabischen Halbinsel stammend, kam dieser Nomadenstamm schon in der ersten Hälfte des 8. Jahrhunderts zusammen mit dem Bruderstamm der Sulayman nach Unterägypten, von wo sie wegen ihres Ungehorsams im letzten Drittel des 10. Jahrhunderts vom Fatimidensultan *al'Aziz* nach Oberägypten umgesiedelt wurden. Um die Mitte des 11. Jahrhunderts veranlasste dann, wie erwähnt, *al-Mustansir* die Strafexpedition der Beni Hillal gegen die abtrünnigen Ziriden im westlichen Maghreb. Damit begann eine große Wanderungsbewegung nach Nordafrika (um 1052), zu deren Beginn die Hillalscharen die Felder und Dörfer niederbrannten und die Bewohner zur Flucht in die Städte zwangen. Nachdem schon 1053 die *Banu Ridyah*, die Vorhut des Hauptstammes, Gabes (Tunesien) erreicht hatten und der Ziridenemir *al-Mu'izz* besiegt war, stießen die Beni Hillal weiter nach Zentralalgerien vor.

Hier herrschten die **Hammadiden,** die die plündernden Horden zu zähmen wussten, indem sie sie teilweise in die eigene Armee eingliederten und ihnen Subsidien zahlten. Der Tauschhandel der arabischen Nomaden mit der einheimischen Bevölkerung forcierte deren Assimilation zusätzlich, sodass im Laufe der folgenden Jahrzehnte ein mehr oder minder friedliches Zusammenleben zustande kam. Der **Ansturm der Almohaden** (siehe unten) ließ das Ziriden- und Hammadidenreich endgültig zusammenbrechen. **Abd al-Mu'min,** der erste große Herrscher der neuen Dynastie, besiegte die Beni Hillal bei Setif und Kairuan und drängte sie mehr und mehr in die nordmarokkanische Tiefebene.

Festzuhalten bleibt, dass alle **Beduinen** zwischen der atlantischen Küste und den Grenzen Ägyptens Nachkommen des Beni-Hillal-Stammes sind (und zweier weiterer Stämme, die diesem folgten, des Ma'qil- und des Sulaim-Stammes). Auf sie geht die Verbreitung der arabischen Sprache in Nordafrika zurück.

Geschichte und Zeitgeschehen

Die von 1061–1147 herrschenden **Almoraviden** (arab.: *al-murabitun*, von *ribat* = eine Art „Wehrkloster", ähnlich der Zawia; die Bewohner dieser Klöster sind die *murabitun*, also Mönche mit offensivem Missionseifer) kamen als eine **Reformbewegung** an die Macht, die die Rückkehr zur reinen, ursprünglichen Lehre des Islam propagierte. An der Spitze standen der Theologe **Abdallah Ibn Yasin** und seine Gemeinschaft von „Kriegermönchen" vom Stamm der Sanhadja-Berber, die den Schleier trugen und deshalb *Al-Mulathamin* genannt wurden (von *litham* = Schleier/t = „th"). Begründer der Almoraviden-Dynastie war der Neffe einer der ersten Gefährten *Ibn Yasins,* **Yussuf Ibn Tashfin,** der von 1061–1106 lebte.

Um 1040 brachen die **Sanhadja** auf, um den Senegal und den Sudan zu islamisieren. Nachdem sie ihre Vorherrschaft im Süden gefestigt hatten, überquerten sie unter der Führung von *Yussuf Ibn Tashfin* den Atlas und schlugen ihr Heerlager in der Haouz-Ebene auf (1062), aus dem sich dann **Marrukusch/ Marrakesch** (wörtl.: „die Stadt") entwickelte. Von dort ausgehend eroberten sie im Laufe von weniger als zwanzig Jahren ganz Marokko und Westalgerien bis Algier. Im Jahr 1085 wurde Marrakesch Residenzstadt. Nach der Eroberung Toledos durch *Alfons VI. von Kastilien und León* riefen die andalusischen Moslems *Ibn Tashfin* zu Hilfe, der im Jahre 1086 den Christen in der Schlacht bei Zallaqa (Provinz Badajoz) eine schwere Niederlage beibrachte. In der Folge dehnte sich das Almoravidenreich auch über große Teile Spaniens aus, das seit Anfang des 11. Jahrhunderts in viele kleine moslemische Teilreiche (Taifa-Könige) zerfallen war.

Der **Almoraviden-Staat** beruhte auf einer losen Organisation von Provinzen, deren Statthalter auf die Wahrung ihrer Autonomie bedacht waren. Der andalusische Einfluss wurde sehr stark spürbar. *Ibn Tashfin* holte Gelehrte, Dichter und Schriftsteller aus Andalus in die neue Hauptstadt Marrakesch und sorgte in seinem Reich für eine **Blüte andalusisch-maurischer Geisteskultur.** Auch auf dem Gebiet des Kunsthandwerks und der Architektur wird das andalusische Wissen verarbeitet und weiterentwickelt (besonders in der Ornamentik). In dieser Zeit ist der Ursprung des typisch „maurischen" Stils in Nordafrika zu suchen.

Nach dem Tode *Alis,* der die Nachfolge seines Vaters, *Ibn Tashfins,* 1106 übernommen hatte, erlosch das Reich der Almoraviden sehr schnell und mit ihm auch die kurze Hochblüte der Geisteskultur. Die regen theologischen Forschungen und Diskussionen machten einer immer dogmatischeren Starrheit Platz, die Entstehung einer neuen religiösen Bewegung war regelrecht absehbar: Es sollte die **Dynastie der Almohaden** (1147–1269) sein.

Der Aufstieg der Almohaden (arab.: *al-muwahhidun* = die Bekenner der göttlichen Einheit, abgeleitet vom arabischen Wort für eins = *wahid*) ist mit dem Namen eines Masmuda-Berbers aus dem Stamm der Hargha verknüpft: **Mohamed Ibn Abdallah Ibn Tumart,** der um 1080 geboren wurde und schon in früher Jugend eine asketische Lebensweise und religiösen Eifer an den Tag legte. Nach langjährigem Aufenthalt in Andalusien und im arabischen Osten zur Vertiefung seiner Studien kehrte er um 1115–1120 von Ägypten nach Marrakesch zurück. Auf seinem Wege entlang der nordafrikanischen Küste predigte er in vielen Städten, und es sammelte sich bereits eine kleine Schar von Adepten um ihn (u.a. *Abd al Mu'min,* der spätere Herrscher). Aus Marrakesch als Agitator vertrieben, ließ er sich um 1125 schließlich in Tin Mal, im zentralen Hohen Atlas, wo heute noch sein Ribat (Kloster) zu sehen ist, nieder. Von dort aus verbreitete sich seine Lehre in wenigen Jahren über das gesamte Atlasgebiet. Deren Grundprinzip ist die rigorose, doch vergeistigte Interpretation des islamischen Dogmas von der Einheit Gottes; der bei den Berbern tief verwurzelte Glaube an einen Erlöser = *Mahdi,* als der er sich verstand, kam *Ibn Tumart* zugute.

Es folgten die **Ausrufung des Heiligen Krieges gegen die Almoraviden** und langwierige Kämpfe. In dieser Zeit (1130) starb *Ibn Tumart,* und sein Schüler **Abd al-Mu'min** übernahm nach und nach die Führung der neuen Bewegung.

Bis 1148 gelang es *Abd al-Mu'min* mit großer Brutalität, ganz Marokko, das moslemi-

Land und Leute

sche Spanien sowie Algerien und Tunesien zu erobern (Hinrichtung von fast 30.000 Rebellen). Das Almohadenreich erreichte damit eine größere Ausdehnung als alle Dynastien vor- und nachher. Im Jahre 1162 nahm er den Kalifentitel an. *Abd al-Mu'min* gilt als **großer Förderer der spanisch-maurischen Kultur,** er gründete Universitäten und organisierte die Verwaltung, indem er die traditionellen Stammesinstitutionen der Berber (mit einer religiös-militärischen Hierarchie) übernahm und sie mit der aus Andalusien stammenden Administrationspraxis verband. Marrakesch, das er mit prächtigen Bauten schmücken ließ, blieb auch die Hauptstadt des Almohadenreiches.

Nach *Abd al-Mu'mins* Tod (1163) übernahm sein Sohn **Abu Yaqub Yussuf** (bis 1184) das wohl bestorganisierte Imperium des arabischen Westens. Dieser war vor allem ein großzügiger Gönner von Religionswissenschaft und Philosophie. Den strengen Puritanismus, den die ersten Anhänger der Almohadenlehre befolgten, hatte er abgelegt. Unter ihm und seinem Sohn **Abu Yussuf Yaqub Al Mansour** erreichten die Baukunst und die geistige Kultur Marokkos und Südspaniens ihren Höhepunkt. Die drei „verwandten" Minarette wurden errichtet: der Hassan-Turm in Rabat, die Giralda in Sevilla und die Kutubiya in Marrakesch sowie u.a. die Kasbah der Oudaia in Rabat, die Kasbah von Marrakesch und das Bab Agnaou ebendort. Unter Yaqub al-Mansur wurde **Rabat** die neue **Hauptstadt.**

Doch schon bald nach der **Schlacht bei Las Navas de Tolosa** (1212), in der der Urenkel von Abd al-Mu'min, *Mohamed an-Nasir,* von *Alfons VIII.* besiegt wurde, brach das Reich auseinander. Die Almohaden mussten sich aus Spanien zurückziehen, in Tunesien löste sich die berberische Dynastie der Hafsiden, und in Algerien übernahmen die Abdalwadiden die Stadt Tlemcen und den Osten des Landes.

Im zentralen Kernland etablierten sich einige Jahrzehnte später die **Meriniden,** die dann von 1269–1420 an der Macht blieben.

Aus dem Osten und Südosten des heutigen Marokko stammend, konnten diese Zenata-Berber nur ungenügend in die almohadische Armee integriert werden. Ihr Führer **Abu Yahya Abdelhaqq** (bis 1258) organisierte den Widerstand gegen die Almohaden, den sein Bruder *Abu Yussuf Yaqub* verstärkte; schließlich gelang es diesem, Marrakesch im Jahre 1269 einzunehmen. Unter ihm und seinem Sohn kam es zur **Ausdehnung des Reiches bis Algier.**

Nach den Regierungszeiten von *Abu al-Hassan Ali* (1331–1351) und seines Sohnes *Abu Inan Faris* (1351–1358) verloren die Meriniden immer mehr an Bedeutung.

Die **Wattasiden,** ein über viele Jahrzehnte treu ergebener Clan, übernahmen die Regierungsgeschäfte und ließen die Merinidennachkommen als Marionettenherrscher an der Macht. Da den Meriniden das religiöse Prestige ihrer Vorgänger fehlte, versuchten sie dieses Manko wettzumachen, indem sie die Vorkämpfer des Islam in Marokko zu Heiligen erhoben, allen voran *Idris I.,* der bis heute als *Mulay Idris* im religiösen Leben der Marokkaner eine wichtige Rolle spielt.

Die **spanisch-maurische Kultur erlebte nochmals eine Blüte.** Die Universität von Fès, die Kairawiyine, zog viele Gelehrte aus dem gesamten arabischen Westen an, so auch den berühmtesten arabischen Geschichtsschreiber *Ibn Khaldun* und den großen andalusischen Dichter *Ibn al-Khatib.* **Fès,** die **neue Hauptstadt,** wurde mit Palästen, Moscheen und Medresen (Koranschulen) versehen und entwickelte sich zur wichtigsten Handelsstadt im Maghreb.

Doch dem Merinidenreich fehlte eine stabile Organisation, vielen lokalen Persönlichkeiten gelang es immer wieder, **autonome Klein- und Kleinstreiche** zu gründen. Im Jahre 1465 schließlich, nachdem der letze Sultan durch ein Attentat ums Leben gekommen war, übernahmen die Bani Wattas offiziell die Macht im „äußersten Westen", wie Marokko im arabischen Sprachgebrauch genannt wird.

Christliche Offensive

Die **internen Schwierigkeiten,** mit denen die Meriniden und Wattasiden zu kämpfen hatten, machten es den Christen leicht, eine offensive Position gegen die Mauren zu be-

Geschichte und Zeitgeschehen

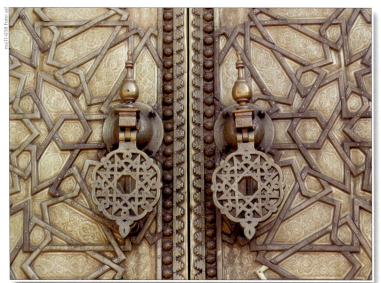

ziehen. 1415 nahmen die **Portugiesen** Ceuta ein, 1471 Tanger. In den folgenden Jahrzehnten eroberten sie an der Atlantikküste eine Stadt nach der anderen: Asilah, Anfa (Casablanca), Azzemour, Safi, Mazagan (Al-Jadida) und Santa Cruz (Agadir). Nur Larache blieb unabhängig. Damit waren also nahezu die gesamte Atlantikküste und das angrenzende Binnenland unter portugiesischem Einfluss.

Im Osten wurden die Wattasiden von den Spaniern bedrängt. Nachdem im Zuge der **Reconquista 1492** die letzte maurische Dynastie auf andalusischem Boden, die Nasriden von Granada, von der Halbinsel vertrieben worden war, setzten die Spanier ihren „christlichen Eroberungsfeldzug" an der nordafrikanischen Küste fort (1507 fiel Marsa al-Kabir, 1509 Oran).

Diese Bedrohung durch die Christen hatte eine **Renaissance des Islam** im 15. und 16. Jahrhundert zur Folge. Vorbereitet wurde diese Entwicklung einerseits durch die aus dem Osten importierten Sufi-Lehren (Sufismus = islamische Mystik), andererseits durch das **Entstehen von religiösen Bruderschaften** (arab.: *tariqa*, vom arabischen Wort für „Weg" = *tariq* abgeleitet), in denen die Anhänger dieser Lehren organisiert waren. Die Berber, die noch immer dem Marabutismus anhingen, schlossen sich der Entwicklung schnell an (Marabutismus = Verehrung „lokaler Heiliger"; das Wort *marabut* bedeutet „Heiliger", bezeichnet aber auch das Grabmal desselben, das etwa zur Befreiung von Krankheiten aufgesucht wurde).

Die **religiösen Führer** übten im regionalen Bereich einen sehr starken moralischen Einfluss aus, der von der Bevölkerung bereitwillig aufgenommen wurde und zur Bildung eines „religiösen Gemeinschaftsgewissens" führte. Die Folge war eine starke Solidarität unter den Anhängern der verschiedenen „Ta-

Der Islam ließ
Kunst und Kultur aufblühen

Geschichte und Zeitgeschehen

riqat" (Mehrzahl von *tariqa*), die bis zum heutigen Tag noch spürbar bleibt!

Die Scherifen

Die **Saaditen** (1554–1659) sind, wie ihre Nachfolger, die Alawiten, Scherifen (arab: *shurafa*, sing.: *sharif*). Das bedeutet wörtlich „die Edlen" und bezeichnet diejenigen, die ihre **Herkunft von der Familie des Propheten Mohamed** ableiten. Damit kommen wir in die arabische Epoche und lassen die der Berberdynastien hinter uns.

Die Saaditen stammten wie die Beni Hillal aus dem Hidjaz (arabische Halbinsel) und wanderten zu Beginn des 14. Jahrhunderts in Südmarokko ein; dort ließen sie sich im Drâatal (franz. *Vallée du Drâa*) nieder. Aufgrund ihrer scherifischen Herkunft und ihres religiösen Ansehens waren die Saaditen dazu berufen, den **Kampf gegen die Portugiesen** zu führen. 1511 begann der Scherif von Tagmaddart einen Kleinkrieg gegen die Invasoren mit Unterstützung der Marabuts. Aber erst unter seinem Sohn *Mohamed al-Mahdi* nahm der Aufstand überregionale Dimensionen an. Bis 1541 waren die Portugiesen aus fast allen Küstenstädten vertrieben, 14 Jahre später fiel Fès, die Hochburg der Wattasiden.

Mohamed I., erster Herrscher der neuen Dynastie, wählte Marrakesch zur neuen Hauptstadt. Die Autorität über Marokko wurde wiederhergestellt, das Reich administrativ gefestigt. 1578 wurden die Portugiesen in der **„Dreikönigsschlacht"** bei Ksar al-Kebir vernichtend geschlagen.

Der Sieger der Schlacht, **Ahmad al-Mansur** („der Siegreiche"), Sohn von *Mohamed I.*, gilt als der fähigste Herrscher der Dynastie. Er leitete eine Periode des „Friedens und Wohlstandes" ein, und das Reich expandierte. 1591 eroberten seine Truppen Timbuktu und brachten von dort mehrere tausend schwarze Sklaven nach Marokko. Die Saaditen wurden für ein halbes Jahrhundert die Herren über den westlichen Sudan, ein Gebiet, das sich vom Senegal bis nach Bornu im heutigen Tschad erstreckte.

Doch wie so oft, kam es auch diesmal nach dem Ableben eines starken Herrschers (*Ahmad al-Mansur* starb 1603) zu einem rapiden **Verfall**. Im Verlauf der Thronstreitigkeiten unter den Söhnen *al-Mansurs* zerfiel die Zentralmacht zusehends. Larache wurde von den Spaniern eingenommen, Fès entzog sich der Oberherrschaft, eine Reihe von religiösen Fürstentümern, mit Marabuts und Scherifen an ihrer Spitze, betrat die Bühne: so im Sous *Sidi Ali*, im Gharb (NW-Marokko) *al-Ayyaschi* und im Tafilalet die Hassani-Scherifen, besser bekannt unter dem Namen **Alawiten** (seit 1659).

Diese unternahmen Raubzüge im Norden und brachten den Osten unter ihre Gewalt. **Mulay ar-Rashid** (1664–1672) gelang es, Fès einzunehmen, bald darauf auch Marrakesch. Erneut kam es zur **Schaffung eines gesamtmarokkanischen Reiches,** das die Alawiden – in Ermangelung einer soliden scherifischen Abstammung – mit Hilfe von Scherifenfamilien mit einem tragfähigen religiösen Fundament untermauerten. Die Nachfolge von *Mulay ar-Rashid* trat **Mulay Ismail** an, der bis 1727 an der Macht war. Während der ersten 15 Jahre bildete er eine **Armee aus schwarzen Sklaven** heran, die er im Laufe seiner langen Regierungszeit durch regelrechte „Zucht" auf 150.000 Mann anwachsen ließ. Das **„bilad al-makhzan",** das Land unter staatlicher Kontrolle, erstreckte sich über nahezu ganz Marokko. Der Unterlauf des Moulouya-Flusses bildete für lange Zeit die Ostgrenze des scherifischen Reiches.

Nach dem Tod Mulay Ismails kam es drei Jahrzehnte lang zu Streitigkeiten um den Thron. **Mulay Mohamed** (1757–1792) gelang es schließlich, die Autorität der scherifischen Dynastie wiederherzustellen. Mit der Eroberung von Mazagan (Al Jadida) im Jahre 1769 nahm er die letzte Bastion der Portugiesen ein. Er versuchte, die miserable finanzielle Lage, in der sich das Reich befand, durch Forcierung des Handels mit Europa zu verbessern. Er schloss **Handelsverträge** mit Dänemark, Schweden, England und Frankreich und gründete die Stadt **Mogador** (Essaouira) als zentralen Handelspunkt, um Kaufleute anzuziehen.

Mulay Sulayman (1794–1822) hatte lange Zeit mit dem nach dem Tode *Mulay Mohameds* neu entfachten Widerstandsgeist der

GESCHICHTE UND ZEITGESCHEHEN

Berber zu kämpfen, die sofort die Gelegenheit, die sich durch eine schwache Regierung bot, ergriffen, um sich selbstständig zu machen. *Mulay Sulayman* war es, der Marokko nach außen hin abschloss. Die Kontakte mit christlichen Kaufleuten wurden auf ein Minimum reduziert, aus Furcht vor verschwörerischen Verbindungen mit den aufsässigen Berbern. Auch die Nachfolger *Mulay Slimans* verfolgten eine **Politik der Abschottung,** was aber nicht verhinderte, dass der **Einfluss der Europäer** auf die Wirtschaft und Politik des Landes zunahm. Im Land sagten sich die vom Machtzentrum weit entfernten Gebiete von der Regierung los, und die Kontrolle über das Land schrumpfte von Jahrzehnt zu Jahrzehnt.

Mulay al-Hassan, der 1873–1894 das Sagen hatte, konnte den Zusammenbruch noch um einige Jahre verzögern, auch weil sich die Situation auf der internationalen Bühne grundlegend geändert hatte. Die **Franzosen** hatten schon 1830 mit der **Kolonialisierung Algeriens** begonnen, und auch Marokko weckte die imperialistischen Gelüste der europäischen Großmächte. Es war schon mehrmals zu Gefechten zwischen Europäern und Marokkanern gekommen. Am folgenschwersten aber war sicherlich der **1859** von den Spaniern errungene Sieg, der als Antwort auf die andauernden marokkanischen Angriffe auf die spanischen Enklaven gefeiert wurde. Resultat war der **Vertrag von Tetuan** (1860), in dem Marokko verpflichtet wurde, 100 Millionen Riyal (!) als Wiedergutmachung zu zahlen. Dies war der **Grundstein für den Ausverkauf Marokkos** durch die Kolonialmächte und das 50 Jahre später errichtete spanisch-französische Protektorat. Unter Sultan **Abd al-Aziz** (1894–1908) traten die **Unabhängigkeitsbestrebungen der Berberstämme** wieder in den Vordergrund.

Anfang des 19. Jahrhunderts begann dann die europäische Aufteilungspolitik in Afrika. 1906 wurde als Folge der wirtschaftlichen Ambitionen des Deutschen Reiches in Marokko die Unantastbarkeit des Landes in der **Konferenz von Algeciras** festgelegt. Doch schon ein Jahr darauf provozierten die Franzosen in Marokko Unruhen, denen sie dann durch die Entsendung eines Expeditionskorps entgegentraten. Die Städte Casablanca, Agadir, Rabat, Safi und Essaouira wurden besetzt.

1911 rief der durch die Berber in Fès eingeschlossene Nachfolger *Abd al-Aziz',* Sultan **Abd al-Hafiz,** die Franzosen zu Hilfe, die daraufhin Mitte des Jahres in Fès einmarschierten. Auch das „Unternehmen Panthersprung" – das Erscheinen des deutschen Kanonenbootes „Panther" vor Agadir – konnte die Schutzherrschaft Frankreichs über Marokko nicht verhindern. **Am 30. März 1912 wurde fast ganz Marokko** (der nördlichste Teil unterstand spanischer Kontrolle) **zum französischen Protektorat.**

Die Protektoratszeit (1912–1956)

Die Hauptstadt des französischen Territoriums wurde Rabat, die Spanier wählten Tétouan zum Verwaltungssitz. Tanger wurde internationale Zone. Der französische Marschall **Louis Hubert Lyautey** übernahm zwölf Jahre als Generalresident mehr oder minder die Regierungsgeschäfte, dem Sultan kam eine rein formelle Funktion zu. Es bedurfte zwanzig Jahre kontinuierlicher militärischer Anstrengungen, ehe Frankreich und Spanien den Kleinkrieg gegen die einheimischen Stämme gewannen.

Im Norden, im Rif-Gebirge, konnte sich der Berber **Abd al-Karim al-Khattabi** (bekannt unter dem Namen *Abd al-Krim*) jahrelang gegen die Spanier erfolgreich zur Wehr setzen und sogar eine **„Rif-Republik"** ausrufen, die von 1922–1926 Bestand hatte. Er wurde schließlich von einer französisch-spanischen Armee unter massivem Einsatz von deutschem Giftgas (!) besiegt und auf die Insel Réunion verbannt, von der er 1947 flüchten konnte. Er starb 1963 in Ägypten. Im Süden vereinte **Ahmad al-Hiba** die Berber des Sous, nachdem schon sein Vater *Ma'al-Ainain* erfolgreich gegen die europäischen Usurpatoren gekämpft hatte.

Die „Befriedung" Marokkos kostete etwa 500.000 Moslems das Leben, auf französischer Seite waren es knapp 30.000 Tote – ein Verhältnis, das sich 30 Jahre später im algerischen Befreiungskrieg wiederholen sollte.

König Hassan II.

Hassan ibn al Mohamed *(Muhammad)* wurde am 9. Juli 1929 geboren. Nach dem Rechtsstudium an der Außenstelle der Universität Bordeaux in Rabat musste er während der französischen Protektoratszeit mit seinem Vater von 1953–1955 ins Exil nach Korsika und dann nach Madagaskar.

Nach der Unabhängigkeit wurde er 1956 unter seinem Vater *Mohamed V.* Oberbefehlshaber der Streitkräfte und 1957 zum Kronprinzen und zum Vizepremier ernannt. Nach dem Tod von *Mohamed V.* wurde er als *Hassan II.* am 3. März 1961 zum König gekrönt. 1967 gab er das Amt des Premierministers auf, weitete aber mit Hilfe der Verfassungsänderung von 1970 seine Machtbefugnisse aus. 1971 und 1972 entging *Hassan II.* nur knapp einem Attentat. Angeblich ging er, als seine Maschine von putschenden Jagdfliegern bombardiert wurde, selbst ans Funkgerät und meldete den Putschisten, der König sei tot und weiteres Blutvergießen zwecklos, woraufhin die Flieger abdrehten und der König unversehrt landen konnte.

Der König hat sich in seiner **38-jährigen Regierungszeit** aus vielen brenzligen Situationen befreit, er galt als Meister der Taktik. Die 1974 initiierte Kampagne gegen die Besetzung der „Spanischen Sahara" durch Spanien und der Aufruf zum „Grünen Marsch" in die Westsahara im November 1975 lenkten erfolgreich von innenpolitischen Schwierigkeiten ab und einten in dieser Frage Regierung und Opposition, auch wenn ein langjähriger Krieg entbrannte, der Marokko viel Geld kostete.

Zahlreiche Unruhen infolge wirtschaftlicher Schwierigkeiten überstand *Hassan II.* mit Geschick. Es gelang ihm oft, die Opposition listenreich auszutricksen; wenn nicht, wurde sie auch zeitweise verboten. Nach entsprechenden Vorhaltungen vor allem aus Frankreich im Jahr 1990 ernannte der König einen Konsultativrat zur Wahrung der Menschenrechte in Marokko, der seinen Gegnern den Wind aus den Segeln nehmen sollte – Demokratie „in exakt festgesetzten Dosen (zu) verabreichen", war *Hassans* Strategie.

Als **religiöses Oberhaupt** verstand es *Hassan II.*, die Fundamentalisten im Zaum zu halten (das abschreckende Beispiel Algeriens vor Augen); so ließ er den Gläubigen in Casablanca die zweitgrößte Moschee der Welt errichten, die seinen Namen trägt. Im ersten Golfkrieg konnte er es sich leisten, Truppen aufseiten des Westens in den Krieg zu schicken, obwohl die Gewerkschaften und Fundamentalisten für den Irak eintraten. Die Protestbewegung hielt sich aber in Grenzen, und der König setzte seine Politik der Zuwendung zum Westen erfolgreich fort. Wirtschaftlich ist Marokko – trotz mehrerer Rückschläge – mittlerweile vom Entwicklungs- zum Schwellenland aufgestiegen.

Mit der **Verfassungsreform 1996** und den ersten **demokratischen Parlamentswahlen 1997** hat *Hassan II.* eine neue politische Ära in Marokko eingeleitet. Die Beteiligung der Sozialisten an der Regierung änderte jedoch wenig an den Machtverhältnissen. Bestimmend blieben nach wie vor *Hassan II.* und im Hintergrund sein starker Innenminister *Driss Basri*.

Hassan II. starb am 23. Juli 1999 an einer Herzattacke als Folge einer akuten Lungenentzündung in Rabat. Nachfolger wurde sein ältester **Sohn Mohamed**, der als *Mohamed VI.* seine Nachfolge antrat (vgl. entsprechenden Exkurs weiter unten).

GESCHICHTE UND ZEITGESCHEHEN

1930 wurde von den Franzosen im Namen des Sultans *Mohamed V.,* damals 21 Jahre alt, das **Berber-Dekret** (der „Dahir") erlassen, das die Trennung von Arabern und Berbern zum Ziel hatte, getreu der schon von den Römern angewandten machtpolitischen Maxime des „divide et impera" (Teile und herrsche). Den Berbern wurde eine eigene Rechtssprechung nach ihrem Gewohnheitsrecht zugebilligt, während die Araber am islamischen Recht festhalten sollten. Doch die „umma al-islamiyya", das islamische Zusammengehörigkeitsgefühl, war stärker als die politischen Ziele der Franzosen. Ein **marokkanischer Nationalismus** erwachte, erste politische Parteien wurden gegründet, das „Marokkanische Aktionskomitee" in der französischen Zone und die „Nationale Reformpartei" auf spanischem Territorium. Aus dem Komitee entstand 1944 nach dem Zusammenschluss mit der Partei der Marokkanischen Volksbewegung die „Marokkanische Unabhängigkeitspartei" oder **Istiqlal,** wie sie auf Arabisch genannt wurde. **Allal al-Fassi** wurde ihr **legendärer Führer** und die bestimmende Person im Unabhängigkeitskampf.

Die Rede, die Sultan **Mohamed V.** 1947 in Tanger hielt, in der er unverhohlen die Linie der Istiqlal-Partei vertrat, war der Ausgangspunkt zur **Verbreitung des Unabhängigkeitsgedankens** auch im ländlichen Raum beim „einfachen Volk". Die nationalistische Bewegung konnte auch in den Bergen Fuß fassen, im Ausland entstand bald ein Propagandaapparat.

In der Folge kam es zu Masseninhaftierungen, Presseverbot und Landesverweisungen. Im August 1953 wurde *Mohamed V.* vom Thron abgesetzt und nach Madagaskar ins Exil geschickt. *Ben Arafa* wurde zum Marionettensultan von Frankreichs Gnaden erhoben. Die folgenden zwei Jahre konnte der **Aufruhr** trotz Repression und Einkerkerungen nicht mehr eingedämmt werden. Ende 1955 dankte *Ben Arafa* ab.

Mohamed V. kehrte aus dem Exil zurück und wurde begeistert in Rabat empfangen. In einer Reihe von Abkommen wurde schließlich am **2. März 1956** das **Ende des französischen Protektorats** besiegelt, am **8. April 1956 trat Spanien als Schutzmacht zurück.** Tanger blieb bis 1960 internationaler Freihafen, Ceuta und Melilla befinden sich bis heute in spanischem Besitz.

Am 16. August 1956 nahm **Mohamed V.** den Königstitel an. Er starb 1961. Die Nachfolge trat sein Sohn **Hassan II.** an, der 38 Jahre lang die marokkanische Politik bestimmte. Ihm folgte am 23. Juli 1999, dem Todestag *Hassan II.,* sein Sohn **Mohamed VI.** auf den Thron.

Politik und Staat

Staatsform

„Marokko ist eine **konstitutionelle, demokratische und soziale Monarchie**" (Art. 1 der Verfassung) mit Erbfolge in der Linie von *Hassan II.* Der **Islam ist Staatsreligion** (Art. 6).

Staatsoberhaupt

Der König ist religiöses und staatliches Oberhaupt des Landes. „Der König (...) ist der Hüter des Islam und der Verfassung", so der Artikel 19 der marokkanischen Verfassung. Die fast autokratische Position des Königs im Wechselspiel der Staatsgewalten zeigt sich vor allem in der Tatsache, dass er einen Großteil exekutiver und legislativer Entscheidungen per Dekret treffen/beeinflussen und den Ausnahmezustand ausrufen kann. Außerdem hat er den Vorsitz im Obersten Rat der Richter und Staatsanwälte, auf dessen Vorschlag unabsetzbare Richter durch königlichen Erlass ernannt werden. Schließlich ist er auch Oberbefehlshaber der Streitkräfte.

Verfassung

1961 wurde eine Verfassung mit 17 Artikeln verkündet, in denen die Grundrechte und Pflichten der Marokkaner festgelegt waren. Diese **Verfassung** wurde am **7.12.1962** durch Volksabstimmung angenommen, aber bereits drei Jahre später von König *Hassan* wieder außer Kraft gesetzt. Denn bereits zu Beginn seines Amtsantrittes gab es aufgrund wirtschaftlicher Probleme Unruhen, darauf folgten Wahlmanipulationen und drastische Übergriffe auf Oppositionelle.

Geschichte und Zeitgeschehen

1970 trat eine **neue Verfassung** in Kraft, die am 10.03.72 nach einem Referendum revidiert wurde. Das Einkammerparlament mit 306 Abgeordneten, von denen 206 in direkter und 100 in indirekter Wahl gewählt wurden, ersetzte die alte Repräsentantenkammer. Die Machtbefugnisse des Königs blieben de facto unangetastet.

Nach einer erneuten **Volksabstimmung im September 1992** wurde eine weitere (bescheidene) Verfassungsrevision genehmigt: Dem Premierminister wird ein Vorschlagsrecht bei der Zusammensetzung des Kabinetts zugebilligt, das Parlament muss der Regierungserklärung mit absoluter Mehrheit zustimmen; ohne diese Zustimmung muss die Regierung zurücktreten. Außerdem kann das Parlament Untersuchungskommissionen bilden, und mit der Verhängung des Ausnahmezustandes ist nicht automatisch eine Auflösung des Parlaments verbunden. Auch der König muss sich bei der Einführung von Gesetzen nunmehr an eine Frist von 30 Tagen halten. Neu ist die Bildung eines Verfassungsrates mit neun Mitgliedern, von denen fünf der König bestimmt. Das Wahlalter wurde von 21 auf 20 Jahre gesenkt. Bei dem Referendum 1992 wurde auch die Westsaharapolitik des Königs gutgeheißen. Trotz eines Boykottaufrufs der Opposition wurde bei einer Wahlbeteiligung von 97,29% (einschließlich der Westsahara-Gebiete) ein Wahlergebnis von 99,9% Ja-Stimmen notiert.

In der Verfassung, die am **13. September 1996** per Referendum angenommen wurde, sind u.a. Gewaltenteilung, Meinungsfreiheit, Gleichheit der Geschlechter, ein Streikrecht, das Recht auf Eigentum und Erziehung sowie das Zweikammerparlament festgeschrieben. Damit stellt Marokko eine Mischform aus Königsherrschaft und Demokratie dar, wobei das Schwergewicht immer noch beim Monarchen liegt. Doch der Weg scheint weiter in Richtung einer konstitutionellen Monarchie zu gehen, denn vor dem Hintergrund anhaltender Demonstrationen ließ der König am **1. Juli 2011** erfolgreich über eine neue Verfassung abstimmen, die den Monarchen nicht mehr als „heilig", sondern als „unantastbar" definiert und Parlament und Premierminister mehr Befugnisse einräumt.

Volksvertretung

Mit der letzten Verfassungsreform vom September 1996 wurde das alte Einkammersystem durch ein **Zweikammerparlament** ersetzt. Die Volksvertretung setzt sich nun zusammen aus Erster – *Chambre des Répresentants* – und Zweiter Kammer – *Chambre des Conseillers*. Die 325 Abgeordneten der Ersten Kammer werden direkt vom Volk für fünf Jahre gewählt. Die Vertreter in der Zweiten werden bestimmt zu drei Fünfteln von einem Wahlgremium, das sich aus Wahlmännern der Gebietskörperschaften zusammensetzt, und zu zwei Fünfteln von regionalen Wahlgremien aus Vertretern von Standesorganisationen, Berufsverbänden und Arbeitnehmerorganisationen. Die Mitglieder der Zweiten Kammer werden für eine neunjährige Amtszeit gewählt, wobei im Turnus von drei Jahren jeweils ein Drittel neu gewählt wird. Formal mag das marokkanische Zweikammerparlament „westlichen" Vorbildern nahekommen, doch die semidiktatorischen Vollmachten des Königs verhindern eine echte Ausgestaltung der für demokratische Systeme wesenhaften Gewaltenteilung.

Die **Regierung** muss sich gegenüber dem König (und dem Parlament) verantworten. Wichtige politische Fragen werden im **Ministerrat** behandelt, dessen Vorsitz der König einnimmt (Art. 25). Der Ministerrat setzt sich aus einflussreichen Persönlichkeiten aus dem **Makhzen**, dem jahrzehntelang aufgebauten Machtgefüge am Hofe, zusammen. Der König ernennt die wichtigsten Minister (Verteidigungs-, Innen-, Außen-, Justiz- und Religionsminister).

Ebenfalls vom König ernannter **Premierminister** ist seit den Wahlen zur Ersten Kammer 2007 **M. Abbas El Fassi** von der konservativen Istiqlal-Partei, der den parteilosen Technokraten *Driss Jettou* (2002–2007) ablöste.

Noch vor den **Wahlen 1997**, die wohl erstmalig ohne Stimmenkauf und manipulierte Wahllisten etc. abliefen, hatte König *Hassan* die Regierung umgeformt und dabei erstmalig in der Geschichte Marokkos (vier) Frauen

Sidi Ifni, einst spanische Kolonie

Geschichte und Zeitgeschehen

mit hohen Staatsaufgaben (als Staatssekretärinnen) betraut.

Ein Zeichen der Unzufriedenheit des Volkes sind das relativ gute Abschneiden der gemäßigten **Islamisten** bei den Wahlen 2002 und 2007 und der Zulauf, den die **Bewegung Al Adlwa Lihsane** (sie durfte nicht zur Wahl antreten) von *Abdessalam Yassine* bzw. seiner Tochter *Nadia* (s.u.) vorwiegend durch die arme Bevölkerung erhält. Die Bewegung hat vor allem in den Großstädten an der Küste viele Anhänger gefunden, weil sich die Islamisten in den Armutsvierteln von Casablanca und Rabat um die sozial Schwachen kümmern. Gewalt lehnt diese Partei ab; sie distanzierte sich in der Vergangenheit von Selbstmordattentaten, auch wenn sie die Lebensumstände in den Armutsvierteln als Ursache für den Zulauf zu extremistischen Gruppen ansieht. Nach Ansicht der Regierung bedarf es keiner islamistischen Partei, da der Islam bereits durch den Staat repräsentiert wird und der König auch religiöses Oberhaupt ist. Für den Großteil des Volkes ist er auch nach wie vor der *Amir al Mouminin* – der „Emir der Gläubigen", das unbestrittene geistliche und weltliche Oberhaupt. An seiner Position zu rütteln, hieße auch für die Fundamentalisten, ihr religiöses Oberhaupt in Frage zu stellen. Diese Denkart, dass ja ohnehin der König die Geschicke des Landes lenkt, aber auch die Unzufriedenheit mit der Regierung dürften wohl ursächlich für die geringe Wahlbeteiligung 2007 gewesen sein.

Politische Parteien

Die großen Parteien sind während der gemeinsamen Frontstellung gegen die Protektoratsmacht Frankreich entstanden. Die **programmatischen Unterschiede** prägten sich im Laufe der Zeit immer mehr aus und sind heute erheblich. Die Monarchie, der Anspruch Marokkos auf das Gebiet der Westsahara sowie der Islam als Staatsreligion sind jedoch unantastbar. Volljährige Männer und Frauen sind laut marokkanischer Verfassung politisch gleich- und wahlberechtigt.

Das Mitspracherecht der Oppositionsparteien wurde von 1965 an nachhaltig einge-

aga08-101 Foto: ad

König Mohamed VI.

König Mohamed VI. (im Volksmund **„M6"**) wurde am 23. August 1963 als *Sidi Mohamed Ben (ibn) al-Hassan* in Rabat geboren. Seine Schulzeit absolvierte er in der königlichen Schule, wo er 1981 das Abitur ablegte. 1987 erwarb er den Abschluss in Politikwissenschaften an der Universität Mohamed V. in Rabat, zusätzlich 1988 den Abschluss in Öffentlichem Recht. 1993 erhielt er von der Universität Nizza den Doktortitel für Rechtswissenschaften. Am 21. März 2002 heiratete *Mohamed VI.* die Informatikingenieurin *Salma Benanni*. Bei den Feierlichkeiten in Rabat wurde zum ersten Mal in der Geschichte des Landes die Frau des Königs offiziell gezeigt und auch fotografiert. Da es den Titel Königin in Marokko nicht gibt bzw. unter *Hassan II.* nur „Mutter der Prinzen" hieß, erhielt *Salma Benanni* den Titel Prinzessin. Seitdem tritt sie immer wieder öffentlich ohne Schleier auf und verbreitet zusammen mit dem König und den Kindern das Bild eines modernen Familienlebens und Königshauses. Am 8. Mai 2003 kam Kronprinz *Moulay Al-Hassan*, am 28. Februar 2007 Prinzessin *Lalla Khadija* zur Welt.

Mohamed VI., Herrscher seit 1999, gilt als **moderner König** und trägt im Volksmund den Titel „König der Armen", da er sich vor allem zu Beginn seiner Herrschaft für soziale Reformen stark machte. Er ist Vorstand der „Stiftung Mohamed V.", die sich wie eine humanitäre NGO um die Armen kümmert; er begibt sich häufig in die Dörfer, wenn dort Projekte eingeweiht werden. Zudem engagiert er sich für die Alphabetisierung und die Rechte der Frauen. Im Februar 2004 setzte er ein von der islamischen Opposition stark kritisiertes **neues Familienrecht** *(Moudawana)* durch, das die Rechte der Frauen erheblich stärkt. Das Heiratsalter der Frauen wurde mit 18 Jahren demjenigen der Männer angeglichen und das Recht zur Polygamie für Männer eingeschränkt. Zudem wurde ein Scheidungsverfahren mit Antragsrecht beider Partner und gleichmäßiger Aufteilung der in der Ehe erworbenen Güter eingeführt. Die einseitige Scheidung durch den Ehemann (Verstoßung nach dem Koran) unterliegt strengen Vorschriften und wird richterlich überwacht. Mit dem neuen Familienrecht wurden auch die Rechte der Kinder gestärkt und ein eigenes Familiengericht eingerichtet.

Das neue Frauenrecht wurde in einem Spiegel-Interwiew vom 4. Juli 2007 mit *Nadia Yassine*, einer islamisch orientierten Frauenrechtlerin von der Vereinigung „Gerechtigkeit und Wohlfahrt – Al Adlwa Lihsane", „als Gesetz für Gymnasiastinnen bzw. für die Oberschicht" kritisiert, das nicht der Wirklichkeit Marokkos und dem Willen des Volkes entspräche. Sie betont, dass es seitdem immer mehr illegale Eheschließungen gäbe und dass es einer Frau wenig nütze, wenn sie sich scheiden lassen kann, aber dann auf der Straße stehe.

Eine wichtige innenpolitische, vom König initiierte Maßnahme ist die **„Nationale Initiative für menschliche Entwicklung"** (INDH). Das 2005 begonnene Programm stellt über fünf Jahre Mittel in Höhe von einer Milliarde Euro zur Verfügung, um gezielt Armut und soziale Ausgrenzung in den ärmsten ländlichen Gebieten und städtischen Armenvierteln zu bekämpfen.

Der **Personenkult** um den König, wie er schon unter *Hassan II.* gepflegt wurde, setzt sich fort. Überall hängen Porträts, in Ämtern, Läden und an vielen Straßenkreuzungen.

Geschichte und Zeitgeschehen

Tabuthemen (auch für die Presse) sind nach wie vor die Führungsposition bzw. Unantastbarkeit des Königshauses sowie der Anspruch Marokkos auf das Gebiet der Westsahara.

In einer Umfrage der regierungskritischen Zeitung „Telquel" zum zehnten Jahrestag der Thronbesteigung 2009 war durchaus **Zufriedenheit mit dem Königshaus** festzustellen. Jeder Zweite hielt das Regime für demokratisch, 90% der Marokkaner hatten in der Regierungszeit von M6 eine Verbesserung der Lebensumstände bemerkt, insbesondere im Hinblick auf Schulen, Gesundheitswesen und Straßen. Kritik wurde jedoch auch hier an der Ausdehnung der Frauenrechte geübt, die den meisten Marokkanern zu weit geht.

Als wichtiges Projekt des Königs gilt auch die **Einigung des Volkes** bzw. der Volksgruppen der Berber bzw. Amazigh (Imaziren) mit der arabisch dominierten Oberschicht, deren Spaltung im französischen Kolonialreich vorangetrieben wurde. Der Schulunterricht in der Grundschule findet mittlerweile in den Berbergebieten in deren Sprache statt, es gibt ein Radioprogramm und in den Berberregionen auch Straßen- und Ortschilder in der Berberschrift Tifinagh.

Auch auf die **religiösen Gruppen** geht der König zu. So sucht er den Kontakt zu gemäßigten islamischen Rechtsgelehrten und den Sufis, deren Mystik vor allem im einfachen Volk regen Zuspruch findet. Zudem wurden unter Aufsicht der Regierung in Moscheen **Alphabetisierungsschulen** für Frauen und Kinder eingerichtet, um einer Radikalisierung vorzubeugen.

Nach den Aufständen und Staatskrisen in der arabischen Welt im Frühjahr 2011 sieht sich auch *Mohamed VI.* mit verstärkten Forderungen nach Demokratisierung, sozialer Gerechtigkeit und Korruptionsbekämpfung konfrontiert. Auch wenn der König selbst nicht in Frage gestellt wird, bleibt abzuwarten, wie er sich dieser existenziellen Herausforderung für das Land stellt.

schränkt. Seit 1977 ist ein vorsichtiger **Demokratisierungsprozess** im Gange, der in den freien Wahlen 1997 und 2002 seinen Höhepunkt fand. Im Februar 2006 wurde ein **neues Parteiengesetz** erlassen, das eine weitere Parteienzersplitterung verhindern soll. Es verbietet zudem programmatische Zusammenschlüsse auf rein religiöser, ethnischer, regionaler oder sprachlicher Grundlage und setzt einen prozentualen Frauenanteil in jeder Partei fest. Schon bei den Wahlen 2002 wurde eine **Frauenquote** festgelegt, sodass im Parlament seitdem mindestens 30 Frauen – eine höhere Zahl als in den meisten anderen arabischen Ländern – sitzen.

Die **Regierungskoalition** 2002 wurde vom **Parteienbündnis Koutla** gebildet, also aus den Parteien *Istiqlal (PI), Union Socialiste des Forces Populaires (USFP), Parti du Progrès et du Socialisme (PPS)*, dem liberal-konservativen **Zentrum,** geführt vom *Rassemblement National des Indépendants (RNI)*, sowie der **Allianz der Berber-Parteien,** *Union des Mouvements Populaires (UMP)*.

Die **Opposition** setzt sich zusammen aus der *Front des Forces Démocrates* (FFD), aus der *Parti National Démocrate (PND)* und der gemäßigt islamistischen **Partei für Gerechtigkeit und Entwicklung (PJD).** Die gemäßigt islamistische soziale PJD wurde bei den Wahlen 2002 drittstärkste Kraft. Ihr wurde im Vorfeld der Wahlen 2007 der Sieg prognostiziert, den sie dann jedoch nicht einfahren konnte; immerhin wurde die Partei zweitstärkste Kraft im Parlament.

Radikal islamistische Gruppierungen wie die **Vereinigung Gerechtigkeit und Wohlfahrt – Al Adlwa Lihsane** unter Führung von *Nadia Yassine* werden offiziell nicht als Partei zugelassen und sind von Wahlen ausgeschlossen.

Bei den **Wahlen zur Ersten Kammer am 7. September 2007,** zu der 27 Parteien zugelassen waren, gewann entgegen der Erwartungen nicht die PJD die meisten Stimmen, sondern die konservative Istiqlal (Unabhängigkeitspartei), die älteste politische Gruppierung in Marokko. Die Istiqlal erhielt 52 Sitze, die PJD immerhin 47 Sitze, während die USFP nur noch 36 Sitze errang. Die Wahlbeteiligung lag bei erschreckend geringen 37%

(im Jahr 2002 waren es noch 51%). Im Oktober 2007 ernannte der König den Vorsitzenden der Istiqlal-Partei *M. Abbas El Fassi* zum neuen Premierminister.

Bei den **Kommunalwahlen im Juni 2009** stieg die Wahlbeteiligung wieder auf 51%, vor allem dank der Neugründung der **Partei der Authenzität und Modernität (PAM)** durch den Königsvertrauten *Fouad Ali Himma*, die auf Anhieb 22% der Stimmen erhielt und damit in den meisten Wahlkreisen siegte. *Ali Himma* ging mit *Mohamed VI.* in die königliche Palastschule, in der immer wieder Kinder aus dem Volk aufgenommen werden, so auch *Himma*. So kann der König seine Machtbasis im Volk stärken, was sich zum Beispiel auch in der Auswahl seiner Regierungsmitglieder und Berater zeigt, die oft Vertraute aus des Königs Schulzeit sind.

Gewerkschaften

Gewerkschaftliche Vereinigungen sind nach der Verfassung zugelassen und gewannen im Land vor allem in den Zeiten der Repression stark an Einfluss. Streiks zur Durchsetzung von Forderungen wurden von der Regierung allerdings regelmäßig verboten.

Stärkste Gruppe ist die Gewerkschaft **Union Marocaine du Travail (UMT)**. Ihr Einfluss in Wirtschaft und Handel ist ziemlich bedeutend, und sie konnte auch ansehnliche Erfolge verbuchen. Das 1962 erlassene Arbeitslosen- und Altersversorgungsgesetz ist zum großen Teil auf ihre Arbeitskämpfe zurückzuführen. Weitere wichtige Gewerkschaften sind die **Union Générale des Travailleurs Marocains (UGTM)** sowie die **Confédération Démocratique du Travail (CDT)**.

Die Gewerkschaften mit insgesamt etwa 600.000 Mitgliedern sind zu einer Gegenmacht im Staate geworden, vor allem deshalb, weil sie sich auch dem Kampf gegen die Korruption verschrieben haben.

Verwaltung

Den **16 Provinzen** und selbstständigen Stadtpräfekturen in Rabat und Casablanca stehen **Gouverneure** vor. Ihnen steht beratend eine Abgeordnetenversammlung zur Seite. In ländlichen Gebieten und bei den Nomaden existieren noch Stammesfraktionen, geführt vom „Qa'id" oder „Shaykh".

Armee und Polizei

Die marokkanische **Armee** ist ein **wichtiger Machtfaktor im Lande** und zählt zu den bestausgebildeten Truppen Afrikas. Infolge des Saharakrieges wurde die Armee von 57.500 (1974) auf inzwischen rund 200.000 Mann aufgestockt. Die Verteidigungsausgaben machen heute etwa 5% des Bruttoinlandsproduktes aus. Marokko ist an Auslandseinsätzen der Vereinten Nationen in der DR Kongo, in der Elfenbeinküste, in Haiti sowie 2009 in Guinea beteiligt. In Marokko gilt eine 18-monatige Wehrpflicht.

Da Marokko von den arabischen Ländern als wichtigster **Verbündeter der USA** im Kampf gegen den Terrorismus zählt, erhält das Land Militärhilfe von den USA.

Die **Polizei** ist ebenfalls **straff organisiert** und nicht zimperlich (z.B. bei Demonstrationen der Islamistenpartei von *Nadia Yassine* oder Sahrawi-Demonstrationen in der Westsahara). Korruption und Ausnutzung der Machtposition waren an der Tagesordnung; da aber der neue König als eine seiner ersten Amtshandlungen nach 1999 viele Verantwortliche gerade in der Polizei auswechseln ließ, hat sich manches zum Besseren gewandelt. Verstöße gegen das Gesetz, z.B. gegen das Rauschmittelgesetz (Marokko ist der weltweit größte Cannabisproduzent!), werden vor allem bei Touristen streng bestraft und haben viele europäische Kiffer hinter Gitter gebracht. Immer wieder ist von Berichten zu hören, denen zufolge im Rif die Polizei mit Hanfbauern und Rauschgifthändlern zusammenarbeitet und Käufer bei der Polizei verpfiffen werden. Den Käufern wird das (billig) gekaufte Cannabis abgenommen, hohe Geldstrafen werden verhängt, Haschisch und Geld teilen sich angeblich die Beteiligten.

Die **Gefängnisse** in Marokko entsprechen eher mittelalterlichen Verliesen als unseren Vorstellungen eines modernen Strafvollzugs. Im Zuge der Demokratisierungsmaßnahmen seit 1996 wurden einige der berüchtigten politischen Gefängnisse des Landes wie z.B. Tazmamart geschlossen.

Menschenrechte

Seit dem Amtsantritt von König *Mohamed VI.* ist die Regierung bezüglich der Menschenrechte einen weiten Schritt vorangekommen. **Meinungs- und Pressefreiheit** sind zwar noch nicht mit den Standards demokratischer Staaten zu vergleichen, jedoch ist durch die weitgehend freie Diskussion und vor allem durch regierungskritische Zeitungen die Sensibilität in der Öffentlichkeit gewachsen.

Waren unter *Hassan II.* Foltergefängnisse weit verbreitet und wurden politische Gegner kurzerhand weggesperrt, untersuchte ab dem Januar 2004 die Kommission „Instance Equité et Réconciliation" (IER) **Menschenrechtsverletzungen** in der Zeit der „bleiernen Jahre" zwischen 1956 und 1999. Das Mandat der IER war zwar begrenzt, doch brachte die öffentliche Anhörung der Opfer eine breite gesellschaftliche Diskussion in Gang. Die im Abschlussbericht festgelegten Empfehlungen zur Entschädigung der Opfer sind weitgehend umgesetzt worden.

Im Jahr 2005 wurde ein Gesetz verabschiedet, das **Folter** explizit verbietet und unter Strafandrohung stellt. Von Inhaftierten werden allerdings weiterhin Foltervorwürfe erhoben – in einzelnen Fällen wurden inzwischen marokkanische Beamte der Folter angeklagt und rechtskräftig verurteilt. Jedoch gibt es Berichte von amnesty international aus den letzten Jahren, die nach wie vor auf systematische Folterungen im Gefängnis Temara (bei Rabat) hinweisen.

Über die **Abschaffung der Todesstrafe** – die de facto in Marokko nicht mehr vollstreckt wird – wird im Lande diskutiert.

Die Gestrandeten von Oujda

Die Lage Oujdas direkt **an der algerischen Grenze** hat dazu geführt, dass trotz Grenzschließung seit 1994 der Schmuggel mit Treibstoff aus Algerien blüht. Zwar kamen der Menschenschmuggel und die Infiltration von Islamisten aus Algerien weitgehend zum Erliegen, doch siedeln seit vielen Jahren illegale **Flüchtlinge aus Schwarzafrika** unter unwürdigsten Umständen in Bretterverschlägen, Pappkartons und Erdlöchern in einem Wadi direkt an der Grenze im Südosten der Stadt. Tagsüber unsichtbar, immer auf der Flucht vor der Polizei, sichern sie sich ihr Überleben mit allen möglichen Geschäften oder Betteln. *Matthew Car* thematisierte 2010 in der „New York Times" mit seinem Artikel „The invisible People of Oujda" das gerne verheimlichte Problem mit den Flüchtlingen aus Schwarzafrika, die weder in Nordafrika noch in Europa willkommen sind und als „Gestrandete in der Wüste" bezeichnet werden. Den unrühmlichsten Beitrag leistete die marokkanische Regierung, als sie im Herbst 2005 Tausende von Flüchtlingen in die Wüste deportierte und dort aussetzte.

Einige Flüchtlinge leben wieder in ihren Verstecken, denn weder in Europa, Tunesien, Libyen noch in Marokko sind die Gestrandeten ein öffentliches Thema, stattdessen wird es totgeschwiegen oder durch Wegsperren der Flüchtlinge zum Schein gelöst. Ohne **Hilfe aus Europa,** das bereits mit diversen Absprachen zur Immigranten-Abwehr mit den nordafrikanischen Regierungen kooperiert, wird das Problem nicht aus der Welt zu schaffen sein. Schließlich hilft es nicht, Flüchtlinge in Lager einzusperren oder in die Wüste zu deportieren, ohne Geldmittel für deren geordnete und menschenwürdige Rückkehr in ihre Heimatländer bereitzustellen.

Um weitere Flüchtlingsströme zu verhindern, wäre vor allem die **Aufklärung der Bevölkerung in den Herkunftsländern** wichtig: über die hoffnungslose Situation der Gestrandeten, über den Umstand, dass die wenigsten im „Paradies Europa" überhaupt ankommen, und wenn doch, dass dies teuer erkauft wurde und zudem die Zustände in Europa für illegale Immigranten alles andere als paradiesisch sind …

Der vergessene Krieg in der Westsahara

Bereits seit dem Mittelalter führten Karawanenrouten durch den Süden nach Timbuktu und bis zum Senegal. Die marokkanischen Händler unterhielten Handelsbeziehungen zu den Nomaden in der Sahara. Die Shaiks der Stammesfraktionen in dem Gebiet der heutigen Westsahara leisteten dem marokkanischen Sultan den Treueeid, dafür fungierte Marokko als Schutzmacht bei Bedrohung von außen.

Ende des 19. Jh. sicherte sich jedoch die Handelsflotte der Compagnie Commerciale Hispano-Africaine die Herrschaft über die Bucht von Dakhla, und durch den Vertrag von Berlin erhielt **Spanien** das Protektorat über das Gebiet von Cap Bojador bis Cap Blanc. Der Konflikt mit Frankreich endete 1900 mit der Vereinbarung, die Hauptsahara Frankreich und das Gebiet Río de Oro Spanien zuzuteilen. Río de Oro wurde 1958 in Provinz Sahara umgetauft.

Zunächst nur an den Küsten stationiert, rückten die Spanier nach und nach auch ins Landesinnere vor, die stationierten Truppen wurde immer mehr: 1970 hielten sich in der Westsahara mehr spanische Soldaten auf als Saharawis. Die Nomadenbevölkerung – ihre Zahl wurde auf 200.000 geschätzt – setzte den Spaniern keinen Widerstand entgegen, obwohl die Spanier mit eiserner Faust regierten. Mit der Entdeckung des Phosphats änderte sich die Situation. Die Saharawis gaben zu Tausenden das Nomadenleben auf, um in den Phosphatminen zu arbeiten. Vom verlockenden Stadtleben angezogen, siedelten sie sich in den Elendsquartieren um die Städte an. Als dergestalt die Ausbeutung und Unterdrückung offensichtlich wurden, als die Saharawis, im Gegensatz zu den Spaniern, durch das Phosphat keineswegs reicher wurden, regte sich langsam der Unmut, und 1973 bildete sich die **POLISARIO** (Volksfront für die Befreiung der Seguiet el Hamra und des Río de Oro) und unternahm ihre ersten Vorstöße von Mauretanien aus.

Die UNO verzeichnete die Westsahara – obwohl diese nie eine Nation war – bereits 1963 auf einer Liste von Staaten, denen das Recht auf Selbstbestimmung immer noch verwehrt werde. 1965 forderte die UN-Vollversammlung Spanien auf, das Gebiet zu entkolonialisieren, und verlangte ein Referendum über die Selbstbestimmung der Saharawis. Spanien versuchte, Zeit zu gewinnen, und beutete das Land immer stärker aus. 1975 verkündete eine UN-Delegation, dass die überwiegende Mehrheit der Bevölkerung für Unabhängigkeit sei und die POLISARIO unterstütze.

Dies rief König Hassan II. von Marokko auf den Plan, der keinesfalls einen sozialistisch orientierten Staat, noch dazu von Libyen und Algerien unterstützt, an der Südgrenze Marokkos dulden wollte. Ferner sah sich der König als Vollstrecker des historischen Auftrags, den saharischen Süden, dessen Stämme starke traditionelle Bindungen zu Marokko pflegten, in sein Reich einzugliedern.

Ein Beschluss des Internationalen Gerichtshofes von Den Haag, der historische Bindungen einiger Volksgruppen der Westsahara an Marokko anerkennt, diente Hassan II. dann als Legitimation für seinen Vorstoß. In Windeseile wurden Straßen in Richtung Westsahara zum südlichsten marokkanischen Zipfel nach Tarfaya gebaut, und 350.000 Menschen zogen am 6.11.1975 über die ehemaligen spanischen Grenzen. Dieses Schauspiel, der **„Grüne Marsch"**, wurde vom marokkanischen Fernsehen live übertragen und beschleunigte die gesamte Entscheidung zugunsten der marokkanischen Interessen.

Das spanische Parlament trat in Eile zu einer Abstimmung zusammen, bei der die „Ra-

Der vergessene Krieg in der Westsahara

batfreundliche" Fraktion siegte. Angeblich soll der marokkanische König bereits am Krankenbett von General Franco die problemlose Übergabe der Westsahara ausgehandelt haben. Am 14.11.1975 wurde in Madrid ein Abkommen zwischen Spanien, Marokko und Mauretanien unterzeichnet, wonach alle spanischen Streitkräfte bis zum 28.2.1976 aus der Westsahara abzuziehen hatten; Spanien wurde eine Beteiligung an den Phosphateinnahmen zugesichert, und es stimmte einer Aufteilung des Landes unter Marokko und Mauretanien zu.

Die POLISARIO erklärte den Vertrag für null und nichtig, konnte aber nicht verhindern, dass mit spanischer Hilfe 4000 marokkanische Soldaten in Laâyoune einzogen. Am 19.12.1975 wurde nach heftigen Kämpfen auch La Guera besetzt. 100.000 Sahrawis, praktisch die Hälfte der ursprünglichen Bevölkerung, flüchteten über die Grenzen nach Algerien und bildeten mit Unterstützung der algerischen Regierung Lager bei Tindouf. Gestärkt durch die algerische Hilfe begann zwischen der POLISARIO und Marokko ein Krieg, der bis zum Waffenstillstandsabkommens am 6.9.1991 mit gnadenloser Härte geführt wurde und Marokko täglich 1 Mio. Dollar gekostet haben soll.

Am 29.2.76 wurde die **unabhängige Republik Sahara** ausgerufen, die von vielen Ländern der Welt anerkannt wurde, nicht aber von den Weltmächten. Viele Staaten haben ihre Anerkennung inzwischen allerdings widerrufen.

Nach dem Sturz des mauretanischen Präsidenten Ould Daddah 1978 beschloss die neue mauretanische Regierung einen Waffenstillstand mit der POLISARIO. Daraufhin besetzte Marokko den südlichen Teil der Westsahara, da es keinen Ministaat mit POLISARIO-Regierung im Süden zulassen und Algerien den erwünschten Zugang zum Atlantik verwehren wollte (14.8.79). Algerien unterstellt Marokko jedoch, sich die Westsahara wegen dessen Rohstoff- und Fischreichtums einverleibt zu haben.

Marokko brachte die Westsahara mit hohem militärischen Aufwand unter Kontrolle, wobei nicht vor einer brutalen Repression der Zivilbevölkerung zurückgeschreckt wurde. Gegen Übergriffe von den in Algerien, Mali und Mauretanien agierenden Kämpfern der POLISARIO baute Marokko einen elektronisch gesicherten Schutzwall östlich von Bou Craa und Smara.

Nach einer kurzzeitigen Verbesserung der Beziehungen zu Algerien erklärte sich König Hassan II. März 1985 zu einer **Volksabstimmung** in der Westsahara bereit, wenn die UNO dies in die Wege leite. Aber die Kämpfe gingen weiter, und die Verhandlungen mit der UNO zogen sich hin. Im August 1988 verkündeten sowohl POLISARIO als auch die marokkanische Regierung, dass sie zur Aufnahme von **Friedensverhandlungen** nach einer Volksabstimmung bereit wären. UN-Friedensvermittler sollten dazu ein Referendum ausarbeiten. Aber erst am 27.6.1990 wurde ein konkreter Plan zur Abhaltung einer Volksabstimmung in der Westsahara vom UN-Sicherheitsrat gebilligt, und eine UN-Kommission reiste zu ersten Sondierungen in die Westsahara. Im Februar 1991 hieß es, dass alle Unstimmigkeiten über den Zeitplan bereinigt seien und der Plan verwirklicht werden könne. Eine UN-Kommission zur Überwachung des Referendums wurde gebildet (MINURSO). Unter Vermittlung der UNO wurde am 6.9.91 ein **Waffenstillstandsabkommen** geschlossen, und Marokko stimmte einer Truppenhalbierung von 130.000 auf 65.000 Mann zu, was aber nicht eingehalten wurde.

Das für Januar 1992 geplante Referendum und alle weiteren Termine seither sind jedoch immer wieder verschoben worden, da sich beide Seiten nicht über die Anzahl der Wahlberechtigten einigen konnten. Da-

DER VERGESSENE KRIEG IN DER WESTSAHARA

hinter steht die entscheidende Frage, wer als **Saharawi** zu gelten habe. Im Verlauf der Houston-Verhandlungen im Jahr 1998 unter dem Vermittlungsvorsitz des vormaligen amerikanischen Außenministers *James Baker* wurde die „saharische Staatsbürgerschaft" anhand von einigen Kriterien definiert: Eines davon ist die Bevölkerungszahl von 1974 (nach spanischem Zensus ca. 75.000), ein weiteres die Aufenthaltsdauer in der Westsahara, ein drittes die Abstammung von einem Saharawi-Vater.

Im September 1997 verständigten sich Marokko und POLISARIO auf einen „Verhaltenskodex" für eine Volksabstimmung. Die UN legten daraufhin den 7.12.1998 als nächsten Termin fest, doch die Registrierung der Wähler verzögerte sich – bis 1999 sollte sie abgeschlossen sein und etwa 150.000 Wahlberechtigte umfassen. Wiederum gab es keine Einigung, und die UN drohte unverhohlen mit dem Abzug ihrer Truppen. Ein neuer Kompromissvorschlag von James Baker sah daraufhin eine Teilautonomie unter marokkanischer Herrschaft vor, mit Volksabstimmung nach fünf Jahren, also 2003, der aber aufgrund eines Vetos Algeriens und der POLISARIO scheiterte.

In seiner **Rede zur Nation** am 24.4.2006 sprach **König Mohamed VI.** erstmals in der Öffentlichkeit von einer Autonomie unter marokkanischer Oberhoheit: Marokko behält die Souveränität über das Gebiet der Westsahara, die Rechts- und Militärhoheit, während die internen Angelegenheiten das Volk der Saharawi selbst in die Hand nehmen kann. Diesen Plan hat der König in einer Rede im Januar 2010 abermals bekräftigt und eine Expertengruppe beauftragt, ein Modell der Dezentralisierung zu erarbeiten, das auch für andere Provinzen des Landes gelten soll.

Bei diesem Plan erhält der König Unterstützung von den USA, Frankreich, Spanien, Italien und China. Die POLISARIO hält davon nichts und ist enttäuscht, dass die UNO keinen Druck auf Marokko ausgeübt hat, denn das Scheitern der bisherigen Verhandlungen wird in erster Linie Marokko zur Last gelegt.

Nach langer Diskussion mit der UN wurde auf Empfehlung von Generalsekretär *Ban Ki Moon* im Oktober 2010 beschlossen, das im April 2011 auslaufende **MINURSO-Mandat** abermals zu **verlängern.** In seinem Bericht stellte der Generalsekretär fest, dass keine der Konfliktparteien die Bedingungen der jeweils anderen Seite als Grundlage einer Wiederaufnahme der Verhandlungen akzeptierte – ein ziemlich bitteres Resümee.

Die Zeit arbeitet jedoch **für Marokko.** Das Ende des Kalten Krieges hat den Geldstrom aus den ehemals sozialistischen Staaten an die POLISARIO versiegen lassen. Die Flüchtlingslager bei Tindouf (Algerien) sind auf internationale Spenden angewiesen. Einige führende POLISARIO-Politiker sind auf die marokkanische Seite übergelaufen, weil sie den Kampf für aussichtslos halten: 2002 der ehemalige Militär- und Gendarmeriechef der saharawischen Interimsregierung *Lahbib Ayoub* und 2010 der ehemalige Polizeichef der POLISARIO *Ahmed Ould Souilem,* der Scheikh einer der wichtigsten Saharawi-Stämme der Oulad Denim, der sich offen für das Autonomie-Projekt des marokkanischen Königs aussprach. Er wurde im Herbst 2010 zum marokkanischen Botschafter in Madrid ernannt. Der neue Botschafter äußerte sich laut SZ vom 14.10.2010 folgendermaßen: „Mehr als 900 junge Saharawis sind zurück nach Marokko gegangen, wo das Leben weniger rau ist als in den Lagern. Es gibt eine schweigende Bewegung für die Rückkehr." Angeblich soll sich auch mit Unterstützung Marokkos in Tindouf die **Oppositionsgruppe „Reform und Gerechtigkeit"** gebildet haben. Algerien unterstützt weiterhin die PO-

DER VERGESSENE KRIEG IN DER WESTSAHARA

LISARIO, die bisher sämtliche Autonomievorschläge unter marokkanischer Verwaltung ablehnt und *Ban Ki Moon* offen der Parteinahme für Marokko bezichtigt. Einige westliche Regierungen sprechen mittlerweile nicht mehr von Annektierung der Sahara, sondern von „marokkanischer Verwaltung", was de facto den derzeitigen Stand wiedergibt.

Die POLISARIO drohte Mitte 2000 ganz offen mit einem neuerlichen Krieg, nachdem es in der Westsahara Demonstrationen für die Verbesserung der Rechte der Saharawis gegeben hatte, die von marokkanischen Sicherheitskräften niedergeschlagen wurden. Auch in den Folgejahren kam es zu größeren Demonstrationen und auch Inhaftierungen in Laâyoune und anderen Städten. Die letzten großen **Zwischenfälle** gab es am 8.11.2010, als das Zeltlager Gdaim Izik bei Laâyoune, in dem Saharawis sich über längere Zeit zum Demonstrieren versammelt hatten, von den marokkanischen Sicherheitskräften gewaltsam geräumt und niedergebrannt wurde. Es gab zwischen 12 und 19 Tote, wobei die meisten Opfer unter den Polizisten zu verzeichnen waren, einem wurde sogar in Al-Qaida-Manier die Kehle durchgeschnitten.

Wenigstens sind seit dem Jahr 2007 über das UNCHR (Flüchtlingswerk der Vereinten Nationen) wieder **Familienbesuche** von Saharawis aus dem marokkanisch verwalteten Teil in Tindouf möglich.

Die POLISARIO drängt auf **Einhaltung der Menschenrechte** von Seiten der Marokkaner, auch als wesentliche Bedingung für weitere Verhandlungen mit der UNO, obwohl ihnen selbst ein nicht gerade zimperlicher Umgang mit ihren Gefangenen vorgeworfen wurde. Die POLISARIO hielt über 1000 marokkanische Kriegsgefangene als Faustpfand unter übelsten Bedingungen über 25 Jahre in den Lagern bei Tindouf gefangen; nach Intervention der UNO und des Roten Kreuzes wurden die letzten Gefangenen erst 2005 freigelassen. Mittlerweile wird der POLISARIO nicht nur von den Marokkanern, sondern auch von westlichen Geheimdiensten Unterstützung der Al-Qaida des Maghreb nachgesagt. Im Januar 2011 wurde von der marokkanischen Polizei eine Terrorzelle zerschlagen, die Bombenanschläge auf Polizisten geplant haben soll und Waffenverstecke in der Westsahara unterhielt.

Die **Weltöffentlichkeit** nimmt von dem Konflikt kaum mehr Kenntnis, es sei denn bei spektakulären Aktionen wie dem Hungerstreik der aus der Westsahara stammenden Menschenrechtlerin *Haidar* in Lanzarote, der die Einreise in die Westsahara verwehrt wurde, weil sie auf den Einreiseformularen als Staatsbürgerschaft „Westsahara" angegeben hatte, oder dem Räumung des Zeltlagers bei Laâyoune 2010 (s.o.).

Marokko arbeitet mit einer **Verzögerungstaktik**, um seine Autonomiepläne durchzusetzen und ein Referendum zu verhindern (so 2007, 2008, 2009), und erhofft sich durch starke Investitionen in der Westsahara eine Abstimmung zu seinen Gunsten. De facto hat Marokko durch die Beherrschung von 90% des Gebietes, den Ausbau der Infrastruktur und die wirtschaftlichen Investitionen den Anschluss schon fast erreicht. Die **Hauptstadt Laâyoune,** die unter den Spaniern aus einer Ansammlung von wenigen Häusern bestand, ist inzwischen eine moderne Hafenstadt mit über 200.000 Einwohnern. Marokko hat nach eigenen Angaben fast 1 Mrd. Euro in die Westsahara investiert (dazu Steuersubventionen und Zollfreiheit in den südlichen Provinzen) und wird das Geld freiwillig wohl kaum in den Wind schreiben. Zu hoffen ist, dass in absehbarer Zeit eine offizielle, international gültige Vereinbarung unterzeichnet wird, die für beide Seiten akzeptabel ist und dem politischen Ränkespiel ein Ende macht.

Geschichte und Zeitgeschehen

Eine **Reform des Rechtssystems und der Sicherheitskräfte** sowie die Durchsetzung der Menschenrechte bei den relevanten Behörden und eine Verankerung in der Verfassung sind eine der großen staatlichen Herausforderungen für Marokkos Zukunft als Rechtsstaat. Doch im Zuge der Terrorismusbekämpfung und der Bedrohung durch die Maghreb-Al-Qaida sowie infolge der Eingliederung der Westsahara und der damit einhergehenden Proteste wird Marokko wohl weiterhin autoritär-repressiv ausgerichtet bleiben. Quelle: Auswärtiges Amt (www.auswaertiges-amt.de).

Terrorismusbekämpfung

Die Regierung pflegt enge **Beziehungen zu den USA**. Der König war einer der ersten Staatschefs, die ihr Bedauern über den Terroranschlag des 11. September 2001 ausdrückten. Jedoch waren unter den Attentätern und Unterstützern viele Marokkaner, sodass die Gefahr eines Anschlags von Al-Qaida auch in Marokko drohte.

Und der Terror ließ nicht auf sich warten: Am **16. Mai 2003** kam es zu einer **Anschlagsserie in Casablanca** durch eine verhältnismäßig wenig bekannte radikale islamistische Partei, bei der 41 Menschen ums Leben kamen und 60 verletzt wurden. Ziele des Attentats waren ein Luxushotel, ein spanisches Club-Restaurant, eine Straße nahe des Belgischen Konsulats, ein jüdischer Friedhof und ein Club der Israelischen Gemeinde. Die Täter kamen aus dem islamistischen Milieu der Armenviertel der Stadt. Die Bevölkerung reagierte mit großer Bestürzung und Entsetzen – es kam zu den größten Demonstrationen seit der Unabhängigkeit.

Der König ließ ein **Antiterror-Gesetz** in Kraft treten, das Festnahmen, Hausdurchsuchungen und die Überwachung von Post und Telekommunikation wesentlich erleichtert. Die Sicherheitspolitik wurde massiv verschärft, die Polizeipräsenz im Land ist wesentlich gestiegen. Bei öffentlichen Veranstaltungen gelten höchste Sicherheitsvorkehrungen. Im August 2003 wurden vier der Unterstützung des Attentats Verdächtige schuldig gesprochen und zum Tode verurteilt.

Trotz des harten staatlichen Vorgehens gegen radikale islamistische Gruppen kam es im **März und April 2007** zu mehreren **terroristischen Vorfällen in Casablanca** mit acht Toten und etwa 40 Verletzten. Am verheerendsten jedoch war der islamistische Bombenanschlag mitten **in Marrakesch Ende April 2011** mit 17 Toten, darunter mehrere Ausländer (s.a. bei Marrakesch). Die Folgen für den Tourismus bleiben abzuwarten. Die Erfahrung zeigt, dass nach einem (deutlichen) Rückgang der Touristenzahlen wieder eine mehr oder weniger schnelle Normalisierung der Lage eintritt.

Der allgemeine Reisehinweis des Auswärtigen Amtes für alle nordafrikanischen Länder, der vor der **Entführungsgefahr** in „nicht hinreichend durch wirksame Polizei- oder Militärpräsenz gesicherten Gebieten der Sahara" warnt, ist mehr als Vorsichtsmaßnahme mit Blick auf Regressansprüche denn als Hinweis auf wirklich drohende Gefahren für Touristen zu verstehen (s.a. Kapitel „Tourismus").

Nordafrika-Krise 2011

Nach den **Demonstrationen** und politischen **Unruhen** in Tunesien, Ägypten, Libyen, Syrien und anderen Ländern des arabischen Raums formierten sich auch in Marokko Anfang 2011 **Bürgerinitiativen,** die zu Reformen aufriefen. Am 20. Februar 2011 demonstrierten Zehntausende Menschen in sieben marokkanischen Städten weitgehend friedlich für mehr Freiheit und Arbeit, weniger Korruption und eine Verfassungsreform zur Einschränkung der königlichen Machtbefugnisse. Seitdem finden im Rahmen dieser **„Bewegung des 20. Februar"** regelmäßig Demonstrationen statt, die größtenteils friedlich verlaufen und nicht den Rücktritt des Herrschers König *Mohamed VI.* zum Ziel haben, sondern demokratische Reformen, die Bekämpfung der Korruption und eine wirksame Gewaltenteilung. Der König proklamierte daraufhin den Übergang zu einer konstitutionellen Monarchie und ließ am **1. Juli 2011** über eine **neue Verfassung** abstimmen, die mit 98% der abgegebenen Stimmen bei einer Wahlbeteiligung von 73% angenommen wurde.

WIRTSCHAFT

Wirtschaft

Landwirtschaft

Marokko ist ein Agrarland: 44% der Bevölkerung leben von der **Land- bzw. Forstwirtschaft** und von der **Fischerei,** und mit – je nach Ernteerträgen – 12–17% des Bruttoinlandsproduktes sind sie ein wichtiger Sektor der Volkswirtschaft.

Fast 22% der **Landfläche entfallen auf Ackerland** und Dauerkulturen, 13,5% davon werden bewässert. Vor allem der Anbau von **Weizen, Gerste und Hafer** nimmt mehr als die Hälfte der landwirtschaftlichen Fläche ein. Hinzu kommen Mais, Tomaten, Zuckerrohr, Zuckerrüben und Kartoffeln. Im **Obstanbau** dominieren Orangen, Zitronen, Mandarinen und Mandeln. Zwei Drittel der Weintrauben werden zu **Wein** verarbeitet und zum Großteil exportiert. Der Markt für **Fruchtsäfte** wächst aktuell um 20% jährlich, da im Inland ein großer Nachholbedarf besteht.

Reis, Hirse, Bohnen, Kichererbsen, Artischocken und Auberginen werden in großem Stil kultiviert. 13 Millionen **Olivenbäume** dienen der Speiseölherstellung, der Exportanteil ist hoch, die Produktion steigt.

Im Anti-Atlas wird immer mehr **Arganienöl** hergestellt, das zwar nur einen winzigen Beitrag zum Export leistet, aber aufgrund seiner hohen Qualität und Einzigartigkeit (der Arganienbaum wächst nur in Südmarokko) immer mehr Nachfrage in der Bio- und Wellnessbranche erfährt.

Im Osten Marokkos wird **Halfagras** angebaut und zur Papierherstellung verwendet. In geringem Maße werden auch **Baumwolle und Tabak** produziert.

Es gibt einen **kleinen, hochmodernen Agrarsektor,** der **exportorientiert** und auf großen Landgütern beheimatet ist. Angebaut werden insbesondere Frühkartoffeln, Gemüse, Erdbeeren, Zitrusfrüchte und Spargel.

Illegal werden aus dem **Hanfanbau** (Marihuana, Haschisch) im Rif-Gebirge ca. 2 Mrd. US-$ pro Jahr erzielt.

Weit über die Hälfte der jährlichen Gesamternte wird **auf nur 13% der landwirtschaftlich genutzten Fläche** erwirtschaftet. 10% der agrarischen Betriebe bewirtschaften Anbaugebiete von 100 und mehr Hektar, 11% der Betriebe verfügen über 55% der gesamten landwirtschaftlichen Betriebsflächen. So kann man sich leicht ausrechnen, dass auf den restlichen 45% nur **Subsistenzwirtschaft** betrieben wird und diese Felder vor allem im Gebirge noch mit archaischen Methoden bestellt werden.

Seit 2005 können ausländische Investoren ehemals staatliches Land langfristig pachten. Auf diese Weise sollen 700.000 Hektar möglichst ertragreich genutzt werden. Bei Meknès, in einer der fruchtbarsten Regionen des Landes, soll der **Agro-Industriepark Agropolis** entstehen.

Angesichts der ständig ungewissen jährlichen Regenmengen werden die **Bewässerungsanlagen ausgebaut und erweitert,** um die Nutzflächen zu vergrößern. Denn regelmäßig wird Marokko von **Dürreperioden** heimgesucht, die der Landwirtschaft starke Einbußen bringen. Weizen z.B. muss regelmäßig teuer importiert werden. Das Land verfügt über etwa 100 große Talsperren, Dutzende weitere sind in Planung. Die Steigerung des BIP im regenreichen Jahr 2006 war vor allem der Getreideernte zu verdanken, die sich gegenüber dem Vorjahr mehr als verdoppelte. Die Ernte 2007 fiel aufgrund der Trockenheit dagegen eher schlecht aus und ließ das Wirtschaftswachstum wieder sinken, während im regenreichen Jahr 2008 das BIP um 5,3% anstieg. Dies zeigt die starke Abhängigkeit der marokkanischen Ökonomie von der Landwirtschaft und damit von den jährlichen Niederschlägen und Ernteerträgen.

Ein wirtschaftlicher Rückschlag für Marokko war der Beitritt Portugals und Spaniens zur **EU** am 1. Januar 1986 (Marokkos Aufnahmeantrag wurde abgelehnt). Seitdem sind die Exportchancen für (land-)wirtschaftliche Erzeugnisse durch die Abschottungspolitik der EU beeinträchtigt. Ein Assoziierungsabkommen mit der EU (in Kraft seit 2000) verbesserte die Situation zwar geringfügig, konnte die Exporteinbußen der vergangenen Jahre aber bei weitem nicht wettmachen. Ein Freihandelsabkommen mit den **USA** (FTA) 2006 beschert dem Land zwar konstante

Viehmarkt in Ourika

Wachstumsraten, doch der Export von Lebensmitteln wird in Zukunft nicht mehr die Rolle von früher spielen. Marokko wandelt sich laut Bundesministerium für wirtschaftliche Zusammenarbeit vom Agrar- zum Industrie- und Dienstleistungsland.

Forstwirtschaft

Zur Aufforstung des Landes wurden in den letzten zwei Jahrzehnten enorme Anstrengungen unternommen. Das Land drohte, ähnlich wie alle südlichen Mittelmeerländer, zu verkarsten, da die Nomaden und Kleinbauern vorwiegend Ziegen und Schafe halten, die die jungen Triebe der Bäume fressen und so alles Grün mit der Zeit vernichten. Es gibt ein eigenes Ministerium für Wasser- und Forstwirtschaft, und in Zusammenarbeit mit einigen Entwicklungshilfegesellschaften wurden zahlreiche Projekte zur Unterstützung einer sinnvollen Waldnutzung ohne Zerstörung der natürlichen Resourcen gefördert. Inzwischen sind etwa **20% der Landesfläche bewaldet.** Dies ist mehr als in Spanien und weit mehr als in den übrigen nordafrikanischen Ländern.

Die Wälder befinden sich fast ausschließlich in staatlichem Besitz. Vorwiegend wachsen **Stein- und Korkeichen, Thujen, Wacholder, Zypressen** und **Eisenholzbäume** bzw. die in Marokko endemisch vorkommenden **Arganienbäume** im Anti-Atlas.

Die **Aufforstung** in den 1970er und -80er Jahren bediente sich vor allem schnell wachsender Arten wie Eukalyptus, Akazien, Kiefern und Pappeln. Davon ist man abgekommen, vermehrt werden wieder einheimische Arten wie Kork- und Steineichen gepflanzt. Denn gerade Eukalyptus ist ein starker Wasserverbraucher und trägt zur Verwüstung seiner Umgebung bei. Trotz massiver Bemühungen des Forst- und Wasserministeriums – ein

WIRTSCHAFT

Aufforstungsplan bis 2020 sieht 5000 Hektar Aufforstungsfläche pro Jahr vor – ist mit einer Verringerung des Waldbestandes zu rechnen, da der „illegale" Einschlag zur Brennholzgewinnung nach wie vor sehr stark ist.

Viehzucht

Die Viehhaltung hat für die Gesamtwirtschaft einen **geringen Stellenwert,** bringt aber ein Drittel der Erlöse in der Landwirtschaft. Die Erzeugung tierischer Produkte ist im Vergleich mit anderen nordafrikanischen Ländern gering, jedoch in den letzten Jahren stark am Anwachsen, vor allem im Bereich der Geflügelproduktion. Wesentliche **Bedeutung** hat die Viehwirtschaft **für die Kleinbauern,** für den Eigenverbrauch und den Verkauf auf den Märkten der Provinz.

Nach den Statistiken sind **Rind- und Kalbfleisch** neben Hühnerfleisch **am wichtigsten für die Ernährung.** Rinder gibt es in den Ebenen zwischen Rif und Atlas, im Rharb (Gharb), Sous und in den milden, grünen Gebieten des Mittleren Atlas.

Abseits der großen landwirtschaftlichen Ebenen werden **Schafe und Ziegen** in Wechselweidewirtschaft gehalten.

Esel, Maultiere und **Pferde** sind die beliebtesten Arbeits- und Reittiere, ihnen begegnet man im ganzen Land.

Ochsen und Esel werden als Zugtiere für Pflüge und Ölmühlen verwendet. **Kamele** sieht man fast ausschließlich in den Regionen südlich des Atlas, aber auch zwischen Essaouira und Agadir. Sie dienen als Last- und Reittiere.

Fischerei

Der im Atlantik vor Marokkos Küsten vorbeifließende Kanarenstrom mit seinem Planktonreichtum sorgt für **ertragreiche Fischgründe.** Zur Förderung der Fischerei wurde 1981 ein eigenes Ministerium geschaffen, und zahlreiche Fischereihäfen vor allem an der südlichen Atlantikküste wurden ab den 1990er Jahren ausgebaut. Die Fischerei trägt nur mit 2% zum BIP bei, jedoch mit etwa 10% zum Export. Die Hälfte der Fangmenge stammt aus den **Gewässern vor der Westsahara** – der wichtigste Fischereihafen ist mittlerweile Laâyoune, gefolgt von Tan-Tan.

An den Küsten zwischen Larache und Agadir werden Thunfisch, Seezungen, Sardinen, Makrelen, Meeraale, Rochen, Brassen, Austern und Tintenfische gefangen. Vor den Küsten Agadirs und Essaouiras werden Langusten und Hummer in großer Zahl eingebracht. Die Hochseefischerei liefert in erster Linie Sardinen. Marokko ist **weltweit zweitwichtigster Erzeuger von Sardinenkonserven** (350.000 t im Jahr) und zweitgrößter Hersteller des Rotalgenextrakts Agar-Agar (über 1200 t pro Jahr). 50% davon gehen in die EU.

Die **Binnengewässer** Marokkos, vor allem die Bergseen des Mittleren Atlas, sind reich an Süßwasserfischen wie Forellen, Hechte, Brassen, die aber in erster Linie von Hobbyfischern geangelt werden.

1995 kam es über die Frage der Fischereirechte vor der marokkanischen Küste zu einem **Streit zwischen Spanien und Marokko,** der im selben Jahr mit einem Fischerei- und EU-Assoziierungsabkommen beigelegt werden konnte. 1999 ergaben sich aus fälligen Verlängerung des **Fischereiabkommens mit der EU** Auseinandersetzungen, denn Marokko wollte nicht nur über Quoten und Zahlungen für Konzessionen verhandeln, sondern auch Gelder zur Modernisierung der eigenen Fischwirtschaft fordern. 2006 gab es schließlich eine Einigung mit einem neuen Fischereiabkommen. Die Vereinbarung legt neben einer Fangquote und einem jährlichen finanziellen Ausgleich auch eine hohe Summe für die Modernisierung und Umstrukturierung der marokkanischen Küstenflotte, für die Förderung von Vermarktung und Absatz sowie die Unterstützung der wissenschaftlichen Forschung fest. Ein staatliches Finanzierungsprogramm stellt der Fischindustrie von 2008 bis 2012 ein Summe von 60 Mio. Euro zur Verfügung.

Bodenschätze und Energie

Marokko verfügt über reiche Bodenschätze, die bei Weitem noch nicht alle erforscht und

WIRTSCHAFT

genutzt wurden. Noch trägt der Bergbau erst mit ca. 4% zum Bruttoinlandsprodukt bei, der Wert dürfte aber aufgrund der besseren Preise für Phosphat auf dem Weltmarkt deutlich ansteigen.

Wichtigstes Bergbauprodukt ist das Rohphosphat. Die jährliche Fördermenge beträgt 28 Millionen Tonnen und soll bis zum Jahr 2012 auf 55 Millionen Tonnen gesteigert werden. Nach einer langen Phase rückgängiger Phosphatpreise stieg der Preis innerhalb von zwei Jahren um fast das Zehnfache auf über 400 US-$ pro Tonne. 78% der Phosphatreserven der Welt liegen auf marokkanischem Territorium (vor allem auch in der Westsahara). Für den Export bedeutsam sind zudem Manganerze, Kohle, Eisen- und Bleierze und Kobalt, ebenfalls Baryt. Zinkerz, Zinn, Nickel, Kupfer, Antimon, Silber, Fluorit (Flussspat), Bentonit und Tonerde werden ebenfalls gefördert.

Die bekannten marokkanischen **Erdölvorkommen** im Gharb sind fast erschöpft. Die im Jahr 2000 groß verkündeten Öl- und Erdgasvorkommen in der Nähe von Talsinnt haben sich nicht bewahrheitet. Auch vor der marokkanischen Atlantikküste (Westsahara) werden noch Ölvorkommen vermutet, Shell wurde mit der Prospektion beauftragt. 2008 wurden laut CIA World Factbook 836.000 Barrel Erdölreserven geschätzt, ein lächerlicher Vorrat angesichts eines Ölverbrauches von 179.700 Barrel pro Tag (2006) und einem Import von 192.500 Barrel pro Tag.

Der Abbau von Uran (Kernenergie) und die Nutzung der großen **Erdgasvorkommen** werden ebenfalls stark gefördert. Die Ausbeutung von **Ölschiefern** bei Timadhite und Tarfaya wurde in einzelnen Gebieten wegen mangelnder Rentabilität wieder aufgegeben. Aus der Erdgaspipeline, die von Algerien nach Südeuropa 525 km über marokkanisches Terrtorium führt, kann Marokko für den Eigenbedarf entnehmen.

Bislang muss Marokko noch **85% der Energierohstoffe importieren,** wofür das Land einen stetig wachsenden Anteil seiner Devisen ausgeben muss. Deshalb wird immer mehr sowohl in Windenergie (vor allem an der Straße von Gibraltar) als auch in Solartechnik investiert; Marokko will sich als wichtigster afrikanischer Partner und Standort in den 2009 von der Deutschen Rück und dem Bundesumweltministerium geförderten **Desertec-Programm** zur Erzeugung von Solarstrom in der Wüste einbringen (www.desertec.org.de).

Industrie und Außenhandel

Privatisierung, Liberalisierung und Investitionsförderung stehen im Mittelpunkt der marokkanischen Wirtschaftspolitik (nicht zuletzt auf Druck des IWF, der Weltbank und im Rahmen von Umschuldungsprogrammen). So wurde der ökonomische Anschluss an den Westen erreicht: eine marktfreundliche Wirtschaftsordnung, Schutz des Eigentums, Preisbildung hauptsächlich durch Angebot und Nachfrage, realistische Wechselkurse, Gewerbe- und Niederlassungsfreiheit.

Lederverkäufer im Souk

Tourismus

Wichtige Industrien sind der **Nahrungsmittelsektor** (mit 8% des BIP), die **Textilindustrie** und Lederprodukte, die **chemische Industrie** (Phosphate, Sulfate, pneumatische und Kunststoffartikel, Zement) und die **Zulieferindustrie** in den Bereichen IT, Automobile und Luftfahrt.

Die marokkanische **Exportbilanz** entwickelt sich positiv. Insgesamt aber ist Marokko aufgrund geringer Produktivität und Qualität international noch nicht ausreichend wettbewerbsfähig. **Textilien** stehen als Exportprodukt mit Abstand an der Spitze, gefolgt von Fisch/Meeresfrüchten, Phosphorsäure und Phospat sowie Düngemitteln und Nahrungsmitteln. Marokkanische Textilien stehen jedoch auf dem europäischen Markt zunehmend mit asiatischer Ware in Konkurrenz. Unter den **Abnehmerländern** steht Frankreich mit rund 20% an erster Stelle, gefolgt von Spanien, Indien, Brasilien, Italien, USA, Großbritannien und Deutschland (2,1%).

In trockenen Jahren entfallen bis zu 10% der **Importe** auf Nahrungsmittel (vor allem Getreide, Tee, Kaffee, Zucker, Tabak, Vieh). Den größten Posten mit etwa einem Viertel der Einfuhren nehmen Konsumgüter, Investitionsgüter wie Erzeugnisse des Maschinenbaus, elektrotechnische Produkte und Fahrzeuge ein, gefolgt von bearbeiteten Waren (darunter Eisen und Stahl). 16% der Einfuhren entfallen auf mineralische Brennstoffe. Der **größte Lieferant** Marokkos ist **Frankreich**, dann folgen Spanien, China, Italien, Saudi-Arabien, Deutschland, USA und die Niederlande.

Die Zahlen lassen die EU als mit Abstand wichtigsten Handelspartner erkennen. Im Jahr 2000 wurde ein **Assoziierungsabkommen mit der EU** abgeschlossen – bis 2012 sollen erste Zollschranken fallen.

Das **Wirtschaftswachstum** betrug zwischen 2005 und 2008 im Schnitt über 5%, und auch die Weltwirtschaftskrise hat Marokko nicht in dem Maße erfasst wie die europäischen Nachbarländer Spanien und Portugal. Die Außenhandelsbilanz ist jedoch weiter negativ.

Tourismus

Der Tourismus ist die **zweitwichtigste Devisenquelle** Marokkos (nach dem Geldtransfer der Gastarbeiter aus dem Ausland!) und wichtiges Ausgleichsinstrument für die Handelsbilanz. Zudem trägt er zur ökonomischen und infrastrukturellen Entwicklung vieler (vor allem ländlicher) Regionen bei. Allerdings hat das Land nach dem zunächst starken Anstieg der Touristenzahlen und Förderung der klassischen Standbeine **Bade- und Rundreisetourismus** immer wieder mit Einbrüchen bzw. Stagnation zu kämpfen. Marokko sieht sich der starken **Konkurrenz** vor allem **durch Tunesien** ausgesetzt, das billiger ist, flexibler auf Änderungen und spezielle Marktchancen reagiert und weniger mit **marokkospezifischen Imageproblemen** (Belästigung durch bettelnde Kinder und Geschäftemacher etc.) zu kämpfen hat. Hinzu kommen nach den Attentaten und Bombenanschlägen in Casablanca 2003 und 2007 sowie in Marrakesch im April 2011 die **Sicherheitsängste vieler Touristen**. Diese sind allerdings – sofern man die Armen- und Ballungsviertel Casablancas meidet – unberechtigt: Nach wie vor wird man als Tourist in Marokko höchst willkommen geheißen, und der marokkanische Staat bekämpft den islamistischen Terror ebenso rigoros wie die Länder der EU. Das schwer zu bemessende Anschlagsrisiko schätzen wir in Marokko deshalb nicht höher ein als in Europa. Wie sich die (touristische) Situation vor dem Hintergrund der Staatskrisen in Tunesien, Libyen, Ägypten, Syrien usw. im Frühjahr 2011 entwickelt, ist schwer einzuschätzen.

Mit dem sogenannten **Plan Azur** bzw. der **Vision 2010** formulierte die marokkanische Regierung einen ehrgeizigen Tourismusentwicklungsplan, der u.a. die Einrichtung von sechs neuen, großen Badezentren sowie zehn Millionen Touristen pro Jahr bis 2010 vorsah. Davon profitierten auch die Infrastruktur und der Bausektor, neue Arbeitsplätze wurden geschaffen. Insgesamt bietet der Tourismus ca. 1 Mio. Arbeitsplätze. Als zukunftsträchtig gelten neben dem Ausbau des Badetourismus auch die Segmente **Trekking-,**

Stadt- und Golftourismus. Das Tourismusministerium setzt auch verstärkt auf die Förderung des Tourismus im ländlichen Raum. Dazu zählt auch der Bereich Ökotourismus, die Errichtung von Herbergen *(Gîtes)* und der Ausbau der sportlichen Aktivitäten im Bereich Trekking, Kanu, Radfahren etc.

Die Gesamtzahl der **ausländischen Besucher** stieg in den letzten Jahren kontinuierlich an. Das Tourismusministerium jubelte Anfang 2010 über einen Anstieg von 10% der Übernachtungen im Dezember 2009 im Vergleich zum Vorjahr. Hier konnte vor allem Marrakesch mit +26% punkten und liegt mit 38% bei der Gesamtzahl der Übernachtungen an der Spitze. Aber im Jahresvergleich muss Marrakesch im Gegensatz zu Fès (+10%) ein Minus von 1%, Agadir von 4% und Rabat sogar von 10% verzeichnen. 2009 war vor allem die Zahl der skandinavischen (-5%) und britischen (-7%) Touristen rückläufig, während sich die Zahl der Touristen aus arabischen Ländern (+6%) sowie Spanien (+10%), Niederlande, Belgien (beide +10%) und Frankreich (+4%) erhöhte. Deutschland blieb mit 1% Zuwachs an Besuchern, aber -7% an Übernachtungen hinter den Erwartungen zurück. Trotzdem kam Marokko seinem Ziel, die 10-Millionen-Marke zu erreichen, mit 8,34 Millionen Besuchern im Jahr 2009 (+6%) einen Schritt näher. Die meisten Touristen kommen aus Frankreich (37%), Spanien (22%), Belgien (6%), den Niederlanden (5%) und Deutschland (5%).

Hoffnung auf Wachstum versprach das **Luftverkehrsabkommen** mit der EU, das Fluglinien wie Ryanair und TUIFly Direktflüge aus Deutschland nach Marrakesch und Fès ermöglicht, jedoch 2009/10 aufgrund der schlechten Konjunkturlage nicht wirklich zur Entfaltung kam.

Im Übrigen: **Der Tourismus hat natürlich nicht nur positive Seiten.** Er bringt auch erhebliche soziokulturelle Probleme mit sich. Die Preise in Touristengebieten steigen auch für Einheimische stark an, und der Zusammenstoß fremder Kulturen und Mentalitäten ist nicht immer fruchtbar. Alkoholismus und Prostitution nehmen zu, die Kriminalität ebenso. Jeder Tourist – egal welchen Status er in seinem Heimatland einnimmt – wird als „reich" eingestuft und als zahlungskräftiger Kunde betrachtet. Viele Marokkaner versuchen deshalb mit einem Kleinbetrieb – sei es ein Café/Restaurant, ein kleines Hotel oder eine Souvenirbude – am Tourismus zu verdienen. Das verschafft manchen Anbietern sicher Ansehen und Einkommen, viele scheitern aber aufgrund mangelnder Kenntnisse und Kapital. Die Konkurrenz ist groß, vor allem im Süden: Nahezu jede Familie bietet Kamel- oder andere Wüstentouren an bzw. betreibt ein kleines Gästehaus. Was in unseren Augen als gesunder Wettbewerb erscheint, gestaltet sich in Marokko häufig ruinös – und das Vorgehen gegen unliebsame Konkurrenz gleicht gelegentlich Mafiamethoden.

Bevölkerung und Sozialwesen

Allgemeines

30% der rund **34 Millionen Einwohner** Marokkos sind jünger als 15 Jahre. Fast 48% der Bevölkerung können weder lesen noch schreiben. Die **Arbeitslosenquote** beträgt laut offizieller Statistik durchschnittlich **9,8%**, am stärksten betroffen sind die Städte (15,8%) sowie Frauen und die Altersklasse zwischen 15 und 34 Jahren, hier liegt die Quote sogar bei 21%. Dramatisch ist die Zahl der arbeitslosen Akademiker, die erst in den letzten Jahren wieder etwas abgenommen hat (19,7%). Zwischen Stadt und Land bestehen erhebliche Unterschiede im Einkommen und dem erreichten Lebensstandard. Die Schere zwischen Arm und Reich öffnet sich immer weiter. Noch etwa 2,8 Millionen Marokkaner leben unterhalb der **Armutsgrenze,** weitere vier Millionen knapp darüber. Das birgt sozialen Sprengstoff, der zur Radikalisierung bestimmter Bevölkerungsgruppen oder zu verstärkter illegaler Einwanderung nach Europa führt. Um die Lebensbedingungen in städtischen Slums zu verbessern, die Armut zu bekämpfen und die Arbeitslosigkeit zu verringern, startete die

BEVÖLKERUNG UND SOZIALWESEN

marokkanische Regierung im Jahr 2005 eine „Nationale Initiative für menschliche Entwicklung" (INDH) mit einem Budget von 2 Mrd. US-$. Der HDI (Human Development Index der Vereinten Nationen) 2008 weist Marokko auf Platz 123 von 177 Ländern aus, immerhin eine Verbesserung von drei Plätzen gegenüber dem Vorjahr.

Das jährliche (statistische, undifferenzierte und wenig aussagekräftige) **Pro-Kopf-Einkommen** in Marokko lag im Jahr 2007 bei 2389 US-$. Auch wenn seit 1996 gesetzliche **Mindestlöhne** (SMIG = *Salaire Minimum interprofessionell garanti*, rund 10 DH/Std.) gelten, wird die Entlohnung vor allem in den Städten kaum den Lebenshaltungskosten gerecht bzw. der Mindestlohn oft auch nicht eingehalten. Ein Industriearbeiter verdient etwa 2500 DH im Monat, ein Diplomingenieur 9000 bis 14.000 DH, ein Arzt ähnlich und ein Uni-Professor maximal 21.000 DH. Häufig wird in Form von Bestechungsgeldern ein Zubrot verdient.

Seit 2004 der **Code du Travail** verabschiedet wurde, gilt in Marokko die **44-Stunden-Woche**. Ferner wurden die Regelungen für Mutterschutz, Arbeitsunfälle, Invalidität, Altersrente, Familien und Hinterbliebene ausgeweitet. Zwangsarbeit und Kinderarbeit unter 15 Jahren wurden unter Strafandrohung verboten, kommen aber trotzdem weiter vor.

Es gab außerdem seit 2005 Änderungen bei der **Sozialversicherung**, die den Kreis der Empfänger ausweiten; bisher sind allerdings nur 18% der Bevölkerung sozialversichert. Meist bleiben die eigenen Kinder immer noch die zuverlässigste Krankheits- und Altersvorsorge. Die Sozialversicherungspflicht galt bisher nur bei Beschäftigung länger als acht Monate. Die Folge: Sie wurde häufig umgangen, indem Leute nur für acht Monate eingestellt wurden. Die Angestellten hatten somit keinerlei Versicherung, auch wenn sie faktisch jahrelang für den gleichen Arbeitgeber arbeiten.

Der überwiegende Teil (fast 45%) der marokkanischen Erwerbstätigen arbeitet in **Landwirtschaft und Fischerei**, 19,8% in der Industrie und 35,5% im Dienstleistungssektor. Hierzu zählt auch der informelle Sektor (vor allem Handel), der typisch für Entwicklungs- und Schwellenländer ist. Vermutlich fast die Hälfte der marokkanischen Bevölkerung ist in ihm beschäftigt, oft im Nebenerwerb oder in Form von Kinderarbeit, und trägt mit 36% zum Bruttoinlandsprodukt bei.

Der **Anteil der arbeitenden Frauen** (ab 15 Jahren) betrug 1980 nur 8%, 2007 waren es 28,4%, davon über die Hälfte in der Landwirtschaft. Erst seit einigen Jahren können verheiratete Frauen ohne Erlaubnis ihres Ehemannes einer bezahlten Arbeit nachgehen.

Prostitution existiert offiziell nicht. Vielen Frauen in wirtschaftlicher Notlage und Mädchen, die vor der Heirat ihre Jungfräulichkeit eingebüßt haben, bleibt aber kein anderer Ausweg, als ihren Körper zu verkaufen. Auch Männerprostitution (hetero- und homosexuell) ist häufig. In Agadir und Umgebung fallen nicht nur Insidern die älteren Damen auf, die in Begleitung junger Marokkaner unterwegs sind. In Europa ist Marokko – insbesondere Marrakesch – als Homosexuellen-Treffpunkt schon lange bekannt.

Kinderprostitution, häufig unter Beteiligung einheimischer Vermittlung, ist leider keine Seltenheit. In den letzten Jahren wird endlich auch von staatlicher Seite strenger durchgegriffen; einige Ausländer wurden wegen Pädophilie verurteilt und inhaftiert. Die gesundheitlichen Folgen der Prostitution – Geschlechtskrankheiten und **AIDS** (franz. SIDA)– bleiben sicher nicht aus. Nach (offiziellen!) Schätzungen sind bisher – ähnlich wie in Deutschland – 0,1% der Bevölkerung mit dem HI-Virus infiziert.

Schulwesen

Zu Beginn der Unabhängigkeit waren 80% aller Marokkaner im schulfähigen Alter Analphabeten. So stand die Regierung vor der gewaltigen Aufgabe, die Kinder in die Schulen zu bekommen. **1959** begann die **Vereinheitlichung des Schulsystems**, das zuvor vorwiegend aus spanischen, französischen, jüdischen und muslimischen Schulen bestand. **1963** wurde die **allgemeine Schulpflicht** für 7- bis 13-Jährige eingeführt.

1956 besuchten erst 200.000 Kinder die Schule, 1982 betrug die **Einschulungsquote**

Bevölkerung und Sozialwesen

Marokkanische Schönheitsmittel ...

in den Primärschulen erst 50% (mit einem starken Übergewicht in den städtischen Gebieten). Heute liegt sie bei erfreulichen 96%. Bei der Gruppe der über 15-Jährigen besucht allerdings nur noch die Hälfte eine Schule. Vor allem in den unzugänglichen Gebieten des Atlasgebirges und unter den Nomaden ist es unüblich, die Kinder zur Schule zu schicken. Aber selbst in den Städten werden vor allem kleine Mädchen als billige Arbeitskräfte benutzt, um zum Familieneinkommen beizutragen.

Die **Analphabetenquote** beträgt immer noch an die **48%**, mit einer deutlichen Prävalenz auf dem Lande und bei den Frauen. Eine Initiative der Stiftung Mohamed VI. des Königs führte Unterricht an Moscheen ein, der vor allem Frauen zugutekommt. Diese Maßnahme verhindert, dass konservative Männer aus meist religiös orientierten Bevölkerungsschichten ihren Frauen den Unterricht außer Haus verbieten. Bis 2010 sollte die Analphabetenrate auf 20% absinken, eine Utopie, wie die geringfügigen Verbesserungen in den Statistiken zeigen.

Das **Schulsystem** ist **nach französischem Vorbild** aufgebaut. Es gibt staatliche und private Schulen. Eine wichtige Rolle spielen nach wie vor die Koranschulen. Neben Primarschulen (*écoles primaires*) und Sekundarschulen (*écoles secondaires*) gibt es technische Schulen (*écoles techniques*). Die **Regelschulzeit** in staatlichen Schulen beträgt sechs Jahre in der Primarstufe (Abschluss *Certificat Moyen*). Die Sekundarstufe, zu denen die Gymnasien (*lycées*) zählen, beträgt ebenfalls sechs Jahre. Diese zweite Stufe der Ausbildung gibt es nur in den Städten.

Unterrichtssprache ist Arabisch, unterstützend wird in der Grundschule seit 2004 in 300 Schulen in den ersten zwei Klassen auch in Masirisch bzw. Tamazight unterrichtet. Von Berbervertretern wird aber nach wie vor kritisiert, dass ihre Muttersprache in der Schule zu kurz kommt und nicht wie 2005 beschlossen auch an den Gymnasien An-

BEVÖLKERUNG UND SOZIALWESEN

wendung findet. Arabisch ist in vielen Gebieten Marokkos für die Schüler eine Fremdsprache.

Unter den **Fremdsprachen** nimmt **Französisch** eine Vorrangstellung ein. Es gibt viele private französische Schulen die Schulgeld kosten und auf diese vorwiegend Kinder der Oberschicht und Mittelschicht geschickt werden. So kommt es zu dem Paradox, dass viele Oberschichtkinder besser Französisch als Arabisch sprechen.

Nach wie vor sind gewaltige Anstrengungen nötig, um das Schulsystem zu verbessern. So sind Lehrkräfte weiterhin Mangelware und schulische Einrichtungen fehlen auch. Auch wenn der Schulbesuch kostenlos ist, können sich viele Familien nicht einmal Hefte und Stifte leisten – Betteleien nach einem „stylo" werden so verständlicher. In den letzten Jahren bekam Marokko zum Teil erhebliche Unterstützung aus dem Ausland, um den Bildungssektor zu reformieren.

Universitäten befinden sich Rabat, Casablanca, Fès, Oujda, Marrakesch, Meknès, Ifrane, El Jadida, Kénitra, Agadir und Tétouan.

Gesundheitswesen

Das marokkanische Gesundheitswesen ist im Vergleich zu anderen afrikanischen Staaten **relativ gut ausgebaut,** zwischen Stadt und Land jedoch sehr unterschiedlich. Ein Arzt kommt in Marokko auf etwa 2000 Einwohner – in Deutschland steht im Durchschnitt ein Arzt für 270 Einwohner zur Verfügung.

In den Städten ist die ärztliche Versorgung gut. Dort lässt sich die Mehrzahl der Ärzte nieder, weil eine bessere Infrastruktur zur Verfügung steht und das Publikum wesentlich zahlungskräftiger ist.

In den öffentlichen **Krankenhäusern** ist die Versorgung kostenlos, Korruption aber an der Tagesordnung, sodass meist doch nur derjenige behandelt wird, der erfolgreich geschmiert hat. Grundsätzlich sind private Krankenhäuser und Ärzte wesentlich besser ausgestattet als die öffentlichen.

... und Heil- bzw. „Wundermittel"

BEVÖLKERUNG UND SOZIALWESEN

2005 wurde eine **gesetzliche Krankenversicherung** (Assurance Maladie Obligatoire, AMO) eingeführt, die den Zugang der Bevölkerung zu medizinischer Versorgung verbessert hat. Es wird jedoch noch lange dauern, bis die Mehrheit über einen Versicherungsschutz verfügt.

Die **ärztliche Versorgung auf dem Lande** wird in erster Linie durch die Gesundheitszentren garantiert. Hier wird kostenlos, freundlich und kompetent eine medizinische Grundversorgung gewährleistet. Zusätzlich wurden fahrbare ambulante Pflegestationen eingerichtet.

Die Versorgung mit **Medikamenten** ist in allen größeren Orten gut, wo oft mehrere Apotheken (pharmacie) zur Verfügung stehen. In den entlegenen Gebieten wirken alle möglichen **Wunderheiler,** oft anstelle von Ärzten. Der Glaube an die Wirkung verschiedener volkstümlicher Heilmittel ist weit verbreitet.

Als **Hebammen** fungieren meist ältere Frauen und Familienangehörige. Aufgrund der verbesserten ärztlichen Versorgung ging die Säuglingssterblichkeit in den letzten Jahren erheblich zurück.

Familienplanung wird seit der zweiten Hälfte der 1960er Jahre staatlich gefördert. Im Zusammenspiel vor allem mit der zunehmenden Verstädterung ist das jährliche **Bevölkerungswachstum** innerhalb von zwei Jahrzehnten von 3 auf **ca. 1,4%** zurückgegangen. So bekam 1962 eine Frau im Schnitt noch sieben Kinder, heute sind es statistisch nur noch 2,6.

Ethnische Gruppen

Die einheimische Bevölkerung Marokkos besteht in der Mehrheit aus **Masiren (Berbern)** und **Arabern,** die mit der Ausbreitung des Islam nach Marokko kamen. Marokkanische Araber sind **überwiegend Stadtbewohner.** Vor allem die gehobenen Schichten von Fès sind arabischer Herkunft. Die Fassis (die Stadtbewohner von Fès) übten zu allen Zeiten einen entscheidenden Einfluss auf das Land und den Handel aus. Die fruchtbarsten Gebiete und die größten Fabriken befinden sich arabischer Hand.

Die **Berber** sind keine homogene Ethnie, sie haben äußerlich wenig gemeinsam und sprechen auch keine einheitliche Sprache. Die Herkunft der Masiren (Selbstbezeichnung der Berber) ist noch nicht eindeutig geklärt, womöglich geht sie auf die Libyer zurück, die bereits in ägyptischen Quellen des alten Reiches (3. Jahrtausend v.Chr.) erwähnt sind und in blonde (Temhu) und dunkle Libyer (Tehennu) unterschieden wurden. Dazu gehören auch die Garamanten, die im Fezzan in Libyen siedelten und mittlerweile als Vorfahren der Tuareg angesehen werden, welche auch zu den Berbervölkern zählen. Die Abstammung z.B. von den blonden Libyern würde auch erklären, warum unter den Berbern so viele blonde und rothaarige Menschen zu finden sind. Man definiert einen Masiren (Amazigh) heute als einen Menschen, der einen Berberdialekt spricht – sei es Tarifit, Tamzight, Tachelhit oder Tamaschek (Sprache der Tuareg). In der marokkanischen Politik sind die Berber nach wie vor nicht gleichgestellt. Der Schulunterricht findet bis jetzt nur in einigen Schulen in den ersten beiden Klassen in Masirisch statt, es gibt nur ein sehr begrenztes Radio- und TV-Programm, und viele masirische Namen sind in Marokko nach wie vor verboten. Zu beobachten ist aber z.B. im Anti-Atlas, dass mehr und mehr Ortsschilder masirische Namen aufweisen und auch in Tifinagh geschrieben sind.

Aufgrund der starken Vermischung von Arabern mit Berbern und der Arabisierung von Berbern ist eine klare Zuordnung heute schwierig.

Eine weitere Bevölkerungsgruppe rekrutiert sich aus den **Schwarzen (Haratin),** die hauptsächlich als Sklaven ins Land gebracht wurden und sich im Laufe der Zeit mit den einheimischen Bevölkerungsteilen vermischten. Viele der ehemaligen Haratin bezeichnen sich stolz als Berber, obwohl ihr schwarzafrikanischer Ursprung unverkennbar ist.

Berberfrau mit Kind im Hohen Atlas

BEVÖLKERUNG UND SOZIALWESEN

Hinzu kommt eine Minderheit von **Juden** (vor allem in Casablanca) und **Nachfahren europäischer Moslems und Juden,** die im Zuge ihrer Flucht vor der Reconquista aus Spanien nach Marokko gelangten.

In der Westsahara leben nach der letzten Volkszählung 373.000 Einwohner. Etwa 50.000 der Einwohner sind noch „echte" Saharawis der Stämme Reguibat, Kunta, Tekna, Beni Hassan, Brakna, Aulad Delim, Aulad Dada und andere. Davon leben noch ca. 2000 als Nomaden, die wie ihre Nachbarn in den angrenzenden Saharaländern nur von ihrem Vieh leben und in Zelten wohnen, und die je nach Ertrag der Weidegründe weit umherziehen. Es leben jedoch etwa 150.000 Saharawis in Flüchtlingslagern bei Tindouf in Algerien, wo sie sich eine vorbildlich verwaltete Stadt mit dem Namen Smara aufgebaut haben und weiterhin auf einen eigenen Staat hoffen (siehe entsprechenden Exkurs).

Grundsätzlich wäre zu sagen, dass es **keinen einheitlichen marokkanischen Typ** in ethnischer und sprachlicher Hinsicht gibt. Das Zusammengehörigkeitsgefühl wurde in erster Linie von der gemeinsamen Geschichte und Religion geprägt, wobei sich der Großteil der Sahrawis nicht Marokko zugehörig fühlt.

Ehe und Familie

Die wichtigste soziale Einrichtung im Staat Marokko ist nach wie vor die Familie. Im Gegensatz zu europäischen Verhältnissen lebt die **Mehrzahl der Bevölkerung** im Verbund der **Großfamilie,** wobei in den Großstädten die Tendenz zur Kleinfamilie (Eltern und Kinder) zunimmt.

Die **Ehe** kommt nach marokkanischem Recht mit einem Vertrag zustande, durch den sich Mann und Frau zum gemeinsamen und dauerhaften ehelichen Leben verpflichten. Die für die Eheschließung erforderlichen Erklärungen werden vor zwei Adoulen (Notar) in Anwesenheit beider Ehepartner abgegeben. Bei dem Adoulen wird auch der Ehevertrag hinterlegt, der u.a. die Höhe des Brautpreises und Einzelheiten im Falle einer Scheidung (etwa die Verteilung des in der Ehe erworbenen Vermögens) festlegt.

Fatima Mernissi und der Kampf der marokkanischen Frauen um ihre Rechte

von *Muriel Brunswig*

„Der wahre Schleier ist das Schweigen" – so bezeichnete Fatima Mernissi einmal die Situation vieler Frauen in der arabischen Welt. Heute gilt die marokkanische Professorin als eine der bekanntesten Kämpferinnen innerhalb der arabischen Frauenbewegung. **Arabische Frauenbewegung?** Wer sich mit dem Thema „Frauenbewegung" und „Emanzipation" auseinandersetzt, denkt dabei nicht unbedingt an die islamische Welt. Weit verbreitet ist das Bild der passiven, unterdrückten, der apolitischen Muslima, welche ihr Glück nur innerhalb der Mauern des eigenen Hauses, nur innerhalb der eigenen Familie findet. Dabei gab es seit Beginn der Islamisierung immer Frauen, die sich aktiv in die Politik eingemischt, ja auch mitgemischt haben. Frauen wie Aisha, die Lieblingsfrau des Propheten Muhammad, Sultaninnen und Königinnen in Kairo, Sanaa oder Granada bis hin zu modernen Staatschefinnen, wie Benazir Bhutto oder Tansu Ciller, haben bewiesen, dass auch sie innerhalb einer islamischen Gesellschaft Möglichkeiten haben, politisch zu agieren, ja sogar zu herrschen.

Es gibt eine marokkanische Frauenbewegung, so wie es eine ägyptische, eine libanesische oder eine algerische Frauenbewegung gibt. In fast jedem islamischen Land organisieren sich Frauen, um für ihre Rechte einzustehen. „Man kann nicht für Freiheit und Gerechtigkeit kämpfen, wenn man gleichzeitig duldet, dass Fauen in einer Gesellschaft unterdrückt werden. **Frauenrechte sind Menschenrechte,** überall auf der Welt", so Fatima Mernissi.

Die arabische Frauenbewegung entwickelte sich Mitte des letzten Jahrhunderts im **Kampf gegen die europäischen Kolonialmächte:** Frauen und Männer organisierten sich, um den europäischen Okkupanten entgegentreten zu können. Alte Werte und Traditionen wurden dabei in Frage gestellt, da diese offensichtlich nicht hatten verhindern können, dass die „Macht des Islam" geschwächt wurde. Innerhalb dieses Reformbestrebens beschäftigte man sich auch mit Frauenfragen, und so waren die ersten Frauenorganisationen in Marokko, wie auch in anderen Ländern der islamischen Welt, vor allem politische Organisationen, die massiv an Befreiungsbewegungen beteiligt waren. Mit Anfang des 20. Jh. wandelte sich der Befreiungsgedanke, der bis zu diesem Zeitpunkt noch eng an die Vorstellung eines gesamtarabischen Kalifates gebunden war, zu Nationalbewegungen. Zusammen mit dem neuen Staatsgedanken musste nun auch die Rolle der Frau neu überdacht werden. Ein moderner Staat brauchte auch moderne Frauen. Bisher war ihre Funktion v.a. die Fortpflanzung und die Erziehung der Kinder, und erst langsam fand sich die Frau auch in der Rolle der Staatsbürgerin wieder, einer Rolle, die von ihr auch politische Aktivität und Teilnahme an der wirtschaftlichen und gesellschaftlichen Entwicklung der neuen Nation verlangte.

In den 1940er Jahren begannen in Marokko die **ersten Frauenverbände** mit ihrer Arbeit. Auch wenn diese ersten Organisationen vor allem die Unabhängigkeit ihres Landes zum Ziel hatten, so forderten sie doch auch die Öffnung ihrer Gesellschaft, selbst auf Kosten der Tradition. Nachdem das Land seine Unabhängigkeit erlangt hatte, schien die Aufgabe der Frauenverbände beendet, die Frauen ihrer Pflichten für das Vaterland enthoben. Erst in den späten 1960er Jahren formierten sich aufgrund politischer und ökonomischer Umwälzungen erneut Frauenvereinigungen. Ende der 1980er Jahre gewann die Frauenfrage dann explosionsartig an Bedeutung: Sie

DER KAMPF DER MAROKKANISCHEN FRAUEN

stand im direkten Zusammenhang mit der politischen Wende, die sich in Marokko vollzogen hatte. Zum ersten Mal nahmen die bis dahin eher milden Forderungen der Frauenverbände feministischen Charakter an. Gefordert werden bis heute neben der politischen Gleichstellung vor allem die Beteiligung der Frauen an der Entwicklung und der Politik des Landes, die Verbesserung der Position der Frauen sowohl innerhalb der Gesellschaft als auch im Berufsleben und die Beseitigung jeglicher Form von Diskriminierung sowie Gewalt gegen sie. Auch fordern Frauen die Errichtung von immer mehr Schulen, da die Zahl der Analphabetinnen in Marokko noch immer erschreckend hoch ist (1992 waren es 48%), und die Erweiterung des Ausbildungswesens für Frauen sowie Kindertagesstätten, die es Müttern erlauben, ökonomisch unabhängig zu sein.

Die Frauen suchen das Gespräch mit Männern, selbst mit Fundamentalisten. Sie sprechen ihre Forderungen offen aus und treten damit an die Öffentlichkeit, u.a. um die Bewusstseinsbildung unter der weiblichen Bevölkerung Marokkos zu fördern. „Sprecht! Schreibt! Drückt Euch aus!" fordert Fatima Mernissi die Marokkanerinnen auf, das Allerschlimmste sei das Schweigen. Das Schweigen ist der Schleier, symbolisiert auch heute Ende des 20. Jahrhunderts für sie noch immer den Harem.

Wer ist nun diese Frau, deren Name in einem Atemzug mit der marokkanischen Frauenbewegung genannt wird?

Geboren 1940 in Fès, wuchs **Fatima Mernissi** in einer Zeit auf, in der sich die beschriebenen Wandlungen langsam vollzogen. 1943 wurde die allgemeine Schulausbildung für Mädchen eingeführt, 1946 die erste Frauenvereinigung gegründet. Fatima Mernissi beschreibt ein Gespräch mit ihrer Großmutter: „Marokko hat sich schnell verändert, meine Kleine, und das wird auch in Zukunft so weitergehen. Diese Prophezeiung hat mich sehr glücklich gemacht. Ich würde in einem wunderbaren Königreich aufwachsen, in dem die Frauen Rechte hatten, zu denen auch die Freiheit gehörte, sich jede Nacht an ihre Ehemänner zu kuscheln". Eine nach außen hin abgeschottete Kindheit und eine Mutter, die, obwohl sie weder lesen noch schreiben konnte, ihr beibrachte, dass die Überlegenheit des Mannes nichts weiter als Unfug und unislamisch sei, bestimmten ihr weiteres Leben. Fatima Mernissi gehörte zu den ersten Frauen Marokkos, die die Schule besuchten. Es folgte ein Studium der Politologie in Rabat, ein Studium der Soziologie an der Sorbonne in Paris und eine Promotion in den USA. Heute ist sie Professorin für Soziologie in Rabat und gilt als eine der wichtigsten Theoretikerinnen Nordafrikas, die weit über die Grenzen ihrer Heimat bekannt ist. Seit 1973 ist sie Beraterin der UNESCO, leitet mit Unterstützung der UNO das Projekt „Femmes Maghreb 2002" und sitzt seit 1992 außerdem im Beraterstab der Weltbank für den Nahen Osten und Nordafrika.

Die Erkenntnis, dass sich Unterdrückung und Ausschluss der Frauen aus dem öffentlichen Leben nicht durch den Islam rechtfertigen lassen, ist ein wesentlicher Bestandteil der Theorien der Professorin. Ihr ist es wichtig zu zeigen, dass – entgegen der Meinung vieler sogenannter Fundamentalisten – Islam und Frauenrechte keinen Widerspruch darstellen. Mit ihrer Forschung über die frühislamische Gesellschaft entkräftet sie dabei auch eines der Hauptargumente ihrer Gegner: Nämlich, dass die Emanzipation der Frauen eine „Verwestlichung" der islamischen Gesellschaft bedeute. Gerade die frühe Geschichte des Islam zeige, dass im Islam Frauen und Männer gleichberechtigt sind, „dass es eine islamische Tradition gibt, die Gleichheit und Würde fordert". Politik war keine Angelegenheit, die alleine den Männern überlassen wurde. In ihren Werken analysiert sie immer wieder die Rolle der Frauen innerhalb des Islam und versucht durch neue, eigene Auslegungen des Ko-

Der Kampf der marokkanischen Frauen

ran und der Tradition die starke Position der Muslima zu zeigen. Schließlich, so argumentiert sie, sei die Säkularisierung noch nicht vollzogen und folglich muss der politische Wandel religionsgeschichtlich legitimiert werden.

In der arabischen Welt, vor allem aber in Marokko selbst, wird sie dafür geliebt, aber auch gehasst. Sie bricht mit einem Tabu, indem sie – wie in ihrem Buch „Der politische Harem" – den Propheten selber als einen „emanzipierten Mann" darstellt.

Für manchen europäischen Betrachter scheint der Kampf Fatima Mernissis und ihrer Mitfechterinnen ein **Kampf gegen Windmühlen** zu sein, der es nicht wert ist, dass man darüber berichtet. Nicht nur Fatima Mernissi klagt, dass westliche Medien sich meist darauf beschränken, Bilder des fundamentalistischen Terrors zu zeigen, die Gewaltbereitschaft und den Starrsinn. „Die Europäer haben seit dem Golfkrieg panische Angst vor dem Islam. Als hätten wir nichts besseres zu tun, als Europa zu zerstören", sagte sie 1993 in einem Interview. In der Tat finden sich in der deutschen Medienlandschaft nur wenige Berichte über die arabische/marokkanische Frauenbewegung. Dabei wäre die Unterstützung des Widerstandes der Frauen durch den Westen für den Demokratisierungsprozess durchaus von Bedeutung. Der Kampf der Frauen um Gleichberechtigung symbolisiert in hohem Maße den Kampf um Demokratie, welche viele Länder der arabischen Welt dringend notwendig haben. Die katastrophalen ökonomischen Entwicklungen und die hohe Arbeitslosigkeit geben fundamentalisitischen Extremisten Auftrieb, der nur durch einen echten Demokratisierungsprozess zu stoppen ist.

Fatima Mernissi kämpft nicht alleine. In Marokko gibt es heute weit über 30 Frauenverbände, die sich für die Gleichberechtigung der Frauen einsetzen. Ihre Funktion innerhalb der Frauenbewegung ist eher die eines Katalysators: Sie initiiert (auch für die ärmere Bevölkerung bezahlbare) Bücherserien, die aufklären sollen, leitet Frauenprojekte, fordert neue Denkstrukturen innerhalb der Wissenschaft. Dabei haben die Frauen immerhin schon einiges erreicht, wovon europäische Feministinnen nur träumen können: Während in Deutschland noch nicht einmal 5% aller Lehrstühle von Frauen besetzt sind, weist Marokko, ebenso wie die meisten anderen arabischen Länder, eine weibliche Lehrstuhlbesetzung von knapp 35% auf. Die Universitäten gehören zu den wenigen Refugien, in welchen die arabische Frau wirklich aktiv sein und ihre Gedanken weitergeben kann.

Die Frauen des Orients als unterdrückte, schweigende Frauen zu sehen, genügt nicht, so man wird ihnen nicht gerecht. Nicht nur Frauen wie Fatima Mernissi, die mit ihren Forderungen an die Öffentlichkeit gehen, zeigen durch ihr Verhalten, durch ihre **aktive Teilnahme an Beruf und öffentlichem Leben,** dass Frau-sein und freisein kein Widerspruch sein muss, weder in Marokko noch in anderen Ländern des Orients. Natürlich gibt es eine massive Diskrepanz zwischen Stadt und Land, zwischen Ober- und Unterschicht. Noch immer ist die aktive Forderung nach Frauenrechten in Marokko eine Bewegung, die sich vor allem aus Mitgliedern der städtischen Oberschicht rekrutiert. Aber mehr und mehr fallen auch in ländlichen Gebieten die strikten Schranken. Vor allem im Süden des Landes, wo die Mehrheit der Bevölkerung berberischen Ursprungs ist, stärkt sich die Position der Frauen.

Auch wenn der **Demokratisierungsprozess und der Vormarsch der Frauen nur langsam vorankommen,** so machen sie doch nicht halt, beschränken sich nicht auf städtische Gebiete. Auf die Frage hin, wie sie die Weiterentwicklung der marokkanischen Frauenbewegung sieht, antwortet Fatima Mernissi: „Ich kann mir nicht helfen, aber ich bin unverbesserlich optimistisch!"

Bevölkerung und Sozialwesen

Nach den Gesetzen des Islam kann der Mann vier Frauen heiraten, vorausgesetzt, er kann alle gleichrangig behandeln und ernähren. Auch wenn in Marokko schon vor der Verabschiedung des neuen Familienrechts im Jahr 2004 nur 2% der Männer eine zweite Ehefrau hatten, wurde die Mehrehe deutlich erschwert. Ein Mann kann nach dem Gesetz nur dann eine zweite Ehefrau heiraten, wenn sich die erste laut Ehevertrag damit einverstanden erklärt. Eine Frau kann mit dem Ehevertrag eine Verheiratung des Mannes mit weiteren Frauen auch von vornherein ausschließen.

Die **Ehemündigkeit** tritt bei beiden Geschlechtern mit Vollendung des 18. Lebensjahres ein. Bei einer erteilten Genehmigung vor der Volljährigkeit muss ein Vormund (Wali) eingesetzt werden. Es ist nicht mehr wie früher nötig, dass die Frau generell durch einen Wali vertreten wird.

Bei der **traditionellen Heirat auf dem Lande** sucht nach wie vor der Vater des Bräutigams die passende Braut für seinen Sohn aus. Die Braut wird in der Regel nach Gesichtspunkten wie Reichtum, Familienverbindungen und Ansehen ausgewählt. Jedoch muss die Frau nun in die Ehe einwilligen.

Im modernen Leben der **Städte, aber auch zunehmend auf dem Land,** nimmt der europäische Einfluss stark zu, und das traditionelle Wertdenken wird oft als rückständig angesehen. Hier gehört die **Liebesheirat** mittlerweile zum Alltag, auch wenn diese gegenüber den Eltern nicht immer durchsetzbar ist.

Die **Scheidung** war **für den Mann** nach islamischem Recht einfach, ist aber inzwischen nur mit der Erlaubnis eines marokkanischen Richters möglich, der zudem Versöhnungsversuche unternehmen muss. Rechtliche **Scheidungsgründe für die Frau** sind beispielsweise Nichterfüllen der Unterhaltspflicht, Misshandlung oder schwere Krankheiten des Mannes, die der Frau vor der Eheschließung nicht zur Kenntnis gebracht wurden. Auch die Verheiratung mit einer zweiten Frau trotz Widerspruchs der ersten Frau im Ehevertrag ist ein Scheidungsgrund.

Gesetze sollen die Frau davor bewahren, nach einer Trennung in Armut zu verfallen. Meist wird der Brautpreis, den der Mann zur Hochzeit entrichten musste, von der Familie der Frau zur Hälfte eingefordert (für den Verlust der Arbeitskraft bzw. falls die Frau nach einer Scheidung wiederaufgenommen werden muss), die zweite Hälfte bekommt die Frau, ebenso den oft teuren Brautschmuck. Nach den Ehegesetzen hat der Mann der Frau bei Verstoßung ein **Schmerzensgeld** zu zahlen, das seinen Mitteln und den Verhältnissen der Frau entspricht. Da nach islamischem Recht **Gütertrennung** gilt, kann die Frau ein vor/in der Ehe erworbenes Vermögen selbst verwalten und darüber verfügen.

Theorie und Praxis gehen hier aber oft weit auseinander: Wenn der Mann nicht zahlen kann oder die Morgengabe bei armen Familien ohnehin sehr gering war und die Familie der Frau sie nicht mehr aufnehmen will bzw. kann, dann bleibt nur noch der Weg in die Armut, der oft in der Prostitution endet. Natürlich gibt es auch umgekehrte Fälle, in denen Frauen in gute Verhältnisse einheirateten und durch Ausgleichszahlung, Morgengabe und Unterhaltszahlungen für die Kinder nach der Scheidung wesentlich besser dastehen als der Ehemann.

Die Zahl der Scheidungen ist ziemlich groß, vor allem bei einigen wenigen Berberstämmen, z.B. den Aït Haddidou, wo die Scheidung geradezu im Interesse der Frauen liegt, da diese danach das Recht haben, sich den Mann selbst zu suchen ...

Gerade auf dem Land oder bei den Islamisten stößt das **neue Ehegesetz** auf Widerstand, denn nach der Sharia wäre eine Frau ehemündig, wenn sie die Geschlechtsreife erlangt. Außerdem ist durch die Anhebung des Heiratsalters die junge Frau für die Familie nur ein unnötiger Esser mehr. Die neuen Scheidungsrechte sind zudem für viele Männer unannehmbar. So ist die Zahl der Eheschließungen seit der Einführung der neuen Gesetze deutlich zurückgegangen.

Im Leben des männlichen Marokkaners ist die **Beschneidung** ein wichtiges Ereignis, meist im Alter von etwa fünf Jahren durchgeführt. Das für den Buben schmerzhafte und für die Familie ehrenvolle Ereignis wird mit dem ersten Moscheebesuch des Jungen und einem großen Fest (meist auch mit Hupkon-

RELIGION

zert und einer Prozession auf den Straßen) begangen. Die Beschneidung bei Frauen wird in Marokko nicht praktiziert.

Der **Tod** ist im Leben eines gläubigen Moslems kein trauriges Ereignis, da der Tote zu Allah zurückkehrt. Die Toten werden schnell mit dem Kopf gen Mekka beerdigt. Ein Totenmahl findet wie bei uns bei der Familie des Toten statt. Männer und Frauen besuchen getrennt den Friedhof, die Witwen tragen als Zeichen der Verbundenheit oder auch als Trauerkleidung vier Monate lang ein Kleidungsstück des Mannes und dürfen sich in dieser Zeit nicht wieder verheiraten.

Dorf und Stamm

Bei den Amazigh (Berbern), die noch in festen Stammeseinheiten leben, sind die **Sippen und Großfamilien** nach wie vor die **grundlegende Sozialeinheit**. Die Leitung der Sippe obliegt dem ältesten Mann; im Besitz der Sippe befinden sich Grund und Vieh. Viele der Sippen besitzen einen **gemeinsamen Speicher**, einen **Agadir**. Er wurde früher auch als Fluchtburg der Familie benutzt. Mehrere verwandte Sippen bewohnen ein **Ksar,** eine befestigte Dorf, das aus vielen von Familien bewohnten **Kasbahs** (oder masirisch **Igherm**) besteht, oder ein **Duar,** eine Siedlung aus Zelten (jetzt auch festes Dorf).

Die Männer der verwandten Sippen bilden die **Jemàa** (Ratsversammlung). Diese wählt den Vorsitzenden, den „Muqadam" oder „Amghar". Durch Verwandtschaft verbundene Dörfer bilden eine **Stammesfraktion**, „Taqbilt" oder „Fechda" genannt. Sie besitzt oft einen gemeinsamen Wochenmarkt und zählt meist zwischen 5000 und 10.000 Mitgliedern. Der **Stamm** oder **Qibla** besteht aus mehreren Stammesfraktionen. Diese spielen im normalen Leben keine entscheidende Rolle, lediglich in Notzeiten oder im Kriegsfall.

Der **Ursprung des Stammes** geht auf einen gemeinsamen Urahn zurück. Dem Namen des Stammes wird „Aït" (berberisch) oder „Aulad" bzw. „Beni" (arabisch) vorangestellt, was so viel wie „Söhne von ..." bedeutet.

Stammesbündnisse von kurzer Dauer wurden gelegentlich bei Eroberungszügen in der Vergangenheit geschlossen. Heute gibt es ungefähr **300 Berberstämme** in Marokko.

Die Stammesfraktionen halten ebenso ihre Jemaas ab wie die Dörfer. Allerdings wurde der gewählte Vorsitzende oft durch den **Führer der Stammesfraktion,** den „Schaykh" oder „Qaid" ersetzt. Die **Ämter** waren innerhalb der Familien **erblich.** Jetzt werden die Qaids jedoch von der Regierung gestellt. In den Versammlungen verfügen nur die Männer über ein Stimmrecht.

Religion

Rund 98% der marokkanischen Bevölkerung bekennen sich zum Islam. Er ist Staatsreligion und gleichzeitig einigende Klammer aller Volksgruppen. Der König ist das geistliche Oberhaupt. Die Marokkaner gehören der **sunnitischen Richtung des Islam** an. **Der Islam durchdringt** derart **den Alltag,** dass ohne seine Kenntnis das Verhalten der Menschen oft nicht verständlich wirkt. Bislang wird der Islam in Europa meist nur negativ rezipiert, oft stehen einer angemessenen und vorurteilsfreien Beurteilung „kulturelle Imperative" der Aufklärung und des christlichen Glaubens im Weg.

Das heilige Buch des Islam ist der **Koran.** Als schriftliche Fixierung der Äußerungen des Propheten Mohamed zu seinen Lebzeiten, gibt der Koran dem Anhänger des Islam die Gewissheit, dass es sich um das **Wort Gottes** handelt, d.h. nicht nur um bloße Glaubensformeln, sondern um ein moralisch und gesellschaftlich bindendes Gesetz. Die gesamte islamische Rechtsprechung beruht daher auf dem Koran. Wo keine Aussagen zu finden sind, wird er von der **Sunna** ergänzt, dem vom Propheten vorgelebten Beispiel, das selbst alltäglichen Tätigkeiten wie zum Beispiel dem Essen und Waschen die Form gibt.

Dorfmoschee in der Region El Ksiba

Die fünf Säulen des Islam

Das Glaubensbekenntnis (Sahada)

Der wichtigste Satz des Glaubensbekenntnisses lautet: **"Es gibt keinen Gott außer Allah, und Mohamed ist sein Prophet."** Dieser Satz wird bei zahlreichen Gelegenheiten ausgesprochen, er dient auch als Formel beim Übertritt zum Islam.

Das Gebet (Salat)

Der Gläubige muss sich **fünfmal am Tag** gen Mekka wenden und knieend **beten:** bei Sonnenaufgang, mittags, nachmittags, bei Sonnenuntergang und nachts. Vor dem Gebet wäscht sich der Moslem nach genauer Vorschrift und verrichtet sein Gebet nicht auf blanker Erde (sondern auf Gebetsteppichen, Decken oder ähnlichem) und ohne Schuhe.

Das Fasten (Ramadan)

Der **neunte Monat** im islamischen Kalender ist der Fastenmonat Ramadan. Während dieser Zeit darf der Gläubige **zwischen Sonnenaufgang und -untergang weder essen noch trinken,** nicht rauchen oder sich weltlichen Vergnügungen (das schließt Sex ein) hingeben. Reisende, Kranke, Schwangere und Kinder bis zu 12 Jahren sind von den Vorschriften ausgenommen, Erstere müssen das Fasten aber nachholen. Die Nichteinhaltung des Fastens wird bestraft. Der Ramadan dauert **29 Tage,** sein **Ende** wird mit dem **Aid al-Fitr** festlich begangen. Der erste Tag des Ramadan wird erst unmittelbar vorher über die Medien bekannt gegeben, da er sich nach dem Neumond richtet.

Im Ramadan ertönt zum Sonnenuntergang ein Sirenensignal oder der Ruf des *Neffar (Muezzin)* von der nächstgelegenen Moschee, und erst ab diesem Zeitpunkt darf gegessen werden. Die erste Mahlzeit *(Ftur)* ist in der Regel die *Harira,* eine nahrhafte Gemüsesuppe. Ihr folgt 2 bis 3 Stunden später das Hauptgericht und vor Sonnenaufgang ein Frühstück *(Shour)* zwischen 3 und 4 Uhr morgens. Hierzu wird man entweder wieder vom Ausrufer der Moschee oder von einer Sirene geweckt. Es werden alle drei Mahlzeiten nachts eingenommen. Gefastet wird also eigentlich nicht. Im Gegenteil: Meist fällt das Essen üppiger und festlicher aus als sonst,

Gesangs- und Tanzveranstaltungen zwischen den Mahlzeiten sind in den Lokalen während dieser Zeit üblich. In der Stadt wird zwischen den Mahlzeiten promeniert, oder man hält sich im Café auf. Im Ramadan geht es abends wesentlich lebhafter auf den Straßen zu, oft bis weit nach Mitternacht, während sonst ab 22 Uhr nicht mehr viel los ist. Auf dem Lande wird der Ramadan eher im Kreise der Familie zugebracht.

Der Ramadan, vergleichbar mit unserer Adventszeit, soll ein **Monat der Besinnung,** der Freude, Kraft und Güte, der inneren Einkehr sein – aber er ist auch ein Monat der Gelüste, Düfte und Gerüche, ebenso ein Monat der Gebete, der Selbstverleugnung, der Sammlung, Unterwerfung, Mildtätigkeit und ein Monat der Gefühle, Solidarität und Brüderlichkeit unter den Gläubigen.

Auswirkungen für **Reisen im Ramadan:** Die Arbeitsleistung des Marokkaner ist während des Tages selbstverständlich auf ein Minimum reduziert, sodass das Hotelpersonal oder Taxifahrer bisweilen sehr lustlos sind. Körperliche Arbeit wird wenn möglich – vor allem bei großer Hitze – vermieden, entsprechend schwierig kann es sein, Bergführer oder Mulitreiber für ein paar Wandertage zu engagieren. Viele Cafés und Restaurants auf dem Land haben tagsüber geschlossen, einige Läden öffnen erst nachmittags. Während des dreitägigen Festes Aid Fitr zum Ende des Ramadan steht das öffentliche Leben fast still: Ämter und Banken sind geschlossen, es fahren kaum öffentliche Verkehrsmittel. Ansonsten ist es ein besonderes Erlebnis, den Ramadan mitzuerleben und das köstliche, klebrige Ramadangebäck zu probieren.

Zu den Zeiten des Ramadan in den nächsten Jahren siehe „Reisetipps A–Z/Feiertage".

Die Barmherzigkeit (Sakat)

Armen etwas von seinem Verdienst zu geben, ist eine wichtige Pflicht für den Moslem. **Almosen sind selbstverständlich,** früher wurde eine Armensteuer erhoben, die sich auf 10% der Ernte und des Herdenzuwachses und 25% vom zehnten Teil der Geldeinnahmen belief. Inzwischen sind die Almosen an die Armen aber wieder freiwillig.

Aus der Verpflichtung, Almosen zu geben, wird das Betteln bzw. die Anspruchshaltung der Armen gegenüber den Reichen (in diesem Fall auch gegenüber den Touristen) wohl verständlicher.

Die Pilgerfahrt (Hadj)

Im letzten Monat des Jahres begibt sich der Moslem auf **Wallfahrt zu den Pilgerstätten.** Einmal in seinem Leben soll er dabei Mekka besucht haben. Er darf dann den Titel „al-Hadj" führen. Die **Qaaba in Mekka** verehren die Moslems als ein von Abraham *(Ibrahim)* und *Ismail* erbautes Heiligtum. Der Besuch der Kaaba ist eine Wiederbegegnung mit der ursprünglichen, monotheistischen Überlieferung, welche auf Abraham zurückgeht und als deren Erneuerung sich der Islam betrachtet.

In Marokko und auch anderen Ländern wird es zunehmend Sitte, während des Wallfahrtsmonats zu den Gräbern der Landesheiligen zu pilgern, in Marokko z.B. zum Grab des Staatsgründers *Mulay Idris.* Wer es sich allerdings leisten kann, zieht natürlich den Besuch Mekkas vor, denn sich *al-Hadj* nennen zu dürfen, ist nach wie vor die größte Ehre.

Weitere wichtige Regeln

Zahlreiche Regeln bestimmen das Leben des Gläubigen. So darf der Moslem **keinen Alkohol** trinken, er soll **nur Fleisch von geschächteten Tieren** essen – das sind gänzlich ausgeblutete Tiere, denen die Kehle durchschnitten wurde – und kein Blut trinken oder mit Blut verarbeitete Speisen essen. Auch die Frau in der Menstruation gilt als unrein und muss dann zahlreiche Vorschriften einhalten.

Das ganze Leben des Moslems ist durch den Koran und die Sunna geregelt. Für alle denkbaren und undenkbaren Lebensvorgänge gibt es einen Verhaltenskatalog. Dazu gehören auch die zahlreichen Hygienevorschriften, die u.a. die **täglichen Waschungen** vor dem Gebet, die teilweise rituellen Charakter erhalten haben, vorschreiben.

Gebetsräume der **Moscheen** dürfen in Marokko von Ungläubigen nicht betreten werden. Touristen sollten auch beim Fotografieren Zurückhaltung üben.

Mystik und Bruderschaften

Es gibt im Islam keine übergeordnete Einrichtung, die unserer Kirche vergleichbar wäre, also auch kein Priestertum. **Als Verbreiter der Glaubensgesetze gelten die Gelehrten,** die meist Rechtsgelehrte sind. Man verlangt von einem Moslem zwar, dass er die Glaubensvorschriften befolgt, sein inneres Glaubensleben aber geht nur ihn allein etwas an. Da jedoch der Koran immer wieder die geistige Vertiefung in den Glauben empfiehlt, sind Lehrer und Meister hervorgetreten, welche die Besinnung auf den innersten Gehalt der Religion lehren. Aus dieser Besinnung hat sich die islamische Mystik herausgebildet, deren Vertreter die **Sufis** sind. Die Mystik selbst wird als „Tasawuf" bezeichnet. Etwa seit dem 13. Jahrhundert formierten sich die Überlieferer der Mystik zu **Orden oder Bruderschaften (Zawia),** welche großen Einfluss auf das Volk hatten. Aus solch einem Orden ging zum Beispiel auch das Herrschergeschlecht der Almorawiden hervor.

Der Heiligenglaube

Im Zusammenhang mit der Mystik des Islam und den Glaubensvorstellungen der Berber entwickelte sich in Marokko ein besonderer Heiligenglaube, der aber von den strenggläubigen Moslems nicht als reiner islamischer Glaube anerkannt wird.

Die Heiligen verfügen über **„Baraka"** (Segen), eine göttliche Kraft. Sie wird lebenden und verstorbenen Personen zugeschrieben. Diese Heiligen werden auf Arabisch **Marabuts** (franz. *Marabout*) und auf Berberisch *Igourramen* genannt.

Die berühmtesten islamischen Heiligen waren Begründer von „geistigen Schulen". Sie haben meist **sittliche Vorschriften und Anweisungen** zu einem Leben in Besinnung und geistiger Versenkung hinterlassen, die von Schülern weitergegeben wurden und denen durch das Beispiel des Heiligen eine rettende und verwandelnde Wirkung beigemessen wurde. Den Heiligen werden oft Wundertaten zugeschrieben. Plätze, an denen Heilige gewohnt oder sich auch nur zur Rast niedergelassen haben, werden besonders verehrt, ebenso die **Grabstätten der Marabuts,** die man im ganzen Land findet. Das Baraka soll an diesen Plätzen auf die Gläubigen übergehen, deshalb sind diese Stätten Pilgerziele: Frauen erbitten sich Fruchtbarkeit oder Bauern einen reichen Erntesegen. Viele Feste – **Moussems** *(Mausims)* – finden jedes Jahr an den zahlreichen Marabuts zu Ehren der Dorfheiligen statt.

Die Kraft des Baraka kann aber auch in Dingen wohnen: Baraka besitzt das Korn, das im Kreislauf der Natur immer wieder neues Leben hervorbringt, oder das **Henna** (Henna, die rötlich-braune Farbe), eine Gabe Gottes und des Propheten Mohamed. Daher rührt auch die Sitte, sich Haare, Nägel und Hände mit Henna zu färben. Dieser Baraka-Glaube spielt vor allem bei den Atlas-Berbern eine erhebliche Rolle. Der Heiligenglaube ist aber in ganz Marokko verbreitet, und die Baraka-Wirkung wird vielen Personen, die sich durch Glaubenstaten hervorgetan haben, zugeschrieben, so auch Mohamed. Dieser vererbte sie auf seine Tochter Fatima. Und da das Herrschergeschlecht der Alawiten auf Mohamed zurückgeht, verfügt auch der König über das Baraka.

Weit verbreitet ist der Glaube an die **Djinnen,** gute und böse Geister. Man schützt sich mit Salz, Metallen (Silber bringt Glück, Eisen und Gold Unglück, allerdings nur bei den Berbern, nicht bei den Arabern) oder Schießpulver oder besänftigt sie mit Opfergaben.

Vielerorts anzufinden ist auch der **Glaube an den „Bösen Blick".** Hier helfen Amulette oder die „Hand der Fatima", ein Talisman in der Form einer Hand. Es mehren sich freilich die Stimmen, die in der Heiligenverehrung eine **Bedrohung des Monotheismus** sehen. Diese Auffassung wird vor allem von den Wahabiten, deren Glaubensrichtung im 19. Jahrhundert aufkam, und von der modernen ägyptischen Islamforschung vertreten. Für die strenggläubigen Moslems aus dem Osten ist der in Marokko praktizierte Islam nichts anderes als Sektentum.

Kunst und Glaube –
Frauen bemalen sich mit Henna

Kunst und Kultur

Vorislamische Kunst

Auf marokkanischem Boden waren es die **Römer** (im damaligen *Mauretania tingitana*), die erste bleibende Kunstwerke hinterließen. Zunächst orientierten sie sich am Stil der Griechen, kauften oft für viel Geld griechische Originale oder ließen Kopien anfertigen. Erst als für römische Bürgerhäuser, Tempel und Gräber der Bedarf an Skulpturen und Steinmetzarbeiten wuchs, entwickelten sich **ein eigener Stil und ein lebhaftes Kunstschaffen.** Vor allem öffentliche Bauten wurden kostbar geschmückt. Teure Plastiken aus Bronze und Marmor wurden hergestellt, von denen auch in Nordafrika wertvolle Stücke gefunden wurden, z.B. die **Bronzefiguren** aus Volubilis, Banasa und Thamusida. Besonderer Wert wurde auf die **Verschönerung von reichen Privathäusern,** Thermen, öffentlichen Gebäuden und Bädern gelegt.

Die Baumeister verwandten große Sorgfalt darauf, die Bauten der Landschaft anzupassen. Tempel und Säulenhallen wurden so angelegt, dass sie den Blick auf Berge und Täler frei ließen. Ein Beispiel für die schöne Lage und prachtvolle Baukunst ist **Volubilis, die bedeutendste Stadt aus römischer Zeit in Marokko.** Sie liegt auf einer Hochebene am Fuß des Zerhoun-Massivs in der Nähe von Fès und Meknès. Das Ruinenfeld erstreckt sich über 40 ha; der Platz war bereits vor den Römern sowohl von Berbern besiedelt als auch von maurischen Königen geschätzt. König *Juba II.* (25 v.Chr. bis 23 n.Chr.) errichtete hier eine seiner Hauptstädte. Sie wurde Residenzstadt der Prokuratoren und mit einer 2350 m langen Mauer und 40 Bastionen gut gegen die aufständischen Berber geschützt.

Das Ruinenfeld von Volubilis wurde früher als Steinbruch genutzt, sodass dadurch viele wertvolle Kunstgegenstände und Bauten zerstört wurden. Erst 1915 begann man dort systematisch mit Ausgrabungen.

Viele **Bronzen, Skulpturen und Stelen** aus den römischen Städten kann man im **Archäologischen Museum in Rabat** besichtigen. Dort findet man auch Keramiken, Werkzeuge und Kunstgegenstände aus der Punierzeit und der Steinzeit.

Islamische Kunst

Die islamische Kunst basiert auf Elementen der römisch-hellenistischen, persisch-sassanidischen und christlichen Kunst. Aus diesen Bestandteilen formte sich ein **eigener Stil**, für den sich die Bezeichnung „maurisch" durchgesetzt hat. Charakteristika sind die Vernachlässigung der Fassaden, die Ausdehnung in die Breite, scheinbare Auflösung der Deckenlasten durch Verjüngung der Säulen und Stalaktitengewölbe sowie Betonung von Details, wobei sich durch die Anwendung der stilisierten Muster trotzdem ein zusammenhängendes harmonisches Gesamtbild ergibt.

Das **dekorative Moment** wurde zum **wichtigsten Bestandteil der islamischen Architektur.** Es verziert Decken, Wände, Bögen und Gewölbe. Die charakteristischen Dekors sind der **Hufeisenbogen und Stalaktitenverzierungen, Arabesken und Ornamente.** Da dem Moslem bildliche Darstellungen verboten sind, wurden diese Dekors immer neu variiert.

Arabesken geometrischer Ornamente wurden kombiniert mit pflanzlichen Formen, wodurch abstrakte Bilder entstanden. Linien, Kurven, Blätter und blütenartige Gebilde ohne Anfang und Ende fügen sich zu einem kompletten Ganzen. Die **Arabeske** ist eine typische Schöpfung der maurischen Kunst. Sternförmig ineinander geschlungen, illustrieren sie die Unendlichkeit des Universums (auch „Spinngewebe Gottes" genannt), oder als Palmetten, ein Rankenwerk aus Blumenformen und Blättern, deren ursprüngliche Gestalt nicht mehr zu erkennen ist, formen sie sich zu Spiralen und Wellen, verzieren hölzerne Fenstergitter, Wände und Fliesen.

Das **Schriftornament** verbindet sich oft mit Arabesken und stellt so ein Rankengebilde aus Schrift und Muster dar. Es dominieren zwei Stilformen, eine in der eckigen Schrift des *Kufi,* die andere in der Kursivschrift des *Nesschi.* Die Schriftornamente werden so weit stilisiert, dass sie oft zum herausragenden Element des Gesamtdekors werden. Den **Inhalt der Ornamente** bilden **Koranverse,** die sich immer auf die Allmacht Allahs beziehen, und der Gruß *Salam,* was so viel wie Frieden bedeutet.

Die wichtigsten Bauwerke der maurischen Kunst entstanden unter der Herrschaft der Araber in Spanien, so z.B. die **Alhambra in Granada.** Von Spanien aus, zumal nach der Vertreibung der Mauren von der Iberischen Halbinsel, verbreitete sich dieser Stil unter den Almoraviden und Almohaden auch in Marokko. Die **Kairaouyine-Moschee in Fès,** ursprünglich nur ein bescheidener Betsaal, wurde unter dem **Almoraviden** *Yussuf Ben Tashfin* (2. Hälfte des 11. Jahrhunderts) mit gewaltigem Aufwand ausgebaut. Sie bekam reiche Verzierungen, macht aber wegen ihrer wuchtigen Pfeiler und den nur geringen Höhen der Bögen einen schwerfälligen Eindruck. Unter den Almohaden in der 2. Hälfte des 12. Jahrhunderts wurde die marokkanische Architektur zu neuen Glanzleistungen geführt. *Abd al Mu'min* (1130–1163) gründete die Moscheen von Tin Mal, Taza und Marrakesch und veranlasste den Bau des Agnaoua-Tors in Marrakesch. Sein Sohn *Abu Yaqub* (1163–1184) gab in Sevilla eine später zerstörte Moschee in Auftrag. Außerdem ließ er die große Moschee von Salé errichten. Sein Enkel *Abu Yussef Yaqub al Mansur* (1184–1199) vollendete in Marrakesch die von seinem Vater begonnene Kasbah und versah sie mit einer riesigen Moschee. In Rabat errichtete er den großen Almohaden-Mauerring mit seinem berühmten Minaretts, die er aber nicht vollenden konnte.

Die **Meriniden** (13. bis Ende des 15. Jahrhunderts) **führten die Baukunst der Almohaden fort.** So wurde von ihnen neben Fèsal-Bali auch Fès-al-Jedid errichtet, das Arsenal von Salé, die Medersa von Taza und Chellah in Rabat, das zur Königsnekropole (Totenstadt) wurde. Die Kunst der Meriniden war nicht nur dem Krieg und der Religion geweiht, sie diente auch dem persönlichen

Kunst und Kultur

Vergnügen und der Verschönerung der Städte und Paläste.

Unter den Nachfolgern der Meriniden und Ouassiten, den **Saadiern** bzw. Saaditen (16. bis Mitte des 17. Jahrhunderts), entstanden nicht mehr so bedeutende Bauwerke. Eindrucksvollstes Zeugnis sind die Saaditengräber in Marrakesch.

Unter der Aliden- bzw. **Alawiten-Dynastie** (1663 bis heute) verflachte die Kunst gänzlich. Meknès wurde mit riesigen Stadtmauern, Kasernen und Stallungen versehen, berühmtestes Bauwerk dieser Zeit ist das Bab al Mansur in Meknès.

Das städtische Haus

Die Städte hatten und haben Bedeutung als zentrale Markt- und Produktionsorte, als religiöse und administrative Zentren. **Arabische Städte** waren im Mittelalter wesentlich besser organisiert als europäische Städte und verfügten über Kanalisation und Wasserleitungen. Auch kulturell waren sie den Städten in Europa überlegen. In den marokkanischen Städten hatte sich eine Schicht aus Großgrundbesitzern, Großkaufleuten, Beamten des Sultans, Besitzern von Teppichmanufakturen, Juwelieren, Professoren etc. herausgebildet, die durchaus mit dem europäischen **Großbürgertum** im 19. Jahrhundert zu vergleichen ist. Sie ließen sich prunkvolle Häuser bauen, die zum Teil in den Altstädten (vor allem von Fès) noch erhalten sind.

Die Bauweise des städtischen marokkanischen Hauses lässt sich vom alten orientalischen Hofhaus ableiten (**Riad**), das wiederum römische Vorbilder hat. In der Regel handelt es sich um ein **zweistöckiges**, aus sehr flachen, plattenförmig gebrannten Ziegeln aufgemauertes **Flachdachhaus mit Innenhof (Patio)**. Dieser Innenhof ist in der Regel offen, es gibt aber auch Häuser, denen ein Glasdach aufgesetzt wurde. Die schwere **hölzerne Haustür** befindet sich in der linken Hausecke, von der ein rechtwinkliger Gang in den Innenhof abzweigt, sodass dieser von der Haustüre nicht eingesehen werden kann. Dadurch wurde den Frauen ermöglicht, beim Erscheinen eines Besuchers rechtzeitig den Rückzug antreten. Dieser **Innenhof** ist mit Mosaikfliesen belegt, **in der Mitte** befindet sich ein marmorner **Brunnen.**

Um den Innenhof sind **symmetrisch die vier Haupträume** (Empfangszimmer, Schlafraum des Hausherrn, Aufenthaltsraum der Frauen, Familienraum), kleinere Nebenräume und die Küche angeordnet. Vier achteckige, mit Fliesen und Stuck verzierte Säulen tragen die Galerie des überdachten Ganges vor den Räumen. In die vier Haupträume führen geschnitzte Doppelflügeltüren. Lichteinfall erhalten die unteren Räume durch ein ca. 1,50 m hohes und 1 m breites vergittertes Fenster ohne Scheiben, vor dem hölzerne Fensterläden angebracht sind.

Islamische Häuser haben im Gegensatz zu den jüdischen Wohnhäusern in der Mellah (Judenstadt) **keine Fenster zur Straßenseite,** sondern lediglich zum Innenhof oder zum Garten hin. Die Fenster zum Innenhof sind holzgeschnitzt mit doppeltem oder einfachem Hufeisenbogen. Die Holzläden und Türen bestehen aus meist farbig gefasstem Zedernholz, tragende Balken aus geschnitztem, dunklem Zedernholz. Die **Räume des Obergeschosses** entsprechen im Grundriss in der Regel denen des Untergeschosses und werden von den Frauen bewohnt. Geschlafen wird auf Polstern in den Schlafräumen, nach Geschlechtern getrennt. Die nicht verzierten Teile eines Raumes sind gekalkt, das obere Drittel der Wände verziert meist eine **Stuckdekorbordüre,** an die eine **bemalte Holzkassettendecke** anschließt. Die Böden und Wände der Innenhöfe wie auch die Säulen sind mit **Mosaikfliesen (Zelliges)** in den Farben Schwarz, Weiß, Flaschengrün, Dunkelblau und Ocker belegt. Hier gibt es einige immer wiederkehrende Muster in Pfeilform oder als achteckiger Stern. Die Stuckverzierungen an den oberen Teilen der Wände, aber auch die Holzdecken sind mit vielfältigen Ornamenten und Arabesken gestaltet.

Zum **Mobiliar** gehören Polster am Boden, die als Rückenstütze (bzw. Kissen) dienen, unter denen häufig auch ein einfaches Holzgestell angebracht ist. Bei vornehmen Famili-

Moderne Villa eines reichen Marokkaners

Kunst und Kultur

en waren die Stoffpolster aus Brokat, und kunstvoll bestickte Kissen wurden als Rückenpolster verwendet. Im Empfangsraum stehen noch einige wenige kleine Holztische. Der Tee wird auf einem Metalltablett serviert, das auf einem Holzgestell abgestellt wird oder Füße hat. Als zusätzliche Einrichtung gibt es noch gelegentlich hölzerne, verzierte **Wandborde.** Sehr kunstvoll verziert waren auch die hölzernen Brottische, die inzwischen sehr selten geworden sind. Schränke fehlen völlig: Decken sowie Schmuck und Kleider wurden in **Truhen** aufbewahrt, die von der Frau in die Ehe mitgebracht werden. Sie sind aus braun gebeiztem Zedernholz und bemalt.

Die **Lampen** sind aus Messing oder Bronze gegossen, an schweren Ketten aufgehängt und mit typischen marokkanischen Ornamenten durchbrochen.

Derartige Häuser finden sich noch zahlreich **in den Medinas;** sie werden infolge veränderter Gegebenheiten (weniger Frauen, ärmere Familien) meist von mehreren Familien gemeinsam genutzt. In den Volkskundemuseen in Meknès, Tètouan und Fès und im Palais el Bahia in Marrakesch kann man solche Wohnstätten sehr gut besichtigen, da die Museen in ehemaligen Wesirspalästen untergebracht, mit zahlreichen Exponaten aus Bürgerhäusern bestückt und so hervorragende Beispiele gehobener islamischer Wohnkultur und Architektur sind. In den letzten Jahren wurden traditionelle Häuser **(Riad)** als Restaurants, Privatpensionen *(Maison d'Hôtes)* oder als Teppichhäuser verwendet und so vor dem Verfall gerettet, denn kaum jemand kann sich mehr den Unterhalt eines solchen Hauses leisten. In Marrakesch, Fès und Essaouira wurden viele Riads von Europäern erworben und zu **Luxushotels** umgebaut.

Reiche Familien bauten sich in den 1970er bis 1990er Jahren nach europäischen und maurischen Vorbildern gestaltete und mit allem Komfort ausgestattete **Villen** in den Vororten bzw. Nobelvierteln der großen Städte (z.B. Casablanca-Anfa) und statteten diese teils sehr geschmackvoll, manchmal auch orientalisch überladen, mit westlichem Mobiliar aus. Dieser Trend war auch in Mittelklassefamilien zu beobachten. Da aber inzwischen marokkanische Wohnkultur – modern aufge-

Kunst und Kultur

peppt – in Europa und Amerika schick geworden ist, besinnen sich Marokkaner der Mittel- und Oberklasse in zunehmende Maße wieder eines gehobenen marokkanischen Wohnungs-Lifestyles.

Wer sich detaillierter für marokkanische Wohnkultur der gehobenen Art interessiert, sollte sich das Buch **„Maroccan Interiors"** besorgen (Taschen-Verlag, Köln).

In den **Wohnungen der einfachen Leute** findet man nach wie vor traditionelle Einrichtung wie Polster, Truhen und Wandborde.

In den großen Städten werden ähnlich wie in Europa zahlreiche **Trabantensiedlungen** angelegt, deren Bauweise nur noch wenig mit islamischer Tradition zu tun hat. Sie weisen, wie auch bei uns üblich, Balkone und Fenster nach außen auf. Nach wie vor sind aber wegen der geringen Regenfälle begehbare Flachdächer, auf denen Wäsche oder Früchte getrocknet werden, vorherrschend.

Ein großzügiges Haus kann sich in der Stadt kaum mehr jemand leisten, die **Mieten** für eine Dreizimmerwohnung in einfachen Neubauvierteln sind für viele ebenfalls unerschwinglich und lassen sich nur durch den Verdienst mehrerer Familienangehöriger bezahlen. Da auch der Zuzug vom Land in die Stadt anhält, wachsen in den Vororten der Großstädte, vor allem in Casablanca, die **„Bidonvilles"**, einfache, selbst zusammengezimmerte Häuser aus Ziegelsteinen, Wellblech und Pappe ohne Wasser- und Stromversorgung, durch hohe Mauern den Blicken der vorbeifahrenden Autofahrer auf der Autobahn entzogen.

Die Baukunst der Berber

So **unklar** wie die Herkunft des Bervolkes ist auch die **Entstehung der berberischen Baukunst.** Eine Verwandtschaft zu babylonisch-assyrischen Bauten lässt sich nicht leugnen. Eine große Ähnlichkeit besteht vor allem zu den Wohnburgen im Hadramaut (Jemen).

Die Ksour (Sg. **Ksar**) – so nennt man die **befestigten Dörfer der Berber** – sind vom Aufbau her alle gleich. Sie bestehen aus einer Aneinanderreihung mehrerer Wohnstätten in verschiedener Höhe mit konisch zulaufenden Mauern und wenigen Fenstern. Sie sind mit Türmchen und Zinnen versehen, oft mehrere Stockwerke hoch und haben eine hohe Umfassungsmauer. Innerhalb der Ksour befinden sich oft bis zu 100 Feuerstellen, je nach Größe des Familienverbandes. Ein Ksar beherbergt oft einen ganzen Stamm oder eine Sippengemeinschaft. In ihnen herrscht nicht selten ein Leben wie bei uns auf den mittelalterlichen Burgen.

Bei Überfällen bot die **Kasbah** (arab. für Burg, berberisch: **Igherm**) Schutz vor Überfällen feindlicher Stämme.

Vier Ecktürme sind charakteristisch für eine Kasbah, aber auch für eine Familienburg, welche als **Tighremt** bezeichnet wird. In den Ecktürmen führen die Treppen nach oben. Die **Tore der Umfassungsmauern eines Ksar** oder eines ummauerten Marktplatzes sind ebenfalls von solchen quadratischen Türmen flankiert. Die Tighremts sind **vor allem im Süden** zu finden und durch ihr wehrhaftes Aussehen und ihre reichhaltigen Verzierungen innerhalb der Ksour besonders dominant. Es gibt zwei Arten von Tighremts, solche mit Innenhof und andere mit Mittelgang. Von außen kann man sie in der Regel nicht unterscheiden. Diejenigen mit Innenhof findet man öfter in den Tälern und Ebenen, die andere Form im Gebirge.

Die Tighremts oder Kasbahs sind häufig **fünf bis sechs Stockwerke** hoch. Die Kasbah als Fürstensitz einer Sippe wird von Nebengebäuden und manchmal mit einer Mauer innerhalb des Gesamtkomplexes umfasst.

Der **Grundriss** der Burg ist bei allen Anlagen mehr oder minder gleich. Das Erdgeschoss besteht gewöhnlich aus mehreren kleinen oder einem großen Raum und wird meist als Stall oder Abstellraum für Arbeitsgerät benutzt. In der Regel besitzt die Burg nur eine Tür, durch die man in einen dieser dunklen Räume gelangt; in einem der Ecktürme führt die Treppe in die weiteren Stockwerke. Das 1. Stockwerk wird in den meisten Fällen noch als Speicher für Getreide und Hülsenfrüchte benutzt. Im 2. Stockwerk befinden sich die Schlafräume und im 3. Stock die Wohnräume. Sie sind mit Teppichen und Polstern ausgelegt. Sessel und Stühle gibt es bei den Berbern nicht.

KUNST UND KULTUR

Die **Fenster sind nicht verglast,** sondern nur mit einem oft schmiedeeisernen Gitter versehen. Die weißen Wände sind hin und wieder mit bunten Ornamenten verziert.

Die **Außenmauern** einer Kasbah oder eines Tighremt sind ebenfalls mit Ornamenten geschmückt, die häufig erst in Höhe des Wohntraktes beginnen. Die **Ornamente haben magische Bedeutung.** Sie verfügen über Baraka, Heil bringenden Segen (siehe „Religion/Der Heiligenglaube"), und sollen vor bösen Geistern schützen. Die Ornamente wurden in ihrer Ausgestaltung geringfügig durch den Islam beeinflusst, beruhen aber meist auf alten Stammestraditionen.

Häuser und Burgen sind **aus Stampflehmerde hergestellt.** Man sticht an dem Platz, an dem das Gebäude entstehen soll, den Lehmboden aus und mischt den Lehm mit Wasser und Maisstroh. Dann wird der

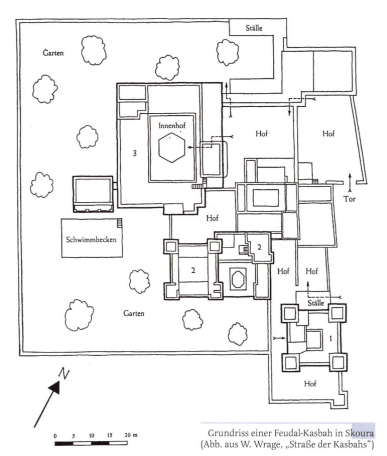

Grundriss einer Feudal-Kasbah in Skoura (Abb. aus W. Wrage, „Straße der Kasbahs")

Kunst und Kultur

Lehmbrei in Holzkästen gefüllt, die die Breite der geplanten Mauern haben, man lässt das Ganze trocknen und zieht dann den Holzkasten ab. Über die fertigen Mauerteile legt man Holzknüppel zur Befestigung, setzt den oben und unten offenen Holzkasten darauf, füllt ihn mit Lehm, lässt die Masse trocknen und löst die Bretter. Nach dem Trocknen zieht man die Balken heraus, sodass in bestimmten Abständen Löcher entstehen, die wie Fenster oder Schießscharten wirken. Bei besonders sorgfältig gebauten Kasbahs werden diese Löcher mit Lehmbrei ausgefüllt. In den oberen Stockwerken führt man manchmal den Bau mit luftgetrockneten Lehmziegeln zu Ende. Durch eine bestimmte Anordnung der Ziegel oder durch Aussparungen kann man nun Muster und Zeichen an der Mauer gestalten. Manche Kasbahs im Hohen Atlas (z.B. im Tessaout-Tal) sind wegen der besseren Haltbarkeit aus Trockensteinen errichtet. Die Decken der Innenräume werden mit Baumstämmen befestigt und mit geflochtenen Rohrmatten in Fischgrätmuster belegt.

Eine Kasbah vergrößerte sich mit dem Anwachsen der Familie. Es wurden immer wieder neue Anbauten mit Türmen, Höfen und Mauern geschaffen, die den Kasbahs ihr jetziges festungsartiges Aussehen gaben und oft Hunderten von Menschen Platz boten. Oftmals war eine **Kasbah auch Privatwohnsitz mächtiger Herrscher** mit prachtvoll ausgeschmückten Räumen und Nebengebäuden für Gesinde und Günstlinge, so beispielsweise die zahlreichen Kasbahs des Paschas al-Glawi (El Glaoui).

Kasbahs als Sitz eines Qaids wurden entlang der Karawanenwege, vor allem im Drâa- und Dadèstal errichtet, und hatten die Funktion, den Handel zu kontrollieren, Macht zu demonstrieren und Karawanen zu beherbergen. Mehr und mehr Kasbahs wurden an exponierten Stellen gebaut, alle dem jeweiligen Qaid unterstellt. Als nun im Süden der mit den Franzosen paktierende **Pascha al-Glawi** *(El Glaoui)* an Machtfülle gewann, baute dieser jeweils neben einer qaidalen Kasbah seine eigene Kasbah. Dies erklärt die vielen Kas-

Kunst und Kultur

bahbauten vor allem im Drâa-Tal, durch das der Karawanenweg nach Timbuktu führte.

Früher hatten viele Kasbahs eine lebenswichtige Funktion, da sich die Berberstämme laufend bekriegten. Durch die Befriedung der Berberstämme, aber auch aufgrund des eingestellten Karawanenhandels, verloren die Kasbahs ihren ursprünglichen Zweck und wurden, wenn der Unterhalt zu viel Geld verschlang, von den Familien aufgegeben. Früher wurden die Lehmmauern der Kasbahs fortwährend instand gehalten, verbessert und verschönert, sodass kaum eine Kasbah im Laufe der Jahrhunderte das gleiche Gesicht behielt. Denn gerade die starken Regenfälle im Winter zwangen die Menschen dazu, ihre Kasbahs zu renovieren. Vor allem die Besitztümer des mit den Franzosen kooperierenden Pascha *al-Glawi*, der nach der Unabhängigkeit alle seine Ämter verlor, wurden dem Verfall preisgegeben. Einige wenige seiner prachtvollen Fürstensitze (so z.B. die Kasbah Taourirt in Ouarzazate) wurden in das Förderprogramm der Cerkaz (der staatlichen Stelle zur Erhaltung der Kasbahs) aufgenommen. Manche fürstliche, aber auch Familien-Kasbahs haben mit zunehmendem Tourismus eine **Renovierung** erfahren und dienen jetzt als Hotel. Die Kasbahs befinden sich ausnahmslos im Süden Marokkos, vor allem in den Tälern Dadès, Drâa, Todrha und Ziz.

Innerhalb der Ksour, vor allem im südlichen Hohen Atlas und im Anti-Atlas, findet man meist mehrere **Vorratsspeicher (Agadir)** für die Dorfgemeinschaft. Sie ähneln einer Burg, haben ein oder zwei Wachtürme und sind von zwei Verteidigungswällen umgeben. Der Agadir hat einen einzigen Eingang, an dem ein Wachposten steht. Es gibt zwei Arten von Agadiren, den **Hof-** und den **Zellen-Agadir.** Beim Hof-Agadir sind die Aufbewahrungszellen um einen Innenhof gruppiert, sodass man dort auch noch Vieh unterbringen kann. Diese Form der Agadire ist vor allem bei Halb-Nomaden beliebt. Zellen-Agadire findet man im Anti-Atlas, in ihrem Falle sind die Aufbewahrungszellen entlang eines Ganges angebracht. **Große Agadire haben 200 bis 300 Aufbewahrungszellen, die abschließbar sind.** Manchmal befindet sich innerhalb des Agadirs auch das Grab eines Heiligen, dem einige Vorratskammern geweiht sind. Dieser ist oft ein Urahn der Sippe. So ist dieser Ort besonders geschützt und ein heiliger Bezirk, der nicht entweiht werden darf (etwa durch Gewalttaten).

In den Vorratskammern werden Feldfrüchte, Häute, Waffen, Familienbesitz, Urkunden etc. untergebracht. Die Zellen werden über vorstehende Ziegel oder Balken erreicht. Am gefragtesten sind die mittleren Zellen, da in diese weder durch das Dach noch durch den Boden Feuchtigkeit dringen kann.

Besonders schön und typisch für die Speicher sind die **großen Holzschlösser.** Solch ein Schloss besteht aus einem ausgehöhlten Holzblock mit einem ebenfalls ausgehöhlten Riegel, der sich innerhalb des Blockes hin- und herschieben lässt. In das Loch des Riegels führt man einen hölzernen Schlüssel mit aufrecht stehenden Zacken ein, die man genau unter die dazugehörigen Löcher steckt. Dort befinden sich bewegliche Holzstifte, die das Schloss blockieren, wenn man den Schlüssel abzieht.

Literatur

- *Bianca, S.:* **Hofhaus und Paradiesgarten. Architektur und Lebensformen in der islamischen Welt.** C.H. Beck 2001
- *Wrage, W.:* **Straße der Kasbahs.** Neumann-Neudamm Verlag 1969.
- *Wirth, E.:* **Die islamische Stadt,** Verlag Ph. v. Zabern 2002.

Kunsthandwerk

Vieles, was uns als Kunsthandwerk erscheint (z.B. Textilien, Metall-, Lederarbeiten), ist für den Marokkaner Gebrauchsgegenstand. Deshalb haben sich bis heute die **alten Handwerkstraditionen** lebendig erhalten. In einer Stadt wie Fès arbeiten Hunderte von Schneidern, Silberstickern und Metallhand-

Alte Kasbah im Hohen Atlas

Kunst und Kultur

werkern vor allem für den marokkanischen Markt, auch wenn ein Vordringen der „Plastikkultur" – meist billige Importware aus China – in die marokkanischen Haushalte zu beobachten ist und die Fertigung für den Souvenirmarkt zunehmend auch industriell erfolgt.

Die **Überflutung mit europäischen Waren** seit der französischen Protektoratszeit führte zu einer **Verflachung der handwerklichen Kunst** und zu tiefgreifenden Veränderungen. Denn die Trennung zwischen Handwerker und Kunsthandwerker ist dem Marokkaner ursprünglich fremd. Er benutzt die französische Bezeichnung „artisan" (Künstler) für jeden Handwerker. So sehr dieser auch kreativer Individualist ist, sein bestimmendes Anliegen ist es, Gegenstände zu schaffen, die allen nützen und den Ansprüchen der Allgemeinheit gerecht werden.

Der Touristenstrom nach Marokko hat zu einer gewissen **Vereinheitlichung** im handwerklichen Schaffen geführt, sodass „echte" marokkanische Handwerksstücke oft nicht mehr auf dem Markt zu finden sind, sondern nur noch direkt bei den Handwerkern oder in Geschäften, die außerhalb der touristischen Gegenden liegen. Insgesamt aber begegnet man bei einem Aufenthalt in Marokko nach wie vor der Vielfältigkeit des marokkanischen Kunsthandwerks.

In den **Souks** oder auf den marokkanischen **Märkten** findet man für die verschiedensten Handwerkszweige eigene Gässchen und Viertel, so etwa Messing- und Kunstschmieden, Teppichwirkereien, Gerbereien, Färbereien, Töpfereien; Leder- und Schmuckwaren, Intarsienarbeiten, Holzschnitzereien und viele andere kunstvolle Arbeiten werden hier gefertigt.

Weiteres zu Kunsthandwerk siehe auch im Abschnitt „Praktische Tipps A–Z/Souvenirs".

Film

Der marokkanische Film erlebte in den letzten Jahren eine Art Frühlingserwachen, vor allem in den Großstädten. So finden **Filmfestivals** in Tanger (Mittelmeer-Kurzfilmtage), in Settat (Amateurfilmfestival), Agadir (Dokumentarfilmfestival) und zum elften Mal in Marrakesch mit internationaler Teilnahme statt. Waren in der Vergangenheit nur wenige marokkanische Filmer wie *Mohamed Tazi* in Europa bekannt, finden sich zunehmend **marokkanische Filme** und Namen unter den Wettbewerbsbeiträgen, wie *Said Taghmoui*, der das Leben eines Straßenjungen in Casablanca thematisierte, oder die Regisseurin *Zakia Tahiri*, deren Gesellschaftskomödie „Number one", in der sich ein Macho in einen Feministen verwandelt, ein Kassenhit in Marokko wurde. Eine Pionierin des marokkanischen Films und mittlerweile auch in Europa und Amerika bekannt ist die Drehbuchautorin, Regisseurin und Produzentin *Farida Belyazid*, die vorwiegend feministische Themen aufgreift, aber auch Dokumentationen z.B. über die Fischerei oder Frauen im Sahel gedreht hat. Einen guten Überblick über das Filmschaffen bieten die Websites www.maghrebarts.ma/cinema.html oder www.ccm.ma.

Inzwischen laufen in spezialisierten Kinos oder bei Filmfestwochen auch in Deutschland marokkanische Filme. Aber nicht nur marokkanische Filmer greifen Thematiken aus und in Marokko auf, sondern auch deutsche Regisseure wie *Michael Dreher* in seinem letzten Fim „Die zwei Leben des Daniel Shore" oder in seinem Erstling „Fair Trade", der 2006 weltweit viele Preise erhielt. Beide Filme spielen zum großen Teil in Marokko unter Beteiligung einiger marokkanischer SchauspielerInnen.

Marokko ist zudem international **eines der beliebtesten Kulissenländer**, der bekannteste Drehort ist Ouarzazate und Umgebung (siehe dort). Jährlich werden 20 bis 30 Filme in Marokko gedreht. Nur einige bekannte Beispiele sind *Hitchcocks* „Der Mann, der zu viel wusste" (1956), „Lawrence von Arabien" (1962), „Auf der Jagd nach dem Juwel vom Nil" (1985), „Himmel über der Wüste" (1990), sämtliche Folgen von „Die Bibel" (1994–1999), „Kundun" (1997), „Die Mumie" (1999), „Gladiator" (2000), „Alexander" (2004), „Asterix & Obelix: Mission Kleopatra" (2002), „Königreich der Himmel" (2005) und zuletzt *Sönke Wortmanns* „Die Päpstin" (2009). Damit ist die Filmindustrie zu einem wichtigen Wirtschaftsfaktor geworden, sowohl was den Arbeitsmarkt betrifft als auch hinsichtlich der Einnahmen (dreistellige Millionenbeträge im Raum Ouarzazate).

Theater

Die wenigen vorhandenen Bühnen in Marokko bringen eher klassische arabische Musik, Folklore- und Ballettveranstaltungen in ihrem Programm als Theaterstücke. So fand die Uraufführung der Theateradaption des Buches „Nacht der Unschuld" des berühmtesten marokkanischen Schriftstellers *Tahar Ben Jelloun* 1994 in Zürich statt. Theater war immer eher eine Musikveranstaltung oder fand in der Öffentlichkeit als Jahrmarkt statt (etwa auf dem Djamâa-el-Fna in Marrakesch) und hat **keine Tradition** in Marokko. Immerhin: Seit der Eröffnung des Nationaltheaters Mohamed V. in Rabat und dank verschiedener Theaterfestivals findet Theater mehr und mehr Zuspruch in der Bevölkerung. So gibt es mittlerweile 30 Theaterbühnen im Lande, und sogar in Erfoud am Rande der Wüste finden Theaterveranstaltungen statt. Hervorzuheben sind das Nationaltheater-Festival in Meknès und das spanisch-marokkanische Festival **„Deux Rives",** das in sechs Städten (Rabat, Casablanca, Tanger, Tétouan, El-Jadida und Marrakesch) 2010 zum dritten Mal stattfindet und auf dem Theater, Tanz, Zirkus, Kino, Musik und Oper in neun Produktionen mit rund 150 Künstlern aufgeführt werden. Es soll eine Brücke zwischen Spanien und Marokko bilden, auf der sich die Kulturen näher kommen.

Bildende Kunst

von *Sybille Kroll*

Malerei und Grafik als zweckfreie bildende Künste sind in Marokko eine verhältnismäßig junge Erscheinung, doch reichen ihre visuellen Wurzeln bis tief in die Geschichte des Landes zurück: Malerei war in Marokko lange vor der Kolonialisierung bekannt. Färberei, Tätowierung, Webkunst, Keramik, Buchmalerei oder Kalligrafie und andere traditionelle Kunsthandwerke haben die Bildende Kunst genauso beeinflusst wie abendländische Leinwandgemälde. Unter den freien Künsten ist die Malerei in Marokko mit Abstand am stärksten vertreten. Sie wurde von drei Traditionen geprägt: von der präislamischen, der arabo-islamischen und der europäischen Tradition.

Aus der Begegnung und dem Austausch mit der europäischen Kunst erwuchs Anfang des 20. Jahrhunderts eine marokkanische Tradition der **Leinwandmalerei.** Während der Protektoratszeit wurden in Tétouan und Casablanca Kunstschulen gegründet. In den **1940er Jahren** erlebte die „spontane" Malerei marokkanischer Autodidakten ihren Aufschwung. Zu den herausragenden Repräsentanten dieser frühen „Naiven" zählen **Mohamed Ben Allal, Mulay Ahmad Drissi** und **Ahmad Louardighi.** Ungeachtet individueller Stilunterschiede lässt ihre Malerei insgesamt eine Vorliebe für fantastische, märchenhafte oder surreale Welten erkennen.

Die **marokkanische Moderne** beginnt in den 1960er Jahren. Dank Auslandsstipendien entstand ein reger Austausch mit der europäischen Kunst. Marokkaner studierten in Sevilla, Madrid, Paris, Amsterdam, Rom, Prag und Warschau. Zwei der wichtigsten Vertreter dieser Epoche sind **Ahmad Cherkaoui** und **Jilali Gharbaoui.** Beide Künstler trugen wesentlich zur Entwicklung einer modernen Bildsprache in Marokko bei.

Wichtige intellektuelle Impulse gingen von der 1964 wiedereröffneten **École des Beaux Arts** von Casablanca aus. Ihr damaliger Direktor **Farid Belkahia,** einer der bedeutenden Künstler Marokkos, rief gemeinsam mit Künstlerkollegen wie **Mohamed Melehi** die **Pro-Arte-Bewegung** ins Leben. Man nahm sich vor, die kulturelle Identität Marokkos neu zu definieren und vor allem Kunst und Künstler besser in das soziale Leben zu integrieren. *Belkahia* setzte die marokkanische Volkskunst auf den Lehrplan und bestand auf der Beherrschung handwerklicher Fähigkeiten. Dementsprechend sind seine eigenen Werke nicht durch den Gebrauch von Leinwand und Ölfarben bestimmt, sondern eher durch die Verwendung landestypischer Materialien wie Messing, Tierhaut und Färber-

Kunst und Kultur

Pigmente. Nach demselben Prinzip arbeitete der aus Essaouira stammende Künstler und Museumsleiter **Boujmaa Lakhdar.**

Eine der berühmtesten Malerinnen ist **Chaibia Tallal,** deren vitale Bilder bereits in zahlreichen Museen Europas zu sehen waren und sind. Autodidakt ist auch **Abbes Saladi,** dessen surreale, filigrane Zeichnungen voller Rätsel, Allegorien und Symbole sind.

In Ermangelung einer geeigneten Infrastruktur bekam in den 1960er Jahren die unabhängige **private Initiative** eine tragende Rolle. Es entstanden zahlreiche Künstlerorganisationen. Der Initiative von Künstlern ist es zu verdanken, wenn seit 1978 in Asilah jedes Jahr ein Festival der Kultur stattfindet, das zu einer Begegnungsstätte für Intellektuelle und Künstler aus ganz Marokko wurde.

Seit den 1970er Jahren erhielt das **Galeriewesen** wachsende Bedeutung. Ein Pionier war die Galerie l'Atelier, die 1971 in Rabat eröffnete. Mittlerweile gibt es in Marokko zahlreiche Galerien: Zentren sind Rabat (Galerie Nadar, Galerie Mulay Ismail, Galerie Marsam, Galerie La Découverte), Casablanca (Galerie Alif-Ba, Chorfi Art Gallery, Galerie Bassamat, Villa des Arts der Fondation ONA), Marrakesch (Galerie Bab Doukkala, Zenitude im Quartier Industriel), El-Jadida (Galerie 104), Tanger und nicht zuletzt Essaouira, wo um die Galerie Frederic Damgaard eine erfolgreiche Künstlerkolonie gewachsen ist. Eine virtuelle Galerie mit Werken wichtiger Künstler ist online unter **www.art-maroc.co.ma** zu finden. Einen Überblick über Werke, Künstler und Veranstaltungen übers ganze Jahr in den verschiedensten Galerien und Städten gibt es unter **www.maghreb-arts.ma/artsplastiques.html.**

Wer sich einen Eindruck vom Kunstschaffen in Marokko seit der Unabhängigkeit verschaffen möchte, findet im 1997 gegründeten **Musée privé de Marrakech** eine kleine Überblicksausstellung. Museen für Bildende Kunst sind sonst leider Mangelware.

Heutzutage stehen in Marokko zahlreiche Ausbildungsstätten für Bildende Kunst zur Auswahl. Manche marokkanischen Künstler ziehen es allerdings vor, im Ausland zu studieren und zu arbeiten. So auch der zwischen Paris und München pendelnde Fotokünstler **Touhami Ennadre,** der in Deutsch-

KUNST UND KULTUR

land ansässige Maler **Nacir Chemao** und die in Berlin lebende Künstlerin **Dounia Oualit.**

Das marokkanische Volk hat gelernt, dass es eine Kunst gibt. Viele Künstler versuchen vor allem an touristischen Orten dank ihrer Kunst zu leben. Die gehobene Schicht hat gemerkt, dass Kunstgegenstände eine neue Art von Geldanlage sein können, und bei Veranstaltungen und privaten Festen werden immer wieder Künstler eingeladen. Die gemeine marokkanische Bevölkerung wird nie eine Beziehung zur Kunst finden und eine Liebe dazu aufbauen können. Es fehlen dazu alle notwendigen Voraussetzungen. Der vorherrschende Wandschmuck marokkanischer Wohnungen bleiben Suren aus dem Koran und Fotos der Familie. Kunst muss zuerst von unten, schon in den Grundschulen, gefördert werden, damit eine andere **Einstellung zur Kunst** entstehen kann. Auch hier wurden Etappen übersprungen, welche niemals mehr aufgeholt werden können und die sich nicht mehr wiederholen werden. Mit der Kunst verlief es wie mit dem Telefon – die Entwicklung ging vom fehlenden Apparat zu Hause direkt zum Handy für überall.

Sprache und Literatur

Die Berberliteratur basiert im Wesentlichen auf der **mündlich überlieferten Volksdichtung,** die heute noch in Märchen und Legenden lebendig geblieben ist. Aus der Kultur der Berbervölker wegzudenken sind die **Märchenerzähler** auf den Stadtplätzen, bei Festen und Veranstaltungen. Auch Balladensänger, die den Alltag oder die Liebe besingen, oder der Vortrag von kleinen Theaterstücken und Satiren, die sowohl vom Alltag als auch von Zauber- und Hexenmeistern erzählen, sind heute noch Bestandteil der literarischen Volkskunst.

Die **berberische Sprache gehört zu den ältesten der Welt** und war vor der römisch-christlichen Herrschaft von den Kanarischen Inseln über Nordafrika bis nach Mauretanien und Libyen verbreitet. Sie differenzierte sich später in viele Mundarten, von denen heute die meisten ausgestorben sind. An geschriebener Sprache existieren lediglich Felsinschriften, die heute noch von den Tuareg gelesen werden können, die übrigens als einziges Berbervolk eine Schriftsprache (das Tifinagh) entwickelt haben. Der geistige Austausch zwischen Römern, Puniern und Berbern brachte einige bedeutende berberische Denker hervor. Auch nach der Islamisierung traten Berber durch literarische Leistungen hervor, vor allem durch Übersetzungen des Koran. Hervorzuheben ist das Loblied von *Al-Busiri* (1213–1295) auf den Propheten Mohamed.

Einige **arabische Reiseschriftsteller** berichteten bereits im Mittelalter in eindrucksvoller Weise von Marokko. Am bekanntesten ist **Ibn Battuta,** der 1325 von Tanger nach Mekka aufbrach und über diese Pilgerfahrt eine der ältesten arabischen Reisebeschreibungen überhaupt verfasste. Spektakulär ist die Geschichte des aus Granada stammenden **Leo Africanus** (ca. 1487 bis ca. 1550), mit richtigem Namen *Al Hassan bin Mohamed bin Ahmad el Wassan,* der nach seiner Flucht vor der Reconquista von Spanien nach Fès als Diplomat in Diensten des Sultans tätig war und durch seine „Beschreibung von Afrika" sowie als Berater des Papstes *Leo X.* berühmt wurde. In dessen Dienste gelangte er, nachdem er von christlichen Eroberern als Sklave nach Rom verschleppt wurde und dort zum Christentum konvertierte.

Die **moderne marokkanische Literatur** ist meist in Französisch verfasst – ein Dilemma für die modernen Autoren, da dies die Sprache der Kolonialmacht ist. Andererseits bildet, laut Harenbergs Lexikon der Weltliteratur, das Hocharabisch, als Sprache des islamischen Erbes, ein Hindernis in der Auseinandersetzung mit der modernen Welt.

Ein Problem, sich weiten Teilen der Bevölkerung verständlich zu machen, besteht darin, dass ein großer Teil der Bevölkerung nach wie vor in nur mündlich überlieferten Sprachen – Dialektarabisch und Berbersprachen – spricht. So befinden sich die Marokkaner in der kulturell schwierigen Lage, dass ihnen eine **gemeinsame geschriebene Mut-**

Eine „Schriftrolle" von Amtoudi

Kunst und Kultur

tersprache als verbindendes Element fehlt. In den Schulen wird zwar als erste Sprache Arabisch gelehrt, das Hocharabisch weicht aber vom maghrebinischen Arabisch deutlich ab. Nach langjährigen Auseinandersetzungen mit den Berbern wird nun in Ortschaften mit überwiegender Amazigh-Bevölkerung auch in Tamzight oder Chleu bzw. Tachelheit unterrichtet. Das Problem dabei war, dass die Berber Marokkos über keine Schriftsprache verfügen und deshalb nun auf das Tifinagh der Tuareg (die einzige Schrift eines Berbervolkes) zurückgreifen.

Als zweite Sprache war vor Einführung des Unterrichts in Berbersprachen **Französisch** üblich (und ist es noch in den Städten), sodass – vielleicht auch mit Blick auf den europäischen Markt – Französisch zur Schriftsprache der Intellektuellen wurde.

Die modernen Schriftsteller befassen sich vor allem mit der **Aufarbeitung des tristen marokkanischen Alltags** und der überlieferten Wertvorstellungen, religiösen Riten und Aberglauben, die Konfliktstoff auf dem Weg zur modernen Gesellschaft bilden. Werke, die bis Anfang der 1950er Jahre entstanden sind, sind eher ethnografisch und folkloristisch angelegt und haben die Gewohnheiten des Volkes – Heirat, Familie, Traditionen usw. – zum Thema. Zu dieser Generation gehörte der Schriftsteller *Ahmed Sefrioui* (1915–2004) aus Fès, der vor allem durch seine Kindheitsschilderung „Das marokkanische Wunderkästlein" (1954) bekannt wurde.

Nach der Unabhängigkeit wurde der Literatur nationalistischer, aber auch kritischer. Zunehmend wird die Rollenverteilung in der Gesellschaft, die Willkür des Mannes gegenüber der Frau, aber auch die des Vaters gegenüber den Söhnen, schließlich die Willkür des Staates und der Behörden auf- und angegriffen. Die Machtlosigkeit im Alltag, Hoffnungslosigkeit und Tristesse angesichts von Hunger und Arbeitslosigkeit, aber auch die Unterdrückung der Sexualität und die daraus resultierenden Probleme sind tragende Themen der neuen Literatur.

Wohl der wichtigste und produktivste marokkanische Schriftsteller der heutigen Zeit ist **Tahar Ben Jelloun**, der sich in seinen Romanen „Sohn ihres Vaters", „Nacht der Unschuld", „Das Gebet für den Abwesenden", „Mit gesenktem Blick", „Der korrumpierte Mann", „Zina oder die Nacht des Irrtums" oder „Das Schweigen des Lichts" mit allen brisanten Themen der marokkanischen Gesellschaft auseinandersetzt. Mit dem Bestseller „Papa, was ist ein Fremder" (2000), der sich aber nicht mit Marokko beschäftigt, wurde er auch bei uns bekannt.

Ein weiterer bedeutender Autor ist **Driss Chaibri**, der in der Schilderung des Alltags versöhnlicher ist als **Abdelahak Serrane,** der in seinen Romanen „Messauda" und „Söhne der engen Gassen" ein düsteres Bild der marokkanischen Wirklichkeit zeichnet.

Sehr zeitkritische Autoren sind **Mohamed Mrabet** und **Mohamed Choukri.** Dessen bekanntester Roman, „Das nackte Brot", wurde von *Tahar Ben Jelloun* ins Französische und von *Paul Bowles* ins Englische übersetzt und war in Marokko wegen seiner realistischen Schilderung der Armut, die mit sittenwidriger Ausbeutung einhergeht, zeitweise verboten, findet sich aber heute in allen Buchhandlungen. *Choukri* wuchs selbst in ärmsten Verhältnissen auf, lebte und arbeitete als Kind und Jugendlicher viele Jahre in Straßencafés, war im Gefängnis und beschloss dann mit 20 Jahren, Lesen und Schreiben zu lernen und sich als Schriftsteller zu betätigen. Er starb im November 2003 68-jährig an einem Krebsleiden in Rabat.

Gefängniserfahrung (als politischer Gefangener) und die Rückkehr ins normale Leben arbeitet der in Fès geborene Romanistikprofessor **Abdellatif Laabi** in seinem Roman „Kerkermeere. Bericht aus Marokko" (1990) auf. Er schreibt in französischer Sprache, vor allem Gedichte, Romane und Theaterstücke.

Eine wichtige Autorin kritischer Dokumentationen ist die Soziologieprofessorin **Fatima Mernissi,** die in Amerika studierte und jetzt an der Universität Rabat Soziologie lehrt.

Als wichtiger Autor darf **Paul Bowles,** gebürtiger und nach Marokko ausgewanderter Amerikaner, nicht vergessen werden. Er hat sowohl Romane marokkanischer Autoren nach mündlichen Erzählungen aufgeschrieben (*Driss Ben Hamed Charhadi:* „Ein Leben voller Fallgruben") als auch Kurzgeschichten zu Marokko gesammelt. Für seine eigenen

Kunst und Kultur

Romane wählte er auch marokkanische Schauplätze. Sein Buch „Himmel über der Wüste" erlangte Weltruhm. Er verstarb im November 1999 in Tanger.

Genannt sei auch **Elias Canetti**, der mit seinem Buch „Die Stimmen von Marrakesch" bekannt wurde und ein immer noch eindrucksvolles Stimmungsbild der Stadt schuf.

Marokkanische Musik

von *Jürgen Sieberer*, überarbeitet
von *Muriel Brunswig-Ibrahim*

Musik ist in Marokko allgegenwärtig. Man wird von ihr in den Straßen, den Cafés, den Souks auf Schritt und Tritt begleitet. Dabei ist der Musikgeschmack der Marokkaner sehr vielfältig; fast alles kann man hier antreffen: Moderne westliche Musik, vorwiegend frankophon, klassisch arabische und andalusische Musik, moderne arabische Musik, sei es der typisch nordafrikanische Rai, der in unseren Breitengraden vor allem von Sängern wie *Cheb Khaled* mit „Aisha" oder *Cheb Mami* bekannt gemacht wurde, oder aber die Folklore der einzelnen Volksgruppen der Berber, Gnawa (Gnaoua) und Araber.

Die klassisch-andalusische Musik

Die klassisch-andalusische Musik geht vor allem mit einem Namen einher: *Ziryab*. Dieser begnadete Musiker kam im Jahr 820 von Bagdad nach Córdoba, wo er am dortigen Sultanshof eine Musikschule gründete, die fortan tonangebend für andalusische Musik wurde. Unter ihm entstand das zentrale musikalische Stück der Andalusier, die **Nuba**, eine Art Suite mit instrumentalen und vokalen Teilen. Unter *Ziryab* wurde auch die **Laute** zu einem kammermusikalischen Instrument. Neben der Laute, die wohl am sinnbildlichsten für die andalusische Musik ist, sind es vor allem die **Geige**, die **Tontrommeln**, die **Zither** und das **Rbab**, ein zweisaitiges Instrument, die in dieser Musikrichtung den Ton angeben. Nach *Ziryabs* Tod in Córdoba entwickelte sich die andalusische Musik weiter. Mit der Vertreibung der Araber aus Spanien gelangte die Musik nach Marokko und etablierte sich schnell in den Kunstzentren des Landes, vor allem in Fès. Hier findet man bis heute das beste andalusische Orchester, denn gerade die Fassis sind stolz darauf, diese musikalische Tradition zu bewahren und weiterzuführen, sehen sie sich doch als die Bewahrer der „echten" andalusischen Künste.

Rai-Musik

Diese Musik erfreut sich – vor allem seit dem Hitparadenerfolg von *Cheb Khaled* mit „Aisha" – auch in Europa höchster Beliebtheit. *Rai* (arabisch für **„Meinung"**) ist eine sehr junge Musikrichtung, die in Algerien entstand und deren bekannteste Vertreter immer noch aus diesem Land kommen. Wie das Wort „Rai" schon ausdrückt, wollen hier vor allem junge Menschen (das „Cheb" vor dem Künstlernamen bedeutet „junger Mann") ihre Meinung ausdrücken. Meist verstecken sie diese in eher banalen Texten, denn die Angst vor politischen Reaktionen ist groß. Rai ist eine moderne Musik, die sich an orientalischen Weisen orientiert und dabei durchaus europäische Elemente in sich trägt, z.B. Dudelsack und spanische Gitarre.

„Marocpop"

Die zweite moderne Musikrichtung in Marokko ist eine **Mischung aus traditioneller marokkanischer Musik und allen möglichen Stilen,** die sich bisweilen auch an der westlichen Popmusik orientieren, wenn auch nicht in so massiver Form, wie man das in der Rai-Musik findet. Diese Musik ist bei der jungen und mittelalten Bevölkerung überaus beliebt. Die *Stones, Doors* und *Beatles* der Marokkaner sind die Gruppen *Lemchaheb, Jil Jilala* und *Nass el-Ghiwane*. Die Texte zeichnen sich durch äußerst sozialkritische Inhalte aus, sodass fast alle Mitglieder dieser Bands schon im Gefängnis waren, was ihre Popularität nur enorm gesteigert hat.

Gnawa-Musik

Die Gnawa kamen mit den **Sklaven,** die die Saadier mit der Eroberung Timbuktus

Kunst und Kultur

nach Marokko verschleppt hatten, nach Nordafrika, und wie alle Sklaven brachten auch sie ihre Musik, ihre Religion, ihre Tänze und ihre Kulte aus ihrer **Heimat Mali** mit und schafften es, diese über die Jahrhunderte hinweg zu bewahren. Bis heute spielen sie ihre Musik zu Riten, in denen **Geister und Dämonen** auftreten, die sich der Menschen bemächtigt haben und die es zu besänftigen gilt. Dadurch hat diese Musik eine wichtige sozialpsychologische Funktion, denn für viele psychisch Labile oder Kranke bietet sie eine Möglichkeit, durch Tanz und repetitiv-monotone Körperbewegungen und Sprachformeln in Trance zu fallen und Aggressionen und seelische Unstimmigkeiten abzubauen.

Die Musik der Gnawa wird hauptsächlich **im Süden Marokkos** gespielt, wo die meisten ihrer Herkunft leben. Sie verwenden für ihre Musik fast ausschließlich das **Saiteninstrument Hajhuj**, das zugleich als Rhythmus- und Melodieinstrument dient, und die **Qarqaba** (eine Art Kastagnetten aus Metall) als Begleitung zu dunklem, melodiösem Gesang. Außerdem findet eine große Trommel Verwendung, die man um die Schulter hängt und die mit zwei Schlegeln beidseitig bearbeitet wird.

Ein beliebter Vertreter dieser Musikrichtung ist *Muallim Susu* mit der Gruppe *Hamdawa*. Ein weiterer ist *Mahmud Guinea*. Bekannt über die Grenzen Marokkos hinaus ist der aus Marrakesch stammende Gnawa-Interpret **Hassan Hakmoun**. Seine CD mit dem Titel „The Fire within" ist auch in Deutschland erhältlich.

Berbermusik

Berbermusik wird fast ausschließlich von Berbern gehört, ist aber weit über die Grenzen des Landes bekannt. Überall dort, wo Berber leben, ist diese Musik noch lebendig. Sie ist die **älteste Musikgattung in Nordafrika** und wird von einigen Berbervölkern, wie z.B. den Tuareg, noch immer bewahrt, ist sie doch wichtiger Teil ihrer Geschichte und rettet ein Stück Tradition in die Moderne. Bei den Arabern findet sie keine Beachtung und wird meist als unhörbar abgetan.

Der **Ursprung der Berbermusik und -lyrik** ist in der alten Vorliebe für Dichtung zu suchen, die bei den Berbern einen großen Stellenwert besitzt und oft in Begleitung mit Musik dargeboten wurde. Diese Mischung aus Lyrik und Musik nennt man **Amarg**. Die Musik und Gesänge wurden von den Müttern an ihre Töchter weitergegeben. **Frauen** gelten von jeher bei den Berbern als Bewahrerinnen der Traditionen. Das Repertoire umfasst Wiegenlieder, Gebete, Begräbnisgesänge und rituelle Lieder bei religiösen Handlungen. Daneben gibt es die „professionellen" Sänger, die **Ruwat**. Ihre Aufgabe ist die des mittelalterlichen Minnesängers, d.h. sie fungieren als Nachrichtenübermittler, die Neuigkeiten von Dorf zu Dorf bringen und Missstände anprangern. Diese Berufsmusiker sind gänzlich im Verschwinden begriffen, das Radio hat ihre Funktion übernommen. Einige wenige Berber sind auch über Nordafrika hinaus bekannt geworden, so *Mohand u Mohand* aus der Kabylei (Algerien) oder der Tuareg *Baly Othmani*, der zusammen mit *Steve Shehan* die CD „Assouf" aufgenommen hat und damit international Anerkennung fand. Dank ihnen bleibt der Nachwelt die traditionelle Berbermusik zumindest noch für eine Weile erhalten.

Die **moderne Berbermusik** unterscheidet sich für Europäer anfänglich nicht von der arabischen Populärmusik, was sich allerdings nach genauerem Studium als Trugschluss erweist. Nicht nur die Sprache ist unterschiedlich, deutlich kann man auch den Bezug zur traditionellen Musik heraushören. Meist handeln die Lieder – darin unterscheidet sich die Musik kaum von der modernen arabischen Musik – von der Liebe. Eine in Südmarokko sehr bekannte Vertreterin dieser Musik ist *Bnat Irsmukn,* eine sehr bekannte Gruppe ist *Inerzaf.*

Kassetten von arabischen oder berberischen Musikgruppen kosten übrigens nahezu einheitlich in ganz Marokko nur 15 DH.

Musik spielt eine wichtige Rolle im Alltag und zu besonderen Anlässen

Kunst und Kultur

Musikfestivals

- **Rabat:** *Festival Mwazine Rythmes du Monde* (Mai), www.mawazine.ma; *Festival du Jazz au Chellah du Rabat* (Juni)
- **Casablanca:** *Boulevard des Jeunes Musiciens de Casablanca* (Juni), www.boulevard.ma
- **Fès:** *Festival des Musiques Sacrées du Monde du Fès* (Juni), www.fesfestival.com; Jazz im Riad (März): Jazz-Festival in Altstadt-Palästen
- **Essaouira:** *Festival Gnaoua* (Juni), www.festival-gnaoua.net
- **M'hamid (Zagora):** *Festival International Nomades de M'hamid Ghizlane,* Nomaden-Festival mit Musik, Tänzen und Darbietungen in M'hamid Ghizlane, 90 km südlich von Zagora im Drâatal, www.nomadsfestival.com
- **Dakhla:** *Festival International des Musiques Mer et Desert* (Ende Februar bzw. Anfang März)
- **Tanger:** *Festival du Jazz* (Ende Mai), www.tanjazz.org

Volksmusik und -tänze

Die Volksmusik ist abwechslungsreicher und fantasievoller als die andalusische Musik und kennt kein grammatisches Maß. Sie ist der leichten Musik zuzurechnen, etwa wie bei uns der Schlager. Sie wird in arabischen Dialekten gesungen und ist für den Mann auf der Straße bestimmt. Man unterscheidet diverse Ausdrucksformen: Der **Griha** (bedeutet Improvisation) räumt dem Gedicht viel Platz ein und ist ein von Schlaginstrumenten begleitetes Rezitativ. Die **Aïta** (Aufruf) wird im Haouz in der Gegend von Marrakesch gesungen; sie ist ein schriller Leidensschrei, der am Ende eines von Frauen aufgeführten Tanzes ausgestoßen wird, der im Rhythmus der Klänge von Terrakotta-Tambourinen getanzt wird. Es gibt auch Schaukelgesänge, die vor allem dichterisch wertvoll sind. Zur Volksmusik gehört auch Zugmusik, die von Tamburin- und Dudelsackkapellen und langen geraden

Nass el-Ghiwane, die Geschichte eines Mythos

von *Muriel Brunswig*

„Sprich mit uns, oh Weiser des Wortes, sprich mit uns.
Sage uns, warum das Wort seine Bedeutung verloren hat.
Erkläre uns, oh Weiser des Wortes, erkläre uns.
Sage uns, warum die guten Leute, die Gerechten, ihren Kopf nicht mehr erheben,
und warum das Schlechte durch die Ungerechtigkeit beschützt wird.
Manche finden alles, was es zu finden gibt.
Manche haben nur einen Karton als Bett und den Himmel als Bettdecke.
Der, der jede Nacht seine Geliebte trifft,
der, der den Affen verkauft und über den lacht, der ihn kauft.
Es gibt die, die alles finden, was sie wollen, und die, die noch nicht einmal ihren Teller füllen können."

Sozialkritik mit traditionellen Klängen, die aus Musikrichtungen des ganzen Landes zusammengetragen wurden: Das ist Nass el-Ghiwane, die „Stimme des Volkes", die „Rolling Stones Afrikas", wie *Martin Scorsese* es einmal ausgedrückt hat.

In einem einfachen Wohnviertel in Casablanca wuchsen vier junge Männer heran, die die marokkanische Musik revolutioniert haben: *Omar, Boujimii, Larbi* und *Cherif*. Es waren die 1960er Jahre, Jahre des Aufstandes und der Unruhen in Marokko. Die Musik, die vorherrschte, war moderne Musik, mit modernen Instrumenten, mit Texten, die die Menschen im Lande nicht berührten, fern jeder marokkanischen Realität.

Die vier jungen Männer aus Casablanca wollten etwas anderes. Sie wollten zur Stimme des Volkes werden, ausdrücken, was alle fühlten. Schon bei ihrem vierten Konzert wurden sie bejubelt, den Durchbruch schafften sie 1971 bei einem großen Auftritt im Theater Mohamed V. in Rabat.

Nass el-Ghiwane trugen ihre politische Meinung nie öffentlich zur Schau. Und doch war es ihre Art, ihr stummer Protest, der sie zur Stimme der Unterdrückten und der rebellischen Studenten machte, zur Stimme der linken Intelligenzia im Land. Sie lehnten die moderne Musik ab, lehnten auch deren Errungenschaften ab. Statt der „edlen" Instrumente wie der Flöte, der Geige, der Zither benutzten sie die „echten", die verachteten Instrumente, die in Europa unbekannt sind und die auch in Marokko nur von Randgruppen gespielt wurden: Trommeln, einsaitige Zupfinstrumente u.Ä.

In einer Zeit, da jede einfache Kritik hinter Gitter führte, in einem Land, das durch eine ökonomische Krise geschüttelt war wie nie zuvor, grenzte es an Wahn, Künstler zu werden, und doch schafften es die Vier, ihren Weg immer weiterzugehen, der sie direkt in die Herzen der Menschen führte.

„Es sind einfache Menschen, aber ihre Worte sind groß, so groß wie die Verzweiflung und die Verständnislosigkeit, die die Marokkaner quält". So drückte es einmal ein Kritiker aus und hat damit den Kern der Philosophie des Ghiwane-Ensembles getroffen. Dass die Gruppe auch weit über Casablanca hinaus bekannt ist, hängt vor allem damit zusammen, dass jeder der vier Musiker von Nass el-Ghiwane aus einem anderen Teil des Landes stammte und die Musiktradition seiner Heimat mit in die Gruppe brachte und sie dort auslebte.

Zwei Gründungsmitglieder sind in der Zwischenzeit gestorben: *Larbi* und *Boujimii*. Beide Musiker wurden ersetzt, denn nur so konnte Nass el-Ghiwane erhalten bleiben. Und das war wichtig. Der arabische Poet *A. Zrika* dazu: „Alles kann verschwinden. Der Rhythmus bleibt". So überlebte Nass el-Ghiwane alle Restriktionen, so bleibt ihre Musik immer in den Herzen der Menschen. Jetzt, im Zeitalter *Mohameds VI.,* werden die Texte wieder deutlicher, wird die Kritik wieder lauter. Und? Sie werden laut bejubelt und gefeiert!

KUNST UND KULTUR

Trompeten, *N'Fir*, bei allen Familien und religiösen Festen und Umzügen gespielt wird.

Die berberische oder ländliche Musik wird allein zum **Rhythmus des Bendir** (kreisförmige, mit Ziegenfell umspannte Trommel) gespielt. Die Tänze und Gesänge der Berber sind Schauspiele mit vielen Gedichten und reich an Ausdruckskraft, die durch die malerische Kulisse der Landschaft und Nomadenzelte besonders wirksam sind. Die Musik ändert ihren Charakter je nach Ort und Stamm.

Die **Volkstänze** werden meist **zu großen Festen** nachts um ein Holzfeuer getanzt. Bei diesen Gelegenheiten tragen die Frauen die schönsten Kleider und wertvollen Schmuck. Diese Volksfeste dürfen nicht mit Moussems verwechselt werden (s.u.). Sie sind Ausdruck der Lebensfreude der jeweiligen Region und keine religiösen oder Kulturveranstaltungen.

Fantasia

Die Fantasia ist kein Tanz, sondern ein **Reiterspiel**, ein Höhepunkt diverser Feste und Festspiele. Die prachtvoll geschmückten Pferde und Reiter jagen in einer Staubwolke dahin und halten jäh an, begleitet vom Knallen aller Pulverflinten der Reiter.

Eine hervorragende Vorstellung der besten Gruppen und bekanntesten Volkstänze bietet das **Folklore Festival in Marrakesch** *(Festival des Arts Populaires)*, welches jährlich Ende Juni oder Anfang Juli stattfindet.

Moussems

Ein Moussem (arab. **Mausim**) ist eine **Wallfahrt zum Grab eines Heiligen.** Und da fast jedes Dorf einen Dorfheiligen hat, der in einem Marabut begraben ist, findet dort auch jährlich ein Moussem statt, d.h. zu einem bestimmten Datum oder einer festgelegten Jahreszeit wird am Grab des Heiligen zu dessen Ehren ein Fest gefeiert. Moussems sind eine Mischung aus Wallfahrt, Volksfest und Jahrmarkt. Je nach Charakter finden sich bisweilen Tausende von Marokkanern ein, um Vergebung zu bitten, Segen zu empfangen, Wünsche zu äußern oder Handel zu treiben.

Moussems werden häufig **auf islamische Feiertage gelegt,** die wiederum nach dem islamischen Kalender, der sich nach dem Mond richtet, stattfinden; dadurch verändern sich die Termine der Feste in jedem Jahr. Hier eine Aufstellung von großen Moussems, die regelmäßig stattfinden:

- **Fest der Mandelblüten (Tafraout):** Die Bevölkerungsgruppe der Ammeln feiert die Blüte der Mandelbäume. Das Fest soll eine ertragreiche Ernte beschwören.
- **Moussem International Feminin d'Asilah:** Frauen-Festival in Asilah an der nördlichen Atlantikküste nahe Tanger; Kultur und Kunst, Musik, Tänze und Darbietungen im März.
- **Fête des Cires de Salé:** Wachs-Festival in Rabat/Salé mit Kerzen-Umzug im April.
- **Rosenfest (Kelâa M'gouna):** Anfang Mai zur Rosenblüte in Kelâa M'gouna, nahe Ouarzazate, dem Rosenzentrum des Landes. Mit blumengeschmückten Frauen und Paraden, Tänzen etc. Sehr touristisch, aber auch sehr malerisch.
- **Moussem de Cheikh Sidi Mohamed Laghdaf (Tan Tan),** „Moussem der Blauen Männer": Meist im späten Frühjahr (Ende Mai, Anfang Juni). Nach dem Gebet am Marabut wird eine Kamelstute geopfert. Hier wird auch der „Tanz der Guedra" getanzt.
- **Fête de la Cerise (Sefrou):** Das traditionelle Kirschenfest zur Kirschernte.
- **Moussem de Gouelmim (Asrir):** *Grand foire aux chameaux Guera*, meist Anfang Juni, oft als „Souk der Kamele" bezeichnet.
- **Moussem de Mulay Idris de Zerhoun (Mulay Idris):** An drei aufeinanderfolgenden Wochen jeweils Mittwoch, Donnerstag und Freitag im Juli, wobei die letzte Veranstaltungswoche die lohnendste sein dürfte. Das **bedeutendste Fest des Landes** zu Ehren des ehemaligen Königs und Staatsgründers, der auch als Marabut verehrt wird.
- **Moussem Mulay Idris El Azhar (Fès):** *Mulay Idris El Azhar* war Gründer der Stadt Fès. Gerber, Kupfer- und Messingschmiede sowie Händler opfern Rinder und zünden riesige, bunt bemalte Kerzen an. Dieser Moussem gilt als Dank der Stadt an ihren Begründer und findet im September oder Oktober statt.
- **Moussem de Mulay Abdallah:** Ende August in einem Dorf der Provinz El Jadida. Sein Ruf gründet sich auf die fantastischen Fantasias, die dort vorgeführt werden.

Marokkos Küche

- **Moussem de Sidi Ahmad ou Moussa (Tiznit):** August oder September. Er dauert fünf Tage und beginnt jeweils am dritten Donnerstag des Monats.
- **Moussem des Fiancailles (Imilchil),** „Moussem der Verlobten": Mitte September. Hier werden von den Eltern Ehen gestiftet, und am dritten Tag finden auch Trauungen statt. Sehr touristisch, mit Markt. Am besten am Freitag schon anreisen um das normale Markttreiben mitzubekommen.
- **Moussem de Dattes (Erfoud):** Anfang Oktober zur Datternte.
- **Moussem de Cheikh el Kamel (Meknès):** Während der Maulad-Feiertage. Maulad ist der Geburtstag Mohameds und verschiebt sich jährlich mit dem islamischen Kalender.

Erkundigen Sie sich im Touristenbüro der jeweiligen Stadt oder Provinz nach den genauen Terminen. Einen guten Überblick über alle Feste in Marokko mit Daten findet man auf der Homepage des marokkanischen Fremdenverkehrsamtes **www.visit-maroc.com** sowie unter **www.marokko.com**.

Bei den Städtebeschreibungen im Routenteil finden Sie jeweils die Feste und Moussems in der Stadt und der zugehörigen Provinzen, wobei es beim Besuch kleiner örtlicher Moussems schon eines gewissen Fingerspitzengefühls bedarf, um nicht als störender Fremder unangenehm aufzufallen.

Neben den traditionellen Volksfesten und Moussems gibt es noch **Fremdenverkehrsfeste und Festwochen,** die vom Fremdenverkehrsamt oder Tourismusministerium veranstaltet werden. Die Veranstaltungen finden zum größten Teil im Sommer statt und dienen ausschließlich dem Tourismus.

Marokkos Küche

Marokkos Kerngebiet ist ein reiches, fruchtbares Land mit vielen Wäldern, Tausenden von Obstbäumen, großen Obstplantagen – ein Land, in dem Milch und Honig fließen. Im Gegensatz zu den Verhältnissen bei seinen Nachbarn Algerien und Mauretanien quellen hier die Märkte über von **frischem Gemüse,** vielen Obstsorten wie Datteln, Mandarinen, Aprikosen, Mandeln, Orangen, Äpfeln, ja sogar Kirschen, Erdbeeren und Pflaumen (das heißt allerdings nicht, dass im Land keine Menschen hungern).

Den Eiweißbedarf decken **Fisch,** verschiedenste **Meeresfrüchte** wie Krabben, Hummer, Langusten, Muscheln, Austern und durch **Geflügel, Schaf-, Ziegen- und Rindfleisch,** manchmal auch Kamelfleisch. **Milchprodukte** sind durch die weit verbreitete Viehhaltung ebenso erhältlich, auch wenn die Milch infolge von Kühlproblemen oft als Buttermilch oder Sauermilch genossen wird. **Oliven** – sowohl frisch als auch zu Öl verarbeitet – gehören mit zu den wichtigsten Nahrungsmitteln in Marokko; früher wurde Öl aus Oliven auch als Lampenöl verwendet.

Eine Spezialität Marokkos ist das **Arganienöl,** das aus den Kernen der gelben Arganienfrüchte gepresst wird und nussartig schmeckt. Arganienbäume gibt es nur im Süden Marokkos – im Souss (Region Agadir, Taroudannt) – und sonst nur in Südamerika. Arganienöl ist wegen der aufwendigen Gewinnung teuer (pro Liter ca. 250 DH).

Getreide wird zwar eingeführt, aber auch in großen Mengen angebaut. Getreidearten wie Weizen, Hirse oder Dinkel bilden die Grundlagen marokkanischer Ernährung.

Eine wichtige Bedeutung als Grundnahrungsmittel haben ferner **Hülsenfrüchte** wie Linsen, Erbsen (vor allem Kichererbsen) und dicke Bohnen.

Das Wesentliche an der marokkanischen Küche sind aber die **Gewürze.** Araber waren lange Zeit führend im Gewürzhandel und konnten bis ins 13. Jahrhundert das Geheimnis der Herkunft von seltenen Gewürzen wie Muskat, Zimt, Nelken, Ingwer und Safran wahren. Erst durch die Reisen *Marco Polos* wurden die Handelswege und Herkunftsländer bekannt. Diese Gewürze sind aufgrund der langen Handelstraditionen nicht mehr aus der marokkanischen Küche wegzudenken. So gibt es in Marokko **Gewürzläden und -stände** auf Märkten, die besonders farbenfroh in Rot-, Braun- und Gelbtönen den Reisenden faszinieren. Eine eigene Gewürzmischung *(Ras el Hanout),* bestehend aus bis zu 35 verschiedenen Gewürzen, sorgt dafür,

MAROKKOS KÜCHE

dass die Nationalgerichte *Tajine* und *Couscous* den richtigen Geschmack bekommen.

So reichhaltig wie die Natur ist Marokkos **vielfältige Küche.** Durch die jahrhundertealten Verbindungen zu den Mittelmeerländern haben vor allem die andalusische Küche, aber auch Einflüsse aus Sizilien (Pastas) und den östlichen arabischen Staaten bis nach Persien die marokkanische Küche entlang der Küstenlinie und in den Königsstädten geprägt. Die Berberküche beschränkt sich auf wenige Gerichte, da in den unzugänglichen Gebirgsdörfern die Nahrungsbeschaffung wesentlich komplizierter ist als in den kosmopolitischen Städten.

Traditionell wird in Marokko **auf Holzkohle gekocht.** Nach wie vor zieht die marokkanische Hausfrau ein transportables Holzkohlegestell oder einen Holzkohlerost zum Grillen dem Gasherd vor, auch wenn dieser inzwischen Einzug in die Stadtküchen gehalten hat. In Marokko wird **eigenes Geschirr** verwendet, das auf dem Land immer noch **aus gebranntem Ton** besteht; in Gebrauch sind außerdem mit **Zinn ausgekleidete Kupfertöpfe.** In den Stadthaushalten werden Kochtöpfe aus Aluminium verwendet, deren Ausmaße eine europäische Hausfrau oft in Erstaunen versetzen. Denkt man aber an die Anzahl der Familienmitglieder in einem marokkanischen Haushalt, sind diese Maße nicht weiter verwunderlich.

Gebräuchliche Küchenutensilien

- **Ein flaches Sieb** (ähnlich einem Tamburin, nur mit gelochter Bespannung), mit Nylon- oder Seidengewebe bespannt.
- Der **Couscoussier**, bestehend aus dem oberen Teil, in dem der *Couscous* gegart wird, einer Art Henkelschüssel mit gelochtem Boden (genannt *Kskas* oder *Keskes*), und dem dazugehörigen Topf (*Gdra*), in dem das Gemüse und Fleisch oder Hühnchen gegart werden.
- **Tajine**, bestehend aus einer runden, feuerfesten flachen Tonschüssel und einem nach oben zu wie ein Hut spitz zulaufenden Deckel aus Ton, in dem der Gemüsefleischeintopf über einem Holzkohlefeuer gegart wird.
- Eine große, flache **Korbschale,** genannt **Midouna** oder **T'beck,** zur Vorbereitung von **T'bicka und Couscous,** ein großer Korb mit nach oben hin spitz zulaufendem Deckel, in dem Brot serviert wird.
- **Mehraz,** Messingmörser, in dem Gewürze, Körner und Kräuter gemahlen werden.
- Ein **flaches Metallbrett** zur Zubereitung von *Warkha*-Teigblättern oder *B'stilla*, den traditionellen gefüllten Gebäcken, ähnlich unseren Blätterteiggerichten.
- **Gsaa,** eine runde Schüssel zur Teigzubereitung aus unglasiertem Ton oder Holz.
- Die **Feuerquelle Mishmihr oder Kanoun** – ein Holzkohlebecken aus unglasiertem Ton oder in größerer Ausfertigung aus Metall, auf dem gekocht, gegrillt oder gebacken wird. Die marokkanische Hausfrau sitzt vor diesem Becken auf einem kleinen Hocker, nachdem zuvor das ganze Gericht auf dem Boden zubereitet wurde. Oft fehlt aber auch dieses einzige Sitzmöbel.

Essmanieren

Wenn man in einem **marokkanischen Haus zu Gast** ist, wird man häufig über das **strenge Zeremoniell** erstaunt sein. Zunächst ist es üblich, dass man vor Betreten des Zimmers die Schuhe auszieht, selbst wenn der Gastgeber beteuert, dass man diese doch anlassen könne. Im marokkanischen Wohnraum befinden sich vor allem Decken und Teppiche, an der Wand entlanggereihte Polster und um einen niedrigen Tisch gruppierte Sitzpolster. Man lässt sich mit verschränkten Beinen auf den Polstern nieder. Dann wird von einer Magd oder einem Kind die **Waschschüssel** (das *tass*) gebracht, die ringsum zum Händewaschen gereicht wird.

Gegessen wird mit der rechten Hand, die linke wird nie benutzt, sie gilt als unrein (da sie zum Säubern des Hinterteils auf der Toilette benutzt wird).

Jeder isst von seiner Seite einer runden Speiseschale, dem Gast werden stets die besten Fleischbrocken zugeschoben. Der Gastgeber bricht das flache arabische Fladenbrot in mehrere Teile und verteilt es rings um die Speiseschale, damit sich jeder bedienen

Land und Leute

MAROKKOS KÜCHE

kann. Dann fordert er mit einem *bismillah* (im Namen Gottes) zum Essen auf und segnet die Mahlzeit. Das Essen wird beendet mit einem *al-hamdu-lillah* (gelobt sei Gott). Dieser Satz ist auch ein Zeichen dafür, dass man genug gegessen hat. Nach dem Essen wird abermals die Wasserschüssel zum Händewaschen gereicht, und auch der Mund wird ausgespült.

Getrunken wird zum Essen meist **Wasser.** In modernen Haushalten kann es auch passieren, dass **Softdrinks** wie Cola oder Limonade angeboten werden.

Tee

Zu jeder Tageszeit wird Tee serviert, meist auf einem kunstvoll ziselierten Messingtablett, das manchmal auch versilbert ist, mit dazugehöriger bauchiger Teekanne und Gläsern mit Goldbemalung. Tee ist in Marokko ein Aufguss aus chinesischem grünen Tee und frischen Pfefferminzblättern mit sehr viel Zucker. Das **Nationalgetränk** wurde erst 1854 von britischen Händlern eingeführt. Der Tee wird sehr heiß serviert, kunstvoll in dünnem Strahl von weit oben in die Gläser gegossen, nachdem vorher in langer Zeremonie der Aufguss zubereitet wurde. Jedem in der Runde stehen drei Gläser zu. Erst dann ist die Teezeremonie beendet. Spaßeshalber wird das marokkanische Nationalgetränk auch „Whisky marocain" genannt.

Wein

In den Hotels oder Restaurants mit Alkoholzulassung gibt es auch marokkanischen Wein, der vorwiegend in der Gegend von Méknes und um Boulâouane (südlich von Casablanca) angebaut wird. Der marokkanische Wein ist **trocken, leicht und von guter Qualität.** Wer sich marokkanischen Wein als Souvenir mitnehmen will, kann dies kistenweise in Méknes direkt in der Weinkellerei (siehe bei Méknes) oder über den deutschen Importeur *Helen & Gerold Seeger* (Weinimport, Weinhandel und Kunsthandwerk), Stadelbauerweg 16, 83224 Grassau, www.seeger-wein-undmehr.com/weine, Tel. 08641 69 50 61.

Es gibt auch einen sehr guten Mogador-Wein, der nahe Essaouira angebaut und auch dort ausgeschenkt wird.

Bekannte Gerichte

Couscous

Es ist das **Nationalgericht** und wird in allen nordafrikanischen Ländern in verschiedenen Varianten gegessen. Es besteht aus Hartweizengrieß, der in einem Sieb über einem Eintopf aus Hammel-, Lamm- oder Hühnerfleisch mit sieben verschiedenen Gemüsen und Kichererbsen gedämpft wird. Dazu kommt eine sehr scharfe Soße aus *Harissa* (Paprikamark). Die Zubereitungsarten von Couscous variieren stark, je nach Geldbeutel des Gastgebers und auch danach, zu welchem Anlass es gekocht wird. Bei vielen Familien kommt Fleisch nur an Festtagen auf den Tisch, ansonsten gibt es Gemüse-Couscous. Bei wohlhabenderen Familien findet sich dagegen meistens reichlich Fleisch auf dem Couscous. Es gibt auch noch ein süßes Couscous, das mit Rosinen, Zimt und Mandeln als Nachspeise zubereitet wird.

Traditionell wird Couscous **am Freitag serviert,** oftmals wird von reichen Familien auf dem Lande mehr gekocht und in die Moschee gebracht, um dort bedürftige Familien zu speisen.

Mechoui (Meschwi)

Ein junger Hammel wird ganz am Spieß oder im Ofen gebraten, gewürzt mit Knoblauch, Salz, Kreuzkümmel, Paprika und Cayennepfeffer, eingerieben mit *Smen*, dem marokkanischen Butterschmalz. Dies geschieht gewöhnlich über einem Holzkohlenfeuer. Das Gericht ist das **traditionelle Festmahl,** das vor allem zum Opferfest Aid al-kabir, das 50 Tage nach Ramadan-Ende gefeiert wird, aber auch zum Maulad, dem Geburtstag *Mohameds,* oder zum Neujahrsfest Ashura zubereitet wird.

Bastilla oder B'stilla

Ebenfalls ein **Festgericht.** Es handelt sich um eine Art Pastete aus hauchdünnen Teig-

MAROKKOS KÜCHE

blättern (Warkha), die mit Rosinen, Mandeln und Taubenfleisch, oft auch mit Früchten und Geflügel gefüllt ist. Die Zubereitung ist sehr aufwendig.

Tajine (Taschin)

Ein sehr landestypisches Gericht, welches **in jedem marokkanischen Restaurant angeboten** wird.

Für die Zubereitung wird ein Tontopf mit spitzhaubigem Deckel verwendet, in dem das Gericht direkt über der Holzkohle im *Kanoun* geschmort wird. Ein *Tajine* kann aus gebratenem Hähnchen mit Mandeln, Rosinen und Oliven oder aus gestückeltem Hammelfleisch mit Quitten, oder Rindfleisch mit Pflaumen und Mandeln bzw. verschiedenen Gemüsen bestehen. Es gibt viele Zubereitungsmöglichkeiten.

Kebab oder Brochettes

Das sind die im ganzen arabischen Raum erhältlichen, auf **Spieße** gesteckten, gegrillten Hammelfleischstücke, welche mit verschiedenen Salaten gegessen werden.

Kefta

Hierbei handelt es sich um **Kügelchen** oder Würstchen **aus gerolltem Lammhack**, ziemlich scharf gewürzt und in Öl gebraten oder gegrillt. Ein Gericht, welches im gesamten Vorderen Orient und von Ägypten bis in den Maghreb beheimatet ist.

Merguez

Die **rötlichen Würstchen**, die wie unsere Bratwürstchen gebraten oder gegrillt werden, sind ein beliebter Imbiss.

Harira

Die **traditionelle Fastensuppe** ist eine dicke, nahrhafte Suppe aus Lammbrühe, Lammfleisch, Linsen, Kichererbsen, gehackten Tomaten, Zwiebeln und frischen Kräutern und Gewürzen. Das Gericht ist in der ganzen arabischen Welt verbreitet und wird vorwiegend im Winter gegessen, wenn frisches Gemüse fehlt.

Im Ramadan wird diese Suppe meist mit dem Ruf des Muezzin bzw. der Sirene, die das Fastenbrechen verkündet, als erste Mahlzeit zu sich genommen. Inzwischen wird diese nahrhafte Suppe aber auch zu anderen Jahreszeiten gegessen, in Fès gibt es sogar eine spezielle Diätversion für heiße Tage.

Sonstiges

In den Küstenregionen wird sehr viel **Fisch** gefangen, aber auch Langusten, Krabben und allerlei Meeresfrüchte gehen ins Netz. Zahlreiche Restaurants entlang der Meeresküste bieten hervorragende Fischgerichte an.

Salate aus frischem Gemüse sind in Marokko weit verbreitet und in verschiedensten Variationen erhältlich. Sehr gebräuchlich ist ein Salatteller aus Gurken, Kartoffeln, Tomaten und Roten Beeten.

Als **Nachtisch** reicht man **Obst**, das in Marokko reichlich wächst, oder **süßes Gebäck** mit viel Honig und Mandeln.

Die **marokkanische Küche ist vielfältig und schmackhaft,** und zu Festen werden Unmengen von Essen angeboten. Vorzügliche Menüs in traditionellen Stadthäusern oder auch in internationalen Restaurants erhalten Sie nur in den Städten.

In den **Cafés/Restaurants** auf dem Land kann man einfaches, wohlschmeckendes, oft sehr preiswertes Essen bekommen. Die Auswahl beschränkt sich meist auf Tajine, Brochettes, Kefta, Omelette und Couscous.

Wer sich für die Küche Marokkos interessiert, kann die **Bücher** „Les Secrets des Cuisines en Terres Marocaine" (*Jean-Pierre Taillandier*, Edition Sochepresse, Rabat) oder „Der Zauber der marokkanischen Küche" von *Fattouma Benkirane* in jeder marokkanischen Buchhandlung kaufen. Dort gibt es auch noch andere Bücher zum Thema. In Deutschland ist das Buch von *Kitty Morse*, „Rezepte aus der Kasbah", aus dem Christian-Verlag, derzeit das gängigste und auch sehr empfehlenswert. Das sehr gute Buch „Die Kultur der marokkanischen Küche" von *Robert Carrier* (DuMont-Verlag), das eine hervorragende optische Darstellung der Landesküche bietet und viel über die Traditionen vermittelt, gibt es nur noch in Bibliotheken.

Routenteil A:
Mittelmeerküste, Rif und marokkanischer Osten

Rif-Berglandschaft

Peñon Velez de la Gomera –
die spanische Festungsinsel vor Badis

Berberkinder im Nordosten Marokkos

Einleitung zu Routenteil A

Der Nordosten Marokkos mit der 500 km langen Mittelmeerküste und dem Rif-Gebirge ist im Vergleich zur Atlantikküste von Tanger bis Agadir und dem Süden Marokkos **touristisch kaum entwickelt** und hat seine Ursprünglichkeit bis heute bewahrt. Abgesehen von Touristenzentren entlang der Küste zwischen Ceuta und Tétouan sind die herrlichen (nicht immer sauberen) Buchten kaum erschlossen und selten von Touristen besucht. Die Region hat zwar keine spektakulären Lehmdörfer oder Kasbahs wie im Süden zu bieten, aber doch einige **sehr sehenswerte Städte** wie Tanger, Tétouan (UNESCO-Weltkulturerbe) und das weiß-blaue Städtchen Chefchaouen am Rande des Rif.

Mit der Verbesserung der Flugverbindungen nach **Nador** von Frankfurt, Köln und Berlin erschließt sich der Norden vielleicht demnächst für **Flugtouristen.** Auch die neue **Eisenbahn** von Nador nach Fès oder Oujda verbessert die Anbindung der Region enorm. Mit den **Fährhäfen** Tanger, Al Hoceima und Nador ist der Nordosten zudem das am leichtesten mit dem eigenen Fahrzeug erreichbare Gebiet Marokkos. In den letzten Jahren bemühten sich die Regierung – nicht zuletzt wegen der häufigen Besuche des Königs –, regionale Tourismusverbände und die

Routenübersicht: Mittelmeerküste, Rif und marokkanischer Osten

- **Tanger** / S. 188
- **Route A 1:** Tanger – Tétouan / S. 214
- **Route A 2:** Ceuta – Tétouan – Chefchaouen – Ouazzane – Fès / S. 216
- **Route A 3:** Tétouan – Oued Laou – Al Hoceima (entlang der Küste) / S. 237
- **Route A 4:** Chefchaouen – Issaguen (Ketama) – Targuist – Al Hoceima / S. 242
- **Route A 5:** Al Hoceima – Nador – Melilla / S. 247
- **Route A 6:** Issaguen (Ketama) bzw. Targuist – Taounate – Fès / S. 254
- **Route A 7:** Nador – Selouane – Taourirt / S. 256
- **Route A 8:** Nador – Kariat Arkmane – Ras el-Ma – Saïdia / S. 256
- **Route A 9:** Nador – Zaio – Berkane – Oujda / S. 261
- **Route A 10:** Oujda – Bouarfa – Figuig / S. 269
- **Route A 11:** Nador – Guercif – Taza / S. 274
- **Route A 12:** Taza – Nationalpark Djabal Tazzeka – Fès / S. 278
- **Route A 13:** Taza – Merhaoua – Djabal Bou Iblane – Bir Tam Tam – Fès / S. 281
- **Route A 14:** Oujda – Guercif – Midelt / S. 282

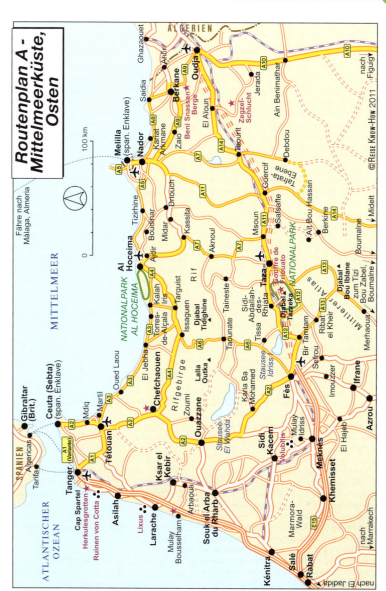

Bevölkerung darum, den Umweltschutz zu fördern und langsam einen alternativen Tourismus zu etablieren. Auch die GIZ (Gesellschaft für internationale Zusammenarbeit) und die EU fördern den **Ökotourismus** in der Region Nador-Oujda-Al Hoceima.

Auch der (noch anhaltende) **Ausbau der Küstenstraße** von Tétouan bis Saïdia (N16) änderte bisher nichts daran, dass v.a. das **Rif-Gebirge**, u.a. wegen seiner hinlänglich bekannten **Drogenproblematik**, von Touristen eher gemieden wird. Zahlreiche (international unterstützte) Entwicklungsprogramme bemühen sich darum, das Rif zu erschließen und den Bauern eine Alternative zum Cannabisanbau zu bieten. Gendarmerieposten und Militär bewachen zwischen Tétouan und El Jebah die Küste, um mögliche Drogen- und Menschenschmuggel schon im Vorfeld zu verhindern. Für Touristen hat sich die Lage in den letzten zehn Jahren dadurch deutlich entspannt – Verfolgungsjagden von Drogenhändlern o.Ä. gehören der Vergangenheit an. Nur in den größeren Orten des Rif wie Chefchaouen und Ketama bekommt man noch unverbindlich ein Angebot zugezischt.

Die grünen Hänge und Klippen des Rif fallen zum Mittelmeer steil ab und reichen bis direkt ans Wasser – hier kann man erholsame Wanderungen mit grandiosen Ausblicken unternehmen und in kleinen Herbergen übernachten. In den **wildromantischen Felsbuchten** mit türkisblauem Wasser (besonders schön zwischen Tétouan und El Jebah) lässt es sich ungestört baden und relaxen und – nach Rückfrage bei den Kontrollposten – auch am Strand übernachten. Das Angebot an Campingplätzen und Hotels an der Küste zwischen Chefchaouen und Al Hoceima ist jedoch noch ausbaufähig.

Die Gegend um Kalah Iris und Al Hoceima – eine der schönsten Regionen an der nordafrikanischen Mittelmeerküste – wurde mittlerweile in Form des **Nationalparks Al Hoceima** mit ländlichen Herbergen *(Gîtes)* und Wanderwegen für den Tourismus erschlossen. Hier gibt es noch seltene Robbenarten und eine intakte Unterwasserwelt sowie eine schöne Maccia-Vegetation. Jedoch verhindert der anhaltende Streit zwischen Spanien und Marokko wegen der Küste vorgelagerten spanischen Inseln einen Ausbau des Wassersportangebotes im Küstenbereich – neuerliche Grenzkonflikte wären vorprogrammiert.

Ein weiteres landschaftliches Highlight neben der Mittelmeerküste und dem Rif-Gebirge ist die Region um den **Djabal Bou Iblane**, der bereits zum Mittleren Atlas gehört und von Guercif gut erreichbar ist.

Im dünn besiedelten und infrastrukturell schlecht entwickelten **Nord- und Südosten** zwischen Plateau du Rekkam, Aïn Beni Mathar und Figuig sind Touristen fast unbekannt, werden aber freundlich empfangen. Viele Nomaden leben hier noch nach alter Tradition und lassen ihre Tiere auf den kargen Böden und Halfagrassteppen weiden. Die Wüstenplateaus sind von Wadis durchzogen, die nur in Ausnahmezeiten Wasser führen. Auch die **Bilderbuchoase Figuig** im äußersten Südosten des Landes wird seit der Schließung der Grenzen zu Algerien wegen ihrer Abgelegenheit nur wenig besucht. In diesem leeren Landstrich zwischen Figuig und Boudnib (östlich von Errachidia) scheint die Welt zu Ende zu sein.

Tanger ♫ II, A/B1

Die Stadt mit fast 1 Mio. Einwohnern (inkl. Vororten) zieht sich von den umliegenden Hügeln bis hinunter zur schönen Bucht von Tanger. Das „**Tor zu Afrika**" zwischen Atlantik und Mittelmeer liegt nur etwa 25 km von der spanischen Küste (Tarifa) entfernt. Neben seiner schönen Lage hat Tanger viel zu bieten: weitläufige Strände in Richtung Cap Malabata und Herkulesgrotten, französische, italienische und spanische Kolonialbauten, schicke Villen im Viertel La Montagne, römische Ruinen und punische Gräber, Museen, Galerien, eine pittoreske Altstadt und traumhafte Ausblicke von den Hügeln der Stadt.

Tangers Ruf war immer geheimnisvollverrucht – mit der Stadt assoziiert man Drogenhändler, Schmuggler, Prostituierte und Stricher. Mancher erinnert sich an die vergangenen Zeiten der internationalen Zone und an berühmte Persönlichkeiten, die sich hier niederliessen. Tanger war Aussteigerziel internationaler Künstler und Dichter, darunter viele Existentialisten. *Truman Capote, Gore Vidal, Christopher Isherwood* und *André Gide* ließen hier ihren Fantasien freien Lauf. *Tennesee Williams* sammelte in Tanger Stoff für seine Filme „Die Katze auf dem heißen Blechdach" und „Camino Real". **In den 1950er Jahren** entdeckte die Generation der Beatnik-Schriftsteller, *Jack Kerouac, Allan Ginsberg, William S. Burroughs, Gregory Corso,* die Stadt. Die Woolworth-Erbin *Barbara Hutton* ließ sich hier eine Villa bauen und feierte rauschende Feste am Strand. Tanger war aber auch das Traumziel von Glückssuchern, Homosexuellen und Intellektuellen, die hier Raum und Toleranz für ihre exzentrische Lebensart fanden. Schriftsteller wie *Mohamed Choukri, Paul Bowles* und *Mohamed Mrabet* oder der Modeschöpfer *Jean-Louis Scherrer* leben bzw. lebten in Tanger. Auch für zahlreiche Maler wie *Delacroix* und *Matisse* diente Tanger als ein Ort der Inspiration. Der amerikanische Schriftsteller *Paul Bowles,* liebevoll der „Titan von Tanger" genannt (gest. 1999 in Tanger), war der letzte der in der Stadt gestrandeten Intellektuellen.

Das spezielle Flair Tangers machte sich die Filmindustrie zu Nutze, so wurden u.a. der James-Bond-Film „A license to kill", „The Legionnaire" mit *Jean Claude van Damme* und viele Szenen aus *Bertoluccis* „Himmel über der Wüste" dort gedreht. Auch namhafte marokkanische Filmemacher und Regisseure wie *Abderrahman Tazi, Farida Benliyazid, Jilali Ferhati* und *Nabil Ayouch* und *Moumen Smihi* stammen aus oder drehten in Tanger.

Dem verblichenen Charme der internationalen Zeit und der wilden 1950er Jahre kann man noch ein wenig beim Besuch der legendären Cafés nachspüren: im Café de Paris am Place Mohamed V. oder im Café Colon in der Rue de la Kasbah, in dem *Paul Bowles* in den Anfangsszenen der Verfilmung seines Romans „Himmel über der Wüste" saß.

Noch **in den 1980er und 1990er Jahren** war Tanger eine heruntergekommene Hafenstadt: Von den Fassaden der einstmals schönen Kolonialhäuser blätterte der Putz, in den Gassen der Medina sammelte sich der Müll, an jeder Ecke bettelten Bedürftige um Almosen, Dealer und Prostituierte machten gute Geschäfte, Schlepper und Taschendiebe nervten die Touristen, Menschenschmuggler verfrachteten Flüchtlinge auf klapprigen Booten nach Europa. Probleme hat Tanger immer noch, doch **in den letzten Jahren** verwandelte sich zumindest das äußerliche Bild der Stadt in rasantem Tempo. Das liegt nicht zuletzt daran, dass dem König *Mohamed VI.*, im Gegensatz zu seinem verstorbenen Vater, der Norden Marokkos gefällt und er entlang der gesamten Nordküste massiv in Infrastruktur- und Tourismusprojekte investiert. Heute erstrahlen die Kolonialhäuser im Zentrum wieder in Weiß, im Kasbahviertel renovierten Investoren alte Riads zu schmucken Gästehäusern, die Strandpromenade wurde als neue Prachtmeile **Av. Mohamed VI.** komplett aufpoliert: Hier locken Restaurants, Cafés und moderne Hotels mit Meerblick Touristen an. Außerdem wird Tanger grüner, der Place des Nations und der Grand Socco wurden mit Blumen und Springbrunnen verschönert. Zur Förderung der Wirtschaft entstand die **Freihandelszone Zone franche** (www.tangerfreezone.com) beim Flughafen. Der gigantische neue Hafen **Tanger Med** (www.tmsa.ma) bei Ksar es Seghir hat 2007 den Betrieb aufgenommen – bis 2012 soll er zum größten Tiefseehafen Afrikas ausgebaut werden. Hier entladen nicht nur Containerschiffe ihre Fracht, sondern seit 2010 steuern auch die Fähren aus Algeciras das Fährterminal von Tanger Med an.

Geschichte

Der Legende nach hat *Antäus,* Sohn *Neptuns* und der Erdgöttin *Gäa,* die Stadt gegründet. Herkules spaltete an dieser Stelle die Erde und schuf so die Meerenge von Gibraltar, wo Mittelmeer und Atlantik ihre Gewässer vermischen. Tanger ist das wahre Eingangstor Marokkos. Täglich verbinden es mehrere Fähren mit Algeciras, Gibraltar und Tarifa. Zuerst war es eine schlichte **Berbersiedlung,** *Tinigi* oder *Tinigis* genannt. Der Name stammt aus der Berberspache Tamazight und wurde aus zwei Silben, *tin* und *igi,* zusammengesetzt. Tin bedeutet „die, diejenige", Igi „hoch, Höhe", ein-

TANGER

gedeutscht also „die Hohe" bzw. „die Hohe Stadt". Dieser Begriff wurde unter den Einheimischen beibehalten; auf Marokkanisch-Arabisch heißt die Stadt „Tanga al-alya", französisch Tanger. Unter den **Phöniziern** hieß sie auch "Stadt der Lagune" und war blühender **Handelsplatz** und reiche karthagische Kolonie. Zum ersten Mal in der Geschichtsschreibung erwähnt wurde Tanger erst im 4. Jh. vor Chr. von *Hekaitos von Milet*, unter anderem auch wegen seiner Tradition, Fische einzusalzen und daraus eine köstliche Fischpaste *(Garum)* zu bereiten.

Tanger *(Tinigis)* gehörte seit 146 v.Chr. (dem Jahr der Zerstörung Karthagos) zu *Mauretania*, einem von Rom unterstützten Berber-Königreich. Der Berberkönig **Juba II.**, in Rom erzogener und von Kaiser *Augustus* eingesetzter Herrscher von *Mauretania Tingitana*, pflegte rege Beziehungen zum Römischen Reich. Tanger wurde **wichtiger Handelsstützpunkt** und Roms Einfallstor zum Hinterland von *Mauretania Tingitana*. Nach der Ermordung von *Ptolemäus*, dem Sohn *Jubas II.*, durch *Caligula* gab es **Berberaufstände** im ganzen Land, so auch in Tanger. Die Stadt wurde 38 v.Chr. **unter römische Verwaltung gestellt** und in die römische Provinz *Hispania* eingegliedert. Sie war deshalb vom Rest des Berberreiches abgekapselt und selbst nach der Angliederung Mauretanias ans Römische Reich (40–45 n.Chr.) verhältnismäßig unabhängig. Damals war Volubilis die Hauptstadt, zu Ende des 3. Jh. wurde Tanger dann als wichtiges Handelszentrum **Hauptstadt** der römischen Provinz *Mauretania Tingitana*.

429 wurde Tanger vom Vandalenkönig **Geiserich** erobert, ihm aber von den Legionen *Justinians* wieder entrissen und innerhalb des Byzantinischen Reiches der Provinz *Mauretania Caesarea* zugeschlagen.

Zu Anfang des 8. Jh. fiel Tanger an den Bekehrer und arabischen Feldherren **Musa Ibn Nusair**, der die Islamisierung einleitete. In der Folge wurde es zum **Spielball arabischer Herrschergeschlechter**, so der **Idrissiden** unter dem Führer *Idris Ben Abdallah*, der vor den Abassiden aus dem Orient flüchtete und zum ersten König Marokkos wurde, und den **Umayyaden**.

Ein Jahrhundert später, 958, gewannen die tunesischen **Fatimiden** die Oberhand. Die in den Bergen versteckten Idrissiden wurden endgültig von den Umayyaden verjagt, die die Macht über die Stadt erlangten. 1075 wurde die Stadt von den **Almoraviden**, 70 Jahre später von den **Almohaden** übernommen. Ein weiteres Zwischenspiel in der Eroberung der Stadt gaben die tunesischen Fatimiden, bevor die **Meriniden** 1274 Tanger in ihre Gewalt brachten.

Im 14. Jh. war die Stadt zu einem **wichtigen Handelsplatz** für die Seemächte im Mittelmeer geworden, und manche begehrlichen Herrscheraugen richteten sich auf Tanger. 1437 eroberten es die **Portugiesen**, und im Jahre 1578 ging es durch Erbfolge in den Besitz der **Spanier** und 1643 wieder auf die Portugiesen über. 1661 fiel Tanger durch die Eheschließung der portugiesischen Prinzessin *Catarina von Bragança* mit *Karl II.* **als Mitgift an England.** Unter den Briten konnte sich die Stadt gut entwickeln, nach Uneinigkeiten des englischen Königs *Karl II.* mit seinem Parlament kam es aber zum Rückzug der britischen Truppen.

Aufgrund der sechsjährigen **Belagerung durch Mulay Ismail**, der von den Spaniern unterstützt wurde, war Tanger ohnehin vom Hinterland abgeschnitten und konnte durch Belagerung der Spanier vom Meer her den Hafen nicht mehr nutzen, sodass der Handel seitdem an Bedeutung verloren hatte. 1684 konnte *Mulay Ismail* in Tanger einziehen, die Engländer rückten ab, zerstörten vorher aber die alten Befestigungsmauern und brannten die Innenstadt nieder.

1790 musste die Stadt spanischen Angriffen trotzen, 1844 versuchten die Franzosen die Stadt zu erobern. Da sich Ende des 19. Jh. Marokko immer mehr von Europa abkapselte, ja sogar ein Verbot für Ausländer aussprach, das Land zu bereisen, wurde Tanger der **einzige Platz, an dem sich ausländische Diplomaten niederlassen konnten.** Immer mehr Europäer siedelten sich in der Stadt an, die Engländer kümmerten sich um den Bau sanitärer Anlagen, und es gelang ihnen innerhalb kurzer Zeit, in der Stadtverwaltung wichtige Posten zu besetzen, bis der Sultan bald kaum mehr etwas zu sagen hatte.

Deutschland unterhielt schon **seit 1870 Handelsbeziehungen zu Marokko** und war ebenfalls konsularisch in Tanger vertreten. Kaiser *Wilhelm II.* setzte sich bei seinem Besuch 1905 in Tanger für eine weitere Unabhängigkeit Marokkos ein. Trotzdem wurden Marokko und auch Tanger **1912 französisches Protektoratsgebiet.**

1923 erklärte man Tanger zur **internationalen Zone,** acht Staaten einschließlich Marokko verwalteten nun die Stadt. Wirtschaftlich und politisch wurde sie international, militärisch aber neutral. Durch diesen Schritt erlebte Tanger eine wirtschaftliche Blüte, avancierte zum **Freihandelsplatz** und beliebten Stützpunkt für internationale Geldmärkte und Firmen. Mit dem regen Warenhandel wurde Tanger aber auch zum Rauschgift- und Alkoholumschlagplatz und erwarb sich dadurch einen recht zwielichtigen Ruf. Von 1940–45 war Tanger spanisch besetzt. Mit Erlangung der **Unabhängigkeit** und der Vereinigung Marokkos kam die Stadt am 29.10. 1956 zum scherifischen Reich zurück, die Privilegien wurden aufgehoben, lediglich der Hafen war noch Freihandelszone mit zahlreichen internationalen Textilfabriken. Durch Industrialisierung und Förderung des Tourismus wollte sich Tanger einen bescheidenen Wohlstand erhalten, die Hoffnungen waren aber trügerisch: Die Textilbranche, die sich einige Zeit mit Aufträgen für die europäischen Anrainerstaaten über Wasser halten konnte, verlor viele Aufträge an Billiglohnländer. Der Tourismus verlor durch den schlechten Ruf der Stadt deutlich an Terrain. Außerdem wurde Tanger wegen der Nähe zum Rif Umschlagplatz für den **Hasch- und Kiffhandel** und für den Schwarzmarkt mit der spanischen Enklave Ceuta. Trotz weiter bestehender Probleme hat sich die Lage in den letzten Jahren verbessert und Tanger präsentiert sich in einem neuen Licht (vgl. oben).

Orientierung

Tanger ist etwas verwirrend, vor allem was die Straßenbenennung anbelangt. So wurden in der Vergangenheit immer wieder Straßen umbenannt und wieder zurückbenannt, häufig existieren sogar zwei Straßenschilder mit unterschiedlichen Straßennamen, oder es gibt gar keine Schilder. Halbwegs **einfach ist die Orientierung um das Zentrum der Neustadt** (Place de France oder Mohamed V.) hinab zur Medina. Vor allem das **Café de Paris**, das an der Ecke zur **Rue de la Liberté** (Hotel El Minzah und kürzester Weg zur Altstadt bzw. Grand Socco) liegt, ist ein wichtiger Orientierungspunkt. Dort zweigt die **Av. Pasteur** und deren Verlängerung, die **Av. Mohamed V.,** in Richtung Südosten ab, die in Richtung Cap Malabata und der Küste entlang nach Ceuta führt (siehe Route A 1).

Vom Place de France in Richtung Nordwesten geht die **Rue de Belgique** ab, die an der großen Moschee vorbei zum **Place de Kuweit** und am spanischen Konsulat (schönes Kolonialgebäude mit weitläufigem Park), in leichtem südlichen Bogen vorbei etwas bergauf in Richtung California-Viertel und zum **Cap Spartel** bzw. bergauf ins Villenviertel **La Montagne** führt. Ins **Marshanviertel,** zur **Villa Forbes** und zum **Café Hafa** gelangt man am besten, wenn man über die **Rue de la Liberté** oder **Rue de Hollande** bergab in Richtung **Grand Socco (Place 9. Avril)** geht (fährt) und sich am Grand Socco an der Mendoubia vorbei in Richtung Westen hält (Rue Ibn el Abbar).

Die Orientierung in der **Medina** ist - abgesehen von den kleinen, verwinkelten Gassen – auch nicht so schwer, wie es scheint. Wie bereits erwähnt, geht es über die **Rue de la Liberté** bergab zum **Grand Socco** und von dort entweder entlang der **Rue d'Italie** (mit schönen Kolonialhäusern) zur **Kasbah.** Oder man nimmt die schmale **Rue Siaghine** zum **Petit Socco** und hält sich links bergauf zur Kasbah, geht rechts zum amerikanischen Konsulat, geradeaus zur Moschee und dann links bergauf zum **Hotel Continental** und ebenfalls zur Kasbah.

Den (alten) **Hafen** erreicht man am besten vom Grand Socco bergab über die **Rue Portugal** (entlang der Medina). Vom Hafen und CTM-Busbahnhof aus sind die Hotels an der Strandpromenade **Av. Mohamed VI.** (frühere Av. d'Espagne/Av. des F.A.R.) ganz gut erreichbar. Vom **Haupt-Busbahnhof** (Sahat el

Arabia) und **Bahnhof Tanger Ville** im Süden bzw. Osten der Stadt ist es mit Gepäck zu Fuß zu weit bis ins Zentrum der Neustadt – von hier nimmt man sich besser ein Petit Taxi zur Av. Mohamed VI., zum Place de France oder Grand Socco.

Sehenswertes

Rund um Medina und Kasbah

Ausgangspunkt für einen Altstadtbummel ist der Grand Socco, den man vom Hotel El Minzah bzw. der Rue de la Liberté in wenigen Minuten erreicht. Wenige Meter bergab, neben dem Dawliz-Komplex (mit Kino, Boutiquen, Restaurants) an der Rue de Hollande gibt es einen bewachten Parkplatz und einen Standplatz für Grand Taxis.

Blick von der Dachterrasse des
Dar Nour auf Tanger und das Meer

Werfen Sie auf dem Weg zum Grand Socco einen Blick auf das legendäre **Grand Hôtel Villa de France,** das linker Hand in einem großen Park mit prächtigen Palmen am Hang über der Altstadt und dem Hafen thront. Das Hotel ist geschlossen und verfällt leider zusehends. Es lässt sich nur noch erahnen, welcher grandiose Blick auf Tanger und die Straße von Gibraltar hier *Henri Matisse* und *Eugène Delacroix* zum Malen inspirierte. Auch *Gertrude Stein, Jane* und *Paul Bowles, Tennessee Williams* und *Kees van Dongen* waren einst im Grand Hôtel zu Gast.

Der lebhafte **Grand Socco (Place du 9 Avril 1947)** oder **Suq Barra** (Außensuq) wurde auf Anordnung des Königs total umgestaltet und mit hohen Palmen und Springbrunnen verschönert. Der Platz ist angeblich auf den Grundfesten des einstigen Forums von *Tingis* erbaut und ist heute wichtigster Marktplatz und Verkehrsknotenpunkt am Rande der Medina. Heute heißt der Grand Socco offiziell Place du 9 Avril 1947, weil an diesem Tag im Garten der Mendoubia König *Moha-*

med V. seine berühmte Rede hielt, die den Unabhängigkeitskampf einleitete. Beim Grand Socco lohnt das Kulturzentrum und beliebte Straßencafé Cinématheqe de Tanger (altes Cinéma Rif) einen Besuch. Entlang der **Rue d'Italie,** an der Mauer zum Mendoubia-Park, stehen die Marktstände der Rifbauern mit ihrer Tracht. Die Rue d'Italie führt hinauf zur Kasbah und ist von prachtvollen spanischen Kolonialhäusern aus dem 19. Jh. gesäumt. Das **Italienische Viertel,** wie es genannt wird, beherbergte einst italienische und jüdische Kunsthandwerker.

Im Nordosten des Grand Socco und der Rue d'Italie erstrecken sich die Gärten der alten Residenz des Mendoub – der **Mendoubia** (früher Sitz des Sultans der internationalen Kommission, dann Domizil der deutschen Botschaft und 1945 wieder an den Sultan zurückgegeben, jetzt Sitz des Friedensrichters). In dem Park steht ein 800 Jahre alter Dragonienbaum, und es soll auch 40 alte Kanonen aus allen möglichen Ländern geben, die aber nicht mehr zu besichtigen sind. Den Park und die Mendoubia umgeben weiße Mauern – der Park ist nur durch das blaue Eingangstor betretbar.

Historisch Interessierte finden auf dem moslemischen Friedhof hinter der Mendoubia das **Grabmal des** berühmten Geografen und Reisenden **Ibn Battuta** (1304–1369) und auf dem christlichen Friedhof die Gräber von *Walter Harris,* dem schillernden Times-Korrespondenten, und von *Sir Harry Kaid McLean,* der 1920 in Tanger verstarb – beides bekannte Persönlichkeiten aus der internationalen Ära der Stadt.

Gegenüber der Mendoubia, am Grand Socco in Richtung Neustadt, liegt die **Moschee des Sidi Bou Abid,** die 1917 von Bewohnern der Sousregion zu Ehren des aus dem Sous stammenden Marabut, erbaut und 1994 renoviert wurde.

Nordwestlich des Grand Socco befindet sich das Haupttor der Stadtmauer in die Medina, das **Bab Fahs** (im umgangssprachlichen Arabisch „Tor zum Hinterland"), welches aus mehreren Teilen besteht. Der große, weiß gekalkte Bogen aus dem 19. Jh. zwischen Grand Socco und Rue d'Italie führt – nur für Fußgänger – zur Rue Siaghine, der daneben liegende doppelbögige Toreingang verbindet die Rue Siaghine mit der Rue d'Italie. Dieses Tor wurde in der Portugiesenzeit (14.–17. Jh.) in die Stadtmauer gebrochen. Es gab noch ein drittes Bab Fahs, das aus der Römerzeit gestammt haben soll. Auf der linken Seite am Eingang vom Grand Socco zur Rue as Siaghin steht eine Mauer, deren gekalkte Steine eindeutig nach einer römischen Technik angeordnet sind – das dürfte in der Römerzeit der Eingang zur Stadt gewesen sein.

Die belebte **Rue Siaghine** mit ihren Souvenirgeschäften verbindet den Grand Socco mit dem Petit Socco. Rechterhand liegt auf dem Weg zum Petit Socco die **spanische Kirche La Purisima,** deren ursprüngliches Gebäude Mitte des 18. Jh. zwei jüdischen Familien gehörte und 1780 vom Sultan *Mohamed Ibn Abdallah* gekauft wurde, bald darauf aber Sitz des schwedischen Konsuls wurde. Die Haupttreppe stammt noch aus dieser Zeit. 1871 wurde ein spanisches Franziskanerkloster darin untergebracht und das Gebäude für die stetig anwachsende christliche Gemeinde während der internationalen Verwaltungszeit zur Kirche ausgebaut. Jetzt beherbergt sie eine Sozialstation und ist für die Öffentlichkeit geschlossen.

Der **Petit Socco** im Zentrum der Medina wird bei den Einheimischen **Suq Dahel** (Innensuq) genannt, ist einer der berüchtigste Platz Tangers. In den Cafés tätigten die Schmuggler, Rauschgift- und Mädchenhändler ihre dunklen Geschäfte. Den spanisch anmutenden Platz umgeben traditionelle Cafés (nur für Männer), von denen sich das turbulente Treiben beobachten lässt. Auch das Hotel Fuentes, eine einfache Pension (vgl. Unterkunft), liegt hier. Im Teesalon im ersten Stock kann man etwas abgeschiedener und unbehelligt die „anrüchige Atmosphäre" des Petit Socco auf sich einwirken lassen.

In der Rue Touahin beim Petit Socco ist in einer ehemaligen Synagoge das **Musée de la Fondation Lorin** mit der Ausstellung historischer Fotografien und Malereien junger marokkanischer Künstler untergebracht.

Rechts vom Petit Socco führt eine schmale Gasse zur ehemaligen **Amerikanischen Legation (Légation Américaine)** in der Zankat America Nr. 8 in der südlichen Medina. Sie ist in einem prachtvollen Palais untergebracht, das die Amerikaner nach ihrer Unabhängigkeitserklärung im 18. Jh. von Sultan *Mulay Slimane* geschenkt bekamen. Marokko war eines der ersten Länder, die die Unabhängigkeit der USA anerkannten. Jetzt ist die Gesandtschaft – übrigens das einzige historische Monument der USA, das seit der Unabhängigkeit existiert – ein **Museum** (geöffnet Mo bis Fr 10–13 und 15–17 Uhr), das die marokkanisch-amerikanischen Beziehungen dokumentiert: Es gibt u.a. Briefe von *George Washington* an den damaligen Sultan *Mulay Abdallah*, die umfangreichste fremdsprachige Bibliothek Nordafrikas (nur für Recherchezwecke zugänglich), eine Spiegelsammlung und zahlreiche Werke bekannter Maler (ein Geschenk der Malerwitwe *Marguerite Mc Bey*) und Fotodokumente zu besichtigen.

Vom Petit Socco führt die Rue Jemâa el Kebir (oder Rue de la Marine) zur **Großen Moschee** (Jemaa Kebira), die unter *Mulay Ismail* im 17. Jh. anlässlich des Abzuges der Engländer (1684) gebaut wurde. Sie hat ein schönes Eingangstor und wurde auf den Grundmauern einer portugiesischen Kathedrale, die wiederum auf den Ruinen einer romanischen Kirche erbaut worden sein soll, errichtet. Gegenüber steht eine **Medersa** (Koranschule) aus der Merinidenzeit.

Folgt man der Rue Dar el Baroud, gelangt man rechter Hand zum östlichen Stadttor **Bab el Bahr** neben dem **Turm El Hamra.** Es führt zum Hafen und in der südlichen Verlängerung zur Av. Mohamed VI. zum Strand.

Geradeaus weiter, auf der Rue Dar el Baroud, erreicht man über einen Mauerdurchbruch das **Hotel Continental** mit dem Flair der Jahrhundertwende (s.a. Hotels). Es hat eine prachtvolle Kolonialfassade und eine große Terrasse mit Blick auf den Hafen und die Straße von Gibraltar. Zwei alte Kanonen sind aufs offene Meer gerichtet. Der im Hotel untergebrachte Laden hat eine reichhaltige Auswahl an schönen Souvenirs (unaufdringlicher Verkäufer).

Weiter in Richtung Nordwesten gelangt man zum **Grand Mechouar,** dem großen Versammlungsplatz vor dem Sultanspalast und Eingangsbereich zum **Kasbahviertel,** das man über das **Bab el Haha** betritt. Südlich davon liegt das **Bab el Assa,** dort wurden einst nach Gerichtsverhandlungen die Verurteilten ausgepeitscht wurden. Durch dieses Tor gelangt man in den nordwestlichen Bereich der Medina. Steile Gassen winden sich zwischen den weißen Mauern der Häuser, enden oft unvermutet und abrupt, ein Labyrinth von großen und kleinen Läden mit Handelswaren aller Art. Im Durchgang vom Bab Assa zur Medina kann man einen schönen, mit Zelliges (Keramikfliesen) geschmückten Brunnen bewundern. Nördlich des Kasbahplatzes liegt das nördliche Stadttor **Bab er Raha** mit dem Ausgang zum Mittelmeer, von dessen Aussichtsterrasse bzw. von der angrenzenden Treppe sich ein großartiger Blick aufs Meer bietet.

Der Sitz der ehemaligen **Königsresidenz** bzw. des Sultans **Dar el Makhzen** (ausgeschildert mit Palais Marshan) wurde während der Zeit *Mulay Ismails* (1672–1727) im maurischen Stil erbaut und im frühen 19. Jh. erweitert. Schon von weitem erkennbar ist das achteckige Minarett der Palastmoschee. Das Dar el Makhzen bietet mit seinen Zedernholztüren und Verkleidungen, den herrlichen Stuckarbeiten und dem Brunnen einen hervorragenden Einblick in die maurische Baukunst. In ihm ist das archäologische *(Musée des Antiquitées)* und das Museum für marokkanische Künste *(Musée des arts marocains),* auch als **Musée de la Kasbah** (tägl. außer Di. 9–13 und 15–18 Uhr, Eintritt 10 DH) bekannt, untergebracht. Im Museum für marokkanische Künste im Hauptbau (der Eingang befindet sich etwas versteckt linker Hand des Pl. Mechouar) sind landestypische Kunsthandwerksprodukte, nach Regionen geordnet, zu bewundern. Das Spektrum der Schaustücke reicht von intarsienverzierten Waffen und Töpferwaren aus dem Norden, von Teppichen aus Rabat, bis zu Schmuck, Keramik, Holzschnitzereien, Musikinstrumenten und traditionellen Kleidern. Im prunkvollen Fès-Saal sind alte Koranhandschriften und typische Fèskeramik zu besichtigen. Im Nebengebäude in den alten Küchenräumen des Palastes sind die archäologischen Kostbarkeiten untergebracht. So werden sowohl frühgeschichtliche Funde als auch zahlreiche Exponate aus der römischen Epoche (u.a. eine Re-

Atlas II, Karte S. 187, Stadtpläne S. 196, 198

TANGER

plik der Büste des *Juba II.* – das Original ist im archäologischen Museum in Rabat untergebracht) und das berühmte Mosaik aus Volubilis, „Die Seefahrt der Venus", gezeigt. Im ersten Stock findet man geschichtliche Darstellungen aus der Herrschaftszeit der Portugiesen, der Engländer und der marokkanischen Sultane sowie aus der jüngeren Geschichte Tangers. Ein Gemälde des bekannten Malers *Delacroix* ist ebenfalls zu sehen. Der Saal Nr. 3 ist antiken Bestattungsriten gewidmet, sogar ein karthagisches Grabmal in Originalgröße ist ausgestellt. In den Sultansgärten, die man vom *Musée des Antiquitées* über einen Treppenausgang erreicht, sind ebenfalls einige antike Stücke zu besichtigen.

Im Eingangsbereich zum Museum befindet sich rechter Hand die **Schatzkammer Mulay Ismails** (*Bit el Ma*), wo man aber nur noch riesige Schatztruhen zu Gesicht bekommt.

Über die Rue Riad Sultan, die als Tunnelgang zum Kasbahtor führt, erreicht man das

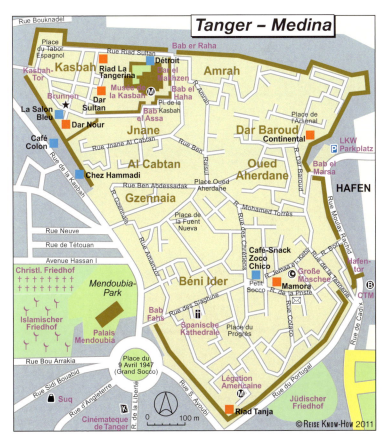

TANGER – ÜBERSICHT

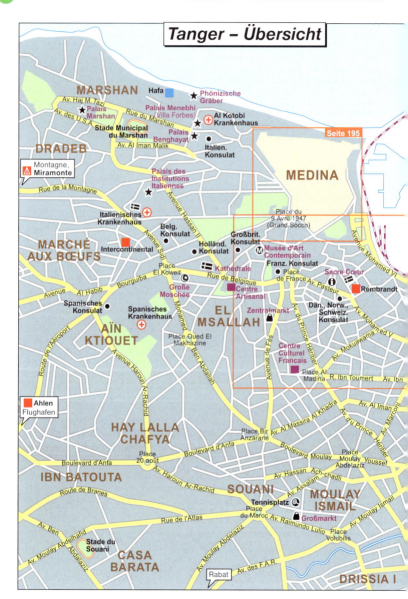

TANGER – ÜBERSICHT

Atlas II, Karte S. 187, Stadtpläne S. 195, 198

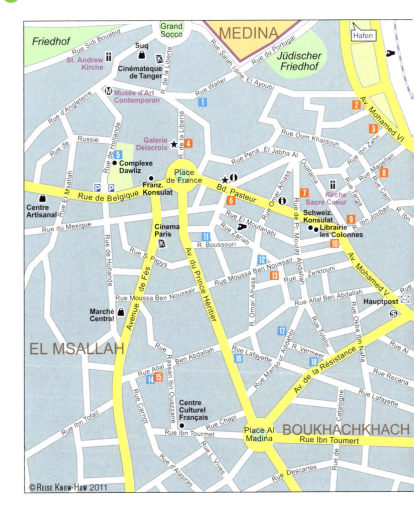

TANGER

Café Detroit, das in den 1960er Jahren von dem Beatnik *Gysin* als Auftrittsort für die nahe Tanger beheimateten Jajouka-Musiker gegründet wurde. Der Name hat nichts mit der Stadt Detroit zu tun, vielmehr mit der französischen Bezeichnung *Detroit de Gibraltar,* der Meerenge bzw. Straße von Gibraltar. Das prachtvoll als marokkanischer Salon ausgestattete Café bietet einen schönen Blick auf die Sultansmoschee und den Sultansgarten.

Über die Rue Riad Sultan und den Place de Tabor kann man durch das Kasbah-Tor die Medina verlassen und bequem zu Fuß in ca. 15 Minuten Richtung Norden zur Villa Forbes (s.u.) hochwandern bzw. über die Rue de la Kasbah und die Rue d'Italie entlang der Stadtmauern zum Ausgangspunkt zurückkehren. Oder man spaziert etwas verzwickter vom Place de Mechouar durch das Bab el Assa und schmale, steile Wohngässchen bergab zur Rue Ben Raissouli. Von dort geht es auf der Rue des Almohades zum Petit Socco und weiter zum Grand Socco.

Marshan-Viertel

Nach dem Altstadtbummel lohnt sich der Besuch des Marshan-Viertels mit seinen alten Villen und Palästen und weiter zum Palais Menebhi. Folgen Sie vom Platz vor dem Kasbah-Tor der Rue Garibaldi nach Westen, vorbei am **Palais Benghayat,** das von einem reichen jüdischen Geschäftsmann Anfang des 20. Jh. errichtet wurde und der, nachdem er im Ersten Weltkrieg in Deutschmark spekuliert hatte, pleite ging. Linker Hand liegt das Italienische Konsulat, ein Prachtbau aus dem 19. Jh., in dem die Vertretung des sardischen Königreiches residierte und sich *Garibaldi* sieben Monate aufhielt. Folgt man vom Bd Mohamed Tazi vorbei an einem Platz mit Eukalyptusbäumen (rechts gehts zum Café Hafa, s.u.) vor dem Stadion, dann geht es ein Stück weiter rechts zur Villa Forbes bzw. dem **Palais Menebhi** (Av. Shakespeare). Der Palast gehörte *Hadj Mehdi Menebhi,* dem ehemaligen Verteidigungsminister unter dem Sultan *Mulay Abdelaziz.* Er war zu Protektoratszeiten einer der ersten Fahrzeugbesitzer: Berühmt war sein offener Cadillac mit Chauffeur und Telefon und der Zulassung „T 3". Der amerikanische Zeitungsbesitzer und Milliardär *Malcolm Forbes* erwarb den Palast und sammelte dort über 110.000 Miniatursoldaten bzw. ließ diese anfertigen. Das Museum war seit dem Tod des Milliardärs 1999 lange geschlossen – seit 2010 kann man es wieder besuchen und die Miniatursoldaten-Sammlung bewundern. Die Erben verkauften das Palais ans marokkanische Königshaus, es wurde in der Folgezeit als Wohnsitz für geladene Staatsgäste genutzt. Neben zahlreichen illustren Menschen war auch *Elizabeth Taylor* zu Gast.

Einen fantastischen Blick aufs Meer kann man im **Café Hafa** unweit des Palais Menebhi genießen. Vom Palast aus links, dann wieder links und beim Platz vor dem Stadion wieder links (bei einem kleinen, von Oleander gesäumten Platz vor einer Schule), die Gasse entlang und dann eine Sackgasse rechts befindet sich das mittlerweile etwas abgewrackte Café, in dem einst *Paul Bowles, Jack Kerouac* und *Bill Burroughs* Stammgäste waren. Von den Terrassen zwischen Oliven- und Eukalyptusbäumen hat man einen herrlichen Blick auf das spanische Festland. Hier treffen sich auch viele Jugendliche zum Spielen und Musikhören. Folgt man vor dem Abzweig zum Café Hafa der Gasse (bzw. dem Häuserdurchgang), so erreicht man die **phönizischen Gräber** aus punisch-römischer Zeit (zwischen 4. und 1. Jh. v.Chr.). Einige Funde wie Münzen und Schmuckstücke sind im Kasbahmuseum ausgestellt.

Neustadt

Wer noch nicht genug von der Stadt gesehen hat, kann sich ein Taxi zu den **Palästen** der Sultane **Mulay Abd al-Aziz** (1894–1908) und **Mulay Hafid** (1908–1912) nehmen, die beide Ende des 19. Jh. erbaut wurden (Rue Ibn Zaydoun und Habib Bourgiba). Die Paläste sind nur von außen zu besichtigen.

Einkaufslustige steuern das **Ensemble Artisanal** in der **Rue Belgique** an, dort gibt es diverses marokkanisches Kunsthandwerk zu (relativ hohen) Festpreisen. Nahebei in der

Gedränge im Petit Socco in der Medina

Rue d'Angleterre (bzw. Rue Masella), im ehemaligen britischen Konsulat aus dem 19. Jh., befindet sich das **Musée d'Art Contemporain,** das Werke bekannter marokkanischer Maler ausstellt (tägl. außer Di 9–12.30 und 15–18.30 Uhr, 10 DH Eintritt).

Auf der Rue d'Angleterre weiter bergab in Richtung Grand Socco führt rechter Hand ein unscheinbarer Eingang zum **Gewürz-, Gemüse- und Töpfersuq.** Das überdachte Gelände zwischen der Rue Belgique und der Rue de la Liberté ist einen Besuch wert, denn bislang verirren sich kaum Touristen dorthin und die Preise sind günstig.

Parallel zur Rue Belgique verläuft die beliebte Einkaufsstraße **Rue Mexique,** auf der vor allem nach 17 Uhr reges Treiben herrscht. Von hier kann man bequem zum **Place de France,** dem Zentrum der Neustadt bummeln. Am Platz laden mehrere große Cafés zu einer Teepause ein, das bekannteste ist das 1920 errichtete **Café de Paris,** wo man in Ruhe das Leben auf der Straße beobachten kann (traditionelles Männercafé, für Frauen daher ungeeignet).

Die **Rue Belgique,** die **Av. Pasteur** und die **Rue de la Liberté** sind die **Hauptgeschäftsstraßen der Neustadt.** Hier herrscht besonders am Abend Trubel, wenn die halbe Stadt zum Flanieren und Plaudern auf die Straße kommt. Die Av. Pasteur und der Boulevard Mohamed V. führen vom Place de France in Richtung Südosten zum Cap Malabata. Die Rue de la Liberté verbindet den Place de France mit dem Grand Socco (Place du 9 Avril 1947) weiter nördlich. In der Rue de la Liberté liegt eines der vornehmsten Hotels der Stadt, das **Hotel El Minzah** (seit 1930), dessen Restaurant El Korsan weithin bekannt ist. Auch wenn man nicht in dem Hotel übernachtet, darf man einen Blick in den schönen Innenhof und Garten werfen. Schräg gegenüber des Hotels ist die **Galerie Delacroix** im Institut Français untergebracht (86, Rue de la Liberté, tägl. außer Mo 11–13 und 16–20 Uhr). Hier finden wechselnde Ausstellungen, vor allem moderner marokkanischer Maler, statt, aber auch Videofilme über bekannte Maler und deren Leben werden gezeigt (z.B. *Matisse* oder *Delacroix*).

Das Hotel Continental ist das älteste Hotel der Stadt

Nicht verpassen sollte man den schönen Ausblick auf den Hafen und das Meer von der mit alten Kanonen geschmückten **Terrasse des Paresseux** an der Av. Pasteur. Darunter liegt der Hafen, den man von der Terrasse links abzweigend bergab über die etwas schmuddelige Rue Khalid Ibn Qualid oder die etwas später vom Bd Pasteur links abzweigende Av. Prince Mulay Abdallah erreicht. Hält man sich weiterhin links in Richtung Medina, so erreicht man in einer etwas heruntergekommenen Gegend (Rue Salah ed Din el Ayoubi oder Rue de la Plage) das **Gran Teatro de Cervantes,** das 1913 eröffnet wurde und das Geschenk eines reichen Spaniers an seine Frau war. Dieses Opernhaus mit 1400 Sitzen und herrlicher Jugendstilfassade wartet seit Jahren auf seine Renovierung, die mit Hilfe spanischer Gelder realisiert werden sollte. Die Instandsetzung lässt auf sich warten, das Viertel verfällt ebenso.

Südlich des Hafenbereiches liegen der (nicht immer saubere) **Stadtstrand** von Tanger und die neu gestaltete Küstenstraße **Av. Mohamed VI.** mit Restaurants, Hotels und dem Touristenkomplex Le Printemps mit Pool. Hier befand sich bis vor einigen Jahren der Bahnhof, der nun nach Südosten etwas entfernt vom Zentrum verlegt wurde.

Außerhalb des Zentrums

Wer auch die Luxusviertel von Tanger kennen lernen möchte, sollte **La Montagne** besuchen. Das elegante Viertel im Westen Tangers mit seinen Villen und der Gouverneursresidenz dehnt sich auf einem Hügel aus – von hier hat man eine herrliche Aussicht. Der Kontrast zur ärmlichen Medina ist eklatant.

Schöne Ausblicke auf die Stadt, das Meer und bis nach Spanien bieten sich auch an der Strecke zum **Cap Spartel** und zum **Cap Malabata** (vgl. Ausflüge).

TANGER

Information

- **Délégation Provinciale du Tourisme**, 29, Bd Pasteur, Tel. 0539 94 80 50, tanger@tourisme.gov.ma.
- **Informationen im Internet**: www.visitetanger.com (offizielle Website) oder (besser) http://tanger.madeinmedina.com.
- **PLZ von Tanger:** 90 000.

Unterkunft

Klassifizierte Hotels

- **El Minzah*****, 85, Rue de la Liberté, Tel. 0539 33 34 44, www.elminzah.com. Das Nobel- und Traditionshotel Tangers (seit 1930) mit exquisiter Ausstattung im maurischen Stil, kolonialer Atmosphäre, Tropengarten, Pool und Wellness-Center. In Caids Bar trifft sich abends die lokale Society. €€€€€.
- **Cesar****, Av. Mohamed VI., Tel. 0539 34 88 00, www.hotelcesarmorocco.com. Sehr modernes Luxushotel am Strandboulevard mit elegant in Schwarz eingerichteten Zimmern mit Flat-TV, z.T. Balkon mit Meerblick. Spa-Center, beheizter Innenpool und Fitnesscenter.
- **Intercontinental****, Bd Sidi Mohamed Ben Abdellah, Tel. 0539 93 01 50, www.intercontinental-tanger.com. Mehrstöckiges Hotel (130 Zimmer) ohne besondere Atmosphäre, mit Pool und Hammam, Restaurant mit internationaler Küche. Zimmer (z.T. mit Balkon) mit Sat-TV und AC. €€€€.
- **Ramada Les Almohades****, 43, Av. Mohamed VI., Tel. 0539 94 07 55, www.ramada.com. Modernes Hotel in Strandnähe mit 137 Zimmern (Sat-TV, AC), Pool, Disco usw. an der Ausfallstraße zum Cap Malabata. €€€€.
- **Solazur****, Av. Mohamed VI (Richtung Cap Malabata links abbiegen), Tel. 0539 94 01 64, Fax 0539 94 52 86. Gutes, aber architektonisch wenig ansprechendes (Hochhausklotz mit 334 Zimmern) Hotel an der Strandpromende. Vorwiegend englisches Publikum, zuvorkommendes Personal, schöner Pool, Zimmer schon etwas abgewohnt. €€€€.
- **Tanjah Flandria****, 6, Av. Mohamed V. (ggü. Hotel Rembrandt), Tel. 0539 93 32 79, www.tanjahflandria.ma. Angenehmes Hotel mit nüchterner Atmosphäre, Pool, Hammam, Restaurant, lebhafter Bar und Disco. Zimmer mit AC, Sat-TV €€€€.
- **Chellah***, 47, Rue Allal Ben Abdallah, Tel. 0539 94 33 88, Fax 0539 94 55 36, ksarchellah@menara.ma. Relativ einfaches Hotel, dessen saubere Zimmer eine Renovierung nötig hätten. Herrliche Gartenanlage mit Pool, zentrale Lage in der Neustadt, gutes Frühstück. €€€.
- **El Oumnia***, 10, Av. Beethoven, Tel. 0539 94 03 66, Fax 0539 94 03 68. Vor einigen Jahren renoviertes älteres Hotel nahe des Strands, saubere und geräumige Zimmer, drahtloses Internet in der Lobby, drei Restaurants, zwei Bars, Pool und Garage. €€€A.
- **Ibis Moussafir***, Lotissement Tanger, Offshore Plaza (an der N16, direkt beim Bahnhof Tanger Ville), Tel. 0539 32 855, www.ibishotel.com. Neues Mittelklassehotel in günstiger Lage zwischen Bahnhof und Strand, moderne Zimmer mit AC. Pool, Parkplatz, Internet. Im Restaurant gibt es Gerichte aus dem Wok. €€€.
- **Ibn Batouta***, 8, Rue Magellan (Seitengässchen, das von der Av. Mohamed VI. zur Neustadt Ri. Rue el Jabah und Bd Mohamed V. führt), Tel. 0539 93 93 11, Fax 0539 93 93 87. Kleines hübsches Hotel im marokkanischen Stil nahe des Zentrums der Neustadt und des Bahnhofs. Parkplatz, schöne Aussicht auf Hafen und Strand. €€€B.
- **Rembrandt***, Bd Mohamed V., Tel. 0539 93 78 70, www.hotel-rembrandt.com. Großes, gepflegtes Hotel in zentraler Lage mit Bar, Garten und Pool. Freundliches Personal, saubere DZ mit Sat-TV und AC, z.T. mit Meerblick. €€€.
- **Shéhérazade***, 11, Av. Mohamed VI., Tel. 0539 94 08 03, Fax 0539 94 08 01. Modernes Mittelklassehotel an der Strandpromenade (Meerblick). €€€ (Kreditkarten werden akzeptiert).
- **Bristol**, 14, Rue el Antaki, Tel. 0539 94 29 14, Fax 0539 34 30 94, DZ mit WC/Dusche €€B.
- **Continental**, 36, Rue Dar el Baroud, Tel. 0539 93 10 24, www.continental-tanger.com. Das nostalgische Hotel aus dem Jahre 1888, in dem schon Königin *Victorias* Sohn

Albert residierte, ist die älteste noch existierende Herberge der Stadt und mit seiner kolonialen Fassade und antiken Einrichtung schon eine Sehenswürdigkeit für sich. Es liegt direkt über dem Hafen, der Blick aus den vorderen Zimmern (Nr. 108–208) oder von den beiden Terrassen ist einzigartig. Einige Szenen aus *Bertoluccis* „Himmel über der Wüste" wurden hier gedreht. Das Preisniveau ist für das Ambiente recht gut (kein Alkohol), wenn auch die Ausstattung der Zimmer schon etwas angeschlagen wirkt. Bewachter Parkplatz vor dem Haus (Zufahrt vom Hafen durchs Stadttor südlich des Hotels). Großer Souvenirladen, auch mit schönen antiken Stücken. €€€ (akzeptiert keine Kreditkarten).

- **Mamora****, 19, Rue Mokhtar Ahardan (in der Medina nahe der großen Moschee), Tel. 0539 93 41 05. Einfach, sauber, freundlich. DZ mit Dusche €€.
- **Paris****, 42, Bd Pasteur, Tel. 0539 33 18 19. Das traditionsreiche Hotel (seit 1929) liegt zentral in der Neustadt (gegenüber dem Touristenbüro) und hat geräumige saubere Zimmer mit Bad (z.T. mit Balkon, zur Straße hin evtl. laut). €€.
- **Ritz****, 1, Rue Saraya, Tel. 0539 32 24 43, Fax 0539 94 10 02. DZ mit Dusche. Restaurant, Bar. €€.
- **Lutetia****, 3, Av. Mulay Abdellah, Tel. 0539 93 13 34. Angenehme und günstige Unterkunft mit 27 Zimmern (z.T. mit Balkon) und Parkplatz. €€B.
- **Tarik****, Av. Mohamed VI., Tel. 0539 34 09 49, www.hoteltarik-tanger.com. Mehrstöckiges Hotel direkt am Strand, relativ einfache klimatisierte Zimmer mit Sat-TV und Balkon (z.T. mit Meerblick). Pool, Restaurant und Bar. €€.
- **Valencia****, 72, Av. Mohamed VI., Tel. 0539 93 07 70. Brauchbar, €€A, in günstiger Lage zur Medina und zum CTM-Busbahnhof. Es gibt auch eine Parkgarage (gegen Gebühr).
- **Biarritz***, 102, Av. Mohamed VI., Tel. 0539 93 24 73. Sauberes Hotel mit freundlichem Personal, Zimmer mit Dusche. Restaurant und Bar. €€B.
- **El Djenina***, 8, Rue el Antaki, Tel. 0539 94 22 44, djenina_hotel@caramail.com. Kleines Hotel (24 Zimmer) mit Restaurant und Bar (mit Meerblick), schon etwas abgewohnte Zimmer (zur Straße hin laut). Bezahlung mit Kreditkarte möglich. €€B.
- **Marco Polo***, 2, Rue Antaki/Av. Mohamed VI., Tel. 0539 94 11 24, www.marco-polo.ma. Kleines, erst vor wenigen Jahren renoviertes Hotel mit geräumigen klimatisierten Zimmern und sehr schönem Blick auf den Strand. Bewachter, abgeschlossener Hof zum Parken, Terrassenrestaurant und Bar (für allein reisende Frauen nicht zu empfehlen). €€€.

Hotels/Clubs außerhalb

- **Club Le Mirage*******, direkt bei den Herkulesgrotten, Tel. 0539 33 33 32, www.lemirage-tanger.com. Siehe auch Routenteil E.
- **Mövenpick Hotel******, 4 km außerhalb an der Straße zum Cap Malabata, Tel. 0539 32 93 00/50, www.movenpickhotels.com. Luxushotel direkt am Strand mit 240 eleganten Zimmern mit AC, TV, WiFi und Balkon mit Meerblick. Das Wellness- und Fitnesscenter, der Pool, ein großes Kasino und Restaurants mit internationaler und marokkanischer Küche lassen keine Langeweile aufkommen. €€€€.
- **Ahlen*****, km 5, Route de Rabat (nahe dem Flughafen, gegenüber Marjane-Supermarkt), Tel. 0539 31 36 26, www.hotelahlen.com. Einfache, saubere und klimatisierte Zimmer mit Sat-TV, herrlicher Pool mit Sonnenterrassen, gutes (Folklore-)Abendprogramm im Restaurant, den Bars und im Nightclub. €€€€.
- **Ibis Moussafir*****, km 12, Zone franche (Freihandelszone südlich von Tanger), Gueznaya, Tel. 0539 39 39 30, www.ibishotels.com. Modernes, gutes Mittelklassehotel nahe der Herkulesgrotte und den Atlantikstränden; mit Pool und 104 klimatisierten sauberen Zimmern. €€€A.
- **Robinson Plage****, km 7, Route de Cap Spartel, Tel. 0539 33 81 52, robinson.tanger@voila.fr. Große Ferienclubanlage direkt am Strand mit Süßwasserpool und Kinderbecken, Tennis- und Beachvolleyballplatz, Restaurant und bewachten Parkplätzen. DZ (z.T. mit eigener Terrasse) €€€.
- **Alia**, 13 bis, Route de Malabata, Tel. 0539 301560, www.complexealia.net. Großzügige Appartements mit TV, Reinigungsservice, eigener Küche für Selbstversorger (ab 130 m^2),

besonders für Familien geeignet. Großes Parkgelände mit Pool, Parkplatz.

Maisons d'Hôtes

●**Dar Nour**, 20, Rue Gourna, La Kasbah, Tel. 0662 11 27 24, www.darnour.com. Zugang vom Bab Kasbah (dort parken), in der 1. Gasse nach dem Tor rechts runter, beim Brunnen und der Bäckerei erneut rechts, am Gassenende grüner Eingang rechts. Sehr schönes familiäres Gästehaus mit nur drei komfortablen Zimmern und Minisuiten im traditionellen Stil. Von der Dachterrasse auf mehreren Ebenen fantastischer 360°-Blick auf Tanger und das Meer. Super Frühstück mit frisch gebackenem Brot. Essen, Massage und Flughafenabholung auf Bestellung. €€€€.

●**Dar Sultan**, 49, Rue Touila, La Kasbah, Tel. 0539 33 60 61, dar-sultan@menara.ma, www.darsultan.com. Das sehr schöne traditionelle Stadthaus in der Kasbah mit Springbrunnen, Mosaiken usw. hat sechs unterschiedlich in bunten Farben gestaltete Zimmer (z.T. mit Flat-TV, Kamin und AC). Bewachter Parkplatz. €€€€ inkl. Frühstück, Tee und Gebäck, alkoholfreie Getränke und Flughafen-/Hafentransfer.

●**Dar La Tangerina**, 19, Riad Sultan, La Kasbah (beim Platz am Bab Kasbah in großer Gasse entlang der Mauer), Tel. 0539 94 77 31, www.latangerina.com. Das aus vier renovierten Altstadthäusern zusammengesetzte Gästehaus mit heller mediterraner Atmosphäre wird von einem deutsch-marokkanischen Paar geführt (*Jürgen* und *Farida*). Terrasse mit herrlichem Blick auf die Meerenge, zehn hübsche Suiten und Zimmer mit Kamin und Bad, Essen auf Bestellung. €€€.

●**Riad Tanja**, Rue du Portugal, Escalier Américain, Medina, Tel. 0539 33 35 38, www.riadtanja.com. Hinter einer unscheinbaren Eingangstür verbirgt sich ein herrlicher Riad mit großzügigen Zimmern und Restaurant mit kreativer Küche. Von der Frühstücksterrasse toller Blick auf das Treiben rund um die Markthalle. Bei Wind liegt der Fischmarkt leider etwas zu nah ... €€€€.

●**Villa Joséphine**, 231, Route de la Vieille Montagne, Sidi Masmoudi, Tel. 0539 33 45 35, www.villajosephine-tanger.com. Vom Gelände dieser wahrlich herrschaftlichen weißen Villa auf den Hügeln von La Montaña Vieja bietet sich ein fantastischer Blick auf Tanger und das Meer. Die vornehme Residenz im altenglischen Stil mit zehn riesigen Suiten (mit Balkon und Aussicht) liegt in einem paradiesischen Garten mit großen Palmen und Pool. Zwischen Ölgemälden, Kristalllüstern, Porzellanfiguren und goldenen Kerzenständern kann man auch fein dinnieren. Nur für den großen Geldbeutel: Eine Suite kostet zwischen 270 und 650 Euro pro Nacht.

Unklassifizierte Hotels

Billige Hotels findet man nahe des Eingangs zum alten Hafen, am Bd Pasteur in der Neustadt und in der Medina beim Grand Socco (Place du 9 Avril) und Petit Socco (Av. Mokhtar Ahardan).

●**El Marsa**, 92, Av. Mohamed VI., gleich unterhalb der Medina am Eingang zum Hafen (nachts evtl. zwielichtig), Tel. 05 39 93 23 39. Einfach und günstig, gutes Restaurant. €.

●**Mauritania**, Rue Mouahidine, Tel. 0539 93 46 77 (direkt am Petit Socco). Das Haus hat Charakter, wirkt aber etwas heruntergekommen, die großen Zimmer sind sauber (manche mit Balkon), die Toiletten nicht immer. €B.

●**Pension Fuentes**, 9, Petit Socco, Tel. 0539 93 46 69. Die einfache, aber saubere Pension Fuentes war einmal eines der bekanntesten Hotels Tangers. Es gibt ein nettes Café im 2. Stock mit Blick auf den Petit Socco, dort fühlen sich auch allein reisende Frauen wohl. DZ (Duschen am Gang) €B.

●**Pension Marhaba**, 15, Rue des Postes (Rue Mokhtar Ahardan), nahe Petit Socco, Tel. 0539 93 88 02. Saubere Zimmer, heiße Duschen am Gang kosten extra. €.

Camping

●**Miramonte**, Tel. 0672 20 70 55, www.campingmiramonte.com, **N 35°47,493', W 05° 49,961'**, im Norden der Stadt im Viertel Dradeb, erreichbar entweder über die Route de Boubanah (nach rechts halten bis ans Meer)

oder über die alte Bergstraße in Richtung Montagne (Verlängerung der Av. Mohamed Ben Abdellah bzw. Bd de Paris). Die Beschilderung führt zum oberen Eingang (Tor verschlossen, klopfen oder rufen), der für größere Fahrzeuge nur mühsam (enge Gassen) zu erreichen ist. Bessere Anfahrt: in Richtung Montagne fahren, im Viertel Dradeb (Bus Nr. 10 und 3) beim Café Fleur de la Montagne und Téléboutique auf eine holprige Piste rechts abbiegen Richtung Kiesbucht, nach ca. 300 m rechts steil bergauf zum Tor. Der Platz liegt schön und ruhig am Hang in einem Garten mit hohen Eukalyptusbäumen und Palmen. Die sanitären Anlagen verfallen (nicht mehr alles funktioniert!). Restaurant mit Panoramaterrasse und Pool oberhalb des Campingareals (nicht immer geöffnet). Auch ordentliche Bungalows (€€€€) und Motel-Zimmer (€€).
● **Camping Achakar,** an der Straße zum Cap Spartel, Tel. 0539 93 38 40, **N 35°45,554′, W 05°56,247′.** Schöne Parzellen mit Schatten, nur ca. 15 Min. zu Fuß zum Strand. Es gibt ein Restaurant, Café und Bungalows.

Essen und Trinken

Restaurants

● **Anna & Paolo,** 14, Av. Lafayette, Tel. 0539 94 46 17. In diesem kleinen italienischen Restaurant mit angenehmen Ambiente gibt es gute Küche, und das marokkanische und internationale Publikum wird nett empfangen. Weinausschank, Hauptgericht ca. 80 DH.
● **Chez Hammadi,** 2, Rue de la Kasbah bzw. d'Italie (am Medinarand bei der Stadtmauer), Tel. 0539 93 45 14. Gute marokkanische Küche in stilvoller Palastatmosphäre mit Musikuntermalung. Mittags essen hier viele Reisegruppen. Hauptgericht ca. 80 DH.
● **El Pescador,** 35, Rue Allal Ben Abdallah (neben Hotel Chellal), Tel. 0539 94 15 94. Gutes Fischrestaurant mit Weinausschank. Hauptgericht ca. 80 DH.
● **L'Adresse,** 9, Route de Tanja Balia, im Villenviertel Bella Vista. Stylish-elegantes Restaurant und Lounge mit französischer Küche und toller Aussicht auf Tanger und die Bucht. Hauptgericht ca. 150 DH.

● **Le Marquis de L'Orient,** 18, Rue Boughtouri, Tel. 0539 94 11 31. Eine ehemalige Lagerhalle wurde zum Restaurant umfunktioniert und theatralisch dekoriert. In diesem „In"-Restaurant, in dem die lokale Society speist, sind die Küche exzellent und die Preise entsprechend hoch.
● **Le Pagode,** 3, Rue El Boussairi, Tel. 0539 93 80 86. Chinesische Küche in angenehmer Atmosphäre. Hauptgericht ca. 80 DH.
● **Le Relais de Paris,** Complexe Dawliz, 42, Rue de Hollande, Tel. 0539 33 18 19. Sehr gute französische Küche (v.a. Fleisch) in Bistro-Atmosphäre. Hauptgericht ca. 140 DH.
● **Le Salon Bleu,** 71, Rue Amrah, Place de la Kasbah (neben Dar Nour, vgl. Maison d'Hôtes), Tel. 0654 32 76 18. Hübsches kleines Restaurant und Café auf der Dachterrasse eines Altstadthauses mit tollem Blick und marokkanisch-mediterraner Küche (Menü 150–200 DH).
● **Otori Sushi,** 41, Av. de la Résistance (neben der Post), Tel. 0539 32 55 33. Modernes Sushi-Restaurant. Sushi-/Sashimi-Platte für ca. 140 DH.
● **Populaire Saveur de Poisson,** 2, Escalier Waller (an der Treppe, die kurz nach dem El-Minzah-Hotel rechts zum Hafen führt), Tel. 0539 33 63 26. Originelles Erlebnisrestaurant mit viel Flair (nur abends bis 23 Uhr geöffnet), kein Alkohol, kein Rauch, keine Speisekarte – man muss fragen, was angeboten wird. Zu den hervorragenden Fischgerichten gibt es vier Brotsorten. Menü 150 DH.
● **San Remo (Chez Tony),** 15, Rue Ahmed Chaouki, Tel. 0539 93 84 51. Bei Einheimischen und Touristen beliebtes italienisches Restaurant mit sehr guter Pizza, Fischgerichten (Hauptgericht ca. 160 DH) und marokkanischen Weinen.

Cafés/Snacks

Einfache Restaurants und Cafés findet man rund um den Petit und Grand Socco. Es gibt außerdem einige recht preiswerte Strandrestaurants bzw. Fischlokale zwischen Hotel Solazur und Yachtclub (Av. Mohamed VI.). Auch zwischen Hotel El Minzah und Grand Socco kann man einfach und billig essen. Wer Lust auf Fast Food hat, kann dies bei **Mc-**

Atlas II, Karte S. 187, Stadtpläne S. 195, 196, 198

TANGER

Donald's im Dawliz-Komplex (Rue Hollande) mit herrlicher Aussicht auf die Bucht.

●**Café-Snack Zoco Chico,** am Petit Socco. Nettes kleines Café mit leckeren libanesisch-syrischen Vorspeisen (z.B. Hummus).
●**Café Hafa** (sprich: Häfa), Av. Hadi Mohamed Tazi, im Marshan-Viertel (siehe Sehenswertes). Einfaches, viel von jungen Leuten besuchtes Café mit schöner Aussicht und gelegentlich Gnawa-Musik.
●**Café Colon,** Rue de La Kasbah. Durch die Publikationen von *Paul Bowles* und *Mustapha Mrabet* berühmt gewordenes, typisch arabisches Café; männliches Publikum, daher für allein reisende Frauen weniger geeignet.
●**Café Oslo,** Bd Mohamed V. und an der Strandpromenade. In dieser unter Einheimischen und Locals gleichsam beliebten Pâtisserie gibt es köstliche marokkanische Süßigkeiten, Gebäck und Kuchen.
●**Boulangerie Bab Medina,** 28, Rue d'Italie (150 m hinter Bab Fahs). Leckeres Brot, edles Gebäck, gute Pizzen und knuspriges Shawarma. Im OG sitzt man mit Blick auf den Mendoubia-Park.

Nachtleben

In Tanger gibt es verschiedene Wochenzeitungen in französischer Sprache (erhältlich jeweils samstags an den Kiosken), in denen Veranstaltungen sowie das Kino-, Konzert- und Theaterangebot veröffentlicht sind.

●**555 Beach Club,** Av. Mohamed VI., www.beachclub555.com. Die In-Disco Tangers liegt direkt am Strand.
●**Pasarella Beach Club,** Av. Mohamed VI. Tagsüber Schwimmbad, abends beliebte Diskothek.
●**L'Adresse,** vgl. Restaurants. Schicke Adresse in Bella Vista, abends Live-Musik in der Lounge, am Wochenende legt ein DJ auf.
●**La Rose Bleu,** Route de Boubana (Richtung Golfplatz). Touristischer Komplex mit Restaurant, Pub und Disco – die Location der reichen einheimischen Jugend.
●**Loft Club,** Route de Boubana, www.loftclub-tanger.com. Größter und angesagtester Club in Nordmarokko im Complexe Rose Bleu (s.o.).
●**London Pub,** 15, Rue el-Mansour Eddahbi (Ad-Dahbi). In der Jazzkneipe gibt es englisches Bier und Live-Musik. Das Lokal ist unter Intellektuellen beliebt und auch für Frauen problemlos zu besuchen.
●**Regines Club,** 8, Rue el-Mansour Eddahbi (Ad-Dahbi). Seit 30 Jahren beliebte Disco.

Kinos

●**Cinéma Le Paris,** 11, Rue de Fès, Tel. 0539 32 43 30, www.leparis-tanger.com. Aktuelle Kassenschlager auf Französisch.
●Das **Kulturzentrum Cinémateque du Tanger** im Cinéma Rif (Place du 7 Avril/Grand Socco, Tel. 0539 93 46 83, www.cinemathequedetanger.com) zeigt anspruchsvolle marokkanische und internationale Produktionen. Das dazugehörige Straßencafé und Restaurant mit jungem Publikum hat eine vorzügliche Speisen- und Getränkeauswahl.

Notfall/Notrufe

●**Notruf Polizei:** Tel. 19.
●**Polizei:** Tel. 0539 94 04 77, Reviere: Ecke Rue de Belgique, Av. Hassan II., am Grand Socco, in der Rue Mexique; das Zentralkommissariat befindet sich in der Nähe der französischen Kirche.
●**Gendarmerie Royale:** Tel. 177.
●**Feuerwehr:** Tel. 15.
●**Straßenwacht:** Tel. 117.
●**Dienstbereite Apotheke:** Tel. 0539 93 26 19.
●**Rotes Kreuz:** Tel. 0539 94 69 76.
●**Notruf Krankenhaus/Notarzt (24 Std.):** Tel. 0539 33 33 00 oder 0539 37 37 37.

Medizinische Versorgung

●**Polyclinique de la Paix,** 10, Av. Assalam administratif, Tel. 0539 32 25 66.
●**Hôpital Italien** (Privatklinik), 104, Rue Sidi Bouarakia, Tel. 0539 93 12 88.
●**Hôpital Espagnol,** Bd de Paris, Tel. 0539 93 25 71.

●**Clinique du Croissant Rouge** (Rot-Kreuz-Klinik), 6, Rue el-Mansour Eddahbi administratif, Tel. 0539 94 69 76.

Deutschsprachiger Arzt
●**Dr. Emfedal Stitou (Internist),** 20, Av. Prince Heritier, Tel. 0539 93 43 39.

Busse

Der **Busbahnhof** für CTM liegt am Eingang zum Hafen (Av. Mohamed VI.), Tel. 0539 93 11 72. Der Haupt-Busbahnhof *(Gare routière)* befindet sich etwas ab vom Schuss südlich des Zentrums am Platz Sahat Al Jamia el Arabia (ca. 40 Min. zu Fuß vom Hafen). Dort fahren die Privatbusse ab, es gibt auch einen CTM-Schalter (Tel. 0539 32 36 03). An beiden Busbahnhöfen kann Gepäck gelagert werden (5 DH). Selbst auf Kurzstrecken ist die Eisenbahn schneller und komfortabler.

Verbindungen und Preise
●**Nador (über Al Hoceima):** 1x tägl. (Nachtbus) mit CTM, 160 DH, 7 Std. Fahrzeit.
●**Oujda:** 1x tägl. (Nachtbus) mit CTM, 170 DH, 12 Std.
●**Fès:** 5x tägl. mit CTM, 110 DH, 6 Std.
●**Chefchaouen:** 3x tägl. mit CTM.
●**Casablanca** (über Rabat): 5x tägl. mit CTM, 130 DH, 5½ Std.

Die Privatbuslinien sind billiger als CTM, aber nicht so komfortabel: Verbindungen z.B. nach Larache (ca. 35 DH, 1½ Std.), Meknès (ca. 90 DH, 5 Std.), Ketama (ca. 60 DH), Al Hoceima (ca. 85 DH), Nador (ca. 115 DH), nach Tétouan (alle 30 Min., ca. 20 DH, 1½ Std.) und Chefchaouen (ca. 30 DH, 3 Std.).

Vom alten Hafen fährt stündlich zwischen 6 und 22 Uhr **ein Shuttlebus (Navette) zum neuen Hafen Tanger Med.** Mit Fährticket ist der Transfer umsonst.

Taxis/Sammeltaxis

●Wie in allen Städten sollte man bei den **Petit Taxis** darauf bestehen, dass das Taxameter eingeschaltet wird – eine Stadtfahrt kostet dann zwischen 10 und 15 DH (Nachtzuschlag ab 20 Uhr).
●**Grand Taxis** (zum Flughafen oder für Fahrten in die Umgebung, z.B. zum Cap Spartel) warten an der Rue Hollande in der Nähe des Dawliz-Kinos bzw. bei McDonald's und am Grand Socco.
●**Sammeltaxis** (Grand Taxis bzw. Limousinen mit mind. acht Plätzen) fahren ab dem gare routière (Haupt-Busbahnhof, s.o.) zu festen Tarifen in alle Orte und Städte im Umkreis von ca. 100 km, z.B. nach Tétouan, Larache, Asilah.

Bahn

Der neue, moderne **Hauptbahnhof Tanger Ville** liegt in der Neustadt Richtung Malabata (Av. Mohamed VI. Richtung Osten bis zum McDonald's, dann ca. 800 m südlich zur Pl. Maghreb Arabe). Von Tanger ist der Zug die schnellste und bequemste Art, nach **Rabat, Casablanca, Meknès, Fès, Oujda** und **Marrakesch** zu gelangen.

Fahrplan und Preise unter www.oncf.ma sowie der Hotline 0890 20 30 40.

Verbindungen und Preise
●**Asilah:** 10x tägl., 1. Kl. 25 DH, 2. Kl. 16 DH, ca. 40 Min.
●**Meknès – Fès:** 4x tägl. (Zug um 21.35 Uhr mit Umsteigen in Sidi Kacem), nach Meknès 1. Kl. 130 DH, 2. Kl. 85 DH, 3½ Std., nach Fès 1. Kl. 155 DH, 2. Kl. 105 DH, 4½ Std.
●**Rabat – Casablanca:** 9x tägl. (einmal mit Umsteigen in Sidi Kacem), nach Rabat 1. Kl. 145 DH, 2. Kl. 95 DH, ca. 4 Std., nach Casablanca 1. Kl. 185 DH, 2. Kl. 125 DH, ca. 5 Std.
●**Oujda:** 2x tägl. (einmal mit Umsteigen in Sidi Kacem), 1. Kl. 320 DH, 2. Kl. 210 DH, ca. 10½ Std.
●**Marrakesch:** 6x über Casablanca, 1x über Sidi Kacem und ein Nachtdirektzug (Abfahrt 21.35 Uhr), 1. Kl. 310 DH, 2. Kl. 205 DH, 8½ Std. (über Casa), mit dem Nachtzug 10½ Std. (350 DH im Liegewagen). Von Marrakesch Busanschluss zu allen Zielen im Süden (siehe jeweilige Städtekapitel).
●**El Jadida:** 7x tägl. (mit Umsteigen in Casablanca), davon 2x tägl. weiter nach **Safi** (200

DH in 2. Kl.), bis El Jadida 1. Kl. 235 DH, 2. Kl. 160 DH, 6½ Std.
● **Ksar es Seghir** (neuer Hafen Tanger Med): 2x tägl. morgens und nachmittags, 2. Kl. 15 DH, 51 Min.

Fähren

Seit Mai 2010 verkehren alle Fähren nach Algeciras vom **neuen Hafen Tanger Med** (ca. 40 km nordöstlich bei Ksar es Seghir, über Autobahn A4, mit dem Shuttlebus ab Port Tanger Ville oder mit dem Zug erreichbar). Autoreisende müssen im Hafen Gate 3 ansteuern, Fußgänger Gate 2. Informationen über Verbindungen unter www.tangermedpassagers.com und Tel. 0801 00 50 60.

Die Fähren nach Sète, Barcelona, Ceuta u.a. fahren nach wie vor am **alten Hafen Tanger Ville** ab. Das Hafengelände ist am besten über die Rue Portugal zugänglich (erste links zum LKW Parkplatz, zweite scharf links zum Hafentor). Zur rechtzeitigen Erledigung aller Formalitäten sollte man mind. 2 Std. vor Abfahrt im Hafen ankommen. Die Schalter von Polizei und Zoll in der Abfertigungshalle sind deutlich gekennzeichnet, die Formalitäten sind normalerweise relativ schnell und unkompliziert zu erledigen.

Tickets für die Fähren kauft man am besten direkt bei den Schaltern der Fährgesellschaften im Hafen. Dort sind sie billiger als in den Reisebüros bzw. bei den Schleppern der Reisebüros, die am Hafeneingang auf Touristen warten.

In beiden Häfen gibt es Banken zum **Geldrücktausch** (auf der Fähre nicht möglich).

Fährverbindungen

● Mit Trasmediterranea **nach Barcelona, Algeciras und Ceuta.**
● Mit Balearia und COMARIT **nach Algeciras und Tarifa.**
● Mit COMARIT **nach Sète.**
● Mit FRS Iberia **nach Tarifa, Algeciras und Gibraltar.**

Der moderne Bahnhof von Tanger

Weitere Informationen vgl. „Anreise/Fähren über das Mittelmeer" im Kapitel „Praktische Tipps A–Z".

Fährgesellschaften

- **Acciona Trasmediterranea,** Av. Youssef Ibn Tachfine, Immeuble Côte d'Or N° 5, Tanger, Tel. 0539 34 39 80, www.trasmediterranea.es.
- **Balearia,** Tel. 0539 93 44 63.
- **COMANAV/COMARIT,** Tel. 0522 30 24 12 oder 0539 32 00 32, www.comarit.com.
- **Euroferrys,** Tel. 0661 99 22 08, www.trasmediterranea.es.
- **FRS,** Tel. 0539 94 26 12 od. 0539 93 10 10, www.frs.ma.

Flüge

Der **Flughafen** von Tanger, **Boukhalef Souahel,** liegt 15 km südwestlich der Stadt, Tel. 0539 36 49/50.

- **Royal Air Maroc (RAM),** 1, Place de la France, Tel. 0539 93 47 22 oder 0539 37 95 03.
- **Iberia,** am Flughafen, Tel. 0539 39 34 33.
- **Regional Air Lines,** am Flughafen, Tel. 0539 39 35 36.

Das **Grand Taxi** vom Flughafen in die Stadt kostet 100 DH, ab 22 Uhr 150 DH (Festpreis!). Billiger geht es mit den **Bussen 17 und 70** (ca. 10 DH) in ein Dorf in der Nähe des Flughafens, man muss dann jedoch noch 4–5 km laufen, was mit Gepäck ziemlich mühsam ist.

Inlandsflüge

Häufige Verbindungen der **RAM** nach Agadir, Marrakesch, Laâyoune, Dakhla, Ouarzazate, Oujda und Casablanca. Alle Inlandsflüge gehen über Casablanca (z.T. lange Wartezeiten bis zum Weiterflug) und sind verhältnismäßig teuer – deshalb besser mit

der Bahn nach Casablanca und von dort weiter reisen.

Auslandsflüge

- Alle Flüge von RAM führen über Casablanca, von dort tägl. nach **Frankfurt.**
- TUIFly fliegt von **Köln-Bonn** nach Tanger.
- Iberia fliegt Tanger über **Madrid** an.
- RyanAir fliegt u.a. von **Brüssel** nach Tanger.

Rund ums Auto

Autoverleih

- **Avis,** 54, Bd Pasteur, Tel. 0539 93 46 46, und am Flughafen, Tel. 0539 39 30 33.
- **Budget,** 7, Av. Prince Mly Abdellah, Tel. 0539 93 79 94.
Florida, 3, Rue Jeraoui, Tel. 0539 93 47 76.
- **Hertz,** 36, Bd Mohamed V. (gegenüber der Post), Tel. 0539 32 21 65, tanger@hertz.ma, auch am Flughafen.
- **Moroccan Holidays,** 23, Rue Al Jabha el Ouatania (Rue Rembrandt), Tel. 0539 93 38 27. Übergabe auch am Flughafen und im Hafen.
- **Amine Car,** 43, Av. Mohamed V., Tel. 0539 94 40 50, aminecar@menara.ma, www.aminecar.pro.ma.

Werkstätten

Mehrere Werkstätten an der Route de Tétouan (Zone Industrielle).

- **Lafayette,** 27, Rue Mohamed Abdou (Samuel Peppys) und Route de Rabat, Tel. 0539 93 28 87.
- **Lagamich Brothers,** Route de Tétouan, Zone Industrielle, Tel. 0539 95 60 60.

Sport/Aktivitäten

- **Tennis M'sallah Garden,** Rue de Belgique, Tel. 0539 93 52 03.

Der alte Fährhafen von Tanger

- **Tennis Club Municipal,** Av. de la Paix, Tel. 0539 94 33 24.
- **Piscine du Printemps,** Av. Mohamed VI. Familienbad im zentral an der Strandpromenade gelegenen Complexe Le Printemps.
- **M'nar Park,** km 8, Route de Ksar es Seghir, Tel. 0539 34 38 31/29, www.mnarparktanger.com. Moderner Freizeitpark mit schöner Badelandschaft, Rutschen, Kartbahn und Restaurant. Erwachsene zahlen 100 DH, Kinder 50 DH Eintritt ins Bad.
- **Club Alpin Français Tanger** (franz. Alpenverein), Lycée Regnault 13, Rue Allal Ben Abdellah, Tel. 0610 51 67 40. Infos zu Wandern, Trekking, Canyoning etc. in Marokko.
- **Tanger Quad,** Douar Khaoucha, Had Gharbiya, Tel. 0661 85 62 20, www.tanger-quad-maroc.com. Quad-Ausflüge ins Umland.
- **Royal Club Equestre (Reiten),** Route de Boubana (Montagne), Tel. 0539 93 48 84.
- **Royal Golf de Tanger,** Route de Boubana, Tel. 0539 93 89 25.
- **Yacht Club de Tanger (Segeln),** im Hafen, Tel. 0539 93 85 75, auch Jet-Ski-Verleih.
- **El Minzah Wellness,** 85, Rue de La Liberté, Tel. 0539 33 34 44. Im 2000 m² großen Wellnessbereich des Hotels El Minzah kann man sich mit Massagen, im Hammam etc. rundum verwöhnen lassen.

Konsulate

- **Belgien,** 41, Av. Mohamed V., Tel. 0539 32 48 49.
- **Dänemark,** 3, Rue Ibn Rochd, Tel. 0539 93 87 27.
- **Frankreich,** 2, Place de France (Av. Mohamed V.), Tel. 0539 33 96 00.
- **Großbritannien,** 9, Rue d'Amérique du Sud, Tel. 0539 93 69 39.
- **Schweden,** Place Roudani, Tel. 0539 94 59 82.
- **Spanien,** 85, Av. du Président Habib Bourguiba, Tel. 0539 93 41 90.
- **Kein deutsches Konsulat.**

Post/Bank

Hauptpost am Bd Mohamed V. (Nr. 33). Weitere Poststellen und **Banken mit Geldau-**

tomat finden sich im gesamten Stadtgebiet. Auch im Hafen gibt es Banken zum Rücktausch von Dirham.

Reisebüros

- **Gulliver Voyages,** 2, Av. de la Résistance, Tel. 0539 34 14 73, www.gulliver-voyages.com. Touren in ganz Marokko, Autoverleih.
- **Hit Voyages,** 8, Rue Khalid Ibn El Oualid, Tel. 0539 93 68 77.
- **Koutoubia,** 12, Av. d'Espagne, Tel. 0539 33 51 33.
- **Marco Polo,** 72, Av. Mohamed VI., Tel. 0539 93 77 89, Fax 0539 94 47 98.

Veranstaltung

- **Jazz-Festival** jeweils im Mai, Informationen unter www.tanjazz.com.

Einkaufen

- **Librairie Les Colonnes,** 54, Bd Pasteur. Gut sortierte französische Buchhandlung mit Literatur zum Land.
- **De Valesco,** 26, Av. Mohamed V., Tel. 0539 32 24 95. Exquisite Antiquitäten.
- **Galerie Volubilis,** 6, Sidi Boukhouja. Ausstellung und Verkauf von Bildern und Skulpturen marokkanischer Künstler.
- **Volubilis Boutique,** 15, Petit Socco. Souvenirs, orientalische Einrichtung, Accessoires.
- **Ensemble Artisanal,** Rue Belgique und Bd Pasteur. Qualitativ gutes Kunsthandwerk zum Festpreis (siehe Sehenswertes).
- **La Truffe d'Or** (175, Av. Prince Héritier) und **Jeff de Bruges** (8 bis, Rue Moussa Ibn Noussair) sind Schlemmerparadiese für Schokoladenliebhaber.
- **Lebensmittel** für den täglichen Bedarf oder fürs Frühstück kauft man günstig auf dem Markt bei Grand Socco.
- Gut sortierte **Supermärkte** sind u.a. **Sabrine,** 144, Bd Mohamed V., und **L'Oasis,** Av. Sidi Mohamed Ben Abdellah. An der Straße stadtauswärts Richtung Flughafen und Rabat (N1) liegt ein riesiger **Marjane-Supermarkt** (N 35°44,734', W 05°50,582').
- **Gewürze** gibt es bei **La Fine Bouche** (24, Rue de Fès, verkauft auch Alkohol) oder in der Medina auf dem **Gewürzmarkt.** Dieser liegt im kleinen überdachten Suq zwischen Rue Hollande und Rue de la Liberté (nördlich vom Grand Socco). Hier findet man auch Blumen und sehr schöne unglasierte Töpferwaren sowie allen möglichen Kleinkram, Korbwaren, Obst und Gemüse.
- In der Medina (unterhalb des Hotel Continental) gibt es einige renommierte Parfümhersteller, einer der bekanntesten ist die **Parfümerie Madini** (Bd Pasteur).

Ausflüge

Ein Ausflug nach **Ksar es Seghir** (s.u.) lohnt sich vor allem wegen der schönen Ausblicke aufs Mittelmeer und nach Gibraltar.

Zum **Cromlech von M'Soura,** nach Asilah und nach Lixus siehe im Routenteil E.

Zum Cap Malabata

Die Straße zum Cap Malabata (ca. 11 km) führt vom neuen Bahnhof Tanger Ville in Richtung Osten (Ksar es Seghir) durch Vororte mit vielen Neubauten. Rucksacktouristen können den Bus Nr. 16 Richtung Cap Malabata nehmen. Kurz vor dem Abzweig links zum Kap liegt der **Freizeitpark M'nar** mit Schwimmbad an der Straße (vgl. Sport/Aktivitäten). Am Kap thront eine mittelalterlich wirkende Festungsruine auf einem Felsen, angeblich im 20. Jh. von einem reichen Marokkaner erbaut. Die kleine Stichstraße zum Kap endet bei einem kleinen Parkplatz vor dem (gesperrten) Leuchtturm. Am Wochenende ist das schöne Picknickgelände und Café im Grünen mit tollem Ausblick nach Tanger und aufs europäische Festland komplett mit Ausflugsgästen besetzt. An der Landspitze des Cap Malabata entstand in den letzten Jahren (mit Finanzierung aus Bahrain) das luxuriöse **Royal Resort Cap Malabata** (Eröffnung 2011). Auf dem Rückweg lohnt sich die Einkehr in das hübsche **Gartenrestaurant Riad** (3 km Richtung Tanger auf der linken Seite).

Atlas II, Karte S. 187

TANGER (AUSFLÜGE)

Zum Cap Spartel

Zum **Leuchtturm** am Cap Spartel westlich von Tanger, wo sich das Wasser von Atlantik und Mittelmeer vermischt, sind es 14 km schöne Fahrt (mit dem Taxi oder Mietwagen). In Tanger (z.B. vom Platz Sahat al Arabia) zunächst der Beschilderung Richtung Rabat folgen (N1), dann ca. 3 km hinter dem Marjane-Supermarkt rechts in Richtung „Grottes d'Hercule" abbiegen.

Etwa 11 km hinter Tanger liegt rechts der **Camping Achakar** (vgl. Camping). Beim **Club Mirage** (vgl. Unterkunft/Hotels außerhalb) geht es rechts weiter zum Cap Spartel und links zu den **Herkulesgrotten.** In diese Kalksteinhöhlen am Atlantik soll sich der Sage nach *Herkules,* nachdem er die Meerenge von Gibraltar überwunden hatte, zurückgezogen haben. In der Vorzeit wurden die Herkulesgrotten zum Kalkabbau genutzt. Eine einzige Öffnung lässt den Blick zum Meer frei: Sie erinnert in ihrer Form an den – etwas verzerrten – Umriss Afrikas. Außer den wenigen prähistorischen Zeugnissen und den Bezügen zur griechischen Mythologie ist die Höhle nicht besonders interessant – gleichwohl ist der Touristenrummel groß.

In der Nähe der Grotten befinden sich die **Ruinen der Römersiedlung Cotta,** deren Ursprung auf die Karthager zurückgehen soll. Bislang wurden aber nur Grundmauern einer römischen Siedlung aus dem 2. und 3. Jh. sowie Reste eines Tempels ausgegraben. Die Ruinen sind schwer zu finden, da sie auf einem privaten Grundstück liegen; sie sind aber für Besucher zugänglich. Cotta ist deshalb erwähnenswert, weil es Relikte einer Garum-Fabrik gibt. **Garum** war eine Fischpaste (ähnlich der jetzt käuflichen Sardellenpaste), die zum Würzen verwendet und sowohl bei den Griechen als auch bei den Römern sehr geschätzt war. Dort avancierte sie sogar zur wichtigsten Zutat der Küche. Ärzte priesen die Paste als Wundermittel gegen diverse Krankheiten. Am besten verstanden es die Karthager, Garum herzustellen. Schon *Plinius der Ältere* (23–79 n.Chr.) berichtet von der Garumherstellung und den bereits damals horrenden Preisen, die dieses Würzmittel auf dem Markt erzielte. Garum-Fabriken wurden immer dort errichtet, wo viele Fischschwärme zu erwarten waren. Zur Herstellung verwendete man Makrelen, Sardinen oder Thunfische. Der Fisch wurde in Tonge-

Route A 1: Tanger – Tétouan

fäßen zum Gären gebracht und mit Salz und Kräutern gewürzt. Um den Gärungsprozess zu beschleunigen, kam ein kompliziertes Wärmeverfahren zur Anwendung. Die Rezeptur war geheim und ist auch jetzt nicht mehr zu erfahren – wahrscheinlich schmeckte Garum ähnlich wie Sardellenpaste.

Weiter entlang der Strecke zum Cap Spartel (am Club Mirage rechts) breitet sich der schöne **Robinson Plage** unterhalb einer Abbruchkante aus, es bieten sich tolle Ausblicke aufs Meer. Entlang der Küstenlinie entstehen immer mehr Ferienhäuser, am Wochenende tummeln ist die ganze Gegend von marokkanischen Ausflüglern bevölkert.

2 km weiter lädt die herrliche Bucht **Plage Achakar** zum Baden ein. Auf den schroffen Küstenfelsen finden Wohnmobilisten evtl. Stellplätze für die Nacht. Wieder 1 km weiter (ca. 14 km nach Tanger ohne Abstecher) ist das **Cap Spartel** mit Leuchtturm und Gendarmerie-Posten erreicht. Der Leuchtturm ist nicht zugänglich, sodass sich hier kein langer Stopp lohnt. Auch die Aussicht ist entlang der Strecke besser.

Zurück nach Tanger führt die Straße durch Pinienwald bergauf – beim Blick zurück kann man noch einmal den Ausblick aufs Meer genießen. 6 km hinter Cap Spartel beginnt das **Viertel La Montagne,** dessen beeindruckende Villen herrlich auf den Hügeln über Tanger thronen.

Nach insgesamt 25 km Rundfahrt (5 km von La Montagne) ohne Abstecher zu den Herkulesgrotten erreicht man wieder die Stadt an ihrem westlichen Ende.

Route A 1: Tanger – Tétouan

● 57 km, N2

Die gute **Hauptverbindungsstrecke** von Tanger nach Tétouan (N2) führt durch hügelige Landschaft mit Agaven und Feigenkakteen und vielen Keramikverkaufsständen entlang der Strecke. Nach ca. 32 km mündet die R417 von Larache ein (vgl. Routen E). Die Straße führt weiter bergauf durch sehr schöne Gebirgslandschaft mit Pinienwäldern. Auf der Passhöhe bei **ca. km 43** liegt das hübsche Straßendorf **Aïn Lhassau** mit Quelle, Tankstelle, Souvenirständen und Restaurants. Der Wald weicht Feldern, dann geht es am **Stausee Ajras** vorbei. Nach **57 km** ist **Tétouan** erreicht (Beschreibung der Strecke Tétouan – Ceuta siehe Route A 2). Wer es eilig hat, nach Ceuta zu kommen, wählt besser diese schnellere Strecke als die Variante entlang der Küste.

Variante: Tanger – Ceuta entlang der Küste

● 71 km, N16

Die kurvige, an Steigungen dreispurig ausgebaute Strecke mit **tollen Ausblicken aufs Meer** führt vorbei an herrlichen Badebuchten und vielen Ausflugsrestaurants, die am Wochenende voll besetzt sind. Hier begegnet man gelegentlich noch Rifbäuerinnen in ihrer malerischen Tracht. Es herrscht reger Sammeltaxiverkehr in beiden Richtungen, der Stadtbus Nr. 16 fährt zum Cap Malabata.

Vom **Bahnhof Tanger Ville (km 0)** führt die Straße zum Cap Malabata Richtung Osten durch Vororte mit vielen Neubauten. Etwa 6 km weiter liegt rechts das hübsche Gartenrestaurant Riad.

10 km hinter Tanger führt ein kleiner Abzweig zum **Cap Malabata** mit Leuchtturm (vgl. Tanger, Ausflüge). Kurz davor auf der linken Seite liegt der **Freizeitpark M'nar** mit Schwimmbad an der Straße (vgl. Tanger, Sport/Aktivitäten).

Entlang der ganzen Strecke entstehen immer mehr moderne Ferienhäuser am Hang – mit tollem Ausblick aufs Meer.

10 km hinter Malabata (km 20 ab Tanger) liegt die **Hotelanlage Tarifa** im Motelstil links oberhalb einer Bucht. 1 km weiter eine Brücke über den **Oued Aliane,** an dessen Mündung eine schöne Sandbucht zum Baden einlädt.

35 km hinter Tanger (25 km ab Malabata) ist Ksar es Seghir erreicht. An der Kreuzung im Ort geht es links weiter nach Ceuta.

Ksar es Seghir

Anziehungspunkt dieses (besonders am Wochenende) **lebhaften Bade- und Fischerorts** sind die schöne Sandbucht und jede Menge Restaurants mit Aussichtsterrassen. Ksar es Seghir (arab. „kleine Festung") bzw. Qasr el Saghir oder Qasr Masmuda, wie der Ort im Mittelalter hieß, liegt auf halber Strecke zwischen Tanger und Ceuta gegenüber von Gibraltar.

Der Ort war immer ein wichtiger Truppenstützpunkt und **Ausgangspunkt für Eroberungsfeldzüge.** Bereits nach dem Tod des marokkanischen Staatsgründers *Idris I.* (809 n.Chr.) wurde wegen der Auseinandersetzungen, die sich Ummayyaden und Fatimiden um das Reich lieferten, die erste befestigte Anlage errichtet. Der Almohadenherrscher *Yaqub el Mansur* ließ 1192 eine wesentliche größere Festung bauen und begann von hier den heiligen Krieg gegen die Christen in Spanien. 1458 eroberten die Portugiesen den Ort, mussten ihn aber 1550 aufgeben. Unter den Meriniden wurde hier die **einzige ringförmige Siedlungsanlage in Nordafrika** angelegt (Grabungsfunde im Archäologischen Museum in Rabat). Der ringförmige Aufbau ist noch gut erkennbar, die Ruinen des ringförmigen Walls und einiger Gebäude sowie Reste der almohadischen Festung sind von Büschen und einem Pinienwäldchen überwuchert. Aus der portugiesischen Ära stehen noch Teile der Stadtmauer.

---

1 km hinter Ksar es Seghir endet die neue Autobahn an der N16. Die **Autobahn** verbindet Tanger mit dem neuen **Tiefseehafen Tanger Med** (vgl. Tanger), der 2007 eröffnet wurde. Wer nur eine Ausflugsfahrt nach Ksar es Seghir unternommen hat, kann hier rechts auf die Autobahn auffahren und so schnell wieder in die Stadt zurückkehren.

Bei **km 44** (9 km hinter Ksar es Seghir) folgt **Dalia,** ein kleiner Ort mit vielen netten Ausflugsrestaurants und schöner Sandbucht. Immer wieder hat man einen herrlichen Blick auf Spanien und Tarifa.

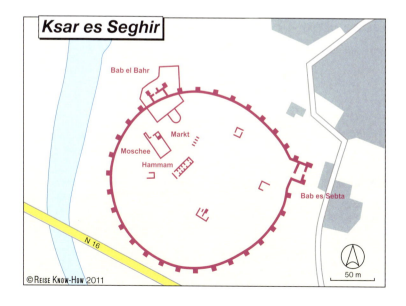

Route A 2: Ceuta

47 km hinter Tanger führt ein Abzweig zur **Punta Ziris**. Ab hier sind wie auf der europäischen Seite zwischen Algeciras und Tarifa zahlreiche Windenergieanlagen auf den Hängen zu sehen. Bei **km 51** führt rechts ein Abzweig nach **Taghramt**.

Die N16 entfernt sich nun von der Küste und schlängelt sich – mit herrlichem Blick aufs Mittelmeer und vorbei an zahlreichen Cafés – bis zur Passhöhe des **Djabal Musa** empor. Nach weiteren 18 km mündet die Straße bei **F'nideq** (von dort Taxis zur Grenze bzw. weiter nach Tétouan) in die Hauptverbindungsstrecke Tétouan – Ceuta (N13). Die **marokkanisch-spanische Grenze** darf mit Mietwagen aus Marokko nicht überquert werden. Von der Grenze sind es noch ca. 2 km bis **Ceuta** (km 71 ab Tanger).

Route A 2: Ceuta – Tétouan – Chefchaouen – Ouazzane – Fès

● 104 km, N13 und N2

Die N13 führt von Ceuta am Meer – an der **Smir Restinga Plage** – entlang. Busverkehr ab der Grenze bis Tétouan und von dort nach Chefchaouen (sprich: Tschauen). Der Streckenabschnitt von F'nideq nach Tétouan ist vierspurig ausgebaut.

Ceuta ♫ II, B1

Die **spanische Exklave** Ceuta ist die erste Station auf dem afrikanischen Kontinent, wenn man mit der Fähre vom europäischen Festland (Algeciras) ankommt. Die Stadt hat vor allem als **Freihandelszone** und Angelpunkt zwischen zwei Kontinenten Bedeutung für den Warenhandel. Die meisten Touristen machen hier nur kurz Halt, um sich mit zollfreien Waren einzudecken – ein Besuch von Marokko aus (mit Ein- und Ausreiseformalitäten) lohnt sich nicht. Ceuta erstreckt sich über eine Halbinsel, der **Monte Hacho** und seine Festung direkt gegenüber von Gibraltar begrenzen das Stadtgebiet nach Norden. Ein großer Anteil der ca. **80.000 Einwohner** Ceutas sind Armeeangehörige. Die Mehrheit der Bewohner ist europäischer, ein Drittel arabischer Herkunft. Insgesamt funktioniert das Zusammenleben zwischen Christen und Muslimen recht gut.

Der Status der beiden spanischen Exklaven Melilla und Ceuta wird von marokkanischer Seite immer wieder in Frage gestellt, bislang erfolglos. Wegen des Schengener Abkommens und der dadurch verstärkten Kontrollen an den EU-Außengrenzen (dazu zählen auch Ceuta und Melilla) wird es für Marokkaner immer schwieriger, nach Ceuta zu fahren. Trotz guter Beziehungen zu Spanien geben diese beiden Städte oft Anlass zu diplomatischen Auseinandersetzungen. Wegen ihrer Nähe und administrativen Zugehörigkeit zu Europa ist Ceuta begehrtes Ziel (schwarz-)afrikanischer **Flüchtlinge** auf dem Weg nach Europa – entsprechend massiv ist die spanische Grenze nach Marokko abgeriegelt. Trotzdem versuchen immer wieder ausreisewillige Marokkaner und Schwarzafrikaner entweder durch Löcher im Grenzzaun oder vom marokkanischen Festland per Boot nach Spanien zu flüchten – bei diesen Fluchtaktionen verlieren jedes Jahr Tausende Menschen ihr Leben auf dem Mittelmeer.

Wer sowieso auf die Fähre möchte, sollte ein bisschen mehr Zeit einplanen, um die **schönen spanischen Häuser und mittelalterlichen Befestigungsanlagen** in Ceuta zu besichtigen.

Achten Sie auf die **Zeitverschiebung:** In Ceuta herrscht spanische Zeit (im Sommer +2 Std., im Winter +1 Std.).

Geschichte

Ceuta (sprich: Se'uta, arab. *Sebta*) wurde bereits in der Antike erwähnt und war später in der **Römerzeit** unter dem Namen *Septem* ein **wichtiger Handelsplatz**.

Nach dem Untergang des Römischen Reiches war Ceuta zwischen **Westgoten** und **Byzantinern** umkämpft. Im Jahr 670 n.Chr. gelang es den Byzantinern, die Stadt einzunehmen und auch den ersten Angriffen des arabischen Eroberers *Uqba Ibn Nafi* zu trotzen. Erst 711 gelangte Ceuta durch den Feldherrn *Tariq ibn Ziyad* in **arabische Hände**. Es war lange Zeit **wichtiger Hafen** und **Handelsplatz** am Schnittpunkt zwischen dem arabischen Iberien und dem marokkanischen Festland. Auch mit den Seemächten Genua und Venezien wurde reger Handel getrieben. Den **Höhepunkt** seiner Geschichte erlebte Ceuta unter den **Meriniden** im 12.–14. Jh. 1415 fiel es dann an die Portugiesen.

Durch die Eingliederung Portugals nach Spanien im 16. Jh. gehörte die Stadt ab 1580 **zum spanischen Königreich.** Die Spanier konnten die umkämpfte Kolonie bis heute halten. Unter *Franco* errang die dort stationierte Afrika-Legion sogar große Teile des afrikanischen Festlands.

Sehenswertes

Der **Hafen** Ceutas war im Mittelalter der bedeutendste im Maghreb, da über ihn die Waren des Karawanenhandels von Timbuktu über Sjilmassa und Fès nach Europa transportiert wurden. Einige wichtige Befestigunsanlagen aus dem 13. Jh. und die **Foso de San Felipe** zeugen noch heute davon. Die Foso de San Felipe sind befestigte Kanäle, welche die Halbinsel durchschneiden und den Schiffen ermöglichen, an der schmalsten Stelle der Halbinsel direkt zum Hafen zu gelangen, ohne den Monte Hacho umschiffen zu müssen. Die Kanäle gehen auf die arabische Beherrschung der Stadt (711–1415) zurück. Die wichtigsten Teile der umgebenden Befestigungsanlage (**Royal Ramparts**) stammen aber aus der Portugiesenzeit zwischen 1674 und 1705. Ausgangspunkt der Anlagen ist die Plaza de Armas.

Die **Plaza del Africa** ist beliebter Treffpunkt und Hauptplatz der Stadt. Hier befindet sich die Kirche **Nuestra Señora de Africa** aus dem 15. Jh., mit dem Schrein der Hl. Jungfrau, welcher wahrscheinlich byzantinischer Herkunft ist und von Heinrich dem Seefahrer gestiftet wurde. Zahlreiche Restaurationen der Kirche gehen auf das 18. Jh. zurück. Zwischen der Plaza del Africa und der Calle Independencia liegt die **Kathedrale** (Bischofssitz) **La Purísima**, errichtet auf einer Moschee aus der arabischen Zeit. Sie wurde im 2. Weltkrieg als Hospital genutzt. Die Kirche hat eine neoklassizistische Fassade und eine Barockkapelle sowie einige bedeutende Fresken vorzuweisen. Im **Museum der Kathedrale** werden auf zwei Stockwerken sakrale Gegenstände und Gold- und Silberschätze aus den verschiedensten Perioden ausgestellt.

Das **Rathaus** *(Palacio Municipal)* aus dem Jahr 1926 beherbergt zahlreiche Schätze und Einrichtungen aus der portugiesischen Königszeit.

In der Nähe liegt die **Festung El Candelero** und 4 km entfernt die **Festung El Hacho** auf dem gleichnamigen Berg, von dem man eine schöne Aussicht hat. Die Ursprünge der Festung reichen bis auf die Byzantiner zurück, dann folgten die Ummayaden und die Portugiesen. Die jetzige Befestigungsanlage aus dem 18. und 19. Jh. stammt im Wesentlichen von den Spaniern.

Am Paseo de Revellín liegt das **Museo de Ceuta** (Stadtmuseum, Mo bis Sa 10–14 und 17–20 Uhr, So 10–14 Uhr), das archäologische und kartografische Sammelstücke ausstellt. Die Exponate sind vorwiegend aus der Römerzeit, doch sind auch Ausstellungsstücke vom Neolithikum bis zur spanischen Herrschaft zu sehen.

Entlang der schönen Strandzone erstreckt sich der **Parque Marítimo del Mediterráneo** mit riesigem Meerwasserpool, Spielplatz, Restaurants und Cafés.

Information

- **Tel. Vorwahl (Spanien):** (0034) 956 (muss allen hier genannten Nummern vorangestellt werden).
- **Infos im Internet** unter www.ceuta.es.
- Das **Touristenbüro** liegt direkt an der Muelle Cañonero Dato nahe des Hafens, Tel. 50 62 75.

- Die Hauptgeschäftsstelle des **Fremdenverkehrsamtes** liegt im Ceuta Center, Baluarte de los Mallorquines, Tel. 20 05 60.

Unterkunft

- **La Muralla – National Parador****, 15, Plaza de Africa, Tel. 51 49 40, www.parador.es. Schöner Garten mit Swimmingpool, die Zimmer haben Meerblick, Parkplatz. DZ ab 90 Euro.
- **Tryp****, 2, Alcalde Sánchez Prados, Tel. 51 12 00, www.solmelia.com. Neben dem Palacio Municipal in der Nähe des Hafens. DZ ab 60 Euro.
- **Ulises****, 5, Calle Camoens, Tel. 51 45 40, www.hotelulises.com. Modernes 4-Sterne-Hotel mit dem Terrassencafé Ulises in einer kleinen Fußgängerzone nahe des Museums. Elegante, klimatisierte DZ mit TV und WiFi, Pool. DZ ca. 70 Euro, Suite 140 Euro.
- **La Atalaya****, 6, Av. Reyes Católicos, Tel. 50 41 61, www.la-atalaya.net. 16 ordentliche DZ mit AC und TV, WiFi an der Rezeption, kein Restaurant. DZ ab 50 Euro.
- **Hostal Central****, 15, Paseo Revellín, Tel. 51 67 16, www.hostalesceuta.com. Zentrale Lage, klimatisierte Zimmer (für bis zu 4 Pers.), WiFi. DZ ab 50 Euro.
- **Hostal Plaza Ruiz****, Plaza Teniente Ruiz, Tel. 51 67 33, www.hostalesceuta.com. DZ ab 50 Euro.
- **Hostal Real**, 1, Calle Real, Tel. 51 14 49. Einfache, für Backpacker geeignete Herberge im 2. Stock eines älteren Gebäudes bei der Plaza de los Reyes. DZ 35 Euro.
- **Residencia de la Juventud** (del Centro Cultural Municipal), 27, Plaza Rafael Gilbert, Tel. 51 51 48. Günstige Studentenunterkunft (in einem Hinterhof, schwer zu finden). Doppel- bis Viererzimmer, DZ 33 Euro.

Camping

- **Complejo Rural Miguel de Luque,** Carretera del Pantano (vom Hafen Ri. Benzú, dann rechts), Tel. (0034) 676 95 29 15, www.migueldeluque.com, **N 35°53,568', W 05°20,978'.** Neuer, moderner Komplex mit Holzbungalows, Pool und Campingareal mit guten sanitären Anlagen. Auch diverse Aktivitäten (Wandern, Reiten) sind möglich.

Essen und Trinken

Das kulinarische Angebot ist vielfältig: mediterrane Küche, Fisch, Tapas, Pizza, Fast Food. Die meisten **Cafés und Restaurants** findet man beim Parque Marítimo del Mediterráneo und in der Umgebung der Calle de Real und Plaza de los Reyes (z.B. die Eisdiele Firenze und das trendige Pub Tokio). Pizza gibt es bei Telepizza im Parque Marítimo (Calle Compañía del Mar), Fast Food bei McDonald's, Poblado Marinero (Parque Marítimo).

Verkehrsmittel

- Ca. 300 m vom Hafen (siehe Stadtplan) startet der **Bus Nr. 7 zur Grenze.**
- **Taxistandplatz** an der Plaza de los Reyes.
- Auf der **marokkanischen Seite** kommt man entweder mit dem **Sammeltaxi** bis Tétouan (ca. 20 DH p.P.) oder bis F'nideq (ca. 5 DH p.P.). Von F'nideq geht ein Bus nach Tétouan (s. Route A 2), es fahren auch Sammeltaxis von dort in alle Richtungen.

Fähren

Der Fährhafen liegt im Westen der Stadt an der Calle Muelle Cañonera Dato. Es verkehren täglich jede Stunde Schiffe **nach Algeciras,** im Sommer auch nachts. Details siehe Kapitel Praktische Tipps A–Z/Anreise/Fähren über das Mittelmeer.

Wer nicht an den Schaltern im Hafen Schlange stehen will, kann die Fährtickets auch in den Reisebüros/Wechselstuben nahe des Hafens kaufen. **Es ist egal, von welcher Gesellschaft man ein Ticket kauft** – im Sommer kann man mit jedem Ticket auf das nächste Schiff.

Einkaufen

Ceuta eignet sich zum günstigen **zollfreien Einkauf** von Alkoholika, Treibstoff und evtl. elektronischen Geräten. Außerdem kann man sich in Ceuta gut mit Waren eindecken,

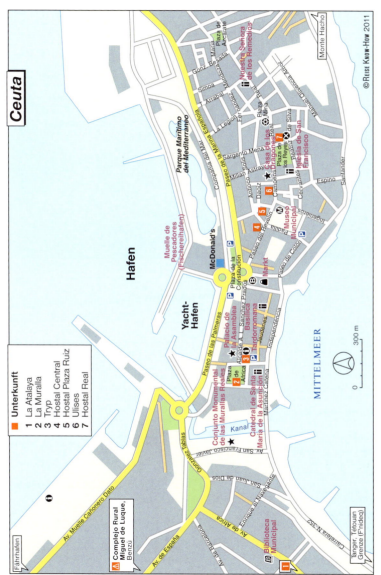

Route A 2: Ceuta

die in Marokko nur schwer zu bekommen sind, wie z.B. frischer Wurst, Schinken und Schweinefleisch.

Eine große Auswahl europäischer Lebensmittel gibt es bei **Supersol** (Muelle Cañonera Dato, gleich nach der Hafenausfahrt) und im **Lidl-Supermarkt** (ebenfalls in der Nähe des Hafens an der Straße Richtung Benzù, Mo bis Sa 10–22 Uhr).

Rund ums Auto

Tanken

● In Ceuta gibt es **billigeren zollfreien Sprit**: Super kostet ca. 1 Euro pro Liter, Diesel und Benzin ca. 0,90 Euro.

Parken

● Im **Parkhaus neben dem Hotel Africa** an der Muelle Cañonera Dato (am Hafen).

Storchennester sind in Marokko überall zu finden

Geldwechsel

Glauben Sie den illegalen Geldwechslern nicht, die behaupten, dass wegen eines Feiertags in Marokko dort kein Umtausch möglich wäre! Wechseln von Bargeld ist an der Grenze möglich, in F'nideq (2 km nach der Grenze) kann man auch Geld am Automaten ziehen. Bei der Rückreise können Sie in den **Wechselstuben** (cambio) bzw. in den **Banken** Ceutas übrige Dirham zurücktauschen.

Notfall/Notrufe

● **Polizeizentrale:** Paseo Colón, Tel. 091.
● **Feuerwehr:** Av. Barcelona, Tel. 080.
● **Rotes Kreuz:** Tel. 116, Marina Española, Tel. 52 84 00.

Grenze

Die spanische **Grenzpolizei Policía Nacional El Tarajal** ist unter Tel. 50 88 40 zu erreichen. Zur Grenzabwicklung siehe Route A 2.

Atlas II, Karte S. 187 — **ROUTE A 2: CEUTA – MARTIL – TÉTOUAN**

Route A 2, Abschnitt 1: Ceuta – Martil – Tétouan

● 44 km, N13

2 km hinter Ceuta ist die **spanisch-marokkanische Grenze** erreicht. Hier warten einige Schlepper, die gegen (meist überhöhtes) Trinkgeld bei der Abfertigung helfen möchten. Die Formalitäten sind aber einfach und schnell alleine zu schaffen! Reihen Sie sich mit dem Fahrzeug in einer der vier Reihen der Abfertigungshalle ein. Im ersten blauen Häuschen mit Fenstern werden die Passformalitäten erledigt, im zweiten Häuschen mit dem Schild „Enregistrement des véhicules" die Zollformalitäten fürs Fahrzeug. Hier erhält man auch jeweils die Ein-/Ausreisezettel *(fiches)* und das grüne Zollpapier fürs Kfz zum Ausfüllen. Beide Papiere werden am jeweiligen Schalter (s.o.) gestempelt. Nach einer meist flüchtigen Fahrzeugkontrolle darf man schon weiterfahren.

Kurz hinter der Grenze liegt rechts am Hang das gute **Mittelklassehotel Ibis Moussafir***** (Tel. 0539 67 77 77, www.ibishotel.com, Garten mit Pool, schöne Aussicht aufs Meer, Parkhaus in der Nähe, klimatisiertes DZ €€€). Gleich darauf folgt eine Kreuzung: Rechts geht es nach Tanger (vgl. Route A 1) und ins Zentrum von F'nideq.

F'nideq ♢ II, B1

Im ersten Ort nach der Grenze mit vielen neuen Wohnhäusern gibt es neben einer Tankstelle auch eine Bank mit Geldautomat sowie diverse Cafés und Restaurants. Die **Grand-Taxi-Haltestelle** liegt direkt an der Straße kurz vor F'nideq im Vorort Hay Bab Sebta. Sammeltaxis fahren in die ganze Umgebung (z.B. zur Grenze und nach Tétouan). Der **Busbahnhof** liegt von Ceuta kommend auf der rechten Seite kurz nach der Kreuzung (s.o.) hinter mehreren Wohnblocks (Busse fahren fast stündlich nach Tétouan).

Unterkunft findet man in den beiden komfortablen Hotels **Ibis Moussafir***** (s.o.) und **La Corniche***** (Tel. 0539 97 61 94/63, www.la-corniche-hotel.com, klimatisierte Zimmer, z.T. mit Meerblick, €€€).

Die vierspurig ausgebaute, mit Palmen verschönerte Straße führt weiter am Meer entlang. Die gesamte Küste bis Martil wurde in den letzten zehn Jahren touristisch erschlossen – es entstehen immer mehr schicke Ferienanlagen. Insgesamt erinnert der Küstenabschnitt mit den **vielen gepflegten Hotels und der touristischen Infrastruktur** zum Surfen, Segeln, Baden etc. mehr an Spanien als an Marokko.

9 km hinter Ceuta (7 km hinter der Grenze) liegen die weißen Appartements der **Ferienanlage Al Amin** an der Straße. Hier leuchtet das Meer türkis vor einem schönen Sandstrand. Bei **km 13** folgt der **Club Méd Smir** (www.clubmed.de) links und nur 1 km weiter **Restinga Smir** mit der **Ferienanlage Al Andalous**. Bei **km 16** bietet der Touristikkomplex **Marina Smir** mit Yachthafen (www.portmarinasmir.com), ein Thalassotherapie-Hotel, Restaurants, einen Aquapark und alle Annehmlichkeiten für Badeurlauber. Bei **km 19** folgt schon die nächste Anlage **Kabila Marina** mit gleichnamigem Hotel (Villas und Appartements, Tel. 0539 66 60 13, kabilahotel @menara.ma).

Am **Kreisverkehr bei km 22** geht es geradeaus weiter zur Landstraße nach Martil und nach Mdiq, das ca. 2 km weiter erreicht ist.

M'diq ♢ II, B1

Der herausgeputzte **Ferienort** (ca. 60.000 Einw.) expandiert zusehends, auch hier entstehen immer mehr schicke Restaurants und Hotels. Neben dem schönen Strand und einem Fischerhafen gibt es außerdem einen modernen Yachthafen. Der **Royal Yachting Club** organisiert jährlich im Juli die touristische **Semaine Nautique Internationale de M'diq (SNIM)** mit mehreren Regattas.

Route A 2: Tétouan

Unterkunft findet man in den vielen 4-Sterne-Hotels entlang der Küste (s.o.) und im **Golden Beach Hotel****** (Tel. 0539 97 50 77, www.golden-beachotel.com, mit Pool, direkt am Strand, klimatisierte Zimmer, WiFi, €€€B). Empfehlenswert ist auch das **Hotel/Restaurant Petit Merou** an der Straße Richtung Cabo Negro (s.u.).

Es verkehren **Grand Taxis und Busse** nach Tétouan und zur Grenze bzw. nach F'nideq.

Bei **km 26**, ca. 2 km hinter M'diq, beginnt wieder die begrünte, vierspurige Straße. Bei einem **Kreisverkehr** geht es links nach Cabo Negro und Martil ab (geradeaus direkt weiter nach Tétouan).

Auch entlang der kleineren Straße nach Martil enstehen überall Ferien- und Appartementanlagen. Kein Wunder, denn hier erstreckt sich ein schöner Sandstrand vor der Silhouette des grünen Rif-Gebirges.

Bei **km 27** (1 km nach dem Abzweig) befindet sich rechts der Komplex **La Ferma** mit einem exzellenten Restaurant (Fischgerichte), Reiterhof und Hotel (Tel. 0539 97 84 81, la.ferma@hotmail.com).

1 km weiter geht es in einem Kreisverkehr rechts ab nach Martil und geradeaus nach Cabo Negro. Eine Stichstraße führt zum **Club Med Yasmina** (www.clubmed.de, Tel. 0539 97 81 52, schöner Strand) und zum **Hotel Petit Merou***** (Tel. 0539 97 80 76, DZ €€€).

Bei **km 31** liegt der Golfplatz **Royal Golf de Cabo Negro** (18-Loch) links der Straße, 2 km weiter ist Martil erreicht (km 33).

Martil ♦ II, B1

Auch Martil entwickelte sich in den letzten Jahren zu einem **schmucken Ferienort**, mit Sandstrand (leider z.T. vermüllt) und einer Promenade mit vielen Cafés und Restaurants (manche nur im Sommer geöffnet). In der Hochsaison im Sommer herrscht besonders abends reger Trubel, wenn sich Jung und Alt auf der *Corniche* (Küstenstraße) tummelt. Am Ende der Corniche gibt es bei einem großen Kreisel einen bewachten Parkplatz (24 Std. geöffnet).

Von der Küstenstraße führt rechts (von M'diq kommend) eine kleine Zufahrtspiste zum **Camping Al Boustane (N 35°37,721', W 05°16,662'):** Der recht große Platz mit vielen Schatten spendenden Bäumen und Stellplätzen mit Strom ist nicht mehr besonders gepflegt. Von den sanitären Anlagen bröselt der Putz, (heiße) Duschen und WCs sind aber weitgehend funktionstüchtig und okay. Pluspunkte sind die Strandnähe (wenige Min. zu Fuß) und das **Restaurant Al Boustane** mit hübscher Terrasse und gutem Essen (Salate, Tajine und Fisch 50–80 DH).

Wer nicht campt, kann im sehr gepflegten und freundlichen **Hotel Etoile de la Mer*** (Av. Mulay Hassan, Tel. 0539 97 90 58, €) übernachten. Leckere Pizza, Pasta und Snacks gibt es in der **Pizzeria Piccolo Roma** (Rue El Jadida). Es besteht eine gute **Busverbindung nach Tétouan,** außerdem fahren **Sammeltaxis** (ca. 5 DH, ca. 30 Min.).

Folgt man in Martil der Beschilderung nach Tétouan, so mündet man nach 4 km wieder am großen Kreisverkehr (vgl. km 26 oben) in die vierspurige Schnellstraße ein. An der Straße folgen viele Keramikstände mit hübschen Töpferwaren.

Nach insgesamt **44 km** (11 km von Martil und 7 km ab dem Kreisverkehr) liegt der **Marjane-Supermarkt** mit Pizza Hut an der Stadteinfahrt nach **Tétouan**.

Tétouan ♦ II, B1

Die gepflegte Stadt liegt in 90 m Höhe am Fuße des Djabal Dersa (541 m) und am Ufer des Oued Martil. Im Norden und Süden umgeben Tétouan die Berge des Rif – vor allem im Frühjahr, wenn alles grünt und blüht, eine herrliche Kulisse. Die sehr gut erhaltene **Altstadt** mit ihren malerischen weißen Häusern wurde von der UNESCO 1997 zum **Weltkulturerbe** erklärt. Tétouan zählt heute etwa **500.000 Einwohner** und expandiert weiter. Verantwortlich dafür sind der zunehmende Tourismus an der Mittelmeerküste, die Bedeutung der Stadt als Handelszentrum für das westliche Rif-Gebirge und ihre Lage nahe des europäischen Festlands. Außer vom Tourismus lebt Tétouan vom Fischfang, der Textil-, Zigaretten- und Elektroindustrie. Das Umland wird landwirtschaftlich genutzt (v.a. Olivenanbau).

Tétouan ist außerdem bekannt für seine Kunsthandwerksschule und das **Institut National des Beaux Arts** (Kunsthochschule, www.inbatetouan.com).

Wegen der Nähe zum Rif-Gebirge (Cannabis-Anbau) werden Touristen immer wieder von **Haschhändlern** belästigt. Vorsicht ist vor allem bei Einladungen von „Studenten" und anderen vermeintlich freundlichen Leuten geboten – unter tausend Einladungen mag eine ernst gemeint sein! Leider sind in Tétouan insgesamt recht viele Schlepper aktiv, die sich als „Führer" (in den nächsten Souvenirladen o.Ä.) anbieten.

Geschichte

Im Punischen und Römischen Reich als *Tamuda oppidum* bekannt und nach dem Niedergang des Römischen Reiches aufgegeben, wird Tétouan in arabischen Quellen erstmals im 9. Jh. als eine **Ansammlung von Berberniederlassungen** erwähnt.

Etwa 1307 von den **Meriniden** *Abu Thabit* als Stützpunkt gegen Ceuta gegründet, entwickelte sich die Stadt durch die Nähe zum Meer sehr bald zum **Piratenschlupfwinkel.**

Die erste Kasbah wurde vom Sultan *Yussuf ibn Yaqub* zum Ende des 13. Jh. errichtet. Dabei entstand die heutige Medina. Der Name Tétouan bedeutet in der Berbersprache „Die Quellen". Als Seeräuberstützpunkt berühmt und berüchtigt, wurde die Stadt 1399 von den **Spaniern** unter *Heinrich III. von Kastilien* **zerstört**, die Bewohner gefangen, getötet oder vertrieben. 1414 wurde Tétouan bzw. das, was davon übrig geblieben war, portugiesisch. Erst 100 Jahre später wurde es durch von der Iberischen Halbinsel geflüchtete **Moslems** und **Juden** wieder **neu errichtet** und abermals zum Piratenstützpunkt. Der Hafen wurde unter *Philipp II.* 1565 stillgelegt.

Eine neue Besiedlung durch rückkehrende Flüchtlinge aus Spanien und der **Ausbau zum Handelszentrum** ließen Tétouan expandieren. Ihre **Blütezeit** erreichte die Stadt ähnlich wie die Nachbarstädte Ceuta und Tanger unter der Herrschaft des prunksüchtigen Sultans **Mulay Ismail** (1672–1727). Die heutigen alten Stadtviertel gehen auf diese Epoche zurück.

Im 19. und 20. Jh. war die Stadt meist in spanischer Hand, und 1913 wurde Tétouan Hauptstadt des spanischen Protektorates Marokko. Tétouan gehört erst seit der Erlangung der Unabhängigkeit unter *Mohamed V.* 1956 wieder zum marokkanischen Reich.

Sehenswertes

Ein guter Ausgangspunkt für einen Stadtbummel ist die **Place Mulay el Mehdi** in der Neustadt. Hier fällt die gelbe, **spanische Kirche** auf, die in der Kolonialzeit um 1926 erbaut wurde. Vom Platz führt die gepflasterte Av. Mohamed V., vorbei an vielen Cafés und den schönen weißen Hausfassaden mit schmiedeisernen Balkonen und großen Fenstern zur **Place Al Jala** (kleiner Kreisel mit Palmen). Historisch interessierte Touristen können hier das kleine, nicht sehr umfangreiche **Archäologische Museum** besuchen (2, Rue Ben Hussein, Sa/So geschl., 10 DH Eintritt). Im Museum sind Funde aus den Ruinen von Tamuda und Lixus (3. oder 4. Jh. v.Chr. aus der punisch-berberischen und römischen Zeit) und eine komplette Nachbildung des Cromlech von M'Soura ausgestellt.

Von der Place Al Jala erreicht man auf der Av. Mohamed V. ostwärts in wenigen Minuten den Mittelpunkt der Stadt: die **Place Hassan II.** mit einem großen runden Paradeplatz und vier Springbrunnen mit Säulen für die Beflaggung. Der Platz verbindet Alt- und Neustadt, abends ist er Treffpunkt Hunderter Menschen. Am Platz thront der **Königspalast Dar el Makhzen,** der nicht von innen besichtigt werden kann. Der alte Trakt wurde im 17. Jh. erbaut, war Sitz des Kalifen und wurde unter den Franzosen als deren Verwaltungssitz genutzt.

Von der Place Hassan II. führt nach Süden ein Tor zur **Mellah,** dem alten Judenviertel. Hier siedelten sich die aus Spanien geflüchteten Juden 1492 an. Die Mellah in ihrer jetzigen Form ließ 1807 Sultan *Suleiman* errichten. Das Viertel hat ein typisch andalusisches Gepräge, aber auch die typischen – bei arabischen Häusern fehlenden – Balkone, Fenster und Erker an der Straßenseite. In der Mellah gibt es **drei Synagogen:** die große Synagoge, die Hayn-Abdurhan-Synagoge und die Synagoge Benhuali, die alle besichtigt werden können.

Von der Place Hassan II. spaziert man am besten durch das „Tor der Winde", das **Bab er-Rouah** (Torbogen mit Zinnen rechts neben dem Königspalast), in die sehenswerte **Medina.** Die Altstadt von Tétouan ist eine der kleinsten in Marokko, umgeben von einer 5 km langen Stadtmauer mit sieben Toren. In den schmalen Gassen der Medina kann man gut das orientalische Leben, die bunten Trachten der Rifbauern, das Stimmengewirr und die fremden Düfte auf sich einwirken lassen. Hier sind – ebenso wie in den Altstädten von Fès oder Marrakesch – **alle Handwerkszweige** vertreten: Kupfer- und Silberschmiede, Tischler, Gerber, Töpfer, Babuschenmacher, Schneider etc. Besonders schön sind die vielen **weiß gekalkten Torbögen,** die von Natursteinen eingefasst sind.

An den **Gold-Juwelieren** kommt man gleich hinter dem Bab er Rouah vorbei. Vom Gold-Suq Richtung Norden passiert man den **Fischmarkt Suq el-Hout** und den **Stoffmarkt Gharsa el-Kebira.** Hier sitzen die Rifbäuerinnen mit ihren bunten Kleidern und den großen, mit schwarzen Wolltroddeln verzierten Strohhüten unter Sonnenschirmen und verkaufen bunt gestreifte Stoffe und Decken. Vorbei an den Schreinern gelangt man zum kleinen **Gerberviertel** nahe des **Bab Sebta** (Bab M'kabar) am nördlichen Ende der Medina.

Weiter östlich in der Altstadt liegen die **Große Moschee** aus dem 18. Jh. sowie das benachbarte **Funduq Najjar** und die **Zawia el Nsiria** aus dem 17. Jh. Nahe der großen Moschee (in der Jamaa Kebir 48) ist das von Touristengruppen viel besuchte **Restaurant Palace Bouhlal** in einem alten Stadtpalast untergebracht. Das prunkvoll mit Zedernholz und Stuckverzierungen ausgestattete Haus vermittelt einen guten Eindruck der städtischen Architektur des 18. und 19. Jh. Vom Dach hat man einen sehr schönen Blick auf die Medina und die umliegenden Berge. Spaziert man von hier weiter nach Nordosten in Richtung **Bab Saida,** erreicht man die **Moschee Saidi,** deren Minarett mit glasierten Fliesen und Ziegelmosaik geschmückt ist.

Nur recht wenige Touristen schieben sich zwischen den Einheimischen durch die engen Gassen der Suqs in Richtung Osten. Vorbei am Gemüse- und Lebensmittelmarkt erreicht man so das **Bab el Okla** am Ostrand der Medina. Kurz vor dem Tor, noch innerhalb der Medina, liegt das **Volkskunst-Museum** (*Musée des Arts Marocain,* Sa/So geschl., Eintritt 10 DH) in der Festung des Sultans *Mulay Abderrahmane* an der Av. Skala. Vor allem volkskundliche Objekte aus dem Norden und der spanisch-andalusischen Zeit wie Möbel und Kleider, Musikinstrumente und eine komplette Brautsänfte sind hier zu besichtigen. Eine Waffensammlung vervollständigt die Ausstellung.

Gegenüber des Bab el Okla liegt die **Kunsthandwerksschule** (Sa/So geschl., 10 DH Eintritt) in einem prunkvollen Gebäude mit einem arabisch-andalusischen Saal und schönem Garten. Die Schule ist seit 1928 geöffnet und umfasst vierzehn Ateliers, in denen bereits Kinder ab zehn Jahren in die Fertigkeiten des marokkanischen Kunsthandwerks eingeführt werden. In einer Dauerausstellung kann man dann die fertigen Produkte besichtigen und die dort hergestellten Waren zu fairen Preisen erwerben. Viele dieser Waren sind auch im **Ensemble Artisanal** an der Av. Hassan II. im Süden der Stadt, außerhalb der Stadtmauern erhältlich. Neben dem Ensemble Artisanal, ebenfalls an der Av. Hassan II., wurde in den letzten Jahren an der Renovierung des alten spanischen Bahnhofs von 1918 gearbeitet. Darin soll das erste marokkanische **Museum für moderne Kunst** (*Musée d'Art Moderne*) entstehen, auf die Eröffnung wartet die kulturelle Szene Tétouans jedoch bislang vergeblich …

In der Medina von Tétouan

Atlas II, Karte S. 187, Stadtplan S. 226

ROUTE A 2: TÉTOUAN

Die **Kasbah**, die im Nordwesten über der Medina thront, stammt aus dem 17. Jh., die ersten Bauten gehen aufs 13. Jh. zurück. Die Anlage wird militärisch genutzt und kann deshalb nicht besucht werden.

Information

- **Délégation Provinciale de Tourisme,** 30, Av. Mohamed V., Tel. 0539 96 19 14.
- **Syndicats d'Initiative du Tourisme,** Av. Hassan II., Résidence Nakhil, Tel. 0539 96 65 44.

Unterkunft

Klassifizierte Hotels

- **Chams******, km 3,2, Route de Martil, Tel. 0539 99 09 01/2, Fax 0539 99 09 07. Schönes und angenehmes Hotel mit Pool, Restaurant, vergünstigte Benutzung des Golfplatzes Cabo Negro. €€€€B.
- **Safir******, Route de Sebta, Tel. 0539 97 02 54 oder 0539 97 01 44, Fax 0539 97 06 92. Luxushotel. €€€€.
- **El Yacouta*****, an der Straße nach Ceuta (2 km), Av. Abdeljalak Torres, B.P. 4060, Tel. 0539 99 69 78/79, Fax 0539 99 09 07. Ordentliches Mittelklassehotel mit Pool, freundlicher Manager. €€€.
- **Oumaima****, Av. du 10 Mai, Tel. 0539 96 34 73. Saubere Zimmer mit Bad ohne besondere Atmosphäre. DZ mit Bad €A.
- **Paris****, 31, Rue Chakib Arsalane (bzw. Achra Mai), Tel. 0539 96 67 50. Einfaches Hotel mit kleinen Zimmern, Parken in einer bewachten Garage nebenan möglich. €€A.
- **Regina***, 5, Av. Sidi el Mandri, Tel. 0539 96 21 13. Günstige Lage nahe Place Hassen II./Altstadt, Café im EG, 56 saubere Zimmer auf vier Etagen, der Empfang ist nicht besonders freundlich. DZ mit Bad €.

Route A 2: Tétouan

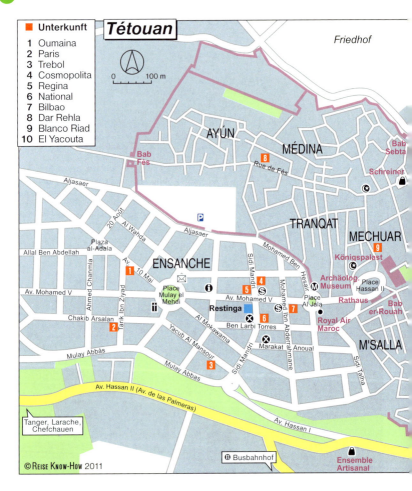

●**Trebol***, 3, Rue Yacoub El Mansour, Tel. 0539 96 20 93 oder 0539 96 20 18. Nahe des Busbahnhofs, einfach, heiße Dusche. €B.

Unklassifizierte Hotels

●**Cosmopolita**, 3, Av. Prince Sidi Mohamed (im 1. Stock). Kleine, schon recht abgewohnte Zimmer zur Straße, teilweise mit Waschbecken, Du/WC am Gang (ordentlich), sehr einfach. €B.

●**Pension El-Fath**, 51, Zankant Kaid Ahmad. Familiäre Atmosphäre, einfach und sauber, warme Dusche kostet extra. €B.

●**National**, 8, Av. Mohamed Torres, Tel. 0539 09 55 41. Haus im traditionellen Stil mit In-

ca), die **Pension Navarra** (½€) und die **Pension Midi** (9, Av. Maarakat Anoual, ½€).

Maisons d'Hôtes

● **Blanco Riad,** 25, Rue Zawiya Kadiria (in der Medina, nahe Königspalast), Tel. 0539 70 42 02, www.blancoriad.com. Schönes Gästehaus in einem Riad aus dem 18. Jh., der früher das spanische Konsulat beherbergte. Acht sehr stilvolle und geräumige Zimmer und Suiten mit Klimaanlage, Internet verfügbar, gutes Restaurant (Fischgerichte), Dachterrasse mit Aussicht. €€€€.

● **Dar Rehla,** 3, Rue Habibi, Quartier Trancat (in der Medina), Tel. 0539 70 11 50, DarRehla@gmail.com, www.darrehla.com. Fünf unterschiedlich gestaltete hübsche Zimmer mit Bad gruppieren sich um den Innenhof eines traditionellen Stadthauses. Dachterrasse mit Ausblick. €€€A bis €€€€B.

Essen und Trinken

Preiswerte einfache Lokale findet man um den Place Hassan II. und in der Medina. Die **teureren** (aber nicht unbedingt besseren) **Restaurants** liegen an der Av. Mohamed V. **Cafés** gibt es am Place Hassan II. und entlang der Av. Mohamed V. Von den **Cafés Nafoura** und **Paris** am Place Mulay el Mehdi hat man einen schönen Blick auf die spanische Kirche und den grünen Platz mit großem Springbrunnen.

● **Palace Bouhlal,** 48, Jamaa Kebir (nahe der Großen Moschee in der Medina). Touristenlokal (v.a. für Gruppen) in einem Stadtpalast in der Medina mit trad. Musik und marokkanischer Standardküche (Menü ca. 100 DH).

● **Restinga,** 21, Av. Mohamed V. (in einer kleinen Passage). Recht gemütlich unter Markisen und Bäumen in einem Hinterhof. Salate, Suppen, gutes Couscous, Fleischgerichte und Brochettes (ca. 50 DH), Alkohollizenz.

Einkaufen

● In vielen kleinen **Kaffeeläden** in der Medina und an der Calle Ben Larbi Torre kann

nenhof, recht nett, einfach. DZ €B mit Bad (auch Triple).

● **Weitere billige Unterkünfte** befinden sich am Bd Al Ouadha, rund um die Av. Mohamed V. und am Rande der Medina, z.B. die saubere **Pension Bilbao,** Av. Mohamed V. (beim Place Al Jala, € mit kalter Dusche im Zimmer), **Pension Marrakesch** (4, Rue Mec-

Notfall/Notrufe

- **Polizei:** Tel. 160.
- **Feuerwehr/Ambulanz:** Tel. 150.
- **Notdienst/Krankenhaus:**
Tel. 0539 97 14 20.

Parken

Parken kann man gut in der **Garage Central** am Bd Al Jazair (nahe des Archäologischen Museums) oder in der Straße, die von der **Av. Hassan II.** zum Bab Okla führt, sowie unterhalb in der Av. Hassan II. nahe der Polizei.

Busse

Der 2007 eingeweihte moderne **Gare Routière** (Busbahnhof für Privatbusse und CTM) liegt im Süden der Stadt an der Umgehungsstraße Richtung Tanger und Chefchaouen in einer Halle, Tel. 0539 99 30 41. Der **Busbahnhof für CTM** befindet sich an der Av. 9 Avril, Tel. 0539 71 16 54.

man frische Kaffeebohnen (ganz oder gemahlen) einkaufen, z.B. in den Cafés Carrión oder Luna.
- Ein guter kleiner **Dattel- und Nussladen** liegt neben dem Hotel Cosmopolita (ggü. Banque Populaire) in der Av. Prince Sidi Mohamed.
- **Keramik** kauft man am besten an den vielen Töpferständen an den Ausfallstraßen. Man sollte aber unbedingt die Preise vergleichen, denn manche Händler sind spottbillig, andere wiederum verlangen Mondpreise.
- **Kunsthandwerk** zu fairen Festpreisen gibt es im **Ensemble Artisanal** (Av. Hassan II., s. Sehenswertes).

Post/Banken

Mehrere **Banken** in der Av. Mohamed V.; **Post** am Place Mulay el Mehdi.

Auf dem Gemüse- und Lebensmittelmarkt

Verbindungen und Preise

- **Fès:** 4x tägl. CTM, 90 DH, 10x tägl. mit Privatbussen, Fahrzeit ca. 5 Std.
- **Casablanca:** 5x tägl. CTM, 130 DH, Privatbusse ca. 3x tägl., Fahrzeit ca. 6 Std.
- **Tiznit:** 1x tägl. CTM, 350 DH, Fahrzeit ca. 17 Std.
- **Nador:** 2x tägl. CTM, 150 DH, Fahrzeit ca. 11 Std.
- **Al Hoceima:** ca. 3x tägl. Privatbusse, ca. 75 DH, Fahrzeit ca. 7–8 Std.
- **Chefchaouen:** ca. 10x täglich Privatbusse, ca. 20 DH, Fahrzeit ca. 30 Min.
- **Sebta** (Ceuta bzw. F'nideq): 8x tägl., 5 DH.
- **Tanger:** 10x tägl. Privatbusse, ca. 20 DH, Fahrzeit ca. 1 Std.
- **Tnine Sidi Lyamani** bzw. **Slimane** (Bahnbus-Verbindung zur Eisenbahn in Richtung Tanger bzw. Ausgangspunkt zum Cromlech von M'Soura): 2x tägl. Von dort Eisenbahnanschluss nach Kénitra, Salé, Rabat und Casablanca.
- Es gibt noch weitere **Privatbuslinien,** die Lang- und Kurzstrecken bedienen.

Taxis/Sammeltaxis

Die **Taxistandplätze** befinden sich gegenüber des Busbahnhofs. Ein Sammeltaxi zur Grenze kostet ca. 20–30 DH p.P.

Flüge

Der **Flughafen Sana R'Mel** befindet sich 5 km außerhalb Tétouans, Tel. 0539 97 18 76.

- **Royal Air Maroc**, Rue 5, Av. Mohamed V., Tel. 0539 96 12 60 oder 0539 96 16 10.
- **Inlandsflüge** (one way) nach **Al Hoceima** und **Casablanca** (von dort u.a. Anschluss nach Agadir, Marrakesch und Ouarzazate).

Feste/Veranstaltungen

- **Touristik- und Kunsthandwerkswoche**, im Juli.
- Gelegentlich wird im August ein internationales **Musikfestival** abgehalten; nähere Infos im Touristenbüro.

Route A 2, Abschnitt 2: Tétouan – Chefchaouen

- 60 km ab Tétouan (N2), 104 km ab Ceuta

Eine **gute Teerstraße** führt durch abwechslungsreiche Landschaft mit herrlichen Ausblicken auf die Berge, mit kleinen Dörfern, Olivenhainen und im Frühjahr sattgrünen Feldern. In diesen Ausläufern des Rif-Gebirges gibt es Nadel- und Eichenwälder, viele Vögel und Wildschweine. Mehrmals täglich Busverbindung nach Chefchaouen (siehe Tétouan). Keinerlei Belästigungen durch Haschhändler. Alternativ kann auch die Route A 3 bis Oued Laou und von dort weiter nach Chefchaouen (vgl. Variante Route A 3) gewählt werden.

4 km hinter Tétouan zweigt links die Straße nach **Chefchaouen, Ouazzane** und **Fès** ab (N2), geradeaus geht es nach Tanger.

52 km nach Tétouan führt links die **Teerstraße nach Oued Laou** (s. Variante Route A 3) ab. 2 km weiter geht es **links nach Chefchaouen**, die Straße trifft bei Derdara wieder auf die N2. Geradeaus gelangen Eilige direkt nach Ouazzane (N13) bzw. nach Ketama (N2) – ein Abstecher nach Chefchaouen lohnt sich aber auf jeden Fall.

Nach **60 km** ist das Städtchen **Chefchaouen** erreicht. Hier beginnt der Hauptkamm des **Rif-Gebirges**. In seiner Gesamtheit reicht das Rif von Tanger bis zum Oued Mouloya, in den Karten und der Literatur wird jedoch deutlich zwischen dem Bergzug *Djabal Tanger*, der sich vom Atlantik bis nach Chefchaouen erstreckt, und dem Kerngebirge des Rif (Ar-Rif) ab Chefchaouen unterschieden.

Chefchaouen ♪ II, B2

Chefchaouen (sprich: Tschauen) ist nach dem **Djabal Ech Chaouen** benannt, der aus den Doppelgipfeln Djabal Kelaa oder Tissoukou (2050 m) und Djabal Meggou (1116 m) besteht. *Shuf* bedeutet im Arabischen „Schau", *Chaouen* im Berberischen „Hörner", weil die beiden Gipfel wie zwei (Schafs-)Hörner wirken – Chefchaouen bedeutet also frei übersetzt „Schau Dir die Hörner an!" (bzw. die Bergspitzen).

Das Städtchen hat etwa **62.000 Einwohner** und genießt den Ruf, Wasser im Überfluss zu haben, was ihm den Beinamen **„Brunnenstadt"** eingebracht hat. Chefchaouen gehörte über 30 Jahre zum spanischen Territorium, und auch heute noch wird Spanisch häufiger gesprochen als Französisch.

Chefchaouen ist sowohl wegen seiner schönen Lage im Rif-Gebirge als auch wegen seiner malerischen Gassen mit den blauweiß gekalkten Häusern besonders sehenswert. Die besondere, entspannte Atmosphäre lockt vor allem **junge ausländische Touristen** in das Städtchen. Aus den Lautsprechern der vielen Cafés und Restaurants tönt Reggae- und Raimusik, die Souvenirshops und Kunsthandwerksläden haben ihr Angebot auf das internationale Publikum ausgerichtet, in den Gassen der Medina eröffnen immer mehr stilvolle Gästehäuser. Hier kann man ein paar schöne Tage mit Bummeln, Caféaufenthalten und Wanderungen oder Mountainbike-Touren in den umliegenden Bergen verbringen.

Mit seinen sechs Moscheen und der altertümlichen Festung in ihrer Mitte ist Chefchaouen eine fromme Stadt. Ihr Gründer *Mulay Ali Ben Rashid* war ein Nachfahre des Propheten, sein Mausoleum am Place El Aïn ist **Wallfahrtsziel** für die Bewohner der Umgebung.

Geschichte

Die Stadt wurde 1471 von *Mulay ibn Rashid* für die aus Spanien und den spanisch besetzten Städten Tanger und Ceuta **geflüchteten Moslems** gegründet, war aber auch als Verteidigungsposten gegen die Portugiesen gedacht. Ein weiterer großer Ansturm maurischer Flüchtlinge ergoss sich 1492, nach der christlichen Eroberung Granadas, nach Chefchaouen und gab der Stadt das typisch andalusische Aussehen. Die zweite Flüchtlingswelle von ebenfalls aus Spanien vertriebenen Moslems und Juden erreichte die Stadt 1609.

1561 kam Chefchaouen unter **saaditische Herrschaft** und blieb bis 1912 unter scherifischer Herrschaft. Im 16. und 17. Jh. erlebte Chefchaouen eine geistige Blüte und wurde zu einem der größten Lehrzentren in Nordmarokko. Der große Sultan **Mulay Ismail** (1672–1727) baute die Stadt aus und errichtete hier seinen Sultanspalast (Dar el Makhzen) und die Kasbah.

Für Christen war die Stadt bis 1920 verbotenes Territorium. 1883 war es dem Saharaforscher und Pater *Charles de Foucauld* gelungen, als Moslem verkleidet bis zu dem abgeschlossenen Ort vorzudringen.

1912 wurde Chefchaouen dem **spanisch besetzten Gebiet** einverleibt, konnte aber erst 1920 von den Spaniern erobert werden. Es wurde bereits wenige Monate danach von dem legendären Rebellenführer der Rifis, *Abd el Krim el Khattabi*, zurückerobert. Jahrelang diente **Abd el Krim** die Stadt als strategischer **Stützpunkt** im Kampf gegen Spanien und Frankreich. Ein grausamer Krieg entbrannte, sogar Luftangriffe wurden auf die Stadt geflogen. Ohne die Hilfe der Franzosen, die deutsches Giftgas einsetzten, wären die Spanier wahrscheinlich aus dem nördlichen Teil Marokkos im Rifkrieg durch Abd el Krim vertrieben worden. 1926 gelang es den Spaniern und Franzosen, die Rif-Berber zu besiegen und die Stadt definitiv in das spanische Verwaltungsgebiet einzugliedern.

Erst im Jahr 1956 wurde mit der Unabhängigkeit das ganze Gebiet wieder marokkanisch. Heute, nach der Unabhängigkeit Marokkos, sind von den ehemals 90.000 Spaniern (einschließlich des Militärs und der Beamten) nur noch etwa 3500 in Marokko zurückgeblieben.

Sehenswertes

Der Umweg über die Stadt – die Hauptroute führt an Chefchaouen vorbei – lohnt, denn in der auf die Hügel gebauten Medina sind noch **viele arabische und andalusische Elemente** erhalten. Die Altstadt setzt sich aus einem arabischen und einem andalusischen Viertel zusammen. Die Häuser ziehen sich entlang enger Gassen den Berghang hinauf, die Türen der weiß getünchten Häuser sind blau gestrichen – angeblich ist in der blauen Farbe ein Mittel enthalten, das Mücken und Fliegen abhält. Dieser Kontrast aus Schneeweiß und Himmelblau verleiht dem Ort ein einzigartiges, andalusisches Flair.

Zentrum der Altstadt sind der hübsche **Place Outa el Hammam** mit seiner Brunnenanlage und den schattigen Bäumen und die östlich anschließende **Place el Makhzen.** An den Platz Outa el Hammam grenzt die **Kasbah** bzw. **Alcazaba** (ca. 15. Jh.) mit ihrem schattigen maurisch-andalusischen Garten (Besichtigung möglich, Eintritt 10 DH, tägl. außer Di 9–13 und 15–18.30 Uhr). Die Reste des **Dar el Makhzen,** des Sultanspalasts von *Mulay Ismail* aus der Merinidenzeit (17. Jh.), sind ebenfalls im Kasbahkomplex zu besichtigen. In den erhaltenen Gebäuden sind ein kleines Volkskundemuseum und ein Archiv

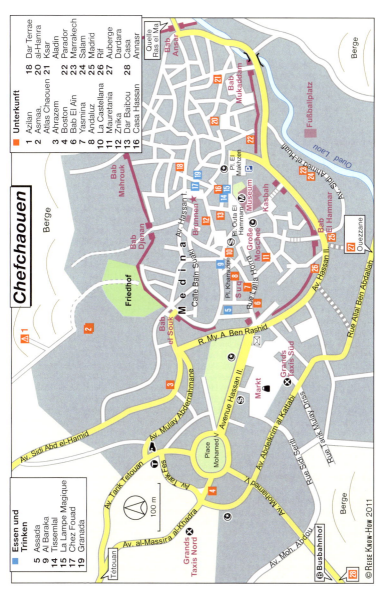

für andalusisch-arabische Geschichte untergebracht. Die **Kasbah** war um 1925 das Hauptquartier des Rebellenführers *Abd el Krim el Khattabi*.

Östlich des Place du Makhzen befindet sich die **Teppichweberei** (links vom Hotel Parador). Die Weber stellen Decken und braune Djellabas her, wie sie die Bergbewohner im Rif tragen. Chefchaouen ist eine Stadt des Kunsthandwerks und so werden überall entlang der Gassen kunsthandwerkliche Arbeiten angeboten. Die Lederverarbeitung ist hier ebenso wie in Tétouan stark vertreten, und aus dem Zedern- und Eichenholz aus dem Gebirge werden Möbel gefertigt. Die Produktion hat sich inzwischen auf Individualtouristen eingestellt, so dass das Angebot an Kunsthandwerk recht vielfältig ist.

Im Südosten des Place Outa el Hammam liegt die **Große Moschee** *(Grande Mosquée)* aus der Zeit des Stadtgründers *Ben Rashid*. Im **Souika-Viertel** südlich des Outa el Hammam befindet sich die **Zawia** (Grabmoschee und Heiligtum) von **Mulay Ali Ben Rashid**.

Außerhalb der Stadtmauern im Osten (nahe des Bab Ansar) liegt die Quelle des Oued Laou, **Ras el-Ma**, mit mehreren gefassten Brunnen und einem Wasserfall am Fuße der Berge. Im Frühjahr stürzt das Wasser als reißender Gebirgsbach bergab, und auch im Sommer fließt noch viel Wasser. Läuft man von hier auf der Fahrstraße bergab am Fluss entlang, kann man **zwei Mühlen** entdecken. Eine davon liegt (in einer unauffälligen Hütte) direkt rechts neben der Brücke, die über den Oued Laou zurück zur Medina zum Bab El Hammar führt. Die Müller sind sehr freundlich, trotzdem sollten Sie vorher fragen, ob Sie die Mühle besichtigen dürfen.

Montags und donnerstags findet auf dem Marktgelände am Rande der Neustadt, kurz vor dem Eingang zur Medina zwischen Av. Abd el Krim al Kattabi und Av. Hassan II., ein sehenswerter **Wochenmarkt** statt. Besonders nett anzusehen sind die Rifbäuerinnen mit ihren mit Wolltroddeln verzierten Strohhüten und gestreiften Tüchern.

In der Medina des malerischen Städtchens

● **PLZ von Chefchaouen:** 91 000.

Unterkunft

Klassifizierte Hotels

Je nach Jahreszeit und Auslastung sind die **Preise evtl. verhandelbar.** Im Winter kann es sehr kalt werden, sodass in den einfachen Hotels ein Schlafsack nützlich ist.

● **Parador******, Place el Makhzen, Tel. 0539 98 63 24, parador@menara.ma. Das zentral gelegene Hotel wirkt etwas altmodisch und verstaubt (nicht nur wegen des betagten Personals). Die Zimmer sind klein und entsprechen nicht 4-Sterne-Niveau. Im Winter geheizter Pool, bewachter Parkplatz. €€€.
● **Atlas Chaouen*****, Rue Sidi Abdelhamid (oberhalb der Stadt), Tel. 0539 52 60 20, www.hotelsatlas.com. Mittelklassehotel ohne besonderes Ambiente, toller Ausblick auf die Stadt. Restaurant und Nachtclub, Pool. €€€.
● **Madrid****, Bd Hassan II., Tel. 0539 98 74 96. Kleines, sauberes und empfehlenswertes Hotel am Rande der Medina. Zimmer mit Du/WC und Heizung, kein Frühstück. €€.
● **Sevilla****, Av. Allal Ben Abdellah, Tel. 0539 98 72 85. Ordentliches Hotel mit sauberen Zimmern. €.
● **Bab el Aïn***, beim gleichnamigen Tor in der Medina, Tel. 0539 98 69 35. Schöner Blick von der Dachterrasse. DZ mit Dusche €.
● **Magou***, 23, Rue Mulay Idriss (beim Suq, unterhalb der Post), Tel. 0539 98 62 75. Einfaches und sauberes Hotel. €.
● **Rif***, 29, Bd Hassan II., Tel. 0539 98 69 82. Direkt an der Stadtmauer, einfach und sauber, freundliches Personal, bei Travellern sehr beliebt, nicht alle Zimmer mit Bad, Restaurant mit Alkohollizenz. €.

Maisons d'Hôtes

● **Casa Annasr,** Av. Maghreb Arabi, nahe des Busbahnhofs (N 35°10,083', W 05°16,549'), nasr03@hotmail.com. Sechs hübsch marokkanisch gestaltete Zimmer mit Klimaanlage und Bad, Küchenbenutzung möglich, ruhig und freundlich. Bewachtes Parken und Stellmöglichkeit für Wohnmobile. €€.

●**Casa Hassan** und **Dar Baibou,** 22, Rue Targui (nahe Outa el Hammam), Tel. 0539 98 61 53, www.casahassan.com. Die beiden nebeneinander liegenden, sehr empfehlenswerten Gasthäuser (unter gleicher Führung) sind sehr schön traditionell eingerichtet und gestaltet. Im Erdgeschoss des kleineren Casa Hassan (6 Zimmer) befindet sich das gute Restaurant Tissemlal. Geräumige DZ mit Bad (z.T. mit AC), z.T. recht harte Matratzen, mit Fenster zur Gasse manchmal laut. Casa Hassan ist mehr im künstlerisch-alternativen Stil gehalten, Dar Baibou eher rustikal. DZ mit Halbpension €€€€.

●**Dar Terrae,** Av. Hassan I., M'daka, Medina, Tel. 0539 98 75 98 oder 0670 46 53 70, www.darterrae.com. Kleines, einfaches und bunt-verspieltes Gästehaus des Italieners *Cosima*. Nette Frühstücksterrasse auf dem Dach. 6 Zimmer, z.T. mit Etagendusche/WC. €€€.

●**Ksar Aladin,** 17, Rue Ibn Askar, Tel. 0539 98 90 71 od. 0665 40 64 64, aladinchaouen @hotmail.com. Ein kleiner Fantasiepalast wie aus *Aladins Wunderlampe*, knallblau mit bunten Accessoires. Die Zimmer in den oberen Stockwerken mit Balkon sind besonders schön (Blick auf die Berge). Große DZ mit Bad und AC €€€A.

●**Auberge Dardara,** Tel. 0539 70 70 07, www.dardara.ma, 10 km außerhalb an der Straße nach Al Hoceima. Schönes Landhaus mit gemütlichen Zimmern, Restaurant mit Zutaten aus eigener Produktion, Ausritte möglich. €€€€B mit Halbpension.

Unklassifizierte Hotels

●**Abie Khancha,** Rue Lalla Horra, nahe Bab el Aïn, Tel. 0539 98 68 79. Nette kleine, saubere Pension, meist hübsche Zimmer mit

und ohne Bad, Dachterrasse und Terrasse im Erdgeschoss, das Personal ist etwas verschlafen. ½€.
● **Ahrazem**, Bd Sidi Abd el-Hamid, Tel. 0539 98 73 84. Kleine Herberge oberhalb der Stadt (etwas unterhalb des Campingplatzes), schöner Ausblick, Zimmer einfach, aber sauber. Die sanitären Anlagen sind nicht besonders (Dusche auf dem Gang). €.
● **Andaluz**, Rue Sidi Salam, Tel. 0539 98 60 34. Einfaches, aber sauberes Hotel mit freundlichem Personal, Küchenbenutzung möglich, warme Etagenduschen, DZ oder Mehrbettzimmer. ½€.
● **Marrakech**, neben Hotel Salam, Av. Hassan II., Tel. 0539 98 77 74. Saubere, helle und freundliche Zimmer, schöne Panoramadachterrasse. DZ mit Dusche €€A.
● **Mauretania**, 44, Rue Qadi Alami, in der Medina, Tel. 0539 98 61 84. Sauber, freundlich, marokkanischer Salon, schöner Innenhof, internationales Travellerpublikum. Du/WC auf dem Flur, warm duschen kostet extra. ½€.
● **Pension La Castellana**, 4, Rue Sidi Bouhali (am Place Outa el Hammam), Tel. 0539 98 62 95. Ganz in blau gehaltenes, unter Travellern beliebtes Gästehaus mit sauberen Zimmern und Etagenduschen sowie hübscher Terrasse. €.
● **Salam**, 39, Av. Hassan II., Tel. 0539 98 62 39. Einfach, aber mit schöner Panoramaterrasse, WC/Du auf dem Gang, Zimmer z.T. mit Waschbecken. DZ €A, im Mehrbettzimmer ½E.
● **Yasmina**, 12, Zaida al Horra (nahe Place Outa el Hammam), Tel. 0539 88 31 18. Beliebte, saubere Travellerunterkunft, heiße Duschen, freundlich, nur sechs Zimmer, Dachterrasse mit Ausblick. €.
● **Znika**, 10, Rue Znika (nördlich der Kasbah), Tel. 0539 86 624. Saubere, einfache, gut geführte Pension mit Duschen/Toiletten auf dem Gang, Dachterrasse. €.

Camping

● **Camping Asilah (Azilan)**, Rue Sidi Abd el Hamed (**N 35°10,531', W 05°15,990'**). Vom Pl. Mohamed V. in Richtung Tétouan, dann dem Wegweiser zum Hotel Atlas immer bergauf folgen. Der gepflegte Campingplatz liegt ein Stück bergauf sehr schön in einem Pinienhain (viel Schatten, Stellplätze mit Strom, Internet verfügbar). Ein holpriger Fußweg führt hinab in die Medina. Der Aufstieg mit Gepäck ist für Rucksacktouristen ziemlich mühselig (viele Treppen, 15 Min.).
● Stellplätze für Wohnmobile gibt es auch beim **Casa Annasr** (s.o.).
● Wild campen (auch mit dem Wohnmobil) ist in und um Chefchaouen nicht empfehlenswert. Wohnmobilisten können an dem großen Platz rechts oberhalb des Campingplatzes unbelästigt stehen bleiben.

Essen und Trinken

Am **Place Outa el Hammam** reihen sich **Cafés und Straßenrestaurants** mit hübschem Blick auf die Kasbah aneinander. Sie unterscheiden sich kaum in Preis und Angebot (Tajine ca. 40 DH).

● **Al Baraka**, Derb el Mhatib, in der Medina in einem etwas verkitschten Stadthaus. Sehr freundlicher und bemühter Service, allerdings wenig authentische Küche (Tajine mit Pommes frites).
● **Chez Fouad**, unterhalb der Av. Hassan I. Gutes Essen, günstig und auch bei Locals beliebt, eigene Bäckerei im Untergeschoss.
● **La Lampe Magique/Casa Aladin**, 17, Rue Targui (Place Outa el Hammam). Von der Dachterrasse toller Ausblick auf den Platz, freundlicher Service, Essen nur mittelmäßig. Menü 75 DH.
● **Tissemlal**, 22, Rue Targui (Casa Hassan nahe Place Outa el Hammam). Im gemütlichen Innenhof eines alten Stadthauses (vgl. Maison d'Hôtes, Casa Hassan), sehr gute marokkanische Küche zum vernünftigen Preis.

Busse und Taxis

Der **Busbahnhof** liegt im Süden der Stadt (Verlängerung der Av. Mohamed V.).

Ein **Taxi** innerhalb des Stadtgebiets kostet max. 10 DH. Petit Taxis warten am Place el Makhzen. Grand Taxis Richtung Süden fahren beim Marktplatz ab.

Route A 2: Ouazzane

Verbindungen und Preise

- **Casablanca:** 1x tägl. CTM (morgens), 115 DH, 6 Std. Fahrzeit; Privatbusse mehrmals tägl.
- **Tanger:** 1x tägl. CTM (aus Nador kommend), ca. 50 DH, ca. 1½ Std. Fahrzeit; Privatbusse ca. 6x tägl.
- **Tétouan:** 4x tägl. CTM (Weiterfahrt nach Fès), ca. 20 DH, ca. 45 Min. Fahrzeit. Privatbusse fahren ständig.
- **Nador:** 1x tägl. CTM (aus Tanger kommend), ca. 100 DH, Fahrzeit ca. 11 Std.
- **Fès:** 4x tägl. CTM (aus Tétouan kommend), ca. 70 DH, Fahrzeit ca. 5 Std. Privatbusse mehrmals tägl.
- **Meknès:** Privatbusse 3- bis 4x tägl., ca. 60 DH, Fahrzeit ca. 6 Std. Bei manchen Linien muss man in Sidi Kacem umsteigen.
- **Al Hoceima:** 1x tägl. mit CTM, ca. 6 Std.
- **Rabat:** Privatbusse ca. 5x tägl., ca. 5 Std.

Parken

Ein **bewachter Parkplatz** liegt in der Av. Abd el Krim al Kattabi, Ecke Sidi Serifi (neben der Taxistation und dem überdachten Marktgelände). Parken außerdem am Place Makhzen möglich.

Veranstaltung

- **Alegria Festival,** dreitägiges internationales Musikfestival, das im Juli stattfindet, www.alegriafestival.com.

Route A 2, Abschnitt 3: Chefchaouen – Ouazzane – Fès

- **198 bzw. 200 km, N13**

Meist gute Teerstraße, manchmal Bodenwellen und Schlaglöcher. Landschaftlich schöne **Hauptverbindungsstrecke** mit Korkeichen- und Nadelwäldern, Olivenhainen und herrlichen Ausblicken auf das Rif-Gebirge. Mehrmals täglich Busverbindung nach Ouazzane bzw. Fès (siehe Chefchaouen). Keinerlei Belästigung durch Kiffhändler.

6 km hinter Chefchaouen mündet die Straße wieder in die Hauptverbindungsstrecke N2 von Tétouan nach Ouazzane – links weiter nach Fès. An der Kreuzung nur 700 m weiter führt die N2 links ins Rif-Gebirge in Richtung Ketama (vgl. Route A 4), diese Route verläuft rechts weiter Richtung Ouazzane und Fès (N13). Nach **25 km** ist die **Pont de Loukkos** erreicht, hier verlief einst die Grenze des spanischen Protektorats zum französischen Territorium. Die Straße führt weiter durch teilweise dichten Wald und landwirtschaftlich genutztes Gebiet. Hungrige können sich an einem der Café-Restaurants an der Strecke den Magen füllen. An der **Kreuzung** bei **km 65** ist Ouazzane erreicht. Die R408 führt rechts nach Rabat, diese Strecke links weiter in Richtung Fès – Meknès.

Ouazzane   II, B3

Die expandierende Stadt (fast 60.000 Einw.) in 320 m Höhe schmiegt sich an den Hang des **Djabal Bou Hellal** (609 m). Ouazzane ist Sitz des Oberhauptes der weit verbreiteten Sufi-Bruderschaft der Taiba und gilt deshalb als **heilige Stadt.** Sie ist nach Mulay Idriss zweitwichtigster Wallfahrtsort im Land. Ebenso war Ouazzane früher ein heiliger Ort für die marokkanischen Juden, die im Mai zu dem nördlich gelegenen Friedhof Azien zum Grab des *Rabbi Ben Amrane* pilgerten.

Für den Reisenden bietet Ouazzane keine großartigen Sehenswürdigkeiten. Der **östliche Stadtteil** mit der **Zawia-Moschee** mit achteckigem Minarett ist der interessantere. Die von *Mulay Abdellah* (einem Prophetennachkommen, also Scherif) im Jahr 1727 gegründete **Zawia Ouazzanie** des Taiba-Ordens befindet sich in der Nähe. Alle Heiligtümer – die Zawia-Moschee, die Mausoleen von *Mulay Abdellah* und von *Sidi Haj Larbi* – sind Vorzeigebeispiele für die maurische Architektur.

Route A 2: Ouazzane

Unterwegs im Rif-Gebirge

Vom heiligen Bezirk ist es nicht weit zum **Suq** mit den berühmten Rif-Schafwollstoffen, aus denen Djellabas gefertigt werden. **Markttag** ist der Donnerstag.

Unterkunft

- **Hotel de la Poste,** 79, Av. Mohamed V., Tel. 0537 90 75 30. Einfache und saubere Zimmer, heiße Duschen. €.
- **Motel Rif,** ca. 4 km an der Straße Richtung Fès (Hinweisschild), Tel. 0537 90 71 72, www.motel-rif.ma. Äußerlich wenig attraktiver Komplex mit klimatisierten Zimmern (mit eigenem Bad oder Du/WC am Gang) und Appartements (mit Küche), Restaurant (gutes Essen) sowie Pool und Wohnmobil-Stellplätzen (50 DH für 2 Pers. mit Caravan, Zelten nicht möglich). DZ €€.
- Außerdem **mehrere einfache Unterkünfte** am Place de l'Indépendance im Zentrum am Rand der Medina.

Busse

- **Busbahnhof** am Place de l'Indépendance.
- Die (CTM- und Privat-)**Busse** stoppen hier auf dem Weg von Tanger oder Tétouan nach Fès. 2x bis 4x tägl. Busse nach **Fès, Rabat, Casablanca,** nach **Chefchaouen, Tanger/ Tétouan** 6x bis 10x tägl.

An der **Kreuzung** bei **km 68** (3 km hinter Ouazzane, **N 34°46,97', W 05°32,72'**) bieten sich zwei Varianten nach Fès: rechts entlang der Hauptstraße über Aïn Defali und Nzala des Beni Ammar (N13, 144 km) oder links nach Mjara – mit Umwegen über Piste entlang der Barrage (Stausee) Al Wahda – und über Karia Bah Mohamed nach Fès (R408 und R501, vgl. Variante weiter unten).

Atlas II, Karte S. 187 — ROUTE A 3: TÉTOUAN – AL HOCEIMA

Folgt man der Hauptstraße N13 in Richtung Fès, gelangt man bei **km 99** nach **Aïn Defali** und überquert bei **km 118** das **Oued Ouerrha**.

Durch landwirtschaftliches Gebiet ohne große Attraktionen erreicht man bei **km 144 Nzala des Beni Ammar**, wo man nach Mulay Idriss abbiegen kann (siehe Route B 1).

Nach weiteren 40 km, bei **km 193,** ist die Stadtmauer von **Fès** erreicht (noch 5 km bis ins Zentrum).

Variante: Ouazzane – Barrage Al Wahda – Fès

● **132 km Teerstraße** (z.T. schmal und an den Rändern ausgefranst). Diese Variante ist landschaftlich schöner, aber langsamer als die Fahrt auf der N13.

An der Kreuzung bei km 68 links in Richtung Mjara zum Stausee fahren. Die kurvige Strecke führt durch hügelige Landschaft mit Olivenhainen, Sonnenblumen- und Weizenfeldern, dazwischen liegen kleine Bauerngehöfte, die größer werden, je näher man nach Fès kommt. Ab und an durchbrechen kleine Waldstücke die Felder. Nach knapp 20 km geht es rechts weiter, links führt ein Abzweig zum Dorf Zouimi. Die Straße führt bei **km 40** durch das Dorf **Aïn Djori** mit Tankstelle, Grillbude und Cafés.

Ca. 5 km weiter geht's an einer **Kreuzung** rechts nach Sidi Kacem, Meknès und nach Rabat zur Autobahn, **geradeaus** nach **Mjara** (knapp 5 km). Kurz nach dem Ort geht es zur Staumauer der **Barrage Al Wahda;** der größte Stausee Marokkos staut das Wasser des Oued Ouerrha. In manchen Karten ist der See noch nicht bzw. zu klein eingezeichnet. Der gesamte Bereich des Staudamms ist militärisch gesichert und mit einer Betonmauer abgesperrt. Das Dorf Fès-el-Bali versank komplett im Wasser, die Bewohner wurden umgesiedelt. Der weitere Verlauf der Straße ist deshalb recht unübersichtlich.

Bei **km 67** liegt der Wallfahrtsort **Mulay Bouchta** malerisch eingebettet zwischen den Hängen des Djabal Amergou (681 m). Nach 5 km folgt ein Dorf mit Tankstelle.

An der Kreuzung bei **km 82** (**N 34°22, 369', W 05°09,464'**) geht es geradeaus weiter nach Fès, rechts nach **Karia Ba Mohamed** (**6 km,** Tankstelle) und links nach Aïn Aicha.

Bei **km 92,** 500 m nach einem weiteren Abzweig nach Karia Ba Mohamed, führt die alte **Pont du Sebou** über den Fluss Sebou.

Bei **km 108** ist der große Ort **Souk es Sebt** und ca. bei **km 125 Sidi Ahmed Bernoussi** erreicht. Die Strecke führt weiterhin durch Hügelland mit Olivenhainen. 3 km weiter geht es rechts Richtung Fès. Von Fès kommend zeigt die Beschilderung nach Ouazzane und Karia Ba Mohamed.

Bei **ca. km 132** mündet diese Strecke in der Nähe des Hotels Merinides am Stadtrand von Fès in die Umgehungsstraße (Beschilderung in der Gegenrichtung „Ouazzane, Karia Ba Mohamed").

Route A 3: Tétouan – Oued Laou – Al Hoceima (entlang der Küste)

● **248 km (ohne Abstecher), N16**

Geflickte, z.T. weggespülte Teerstraße bis El Jebah. Ab El Jebah war die neue Straße N16 entlang der Küste (über Torres-de-Alcalá bzw. Kalah Iris) bis Al Hoceima Ende 2010 im Ausbau. Einige fertiggestellte Abschnitte sind schon wieder unterspült und werden ausgebessert. Die Straße zwischen Es Sebt und El Jebah (vgl. Variante) ist evtl. immer noch wegen Bauarbeiten nicht befahrbar.

Die Strecke ist **landschaftlich grandios!** Über viele Kilometer hat man tolle Ausblicke von der Steilküste hinunter zum Meer, aber leider gibt es abseits der Orte kaum Möglichkeiten, ans Wasser zu kommen. Alle 3–4 km thront ein **Gendarmerieposten** auf einem Felsen über dem Meer, auch in den Flussmündungen bei den Orten sind Gendarmen postiert – sie sollen den Menschen- und Drogenschmuggel nach Spanien verhindern. Be-

Route A 3: Tétouan – Al Hoceima

lästigung durch Drogenhändler gibt es hier keine. Von mancher Flussmündung gelangt man auf die der Steilküste vorgelagerten Strände. Manchmal wird eine Übernachtung am Strand vom Militär verboten oder ist nur mit Passierschein und Abgabe der Pässe bis zum nächsten Morgen möglich.

Busverbindung und **Sammeltaxi-Verkehr** bis Oued Laou (einzelne Verbindungen auch bis El Jebah, von El Jebah dann über Targuist nach Al Hoceima), der Bus fährt nicht nach Kalah Iris.

Tétouan in Richtung Osten (Martil, Cabo Negro) verlassen. **3 km** hinter dem Zentrum liegen das Chems und Dreams Hotel links an der Straße. Am Kreisverkehr kurz darauf geht es rechts nach Oued Laou/Tanger ab. Erst Richtung Westen und Tanger fahren, dann bei **km 6** an einem weiteren Kreisel links auf eine neue Teerstraße nach Oued Laou abbiegen (Tanger geradeaus).

Die Route führt durch Siedlungen und hügelige Landschaft mit Feigenkakteen und Getreidefeldern, im Frühjahr grünt und blüht es am Straßenrand.

Bei **km 18** ist **Azla** an einer malerischen Kiesbucht mit türkisem Wasser und Fischerbooten erreicht. Außer ein paar Ferienhäusern und einem kleinen Markt gibt es hier den **Camping Azla** (**N 35°34,906', W 05°20,200'**, ummauertes Areal rechts der Straße, viel Schatten unter Eukalyptusbäumen, eher schlechte sanitäre Anlagen, außerhalb der Saison okay, im August überlastet).

Danach verläuft die schmale Straße bergauf durch Pinienwälder zum **Cap Manzari**. Es bieten sich immer wieder herrliche Ausblicke.

24 km hinter Tétouan zieht sich der Ort **Sidi Kacem** mit kleinen Läden und einer hübschen Bucht die Straße entlang. Danach geht es wieder bergauf durch Pinienwald. Bei **km 30** soll in der Bucht von **Tamrabet** (kleines Dorf) das Großbauprojekt „Playa Vista" mit Appartements, einer Marina und einem Hotel verwirklicht werden.

Auf den folgenden Kilometern führt die Straße kurvig bergauf und wieder bergab zu Dörfern an Flussmündungen mit schönen Buchten. Immer wieder bieten sich herrliche Ausblicke auf die grünen Hügel, das Mittelmeer und die Steilküste.

Nach insgesamt **48 km** ist Et Tleta de Oued Laou erreicht.

Et Tleta des Oued Laou

Der wachsende Ferien- und Fischerort liegt an einem langen schönen Sand- und Kiesstrand, umgeben von Mais- und Getreidefeldern. Im Hinterland erheben sich die Berge des Rifs. Die **idyllische Lage** wissen reiche Marokkaner zu schätzen und so entstehen hier immer mehr Ferienappartements, außerdem wurde eine neue Promenade fertiggestellt. Außerhalb der Saison (Juni bis Sept.) ist es hier sehr ruhig mit wenig Verkehr und ohne Touristen. In den Restaurants an der Bucht und beim Markt kann man gute und günstige Tajine und Fischgerichte probieren. Im Zentrum des Orts (bei der Moschee) befinden sich der Grand-Taxi-Standplatz, der Souk, Téléboutiquen, eine Bank und die Post. Der Campingplatz existiert nicht mehr. Im Sommer findet hier das **Festival Al Lama** mit Folklore-Shows statt. Dienstag ist Markttag.

Unterkunft findet man im einfachen **Hotel Oued Laou** (N 35°27,054', W 05°05,541', nur im Sommer geöffnet).

In Oued Laou geht es beim Souk- und Campingplatz-Schild rechts ab auf eine löchrige Teerstraße landeinwärts. **4 km hinter Oued Laou (km 53)** liegt eine Tankstelle an einer **Kreuzung**: Geradeaus geht es nach Chefchaouen (vgl. Variante), links weiter nach Targha und El Jebha.

Variante: Von Oued Laou nach Chefchaouen

Diese **landschaftlich sehr schöne Strecke** führt durch die Schluchten des Oued Laou und malerisches Bergland mit kleinen Bauernhöfen, Wacholder-, Feigen- und Lorbeerbäumen. Der Oued Laou ist ein richtiger Gebirgsfluss mit großen Steinen und einigen Badegumpen, gesäumt von Oleanderbüschen.

ROUTE A 3: TÉTOUAN – AL HOCEIMA

Ca. 8 km vor Chefchaouen mündet diese Route wieder in die Hauptverbindungsstrecke Tétouan – Chefchaouen (N2). Die Strecke war im Herbst 2010 wegen Bauarbeiten gesperrt.

Die bislang ziemlich schlechte und häufig unterbrochene Teerstraße von Oued Laou in Richtung El Jebha (an oben genannter Kreuzung links) befindet sich im Ausbau, deshalb kann es zu Änderungen bei den Entfernungsangaben geben. Kurz hinter der Kreuzung führt eine **Brücke** über das breite Oued Laou. Bei (Gesamt-)**km 58** durchfährt man den Ort **Kaa Asras** mit Tankstelle und vielen Straßencafés (Souk am Samstag).

Bei **km 66** ist der beschauliche Ort **Targha** in einer großen Bucht mit hübschem Burgfelsen am Strand und Cafés/Restaurants erreicht. Dahinter dehnt sich eine traumhafte Kiesbucht mit steilen Klippen aus – hier kann man herrlich baden (kein Strandzugang mit Auto).

Bei **km 78,** nach einem Abzweig zu einem Dorf und einer Tankstelle, führt die Straße wieder ein Stück landeinwärts entlang des breiten Flusstals des **Oued Bouchia.**

84 km hinter Tétouan liegt der Ort **Bou Ahmed** (Straßenrestaurants, einfache Pension) an der Mündung des Oued Bouchia ins Mittelmeer. In den Mündungsgebieten der Flüsse ist es wegen der vielen Obstbäume und Felder selbst im Hochsommer tiefgrün. Die Straße schlängelt sich in vielen Kehren ins Gebirge hinauf und wieder bergab zu Dörfern und Buchten. Rifbäuerinnen mit ihrer typischen Tracht – Strohhut und weißschwarz oder rot gestreifter Wollbekleidung – bestellen die Getreidefelder oder holen mit Eseln Wasser am nächsten Brunnen. In den Buchten an den Flussmündungen (kleine Zufahrtspisten Richtung Meer) bieten sich evtl. Wildcampingmöglichkeiten. Man sollte jedoch nicht von der Gendarmerie entdeckt werden bzw. diese um Erlaubnis bitten.

Bei der Brücke über den **Oued Ouringa** **(ca. km 137)** geht es an einer **Kreuzung (N 35°11,407′, W 04°41,224′)** geradeaus nach **El Had** (34 km, größerer Marktort). Diese rudimentäre Teerstraße mündet nach insgesamt 42 km in die Hauptverbindungsstrecke Chefchaouen – Al Hoceima (N2) ein, soll aber nach Angaben Einheimischer im Jahr 2010 nur mit Geländewagen befahrbar gewesen sein.

Weiter links über die Brücke nach **El Jebah,** das bei **km 140** erreicht ist. Der Fischerort liegt in einer tollen Bucht neben ins Meer ragenden Steilklippen. Es gibt eine kleine Werkstatt, einen Fischerhafen, einen Markt, einfache Cafés und Restaurants, eine Tankstelle und das einfache Hotel Elmamoun. Im August findet das Moussem Sidi Yahia Roudani statt.

Von El Jebah führt inzwischen die **neu gebaute Küstenstraße N16** über Torres-de-Alcalá bis nach Al Hoceima (Ende 2010 noch im Ausbau und z.T. in schlechtem Zustand).

Blick auf El Jebah

Route A 3: Tétouan – Al Hoceima

Die Straße führt ab El Jebah stetig bergan und schlängelt sich zunächst durch ein zerklüftetes Kieshanggelände und dann durch sehr schöne, einsame Berglandschaft mit wenigen Gehöften.

Bei **km 167** (27 km hinter El Jebah) liegt das Dorf **Oued Feltouh** an einem Flussbett. Weiter geht es durch ursprüngliche Dörfer wie Oued Taourirt und Oued Fedhel, bis bei **km 198** (58 km nach El Jebah) eine große **Kreuzung** erreicht ist. Links geht es über 4 km nach Torres-de-Alcalá und Kalah Iris, rechts nach Beni Boufrah (schöner Markt am Donnerstag) und weiter nach Targuist (N2).

Abstecher in den Nationalpark Al Hoceima

Am obigen Abzweig links führt die kleine Straße direkt in den Al-Hoceima-Nationalpark bis zum Ort Kalah Iris.

Das gesamte **Gebiet entlang der Küste zwischen Torres-de-Alcalá und Al Hoceima** wurde zum Nationalpark erklärt – hier leben noch die sehr seltenen Mönchsrobben, Mittelmeerdelfine und Spermwale. In Al Hoceima sind Tauchbasen geplant, um Touristen zu ermöglichen, die vielfältige Unterwasserwelt zu entdecken. Bis Aktivitäten wie Tauchen, Schnorcheln und Segeln für Touristen möglich sind, wird jedoch noch einige Zeit vergehen, da die Mittelmeerküste wegen der vorgelagerten spanischen Inseln (Militärhoheit der Spanier) und des Problems mit illegalen Migranten als besonders sensibles Gebiet gilt. Außer Kalah Iris und Torres-de-Alcalá ist der übrige Teil des Nationalparks nur durch Pisten erschlossen – hier kann man wandern oder die kleinen Bergdörfer mit einem Geländewagen anfahren.

Im Rahmen eines Programms der deutschen Entwicklungshilfeorganisation GIZ und der marokkanischen Regierung für die Entwicklung des ländlichen Tourismus und Nordostmarokkos (www.mideo.ma) wird vor allem der **Ökotourismus** in der Region gefördert. Die Einrichtung von **Gîtes** (einfache Herbergen) und **Wanderwegen** soll dazu beitragen, Touristen in die Region zu locken. Ein Verzeichnis der günstigen Unterkünfte (bis 280 DH p.P. mit Halbpension) ist in Al Hoceima bei der **Association Rif pour le Développement du Tourisme Rural** (vgl. Al

Hoceima) erhältlich. Im Büro in Al Hoceima gibt es auch Broschüren zu (Tages- und Mehrtages-)Wanderungen im Park, zur Tier- und Pflanzenwelt sowie Karten mit eingezeichneten Wanderwegen. Im Internet sind unter www.parquenacionalalhucemas.com ebenfalls Informationen über den Park (in Spanisch) zu finden.

Leser empfahlen als (**Wander-**)**Führer** für den Nationalpark die sehr freundlichen und kompetenten Biologen *Abdellah Messaoudi* (Mobil 0673 22 91 22, Azir-do-zoy@hotmail.com) und *Hakim Messaoudi* (Mobil 0661 86 95 97, hakim.messaoudi@gmail.com).

Der erste Ort, den man nach dem Abzweig Richtung Nationalpark erreicht, ist Torres-de-Alcalá (ca. 1 km).

Torres-de-Alcalá

Oberhalb dieses malerischen kleinen Orts (Café und kleiner Laden) an einer Flussmündung thronen die Ruinen zweier Türme (span. „torres") auf einem Felsvorsprung. Die Ursprünge des Ortes gehen auf das mittelalterliche **Badis** zurück, das weiter im Osten in einer malerischen Bucht mit der vorgelagerten spanischen Festung Peñón de Velez de la Gomera liegt. Badis war im 14. Jh. ein wichtiger Hafen für die Stadt Fès; Schiffe aus Genua, Venedig und Marseille landeten hier an, um Handel mit der damals wichtigsten Stadt in Nordafrika zu treiben. Von hier führten Karawanenstraßen weiter nach Fès. Die vorgelagerte, durch einen Sandstreifen mit dem Festland verbundene **Insel Peñón de Velez de la Gomera** wurde im 16. Jh. von den Türken besetzt und ein wichtiger Seeräuberstützpunkt. Von hier starteten sie zahlreiche Beutezüge nach Spanien und brachten viele tausend christliche Gefangene als Sklaven nach Algerien. Die Spanier stellten danach ein Söldnerheer aus 50.000 Mann zusammen und besiegten die Türken und auch die verbündeten Berber in Badis, das danach dem Erdboden gleichgemacht wurde. Von der blühenden Stadt Badis ist nur noch ein kleines Dorf zu sehen sowie diverse Ruinen von Wehrtürmen auf den Hängen vor dem Mittelmeer. Während der Protektoratszeit wurde die Insel von den Spaniern als Strafgefangenenlager benutzt. Heute ist sie Stützpunkt einiger spanischer Soldaten, die mit Schiffen von Melilla und Ceuta aus versorgt werden. Da die vorgelagerten kleinen Inseln alle in spanischem Besitz sind, kann man weder zum Tauchen noch mit Ruder- oder Segelboot weite Ausflüge aufs Meer machen (außer mit einer eigenen Yacht mit internationaler Zulassung). Der Streit um die Petersilieninsel hat gezeigt, wie gereizt die spanische Seite reagiert, wenn von Marokko aus auch nur ein Fuß auf spanisches Festland gesetzt wird. Man kann aber von Torres in etwa drei Stunden (hin und zurück) entlang der Küstenkordillere nach Badis wandern oder es mit dem Geländewagen auf Piste ansteuern (vgl. Broschüre der Nationalparkverwaltung).

Unterkunft findet man in Torres in den zwei schönen **Ferienwohnungen von** *Jalil El Hayar* (sehr gut deutsch sprechender Stadtführer aus Fès, s. dort): Voranmeldung unter *Jalil El Hayar*, Tel. 0535 62 15 61, eljalil@menara.ma, oder im Lebensmittelladen fragen. Außerdem kann man in einer kleinen Herberge beim Café oder in den zu Fuß erreichbaren **Gîtes** in den Nachbarorten (für Wanderer) übernachten: z.B. Gîte Rural Taoussart

Route A 4: Chefchaouen – Al Hoceima

bei Rouadi (gitetaoussart@yahoo.fr, Tel. 0677 28 82 72), Gîte d'Adouz in Douar Ikhantouren (ikanthouren@yahoo.fr, Tel. 0667 49 61 85) oder Gîte Tahounil im Dorf Taounil (Tel. 0667 65 90 47, picadetouanil@yahoo.com).

Der **Kiesstrand** von Torres ist weniger reizvoll als der 4 km entfernte, dunkelsandige bis kiesige Strand von **Kalah Iris.** Der Ort mit neuem Fischerhafen soll nach Wunsch des Königs bis 2015 zum Tourismuszentrum ausgebaut und mit über 1000 Betten ausgestattet werden. Durch den erweiterten Fischerhafen hat der Strand viel von seinem Charme eingebüßt. In der Nebensaison ist es hier ruhig und der Blick über den Hafen und die vorgelagerten Felsinselchen sehr schön. Guten Fisch und Salat gibt es im **Restaurant du Port.** Der Campingplatz wurde aufgelöst (ein neuer ist geplant), man kann aber evtl. nahe des Restaurants stehen bleiben oder auf dem großen, ebenen Gelände am Strand vor dem Ort.

Von der Kreuzung bei km 198 weiter nach Al Hoceima (ohne Abstecher) führt die neue, breite Straße N16 im Inland einige Kilometer von der Küste entlang, nur ab und zu hat man Ausblick aufs Meer oder kleine Stichstraßen bzw. Pisten führen zu den Dörfern am Meer.

Bei **km 209** (etwa 11 km hinter der Kreuzung) führt ein Abzweig rechts nach **Snada** mit Ruinen einer alten Festung, die auf *Mulay Ismail* (17. Jh.) zurückgehen soll. Etwa 9 km weiter, bei **km 218,** liegt der kleine Ort **Had Rouadi** an der Straße (schöner Sonntagsmarkt). Von hier führt eine Piste ins Zentrum des Al-Hoceima-Nationalparks und zu drei Gîtes (vgl. oben).

Bei **km 230** erreicht man einen Kreisverkehr: Links geht es nach Al Hoceima, geradeaus über die alte Straße nach Tétouan, in die Gegenrichtung sind Beni Boufrah und Kalah Iris beschildert. 2 km darauf geht es rechts weiter nach Al Hoceima (16 km, über Ajdir). Vom Ort **Ajdir** führt eine vierspurige Straße nach **Al Hoceima,** das nach insgesamt **248 km** ab Tétouan erreicht ist (s. Route A 4).

Route A 4: Chefchaouen – Issaguen (Ketama) – Targuist – Al Hoceima

● 230 km, N2

Die schon etwas ältere (ab Ketama löchrige), breite Straße führt durch Eichen- und Zedernwälder, vorbei an Nussbaum- und Olivenhainen bis auf 1600 m Höhe. Im Winter liegt hier Schnee und auch im Mai kann bei schlechtem Wetter das Thermometer noch auf frostige 5°C sinken. An den Gehöften auf dem Weg kann man beobachten, wie traditionelle Ölmühlen von Eseln im Kreis bewegt werden, um das Öl aus den Oliven zu pressen. Gute Busverbindungen (CTM und Privatbuslinien mehrmals täglich).

Gelegentlich gibt es noch **Anmache von Kiff-Händlern,** die am Straßenrand warten oder mit dem Auto unvermittelt vor einem stehen bleiben, um Drogen anzubieten. Kaufen Sie nichts! Es gab in der Vergangenheit immer wieder Fälle von Europäern, die wegen Rauschgiftbesitzes über ein Jahr in marokkanischen Gefängnissen saßen (vgl. auch „Praktische Tipps A–Z/Drogen").

6 km hinter Chefchaouen mündet die Straße in die Hauptverbindungsstrecke N2 von Tétouan nach Ouazzane – links weiter in Richtung Fès. An der Kreuzung nur 700 m weiter führt die **N2 links weiter** nach Ketama (rechts nach Fès, N13).

Die Straße verläuft durch Zedern- und Eichenwälder und erreicht etwa bei **km 21 Bab Taza,** einen großen Ort mit allen Versorgungsmöglichkeiten. Rechts liegt nach etwa **82 km** der größere Ort **Bab Berret** unterhalb einer Passhöhe auf 1240 m Höhe.

Etwa 6 km weiter mündet die (schlechte) Strecke von El Jebha und El Had ein (Schild „El Jebah 55 km", **N 34°58,737', W 04°46, 240',** vgl. Route A 3). Bei **km 91** sind **Bab Besen** und eine weitere Passhöhe von 1600 m erreicht. Weiter geht es bergab durch sehr schönen Zedernwald.

21 km nach Bab Besen, bei **km 112**, folgt Ketama bzw. Issaguen. Hier zweigt die R509 (Route de l'Unité) rechts nach Fès (156 km, vgl. Route A 6) ab.

Issaguen (ehem. Ketama)

Die **wichtigste Stadt des Rif-Gebirges** wurde auf Geheiß König *Mohameds VI.* umbenannt und hat jetzt einen Berbernamen. Der Ort liegt auf 1200 m Höhe zwischen Quellen, Bächen, Feldern und Zedernwald. Ketama war in der französischen Protektoratszeit ein beliebter Luftkurort – einige Gebäude und Erholungszentren aus dieser Zeit zeugen davon. Heute ist Issaguen das Zentrum des Rifs und damit auch der Cannabis-Anbauregion. Abgesehen von der schönen Lage ist der Ort für Touristen eher unattraktiv. Für Skitourengeher lohnt es sich, das 8 km entfernte Tleta-Ketama anzusteuern, um den **Djabal Tidiquin** (Tidighine, 2448 m) zu besteigen.

Das **Hotel Tidighine****** mit großem Garten wurde 2008 wiedereröffnet (€€€). Es ist auch möglich, Ferienhäuser von Privatpersonen zu mieten.

Die weitere (ausgefranste und löchrige) Strecke führt über karge Berghänge mit Steineichen, dann vorbei an Hanf- und Getreidefeldern, Aprikosen- und Feigenbäumen.

Etwa **37 km nach Issaguen (km 159)** führt links eine Straße nach Beni Boufrah, Torres-de-Alcalá und Kalah Iris (siehe Route A 3) nach links, geradeaus geht es weiter nach Al Hoceima und Nador. Etwa 3 km unterhalb der Hauptstraße rechts (südlich) liegt **Targuist**, ein größerer Ort mit Tankstellen und mehreren Cafés/Restaurants. Die Stadt hat historische Bedeutung, denn hierher zog sich *Abd al-Krim Khattabi* (1882–1963) in der Schlussphase seines Widerstandes gegen die Kolonialmächte zurück und musste sich 1926 den Franzosen ergeben. Wenn man den Ort durchquert, trifft man etwas oberhalb des Marktes und des Krankenhauses bei einer Tankstelle wieder auf die N2.

Bei **km 151**, ca. 700 m hinter einer Shell-Tankstelle, zweigt rechts die RNB 850 in Richtung **Fès/Taounate** ab. Diese Strecke führt über Beni Bounsar, Khalfa, Zabararr durch Berge und schönen Pinienwald bis zur Straße N8 nach Taounate (94 km bis Taounate, 86 km bis zur Kreuzung, s. Route A 6). Dies ist aus der anderen Richtung die kürzere Verbindung von Fès nach Kalah Iris zum Mittelmeer.

In Richtung Al Hoceima führt die verkehrsreiche, breite Straße durch geschäftige, gut entwickelte Orte wie **Beni Hadifa (km 183,** mit Tankstelle und Geldautomat) und **Beni Abdellah (km 194).** Von hier gibt es eine direkte Verbindung zur N2 nach Nador, die nicht über Al Hoceima führt.

17 km hinter Beni Abdellah geht es an einer **Kreuzung** links nach Beni Boufrah und Kalah Iris (N16, s. Route A 3). Knappe 3 km weiter führt ein Abzweig links über Izemourèn nach Al Hoceima (geradeaus nach Nador, Melilla und Oujda oder über Ajdir nach Al Hoceima). Wir fahren links, bis bei **km 218 Izemourèn** erreicht ist. Wenige Kilometer danach bietet sich ein toller Blick auf die Bucht von Al Hoceima und die westlich gelegenen Strände Tala Youssef und Plage Sabadilla. Die Straße führt weitere 6 km durch Vororte bergab bis ins Zentrum von Al Hoceima (118 km nach Ketama, 230 km ab Chefchaouen).

Al Hoceima   ♪ III, A1

Die Fischerstadt (ca. **60.000 Einwohner**) liegt herrlich auf einem **Plateauberg** über dem Meer und zieht sich hinunter bis in die gut geschützte Bucht von Al Hoceima. Dort reihen sich schöne, aber nicht ganz saubere – nur durch einige Felsen getrennte – Strände mit dunklem Sand aneinander. Die „Perle der marokkanischen Mittelmeerküste" wird im Rahmen des touristischen Masterplans „Vision 2015" der Regierung komplett renoviert und umgestaltet – so wurde bereits der Bd Mohamed V. verschönert und der große Place Mohamed VI. neu angelegt. Bis 2015 sollen 100.000 Hotelbetten zur Verfügung stehen und jährlich 300.000 Touristen hierher kommen. Eine neue Hotelfachschule gibt es bereits, um diesem Ziel auch in punkto Service gerecht zu werden. Darüber hinaus soll die Fluganbindung verbessert werden. Der Fährverkehr nach Almeria (COMANAV) wurde 2011 wieder eingestellt.

Al Hoceima ist vor allem für **Badeurlauber** interessant und hat sich in den letzten Jahren zu einem ansehnlichen Urlaubsort gemausert. Jedoch sind noch nicht alle Bausünden behoben, so ist z.B. die Bucht am kleinen **Stadtstrand Quemado** (Zugang mit dem Kfz vom Hafen aus, mit Parkplatz) verbaut und im Sommer ziemlich voll. Neben Baden bieten einige Hotels auch Aktivitäten wie Tennis, Reiten, Surfen und Bootsfahrten an. Hübsch und weniger besucht als die Plage Quemado sind die außerhalb gelegenen **Strände Cala Bonita, Plages Tala Youssef, Sbadilla, Sfiha** und **Espalmadero** sowie die **Bucht von Ajdir.**

An historischen Bauwerken hat Al Hoceima selbst nichts zu bieten, da die Stadt erst im Jahr 1926 von spanischen Soldaten als Stützpunkt gegründet wurde. Aber in der Umgebung und im Al-Hoceima-Nationalpark (s. Route A3) gibt es einige bis zu 400 Jahre alte Ruinen, die durchaus einen Besuch lohnen. Auf der vorgelagerten **Insel Peñón de Alhucemas** konnten sich schon vor 250 Jahren die Spanier festsetzen und eine Festung errichten (kein Zutritt).

Am 24. Februar **2004** kamen bei einem schweren **Erdbeben** etwa 600 Menschen in der Region Al Hoceima ums Leben. Besonders betroffen waren die umliegenden Orte, vor allem das Epizentrum bei Im-Zouren, weniger Al Hoceima selbst.

Markttag in Al Hoceima ist der Dienstag.

Information

- **Délégation régionale du Tourisme,** Rue Tarik Ibn Zyad, Tel. 0539 98 11 85, elhouci-ma @tourisme.gov.ma.
- **Association Rif pour le Tourisme Rural** (ARDTR), 25, Rue Ibn Batoutta (3. Stock), Tel. 0539 98 18 33, riftourisme@yahoo.fr, www.parquenacionalalhucemas.com.
- **Infos im Internet:** www.alhoceima.com.
- **PLZ von Al Hoceima:** 32 000.

Unterkunft

Klassifizierte Hotels

- **Chafarinas Beach****, 5 km westlich am Strand Tala Youssef, Tel. 0539 84 16 05, chafarinasbeach@menara.ma. Schöne Bungalowanlage mit allem Komfort (Restaurant, Bar, Disco, Pool, Sportangebot, Bootsverleih) und bewachtem Parkplatz. €€€€.
- **Mohamed V.****, Place Mohamed VI., am Stadtstrand Quemado, Tel. 0539 98 22 34, quemado@sogatour.ma. Der alte hässliche Betonklotz wurde 2010 renoviert und mit vier Sternen versehen. €€€€.
- **Amir Plage***, Plage Matadero, Tel. 0539 98 32 90, hotelamirplage@iepana.es. Zweistöckiges Hotel direkt am Strand, kostenloses WiFi. €€€.
- **Casa Paca***, Plage Sfiha (ca. 4 km Richtung Ajdir, Wegweisung „Plage Sfiha" beachten), Tel. 0539 80 27 32, www.casapacamarruecos.com. Gästehaus in herrlicher Lage mit Strandblick, allseits gelobt für Essen, Frühstück, Zimmer und Personal. €€€.
- **La Perla***, Av. Tarik Ibnou Ziad (nahe des Zentrums), Tel. 0539 98 45 13, hotel.perla @gmail.com. Mehrstöckiges Mittelklassehotel mit Glasfassade, gutes Preis-Leistungsverhältnis, schöne Zimmer und Suiten. €€€.
- **Villa Florido** (ehem. Étoile du Rif) ***, Rue Rif (beim Busbahnhof), Tel. 0539 84 08 47, florido@alhceima.com. Das alte und früher sehr beliebte Traditionshotel (seit 1929) in einem Art déco-Haus wurde erst 2009 renoviert. €€€.
- **Al Khouzama****, Ecke Rue Al Mouahidine/Rue Al-Andalous (Parallelstraße zur Av. Mohamed V., N 35°14,563′, W 03°55,817′), Tel. 0539 98 56 81, alkhouzama@hotmail.com. DZ mit Bad und TV. Billardraum und Internetcafé, bewachter Parkplatz. €€.
- **Maghreb al Jadid****, 56, Av. Mohamed V., im Zentrum, Tel. 0539 98 25 04, Fax 0539 98 25 05. Schöne Zimmer (kein Meerblick) mit Bad. €€€B.
- **National****, 23, Rue Tétouan, Tel. 0539 98 21 41. Einfaches, aber angenehmes und sauberes Hotel im Zentrum. €€B.
- **Nekor***, 20, Rue Tahanaoute, Tel. 0539 98 30 65. Einfaches Einheimischen-Hotel. €A.

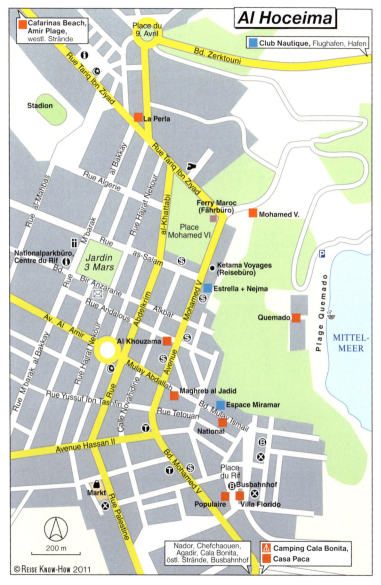

Camping

● Der Camping an der **Cala Bonita** (stadtauswärts Richtung Nador) existiert nicht mehr. Beim kleinen, recht schönen Strand zwischen den Felsen gibt es einen Parkplatz vor der Sureté Nationale, auf dem evtl. Wohnmobile stehen bleiben können. Auch die übrigen Campingplätze entlang der Mittelmeerküste mussten alle dem Neubau der Straße und der Strandpromenade weichen.
● **Wildcamping-Möglichkeit** am Kiesstrand östlich der Stadt: Von der Hauptstraße Richtung Nador in Richtung Friedhof abbiegen und auf einer Piste entlang eines Bachbettes bis zum Strand.

Essen und Trinken

● **Café Estrella**, Bd Mohamed V. Großes Café mit Süßspeisen und herrlichem Blick durch die Panoramafenster auf die Bucht.
● **Café Nejma**, Bd Mohamed V. (direkt neben dem Estrella). Toller Ausblick auf die Bucht von der hübschen Terrasse, etwas gemütlicher als das Estrella.
● **Club Nautique,** im Fischerhafen, Tel. 0539 98 14 61. Schon etwas in die Jahre gekommenes, dennoch nettes Fischrestaurant mit Terrasse (leider ohne Blick), vielen Pflanzen, schnellem Service, Alkoholausschank, (frittiertem) Fisch und Calamari (ca. 70 DH). Günstiger ist es an der Fischbude direkt nebenan.
● **Espace Miramar**, Rue Mulay Ismail, Tel. 0539 98 42 42. Großer Restaurantkomplex mit Terrassen über dem Meer und herrlichem Ausblick auf den Quemado-Strand und den Fährhafen. Zu essen gibt es Pizza, Eiskaffee, Fisch und marokkanische Spezialitäten. Abendunterhaltung mit Amazigh- (Berber-) und Gitarrenmusik.

Busse

Der **Busbahnhof** liegt ca. 1,5 km außerhalb im Süden an der Straße 5211 in Richtung Ajdir, neben der Kaserne und nahe des Ab-

zweigs zur Plage Cala Bonita (CTM, Supratours und Privatlinien).

Verbindungen und Preise

- **Nador:** 2x tägl. mit CTM, 3 Std. Fahrzeit, ca. 60 DH.
- **Taza – Casablanca:** 1x tägl. mit CTM (Nachtbus), 12 Std. Fahrzeit, 180 DH; nach Taza ca. 4 Std. Fahrzeit, ca. 80 DH.
- **Fès – Meknès – Rabat:** 1x tägl. mit CTM (Nachtbus), 10 Std., ca. 145 DH. Nach Fès ca. 6 Std., nach Meknès ca. 7½ Std.
- **Chefchaouen – Tétouan:** 3x tägl. mit CTM, 80 DH, 7 Std.; nach Chefchaouen ca. 6 Std., ca. 70 DH; auch mehrmals täglich Privatbusse, die weiter nach **Tanger** fahren.
- **Tanger:** 1x tägl. mit CTM (von Nador kommend), etwa 9 Std., ca. 100 DH.

Flüge

- Der **Flughafen Charif al Idrissi** liegt etwa 17 km außerhalb der Stadt an der Straße nach Oujda.
- **Inlandsflüge:** nach **Casablanca**, von dort Verbindungen nach Agadir, Marrakesch, Ouarzazate und Tétouan.
- **Internationale Flüge:** Atlas Blue (Billigairline von Royal Air Maroc) fliegt 1x wöchentlich nach Amsterdam und Casablanca. Die bessere Alternative ist es, nach Nador zu fliegen und mit dem Bus nach Al Hoceima weiterzufahren.

Reisebüros

- **Agence de Voyages Mediterranée,** 47, Bd Mohamed V., Tel. 0539 98 34 01, verkauft Fähr- und Flugtickets.
- **Ketama Voyages,** 146, Bd Mohamed V., Tel. 0539 80 60 25.

Post/Banken

- Mehrere **Banken** am Bd Mohamed V.
- **Hauptpost** an der Av. Mulay Idriss Akhbar.

Ansicht von Al Hoceima

Feste/Veranstaltungen

- **Touristikfestival,** etwa am ersten Montag im August (eine Woche).
- **Handwerksmesse,** Mitte bis Ende Dez.
- **Moussem des Amandes (Mandelfest),** Cercle d'Ajdir, Anfang August.

Route A 5: Al Hoceima – Nador – Melilla

- 140 km, N 16 entlang der Küste

Die breite, gut ausgebaute N16 (bis kurz hinter Ajdir vierspurig) ist die neue Hauptverbindungsstrecke Richtung Osten (statt N2). Sie führt meist in der Nähe der Küste entlang bis Nador und von dort weiter nach Melilla – immer wieder bieten sich Badegelegenheiten in hübschen Buchten. Gute Busverbindung bis Nador und zur Grenze Beni Enzar. Ab Segangane bzw. Garde Sud führt eine neue Bahnlinie bis Beni Enzar (von Taourirt und Fès kommend).

Wer **von Al Hoceima direkt Richtung Süden** fahren möchte, wählt die N2 Richtung Kassita. Von dort führt eine schmale, ausgefranste und kurvige Teerstraße (R505) durch eine hügelige Landschaft mit Getreidefeldern über Aknoul (gute Versorgungsmöglichkeiten, Bank, Tankstelle) bis nach Taza (100 km ab Kassita).

Von Al Hoceima auf der vierspurigen Straße Richtung Nador geht es ca. 1 km nach dem Zentrum bei einem Kreisverkehr links ab zum hübschen kleinen Strand **Cala Bonita.** Wenig später folgt der Abzweig zur **Plage Isly** vor der Brücke über den Oued Isly. Wieder 2 km weiter (6 km hinter Al Hoceima) geht es zur **Plage Sfiha** links ab, einem schön gelegenen schwarzen Sandstrand (2,5 km).

Bei ca. **km 7** erreicht man den großen Ort **Ajdir** mit einer T-Kreuzung (**N 35°14,049', W 03°55,425'):** links weiter nach Nador, rechts nach Tétouan und Fès. Hinter Ajdir bietet sich ein schöner Ausblick auf die spanische Felseninsel **Peñón de Alhucemas** vor der Küste.

10 km hinter Al Hoceima geht es an einer **Kreuzung** links auf der neu ausgebauten Küstenstraße N16 weiter Richtung Nador (rechts auf der N2 Richtung Kassita/Taza).

Bei **km 12** führt ein weiterer Abzweig zur **Plage Sfiha** und zum **Mediterranean Resort Souiri**, 4 km weiter zur **Plage Souani** mit Eukalyptus- und Pinienwald (evtl. Wildcampingmöglichkeit).

Durch relativ dicht besiedeltes Gebiet geht es vorbei an der Mündung des **Oued Nekor** mit kleinem Wäldchen und Feldern bis **Oued Tighza**, das nach gut **34 km** erreicht ist (kleines Café und Kiesbucht).

Nach ca. **45 km** folgen einige sehr hübsche schwarzssandige Meeresbuchten entlang der Erosionsküstenlandschaft. Bei ca. **km 52** liegt ein langer schöner Sandstrand an der Mündung des **Oued Assekrane**.

Nach etwa **57 km** lädt die Raststätte **Aire de Repos de Taghazine** zu einer Pause ein. 1 km weiter folgt der Ort **Taghazine**. Hinter **Port Sidi Hussain** (kleiner Fischerhafen) und einer Brücke (km 63) führt die Straße etwa 16 km an der wenige 100 Meter entfernten Steilküste entlang (schöne Blicke aufs Meer).

Etwa **94 km** hinter Al Hoceima liegt rechter Hand das nette **Motel Delta Kert** (Tel. 0536 34 57 171, moteldeltakert@gmail.com, €€) mit schönem Ausblick auf die darunterliegende Bucht. Bei der Mündung des Oued Kert und einer schönen Bucht endet die Provinz Driouch und die Straße führt weg von der Küste in Richtung Segangane und Nador.

21 km nach dem Motel und knapp **115 km** von Al Hoceima entfernt erreicht man den **Abzweig zum Hotel Mont Vert** und nach Gourougou (s. Hotels und Ausflüge Nador). 800 m weiter folgt ein **Kreisverkehr**, an dem es rechts nach Saïdia und links weiter nach Nador geht. Bei **km 118** ist **Segangane** erreicht, ein großer Ort, der fast nahtlos mit Nador verschmilzt; an der Kreuzung links halten.

Nach weiteren 6 km geht es auf vierspuriger Straße vorbei am Gare du Sud. Bis **Nador** – etwa **125 km** hinter Al Hoceima – folgen diverse Abzweige Richtung Arkmane Plage, Saïdia etc.

Nador ♪ III, B1

Nador (ca. **150.000 Einwohner**) ist eine moderne Industrie- und Hafenstadt (Stahlproduktion) an der **Lagune des Sebhka Bou (Bu) Areg**, die in den letzten Jahren ungeheuer expandierte. Die Bevölkerung ist vorwiegend berberischen Ursprungs (Tamazight). Im Hafen entstand eine 20 ha große **Freihandelszone** und neuerdings ist die Stadt mit mehreren Bahnhöfen (Gare du Sud bei Segangane, Gare Nador Ville im Zentrum, Beni Enzar am Hafen bzw. nahe der Grenze) an das Eisenbahnnetz angeschlossen. Auch mehrere Fluglinien fliegen diese wichtige Stadt in Nordmarokko an.

23% der marokkanischen **Migranten** in Europa stammen aus der Region Oriental, also aus Nador, Oujda und Umgebung – der deutsch sprechende Bevölkerungsanteil in Nador ist dehalb erstaunlich hoch. Die marokkanische Regierung und die EU haben sich im Rahmen der Entwicklungshilfe das Ziel gesetzt, möglichst vielen Rückkehrern eine neue Existenzgrundlage als Kleinunternehmer zu schaffen. Die deutsche Entwicklungshilfeorganisation GIZ unterstützt das Projekt bei der Planung und speziellen Förderprogrammen wie z.B. Projekten im Ökotourismus (vgl. www.mideo.ma).

Bislang war Nador für den europäischen **Touristen** fast nur als Versorgungsstation bei Ankunft in Marokko mit der Fähre interessant. Mit der Fluganbindung nach Europa und guten Verbindungen mit öffentlichen Verkehrsmitteln bietet sich Nador aber auch als Ausgangspunkt für Touren ins schöne Hinterland, ins Rif und an die Mittlmeerküste an. Zur Steigerung der Attraktivität der Stadt für Touristen werden in die Erneuerung der Küstenzone und der Lagune von Nador im Rahmen des Projekts **Mar Chica** mehr als 1 Mrd. Euro investiert.

Das in den letzten Jahren aufgepeppte **Zentrum der Stadt** befindet sich (von der Autobahn kommend) rechts der Schnellstraße und der Bahnlinie. Eine gepflegte Hauptstraße mit Palmenallee führt zum Nador-Strand; hier und entlang der Strandpromenade reihen sich zahlreiche Cafés und

Atlas III, Karte S. 187, Stadtplan S. 251   ROUTE A 5: NADOR

Restaurants. Es gibt ein Vergnügungszentrum und einen Kai, von dem kleine Ausflugsboote in der Lagune kreuzen. Auch das bergige Hinterland, das Kap Ferkhana (Drei-Gabel-Kap) und der Mont Gourougou mit Picknickplätzen und einer kleinen Berberaffenpopulation sind für Touristen interessant. Von den Anhöhen hat man herrliche Ausblicke auf die Stadt und die benachbarte Enklave Melilla.

Information

- **Délégation régionale du Tourisme,** 57, Rue Segangane und 88, Bd Ibn Rochd, Tel. 0536 33 03 48, nador@tourisme.gov.ma.
- **PLZ von Nador:** 62 000.

Unterkunft

Klassifizierte Hotels

- **Le Mont Vert******, Azrou Hamar Gourougou Zeghangane (an der Strecke zum Mont Gourougou, s. Ausflüge), Tel. 0536 34 74 29, 0536 34 74 30, www.lemontvert.com. Das sehr schöne Hotel in herrlicher Lage mit Meerblick bietet sich für einen längeren Aufenthalt an: ansprechende Zimmer mit Mittelklasse-Standard, toller Pool im großen Garten, ideal zum Wandern und Entspannen, sehr freundliches Personal. €€€€A.
- **Ryad******, Av. Mohamed V./Ecke Hassan I., Tel. 0536 60 77 15/17, hotelryad@hotmail.com. Modernes mehrstöckiges Hotel im Zentrum (nicht zu übersehen). Schöne Zimmer, guter Service, Blick auf die Lagune, Bar und Disco. €€€.
- **Annakhil*****, 185, Bd de Tanger, Tel. 0536 33 71 23, Fax 0536 33 58 67. Modernes, angenehmes und sauberes Hotel mit 39 Zimmern. DZ €€A.
- **Babel*****, 105, Av. Mohamed VI., Tel. 0536 60 69 01, www.hotelbabel.com. Klimatisierte

Vom Hotel Le Mont Vert hat man einen weiten Blick über die Landschaft

ROUTE A 5: NADOR

und gepflegte Zimmer, sehr gutes Restaurant, bewachter Parkplatz, sehr freundlich und empfehlenswert. €€€.
● **Giralda*****, Bd des F.A.R., Tel. 0536 60 63 77, Fax 0536 33 34 03. Freundlich, sauber und sicher, etwas einfache Zimmer. Kein Parkplatz, aber Wächter an der Straße. €€.
● **Mansour Eddahabi*****, 105, Rue de Marrakech, Tel. 0536 60 31 73. Angenehmes Mittelklassehotel im Zentrum. €€€A.
● **Ismail****, 34, Av. Mohamed VI. (Bd El Amir Mohamed), Tel. 0536 33 26 53, Fax 0536 33 52 27. Ordentliches 21-Zimmer-Hotel, nette familiäre Führung. €€B.
● **Méditerranée****, 2-4, Av. Youssef Ben Tachfine/My. Hassan I., Tel. 0536 60 64 15, hotel.mediterranee@gmail.com. Schöne Einrichtung und guter Service, gutes Restaurant, eines der besten (unteren) Mittelklasse-Hotels der Stadt. €€A.
● **Barcelona***, Mont Aroui, Bd Hassan II., Tel. 0536 36 15 74, Fax 0536 36 15 76. Nur etwa 5 Taxi-Min. vom Flughafen entfernt (zu Fuß 30 Min.). Sauber, freundlich, preiswert. €.
● **Geranio***, Rue No. 20, Cité Khattabi, Tel. 0536 60 28 28. Preiswertes Hotel mit sauberen, aber lauten Zimmern in der Nähe des Busbahnhofs.

Unklassifizierte Hotels

● **Le Gîtes de Rif** bzw. **Azzaifun**, Azro Hamar Gourougou, Zeghanagane (auf dem Weg vom Mont Gourougou, nahe dem Hotel Mont Vert), Tel. 0536 35 30 23 od. 0661 46 91 67, www.azzaifun.com, azzaifun@hotmail.fr. Hübsche Holzbungalows (für bis zu 7 Pers.) in schöner Lage im Grünen, unter französischer Führung, gutes Restaurant, für den gebotenen Standard relativ teuer. Breites Aktivitätenangebot: Wandern, Klettern, Radfahren, Quadfahren u.a. €€€.

Camping

Der Campingplatz in **Karriat Arkman(e)** ca. 20 km von Nador am schönen Arkmane-Strand musste der Neugestaltung der Küstenzone weichen. Wildcampen ist evtl. an der neuen Strandpromenade in Arkmane Plage oder beim dortigen Hotel möglich.

Wohnmobilisten finden Stellplätze an den diversen Picknickplätzen am Mont Gourougou und am Gabelkap.

Essen und Trinken

Zahlreiche Restaurants und Cafés befinden sich an der Uferpromenade und in den Seitenstraßen.

● **El Balcon,** Beni Enzar, an der Straße nach Ferkhana (s. Ausflüge).
● **Ismail,** beim gleichnamigen Hotel, Bd Mohamed VI. (ehemals El Amir Sidi Mohamed). Preiswertes Café mit guten Milch-Shakes.
● **Mediterranée** im gleichnamigen Hotel (s.o.). Gutes Essen ab 70 DH/Gericht.
● **Molen,** Bd 80, im südlichen Ortsteil Hay al Matar (vom Zentrum kommend in Richtung Selouane, Oujda und Flughafen links der Schnellstraße). Sehr hübsches modernes Café-Restaurant mit Patisserie und Terrasse, super Angebot an Pizza, Meeresfrüchten und mediterraner Küche. Mittlere Preisklasse.
● **Romero**, 48/50, Av. Youssef Ben Tachfine, Tel. 0536 33 27 77. Sehr gute internationale und italienische Spezialitäten, aber nicht gerade preiswert.
● **Victoria,** 392, Bd Hassan II. Eines der schönsten Café-Restaurants in Nador.
● **Villa Napoli,** 124, Bd Ibn Khaldoun. Eisdiele und sehr gute Pizzeria.

Busse

● **Gare Routière** an der Av. des F.A.R. gegenüber der Polizei und nahe der Strandpromenade. Hier fahren die **Busse zur Grenze** ab (Linie 19), auch Sammeltaxis. Privatbusse verkehren ins Rif und die kleineren Städte.
● **Supratours (Bahnbus),** 28, Av. Mohamed VI., Tel. 0536 60 72 62.
● Der **CTM-Busbahnhof** befindet sich an der Hauptstraße nach Beni Enzar (beim Hotel de la Marine).

CTM-Verbindungen und Preise

● **Al Hoceima – Tanger**: 1x tägl., ca. 160 DH; bis Al Hoceima 4 Std. Fahrzeit, bis Tanger 7 Std.

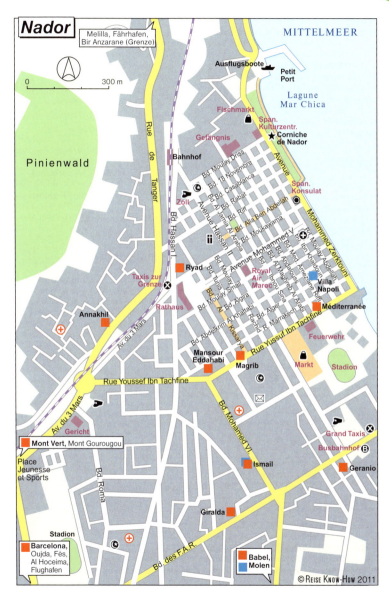

ROUTE A 5: NADOR

- **Oujda:** 2x tägl., ca. 60 DH.
- **Fès – Rabat – Casablanca:** 1x tägl. (Nachtbus), ca. 180 DH, bis Fès 120 DH, bis Rabat 170 DH, bis Fès ca. 6¼ Std. Fahrzeit, bis Rabat ca. 9 Std., bis Casablanca ca. 10 Std.
- **Fès – Meknès – Tanger:** 1x tägl. (Nachtbus), ca. 190 DH, bis Fès 120 DH, bis Meknès 130 DH. Bis Tanger ca. 12 Std. Fahrzeit, bis Meknès ca. 7 Std., bis Fès ca. 6½ Std.
- **Tétouan:** 2x tägl. (morgens und spätnachmittags), 11 Std. Fahrzeit, 150 DH.

Eisenbahn

Der moderne **Hauptbahnhof Nador Ville** liegt an der Rue de Tanger gegenüber der Strandpromenade. Es gibt einen weiteren Bahnhof (Nador Sud) nahe Zeghangane (Segangane) und im Norden beim Hafen Beni Enzar, nahe der Grenze zu Melilla.

- **Taza – Fès – Casablanca:** 4x tägl., meistens Umsteigen in Fès bzw. Taourirt notwendig; bis Casablanca 185 DH 2. Kl., 10 Std., bis Fès 98 DH 2. Kl., 6 Std. Fahrzeit.
- **Beni Nzar Port** (Beni Enzar nahe der Grenze): 4x tägl., 10 DH 2. Kl., 30 Min. Fahrzeit
- **Taourirt:** 3x tägl., 20 DH 2. Kl., 1¾ Std. Fahrzeit. Am Knotenpunkt Taourirt muss man in Richtung Casablanca (s.o.), **Oujda** (1x tägl., 70 DH, 4 Std.) und **Guercif, Taza** umsteigen. Von dort auch Busverbindungen mit Supratours.

Taxis

Der **Gare Routière** für Sammeltaxis und Busse (beschildert) befindet sich rechts von der Haupteinfahrtsstraße nach Nador in der Av. des F.A.R Richtung Hotel Khalid, s.o.

Fähren

- Der **Hafen** von Nador liegt 10 km außerhalb in Beni Enzar, kurz vor der Grenze.
- **Trasmediterranea** verkehrt in der Hauptsaison täglich von Beni Enzar nach Almeria.
- **COMANAV,** im Hafen, Hay El Djadid Route Principale, Tel. 0536 60 86 28, 0536 60 85 38, comanav.nador@iam.net.ma. 2x in der Woche von Nador nach Sète/Südfrankreich.

Zu den Verbindungen vgl. auch Kapitel „Praktische Tipps A–Z/Anreise/Fähren über das Mittelmeer".

Flüge

Der **Flughafen** wurde nach El Aroui verlegt (20 km außerhalb), Tel. 0536 36 10 75.

- **Royal Air Maroc,** 45, Bd Mohamed V., Tel. 0536 60 63 37, 0536 60 64 78.
- **Inlandsflüge:** 3x wö. nach **Casablanca.**
- **Internationale Flüge:** Ryan Air und Air Berlin fliegen mehrere **deutsche Flughäfen** direkt an (u.a. Düsseldorf, Frankfurt, Köln). Atlas Blue fliegt 1x wö. nach **Brüssel** und **Amsterdam.**

Reiseveranstalter

- **Europa Voyages,** 178, Bd Hassan II., Tel 0536 33 72 26, european@menara.ma. Flug- und Fährtickets, Rundfahrten, Transfer zum Flughafen.
- **Kabdani Voyages,** 338, Bd Al Massira, Tel. 0536 601 14 34, www.kabdanivoyages.com. Gleiches Angebot wie Europa Voyages.
- **Mana Tours-Car,** 5, Bd Mohamed VI. (Prince Héritier Sidi Mohamed) und am Flughafen, Tel. 0536 60 70 01 od. 0536 60 56 92, www.manatoursvoyages.com. Große Reiseagentur mit Rundfahrten, Taxitransfers etc.
- **Réseaux voyages/Nomade Escapade,** 21, Av. 3 Mars, Tel. 0536 32 05 33/34, mohammed.kadaoui@gmail.com, www.nomade-escapade.com. Der sehr gut deutsch sprechende, nette und kompetente Bergführer Mohammed Kadaoui organisiert u.a. Trekkings und Wanderungen im bislang wenig besuchten Nordosten, z.B. im Rif oder bei Saïdia, Oujda, Berkane, Beni Snasen und Figuig.

Rund ums Auto

Autoverleih

- **Maravilloosa Rent a Car,** 106, Rue Faaraabi Quartier El Kindy, Tel. 0536 60 22 25.

Atlas III, Karte S. 187, Stadtplan S. 251 **ROUTE A 5: NADOR (AUSFLÜGE)**

- **Kortobi Rochdi,** Tel. 0670 42 04 85, braveman087@hotmail.com. Gut deutsch sprechender Autoverleiher.
- **Villanova Cars,** 57, Rue Tokyo, Tel. 0536 60 20 46 oder 0661 26 13 10.

Werkstätten

- Eine **Mercedes-Werkstatt** liegt an der Straße Richtung Oujda/Al Hoceima.
- **Autoersatzteile** einiger deutscher Fahrzeuge (und Werkstattempfehlungen) sind über **Abdelaziz Azdoufal** (Tel. 0661 36 45 88, azdoufalinox@gmail.com) erhältlich. *Abdelaziz* ist in Frankfurt aufgewachsen und spricht sehr gut deutsch.

Einkaufen

- **Supermarché 7-7,** 348, Bd des F.A.R.
- **Marjane-Supermarkt** und **Centre Commercial** im Südwesten der Stadt, gut ausgeschildert von der Schnellstraße N19 nach Selouane im Viertel Taouima. Hier findet man alles, was das (europäische) Herz begehrt (inkl. Alkohol).
- Eine gute Auswahl an allen Dingen des täglichen Bedarfs inklusive landestypischer Gebrauchsgegenstände findet man auf dem **Markt** (Suq) im Complexe Commercial im Zentrum in der Av. Hassan II. (der Hauptverbindungsstraße zwischen Selouane und Nador, von Süden kommend rechts).

Feste/Veranstaltungen

- **Moussem Zawia Sidi Benaissa,** in Hay Isabenène (Stadt Nador), 12. Rabia I.
- **Moussem Alawia,** im Duar El Oumal bei Segangane, 19. Rabia I.
- **Moussem Mulay Slimane,** in Ouled Haddou Rahar bei Selouane, im Oktober.

Ausflüge

Zum Mont Gourougou und Drei-Kabel-Kap (Cap des Trois Fourches)

Beim Kreisverkehr im Zentrum von Nador bei der Moschee in Richtung Westen (beschildert nach Zeghangane, Beni Boufrah und Nador Gare du Sud) abbiegen. Nach **7 km** ist **Zeghangane** erreicht, ca. 500 m nach dem Zentrum führt rechts (Norden) ein beschildertet Abzweig Richtung Guirigou bzw. Gourougou.

2 km hinter Zeghangane und **9 km** von Nador entfernt mündet die Route in die neue Straße nach Al Hoceima ein; rechts weiter und gleich wieder rechts (Norden) in Richtung **Farkhana – Gourougou** den Berg hochfahren.

2 km nach dem Abzweig liegt links das **Hotel Le Mont Vert** (s.o.), kurz darauf rechts führt ein Pistenabzweig in Richtung **Le Gîtes de Rif** (vgl. oben) bzw. nach Azzaifun.

18 km hinter Nador (9 km vom Abzweig) erreicht man den Abzweig zum Picknickplatz und **Aussichtspunkt Tazrouda** (2 km, **20 km** von Nador). Die dortige **Maison Ecologique** bzw. **Site d'Intérêt biologique de Gourougou** weihte der König im Juni 2010 ein. Hier wurden 5400 ha Land – davon 1800 ha Wald mit Aleppo-Kiefern, Thuyen, Zypressen, Eukalyptus, Eichen, Pistazien und Duftkasuarinen – als **Bio-Reservat** ausgewiesen. Im Gebiet leben u.a. Wildschweine, Füchse, Makakken-Affen, Igel und Stachelschweine. Auf Tafeln werden Flora und Fauna der Region erklärt. Außerdem wurden ein Spielplatz, Picknickplätze sowie Aussichtsplattformen angelegt, von denen man herrliche Blicke ins Umland, aufs Meer und Nador hat.

2 km weiter gibt es einen weiteren Aussichtspunkt und 3 km weiter geht es links auf einem kurzen Abzweig zum **Kalaat Tazrouda,** dem Turm von *Abd el Kader* (s. Geschichte), dem bekannten Freiheitskämpfer des Rif-Gebirges.

Entlang der Strecke bieten sich immer wieder prachtvolle Ausblicke auf die beiden Städte Nador und Melilla und deren Häfen. Außerdem passiert man ein eingezäuntes Gelände mit vielen Affen – nicht füttern, die Affen können aggressiv werden! 33 km hinter dem Kreisverkehr (ca. 26 km vom Abzweig) gabelt sich die Straße und führt links weiter nach **Ferkhana** (Cercle Guelaia). Hier findet im August der Moussem Zawia Kadiria statt.

In Richtung Beni Enzar rechts weiter fahren, nach einem weiteren Kilometer liegt

ROUTE A 6: ISSAGUEN BZW. TARGUIST – FÈS

links das **Restaurant El Balcon** mit gutem Essen und Alkoholausschank. Kurz darauf führt links (nach Norden) eine Straße zum Gabelkap, die hinter der Grenze zu Melilla bergauf durch eine hübsche Mittelmeerlandschaft mit Feigenkakteen und riesigen Agaven in Richtung Kap und **Charrane** (mit Leuchtturm, schlechte Piste dorthin) führt. Auf dieser Straße ist nach ca. 30 km das **Gabelkap (Cap des Trois Fourches)** mit sehr schönen Badebuchten und Café erreicht. Ein weiterer Ausbau der Ausflugsdestination steht bevor. Nach Beni Enzar (bzw. Nzar) und zur Grenze nach Melilla geht es rechts (nach Osten) weiter, nach ca. 1 km mündet man kurz vor der Grenze in die Hauptstraße Nador – Beni Enzar ein.

Kurz hinter Nador Richtung Melilla folgt ein Polizei-/Militärkontrollpunkt. 9 km hinter Nador (ca. km 135) ist die **Grenze bei Beni Enzar** erreicht. Dort befindet sich die Endstation der Eisenbahnlinie die Fès/Casablanca mit Nador und Beni Enzar verbindet. Auch ein Stadtbus (Linie 19) verkehrt zwischen Nador und der Grenze. Der Sammeltaxistandplatz liegt in einem ummauerten Gelände hinter dem Café Miramar. Die Wartezeiten an der Grenze können v.a. zu Ferienzeiten lange dauern, die Situation hat sich aber entspannt, seit immer mehr Fähren auch direkt von Nador nach Spanien verkehren.

3 km hinter der Grenze, etwa bei **km 138** ab Al Hoceima, ist **Melilla** (www.melilla.es) erreicht. Acciona Trasmediterranea verkehrt von Melilla nach Almeria (vgl. Praktische Tipps A–Z/Fähren über das Mittelmeer).

Wichtig: Wer in Melilla die Fähre erreichen will, sollte unbedingt auf die **Zeitverschiebung** achten. Etwa zwischen April und Oktober (je nach marokkanischer Sommerzeit) ist es in Melilla schon zwei Stunden, im Winter eine Stunde später. Wenn der Ramadan in den Sommer fällt (im Ramadan ist die Sommerzeit außer Kraft gesetzt), dann gibt es nur eine Stunde Zeitunterschied.

Route A 6: Issaguen (Ketama) bzw. Targuist – Taounate – Fès

● **170 km von Issaguen (R509, N8), 172 km von Targuist (RNB 850)**

Die schmale Straße mit vielen Serpentinen (z.T. Schlaglöcher) schlängelt sich von Issaguen bergauf und bergab durch schöne Gebirgslandschaft. Auch die Strecke von Targuist ist sehr schön; die ersten 100 km sind sehr kurvig. Leser berichten gelegentlich von Belästigung durch Haschverkäufer bis etwa Taounate.

Gute Busverbindungen von Ketama oder Targuist. Beschreibung von Issaguen bzw. Ketama vgl. Route A 4.

Nach knappen 18 km hinter Issaguen erreicht man **Tleta-Ketama**. Der Ort liegt umgeben von Feldern, Zedern- und Pinienwäldern in schöner Gebirgsgegend. Von hier kann man zum Gipfel des 2448 m hohen Mont Tidighine (sprich: Tidirin) aufbrechen.

Die gesamte weitere Strecke nach Fès ist kurvig, aber gut befahrbar und verläuft durch hübsche Landschaft mit Öl-, Maulbeer-, Feigen-, Quitten-, Granatapfelbäumen und Feldern. Ab und zu sieht man von Eseln angetriebene Ölmühlen. Etwa bei **km 36** durchquert man den Bergort **Suq al Had de Ikauen.** Die weitere Route verläuft durch zerklüftete Täler mit steilen Berghängen. Die Häuser kleben an den Hängen und weiße Moscheen krönen die Bergkuppen. Korkeichen und Steineichen, Obst- und Olivenbäume, aber auch Hanffelder säumen den Weg.

Nach knapp 72 km ist der größere Ort **Khalalfa** (bzw. Khalfa) erreicht, der von Pinienwald umgeben ist. Östlich des Ortes trifft man auf die Strecke von Targuist kommend (RNB 850), vgl. Variante.

Herrliche Berglandschaften werden auf der Route über das Rif durchquert

ROUTE A 6: ISSAGUEN BZW. TARGUIST – FÈS

Variante von Targuist

An der N2 von Issaguen in Richtung Al Hoceima (s. Route A 4) liegt Targuist unterhalb der Hauptstraße. Nach etwa 1–2 km hinter dem Ort entlang der N2 erreicht man eine Shell-Tankstelle und biegt etwa 500 m weiter rechts in Richtung Fès – Tahounate ab.

Kurz darauf folgt ein Kreisverkehr und man biegt bei den Schildern **„Beni Bounsar"** und **„Khalalfa"** nach Süden ab. Es geht bergauf durch Pinienwald; nach etwa 7 km folgt ein weiterer Wegweiser, „Fès 168 km". Die Straße ist meist breit, aber immer wieder durch Erdrutsche beschädigt (im Jahr 2010). Nach **27 km** erreicht man **Beni Nasser** bzw. **Beni Bounsar.** Die nun sehr kurvige Strecke führt durch sehr schöne waldige Berglandschaft mit Pinien und Zedern.

Der große Ort **Zabarart** ist nach ca. **62 km** ab der Kreuzung erreicht, Wegweiser nach Khalalfa (17 km). Nach 9 km erreicht man den Abzweig nach Taharout (rechts bzw. Westen), weiter geradeaus, bis nach 5 km (ca. **km 76**) die Keuzung mit der Hauptroute nach Issaguen (Ketama) folgt (beschildert „Ketama, Khalalfa"). Es geht links (nach Osten) weiter in Richtung Fès und Tahounate. Auf der weiteren Strecke müssen mit dieser Variante etwa 2 km auf die unten genannten Kilometer-Angaben addiert werden.

Weiter auf der Strecke von Issaguen nach Fès kommt man nach **ca. 90 km** in der hübschen Kleinstadt **Taounate** an. Es gibt viele Geschäfte und kleine Hotels. Der alte Ortskern liegt malerisch an einer Bergkuppe. An der Ortsausfahrt etwa 5 km vom Zentrum trifft man auf das **Hotel-Café Espace** und kurz darauf auf das neuere, hübsche **Rose Hotel.**

Bei Taounate endet das Rif-Gebirge, Polizeikontrollen nach Rauschgift sind möglich. Auf nun guter, breiter Straße geht es durch eine sanfte Hügellandschaft mit Olivenbäumen und Getreidefeldern in Richtung Fès bergab.

Bei **ca. km 100** ist **Aïn-Aïcha**, ein großer Ort in schöner Lage am Fluss Ouerrha (Werra), erreicht. Nach rechts (Westen) führt ein Abzweig nach Ourzarh und zur **Barrage Wahda**, dem größten Stausee Marokkos (siehe Route A 2). 2 km hinter Aïn-Aïcha überquert man auf einer Brücke die Ouerra und 6,3 km nach Aïn-Aïcha kann man links eine Ölmühle bewundern.

Bei **km 125** zweigt links eine Straße nach **Tissa** ab, das durch sein Pferdefest bekannt wurde. Die Straße führt durch hübsche Hügellandschaft entlang des Flusses **Inaouen** bzw. später Sebou (viele Vögel im Frühjahr).

Bei **km 159** gibt es zwei eindrucksvolle **Norias (Holzwasserräder)** im Fluss Sebou, ein weiteres folgt 5 km darauf. Bei **km 165 bzw. 167** geht es an einer **Kreuzung** links nach Taza und Oujda, geradeaus weiter nach Fès. Nach 3 km ist die Stadtmauer im Norden bzw. nach 5 km das nördliche Stadttor **Bab Guissa** (Parkplatz) bei **km 170** erreicht.

nach Westen) nehmen in Richtung **El Aroui** (Flughafen), Kreuzungspunkt zur Straße Oujda – Al Hoceima – Tétouan. Rechts weiter auf der Schnellstraße.

Nach **18,6 km** geht **links** die N19 nach Süden ab. Die gute neue Straße führt durch hügeliges Gebiet und nahe am **Stausee (Barrage) Mohamed V.** vorbei, wo man baden und wild campen kann. Bei **km 104** mündet diese Straße in die N6 ein: dort links nach Taourirt und Oujda abbiegen, rechts nach Guercif (s. Route A 14).

Nach etwa **110 km** ist der große Ort Taourirt erreicht. Es gibt mehrmals täglich Zugverbindungen nach Oujda, Fès und Meknès (s. dort). Busverbindungen bestehen nach Nador, Taza, Guercif, Fès und Missour. Hier findet Mitte Mai der Moussem Sidi Boukhiar statt. Im Ort gibt es ein nettes Hotel mit Pool und Ausflugsrestaurant. Die **Association Tafrent pour le Développement** betreibt eine **Gîte** (Herberge) in der Nähe (hassaneissiali@yahoo.fr).

Route A 7: Nador – Selouane – Taourirt

● 110 km, N2, N19 und N6

Gut ausgebaute und schnellste Strecke in Richtung Süden (statt N15). Diese Route bietet sich als Alternative zu den Routen A 11 (Nador – Guercif) bzw. A 14 (Oujda – Guercif) an.

Vom Zentrum Nadors (in Höhe des Bahnhofs Gare Ville) entlang der vierspurigen Schnellstraße **N19 in Richtung Selouane** fahren. Im Kreisverkehr nach einem guten Kilometer links halten (Richtung Selouane), rechts geht es nach Zeghangane (Segangane). Die Straße führt weiter durch dicht besiedelte Gegend mit vielen Industrieanlagen entlang der N19.

Bei **km 11** folgt der Abzweig nach **Selouane**. Die Schnellstraße führt an dem großen Ort vorbei.

Nach etwa **17 km** beim nächsten Kreisverkehr in Selouane die zweite Ausfahrt (rechts

Route A 8: Nador – Kariat Arkmane – Ras el-Ma – Saïdia

● Etwa 78 km, N16

Die **neu ausgebaute Teerstraße N16** durch ländliches, hügeliges und dünn bewachsenes Gebiet bietet bis auf einige hübsche Strände wenig Höhepunkte. Die Route verläuft ohne Steigungen an der Küste entlang, vor allem Radler ohne große sportliche Ambitionen kommen hier auf ihre Kosten. Auffällig sind die runden, zum Teil mit Lehm oder Fischernetzen abgedeckten Getreidehaufen entlang der Straße. Vogelliebhaber finden im Naturschutzgebiet an der Moulouya-Mündung (im kleinen Delta nördlich der Brücke) ausreichend Beobachtungsmöglichkeiten. Am letzten Küstenabschnitt vor Saïdia ist das riesige **Touristenresort Mediterrania Saïdia** mit Marina, Wohnungen, Hotels und Golfplatz zu großen Teilen fertiggestellt.

Am Kreisverkehr im Zentrum von **Nador** (s. Route A 5) in Richtung Selouane halten (vierspurige Ausfallstraße). Alternativ ist es möglich, in Richtung Hafen (links) und auf der Strandstraße entlang der Lagune bis Kariat Arkmane zu fahren.

Geradeaus in Richtung Selouane folgt nach **5 km** ein weiterer **Kreisverkehr,** links geht es nach **Saïdia und Oujda**, rechts nach Al Hoceima und geradeaus nach Selouane – links weiter. Bei **km 18** passiert man den Ort **Arkmane** links der Schnellstraße. 1 km weiter zweigt links eine Straße nach Arkmane Plage ab, das bei **km 20** erreicht ist.

Der kleine **Strandort Arkmane Plage** besteht überwiegend aus Ferien- und Wochenendhäusern reicher Marokkaner. Im Ort in der Parallelstraße zum Meer gibt es eine Téléboutique und einen Laden. Die Strandpromenade zieht sich am Rande eines kleinen Eukalyptushaines in Richtung Osten das Meer entlang. Der lange Sandstrand ist ziemlich vermüllt. Unterkunft findet man in der **Residence Buch** (Tel. 0678 02 97 49, €€€), der Campingplatz existiert nicht mehr.

Zurück am Abzweig bzw. Kreisverkehr 1 km weiter, geht es entlang der Schnellstraße Richtung Osten. Nach 26 km (insgesamt **km 46**) folgt eine Raststätte mit Tankstelle und nach 5 km ein Café-Restaurant. Bei **km 52** ist wieder ein Kreisverkehr erreicht, wir fahren links nach Ras el-Ma, geradeaus geht es nach Saïdia.

Der kleine Strandort **Ras el-Ma** ist nach 1 km erreicht. Das dortige Restaurant Playa Linda bietet v.a. Pizza an. An der Strandpromenade kann man mit Erlaubnis der „Force Auxiliaire" mit dem Wohnmobil übernachten. Bei **km 58** ist das **Cap de l'Eau** (bzw. **Ras Qebdane**) mit der gleichnamigen hübschen kleinen Auberge mit Restaurant erreicht. Die Küste ist sehr zerklüftet, hier soll es Korallenriffe geben. Vom Ort aus kann man wieder auf die Schnellstraße nach Saïdia oder nach Zaio gelangen bzw. nahe der Küste entlang weiter nach Osten fahren.

Bei **km 63** führt eine Brücke über die **Moulouya** (übersetzt „die Gewundene"), den größten Fluss im nordöstlichen Marokko. Vogelkundler haben im Mündungsgebiet des **Oued Moulouya** – im **Moulouya-National-** **park** – die Möglichkeit, zahlreiche seltene Vogelarten (z.B. Marmelenten) und Flamingos zu beobachten. Auf den vorgelagerten **Islas Chafarinas** (spanisch) leben Mönchsrobben (kein Zutritt). Direkt an der Küste bei der Moulouya-Mündung liegt die Pferdefarm **Les Cavaliers Oriental Caïd Mansouri** (Tel. 0661 11 65 299, www.marocorientalevasion. com), wo man Ausritte und Quad-Touren unternehmen kann. Auch Halbtagesausflüge oder längere Touren mit dem Pferd sind möglich.

1 km hinter der Brücke **(km 64)** erreicht man bei einem Kreisverkehr wieder die Schnellstraße, auf der es rechts nach Oujda und Saïdia Zentrum geht, links entlang der Küste zum neuen **Touristikresort Mediterrania Saïdia** (Station Balnéaire), das man nach 4 km bei **Gesamt-km 68** erreicht. Entlang eines kleinen Wäldchens und der Küste entstanden an einer 6 km langen Strandpromenade eine Marina, komfortable Wohnungen, Hotels und ein Golfplatz (vgl. Saïdia). Die Stadt Saïdia liegt 10 km weiter im Osten.

Saïdia

Saïdia, nur 15 km von der algerischen Grenze entfernt, war schon immer ein **beliebter marokkanischer Badeort.** In den letzten Jahren wurde die bisher kaum von ausländischen Touristen besuchte Kleinstadt im Rahmen des „Plan Azur" zur Tourismentwicklung (vgl. Kapitel Land und Leute/Tourismus) und der großflächigen Erschließung der Mittelmeerküste rund um Saïdia zum **internationalen Tourismuszentrum** ausgebaut. Saïdia hat einen sehr schönen – im Bereich der Luxushotels auch sauberen – **Sandstrand,** der sich einige Kilometer in Richtung Westen hinzieht. Die fertiggestellten spanischen Luxushotels (Barcelo und Iberostar), der Golfplatz und die neue Marina ziehen zur Zeit vor allem spanische Touristen an. Es entstehen immer mehr noble Villen und Appartements – viele wohlhabende Marokkaner haben hier Ferienhäuser. Im Sommer (Hauptsaison ist August) finden zahlreiche Veranstaltungen, auch Rai-Konzerte, statt und Saïdia gleicht einem gro-

Route A 8: Saïdia

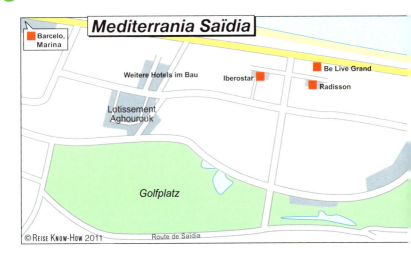

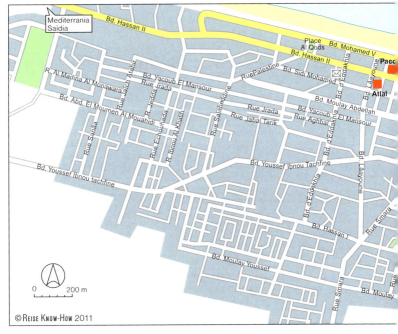

ROUTE A 8: SAÏDIA

ßen Rummelplatz. Dann zieht der Ort auch viele junge Marokkaner an, die sich in den Ferien für mehrere Wochen auf den brechend vollen Campingplätzen einrichten.

Nach dem marokkanischen Tourismus-Entwicklungsplan „Plan Azur" sollen im **Resort Mediterrania Saïdia** in den nächsten Jahren insgesamt drei Golfplätze, neun Hotels (alle im Luxussegment), Appartements für Touristen und Einheimische, Beach Clubs und Wohnungen entstehen. Diverse Läden und Boutiquen sowie ein Marjane-Supermarkt stehen bereits. Buslinien verbinden die Städte und Orte der Umgebung mit der neuen Touristenmeile. In den bereits fertiggestellten Hotels lässt es sich schon jetzt (wer sich's leisten kann) mit traumhaftem Meerblick, tollen Gartenanlagen und feinem Sandstrand Urlaub machen. In der Altstadt von Saïdia hat sich noch nicht viel geändert, und es bedarf noch einiger Verschönerungen, bis Saïdia wirklich die Ausstrahlung einer pulsierenden Mittelmeer-Urlaubsstadt hat.

● **PLZ von Saïdia:** 60 600.

Unterkunft

Hotels

Es gibt in Saïdia bisher so gut wie keine Mittelklasse-Hotels, nur die neuen Luxushotels entlang der Küste oder die schon älteren einfachen Hotels in der Stadt. Die Zimmerpreise sind stark saisonabhängig.

● **Barcelo*******, Station Balnéaire H-1, Tel. 0536 63 00 63, www.barcelo.com. Schickes Luxushotel (man spricht deutsch) direkt am Strand, das moderne Elemente gekonnt mit marokkanischem Stil verbindet. Sechs Pools, Golfplatz, Kinderspielplatz, Restaurants, verbesserungsbedürftiger Service. In der Vorsaison im Mai/Juni mit €€€€A noch erschwinglich, im Juli/August deutlich teurer €€€€€A.

● **Be Live Grand*******, Station Balnéaire H-7, Tel. 0536 63 33 66, www.belivehotels.com. Luxushotel mit langem Strandabschnitt, allem Komfort, Pool, Pianobar, Animation. Sehr gute Internetbewertungen.

ROUTE A 8: SAÏDIA

- **Iberostar Saïdia******, Station Balnéaire, Tel. 0536 63 00 09/10, www.iberostar.com. Großes Hotel in schöner Lage nicht weit vom Strand, 485 stilvoll und luxuriös ausgestattete Zimmer im marokkanischen Stil, Indoor- und Outdoor-Pool, Fitnessraum und Animation. €€€€.
- **Atlal****, 44, Bd Hassan II., Tel. 0536 62 50 21 und 0536 62 50 21. 40 Zimmer, €€A.
- **Arimal****, Bd Mohamed V., Tel. 0536 62 41 41. Neueres Hotel mit 12 Zimmern. €€.
- **Hannour****, Place du 20 Août, Tel. 0536 62 51 15, 0536 62 50 05. Ordentliches Hotel in der Stadtmitte mit 18 Zimmern, Bar und Disco (daher evtl. laut). €€B.
- **Paco***, Bd Hassan II. (an der Hauptstraße), Tel. 0536 62 51 10, 0536 62 55 55. Kleines, ordentliches Hotel. € (saisonabhängig).

Camping

- **Al Boustane,** am westlichen Ortsrand nahe beim Strand. Schattiger, gut ausgestatteter Platz mit warmen Duschen. Im Sommer überfüllt, dann läuft überall um die Sanitärbereiche das Wasser ins Gelände und alles ist matschig. Es gibt auch Bungalows zu mieten, die Preise sind aber mit über 500 DH zu hoch. Oktober bis Mai geschlossen.
- **L'Amazone,** direkt am Meer, ebenfalls im Westen nahe Al Boustane. Vom Strand nur durch die Straße getrenntes, ummauertes Gelände mit Tor, schattig und sauber, auch im Winter offen. Man kann sich bei der Cafeteria nebenan anmelden, falls am Platz niemand anzutreffen ist.

Essen und Trinken

- **Boussif,** an der Hauptstraße, Place du 20 Août, schräg gegenüber vom Hotel Hannour. Ein gutes Essen mit Salat und Getränk kostet ca. 80 DH.

Im Garten des Hotels Barcelo

Karte S. 187 **ROUTE A 9: NADOR – ZAIO – BERKANE – OUJDA**

- **Said**, Bd Hassan II. (bei der Polizei). Gute Fischgerichte ab 75 DH.

Verkehrsmittel

- **Busse** verkehren mehrmals täglich **nach Oujda, Berkane** und **Nador.** Auch Sammeltaxis fahren mehrmals täglich.
- Die Hotels organisieren einen **Transfer zum Flughafen** Oujda oder Nador.
- **Bahnverbindung von Nador aus.**

Die Grenze zu Algerien ist geschlossen!

Feste/Veranstaltungen

- **Moussem Sidi Ahmed**, in Berkane, im September.
- **Festival du Rai et des arts populaires,** Musikfestival im August.

Weiterfahrt nach Oujda: Von Saïdia geht es auf guter Straße über **Ahfir** nach Oujda (40 km), man kann aber auch direkt über Berkane fahren und die eine Rundfahrt über die Berge von Beni Snassen in die **Zegzel-Schlucht** wählen (ca. 30 km Umweg, vgl. Route A 9).

Route A 9: Nador – Zaio – Berkane – Oujda

- **140 km, N 16 und N 2**

Gute Teerstraße. Busverbindung von Nador über Berkane nach Oujda.

Ab dem Kreisverkehr im Zentrum von Nador erreicht man nach **12 km** auf zweispuriger Straße **Selouane.** Dort zweigt die gut ausgebaute N2 ab. An Industrie- und Wohnvierteln sowie der Universität von Selouane vorbei sind es **38 km** bis **Zaio,** einem lebhaften Ort mit Geschäften und vielen Neubauten. 2 km vor Zaio kann man rechts zum Stausee Mohamed V. und in Richtung Taourirt und Fès abbiegen (vgl. Route A 7). Bei **Saf-Saf** (9 km weiter) geht es über den Fluss Moulouya weiter durch intensiv landwirtschaftlich genutztes Gebiet bis nach **Berkane,** das bei **km 80** erreicht ist.

Berkane

Die **Provinzhauptstadt** (etwa **80.000 Einwohner**) ist ein Landwirtschaftszentrum und bietet alle Versorgungsmöglichkeiten. Außer eines Ausflugs in die Zegzel-Berge/-Schlucht (Organisation über Reisebüros möglich) hat die Stadt für Touristen wenig zu bieten. Interessant ist, dass in der Gegend von Berkane über 1000 **Arganienbäume** entdeckt wurden – diese seltenen Eisenholzbäume sind eigentlich nur im wärmeren Süden Marokkos um Essaouira, Agadir und im Anti-Atlas heimisch (vgl. entsprechenden Exkurs).

Unterkunft finden Touristen im **Hotel Zaki*****, Route d'Oujda, Tel. 0536 61 34 52. Sehr gut essen kann man im **Restaurant Espadon.** Es gibt viele Cafés im Ort, die auch kleine Speisen oder Pizza servieren (z.B. **Café Royal** im Zentrum). Der **CTM-Bus** (Haltestelle westlich des Hauptplatzes) **nach Taza, Fès, Meknès, Rabat** und **Casablanca** fährt abends und kostet ca. 170 DH (etwa 11 Std. Fahrzeit). Auch nach Oujda verkehrt 1x täglich ein Bus. Private Linien und Sammeltaxis fahren nahe der Tankstelle im Zentrum ab. Taxis und Busse nach Tafoghalt (Taforalt) in die Zegzel-Schlucht halten bei der Großen Moschee.

Von der N2 zweigt in Berkane eine Straße nach Saïdia (s.o., 24 km) ab. Lohnend ist ein Ausflug in die Zegzel-Schlucht (s.u.); Auskünfte hierzu und eine Broschüre mit Karte gibt es bei der **Association Homme et Environnement,** 30, Rue de Tanger, Hay el Hassani, Berkane, Tel. 0536 61 02 89, www.hee.ouvaton.org.

Ausflug in die Beni-Snassen-Berge und die Zegzel-Schlucht

Diese insgesamt **42 km** lange Rundfahrt führt über Taforalt, die Kamelgrotte (*Grotte*

Route A 9: Nador – Zaio – Berkane – Oujda

du Chameau) und die Zegzel-Schlucht zurück nach Berkane. Die Berge von Beni Snassen sind Ausläufer des Mittleren Atlas und als **Nationalpark** deklariert, sie erheben sich 20 km südlich von Berkane. Das Gebiet mit reicher Flora und Fauna (Wildschweine, Schildkröten, Schlangen, Füchse, Schakale u.a.) ist weltberühmt für die **prähistorischen Funde** in der „Grotte des Pigeons". Den Namen erhielt die Höhle wegen der vielen Tauben, die hier nisten (für Besucher geschl.). Die meisten Funde aus dem **Paläolithikum** sind zwischen 40.000 und 100.000 Jahre alt und umfassen die weltweit ältesten Schmuckfunde (vgl. Land und Leute/Geschichte), Pfeilspitzen, Tonscherben, Tier- und menschliche Knochen. Seit 1932 fand man hier 180 menschliche Skelette. Am bekanntesten ist der **„Homme de Tafoghalt"**, an dessen Schädel vor 12.000 Jahren eine Trapanation (eine Bohrung in der Schädeldecke) vorgenommen wurde – die erste bekannte Schädeloperation am Menschen.

Die Rundfahrt beginnt in Berkane: Von Saïdia kommend fährt man beim Kreisverkehr in Richtung Nador auf der N2 10 km nach Westen. Die Schnellstraße wird gequert, der Wegweisung nach **Tafoghalt** (Taforalt) geradeaus folgend. Eine ausgefranste Teerstraße führt bergauf. 9 km nach dem Abzweig erreicht man einen **Parkplatz** mit schöner Aussicht, nach einem weiteren Kilometer durch schönen Aleppokieferwald (10 km ab Abzweig) zweigt links die Straße in die schöne Zegzel-Schlucht ab. Wir fahren jedoch zunächst geradeaus nach Tafoghalt.

1 km nach der Gabelung zur Zegzel-Schlucht in Richtung Tafoghalt erreicht man einen Parkplatz mit Rastplatz an einer Quelle. **Tafoghalt (Taforalt)** ist eine europäisch anmutende Stadt mit rosa Reihenhäuschen. Der **Taforalt Club** mit schönem Pool, Restaurant und Garten lädt zu einer Pause ein (Poolbenutzung 50 DH, Eintritt ins Gelände inkl. einem Getränk 20 DH). Zur Anlage gehört eine hübsche, sehr gemütliche **Auberge** im marokkanischen Berberstil mit höhlenartigen Zimmern, Familienzimmern und Nomadenzelten auf Terrassen (€€€, Tel. 0662 04 51 19, www.taforaltclub.com). Daneben liegt die ebenfalls recht nette Herberge **Auberge de Taforalt**, die von der *Association les amis de Taforalt* betrieben wird (*M. Jamal Ramdani*, Tel. 0666 47 60 02, aat_taforalt@yahoo.fr). Kurz zuvor (etwa 500 m nördlich) weist ein Schild zur **Gîte de Tagma** in ruhiger Lage im Douar Lahmsar. Diese nette, einfache Herberge wurde zusammen mit der *Association Homme et Environnement* in Berkane (s.o.) errichtet. Man erreicht sie auf einer 3,5 km langen Wanderung oder auf schmaler Straße bzw. auf Wunsch auch auf dem Esel. Kontakt über *M. Najib Bachiri* und *M. Yamani*, Tel. 0661 10 53 73, 0666 79 29 49, as.hee@menara.ma, www.gitetagma.com.

Die Straße von Tafoghalt in Richtung Süden führt nach **Sidi Bouhria, El Ayoun** und auf schlechter Strecke nach Oujda (53 km). Besser ist die Strecke rechts 20 km nach Ber-

Eingang zur Kamelgrotte

kane (s.o.) und von dort nach Oujda (insgesamt 60 km).

Dieser Ausflug führt von Tafoghalt 1 km zurück an die **Gabelung zur Zegzel-Schlucht.** Hier zweigt **rechts** (von Berkane kommend links nach Osten) die schmale Straße (beschildert mit „Zegzel") ab. In der fruchtbaren Region wachsen Bananen, Granatäpfel, Opuntien, Feigen- und Mispelbäume entlang des Flusses. Es liegen immer wieder **Rast- und Picknickplätze** an der Strecke, **Rund- und Wanderwege** sind ausgeschildert. 5 km hinter Tafoghalt geht links der **Circuit de Tizizemmour** (Wanderweg) ab, es folgen eine Moschee und ein paar Häuser.

Nach weitern 3 km (8 km von Taforalt) führt rechts ein Abzweig nach Zegzel und links zur **Grotte du Chameau,** der **Kamelgrotte,** die man nach 200 m erreicht. Die beeindruckenden Trichterhöhlen und Grotten sind abgesperrt. Man kann nur in den vorderen Bereich der Höhle steigen, aus der ein kleiner Wasserfall aus einem Becken im Höhleneingang sprudelt und sich in den darunterliegenden Fluss ergießt. Der Fluss bildet immer wieder Gumpen, in denen man Wasserschildkröten beobachten kann. Die Höhle kann evtl. mit einem Führer besichtigt werden (über die *Association Homme et Environnement* in Berkane, s.o.). Da die Grotten von Flussläufen durchzogen und manchmal sehr eng sind, bleibt dieses Abenteuer aber Spaläologen vorbehalten.

Zurück zum letzten Abzweig folgt nun die eigentliche **Zegzel-Schlucht,** in der die steilen Felswände der Beni-Snassen-Berge nahe aneinander rücken. Ein Schild weist nach Berkane (12 km). Etwa 500 m dahinter liegt auf der linken (gegenüberliegenden) Flussseite ein sehr nettes **Ausflugsrestaurant** mit einfachen Unterkünften (auch Camping möglich, allerdings ohne Auto) auf der **Ferme el Ahmadi** (Tel. 0665 96 91 455) – ein vorbildliches Beispiel von Privatinitiative und Ökotourismus. Das nur über eine Hängebrücke erreichbare Haus mit zwei Terrassen liegt oberhalb des Flusses und wurde von Herrn *Ahmadi* und seiner Familie aus Natursteinen gebaut. Im liebevoll gestalteten Garten gibt es ein Kinderschwimmbecken, viele Sitzgelegenheiten, schattige Bäume und sogar Bananenstauden. Köstliche Tajine wird auf Bestellung frisch zubereitet. 12 km weiter (Gesamtkm 42) erreicht man **Berkane.**

Von **Berkane** sind es noch 23 km auf der gut ausgebauten N2 zum Grenzort **Ahfir** (Grenze zu Algerien geschlossen). Von dort geht es weiter nach Süden bis Oujda (37 km ab Ahfir, 60 km ab Berkane).

Oujda

Die **Grenzstadt zu Algerien** (12 km) mit überwiegend arabischstämmiger Bevölkerung war im Laufe der Jahrhunderte von beiden Staaten stark umkämpft. Die ursprünglich von einer Stadtmauer aus dem 13. Jh. umgebene Medina ist nur noch sehr klein und wird von der Neustadt fast erdrückt. Oujda zählt mittlerweile rund **900.000 Einwohner** und prosperiert erheblich dank der **Kohleminen von Jerarda.** Ein neuer Wirtschaftsplan für die Region Oriental sieht die Entstehung eines **Technopools** beim Flughafen vor – Investoren sollen steuerliche Anreize und staatliche Zuschüsse bekommen und so Arbeitsplätze schaffen. Für europäische Investoren sind die Nähe zu Europa und die Lage nur 50 km vom Mittelmeer vorteilhaft (Details unter www.mideo.ma). Im Rahmen der **touristischen Erschließung** der Mittelmeerküste bei Saïdia (siehe dort) ist auch die Verbesserung der Infrastruktur rund um Oujda weit fortgeschritten. So wurde im Herbst 2010 der neue Flughafen eröffnet, auf dem bald Direktflüge von Europa ankommen sollen. Oujda hat keine großartigen Sehenswürdigkeiten zu bieten und wird bislang nur sehr wenig von ausländischen Touristen besucht. Gerade deshalb ist es eine **sehr angenehme Stadt,** ideal für den Marokkoeinstieg!

Geschichte

Gegründet wurde die Stadt im Jahr 994 von den **Zeneten,** einem Nomadenstamm aus Maghroua, unter ihrem Führer *Ziri ibn Attia.* Auf die Zeneten folgten die **Almoraviden,**

dann die **Almohaden** und **Meriniden.** Der Merinidenkönig *Abu Yussef* erneuerte die Stadt 1297 und ließ die Stadtmauern sowie die Kasbah und die große Moschee bauen.

Den Meriniden folgten die **Zyaniten** aus Algerien, später kämpften die **Saadier, Alawiden und Türken** um die Stadt. *Mulay Slimane* entriss sie den Türken, musste sie aber 1844 an die Franzosen abtreten. Anschließend wurde Oujda wieder mehrmals geräumt und erst **1907** endgültig **von Frankreich besetzt.** Während der französischen Protektoratszeit war Oujda eine wichtige Garnisonsstadt und Sitz der Fremdenlegion. Im Algerienkrieg ließen sich zahlreiche algerische Flüchtlinge in Oujda nieder. Auch jetzt leben in Oujda noch etwa 20.000 Algerier.

Sehenswertes

Von den Befestigungsmauern und alten Gebäuden ist außer drei Toren kaum etwas erhalten. Zwischen den Toren **Bab Sidi Abd al Wahab,** dem ältesten Tor Oujdas aus dem 13. Jh., auf dem früher die abgeschlagenen Köpfe der Feinde ausgestellt waren, und dem **Bab Gharbi** im **Park Lalla Mariem** (Heilige Maria) liegt ein kleines **Ethnografisches Museum.** In der Altstadt steht noch die **große Moschee** aus dem 13. Jh., zu besichtigen ist außerdem der **Wassermarkt (Suq al Ma),** auf dem in vergangenen Zeiten den Gärtnern zu horrenden Preisen Wasser verkauft wurde. An den Suq al Ma schließt sich die **Kissaria** an, der gedeckte Suq von Oujda mit einem vielfältigen Warenangebot und zahlreichen Handwerksbetrieben.

Der Besuch des von Christen, Juden und Moslems gleichermaßen verehrten **Grabmals des Sidi Yahia** und weiterer Marabuts sowie der **Brunnen des Sidi Yahia** (nach dem Volksglauben *Johannes der Täufer*), 6 km südöstlich der Stadt, ist lohnenswert (die Quellen sind angeblich trocken, lästige Kinder). In der Nähe befindet sich die **Houris-Höhle,** in der die guten Geister aus dem Jenseits leben, die jeden frommen Moslem behüten und dessen gute Taten rühmen. Hier findet Ende August/Anfang September ein großer Moussem statt.

Wer länger in Oujda weilt, kann dem **Institut Français de L'Orient** (3, Rue Berkane, Tel. 0536 68 44 04) einen Besuch abstatten. Das Institut bietet ein vielfältiges Kulturprogramm, z.B. Filme, Vorträge, Kunstausstellungen und Sprachkurse.

Information

● **Administration du Tourisme,** Place du 16 Août, Tel. 0536 68 56 31, oujda@tourisme.gov.ma.
● **PLZ von Oujda:** 60 000.
● **Alle wichtigen Stellen** der Stadt wie Flugbüros, Post, Banken und großen Läden liegen **am Bd Mohamed V.**

Unterkunft

● **Atlas Terminus & Spa*****, Bd. Zerktaouni bzw. Place de la Gare, Tel. 0536 67 110, www.hotelsatlas.com. Modernes Luxushotel, allerdings mit mind. einem Stern zu viel, nahe des Bahnhofs und der Medina. Doppelt so teuer wie Atlas Orient oder Ibis Moussafir bei Buchung im Internet. €€€€A.
● **Atlas Orient Oujda****,** Place Syrte, Ecke Av. Idriss Al Akhbar, Tel. 0536 70 06 06, www.hotelsatlas.com. Halb so teuer wie das Atlas Terminus, aber kein schlechterer Standard. Mit Pool. €€€.
● **Al Manar***, 50, Bd Zerktouni, Tel./Fax 0536 68 16 70, almanar@menara.ma. Klimatisierte Zimmer mit Sat-TV, Cafeteria und Restaurant. Preis-Leistungsverhältnis ok. €€.
● **Ibis Moussafir***, Bd Abdellah Chefchaouni, Place de la Gare, Tel. 0536 68 82 02, www.ibishotel.com. Modernes Hotel am Bahnhof (etwas laut), nur 5 Min. von der Medina entfernt, sehr angenehm und empfehlenswert, mit Pool, Zimmer (mit TV) etwas klein. Gutes Preis-Leistungsverhältnis. €€€.
● **Al Massira Salam**,** Bd Maghreb El Arabi, Tel. 0536 68 56 00, 0536 71 07 97, el.massira @wanadoo.net.ma. Der Pool kann auch von Nichtgästen genutzt werden (Eintritt). €€€.
● **Angad**,** Rue Ramdane El Gadi, Tel. 0536 68 28 92 und 0536 69 00 72. Saubere Zimmer mit Bad und TV, zur Straße hin evtl. laut. €A.

Karte S. 187, Stadtplan S. 266

ROUTE A 9: OUJDA

- **Concorde****, Bd Mohamed V./57, Driss ben Bouchaib, Tel. 0536 68 23 28. Zentral gelegen, gutes Restaurant, Bar/Café mit Terrasse direkt am Bd Mohamed V., bewachtes Parken möglich. €€.
- **Des Lilas****, Rue Jamal-Eddine El Afghani, Tel./Fax 0536 68 08 40/41/42. Ordentliches Hotel mit Sat-TV. €€A.
- **Fajr****, Bd Mohamed Derfoufi, Tel. 0536 70 22 93. Große moderne Zimmer. €€.
- **Oran****, Bd Mohamed V., Tel. 0536 70 10 01/03. Ordentliche Zimmer mit Heizung und TV, bewachter Parkplatz. €€.
- **Afrah***, Rue de Tafna, Tel. 0536 68 65 33. Nettes Budget-Hotel im marokkanischem Stil, DZ mit Bad €.
- **Badr***, Bd Ahfir, Tel. 0536 68 19 04. Ordentlich. €.
- **Royal***, 13, Bd Zerktouni, Tel. 0536 68 25 56, 0536 68 22 84. Kleines, freundliches Hotel mit sauberen Zimmern und bewachtem Parkplatz. €.

Essen und Trinken

- **Brasserie de France,** 87, Bd Mohamed V., Tel. 0536 68 38 01, 0536 68 39 42. Internationale Küche zum gehobenen Preis, stilvolle Atmosphäre, Alkoholausschank, auch Night Club.
- **Comme Chez Soi,** 8, Rue Sijilmassa, Tel. 0536 68 60 79. Das beste Restaurant in der Stadt, die Fleisch- und Fischgerichte (auch Pizza) sind nicht ganz billig, aber ihren Preis wert. Alkoholausschank.
- **La Langouste,** 13, Rue Alger. Wie der Name vermuten lässt: Fisch und Meeresfrüchte werden gereicht.
- **Le Dauphin,** 38, Rue de Berkane, Tel. 0536 68 61 45. Gediegenes Restaurant mit Alkoholausschank, sehr guten Fischgerichten und französischer Küche.
- Günstig und gut isst man in den Restaurants **L'Alhambra** und **Le Koutoubia** am Bd Mohamed V. (Place Moulay El Hassan).

Notfall/Notrufe

- **Polizei:** Tel. 19.
- **Hauptpolizeiwache:** Place de la Victoire.
- **Feuerwehr:** Tel. 15.
- **Klinik:** Polyclinique Hatim, 1, Rue Zegzel, Hay al hassani, Tel. 0536 23 17 25.
- **Allgemeinmediziner:** Dr. *Kaouachi,* Tel. 0536 68 24 53.
- **Zahnarzt:** Dr. *Addar,* Tel. 0536 68 36 35.

Busse

- Das **CTM-Büro** liegt nahe Place 16 Août, Rue Sidi Brahim, Tel. 0536 68 20 47. Gegenüber befindet sich auch das Büro von **Trans Ghazala,** wo man Fahrkarten für die Sat- und Trans-Ghazala-Busse bekommt.
- **Gare Routière** und **CTM-Busbahnhof** liegen am Bd Omar Errifi, im Westen der Stadt nahe Place 3 Mars und Bd Mbarek el Bakkay Lehbi (an der Straße nach Taourirt, Guercif und Taza).

Verbindungen und Preise

- **Casablanca** (über Taza, Fès, Meknès, Rabat): 1x tägl. CTM (Nachtbus), 12 Std. Fahrzeit, 180 DH. Bis nach Fès ca. 5 Std. Fahrzeit, 100 DH. Weitere Verbindungen mit Trans Ghazala.
- **Tanger** (über Taza, Fès, Rabat): 1x tägl. CTM (Nachtbus), 12 Std. Fahrzeit, 170 DH.
- Privatbusse fahren u.a. mehrmals täglich nach **Figuig** (ca. 7 Std.), **Taza** (ca. 60 DH, 4 Std.), **Nador** (ca. 30 DH, 3 Std.) und **Berkane** (15 DH, 1 Std.).

Taxis/Sammeltaxis

Von Oujda fahren **Sammeltaxis** (Haltestelle beim Gare Routière) in Richtung Berkane – Nador – Figuig und in alle wichtigen Orte der Umgebung. Die roten **Petit Taxis** fahren im Stadtbereich für ca. 10 DH (Taxameter).

Bahn

Der **Bahnhof** (Tel. 0536 68 27 01) liegt im Westen der Stadt am Place de la Gare (links der Hauptstraße Mohamed V., erreichbar über Bd Zerktouni, ausgeschildert).

Route A 9: Oujda

Verbindungen und Preise

●**Taza – Fès – Rabat – Casablanca – Marrakesch:** 4x tägl. (Verbindung nach Marrakesch nur morgens und abends); nach Fès 1. Kl. 170 DH, 2. Kl. 126 DH; nach Rabat 1. Kl. 280 DH, 2. Kl. 190 DH; nach Casablanca 1. Kl. 310 DH, 2. Kl. 220 DH; nach Marrakesch 1. Kl. 420 DH, 2. Kl. 280 DH.
●**Fès – Tanger:** 4x tägl., nach Tanger, Umsteigen in Sidi Kacem; nach Tanger 1. Kl. 310 DH, 2. Kl. 210 DH.

Wer eine besondere **Zugfahrt durch die Wüste** erleben möchte, sollte ein Ticket für den **Oriental Express** bis Aïn Benimathar buchen. Diese Tour kann man mit einer Rundreise bis Fès oder durch den Süden verbinden. Veranstalter ist Suprateam Travel aus Tinerhir: Tel. 0524 83 29 89, suprateam@menara.ma, www.supratravel.com.

Flüge

Der **Flughafen Oujda Les Angades** liegt etwa 12 km außerhalb in Richtung Nordwesten (Route de Rabat), Tel. 0536 68 32 61.

●**Royal Air Maroc,** Bd Mohamed V., neben dem Hotel Atlas Oujda, Tel. 0536 68 39 09, Reservierungen unter Tel. 0536 71 07 07.
●**Inlandsflüge:** Flüge nach **Nador** und täglich nach **Casablanca,** von dort Verbindungen nach Agadir, Ouarzazate, Marrakesch und Laâyoune.
●**Internationale Flüge:** Iberia, jet4you, Air Arabia, Transavia France fliegen nach **Madrid, Paris, Marseille, Brüssel** und **Amsterdam.** Verbindungen nach Europa ansonsten nur über Casablanca mit Royal Air Maroc.

Rund ums Auto

Autoverleih

●**Avis,** am Flughafen, Tel. 0536 70 16 16.
●**Budget,** am Bahnhof und am Flughafen, Tel. 0536 6810 11.
●**Europcar,** 115, Al Boustane II, Quartier Industriel, Tel. 0536 70 44 16. Auch am Flughafen vertreten.

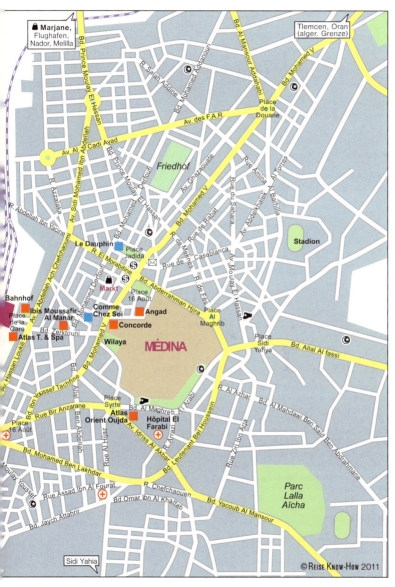

- **Hertz,** am Flughafen, Tel./Fax 0536 68 38 02, faty@hertz.ma, www.hertz.ma.
- **Morocco Rental Car Group,** http://morocco.rentalcargroup.com. Dieses Internetbuchungsportal vermittelt Kfz diverser großer Autovermieter. Die Fahrzeuge werden in Oujda ab Bahnhof und Flughafen bereitgestellt.
- **Tulipe Car,** 55, Bd Allal ben Abdallah, in der Residence de Paris, Tel. 0536 68 38 61.

Autohändler/Werkstätten
- **Mercedes,** Ets. Ayachi, Bd Mohamed V., Tel. 0536 68 42 49.
- **Renault,** Aucoma SA, 9, Bd Mohamed V., Tel. 0536 68 33 21, 0536 68 72 49.

Parken
- Bewachter Parkplatz (24 Std.) **beim Bahnhof.**

Schwimmen

- Ein sehr großes **öffentliches Schwimmbad** befindet sich im Parc Lalla Aicha, auch die **Pools** in den Hotels Ibis und Al Massira Salam können gegen Gebühr von Nichtgästen genutzt werden.

Einkaufen

- Es gibt in Oujda einen **Marjane-Supermarkt** (Bd Prince Moulay el Hassan, im Norden in Richtung Flughafen) mit allen (europäischen) Lebensmitteln, Alkoholika und Waren für den täglichen Bedarf.
- In Oujda ist es fast nicht möglich zu handeln, es gibt maximal 10–15% Nachlass, dafür sind die Preise niedriger. Besonders **Textilien** (Jeans) sind hier billig, wenn man nicht gerade Markenansprüche stellt.

Reisebüros

- **Europe Voyages,** 17, Bd. Zerktouni, Tel. 0536 68 26 27.
- **Isly Voyage,** 51, Bd Mohamed Derfoufi, Tel. 0536 68 14 70, www.islyvoyages.com.
- **Wilaya Voyages,** Bd Mohamed V., Residence Safa, Tel. 0536 70 67 03, www.wilaya-tours-voyages.com.

Feste/Veranstaltungen

- **Maghreb-Messe,** meist Ende Juni/Anfang Juli.
- **Festival El Gharnati,** Musikfestival mit traditionell marokkanisch-andalusischer Musik, meist im Herbst.
- **Moussem Sidi Yahia,** im gleichnamigen Ort 6 km südlich von Oujda, verschiebt sich mit dem Mondkalender. Der wichtigste Moussem in der Gegend (und einer der bedeutendsten des Landes) ist Anziehungspunkt für Gläubige aus allen Regionen. Den Heiligen Sidi Yahia Ben Younes verehren nicht nur Moslems sondern auch Juden und Christen. Zum Moussem finden auch Reiterspiele (Fantasias) statt. Das Grab der Wallfahrtsstätte selbst ist für Moslems nicht zugänglich. Von außen kann man das Marabut jedoch besichtigen und auch am Moussem teilnehmen.
- **Moussem Sidi Driss,** in Oujda am gleichnamigen Marabut, im Oktober.
- **Moussem Sidi Ben Abdellah,** Ende August/Anfang September.
- **Weitere 40 Moussems** zu allen Jahreszeiten, vor allem im August und September in den Bezirken Taourirt, Berkane, Taforalt.

Weiterreise nach Algerien

Seit 1994 ist die **Grenze geschlossen,** um die Infiltration islamischer Fundamentalisten nach Marokko zu verhindern. Der Dauerstreit über die Westsahara und den Grenzverlauf zwischen beiden Ländern im Süden ist mit ein Grund, warum die Grenzen seit 1975 nur wenige Jahre geöffnet waren.

Route A 10: Oujda – Bouarfa – Figuig

● 360 km, N 17

Gute Asphaltstraße. Busverbindung bis Figuig und Zug bis Bouarfa (siehe Oujda). Kontrollposten vor größeren Orten.

Auf guter Straße fährt man durch karge Landschaften mit kleinen Dörfern, bis bei **km 28 Guenfouda** erreicht ist, ein kleiner Weiler mit zerfallenem Kohlebergwerk und Tankstellen. Bis 10 km nach Guenfouda führt die Straße durch hügeliges, oft karges Gebiet, dann geht es durch teils aufgeforstete und abwechslungsreichere Berglandschaft.

Bei **km 47** erreicht man den **Col de Jerada** (Jerada-Pass), 1 km danach zweigt rechts eine Teerstraße nach Jerada zu den bedeutendsten Kohlebergwerken in Marokko ab. Hier in den Bergen westlich von Jerada gibt es in der **Village de Gafait** eine nette **Gîte** (Herberge), die für Wanderer und Ökotouristen oder auch für eine Nacht auf der Durchreise geeignet ist (Tel. 0661 95 28 95, assgafait@yahoo.fr).

Bei **km 74** folgt ein kleiner Ort mit kreiselförmigen Bewässerungssystemen, bei **km 77** befindet sich rechter Hand ein Wasserbecken mit (artesischer) Quelle, die sich herrlich zum Erfrischen und Abduschen eignet. Dahinter (rechts der Straße) fließt der wasserreiche **Oued Za.**

Aïn Benimathar mit allen Versorgungsmöglichkeiten und Markt am Montag ist nach **78 km** erreicht. Im Westen des großen Ortes liegt die Quelle (franz. Source) **Ras-al-Aïn**, die den Oued Za speist.

Bei **km 86** führt ein Teerstraßenabzweig rechts (Westen) nach **Foum al Oued,** über das Plateau du Rekkam und Richtung **Outat Oulad al Hadj** und **Missour.** Wer diese Strecke wählen will, muss nach ca. 23 km Teerstraße in Richtung Outat Oulad al Hadj links abbiegen und auf eine bei Trockenheit problemlose Piste gefasst sein, die allerdings bei Regenfällen mit einem Pkw kaum zu bewältigen ist. Vor Outat Oulad al Hadj trifft man dann auf die Teerstraße in Richtung Missour und Midelt.

Links (Osten) führt ein Abzweig in **Richtung Algerien** und **El Arish** (34 km bis zur geschlossenen Grenze).

Weiter in Richtung Bouarfa (nach Süden) führt die Strecke über El Terarid durch öde Halfagrassteppen bis Tendrara.

Bei **km 186** führt rechts eine Teerstraße nach **Matarka** (103 km, **N 33°04,227', W 02°00,197'**) und von dort weiter über das Plateau du Rekkam auf Piste nach Debdou und Taourirt (plus 163 km, nicht lohnend).

Nach **189 km** ist **Tendrara** (1500 m Höhe) erreicht. Der kleine Ort hat bereits Wüstencharakter, donnerstags ist Markt, es gibt eine Tankstelle. Weiter durch leicht hügelige Wüsten-/Steppenlandschaft erreichen wir nach **228 km** den Abzweig rechts zum **Stausee** (Schild „Barrage Hannou Ourzag", ca. 40 km Piste). Hier trifft man auf sehr freundliche Halbnomaden, die im Sommer ihre Zelte aufschlagen und im Winter in ihre Häuser in Aïn Benimathar ziehen.

Bei **km 249** erreicht man die Bahnlinie und die ersten Gebäude (Tonnengewölbebauten aus der Kolonialzeit) von **Bouarfa,** einem Mangan-Minenort (1200 m) am Fuße des **Djabal Bouarfa.** Es folgen eine Tankstelle sowie ein Kontrollposten. Der Hauptort ist 5 km weiter bei **km 254** erreicht.

Bouarfa

Die 25.000-Einwohner-Stadt bietet gute Versorgungsmöglichkeiten (Bank, Tankstelle etc.), aber keine Attraktionen für Touristen.

Unterkunft gibt's im einfachen **Hotel Tamlalt** (im Süden der Bushaltestelle) und im wesentlich komfortableren **M.B. Climat du Maroc***** (mit Pool, Bd. Hassan II. Tel. 0536 79 63 82, €€A). Der Hotelpool steht auch Nichtgästen gegen Gebühr offen.

Busse fahren dreimal täglich nach Figuig (ca. 25 DH).

Abzweig nach Boudenib – Errachidia (siehe Routen C) am Kreisverkehr rechts. In Richtung Figuig links abbiegen.

Bei **km 281** (32 km hinter Bouarfa) führt links ein beschilderter Abzweig zum **Dayet Lahjeh**, einem kleinen See, der nur bei ausreichenden Regenfällen Wasser führt. Der Abzweig der kleinen Teerstraße nach **Ich**, 2 km weiter, bleibt links liegen und es geht weiter südwärts bis zur Kreuzung bei **km 310 (N 32°13,176', W 01°42,610')**: Rechts führt eine Piste nach **El Menabh (Mengoub)** und nach **Boudenib – Errachidia** (siehe Route C 16). Diese landschaftlich schöne, aber zeitaufwendige Geländewagenpiste (die geteerte Straße endet nach einem ½ km beim Richtfunkmast) ist manchmal gesperrt, da sie nahe der algerischen Grenze verläuft, meist linker Hand eines großen Wadis und gesäumt von Bergketten links und rechts der Piste. Zahlreiche Nomaden siedeln entlang des Oueds, viele Abzweigpisten führen dorthin. Möglichst immer links vom Oued bleiben und auf die gemauerten Kilometersteine achten. Ab und zu sind Flussdurchfahrten durch betonierte Furten entschärft, man muss aber trotzdem noch durch zahlreiche Nebenarme und tiefe Rinnen fahren. Bei **N 32°15,686', W 02°14, 885'** (ca. 59 km) überfährt man die alten Eisenbahnschienen und Mengoub ist erreicht. Die Straße nach Errachidia ist dann nur noch wenige Kilometer entfernt!

In Richtung Figuig fahren wir geradeaus und erreichen bei **km 323 Oued al Mrit** und nach weiteren 10 km **Abbou Lakhal**.

Bei **km 363** kommt endlich die **Oase Figuig** in Sicht.

Figuig

Die **wunderschöne Oase** an der Grenze zu Algerien liegt auf 900 m Höhe an den Ausläufern des Wüstengebirges **Djabal Gru** (1839 m) – wegen ihrer Abgelegenheit verirren sich nur wenige Touristen hierher. Der Name Figuig gilt für den ganzen Distrikt, der aus **sieben einzelnen Ksour** (befestigten Lehmdörfern) besteht, in denen rund **12.600 Menschen** leben und **190.000 Dattelpalmen** die Wirtschaftsgrundlage bilden. Der größte Ksar ist **Zenaga** im Süden der Oasengruppe, der zweitgrößte Loudaghir im Nordwesten. Weitere Ksour sind **Ouled Slimane, Laâbidate, El Maïz** und **El Hammam Tahtani** sowie **El Hammam al Foukani**. Figuig verfügt über eine gut organisierte Oasenbewirtschaftung und war lange – im Gegensatz zu manchem Ksour im Tafilalet – keine sterbende Oase. Inzwischen nimmt aber auch hier die **Landflucht** immer stärker zu und die Einwohnerzahl sinkt. Die **Bevölkerung** ist sehr freundlich, ethnisch vielfältig von dunkel bis hell, mal begegnet man mit weißen Tüchern verschleierten Frauen, die gerade noch mit einem Auge sehen, dann wieder ganz modern gekleideten jungen Mädchen. Seit einigen Jahren sieht ein Masterplan zur Tourismusentwicklung (u.a. Ökotourismus) vor, Reisende in den Süden zu locken – die Oase ist wegen ihrer Ursprünglichkeit auf jeden Fall ein lohnenswertes Ziel.

In den bzw. um die Dörfer wird **Oasenfeldbau** betrieben, wobei der Obst- und Gemüseanbau im Vergleich zur **Dattelkultivierung** nebensächlich ist. Beim Oasenfeldbau beschattet die Dattelpalme als höchste Pflanze die nächsthöheren Sträucher und Obstbäume, die wiederum den am Boden wachsenden Futter- und Gemüsepflanzen – Zwiebeln, Tomaten, Kohl, Rüben etc. – Schatten spenden. Bei den Dattelpalmen gibt es weibliche und männliche Pflanzen. Normalerweise erfolgt die Befruchtung durch den Wind, aber bei allen größeren Datteloasen wird nachgeholfen, indem die Palmblätter mit den Blütenständen der männlichen Pflanze in die Wipfel der weiblichen Pflanzen gebunden werden. Neben den Datteln, die im November reif werden, liefern die Palmen Holz zum Bau von Häusern – verwendbar z.B. als Deckenbalken –, die Palmwedel werden zum Körbe- und Mattenflechten benutzt.

Die **Bewässerung** erfolgt traditionell durch ein weit verzweigtes Kanalsystem und mit Hilfe von **Khettaras** (in anderen Gegenden der Sahara auch **Foggara** genannt), einem unterirdischen Bewässerungsverfahren, das nach und nach wegen seiner komplizierten Wartung in Vergessenheit gerät. Früher wurden die Kanäle von schwarzen Sklaven *(Haratin)* gewartet und von Schutt und Schmutz freigeräumt. Dies will inzwischen in vielen

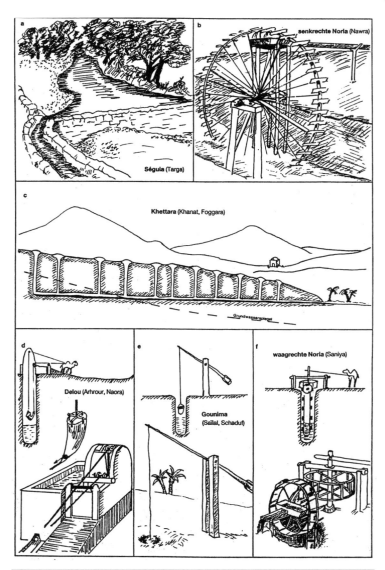

Oasenbewässerung (Entwurf: Popp; mit freundl. Genehmigung von Prof. Dr. H. Popp)

Route A 10: Figuig

Regionen kaum mehr ein Oasenbauer selbst tun. Figuig verfügt über ein ausgeklügeltes **Khettarasystem,** die Wassernutzung ist über ein spezielles Wasserrecht geregelt. Nach dem Austritt des Khettarawassers an die Oberfläche wird es in große Zwischenbecken und von dort in die Bewässerungskanäle *(Seguias)* weitergeleitet. Der Austritt des Foggarawassers wird in Zenaga auch zum Betrieb des Hammam genutzt.

Da Figuig in unmittelbarer Nähe zur (seit 1994 geschlossenen) **algerischen Grenze** liegt, ist mit Polizeikontrollen zu rechnen.

Sehenswertes

Die **Oasengärten** sollten Sie keinesfalls versäumen, denn selten kann man ein so intaktes Bewässerungssystem bewundern. Direkt rechter Hand vom Hotel Figuig führt eine Gasse zum Plateaurand und runter in die Gärten.

In Figuig gibt es ein **Ensemble Artisanal** (staatlicher Kunsthandwerksladen mit Festpreisen). Sehenswert sind zudem der (leider meist geschlossene) schöne **Stadtgarten** mit Plantschbecken für Kinder und das kleine **Museum** in Ksar Zenaga.

Im **Ksar El Hammam al Foukani** (*Hammam* = arab. „Bad") befindet sich eine unterirdische **warme Quelle** (32° C) mit sehr schmalem Zugang. Man erreicht sie, wenn man im Ort links Richtung Ksar El Maiz und Ksar El Hammam abbiegt (beschildert) und dann etwas bergauf bis zu einem kleinen Ksar auf dem Hügel fährt. Die zwei Zugänge zum Quellwasser befinden sich mitten im Ort und sind nicht zu erkennen: Von einer Holztüre in einer Art Vorbau eines verfallenen Hauses führen 116 Stufen in brütender Hitze und absoluter Dunkelheit (Taschenlampe mitnehmen!) hinunter bis zu einem ca. 4 x 3 m großen Becken, in dem das klare Wasser aus der dort entspringenden Quelle aufgefangen wird. Wenn man will, kann man dort kurz baden und sich erfrischen. Der zweite Zugang zu einem unterirdischen Wasserbecken befindet sich in der Nähe bei einer auffälligen Mauer; hier muss man nur etwa 20 Stufen hinabsteigen. Beide Becken sind Waschstellen für die einheimischen Männer (man trifft dort jedoch selten jemanden an). Am besten Sie lassen sich den Weg von einem Einheimischen zeigen oder Sie benutzen ein GPS-Gerät: **Zugang 1: N 32°07, 029', W 01°13,118', Zugang 2: N 32°06, 958', W 01°12,948'.**

Im gleichen Ksar liegt auch die **Zawia von Sidi Bou Amama,** der Anfang des 20. Jh. den Widerstand gegen die Franzosen organisierte.

Auf algerischer Seite sieht man an der Ostseite des Gebirgszuges **Djabal Zenaga** (1051 m) Felszeichnungen an einem 30 m hohen Berg. Außerdem befinden sich einige Zeichnungen an Überhängen mit vorgelagerten Grabstätten.

Ein Ausflug rund um die Oase und zum Tal des Oued Zusfana sowie zu einer Aussichtsterrasse am **Djabal Djorf,** wo man einen schönen Blick auf die Oasen hat, lohnt sich.

Information

- **PLZ von Figuig:** 61 000.
- Infos online unter **www.ville-figuig.info.**

Unterkunft

- **Auberge Dar Amane,** Ksar Zenaga, Tel. 0536 89 75 76, 0662 76 16 09 oder 0661 42 54 51, mazzedd@gmail.com. Nette Herberge mit Familienanschluss, freundlich und preisgünstig. €.
- **Auberge Oasis,** Rue Jamaa, Tel. 0536 89 92 20 oder 0668 26 38 20, harkass_smail@hotmail.fr, www.auberge-oasis.com. Hübsche familiengeführte Herberge im traditionellen Stil, preisgünstige und sehr originelle DZ mit Frühstück. €.
- **Elmeliasse,** Bd Hassan II., Tel. 0536 89 90 62. Einfaches Hotel, das schon bessere Zeiten gesehen hat (15 Zimmer mit Dusche). ½€ im Dreibettzimmer.
- **Figuig,** geradeaus durch Figuig (vorbei an Park und Militärstation) auf der rechten Seite, N 32°06,376', W 01°13,552', Tel./Fax 0536 89 93 09. Schön gelegenes, ordentliches Hotel mit Restaurant, Pool (nur im Sommer) und herrlicher Aussichtsterrasse über

ROUTE A 10: FIGUIG

die Oasengärten (Essen ca. 70 DH), Zimmer z.T. klimatisiert. Camping ist im Hof möglich (s.u.). €€.
- **Les Gîtes de Figuig – Les Cavaliers Oriental Caïd Mansouri,** vgl. Route A 8, Tel. 0661 16 52 99, www.marocorientalevasion.com. Schöne Herberge und Reiterhof (Kamel-, Reit- und Quad-Touren). €€€.
- **Maison de Nanna,** Rue Ouled Sellam, Ksar Zenaga, Tel. 0672 87 97 09, sbierry@gmail. com. Gästehaus im traditionellen Stil unter marokkanisch-französischer Führung (*Mostafa Bassim* und *Sylvie Bierry*). €€.

Camping

- **Im Garten des Hotels Figuig** (s.o.) gibt es 15 Stellplätze für Wohnmobile bzw. Zeltmöglichkeiten. Der innere ummauerte/-zäunte Teil ist separat über ein Tor abschließbar und verfügt über WCs und auf Wunsch warme Dusche. Der äußere Teil ist der Zugang zum Hotel.

- In Richtung **Ksar Laabidat, Zenaga** findet man schöne **wilde Lager- und Übernachtungsplätze** unter Palmen (die rechts abzweigende Piste wählen).

Essen und Trinken

Diverse Cafés in den Ksour, zu empfehlen sind das **Restaurant l'Oasis** und der **Salon de Thé Les Palmiers** mit netter Terrasse.

Busse

- 4- bis 5x tägl. Busse nach **Bouarfa** und weiter nach **Oujda**. Ab Bouarfa Anschluss nach Casablanca und Meknès.

Blick vom Hotel Figuig auf den Palmenhain der Oasengruppe

Geldwechsel

- **Banken** mit Geldautomat an der Ortsdurchgangsstraße (Bd Hassan II.); weitere Bank mit Geldautomat in Ksar Zenaga und bei der Post (mit Western Union) neben der Gemeindeverwaltung.

Krankenhaus/Ärzte

- Das **städtische Krankenhaus** mit 24-Std.-Bereitschaftsdienst bietet kostenlose Beratung und Behandlung.
- Zahnärztliche Behandlung (Mi, Do) durch **Dr. Azzeddine** im Haus gegenüber der Rotkreuzklinik, Tel. 0661 36 08 08.

Sonstiges

- In Figuig gibt es mehrere **Internetcafés**.
- Deutsche Figuig-Besucher sind bei **Klaus Fuchs**, der im Ortsteil Ksar el Maiz mit seiner marokkanischen Frau *Miluda* lebt, gegen Voranmeldung herzlich willkommen: Handy 0672 86 00 04, klausjuergenfuchs@yahoo.de. Er bietet auch deutschsprachige Führungen durch Figuig und die Oase an.

Fest

- **Festival International des Cultures Oasiennes**, jährlich in der zweiten Aprilwoche.

Route A 11: Nador – Guercif – Taza

- 194 km, N 2, N 15 und N 6

Gute, **breit ausgebaute Hauptverbindungsstrecke**. Der Bus folgt nicht exakt dieser Strecke, sondern verkehrt über Nador – Taourirt (s. Route A 7) und Taourirt – Fès bzw. hat Anschluss an die Bahn Taourirt – Taza – Fès.

Von Nador geht es auf einer vierspurigen Schnellstraße durch dicht besiedelte Gegend mit vielen Industrieanlagen. Halten Sie sich am Ortsende von Nador beim Kreisverkehr **links** (Richtung Selouane), rechts geht es nach Segangane.

Bei **km 11** gibt es einen Abzweig nach **Selouane**. Die Schnellstraße führt an dem großen Ort vorbei. Am Kreuzungspunkt zur Straße Oujda – Al Hoceima – Tétouan geht es rechts weiter auf der Schnellstraße in Richtung Taza – Al Aroui und Flughafen, der nach ca. 1 km rechter Hand liegt. Der große Ort **El Arou(w)i** mit vielen Geschäften ist bei **km 19** erreicht. Bei **km 24** geht es **links auf die N15** weiter in Richtung Guercif durch hügeliges, trockenes Bergland. Entlang der Täler und Orte zieht sich ein grüner Saum, die Weizenfelder begrenzen Kaktusfeigen.

42 km von Nador überquert man die **Passhöhe Col de Regada** (490 m). Wenige Kilometer danach führt rechts eine Straße zum **Stausee Guerruau**. Weiter auf der Hauptroute geht es durch eine hügelige, dünn besiedelte Landschaft mit baumhohen Agaven und Kakteen, dann durch eine Ebene mit Kornfeldern bis zu den östlichen Rif-Ausläufern beim kleinen Ort **Saka** (km 81).

130 km hinter Nador mündet die N15 in die N6 ein: rechts weiter nach Guercif, Taza, Fès. Links geht es nach Oujda.

Nur 1 km weiter folgt **Guercif**.

Guercif   III, B3

Die expandierende Kleinstadt weist keine besonderen Sehenswürdigkeiten auf. Durchreisende können sich hier mit allen Lebensmitteln, Treibstoff etc. versorgen. **Markttag** ist der Dienstag. Einige kleine unklassifizierte **Hotels** befinden sich im Zentrum. In Richtung Taza am Ortsende links (beschildert) gibt es einen einfachen **Campingplatz** mit wenig Schatten, Pool und Café-Restaurant.

Busse fahren mehrmals täglich in Richtung Taza, Fès, Rabat und Oujda. **Züge** fahren nach Fès (über Taza) sechsmal täglich (3 Std., 60 DH 2. Kl.), nach Oujda viermal am Tag (2½ Std., 54 DH 2. Kl.).

Von Guercif führt die gute Überlandstraße N6 weiter durch leicht hügelige Erosionslandschaft bis **Taza** (194 km ab Nador).

Atlas III, Karte S. 187, Stadtplan S. 277

ROUTE A 11: TAZA

Taza ♪ III, A3

Die Garnisonsstadt mit etwa **150.000 Einwohnern** liegt landschaftlich recht reizvoll an einem Hügel – nur selten verirren sich Touristen hierher. Auf dem Weg in den sehr schönen **Nationalpark Djabal Tazzeka** (siehe Route A 12) und zum Gebiet des Djabal Bou Iblane lohnt es sich durchaus, hier kurz Halt zu machen. Man kann Taza auch gut als Basis für Ausflüge in den Tazzeka-Nationalpark nutzen (dort keine Unterkünfte).

Die Stadt unterteilt sich in **Unter- und Obertaza** (die alte Medina) und ist von einer Stadtmauer aus der Zeit der Almohaden (12. Jh.) umgeben. Das Bordj (Festung) aus der Zeit der Saaditen (16. Jh.) überragt mit einem 26 m hohen Turm die Stadt.

Geschichte

Die **Ursprünge** Tazas reichen bis in die Steinzeit zurück. 1916 wurden in einer Höhle nördlich der Festung von Taza 25.000 Jahre alte menschliche Skelette gefunden. Den Grundstein für die Stadt legten die **Meknassa-Berber** im 8. Jh. um ein Ribat (befestigtes Kloster). Die Klosterfestung war ein wichtiges Bollwerk gegen Osten. Trotzdem wurde Taza von dem **Almoraviden-Eroberer** *Yussuf Ben Taschfin* 1074 und auch später immer wieder von den wechselnden Dynastien wie den **Almohaden** (12. Jh.), **Meriniden** (13. Jh.) und **Alawiden** (17. Jh.) erobert. Taza durchlitt eine wechselvolle Geschichte mit Kriegen und Seuchen, erlebte aber aufgrund seiner Lage im fruchtbaren Gebiet zwischen Rif und Mittelmeer immer wieder Blütezeiten. Bereits *Leo Africanus* beschrieb Taza als blühende und fruchtbare Stadt mit vielen Weinstöcken. **1912** wurde Taza ins **französische Protektoratsgebiet** einbezogen und mit der Unabhängigkeit 1956 ins marokkanische Reich eingegliedert.

Sehenswertes

Alle Sehenswürdigkeiten liegen in der **Altstadt Taza Haute** (Obertaza).

Wer zu einem Bummel in der Stadt verweilen will, kann die **große Moschee (Grande Mosquée)**, die der Sultan *Abd al Mum'in* im 12. Jh. errichten ließ und die von den Meriniden innen prachtvoll ausgestattet wurde, sowie das Minarett der **Grabmoschee des Stadtpatrons Sidi Azouz** besichtigen (beide nur von außen, kein Zutritt für „Ungläubige"). Die **Medersa** (Koranschule aus der Merinidenzeit, 1323) mit ihren schönen Räumen, in denen im Sommer gelegentlich Kunsthandwerk ausgestellt wird, kann besucht werden.

Beim Suq bzw. Bab Jemaa steht auch die etwas außergewöhnliche **Suq-Moschee** *(Jamaa es Suq)*, deren Minarett sich von oben nach unten verjüngt.

Die **Suqs** von Taza sind durchaus lohnenswert, denn hier gibt es keine Touristenprodukte, sondern ausschließlich Waren für die einheimische Bevölkerung. Der **Wochenmarkt** findet montags auf dem Suqgelände an der Stadtausfahrt nach Norden statt. Das **Handwerk** rund um Taza ist reich an Traditionen. Man findet auch im Suq die verschiedensten Handwerksbereiche, natürlich nicht so groß und vielfältig wie in Meknès oder Fès. Man kann die handwerklichen Produkte auch zu günstigen Festpreisen im **Ensemble Artisanal** (Neustadt) erwerben.

Von der **alten Stadtmauer** aus der Almohadenzeit sind nur noch die Stadttore und Bruchstücke erhalten.

Information

- Infos online unter **www.ville-taza.com**.
- **PLZ von Taza:** 35 000.

Unterkunft

Klassifizierte Hotels

- **La Tour Eiffel*****, Route de Fès, Tel. 0537 67 15 62, Fax 0537 67 15 63. Das beste Hotel am Platz, mit Restaurant, freundlicher Empfang. €€€B.
- **Dauphine****, Av. Mohamed VI. (beim Place de l'Indépendance), Tel. 0535 67 35 67. Einfache, saubere Zimmer mit Bad, TV und

Fenster zum Platz. Die Einrichtung ist schon etwas angeschlagen, aber die Zimmer sind sehr ordentlich und z.T. recht groß mit Balkon. €.
● **L'Étoile***, 39, Av. Mulay al Hassan (in der Medina), Tel. 0535 27 01 79. Einfach, aber sauber. €.

Unklassifizierte Hotels

●**De la Gare,** in der Nähe des Bahnhofs an der Route de Fès, Tel. 0535 67 24 48. Einfaches, ordentliches Hotel, Zimmer (mit/ohne Dusche) um einen schönen Innenhof. €.
●**De la Poste,** Av. Mohamed V. (gegenüber der Post am Place de l'Indépendance), Tel. 0535 67 25 89. Sehr einfache, stickige Zimmer mit Waschbecken, keine Duschen, neben dem CTM-Büro, mit Straßencafé (nur von Männern besucht). €E.

Essen und Trinken

●**Pizza Mou Mou,** Av. Moulay Youssef. Freundliches Schnellrestaurant mit günstiger Pizza, Paninis und Sandwiches. Man kann an Tischen auf dem Gehsteig sitzen. Nebenan gibt es Gebäck und Tee im netten Innenhof der **Boulangerie Amsterdam**.
●**Les Deux Rives,** 20, Av. Oujda. Hübsches, kleines und sauberes Restaurant mit guter Pastilla und Suppen, auch Tajine und Pizza.

Camping

Wohnmobilisten können **beim Café an den Ras-al-Ma-Wasserfällen** übernachten (siehe Route A 12).

Busse

●Der **CTM-Busbahnhof** und Büros diverser Busunternehmen liegen am Place de l'Indépendance, Tel. 0535 67 30 37.
●**Privatbusse** fahren ab der Route de Fès bzw. Route Bir Anzarane nahe des Bahnhofs ab (Hauptstraße nach Fès). Bequemer und schneller ist der Zug.
●Die **Sammeltaxis** halten beim großen Suqgelände an der Stadtausfahrt Richtung Norden. Sie fahren u.a. nach Fès, Oujda und Al Hoceima.

CTM-Verbindungen

●**Fès, Rabat, Casablanca:** 5x tägl.; nach Casa 8 Std. Fahrzeit, 140 DH; nach Fès ca. 2½ Std., 50 DH; nach Rabat ca. 6½ Std., 110 DH.
●**Tanger:** Nachtbus, 8 Std., 150 DH.
●**Larache:** 1x spätabends.
●**Marrakesch, Agadir:** 3x tägl.
●**Nador:** 1x frühmorgens, 50 DH, ca. 2½ Std.
●**Al Hoceima:** 1x nachts.

Bahn

Der **Bahnhof** liegt an der Av. de la Gare im Norden der Neustadt, Tel. 0535 67 26 62. Der Zug ist von Taza das schnellste und bequemste Verkehrsmittel.

Verbindungen und Preise

●**Fès – Meknès – Casablanca:** 8x tägl. (z.T. mit Umsteigen in Fès); nach Fès 2 Std., 2. Kl. 40 DH; nach Casa 6¼ Std., 2. Kl. 136 DH.
●**Taza – Oujda:** 4x tägl., 3½ Std. Fahrzeit, 2. Kl. 74 DH.

Sonstiges

●**Post** am Place de l'Indépendance.
●**Banken** liegen an der Av. Mohamed V. und am Place de l'Indépendance
●Neben dem Hotel Dauphine (Place de l'Indépendance) gibt es eine **Buchhandlung** mit französischen Zeitungen/Zeitschriften und Straßenkarten.

Feste/Veranstaltungen

●**Kultur- und Artistenwoche,** zum Gedenken an den Grünen Marsch und das Unabhängigkeitsfest *(Manifestations Culturelles et Artistiques à l'Occasion de l'Anniversaire de la Marche Verte et la Fête de l'Indépendance)* zwischen dem 6. und 18. Nov.
●**Touristik-Woche** *(Semaine touristique)*, im Sommer (genauen Termin im Touristenbüro erfragen).

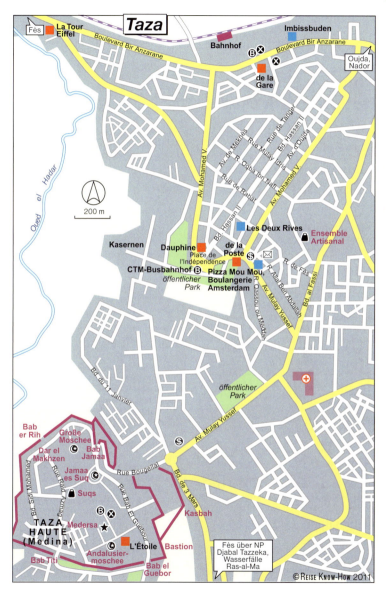

- **Manifestations Religieuses,** anlässlich der Mouloud-Feiertage von der Aissaoura-Bruderschaft in Taza organisiert.

Route A 12: Taza – Nationalpark Djabal Tazzeka – Fès

- **168 km, R 507**

Schmale Teerstraße, z.T. ausgefranst. Diese Strecke kann man nicht mit Bus, sondern nur mit Taxi oder Sammeltaxi fahren. Die Busse verkehren nur entlang der Hauptstrecke N6.

Die Neustadt in Taza (km 0) Richtung Medina verlassen und an den nächsten beiden Kreiseln links halten. Weiter bergauf Richtung Süd/Südost auf der R507. Im Frühjahr wirkt die hügelige Landschaft sehr idyllisch, mit Getreidefeldern, Olivenbäumen und blühendem Mohn. **6 km** hinter Taza enden die Häuser, die schmale Straße schlängelt sich den mit Pinien bewachsenen Hang entlang.

Bei **km 9** plätschert der kleine **Wasserfall Ras al Ma** unterhalb der Straße in der grünen Landschaft mit Oliven, Feigen, Feldern und Bewässerungskanälen. 1 km weiter lädt das sehr nette **Café/Restaurant Ras el Ma** unter einer Weinlaube und mit Aussichtsterrasse in einem üppigen Garten zu einer Rast ein. Wohnmobile können auf dem Parkplatz gegenüber des Cafés übernachten.

Es geht weiter bergauf entlang Olivenhainen durch karstige Landschaft.

13 km hinter Taza ist die Passhöhe **Col de Sidi Meibeur** (1200 m) mit kleinem Berberdorf erreicht. 1 km weiter befindet sich der Eingang in den **Nationalpark Djabal Tazzeka, N 34°08,127′ W 04°01,520′.**

Nationalpark Djabal Tazzeka

Bereits 1950 gegründet, wird der Park (www.tazekka.com) bisher kaum von Touristen besucht und ist daher herrlich ruhig. Im Bergland rund um den **Djabal Tazzeka** (1980 m) findet man noch unberührte Natur mit schroffen Karstfelsen, märchenhaften Steineichen-, Korkeichen- und Zedernwäldern und der sehenswerten Tropfsteinhöhle Friouato. In der Nähe von **Bab Boudir** bemüht man sich in einem Reservat um die Wiedereinführung der bedrohten Mufflons und Atlashirsche *(Cerf de Barbarie, Cervus elaphus barbarus)*, die 200 Jahre lang in der Region ausgerottet waren. In den Wäldern leben viele Wildschweine. Direkt am Eingang zum Park ist eine einstündige Wanderung ausgeschildert *(Sentier L'Aigle,* ca. 3 km). Auf der weiteren Strecke durch den Park gibt es (beschilderte) **Wanderwege** unterschiedlicher Länge und Schwierigkeit. Der längste Weg (Nr. 7, *La Cédraie*) ist 17,3 km lang und führt rund um den Djabal Tazzeka. Einen Überlick über alle Wanderungen findet man auf einer Tafel beim Infozentrum in Bab Boudir. Auch schöne Picknickplätze liegen an der Strecke. Außerhalb der Saison gibt es keine Versorgungsmöglichkeiten, im Sommer haben ein einfaches Café und ein Laden in Bab Boudir geöffnet. Im Winter wird es hier sehr kalt und es liegt z.T. Schnee. Unterkunft findet man in der einfachen Herberge Dayet Chiker (s.u.).

Bei **km 17** zweigt links die Straße nach Mehraoua (vgl. Route A 13, 34 km) ab, rechts weiter nach Bab Boudir. Die Strecke führt über ein schönes Hochplateau mit Getreidefeldern, die Menschen leben hier mit ihren Ziegen und Kühen in ärmlichen Hütten.

4 km **(km 21)** weiter geht es **rechts zur Grotte Friouato** (1 km). **Links** der Straße befinden sich die **Grottes de Chiker.** Die Tropfsteinhöhlen mit 5 km Ausdehnung liegen in einer Hochtalmulde mit dem kleinen See Dayet Chiker. Die Höhlen sind schwer zu finden und nur für geübte Höhlengänger mit Führer im Sommer begehbar. Hier bietet die einfache Herberge **Gîte Dayet Chiker** von *Mustapha Lachab* (Tel. 0667 64 06 26) Unterkunft.

Grotte (Gouffre) Friouato

Am Eingang zur Höhle befinden sich ein Park- und Picknickplatz, ein kleines Café so-

Djabal Tazzeka – Djabal Bou Naceur

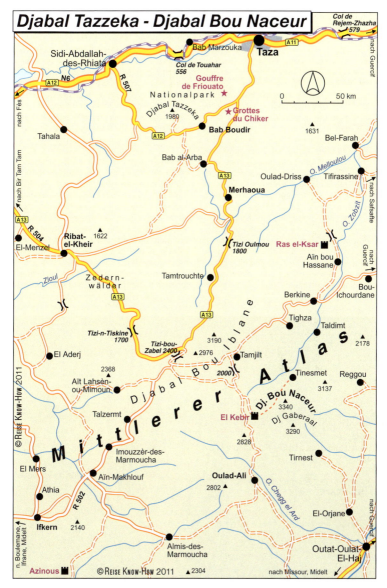

wie ein Kiosk mit Postkarten und einem Plan und Prospekt zur Höhle, **N 34°06,26′, W 04°04,36′.** Die beeindruckenden, unbedingt sehenswerten Höhlen dürfen **nur mit Führer** besichtigt werden. Ohne Führer darf man lediglich (gegen 5 DH Eintritt am Kiosk) in den tiefen Trichter am Eingang zur Höhle hinuntersteigen (steile Betontreppe mit mehr als 500 Stufen). Eine dreistündige, sehr abenteuerliche Führung kostet 200 DH für 2 Pers. Nach dem Abstieg in den Trichter geht es durch ein enges Loch in die stockfinstere Höhle. Innen braucht man unbedingt eine Stirnlampe und am besten auch noch eine größere Taschenlampe zum Ausleuchten der vielen **Tropfsteinsäle**. Außerdem sollte man nicht die beste Kleidung und feste Schuhe anziehen, denn der Weg führt über Betonstufen, Holzleitern, glitschige Holzbretter über kleine Wasserläufe und schlammige Felsen. Die Besichtigung endet an einem 70 m tiefen Brunnen, den man nicht überqueren kann. Für die abenteuerliche Tour sind eine gewisse Fitness, Beweglichkeit und Trittsicherheit unbedingt notwendig.

Die Grotte Friouato ist die **siebtgrößte Höhle Marokkos** (knapp 2,6 km lang, 25 m Durchmesser, 245 m tief). Die Höhle ist noch nicht komplett erforscht, gelegentlich wird von knapp 10 km Länge gesprochen, sodass sie mit dieser Ausdehnung die zweitgrößte nordafrikanische Höhle (nach der von Win Toumden bei Agadir) wäre. Leider wurden einige schönen Stalakmiten von dummen Touristen abgebrochen und die Wände der Höhle teilweise mit Graffiti verunstaltet.

Bei km 23 geht es zurück an der Hauptstrecke rechts Richtung **Bab Boudir** (1540 m Höhe), das bei **km 30** erreicht ist. Im Frühjahr und Winter herrscht hier eine Geisterstadtatmosphäre mit neuen und verfallenden Ferienhäusern, einem geschlossenen Café, einem Sportplatz mit leerem Schwimmbad und dem ummauerten Areal des Camping Lalloujir (Rasen und große Bäume, im Sommer evtl. geöffnet).

Am Kreisverkehr im Ort geht es rechts weiter nach Bab Azhar (25 km) und Sidi Abdel-

lah (42 km), **N 34°04,132', W 04°07,307'**. Gleich nach dem Abzweig liegt links das **Informationszentrum** des Nationalparks Djabal Tazzeka *(Direction Régionale des Eaux et Forets du Nord-Est)* mit einer Übersichtstafel zu den Wanderwegen. In der Nebensaison hat das Büro geschlossen.

Die Strecke führt weiter bergab durch Pinien- und Steineichenwald, bei schönem Wetter mit tollem Ausblick. Bei **km 51** zweigt links eine Straße nach Tazarine-des-Zerarda ab, rechts weiter. 2 km weiter führt rechts eine Piste zum **Djabal Tazzeka** (9 km Geländewagenpiste), **N 34°03,099', W 04°10,046'**. Von hier kann man schöne Wanderungen zum Gipfel (1980 m, ca. 4–5 Std.) und in die umliegenden Berge mit Zedern und (z.T. abgeschälten) Korkeichen unternehmen.

Bei **km 72** ist das lang gezogene Berberdorf **Bab Azhar** (mit Läden, Café, Téléboutique) erreicht. Ab hier ist es vorbei mit der Einsamkeit, es folgen Felder mit Getreide und Oliven. Ab **km 79** führt die Straße durch eine schöne **Schlucht** mit steilen roten Felswänden und vielen Höhlen *(Gorges de l'Oued Zireg)*. **87 km** hinter Taza mündet diese Route in die Hauptstraße N6 Fès – Guercif ein (rechts weiter). Aus der anderen Richtung kommend muss man hier links (!) abbiegen (unter Unterführung der N6 und Bahngleis), **N 34°10,263', W 04°19,255'**.

Weiter geht es auf guter, breiter Straße ohne landschaftliche Höhepunkte, vorbei am Stausee Idris I. **Vorsicht:** Viele Verkehrs- und Radarkontrollen im Umkreis von Fès! Bei **km 157** zweigt links die Route nach Rabat, Ifrane und Sefrou ab. 2 km weiter geht es links nach Sidi Harazem (2 km) und auf die Autobahn nach Rabat.

Sidi Harazem   ♒ V, D2

In Sidi Harazem befindet sich eine **Thermalquelle** mit heißem, stark kohlensäurehaltigem Wasser. Das dort abgefüllte **Mineralwasser** wird überall im Land verkauft. Man kann auch selbst Wasser in Flaschen füllen und mitnehmen. Hier herrscht vor allem am Wochenende ein ziemlicher Trubel – es ist interessant zu sehen, wie wichtig den Marokkanern diese Quelle ist. Leider sind die Grünanlagen von den vielen Picknickausflüglern oft ziemlich verschmutzt. Das Wasser wirkt angeblich heilsam bei Leber- und Nierenkrankheiten. Sidi Harazem ist ein Wallfahrtsort; im August findet ein Moussem zu Ehren des Heiligen *Sidi Mohamed Ben Ali Ben Ismail Harazem* statt.

Unterkunft im komfortablen **Hotel Sogatour Sidi Harazem******, Tel. 0535 69 01 35/ 41, sidiharazem@sogatour.ma, 60 klimatisierte Zimmer mit Balkon/Terrasse, Garten, Pool und Restaurant.

Nach etwa **168 km** Fahrt ab Taza ist die Stadtmauer von **Fès** beim Bab Ftouh (vgl. Routen B) erreicht.

Route A 13: Taza – Merhaoua – Djabal Bou Iblane – Bir Tam Tam – Fès

● Etwa 220 km, R507 und R504

Teerstraße bis Merhaoua und ab dem Refuge de Tainzert (z.T. löchrig), weiterer Ausbau geplant. Es gibt keine öffentlichen Verkehrsmittel. Die Strecke führt durch landschaftlich sehr schöne, einsame Hochgebirgslandschaft mit Zedernwäldern entlang der Bergkette des Djabal Bou Iblane zum gleichnamigen Skigebiet. Von dort verläuft die R504 nach Nordwesten Richtung Bir Tam Tam und zurück auf die Hauptstraße N6 nach Fès.

Anfahrt zum Nationalpark Djabal Tazzeka vgl. Route A 12. 17 km von Taza entfernt zweigt im Nationalpark links die Straße nach Mehraoua ab (beschildert, rechts zur Grotte Friouato, vgl. Route A 12).

In der Gouffre Friouato

Route A 14: Oujda – Guercif – Midelt

Bei **km 34** folgt **Bab al Arba** mit Forsthaus. **49 km** hinter Taza ist der kleine Ort **Merhaoua** mit **Markt** am Montag erreicht. Es geht weiter durch einen Torbogen links an der Polizeistation vorbei und bergab entlang eines Flusstales. Im Sommer ist das Flusstal trocken, aber zur Schneeschmelze oder nach Regenfällen strömt hier das Wasser bergab ins Oued Melloulou (Brücke bei km 53).

Bei **km 56** führt die Straße steil bergauf. Danach geht es geradeaus den Fluss entlang durch ein fruchtbares Tal mit Feldern und Olivenhainen. Nach einigen Kilometern verläuft die Strecke bergauf, bis bei **km 75** die Passhöhe **Tizi Oulmou** (1800 m) in ursprünglicher Gegend mit Zedern und Zypressen erreicht ist.

Nach insgesamt **81 km** liegt das **Maison Forestière** (Forsthaus) **Tamtrouchte** links der Piste. 5 km weiter folgt der Ort **Tamtrouchte** rechts. Ab hier gibt es kaum mehr Wald, dafür zahlreiche Felder.

Bei **km 89** geht es bergab ins Flusstal parallel zur Kette des **Djabal Bou Iblane** (höchster Berg: Moussa ou Salah mit 3190 m). Die Strecke verläuft weiter zwischen zwei Bergzügen auf einer Hochebene durch ein Tal mit vielen Nomadenzelten. Etwa 9 km weiter **(km 98)** mündet links die Piste von **Berkine** und dem **Pass Tizi bou Zabel** (2400 m) ein. Wer nordwärts nach Tamjilt und von dort auf den Pisten entlang dem Massiv Moussa ou Salah oder nach Süden in Richtung Boulemane weiterfahren will, muss sich hier links halten. Nach Bir Tam Tam, Rhibat El Kheir geradeaus weiter. Bei **km 102** führt links ein Abzweig zum *Maison Forestière des Aouna* – geradeaus weiter, bis die **Skistation Aman Imlalh** erreicht ist. Zwei große gelbe Zweckbauten, die als Hotel geplant waren, und ein nie in Betrieb genommener Skilift stehen in diesem Geisterort.

Die Strecke führt weiter durch einen märchenhaften Zedernwald und dünn besiedeltes Gebiet stetig bergab bis zur Barrière de Neige und **Refuge de Tainzert** (Bergunterkunftshütte) bei **km 128**. Mit herrlichen Ausblicken ins Tal windet sich die Straße zum Tizi Tiskine (1700 m) bergauf und dann in Serpentinen bergab. Bei **km 152** liegt linker Hand der größere Ort **Ribat-el-Kheir** (Tankstelle) am Berghang – weiter durch fruchtbares Gebiet mit großen landwirtschaftlichen Betrieben.

Insgesamt rund **182 km** hinter Taza mündet diese Route bei **Bir Tam Tam** in die N6 Richtung Fès (nach links) und Taza (nach rechts) ein. Bis Fès sind es noch ca. 40 km auf guter Straße (viele Verkehrskontrollen!).

Route A 14: Oujda – Guercif – Midelt

● **407 km, N 6 und N 15**

Gute Teerstraße. Die Route ist ab Guercif als schnelle Strecke nach Süden oder im Winter zur Umgehung der großen Pässe geeignet, es herrscht jedoch viel Verkehr. Als schnellste Ausweichstrecke empfiehlt sich die N19 (s. Route A 7) oder Nador – Guercif (s. Route A 11). Von Oujda nach Fès ist die Autobahn fast fertig (2011). Bus/Bahn von Oujda nach Guercif, Bus von Guercif nach Missour, weiter dann ab Missour Richtung Midelt.

Von Oujda durch eine flache Ebene ist nach **58 km El Ayoun** erreicht. Nach 27 km auf guter Straße folgt bei **Gesamt-km 107 Taourirt** (vgl. Route A 7). Im Zentrum zweigt südwärts eine Straße Richtung **Debdou** und zum **Plateau von Rekkam** ab. Sie endet 12 km hinter Debdou, dann führt eine schlechte steinige Piste weiter über das Plateau.

Weiter auf der Hauptstrecke Richtung Guercif zweigt bei **km 112** rechts vor einer Raststätte und Picknickplatz die N19 nach Nador und zum Stausee Mohamed V. ab (vgl. Route A 7). Die Straße führt westlich des Stausees entlang.

Ohne Abstecher erreichen wir bei **km 154** den Abzweig zur N15 nach Süden in Richtung Missour (geradeaus geht es nach Guercif, 4 km). Links weiter, bis bei **km 187 Mahirija** erreicht ist. Links erstreckt sich das Bergland von **Debdou**, eine Straße nach Rchida zweigt ab. Hier entdeckt man immer wieder Überreste aus der französischen Kolonialzeit, z.B. Forts und Kasernen, Friedhöfe, Viadukte und Brücken. Die semiaride Landschaft (Ta-

ROUTE A 14: OUJDA – GUERCIF – MIDELT

felberge) wird ab und zu durch Trockenflussbette – Zuläufe zum Oued Moulouya – unterbrochen.

236 km von Oujda entfernt liegt rechts das Dorf Oulad Jerrar bzw. **Fritissa** und Beni Ayadet auf der anderen Seite des **Moulouya** (sprich: Muluja) am Rande des Mittleren Atlas mit den Gipfeln des **Djabal Bou Naceur** (2700 m) und **Djabal Gaberaal.**

Bei **km 253,5** führt links eine Piste (brauchbar, bei Regenfällen schlecht) nach Berguent bzw. Aïn Benimathar.

22 km weiter, etwa bei **km 255,5**, liegen rechts in einigen Kilometern Entfernung die schönen Palmenoasen von **Oulad Rezzag** (Piste dorthin) am Fluss. Entlang des Moulouya gibt es im Kiesbett (etwas mühsam zu erreichen, einige Kilometer abseits der Straße) wunderschöne Plätze zum Campen.

278 km von Oujda entfernt liegt rechter Hand das Oasendorf **Outad-Oulad-El Haj.** Hier finden im September die **Moussems** Mulay Yaqub Ben Shel und Sidi Tissaf statt.

Weiter führt die Route durch flache, eintönige Steppe. Bei **km 281** kann man bei einem kleinen Ort **Oulad Ali** abzweigen und mit Geländewagen einen abenteuerlichen Abstecher auf Pisten in das abgelegene Gebiet des Djabal Bou Naceur unternehmen. Die Berge sind von der Strecke Outad-Oulad-El Haj – Missour nur schwach im Westen zu erkennen. Man ahnt auf dieser öden Strecke nicht, dass nur 20 km entfernt schroffe Gebirgslandschaften mit wunderschönen Berberdörfern und Zedernwäldern liegen.

Bei **km 325** ist die expandierende Kleinstadt **Missour** erreicht. Die Bevölkerung ist freundlich, es bieten sich alle Versorgungsmöglichkeiten. Ein Dach über dem Kopf findet man im angenehmen **Hotel Baroudi***** (mit Pool und Restaurant, Bd El Bassatine, am Ortseingang von Oulad Ali kommend). **Busse** fahren nach Boulemane, Fès, Midelt.

Variante:
Missour – Enjil – Zeida

Auf dieser Strecke (P5108) kann man relativ schnell nach Fès oder in den Mittleren Atlas gelangen.

Von Missour zunächst auf der N15 weiter in Richtung Süden bis zu einer **Kreuzung nach 5 km:** rechts nach Enjil und Midelt abbiegen, links nach Talsinnt. Bei **km 8** folgt ein weiterer Abzweig, rechts geht's nach Boulemane, links nach Midelt (rechts weiter). Die weitere Strecke führt durch öde, kaum bewachsene Gegend mit Plateaubergen.

Nach **60 km** folgt der kleine Ort **Enjil.** Nach weiteren 10 km **(km 70)** trifft man auf eine Gabelung: rechts nach Fès, links nach Midelt auf der R503; links weiterfahren.

Bei **km 100** liegt ein kleiner Ort rechts der Straße in einer Senke. Die Landschaft wird grüner – es wachsen Pappeln, Zitrusfrüchte, Apfelbäume, auch Ackerbau wird betrieben. Die Ausläufer des Mittleren Atlas erscheinen am Horizont.

Nach **118 km** mündet die Straße Ifrane – Midelt (N13) ein, nach weiteren 2 km erreichen wir den Ort **Bouloujoul.**

Bei **Gesamt-km 127** folgt das Straßendorf **Zeida** (Abzweig rechts nach Khénifra, links nach Midelt). Kurz danach folgt links der gute **Campingplatz Timnay** (s. Route B 6).

Von Missour weiter auf der Hauptstrecke erreicht man bei **km 330** den Ort **Oued Choff Erg Cherg** (sprich: Schoff Erg Scherg), eine Brücke führt über die breite Moulouya. Ab hier bis Tamdafeit folgen wunderschöne grüne Flussoasen zwischen vielfältig geformten rotbraunen Felsen.

Bei **km 333** zweigt rechts eine Straße nach Boumalne ab (86 km). Links weiter nach Midelt wird nach 25 km der Fluss Moulouya auf einer Brücke überquert. Das grüne Flusstal steht in starkem Kontrast zur reizvollen Wüsten-Canyon-Landschaft ringsum.

Der Ort **Tamdafeit** ist nach weiteren 7 km, bei **km 366**, erreicht. Es folgen einige zerfallene Lehmdörfer und Reste von Festungen, bei **km 371** das **Bordj Saida** und bei **km 377** das **Bordj Ksabi** rechter Hand.

Nach insgesamt **396 km** ist die Hauptstraße N13 (Azrou – Errachidia) erreicht, rechts weiter.

407 km von Oujda entfernt liegt die Stadt Midelt (s. Route B 6).

Routenteil B:
Mittlerer Atlas

In der Medina von Fès (Fès el-Bali)

Traditionell herausgeputzt:
das Hotel Kasbah Asmaa in Midelt

Berbermädchen im Mittleren Atlas

Einleitung zu Routenteil B

Routenübersicht: Mittlerer Atlas
- **Meknès** / S. 288
- **Route B 1:** Meknès – Mulay Idris – Volubilis – Fès / S. 301
- **Fès** / S. 307
- **Route B 2:** Fès – Sefrou – Dayet Ifrah – Ifrane – Azrou / S. 337
- **Route B 3:** Azrou – Meknès / S. 348
- **Route B 4:** Fès – Imouzzer Kandar – Ifrane / S. 350
- **Route B 5:** Azrou – Aïn Leuh – Sources de L'Oum er-Rbia – Aguelmame Azigza – Khénifra / S. 350
- **Route B 6:** Khénifra – Zeida – Midelt / S. 354
- **Route B 7:** Azrou – Timahdite – Midelt / S. 357
- **Route B 8:** Fès – Sefrou – Boulemane – Zeida / S. 361
- **Route B 9:** Zeida – Boumia – Cirque de Jaffar (Jaafar) – Midelt / S. 361
- **Route B 10:** Khénifra – Kasba Tadla – Beni-Mellal / S. 364
- **Route B 11:** Beni-Mellal – Ouaouizarht – Zaouiat Ahansal – Tabant – Agouti / S. 367
- **Route B 12:** Marrakesch – Oued-el-Abid-Schlucht – Ouzoud-Wasserfälle – Azilal – Agouti (Aït-Bougoumez-Tal) / S. 375
- **Route B 13:** Beni-Mellal – Bin el-Ouidane – Azilal – Demnate – Marrakesch / S. 382

Der **Mittlere Atlas – das grüne Herz Marokkos** – wird im Vergleich zum Hohen Atlas von relativ wenigen Touristen besucht, fehlen doch spektakuläre Schluchten, Palmen und Kasbahs. Auch als Wandergebiet ist der Mittlere Atlas noch wenig bekannt – vielleicht ähneln die grünen Wälder mit den sprudelnden Bächen zu sehr unseren Landschaften? Schade, denn der Mittlere Atlas ist nicht ohne Grund das bevorzugte Ausflugsgebiet der Stadtbevölkerung von Fès und Meknès und bietet für **Wanderer** ohne alpine Ambitionen abwechslungsreiche Eindrücke. Die Region **Ifrane, Azrou, Imouzzer** hat **Mittelgebirgscharakter,** dort plätschern Bäche zwischen grünen Wiesen und Obstbäumen, hausen **Berberaffen** in uralten **Zedernwäldern,** und grünblaue Seen laden zum Baden ein.

Der Mittlere Atlas kann aber auch mit **zerklüfteten Hochgebirgslandschaften im Osten** (Djabal Bou Iblane, siehe Routenteil A) **und Süden** im Übergang zum Hohen Atlas (Djabal Ayachi) aufwarten; diese Regionen zählen zu den schönsten Marokkos, hier finden Skitourengeher im Winter/Frühjahr optimale Bedingungen für einsame Touren. Nirgendwo im Land haben wir so ursprüngliche Dörfer entdeckt wie in den Hochgebirgsregionen des Mittleren Atlas.

Vor allem im Mittleren Atlas sind die schwarzen Wollzelte der **Halbnomaden** zu bewundern, die hier ihr Sommerquartier aufschlagen.

Diese Region sollten Sie auch abseits der Hauptwege gründlich bereisen, denn hier kommen **Naturfreunde** voll auf ihre Kosten, und zum Wildcampen gibt es zahlreiche romantische Stellplätze.

Von **Dezember bis März** sind die Höhen des Mittleren Atlas **schneebedeckt,** manchmal liegt in den Hochgebirgszonen über 2300 m auch noch im Mai Schnee, was bei der Reiseplanung zu berücksichtigen ist.

Mit den **Königsstädten Meknès und Fès** (UNESCO-Weltkulturerbe), dem **Wallfahrtsort Mulay Idris** und den sehr gut erhaltenen römischen Ruinen von **Volubilis** kann dieses Gebiet zudem mit unvergleichlichen kulturellen Höhepunkten aufwarten.

ROUTENPLAN B

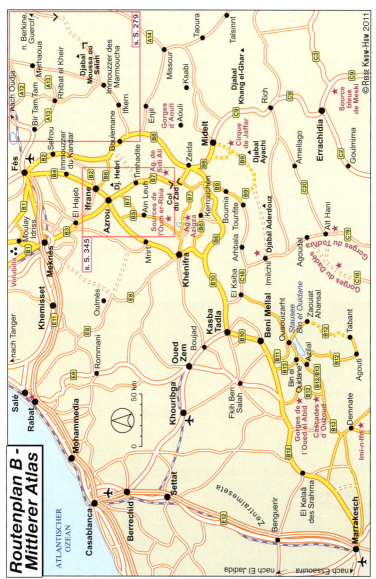

Meknès ♪ V, C2

Meknès liegt auf einer Hochebene 550 m über dem Meer und **zählt zu den vier Königstädten** Marokkos. Die Stadt mit rund **600.000 Einwohnern** besteht aus zwei Teilen, die durch den Fluss Boufekrane voneinander getrennt sind. Meknès liegt in einem der landwirtschaftlich reichsten Gebiete mit einem gesunden, milden Klima über das ganze Jahr.

Meknès ist wichtiges **Handwerks- und Handelszentrum**. Die nationale Landwirtschaftsschule und zahlreiche Nahrungsmittelindustriebetriebe befinden sich hier. Meknès ist außerdem bekannt für seine **Weine,** die durchaus die Qualität guter französischer Landweine erreichen. Nach dem Abzug der französischen Winzer infolge der Unabhängigkeit wurden die Weingüter vom Staat übernommen und die Anbauflächen verkleinert – Hauptabnehmer ist nach wie vor Frankreich. Die bekanntesten Marken sind Ksar, Guerrouane und Les Trois Domaines, vorwiegend Rot- und Roséweine, die von Meknès Vins vertrieben werden und direkt im Zentrallager gekauft werden können (siehe Einkaufen/Wein).

Der **relative Wohlstand** der Region macht sich auch in der Stadt bemerkbar. Die Neustadt und ihre Bewohner wirken **modern** und dem Westen gegenüber sehr aufgeschlossen. In der Medina hingegen überwiegt wie in den meisten Altstädten Marokkos die traditionelle Kleidung und Lebenseinstellung.

Meknès wird von Touristen nicht so stark frequentiert wie Fès, hat aber eine Menge historischer Sehenswürdigkeiten zu bieten. Um diese kennen zu lernen, nimmt man am besten einen Stadtführer in Anspruch (vgl. Information/Offizielle Stadtführer).

Geschichte

Meknès verdankt seinen Namen dem **Stamm der Meknèssa,** die vom Osten her kommend sich zu Anfang des 10. Jh. an den Ufern des Flusses niederließen. Die **almora-**

Atlas V, Karte S. 287, Stadtpläne S. 290, 292, 293   MEKNÈS

vidische Festung Tagrart, die *Yussuf ibn Tashfin* 1063 erbauen ließ, bildet den Mittelpunkt der Stadt. Die **Almohaden** als Nachfolger der Almoraviden, richteten ein Wasserversorgungsnetz ein.

Unter den **Meriniden** wurde die Stadt beträchtlich vergrößert, aber erst unter dem **Alawidenherrscher Mulay Ismail** (1672–1727) erlebte Meknès seine **Blütezeit.** *Mulay Ismail* wurde wegen seiner Grausamkeit und Prunksucht, aber auch als Baumeister bekannt. Der „Ludwig XIV. Marokkos", wie er oft genannt wird, ließ mit Hilfe von 30.000 Sklaven Gärten, Stadtmauern von 40 km Länge und Paläste von gewaltigen Ausmaßen bauen. So fanden in den riesigen Stallungen 12.000 Pferde Platz, und die Getreidespeicher hatten die Dimensionen einer Kathedrale. Im ganzen Land ließ er 76 Festungen bauen und vertrieb mit seiner 150.000 Mann starken Armee die Engländer aus Tanger und die Spanier aus Larache und Mehdia. Selbst die Türken konnte er im Osten des Reiches aufhalten. *Mulay Ismail* hatte angeblich 500 Frauen und ca. 800 Söhne, die Mädchen wurden wie üblich nicht gezählt.

Nach dem Tod *Mulay Ismails* verlegten seine Nachfolger die **Königsresidenz nach Fès.** Während der Kämpfe um die Nachfolge wurden die Paläste von Meknès zerstört. Das **Erdbeben** von 1755 trug zur weiteren Verwüstung der Stadt bei.

Erst nach 1912 kam Meknès wieder entscheidende Bedeutung zu, als es zu einem der wichtigsten landwirtschaftlichen Zentren Marokkos wurde.

Sehenswertes

Meknès ist dreigeteilt: in die **Neustadt** *(Ville nouvelle),* die **Altstadt** (Medina, seit 1996 UNESCO-Weltkulturerbe) mit den Suqs und in die 4 ha große *Ville impérale,* die **Königsstadt,** deren Monumentalbauten von *Mulay Idris* errichtet wurden. Am besten nimmt man sich zwei Tage Zeit, notfalls reicht auch je ein

Markthalle mit Lebensmitteln (Medina)

halber Tag für die Medina bzw. Ville impérale. Am besten startet man den Stadtrundgang am **Place el Hedim (N 33°53,607', W 05°33,974').**

Die Medina

Der 200 x 100 m große **Place El Hedim** am Rande der Medina ist das lebhafte Zentrum der Straßenhändler, Treffpunkt der Einheimischen und wichtigster Orientierungspunkt in der Stadt. Dort erhebt sich auch das **berühmteste Tor Marokkos,** das **Bab El Mansour.** Das mit kostbaren Keramikfliesen und Reliefs ausgeschmückte dreibogige Tor wurde 1732 vollendet. Hier wurden früher Gerichtsverhandlungen abgehalten und die Köpfe der Hingerichteten ausgestellt.

Am nördlichen Ende des Place El Hedim befindet sich der 1882 erbaute Palast **Dar Jamai,** in dem das **Museum für marokkanische Volkskunst** untergebracht ist (Eintritt 10 DH, tägl. außer Di 9–18 Uhr). Der sehr schön ausgestattete ehemalige Wesirspalast ist ein Musterbeispiel für einen marokkanischen Stadtpalast und nicht nur wegen seiner Architektur, sondern auch wegen der antiken Ausstellungsstücke (Kleidung, Waffen, Einrichtungsgegenstände, Schmuck und Dinge des täglichen Lebens) sehr sehenswert. Während der Zeit des französischen Protektorats diente der Palast als Hospital, seit 1920 ist das Museum dort eingerichtet.

Gleich an der Westseite des Place El Hedim, in dem Gebäude hinter den Imbissständen mit Sitzgelegenheit, stehen die **Lebensmittelmarkthallen,** die einen Besuch lohnen. Hier türmen sich Obst und Gemüse, eingelegte Zitronen, verschiedenste Olivenvariationen, Gewürze und vieles mehr.

Nördlich des Platzes beginnt die Medina mit den **Suqs** (franz. *Souk):* der **Korbflechtersuq,** der **Schmuck- und Stoffmarkt,** im Nordwesten am Bab Djedid finden sich die **Musikinstrumentenhändler** und zahlreiche andere Geschäfte und Handwerksbetriebe. Die Suqs von Meknès sind noch recht **ursprünglich** und wenig auf Touristen ausgerichtet. In den Hallen **(Qissaria)** kaufen die Einheimischen Textilien, Haushaltswaren (wie günstige Teegläser und Kannen) und allen

MEKNÈS

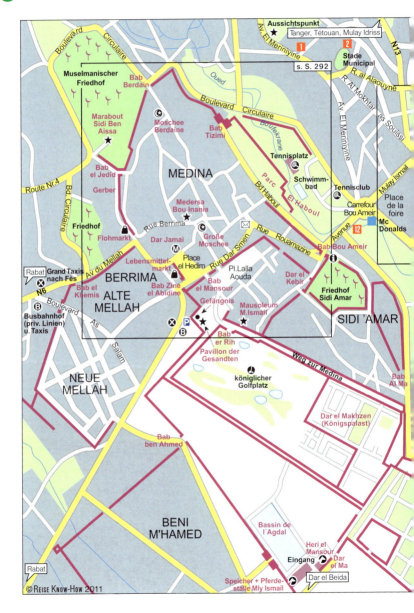

Atlas V, Karte S. 287, Stadtpläne S. 292, 293

MEKNÈS

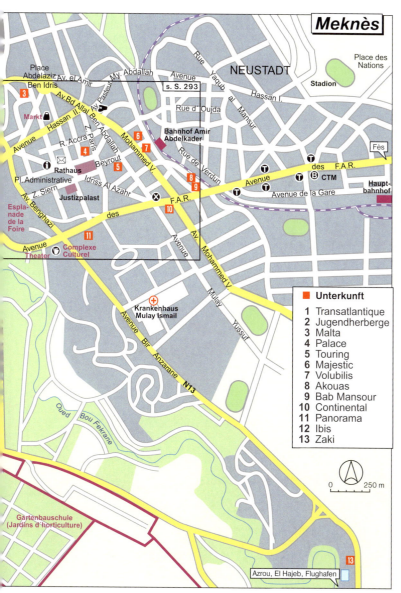

möglichen Krimskrams für den täglichen Bedarf. Zwischen dem Babuschen-, Textilien-, Teppichsuq und der Moschee Nejjarine liegt der sehenswerte **Palais Tafilalet** (10, Derb Tiribine Zenkat Nejjarine), ein prachtvoll renovierter Palast aus dem 18. Jh., der heute ein Restaurant beherbergt.

Die älteste Moschee von Meknès, die **Moschee Nejjarine** aus dem 10. Jh., steht fast nebenan in der Nejjarine-Gasse, die zum **Suq Ed Dlala** führt, wo außer freitags jeden Nachmittag Teppiche und Decken verkauft werden.

Von dort gelangt man weiter zur **Medersa Bou Inania** (Eintritt 10 DH, tägl. 9–12 und 15–18 Uhr, an Feiertagen geschlossen), einem der bedeutendsten islamischen Bauwerke der Stadt, errichtet unter dem Merinidensultan *Abu el Hassan* und vollendet von seinem Sohn *Fariz I. Abu Ainan* (1336–50/56). Der Innenhof mit Reinigungsbrunnen ist mit sehr schönen Fliesen und Holzschnitzereien ausgestattet. Das obere Geschoss, das von einer zedernholzgeschnitzten Galerie zum Innenhof hin begrenzt wird, beherbergt die winzigen Zellen der Koranschüler. Die Me-

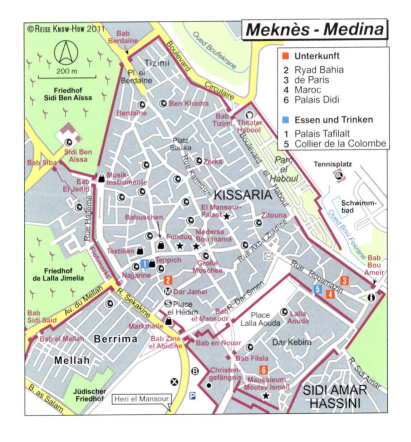

dersa (Medrese) wurde im 16. Jh. um ein theologisches Institut erweitert. Von der Dachterrasse genießt man einen schönen Ausblick.

Nahebei (südlich) erhebt sich **Jemaa el Kebir**, die große Moschee mit zwölf Eingängen. Sie bildet den Mittelpunkt der Altstadt und ist ein guter Orientierungspunkt, falls man sich im Gassengewirr verläuft. Von dort kommt man wieder zurück zum Place el Hedim.

Wer sich nun vom Stadtbummel erholen will, kann sich im kleinen **Park El Haboul** im Osten der Medina unter großen Bäumen ausruhen. Die Wasserbecken im Park werden durch den vorbeifließenden Oued Boufekrane (Wed Bufkran) gespeist. Hier gibt es auch eine Freilichtbühne, wo im Juli im Rahmen des *Festival National du Théâtre* Aufführungen stattfinden. Auf der anderen Seite des Oued Boufekrane befinden sich das öffentliche Schwimmbad und ein kleiner Zoo. Über die lebhafte Av. Mulay Ismail gelangt man von hier in die Neustadt.

Die Ville Impériale

Die sogenannte Ville Impériale (**Königsstadt**) ließ der prunksüchtige Alaouiten-Herrscher *Mulay Ismail* im 17. Jh. von Tausenden Sklaven als neues Regierungsviertel mit Palästen, Gärten, Moscheen, Pferdeställen und dunklen Verliesen errichten (vgl. Geschichte).

Vom Place el Hedim gelangt man durch das **Bab El Mansour** zum Platz **Lalla Aouda** (mit Moschee), dem früheren Aufmarschplatz der schwarzen Garden, einem riesigen Heer von schwarzafrikanischen Sklaven, deren Loyalität sich *Mulay Ismail* sicherte, indem er sie heiraten ließ und dadurch für die natürliche Vermehrung seiner Truppen sorgte. Zum Ende seiner Herrschaft soll dieses Heer über 150.000 Mann umfasst haben. Rechts (südwestlich) an den Platz anschließend liegt der **Qubbet Khayattine bzw. as-Sufara,** ein Pavillon, in dem *Mulay Ismail* ausländische Botschafter empfing (Eintritt 10 DH). Links vom Pavillon führt eine Treppe in die riesigen

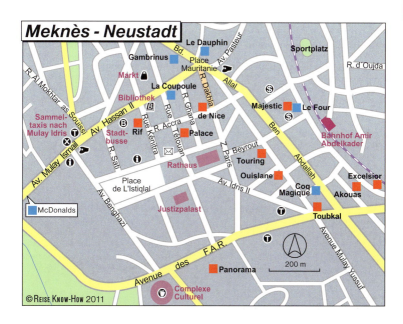

MEKNÈS

unterirdischen Gefängnisse (Besichtigung mit Führer möglich, Eintritt 10 DH, tägl. 9–12 und 15–18 Uhr, an Feiertagen geschlossen). Die Verliese fassten einst ca. 50.000 Gefangene. Sowohl Christen, die bei Kämpfen mit Briten, Spaniern und Franzosen gefangen genommen wurden, als auch marokkanische Aufwiegler, Straftäter und Piraten der Bou-Reg-Reg-Republik warteten hier auf ihre Befreiung. Einige Gefangene wurden als Sklaven an die Diplomaten verkauft oder mussten Fronarbeit bei der Errichtung der Prunkbauten *Mulay Ismails* leisten. Mittlerweile wird jedoch angezweifelt, ob es sich bei den unterirdischen Hallen tatsächlich um Gefängnisse gehandelt hat – neuere Theorien sprechen von einem Lebensmittellager.

In der Nähe lag am **Bab Filala** das eigentliche Palastgelände. Dort befand sich der Palast **Dar el Kebira,** die Hauptresidenz *Mulay Ismails* aus 20 Gebäuden. Nun erhebt sich auf den Ruinen ein Wohnviertel, das noch den gleichen Namen trägt.

Südlich vom Place Lalla Aouda und Bab Mansour gelangt man zum **Bab er Rih** (Tor des Windes) und zum **Mausoleum und der Moschee Mulay Ismails** aus dem 17. Jh. (tägl. 9–12 und 15–18 Uhr, Fr 15–18 Uhr, Trinkgeld für den Wächter). Durch die relativ schlichten Vorräume gelangt man zum kunstvoll in maurischem Stil ausgestatteten Mausoleum, von dessen Eingang Nicht-Muslime einen Blick auf die Grabstätte werfen können. Die Moschee darf man als Ungläubiger nicht besichtigen.

Das Mausoleum liegt an einer 10 m breiten Straße von 1 km Länge, die von wuchtigen Mauern umgeben ist. Hinter diesen Mauern verbirgt sich der Königspalast **Dar El Makhzen,** der Ende 18. Jh. gebaut wurde (keine Besichtigung möglich). Der Palast des ehemaligen Sultans *Mohammed Ben Abdallah,* **Dar el Beida** (18. Jh.), in dem heute eine Militärakademie untergebracht ist (keine Besichtigung möglich), schließt sich im Süden an. Nahebei liegen die Pferdeställe *Haras* der Militärakademie, die man besuchen kann (So geschlossen).

Zur **Vorderseite des Königspalastes** mit den Palastwachen und weiter zu den **Pferdeställen von Mulay Ismail** gelangt man, wenn man die Mauerstraße nach Südosten bis zum Gelände der Gartenbauschule *(Jardins d'Horticulture)* läuft und dort nach rechts durch ein Tor am Königspalast vorbei nach Westen geht (s. Beschilderung). Ca. 500 m der Mauer folgend, erreicht man die Überreste des **Heri el Mansur bzw. Heri Es Souani** (tägl. 9–12 und 15–18 Uhr, Eintritt 10 DH), ein riesiger Getreidespeicher aus dem 17. Jh. mit den Ausmaßen einer Kathedrale (12 m hoch, 23 Schiffe), und die ehemaligen **Pferdeställe des Mulay Ismail** (*Jemma Roua* = Stallmoschee). Die Ställe hatten eine Ausdehnung von 5 km und waren von Kanälen zur Tränkung der über 12.000 Pferde durchzogen. Aus riesigen Zisternen wurde über hölzerne Wasserräder *(Norias)* Wasser nach oben zu den Kanälen geschafft. Die Anlage trägt des-

Mausoleum Mulay Ismails

halb auch den Namen **Dar el Ma bzw. Borj el Ma** („Haus des Wassers" bzw. „Wasserburg"). Die Stallmoschee und ein Wasserrad wurden hervorragend renoviert. Auf dem Dach des Dar el Ma gibt es ein Café mit Blick auf das Wasserbecken, das hinter dem Speicher liegt. Das Wasserbecken **Aguedal bzw. Sihridjes-Souani** mit riesigen Ausmaßen (400 m Länge, 100 m Breite und 4 m Tiefe) diente angeblich den 500 Konkubinen *Mulay Ismails* als Bade- und Vergnügungsbecken und nicht der Bewässerung.

Rund um die Mauern der Medina

Wer nach der Besichtigung der Ville Impériale und der Medina noch Ausdauer hat, kann vom **Parc El Haboul** (s.o.) entlang des Bd Haboul und der Altstadtmauer bis zum **Bab Tizimi** (Mittelpunkt des **Töpferviertels**) zum **Bab Berdain**, dem Tor der Sattler (Ende 17. Jh.), laufen. Vom Bab Berdain geht es vorbei am **Friedhof Sidi Ben Aissa** mit der **Qubba** (Grabmal) des Marabuts **Mohammed Ben Aissa**. Er war der Gründer der Aissaouna-Sekte (einer Sufi-Bruderschaft) und ist der Schutzpatron der Gaukler, Schlangenbeschwörer und Tänzer. Jedes Jahr zu seinem Moussem (siehe Feste) finden sich hier Pilger aus dem ganzen Land ein.

Entlang der Mauern gelangt man zum Tor **Bab el Khemis** (17. Jh.) und durch die neue **Mellah** (Judenviertel) zum Stadtteil Beni M'hammed (im Süden der Mellah), wo man die **Medersa** (Koranschule) **Jammaa er Rouah** besichtigen kann. Von Süden her nähert man sich nun durch das Stadtviertel **Zitouine** wieder der Königsstadt (Ville Impériale) und gelangt am Heri Dar el Ma und Königspalast vorbei zur Medina.

Alternativ ist eine **Umfahrung der Altstadt** entlang der Mauern bis zur Ville Impérale mit dem Auto, der Kutsche (ca. 150 DH) oder dem Taxi möglich, um die Ausmaße der riesigen Königsstadt zu ermessen.

Information

- **O.N.M.T.,** 27, Place Administrative, Tel. 0535 52 44 26, meknes@tourisme.gov.ma.
- Informationen über Mèknes im Internet unter **www.visitmeknes.ma.**
- **PLZ von Mèknes:** 50 000.

MEKNÈS

- **Offizielle Stadtführer:** Sehr empfehlenswert sind die deutschsprachigen Führer Herr *Idriss Ben Makrane* (Mobil 0661 98 60 72) und Frau *Itimad Chbihi* (Mobil 0661 159728). Eine halbtägige Stadtführung kostet ca. 250 DH (für mehrere Personen).

Unterkunft

Klassifizierte Hotels

- **Malta******, 3, Rue Charif El Idrissi, Tel. 0535 51 50 20, www.hotel-malta.ma, maltahotel@hotmail.com. Relativ neues, freundliches und vornehm eingerichtetes Hotel mit 58 klimatisierten Zimmern mit TV. Nachtclub, Internet verfügbar. €€€€.
- **Rif******, 10, Rue d'Accra, Tel. 0535 52 25 91/94, www.hotel-rif.com. 110 geräumige, klimatisierte Zimmer mit Balkon und Sat-TV, drei Restaurants und Nachtclub, Pool. Zentrale Lage in der Neustadt, bewachter Parkplatz. €€€B, 50% Ermäßigung für Kinder unter 10 Jahren.
- **Transatlantique******, Rue Al Mariniyine, Tel. 0535 52 50 50, www.transatlantique-meknes.com. Traditionsreiches (seit 1927), in den letzten Jahren leider vernachlässigtes und ziemlich angestaubtes 4-Sterne-Hotel mit großem Park, Tennisplatz, Pool und toller Aussicht auf die Stadt. 120 klimatisierte, maurisch gestaltete Zimmer mit TV in zwei Trakten. Bewachter Parkplatz. €€€€A.
- **Zaki******, Bd El Massira, Tel. 0535 52 00 63 oder 51 41 46, hotelzaki@menara.ma. Außerhalb des Zentrums gelegenes gepflegtes Hotel mit hübschen Zimmern im maurischen Stil und Terrasse zum Garten. Pool, Bar mit Live-Musik, zwei Restaurants. €€€B.
- **Akouas*****, 27, Rue Amir Abdelkader, Tel. 0535 51 59 67/68, www.hotelakouas.com, hotelakouas@yahoo.fr. Modernes Hotel mit 50 hübschen Zimmern mit Sat-TV und Klimaanlage/Heizung, gratis WiFi. Panoramaterrasse, Pool, Bar und Nachtclub. €€€.
- **Ibis Moussafir*****, Av. des F.A.R, Tel. 0535 40 41 41, Fax 0535 40 42 42, www.ibishotel.com. Modern gestaltetes und ausgestattetes Mittelklassehotel mit Pool, zentral in Gehweite zwischen Neustadt und Medina gelegen. Klimatisierte DZ mit TV, eigener Parkplatz, sehr gutes Preis-Leistungsverhältnis, Frühstücksbuffet. €€€B.
- **Majestic****, 19, Bd Mohammed V., günstige Lage nur ca. 100 m vom Bahnhof Amir Abdelkader, Tel. 0535 52 20 35, 0535 52 03 07, Fax 0535 52 74 27. Einfache, saubere Zimmer mit und ohne Bad, freundlicher Empfang. Zur Straße hin laut, nach einem Zimmer zum Innenhof fragen. €A (Handeln ist möglich).
- **Nice****, 10, Rue d'Accra, Tel. 0535 52 03 18, www.hoteldenice-meknes.com, nice_hotel@menara.ma. Hotel in günstiger, zentraler Lage mit sauberen, ordentlichen Zimmern. Bar und Restaurant mit sehr gutem Frühstück. €€€B.
- **Ouislane****, 54, Av. Allal Ben Abdellah, Tel. 0535 52 17 43, 0535 52 48 28, www.hotel-ouislane.com. Freundliches Hotel in Gehweite zum Bahnhof Amir Abdelkader, mit klimatisierten, sauberen Zimmern mit TV. €€.
- **Palace****, 11, Rue de Ghana, Tel. 0535 52 57 77, in Gehdistanz zum Bahnhof Amir Abdelkader. Einfache, saubere Zimmer, recht gutes Preis-Leistungsverhältnis. Sicheres Parken möglich. €€B.
- **Excelsior***, 57, Av. des F.A.R., Tel. 0535 52 19 00. Einfache, saubere Zimmer mit oder ohne eigenes Bad (kalte Dusche), schlechte Betten. €.
- **Touring***, 34, Av. Allal Ben Abdellah, Tel. 0535 52 23 51. Einfache Zimmer mit und ohne eigene Du/WC, nicht immer freundlich. €.

Maisons d'Hôtes

- **Maison d'Hôtes Riad Meknès,** 79, Ksar Chaacha, Dar Lakbira, Medina, Tel. 0535 53 05 42, www.riadmeknes.com. Hier wohnt man wie einst *Mulay Ismail* in einem Teil seines damaligen Palastes aus dem 17. Jh. Sechs Suiten im maurischen Stil, schöner Innenhof, sehr gutes Restaurant, kleiner Pool. €€€B.
- **Palais Didi,** 7, Dar Lakbira (neben obigem Gästehaus und Mausoleum Mulay Ismail, Abholung der Gäste möglich), Tel. 0535 55 85 90, www.palaisdidi.com. In diesem prachtvollen Riad aus dem 17. Jh. sind acht komfortable Zimmer im OG (etwas dunkel) und fünf tolle Suiten (mit Jacuzzi) im EG untergebracht. Ruhige und angenehme Atmosphäre,

WiFi im ganzen Haus, bewachter Parkplatz. €€€€.
- **Riad Felloussia,** 23, Derb Hammam Jdid, Bab Aissi, Medina, Tel. 0535 53 08 40, www.riadfeloussia.com. Unter Leitung eines sehr netten französischen Paares mit zwei Kindern. Hübscher Riad mit fünf Suiten, angenehme Atmosphäre, gutes Preis-Leistungsverhältnis. €€€€B.
- **Riad Zahraa,** 5, Derb Abdellah El Kasri, Medina, Tel. 0535 53 20 12, www.riad-zahraa.com. Hübscher Riad mit Innenhof und Dachterrasse, fünf (z.T. klimatisierte) Zimmer und drei Suiten im marokkanischen Stil. Die Betreiber stammen aus dem Viertel. €€€.
- **Ryad Bahia,** Derb Sekkaya, Tiberbarine, Medina, Tel. 0535 55 45 41 oder Mobil 0662 08 28 64, www.ryad-bahia.com. Vom Place El Hedim in die Souk-Gasse (Torbogen) links neben dem Mosaikbrunnen einbiegen, an der V-Gabelung dann rechts (hinter dem Museum gelegen), in der Medina beschildert. Hübsches Familienhaus des sehr netten Paares *Bouchra* und *Abdellatif,* die vorher als Stadtführer tätig waren und auf Anfrage gerne durch die Medina führen. Gemütliche Atmosphäre, wunderschöne Dachterrasse auf mehreren Ebenen, gutes Essen, sehr empfehlenswert. Bewachtes Parken nahebei, Abholung möglich. €€€€B.

Unklassifizierte Hotels

Beim Place El Hedim, Av. Mohammed V. und nahe der Kreuzung zur Av. des F.A.R., in der Rue Dar Smen und in der Rue Rouamazin findet man Hotels aller Preisklassen.

- **Hotel de Paris,** 58, Rue Rouamazine. Altes, sehr einfaches Haus mit sauberen, großen und hellen Zimmern, Toiletten am Gang, keine Duschen (Hammam um die Ecke). ½€.
- **Maroc,** 7, Rue Rouamazine, Tel. 0535 53 00 75. Einfache Travellerunterkunft mit sauberen großen Zimmern zum Innenhof, heiße Duschen und Toiletten auf dem Gang. Gepäck kann eingestellt werden. €, Handeln möglich.
- **Panorama,** 9, Av. des F.A.R., Tel. 0535 52 27 37. Nettes Hotel mit großen sauberen Zimmern mit Bad (und Handtüchern). Gutes Frühstück im Café La coeur de l'Alhambra gegenüber. €, gutes Preis-Leistungsverhältnis.
- **Toubkal,** 49, Av. Mohammed V., Tel. 0535 52 22 18. Geräumige und saubere 2- bis 4-Bettzimmer, warme Dusche. €.

Jugendherberge

- Av. Okba Ben Nafi, beim *Stade municipale* (Sportstadion) **in der Neustadt** (etwas näher am Bahnhof Amir als am Hauptbahnhof), Tel. 0535 52 46 98, aubergejeune_mekne s@hotmail.fr. Der Beschilderung „Hotel Transatlantique" immer bergauf folgen – an einem der vielen Kreisverkehre liegt die Jugendherberge gleich links. 55 Betten, Kochgelegenheit, 60 DH p.P. inkl. Frühstück im Mehrbettzimmer (sauber), Doppel- und Familienzimmer 150 DH. Tagesausflug nach Volubilis und Moulay Idriss möglich. Geöffnet tägl. 8–22 Uhr, außer sonn- und feiertags von 10–17 Uhr und wochentags zwischen 10 und 13 sowie 16 und 19 Uhr.

Essen und Trinken

Preiswerte Restaurants und Cafés findet man v.a. um den Place El Hedim, in der Rue Dar es Smen und in der Rue Rouamazin. Sehr günstiges Essen gibt es rings um die Av. Hassan II. und in den Nebenstraßen (Av. Ghana in der Neustadt) in Grilllokalen (*rôtisseries*).

Ein Dreigänge-Menü in den hier genannten besseren Restaurants kostet zwischen 120 und 200 DH.

- **Dar Sultana,** 4, Derb Sekkaya, Tiberbarine/Medina, Tel. 0535 53 57 20, www.dar-sultana.com. Gutes marokkanisches Essen in romantischer Atmosphäre im Innenhof eines renovierten Altstadthauses.
- **Gambrinus,** Rue Omar Ibn Aiss, gegenüber dem Marché Central. Weniger vornehmes Lokal mit marokkanischer Küche zu günstigen Preisen, immer gut besucht von Einheimischen.
- **La Case,** 8, Bd Mly Yussuf, Tel. 0535 52 40 19. Feine französische und internationale Küche, gute Auswahl an lokalen Weinen, gemütliches Interieur. So geschl.

- **La Coupole,** Rue Ghana/Av. Hassan II., Tel. 0535 52 24 83. Traditionsreiches Restaurant und beliebte Bar mit marokkanischer und internationaler Küche, zentrale Lage, Alkoholausschank.
- **Le Collier de la Colombe,** 67, Rue Driba, Medina (vom Place Lalla Aouda ausgeschildert, nahe Hotel Maroc), Tel. 0535 55 50 41, www.lecollierdelacolombe.ma. Exzellente marokkanische Küche, toller Ausblick von der Dachterrasse, Alkoholausschank.
- **Le Dauphin,** 5, Bd Mohammed V., Tel. 0535 52 34 23. Internationale Küche, gute Fischgerichte, netter Garten, Alkoholausschank.
- **Le Relais de Paris,** 46, Rue Oqba Ibn Nafia, Tel. 0535 51 54 88. Sehr gute französische Küche (Fleisch- und Fischgerichte), Panoramaterrasse und Garten.
- **Les Senteurs de la Mer,** 17, Rue Badre, El Kobra, Tel. 0535 52 66 57. Modern durchgestyltes Restaurant in der Neustadt, vornehmlich Fisch und Meeresfrüchte stehen auf der Karte.
- **Mille et Une Nuits,** Place el Hedim, Tel. 0535 55 90 02. Authentische Atmosphäre in einem renovierten Riad, frisch zubereitete marokkanische Gerichte (etwas Wartezeit).
- **Pizzeria Le Four,** Rue Atlas (nahe Bahnhof Amir Abdelkader), Tel. 0535 52 08 57. Sehr gute Pizza in italienischem Ambiente, auch gut verdienende Einheimische kommen hierher. Alkoholausschank.
- **Zitouna,** 44, Jamaa Zitouna, Medina (bei der Moschee Zitouna), Tel. 0535 53 02 81. Typisch marokkanische Atmosphäre und Küche in einem traditionellen Stadthaus der Medina.

Nachtleben

Die Bars und Night Clubs der großen Hotels (s.o.) sind immer gut besucht. Beliebt ist auch die Bar im Restaurant La Coupole.

Kinos

In folgenden Kinos laufen internationale Filme in französischer Sprache:
- **Le Dawliz,** Av. Mulay Ismail, Tel. 0535 51 65 42.
- **Camera,** Rue Paris, Tel. 0535 52 20 00.
- **ABC,** 12, Av. Nehru, Tel. 0535 52 17 81.
- **Empire,** Bd Mohammed V., Tel. 0535 52 17 81.

Notfall/Notrufe

- **Ambulanz:** Tel. 150.
- **Polizei:** Tel. 190, Esplanade de la Foire (Messegelände).

Krankenhäuser

- **Hôpital Mohammed V.,** Tel. 0535 52 11 34.
- **Hôpital Mulay Ismail,** Tel. 0535 52 28 05/06.
- **Hôpital Sidi Said,** Tel. 0535 53 00 21.

Busse

- **Stadtbusse** fahren ab Bab Znine el Abidine (beim Place El Hedim) und in der Av. Hassan II. nahe des Hotel Rif.
- Der **CTM-Bahnhof** liegt an der Av. des F.A.R. Richtung Fès. Das **Gepäck für eine Nachtfahrt** kann am Bahnhof bis zum Abend aufbewahrt werden.
- **CTM-Büro,** 43, Bd Mohamed V., Tel. 0535 51 46 18.
- Der **Busbahnhof für Privatlinien** liegt am Bab el Khemis linker Hand (stadtauswärts) der Straße nach Rabat. Vor Nachtabfahrten auf dem zwielichtigen Bahnhof wird abgeraten. Einige Privatlinien halten auch am Bab el Jedid im Nordwesten der Medina.

Verbindungen und Preise

- **Agadir:** CTM 1x tägl. abends, 12 Std. Fahrzeit, 230 DH.
- **Rabat – Casablanca:** CTM 5x tägl., bis Casablanca 3½ Std. Fahrzeit, 85 DH.
- **Fès:** stündl. CTM- und Privatbusse (Fahrzeit ca. 1 Std.), von Fès bestehen Verbindungen ins ganze Land (siehe dort).
- **Mulay Idris:** stündl. Privatbusse von Schalter 8 (1 Std. Fahrzeit), aber auch mehrmals täglich in andere Städte.

Atlas V, Karte S. 287, Stadtpläne S. 290, 292, 293   **MEKNÈS**

- **Privatbusse** fahren neben **Erfoud** (9 Std. Fahrzeit) noch diverse andere Städte an.

Bahn

Eine Zugreise nach Rabat, Marrakesch, Oujda, Tanger etc. ist **bequemer und schneller als mit dem Bus.**

- Der **Hauptbahnhof** liegt an der Av. de la Gare (Seitenstraße der Av. des F.A.R.).
- Der zweite **Bahnhof Amir Abdelkader** befindet sich weiter nördlich und näher am Zentrum als der Hauptbahnhof
- **Zentrale Zugauskunft:** Tel. 0890 20 30 40 (2,88 DH/Min.).

Verbindungen und Preise

- **Fès:** 20x tägl., 30 DH, ca. 35 Min. Fahrzeit.
- **Oujda:** 3x tägl., ca. 7 Std. Fahrzeit, 1. Kl. 190 DH, 2. Kl. 130 DH.
- **Tanger:** 5x tägl., Fahrzeit ca. 4 Std., 1. Kl. 130 DH, 2. Kl. 85 DH.
- **Rabat – Casablanca:** stündlich, nach Rabat Fahrzeit ca. 2 Std., 1. Kl. 90 DH, 2. Kl. 65 DH; nach Casablanca Fahrzeit ca. 3 Std., 1. Kl. 135 DH, 2. Kl. 90 DH; evtl. Umsteigen in Sidi Kacem notwendig.
- **Marrakesch:** 8x tägl. (über Rabat und Casablanca, s.o.), Fahrzeit ca. 6½ Std., 1. Kl. 265 DH, 2. Kl. 174 DH.

Flüge

- **Royal Air Maroc (RAM),** 7, Av. Mohammed V./Av. Hassan II., Tel. 0535 52 09 63/64. Abflug vom **Flughafen Fès,** die Flüge der RAM führen über Casablanca, daher fährt man zu den meisten Zielen besser mit dem Zug.
- **Ryan Air** fliegt Fès direkt an (siehe dort).

Taxis/Sammeltaxis

- **Grand Taxis** stehen in der Neustadt vor dem CTM-Bahnhof und in der Altstadt neben dem Place el Hedim.
- **Petit Taxis** fahren z.B. ab dem Place el Hedim und vom Marché Central in der Neustadt. Auf das Einschalten des Taxameters bestehen!
- **Sammeltaxis:** in der Neustadt gegenüber der Polizei und nahe der Tankstelle an der Av. Hassan II., am Übergang zur Av. Mulay Ismail (Volubilis bzw. Mulay Idris, Mulay Yaqub); am Rande der Medina beim Bab el Khemis sowie beim Bab el Mahrouk.
- **Pferdedroschken** warten am Place el Hedim beim Bab el Mansour.

Rund ums Auto

Autoverleih

- **Meknès Car,** Ecke Bd Hassan II./Rue Safi, Imm. Lakhssas VN, Tel. 0535 51 20 74, www.meknescar.net.
- **Rizana Car,** Av. Mohamed VI., Lot. Rizana Résidence Lahrach Appt N°6, Tel. 0535 46 67 28, www.rizanacar.com.

Autohändler/Werkstätten

- **Rif Automobile** (Renault), 212, Av. des F.A.R. (Route de Fès), Tel. 0535 52 26 11.
- **Auto Hall** (Ford, Mitsubishi u.a.), Rue Razi Essaada, Tel. 0535 55 12 70.
- **Centre Pièces Auto** (Ersatzteile), 1, Rue Nador, Tel. 0535 52 09 23.

Parken

Bewachte Parkplätze u.a. südwestlich vom Place el Hedim beim Bab Znine el Abidine, neben dem Busbahnhof für Privatlinien, am Bd Haboul und beim Hotel Transatlantique.

Sport/Aktivitäten

Schwimmen

- **Piscine Municipale**, Eingang am Carrefour Amir Abdelkader am Parc el Haboul, Nähe Bd Circulaire.
- Die Pools in den **Hotels Transatlantique** und **Rif** können auch von Nicht-Gästen (gegen Eintritt) genutzt werden.

Tennis

- Im **Hotel Le Transatlantique.**

- **Club de Tennis,** Av. Bouaamair, Tel. 0535 52 04 15.

Golf

- **Royal Golf Meknès** (9-Loch-Platz), Jnane Bahraouia, Bab Belkari, Tel. 0535 53 07 53, www.royalgolfmeknes.com.

Reiten

- **Club d'Equitation Farah,** *Renate* und *Driss Erroudani,* Sidi Mellah d'Khissa (an der Straße nach Fès, Abzweig beim Café Aldin), Tel. 0535 54 88 44, 061 13 49 51, Mobil (*Renate,* deutschsprachig) 0661 53 98 13, www.club-farah.com. Kurze Reitausflüge und mehrtägige Reiterreisen. Auf dem ökologischen Bauernhof kann man sich bei gutem Essen und Unterkunft in netten Zimmern verwöhnen lassen.

Post/Banken

- **Hauptpost** an der Place Administrative.
- **Banken mit Geldautomat** finden sich im gesamten Stadtgebiet.

Einkaufen

- **Espace Berbere,** 32, Rue Tiberbarine, Medina. Eine Leserin empfahl den Laden von *Seghir Abdelkrim:* schöne Lampen, Spiegel und Schmuck zu fairen Preisen.
- **Palais des Idrissides,** 11, Rue Kermouni, nahe der großen Moschee in der Medina. In diesem alten schönen Stadtpalast eines Koranschullehrers mit kunstvoll geschnitzten Holzdecken ist ein Teppichladen mit großer Auswahl untergebracht. Erklärungen auf Deutsch und Englisch, Besichtigung kostenlos (Trinkgeld).

Lebensmittel

- Gut mit Lebensmitteln kann man sich in der Medina in den Markthallen am Place el Hedim und in der Neustadt am Zentralmarkt eindecken (Nebenstraße von Av. Hassan II.). Außerhalb befinden sich saubere öffentliche Toiletten und ein bewachter Parkplatz.

- **Markttag** ist in Meknès der Mittwoch.
- Die größte Auswahl an Lebensmitteln gibt es im riesigen **Marjane-Supermarkt** (an der N6 Richtung Rabat).

Wein

- Für Weinliebhaber lohnt sich der Besuch von **Château Roslane** der **Weinkellerei Les Celliers de Meknès** (11, Rue Ibn Khaldoun, Voranmeldung unter Tel. 0535 50 46 93, www.lescelliersdemeknes.net). Dort kann man die Weinberge besichtigen, sich die Herstellung erklären lassen und guten marokkanischen Wein einkaufen.

Gas

Gasflaschen-Füllung bei **Butagaz,** Route El Hajeb Sidi Bouzekri, Tel. 0535 53 64 91, und **Ismailia Gaz,** km 9 an der R.P. 21 in Richtung El Hajeb, Tel. 0535 55 09 68. Weitere Gaslieferanten sind im Industrieviertel Sidi Bouzekri zu finden.

Feste/Veranstaltungen

- Der **wichtigste Moussem des Landes** findet im September im Ort **Mulay Idris** zu Ehren *Mulay Idris' I.* statt (siehe Route B 1).
- **Moussem Sidi Chbani, Moussem Ouled Sidi Cheikh** und **Moussem Sidi El Ghazi,** alle in der Umgebung von Meknès (verschieben sich mit dem islamischen Jahr).
- **Moussem Sidi Ben Aissa (Cheikh el Kamel),** Commune el Ismailia, islamischer Monat 12 Rabia I. Bei diesem bekannten Fest, zu dem Pilger aus dem ganzen Land eintreffen, führen Mitglieder der Aissaouna-Sekte ekstatische Tänze (Tanz der Derwische) vor.
- **Fantasia-Festspiele** (Reiterspiele) im Sept.
- **Festival National du Théâtre** im Juli, Aufführungen u.a. im Parc El Haboul.
- **Semaine de l'Artisanat (Kunstwoche),** den jährlich wechselnden Termin im Touristenbüro erfragen.

Ausflüge

Nach **Volubilis** und **Mulay Idris** sowie in den **Mittleren Atlas** siehe Routen B 1, B 2, B 3.

Atlas V, Karte S. 287

ROUTE B 1: M(O)ULAY IDRIS

Von Meknès fahren vormittags stündlich Busse vom Bab Khemis, an der Straße nach Rabat bzw. Bab Znine el Abidine (Schalter 8), **nach Mulay Idris** zum Grabmal des gleichnamigen Staatengründers (Markttag ist dort der Samstag, letzter Bus zurück um 18.45 Uhr). Etwas schneller sind Sammeltaxis.

Von Mulay Idris **nach Volubilis** (arabisch *Oualili*, sprich: Walili, siehe Route B 1) kann man zu Fuß gehen (2,5 km, schöner, aber schattenloser Weg), ein Taxi nehmen oder sich als Gruppe ein Sammeltaxi für ca. 200 DH mieten. In Volubilis finden sich die größten noch erhaltenen römischen Ruinen in Marokko (s.u.).

Route B 1: Meknès – Mulay Idris – Volubilis – Fès

Abschnitt 1: Meknès – Mulay Idris

● 28 km, N13, Asphalt

Schöne, hügelige Strecke mit Zedern, Olivenhainen und Steineichen. Mit etwas Glück entdeckt man in dieser Gegend Chamäleons und Schildkröten.

Bus und Sammeltaxi ab Meknès (s.o.).

Wer von Meknès auf dem schnellsten Weg nach Fès fahren möchte, sollte die Autobahn benutzen (mautpflichtig).

Auf der N13 Richtung Sidi Kacem fahren, nach **15 km** in Richtung Mulay Idris abbiegen. Bei **km 27** geht es links nach Volubilis (arab. Beschilderung „Oulali") und **rechts nach Mulay Idris.**

M(o)ulay Idris ♂ V, C2

Allgemeines/Geschichte

Diese zwischen grünen Hügeln eingebettete Stadt ist wohl die älteste des heutigen Marokko. **Mulay Idris** *(Idris Ben Abdellah)* gründete sie im Jahr **788;** er ist zugleich der Gründer des marokkanischen Königreiches (s.a. Land und Leute/Geschichte). Er war auf der Flucht vor dem Abassidenherrscher *Harun el Rashid*, der ihn später vergiften ließ. Die Stadt ist terrassenförmig auf einem Gebirgssattel am Fuße des Djabal Zerhoun angelegt und von weiten Ölbaumpflanzungen umgeben. Früher durfte kein Ungläubiger diese heilige Stadt betreten, vor allem Juden nicht.

Manche Marokkaner unternehmen **drei Pilgerfahrten nach Mulay Idris,** um damit eine Hadj nach Mekka zu ersetzen, da diese für die meisten Marokkaner zu teuer ist. Dennoch ist natürlich auch in Marokko Mekka das erstrangige Pilgerziel jedes gläubigen Moslems, denn eine Wallfahrt nach Mulay Idris zählt offiziell nicht als Hadj, ebenso ist Heiligenverehrung im wahabitischen Islam nicht zulässig.

Mulay Idris ruht in einem Grab aus weißen Steintafeln. Im Heiligtum befindet sich ein Replikat der Kaaba. Ende August findet vor den Toren der Stadt ein großes **Moussem** mit Fantasia zu Ehren des „Mulay" („Großer Heiliger") statt, verbunden mit der Opferung von Schafen und Ziegen vor dem Qaid.

Sehenswertes

Besonders bemerkenswert ist der **runde Moscheeturm der Jemaa Sidi-n-Tizi.** Er ist ringsum bedeckt mit Koransuren in weißer Kufischrift auf grün glasiertem Untergrund, die den Segen *Mohammeds* erbeten. Diese Inschriften findet man auch am Minarett zum Heiligtum *Mulay Idris*. Das **zylindrische Minarett** der Sidi-n-Tizi-Moschee ist das **einzige dieser Art im Maghreb.** Am leichtesten kann man zur Moschee gelangen, wenn man auf der P7014 in Richtung Nzala des Beni Ammar bis ans obere Ende der Stadt läuft bzw. fährt und dort parkt. Bei der Post kann man den Moscheeturm bereits gut sehen und den Weg leicht finden. Hier im oberen Teil der Stadt, dem Khiber-Viertel, hat man von einer Terrasse nahe der Moschee einen sehr schönen Blick über den unteren Teil von Mulay Idris mit dem Heiligtum – die **Zawia** des *Mulay Idris*. Im **Khiber-Viertel** befinden sich auch das **Mausoleum** und die **Moschee des Sidi Abdallah Hajjam,** dessen Grabmal der Zeit *Mulay Ismails* entstammt und aus Steinen des antiken Volubilis erbaut wurde.

Die **Grabmoschee des Mulay Idris** im unteren Teil der Stadt ist mit grün glasierten Dachziegeln gedeckt. Der heilige Bezirk beginnt am **Platz des Grünen Marsches, Sahat Massira el Khadra,** mit Cafés, Verkaufsständen und Läden mit Devotionalien. Durch Arkadengewölbe gelangt man zum Eingang des Heiligtums mit einer Reihe von Ständen, an denen bunte Kerzen verkauft werden. Dort liegen Amulette aus Messingblech, allerhand Spezereien und Räucherwerk (Weihrauch). Es werden *Helua* (Süßigkeiten) verkauft, flaches, rundes Berberbrot; außerdem gibt es Körbe voller Früchte mit Feigen, Datteln, Rosinen, Walnüssen und frischen Pfefferminzbündeln.

Ein dreitoriges Mosaikportal mit grünglasierten Dachziegeln führt in das Heiligtum hinein. Hier vor der **Zawia** mit der Koranschule, dem Grabmal, der Moschee und den Pilgerräumen beginnt der **Horm** – der Sperrbezirk, den Ungläubige nicht betreten dürfen. Die derzeitige Ausstattung und Architektur der Zawia geht auf die Zeit *Mulay Ismails* (1672–1727) zurück.

Für die Rückfahrt empfiehlt sich die landschaftlich schöne Strecke durch die **Djabal-Zerhoun-Berge** (1118 m) nach Fès (27 km).

● **PLZ von M(o)ulay Idris:** 50 350.

Unterkunft

● **Dar Diafa,** Bab Kasbah No. 32 (in der Kasbah über dem oberen Zugang zum Heiligtum), Tel. 0535 54 43 54, senhab@hotmail.com. Saubere und hübsche Pension der netten Familie *Senhaji,* sehr gutes Essen auf Bestellung, bewachter Parkplatz unterhalb der

Kasbah, marokkanisch gestaltete Zimmer mit Bad. €.
● **Diyar Timnay,** 7, Rue L, Aïn Rjal (erreichbar über eine kleine Treppengasse neben dem Grand-Taxi-Stand), Tel. 0535 54 44 00, www.diyar-timnay.com, amzday@menara.ma. In diesem netten, sauberen und günstigen Hotel mit Restaurant wird man herzlich empfangen. DZ (z.T. klimatisiert) mit Bad €€.
● Weiteres Hotel in Volubilis (s.u.).

Essen und Trinken

● **EL Baraka,** 22, Aïn Smen-Khiber, Tel. 0535 54 41 84. Schönes marokkanisches Restaurant im traditionellen Stil an der Straße nach Volubilis im Khiber-Viertel.

Busse/Sammeltaxis

Busbahnhof, Parkplatz und Taxiabfahrtsplatz im Zentrum. Dort fahren stündlich **Busse nach Meknès** (der letzte um 18.45 Uhr), ein Sammeltaxi nach Meknès kostet ca. 10 DH. **Nach Volubilis** kann man sich ein Grand Taxi mieten, das dort ca. 1 Std. bis zum Ende der Besichtigung wartet, oder den Bus bzw. ein Sammeltaxi bis zur Kreuzung unterhalb von Volubilis nehmen.

Volubilis (Oualili)   ♂ V, C2

Die Ruinen von Volubilis liegen nur 2,5 km von Mulay Idris entfernt und zählen seit 1997 zum **UNESCO-Weltkulturerbe.** Die Ruinenstadt ist besonders bekannt für ihre fantastischen **Mosaiken** (s.u.). Man kann das Ausgrabungsgelände ab Mulay Idris gut zu Fuß erreichen (ca. 45 Min.), wandert dann allerdings entlang der Hauptstraße (beschildert).

Volubilis, die größte römische Ausgrabungsstätte in Marokko

Der Eintritt kostet 10 DH, wer möchte, kann einen Führer engagieren. Das Gelände kann aber auch problemlos auf eigene Faust erkundet werden, z.B. anhand der Nummerierung im Plan. Am Eingang gibt es eine Touristen-Info und ein Café-Restaurant. Momentan entsteht ein sehr modernes Museum zur Ausstellung der Fundstücke. Auf dem Weg durch die Ruinen Sonnenschutz, Wasser und Kopfbedeckung nicht vergessen!

Geschichte

Volubilis ist die **größte römische Ausgrabungsstätte in Marokko.** Bereits unter den Khartagern war diese Region besiedelt. Unter den Römern entstand hier eine blühende Stadt, nach der Teilung der römischen Provinz Mauretania wurde sie **Hauptstadt** der nordwestlichen Römerprovinz **Mauretania Tingitana.**

Volubilis **am Fuße des Djabal Zerhoun** (1118 m) war in seiner Blütezeit von 10.000 Menschen bewohnt und von 40 ha Ölbaumpflanzungen umgeben. Eine Straße verband die Stadt mit dem Hafen Tingis (Tanger).

Volubilis, wahrscheinlich **unter Juba II. um das Jahr 25 gegründet,** erlebte seine Glanzzeit unter Kaiser **Septimus Severus** (193–211). Zu dieser Zeit entstanden auch die meisten Gebäude. Die 2350 m lange Stadtmauer wurde erneuert, für die Gottheiten wurden Tempel errichtet.

Zahlreiche Berberüberfälle auf die Stadt veranlassten die Herrscher Mitte des 3. Jh., die Residenz nach Tingis zu verlegen. Christliche Missionare erschienen in der Stadt, die kurz darauf von den Berbern eingenommen wurde. Als **Hauptort der Auraba-Berber** mit dem Namen **Oualili** (der sich von Oleander ableitet) blieb es ein bevorzugter Siedlungsplatz. Die Bevölkerung wurde christianisiert und erst nach der arabischen Eroberung muslimisch.

Idris ibn Abdallah, der spätere **Idris I.** und Nachkomme von *Fatima,* der Prophetentochter, bat 786 nach der Vertreibung der Schiiten unter dem mächtigen Kalifen *Harun el Rashid* hier um Asyl. Er wurde nach kurzer Zeit der Anführer der Auraba-Berber und ver-

Route B 1: Volubilis (Oualili)

einigte viele Berberstämme der Umgebung unter seiner Führung. Die Macht des Kalifen von Bagdad reichte aber bis nach Volubilis, sodass *Idris I.* 792 einer von *Harun el Rashid* angezettelten Vergiftung zum Opfer fiel und von seinen Anhängern an einem Felsausläufer des Zerhoun-Massivs unweit von Volubilis begraben wurde. Um ihrem Heiligen näher zu sein, verlegten die Berber ihre Wohnstätten zum Grab, und die Stadt Mulay Idris entstand. Volubilis verfiel und wurde zeitweise als Steinbruch benutzt.

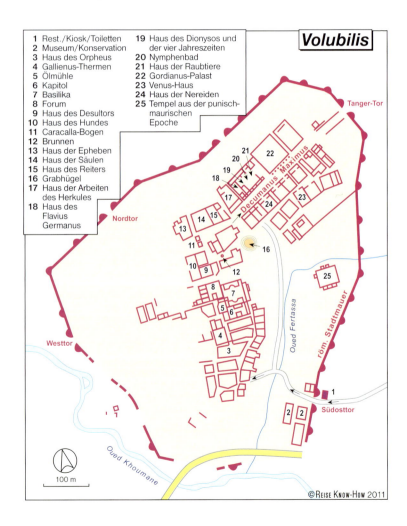

Sehenswertes

Die in Volubilis gefundenen **Bronzefiguren** können im Archäologischen Museum in Rabat besichtigt werden.

Sehr gut erhalten sind das **Forum**, der **Caracalla-Triumphbogen, die Basilika** und eine **renovierte Ölmühle**. Vom **Tangertor** im Nordosten hat man einen besonders schönen Blick auf die Ruinen und die Umgebung.

Sehenswert sind auch das **Kapitol**, die **Basilika, Thermen,** zahlreiche Grabstelen, von Säulen umgebene Patios und besonders die **hervorragend erhaltenen Mosaikfußböden** „Dionysus entdeckt Ariadne am Strand von Naxos" im Haus des Reiters, „Diana im Bade" und „Die Entführung des Hylas" im Haus der Venus, sowie ein Meeresnymphen-Mosaik im „Haus der Nereiden". Das schönste Mosaik aus dem Haus der Venus, das die Göttin in einem Segelschiff zeigt, ist im Kasbah-Museum in Tanger zu besichtigen. Ebenfalls gut erhalten sind die Mosaiken im „Haus der Epheben", im „Haus des Orpheus" und im „Haus der Nymphen". Unter den großen Steinplatten der alten Hauptstraße führte die Wasserleitung entlang.

Unterkunft

● **Hotel Volubilis Inn******, 0,7 km von den Ruinen an der N13 rechter Hand in Richtung Norden. Tel. 0535 54 44 05, www.hotelvolubilisinn.com, hotelvolubilisinn@gmail.com. Gutes Essen (z.B. frische Forellen), Alkoholausschank, freundliches Personal, schöner Pool. Komfortable, aber schon etwas abgewohnte klimatisierte Zimmer mit TV und tollem Ausblick auf die Ruinen. Wer hier übernachtet, kann die Ruinen morgens noch vor dem Touristenansturm besichtigen und fotografieren. €€€€.

Schöne Mosaiken sind in Volubilis zu sehen

ROUTE B 1: VOLUBILIS (OUALILI)

Sonstiges

- **Wohnmobilisten** können auf einem kostenpflichtigen Stellplatz vor den Ruinen übernachten.
- Das **Festival de Volubilis** findet jährlich zu wechselnden Terminen bei den Ruinen statt.

Route B 1, Abschnitt 2: Volubilis bzw. Mulay Idris – Fès

- 83 km bzw. 57,5 km, N13 bzw. P7014 und N4, Asphalt

Sammeltaxis fahren von Mulay Idris über Meknès nach Fès, oder mit dem Bus von Meknès nach Mulay Idris; man kann an der Kreuzung nach Volubilis aussteigen.

Von Volubilis gibt es **zwei Strecken nach Fès**: Entweder in Richtung Col du Zeggata über die N13 und N4 zurück nach Fès oder direkt von Mulay Idris über eine hübsche Nebenstrecke (P7014) über Nzala des Beni Ammar nach Fès (58,5 km).

Variante 1: Volubilis – Fès

Auf der ersten Strecke fährt man am Hotel Volubilis vorbei (0,7 km) und trifft nach **4 km** auf einen schönen **Picknickplatz** mit Quelle unter Ölbäumen. Nach 7,7 km, bei **km 11,7** mündet die Straße in die N4, die links über den Col de Zegatta nach Sidi Kacem und rechts nach Fès führt. Bei **km 24,7** ist **Nzala des Beni Ammar** erreicht, wo die Variante 2 von Mulay Idris kommend, einmündet.

Variante 2: Mulay Idris – Fès

2 km hinter Mulay Idris gibt es einen Äquadukt zu bewundern, Oliven- und Feigenbäume säumen den Weg. Über **Beni Ammar Zerhoun** (hübsches altes Dorf auf einem Hügel) geht es auf kurviger Strecke weiter nach **Nzala des Beni Ammar.** Wenn man von Fès kommt, darf man in Nzala den Abzweig nach links (gegenüber Café Ouali) nicht verpassen, da der Wegweiser fehlt. Weiter führt die Hauptstraße durch Landwirtschaftsgebiet, umgeben von im Herbst kahlen Hügeln.

Von Nzala des Beni Ammar führen beide Varianten weiter auf der N4 Richtung Fès. 31 km hinter Nzala des Beni Ammar geht bei **km 56** links eine Straße zum **Thermalbad Mulay Yaqub,** rechts zur **Quelle Ras el Ma.**

Abstecher nach Mulay Yaqub

Etwa 15 km nach dem Abzweig liegt am Ortsanfang links das **Hotel Sogatour Moulay Yacoub****** (Tel. 0535 69 40 35, www.sogatour.ma, moulayacoub@sogatour.ma, klimatisierte Zimmer und Bungalows mit Balkon/Terrasse und Küche, großer Park mit Pool, €€€€). Geradeaus geht es über Kehren bergab zum Ort sowie zum alten und (weiter bergab) zum neuen **Thermalbad Mulay Yacub.** Das moderne Thermalbad ist innen sehr schön im maurischen Stil gehalten und sehr sauber (Eintritt ins Bad ca. 100 DH, auch Massagen und diverse Behandlungen möglich, tägl. außer Mo 9–18 Uhr, www.moulayyacoub.com). Das 54°C heiße Schwefelwasser soll bei gynäkologischen und rheumatischen Beschwerden sowie bei Hautproblemen helfen. Im Sommer ist es dort sehr ruhig. Das alte, bei weitem nicht so schöne Bad hat nach Geschlecht getrennte Becken, dort herrscht auch mehr Trubel. Der Ort selbst ist uninteressant, auf dem Markt kann man sich versorgen. Im Umkreis der Bäder gibt es viele Cafés und Restaurants. Gegenüber dem Ort liegt auf einem Hügel das **Grab des** als Heiliger verehrten **Mulay Yaqub.**

Von Fès fahren Sammeltaxis nach Mulay Yaqub.

Ausblick vom Palais de Fès auf die Medina

Atlas V, Karte S. 287, Stadtpläne S. 317, 318, 320

ROUTE B 1: FÈS

Weiter auf guter Straße geht es an der Kreuzung bei **km 59** links zur Altstadt von Fès, rechts zur Neustadt. Bei **km 64,7** ist die **Stadtmauer von Fès** erreicht, von wo man gleich eine Stadtumfahrung antreten kann.

Fès ♂ V, D2

Die **älteste der vier Königsstädte** mit etwa **1 Mio. Einwohnern** ist neben Marrakesch sicher die interessanteste Stadt Marokkos. Sie ist das **geistige Zentrum des Landes** und Sitz der neben der Azhar-Universität in Kairo ältesten islamischen Universität, der **Karaouyine**. Schon seit 1976 steht die Medina von Fès aufgrund ihrer außergewöhnlichen Bedeutung als kulturelles und spirituelles Zentrum des Landes auf der Weltkulturerbe-Liste der UNESCO.

Ähnlich wie in Marrakesch und in anderen marokkanischen Städten zogen nach der Unabhängigkeit die meisten wohlhabenden Fassis (Bewohner von Fès) aus ihren z.T. prachtvoll mit Mosaiken, Zedernholz und Stuckdekor ausgestatteten Wohnhäusern in der Medina in moderne Häuser der Neustadt *(Ville Nouvelle)*. Arme Landbevölkerung strömte daraufhin in die Altstadt. Ehemals vornehme Häuser wurden von mehreren Familien bewohnt und in verschiedene Bereiche unterteilt – finanzielle Mittel zur Instandhaltung der Stadthäuser fehlten. Es kam zu einer **sozialen und baulichen Degradierung der** – inzwischen überbevölkerten – **Medina.** Immer noch sind die sanitären Anlagen in weiten Teilen der Medina sehr schlecht, Müll und Abwässer landen im Oued Fès.

Die Anstregungen der UNESCO zum **Erhalt der historischen Bausubstanz** seit den 1980er Jahren blieben weitgehend erfolglos. Seit den 1990er Jahren versuchte die Stadtplanungsbehörde ADER-Fès in Zusammenarbeit mit der Weltbank im **Fès Rehabilitation Project** (seit 1998) die Infrastruktur der Medina zu verbessern, die Armut zu reduzieren sowie historische Denkmäler zu konservieren und touristisch in Wert zu setzen. Erfolge sind inzwischen u.a. die Renovierung der Medersa Bou Inania, der Medersa Attarine und der Karayouine, die Instandsetzung vieler Fassa-

den in der Medina sowie die Einrichtung thematischer, beschilderter Rundwege (vgl. „Orientierung"). Aber immer noch fallen bei einem Bummel durch die Altstadt die vielen massiven Stützbalken zwischen den Häusern auf, die die maroden Gemäuer vor dem Zusammensturz bewahren sollen – es bleibt viel zu tun, um die Medina von Fès zu retten.

Schon in den 1990er Jahren wurden einige der **Stadtpaläste** in Teppichhäuser, Museen und Restaurants umgewandelt und somit vor dem Verfall bewahrt. Seit einigen Jahren ist eine ähnliche Entwicklung wie in Marrakesch zu beobachten: Immer mehr Ausländer und Marokkaner kaufen alte Stadthäuser (vor allem am Medinarand wie in Batha und Ziat), renovieren diese mit traditionellen Materialien und Techniken und richten darin stilvolle Gästehäuser *(Maisons d'Hôtes)* ein. Im Unterschied zu Marrakesch sind an dieser Stadterneuerung in Fès jedoch viele Marokkaner beteiligt und nicht fast nur Ausländer.

Das **traditionelle Fèser Stadthaus** mit Innenhof (*Riad* oder *Dar*) zeichnet sich durch besonders aufwendiges Dekor und Kunsthandwerk aus. Böden, Wände und der Springbrunnen im Hof sind voller bunter kleinteiliger Mosaike *(Zelliges)*. Stuckornamente bedecken Säulen, Wände und Bogengänge. Filigrane Schnitzereien aus Zedernholz zieren Decken, Türen und Fenster. In keiner anderen marokkanischen Stadt verbergen sich hinter den kahlen, fensterlosen Mauern der Medina solche Paläste aus 1001 Nacht wie in Fès. Der Besuch eines solchen zum Gästehaus oder Restaurant umfunktionierten Palastes lohnt sich unbedingt!

Orientierung

Fès besteht aus drei Teilen: dem ältesten Stadtteil **Fès el-Bali** („das alte Fès"), aus dem von den Meriniden gegründeten **Fès el-Djedid** („das neue Fès") mit dem Königspalast, den Boujeloud-Gärten und der Mellah und schließlich aus der **Ville Nouvelle,** der von den Franzosen in der Protektoratszeit gegründeten Neustadt.

Das Gassenlabyrinth von **Fès el-Bali,** der **Altstadt** aus dem 9. Jh., beherbergt die Suqs. In der Altstadt sind fast alle historischen und kulturellen Sehenswürdigkeiten zu finden. Die **Medina** wird durch das (teilweise unterirdisch verlegte) stark verschmutzte Oued Fès in das westliche **Karaouyine-Viertel** (mit der Karaouyine-Moschee als Zentrum) und das östliche, touristisch weniger attraktive **Andalusier-Viertel** (mit der Andalusier-Moschee) geteilt.

Bis auf sehr wenige Straßen, die in die Medina führen (z.B. zum Bab Boujeloud im Westen bzw. zur R'sif-Moschee im Süden), ist es nicht möglich, mit dem Auto in die Altstadt zu fahren. Parken Sie Ihren Wagen am Rand von Fès el-Bali auf einem bewachten Parkplatz, z.B. am Place Batha (beim Dar Batha) oder in Aïn Azleten (vgl. unten, Parken).

Von der Neustadt nehmen Sie sich am besten ein Petit Taxi nach Batha (z.B. Hotel oder Museum Batha).

Wer ohne Auto unterwegs ist und in der Neustadt wohnt, kann von der Av. Mohammed V. (Haltestellen beim Bd Abdellah und beim Grand Hotel) mit dem Bus Nr. 9 bis zur Endhaltestelle an der Avenue de la Liberté, fahren. Wenn man diese Straße geradeaus weiterläuft, kommt man direkt am **Dar Batha,** dem Volkskunstmuseum vorbei (Eingang links in der Seitenstraße, s.u.).

Die Altstadt ist komplett von einer **Ringstraße** umgeben, die an Fès el-Djedid (Königspalast und Mellah) vorbei in die Neustadt führt. Im Norden geht die Ceinture Nord nördlich des Neustadt-Zentrums nach Meknès weiter, im Süden ins Zentrum der Neustadt in die Av. Hassan II. über.

Bei Ankunft in der Stadt verschafft man sich einen **ersten Eindruck,** indem man auf der **Umgehungsstraße** (Ceinture Nord und Sud) einmal um die Altstadt fährt und diese vom **Bordj Nord** und vom **Bordj Sud** (s.u.) von oben betrachtet.

Die Orientierung in der **Medina von Fès** mit ihren engen Gassen und historischen Bauten ist nicht einfach. Wichtige Orientierungspunkte sind das **Bab Boujeloud (N 34°03,712', W 04°59,042')** nahe dem Dar Batha-Museum und die dort abgehenden beiden Hauptgassen **Talaa Seghira** und **Talaa Kebira.** Beide Gassen führen ins Herz der Medina, in die **Kissaria,** die überdachte Einkaufsmeile des Suqs. Direkt neben bzw. hinter der Kissaria und des Platzes **Joudia** liegen auch die wichtigsten Bauwerke wie beispielsweise die Kairaouyine-Moschee. Von dort kann man dann über den **Place Seffarine** mit seinen Kesselflickern nach Süden zum **Place R'sif** gelangen, von wo Busse und Taxis zur Neustadt zurückfahren.

Dank mehrsprachiger Schilder an Kulturdenkmälern, Parks, Plätzen, Suqs, sehenswerten Gebäuden usw. und der **Beschilderung von thematischen Rundwegen** ist die Orientierung inzwischen für Touristen wesentlich erleichtert worden. Der Circuit „Monuments et Souks" – ausgehend vom Bab Boujeloud, vorbei an den wichtigsten historischen Gebäuden und interessantesten Souks – ist z.B. mit dunkelblauen Sternen markiert.

Stadtführer

Wer Fès gründlich kennen lernen möchte, der sollte sich den offiziellen, bebilderten Stadtführer **„Fès. Guide des circuits touristiques thématiques"** mit einem guten Plan der Medina besorgen (Edition ADER-Fès 2005). Darin sind die Stationen der sechs thematischen Rundwege in der Medina und in Fès el-Djedid ausführlich erklärt.

Für individuelle Rundgänge in und um die Medina ist zudem **„Fès de Bab en Bab. Promenades dans la Medina"** von *Hammad Berrada* sehr zu empfehlen. Das Buch enthält einen hervorragenden farbigen Stadtplan und beschreibt mit guten Skizzen sämtliche Sehenswürdigkeiten in der Medina.

Wer sich für das traditionelle Handwerk von Fès, die Stadtentwicklung und das Leben in der Medina interessiert, sollte sich das Buch von Prof. *Eugen Wirth* und Prof. *Anton Escher* **„Die Medina von Fès"** in einer Bibliothek ausleihen (Fränkische Geographische Gesellschaft 1992, leider vergriffen). Dem Buch ist ein Plan beigelegt, in dem jede einzelne Gasse von Fès el-Bali erfasst ist.

Leider werden Touristen in Fès im Vergleich zu anderen marokkanischen Städten immer noch ziemlich aufdringlich von Jugendlichen bzw. **inoffiziellen Führern** (sog. „faux guides") bedrängt und belästigt. Ignorieren Sie evtl. „Hilfsangebote" konsequent und drohen Sie ggf. mit der Touristenpolizei, denn Fremde ohne Lizenz zu führen ist bei Strafe verboten.

Wir empfehlen auf jeden Fall, für den ersten Tag einen **offiziellen Führer** zu konsultieren (s.u.). Am zweiten bzw. den folgenden Tagen fällt dann die Orientierung in den unzähligen Gassen etwas leichter – verirren werden Sie sich trotzdem. Mehrsprachige Stadtführer warten vor den großen Hotels, am Bab Boujeloud bzw. beim Hotel Batha am Rande der Altstadt und werden vom Fremdenverkehrsamt und der *Association des guides de Fès* (s.u.) vermittelt. Bei jeder Führung steht unvermeidlich die **„Tour des magasins"**, der Besuch einiger großer Geschäfte und Teppichläden, auf dem Programm – in der Stadt des Kunsthandwerks gehört das einfach dazu! Selbst wenn man nicht kaufen will, ist eine Teppichvorführung oder eine Einführung in Messing-, Kupfer- und Silberziselierungen sehr interessant. Viele Teppichhäuser oder Restaurants sind darüber hinaus in sehenswerten alten Häusern untergebracht. Lassen Sie sich jedoch nie zum Kauf zwingen oder vom Führer unter Druck setzen.

Folgende sehr gut **deutsch sprechende Führer** sollten frühzeitig kontaktiert werden; sie verlangen aufgrund ihrer hohen Qualifikation zwischen 250 und 500 DH (pro Gruppe) für eine ganztägige Stadtführung:

● **Jalil El Hayar** (Mobil 0661 17 39 97, eljalil@menara.ma) ist einer der renommiertesten deutschen Stadtführer in Fès, sehr freundlich und häufig ausgebucht.

● **Mohammed Elghazi** (Mobil 0664 00 70 18, elghazisimo@hotmail.com oder elghazisimo@gmx.com) ist zurückhaltend, höflich und gebildet und geht gerne auf Wünsche ein.

● **Abdelaziz Benjelloun** (Mobil 0660 86 53 84) ist nett, führt kompetent durch die Stadt und hilft bei allen Wünschen und Problemen (z.B. Werkstattsuche, Verschickung von Souvenirs o.Ä.) weiter.

● Auch **Naji Benmakhlouf** (Tel. 0535 61 92 79, Mobil 0668 94 99 99) und **Taoufik Guennoun** (Mobil 0667 72 20 96) sind sehr kompetent.

Route B 1: Fès

Weitere Führer für Fès und Umgebung vermittelt die **Association des guides de Fès,** 17, Bd. Mohamed V, Rue Mohamed El Hayani, Tel. 0528 65 15 23.

Geschichte

Fès wurde bereits im Jahr **789** von **Idris I.** *(Ibn Abdellah)* kurz vor seinem Tod gegründet. Sein Sohn **Idris II.** errichtete 809 eine „Zwillingsstadt", **El-Aliya,** auf der anderen Flussseite. In El-Aliya siedelten sich mehr und mehr arabische Händler aus Kairuan an, der Ort wurde zum blühendsten Handelszentrum Nordmarokkos. Beide Städte standen in ständiger Rivalität miteinander, bis sie 1069 durch die Eroberung von *Yussuf ibn Tashfin* zu Fès vereinigt wurden.

In der Medersa Bou Inania

Im kulturellen Umfeld der Freitagsmoschee Karaouyine, die von *Fatima bint Mohamed el Feheri* 857 gestiftet und von den Fatimiden ausgebaut und unter den weiteren Dynastien prunkvoll ausgestattet wurde, entstand ein **religiöses und geistiges Zentrum** und nach Kairo die zweite Universität der Welt.

Ursprünglich aus zwei Ortschaften bestehend, wurde Fès im 11. Jh. unter der Dynastie der **Almoraviden zu einer Stadt vereinigt** (s.o.). Die Hauptereignisse der Geschichte Marokkos haben sich dort abgespielt. Die Almoraviden vergrößerten die Stadt unablässig und unter den **Almohaden,** den größten Bauherren, wurde Fès eine der modernsten Städte ihrer Zeit, in der sich das geistige, religiöse, politische und künstlerische Leben besonders reich entfaltete.

Den Almohaden folgten 1248 mit der Besetzung von Fès die **Meriniden** (13./14. Jh.). Unter den Merinidenherrschern entstanden die schönsten Bauwerke der Stadt, es war der Höhepunkt der Medresen-Baukunst (Koranschulen).

Unter **Abu Yussuf Yaqub** (1258–86) wurde Fès el-Djedid 1276 als **Residenz und Verwaltungszentrum** errichtet und zur militärischen Sicherung das Bordj Nord und das Bordj Est. Bald erreichte das künstlerische und geistige Leben der Stadt seinen Höhepunkt. Die letzten Merinidenkönige sind auf dem **Hügel von El Kolla** im Norden der Stadt begraben.

Fès verlor seinen Rang als Hauptstadt während der Herrschaft der Saadier im 16. Jh. Erst unter den auch heute noch regierenden **Alawiden** erlangte sie wieder ihren alten Rang, als *Mulay Rashid* im Jahre 1667 die Stadt eroberte.

Da, wie das ganze Land, auch Fès von aufständischen Berberstämmen bedroht wurde, rief **Sultan Mulay Abd el-Hafizh 1911** die **Franzosen zu Hilfe**, die dann unter General *Moinier* in die Stadt einmarschierten. 1912 wurde die „**Konvention von Fès**" unterschrieben, die den Franzosen den größten Teil Marokkos als **Protektorat** übertrug. Der Königssitz wurde nach Rabat verlegt, Fès entwickelte sich zu einem **Zentrum der Widerstandsbewegung**.

Fès ist bis zum 20. Jh. die geistige Hauptstadt des Königreiches gewesen und hat jetzt etwas von ihrem Glanz eingebüßt. Die Fassis, wie sich die Bewohner von Fès nennen, begreifen sich aber immer noch als wohlhabende Bildungselite des Landes.

Sehenswertes

Rund um die Mauern von Fès

Zur optimalen Orientierung beginnt man die Besichtigung am besten mit einer Rundfahrt auf der 16 km langen Ringstraße um die alten Stadtmauern. Die Medina ist, außer über Stichstraßen an den Rand nach R'sif, Batha und Aïn Azleten, nicht mit dem Auto befahrbar.

Beginnend in der Neustadt geht es über den Prachtboulevard **Hassan II.** und weiter über den Boulevard Mulay Yussuf nach **Fès el-Djedid**. Vorbei an der **Kasbah Cherarda** (jetzt Universitätsgelände) und am Stadttor **Bab Segma** führt die Ringstraße (*Route Principale No. 1*) weiter zum **Bordj Nord** aus dem 16. Jh. (Waffen-Museum mit historischen marokkanischen Waffen, tägl. 9–13 Uhr, Di geschlossen, **N 34°04,013', W 04°59,088').** Dort bzw. von der **Aussichtsplattform des Hotels Les Merinides** hat man am Nachmittag und in den Abendstunden eine herrliche Aussicht auf die Stadt und das Sebou-Tal. Nicht weit entfernt befinden sich die Ruinen der **Merinidengräber** auf dem Hügel El Kolla. Leider ist nicht mehr viel von ihnen übrig. Neben den Merinidengräbern stehen die **Mauerreste des Fort Chardonnet**. Hier legen die Gerber und die Schlächter zwischen Ruinen ihre Häute zum Trocknen aus.

Die kurvige Straße führt nun bergab, vorbei am **Bab Guissa** (unter den Almohaden im 13. Jh. erbaut), dem Nordtor der Medina. Unempfindliche Gemüter können von hier bei den Schlächtern unterhalb des Tores vorbeischauen. Dort liegen Häute, Hörner und Wolle der geschlachteten Tiere stapelweise aus, die Häute werden zu den Gerbern in der Medina weitergegeben.

Durch Hügelland führt die Umgehungsstraße weiter stadtauswärts, an Olivenhainen und Gärten entlang zum **Bab Choukha** und zum **Bab Ftouh**. Hier stößt man auf die Straße nach Taza.

Entlang dieser Straße 1 km in Richtung Taza liegt das **Töpferviertel Aïn Nokhbi**, wo man den Töpfern, Keramikmalern und Mosaikkünstlern bei der Arbeit zusehen und in großer Auswahl direkt beim Hersteller Keramik kaufen kann (vgl. Einkaufen). Fès ist neben Safi das Töpferzentrum des Landes, die Fès-Keramik ist jedoch qualitativ hochwertiger. Die typische Fèser Keramik wird aus dem sehr robusten grauen Fèser Ton doppelt gebrannt und filigran in Blau-Weiß bemalt.

Weiter entlang der Stadtmauern befindet sich gegenüber dem Bab Ftouh der große Friedhof mit der **Qubba** (Heiligengrab und Gedenkstätte) **des Sidi Harazem.**

Kurz nach Bab Ftouh zweigt eine Straße links zum **Bordj Sud** (mit Parkplatz) ab, die 1582 der saadische Sultan *Ahmed El Mansour* errichten ließ. Von hier hat man eine besonders schöne Aussicht über die Altstadt und auf die von den Gerbern zum Trocknen ausgelegten bunten Häute unterhalb. Nach Abschluss der Renovierungsarbeiten soll hier ein Museum über die Architektur und Stadtentwicklung von Fès eröffnet werden.

Am Südrand von Fès el-Djedid entlang gelangt man wieder zum Ausgangspunkt.

Fès el-Djedid

An der Grenze zwischen Fès el-Djedid und Fès el-Bali befindet sich das **Dar Batha** – ein Wesirspalast von Ende des 19. Jh. In dem 4400 m² großen Hofhaus mit herrlichem Garten (Palmen, Zypressen, Rosen etc.) sind seit 1906 eine archäologische Sammlung und ein sehr interessantes, umfangreiches **Museum marokkanischer Kunst** untergebracht. Hier findet man Teppiche aus dem Atlas, eine Waffensammlung, Trachten und Schmuck der verschiedenen Stämme, Stickereien, Stoffe, Keramik, Holzschnitzereien u.v.m. (Eintritt 10 DH, geöffnet tägl. außer Di 8.30–17 Uhr, **N 34°03,608′, W 04°58,981′**).

Vom Place de l'Istiqlal beim Museum kann man entweder durch das Bab Boujeloud einen Medinabummel beginnen oder vorher Fès el-Djedid besichtigen. Nördlich vom Museum liegt das **Bab Chorfa** – auf dem Platz davor gastieren gelegentlich Glücksspieler, Geschichtenerzähler und ein Flohmarkt. Südwestlich, am Lyceé Mulay Idris vorbei, führt ein erholsamer Weg links durch ein Tor in die blühenden **Boujeloud-Gärten (Jardin Jnan Sbil)** mit Springbrunnen, großen Bäumen, Palmen und Bambushainen. Im Park sind Kanäle des Oued Fès angelegt, in einem Tümpel am Süden des Parks baden Jugendliche. Man bummelt vorbei am renovierten **Dar el Beida,** einem Gartenpalast und im 19. Jh. Sitz des französischen Generalkonsuls, weiter in Richtung **Fès el-Djedid.** Vorher sollten Sie aber noch beim **Wasserrad Noria** haltmachen, das am südlichen Rand der Boujeloud-Gärten liegt und dort bei einem Erfrischungsgetränk im **Café La Noria** die Ruhe der Gärten genießen. Das Wasserrad ist ziemlich kaputt, aber doch sehenswert.

Verlässt man den ummauerten Bezirk nach den Boujeloud-Gärten durch das **Bab es Seba,** erreicht man eine weitere Sehenswürdigkeit: den **Vieux Mechouar** (alter Versammlungsplatz) zwischen Fès el-Bali und Fès el-Djedid. Der Platz war früher ein beliebter Treffpunkt für Spaßmacher, Geschichtenerzähler und Gaukler. Er wurde vor einigen Jahren zum großen Veranstaltungsplatz ausgebaut. Früher wurden auf ihm Gerichtsverhandlungen abgehalten und die Köpfe der Hingerichteten zur Schau gestellt. Heute finden am Mechouar Feste und Großveranstaltungen statt, vor allem ist er für das **Festival de Fès des Musiques sacrées du monde** (jährlich im Juni), bei dem Musiker von internationalem Rang auftreten, reserviert. Kartenbuchungen für das Festival können bereits in Europa über die Fremdenverkehrsämter getätigt werden oder in Fès bei Objective Maroc (vgl. Reisebüros weiter unten).

Das **Bab Seghma** nördlich des Platzes ist durch die Absperrung des Platzes nicht mehr erreichbar und führt zur **Kasbah Cherarda** (Universität und benachbartes Krankenhaus Ibn El Khatib).

Der interessanteste Ort von Djedid ist die **Mellah**, das **Judenviertel,** während der Kolonialzeit Wohnort vieler Franzosen. Es liegt in der Nähe des Königspalastes Dar el Makhzen, da die Juden unter den Schutz des Sultans gestellt wurden. Dieser verlangte dafür hohe Steuern, häufig waren aber auch Juden Finanzberater des Königs. In der Mellah befinden sich noch einige Silber- und Goldschmiedeläden und zwei Synagogen. Die Häuser der Mellah sind etwas höher als die arabischen Häuser und haben Fenster und Balkone, die der Straße zugewandt sind. Die Mellah verfiel lange Zeit, da kaum mehr Juden in Fès wohnen und die reiche Bevölkerung in die Neustadt abwanderte. Inzwischen sind viele Häuser wieder sehr schön renoviert. Es gibt einen **jüdischen Friedhof,** den man von der Ville Nouvelle kommend am Eingang von Fès el-Djedid rechter Hand durch eine schwarze Metalltür betreten kann (dreimal klingeln). Interessierte können auch einen Blick in die renovierte **Synagoge Ibn Danan** (17. Jh.) werfen. Für den Friedhof und die Synagoge erwartet der Wächter jeweils ein Trinkgeld von ca. 50 DH p.P.

Unterwegs in der Medina

Atlas V, Karte S. 287, Stadtpläne S. 317, 318, 320   ROUTE B 1: FÈS

Der **Dar el Makhzen (Königspalast)** ist von Häusern und Mauern umgeben – innen kann der Palast nicht besichtigt werden. Mit 80 ha bedeckt er den größten Teil von Fès el-Djedid. Vom grünen Place du Commerce kann man die sieben prachtvollen goldenen Eingangsportale des Palastes bewundern.

In der Nähe des **Place des Alaouites** (vor dem Königspalast) halten Busse, die über den Bd Mulay Yussuf in die Ville Nouvelle fahren, oder man bummelt zurück am **Place de l'Istiqlal** (Batha) in die Medina weiter.

Fès-el-Djedid ist für den Touristen nicht so interessant wie Fès el-Bali. Hier liegen, außer den oben genannten Sehenswürdigkeiten, viele große Moscheen, wie die **Djamaa el Hamra** und die **Moschee el Azhar** mit schön verziertem Tor – sie können aber nicht von innen besichtigt werden.

Die Medina (Fès el-Bali)

Im ältesten Teil von Fès heißt es Bummeln, Staunen und sich verzaubern lassen von einer der schönsten orientalischen Altstädte überhaupt. Hier sind die Gassen so schmal, dass kein Auto hindurch passt, einige Seitengassen sind kaum einen Meter breit. In der Medina übernehmen deshalb Esel, Mulis und Handkarren den gesamten Warentransport in die Suqs und zu den Häusern. Nähert sich ein mit Coca-Cola-Trägern oder Zementsäcken beladenes Maultier von hinten, heißt es rechtzeitig auszuweichen – die Treiber machen durch lautes Rufen („Balak, balak" – Vorsicht) auf sich aufmerksam.

Startpunkt des hier beschriebenen Medina-Rundgangs ist der **Place de l'Istiqlal** mit dem Dar-Batha-Museum (vgl. Fès el-Djedid). Nahe des Platzes gibt es einen Parkplatz. Man kann den Stadtrundgang aber auch am Place R'sif beginnen (siehe Ende dieser Beschreibung; Parkmöglichkeit bzw. erreichbar mit dem Bus von der Neustadt). Ein weiterer günstiger Ausgangspunkt zur Besichtigung von Fès el-Bali ist das Bab Guissa im Norden der Medina. Vom Guissa-Tor erreicht man am direktesten die Handwerker-Suqs und die

Kissaria sowie die wichtigsten Kulturdenkmäler rund um die Karaouyine.

Über den Place de l'Istiqlal (beim Hotel Batha) geht es geradeaus, vorbei an der Post und durch eine Gasse mit vielen billigen Straßenrestaurants in Richtung Medina. Hier geht es rechts durch ein kleines Tor in die **Talaa Seghira**. Läuft man links weiter (nicht in die Talaa Seghira), folgt das 1912 errichtete und auf der medinabgewandten Seite mit blauen (Farbe von Fès) und auf der Medina weisenden Seite mit grünen (die Farbe des Islam) Fayencen verzierte **Bab Boujeloud**. Das hübsche Stadttor ist eines der beliebtesten Fotomotive in Fès. Hier lädt das recht günstige **Restaurant La Kasbah** mit herrlichem Blick von den Terrassen auf das Tor zu einer Teepause ein. Beim Restaurant La Kasbah/Bab Boujeloud rechts in eine kleine Gasse geht es durch den Lebensmittelsuq weiter zur **Talaa Kebira**. Talaa Seghira und Talaa Kebira sind die beiden Hauptachsen der Medina, sie führen beide durch die Suqs und zur Karaouyine-Moschee.

Nur wenige Meter entlang der Talaa Kebira folgt links das **Haus des Glockenspiels**, an dessen 13 Fenstern 13 Bronzeklöppel auf 13 Bronzeschalen die Stunden schlugen. Die Wasseruhr mit den Glocken, die die Studenten wecken sollten, wurde in den letzten Jahren renoviert. Die 1357 erbaute Anlage kann zurzeit nicht besichtigt werden. Im hübschen **Café Clock** (vgl. Restaurants/Cafés) kann man einen Tee trinken und sich von der kreativen Atmosphäre inspirieren lassen.

Direkt gegenüber auf der rechten Seite liegt die inzwischen weitgehend renovierte **Medersa Bou Inania (N 34°03,737′, W 04° 58,963′)**, die 1350–57 erbaute Koranschule des *Abu Inan*. Die Medersa hat einen quadratischen Innenhof mit Waschbrunnen, der von zwei Betsälen umgeben ist. Im ersten und zweiten Stock liegen die winzigen Wohnzellen der Studenten (1. Stock momentan nicht zugänglich). Wie bei allen Koranschulen im Maghreb, ist bei der Bou Inania die Ziegelmauern im Sockelbereich mit Kacheln verkleidet, der Hof ist mit Marmor- und Onyxfliesen ausgelegt, die Wände sind mit Mosaiken und Stuckarabesken verziert, das Vordach und die Holztragebalken aus reich verziertem Zedernholz gearbeitet. Das Dach ist wie bei allen sakralen Bauten mit grünen Ziegeln gedeckt.

An der **Talaa Kebira** liegt linker Hand ein alter Funduq (Karawanserei) und kurz darauf rechts das **Palais des Merinides.** Das herrliche alte Stadthaus mit Zedernholzschnitzereien, Zelliges- und Stuckarbeiten beherbergt ein marokkanisches Restaurant (vgl. Essen und Trinken). Das Haus kann aber auch ohne Einkehr besichtigt werden.

Weiter gelangt man zum **Nejjarine-Platz** mit den Tischler-Suqs und dem **Nejjarine-Brunnen** (19. Jh.). Der mit filigranen Mosaiken und einem Vordach aus geschnitztem Zedernholz ausgestattete öffentliche Brunnen ist sicherlich der schönste in Fès. Am Nejjarine-Platz befindet sich auch der Eingang zum **Funduq Nejjarine** aus dem 18. Jh. (ehemaliges Waren- und Handelshaus). Nach der aufwendigen Renovierung mit UNESCO-Geldern beherbergt er nun das **Holzmuseum Nejjarine,** das verschiedene Baumarten, kunstvolle Holzschnitzereien, Musikinstrumente, Möbel und Gebrauchsgegenstände, eine Bibliothek und alles Mögliche rund ums Holz zeigt (Eintritt 20 DH, tägl. 10–17 Uhr, www.nejjarine.co.ma). Im Museumscafé auf der Dachterrasse kann man herrlich sitzen und den Ausblick genießen. Beim Nejjarine-Platz verkauft das **Maison bleue** (vgl. Einkaufen) schöne blau-weiße Fès-Keramik. Direkt links des Eingangs zum Museum kann man die Dachterrasse eines Ladens nutzen, um einen Blick auf die **Gerbereien Sidi Moussa** (s.u.) zu werfen.

Die darauf folgenden **Suqs Attarine** (Gewürze) und **Kissaria** (gedeckter Markt) bilden den Mittelpunkt des Handwerks und des Handels. Die Straßen und Viertel sind, wie in allen Suqs, nach Handwerkszweigen unterteilt. Vorbei an den Kupfer- und Messingschmieden, Goldschmieden, lederverarbeitenden Handwerkern und Basaren mit goldbestickten Lederkissen, Taschen und Gürteln, an den Waffenschmieden, Teppichhändlern und Manufakturen, Kleiderläden, den Schneidern, den Garnhändlern, Tischlern, Drechslern, Gewürzhändlern, Fisch- und Gemüsehändlern geht es durch die Suqs bis zur Attarine-Moschee und Medersa.

Atlas V, Karte S. 287, Stadtpläne S. 317, 318, 320 ROUTE B 1: FÈS

Neben dem Attarine-Suq und östlich der Kissaria liegt das größte Heiligtum der Stadt, die **Zawia des Mulay Idris II.,** das Mausoleum des Stadtgründers. Die Zawia ist Grabmal und Wallfahrtsort und zugleich Zufluchtsstätte für verfolgte Gesetzesbrecher. Nichtgläubige haben keinen Zutritt, man kann aber durch den Eingang einen kurzen Blick nach Innen werfen. Das grüne Dach der Zawia erkennt bei einem Blick über die Stadt (z.B. vom Borj Sud) schon von Weitem. Hinter dem Fraueneingang befindet sich in einer kachelverzierten Wand eine sternförmige Kupferplatte mit einem Loch, in das die Gläubigen im Vorbeigehen die Finger stecken, um dadurch *baraka* (Lebenskraft und besonderen Segen des Herrschers) zu erlangen. Im September findet hier ein großer Moussem (Mausim) statt. Alle Handwerkerzünfte kommen zusammen, um kostbare Spenden und Opfer zu bringen und ein Fest zu Ehren des Heiligen zu feiern. Rund um die Zawia werden bunte lange Kerzen, alle möglichen anderen Devotionalien und leckerer Nougat, Datteln und Nüsse verkauft.

Das **wichtigste Bauwerk in Fès,** auf der Ostseite der Kissaria gelegen, ist die **Karaouyine-Moschee,** die inzwischen nur noch zwei Fakultäten der im 9. Jh. gegründeten Universität beherbergt und bis zum Bau der Moschee Hassan II. in Casablanca die größte Moschee im Maghreb war. Sie fasst 20.000 Gläubige auf einer Fläche von 16.000 m². Die Gebetshalle wird von 270 Säulen getragen, 14 Tore führen in ihr Inneres. Sie ist in der typisch maurischen Architektur mit Hufeisenbögen, schlanken Stützsäulen, Stalaktiten-Deckengewölben, geschnitzten Ornamenten, Majolikaböden und kunstvoller Ausstattung gebaut. Dem Hochschulstudium an der Karaouyine (Theologie und islamisches Recht), das oft 10–15 Jahre dauert, geht ein mehrjähriger Besuch der Koranschule voraus, in der die Jungen Lesen, Schreiben und Rechnen und natürlich die Lehren des Koran beigebracht bekommen. Der Universitätsbetrieb

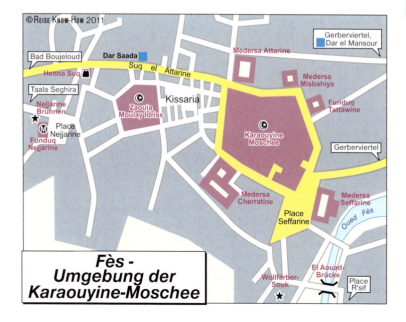

findet aber heute hauptsächlich in neuen Gebäuden außerhalb von Fès statt. Der berühmteste hiesige Gelehrte war **Ibn Khaldoun** (1332–1406) mit seinem Hauptwerk „Muqqaddima" – er gilt als der größte Historiker des Islam. Die Karaouyine-Moschee wurde in den letzten Jahren innen und außen aufwendig renoviert. Man kann die Moschee einmal umrunden und einen Blick durch das Eingangsportal ins prachtvolle Innere werfen (Zutritt nur für Muslime).

Die benachbarte **Medersa Attarine** (1323–1325 von den Meriniden erbaut) kann nach jahrelanger Renovierung wieder von Touristen besichtigt werden und ist unbedingt sehenswert. Die Koranschule ist sehr schön mit almohadischen Motiven (Mosaiken) ausgestattet (Eintritt 10 DH).

Weiter von der Medersa Attarine erreicht man die **Medersa Misbahiya**, eine Koranschule, die 1331 unter der Regentschaft von Sultan *Abu el Hassan el Merini* erbaut wurde und teilweise zerstört ist. Die Medersa ist schon lange wegen Renovierung geschlossen. Kurz nach der Medersa bietet sich ein Blick in den schönen alten **Funduq Tattawine** nahe der Karaouyine-Moschee.

Südlich der Karaouyine liegt eine weitere bedeutende Koranschule, die **Medersa Cherratine**, die größte der Koranschulen, die von der Zawia des *Mulay Idris* in Richtung Karaouyine über die rechte Seitenstraße in Richtung Messingschmiede erreichbar ist. Vorher quert man den turbulenten **Platz Joudia** (sprich: Schudia), an dem kleine Schnecken (mit gestreiftem Schneckenhaus) zum Verkauf angeboten werden.

Hinter der Karaouyine in Richtung Gerberviertel liegt die **Medersa Seffarine** aus der Merinidenzeit (gegründet von *Abou Youssef Yakoub* Ende des 13. Jh.). Die Medersa wird immer noch von über 100 Theologiestudenten bewohnt, die hier kostenlos Unterkunft finden. Ein Wächter (10 DH Trinkgeld p.P.) führt durch die leider verfallende Anlage, in der die jungen Männer unter einfachsten Verhältnissen in winzigen Kammern leben. Von der Dachterrasse bietet sich ein schöner Ausblick. Auf dem **Place Seffarine (N 34° 03,857′, W 04°58,355′)** fertigen die **Kesselmacher und -flicker** mit lautem Gehämmer riesige Bottiche und Kupferkessel, die in erster Linie bei großen Festen und Hochzeiten Verwendung finden. Nahe des Seffarine-Platzes kann man im kleinen Souvenirladen von *Brahim Badra* (siehe Einkaufen) nach allerlei Schätzen stöbern. Am Platz weist eine kleine Tafel auf das Eingangsportal zur 2004 renovierten **Bibliothek Karaouyine** (gegründet im 14. Jh.) hin: Dort lagern 30.000 jahrhundertealte Schriften, darunter auch Manuskripte von *Ibn Khaldoun*.

Das **Wollfärberviertel** nahe dem Seffarine-Platz ist etwas kleiner als dasjenige in Marrakesch, aber trotzdem einen Besuch wert. Gefärbte Tücher und bunte Wollbündel hängen dekorativ über den Gassen und neben den Verkaufsläden.

Im Viertel Sidi Moussa, nahe der Gerberei Moussa (s.u.), versteckt sich das Privatmuseum **Musée Belghazi** in einem herrlichen alten Stadtpalais (Riad) mit prachtvollem Innenhof. Der Weg durch mehrere enge Gassen ist von der Talaa Seghira bzw. Kebira und vom Place Seffarine ausgeschildert, aber trotzdem nicht einfach zu finden. Hier werden Kunsthandwerk und kostbare marokkanische Antiquitäten ausgestellt (Eintritt 40 DH, tägl. 9.30–17.45 Uhr, Tel. 0535 74 11 78). Von der Dachterrasse bietet sich ein herrlicher Blick, auf Vorbestellung gibt es auch Essen.

Höhepunkt der Fès-Stadtführungen ist ein **Besuch bei den Gerbern.** Hier werden in schwerer Handarbeit Leder und Felle gegerbt und gefärbt. Zuerst müssen die Felle enthaart, gereinigt und dann gekalkt werden. Danach folgt das Beizen und eine abermalige Reinigung. Es gibt Betonbottiche, die zum Kalken verwendet werden und andere, in denen die Felle gefärbt werden. Anschließend werden die Felle auf den angrenzenden Freiflächen zum Trocknen ausgehängt. Lederwaren aus Fès wurden wegen ihrer guten Qualität schon im 12. Jh. bis nach Bagdad transportiert. Das Gerberhandwerk hat uralte Tradition in Marokko. Wegen des Gestanks der Gerb- und Beiztröge und des hohen Wasserbedarfs liegen die noch bestehenden Viertel alle an der Westseite des Oued Fès.

Das **älteste Gerberviertel** von Fès ist **Sidi Moussa** im Viertel **Guerniz** – hier arbeiteten

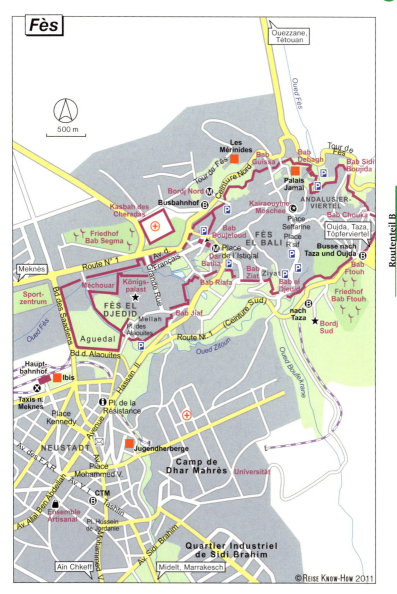

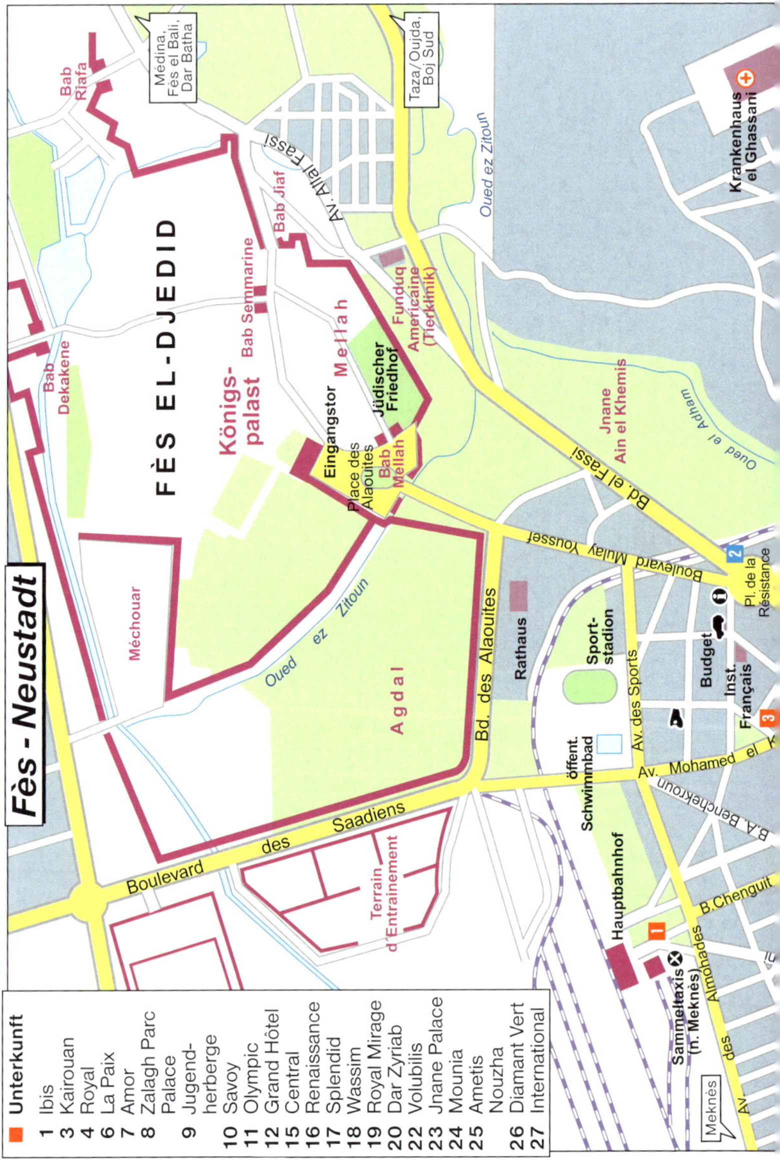

Fès - Neustadt
Unterkunft
1 Ibis
3 Kairouan
4 Royal
6 La Paix
7 Amor
8 Zalagh Parc Palace
9 Jugendherberge
10 Savoy
11 Olympic
12 Grand Hôtel
15 Central
16 Renaissance
17 Splendid
18 Wassim
19 Royal Mirage
20 Dar Zyriab
22 Volubilis
23 Jnane Palace
24 Mounia
25 Ametis
26 Nouzha
26 Diamant Vert
27 International
FÈS EL-DJEDID
Médina, Fès el Bali, Dar Batha
Taza/Oujda, Boj Sud
Bab Riafa
Bab Jiaf
Av. Allal Fassi
Bab Semmarine
Mellah
Königspalast
Bab Dekakene
Eingangstor
Jüdischer Friedhof
Funduq Americaine (Tierklinik)
Place des Alaouites
Bab Mellah
Oued ez Zitoun
Krankenhaus el Ghassani
Jnane Ain el Khemis
Oued el Adham
Bd. el Fassi
Boulevard Mulay Youssef
Pl. de la Résistance
Méchouar
Agdal
Bd. des Alaouites
Rathaus
Sportstadion
Budget
Inst. Français
Av. des Sports
Av. Mohamed el K
B.A. Benchekroun
öffent. Schwimmbad
Boulevard des Saadiens
Terrain d'Entrainement
Hauptbahnhof
B.Chenguit
Sammeltaxis (n. Meknès)
Av. des Almohades
Meknès

Atlas V, Karte S. 287, Stadtpläne S. 315, 317, 320

FÈS – NEUSTADT 319

Routenteil B

Essen und Trinken
- 2 McDonald's
- 5 Nautilus
- 13 Café de la Paix
- 14 Chez Vittorio
- 21 Assouan

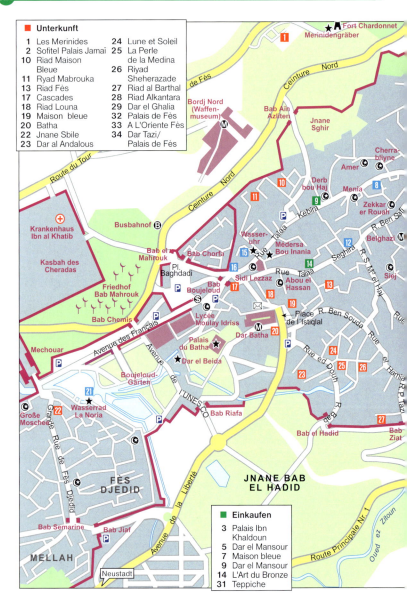

Atlas V, Karte S. 287, Stadtpläne S. 315, 317, 318

FÈS EL-BALI

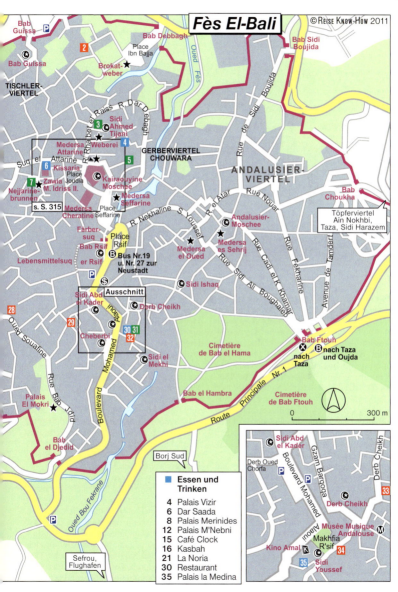

ROUTE B 1: FÈS

Bab Boujeloud

die Gerber schon im Mittelalter, und an der Arbeitstechnik scheint sich bis heute nicht viel geändert zu haben. Ausblick auf den Gerberhof hat man z.B. von der Terrasse eines Shops direkt links neben dem Eingang zum Nejjarine-Museum (vgl. oben). Das größte und **bekannteste Gerberviertel** ist **Chouwara** (sprich: Schuwara, **N 34°03,955′, W 04°58,277′**) direkt am Oued Fès nördlich des Medina-Zentrums zwischen Kairaouyine und dem Oued Fès. Einen Besuch sollten Sie möglichst am Vormittag einplanen. Für den am Eingang wartenden Wächter, mit dem man direkt zwischen den Färberbecken unten durchspaziert, müssen 20 DH Trinkgeld bezahlt werden. Wer dem stinkenden und dreckigen Geschehen nicht zu nahekommen will, der hat auch von den Terrassen der benachbarten Lederwarenläden eine gute Sicht auf die Gerber. Erwartet wird natürlich ein Trinkgeld für den Service, bzw. man freut sich, wenn mal jemand etwas kauft.

Auf dem Weg zu den Gerbern bzw. zurück liegt in Richtung Attarine-Moschee rechter Hand das **Teppichhaus Dar el Mansour** in einem alten Stadtpalast (vgl. Einkaufen). Ebenso wie der Besuch eines Teppichpalastes gehört zum Medina-Rundgang auch die Besichtigung eines alten **Dräz**, d.h. eines traditionellen Weberhauses, in dem man den Handwerkern an den Webstühlen zuschauen und Tücher u.a. direkt kaufen kann. Einer der schönsten noch erhaltenen Dräz liegt zwei Gassen nördlich der Karaouyine in derselben Gasse (Derb Touil) wie das **Palais Vizir.** Das Teppichhaus und Restaurant besteht aus zwei miteinander verbundenen alten Stadthäusern (siehe Essen und Trinken).

Lohnend ist auch ein Besuch bei den **Brokatwebern** beim Place Ibn Baja (an der nordwestlichen Stadtmauer). Die Brokatweber, die es nur noch in Fès gibt, erreicht man am einfachsten, wenn man sich mit dem Taxi zum obigen Platz fahren lässt und von dort die Stadtbesichtigung beginnt bzw. von den Webern in Richtung Gerberei fortsetzt. Dieser Ausgangspunkt hat den Vorteil, dass man ohne Touristenrummel anfängt und sich nach und nach ins turbulente Herz der Medina vorarbeitet.

Wenn man im Zentrum der Medina von der Karaouyine zurück zum Seffarine- und Nejjarine-Platz bummelt, erreicht man über die **Talaa Seghira** wieder den Ausgangspunkt am Bab Boujeloud. An der Talaa Seghira in Richtung Bab Boujeloud auf der rechten Seite lohnt das renommierte Haus **L'Art du Bronze** (vgl. Einkaufen) von *Ahmed Guernani* einen Besuch. Der alte Herr ist wohl der bekannteste marokkanische Ziseliermeister und hat mittlerweile das Geschäft an seinen Sohn *Mohammed* übergeben. Hier kann man den Kunsthandwerkern dabei zusehen, wie sie hämmern, meißeln und feine Muster ins Metall (Silber, Bronze, Messing) stechen.

Statt über die Talaa Seghira zum Bab Boujeloud zurückzukehren, kann man den Rundgang auch im östlichen Andalusier-Viertel auf der anderen Seite des Oued Fès fortsetzen. Dazu überquert man den **Oued Fès** über die El-Aoud-Brücke, läuft die Straße eine Weile nach Süden und erreicht so den **Platz R'sif**. Kurz danach macht die R'sif-Straße einen Knick und linker Hand liegt ein begrünter Platz mit Treppe nach oben. Gleich hier, im etwas nach hinten versetzten großen Gebäude, lohnt der **Palais de Fès/Dar Tazi** einen Besuch. Der sehr gut deutsch sprechende Besitzer *Azzedine Tazi* hat ein altes Stadthaus aus dem 17. Jh. wunderschön restauriert und zum Teppichpalast, Restaurant und Gästehaus umgestaltet (vgl. Maison d'Hôtes und Restaurants). Hier kann man sich unverbindlich bei einem Gläschen Tee von deutschsprachigen, sachkundigen Verkäufern Teppiche erklären und präsentieren lassen. Die marokkanischen Vorspeisen-Variationen im Restaurant auf der Dachterrasse zählen zum Besten, was die marokkanische Küche zu bieten hat! Außerdem genießt man von hier einen tollen Blick über die Dächer der Altstadt.

Vom Place R'sif gelangt man ins **Andalusier-Viertel**. In Richtung Bab Ftouh liegt die **Andalous-Moschee** mit einem sehr schönen Tor, sie ist nach der Karaouyine die älteste der Stadt. Im Andalusier-Viertel gibt es nicht so viele Sehenswürdigkeiten, aber da sich hier viel weniger Touristen aufhalten, ist ein Bummel durchaus zu empfehlen. Vom Place R'sif bzw. am Bab Ftouh nimmt man entweder einen Bus zurück zum Bab Boujeloud oder ein Taxi zum Place de l'Istiqlal (Batha) oder in die Neustadt.

Wer die üblichen Sehenswürdigkeiten in Fès besichtigt hat und noch ein bisschen mehr sehen will, dem sei der Besuch einer **Ölmühle,** eines Handwerksbetriebs oder eines **Hammams** zu empfehlen.

Auch die Besichtigung des **Palais el Mokri** in einer Gasse nahe dem Bab el Djedid am Südende der Medina (Ziat) lohnt sich. Der Palast von 1906 befindet sich auf einem etwa 1 ha großen Grundstück und ist nach Voranmeldung bei der ehrwürdigen Fassi-Familie *Mokri*, die z.T. noch dort wohnt, zu besichtigen (30 DH p.P., Anmeldung bei *Mohammed El Mokri*, Tel. 0535 63 71 12, www.palaiselmokri.new.fr). Von den Gärten hat man einen tollen Ausblick auf die Medina.

Die Neustadt (Ville Nouvelle)

Die Neustadt, 1916 von den Franzosen auf einem riesigen brachliegenden Gelände gebaut, besteht vorwiegend aus breit angelegten Boulevards, modernen Wohnvierteln und ausgelagerten Industriezonen. In der Neustadt findet man alles, was das heutige Leben angenehm macht: komfortable Hotels, gute Restaurants, Supermärkte, Boutiquen, Reisebüros und alle wichtigen Behörden und Verwaltungsgebäude – aber keine Sehenswürdigkeiten. Es gibt allerdings einige architektonisch interessante Gebäude, die im Bauhaus- bzw. Jugendstil Anlehnung gefunden haben.

Die **Prachtmeile** der Stadt und von Marokkanern häufig als der „schönste Boulevard Marokkos" bezeichnet ist die vierspurige **Av. Hassan II.:** Auf der von Palmen und Platanen flankierten Promenade mit Blumenrabatten und Springbrunnen flanieren vor allem abends die Einheimischen. Entlang der Av. Hassan II. liegen die meisten Verwaltungsgebäude, große Hotels und zahlreiche Restaurants und Cafés. Am Place Florence, bei der Post, zweigt die **Av. Mohamed V.** nach Süden ab. Am **Place Ahmed el Mansour** am Südende der Av. Hassan II. dreht sich eine Weltkugel auf einer Säule inmitten des prächtigen Springbrunnens.

Wem der Einkauf in der Medina zu stressig ist, kann sich im **Ensemble Artisanal** über Preise und Angebot informieren (vgl. Einkaufen) – hier wird Kunsthandwerk zu Festpreisen verkauft.

Information

- **Syndicat d'Initiative (Touristinfo),** Pl. Mohamed V., Tel. 0535 62 34 60, 0535 62 62 97. Freundlich, jedoch wenig Infomaterial.
- **Délégation régionale du Tourisme,** Place de la Résistance, Immeuble Bennani, Tel. 0535 62 34 60, fes@tourisme.gov.ma, im Sommer nur bis 14.30 Uhr geöffnet.
- Die offizielle Website von Fès ist **www.visitfes.org**.
- **PLZ von Fès:** 30 000.

Unterkunft

Klassifizierte Hotels

- **Les Merinides*******, Av. Bordj du Nord, Tel. 0535 64 62 18, 0535 64 52 26, www.lesmerinides.com. Die gut ausgestatteten Zimmer sind etwas klein geraten, aber schön, z.T. mit Aussicht. Restaurants mit marokkanischer und internationaler Küche, drahtloses Internet, grandioses Panorama auf die Stadt von der Terrasse (ideal für einen Sundowner). Nicht-Gäste können den Pool nutzen, wenn sie das Mittagsmenü mitbuchen. €€€€€B.
- **Royal Mirage** (ex Sheraton)*****, Av. des F.A.R., Tel. 0535 93 09 09, www.royalmiragehotels.com. Sehr schönes, großes und gepflegtes Hotel mit allem Komfort, behindertengerecht, bewachter Parkplatz. €€€€€.
- **Sofitel Palais Jamai*******, Bab el Guissa, Tel. 0535 63 43 31, www.accor-hotels.com, H2141@sofitel.com. Das sehr schöne und vor einigen Jahren renovierte Luxushotel ist in einem maurischen Palast untergebracht: Suiten mit Stuckarbeiten, alten Möbeln und Mosaiken, traumhaftes Ambiente, vielseitiges und üppiges Frühstücks- und Mittagsbuffet im neueren Trakt, bewachter Parkplatz, toller Blick über die Medina. €€€€€.
- **Zalagh Parc Palace*******, Lot. Oued Fès, am südwestlichen Stadtrand an der Route de Meknès, Tel. 0535 75 54 54, 0535 94 99 49,

www.zalagh-palace.ma. Luxushotel mit Tradition (seit 1942) und 488 konservativ gestalteten Zimmern und Suiten mit allem Komfort. Garten mit Pool sowie beheizter Innenpool. €€€€€.

● **Sogatour Jnane Palace Fès******, Av. Ahmed Chaouki, Tel. 0535 65 22 30, Fax 0535 65 19 17, www.sogatour.ma, jnan-palace@sogatour.ma. Schönes und komfortables Hotel in der Neustadt, großer Pool, Tennis, Fitnessraum, Gästekarte für Royal Golf Club etc. €€€€B.

● **Batha*****, Rue de l'Unesco (Ecke Place de l'Istiqlal), Tel. 0535 63 48 60, 0535 74 10 77, bathahotel@menara.ma. Ideal am Eingang zur Medina gelegen, nahe Bab Boujeloud und Batha-Museum. Schönes, komfortables und gemütliches Haus, lebhafte und ungezwungene Atmosphäre (auch Hunde sind willkommen), klimatisierte Zimmer (zum Garten hin ruhig, im Erdgeschoss etwas muffig), Pool, Restaurant/Bar (mit Alkoholausschank), bewachter Parkplatz nahebei. €€€, gutes Preis-Leistungsverhältnis, rechtzeitig reservieren.

● **Ametis Nouzha*****, 7, Rue Hassan Dkhissi, Place Atlas (nahe CTM-Bahnhof), Tel. 0535 64 00 02, www.ametishotelsmaroc.com. Gepflegtes Hotel im marokkanischen Stil mit internationalem und marokkanischem Restaurant. DZ mit Sat-TV €€€B.

● **Ibis Moussafir*****, Av. des Almohades/Place de la Gare (neben dem Bahnhof), Tel. 0535 65 19 02, www.ibishotel.com. In diesem Ibis-Hotel wurde der maurische Stil sehr schön mit modernen Elementen in Einklang gebracht. Schöner Garten mit Pool, gutes Frühstücksbuffet, Internetecke. €€€, gutes Preis-Leistungsverhältnis.

● **La Paix*****, 44, Av. Hassan II., Tel. 0535 62 50 72, hoteldelapaix@menara.ma. Zentral gelegene Budget-Unterkunft mit sauberen großen Zimmern. €€€B, Rabatt ab der zweiten Nacht.

● **Mounia*****, 60, Bd. Zerktouni, Tel. 0535 62 48 38, Fax 0535 65 07 73, www.hotelmouniafes.ma, hotel.mounia.fes@menara.ma. Ansprechende und modern eingerichtete Zimmer (mit AC und TV), zwei Restaurants (Alkoholausschank), gutes Frühstück, langsamer Service, bewachter Parkplatz. €€€A.

● **Splendid*****, 9, Rue Abdelkrim el Khattabi, Tel. 0535 62 21 48, 0535 65 02 83, Splendid @menara.ma. Etwas gesichtsloses, dafür sehr sauberes und ruhig gelegenes Hotel mit Pool, gutem Preis-Leistungsverhältnis und nettem Personal. €€€B.

● **Wassim*****, Rue du Liban, Av. Hassan II., Tel. 0535 65 49 18, hotelwassim@hotmail.com. Angenehmes Hotel in zentraler Lage in der Neustadt, freundliches Personal, saubere (relativ kleine) Zimmer, das Frühstück könnte üppiger sein. €€€.

● **Amor****, 31, Rue Arabie Saoudite, Tel. 0535 62 27 24, Fax 0535 62 33 04. Gepflegte Zimmer, sehr hilfsbereit, zentral am Bahnhof gelegen, nachts wegen kläffender Hunde recht laut. Kein Frühstück. €.

● **Errabie****, 1, Rue de Tanger, Tel. 0535 64 01 00, 0535 64 10 75, Fax 0535 65 91 63. Ruhige Lage am Rand der Neustadt, saubere und geräumige Zimmer mit Bad, sehr freundlich. €€.

● **Grand Hotel****, Bd Chefchaouni, Tel. 0535 93 20 26, grandhotel@menara.ma. Traditionshotel (seit 1929) im Zentrum der Neustadt, nicht ganz so modern ausgestattet, aber sauber und empfehlenswert. Klimatisierte Zimmer mit Balkon. €€€B.

● **Jnane Sbile****, 22, Kasbat Shems, Bab Boujeloud, Tel. 0535 63 86 35, www.hoteljnanesbile.com. Neueres Mittelklassehotel günstig gelegen am Eingang zur Medina, hübsche, bunte Zimmer mit Klimaanlage und Bad, Dachterrasse mit Ausblick, freundlich. €€€B.

● **Olympic****, Bd Mohammed V., Tel. 0535 93 26 82, 0535 62 24 03, Fax 0535 93 26 65. Günstiges Travellerhotel im Zentrum der Neustadt mit sauberen Zimmern mit Bad, z.T. recht dunkel, zur Straße hin laut. €€.

● **Reda****, Aïn Chkeff, km 7, Tel. 0535 60 09 78, 0535 60 19 91, hotelreda@menara.ma. Das Hotel mit angenehmen Zimmern liegt außerhalb in ruhiger Waldlage (nahe Camping Diamant Vert): Reitstall, großer (von einer Quelle gespeister) Pool, Night Club, Terrassenbar, Kaminzimmer. Das Restaurant ist bei Wochenendausflüglern beliebt. €€A.

Im Gerberviertel Chouwara

Maisons d'Hôtes

Wie mittlerweile in allen Medinas des Landes eröffnen auch in Fès stetig neue Unterkünfte in stilvoll renovierten Altstadthäusern. Viele Maisons d'Hôtes liegen mitten im Gassengewirr und sind nicht leicht zu finden – am besten vorher anrufen und eine Abholung (z.B. vom Bab Boujeloud oder Place de l'Istiqlal) vereinbaren. Hier eine Auswahl empfehlenswerter Adressen (in alphabetischer Reihenfolge):

●**Arabesque,** 20, Derb el Miter, am Nordrand der Medina, nahe Hotel Dar Jamai und Bab Guissa, Tel. 0535 63 45 90, 0535 63 53 21, arabesque@menara.ma, www.arabesquehotelfez.com. Sehr schöner renovierter Palast von 1925 mit Dachterrasse, zehn marokkanisch gestalteten Suiten unterschiedlicher Größe, Hammam, beheiztem Pool und zwei Restaurants (herrlicher Blick über die Altstadt vom Restaurant Al Manzah auf der Dachterrasse). Die Dekoration wirkt etwas zu überladen nostalgisch-orientalisch. €€€€€.

●**Dar Al Andalous,** 14, Derb Bennani (nahe Batha, Zufahrt mit Auto möglich), neben Riad el Baraka, Tel. 0535 74 10 82, dar-al-andalous@menara.ma, www.dar-alandalous.com. Wunderschönes Luxus-Gästehaus aus zwei miteinander verbundenen Riads (ein Balkon verbindet beide Innenhöfe). Hammam und marokkanisches Restaurant. Zimmer €€€€A, Suiten (mit Jacuzzi) €€€€.

●**Dar Attajalli,** 2, Derb Quattana, Zqaq Rommane, Mobil 0677 08 11 92, www.attajalli.com. Schön renoviertes Stadthaus unter deutscher Leitung, fünf individuell gestaltete Zimmer/Suiten, Dachterrasse mit Aussicht, Internet verfügbar, bewachter Parkplatz nahebei. €€€€B.

●**Dar el Ghalia,** 13/15 Ross Rhi, R'sif, Tel. 0535 63 41 67, 0535 74 15 74, darelghalia@yahoo.com, www.riadelghalia.com. Im Palais Haj Omar Lebbar, einem Stadtpalast aus dem 17. Jh. im Andalusier-Viertel, entstand dieses exklusive Gästehaus mit 16 Zimmern bzw. Suiten (mit Kamin) und allem Komfort eines Luxushotels. Das Haus ist mit *Omar Lebbar* noch immer im Familienbesitz der ehrwürdigen Fassi-Familie *Lebbar*. Dachterrasse mit Aussicht, Hammam, ausgezeichnetes Restaurant. €€€€€.

●**Dar Gnaoua,** 24, Derb Lamzerdeb (nahe Bab R'sif, schwer zu finden, abholen lassen), Tel. 0676 28 63 56, www.dargnaoua.com, dlefoulgoc@yahoo.fr. Sehr hübsches, günstigeres Gästehaus inmitten der Medina unter Führung des netten bretonischen Ehepaars *Didier* und *Laurence Lefoulgoc*. €€€€B (in der Nebensaison günstiger).

●**Dar Zyriab,** 2, Rue Ibn Badis, Ecke Rue Lalla Nezha (in der Neustadt, **N 34°03,942', W 04°58,439'**), Tel. 0535 62 15 61, eljalil@menara.ma, www.darziryab.com. Das Dar Zyriab ist zwar nicht ganz so alt wie die Häuser in der Medina, der sehr gut deutsch sprechende Stadtführer *Jalil el Hayar* hat es aber in jahrelanger Arbeit in einen maurischen Palast verwandelt. Die klimatisierten/beheizten Suiten (mit Sat-TV, Internet, Kamin, Balkon/Terrasse zum Garten) sind liebevoll mit Tadelakt, Mosaiken und handbestickten Bettdecken ausgestattet. Wer hier nicht residiert, sollte zumindest im Restaurant die hervorragende Fèser Küche probieren! €€€€B.

●**La Maison Bleue,** 2, Place de l'Istiqlal (gegenüber Hotel Batha), Tel. 0535 74 18 43 oder 0535 63 60 52, www.maisonbleue.com. Eine der besten und teuersten Unterkünfte in Fès (Auszeichnung: „One of the most romantic hotels of the world"): sehr vornehmer Stadtpalast einer alten Fèser Intellektuellenfamilie in idealer Lage am Eingang zur Medina, sechs individuell gestaltete Suiten mit allen Annehmlichkeiten eines Luxushotels, perfekter Service, Zufahrt mit Auto und sicheres Parken möglich. €€€€€.

●**La Perle de la Medina,** 15, Derb Bennis, Douh (günstige Lage in Batha mit Autozugang), Medina, Tel. 0535 63 61 12, www.riadperlemedina.com. Die klimatisierten/beheizten Suiten in diesem sehr schönen alten Stadthaus mit üppigem Mosaik- und Stuckdekor sind geräumig und z.T. mit Antiquitäten eingerichtet. Tolle Dachterrasse, reichhaltiges Frühstück. €€€€.

●**Lune et Soleil,** 3, Derb Skallia, Douh/Batha, Medina, Tel. 0535 63 45 23, www.luneetsoleil.com. Anfahrt: von Ville Nouvelle kommend beim Batha-Parkplatz rechts runter, dann zweite Gasse links (kleines Schild an der Tür), Zufahrt mit Auto möglich, bewachter Parkplatz nahebei. In diesem kleinen Riad mit Orangenbäumen und Springbrunnen im herrlichen offenen Innenhof kümmert sich das sehr nette deutsch-französische Paar *Jürgen* und *Pauline Möller* persönlich um die Gäste. Ihre antiken Sammelstücke sind im ganzen Haus zu bewundern und geben jedem der sechs Zimmer ein eigenes Motto. Auf Bestellung gibt es ein sehr gutes Candlelight-Dinner (mit Alkoholausschank). *Jürgen* organisiert gerne die Besichtigung des Palace Glaoui (sehr lohnenswert). Zimmer/Suite €€€€B bis €€€€.

●**Palais de Fès/Dar Tazi**, 15, Makhfia R'sif (südlich des Place R'sif ggü. Amal-Kino, Zufahrt mit Auto möglich, Abholung bei Anruf), Tel. 0535 76 15 90, Mobil 0661 14 72 68, www.palaisdefes.com. Der sehr gut deutsch sprechende Besitzer *Azzedine Tazi* hat seinen Teppichpalast mit Restaurant um acht individuell und stilvoll gestaltete Zimmer erweitert (alle mit Heizung/AC). Vom Restaurant und den Zimmern auf der Dachterrasse bietet sich ein überwältigender Blick auf die Medina. Familienfreundliche Atmosphäre, hervorragende marokkanische Küche (vgl. Restaurants), bewachtes Parken möglich. €€€€A. Zum Palais de Fès gehört auch das benachbarte, sehr schöne **La Maison Verte** mit – wie der Name sagt – grünen Mosaiken und fünf Suiten auf mehreren Etagen. Reichhaltiges Frühstück auf der Dachterrasse mit tollem Blick auf die Meriniden-Gräber. €€€€ (Buchung über Palais de Fès).

●**Riad al Bartal**, 21, Rue Sournas, Ziat (mit dem Auto vom Bab Ziat zugänglich), Tel. 0535 63 70 53, Mobil 0655 32 40 41, riadalbartal@gmail.com, www.riadalbartal.com. Dieser Riad mit sieben Zimmern hebt sich durch die extravagante, originelle Gestaltung mit schwarzafrikanischen Elementen von den übrigen Gästehäusern ab. Die französischen Besitzer *Mireille* und *Christian Laroche* haben eine künstlerische Ader und waren schon viel in Afrika unterwegs. Wechselnde Kunstausstellungen, Bibliothek, Dachterrasse mit Blick auf die Medina, kabelloses Internet im Haus. €€€€.

●**Riad Alkantara**, 24, Oued Souaffine (Abzweig von der Talaa Seghira, abholen lassen),

Tel. 0535 74 02 92, www.riadalkantara.com. Das ehemalige Kulturcafé Fès Hadara des Stuck-Künstlers *Abdelfettah Seffar* hat sich in ein schickes Gästehaus verwandelt: Das wunderschöne Areal mit tropischem Garten liegt mitten in der Medina, hat einen großen Pool, mehrere Terrassen, zwei Restaurants und luxuriöse Suiten im renovierten Stadtpalast. €€€€A bis €€€€€B.

●**Riad Charqi**, 18, Derb Lahrichi, Hamia Douh (nahe Riyad Sheherazade, s.u.), Tel. 0535 63 56 30, www.riad-charqi.com. Elegantes Gästehaus mit nur vier geräumigen und schön eingerichteten Zimmern mit Bad (getrennter Schlaf- und Wohnbereich). Freundliches und hilfsbereites Personal, Organisation von Tagesausflügen und Abholung (z.B. vom Bahnhof) möglich. Zimmer €€€, Suite €€€€B.

Kalligrafie an der Medersa Attarine

- **Riad al Pacha,** 7, Derb el Miter, www.riad-pacha.com, riadpacha@menara.ma. Schöner Luxus-Riad mit Stuck, Mosaiken und Springbrunnen, in guter Lage oberhalb des Parkplatzes Aïn Azleten (gegenüber Riad Maison Bleue). Klimatisierte, elegante Suiten mit Bad/Jacuzzi. €€€€.
- **Riad Fès,** 5, Derb Ben Slimane, Zerbtana, Tel. 0535 74 12 06, www.riadfes.com. Dieser authentisch renovierte prachtvolle Stadtpalast (Ende des 19. Jh.) der angesehenen Fèser Familie *Sefraoui* hat 13 Suiten und vier Zimmer unterschiedlicher Größe mit kompletter Ausstattung – besonders schön sind die Zimmer auf dem Dach. Hier herrscht eine koloniale, vornehme Atmosphäre, es gibt drei Restaurants, einen schönen Garten mit kleinem Pool, Hammam, Whirlpool und Fitnessbereich auf der Dachterrasse. Aufzug, sehr gutes Essen. €€€€.
- **Riad Louna,** 21, Derb Serraj, nahe Bab Boujeloud, Tel. 0535 74 19 85, riadlouna@gmail.com, www.riadlouna.com. Kleiner, sehr schöner und familiärer Riad mit gemütlicher Atmosphäre, betrieben von den Belgiern *Janine* und *Jean-Pierre Parent.* Schöne Dachterrasse mit Restaurant, viele Pflanzen, ruhig, fünf klimatisierte/beheizte Zimmer mit Tadelakt-Bad. €€€€ (etwas preiswerter als die Luxusriads).
- **Riad Maison Bleue,** 33, Derb el Miter (günstige Lage nahe Parkplatz Aïn Azleten und Talaa Kebira), Tel. 0535 74 18 73/39, www.maisonbleue.com. Dieser stilvolle Ableger des eher konservativen Maison Bleue (s.o.) überzeugt mit seinem herrlichen grünen Innenhof mit Pool, großem Spa-Bereich (Massagen, Kosmetikanwendungen etc.) und der Dachterrasse mit Blick auf die Medina. Es gibt zwölf luxuriös ausgestattete Zimmer in drei Häusern, die miteinander verbunden sind. €€€€.
- **Riyad Sheherazade,** 23, Arsat Bennis, Douh (von Ville Nouvelle kommend am Batha-Parkplatz rechts ab, dann dritte Straße links), Tel. 0535 74 16 42, sheheraz@menara.ma, www.fes-riadsheherazade.com. Die Suiten und Deluxe-Zimmer in diesem sehr aufwendig renovierten exklusiven Palast mit Spa sind sehr stilvoll nur mit edelsten Materialien und Möbeln eingerichtet. Im großen Hofgarten mit Palmen gibt es ein Feinschmecker-Restaurant im verglasten Pavillon und einen Pool. Wer sich das Zimmer nicht leisten kann, sollte hier zumindest einen Drink nehmen und diesen Traumpalast besichtigen. Zimmer €€€€, Suite €€€€€.
- **Ryad Mabrouka,** 25, Deb el Miter (vom Parkplatz Aïn Azleten den Schildern nach oben folgen, günstige Lage nahe Talaa Kebira), Tel. 0535 63 63 45, www.ryadmabrouka.co. Herrlich grüner, stilvoll eingerichteter Riad mit Wohlfühlatmosphäre, kleinem Garten und Terrasse, kleinem Pool, Hammam, sechs Suiten und zwei Zimmern. €€€€B bis €€€€ (je nach Saison).

Billighotels

Einfache (oft nicht besonders saubere) Hotels findet man in der Medina rund um das Bab Boujeloud, am Bab Ftouh und in der Neustadt um den Bd Chefchaouni. Unseriöse Schlepper (z.B. am Bahnhof) versuchen, Touristen zu anderen Hotels zu führen, weil das ins Auge gefasste Hotel angeblich geschlossen hat o.Ä. – nicht beirren lassen!

- **Cascades,** am Bab Boujeloud, Tel. 0535 63 84 42. Traveller-Treffpunkt in guter Lage am Eingang zur Medina, sehr einfach, sauber, warme Etagenduschen, gutes Preis-Leistungsverhältnis, günstiges und gutes Essen im Restaurant. Es gibt eine schöne Dachterrasse mit Blick auf die Stadt. Die Zimmer nach hinten sind ruhig. €.
- **Central,** 50, Rue Brahim Roudani, Tel. 0535 62 23 33. (Verfallendes) Billighotel in zentraler Lage in der Neustadt (nahe Place Mohamed V.), helle Zimmer mit Waschbecken, Duschen/WCs nicht immer sauber. €.
- **Kairouan,** 84, Rue Soudan (in der Neustadt), Tel. 0535 62 35 90. Zimmer mit Waschbecken oder eigenem Bad, freundlich, laut. €.
- **Lamrani,** Talaa Seghira (in der Medina, gegenüber Medersa Bou Inania). Sauber, geräumige Zimmer, Betten durchgelegen, gute heiße Duschen. Hammam gegenüber (bis 13 Uhr für Männer, 13–19 Uhr für Frauen). €B.
- **Pension Talaa,** 14, Talaa Seghira (am Eingang zur Medina beim Bab Boujeloud), Tel. 0535 63 33 59, pacohicham@hotmail.com.

Saubere Zimmer, sehr freundlich, warme Duschen auf dem Gang, beliebt, daher rechtzeitig buchen. €B.
- **Royal,** 36, Rue de Soudan, Tel. 0535 62 46 56. Meist saubere, große und hellhörige DZ mit heißer Dusche, Toilette auf dem Gang, freundlich, nicht weit vom Bahnhof in der Neustadt. €.

Jugendherberge

- **Auberge de Jeunesse Fès,** 18, Rue Abdeslam Serghini (in der Neustadt, Parallelstraße des Bd Chefchaouni, der vom Place de la Résistance abzweigt), Tel. 0535 62 40 85, staff@fesyouth-hostel.com, www.hihostels.com. Die Jugendherberge ist sehr empfehlenswert: nettes Team, hilfsbereiter Herbergsleiter *Abdullah,* angenehme Atmosphäre, hübscher Innenhof und Garten, sehr saubere Zimmer und Duschen (nur stundenweise heißes Wasser), gutes Frühstück. Buchung von Stadtführungen, Ausflügen und Bergtouren möglich. Mehrbett- und Familienzimmer € p.P. mit Frühstück und Bettwäsche. Öffnungszeiten: Mo bis Sa 8–10, 12–15 und 18–22 Uhr, So 8–10, 12–14 und 18–22 Uhr.

Camping

- **Camping Diamant Vert,** 6 km südlich an der Route de Aïn Chkeff, Tel. 0535 60 83 67, www.diamantvert.ma, **N 33°59,23', W 05°01,10'.** Bus Nr. 17 vom Place de Florence. Der grüne Platz mit angeschlossenem Freizeitbad liegt schön **im Forêt Aïn Chkeff.** Es gibt Rasenplätze (mit Strom) unter schattigen Eukalyptusbäumen direkt am Oued Fès (stinkt leider in regenarmen Jahren). Etwa von Ende Mai bis Ende Sept. kann das moderne **Freizeitbad** nebenan kostenlos mitbenutzt werden (Riesenrutschen, Restaurant, Disco und Laden). Die sanitären Anlagen des Platzes waren zuletzt in schlechtem Zustand, 2010 war jedoch ein neuer Sanitärblock im Bau. Bei Hochbetrieb im Schwimmbad ist es laut. Es gibt auch Bungalows zu mieten.

Anfahrt ab Fès Innenstadt: Vom Place Mohamed V. südwärts zum Place Hussein de Jordanie, dort weiter südlich halten auf die Route de Aïn Chkeff (Av. St. Louis). Beim nächsten Kreisverkehr (links Imouzzer, rechts Autobahn/Meknès) geradeaus, ca. 500 m weiter befindet sich das Eingangstor unterhalb auf der rechten Seite.

Anfahrt von der Autobahn: Nach der Ausfahrt Fès 4 km geradeaus, dann am Kreisverkehr rechts zum Schwimmbad und Camping (wenige hundert Meter weiter auf der rechten Seite, Complexe touristique).

- **Camping International,** von der Neustadt ca. 5 km in Richtung Sefrou (R503), neben dem Sportstadion, in Fès beschildert, Bus Nr. 23), Tel. 0535 61 80 61, **N 34°00,000', W 04°58,167'.** Auf diesem 24 Hektar riesigen Campingplatz (wenig Schatten) gibt es einen großen Pool, einen Spielplatz, drei Restaurants, Bar und Disco. Das Gartengelände mit Eukalyptusbäumen und recht guten sanitären Anlagen mit heißen Duschen machte bei unserem letzten Besuch einen gepflegten, sauberen Eindruck. Bei sommerlichem Hochbetrieb und Veranstaltungen kann sich das jedoch schnell ändern ...

Beide Campingplätze liefern sich einen erbitterten Konkurrenzkampf. Hinweisschilder werden abmontiert, Mopedguides versuchen, Wohnmobilisten auf den Camping International zu locken etc.

Essen und Trinken

Marokkanische Küche

- **Al Fassia,** 21, Derb Salaj, Batha (Gasse, die gegenüber vom Hotel Batha in die Medina führt), Tel. 0535 63 73 14. Das Restaurant in einem alten Stadtpalast ist für seine abendlichen Folklore-Shows (Bauchtanz, Musik) bekannt, viel besucht und teuer (Menü ca. 350 DH).
- **Asmae,** 4, Derb Jeniara, nahe der Zawia Sidi Ahmed Tijani (nördliche Karaouyine-Moschee), Medina. Tel. 0535 74 12 10. Sehr großes Restaurant in einem schönen Stadtpalast, gutes Essen, mittlere Preisklasse, kein Alkohol. Der Besitzer betreibt gegenüber einen Teppichpalast und ist einer der großen Basaristen in Fès.
- **Dar el Gahlia,** 13/15, Ross Rhi, R'sif, Tel. 0535 63 41 67, 0535 74 15 74 (vgl. Maisons

d'Hôtes). Traditionsreiches Restaurant in einem Stadtpalast im Andalusier-Viertel. Sehr gute und teure marokkanische Küche (nur abends, Menü 400 DH), Folklorevorführungen, nur mit Reservierung.

●**Dar Saada,** 21, Rue Attarine (bei der Medersa Attarine), Tel. 0535 63 73 70. Marokkanische Küche und Fèser Spezialitäten in etwas überladener Palastatmosphäre, Folkloreveranstaltungen, Menü ca. 200 DH.

●**Dar Zyriab,** Rue Ibn Badis, Ecke Rue Lalla Nezha, in der Neustadt (s. Maison d'Hôtes), Tel. 0535 62 15 61, 0535 94 14 90. Hervorragendes Essen in einem maurisch gestalteten Haus mit Zedernholzdecken, Mosaik- und Stuckdekor. Die Familie des deutsch sprechenden Gastgebers *Jalil el Hayar* kocht selbst – und zwar nicht nur die Standard-Tajine (Menü 280–350 DH, Alkoholausschank). Reservierung notwendig!

●**La Maison Bleue,** 2, Pl. de l'Istiqlal, Batha (vgl. Maison d'Hôtes). Hervorragend und sehr teuer (Menü ca. 550 DH inkl. Wein), dafür edles Ambiente, vorbildlicher Service und dezente Musikuntermalung. Nur abends.

●**Palais de la Médina,** 8, Derb Chami, R'sif, Tel. 0535 71 14 37. Von R'sif in einer Seitengasse, die zwischen Kino Amal und Apotheke nach Osten führt. Der alte, prachtvoll dekorierte Stadtpalast ist schon alleine einen Besuch wert – hervorragende marokkanische Küche (üppige Portionen), Dachterrasse mit Ausblick, edles Ambiente, Unterhaltungsprogramm (Musik und Tanz etc.).

●**Palais de Fès/Dar Tazi,** 15, Makhfia R'sif, in der Medina, Tel. 0535 76 15 90 (vgl. Maison d'Hôtes), www.palaisdefes.com. Auf der Dachterrasse des Palais de Fès mit Blick auf die Altstadt gibt es unserer Meinung nach die beste Küche in Fès – vor allem die marokkanischen Vorspeisen- und Salatvariationen schmecken himmlisch. Hier arbeiten ausschließlich Frauen in der Küche und im Service. Abends andalusisch-arabische Musik (etwas laut), Alkoholausschank, sehr üppiges Menü ca. 300 DH.

●**Palais des Merinides,** 99, Zkak Rouah (Restaurant), und 36, Terafine (Teppichhaus), Medina, Tel. 0535 63 40 28. In diesem sehr schönen, sehenswerten Stadtpalast mitten in der Medina gibt es eine gute Auswahl an leckeren marokkanischen Menüs (mittags und abends, 4-Gänge-Menü 200–300 DH, keine Kreditkarten). Freundliches Personal.

●**Palais M'Nebhi,** 15, Zankat Ben Safi, Medina, Tel. 0535 63 38 93. In einem alten, sehr schönen Stadthaus mit Panoramaterrasse, nur auf Vorbestellung.

●**Palais Vizir,** 39, Zankat Hajjama, Ecke Rahbet El Kais (Derb Touil), Tel. 0535 63 55 46. Gutes Restaurant in einem nicht ganz stilecht renovierten Stadtpalast nahe der Medersa Attarine in der Medina, angeschlossenes Teppichhaus. Menü ca. 200 DH.

●**Riad Fès,** 5, Derb Ben Slimane, Zerbtana, Tel. 0535 74 12 06, www.riadfes.com (im gleichnamigen Maison d'Hôtes, s. dort). Vornehme Palastatmosphäre, sehr gutes Essen zum hohen Preis (Menü ca. 450 DH).

●**Riyad Shéhérazade,** 23, Arsat Bennis, Douh (nahe Dar Batha/Place de l'Istiqlal), Tel. 0535 74 16 42, www.fes-riadsheherazade.com. Herrschaftliche Palastatmosphäre, wunderschönes Ambiente – dieses Haus sollte man gesehen haben (vgl. Maisons d'Hôtes). Sehr gute Küche (Menü 400 DH), Alkoholausschank, Musikuntermalung.

Internationale Küche

Bei den genannten, empfehlenswerten Restaurants kostet ein Gericht 100–150 DH (falls nicht anders angegeben).

●**Le Nautilus,** 44, Av. Hassan II. (Hotel La Paix), Tel. 0535 62 50 72. Gutes Restaurant.

●**Les 3 Sources,** km 2, Route d'Imouzzer (Richtung Golfplatz und Ifrane), Tel. 0535 60 65 32. Sehr schönes Gartenlokal mit Pool, marokkanische und französische Küche, Pizzas, Grillgerichte, Fisch.

●**Pizzeria Vesuvio,** 9, Rue Abi Hayane, Taouhidi, Bd des F.A.R. (gegenüber Hotel Tghat), Tel. 0535 93 07 47. Guter Italiener.

●**Pizzeria Chez Vittorio,** 21, Rue Brahim Roudani (Ecke Place Mohammed V.), Tel. 0535 62 47 30. Sehr beliebte Pizzeria, freundlich, etwas dunkle Atmosphäre ohne Tageslicht. Sehr gute Salate und Alkoholausschank.

●**Yang-Tse,** 23, Rue Imam Chafii, Tel. 0535 62 14 85. Chinesische und vietnamesische Küche.

- **Zen Garden,** 26, Av. Omar Ibnou Khatab, Tel. 0535 93 29 29. Schickes Restaurant und Lounge (mittags und abends geöffnet), gute Weinkarte, französische Küche sowie Pizza und Pasta.

Günstige Lokale und Cafés

Günstige Restaurants (Tajine um 50 DH), v.a. viele Garküchen, befinden sich am Bab Boujeloud, am Bab Ftouh, in der Talaa Kebira in der Medina und in der Grand Rue de Fès el-Djedid. In der Neustadt gibt es viele Cafés und Restaurants an der Av. Hassan II., in der Nähe des Place Florence und in der Av. Mohamed V. In den Straßencafés in der Neustadt fühlen sich auch allein reisende Frauen wohl, die vielen traditionellen Cafés der Medina suchen nur einheimische Männer auf.

- **Café Assouan,** Av. Allal Ben Abdallah, in der Neustadt. Großes modernes Kaffeehaus, stets gut besucht, Kuchen, Eisbecher usw.
- **Café Clock,** 7, Derb el Magana, Talaa Kebira (direkt gegenüber Medersa Bou Inania in der Medina), www.cafeclock.com, tägl. 9–22 Uhr. Sehr nettes Kulturcafé in einem kleinen Hofhaus mit regelmäßigen Veranstaltungen und Workshops (z.B. Arabischkurse, arabische Kalligrafie, Konzerte). Junges, alternatives marokkanisches und internationales Publikum, Sitzgelegenheit auf mehreren Etagen, Dachterrasse mit Ausblick, WLAN. Gutes Frühstück, Mittag- und Abendessen (auch Sandwiches und Kuchen).
- **Chez Rachid,** hinter dem Bab Boujeloud am ersten Platz rechts (Abzweig zur Talaa Seghira). Netter, einfacher und preiswerter Familienbetrieb mit leckeren Tajines.
- **La Kasbah,** 18, Bab Boujeloud (Medina), Tel. 0535 74 15 33. Von den zwei Terrassen hat man einen herrlichen Blick auf die Medina und das Bab Boujeloud. Gutes und günstiges Essen, beliebter Treffpunkt, freundlich, manchmal lange Wartezeiten.
- **La Noria,** im Boujeloud-Garten beim Wasserrad (Fés el-Djedid), Tel. 0535 62 54 22. Hier kann man gemütlich draußen unter Bäumen, mit Blick auf das alte Wasserrad (Noria), einen Tee trinken oder gute Tajine essen (ca. 60 DH).
- **Pizzeria Mamia,** 53, Place Florence (an der Av. Hassan II.), Tel. 0535 62 31 64. Schnell und günstig, sehr gute Pizza (ca. 40 DH), frisch gepresste Fruchtsäfte, freundliche Bedienung, auch Burger und Salate.
- Guten Kuchen, Gebäck und Café gibt es bei **Plaza** im neuen Bahnhof und in der **Pâtisserie La Villa** (117, Bd Bahnini, Hay Riad) in der Neustadt.

Nachtleben

In den großen Hotels, z.B. Royal Mirage, Jnane Palace, Royal Mirage, Palais Jamai, Les Merinides, gibt es Bars und Night Clubs (ca. 100 DH Eintritt). Momentan angesagt sind besonders die schicke Innenhof-Bar im **Riad Fès** (vgl. Maisons d'Hôtes) und die orientalische Lounge im **Restaurant Mezzanine** (17, Kasbat Chams, Medina, Cocktails und Terrasse mit Ausblick).

Kultur

- **Galerie Mohamed Kacimi,** 26, Bd. Moulay Youssef. Seit 2005 wechselnde Ausstellungen moderner Werke (Malerei, Skulpturen, Fotografien) zeitgenössischer marokkanischer und internationaler Künstler.

Notfall/Notrufe

- **Polizei:** Tel. 19.
- **Feuerwehr:** Tel. 15.
- **Ambulanz:** Tel. 0535 60 68 68.

Medizinische Versorgung

Zum **Centre Hospitalier Hassan II.** (Unikliniken) gehören folgende drei Krankenhäuser:

- **Hôpital Omar Drissi,** Av. Allal El Fassi, Batha (Medina), Tel. 0535 63 45 51/52. Notfall-Ambulanz und Augenklinik.
- **Ibn el Hassan,** Aïn Kaddous, Zouagha Moulay Yaacoub, Tel. 0535 64 57 57/58. Psychologie.
- **Ibn Al Khatib (Augenklinik),** Zouagha Moulay Yaacoub, Tel. 0535 64 51 92/93.

ROUTE B 1: FÈS

- Clinique Zalagh, 15, Bd Diouri, Tel. 0535 62 25 75. Privatklinik.
- Funduq Americaine (Tierklinik), Route de Taza, Tel. 0535 65 36 09.
- Dr. Benmoussa Mustafa, Lot. 290, Av. St. Louis, Route Aïn Chkeff, Tel. 0535 60 41 92. Guter Allgemeinarzt, der englisch spricht.
- Nachtapotheke (21–6 Uhr), Bd Moulay Youssef, Tel. 0535 62 34 93.

Stadtbusse

Beim **Place el Baghdadi,** nahe dem Bab el Mahrouk und Bab Boujeloud. Der Tarif innerhalb der Stadt beträgt 4 DH.

- **Bus Nr. 2** und **23:** Av. Hassan II. – Fès el-Djedid (23 zum Camping International).
- **Bus Nr. 3:** Pl. Résistance – Bab Ftouh.
- **Bus Nr. 7** und **20:** vom Bahnhof in Richtung Avenue Hassan II. und Bab Segma zwischen Fès el-Djedid und Medina.
- **Bus Nr. 9:** Batha – Route de Sefrou.
- **Bus Nr. 10:** Bahnhof – Bab Boujeloud.
- **Bus Nr. 12:** Bab Ftouh – Bab Boujeloud.
- **Bus Nr. 16:** Bahnhof – Flughafen.
- **Bus Nr. 17:** Pl. Florence – Aïn Chkeff (zum Camping Diamant Vert).
- **Bus Nr. 19:** Bahnhof – Pl. R'sif (Medina).
- **Bus Nr. 27:** Batha – Pl. R'sif (Medina).

Fernbusse

- **CTM-Busbahnhof** an der Rue Tétouan (beim Bd Dhar Mares, Quartier Atlas), Tel. 0535 73 29 84/92.
- **Bahnhof der Privatbuslinien** beim Bab Mahrouk an der Ceinture Nord (Route Nr. 1) oberhalb des Friedhofs.

Verbindungen und Preise (CTM)

- **Nador,** 1x tägl., ca. 120 DH, ca. 6 Std.
- **Tétouan** (über Ouazzane und Chefchaouen): 3x tägl., 90 DH, 5 Std.
- **Tanger:** 5x tägl., 110 DH, 6 Std.
- **Agadir:** 2x tägl. (frühmorgens und abends), 245 DH, 13 Std.
- **Laâyoune:** 1x tägl. morgens, 430 DH, 14 Std.
- **Marrakesch** (über Azrou, Khénifra, Beni-Mellal): 2x tägl. (frühmorgens und abends), 150 DH, ca. 9 Std.
- **Errachidia** (über Sefrou, Midelt) – **Rissani:** 1x tägl. (Nachtbus), ca. 9 Std. Fahrzeit bis Rissani, 145 DH.
- **Rabat – Casablanca:** 9x tägl., 100 DH, nach Rabat ca. 3 Std., nach Casablanca 4 Std. Fahrzeit.
- Nach **Meknès** verkehren ständig CTM- und Privatbusse (1 Std., ca. 25 DH), aber der Zug ist komfortabler.

Private Buslinien

- Der Busbahnhof *(gare routière)* liegt beim Bab Mahrouk an der Ceinture Nord. Hier kann man auch Gepäck lagern (5 DH). Die Privatbusse fahren zwar öfter, sind billiger und haben ein größeres Streckennetz, sie sind aber auch in einem wesentlich schlechteren Zustand und oft unpünktlich …
- Vom Busbahnhof beim Bab Mahrouk verkehren die Linien in Richtung **Casablanca, Rabat, Tanger** und **Meknès** ab, die Busse nach **Séfrou** und **Ifrane, Errachidia** fahren ab dem Busbahnhof beim **Place Atlas.** Ab dem **Bab Ftouh** fahren die Linien nach **Ketama, Al Hoceima, Nador, Taza** und **Oujda.**

Taxis/Sammeltaxis

Die meisten Fahrer in Fès schalten das Taxameter ein – falls nicht, unbedingt Preis aushandeln bzw. auf Einschalten des Gerätes bestehen! Darauf achten, dass der Fahrer nicht tagsüber auf Nachttarif (+50%) umstellt!

Grand Taxis (bis fünf Fahrgäste) fahren in der Stadt und zu Zielen außerhalb.

Die **Sammeltaxis** nach **Meknès** und **Sidi Kacem** fahren beim Bahnhof ab, die Sammeltaxis nach **Rabat, Casablanca, Kénitra, Mulay Yaqub** beim Bab Mahrouk (Busbahnhof), die Taxis nach **Taza** und **Oujda** beim Bab Ftouh und die Taxis nach **Ifrane und Azrou** beim CTM-Busbahnhof.

Nach Meknès und Ifrane kostet eine Fahrt mit dem Sammeltaxi ca. 20 DH p.P., nach Mulay Yaqub (Thermalbäder) ca. 10 DH, nach Azrou ca. 30 DH.

Ein seriöser Grand-Taxi-Fahrer für Ausflugsfahrten oder die Abholung vom Flughafen ist **Driss Affane Aji,** Tel. 0661 35 38 78.

Bahn

Außer für die Strecke nach Marrakesch (der Zug fährt über Casablanca, die Busse auf schöner Strecke direkt nach Süden) ist die Bahn schneller und komfortabler.

- **Gare du Fès,** Place de la Gare, Tel. 0535 93 03 33. Hier ist auch das Büro von **Supratours,** Tel. 0535 65 26 22 (Busse der Bahngesellschaft).

Verbindungen und Preise

- **Oujda** (über Taza): 4x tägl., Fahrzeit 5¼ Std., 1. Kl. 160 DH, 2. Kl. 110 DH.
- **Meknès:** stündlich (1.45 bis 18.50 Uhr), ca. 35 Min., 1. Kl. 30 DH, 2. Kl. 20 DH.
- **Rabat – Casablanca – Marrakesch:** bis Casablanca stündlich (1.45 bis 18.50 Uhr), weiter nach Marrakesch 8x tägl.; nach Rabat ca. 2½ Std. (1. Kl. 120 DH, 2. Kl. 80 DH), nach Casablanca ca. 4 Std. (1. Kl. 165 DH, 2. Kl. 110 DH), nach Marrakesch 7½ Std. (1. Kl. 295 DH, 2. Kl. 195 DH).
- **Tanger:** 5x tägl. (2x Umsteigen in Sidi Kacem notwendig), Fahrzeit 4½–5½ Std., 1. Kl. 155 DH, 2. Kl. 105 DH.

Flüge

- Der **Flughafen Fès-Saiss** liegt 15 km außerhalb, Tel. 0535 62 48 00. Alle 35 Minuten fährt der **Bus Nr. 16 vom Airport** in die Neustadt. Ein **Grand Taxi zum Flughafen** kostet 120 DH (Festpreis).
- **Royal Air Maroc (RAM),** 54, Av. Hassan II., Tel. 0535 62 04 56/57, Callcenter 0890 00 08 00.

Verbindungen

- Royal Air Maroc (RAM) fliegt 6x wöchentlich nach **Frankfurt** (mit Umsteigen in Casablanca). Ryan Air fliegt Fès ca. 2x wöchentlich von Frankfurt-Hahn und **Düsseldorf** direkt an. Jet4You bedient 2x die Woche **Paris.**
- RAM fliegt täglich nach **Casablanca,** von dort **Inlandsverbindungen** nach Agadir, Errachidia, Ouarzazate, Marrakesch, Laâyoune, Tanger.

Rund ums Auto

Autoverleih

- **Avis,** 50, Bd de Chefchaouni (nahe Grand Hotel) und am Flughafen, Tel. 0535 62 69 69.
- **Borjman Car,** 33, Rue de Palestine, Résidence Al Houria, Tel. 0535 65 34 35, www.borjman-car.ma.
- **Budget** (vertreten durch Imperial Drive), 6, Av. Lalla Asmae, Tel. 0535 94 00 91, auch am Flughafen und im Hotel Palais Jamai.
- **Europcar,** 45, Av. Hassan II., Imm. Watania, Tel. 0535 62 65 45, auch am Flughafen. Angenehmer und guter Service, bei Buchung in Deutschland keine Kaution, Abgabe des Wagens auch in anderen Städten möglich.
- **Fassia Car,** 21 Rue Lakhdare Ghilane, Tel. 0661 73 53 41 (Mr. Said), www.fassiacar.com.
- **Hertz,** Bd Lalla Meryem und am Flughafen, Tel. 0535 94 32 62, fes@herzt.ma.
- **Maribel Car,** Av. Abdelali Ben Chakroun, Tel. 0535 93 07 12, www.maribelcar.com.
- **Touring Car,** 36, Av. Mohamed VI., Tel. 0535 94 26 74. Zuverlässig, mehrsprachiges Personal, Fahrzeuge in gutem Zustand, Reparaturservice in ganz Marokko.
- **Tourvilles Euro Maroc,** Bd Mohamed V., Rue Mokhtar Soussi, Passage du marché, Tel. 0535 62 66 35, Mobil 0661 18 62 78 (Said), www.tourvilles.net. Mehrsprachiges und sehr freundliches Personal, gut gewartete Fahrzeuge.

Parken

- Nördlicher Place de l'Istiqlal (Bab Boujeloud) und südlich beim Dar-Batha-Museum (bewachte Parkplätze).
- Großer Parkplatz **beim Bab Mahrouk** (guter Ausgangspunkt Richtung Bab Boujeloud und Medina).
- **Parkplatz Aïn Azleten,** erreichbar über die Ceinture Nord vom Bab Mahrouk kommend, idealer Ausgangspunkt für die Medina mit direktem Zugang zur Talaa Kebira.

- **Am Bab Guissa,** bewachter Parkplatz.
- **Am Bab Ftouh,** bewachter Parkplatz.
- **Am Bab el Jedid,** wenige schattige Stellplätze.
- Nahe beim **Place R'sif,** diverse kleine bewachte Parkplätze.
- **An der Nordumgehung** (Ceinture Nord) bei den diversen Aussichtsbuchten und Parkplätzen, u.a. beim **Place Ibn Baja** nahe dem Bab Debagh im Norden.
- **Am Place Mohamed V.** in der Neustadt beim Grand Hotel (gut zum Einkaufen – Marché Municipal um die Ecke).

Sport/Aktivitäten

Schwimmen

- **Diamant Vert,** großes Freizeitbad beim gleichnamigen Campingplatz (s.o.) mit verschiedenen Becken, Rutschen, Restaurants usw. Geöffnet von Ende Mai bis Ende Sept.
- **Hotel Reda Aïn Chkeff,** 9 km südlich der Stadt in Richtung Sefrou. Das im Wald von Aïn Chkeff gelegene Hotel (3 Sterne, Tel. 0535 60 09 78) hat eine natürliche Quelle sehr schön in mehrere Becken gefasst. Restaurant, Night Club, Bar und Imbiss, auch **Reitgelegenheit.** Buslinie Nr. 17 von der Av. Mohamed V. bis Endstation.
- Manche großen **Hotels** erlauben auch Nicht-Gästen gegen Gebühr oder Verzehr eines Mittagessens den Besuch des Pools (z.B. Hotel Zalagh, Hotel Les Merinides, Hotel Ibis Moussafir).

Reiten

- **Maroc Rando Cheval** (Centre Equestre Aïn Amyer), Tel. 0535 94 21 18, 2 km in Richtung Imouzzer, dann ca. 500 m Piste rechts der Straße. *Azzedine Msafer* bietet auf seinem schönen Reiterhof mit edlen Vollblütern Tagesausritte, Reitkurse und Pferdetrekkings durch Marokko an.

Golf

- **Royal Golf Fès** (18-Loch-Platz), km 17, Route d'Immouzer/Ifrane, Tel. 0535 66 50 06, fesgolf@menara.ma.

Wellness

- **Nausikaa Spa,** Av. Bahnini, Route Aïn Smen, Tel. 0535 61 00 06, www.nausikaaspa.com. Modernes Wellness- und Beautyzentrum mit Hammam, Fitnesscenter, Massage, Friseur etc.
- **Spa Laaroussa,** 3, Derb Bechara, Talaa Seghira, Medina, Tel. 0674 18 76 39, www.spalaaroussafes.com. Dampfbad und Massage in schöner, intimer Atmosphäre in einem renovierten Hammam aus dem 18. Jh., Anmeldung notwendig. Jeweils 30 Euro für 45 Min. Hammam/Massage.
- Außerdem sind die Wellnessoasen des **Riad Maison Bleue** und des **Palais Jamaii** nach Anmeldung auch für Nicht-Gäste zugänglich.

Sprachkurse

- **DMG,** 11, Rue Ibn Zeydoun (Neustadt, nahe Sureté Régionale), Tel. 0535 60 34 75, www.arabophon.com. Im Angebot sind Schnupperkurse (1 Tag), ein- bis mehrwöchige Intensivkurse sowie mehrmonatige Fortgeschrittenenkurse für internationale Studenten (Unterrichtssprache ist Englisch). Der DMG ist bei der Suche nach einer Unterkunft behilflich. Es wird Marokkanisch-Arabisch (Darija) sowie Hocharabisch gelehrt. Weitere Büros in Casablanca und Rabat.
- **Arabic Language Institute (ALIF),** 2, Rue Ahmed Hiba, nahe Hotel Zalagh in der Neustadt, Tel. 0535 62 48 50, www.alif-fes.com. Am ALIF studieren sehr viele internationale Studenten (v.a. Amerikaner) Arabisch (3-Wochen-Kurs ca. 600 Euro, 6-Wochen-Kurs ca. 1000 Euro). Hier werden auch Englisch-Sprachkurse für Marokkaner angeboten. Es gibt ein eigenes Wohnhaus für Studenten in der Nähe, ansonsten ist die Unterbringung bei Familien in der Medina möglich.

Auf dem Lebensmittelsouk nahe des Place R'sif

Post

- **Hauptpost** in der Av. Hassan II./Mohammed V., am Place de l'Istiqlal, beim Dar Batha Museum und Bab Boujeloud.

Banken

Banken mit Geldautomat finden sich überall in der Neustadt und am Rand der Medina. Der Automat direkt am Bab Boujeloud wechselt sogar Euro und Dollar in Dirham.

Reisebüros

- **Atlas Voyages,** 15, Rue Bouchaïb Doukkali, Bd Prince Héritier, Tel. 0535 94 12 12, Fax 055 94 28 75, www.atlasvoyages.ma. Großer Veranstalter (u.a. für Gruppenreisen): Rundreisen, Ausflüge, Autovermietung usw.
- **Azur Voyages,** 3, Bd Lalla Meriem, Tel. 0535 62 51 15, Fax 0535 65 03 05.
- **Badrane Tours,** 32 bis, Oued Zhoun, Tel. 0535 63 70 48, www.badrane-tours.com. U.a. Tagesausflüge nach Meknès und Volubilis, in den Mittleren Atlas und den Nationalpark Djabal Tazzeka.

- **Holiday Service,** 96, Bd Chefchaouni, Tel. 0535 65 43 87, www.holidayservices.co.ma.
- **King's Holidays,** Rue Ahmed Chbihi, Imm. 3, Appt. 4, Av. des F.A.R., Tel. 0535 93 04 99, kingsholidays@menara.ma od. kingadventure@menara.ma. Tagesausflüge, Mountainbike- und Trekkingtouren, Vermittlung deutschsprachiger Reise- und Bergführer.
- **Nature Voyages,** 14, Av. Ahmed Loukili, Place Florence, Tel. 0535 62 52 51. Wanderungen im Mittleren Atlas, Reitexkursionen, auch kulturelle Tagesexkursionen (Zelliges, andalusische Musik).
- **Objectif Maroc,** 9, Rue de Lybie, Tel. 0535 65 28 16/17, objectif_naima@menara.ma. Hier werden Tickets für das *Festival des Musiques Sacrées du Monde* verkauft.

Einkaufen

Souvenirs/Kunsthandwerk

Fès ist *die* **Stadt des Kunsthandwerks:** Teppiche, Keramik, zielierte Bronzewaren, gewebte Stoffe, Lederwaren etc. haben hier die beste Qualität. Wer nur ein einziges Mal im Land zum Shopping gehen will, sollte es in Fès tun! Die Preise sind allerdings hoch und müssen entsprechend verhandelt werden. Nicht versäumen sollte man den Besuch eines in einem Stadtpalast untergebrachten Teppichladens in der Medina. Freitags haben die meisten Läden und viele Handwerksbetriebe in der Altstadt geschlossen.

- **Brahim Badra,** 27, Rue Seffarine (nahe der Medersa Seffarine in Richtung Gerber), Medina, Tel. 0662 21 49 64. Wer Schmuck, Decken, Trödel und diversen Kleinkram sucht und große Touristenläden nicht mag, ist hier goldrichtig. *Brahim* ist unglaublich nett, spricht gut deutsch und hat in seinem kleinen Laden eine Menge zu bieten.
- **Centre Artisanal,** Av. Allal ben Abdallah. Marokkanisches Kunsthandwerk in guter Qualität zu festen Preisen.
- **Dar el Mansour,** 17, Derb Sidi Bouazza Blida, Medina, Tel. 0535 63 48 52. Gute Teppichauswahl in einem alten Stadthaus, der Besitzer *Haj Zine Taieb* spricht hervorragend deutsch.
- **Palais Ibn Khaldoun,** 53, Derb Ben Chekroune Lablida, Medina. Professionelle Teppichkunde in einem alten Stadtpalast, angeschlossenes Restaurant.
- **Dar Zaouia,** 91, Derb Jeniara Blida, Medina, Tel. 0535 63 55 12. Teppichhaus mit großer Auswahl und guter Qualität.
- **L'Art du Bronze,** 35, Talaa Seghira, Medina. Im Haus des bekanntesten Ziseliermeisters der Stadt gibt es neben Messing- und Silbertellern, verzierten Kästchen, Lampen und Waffen alles, was man aus Metall bearbeiten kann.
- **La Maison Bleue,** 68, Talaa Seghira, Medina. Etablierter Laden mit guter Auswahl an Fès-Keramik, verschickt nicht nach Europa.
- **La Maison du Bronze,** 3, Derb el Hora (Seitengasse der Talaa Kebira, nahe Aïn-Azliten-Parkplatz), Tel. 0535 63 85 88. Eine der größten Bronzewerkstätten mit qualitativ hochwertigem Schmuck und Kunsthandwerk. Man kann dem Meister beim Ziselieren zusehen. Hohe Preise (verhandeln!), Kreditkarte wird akzeptiert.
- **Neqbronze,** 6, Derb Serage, eine Nebengasse der Talaa Seghira, Tel. 0535 63 64 69. Große Verkaufsausstellung an (zieliertem) Bronze-Kunsthandwerk (Kannen, Spiegel, Tabletts etc.).
- **Palais de Fès,** 15, Makhfia R'sif, Medina, Tel. 0535 76 15 90. Sehenswerter Teppichpalast mit exzellentem Restaurant auf der Dachterrasse (s. Restaurants), große Auswahl an Teppichen, deutsche Verkaufsberatung bzw. unverbindliche Teppichshow. Gut zugänglich am R'sif-Platz (Parkmöglichkeit).
- Das **Töpferviertel** liegt in Aïn Nokhbi *(Quartier Industriel)* etwas außerhalb der Stadtmauern Richtung Taza/Sidi Harazem (ca. 1 km ab Bab Ftouh, **N 34°03,660', W 04°56,804'**). Dort bieten z.B. **A.C.H. Laachachi** (Tel. 0535 62 96 31) und **Art Naji** (Tel. 0535 66 91 66, www.artnaji.com) eine große Auswahl an Keramik (Vasen, Schalen, Geschirr etc.) und Mosaik-Tischen an. Hier kann man sich zeigen und erklären lassen, wie aus dem grauen Fèser Ton die filigranen Mosaiksteine *(Zelliges)* gebrannt, bemalt und geklopft werden. Beide Unternehmen verschicken zuverlässig und gut verpackt nach Europa.

Lebensmittel

Frisches Gemüse, Obst und Fleisch findet man bergeweise auf dem **Marché Municipal** an der Av. Mohamed V., im kleinen **Lebensmittelsuq** beim Bab Boujeloud oder im riesigen **Marjane-Supermarkt** (ca. 3 km auf der Verlängerung der Av. des F.A.R. stadtauswärts Richtung Westen, mit bewachtem Parkplatz, Bus ab Place R'sif, **N 34°02,921', W 05°02,154'**). Auch der **ACIMA-Supermarkt** etwa 3 km außerhalb an der Straße nach Sefrou (mit Parkgarage) bzw. Autobahn hat ein riesiges (europäisches) Sortiment.

Feste/Veranstaltungen

- Wichtigstes kulturelles Ereignis ist das **Festival des Musiques sacrées du monde** Ende Juni (9 Tage, www.fesfestival.com, s.a. Stadtbeschreibung). Zu dieser Zeit ist die Stadt voll mit Touristen und Journalisten aus aller Welt. Veranstaltungsorte sind das Musée Batha und das Bab Makina.
- Populär ist außerdem das **Andalusische Musikfestival** im Herbst.
- Wichtige Feste sind der **Moussem Mulay Idris** zu Ehren des Stadtgründers im Sept. und im Frühjahr das Fest **Sultan des Tolba**.
- **Kunsthandwerksmesse,** im April.
- **Semaine de Tapis,** Teppichwoche im Dez.
- **Moussem Ahmad El Bernoussi,** im Okt.

Im islamischen Monat Rabia I. *(Maulad)* finden folgende Feste statt (zum islamischen Kalender siehe das entsprechende Kapitel in „Land und Leute"):
- **Moussem Bounafae,** Fès el-Djedid.
- **Moussem Sidi Ali Boughaleb,** Bab Ftouh.
- **Moussem Zawia Tahtania,** in der Medina im Derb Seffarine.
- **Moussem Uled Tijani und Sidi Frej,** im Viertel Lamtaine in Fès.
- **Moussem Mulay Abdessalam ben Lamchich,** Fès el-Djedid.

- Das Kulturzentrum **Institut Français** (in der Neustadt: 33, Reu Loukili, Tel. 0535 62 39 21, in der Medina: 15, Derb Salaj, Dar Batha, Tel. 0535 63 67 13, www.institutfrancaisfes.com) veranstaltet regelmäßig kulturelle Events.

- In der Medina ist außerdem ein Besuch des **Café Clock** zu empfehlen (Talaa Kebira, vgl. Cafés): Hier gibt es diverse kulturelle Workshops und Veranstaltungen.

Ausflüge

Fès eignet sich hervorragend als Ausgangspunkt für **Unternehmungen im Mittleren Atlas.** Viele vermögende Fassis flüchten im Hochsommer vor der Hitze in ihre Ferienhäuser in Ifrane und Azrou. Die beste Reisezeit für die Region ist der Mai.

- **Thermalquellen von Sidi Harazem,** 15 km südöstlich, siehe Route A 12. Vom Bab Ftouh fährt ein Bus nach Sidi Harazem. Schöner sind die **Thermalquellen von Mulay Yaqub** (siehe dort).
- **Djebal Tazekka Nationalpark** bei Taza und **Gouffre de Friouato,** Beschreibung siehe Routen A 12 und A 13.
- **Thermalquellen von Mulay Yaqub,** siehe bei Route B 1.
- **Volubilis und Mulay Idris,** siehe Route B 1.
- Zum **Fünf-Seen-Plateau bei Sefrou:** Dayet Aoua, Dayet Ifrah, Dayet Iffer etc., siehe Route B 2.
- **Nördlicher Mittlerer Atlas** mit den Orten Imouzzer, Azrou (Zedern und Affen) und Ifrane, siehe Routen B 2 und B 3.

Route B 2: Fès – Sefrou – Dayet Ifrah – Ifrane – Azrou

- Ca. 105 km bzw. 154 km, ca. 3 Std. Fahrzeit

Diese Strecke ist eine schöne Alternative zur Hauptverbindung N8 nach Ifrane/Azrou (auch für Fahrradfahrer). Busverbindung von Fès nach Sefrou und Boulemane oder Fès – Immouzer – Ifrane – Azrou. Taxis von Ifrane zum Dayet Aoua. Zu den anderen Seen und ins Felsental kann man nicht mit öffentlichen Verkehrsmitteln gelangen.

Route B 2, Abschnitt 1: Fès – Sefrou – Dayets – Ifrane

● 90 km (ohne Abstecher)

Gut ausgebaute Straße bis Sefrou, dann kleine, z.T. ausgefranste Teerstraße zu den Seen.

In Fès am Place Allal al Fassi (Neustadt) nach Sefrou Richtung Süden abbiegen (R503). Vorbei am ACIMA-Supermarkt, dem Sportstadion und dem Camping International geht es anschließend vorbei an Getreidefeldern und Olivenbäumen. 25 km hinter Fès zweigt rechts eine Straße nach **Bhalil** ab. Von diesem malerischen, hoch am Berg gelegenen Dorf hat man einen herrlichen Blick aufs Umland. Wieder zurück auf der Straße erreicht man bei **km 28 Sefrou** (ohne Abstecher nach Bhalil).

Sefrou ♪ V, D2

Der hübsche Ort (ca. **64.000 Einwohner**, 850 m) am Fuße des Mittleren Atlas wurde von dem jüdischen Berberstamm Ahel Sefrou zu Beginn der islamischen Zeit (7. Jh.) gegründet. *Idris II.* bekehrte die Bewohner im 9. Jh. zum Islam. Im 13. Jh. wurde Sefrou Zufluchtsstätte von Juden, die aus Algerien und dem Tafilalet zuwanderten. Sefrou hat eine von Mauern umgebene sehenswerte Medina aus dem 18. und 19. Jh. In der Altstadt befindet sich auch die **Qubba** (Grabmal) **des Sidi Lahcen Lyoussi**, zu dessen Gedenken jährlich ein Moussem abgehalten wird.

Sefrou ist für seine süßen Kirschen bekannt, seit 1920 findet hier jährlich Anfang Juni das große **Kirschenfest (Moussem des Cerises)** mit Volkstänzen und Fantasias statt. Außerdem ist der Ort ein günstiger Ausgangspunkt für Ausflüge in die landschaftlich schöne Umgebung.

In einer scharfen Linkskurve (hinter einem kleinen Park) kurz vor dem Zentrum zweigt eine kleine Straße rechts zum **Ksar El Kelaa** und zu den **Wasserfällen des Oued Aggai** sowie zum **Marabut Sidi Bou Serghin** ab (beschildert „Cascades"). Der Oued Aggai beschert zwar der Umgebung Fruchtbarkeit, sorgt aber immer wieder für gefährliche Überschwemmungen. Auf einer kleinen Teerstraße bergauf liegt nach 500 m linker Hand ein Campingplatz, geradeaus geht es weiter zu den kleinen Wasserfällen. In der Nähe befinden sich die **Grotten Kef el Moumen** (oder Kef el Ihoudi – Judengrotte); nach Ansicht der Juden wurde der Prophet *Daniel* in der Höhle begraben, nachdem er von König *Nebukadnezar II.* den Löwen zum Fraß vorgeworfen worden war. Die Grotten werden sowohl von Muslims als auch von Juden als heiliger Ort verehrt. Für die Muslims steht der Ort im Zusammenhang mit der Siebenschläferlegende, die es auch im Christentum gibt: Sieben fromme Männer waren auf der Flucht vor ungläubigen Herrschern, versteckten sich in der Höhle, fielen in einen 300-jährigen Schlaf und erwachten erst, als die Herrscher zum wahren Glauben zurückfanden.

Wenn man von den Wasserfällen links weiterfährt, erreicht man nach ca. 2 km die **Quelle Lalla Rekia** und die Grabstätte des **Marabut Sidi Bou Serghin**. Die Quelle ist ummauert und soll gegen Schwachsinn, Auszehrung und Sterilität der Frauen helfen. Jedes Jahr opfern hier Pilger einen schwarzen Ziegenbock, einen weißen Hahn und ein schwarzes Huhn. Das Blut wird in die Quelle geschüttet, um deren Heilkraft zu erhalten.

Information

● **Syndicat de Tourisme (O.N.M.T.),** Route Boulemane, Tel. 0535 56 68 21.
● Infos im Internet unter **www.sefrou.org**.
● **PLZ von Sefrou:** 31 000.

Unterkunft

● **Sidi Lahcen Lyoussi****, Rue Sidi Ali Boussarghine (Bussarin), vor dem Zentrum in der scharfen Linkskurve rechts ab (s.o.), Tel. 0535

68 34 28, Fax 0535 60 10 78, hotel-lyoussi
@menara.ma. Ruhige Lage, hübscher Garten,
die Zimmer mit Bad (einige mit Balkon) sind
einfach ausgestattet, aber sauber und sehr
gepflegt. Sicheres Parken im Hof. €€B.
- **Dar Attamani**, 414, Bastna, Tel. 0535 96 91
74, www.darattamani.com. Charmantes Gästehaus in der Medina mit Dachterrasse und
geräumigen, individuell gestalteten Zimmern
mit Bad (€€€). Auch günstige Übernachtung auf der Dachterrasse möglich. Gutes Essen auf Bestellung, WiFi im Haus.

Camping

- **Camping Sefrou Caravanserail**
Kurz vor dem Zentrum in der scharfen Linkskurve rechts ab bergauf Richtung Wasserfälle
(s.o.), **N 33°49, 259', W 04°50,584'**. Vom
schönen, sehr ruhigen Campingareal mit Pinien hat man eine herrliche Aussicht. Nicht
unbedingt saubere, aber vor einigen Jahren
erneuerte sanitäre Anlagen, Höhlenbar/-restaurant. Während des Kirschenfestes Ende
Juni wird das Terrain als Festplatz hergerichtet, dann müssen die Gäste weichen.

Busse

Es verkehren ganztags Privatbusse **nach Fès**,
zweimal tägl. nach **Meknès** und einmal tägl.
nach **Casablanca/Rabat, Marrakesch, Nador, Oujda** und **Taza**. **Grand Taxis** halten an
der Hauptstraße kurz nach dem Zentrum.

Post/Bank

Eine Post und eine Bank mit Geldautomat
gibt es an der **Av. Mohamed V.**

Feste/Veranstaltungen

- **Fête des Cerises** im Juni (s.o.).
- **Moussem Sidi Lahcen Lyoussi**.

Weiter führt die Strecke durch eine hübsche
hügelige Landschaft mit Pinien, im Mai blüht
der Mohn.

Bei **km 54** (25 km ab Sefrou) zweigt rechts
eine Straße zum Dayet Hachlaf und zum
Dayet Aoua ab (**N 33°38,67', W 04°51,98'**,
beschildert). Die **Dayets** des Mittleren Atlas
sind Moränenseen, die sich in ehemaligen
Vulkankratern gebildet haben. Sie liegen in
ausgesprochen hübscher Umgebung und
sind sehr fischreich. Bei anhaltender Trockenheit liegen die Seen manchmal trocken (z.B.
Dayet Aoua) oder haben nur einen sehr niedrigen Wasserstand. Das gesamte Seen- und
Zedernwaldgebiet zwischen Ifrane, Azrou
und Aïn Leuh wurde 2004 zum **Parc National d'Ifrane** erklärt (das Nationalparkbüro ist
in Azrou).

Rechts weiter auf der schmalen, ausgefransten Teerstraße ist nach 6 km (**Gesamtkm 60**) eine V-Kreuzung erreicht: Rechts
geht es Richtung Imouzzer Kandar und Dayet Aoua, links zum Dayet Ifrah und zum Da-

Dayet Hachlaf

yet Hachlaf (nur arabisch beschildert, **N 33° 39,78′, W 05°02,59′**).

Abstecher zum Dayet Aoua

An der V-Kreuzung rechts zum Dayet Aoua gelangt man nach weiteren 5 km wieder an eine Kreuzung: Links geht es nach Ifrane und zum Dayet Hachlaf, geradeaus weiter zum Dayet Aoua. Die Strecke führt vorbei an ursprünglichen Siedlungen und Feldern mit Obstbau. 11 km nach der V-Kreuzung geht es links zum Dayet Aoua mit einigen Häusern, Läden, Apfelfarmen und der **Gîte Dayet Aoua** (Tel. 0535 60 48 80, aouagite@yahoo.com, www.gite-dayetaoua.com, **N 33°39, 200′, W 05°00,653′**). In diesem sehr hübsch im traditionellen Berberstil gestalteten Landhaus kann man ein paar ruhige Tage in idyllischer Umgebung verbringen, Wanderungen oder Reit- und Mountainbikeausflüge unternehmen (Infos und Vermittlung von Wanderführern im Haus). Die fünf großen Zimmer (für bis zu 4 Pers.) mit Bad und Kamin sind liebevoll dekoriert, im Garten gibt es einen Spielplatz. Essen auf Bestellung (nichts Besonderes). DZ €€, Suite €€€.

Der flache Dayet Aoua führt nur in regenreichen Jahren Wasser und ist umgeben von Pappeln, Apfelbäumen und Steineichen.

Die Straße mündet kurz hinter Dayet Aoua in die N8 Richtung Ifrane (ca. 7 km südlich von Imouzzer Kandar).

Ohne Abstecher fährt man an der obigen V-Kreuzung links weiter. Der Abzweig zum **Dayet Iffer** kurz darauf ist durch eine Schranke versperrt. Normalerweise ist der 3 ha große, im Wald gelegene Kratersee auf einer 2 km langen Piste auch mit Pkw zu erreichen. Im Sommer siedeln dort Nomaden mit ihren schwarzen Wollzelten *(Khaimas)*, die sie – welch trostloser Anblick! – mit Plastikplanen flicken.

Das Sträßchen mit rudimentärem Teerbelag führt weiter durch Steineichenwald.

Bei **km 66** (6 km nach der V-Kreuzung) bietet sich ein schöner Ausblick auf den **Dayet Ifrah** etwas unterhalb der Straße mit zwei Dörfern (**N 33°34,14′, W 04°55,98′**). Die Menschen leben hier auf 1700 m Höhe in sehr armen Verhältnissen in einfachen Steinhäusern. Der Dayet Ifrah wird von kleinen Rinnsalen und unterirdischen Quellen gespeist. Alle möglichen Wasservögel sind ständige Gäste, und manchmal werden dort bis zu zwanzigpfündige Hechte geangelt.

Wieder auf besserem Straßenbelag führt die Strecke über eine Hochebene mit Obstbäumen und Getreidefeldern.

Nach 5 km (Gesamt-km 71) zeigen an einer Kreuzung (**N 33°33,02′, W 04°58,69′**) rechts Wegweiser zum Dayet Aoua (16 km) und Imouzzer (24 km), geradeaus geht es zum Dayet Hachlaf und weiter Richtung Ifrane. 2 km weiter, bei **km 73**, ist der **Dayet Hachlaf** erreicht (**N 33°32,56′, W 04°59, 71′**). An dem lang gezogenen flachen See (manchmal trocken) mit Seerosen und Pappeln kann man einen schönen kleinen Spaziergang unternehmen.

Abstecher zum Vallée des Roches und Dayet Jerane

Vom Dayet Hachlaf führt eine recht brauchbare Piste (nur mit 4x4 oder MTB) rechts durch das **Felsental** *(Vallée des Roches)* – mit Grotten und vielen Affen – zum Dayet Jerane und Dayet Aoua.

5,6 km hinter dem Dayet Hachlaf ist der (evtl. ausgetrocknete) **Dayet Jerane** erreicht. Dort siedeln Nomaden.

2,2 km nach dem Dayet Jerane zweigt **links** (W) eine Piste nach Ifrane ab, geradeaus (bzw. rechts) führt die Hauptstraße zum Dayet Aoua weiter. Wir fahren links über die Piste weiter, die am Berghang entlang führt. Sie schlängelt sich schmal durch romantische Eichen- und Zedernwälder mit bizarren Felsen. In diesem Märchenwald gibt es traumhaft schöne, ruhige Übernachtungsplätze.

7 km hinter dem Dayet Jerane führt rechts ein Abzweig zum **Königlichen Reitclub**.

Atlaslöwe aus Stein in Ifrane – in der Natur ist das Tier ausgestorben

Atlas V, Karten S. 287, 345, Stadtplan S. 343   **ROUTE B 2: IFRANE** 341

3 km nach dem Reitclub erreicht man den Abzweig zum Dayet Aoua (links weiter) und 2 km weiter die Teerstraße und Dayet Aoua.

Nach weiteren ca. 3 km mündet die Teerstraße in die Hauptverbindungsstrecke N8 Fès – Ifrane (16 km).

Ohne Abstecher geht es vom Dayet Hachlaf geradeaus weiter nach Südwesten (Wegweisung nach Ifrane) durch schöne Zedern- und Steineichenwälder. 8 km weiter, bei **km 81** (**N 33°29,67', W 05°02,79'**), führt eine kleine schlechte Piste rechts zu einem Brunnen und zu seltsamen Karstformationen in Sichtweite (ca. 1–2 km) nordwestlich der Straße. Die sogenannten **Roches ruiniformes** am Rande des Waldes auf eine Anhöhe sind zu bizarren Pilzfelsen verwittert.

Bei **km 83** geht es links nach Mischliffen und Boulemane (**N 33°29,16', W 04°04,10'**). Rechts weiter führt die breite R707 nach **Ifrane,** das bei **km 90** erreicht ist.

Ifrane ♪V, C3

Dieser blitzsaubere Kurort liegt auf 1650 m Höhe und hat etwa **79.000 Einwohner.** Die **spitzgiebeligen Häuser,** auf deren Ziegeldächern die Störche nisten, lassen Ifrane wie einen Ort im europäischen Mittelgebirge wirken. Die Stadt wurde genauso wie Azrou wegen ihres im Sommer gemäßigten Klimas von den Franzosen als Erholungsstätte für ihre Familien angelegt. In den Gärten gedeihen Äpfel-, Birnen- und Kirschbäume, Erd- und Johannisbeeren. Die breiten Alleen säumen akkurat gestutzte und gepflegte Blumenrabatte, Platanen und Kastanienbäume. Nette Cafés am Hauptplatz laden zu einer kleinen Pause ein, um das besondere Flair mit europäischem Touch zu genießen. Attraktion und beliebtes Fotomotiv für die marokkanischen Ausflugstouristen ist der liegende **Atlaslöwe** aus Stein am Straßenrand im Zentrum. Die

Statue erinnert an den einst in der Region heimischen Atlaslöwen (Berberlöwen), dessen letzter Vertreter 1922 geschossen wurde.

Saison ist von Juni bis September und im Winter, wenn die reichen Marokkaner zum Skifahren kommen. Im Vergleich zu anderen marokkanischen Orten herrscht in Ifrane im Sommer (ab Juli), vor allem am Wochenende, **großer Trubel**. Schulkinder fahren hierher ins Ferienlager, und nach der Ruhe an den Seen im Mittleren Atlas glaubt man sich in eine andere Welt versetzt.

In Ifrane befindet sich der **Sommerpalast des verstorbenen Königs Hassan II.** König *Mohamed VI.* nutzt die Schlösser seines Vaters jedoch kaum. Dafür ließ er sein Hotel Michliffen (s.u.) zu einer wahren Luxusresidenz umgestalten.

Ifrane ist international bekannt für seine zweisprachige (englisch und französisch) **Elite-Universität Al Akawayn** (www.aui.ma).

Information

- **Delegation de Tourisme,** Place du Syndicat, im Zentrum, Tel. 0535 56 68 21, ifrane@tourisme.gov.ma. Führervermittlung.

Unterkunft

Hotels

Die Unterkünfte sind verhältnismäßig teuer, da hier die reicheren Marokkaner ihren Urlaub verbringen.

- **Michliffen*******, Av. Hassan II. (nördlich des Zentrums), Tel. 0535 86 40 00, www.michliffenifrane.com. Das neu gestaltete Michliffen in schöner Waldlage verspricht puren Luxus in marokkanisch inspirierten supermodernem Design. Elegante und sehr geräumige Suiten mit Kamin, mehrere Restaurants und Bars, Spa-Bereich, Pool und beheiztes Innenschwimmbad, Heliport (!). €€€€€.
- **Perce-Neige*****, Rue des Asphodelles, Hay Riad, Tel. 0535 56 64 04, Fax 0535 56 71 16. Die Einrichtung entspricht nicht mehr dem neuesten Standard, ansonsten empfehlenswert. Restaurant mit Alkoholausschank, WiFi im Haus. €€€A.
- **Le Chamonix*****, Rue de la Marche Verte, Tel. 0535 56 60 28, lechamonix@yahoo.fr. Sauberes Skihotel im Zentrum. €€€.
- **Tilleuls*****, 2, Av. des Tilleuls, Tel. 0535 56 66 58. Älteres Hotel im Zentrum, günstig und sauber. Zimmer mit AC €€.

Camping

- **Camping Municipal,** 1 km vom Zentrum Richtung Meknès, Tel. 0535 56 61 56. Im Sommer überfüllt.
- Ein weiterer Campingplatz liegt in **Richtung Azrou,** bei der Abzweigung zur großen Zeder (siehe folgende Route nach Azrou).

Essen und Trinken

- **La Paix,** Rue de la Marche Verte, Tel. 0535 56 66 75. Großes und gepflegtes Terrassenrestaurant und Café im Zentrum gegenüber der Post. Hier gibt's Frühstück, Gebäck, diverse Snacks, Brochette, Pizza und Eisbecher.
- **Cookie Craque,** Av. des Tilleuls. Beliebtes Lokal mit diversen Snacks, Crêpes und Pizza.
- **Le Croustillon,** Av. des Tilleuls. Zentrales Café mit leckerem marokkanischen Gebäck.

Busse/Sammeltaxis

- **CTM-Busbahnhof (und Taxis)** an der Av. Mohamed V., etwas westlich vom Zentrum, Tel. 0535 56 65 12.

Verbindungen und Preise

- **Fès:** stündl. von 6.30–17.30 Uhr, ca. 20 DH, Fahrzeit 1 Std.
- **Meknès:** stündl., 25 DH, Fahrzeit 1½ Std.
- **Marrakesch** (über Beni-Mellal): 1x tägl. mit CTM, außerdem Privatbusse, ca. 130 DH und 8 Std. Fahrzeit.

- **Sammeltaxis nach Azrou, Midelt, Meknès, Sefrou und Dayet Aoua.**

Sonstiges

- Im Zentrum gibt es einen kleinen **Supermarkt.** Markttag ist der Sonntag. Im **Ensem-**

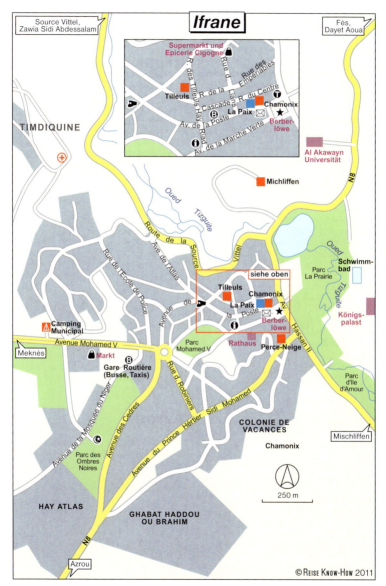

ble **Artisanal** kann man Kunsthandwerk zu Festpreisen kaufen kann.

● **Skiausrüstung** kann im Hotel Michliffen oder Chamonix geliehen werden. Die Skigebiete um den Djabal Hebri und Mischliffen sind eher etwas für Anfänger. Ein **Skitourenführer** kostet ca. 250 DH/Tag.

Fest

● **Moussem (Mausim) Sidi Abdesslam** im August, siehe Ausflüge.

Ausflüge

Hübsch ist ein Ausflug ins **Tal des Oued Ifrane**. Das gesamte Wiesental ist durch Wanderwege erschlossen und beliebtes Ausflugsziel sowie Picknickplatz der Bevölkerung (deshalb nicht gerade sauber). Für verwöhnte Mitteleuropäer bietet der Ausflug eher wenig, außer man will schattig in Bachnähe eine Cola schlürfen. Bei km 3,4 zweigt rechts eine Straße ab, die auf einer Holzbrücke den Oued Ifrane überquert (vorher parken, nach der Brücke kostenpflichtig). Man hält sich rechts und erreicht ein Freizeitgelände. Wenn man geradeaus weiterläuft, folgen die gefasste **Heilquelle Vittel** und die gleichnamigen Wasserfälle, auch Jungfrauenwasserfälle (*Cascades de Vierges*) genannt. Das Vittel-Wasser wird im ganzen Land in Flaschen verkauft.

5 km entfernt von Ifrane, unterhalb des Oued Ifrane, liegt die **Zawia d'Ifrane** bzw. **Zawia Sidi Abessalam**, mit dem Marabut des Heiligen *Sidi Abdessalam* unterhalb des Ortes Tizguit (Tisgit). Hier findet zu Ehren des Heiligen der Scherif ein jährlicher **Moussem** statt. Die Ortsbewohner bezeichnen sich alle als „Schorfas", also Abkömmlinge des großen Propheten. Es gibt beim Ort **Höhlenwohnungen**, wo sich Angehörige der religösen Bruderschaft als Eremiten zurückgezogen haben (eine Besichtigung ist möglich).

Vom **Djabal Hebri** (Skigebiet) zum **Aguelmame Affnourire** (siehe Route B 5) und zu den **Wasserfällen Oum er-Rbia** und zum Aguelmame Azigza (siehe Routen B 5, B 7).

Route B 2, Abschnitt 2: Ifrane – Azrou

● **17 km, N8,** Sammeltaxi- und Busverbindungen ab Ifrane

Die schöne Strecke verläuft mit weitem Ausblick über das Hügelland. **12 km hinter Ifrane** liegt linker Hand der **Campingplatz Amazigh** (Tel. 0535 56 07 25, www.campingamazigh.com). Der hübsche Platz in einem Obstgarten mit sehr sauberen einfachen Sanitäranlagen gehört dem netten *Hassan Aba*, der fließend deutsch spricht. Es gibt auch einfache Gästezimmer (€) und ein Restaurant (Forelle).

1 km weiter **(km 13)** zweigt links eine Straße (**N 33°26,76', W 05°10,99'**) zur **Cèdre Gouraud** und zum Zedernwald mit vielen Makakenaffen (Berberaffen) ab (vgl. Route B 7). Man kann von hier an der Zeder vorbei (ca. 1 km nach dem Baum rechts halten) auf schmaler, geteerter Straße eine Rundfahrt zur Straße Azrou – Midelt unternehmen und gelangt so wenige Kilometer südlich von Azrou auf die Teerstraße.

An der Kreuzung bei **km 15** geht es geradeaus weiter (rechts nach Meknès), bei **km 16** weiter rechts nach Azrou und Khénifra (links nach Errachidia/N13).

Azrou ♫ V, C/D3

Azrou auf 1250 m Höhe ist **Zentrum der Beni M'Guild-Berber** und nach einem markanten Felsen (*azrou*) benannt, in dessen Höhlen sich früher die Berber vor Fremden versteckten. *Mulay Ismail* ließ hier 1684 eine Kasbah errichten, um die Berberstämme zu kontrollieren. Von dem ehemals mächtigen Bauwerk stehen nur noch Ruinen.

Azrou ist wie Ifrane **Höhenkurort**, die Neustadt wurde von den Franzosen zur Erholung während der heißen Sommermonate angelegt. Die städtischen Marokkaner ziehen aber Ifrane oder Imouzzer dem Berberzen-

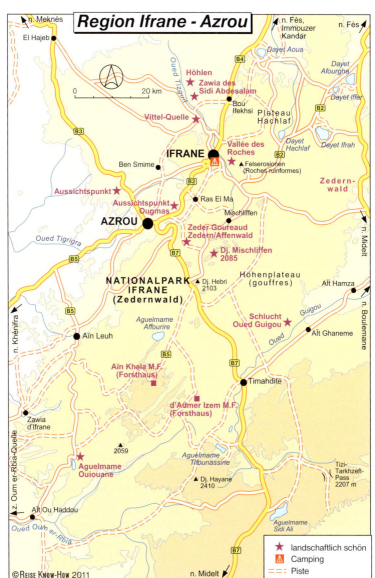

Route B 2: Azrou

trum Azrou vor. Während der Protektoratszeit, als die Franzosen das „Dahir" – das Berberdekret, welches die Spaltung der Berber und Araber beschleunigen sollte – erließen, wurde hier die **erste Berberhochschule** eingeweiht, in der die **Berbersprache Chleuh** unterrichtet wurde.

Sehr verkehrsgünstig am Kreuzungspunkt der N13 von Meknès nach Erfoud und der N8 von Fès nach Marrakesch gelegen, entwickelte sich Azrou zu einem **wichtigen Handelsplatz im Mittleren Atlas**. Jeden Dienstag kommen Händler aus der Region zum **Wochenmarkt** aufs Suqgelände nordöstlich des Zentrums.

Das gesamte Seen- und Zedernwaldgebiet des westlichen Mittleren Altas zwischen Ifrane, Azrou und Aïn Leuh wurde 2004 zum **Parc National d'Ifrane** erklärt. Der Park umfasst ca. 125.000 ha und soll die Wälder sowie reiche Fauna (u.a. Berberaffen) und Flora schützen. Informationen über Aktivitäten (Fischen, Wandern, Mountainbiken, Vögel beobachten) in der Region erteilt das Nationalparkbüro mit einem 2010 eröffneten **Ecomusée** in Azrou.

Sehenswertes

Die **Häuser** Azrous sind zwar ohne besondere architektonische Bedeutung, bemerkenswert ist aber, dass sie vorwiegend **aus Holz** gebaut sind. Azrou hat einen sehr schönen **Suq**, an den sich die Lehmhäuser der alten Berbersiedlung anschließen. Eine prächtige neue **Moschee** mit einem kleinen Park dominiert das Zentrum.

Im **Ensemble Artisanal** (Kunsthandwerkskooperative) am Bd Mohamed V. kann man Kunsthandwerksprodukte der Region kaufen, v.a. Schnitzereien aus Zedern- und Nussbaumholz und Berberteppiche. In der angeschlossenen Schule für Teppichknüpfer kann man den Mädchen bei der Arbeit zusehen.

Am westlichen Ende der Stadt, etwas oberhalb, liegen die spärlichen Überreste der Kasbah. Lohnenswert sind Ausflüge in die nahen **Zedernwälder** und ein Blick auf *azrou*, dem namensgebenden Felsen, auf die Stadt und die Umgebung.

● **PLZ von Azrou:** 53 100.

Unterkunft

Klassifizierte Hotels

● **Amros******, 6 km in Richtung Meknès, Tel. 0535 56 36 63, Fax 0535 56 36 80. Großes luxuriöses Hotel mit wenig Atmosphäre, Pool, Tennisplatz und Nachtclub. Sehr gemütlich ist das angeschlossene Restaurant (Alkoholausschank) im alten Kolonialbau – sehr gutes Essen, u.a. frische Forellen! €€€.

● **Panorama*****, Tel. 0535 56 22 42, www.hotelpanorama.ma. Das freundliche Hotel mit gemütlicher Landhausatmosphäre liegt schön auf einem Hügel oberhalb der Stadt. Ziemlich einfach ausgestattete Zimmer mit Balkon, sauberem Bad und Heizung. Gute Atlas-Forelle, Alkoholausschank. €€€B.

● **Hotel des Cèdres***, Place Mohamed V., Tel. 0535 56 23 26. Saubere, einfache, aber geräumige Zimmer mit Bad oder Waschbecken (Du/WC auf dem Gang), z.T. mit Balkon zum Hauptplatz. Restaurant mit umfangreicher Speisekarte, gegenüber am Platz auch Tajine-Stände. €.

● **Azrou***, Route de Khénifra, Tel. 0535 56 21 16. Gemütlich und sauber, gutes Essen (z.B. vorzügliche Atlasforelle), Alkoholausschank. DZ mit WC €, warme Dusche ab 20 Uhr.

Unklassifizierte Hotels

● **Auberge du dernier Lion d'Atlas,** Villa No. 16, Route de Meknès, Tel. 0535 56 18 68, a.elkhaldi@menara.ma, www.dernierlionatlas.ma. Einfache Herberge etwas nördlich des Zentrums. Saubere Zimmer mit Bad und Restaurant. €.

● **Beausejour,** Pl. Soukia. Sehr freundlich und hilfsbereit, warme Duschen, 3-Bett-Zimmer. ½€.

● **Ecole Hôtelière,** unweit des Place Mohamed V. (den blauen Schildern „EPAIG – École Hôtelière" folgen), Tel. 0661 06 42 42. Günstige und gepflegte Unterkunft in einem hüb-

Harte Arbeit: Bauer im Mittleren Atlas

schen alten Haus, Service durch die Hotelfachschüler, bewachtes Parken am Platz. Zimmer mit oder ohne Dusche €.

Camping

- **Camping Amazigh,** 5 km in Richtung Ifrane (siehe Beschreibung oben bei km 12).

Essen und Trinken

Jede Menge preisgünstige Restaurants mit Tajine, Brochettes etc. liegen rund um die Moschee (Place Hassan II.). Gute Atlas-Forelle gibt es im Hotel des Cedrès und im Hotel Panorama.

- **Relais Forestière,** Place Mohamed V. Gutes Essen zum günstigen Preis (ca. 50 DH).
- **Boucherie El Akhwaine,** 119, Bd Hassan II. Metzgerei mit Grill: u.a. leckere Steaks und Brochettes zum Selbstauswählen.

Busse

Der **Busbahnhof** liegt im Zentrum nördlich der Moschee, Tel. 0535 56 20 02.

Verbindungen und Preise

- **Casablanca:** 1x tägl. mit CTM, 5½ Std. Fahrzeit, 110 DH.
- **Méknes:** 2x tägl. mit CTM, Privatbusse mehrmals täglich, 25 DH, 1½ Std.
- **Fès:** 1x tägl. mit CTM, Privatbusse mehrmals täglich, 2 Std., 30 DH
- **Errachidia:** Privatbusse, 6½ Std., ca. 75 DH.
- **Beni-Mellal:** ca. 2x tägl., CTM-Busse kommen von Fès, 55–60 DH, ca. 4 Std.
- **Rissani:** 1x tägl. mit CTM (von Fès kommend), ca. 120 DH, ca. 9 Std.

- **Grand Taxis** fahren u.a. **nach Khénifra, Meknès, Fès und Midelt. Taxis zur großen Zeder** sind nur als Grand Taxi für 5–6 Personen komplett zu mieten, oder man muss bei den Sammeltaxis nach Midelt den vollen

Preis bis zur nächsten Stadt zahlen und dann am Abzweig zur Zeder aussteigen!

Sonstiges

- Es gibt ein schönes **Schwimmbad im Parc du Sport** (Schild „Piscine"), Banken und Souvenirläden.
- Sehr freundlich und unaufdringlich ist Driss Irroufi vom **Bazar el Assala (Teppichladen)**, der direkt am Hauptplatz Hassan II. liegt.
- Als **offizieller Berg- und Wanderführer** für Ausflüge in die Region ist der englisch und ein bisschen deutsch sprechende **Moulay Abdellah Lahrizi** (Tel. 0663 77 26 87 oder 0662 19 08 89, lahrizima@gmail.com) empfehlenswert. Er stellt individuelle Wandertouren, aber genauso Trips mit Kamel, Maultier oder Mountainbike zusammen. Ein Leser empfahl außerdem **Zakaria Bensadiq** (Tel. 0613 80 60 10, azroutrekker@gmail.com) für Wanderungen im Mittleren Atlas.

Fest

- **Großer Moussem** im August.

Ausflüge

Azrou ist von einem **großen Zedernwald (Forêt des Cèdres)** umgeben, in dem viele Berberaffen *(Macaca sylvanus)* hausen. Jede Menge recht zutrauliche und um Essen bettelnde Affen tummeln sich rund um die abgestorbene **Cèdre Gouraud**. Diese 40 m hohe Zeder ist angeblich die größte im Land (Routenbeschreibung s.u. und Route B 7).

Besonders reizvoll ist es, durch die märchenhaften **Zedernwälder der Umgebung** zu spazieren oder eine kleine Rundtour entlang der Pisten durch den Wald zu wählen (s.a. Route B 7). Leider sind keine Wandertouren ausgeschildert.

Die Gegend von Azrou ist **beliebtes Skigebiet**. Am **Djabal Hebri** (2104 m) – Route B 7 – gibt es einen Schlepplift. Südlich der **Oum-er-Rbia Quellen** in Richtung Kissariat (76 km von Azrou) liegen **Höhlen** und der **Dayet von Afnourir** (siehe Routen B 5, B 7).

Route B 3: Azrou – Meknès

- **67 km, N13**

Busverbindung von Azrou (siehe dort) nach Meknès und umgekehrt.

Etwa **6 km** hinter Azrou liegt das **Hotel/Restaurant Amros** (vgl. Azrou/Hotels), umgeben von spitzgiebeligen Kleinbauernhöfen.

Im weiteren Verlauf steigt die Straße zum steinigen, karstigen Hochplateau von Ito mit Wacholderbäumen an.

Bei **km 18** ist die **Passhöhe Passage d'Ito** mit Mineralienverkäufern erreicht, linker Hand (im Westen) bietet sich ein schöner Blick über die steile Abbruchkante. In der Region siedeln arme Bauern in Steinhäusern mit Wellblechdächern.

Weiter führt die Strecke durch langsam grüner werdende Landschaft bis zur sehr gepflegten Kleinstadt **El Hajeb (km 36)** mit allen Versorgungsmöglichkeiten. Die quirlige Altstadt liegt rechts der Hauptstraße. Markt ist am Montag.

Von El Hajeb kann man auf guter Straße durch Eichen- und Zedernwald nach Ifrane fahren (siehe Route B 2).

38 km hinter Azrou liegen linker Hand die Quelle von **Aïn El Kesaden** und eine große Grotte. Weiter Richtung Meknès fährt man durch dicht besiedeltes Landwirtschaftsgebiet. Der große Ort **Boufekrane** ist bei **km 50** erreicht.

An der großen Kreuzung bei **km 61** geht es links nach Rabat, rechts nach Fès, geradeaus nach Meknès. Bei **km 64** folgt links der Abzweig zum **Haras Royal** (königliche Pferdeställe, Besichtigung täglich außer Sonntag möglich).

Meknès ist nach 67 km erreicht (siehe Route B 1).

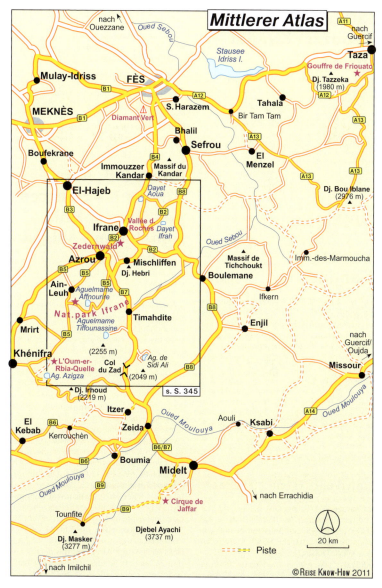

Route B 4: Fès – Imouzzer Kandar – Ifrane

● 63 km, N8

Busverbindung in Richtung Khénifra – Beni-Mellal (siehe Fès).

Fès über die Av. Allal Ben Abdallah/Route d'Imouzzer verlassen. **10 km** hinter Fès liegt das schöne Gartenlokal **Les 3 Sources** (siehe Fès/Essen und Trinken). 6 km weiter folgt der Golfplatz. Ab **km 32** geht es bergauf Richtung Imouzzer. Viele Äpfel, Pflaumen-, Kirsch- und Feigenbäume säumen den Weg. Bei **Km 38** ist Imouzzer Kandar erreicht.

Imouzzer Kandar ♂ V, D2

Der hübsche Ort liegt 1345 m hoch auf einer Berghöhe des Kandar-Massivs. Der Ausflugsort ist **Sommerfrische der Fèser Bürger**, viele Fassis haben hier wegen der angenehmen Temperaturen ihre Sommerhäuser. Im Juli und August herrscht lebhafter Trubel, die Hotels, Cafés und nette Restaurants sind dann gut gefüllt. Es gibt alle Versorgungsmöglichkeiten, aber keine touristischen Attraktionen außer der hübschen Umgebung. Markttag ist am Montag. Im August findet der **Moussem des Pommes et Poires (Apfel- und Birnenfest)** statt.

● PLZ von Imouzzer Kandar: 31 250.

Unterkunft/Essen

● **Charazed***** (Scharazad), 2, Place du Marché (im Zentrum), Tel. 0535 66 30 12, Fax 0535 66 34 45. Schönes Hotel mit sehr freundlichem Manager. DZ €€, 3-Bett-Zimmer €€€. Frühstück 30 DH.
● **Royal*****, Av. Mohammed V., Tel. 0535 66 30 80, 0535 66 36 66, Fax 0535 66 31 86.
● **Hotel/Restaurant des Truites****, Bd Mohamed V., Tel. 0535 66 30 02/03. Gutes Restaurant (frische Atlas-Forellen).
● Ferner gibt es das **Rif-Hotel** und das **Hotel/Restaurant La Chambotte**.

Weiter in Richtung Ifrane. Bei **km 46,5** kann man zu den **Dayets** abbiegen (2,5 km bis zum Dayet Aoua; siehe Route B 2). 63 km hinter Fès ist Ifrane erreicht (siehe Route B 2).

Route B 5: Azrou – Aïn Leuh – Sources de l'Oum er-Rbia – Aguelmame Azigza – Khénifra

● 112 km

Sehr kleine, häufig beschädigte Teerstraße (ca. 4–5 Std. Fahrt mit Stopps an den Quellen und am Aguelmame Azigza). Diese Route ist der direkten und kürzeren Strecke Azrou – Mrirt – Khénifra (N8, 82 km) vorzuziehen, da sie durch schöne Landschaften mit Hochebenen, Wäldern und Seen führt. Sammeltaxiverkehr (leider keine Busverbindung).

Azrou ostwärts verlassen (Richtung Midelt, Errachidia) und bei **km 1** links abzweigen (geradeaus Richtung Errachidia). 1 km weiter zweigt man rechts auf ein winziges Teersträßchen (Belag z.T. rudimentär) Richtung Aïn Leuh und Tagounit ab (beschildert, **N 33°25,649', W 05°11,942'**). Die Strecke führt schön einsam durch Steineichenwald bis zum offenen **Hochplateau von Tagounit** (ca. 1500 m) mit ärmlichen Bergerhöften, Getreidefeldern und Schafweiden bei **km 11**.

An der **T-Kreuzung** bei **Km 24** geht es links nach Aïn Leuh, rechts zur N8 (9,5 km). Links weiter nach **Aïn Leuh**, das nach 2 km **(km 26)** erreicht ist. Der große Ort mit Tankstelle liegt rechts unterhalb der Straße. Aïn

Leuh ist Siedlungsgebiet der Beni Mguild-Berber sowie Markt- und Erholungsort (Wochenmarkt am Mittwoch). In der beliebten Sommerfrische stehen zahlreiche hübsche Ferienhäuser wohlhabender Marokkaner. In der sehr sauberen und freundlichen **Auberge Niza** hinter dem Ortsausgang auf der rechten Seite (Schild) kann man unter Kirschbäumen zelten und in einfachen Zimmern übernachten. Die Herbergsmama kocht laut einem Leser fantastische Hausmannskost. Geführte Wanderungen und Vogelbeobachtungen sind möglich.

Kurz hinter Aïn Leuh geht es links weiter bergauf. Bei **km 29** liegen das nette Landhaus **Complexe touristique Ajaabou** und weitere Ferienhäuser mit roten Ziegeldächern rechts an der Straße.

Bei **km 31** zweigt **links** eine Straße **in Richtung Djabal Hebri** und **Lac Affnourire** ab (Schild „Parc National Ifrane", **N 33°15,685′, W 05°20,839′.** Rechts weiter in Richtung Sources de l'Oum er-Rbia.

Variante: Über den Aguelmame Affnourire zur N13

Diese reizvolle Pistenvariante (Michelin-Karte, Ausschnitt Moyen Atlas) eignet sich für diejenigen, die weiter in Richtung Midelt fahren wollen, da sie im Süden bei Foum el Kheneg in die N13 mündet (vgl. Route B 7).

Km 0 Von der Hauptstraße links abbiegen (s.o.).

Km 18,5 Abzweig rechts mit Wegmarkierung (weißer Steinhaufen), **N 33°15,216′, W 05°14,430′.** Rechts weiter durch dichten Zedernwald erreicht man nach knapp 3 km das **Forsthaus Aïn Khala.** Danach geht es durch Zedernwald mit riesigen Felsblöcken in ein Hochtal **(km 7,5 nach Abzweig)**, wo Nomaden in ihren Zelten siedeln.

Die Piste führt weiter bergauf bis zu einer Passhöhe von ca. 2050 m mit alten Thujen und Zypressen. Nach unten hat man eine schöne Aussicht auf einen Quellfluss des Oum er-Rbia.

Nach **12,5 km** folgt ein Abzweig nach links (schmale Abkürzung); weiter in Richtung O/SO, rechts führt die breite Piste zur Teerstraße nach Oum er-Rbia, **N 33°12,817′, W 05°10,497′.** Nach 2,5 km mündet die Piste in die Teerstraße. Fahren Sie links weiter nach Foum el Kheneg, rechts geht es zu den Quellen des Oum er-Rbia. Die Straße verläuft durch kahles Hochland (Nomaden und Kleinbauern).

Nach 20 km (seit Pistenbeginn) Einmündung in die Teerstraße nach **Bekrite** (nach rechts); **links weiter** in Richtung Foum el Kheneg und Midelt. Die Straße führt ins Flusstal des Oued Guigui (Häuser) auf den Taleinschnitt Foum el Kheneg zu.

Nach ca. 2 km zweigt rechts eine Piste zum **Aguelmame Tiffounassine,** einem weiteren Kratersee, ab und mündet dann (bei **km 24,1** seit Pistenbeginn) in die **Straße nach Midelt** (N3, 80 km, siehe Route B 7). Wegweiser links nach „Azrou 42 km" und „Timahdite 9 km", einem kleinen Ort am Oued Guigui.

Bei der **Weiterfahrt auf der Teerstraße an der Kreuzung bei km 18,5** führt die Strecke ab km 19 über eine große steinige Ebene, die von ca. 2 km entfernten Zedernwäldern eingerahmt ist.

Km 25,5 Abzweig links **(N 33°18,286′, W 05°13,611′)** zum **Aguelmame Affnourire** (arabisches Schild), der nach 3,7 km erreicht ist. An dem flachen aufgestauten See, der in einer Hochebene in ca. 1900 m Höhe liegt, tummeln sich viele Vögel. Das Gebiet wurde als **Nationalpark** ausgewiesen.

Die Piste führt über eine Hochebene (Weiden) mit ärmlichen Hirtenhütten. Bei **km 28** beginnt wieder der schöne Zedernwald.

Km 39,2 Abzweig nach links (Teer), **N 33°24,404′, W 05°12,115′,** Schild rechts „El Kissarite" (Teer). Die Straßen führen später wieder zusammen.

Km 44 Die Straße mündet in die N13 (siehe Route B 7). Rechts geht es nach Timahdite und Midelt, links nach Azrou und Meknès, **N 33°25,187′, W 05°10,687′,** Schild „Circuit Touristique des Cèdres – Lac Affenourir, Fôret Aïn Khala (...)".

Die weitere Strecke führt auf ca. 1700 m Höhe durch eine schöne Landschaft mit erodierten Karstfelsen, Zedern und Steineichen.

Route B 5: Azrou – Khénifra

An den Quellen des Oum er-Rbia

Hier kann man ruhige Übernachtungsplätze finden. Sehr arme Nomaden lagern in notdürftig geflickten Verschlägen auf den Hochweiden (bettelnde Kinder). Bei **km 48** liegt der schöne, von Pappeln umgebene **Lac Ouiouane** (sprich: Wiwan) zur Linken. Es gibt ein Forsthaus und eine kleine Siedlung am See. 2 km weiter folgt ein zweiter kleiner Kratersee (Aguelmam ou Haouli) rechts.

Es geht durch das Hochtal das Ouiouane mit Getreidefeldern und Steinhütten bergab.

Bei **km 56** kann man bei einem gefassten **Brunnen** mit Becken seine Trinkwasservorräte auffüllen. 5 km weiter, bei **km 61**, zweigt rechts eine recht gute Schotterpiste nach Mrirt und Khénifra ab (Schild, ca. 30 km bis zur Einmündung in die N8), **N 33°03,56′, W 05°25,02′**.

Links weiter folgt ein Dorf mit Forellenzucht und 1 km weiter die Brücke über den Oum er-Rbia sowie links in der Kurve der Parkplatz an den **Quellen des Oum er-Rbia** (**N 33°03,215′, W 05°24,88′**). Die Quellen des Flusses Oum er-Rbia (der größte Fluss Marokkos mündet bei Azzemour in den Atlantik) entspringen etwas oberhalb an zwei Stellen. Die rechte Quelle ist **salzhaltig**, sprudelt in einem kleinen Bach den Berg herunter und sammelt sich zusammen mit dem linken Quellfluss in einem glasklaren See. Die linke Quelle rauscht als Wasserfall den Berg hinab (hier ist er noch salzhaltig, erst ca. 200 m unterhalb fließen dann bis hinauf in Richtung Wasserfall zahlreiche Süßwasserquellen zu). Man erreicht den in regenarmen Jahren oft ausgetrockneten Wasserfall nach ca. 5 Min. Fußmarsch. Viele provisorische, mit Eukalyptuszweigen gedeckte Cafés bieten Tajine, Café und Tee an. Die Cafébesitzer und Führer sind leider etwas aufdringlich.

Bei **km 80**, 18 km hinter den Quellen, geht es bei einer Gabelung (**N 32°59,02′, W 05°28,46′**) links in knapp 2 km zum **Aguelmame Azigza** (masirisch „Der blaue See"). Der tatsächlich türkisblaue **Azigza-See** liegt umgeben von rotbraunen Berghängen zwischen Steineichen- und Zedernwäldern. Am Ufer gibt es einen Ziehbrunnen, viele Hirten kommen mit ihren Schafen hierher. Am Nordufer verfällt ein chaletartiges Gebäude, das wohl einmal als Restaurant dienen sollte. Man kann auf einer Straße mit rudimentärem Teerbelag am rechten Ufer entlangfahren. Mit Glück sieht man in den Wäldern scheue Berberaffenherden. Insgesamt lohnt sich der (leider schon ziemlich von Müll gesäumte) See gerade noch für ein Picknick unter Zedern oder für ein kurzes Bad, sofern es nicht zu kalt ist.

Bei **km 86** zurück an der Gabelung geht es weiter in Richtung Khénifra. 5 km weiter folgt ein **Abzweig (N 32°56,55′, W 05°28,33′)** einer Teerstraße links nach Ajdir, Aït Oufella (Schild) und zur N13 Richtung Midelt; rechts weiter. Die Straße ist ab hier besser ausgebaut und führt bald wieder durch zunehmend besiedeltes Gebiet mit Agaven, Feldern und Olivenhainen. Im Frühjahr bieten sich entlang der Strecke fantastische Ausblicke auf die verschneiten Berge des Hohen Atlas.

Bei **km 112** ist die Stadteinfahrt von **Khénifra** erreicht.

Khénifra ♢ VI, B1

Die Stadt (ca. **80.000 Einwohner**) am Westrand des Mittleren Atlas liegt auf 830 m Höhe am Fluss Oum er-Rbia. An den Rändern wächst Khénifra relativ unkontrolliert mit vielen, wild aussehenden unverputzten Neubauten. Entlang der palmengesäumten Hauptstraße (Bd Zerktouni) im Zentrum mit Banken, netten Restaurants und Internetcafés wirkt die Stadt mit ihren rot gestrichenen Häusern jedoch modern und aufgeräumt. Wie schon auf der Fahrt hierher aufgefallen ist, leben viele Menschen (u.a. Nomaden) in der Region unterhalb der Armutsgrenze und z.T. in mit Plastikplanen zusammengeflickten Lagern in den Außenbezirken oder den Hochebenen des Mittleren Atlas. Folge der **Armut** ist Prostitution, vor allem unter den Masiren-(Berber-)mädchen. Nach außen gibt das keiner zu, aber hinter vorgehaltener Hand wird immer wieder davon berichtet.

Geschichte

Die Stadt wurde von *Mulay Ismail* Ende des 17. Jh. gegründet. Aus dieser Zeit stammen die Kasbah in der Medina und eine dreibogige Steinbrücke (Pont Portugais). Es war das Siedlungsgebiet der Zaiane-Berber, die *Mulay Ismail* unter Kontrolle bringen wollte. Gegen Ende des 19. Jh. wurde der Ort Sitz des Kaid der Zaiane-Berber und zum wichtigen Marktort. Lange wurde von hier aus der Karawanenhandel kontrolliert, und auch der Widerstand gegen das französische Protektorat hielt bis zum Jahr 1914 an. Erst zu diesem Zeitpunkt gelang es den Franzosen, den Ort einzunehmen. Das Bild der Stadt ist durch die neueren Häuser, die erst nach 1914 entstanden, geprägt. Sie verfügt über keine besonderen Sehenswürdigkeiten.

● **PLZ von Khénifra:** 54 000.

Unterkunft

Hotels

Leider ist die Auswahl an Hotels in Khénifra nicht gut, deshalb plant man hier besser keine Übernachtung ein. Im Folgenden seien noch die „besten" Hotels genannt.

● **Atlas Zayane*****, Cité el Amal, Tel. 0535 58 60 20, www.atlashotels.com. Bestes (Mittelklasse-)Hotel am Platz, dennoch eher nur für die Durchreise geeignet, eigener Night Club. €€€.
● **Najah*****, Bd Zerktouni, Tel. 0535 58 83 31/32, 0535 58 66 32, Fax 0535 58 78 74. Schönes, gepflegtes Hotel mit ebenerdigen Zimmern zum Innenhof (keine Vorhänge). €€A.
● **De France****, 7, Rue des F.A.R. (im Norden beim Militärcamp), Tel. 0535 58 61 14. Nicht immer saubere Zimmer mit Du/Bad (Kakerlaken), bewachter Parkplatz, zu teuer fürs Gebotene. €€.
● **Transatlas****, Zawia Aït Ishak, Tel. 0535 39 90 30, Fax 0535 39 93 82. Klimatisierte Zimmer, Pool, marokkanisches Restaurant.
● Außerdem gibt es mehrere **sehr einfache Hotels im Zentrum.**

Route B 6: Khénifra – Midelt

Busse/Sammeltaxis

- Der **Busbahnhof** *(gare routière)* liegt an der Stadtausfahrt Richtung Beni-Mellal auf der rechten Seite.
- Gute Busverbindungen nach **Marrakesch, Fès, Meknès** und **Azrou** 2x tägl. mit CTM; nach Marrakesch ca. 90 DH, 6 Std. Fahrzeit, nach Fès ca. 30 DH, 3 Std.
- **Sammeltaxis** (beim Busbahnhof) fahren auch **in Richtung Aguelmame Azigza.**

Sonstiges

- Das eigentliche Einkaufszentrum mit dem **Marché Central** liegt rechts der Hauptstraße (von Norden kommend) über der Oum er-Rbia-Brücke. **Markttag** ist Sonntag.
- Der **Teppichsuq** (mit Teppichauktionen) befindet sich in der Nähe der alten Steinbrücke (Pont Portugais).

Feste/Veranstaltungen

- **Moussem (Mausim) Mulay Bouazza**, im März (wechselt mit dem islamischen Jahr).

Route B 6: Khénifra – Zeida – Midelt

- 160 km, R503

Für diese Strecke bieten sich zwei Alternativen: die Hauptroute entlang der R503 (relativ viel Verkehr) und eine schöne Variante durch das Serrou-Tal und über den Tizi-n'Rechou (s.u.). Sammeltaxis. Ein CTM-Bus fährt von Beni-Mellal kommend nach Midelt.

29 km hinter Khénifra zweigt von der N8 links die R503 nach Midelt ab. Die N8 führt weiter nach Beni-Mellal und Marrakesch. Weiter auf der R503 folgt bei **km 38** links der Abzweig einer kleinen Teerstraße nach El Kebab und Khénifra. Es geht rechts bzw. geradeaus weiter durch hügelige Landschaft mit roter, erodierter Erde. Die Straße führt bergauf – oben wachsen Eichen und Koniferenwälder – bis zur Passhöhe bei **km 49.** Der kleine Ort **Timdghast** ist bei **km 55** erreicht. 1 km weiter zweigt eine Piste zum **Aguelmame Baghane** ab. Nach 2 km erreicht man diesen hübschen Bergsee mit steinigem Ufer. In der Nähe siedeln vereinzelt Menschen, auch Viehhirten mit Kühen und Ziegen sind hier unterwegs. Auf den umliegenden Gipfeln dehnen sich Zedern- und Eichenwälder aus. Man kann dort gut campen, aber wegen der hohen Lage ist es selbst im Hochsommer ziemlich kühl.

Weiter geht's durch Steineichen- und (vereinzelt) Zedernwälder bis zum **Pass Tanoutou-Fillali** (2070 m) bei **km 61.** Auf der östlichen Seite des Passes gibt es kaum Bewuchs, auf der Westseite wird vor allem Weizen angebaut. Die Strecke führt durch eine dünn besiedelte Gegend bergab bis Midelt. Bis hinauf auf die Hügel wird Weizen- und Obstanbau betrieben. Es folgen die Weiler **Azerzoun (km 70), Tamkadout (km 72)** und **Aïn Aicha (km 74).**

Im Ort **Aghbalou (Arbalu) Issardane** bei **km 78 (N 32°45,44', W 05°05,89')** gibt es Cafés und eine Tankstelle.

111 km nach Khénifra zweigt rechts die Straße nach Boumia und Tounfite (zum Cirque de Jaffar, Djabal-Ayachi-Massiv, Route B 9) ab. Geradeaus, nach 6 km, folgt ein weiterer Abzweig zu diesen Orten.

Bei **km 134** mündet diese Route bei **Zeida** (kleines Hotel, Tankstelle, Läden) in die N13 von Azrou nach Midelt ein. Rechts weiter nach Midelt – Errachidia, links nach Azrou – Meknès.

Bei **km 142** (9 km hinter Zeida) befindet sich der **Complexe Touristique Timnay Inter-Cultures** (Tel. 0535 58 34 34, timnay@menara.ma). Der Travellertreffpunkt liegt ruhig zwischen Apfelanbaugebieten mit schönem Blick auf den Djabal Ayachi. Das Campingareal mit parzellierten Stellplätzen unter Bäumen ist schön und sauber mit warmen Duschen, Stromanschluss und Pool. Es gibt auch Zimmer und Bungalows mit Bad (€€ mit Frühstück). Neben dem netten Restaurant im Kasbahstil (gutes Essen, Alkoholausschank, abends evtl. Lärm von der Bar!) gibt es auch Lebensmittel, einen Metzger und

Souvenirs. Der Betreiber *Youssef Aït Lemkadem* organisiert interessante Tagesausflüge und mehrtägige Trekking-, Muli- und Geländewagentouren. Im Winter und Frühjahr ist der Platz voll mit Wohnmobilisten.

Nach insgesamt **160 km** ist **Midelt** erreicht.

Variante über Kerrouchèn und Tizi-n'Rechou

Landschaftlich sehr schöne, ruhige Strecke auf (z.T. löchriger) Teerstraße. 79 km bis zur Einmündung in die Hauptroute R503.

Khénifra in Richtung Süden verlassen (Kasba Tadla). **14 km** hinter der Stadt biegt man links von der N8 (beschildert) in Richtung El Kebab und Kerrouchèn ab, **N 32°49,42', W 05°37,12'**. Die Teerstraße schlängelt sich durch hügelige Landschaft mit roter Erde.

An der Gabelung bei **km 23** geht es rechts nach Errachidia, Midelt – links weiter in Richtung **El Kebab**. Der Ort am Berg mit Läden und Cafés ist bei **km 31** erreicht. An der **Verzweigung** geht's links weiter mit schönem Ausblick nach Kerrouchèn.

Bei **km 41** führt eine **Brücke** über den Fluss **Serrou**; weiter entlang des Flusses mit Feldern und Olivenbäumen.

Bei **km 50** beginnt eine schöne **Schlucht**, an der die Straße oberhalb entlang und bei **km 54** über eine Brücke führt.

59 km hinter Khénifra geht es links zum kleinen Ort **Kerrouchèn** (2 km) und dann weiter bergauf zum Pass **Tizi-n'Rechou** (1800 m) bei **km 68**. Kurz darauf bietet sich ein atemberaubender Blick auf die verschneiten Gipfel des Hohen Atlas!

Bei **km 79** mündet diese Straße in die **R503**: rechts in Richtung Khénifra, links weiter in Richtung Boumia bzw. Midelt.

Der **Abzweig nach Boumia** und Tounfite rechts sowie **nach Itzer** links folgt bei **km 88** (km 111 auf der Hauptstrecke oben) – geradeaus weiter nach Zeida und Midelt. **Zeida** (s.o.) an der N13 ist **105 km** hinter Khénifra erreicht.

Midelt ♫ VII, D2

Die Stadt auf 1488 m Höhe hat etwa **45.000 Einwohner.** Midelt ist **Bergwerksort** (Kupfer, Zinn, Blei) und Handelszentrum für **Mineralien,** die in großer Zahl in der Umgebung gefunden werden. In der ganzen Region werden **Äpfel** angebaut.

Midelt hat keine besonderen touristischen Attraktionen, ist aber ein **günstiger Ausgangspunkt für Touren in den Mittleren Atlas** (Cirque de Jaffar, Djabal Ayachi) und Tor zum Süden in Richtung Errachidia und Erfoud bzw. zum touristisch wenig erschlossenen Osten und Nordosten entlang der Mouluya nach Nador und Melilla. Die Händler vor Ort sind verhältnismäßig aufdringlich.

In Midelt wurde 1917 unter den Franzosen ein **Franziskanerinnenkloster** in der **Kasbah Myriem** (ca. 1,5 km außerhalb) gegründet, in dem sich jetzt eine **Teppichwebschule** *(Atelier de Tissage)* befindet. Die von den Frauen gewebten Teppiche mit schönen Mustern (auch Wandteppiche mit Stickereien) kann man direkt hier zu fairen Preisen einkaufen (Fr geschlossen).

Information

- Infos im Internet unter **www.midelt.com**.
- **PLZ von Midelt:** 54 350.

Unterkunft

Klassifizierte Hotels

- **El Ayachi*****, Rue d'Agadir, Tel. 0535 58 21 61, hotelayachi@caramail.com. Das Interieur verbreitet noch den Charme der französischen Kolonialzeit, ansonsten ist das Hotel nicht mehr empfehlenswert (schlechte Zimmerausstattung, Heizung/AC und Warmwasser funktionieren oft nicht). Freundlicher Manager. €€€B.
- **Kasbah Asmaa*****, 3 km außerhalb der Stadt in Richtung Errachidia, Tel. 0535 58 04 08/05. Häufig mit Reisegruppen besetztes Hotel im Kasbahstil, mit schönem Garten und Pool. Große, marokkanisch gestaltete Zimmer mit TV und AC/Heizung und z.T. mit

Route B 6: Midelt

Balkon, von den oberen Zimmern schöner Ausblick auf die Umgebung. Essen mittelmäßig, Alkoholausschank, bewachter Parkplatz. DZ mit HP (inkl. Wein) €€€€A.
- **Safari Atlas****, 118, Bd Palestine, Tel./Fax 0535 58 00 69, safariatlas.hotel@yahoo.com. Nur einige Jahre altes, sauberes und sehr freundliches Hotel mit Restaurant. DZ mit Bad und Heizung €€.
- **Roi de la Bière***, Av. des F.A.R., Tel. 0535 58 26 75. Ordentliche Zimmer mit Bad €A.

Unklassifizierte Hotels

- **Auberge Jaafar,** Berrem Aït Izdeg, 6,5 km von Midelt Richtung Franziskanerkloster, Tel. 0535 36 02 02, Fax 0535 58 34 15. Die Herberge liegt sehr hübsch auf einer Anhöhe vor dem Djabal Ayachi-Massiv inmitten einer Apfelplantage. Leider sind nicht alle der rund 30 Zimmer in gutem Zustand (laut einem Leser z.T. muffig und schimmlig), die Zimmer im kleinen Neubau sind besser (€€ p.P. inkl. Halbpension). Die Herberge mit **Wohnmobilstandplätzen** ist eine gute Basis für Aktivitäten wie Mountainbiken, Ausritte und einen Ausflug zum Cirque de Jaffar. Wegen des Alkoholausschanks ist die Auberge leider Anziehungspunkt für Marokkaner, die sich abends besaufen – die Zimmer sind zum Glück weit genug von der Bar weg. **Anfahrt** (beschildert): Von Zeida kommend am Ortsanfang hinab in die Senke, vor der Brücke vor dem freien Platz nach rechts weg, an der verfallenen Kasbah vorbei, etwas den Berg hinauf nach bzw. durch Berrem. Hier ist die Webschule der Franziskanerinnen. Nach 2 km auf einer Schotterpiste geht es rechts hinab zur Auberge mit ihren sechs roten Türmen. **N 32°38,70′, W 04°46,33′.**

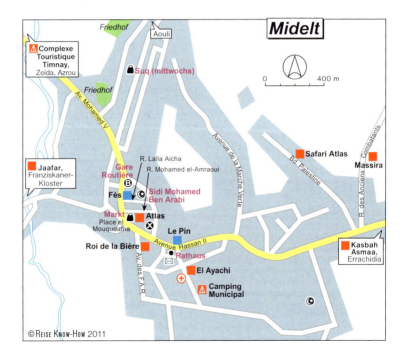

- **Atlas,** 3, Rue Mohammed Amraoui (im Zentrum bei der neuen Moschee), Tel. 0535 58 29 38. Kleine Pension mit sauberen Zimmern und warmer Dusche auf dem Gang, sehr freundlich, laut vom Café im EG, Parken in einer Garage möglich. €.
- **Complexe Touristique Timnay Inter-Cultures,** siehe oben vor Midelt.
- Der deutsche **Ronald Hauck** betreibt eine **Apfelfarm** in Midelt. Auf dem Gelände gibt es Stellplätze für Wohnmobile mit Bergblick (kein Schatten, Generator von 8–10 Uhr, bisher keine sanitären Anlagen, morgens frisches Brot, 30 DH/Nacht). *Ronald* vermietet außerdem Zimmer in Midelt (€). Kontakt: 64, Hay Lalla Meryem, Mobil 0666 36 65 17, Jardin.Paradis@web.de; am oberen Ende der Stadt nach dem Justizpalast in Richtung Errachidia rechts, hinter der neuen Sporthalle.

Camping

- **Camping Municipale,** links der Straße nach Errachidia, neben dem Hotel Ayachi (**N 32°40,684', W 04°44,252'**). Das Campingareal mit einigen Bäumen (kaum Schatten) wurde 2009 komplett renoviert, gute sanitäre Anlagen, Stellplätze mit Strom. Das öffentliche Schwimmbad befindet sich nebenan.
- Siehe auch **Auberge Jaafar** bei Hotels bzw. **Complexe Touristique Timnay Inter-Cultures** (siehe oben vor Midelt).

Essen und Trinken

- **Complexe Touristique Le Pin,** Bd Hassan II., Tel. 0535 58 35 50, am Abzweig Richtung Camping Municipale. Hübsches Gartenrestaurant, das viele Reisegruppen aufsuchen. Mittagsbuffet oder Gerichte à la carte zum fairen Preis.
- **Fès,** Rue Lalla Aicha. Gutes marokkanisches Standard-Menü mit Tajine (ca. 80 DH).
- **L'Espoir,** 30, Av. Mohamed V. Sehr gute marokkanische Küche.

Busse

Der **Busbahnhof** befindet sich am südlichen Ende der Av. Mohamed V. unter dem zentralen Markt. Viele Busse täglich in Richtung **Meknès, Fès, Casablanca, Missour und Errachidia** bzw. CTM 3x tägl. nach **Beni-Mellal** mit Umsteigemöglichkeit nach Marrakesch.

Einkaufen

- **Alle Versorgungsmöglichkeiten, Markt** am Sonntag, Werkstätten (am Stadtanfang, von Azrou kommend), Banken. Lebensmittel vor allem auf dem **Marché Municipal** (hinter dem CTM-Bahnhof an der Hauptstraße links, mit einem unscheinbaren Seiteneingang).
- Zahlreiche **Steinverkäufer** im Ort – Preise unbedingt vergleichen, denn die Spanne reicht von günstig bis unverschämt!

Ausflüge

Mineraliensammler sollten einen Ausflug nach **Mibladen** und zu den Minen von **Ayouli** machen. Bei diesen Orten mit Geisterstadtatmosphäre liegen **zwei stillgelegte Minen**, wo man schöne Azurite und Malachite finden kann.

Route B 7: Azrou – Timahdite – Midelt

- 138 km, N13

Schöne, gut ausgebaute Strecke durch die Wälder des Mittleren Atlas. Vor allem im Sommer, wenn es in Meknès oder Fès heiß ist, kann man hier in Höhen um 2000 m Abkühlung finden. Bus von Meknès über Azrou nach Midelt – Rissani und nach Boulemane – Talsinnt. Keine Busverbindung bei den nachfolgend aufgeführten Varianten.

Azrou in Richtung Osten (Midelt) verlassen. Es geht durch Steineichenwald bergauf, nach einigen Kilometern beginnen Zedernwälder. Nach **2 km** zweigt rechts eine Teerstraße nach Aïn Leuh ab. Knapp **5 km weiter** zeigt ein Wegweiser nach rechts zum **Circuit tou-**

ma11-117 Foto: ad

Von Steinen zum Staunen

von *Dr. Frank Becker*

Marokko ist eine Hauptquelle für den internationalen Fossilienmarkt und man kann im Land günstig einkaufen - vorausgesetzt man weiß, was man erwirbt. Denn Menge und Qualität der Fälschungen haben erheblich zugenommen, während gute Originale seltener und teurer wurden. Die folgende Kurzeinführung soll eine kleine Orientierungshilfe bieten.

Beim Verkauf in Marokko handelt es sich hauptsächlich um Fossilien des etwa 385 Millionen Jahre zurückliegenden mittleren **Devonzeitalters,** die aus der Gegend südlich von Erfoud stammen (zum Vergleich: Die Dinosaurier räumten vor etwa 65 Millionen Jahren das Feld). Das heutige Nordafrika war von einem Meer bedeckt, dessen Bewohner nach ihrem Ableben im Schlamm versanken. Dieser verfestigte sich im Laufe der Jahrmillionen zu einem teilweise fast schwarzen Kalkstein, Hohlräume in den Gehäusen füllten sich oft mit hellerem, kristallinen Material, das den für Marokko typischen Farbkontrast bildet. Voraussetzung für ein schönes Fossil ist allerdings seine geeignete Präparation (z.B. Schliff), sodass sich im Normalfall der Aufwand für eine eigene Suche nicht lohnt. „Geeignet" bedeutet aber auch, dass die Bearbeitung weder völlig unsachgemäß an der ursprünglichen Form des Tieres vorbeigeht noch gar fantasievoll Stücke zusammensetzt! Die häufigsten Versteinerungen sind dabei Kopffüßler und Urkrebse:

Die **Kopffüßler** gehören zu den Mollusken, sind aber nur entfernt mit Muscheln und Schnecken verwandt. Vom Aussehen her dürften sie heutigen Tintenfischen geähnelt haben, sie schwammen auch durch Rückstoß, der Körper steckte aber in einer Schale. Diese wurde bei Wachstum nach vorne verlängert, hintere Teile in regelmäßigen Abständen durch Kammerwände abgeschlossen. Diese Kammern waren mit Luft gefüllt und durch eine Röhre (Siphon) verbunden, mit deren Hilfe das Tier den Luftgehalt und damit den Auftrieb regeln konnte. Die **Belemniten** hatten eine längliche, einer Schultüte ähnelnden Schale, die Goniatiten (eine frühe Ammonitenform) ein geringeltes Gehäuse.

Vorsicht: Bei Belemniten sind die Steine oft so geschliffen, dass das Fossil willkürlich abgeschnitten ist oder zumindest nicht richtig zur Geltung kommt. Bei Steinplatten, die beide Fossilienarten erhaben nebeneinander aufweisen, sind diese fast immer aus Stücken aufgeklebt (beim Belemnit leichter zu sehen) und damit wertlos.

Eine Art **Urkrebs** stellen die **Trilobiten** (Dreilapptiere) dar, von denen der bis zu 10 cm lange Phacops besonders eindrucksvoll ist. Er hatte zwei kegelförmige Augen, die - ähnlich heutigen Insektenaugen - aus zahllosen kleinen Linsen aufgebaut sind. Bei guten Stücken ist zumindest eines davon erhalten! Da Trilobiten sich beim Wachstum immer wieder häuten mussten, stammen die

Atlas V, VII, Karten S. 287, 349

ROUTE B 7: AZROU – MIDELT

gefundenen Versteinerungen oft von diesen abgelegten Panzern und zeigen meist ein irgendwie gekrümmtes Tier.

Vorsicht: Phacops-Exemplare, vor allem die flach ausgetreckt auf kleinen Platten angebotenen, sind oft mit einer Form hergestellt und aufgeklebt. Man erkennt dies an den etwas verwaschen wirkenden Strukturen und den nie fein ausgebildeten Augen. Häufig werden aber auch Stücke mit täuschend echt gemachtem, glatt-schwarzem Mörtel (wieder) zusammengeklebt, sodass zumindest Teile der Augen vorhanden sind. Für gute Exemplare muss man leicht 25 Euro und mehr hinlegen.

Große **Ammoniten** in hellem Kalkstein aus geologisch jüngeren Formationen finden sich z.B. im Hohen Atlas. Ihrer mit Höckern versehenen Gehäuseform verdankt diese Tierart ihren Namen, da der ägyptische Gott Ammon (= Amun) mit Ziegenhörnern dargestellt wurde. Da in dem weichen Stein die feinen inneren Windungen oft nicht gut erhalten (oder schwer zu präparieren) sind, werden sie gerne einfach frei nachgemeißelt.

Geologisch ganz jung, nämlich in unserer Gegenwart dem Fleiß der Einheimischen entsprungen, sind die schwarz glänzenden **Spinnen oder Skorpione**, die in grau wirkendem Stein leicht eingetieft schön zur Geltung kommen. Mit Fossilien haben sie allerdings nichts zu tun ...

Eine Beschreibung der **gefälschten Mineralien und Kristalle** ist an dieser Stelle unmöglich, da jede Übersicht im Wettlauf gegen marokkanische Findigkeit beim Umgang mit Farbe und Klebstoff den Kürzeren ziehen würde. Ich kann nur empfehlen, sich vor jedem Kauf in mehreren Geschäften umzusehen und auf die allzu schönen Angebote zumindest nicht in dem Glauben hereinzufallen, dass es sich hier um etwas Natürliches handele ...

ristique des Cèdres und zum Lac Affnourire bzw. weiter Richtung Aïn Leuh und zu den Oum er-Rbia Wasserfällen (siehe Route B 5, **N 33°25,17', W 05°10,69'**). Links führt eine 4 km lange Piste mit Teerresten zur **Cèdre Gouraud** (**N 33°25,595', W 05°09,318'**), der angeblich größten, inzwischen abgestorbenen Zeder Marokkos. Dort – aber auch beim Abzweig zum Lac Affnourire – tummeln sich neben einigen Mineralienhändlern massenweise halbzahme **Berberaffen** (Makaken) im Wald, die in größter Ruhe dasitzen und darauf warten, dass ein Tourist ihnen etwas zu fressen in die Hand drückt. Die Tiere trinken sogar direkt aus der Wasserflasche. Die bessere Zufahrt zur Zeder bietet sich von der Strecke Ifrane – Azrou (siehe Route B 2).

Bei km 12 liegt links der stillgelegte Skilift am **Djabal Hebri** (1945 m). Für Langläufer ist das Hochtal ein Eldorado. Bei **km 15** zweigt links eine Teerstraße nach Mischliffen und Ifrane ab. Diese 27 km lange Strecke führt an einem weiteren Sklift und einer Hütte des Skiclub France (1900 m) vorbei durch eine reizvolle Steinhügellandschaft mit Zedernwäldern.

Weiter entlang der Straße in Richtung Midelt lässt der Bewuchs deutlich nach.

16 km hinter Azrou führt eine Piste rechts nach Aïn Khala und Aïn Leuh.

Der Ort **Timahdit(e)** mit einigen Geschäften liegt recht hübsch an einem von Pappeln gesäumten Fluss bei **km 33.** Markttag ist der Donnerstag. Abzweig nach Almis de Guigou (bzw. Sefrou).

Bei **Foum Kheneg** (km 42) geht es geradeaus weiter auf der N13 oder auf einem Abstecher rechts zum **Aguelmame Tiffounassine** (nach ca. 2 km Piste links abzweigen) oder auf der gleichen Piste, ohne links zum See abzuzweigen, geradeaus ca. 20 km weiter bis zum Ort **Bekrite.** Hier werden Teppiche mit schwarz-weißen und bunten geometrischen Mustern gewebt. Bei **km 51** führt rechts ebenfalls ein Straßenabzweig (Hauptroute) nach Bekrite (23 km).

Bei **km 54** zweigt links eine Teerstraße zum **Aguelmame Sidi Ali** ab (1 km). Dieser glasklare Kratersee liegt auf etwa 2000 m Höhe in karger und bei schlechtem Wetter etwas gespenstischer Umgebung zwischen schwarzem Lavagestein. Die Teerstraße verläuft am linken kahlen Seeufer entlang und dann als Piste weiter. Da auf dieser Höhe selbst im Sommer manchmal ein empfindlich kalter Wind weht, kann man nicht immer baden. Herrlich ruhig wohnen Wanderer, Mountainbiker, Fischer und Naturfreunde in der einfachen Herberge **Atlas Lake Inn** (Tel. 0535 60 88 53, atlaslakeinn@yahoo.fr) am Seeufer. Hier kann man auch campen – im Winter ist es allerdings eiskalt.

Bei **km 64** ist die Passhöhe **Col du Zad** (2178 m) erreicht. Ab hier ist es vorübergehend wieder etwas mehr bewaldet (große Zedern).

Die kleinen Orte **Aït Oufella und Ouanegh** (sprich: Waneer) liegen bei **km 73** und **77**. Von beiden Orten führt eine Teerstraße (nach Regenfällen z.T. zerstört und nur mit 4x4 befahrbar) durchs Gebirge mit herrlichen Zedernwäldern und kleinen Seen **über Ajdir (N 32°56,88', W 05°23,28') nach Khénifra (N 32°56,499', W 05°38,738')** bzw. zum Aguelmame Azigza (vgl. Route B 5). Von Aït Oufella sind es 57 km bis zur Einmündung in die Route B 5 und von dort noch 21 km bis Khénifra.

Weiter auf der Hauptroute N13 mündet bei **km 83,5** die R503 Boulemane – Fès von links ein. Kurz danach (1 km) trifft man auf den Weiler **Bouloujoul** mit einer Tankstelle und **Raststätte.** Zwischen Bouloujoul und Midelt führt die Straße durch eine kahle, zerklüftete Berg- und Hügellandschaft – der Übergang von den grünen Hochebenen des Mittleren Atlas zu den trockenen, zerklüfteten Bergen des Hohen Atlas. Es liegen immer wieder Apfelplantagen am Weg.

Bei **km 90** liegt der expandierende Ort **Zeida** am Zusammenfluss von Oued Bouhaf und Oued Moulouya (sprich: Muluja). Die Umgebung ist vom Bergbau geprägt (Zinn, Blei, Kupfer). Zeida ist Kreuzungspunkt der Strecke nach Boumia und Khénifra, siehe Route B 6.

Ab Zeida führt die R503 in Richtung Westen zur Route Khénifra – Kasba Tadla und weiter nach Marrakesch. Ein Abzweig an die-

ser Strecke führt in Richtung Imilchil und auf das Hochplateau der Seen Lac Iseli und Tislit sowie des Assif Melloul im Hohen Atlas (über die Strecken Zeida – Boumia – Tizi Taka – Tounfite – Imilchil oder El Kebab – Tizi-n-Isly – Imilchil, siehe Routen C).

Weiter führt die Route durch Wüstenplateau-Landschaft mit Blick auf das **Djabal-Ayachi-Massiv,** von dessen grünen Zedernwäldern man hier noch nichts ahnt.

100 km von Azrou entfernt kann man im Camping Timnay das Lager aufschlagen, siehe Route B 6.

Nach **138 km** ist **Midelt** erreicht.

Route B 8: Fès – Sefrou – Boulemane – Zeida

● 197 km, R503

Gute Asphaltstraße, bis Sefrou s. Route B 2. Bus nach Zeida, Midelt und Boulemane. Sofern man Zeit hat, sollte man eine landschaftlich attraktivere, aber etwas längere Route wählen, entweder B 5 (über Aïn Leuh nach Khénifra) oder B 7 (auf der N13 über den Col du Zad).

28 km hinter Fès ist die Kirschenstadt **Sefrou** erreicht (siehe Route B 2).

Von Sefrou führt die Straße weiter durch eine hübsche Gegend mit viel Obst- und Gemüseanbau. Bei **km 51** liegt die kleine Siedlung und zerfallene **Kasbah Annoceur** an der Strecke. Die Kasbah wurde errichtet, um die Karawanenwege von Fès ins Tafilalet zu kontrollieren. Nach 1 km trifft man auf den Abzweig zum Circuit des Lacs.

Etwa bei **km 55**, 27 km hinter Sefrou, kann man rechts zum 1380 m hoch gelegenen **Dayet Afourgah (N 33°36,75', W 04°52,82')** abbiegen. Es gibt einen Parkplatz und einen Picknickplatz oberhalb des Sees. Der Dayet Afouragh ist 12–15 ha groß und mit 80 m (Normalstand) ziemlich tief. Legenden sprechen davon, dass hier Geister hausen, die Mensch und Tier anlocken und ins Wasser ziehen ...

Es geht weiter bergauf durch eine schöne Berglandschaft mit Steineichen- und Zedernwäldern bis zur Passhöhe **Tizi Abekhnanes** (1769 m).

Bei **km 87** zweigt rechts eine Straße nach Almis du Guigo und Timadhite an der N13 ab. Bei **km 91** liegt ein gefasster **Brunnen (N 33°25,29', W 04°46,42')** mit gutem Bergwasser an der Straße.

Der große Ort **Boulemane** (bei km 106) mit Spitzgiebelhäusern liegt umgeben von Bergen auf 1700 m am **Oued Recifa** inmitten von Obstgärten. Sammeltaxis im Zentrum.

Bei **km 112**, 6 km hinter Boulemane, zweigt links die **Straße R502 (N 33°19,73', W 04°41,82')** nach Ifkern und **Imouzzer des Marmoucha** in den östlichen Mittleren Atlas zum Skigebiet des **Djabal Bou Iblane** (Bu Iblan) bei Tafferte ab. Hier gibt es sehr ursprüngliche und landschaftlich großartige Strecken (Pisten).

Bei **km 187** mündet diese Route in die N13 von Meknès/Azrou (rechts) nach Midelt ein. Ohne große Attraktionen geht es auf den nächsten 10 km nach **Zeida** (s. Route B 7).

Weiterfahrt nach Midelt siehe Route B 7, ins Tafilalet siehe Route C 13.

Route B 9: Zeida – Boumia – Cirque de Jaffar (Jaafar) – Midelt

● Ca. 143 km

Eine Asphaltstraße führt bis zur Kreuzung hinter Tounfite, dann geht es auf z.T. schlechter, ausgewaschener Piste (nur mit 4x4, frühestens ab Mitte Mai) weiter. Keine Ver-

Naturschauspiel in der Nähe von Midelt

Route B 9: Zeida – Midelt

sorgungsmöglichkeiten – Selbstfahrer müssen Treibstoff, Verpflegung und Reparaturmaterial mitführen. Erkundigen Sie sich am Camping Timnay bei Midelt über den aktuellen Zustand der Strecke! Die Beschilderung ist fast ausschließlich arabisch, was die Orientierung erschwert, zumal die Einheimischen mit dem aus der Franzosenzeit stammenden Begriff „Jaafar" nichts anfangen können – fragen Sie besser nach dem „Maison forestière Miktane".

Für „Fahrzeuglose" besteht die Möglichkeit, am **Campingplatz Timnay** oder über das **Hotel Kasbah Asmaa** (vgl. Midelt) ein Tagesausflug (ca. 400 DH) zu buchen, oder mit dem Sammeltaxi bis Tounfite zu fahren.

Die Piste führt entlang der Gebirgsscheide zwischen Mittlerem und Hohem Atlas über den 2250 m hohen Pass am Cirque de Jaffar (Bergkessel), vorbei am Djabal Ayachi (3737 m), durch eine bizarre und wildromantische Hochgebirgslandschaft mit Zedernwäldern (siehe auch Route C 11). Die besonders für Wanderer reizvolle Region ist eine der ärmsten in Marokko – hier leben bettelarme Berber in abgelegenen Bergdörfern oder Nomadenzelten.

Die Route beginnt im Ort **Zeida,** einem kleinen Weiler (siehe Route B 7) und Kreuzungspunkt der Straßen R503 und N13. Fahren Sie auf der R503 in Richtung Khénifra und nach ca. **16 km links (N 32°45,44', W 05°05,89')** Richtung Boumia, Tounfite und Imilchil (Wegweiser). Nach 4 km **(km 20) wieder links abbiegen,** nach weiteren 2 km liegt der kleine Ort **Boumia** in einer Senke am Moulouya-Fluss, umrahmt von der Kulisse des südlichen Mittleren Atlas. Nach einer Brücke und Rechtskurve trifft man auf den Wegweiser „Tounfite 37 km, Imilchil 142 km". Die kleine, gute Teerstraße führt weiter auf die Berge zu.

Etwa bei **km 57,** beim Wegweiser „Bou Abdil, Sidi Yaya", teilt sich die Strecke. Die Piste nach rechts führt nach Arhbala und von dort auf Teerstraße weiter nach El Ksiba (R317). Weiter in Richtung Tounfite geht es scharf links, der Ort liegt schon in Sichtweite.

Tounfite ist etwa bei **km 62** erreicht. Durch den Ort weiter entlang der Hauptstraße kommt man bei **km 67,3** an eine **Kreuzung (N 32°29,881', W 05°10,544'):** weiter scharf links (Beschilderung „Miktan 25 km, Midelt 70 km, Tizi-n-Zou 13 km, Miktane 27 km"), geradeaus geht es über Agoudim nach Imilchil (die Strecke wird gerade neu ausgebaut).

Weiter führt die Route bergauf zu einer kleinen Passhöhe und dann durch ein sanftes, kärglich bewachsenes Tal abwärts. Gegenüber liegt das Dorf **Tizi-n-Zou** in schöner Gegend mit Blumenwiesen, Zedern, Wacholder und Thujen.

Bei **km 77,3** führt eine stabile Brücke über den Fluss **(N 32°31,030', W 05°05,088').** Danach geht es über eine Serpentine zum 40–50 m über dem Fluss liegenden Dorf, dessen Zentrum rechts liegen bleibt. Bei knapp **km 80** wird ein Fluss auf einer Furt durchquert.

Bald darauf, bei **Gesamt-km 81,8,** gabelt sich die Piste vor einem vorne rechts liegenden Dorf. Links am Hang gibt es eine nördliche Umgehung sämtlicher Dörfer, die in dem Hochtal liegen. Diese Umgehung ist v.a. für größere Fahrzeuge gedacht, da am Ende der Dörfer eine gedeckte Brücke nur 2,90 m hoch ist. An manchen Stellen ist die Strecke allerdings unterbrochen, dann muss durch die Dörfer gefahren werden (Leser berichten von aufdringlichen und Steine werfenden Kindern).

Bei Km 85,5 mündet eine Piste von links ein und 400 m weiter erreicht man eine **kleine Passhöhe.** Hier verlässt man das Hochtal und gewinnt einen weiten Blick nach Nord und Nordwest, rechts liegt die Bergkette des **Djabal Ayachi.**

Bergab erreicht man eine beschilderte Kreuzung bei ca. **Km 87,5:** links „Midelt 47 km", Wegweiser zurück „Tizi-n-Zou 10, Tounfite 30". Zum Cirque de Jaafar der kleinen, nicht beschilderten Piste geradeaus folgen und nicht in Richtung Midelt (von oben kommend nicht eindeutig zu sehen).

3 km weiter, bei ca. **km 90,** geht es durch ein ausgewaschenes Bachbett. Die weitere Strecke führt leicht bergauf durch Eichenwald, gelegentlich wachsen Zedern. Etwa bei **km 91 führt ein Abzweig zum Maison Forestière de Miktane.** Das Forsthaus ist unbe-

ROUTE B 9: ZEIDA – MIDELT

wohnt, zeitweise siedeln hier Nomaden. Die Straße führt weiter bergauf bis auf 2250 m.

Etwa ½ km nach dem Forsthaus zweigt eine kurze Piste nach links zu einzelnen Steinhütten in einer Senke ab. Die steinige, schmale Hauptpiste verläuft weiter in leichter Rechtskurve an der Nordseite des Djabal-Ayachi-Massivs entlang.

Bei **km 97,5** ist eine kleine Passhöhe und ein Aussichtspunkt erreicht. Die Piste führt dann hinab in eine Senke, über einen kleinen Bach, dann wieder bergauf. Es bietet sich ein schöner, freier Blick zum Djabal Ayachi. Viele alte abgestorbene Zedern bilden eine marode Kulisse, die durch die im Frühjahr gelb blühenden Ginsterbüsche etwas aufgefrischt wird.

Bei ca. **km 106,5** folgt die **Abfahrt zum Cirque de Jaffar,** einem Bergkessel mit im Frühjahr saftig grünen Wiesen und Feldern. Von hier hat man eine großartige Aussicht ins Tal. In Serpentinen führt die Piste bergab bis zur Talsohle (**km 107,1**) mit einfachen Häusern und Nomadenzelten. **N 32°32,561′, W 04°53,584′.** Die dort unter sehr einfachen Verhältnissen lebenden Bergbewohner erwarten von Besuchern Geschenke – Kleider, v.a. warme Sachen sind sehr erwünscht.

Die **Ausfahrt aus dem Kessel** erfolgt durch eine nordwestlich gelegene wunderschöne Schlucht des Jaffer-Flusses: erst 2–3 km zurück in Richtung Miktane fahren und dann rechts bei **N 32°33,17′, W 04°54,94′** (nach 2 km Ausfahrt aus der Schlucht). Nach einer regenreichen Saison ist die Fahrt durch die Schlucht evtl. nicht möglich, wenn die Piste vom Wasser weggerissen wurde!

Die Piste führt nun ein kurzes Stück entlang eines Flusses, und ein steiler Anstieg führt auf ein **Plateau.** Nach 1 km wird der Fluss gequert. Nach **knapp 2 km** blickt man über das Plateau auf einen Tafelberg. Die Piste führt weiter über das Plateau bis zu einer **Kreuzung** vor dem Ort **Aït Orrhar** (Aït Oumghar, **N 32°38,83′, W 04°58,56′**) mit

Nomaden am Cirque de Jaffar

dem Hinweisschild „Miktane 23 km, Tounfite 49 km".

Von der **Gegenrichtung** (also Midelt) **kommend,** kann man über diese Strecke ebenfalls nach **Tounfite** oder zum Forsthaus **Miktane** fahren. Die Piste verläuft allmählich bergauf zunächst parallel zum Gebirgszug und windet sich dann stark nach links ansteigend ins Gebirge. Sie stößt dann bei **km 87,5** auf die Beschilderung der oben beschriebenen Strecke.

Die weitere Strecke von **Aït Orrhar** bis **Midelt** ist gut zu befahren und mündet nach guten 13 km bei einem einzelnen Tafelberg und dem Kilometerstein „Errachidia 157 km" in die breite Asphaltstraße N13 ein (**N 32°42,527', W 04°52,063'**, rechts weiter in Richtung Midelt/Errachidia). Der Stadtrand von Midelt ist dann nach weiteren 14 km erreicht.

Route B 10: Khénifra – Kasba Tadla – Beni-Mellal

● 130 km, N8

Die abwechselnd sehr gute und dann wieder ältere und geflickte Straße (viel Verkehr) führt durch eine unspektakuläre, hügelige Landschaft mit Feldern und Olivenbäumen. Gute Busverbindungen.

15 km hinter Khénifra zweigt eine Straße **nach El Kebab** (El Kbab) **und Kérrouchen** ab (Abkürzung nach Midelt, siehe Route B 6).

Bei **km 21** liegt der große Ort **Tighssaline** (Tirsalin) mit Tankstelle und vielen Tajine-Restaurants an der Strecke. 4 km weiter zweigt die R503 nach Midelt (siehe Route B 6) und Errachidia ab; geradeaus weiter.

Bei **km 40** folgt der große Ort **Ouaoumana** (mit Tankstelle). Bei **km 45** führt rechts eine Piste ans Ufer (3 km) des neuen **Stausees Ahmed Hansali,** der das Wasser des Oum er-Rbia staut. Hier kann man evtl. wild campen oder picknicken (ohne Schatten). 5 km weiter geht rechts noch einmal ein von der Gendarmerie kontrollierter Abzweig zur Barrage Ahmed Hansali ab.

Bei **km 58** ist **Zaouiat es Cheïkh,** ein großer Ort mit Tankstellen, einfachen Hotels und vielen Grill-/Tajine-Restaurants, erreicht.

9 km weiter folgt eine große Tankstelle mit Raststätte, links sieht man die Ausläufer des Mittleren Atlas am Horizont. An der weiteren Strecke bis Beni-Mellal kann man gutes Olivenöl direkt von den **Ölmühlen** (huilerie) kaufen.

Bei **km 76** geht es **rechts nach El Ksiba** (7 km abseits der Straße) und weiter nach Imilchil (siehe Route C 18).

El Ksiba ♪ VI, A2

Das **wenig attraktive Städtchen** mit etwa **18.000 Einwohnern** liegt 7 km abseits der N8 in einer schönen grünen Gegend auf 1400 m Höhe. In der Protektoratszeit war El Ksiba wegen seines angenehmen Sommerklimas und der reizvollen Umgebung Luftkurort und danach Erholungsgebiet für Jugendgruppen und Familien. Im Winter kann es hier sehr kalt werden. Die berberische Bevölkerung gehört vorwiegend zum Stamm der Aït Ouirra. Ein (mittlerweile ziemlich heruntergekommenes) Erholungszentrum mit einfachem Campingplatz liegt am hübschen, sprudelnden Fluss entlang der Strecke von Aghbala. 500 m weiter befindet sich ein Schwimmbad. Die Region ist ein beliebtes Jagdgebiet – in der Umgebung gibt es viel Wild und auch Wildschweine.

Gute Einkaufsmöglichkeiten findet man im alten Stadtteil von El Kisba, im Zentrum gibt es eine Bank.

Unterkunft

● **Les Artistes,** in Richtung Aghbala und Imilchil, ca. 2 km außerhalb von El Ksiba links der Straße, Tel. 0523 41 54 90. Bei **N 32°33,984', W 06°01,047'** nach links abbiegen (von Aghbala aus rechts), dann geradeaus über eine kleine Brücke und an einer kleinen

ROUTE B 10: KASBA TADLA, BENI-MELLAL

Moschee vorbei bis zu einer weißen Mauer mit Turm, dort an der Türe klopfen. Die Herberge des französischen Ehepaars *François* und *Patricia Gattano* liegt auf einem großen, sehr gepflegten und hübsch angelegten Gelände mit Bäumen (Schatten) und Blumenrabatten in grüner Umgebung. Gute, saubere sanitäre Anlagen, heiße Duschen, sehr gutes Essen, Alkoholausschank. Übernachtung in Nomadenzelten oder netten, komfortablen Bungalows mit oder ohne Bad möglich (€€). Nach Auskunft eines Lesers soll Camping dort nicht mehr möglich sein.
- **Gite Chez Mustapha,** Douar Imhiwach, 4 km von El Ksiba, Tel. 0523 51 52 77 oder 0662 24 05 55. Hübsche kleine, sehr familiäre Herberge des freundlichen *Mustapha Lannouch* (Physiker).

Weiter entlang der Hauptstrecke N8 geht es auf einer guten Straße mit viel Bus- und Lkw-Verkehr durch ein Landwirtschaftsgebiet mit riesigen Feldern. Bei **km 94** geht es an einem großen **Kreisverkehr** rechts ins Zentrum von Kasba Tadla, geradeaus nach Casablanca und links weiter nach Beni-Mellal.

Kasba Tadla ♢ VI, A2

Die expandierende Stadt (ca. **41.000 Einwohner**) liegt am Fluss Oum er-Rbia auf 725 m Höhe und ist ein wichtiger Verkehrsknotenpunkt zwischen Fès, Casablanca und Marrakesch. Die große, ockerfarbene Kasbah wurde von *Mulay Ismail* 1677 erbaut und enthält eine Moschee. Die Neustadt liegt etwas westlich der Altstadt – dort gibt es Geschäfte, zahlreiche Cafés und Restaurants, jedoch (bis auf ein sehr einfaches Hotel) keine nennenswerte touristische Infrastruktur.

Kasba Tadla ist ein **Schafzuchtzentrum,** zudem beginnt hier ein riesiges landwirtschaftliches Gebiet mit Obstplantagen und Kornfeldern. Auch die Hauptphosphatabbaugebiete Marokkos bei Oued Zem und Khourigba sind nicht weit entfernt. Das Gebiet zwischen Kasba Tadla und Casablanca ist somit die „Schatzkammer" Marokkos, da die Phosphatvorkommen den größten Reichtum des Landes darstellen. Touristisch ist das Gebiet jedoch vollkommen uninteressant.

Der **Busbahnhof** liegt an der Straße nach Casablanca. Es verkehren mehrmals täglich Busse in Richtung Fès, Marrakesch, Beni-Mellal sowie Casablanca. Nebenstrecken werden auch mit Privatbussen bedient.

Weiter Richtung Beni-Mellal geht es auf sehr guter Straße durch die landwirtschaftlich intensiv genutzte **Tadla-Ebene.** Viele Tankstellen und Raststätten säumen die Strecke. Vorsicht: Häufige Radar- und Polizeikontrollen.

Bei **km 123** ist Beni-Mellal erreicht.

Beni-Mellal ♢ VI, A2

Die Provinzhauptstadt mit etwa **180.000 Einwohner** liegt auf 625 m Höhe in landschaftlich reizvoller Umgebung auf dem Plateau Dir, am Fuße des **Djabal Tassemit** (2248 m). Die Kasbah des Ortes ließ *Mulay Ismail* 1688 errichten. Die Stadt umgeben Olivenhaine und Obstplantagen, die vom nahe gelegenen Stausee Bin el-Ouidane bewässert werden. Da der Zitrusfrüchte- und Zuckerrübenanbau in der Gegend floriert, wuchs die Stadt in den letzten zwanzig Jahren enorm.

Beni-Mellal selbst bietet nicht viel für Touristen, aber die Stadt (und Azilal) ist ein **günstiger Ausgangspunkt** für Fahrten zum Stausee Bin el-Ouidane, zu den Ouzoud-Wasserfällen (Sammeltaxis, siehe Route B 12) und für Wanderungen im Hohen Atlas.

Sehenswertes

Beni-Mellal hat nur noch wenige alte Viertel vorzuweisen, Neubauten bestimmen das Stadtbild. In den Suqs (Markt am Dienstag und Sonntag) kann man die bekannten traditionellen **Hanbel-Decken,** aus Schafswolle in bunten Farben gewebt, erwerben.

Im Osten der Stadt (3,5 km, über eine kleine Nebenstrecke zu erreichen, den Schildern „Circuit de Touristique" folgen) befinden sich die wenig lohnenswerten **Quellen von Aïn Asserdoun** mit einer kleinen, nicht besonders sauberen Parkanlage nebst Imbissständen. Oberhalb der Anlage liegt die **Ruine der Kasbah Ras el Aïn,** von der man einen schönem Blick auf den nördlichen Mittleren Atlas genießt.

Information

● **Délégation provinciale du Tourisme,** 10, Bd El Walaa, Imm. Al Baraka, Tel. 0523 48 86 63. Hier kann man Bergführer engagieren und es gibt eine hervorragende (teure) Karte der Region Tadla-Azilal, die das Gebiet bis einschließlich Mgoun-Region im Hohen Atlas und den Stausee Bin el-Ouidane-Azilal sowie die Region Zaouiat Ahansal umfasst.

Unterkunft

● **Ouzoud******, ca. 2 km außerhalb an der Straße nach Marrakesch, Tel. 0523 48 37 52, Fax 0523 48 85 30, www.sogatour.ma. Das empfehlenswerte Hotel in ruhiger Lage mit hübschem Pool und Garten wurde 2002 renoviert. DZ mit TV und AC €€€€.
● **Chems******, ca. 2 km außerhalb an der Straße nach Marrakesch, Tel. 0523 48 34 60, chems@menara.ma, www.hotelchems.com. Wenig attraktiver älterer Bau mit komfortablen großen Zimmern mit AC (keine Heizung) und TV. €€€€B (zu teuer für das Gebotene).
● **Al Bassatine*****, Ouled Hamdane, Route nach Fkih Ben Salah, Tel. 0523 48 14 06 und 0523 48 68 05, Fax 0523 48 68 06. Große Hotelanlage mit Pool, WLAN in der Lobby, insgesamt ehr wenig gepflegt. €€€.
● **Atlas****, Ecke Bd Hassan II., Rue Chaouki, Tel. 0523 48 92 11, Fax 0523 48 82 98. Einfaches Hotel im Zentrum (laut). €€B.
● **Aïn Asserdoun***, Bd des F.A.R., Tel./Fax 0523 48 34 93. Die Zimmer zur Straße sind laut und stickig, im Bad ist nicht immer alles funktionsfähig, aber das Personal ist sehr nett und das Essen reichlich und gut (sehr gutes Frühstück). €.
● **Paris***, Rue Idn Sina, Nouvelle Medina, Tel./Fax 0523 48 22 45. Zimmer (z.T. laut wegen der Straße und des Restaurants) mit Du/WC auf dem Flur (ungepflegt), gutes Essen. € (ohne Frühstück). Parkplatz.
● **Zidania***, Bd des F.A.R., gegenüber vom Busbahnhof, Tel./Fax 0523 48 18 98, hotelzidania@yahoo.fr. Zimmer mit Bad.
● **Du Vieux Moulin,** Route de Kasba Tadla, Tel. 0523 48 69 41. Einfaches Hotel, gutes Essen.
● **Saada,** Rue Tarik Ibn Zaid, vom Busbahnhof kommend auf dem Hügel linker Hand. Empfehlenswertes einfaches (unklassifiziertes) Hotel, einige Zimmer ohne Fenster. ½€.

Essen und Trinken

Imbissstände und Cafés befinden sich am Bd Mohamed V. und beim Cinéma Atlas sowie in den Hotels. Gutes Essen gibt es im Hotel du Vieux Moulin.

Busse

● Der **Busbahnhof** *(gare routière)* liegt am Bd Mohamed VI.
● **CTM-Busse** verkehren **in Richtung Marrakesch** (von Fès kommend) 2x tägl. (ca. 3½ Std. Fahrzeit, ca. 80 DH) und nach **Casablanca,** 3x tägl. (4 Std., 85 DH). Privatbusse fahren nach **Azilal** (ca. 30 DH) und **Midelt** (ca. 60 DH).

Taxis/Sammeltaxis

Die Taxis und Sammeltaxis fahren **an der Straße nach Marrakesch** ab. Sammeltaxi nach Oueld Ayad etwa 20 DH und von dort nach Aït Attab (El Abid-Schlucht und Ouzoud-Wasserfälle) nochmals etwa 15 DH.

Sonstiges

● Ein **Ensemble Artisanal** (staatlicher Kunsthandwerksladen mit Festpreisen) liegt im Zentrum an der Straße nach Marrakesch.
● Viele **Banken** (mit Geldautomat) finden sich am Bd Mohamed V.
● Im **Acima-Supermarkt** an der Ausfahrtsstraße Richtung Marrakesch auf der linken

Seite kann man sich mit allen (auch europäischen) Lebensmitteln eindecken. Im Zentrum, am Bd Mohamed VI., gibt es auch einen riesigen **Marjane-Supermarkt**.

Route B 11: Beni-Mellal – Ouaouizarht – Zaouiat Ahansal – Tabant – Agouti

● 200 km, R306 und R302

Teerstraße (ab Ouaouizarht sehr schmal, ausgefranst und mit Regenschäden) bis Tilouggite, dann Geländewagen-Piste. Der Zustand der Piste bis ins Aït-Bougoumez-Tal (Agouti/Tabant) ist vom Wetter abhängig, nach starken Regenfällen ist die ansonsten meist gute Schotterpiste durchs Gebirge z.T. weggespült oder mit Geröll verschüttet und Furten sind nicht passierbar. Fortsetzung nach Azilal und Marrakesch über Route B 12 möglich (in umgekehrter Richtung). Im Winter ist der Pistenabschnitt wegen Schnee nicht befahrbar, frühestens ab Anfang Mai! Bis Zaouiat Ahansal fahren auch Grand Taxis ab Ouaouizarht.

Die Strecke führt **ab Ouaouizarht** durch **eine der landschaftlich schönsten Gegenden Marokkos** – ein herrliches Gebiet für geübte Mountainbiker, zum Wandern und Bergsteigen. Man fährt entlang reißender Bergbäche, durch Pinienwälder, mit Ausblicken auf markante, zerklüftete Bergmassive und die steilen Felswände des Hohen Atlas.

Abschnitt 1: Beni-Mellal – Ouaouizarht

● 41 km Teerstraße

Beni-Mellal auf der N8 Richtung Marrakesch verlassen. Nach 6 km zweigt rechts die N11 Richtung Fkih Ben Salah und Khouribga ab. **Geradeaus weiter** passiert man kurz darauf die Zuckerfabrik von Beni-Mellal.

10 km hinter Beni-Mellal zweigt links die Straße **nach Oulad M'Barek** (Tankstelle, Bank, Markt am Donnerstag) und zum Ostufer des Stausees Bin el-Ouidane ab – hier abbiegen. Weiter geht es entlang von Olivenhainen und Kornfeldern in Richtung Ouaouizarht.

Der kleine Ort **Timoulilt** mit diversen Läden ist bei **km 25** erreicht. Die Strecke führt auf guter, schmaler Teerstraße bergauf und passiert einige eindrucksvolle Kasbahs auf der linken Seite.

Bei **km 36** geht es über eine Passhöhe mit Steinmauern. Bei **km 38** zweigt **links** die Straße **R306 nach El Had und El Ksiba** ab.

Abstecher nach Anergui (über El Had)

Die kleine, ausgefranste Teerstraße R306 führt vom Abzweig bergauf über zwei Passhöhen (ca. 1500 m) zum ärmlichen und dreckigen Ort **El Had** (37 km ab der Kreuzung) mit Tankstelle, Markt und Cafés. **2 km weiter** in Richtung El Ksiba zweigt **rechts** eine Teerstraße Richtung Süden nach Anergui ab (**N 32°14,671', W 06°06,311'**). Die einspurige Teerstraße (nach Regenfällen evtl. stark beschädigt) führt in engen Serpentinen durch Wacholder- und Steineichenwald bergauf bis zu einem **Pass auf 2526 m Höhe** (33 km ab dem Abzweig bei El Had). Nach einer weiteren Passhöhe (2485 m) geht es mit spektakulären Ausblicken bergab ins Assif Melloul-Tal bis nach **Anergui** (ca. 53 km ab El Had). Die Umgebung des kleinen Dorfs mit Suq, Läden und netter Gîte d'étape Chrifi (Mehr-

Route B 11: Beni-Mellal – Agouti

bettzimmer, saubere Stehklos, heiße Dusche im Mini-Hammam, Tel. 0523 44 22 84, **N 32°03,932′, W 05°56,187′**) ist sehr schön. In Aït Boulmane (wenige Pistenkilometer von Anergui) sind tolle Tighremts aus roter Erde zu bewundern. Eine Wanderung führt in ca. 3 Std. durch die spektakuläre **Schlucht des Assif Melloul** (rote Steilwände mit Wacholder und Pinien) nach Batli. Von dort kann man in etwa zwei Tagen bis Imilchil wandern. Die Schluchtenwanderung führt durch das steinige Flussbett und immer wieder durchs Wasser (bei Hochwasser nicht möglich).

Bei obiger Kreuzung **rechts weiter** ist nach knapp 3 km der Abzweig nach Ouaouizarht erreicht (**N 32°09,592′, W 06°21,681′**): links weiter zum Ort und zur Weiterfahrt nach Zaouiat Ahansal. **Ouaouizarht** (sprich: Wawisart) mit einer Tankstelle, Läden, Cafés und einfachen Restaurants liegt schön etwas oberhalb des Stausees Bin el-Ouidane. **Busse** fahren von hier nach Beni-Mellal (3x tägl.) und Casablanca (1x tägl.). **Grand Taxis** (4x4) fahren nach Zaouiat Ahansal (ca. 30 DH).

Route B 11, Abschnitt 2: Ouaouizarht – Zaouiat Ahansal – Tabant – Agouti (Aït-Bougoumez-Tal)

● 159 km, davon 108 km Piste, R302

Km 0 Ouaouizarht (sprich: Wawizart). In der Ortsmitte geht es rechts weg (**N 32°09,441′, W 06°21,343′**, Beschilderung „Gîte d'étape La Cathédrale"). Die sehr schmale, ausgefranste Teerstraße führt gen Südosten bergab, an erodierten roten Berghängen entlang. Es bietet sich ein toller Ausblick auf den türkisfarbenen Stausee Bin el-Ouidane.

Bei **km 8** führt eine Hängebrücke (einspuriger Verkehr, Militär) über den **Oued el Abid**, N 31°58,20′, W 06°05,25′. Der Fluss hat sich tief in den Lehm gewaschen und einen kleinen Canyon gebildet. Weiter geht es mit Blick auf den See bergauf, vorbei an Berberdörfern und einer verfallenen Kasbah links unterhalb bei **km 16.**

Bei **km 30** ist eine **Passhöhe** (1770 m) erreicht, **N 32°04,194′, W 06°16,841′.** Vorbei an Steineichen und Olivenhainen führt die Straße bis zum Ort **Tilouggite** bei **km 42** (**N 32°01,801′, W 06°12,376′**) mit Markt, kleinen Geschäften und Cafés. Im Ort verfallen einige schöne, alte Tighremts bzw. Kasbahs. Vor dem Markt biegt man **rechts auf eine Piste** ab (Schild „Gîte d'étape La Cathédrale"), die staubig bergab zur Eisenbrücke über den Fluss **Assif Ahansal** führt (1 km). Nun geht es auf der Piste steinig bergauf bis auf 1300 m Höhe und anschließend wieder bergab durch schönen Pinien-, Thujen-, Wacholder- und Steineichenwald.

Bei **km 51** sind die Wasser- und **Forstverwaltung** (Direction Poste le Tamga Eaux et Fôrets, **N 32°59,670′, W 06°09,741′**) und einige Häuser mit Feldern erreicht. Eine Angelerlaubnis für den Fluss kann man ggf. am Posten erhalten. Ab hier starten immer wieder Riverrafting-Touren oder Kajakfahrten (bei ausreichendem Wasserstand) von Reiseagenturen in Marrakesch oder Azilal. Kurz darauf führt die Piste durch ein steiniges Flussbett (nach Regenfällen evtl. problematisch).

2 km weiter ist eine **Brücke über den Assif Melloul** erreicht (**N 31°59,773′, W 06°09,019′**). In einer Steinsäule ist das Baudatum der Piste (1988–90) eingraviert. An der Brücke bietet sich eine Übernachtung in der **Gîte d'étape La Cathédrale** (Tel. 0523 442 05 23, amertousssaid@hotmail.com) an. Die Herberge liegt wunderschön am Fluss (Baden möglich) unterhalb der sog. **Cathédrale des Roches**, der „Steinkathedrale". Diese gewaltige Felsformation mit beeindruckenden Steilwänden und einem lang gezogenen Gipfeldach erhebt sich majestätisch rund 500 m über dem Flusstal. Die saubere, sehr nette und rustikale Gîte hat einen gemütlichen Salon mit Kamin, Mehrbettzimmer (€ p.P. inkl. HP) mit guten sanitären Anlagen und einen

ROUTE B 11: BENI-MELLAL – AGOUTI

schönen Garten mit schattigen Walnussbäumen. Sie ist ein idealer Ausgangspunkt für viele Aktivitäten in der wunderschönen, kaum von Touristen besuchten Umgebung (Wandern, Mountainbiken, Rafting etc.).

Vorbei an einem Sägewerk, dem Schild „Geo Parc Mgoun" (Fischen verboten) und über eine weitere kleine **Brücke** bei **km 56** geht es mit atemberaubendem Ausblick auf die Cathédrale des Roches hinauf. Auf der anderen Seite des Flusstals (am gegenüberliegenden Hang) befindet sich der Ort **Tamga** mit tollen Kasbahs. Im folgenden Streckenabschnitt kann die Piste nach Regenfällen immer wieder unterbrochen oder im Bereich von Gebirgsbächen mit Geröll verschüttet sein.

Bei **km 64** folgt eine kleine **Passhöhe** (1800 m) mit einem grandiosen Blick auf die Bergkulisse des 2903 m hohen **Djabal Touksine, N 31°58,94', W 06°06,03'.**

5 km weiter führt ein Abzweig rechts zu einer aufgegebenen Mine („Mines Aguard n'Tazoult"), es geht links weiter bergab durch weiten Pinienwald.

Bei **km 75** quert die Piste ein breites, steiniges Flussbett (nach Regenfällen unpassierbar), **N 31°56,921', W 06°04,498'**. 2 km weiter zeigt ein Wegweiser geradeaus „Aït Abdi 10 km", zurück ist Tilouggite beschildert. Bei **km 79** und **km 81** führen wieder **Furten** über das breite Kiesbett eines Gebirgsflusses. Bei **km 82** gibt es eine Brücke, **N 31°55,112', W 06°05,638'**. 2 km weiter folgt noch eine Brücke, die schmaler werdende Piste führt nun malerisch entlang des Flusses mit Pappeln, Steinhäusern und Feldern.

Bei **km 92** ist der Ort **Aït Abdi (N 31° 51,095', W 06°06,637')** mit grünen Terrassenfeldern und Steinhäusern großartig an einen Hang im Flusstal gebaut. 1 km hinter dem Ort thront eine tolle Kasbah auf einem Hügel linker Hand, links an der Piste kann man in einer netten **Gîte d'étape** (einfache Herberge) übernachten.

Den Assif Melloul überragt die steile Felswand der Cathédrale des Roches

Route B 11: Beni-Mellal – Agouti

Knapp 2 km darauf (**km 95**) geht ein Abzweig links (**N 31°50,344', W 06°06,840'**, 2 km) nach **Zaouiat Ahansal,** einem schönen Ort mit zahlreichen Kasbahs. Markttag ist der Montag. Naturfreunde können in der **Gîte d'étape Aroudane** von *Mohamed Fekkak* übernachten (Douar Agoudim, Tel. 0523 45 93 92, gitefekkak@yahoo.fr). *Mohamed* gibt Tipps für Wanderungen und andere Aktivitäten in der herrlichen Umgebung. Leser empfahlen außerdem das sehr gepflegte und liebevoll eingerichtete **Maison d'Hôtes Dar Ahansal** (Amezray, www.darahansal.com, youssef.oulcadi@wanadoo.net.ma). Die nette Besitzerin *Naima Oulcadi* spricht hervorragend englisch, französisch und ein bisschen deutsch. Sie weiß viel über Brauchtum, Kultur und lokale Projekte zu berichten.

Wer keinen Abstecher nach Zaouiat Ahansal unternehmen möchte, fährt **rechts weiter in Richtung Aït-Bougoumez-Tal.** Kurz darauf hat man einen fantastischen Blick auf die unterhalb in einem Kessel gelegenen Kasbahs von Zaouiat Ahansal.

Die Piste führt in engen Serpentinen holprig bergauf, es bieten sich schöne Ausblicke auf das schroffe, über 3000 m hohe Felsmassiv des **Djabal Aroudane,** das zu Recht auch die „marokkanischen Dolomiten" genannt wird.

Bei **km 110** ist die **Passhöhe Tizi-n-Illissi** (2650 m, **N 31°48,925', W 06°11,436'**) erreicht. Ein Schild verweist auf eine kleine Piste rechts („Talmeste 18 km"); links weiter kurvig bergab. An den Berghängen wachsen knorrige bzw. stehen z.T. abgestorbene Bergzypressen.

Bei **km 116** liegt das Dorf **Imsouk** an einem Flüsschen (mit Furt) auf einer Hochebene (**N 31°47,402', W 06°13,336'**). Im Sommer siedeln hier viele Nomaden in ihren schwarzen Wollzelten. Pferde, Esel und auch dickfellige Kamele weiden hier.

Bei **km 125** ist eine weitere Passhöhe erreicht (2740 m, **N 31°45,516', W 06°17, 303'**); an einem Abzweig geht es links weiter.

Bei **km 129** mündet diese Route in die von Aït M'hamed (Mohamed) kommende Hauptpiste, **N 31°45,597', W 06°19,052'**. Diese **breite, gut ausgebaute Piste** (rechts) führt über das **Refuge Temda** (**N 31°52,40', W 06°29,33'**) in ca. 52 km **nach Aït M'hamed** an der Teerstraße R302 zwischen Azilal und Agouti (vgl. Route B 12).

In Richtung Aït-Bougoumez-Tal geht es links weiter (Schild) bis zum Pass **Tizi-n-Tirghist** (2600 m, **N 31°44,442', W 06°19, 509'**) bei **km 132**. Auf den folgenden Kilometern führt die steinige und holprige Piste an der Südflanke des **3690 m hohen Djabal Azurki** bergab (z.T. mit ausgewaschenen Rillen). Nach insgesamt **139 km** ab Ouaouizarht ist man beim Dorf **Aït Ouham** (2040 m) im schönen **Aït-Bougoumez-Tal** angekommen, **N 31°42,225', W 06°20, 878'**. Die Piste führt nun leicht bergab durch das grüne Tal mit Feldern, Obst- und Walnussbäumen und durch ursprüngliche Dörfer (u.a. Ifrane, Aït Wanougdal) mit fantastischen Kasbahs aus Lehm und Stein. In einigen Dörfern bieten einfache **Gîtes** Unterkunft in Familienhäusern. Die Kinder betteln gelegentlich nach Kugelschreibern und Bonbons.

Bei **km 150** liegt das Dorf **Imelghas** in 1860 m Höhe. Dort betreibt *Said El-Ouakhmi* eine einfache, saubere und gemütliche **Gîte d'étape** (Matratzenlager, warme Dusche 10 DH, Frühstück 20 DH, Abendessen 40 DH). Es gibt im Speiseraum eine gute Bibliothek mit Literatur zur Region. Vorausbuchung über die *Délegation du Tourisme* in Azilal (siehe dort). Komfortable Unterkunft findet man außerdem im **Dar Itrane** am Ortsausgang rechts oben in einem sehr gemütlichen, schönen alten Lehmhaus mit Innenhof (kurze Piste ca. 300 m bergauf, Tel. 0524 45 93 12, www.dar-itrane.com, DZ €€€B p.P. mit HP). Die hübschen Zimmer (auch zwei Familienzimmer) im Berberstil haben Tadelakt-Bäder, von der Terrasse bietet sich ein toller Ausblick, in den beiden Salons kann man am Kamin sitzen oder in der Bibliothek stöbern. Hier bekommt man auch viele Tipps und sogar Beschreibungen für individuelle oder geführte Wanderungen in der Umgebung.

600 m hinter Imelghas beginnt bei einer **Kreuzung** die Teerstraße (**N 31°40,15', W 06°25,28'**). Links geht es nach **Tabant.** Der Ort auf der anderen Flussseite ist Wander-/Bergsteigerzentrum, Sitz einer Bergführerschule und Ausgangspunkt für die „Große Atlasdurchquerung", eine anstrengende

Karte S. 287 SÜDLICHER UND NÖRDLICHER MITTLERER ATLAS

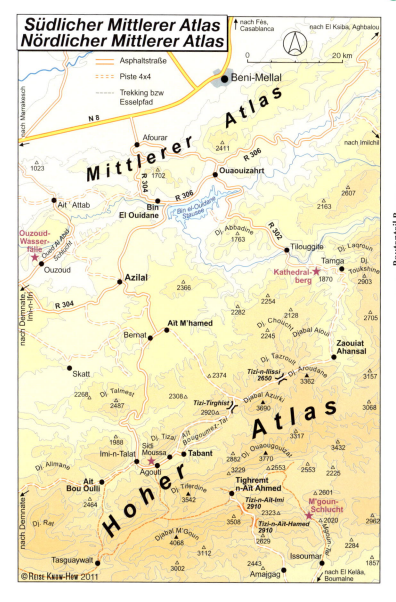

Route B 11: Agouti

zweiwöchige Trekkingtour für Wanderer mit Ausdauer. Lohnenswert ist ein Besuch des Marktes am Sonntagvormittag. Sehr hübsch wohnt man im **Dar Sihamou** nur 1 km nach der Kreuzung Richtung Tabant auf der linken Seite (vgl. Agouti/Unterkunft). Dinosaurierspuren findet man in **Ibbakliouineim**.

Nach Agouti geht es an der Kreuzung **auf einer Teerstraße geradeaus** weiter durch das idyllische grüne Aït-Bougoumez-Tal mit Getreidefeldern, Pappeln, Walnuss- und Obstbäumen, ursprünglichen Lehmhäusern und Kasbahs – im Frühjahr vor der Kulisse schneebedeckter Gipfel. Das Leben scheint hier noch wie vor 100 Jahren abzulaufen: Haupttransportmittel ist der Esel, die Felder werden mit Hacke und Sichel bearbeitet, das Wasser vom Dorfbrunnen geholt. Die alten mehrstöckigen Lehmhäuser sind nicht nur Wohnstätte für die Menschen, sondern auch für ihre Schafe und Ziegen, deren Ställe sich im nach Süden geöffneten Obergeschoss befinden.

Beim Ort **Sidi Moussa**, nur 1 km ab dem Abzweig nach Tabant bzw. dem Beginn der Teerstraße, thront der sogenannte **Mosesberg** (2008 m) mit einer alten, runden **Speicherburg** in der Mitte des Tals. Die Lehmburg beherbergt das Grab des Marabuts *Sidi Moussa*. Ein Fußpfad führt vom Dorf zunächst zum Funkmast und dann in Serpentinen bergauf zur Speicherburg (ca. 20 Min.). Von oben bietet sich ein fantastischer Blick auf das Tal, das sich hier in das Assif-n-Rabat- und das Assif-n-Aït-Ikim-Flusstal teilt. Ein Wärter bewacht das Gebäude, serviert den Besuchern Tee und erlaubt gegen ein kleines Trinkgeld die Besichtigung. Die Burg ist etwa 200 Jahre alt, dank des Engagements der Talbewohner gut erhalten und sehr sehenswert. Neben Speicherkammern für Wertgegenstände und die Ernte der Familien birgt eine dunkle Kammer das **Grabmal des Heiligen Sidi Moussa**. Frauen pilgern traditionell hierher, um für die Erfüllung ihres Kinderwunsches zu bitten. Es gibt außerdem einige alte Gebrauchsgegenstände zu bewundern, über eine Holzleiter kann man aufs flache Dach steigen. Der alte Wärter, dessen Bilder innen aushängen, ist nur noch selten anwesend – er soll mittlerweile über 100 Jahre alt sein.

8 km ab Beginn der Teerstraße/Abzweig nach Tabant, bei **Gesamt-km 159,** ist **Agouti** erreicht.

Agouti

Das Dorf in 1800 m Höhe ist ein beliebter Ausgangspunkt für Trekking- und Wandertouren, lohnt sich aber auch für einen längeren Aufenthalt im angenehmen Bergklima. Wer keine größeren Unternehmungen plant und sich nur erholen will, kann gemächlich durch die Felder spazieren, auf einem Muli reiten oder die **Apfelfarm** von *Hussein el Hadi*, der in Deutschland gearbeitet hat, besuchen. Einen wunderschönen Blick hat man von der **zerfallenen Speicherburg** auf einem Hügel. Ebenso lohnenswert ist ein Besuch der **Schnitzerkooperative** in Agouti. Im Ort gibt es kleine Lebensmittelläden und eine Téléboutique.

Etwa 3 km vor Agouti zweigt rechts eine Straße ins **Aït-Bouwli-Tal** ab, die nach Westen bis **Imi-n-Ifri** (bei Demnate) führt. Die ersten 15 km bis nach Souk Sebt (Abachekou) sind geteert, dann folgen 24 km (Geländewagen-)Piste über einen 2100 m hohen Pass und weiter zum zweiten Pass **Tizi n'Oubadou** (1800 m). Von dort sind es noch 34 km Teerstraße nach Imi-n-Ifri (Gesamtfahrzeit ca. 2½ Std., nach/bei Regenfällen evtl. unpassierbar). Wer nach dem Besuch des Aït-Bougoumez-Tals weiter nach Demnate möchte, spart sich über diese Piste den Umweg zurück über Azilal.

Unterkunft

Im ganzen Aït-Bougoumez-Tal gibt es zahlreiche Gîtes d'étape, d.h. einfache Unterkunftshäuser bei Einheimischen mit Gemeinschaftstoiletten und (warmen) Duschen (Übernachtung ca. 50 DH p.P.). Essen gibt es meistens nur auf Bestellung.

●**Auberge Flilou – La maison berbère,** gleich am Ortseingang von Agouti auf der linken Seite, Tel. 0524 34 37 98, tamsilt@

ROUTE B 11: AGOUTI

menara.ma (Anfragen werden auf Deutsch beantwortet). Die Familie des diplomierten Bergführers *Lahoucine Oulkadi*, der in Marrakesch das Reiseunternehmen Tamsilt führt, betreibt diese hübsche, marokkanisch gestaltete und sehr saubere Gîte d'étape sowie das **Restaurant Chez Ismaïl** auf dem Dach im Nomadenzelt mit herrlichem Blick auf das M'goun-Massiv. *Ismaïl* und *Said* kümmern sich um die Gäste, wenn *Lahoucine Oulkadi* und die Schweizerin *Béatrice Buschor* auf Tour sind (vgl. Azilal/Trekking). Im schattenlosen Hof kann man campen (30 DH p.P.) oder sicher parken. Übernachtung im Schlafsaal ½€ (Gîte), im DZ mit oder ohne (heißer) Dusche/WC € p.P. (mit HP €€ p.P.). Fahrradmiete möglich (150 DH/Tag).

● **La Casbah du M'goun,** im Dorf Douar Aguerd N'Ouzrou gegenüber Sidi Moussa auf der anderen Flussseite, Mobil 0662 77 81 48, www.kasbah.ecotours-ma.com. Diese vom deutsch sprechenden Bergführer *Ahmed Nassiri* geführte Herberge in einer stilvoll renovierten Original-Kasbah ist z.T. noch im Ausbau, das Personal etwas reserviert. *Ahmed* gibt Tipps zu sämtlichen Aktivitäten in der Region von Trekking, Klettern, Paragliding bis hin zu Skitouren. DZ im Berberstil €€€B mit Frühstück, Abendessen 100 DH.

● **Dar Itrane,** vgl. Imelghas weiter oben.

● **Dar Sihamou,** ca. 9 km von Agouti Richtung Tabant (1 km hinter der Kreuzung auf der linken Seite), Mobil 0661 07 34 82. Wunderschönes kleines Steinhaus mit Zimmern im Berberstil (mit Bad), toller Aussicht von der Terrasse auf den Mosesberg und gutem Essen (auf Bestellung) im Kaminzimmer. Reservierung notwendig. DZ €€€B.

Der Mosesberg mit der Speicherburg von Sidi Moussa

Route B 11: Agouti (Djabal M'Goun)

Sammeltaxis

• **Nach Azilal** fahren Sammeltaxis (Grand Taxis) für ca. 40 DH p.P., von dort nach Marrakesch für ca. 80 DH p.P.

Wanderungen

Das Aït-Bougoumez-Tal und das M'goun-Massiv zählen zu den schönsten Trekking- und Wanderregionen Marokkos – von einfachen Wanderungen bis zur Besteigung des über 4000 m hohen Djabal M'goun ist hier alles möglich. Der organisierte Trekkingtourismus gewinnt deshalb zunehmend an Bedeutung. Als Besucher der Region sollte man unbedingt ein- oder mehrtägige Ausflüge zu Fuß unternehmen. Bei der Vermittlung von Bergführern und Gepäckmulis sowie der Routenwahl sind die genannten Unterkünfte behilflich.

Sehr nützliche Informationen über die Region sowie die Gîtes liefert die Karte der Professoren *Herbert Popp* und *Mohammed Aït Hamza* „**Kulturtrekking im Zentralen Hohen Atlas**" (1:100.000), zu beziehen über die Geografische Fakultät der Universität Bayreuth (www.stadtgeo.uni-bayreuth.de/de/publications/maghreb-karten). Zudem gibt es noch zwei hervorragende Karten der *Division de la Cartographie* in Rabat: **Carte touristique Region Tadla – Azilal**, 1:250.000, Maroc Haut Atlas, **Carte des randonnés de Zaouit Ahançal**, 1:100.000. Wenn man Glück hat, erhält man die Karten auch im Touristenbüro in Azilal oder Beni-Mellal.

Von Agouti ist eine schöne Tageswanderung durch die **Schlucht des Assif-n-Arous** – ein enger Canyon mit steilen Sandsteinwänden – lohnenswert, ferner der Besuch der nahen Ortschaft Arous, deren Stampflehmhäuser an einem Hang oberhalb grüner Felder liegen.

Auf einer Tagestour kann man außerdem die **Schlucht von Ikhis** erkunden sowie einfache **Felsgravuren in Aït Bouwli (Abachkou)**. Von dort führt auch eine Piste nach Demnate und zu den Dinosaurierspuren bei Imi-n-Ifri (s. Route B 13, Abschnitt 2).

Von Tabant kann man eine Tageswanderung auf den **Pass Tizi-n-Aït Imi** (2905 m) unternehmen.

Besteigung des Djabal M'goun

Zur Besteigung des Djabal M'goun (4071 m) sollte man sich vier Tage Zeit nehmen. Entweder man heuert sich über eine der Herbergen einen Bergführer (ca. 300 DH/Tag) und Gepäckmulis (ca. 120 DH/Tag) für die Tour an, oder man trägt seinen Rucksack selbst (sollte dann aber Zelt, Matte, Schlafsack und genug Verpflegung einpacken). Auch im Mai kann es auf über 3000 m noch schneien – warme Kleidung ist also ein Muss!

Am ersten Tag marschiert man von Agouti zunächst auf einer Piste auf die andere Flussseite Richtung Süden zum Dorf **Aït Said** (4 km, 1 Std.) am Eingang zum Arous-Tal. Im Dorf gibt es eine Gîte d'étape. Weiter geht es auf einem kleinen Fahrweg zum sehr ursprünglichen, sehenswerten Dorf **Arous** (ca. 1,5 Std. ab Agouti) mit der Gîte d'étape Tamazirt (www.tamazirtreizen.nl). Dort endet die Piste und startet auch die Wanderung in die Arous-Schlucht (s.o.). Auf einem nur gelegentlich markierten Saumpfad geht es den Assif Arous entlang, immer leicht bergan. Nach ca. 1 Std. Marsch ab Arous kommen die Terkeddit- und M'goun-Bergketten in Sicht. Nach 3–4 Std. Gesamtgehzeit ist bereits die erste Tagesetappe erreicht: die Schäferhütten von **Azib'n'Ikis** (2300 m), die idyllisch auf einer grünen Alm mit plätschernden Gebirgsbächen liegt. Hier kann man zelten.

Am zweiten Tag zweigt man bei Ikis auf einem Weg nach rechts (Westen) in ein Seitental ab (weiße Pfeile am Boden) und folgt diesem bergauf bis fast ans Ende des Talkessels. Dann geht es in Serpentinen steil bergauf in Richtung eines roten markanten Felsblocks und vorbei an einer kleinen Quelle (letztes Wasser bis zum Terkeddit-Plateau!). Nach etwa zwei anstrengenden Stunden erreicht man einen Sattel (6 Std. ab Agouti). Weiter über einen zweiten Sattel erreicht man nach noch einmal 2 Std. Marsch auf einem Serpentinenpfad des **Tizi-n-Aghouri** auf 3400 m

Karte S. 287   ROUTE B 12: MARRAKESCH – AGOUTI

– hier ist die Höhe schon deutlich spürbar. Bei klarem Wetter bietet sich ein toller Ausblick auf die M'goun-Kette. Vom Pass geht es wieder in steilen Serpentinen bergab zum **Terkeddit-Plateau mit der Terkeddit-Hütte** (2910 m) unterhalb des Djabal M'goun. In der Hütte gibt es Lagerbetten, Essen, Wasser und Getränke, im Sommer auch heiße Duschen (Refuge de Terkeddit, Tel. 0524 43 99 68, 90–130 DH p.P., www.sporttravel-maroc.com/refuge.html). Im Umkreis der Hütte gibt es gute, ebene Zeltplätze. Zwischen Dezember und April kann man von der Hütte aus **Skitouren** unternehmen.

Am dritten Tag steht die Besteigung des Djabal M'goun auf dem Programm. Der höchste Gipfel der Kette ist 4071 m hoch und bis auf die erforderliche Höhenanpassung nicht schwierig zu besteigen. Der Aufstieg ab dem Terkeddit-Plateau dauert etwa 5 Std. und führt z.T. über Geröll und lose Steine. Oben ist es meistens sehr windig, dafür hat man einen grandiosen Ausblick.

Am vierten Tag steigt man in einer langen Etappe über den Pass und Azib'n'Ikis wieder ab nach Agouti. Sehr fitte Bergsportler können die Tour natürlich auch in drei Tagen bewältigen.

Wer noch länger trekken möchte, kann vom Terkeddit-Plateau über das Oulilimt- ins Ouzighimt-Tal wandern und von dort Richtung Süden durch das M'goun oder Ameskar-Tal bis ins Dadès-Tal zur Straße der Kasbahs (mind. 5 Tage).

Route B 12: Marrakesch – Oued-el-Abid-Schlucht – Ouzoud-Wasserfälle – Azilal – Agouti (Aït-Bougoumez-Tal)

● **Ca. 300 km, Teerstraßen N8, R304 und R302.** Mit einem Geländewagen kann man von Agouti/Tabant auf einer grandiosen Gebirgspiste über Zaouiat Ahansal und Tilouggite nach Ouaouizarht weiterfahren (vgl. Route B 11 in umgekehrter Richtung).

Gute **Busverbindungen** bestehen mehrmals täglich **zwischen Marrakesch und Beni-Mellal** (314 km). Aussteigen an der Kreuzung nach Aït Attab möglich, weiter in Richtung Aït Attab und in die Abid-Schlucht fahren Sammeltaxis oder Taxis, ebenso bis zu den Ouzoud-Wasserfällen (20 DH). Von dort zurück mit dem Taxi oder per Anhalter bis zur Kreuzung nach Azilal – Marrakesch (Buszusteigemöglichkeit in beide Richtungen).

Von Marrakesch und Beni-Mellal fahren auch Busse nach **Azilal.** Ab Azilal geht es dann per **Minibus oder Sammeltaxi** ins Aït-Bougoumez-Tal (Agouti und Tabant).

Die Ouzoud-Wasserfälle sind die schönsten und höchsten des Landes

Route B 12, Abschnitt 1: Marrakesch – Azilal

●**195 km** von Marrakesch zu den Ouzoud-Wasserfällen, **231 km bis Azilal; N8, R304.**
●Die hier beschriebene Route zu den Ouzoud-Wasserfällen (195 km) führt nach **Aït Attab** und in die **Abid-Schlucht,** wo die Wasserfälle liegen. Die im ersten Drittel langweilige Strecke führt im weiteren Verlauf malerisch durch Steineichen und Thujenwälder oberhalb der Abid-Schlucht entlang und zum Bin el-Ouidane-Stausee. Der Ausflug (ohne Abid-Schlucht) kann in Marrakesch in Reisebüros gebucht werden. Die Tour ist in zwei bis drei Tagen mit dem Mietwagen oder mit öffentlichen Verkehrsmitteln zu machen.
●Eine landschaftlich weniger reizvolle **Alternativroute** führt von Marrakesch auf der R210 und R304 (gute Teerstraßen) über Demnate von Süden zu den Wasserfällen (vgl. Route B 13).

Die Tour beginnt in Marrakesch-Nord an der Kreuzung in Richtung Ouarzazate (Hotel Tikida links). Bei **km 5,2** geht es geradeaus weiter nach Fès und Beni-Mellal, rechts nach Ouarzazate. Nach 11,5 km liegt an der Straße das Hotel Sidi Mansour (schöne Gartenanlage, Pool). Weiter geht es durch dicht besiedeltes Landwirtschaftsgebiet (Oliven und Zitrusfrüchte).
Nach **51 km** folgt der große Ort **Tamelelt.**
Bei **km 54,7** besteht rechts die Möglichkeit, nach **Demnate** und **Azilal** und auch auf direktem Weg (R208) zu den Ouzoud-Wasserfällen zu gelangen (nicht über die Schlucht El Abid).
Im weiteren Streckenverlauf ist die Besiedlung nur dünn. Bei **km 67** liegt linker Hand ein Gebirgszug, danach folgen große Landgüter (*domaines*).
Die hübsche Kleinstadt **El Kelâa des Sraghna** mit Straßencafés ist nach ca. **82 km** erreicht. Übernachten kann man im **Hotel Zaouia***** (am Stadtanfang links, mit Pool) oder im kleinen, einfachen Hotel Tassaout (rechts im Zentrum).

Fahren Sie bei der Kreuzung bei **km 82,5** rechts nach Beni-Mellal; links geht's nach Casablanca. 6 km weiter ist der **Canal Tassaout** zu sehen, ein breiter Bewässerungskanal, der die Ebene zwischen Beni-Mellal und Marrakesch bewässert.
Bei **km 122,4** führt rechts wieder ein Abzweig nach Azilal (R307), geradeaus geht es weiter nach Beni-Mellal und Fès; hier beginnt der Mittlere Atlas.
Der Ort **Sidi Ben Taya** bzw. **Pont d'Jmahene** folgt nach ca. **124 km.** In dem Landwirtschaftsgebiet werden vorwiegend Oliven, Kartoffeln und Weizen angebaut.
Bei **km 146,6** liegt der Ort **Khemis des Oud Ayad.** Hier muss man rechts nach Aït Attab (25 km) einbiegen (Imbissbuden an der Kreuzung).
Kurz danach folgt eine V-Gabelung: Es geht rechts, bergauf am Steinbruch vorbei. Euphorbienpolster und Gehöfte mit Ölbäumen liegen am Weg.
Nach **158 km** wird eine kleine **Passhöhe** (980 m) passiert, dann geht es bergab – der Bewuchs ist wesentlich dichter. Einige Bauerngehöfte sind auf der typischen roten Erde dieser Region gebaut. Der große Taleinschnitt des **Oued El Abid** liegt vor uns.
In dem Ort **Aït Attab** bei **km 168,8** gibt es eine Tankstelle und ein gutes Lebensmittelangebot. Markttag ist der Mittwoch. Ein Bus fährt in Richtung zur Straße nach Marrakesch bzw. Beni-Mellal.
In Aït Attab geht es geradeaus weiter. Die Straße windet sich bergauf ins Tal des Oued El Abid und folgt dann diesem nach Süden. Über eine Stahlbrücke geht es bei **km 177** über den **Oued El Abid** (550 m). Die Straße schlängelt sich in vielen Serpentinen durch Thujen, Wacholder, Pinien- und Eichenwald bergauf am Canyonrand entlang. Die Sicht auf die Oued Abid-Schlucht und Aït Attab ist bei klarer Sicht überwältigend.
Die landschaftlich sehr schöne Strecke führt durch kaum besiedeltes Gebiet und trifft bei knapp **km 193** auf den Weiler **Ouzo** und ein Forsthaus. 1 km weiter spannt sich eine Stahlbrücke über den Fluss.
Kurz danach (**km 194,6**) ist das Dorf **Ouzoud** erreicht. Zurück: Beschildert nach „Aït Attab 26 km", links nach Azilal.

Ouzoud

Der Ort Ouzoud ist wegen der **höchsten und schönsten Wasserfälle Marokkos** bekannt. Diese fallen in mehreren Etagen 110 m über rote Sinterterrassen nach unten, wenn nicht eine lang anhaltende Trockenheit nur noch Rinnsale übrig lässt. Im Juli und August entwickelt sich der Platz zum Treffpunkt von Marokkanern und Touristen. Dann sammelt sich viel Müll am Flussufer und das eigentlich klare Wasser fließt vom aufgewühlten Schlamm dreckig braun dahin. Ruhig und zum **Baden** einladend ist es nur noch ein ganzes Stück weiter unten, wo der Trubel aufhört.

Vom Parkplatz in Ouzoud führt (vorbei am Hotel Dar Essalam und Chellal d'Ouzoud) ein betonierter Fußweg nach links zu den Wasserfällen. Entlang des Wegs mit vielen Treppenstufen nach unten reihen sich Souvenirbuden und Tajine-Restaurants aneinander. Trotz des touristischen Hochbetriebs wirkt die Szenerie mit den vielen Kakteen, Feigenbäumen, Oliven und Oleandersträuchern recht idyllisch. Im Gebüsch springen Makakenaffen herum, die frech Ausschau nach Essbarem halten.

Der Weg verzweigt sich nach etwa 5 Min. Fußmarsch: Der linke Betonpfad führt zu einer **Aussichtsplattform** mit schöner Fotoperspektive auf die Wasserfälle, der rechte hinab zum Fuß der Fälle. Für Fotografen herrscht am frühen Nachmittag das beste Licht, morgens und abends liegen die Wasserfälle im Schatten. Bis ganz unten sind es ca. 15 Min. Fußmarsch ab dem Parkplatz, der Aufstieg in der Mittagshitze ist recht schweißtreibend. Schon vom Weg aus bieten sich tolle Ausblicke auf die Wasserfälle.

Am Fuß der Fälle gibt es eine marode und deshalb gesperrte Metallbrücke. Man kann mit aus Tonnen zusammengebastelten Booten den Fluss überqueren oder eine „Ausflugsfahrt" flussabwärts unternehmen (nicht gerade sehr vertrauenerweckend). Baden ist offiziell verboten, daran hält sich aber keiner.

Vom Platz im Ort rechts am Riad Cascades d'Ozoud vorbei kann man auch an die Oberkante der Wasserfälle gelangen (schöner Blick, nicht gesichert, also Vorsicht!) und auf einem steilen Weg auf der rechten Seite der Fälle nach unten gelangen.

In der Ortschaft und bei den Hotels bieten sich **Führer** an, die Ihnen z.B. das „Mexican village", ein Lehmdorf, das an die Pueblodörfer in Mexiko erinnert, zeigen. Zu den Wasserfällen brauchen Sie keinen Führer, vielleicht aber für Ausflüge zu grottenähnlichen Auswaschungen nahe der Flussufer mit vielen Fledermäusen. Wer Trekking und Bergtouren in der reizvollen Umgebung unternehmen will, sollte sich an den staatlich geprüften **Bergführer** *Mustapha Jabbor* wenden (im Ort fragen).

In Ouzoud kann man neben den Wasserfällen noch alte **Öl- und Mehlmühlen** in Betrieb besichtigen.

Unterkunft

Hotels

● **Riad Cascades d'Ouzoud,** Tel. 0523 42 91 73 oder Mobil 0662 14 38 04, www.ouzoud.com. Komfortabler, geschmackvoll im Berberstil gestalteter Riad in einem restaurierten zweistöckigen Lehmhaus mit Innenhof. Die neun rustikalen Zimmer (alle mit Bad und Heizung, zum Teil mit AC) sind sehr schön. Vom Restaurant auf der Dachterrasse hat man einen herrlichen Blick. Hier kann man einen beschaulichen Urlaub weitab vom Großstadttrubel verbringen (auch Organisation von Ausflügen). Sehr gutes Menü für 120 DH (nur für Gäste oder auf Bestellung). DZ oder Minisuite €€€B inkl. Frühstück, Kinder bis 5 Jahre frei, bis 10 Jahre 50% Ermäßigung.

● **Chellal d'Ouzoud/des Cascades,** vom Hotel Essalam ca. 100 m am Weg zu den Wasserfällen, Tel. 0523 42 91 80 oder Mobil 0672 38 47 91, http://hotelchellal.weebly.com. Einfache, aber sehr ordentliche und saubere Zimmer mit Bad, empfehlenswert. Hübsches Restaurant mit Terrasse (Menü 60 DH). DZ €€€B inkl. Frühstück.

● **Dar Essalam,** *chez Mohammed,* Tel. 0523 45 96 57. Der Betonbau wirkt von außen ordentlich, ist innen jedoch ungepflegt und der Putz bröckelt. Sehr einfache Zimmer (€), Du-

schen/Toiletten auf dem Gang (okay). Restaurant im Innenhof.
- **Hôtel de France,** Tel./Fax 0523 42 91 76, http://hotel-de-france.sup.fr. Etwas außerhalb des Ortes auf der anderen Flussseite, beschildert, N 32°01,006', W 06°43,041'. Ordentliches Hotel mit sehr sauberen Zimmern mit und ohne Bad (€€B). Camping im Garten mit Olivenbäumen möglich (für Caravans wenig Platz), 20 DH p.P. Restaurant (70 DH für Tajine oder Couscous, Frühstück 30 DH).
- **Kasbah Ouzoud,** neben dem Camping Zebra am Ortseingang, Tel. 0523 42 92 10, www.kasbahouzoud.com. Voll eingerichtete, hübsche Zeltzimmer im Garten mit Pool (auch für Nicht-Gäste gegen Gebühr nutzbar), marokkanisches Restaurant im Festzelt, sicheres Parken im Hof möglich. DZ €€€B.

Campingplätze

- **Camping Zebra,** 1 km außerhalb am Ortseingang von Ouzoud, Mobil 0666 32 85 76, www.gewoongaan.nl, N 32°00,351', W 06°43,177'. Die Holländer und Afrikareisenden *Paul* und *Renate* eröffneten im Jahr 2009 diesen kleinen Campingplatz. Es gibt ein Zeltrestaurant (Menü 85 DH), ein Hammam, saubere (heiße) Duschen und WCs sowie zehn Zimmer mit unterschiedlichem Komfort. Camping 65 DH für 2 Pers. mit Auto, Strom 15 DH. Buchung von 4x4-Wüstentouren und Ausflügen in der Umgebung möglich.
- **Camping Amalou,** an der Straße Richtung Azilal, Mobil 0668 14 47 92. Relativ großer, ebener Platz in schönem Olivenhain, im Winter und Frühjahr mit Caravans überfüllt. Die Toiletten und Duschen sind zu dieser Zeit in sehr schlechtem Zustand. Stromanschluss. 30 DH/Auto, 10 DH p.P. mit Zelt.
- **Oberhalb der Wasserfälle am Fluss** finden sich einfache, meist wenig gepflegte Campingplätze (darunter Camping de la Nature) mit einfachsten Sanitäranlagen in schöner Lage zwischen Pappeln und Olivenbäumen.

Essen und Trinken

- **Relais de Titrite,** kleines hübsches Restaurant am Platz gegenüber dem Riad Cascades d'Ouzoud. Gute, frisch zubereitete Tajine (evtl. längere Wartezeit).
- **Diverse einfache Restaurants** am Platz, weitere **Tajine-Stände und Cafés** auf dem Weg zu den Wasserfällen.

Sammeltaxis/Taxis

Die Leute von den Campingplätzen oder Hotels sind bei der Taxibeschaffung behilflich. Ein Sammeltaxi bis Marrakesch kostet ca. 480 DH für 6 Pers. (bei voller Belegung also 80 DH p.P.). Ab der Kreuzung Marrakesch – Azilal hält morgens und nachmittags ein Bus nach Marrakesch.

---

17 km hinter Ouzoud (Gesamt-km 211) mündet die Route in die Straße nach Azilal, zum Stausee Bin el-Ouidane und nach Beni-Mellal (links) ein. Rechts geht es nach Demnate und Marrakesch (R304).

Links weiter fährt man an einem Oliven- und Obstanbaugebiet entlang, danach geht es bergauf durch eine steinige Gegend mit Macchia, kleinen Steineichen und Wacholderbäumen. Dann folgt ein landwirtschaftlich genutztes Gebiet, die steinige Erde ist mit Weizen, Mandel- und Olivenbäumen bepflanzt, dazwischen liegen wenige Häuser. Bei **km 231** ist Azilal erreicht.

Azilal

Die gepflegte, ruhige Provinzstadt Azilal (1400 m) mit ihren rosa Häusern ist in den letzten Jahrzehnten enorm gewachsen und beherbergt inzwischen **85.000 Einwohner.** An der von Platanen gesäumten Durchgangsstraße Av. Hassan II. liegen viele Verwaltungsgebäude, Cafés, Internetcafés und Banken. Unterhalb der Av. Hassan II. und des kleinen Hauptplatzes bei der großen Moschee befindet sich der Souk mit vielen Läden.

Azilal ist Ausgangspunkt für Fahrten ins Aït-Bougoumez-Tal (Agouti) und für **Trekking- bzw. Mountainbike-Touren im Hohen Atlas:** auf den Djabal Azourki, 3690 m; zum

Lac d'Izourar; nach Aït Bougoumez, zur Steinkathedrale *(Cathédrale des Roches);* zum Irhil M'goun, 4071 m; ins M'goun-Tal weiter bis Kelâa M'gouna zur Straße der Kasbahs. Aït Mohammed und das südliche Tabant im Aït-Bougoumez-Tal sind die Zentren der marokkanischen Bergsteigerschulen.

In der Nähe von Azilal, in einem Trockenflussbett nahe der Ortschaft Woudane, fand man 1987 eines der größten **Dinosaurierskelette** der Welt, die ca. 165 Mio. Jahre alten Überreste eines *Atlasaurus Imelakai.* Die Ausgrabungsarbeiten dauerten Jahre, die über 500 Kilo schweren Knochen mussten mit dem Hubschrauber ausgeflogen werden. Jetzt ist das Skelett im Bergbaumuseum in Rabat zu besichtigen.

Die Berberfrauen tragen in der Gegend von Azilal sehr schöne bunte, mit Pailletten verzierte Umhängetücher, die man auf dem **Suq am Donnerstag** kaufen kann.

Information

●**Délégation du Tourisme,** Av. Mohamed V., Tel. 0523 45 87 22, dtazilal@menara.com. Hier kann man eine sehr gute touristische Karte der Region kaufen (1:250.000).

Unterkunft

●**Assounfou***, Av. Hassan II., Tel. 0523 45 92 20, Fax 0523 45 84 42. 26-Zimmer-Hotel im Zentrum von Azilal. DZ (nicht immer sauber) mit Dusche, Sat-TV und Frühstück €€. Mit Terrassenrestaurant.

●**Binazi***, 1 km außerhalb an der Straße Richtung Aït Mohammed auf der rechten Seite, Tel. 0523 45 82 61, http://binazi.eu.ma. Neues Hotel im marokkanischen Stil mit Restaurant und sechs sehr sauberen Dreibett-Zimmern (einfach ausgestattet) mit Bad, z.T. mit Balkon. Im noch wenig eingewachsenen Garten gibt es einen großen Pool. Man kann auch im Schlafsaal übernachten. DZ €€ bis €€€ mit Frühstück.

●**Souss***, im Zentrum an der Av. Hassan II., Tel. 0523 45 81 14. Einigermaßen sauberes Hotel am großen Platz rechter Hand (von Marrakesch kommend), DZ €.

●**Tanout***, Richtung Bin el-Ouidane an der Ortsausfahrt auf der rechten Seite, Tel. 0523 45 93 23, www.hoteltanout.com. Die meist ordentlichen, z.T. klimatisierten Zimmer sind fast alle nordseitig orientiert (im Sommer kühler und kein Straßenlärm!). DZ mit Bad €€, einfaches Zimmer ohne Bad €.

Essen und Trinken

An der Av. Hassan II. liegen einfache Cafés und Restaurants. Zu empfehlen ist das **Restaurant Ibnou Ziad** linker Hand an der Av. Hassan II., ca. 100 m vor dem Hauptplatz: gute, preiswerte Tajine (ca. 40 DH), viel besucht; im 1. Stock gibt es ruhigere Plätze.

Busse

Der **Busbahnhof** liegt nahe der Av. Hassan II./Ibn Ziad im Zentrum.

●**Beni-Mellal:** 5x tägl., 1½ Std.
●**Casablanca:** 4x tägl., 5 Std.
●**Marrakesch** (Agadir): 3x tägl., 3–4 Std.
●Nach **Agouti** (Aït-Bougoumez-Tal) verkehren Sammeltaxis (s.u.).

Sammeltaxis/Taxis

Grand Taxis halten hinter der großen Moschee im Zentrum. Sammeltaxis zu den Ouzoud-Wasserfällen (ca. 20 DH) fahren jedoch meist auf dem Souk von einer Anhöhe ab – von Marrakesch kommend auf der linken Seite der Hauptstraße.

Ein Sammeltaxi nach **Marrakesch** kostet ca. 80 DH p.P., nach **Beni-Mellal** ca. 40 DH, nach **Agouti** bzw. **Tabant** 40 DH und nach **Aït Mohammed** ca. 30 DH.

Trekking/Ski/Kajak

Azilal ist das Bergsteigerzentrum Marokkos. Viele (lizensierte) Führer für Berg-, Ski-, Kajak- und Riverrafting-Touren vermittelt das Touristenbüro. Bei allen Bergführern ist eine vorherige Anmeldung sinnvoll bzw. notwendig, da sie häufig unterwegs sind.

Route B 12: Azilal

Blick ins Aït-Bougoumez-Tal

● Sehr zu empfehlen ist die Agentur **Tamsilt** des geprüften Bergführers **Lahoucine Oulkadi,** Mobil 0661 08 45 87, tamsilt@menara.ma, oder in Marrakesch unter Tel. 0524 34 37 98. *Beatrice Buschor* aus der Schweiz und *Lahoucine* führen Trekking- und Geländewagentouren durch und gehen sehr auf die Wünsche der Gäste ein. *Lahoucine* spricht u.a. englisch und deutsch. Die Familie von *Lahoucine* führt auch eine Gîte d'étape in Agouti (s. dort).
● Von einem Leser wurde der erfahrene Bergführer **Mustapha Almazdi** (mustalma@hotmail.com) sehr empfohlen. Er spricht französisch und englisch und organisiert Touren ganz nach den Wünschen der Teilnehmer. Fragen Sie im Ort nach ihm.

Route B 12, Abschnitt 2: Azilal – Aït-Bougoumez-Tal (Agouti)

- **68 km bis Agouti, ca. 80 km bis Tabant, R302**
- Die Strecke ist bis kurz vor Tabant geteert und mit Pkw befahrbar (ca. 2 Std. Fahrzeit). Vorsicht bei Gegenverkehr auf der einspurigen, schmalen Bergstraße. Der Asphalt ist (besonders nach starken Regenfällen) z.T. löchrig und an manchen Stellen (besonders im Bereich von Flussfurten) unterbrochen. Hinter Imelghas in Richtung Zaouiat Ahansal ist die Piste nur noch für Geländewagen oder Mountainbikes und nicht im Winter befahrbar (vgl. Route B 11). Das Aït-Bougoumez-Tal ist Ausgangspunkt für **Wanderungen** und mehrtägige **Trekkings** rund um den Djabal M'goun (4068 m). Ohne Vorbuchung kann man auch direkt ab Agouti oder Tabant Bergführer und Gepäckmulis anheuern.

Biegen Sie in Azilal ca. **1 km** nach dem Zentrum (von Marrakesch kommend) nach rechts ab (Beschilderung „Réserve naturelle de Tamga").

Etwa **8 km** hinter Azilal zweigt links eine Straße nach **Aït M'hamed** ab (ca. 3 km, Schild). Von Aït M'hamed führt eine gut ausgebaute Piste in Richtung Osten, die südlich des Tizi-n-Illissi in die Route B 11 (Piste nach Tabant) einmündet. Rechts geht es weiter ins Aït-Bougoumez-Tal.

4 km weiter erhebt sich eine hohe Schichtsteinkasbah (bzw. Tighremt oder Irherm) links unterhalb im Tal **(Aguerd-n-Ouqidoun).** Das grüne Tal des Assif Bernat ist von Pappeln und Feldern begrenzt, die roten Häuser aus Schichtstein mit Flachdächern zieren weiß umrahmte Fenster. Es geht durch Berglandschaft mit Getreidefeldern, Pinien, Wacholder und Steineichen. Die Region ist sehr ursprünglich, die Berber haben sich ihre Traditionen abseits des Touristentrubels bewahrt.

- Empfohlen wird zudem der Bergführer **Lahoucine Outezdot,** der im Aït-Bougoumez-Tal eine Gîte d'étape mit leckerer Küche und Familienanschluss betreibt. Er vermittelt auch andere Führer (Tel. 0667 25 63 54).

Fest

- **Moussem Sidi Hmad ou Ameur,** im Douar Aganane, Caidat Aït M'Hamed (Aït Mohammed); in der 1. Maiwoche.

Route B 13: Beni-Mellal – Marrakesch

36 km hinter Azilal ist die **Passhöhe Tizi-n-Oughbar** (2250 m) erreicht. Es bietet sich eine grandioser Blick nach unten. Einige Kilometer fährt man einen Sattel entlang bevor die Straße in Serpentinen und weiten Kurven bergab ins **Lakhdar-Tal** führt. Die ersten (im Frühjahr schneebedeckten) Gipfel des Hohen Atlas tauchen auf.

54 km hinter Azilal führt eine Furt über den breiten Gebirgsfluss **Oued Lakhdar**, der zur Schneeschmelze viel Wasser führt.

Die Straße verläuft nun oberhalb entlang des von Feldern und Mandelbäumen gesäumten Flusstals. Malerische mehrgeschossige Lehmgehöfte kleben an den steilen Hängen. Wieder bieten sich großartige Ausblicke und Fotomotive! Die Landschaft hat immer mehr Gebirgscharakter, die Berge ragen hoch über dem Flusstal auf.

Bei **km 66** biegt die Teerstraße nach Osten in das **Aït-Bougoumez-Tal** (sprich: Aït Bugmes) ein. Das Tal ist nach der dort lebenden Volksgruppe benannt (*Aït* = abstammend von) und wird auch **Vallée des hereuses** genannt – das „Tal der Glücklichen" –, denn der Fluss führt hier selbst in trockenen Jahren ausreichend Wasser. Dank des kontinentalen Gebirgsklimas in 1800 m Höhe (zwischen November und März liegt Schnee, im Sommer herrschen südeuropäische Temperaturen) sind die Ernten gut, und es wachsen viele Obst-, vor allem Apfelbäume. Die Dörfer sind inzwischen an die Stromversorgung und das Telefonnetz angeschlossen, die Bewohner leben vorwiegend von der Landwirtschaft und immer mehr auch vom Tourismus. 3 km weiter, **69 km** nach Azilal, ist Agouti erreicht (vgl. Route B 11).

Route B 13: Beni-Mellal – Bin el-Ouidane – Azilal – Demnate – Marrakesch

● **253 km, N8, R304 und R210**

Die Route führt auf guten Teerstraßen durch schöne hügelige Landschaft mit Steineichen, Pinien und Mandelbäumen. Unterwegs bieten sich tolle Ausblicke auf den Stausee Bin el-Ouidane, wo man ein paar herrlich ruhige Tage auf dem Land verbringen kann. Der letzte Abschnitt zwischen Demnate und Marrakesch ist unspektakulär. Von der R304 zwischen Azilal und Demnate ist ein Abstecher nach Norden zu den Ouzoud-Wasserfällen möglich (vgl. Route B 12). Auch ein Ausflug ins Aït-Bougoumez-Tal ab Azilal (vgl. Route B 12, Abschnitt 2) lohnt sich unbedingt.

Busse fahren von Beni-Mellal oder Marrakesch nach Azilal bzw. Demnate, **Sammeltaxis** nach Ouzoud und Imi-n-Ifri.

Abschnitt 1: Beni-Mellal – Bin el-Ouidane – Azilal

● **83 km, N8 und R304**

Beni-Mellal auf der verkehrsreichen N8 Richtung Marrakesch verlassen (Achtung: Radarkontrollen). Nach **10 km** durch intensiv landwirtschaftlich genutztes Gebiet zweigt links die Straße zum großen Ort **Oulad M'barek** und nach Ouaouizarht ab (vgl. Route B 11). **18 km** hinter Beni-Mellal geht diese Route links ab nach Afourer und Bin el-Ouidane.

Bei **km 24** ist der große Ort **Afourer** erreicht (Tankstelle, Krankenhaus, Straßenrestaurants, Bank mit ATM). **Unterkunft** bietet das große, für Gruppenreisende eingerichtete **Hotel Le Tazarkount****** (Tel. 0523 44 01

01, www.tazarkount.com, klimatisierte DZ mit Sat-TV €€€€B) unter österreichisch-marokkanischer Führung mit Wellnessangebot und Pool im großen Garten. Es werden u.a. Wander-, Angel- und Reitausflüge in der Region organisiert.

Die Straße führt nun kurvig bergauf, mit schönem Blick zurück auf die fruchtbare Ebene von Beni-Mellal. Bei **km 40** geht es über eine Passhöhe (ca. 1300 m) und dann wieder kurvig bergab. An den Hängen wachsen Pinien, Mandelbäume und Steineichen. **53 km** hinter Beni-Mellal ist man unterhalb der Staumauer am breiten, tiefgrünen Oued el Abid angelangt. Ein kleines Schild weist nach rechts unten zum **Maison d'Hôtes du Lac** (s.u. Bin el-Ouidane/Unterkunft).

1 km weiter zweigt links die Straße nach Ouaouizarht (R306) und Tilouggite ab (vgl. Route B 11). Rechts weiter führt die Straße nach 1 km (Gesamt-km 55) über die **Staumauer** mit Militärposten (Fotografieren verboten!) und durch einen kurzen Tunnel. Kurz darauf, bei **km 56,** geht es links runter zum Ort Bin el-Ouidane (2 km).

Stausee Bin el-Ouidane

Der riesige Stausee Bin el-Ouidane, der 1955 fertiggestellt wurde, schließt die Schluchten des Oued el Abid ab, der zwischen der Hauptkette des Mittleren Atlas und dem parallelen Vorgebirge zum Hohen Atlas, dem Dir, verläuft. Der See liegt **auf 1200 m Höhe** zwischen Bergen und Wäldern. Die Ufer sind mit Euphorbienpolstern bewachsen, die im Frühjahr herrlich blühen. Auch Affen soll es beim Stausee geben. Das Seewasser dient zur Bewässerung der Ländereien und Obstplantagen um das Gebiet von Beni-Mellal.

Die Staumauer wird vom Militär bewacht – hier ist **Fotografieren verboten!** Das Verbot wird damit begründet, dass solche Objekte für das Land von immenser Bedeutung und der Stolz der Nation seien – und somit auch Ziel eines Anschlags sein könnten.

Es befinden sich einige Ansiedlungen nahe des Sees, die Umgebung lädt zum **Wandern** ein. In den letzten Jahren entstanden auch schicke Ferienhäuser (s.u.) am Ufer.

Die **schönen Lagunen** kann man mit halbwegs geländegängigem Fahrzeug erreichen. Am Seeufer lässt sich **campen.** Die Ufer sind jedoch leicht verschlammt, vielleicht sollte man die Hügel etwas oberhalb mit netten Pinien- und Olivenwäldchen zur Übernachtung im Zelt vorziehen. Mit einem Boot kann man schöne Ausflüge unternehmen oder angeln (Erlaubnis über die Forstämter).

Unterkunft

●**Bin el-Ouidane**, ca. 6 km in Richtung Ouaouizarht, Tel. 0523 44 26 00 oder Mobil 0661 43 00 07, www.hotelbinelouidane.com. Sehr hübsch im Berberstil dekorierte Suiten/Appartements für bis zu 6 Pers., z.T. mit Küche und Terrasse – ideal für einen (Familien-)Urlaub in ländlicher Idylle. Gemütliches Zeltrestaurant auf der Dachterrasse mit Seeblick, Garten mit Pool. Diverse (Wasser-)Aktivitäten können organisiert werden.
●**Chems du Lac******, am Ortseingang von Bin el-Ouidane links, Tel. 0523 44 01 01, www.chemshotels.com. Großes 4-Sterne-Hotel mit Pool und modern ausgestatteten klimatisierten Zimmern und Suiten (z.T. mit Jacuzzi und Kamin). DZ €€€€.
●**Maison d'Hôtes du Lac,** ca. 3 km Richtung Afourer/Beni-Mellal, unterhalb der Staumauer am Oued el Abid (beschilderter Abzweig links runter), Mobil 0666 64 21 83 oder 0662 17 80 11, yahya.trekk@gmail.com. Nettes Gästehaus mit Traumpanorama auf den von Pinienwald gesäumten breiten Fluss. Vier Zimmer mit Bad jeweils € p.P., Essen auf Bestellung. Camping ist auf einem kleinen Terrain unterhalb der Terrasse möglich (25 DH p.P.). Für Camper gibt es nur ein (sehr sauberes) WC mit Eimerdusche. Ein kleiner Pfad führt runter zum Fluss, wo man im ziemlich kalten Wasser herrlich baden kann. Die **Auberge du Lac** etwas weiter unterhalb (dort endet die Zufahrtsstraße) verfällt, auf dem gegenüberliegenden Gelände unter großen Bäumen kann man noch wild campen (keine sanitären Anlagen).

Von Bin el-Ouidane fährt man **zurück zur Kreuzung 2 km vor dem Ort** (nun **km 60**) und biegt dort Richtung Azilal auf die R304 ab. Die gute breite Straße führt bergauf über mit Pinien und Steineichen bewachsene Hänge mit tollem Blick auf den See mit seinen weit verzweigten Lagunen und vielen Inseln. 10 km nach der Kreuzung (Gesamt-km 70) ist eine Passhöhe erreicht (ca. 1500 m), links thront ein schöner **Tighremt** (Wohnburg aus Stein), ein weiterer folgt bei **km 77**.

Die Ortseinfahrt von **Azilal** ist 23 km hinter der Kreuzung bei Bin el Ouidane, bei **Gesamt-km 83**, erreicht (vgl. Route B 12).

Route B 13, Abschnitt 2: Azilal – Demnate – Marrakesch

●**70 km bis Demnate, R304; weitere ca. 100 km bis Marrakesch auf der R210 und N8**

Azilal westwärts (vorbei an einer großen Ziz-Tankstelle) verlassen. Die Strecke führt durch eine steinige Hügellandschaft mit Getreidefeldern, Öl-, Mandel- und Olivenbäumen.

20 km hinter Azilal folgt der Abzweig zu den Ouzoud-Wasserfällen rechts. Von den Wasserfällen kommend biegt man an dieser Kreuzung rechts Richtung Marrakesch ab.

Bei **km 42** ist der kleine, wenig attraktive Ort **Tanannt** erreicht (Tankstelle). Halblinks bzw. geradeaus geht es nach Demnate und zur Naturbrücke von Imi-n-Ifri, rechts nach Bzou und weiter zur N8 (Schnellstraße zwischen Marrakesch und Beni-Mellal). 5 km weiter folgt ein weiterer Abzweig zur N8 (Beschilderung nach Casablanca).

Bei **km 59** zweigt links die Straße nach Demnate und Imi-n-Ifri ab, links weiter. Geradeaus geht es nach Tamelelt zur N8.

Nach 66 km geht es zum Cercle de Demnate rechts ab; geradeaus weiter.

70 km hinter Azilal ist Demnate erreicht.

Demnate

Der große Ort liegt hübsch zwischen Bergen, Olivenbäumen und Pinien. Sehenswert sind die (leider verfallende) alte Stadtmauer und der Sonntagsmarkt. In den Läden kann der Lebensmittelbedarf gedeckt werden, es gibt eine Tankstelle und eine Bank mit Geldautomat. Das einfache **Hotel Atlas** liegt direkt hinter dem Busbahnhof (Tel. 0523 50 82 16, einfach, sauber, freundlich, gutes Essen, DZ mit Dusche €). Ebenfalls zu empfehlen ist das **Hotel Marrakech** an der Straße Richtung Marrakesch (Tel. 0523 50 69 96, sehr sauber, leider etwas Straßenlärm, Etagendusche mit warmem Wasser). Sehr hübsch wohnt man im traditionell gestalteten Gästehaus **Kasbah Timdaf** (Tel. 0523 50 71 78, www.kasbahtimdaf.com, DZ mit Bad im Berberstil €€€). Die Herberge liegt etwas außerhalb auf einem Hügel mit tollem Ausblick (Abholung in Demnate bei Anruf).

Von Demnate bestehen **Busverbindungen** nach Marrakesch (7x tägl., 30 DH, 2 Std. Fahrzeit), nach Azilal und Beni-Mellal und weiter nach Casablanca (etwa 8x tägl.). **Grand Taxis (Sammeltaxis)** halten an der Kreuzung, an der es rechts nach Marrakesch und links nach Imi-n-Ifri geht (ca. 50 DH bis Marrakesch, ca. 40 DH nach Imi-n-Ifri).

Ende September wird der **Moussem Sidi Ali Ben Hamdouch** gefeiert.

Ausflüge

Imi-n-Ifri

Biegen Sie in Demnate Richtung Imi-n-Ifri ab. Am Haus der Forst- und Wasserverwaltung *(Eaux et Fôret)* vorbei und durch Pinienwälder bergauf, ist nach 6 km Imi-n-Ifri mit der Pont Naturel erreicht: Der **Oued Lakhdar** hat sich unter der Erde und dem Stein durchgegraben und eine Naturbrücke geschaffen. Man kann von der Brücke zum Fluss hinuntersteigen (ca. 20 Min.) und unter der Brücke hindurch und auf der anderen Seite mit etwas Kletterei nach oben gelangen (ca. 45 Min.). Die Gegend ist sehr schön: An den Steilhängen zur Brücke nisten in kleinen

Höhlen und Nischen unzählige Vögel, im Fluss leben Wasserschildkröten. Jedes Jahr findet hier am 15. Tag nach dem Aid el Kabir ein Moussem statt.

Unterkunft bietet die einfache, aber saubere **Gîte d'étape Imi-n-Ifri.** Wer es etwas komfortabler mag, steuert das **Riad Aghbalou** an (Tel. 0523 50 74 98, www.iminifri-riad. com): 10 Zimmer mit oder ohne Bad (€€ bis €€€), Pool im Garten, Essen auf Bestellung. Es steht auch eine Gemeinschaftsküche zur Verfügung.

Imi-n-Ifri ist **Ausgangspunkt für Ausflüge** und **Wanderungen** in der Umgebung. Unter anderem kann man bei Imi-n-Ifri Dinosaurierspuren (s.u.) und Felszeichnungen entdecken. Eine landschaftlich sehr reizvolle Teerstraße führt weiter ins Tessaouttal im Hohen Atlas und bis kurz vor Ouarzazate. Außerdem besteht von Imi-n-Ifri eine Pistenverbindung nach Osten über Aït Blal nach Abachkou (Aït Bouwli) und ins Aït-Bougoumez-Tal (nur mit Geländewagen).

Von Demnate geht es auf der guten R210 durch die landwirtschaftlich intensiv genutzte Haouz-Ebene mit Olivenhainen, Getreidefeldern und Zitrusfarmen. Im großen Ort **Sidi Rahal** (51 km hinter Demnate) gibt es eine Tankstelle, diverse Straßenrestaurants und eine Grand-Taxi-Haltestelle. **86 km hinter Demnate** mündet die Route in die N8 ein (Vorsicht: viele Verkehrskontrollen!). Dann sind es noch etwa 15 km bis **Marrakesch.**

Dinosaurierabdrücke

Gegenüber der Gîte d'étape Imi-n-Ifri zweigt eine kleine Teerstraße nach links von der Hauptstraße ab. Die nach etwa 30 m links wegführende Piste nicht beachten. Bei km 4 ist ein kleiner Pass erreicht, dann geht es weiter bergab in einen Talkessel. Es bietet sich auch ein herrlicher Blick auf den Hohen Atlas und einige Dörfer. Bei km 7 führt die Straße bei einem Steinabbruch (flache, schräge Platten) nach unten. Kurz vor zwei Dörfern auf einem Hügel befinden sich die Saurierabdrücke auf den 20 x 10 m großen, roten Steinplatten links von der Straße (Infotafel über die Saurier, **N 31°43,578', W 06°54, 502'**). Meist stehen die Dorfkinder schon auskunftsbereit auf den Platten. Es soll in ca. 4 km Entfernung (zu Fuß etwa 1 Std.) weitere Abdrücke geben.

Gebirgsidylle südlich von Imi-n-Ifri

Routenteil C:
Hoher Atlas und Süden

Marrakesch:
Die Souks sind eine Welt für sich ...

Metzger in Ourika

Das Sandmeer des Erg Chebbi

Einleitung zu Routenteil C

Ausgangspunkt für die Erkundung des Südens ist die **orientalische Traumstadt Marrakesch,** die „Perle des Südens". Die Stadt mit ihren Suqs, Palästen und Gärten ist inzwischen zwar sehr touristisch geprägt, aber immer noch einen mindestens zweitägigen Besuch wert.

Südlich von Marrakesch erhebt sich der **Hohe Atlas.** Er ist mit den Gipfeln **Djabal Toubkal** (4167 m, Besteigung ab Imlil möglich) und **Ighil M'goun** (4013 m, Besteigung ab Agouti) das **höchste Gebirge in Nordafrika.** Der Hohe Atlas, der hier die natürliche Trennlinie zur Sahara bildet, ist nur wenig besiedelt. In den grünen Flusstälern wachsen Obst- und Nussbäume, auf Terrassenfeldern, die mittels Bewässerungskanälen aufwendig bewässert werden, werden Getreide und

Routenübersicht: Hoher Atlas und Süden

- **Marrakesch** / S. 390
- **Route C 1:** Marrakesch – Tizi-n-Tichka – Ouarzazate / S. 446
- **Route C 2:** Ouarzazate – Tinerhir – Errachidia / S. 465
- **Route C 3:** Errachidia – Boudenib – Figuig / S. 486
- **Route C 4:** Ouarzazate – Tazenakht – Taliouine – Taroudannt / S. 487
- **Route C 5:** Ouarzazate – Agdz – Zagora / S. 491
- **Route C 6:** Zagora – Tamegroute – M'hamid – Erg Chegaga – Foum-Zguid / S. 505
- **Route C 7:** Foum-Zguid – Zagora / S. 512
- **Route C 8:** Agdz – Tasla – Bou-Azzer – Tazenakht / S. 513
- **Route C 9:** Midelt – Errachidia – Erfoud – Rissani – Merzouga (Erg Chebbi) / S. 514
- **Route C 10:** Erfoud – Merzouga / S. 536
- **Route C 11:** Merzouga – Taouz – Hassi Ousina – Hassi Remlia – Tamassint – Tissemoumine – Zagora (Variante nach Tagounite) / S. 538
- **Route C 12:** Erfoud – Tinejdad / S. 542
- **Route C 13:** Rissani – Tazzarine – Nekob – Drâa-Tal / S. 544
- **Route C 14:** Nekob – Tizi-n-Tazazert (Djabal Saghro) – Boumalne Dadès / S. 550
- **Route C 15:** Tizi-n-Tazazert – Ikniounn – Tinerhir / S. 553
- **Route C 16a:** Tazzarine – Aït Ouazik – Zagora / S. 554
- **Route C 16b:** Tazzarine – Aït-Ali – Zagora / S. 556
- **Route C 17:** El Kelâa des M'gouna – Bou Thrarar – Tabia Aït Zaghar – Skoura / S. 557
- **Route C 18:** Boumalne Dadès – Dadès-Schlucht – Agoudal – Imilchil – El Ksiba / S. 559
- **Route C 19:** Tinerhir – Todrha-Schlucht – Tamtattouchte – Agoudal – Imilchil / S. 566
- **Route C 20:** Rich – Amellago – Aït Hani – (Goulmima) – Tinerhir (über Todrha-Schlucht) / S. 568
- **Route C 21:** Marrakesch – Ourika-Tal – Setti Fatma bzw. Oukaïmeden / S. 569
- **Route C 22:** Marrakesch – Asni – Tizi-n-Test – Taroudannt / S. 573
- **Route C 23:** Marrakesch – Amizmiz – Ouirgane / S. 584
- **Route C 24:** Demnate – Tessaout-Tal – Assermo – Ouarzazate / S. 585

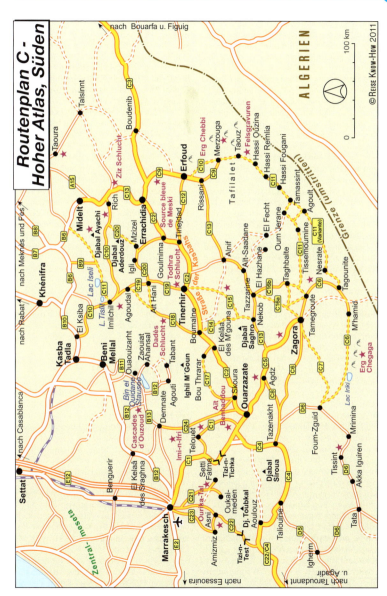

Mais angebaut. In den höheren Lagen gedeihen nur noch einige Thujen, Pinien und knorriger Wacholder. Die Bergbewohner leben in kleinen, ursprünglichen Dörfern mit an den Hängen klebenden Häusern aus Stampflehm und Bruchstein und Flachdächern aus Knüppelholz. Im Sommer ziehen Hirten mit ihren Ziegen und Schafen über die vielen kleinen Pfade quer durch die Berge und campieren in einfachen Schäfereien (franz. *bergerie,* berb. *azib*) auf Hochweiden.

Überquert man den Hohen Atlas über einen der **Straßenpässe Tizi-n-Tichka oder Tizi-n-Test** Richtung Süden, wähnt man sich in einer anderen Welt. Die Berge werden kahl und unwirtlich, die Landschaft bekommt mehr und mehr wüstenhaften Charakter. Die schroffen, im Abendlicht rot schimmernden Südhänge durchziehen tiefe Schluchten wie die Dadès- und Todhra-Schlucht.

Der sogenannte **Große Süden (Le Grand Sud)** ist das Land der mächtigen **Ksour und Kasbahs** aus Lehm, der Palmenoasen und Wüstenlandschaften – hier sieht Marokko aus, wie man es aus dem Touristenprospekt kennt. Vor allem für Wanderer, Mountainbiker, Motorradfahrer und Offroader gibt es hier eine Menge zu entdecken. Den Atlas durchziehen **unzählige 4x4-Pisten,** denen man bis in die abgelegensten Dörfer ins Hochgebirge folgen kann und selten als Sackgasse enden – im Winter liegt hier jedoch Schnee! Wer abseits der Teerstraßen auf Geländewagenpisten unterwegs ist, sollte gute Off-Road-Fahrkenntnisse mitbringen, denn die Routen führen häufig sehr schräg am Berghang entlang, haben tiefe Spurrillen oder sind durch Steine oder – nach Regenfällen – durch Bergrutsche blockiert.

Die **Dörfer im Hochgebirge** kennen fast keinen Tourismus – nur ein paar Trekker und Geländewagenfahrer verirren sich gelegentlich hierher. Ein gewisses Gespür für die in einfachsten Verhältnissen (z.T. ohne Strom und fließend Wasser) lebenden Einwohner sollte man dort unbedingt mitbringen – die Dörfer im Rallyestil zu durchqueren, Ziegen, Esel und Kinder zu verschrecken oder gar abseits der Piste durch Felder zu ackern, ist absolut nicht angebracht! Bei Wanderungen über die Pässe, durch die Dörfer und Täler knüpft man die nettesten Kontakte und nähert sich den Menschen (die meistens selbst kein Auto besitzen) auf die natürlichste Art. Wer lange genug Zeit hat, sollte unbedingt eine mehrtägige **Trekkingtour** im Hohen Atlas (Djabal Toubkal, Aït-Bougoumez-Tal), im Djabal Saghro oder eine **Kameltour** ab Zagora bzw. M'hamid einplanen.

Zentraler Dreh- und Angelpunkt für Touristen(-gruppen) aus aller Welt ist **Ouarzazate.** Hier reiht sich ein modernes Hotel an das nächste, zudem bieten drei Filmstudios die nötige Infrastruktur für die neuesten internationalen Produktionen. Von hier aus starten Touren zu den touristischen Highlights im Süden: in die **Sanddünengebiete Erg Chegaga und Erg Chebbi** sowie zu den Oasen in den **Palmentälern des Drâa, Dadès und Ziz.** In Ouarzazate beginnt auch die berühmte **Straße der Kasbahs** nach Errachidia, entlang der sich – wie der Name sagt – Hunderte beeindruckender Lehmburgen reihen.

Insgesamt kann man im Dreieck zwischen Marrakesch, dem Hohen Atlas und den südlichen Oasen Zagora und Rissani auf einem relativ begrenzten Raum die größten Kontraste erleben. Wer nur wenig Zeit hat, sollte sich deshalb auf diese Region konzentrieren.

Marrakesch

Marrakesch, das **Zentrum Südmarokkos,** liegt in etwa 465 m Höhe auf der **fruchtbaren Haouz-Ebene** nördlich des Hohen Atlas, dessen 4000 m hohe Gipfel nur 50 km südlich der Stadt aufragen. Auf den Anbauflächen der Region Haouz, die jahrhundertelang mit Khettaras (unterirdischen Kanälen) bewässert wurden, wachsen vor allem Olivenbäume und Getreide. Die Gebirgskette des Hohen Atlas prägt das **Klima** der Region und auch bei Temperaturen von über 35 °C im Sommer weht in den Abendstunden noch ein kühler Wind von den Bergen her. Die hohen Lagen des Gebirges bedeckt von Ende Dezember bis Ende März meist eine dicke Schneeschicht – der Hohe Atlas bildet in dieser Zeit bei klarem Wetter eine traumhafte Kulisse am Horizont von Marrakesch. Der Atlantik (z.B. die Surferstadt Essaouira) ist knapp 200 km entfernt und daher auch auf einem Tagestrip zu erreichen.

Der Name der Metropole leitet sich vom Wort *Mraksch* (= „die Stadt") ab, die Stadt selbst wiederum war namensgebend für das Land Marokko. Im Stadtgebiet von Marrakesch leben heute knapp **1 Million Einwohner,** die sich stolz *Marrakchis* nennen. Die Marrakchis gelten unter Marokkanern als fröhliche sowie gastfreundliche und warmherzige Leute. Traditionell sind sie als begnadete Geschichtenerzähler bekannt, das Zentrum der mündlichen Überlieferung alter und neuer Geschichten bildet dabei natürlich der Djamâa-el-Fna.

Nähert man sich Marrakesch vom Flughafen, also aus dem Südwesten, so präsentiert sich die Stadt als ein blühender Park: mit Palmenalleen, Rosen, Oleander, Bougainvilleen und plätschernden Springbrunnen. An den blitzsauberen Einfahrtsstraßen schießen Neubauviertel mit noblen Eigentumswohnungen aus der Wüstenerde. Vorbei an den Menara-Gärten gelangt man in die **Hivernage** westlich der Altstadt. Hier reiht sich ein Luxushotel mit exotischen Garten und Poollandschaft an das nächste.

Weiter nördlich schließt **Guéliz** an, die unter den Franzosen errichtete Neustadt und heute bevorzugtes Wohngebiet der Mittelschicht mit mehrgeschossigen Mietshäusern. Im Nordosten fällt der einzige Hügel der Stadt auf, der **Djabal Guéliz** mit einer Militärbasis. Entlang der **Hauptverkehrsader Av. Mohamed V.** gibt es Banken, Straßencafés, Restaurants, Boutiquen, Autovermietungen, Reisebüros und Immobilienagenturen. Natürlich fehlt auch McDonald's nicht – dort hängt das obligatorische Porträt des jungen Königs neben der Statue von *Ronald McDonald*. In der Neustadt überwiegt das moderne Leben: Die Männer tragen dunkle Hose und Hemd, die Frauen offenes Haar und Jeans.

Am südöstlichen Ende der Av. Mohamed V. markiert die **Stadtmauer** den Eingang in die **Medina,** die Altstadt. Die ockerrot gestrichenen Hauswände und Stadtmauern verhalfen Marrakesch zu seinem Beinamen „Al Hamra" oder „La Rouge" – die „Rote Stadt".

Die **Kutubiya-Moschee** thront als Wahrzeichen von Marrakesch über der Medina. Schon von Weitem sichtbar, dient ihr mächtiges Minarett als Orientierungsmarke, um zum Djamâa-el-Fna hin bzw. wieder aus der Medina herauszufinden.

Der nahe gelegene „Platz der Geköpften" **Djamâa-el-Fna** ist zweifellos die größte Attraktion in Marrakesch. Am Nachmittag kann man hier Schlangenbeschwörer, Artisten und Gnawa-Musiker beobachten. Der Djamâa-el-Fna trennt die Medina in einen nördlichen Teil mit den ausgedehnten Souks (Märkten) und einen südlichen Abschnitt mit Sehenswürdigkeiten wie dem El-Bahia- und El-Badi-Palast sowie dem Kasbah-Viertel.

Hinter den fensterlosen Mauern der Altstadt verbergen sich prachtvolle Hofhäuser, sogenannte **Riads** oder **Dars,** mit Mosaiken, Springbrunnen, Stuckornamenten und Zedernholzschnitzereien – einst Residenzen von Wesiren oder Sultanen. Jahrzehntelang drohte diesen z.T. einige hundert Jahre alten Häusern der Verfall. Nach der Unabhängigkeit und dem Abzug der Franzosen aus der Neustadt drängten arme Familien vom Land in die Medina, oft teilten sich mehrere Großfamilien die Geschosse der Häuser. Die bisherigen Bewohner der Altstadt, Angehörige der oberen Mittelschicht, zogen in die modernen Häuser der Neustadt um. Die Medina marginalisierte, war übervölkert, dreckig, ohne Strom und fließend Wasser. Das alte Kunsthandwerk in den Häusern konnte nicht instand gehalten werden. Angestoßen durch Berichte über die Medina in den europäischen Medien entwickelte sich ab den 1990er Jahren schließlich ein internationaler Immobilienmarkt für Wohnhäuser in der Altstadt.

Heute besitzen nicht mehr nur noch Reiche und Künstler einen Riad, auch Rentner und Orientliebhaber aus aller Welt gestalten sich in Marrakesch ihren eigenen kleinen Palast als privates Wohnhaus oder Maison d'Hôtes. Die **Immobilienpreise** steigen jährlich rasant, sodass eine Investition in Marrakesch schon als bombensicheres Geschäft gilt (zumindest vor der globalen Wirtschaftskrise). Inzwischen hat sich die ganze internationale Prominenz von *Mick Jagger* bis *Kate*

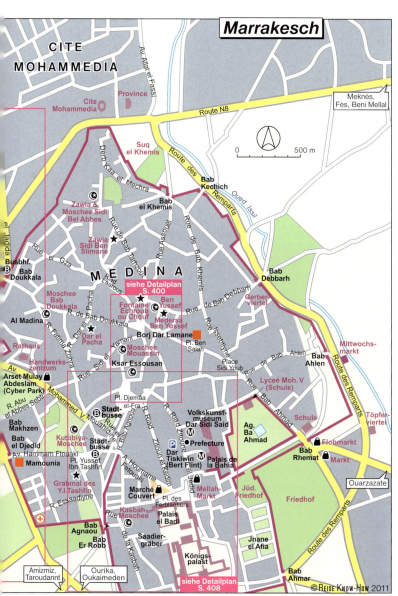

Blick über die Dächer der Medina

Moss in Marrakesch eingekauft. Entsprechend präsentiert sich die Altstadt heute: ordentlich gepflasterte Gassen mit funktionierender Stromversorgung und Kanalisation, an jeder Ecke Läden mit Waren für den touristischen Bedarf.

Nördlich der Medina und jenseits der Stadtmauern breitet sich der einzige Dattelpalmenhain nördlich des Hohen Atlas aus: die **Palmeraie.** Hier leben die Reichen der Stadt in großzügigen Villen, hier befindet sich ein Golfplatz und entstehen ständig neue Oberklassehotels.

Außerhalb des Zentrums liegen auch die großen **Gärten** der Stadt, die unter den Almohaden nach andalusischem Vorbild entstanden: die **Jardins Menara und Agdal,** bei-

Karten Umschlag hinten, S. 389, Stadtpläne S. 392, 400, 408, 418 **MARRAKESCH**

des alte Obst- und Olivengärten, in denen sich die Bevölkerung zum Picknick und zur Erholung trifft.

Geschichte

Im Gegensatz zu den Zentren des Nordens wie etwa Fès ist Marrakesch keine arabische Stadt, sondern berberischen Ursprungs. Nomaden des Sanhaja-Berberstamms (Almoraviden genannt) brachen Mitte des 11. Jahrhunderts Richtung Norden auf, um ihr Einflussgebiet zu erweitern. Wahrscheinlich im Jahr 1062 errichtete der Anführer der Almoraviden, **Abu Bakr,** ein Militärlager nördlich des Hohen Atlas, wo vorher nur gelegentlich Karawanen Halt gemacht hatten.

Sein Vetter **Yussuf Ibn Tashfin** (Regierungszeit 1061–1107) ließ die erste Moschee, einen Markt und unterirdische Bewässerungskanäle (*foggaras* bzw. *khettaras* genannt) erbauen. Die Siedlung wurde strategischer Stützpunkt zur Eroberung des Nordens und dann zur prosperierenden **Hauptstadt eines Almoraviden-Reiches,** das sich bis nach Andalusien erstreckte.

Der Sultan **Ali Ibn Yussuf** (1107–1143), Sohn *Ibn Tashfins,* baute Marrakesch aus und ließ die mächtige, neun Kilometer lange Stadtmauer errichten, die die Medina noch heute teilweise umgibt. Marrakesch erstrahlte in höfischem Glanz, diente als spirituelles und ökonomisches Zentrum mit neuen Moscheen, Koranschulen und Krankenhäusern.

Der vermeintliche Sittenverfall und die weniger strenge Befolgung der islamischen Lebensregeln unter *Ali Ibn Yussuf* führten dazu, dass sich islamische Erneuerer um **Ibn Tumart** gruppierten. Nachdem dieser 1121 aus der Stadt vertrieben worden war, zog er sich in die Festung Tin Mal südlich von Marrakesch im Hohen Atlas zurück. Dort predigte er den Islam und nannte sich „Mahdi" – „Der von Gott Gesandte". Seine Anhänger bezeichneten sich als „El Muwahidun". Daraus entstand der Begriff **Almohaden** für die neue Herrscherdynastie, die unter **Abd el Moumen** (1130–1163) im Jahr 1147 Marrakesch eroberte. Alle Bauwerke der Stadt bis auf die Stadtmauer wurden zerstört, die Almoravidenherrscher ermordet. Wenig später bauten die Almohaden die Stadt mit monumentalen Palästen, Moscheen und Stadttoren wieder auf. Sie errichteten die **Kutubiya-Moschee** und legten erstmals riesige **Gärten** mit Wasserreservoiren an (z.B. Agdal und Menara). Unter den nachfolgenden Herrschern *Abu Yaqub Yussuf* (1163–1184) und **Abu Yussuf Yaqub Al Mansour** (1184–1199) erblühte Marrakesch als Kulturstadt und erfreute sich starker Zuwanderung. *Al Mansour* („der Siegreiche") stellte die Kutubiya-Moschee fertig, ließ neue Souks sowie eine Kasbah mit zwölf Palästen errichten. Die maurische Architektur und Kunst erlebten ihren schöpferischen Höhepunkt. Nach dem Tod *Al Mansours* leiteten Zwistigkeiten um die Thronfolge und Aufstände umliegender Berbervölker den Niedergang der Almohaden ein.

Unter der Dynastie der **Meriniden** ab dem Jahr 1269 erholte sich Marrakesch nicht. Fès wurde zur neuen Hauptstadt erklärt, die „Rote Stadt" fristete ein Schattendasein.

Erst unter den **Saadiern** ab der Mitte des 16. Jahrhunderts erwachte die Hauptstadt des Südens wieder zum Leben. Der Sultan **Muhammad ech-Cheikh** (1554–1557), der 1554 Fès eroberte und die Meriniden-Elite ermorden ließ, entschied sich für Marrakesch als Hauptstadt des neuen Reiches. Die Saadier verhalfen Marrakesch zu einem neuen Wirtschaftsaufschwung und errichteten einige der prachtvollsten historischen Bauten, so z.B. den El-Badi-Palast, die Bab-Doukkala-Moschee und die Saadier-Gräber. Unter **Moulay Ahmed al-Mansour** (1578–1603) blühte der transsaharische **Karawanenhandel,** der das Reich bis an den Niger und in den Sudan erweiterte. Zu Anfang des 17. Jahrhunderts traten die **Alaouiten** die Nachfolge der Saadier an. Der prunksüchtige König **Moulay Ismaïl** (1672–1727) betrieb Raubbau an den Palästen der Saadier, ließ die Saadier-Gräber zumauern und andere Prachtbauten in der Kasbah vernichten, zerstörte den El-Badi-Palast und transportierte den Marmor von dort nach Meknès ab, um dort seine neue *Ville Impériale* (Königsstadt) zu errichten.

Ende des 19. Jahrhunderts verloren die Alaouidenherrscher immer mehr an Einfluss, örtliche Paschas und mächtige Berberfürsten gewannen an Macht. Der Pascha **Madani al-Glaoui** unterstützte **Moulay Hafidh,** den Bruder des amtierenden Sultans, im Kampf um den Thron und wurde, als dieser die Sultanswürde erlangte, mit zahlreichen Machtbefugnissen ausgestattet.

Am 30. März 1912 unterzeichnete *Moulay Hafidh* die **Konvention von Fès,** mit der fast ganz Marokko (der nördlichste Teil unterstand spanischer Kontrolle) unter französisches Protektorat gestellt wurde. Die französische Armee verbündete sich mit **Thami al-Glaoui,** Angehöriger des Berberstammes der Glaoua und jüngerer Bruder *Madani al-Glaouis,* und vertrieb nur wenige Monate nach dem Einmarsch des Berberrebellen *El Hiba* im August 1912 diesen aus der Stadt. *Thami al-Glaoui* wurde zum neuen Pascha ausgerufen und kooperierte mit den Franzosen. Er verschaffte sich durch diese Verbindung zahlreiche Vorteile und wurde bald einer der einflussreichsten Männer Marokkos.

Als *Mohamed V.* 1956 den Thron eines unabhängigen Königreichs bestieg, war es aus mit der Macht *al-Glaouis.* Drei Jahre später starb der einst so mächtige Pascha, sein Vermögen wurde vom Staat beschlagnahmt. Prächtige Stadtpalais in der Medina von Marrakesch und große Kasbahs im Süden Marokkos zeugen noch heute von seiner früheren Macht.

Sehenswertes

In der **Altstadt** findet man nicht nur die wichtigsten sehenswerten Monumente wie etwa die Kutubiya-Moschee, die Medersa Ben Youssef und die Saadier-Gräber, sondern erlebt bei einem Bummel durch die Souks, die Mellah und das Kasbah-Viertel auch **orientalisches Alltagsleben.** Die gesamte Medina erschließt man am besten zu Fuß, große Teile sind ohnehin für den Autoverkehr gesperrt. Die wichtigsten Orientierungsmarken, die sich als Ausgangspunkt für eine Stadttour anbieten, sind die Kutubiya-Moschee und der Djamâa-el-Fna.

Djamâa-el-Fna

Der **„Platz der Gehenkten"** bietet zweifellos das größte Schauspiel, ist die bedeutendste Attraktion und das historische Zentrum der Stadt. Hier wurden einstmals Verbrecher und Rebellen hingerichtet und ihre Köpfe so lange ausgestellt, bis nur noch die kahlen Schädel übrig blieben. Heute wird der gepflasterte Platz nachmittags von den Darbietungen der Akrobaten, Tänzer, Schlangenbeschwörer, Märchenerzähler und Musikanten beherrscht.

Karten Umschlag hinten, S. 389, Stadtpläne S. 392, 400, 408, 418 **MARRAKESCH**

Weltweit Negativschlagzeilen machte der Platz Ende **April 2011,** als durch den heimtückischen **Bombenanschlag** eines islamistischen Attentäters im Auftrag der Terrororganisation Al-Qaida 17 Menschen ums Leben kamen, darunter zwölf Ausländer. Die Bombe explodierte im beliebten Café Argana unmittelbar am Platz. Auch wenn kein Zusammenhang besteht: Der oberste Chef von Al-Qaida und meistgesuchte Terrorist der Welt, *Osama bin Laden,* wurde nur wenige Tage später in Pakistan von einem US-amerikanischen Spezialkommando liquidiert.

Durch das **Gewirr von Menschen** auf dem Djamâa-el-Fna tönt das Glockengeläut der Wasserverkäufer, das Hauptfotomotiv für Touristen. Frauen sitzen auf niedrigen Hockern und bieten Hennatattoos für Füße und Hände an. Männer aus dem Süden verkaufen Wundermittelchen vom Strauß und andere Essenzen. Auch wenn man schnell annimmt, es würde sich bei dem Spektakel am Platz um eine Touristenshow handeln – das Gegenteil ist der Fall! Touristen sind zwar eine willkommene Einkommensquelle, aber vor allem abends ist das Areal voller Einheimischer, die den Märchenerzählern und Musikern lauschen, an Geschicklichkeitsspielen teilnehmen oder die Dienste der Wunderheiler in Anspruch nehmen. Für viele Analphabeten oder die Wenigen, die keinen Fernseher besitzen, ist die *Halka* (= der Gesprächs- oder Erzählkreis) das einzige Amüsement im tristen Alltag.

Seit Jahrhunderten ist der Djamâa-el-Fna ein **Platz der Begegnung, des Handels und des Austauschs.** Wegen seiner Einzigartigkeit wurde er von der UNESCO 2001 in die Liste der „Meisterwerke des mündlichen und immateriellen Erbes der Menschheit" aufgenommen.

Auch kulinarisch hat der Platz einiges zu bieten. An **Saftständen** gibt es frisch gepressten köstlichen Orangensaft (4 DH pro Glas). Andere Buden bieten diverse Dattelsorten, Nüsse und getrocknete Früchte an.

Der Djamâa-el-Fna – auch ein Platz kulinarischer Genüsse

Und zur Dämmerung weichen die Märchenerzähler, Schlangenbeschwörer und Akrobaten: Fahrbare, nummerierte **Garbuden** – inzwischen mit Strom und Anschluss an die Kanalisation – mit großen Kesseln, Tischen und Bänken öffnen ihre Küche. Bald duftet es nach Kebab, Suppe und Zuckergebäck. Ganze gedünstete oder gebratene Hammel- und Ziegenköpfe, kleine gekochte Schnecken mit gestreiftem Schneckenhaus, gegrillter Fisch, Kefta, die roten Merguez-Würstchen und allerlei Salate werden angeboten. Wer sich nicht scheut, einheimische Speisen zu probieren, kommt hier voll auf seine Kosten! Preiswert und erstaunlich hygienisch (die Gesundheitsbehörde kontrolliert regelmäßig) kommen die Speisen hier täglich frisch auf den Tisch. Der Preis für ein Gericht sollte vorher ausgehandelt werden bzw. auf der Speisekarte angegeben sein.

Ob tagsüber oder abends: All die optischen und akustischen Eindrücke am Djamâa-el-Fna auf sich wirken zu lassen, ist ein einzigartiges und unvergessliches Erlebnis! Das ganze Schauspiel lässt sich am angenehmsten von einer Dachterrasse der vielen Cafés rund um den Platz aus beobachten. Man muss zur Benutzung dieser Aussichtsterrassen allerdings ein Getränk konsumieren oder einen kleinen Obolus bezahlen.

Achtung: Ein **Foto** auf dem Djamâa-el-Fna ist nirgends mehr umsonst zu haben – mit dem **Trinkgeld** für ihre Darbietungen verdienen die Künstler schließlich ihr tägliches Brot. Inzwischen werden zum Teil recht unverschämte Preise verlangt, man sollte jedoch nicht mehr als 10 DH (angemessen sind max. 5 DH) für ein Bild bezahlen! Heimliche Schnappschüsse aus dem Handgelenk können aggressive Reaktionen und unangemessen hohe Forderungen der Schausteller provozieren und sollten daher gar nicht erst versucht werden!

Die Kutubiya-Moschee

Das monumentale Minarett der Kutubiya-Moschee, das **Wahrzeichen der Stadt**, überragt die Dächer der Medina und dient als Orientierungspunkt aus allen Richtungen, um zum Djamâa-el-Fna zu finden.

Die Moschee wurde 1158 bis 1162 anstelle einer ersten Moschee erbaut, die nach der Fertigstellung der Kutubiya abgerissen wurde. Die Pfeilerstümpfe auf der Nordseite neben der Moschee und einige Mauerreste unter (zerschlagenen) Glasdächern zeugen von dem alten Bau.

Das **Minarett** der Kutubiya ist das einzige fertiggestellte der Almohadenzeit. Mit dem Hassan-Turm in Rabat und der Giralda in Sevilla – beides architektonische Vorbilder der Kutubiya – dient das Minarett bis heute als Modellbeispiel marokkanischer Architektur. Seinen Namen erhielt es von den *Kutubiyn*, den Buchhändlern, deren Buden sich früher um das Gebäude gruppierten. Das Minarett misst 12,8 m in der Seitenlänge, ist bis zur Terrasse 69 m und zusammen mit den vergoldeten, die Turmkuppel krönenden Kugeln 77 m hoch. Außen verziert den Turm auf allen Seiten unterschiedliches, herrliches Dekor mit Blendarkaden und grünen Mosaikkacheln am oberen Abschluss. Am Fuße des Minaretts befinden sich die Reste einer *Koubba* (= Grabstätte) einer als heilig verehrten Frau, genannt *Lalla Zohra Bint el Kuch*, Tochter eines schwarzen Fürsten (was im arabisch-berberischen Kastensystem sehr selten war) aus dem 17. Jahrhundert. Sie ist Vorbild für viele Frauen Marrakeschs, und oft werden ihr zu Ehren Kinder geweiht.

Das 90 m lange Gebäude der **Moschee** aus Ziegelsteinen wurde in T-Form mit einem Quer- und 17 Langschiffen errichtet. Mit ihren Hufeisenbögen, Pflanzenornamentkapitellen und dem beeindruckenden Gewölbedekor ist die Kutubiya eine der schönsten Moscheen Nordafrikas. Fast 20.000 Gläubige finden in ihr Platz. Bis zu ihrer Renovierung in den 1990er Jahren beherbergte die Kutubiya-Moschee eine wertvolle Minbar (Gebetskanzel) aus dem 12. Jahrhundert, die nun im Palais El-Badi ausgestellt ist. In Marokko dürfen Moscheen und Zawias von „Ungläubigen" nicht betreten werden, daher bleibt Touristen ein Blick ins Innere verwehrt.

Der **Jardin Kutubiya** an der Südwestseite der Moschee wurde im 12. Jahrhundert von *Abd el Moumen* errichtet, Vorbild waren die andalusischen Gärten mit ihrer Blütenpracht und ihren Wasserspielen. In dieser gepflegten Parkanlage nur wenige Fußminuten vom Djamâa-el-Fna entfernt lässt es sich herrlich zwischen Jasmin- und Pomeranzenbäumen, Rosen, Jacarandas und Palmen spazieren – mit Blick und guter Fotoperspektive auf das majestätische Minarett der Kutubiya-Moschee. Der Park beherbergt die Stadtbibliothek von Marrakesch.

Die nördliche Medina und die Souks

Die Souks von Marrakesch sind die größten des Landes, die Orientierung im Gassengewirr fällt jedoch nicht so schwer wie z.B. in Fès oder anderen orientalischen Altstädten. Die traditionell nach Handwerkszweigen und Warenangebot gegliederten Soukviertel beginnen an der Nordseite des Djamâa-el-Fna. Ziemlich ungestört kann man morgens zwischen 8.30 und 10 Uhr oder mittags von 13 bis 14.30 Uhr durch die Souks bummeln, dann öffnen gerade die Läden bzw. manche machen Mittagspause und im Souk ist am wenigsten los, weil die Touristengruppen entweder noch nicht unterwegs sind oder bereits zu Mittag essen. Die wichtigsten Durchgangsgassen in Richtung Musée de Marrakech und der Medersa Ben Youssef sind die Rue Mouassine, die Rue Souk Smarine und die Rue Kennaria.

Linker Hand des Cafés Les Terrasses de l'Alhambra am nördlichen Djamâa-el-Fna gelangt man zunächst in eine schmale Gasse mit Olivenverkauf und Garbuden. An den Theken mit Schafsköpfen und Tanjia-Tontöpfen kann man schön beobachten, wie **Méchoui** zubereitet wird. Das auf einen Holzpflock gespießte ganze Lamm wird durch eine Luke im Boden in den Ofen abgelassen. Fertig gegart wird es an der Stange herausgezogen, zerkleinert und direkt an kleinen Tischen serviert. Links weiter beginnt hinter einem Torbogen die gedeckte **Rue Souk Smarine** mit dem **Textilien-Souk.** Hier reihen sich kleine Läden mit Djellabahs, Babuschen, aber auch moderner Kleidung und Souvenirs aneinander. Bald weist ein Schild nach rechts zum Platz Rahba el-Kedima („Marché des épices") und kurz darauf zum Teppichmarkt Criée Bérbère („Souk principale des tapis").

Beim **Rahba Kedima** befand sich der alte Sklavenmarkt, auf dem über viele Jahrhunderte schwarze Sklaven versteigert wurden. Jetzt haben sich hier die Gewürzhändler und Quacksalber niedergelassen, die sich mit dem wohlklingenden französischen Namen Herboriste (= Kräuterkundige) schmücken. In allerlei Tiegeln und Behältnissen findet man die eigenartigsten Mixturen und Grundessenzen. Aphrodisiaka und Mittel, die Frauen Fruchtbarkeit verschaffen sollen, lebende Chamäleons und Schildkröten, getrocknete Echsen, Rosenwasser, Moschusparfüm, die buntesten Gewürzschalen von Safran bis Paprika und die Gewürzmischung Ras el Hanut – alles gibt es hier zu kaufen: ein Eldorado für Liebhaber exotischer Spezialitäten und Fotografen. Auf dem Platz bieten Frauen auch allerlei hübsche Korbwaren feil.

Auf dem **Souk el Ghezel** unmittelbar südlich des Rahba Kedima verkaufen Händler dicke Wollbündel, und Frauen bieten Gebrauchtkleider an. Nördlich des Rahba el-Kedima befindet sich der Teppichmarkt **Criée Berbère,** wo noch regelmäßig Teppichauktionen stattfinden.

Beim Rahba Kedima spaltet sich die stark frequentierte Hauptgasse in die Rue Souk Attarine und die Rue Souk el-Kebir v-förmig auf. Folgt man der Gasse **Souk el-Kebir** bzw. Souk al Henna nordwärts, führen zunächst Torbögen auf der linken Seite in die sogenannte **Kissaria** mit Touristenläden und Bekleidung, dann folgen Lederwarenshops, bevor der Platz vor dem Musée de Marrakech, der Koubba und der Medersa Ben Youssef erreicht ist.

Folgt man am Rahba Kedima links der Rue Souk Attarine, passiert man die **Souks der Kupferschmiede,** die u.a. Töpfe, Teekannen und Lampen fertigen. Hält man sich rechts, geht es weiter in den **Souk des Babouches** mit den traditionellen Pantoffeln in allen Größen und Farben.

In den Gassen links des Souk Attarine liegt der **Wollfärber-Souk.** Die quer über die Gassen gehängten bunten Wollbündel galten früher als Highlight für Fotografen und erfüllten das Klischeebild orientalischer Farbenpracht. Heute hat sich das Bild gewandelt: Mit dem Import gefärbter Stoffe, künstlicher

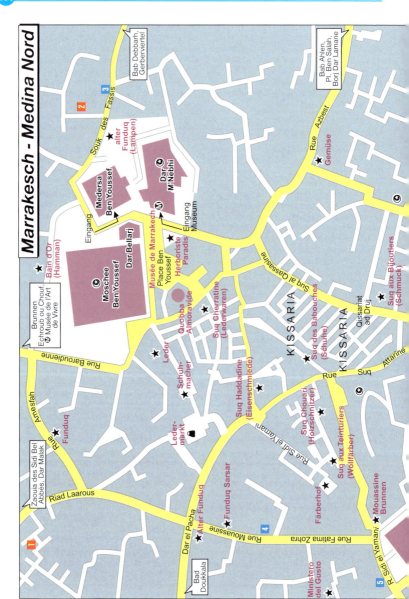

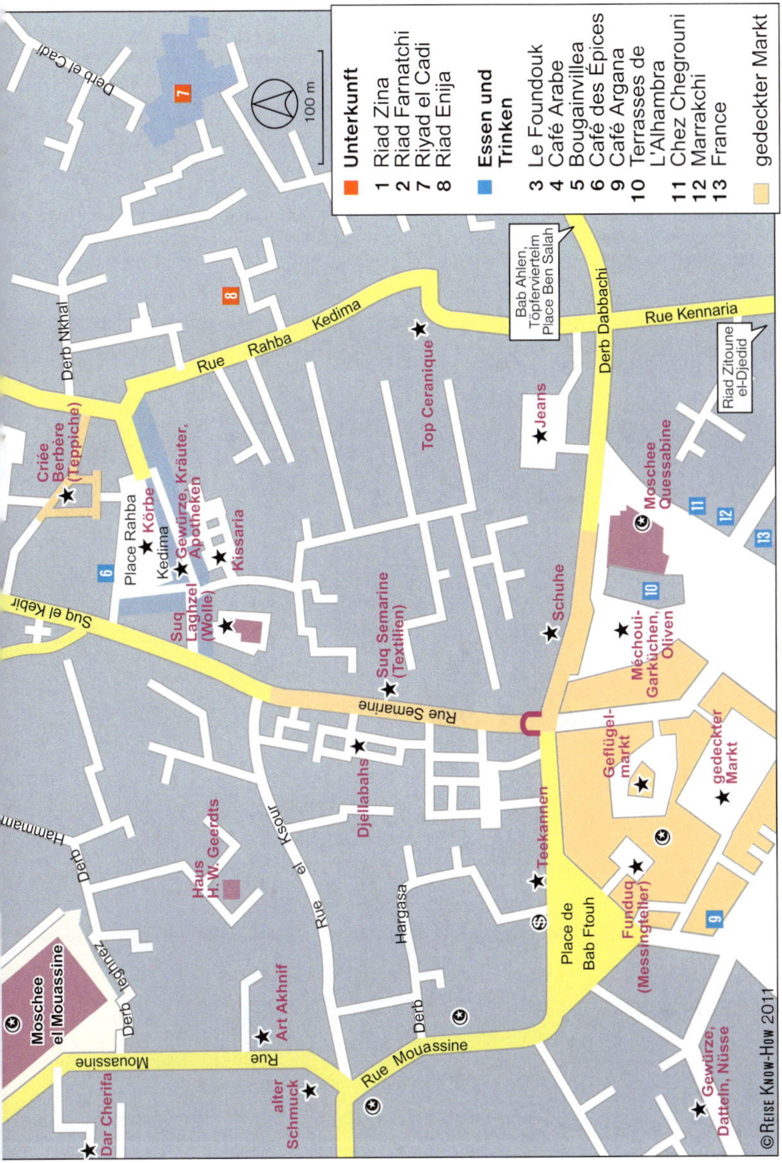

Karte S. 389, Stadtpläne S. 392, 408, 418 **MARRAKESCH MEDINA NORD** 401

Unterkunft
1 Riad Zina
2 Riad Farnatchi
7 Riyad el Cadi
8 Riad Enija

Essen und Trinken
3 Le Foundouk
4 Café Arabe
5 Bougainvillea
6 Café des Épices
9 Café Argana
10 Terrasses de L'Alhambra
11 Chez Chegrouni
12 Marrakchi
13 France

gedeckter Markt

Routenteil C

Färbemittel und zunehmender industrieller Färbung hat das Handwerk an Bedeutung verloren und nur noch wenige Färber sind übrig geblieben. War früher schon die Herstellung der richtigen Mischung von natürlichem Farbstoff mit der dazu passenden Beize eine Kunst für sich, die über Generationen weitergegeben wurde, ist das Färben mit chemischer Farbe heute problemlos für jedermann möglich. Statt Naturfasern werden heute vor allem ganze Kleidungsstücke und fertige Stoffe gefärbt. In einem für Touristen zugänglichen Färberhof kann man noch beobachten, wie die Stoffe in erwärmten Kesseln gefärbt und anschließend zum Trocknen aufgehängt werden. In den Gassen des Viertels werden schöne kräftig-bunte Stoffe in allen Größen an Touristen verkauft.

Der **Holzschnitzer-Souk (Souk Chouari)** befindet sich nur eine Gasse weiter. Dort entstehen Tische, Stühle, Hocker, Kästchen und allerlei andere Dinge aus Holz. Zwischen dem Souk Attarine und dem Place Ben Youssef (Musée Marrakech, Koubba Almoravide)

befindet sich das **Viertel der Eisenschmiede (Souk Haddadine)** mit ihren lärmenden und rauchenden Werkstätten. Hier kann man Lampen und andere schmiedeeiserne Waren direkt vom Handwerker kaufen.

Folgt man – statt zum Holzschnitzer- und Wollfärber-Souk bzw. zur Moschee Mouassine links abzubiegen – der Rue Souk Attarine noch etwas nach Norden und biegt dann rechts auf die Riad Laarous ab, gelangt man zum **Ledermarkt (Souk Cherratine).** In der Nähe der Moschee Ben Youssef sitzen die Lederhändler vor Stapeln noch ungefärbter und -geschnittener Tierhäute und verkaufen diese weiter. In kleinen Werkstätten wird daraufhin das Leder zugeschnitten und z.B. zu Pantoffeln verarbeitet.

Westlich der Wollfärber- und Holzschnitzer-Souks erreicht man den arg verfallenen, kunstvoll mit Stuck und Zedernholzschnitzereien ausgestatteten **Brunnen Fontaine el Mouassine,** der größte der Stadt. Die abgesperrte Brunnenanlage umfasst drei überdachte Viehtränken und einen davon getrennten Brunnen für die Stadtbewohner. Die Fontaine el Mouassine gehört zu der für das Viertel namensgebenden **Moschee El-Mouassine,** die der Saadier-Sultan *Moulay Abdallah* Ende des 16. Jahrhunderts errichten ließ. Zur Moschee gehörten ursprünglich neben dem Brunnen auch ein Hammam, eine Koranschule, Unterkünfte für Staatsbeamte und eine Bibliothek.

Nahe der Moschee in einer nördlich abzweigenden Gasse (22, Derb Azzouz, kein Türschild) versteckt sich die **Galerie Ministero del Gusto.** Dieses bunte Haus ist ein Kunstwerk für sich – eine extravagante Mischung aus modernem Wohndesign und schwarzafrikanischem Ethnostyle. Ausgestellt (und zu kaufen) sind ausgewählte Möbel- und Kleidungsstücke, Bilder, Schmuck und Skulpturen, auch wechselnde Ausstellungen internationaler Künstler.

Nur ein Stück weiter entlang der **Rue Mouassine** zweigt gegenüber der Westseite der Moschee eine Gasse zum Kulturcafé Dar Cherifa ab. Entlang der Rue Mouassine erreicht man in südlicher Richtung wieder den Djamâa-el-Fna.

Von der Mouassine-Moschee Richtung Norden und dann auf der Rue Dar El Bacha nach Westen gelangt man zum **Dar el Bacha.** In diesem hundert Jahre alten Palast, wo einst Pascha *al-Glaoui* residierte, entsteht derzeit ein Museum.

Die Souks sind ein großes buntes Einkaufsparadies und bieten alles, was das Herz begehrt

Weiter entlang der Rue Dar el Bacha erreicht man die große **Bab-Doukkala-Moschee**, im 16. Jahrhundert von der Mutter Ahmed el-Mansours, Lalla Messaouda, angelegt. Nur wenig westlich führt das Stadttor **Bab Doukkala** hinaus aus der Medina. Hier warten Taxis, die auf Wunsch zurück zum Djamâa-el-Fna fahren.

Musée de Marrakech

Schon der Hof vor dem Eingang des Museums lädt zum Verweilen ein: mit einem hübschen kleinen Café und einem Museumsladen mit Postkarten und französischsprachiger Literatur über Marokko. Das Museum, untergebracht in einem Palast aus dem 19. Jahrhundert, dem **Dar M'Nebhi,** wird von der Fondation Omar Benjelloun betrieben, die drei historische Stätten restauriert hat: die Medersa Ben Youssef, die Koubba El-Badiyin und eben dieses Museum. Dem Geschäftsmann und Kunstsammler Omar Benjelloun (1928–2003), der zeitweise bei Mercedes in Deutschland arbeitete, ist es zu verdanken, dass sich diese großartigen Monumente heute in einem außerordentlich guten Zustand befinden. Im Eingangsbereich sind Bilder von den Restaurierungsarbeiten im Jahr 1997 ausgestellt. Der 2000 m² große Dar M'Nebhi war Ende des 19. Jahrhunderts Residenz des Verteidigungsministers Mehdi M'Nebhi unter Sultan Moulay Abdelaziz. Nach der Unabhängigkeit beherbergte das Gebäude die erste Mädchenschule in Marrakesch.

Um den **700 m² großen Innenhof** mit Marmor- und Mosaikboden gruppieren sich vier Salons und der traditionelle Hammam. Den ursprünglich offenen Hof mit drei Brunnenschalen bedeckt heute ein Zeltdach, von dem eine gigantische orientalische Metalllampe hängt. Neben dem Bahia-Palast veranschaulicht dieses Gebäude sicher am besten den Prunk des Sultans im 19. Jahrhundert: Säulen und Böden voll feiner Mosaike, bemalte Stuckornamente, kunstvoll geschnitzte Zedernholztäfelungen und -decken.

In den seitlichen **Salons** informieren Tafeln in Französisch über die Ausstellungsstücke in den Vitrinen (Schmuck, Stickereien, Stoffe, Keramik, Teppiche).

In der **Douiria** (= kleines Gästehaus) finden temporäre **Ausstellungen** mit Werken zeitgenössischer Künstler oder zu kulturellen Themen statt. Zudem dient das Dar M'Nebhi gelegentlich als Veranstaltungsort für Konzerte, Theateraufführungen und Seminare.

● **Info:** www.museedemarrakech.ma, Tel. 0524 36 09 11, tägl. 9–18.30 Uhr.
● **Eintritt:** Für die Einrichtungen der Fondation Omar Benjelloun sind **Kombitickets** erhältlich (kein Einzeleintritt möglich); „Ticket 1 Monument" (nur Medersa Ben Youssef): Erwachsene 40 DH, Kinder (bis 12 Jahre) 30 DH; „Ticket 3 Monuments" (Koubba Almoravide, Medersa Ben Youssef, Museum): Erwachsene 60 DH, Kinder 30 DH.

Medersa Ben Youssef

Die einst größte und bedeutendste Koranschule des Maghreb in einem der ältesten Gebäude der Stadt ist sicher eine der wichtigsten Sehenswürdigkeiten in Marrakesch.

Die **Gründung** dieser religiösen Lehr- und Wohnstätte geht auf die Meriniden im 14. Jahrhundert zurück, verdankt aber ihre heute noch erhaltene prachtvolle Gestalt dem späteren Saadier-Sultan Abdallah el-Ghalib (1557–1574). Die Medersa diente als Lehrstätte für theologische Studien und beherbergte vor allem Studenten aus ländlichen Regionen, die hier zwischen ihrem 14. und 27. Lebensjahr wohnten. Der Lehrbetrieb wurde erst 1960 eingestellt und das Monument von 1999 bis 2002 aufwendig renoviert.

Die Medersa befindet sich ebenso wie die gleichnamige **Moschee Ben (Ibn) Youssef** (erbaut Anfang des 19. Jahrhunderts auf den Ruinen früherer Moscheen) am gepflasterten **Platz Ben Youssef.** Das bronzene Eingangsportal versteckt sich hinter einem Torbogen in einem engen Durchgang zwischen Moschee und Medersa auf der rechten Seite.

Den großen **Patio** (= Innenhof) der Lehranstalt betritt man durch eine prächtige Mashrabiya-Tür aus Zedernholz. Die Mashrabiya-Technik wurde auch an den Fenstern des Obergeschosses meisterhaft angewendet: ein Gitterwerk aus gedrechselten, auf Stifte gezogenen Zedernholzteilen, die zu geome-

trischen Ornamenten ineinandergesteckt werden. Den Boden des Innenhofs mit viereckigem Wasserbecken bedeckt Carrara-Marmor, der einst nach gleichem Gewicht gegen Zucker eingetauscht wurde.

Die strukturelle und dekorative Gestaltung ist beispielhaft für **vollendete maurische Architektur:** mehrfarbige Kachelmosaike auf den unteren Wänden, Stützpfeiler mit Stuckkapitellen, Stuckornamente und arabische Schriftbänder mit den wiederkehrenden Begriffen „Friede" und „Allah" über den Mosaiken, im oberen Teil der Wände Täfelungen aus Zedernholz bzw. die genannten Mashrabiya-Fenster. Die ganze obere Fassade sowie die Türbögen sind mit Stuckdekorationen verziert, das Dach – typisch für religiöse Bauwerke – mit grünen glasierten Ziegeln ausgestattet.

Das **Wohnheim** im oberen Stockwerk (Zugang über den Vorraum) beherbergt 132 Kammern, in denen je zwei bis drei Studenten wohnten. Mehrere kleine Innenhöfe sorgen für Luft und Licht. In einigen kleinen Zimmern sind noch Gebrauchs- und Einrichtungsgegenstände der damaligen Studenten ausgestellt. Durch die Fenster kann man einen Blick in den großen Hof werfen.

- **Info:** Tel. 0524 39 09 11/12, tägl. 9–18.30 Uhr (außer an Feiertagen).
- **Eintritt:** 50 DH, für die Einrichtungen der *Fondation Omar Benjelloun* sind auch günstigere Kombitickets erhältlich (vgl. Musée de Marrakech).

Koubba El-Badiyin

Direkt am Platz Ben Youssef gegenüber der Moschee Ben Youssef befindet sich die Koubba El-Badiyin bzw. **Koubba Almoravide** in einem abgesperrten Ausgrabungsareal etwas unter dem heutigen Bodenniveau. Die Koubba ist eines der wenigen Überbleibsel aus der Dynastie der Almoraviden. Sie wurde etwa um 1120 errichtet und erst im Jahr 1948

Medersa Ben Youssef

MARRAKESCH

wiederentdeckt. Stufen führen nach unten zur zweigeschossigen Koubba mit quadratischem Grundriss, Fensterbögen im oberen Teil und einem großen Kuppeldach.

Besonders die Innenseite der **Kuppel** mit dem filigranen Dekor in Form von kunstvoll in den Stein geschlagenen Muscheln, Rosetten, Ranken und Blumen ist sehenswert. In der Mitte unter der Kuppel befindet sich ein rechteckiges Becken für Waschungen. Französische Tafeln geben Detailinformationen über die Stätte: Demnach war die Koubba das Zentrum einer Wasch-, Brunnen- und Latrinenanlage, von der heute nur noch Ruinen geblieben sind.

●**Eintritt:** Für diese Einrichtung (tägl. 9–18 Uhr) der *Fondation Omar Benjelloun* sind ausschließlich Kombitickets erhältlich; vgl. Musée de Marrakech.

Dar Cherifa

Hinter einem unscheinbaren Eingang ohne Türschild verbirgt sich dieses **Kleinod.** Der Dar Cherifa wurde im 16. Jahrhundert errichtet und gilt als das älteste erhaltene Wohnhaus der Stadt. *Abdellatif Aït Ben Abdallah,* Chef der Agentur „Marrakech Riads" und Kenner der Kunstszene in Marrakesch, setzte zahlreiche Riads in der Altstadt instand und renovierte auch dieses wunderschöne Hofhaus mit viel Feingefühl. Die Flügeltüren und Verkleidungen aus geschnitztem Zedernholz und die Stuckornamente wurden nicht mit Farbe und Beton überkleistert, sondern in ihrer ursprünglichen Schönheit belassen.

In dem Gebäude finden **Kulturveranstaltungen** (Konzerte, Lesungen etc.) u.a. in Zusammenarbeit mit dem „Dialogpunkt Deutsch" und dem Institut Français sowie wechselnde Kunstausstellungen (Malerei, Kalligrafie, Bildhauerei, Fotografie etc.) statt. Im Innenhof mit Polsterecken oder auf der Dachterrasse kann man für eine kleine Verschnaufpause Platz nehmen, die Atmosphäre sowie marokkanische Gerichte (Menü 120 DH), frische Säfte oder Tee mit Gebäck (15–25 DH) genießen. Dabei besteht zudem die Möglichkeit, in französischsprachiger Literatur zu schmökern.

●**Info:** 8, Derb Charfa Lakbir, Mouassine, Medina, Tel. 0524 42 64 63, Fax 42 65 11, Mobil 0661 16 36 30, **Eintritt frei.**
●**Wegbeschreibung:** Gegenüber der Moschee Mouassine in die mit „Riad les Jardins Mouassine, Dar Justo" beschilderte Gasse einbiegen, links um die Ecke, die nächste Gasse rechts durch einen niedrigen Durchgang, an der Tür direkt dahinter auf der rechten Seite anklopfen.

Jenseits der Souks

Nördlich des Musée de Marrakech und der Medersa Ben Youssef endet das touristische Terrain. Doch ein Spaziergang durch die Viertel jenseits der Souks, in denen fast nur Einheimische unterwegs sind, kann auch für Touristen interessant ausfallen.

Nur wenig nördlich der Medersa befindet sich die **Fontaine Echroub ou Chouf** aus der Saadier-Zeit (16. Jahrhundert). Der einstmals prächtige Brunnen mit einem kunstvoll mit Ornamenten geschmückten Vordach aus Zedernholz ist zwar noch in Betrieb, aber stark renovierungsbedürftig. Biegt man nach dem Brunnen in die erste Gasse links und die zweite Seitengasse wieder links ab, steht man vor dem Eingang des 2010 eröffneten **Musée de l'Art de Vivre** (2 Derb Cherif, Diour Saboune, www.museemedina.com, Tel. 0524 37 83 73, tgl. 8–18 Uhr, im Ramadan bis 17 Uhr, 20 DH Eintritt). Momentan ist in dem wunderschön renovierten Hofhaus mit Mosaiken und Stuck eine beachtliche Sammlung an wertvollen Kaftans und Babuschen aus dem 19. und 20. Jahrhundert ausgestellt.

Entlang der Rue Bab Taghzout geht es weiter nördlich durch Wohnviertel zu den Grabstätten der Stadtheiligen *Sidi Ben Slimane* und *Sidi Bel Abbès* (s.u.). Das heute innerhalb der Stadtmauern liegende Tor **Bab Taghzout** begrenzte einst die Altstadt, bis man die Stadtmauern erweiterte, um das Heiligtum von *Sidi Bel Abbès* mit einzuschließen.

Zawia Sidi Bel Abbès

Die Zawia Sidi Bel Abbès wurde Anfang des 17. Jahrhunderts für den 1204 verstorbenen heiligen *Abou el Abbès Ahmed ben Jafar* unter den Saadiern errichtet und 1998 von

König *Hassan II.* renoviert. Besucher sollten auf jeden Fall den Innenhof der Anlage besichtigen und das schmucke Eingangsportal zum Mausoleum mit Stuckornamenten und grünem Ziegeldach bewundern. Durch ein kleines Gitterfenster kann man einen Blick ins Innere der Zawia werfen, die von Nichtgläubigen nicht betreten werden darf. Im Schatten des Arkadengangs vor der Moschee und dem Mausoleum halten sich Alte, Blinde und Behinderte auf, als deren Beschützer *Sidi Bel Abbès* gilt. Neben dem Eingang zum Mausoleum befindet sich eine kleine Sonnenuhr und gegenüber ein sehr schöner Brunnen mit feinen Mosaiken.

Von der Zawia Sidi Bel Abbés kann man sich zur nahe gelegenen **Zawia Sidi Ben Slimane** führen lassen, von der von außen aber nur das grüne Kuppeldach und ein kleiner Brunnen vor dem Eingangsportal sichtbar sind. *Sidi Bel Abbès* und *Sidi Ben Slimane* sind zwei der sieben Stadtheiligen Marrakeschs, für die jeweils ein Heiligtum in der Stadt errichtet wurde.

Das Gerberviertel

Das Gerberviertel von Marrakesch ist nicht so groß und malerisch wie das von Fès. Dennoch erhält man einen guten Eindruck von den **harten Arbeitsbedingungen** der Handwerker, die in großen Betonbottichen Rinds-, Kamel- und Ziegenleder gerben und färben. Für eine Visite eignet sich am besten der Vormittag, wenn es am betriebsamsten ist.

Wenn man vom Stadttor Bab Debbargh (Parkplatz an der Stadtmauer) aus kommend (in Richtung Medina-Zentrum) gleich in die erste Gasse links und noch einmal links um die Ecke biegt, gelangt man in einen Gerberhof (Torbogen mit Aufschrift „Tannerie"). In für unsere Verhältnisse unerträglichem **Schmutz und Gestank** sind hier auch viele Jugendliche bei der Arbeit. Ein *gardien* (franz. Wächter) verlangt evtl. ein paar Dirham Trinkgeld für die Besichtigung und fürs Fotografieren. Ein weiterer Gerberhof befindet sich in der ersten Gasse rechts ab dem Bab Debbargh hinter einer Holzflügeltür, ebenso in der Rue Bab Debbargh Richtung zentrale Medina (Musée de Marrakech). Geruchs- und schmutzempfindliche Naturen sollten sich allerdings gut überlegen, ob sie einen Besuch wagen ...

Die südliche Medina

Die von Souvenirläden flankierten Hauptgassen vom Djamâa-el-Fna in Richtung Süden zum Place Ferblantiers, zum Marché couvert, zur Mellah und zum Kasbah-Viertel sind die parallel verlaufenden Rue Riad Zitoun el Kedim und Rue Riad Zitoun el Djedid. Über letztere erreicht man am schnellsten das Dar-Si-Said- und das Dar-Tiskiwin-Museum sowie den Bahia-Palast. Über die Fußgängerzone Rue Bab Agnaou mit Restaurants und Shops und weiter über die Rue Oqba Ben Nafia gelangt man am einfachsten zum Bab Agnaou, dem schönsten Tor der Stadt und Eingang zum Kasbah-Viertel. Die Riad Zitoun el Kedim und Riad Zitoun el Djedid treffen im Süden auf einen hübschen Rosengarten mit Sitzbänken, wo sich abends die Marrakchis zum Plaudern treffen und Pferdekutschen auf Kundschaft warten. Hier befinden sich auch der überdachte Souk der Juweliere und der Eingang zum alten Judenviertel (Mellah) durch den Mellah-Markt.

Südlich angrenzend liegt der **Place des Ferblantiers,** das Quartier der Lampenmacher. Um den rechteckigen Platz gruppieren sich Läden, in denen Handwerker Lampen aus Messing, Kupfer und Eisen fertigen. Wer ein Stück orientalisches Alltagsleben hautnah erfahren möchte, der stattet dem **Marché couvert** an der Av. Houmman El Fetouaki einen Besuch ab: In den überdachten Markthallen verkaufen Händler frisches Obst, Gemüse, Fisch, Fleisch und Geflügel.

Dar-Si-Said-Museum

Östlich der Rue Riad Zitoun El Jedid und etwas nördlich des Bahia-Palastes liegt das Dar Si Said. Dieses viel besuchte Volkskunstmuseum wurde in einem Palast aus dem 19. Jahrhundert untergebracht und beherbergt eine umfangreiche **Sammlung berberischen Kunsthandwerks** aus Marokko. Im Eingangsbereich befindet sich eine Holzausstellung mit antiken Gebrauchsgegenständen und Architekturelementen (Türen, Balustraden,

Marrakesch – Südliche Medina

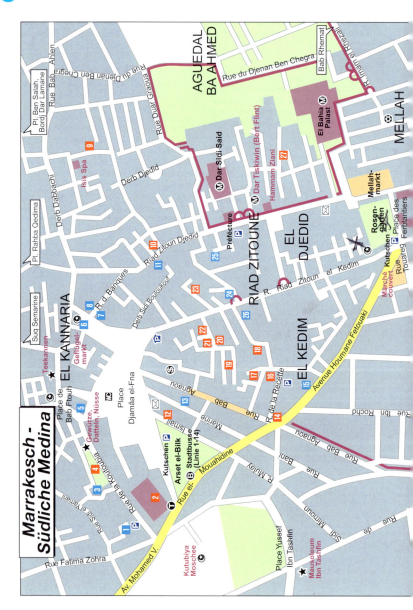

MARRAKESCH

Fenster) aus Zedern-, Pinien-, Oliven-, Feigen- und Nusshölzern. In den Salons des Innenhofs mit Springbrunnen und großen Bäumen sind u.a. Waffen, Musikinstrumente und Werkzeuge ausgestellt. Besonders sehenswert ist das Obergeschoss mit seinem prunkvollen Festsaal: Mosaike an Wänden und Böden, bemalte Stuckdekorationen und hohe Zedernholzdecken mit kunstvoller Bemalung verleihen dem Haus auf dieser Etage echten Palastcharakter. Im Untergeschoss ist das Gebäude dagegen schon stark baufällig: Risse in den Wänden, bröselnder Putz, stark in Anspruch genommene Bodenmosaike, marode Toiletten. Renovierungsarbeiten 2008 verbesserten die Situation etwas. In einem Zwischengeschoss können noch einige alte Küchenutensilien besichtigt werden.

●**Info:** Tel. 0524 44 24 64, tgl. außer Di 9–16.45 Uhr, Fotografieren verboten.
●**Eintritt:** Erwachsene 10 DH, Kinder unter 12 Jahren 5 DH.

●**Wegbeschreibung:** Das Museum liegt östlich der Rue Riad Zitoun Djedid, von wo es zwei beschilderte Zugänge gibt. Entweder man geht durch den südlichen Torbogen gegenüber dem Préfecture-Parkplatz vorbei am Dar Tiskiwin und biegt in die erste Gasse links ab, oder man spaziert durch den nördlicheren Torbogen (z.B. vom Djamâa-el-Fna aus) in Richtung Museum (beschildert).

Dar-Tiskiwin-Museum

Der Niederländer **Bert Flint** lebt seit mehr als 50 Jahren in Marrakesch. Seine Leidenschaft für die Traditionen und Kulturen der Menschen in Marokko sowie der Sahara- und Sahelländer veranlasste ihn dazu, 1985 ein privates Museum zu eröffnen. Hier präsentiert er seine wertvolle Sammlung, die er auf seinen vielen Forschungsreisen erwarb. 2006 vermachte *Bert Flint* das „Maison Tiskiwin" der Universität von Marrakesch Cadi Ayyad. Das übergreifende Thema des Volkskunst-

museums ist der **kulturelle und wirtschaftliche Austausch zwischen Marokko und den heutigen Sahelstaaten,** der vor allem in Form des Karawanenhandels seit Jahrhunderten stattfindet. Die Ausstellungsräume gruppieren sich in zwei Etagen um den stuckverzierten Innenhof des Altstadthauses. Die Säle zeigen Kleidung, Utensilien des täglichen Lebens, Schmuck oder Arbeitsgegenstände der Regionen und Völker entlang der Karawanenroute von Marrakesch durch die Sahara nach Agadez und weiter in den Sahel bis nach Timbuktu. Auf dem virtuellen Rundgang von Marrakesch nach Timbuktu und zurück bewundert man u.a. Teppiche, Stoffe, landwirtschaftliche Utensilien im Oasenfeldbau, Lederwaren und Schmuck der Tuareg sowie Holzfiguren und Kleidung westafrikanischer Völker.

- **Info:** tägl. 9–12.30 u. 15–18 Uhr.
- **Eintritt:** Erwachsene 20 DH, Kinder 10 DH.
- **Wegbeschreibung:** Der Eingang zum Museum liegt in einer kleinen Quergasse der südlichen Rue Riad Zitoun Djedid. Vom Préfecture-Parkplatz geht es durch einen Torbogen mit zum Verkauf ausgehängten Teppichen in die Gasse (Schild).

Bahia-Palast

Der Bahia-Palast trägt den Namen der Lieblingsfrau des Großwesirs **Ba Ahmed Ben Moussa,** der den Alaouiten-Sultan *Moulay Abdelaziz* Ende des 19. Jahrhunderts bei den Regierungsgeschäften unterstützte bzw. diese faktisch leitete. Angeblich lebte er mit vier Frauen und 80 Konkubinen in diesem riesigen Palast. Nach seinem Tod ließ sich die französische Protektoratsverwaltung in dem Komplex nieder. Die 50 prachtvoll im maurischen Stil mit geschnitzten und bemalten Zedernholzdecken, Stuckverzierungen und Marmor ausgestatteten Räume stehen heute leer. Der Gesamtkomplex bildet ein **Labyrinth** aus miteinander verbundenen Zimmern, Sälen, Innenhöfen und Hofgärten. Bei einer Besichtigung oder Führung kann man sich ein gutes Bild über den Prunk und die Ausstattung (inkl. Harem) orientalischer Fürstenhäuser um die vorletzte Jahrhundertwende verschaffen. Auch die herrlichen Gärten von Petit Riad (kleines Hofhaus) und Grand Riad (großes Hofhaus) mit Zitronenbäumen, Palmen und Bambussen lohnen die Besichtigung. In den Salons des Grand Riad versprechen die Kalligrafiebänder aus Stuck über den Mosaiken dem Bewohner des Hauses „Reichtum und Gesundheit". Die Mosaike, Schnitzereien und Säulen im Gebäudeteil „Grande cour d'honneur" sowie im Grand Riad waren lange Zeit stark renovierungsbedürftig, 2008 wurden schließlich Arbeiten zur Wiederherstellung begonnen.

- **Info:** tgl. 9–16.45 Uhr.
- **Eintritt:** 10 DH.
- **Wegbeschreibung:** Das unscheinbare Eingangstor in einer Mauer liegt an der südlichen Riad Zitoun Djedid nördlich des Place des Ferblantiers (kleines Schild).

El-Badi-Palast

Südlich des Place des Ferblantiers befinden sich die **Ruinen** des Palastes El Badi. Der Komplex wurde ab 1578 von dem Saadier-Sultan *Ahmed el-Mansour* erbaut. Der Sultan wählte als Gelände einen almohadischen Garten und importierte für den Bau kostbare Materialien aus der ganzen Welt, so auch italienischen Marmor. Doch der Prunk blieb nicht lange erhalten: Der Alaouiten-Sultan *Moulay Ismaïl* ließ um 1700 große Teile des Palastes abtragen, um seine *Ville Impériale* (Königsstadt) in Meknès zu errichten. Verbliebenes Dekor wie Mosaike und Stuck an Wänden und Böden vernichtete er. Heute lässt sich nur noch erahnen, dass der El-Badi-Palast einst eine der prächtigsten und größten Palastanlagen des Maghreb war.

Die Palasträumlichkeiten waren um einen rechteckigen Hof von 135 x 110 m mit einem großen Wasserbecken und Blumenrabatten angeordnet, der noch heute die einstigen Dimensionen des Palastes verdeutlicht. Mehr als die Ruinen der Palastanlage begeistern die Touristen heute meist die unzähligen

Innenhof im Bahia-Palast

Störche, die überall auf den Mauern nisten und sich von einem Turm des Palastes oder der Terrasse eines Cafés am Place des Ferblantiers schön fotografieren lassen.

Unter dem Hof des Palastes liegen ausgedehnte **Gefängnisse,** von denen oben nur die Lichtluken erkennbar sind. In den finsteren Gewölben kann man sehen, wo die Gefangenen angekettet waren. Manche Räume dienten wohl auch als Vorratskammern.

Die Freiflächen des El-Badi-Palastes sind alljährlich Hauptschauplatz des großen Folklorefestivals „Festival National des Arts Populaires".

Folgt man dem Schild „Minbar de la Kutubiya", erreicht man im südlichen Bereich des Ruinengeländes einen Raum, in dem das renovierte **Minbar** (Gebetskanzel) der Kutubiya-Moschee und eine Ausstellung zur Renovierung der Kanzel besichtigt werden können. Das Minbar aus der Almoravidenzeit gilt als die feinste erhaltene Holzarbeit aus dem islamischen Spanien (Al-Andalus) des Mittelalters. Es wurde 1137 in Córdoba im Auftrag des Almoraviden-Sultans *Ali Ibn Youssuf* entworfen. Die über 100 Bauteile aus Zedern-, Eben- und Sandelholz wurden anschließend 800 km nach Marrakesch transportiert und dort zusammengesetzt. Seit seiner Wiederherstellung in den 1990er Jahren ist das Minbar etwas stiefmütterlich im Palais El Badi ausgestellt – ursprünglich sollte es im Mittelpunkt eines neuen Museums für islamische Kunst stehen. Das Minbar mit acht Stufen, auf denen normalerweise der Vorbeter (Imam) beim Freitagsgebet steht, ist fast 4 m hoch, 1 m breit und 3,50 m tief. Kunstvolle Schnitz- und Einlegearbeiten mit geometrischen und floralen Mustern bedecken die Seitenwände, arabische Kalligrafiebänder mit religiösen und historischen Inskriptionen umgeben jede Flanke.

- **Info:** tägl. 9–16.45 Uhr.
- **Eintritt:** 10 DH, Minbar 20 DH extra.

Kasbah-Viertel

Das schönste Tor der Stadt, **Bab Agnaou,** führt in das von Mauern umgebene Kasbah-Viertel am Südrand der Medina. Das Bab Agnaou blieb als einziges von acht Einlasstoren ins almohadische Kasbah-Viertel bis heute erhalten. Das reich ornamentierte Steintor mit übereinander liegenden Hufeisenbögen war einst von zwei Wachtürmen flankiert. Heute wird es deshalb auch „Widder ohne Hörner" genannt. Während die Medina Wohnraum für die marokkanischen Muslime bot und die Mellah für die Juden eingerichtet wurde, beherbergte die Kasbah schon vor der Errichtung der Mellah die gesamte Infrastruktur für den Hofstaat des Sultans. Der Almohaden-Sultan *Yakoub el-Mansour* ließ diese durch Mauern geschützte *Cité imperiale* Ende des 12. Jahrhunderts errichten. Der Saadier-Sultan *Ahmed el-Mansour* baute die Kasbah später aus.

Eine breite Gasse führt vom Bab Agnaou direkt auf die 2006 umfassend renovierte, 70 x 77 m große **Kasbah-Moschee** im Zentrum des Viertels zu. Auch sie stammt aus der Almohaden-Dynastie unter *Yakoub el-Mansour* (12. Jh.). Ihr Minarett aus Bruch- und Ziegelstein mit seinem schönen Rautendekor galt für die folgenden Jahrhunderte als beispielhaft für weitere Moscheebauten. Gleich südlich der Moschee führt eine Gasse zu einer der bedeutendsten Sehenswürdigkeiten der Stadt, den Saadier-Gräbern (s.u.).

Etwas abseits des Touristenrummels um die Kasbah-Moschee und die Saadier-Gräber kann man bei einem Bummel durch die Hintergassen noch ein Stück ursprüngliches Quartiersleben beobachten. Hier gibt es im Vergleich zur nördlichen Medina noch kaum Maison d'Hôtes. Östlich schließen die hohen Mauern des alten **Königspalastes Dar el Makhzen** an. Der Königspalast wurde um 1747 vom Alaouiten-Sultan *Mohamed Ben Abdallah* erbaut, später erweitert und unter König *Hassan II.* umfassend renoviert. Von außen ist lediglich die hohe Mauer mit Eingangstoren sichtbar, die Palastanlage kann nicht besichtigt werden. Während des Besuchs des Königs sind die Portale stark bewacht und es darf nicht fotografiert werden.

Bab Agnaou, Eingang zum Kasbah-Viertel

Die Saadier-Gräber

Der Alaouiten-Sultan *Moulay Ismaïl* ließ nicht nur den El-Badi-Palast zerstören, sondern auch dieses Kunstwerk seiner Vorgängerdynastie zumauern, sodass es **erst 1917 von den Franzosen wiederentdeckt** wurde. Die Gräber sind in zwei verschiedenen Bauten untergebracht, auch im Innenhof mit schönen Königs- und Dattelpalmen befinden sich Grabsteine.

Das südliche Gebäude gleich links des Eingangs besteht aus drei miteinander verbundenen Sälen. Im **Saal des Mihrab** wird das zentrale, reich verzierte Kreuzgratgewölbe von vier Carrara-Marmorsäulen getragen. Der Saal der drei Nischen besteht – wie der Name sagt – aus drei mit Stuck und Mosaiken verzierten Nischen mit Gräbern von Nachkommen der Saadier-Herrscher.

Absoluter Höhepunkt der Besichtigung ist der **Saal der zwölf Säulen:** In diesem quadratischen Raum tragen vier Gruppen von jeweils drei weißen Säulen aus Carrara-Marmor mit bemerkenswerten Kapitellen die reich mit Stalaktitenschmuck verzierte Kuppel des Saals. Die Wände bedecken bis auf zwei Meter Höhe kleinteilige, kunstvoll gefertigte Kachelmosaike in Ornamenten und Arabesken. Den Abschluss der Mosaike bilden Kalligrafiebänder, darüber spannt sich eine Zedernholzdecke. Der Raum beherbergt den Sarkophag des Saadier-Sultans *Moulay Ahmed el-Mansour* (mittleres Grab).

Das **nördliche Gebäude** mit zwei Sälen auf der anderen Seite des Hofs ist weniger prunkvoll ausgestattet, aber dennoch sehr sehenswert. Dort und im Hof wurden weitere Angehörige der Saadier-Dynastie wie etwa Kinder, Frauen und Soldaten bestattet.

Die Saadier-Gräber sind eine der wichtigsten touristischen Sehenswürdigkeiten der Stadt, deshalb drängelt sich in der Hauptsaison vor allem vormittags eine **Unmenge an Besuchern** durch die Anlage. Man sollte den Gräbern deshalb möglichst gleich nach der Öffnung oder kurz vor der Schließung einen Besuch abstatten.

- **Info:** 9–16.45 Uhr.
- **Eintritt:** 10 DH.

Mellah – das Judenviertel

Östlich des Place des Ferblantiers breitet sich die Mellah aus, das ehemalige Judenviertel. Typisch für das Modell der islamischen Stadt ist die **Abgrenzung** der islamischen Wohn- und Geschäftsviertel von nicht-islamischen Einflüssen. In Marokko fand dies Ausdruck in der Abschiebung der größten religiösen Minderheit, der Juden, in ein ummauertes Judenviertel, die sogenannte Mellah. Fès war die erste Stadt, in der Anfang des 15. Jahrhunderts eine Mellah entstand, Mitte des 16. Jahrhunderts wurde ein Judenviertel in Marrakesch errichtet, weitere Städte folgten.

Die Mellah von Marrakesch wurde an der Stelle errichtet, wo sich einst die königlichen Stallungen befanden, die gesamte jüdische Gemeinschaft musste umsiedeln. Nur ein abschließbares Tor zur Kasbah erlaubte Einlass in die Mellah, wo die jüdische Bevölkerung die kommenden Jahrhunderte – weniger eingesperrt als in der unmittelbaren Nähe des Sultanspalastes mit seiner Garde) **geschützt vor Angriffen von außen und nichtjüdischen Einflüssen** – lebte. Heute umfasst die jüdische Gemeinde in Marrakesch nur noch etwa 260 Mitglieder, und das tägliche Leben in der Mellah ist muslimisch bestimmt.

Der Eingang zum alten Judenviertel führt durch den gedeckten **Mellah- Markt Bab es Salam** an der Ostseite des Rosengartens (Südende der Av. Hommam El Fetouaki). Hier türmen sich farbenfrohe Gewürzberge, kleine Läden verkaufen Dinge des täglichen Bedarfs. Vom Markt am nordwestlichen Ende der Mellah gelangt man in deren Gassen, wo sich das Leben zunächst kaum von dem in anderen Teilen der Medina unterscheidet. In der Mellah wurde **noch nicht so viel in Hausrenovierungen investiert,** und so bröckelt an vielen Fassaden der Putz – alles wirkt ein bisschen morbider, ärmer und schmutziger als rund um den Djamâa-el-Fna. In den Seitengassen findet man gelegentlich noch architektonische Hinweise auf die jüdische Vergangenheit: Die mehrgeschossigen Häuser tragen Erker aus Holz, große Fenster mit Läden, und spanische Eisenbalkone weisen zur Straße, wogegen sich die Häuser der muslimischen Viertel nur nach innen öffnen und kaum Fenster nach außen aufweisen.

Im Zentrum der Mellah nahe dem Place Souweka versteckt sich die 500 Jahre alte, von außen nicht als solche erkennbare **Synagoge.** Ein liebenswerter Blinder namens *David Paris* führt Interessierte durch das Gebäude, gibt französische Erklärungen und erwartet zum Schluss ein Trinkgeld (ca. 40 DH). Vom großen blau-weißen Innenhof mit hebräischen Schriftbannern an den Balkonen betritt man rechts den schönen Gebetssaal. Freitagabends und samstags ist die Synagoge für Touristen geschlossen.

Spaziert man von der Synagoge ostwärts, so erreicht man die interessanteste Sehenswürdigkeit der Mellah: den von einer weißen Mauer umfassten **Jüdischen Friedhof.** Ein Wärter öffnet Besuchern das Metalltor (für ca. 40 DH Trinkgeld). Auf dem großen Gelände führt ein betonierter Weg durch die Reihen Hunderter weißer, eng aneinanderliegender Gräber. Viele weisen hebräische Widmungen auf, neuere Grabsteine informieren auch über den Namen und das Todesdatum des Verstorbenen.

Jardin Majorelle

Der französische Künstler **Jacques Majorelle** (1886–1962) vereinte die auf seinen Reisen durch alle Kontinente gesammelten exotischen Pflanzen in diesem wunderschönen Garten, den er 1947 für die Öffentlichkeit zugänglich machte. 1980 erwarben der in Oran geborene Modeschöpfer *Yves Saint-Laurent* und dessen Lebensgefährte *Pierre Bergé* die Gärten. Vor der umfassenden Renovierung im Jahr 2000 war dieser beinahe mystisch schöne Platz kaum bekannt. Heute drängeln sich schon am späten Vormittag unzählige Touristen auf den schmalen Wegen – ein früher Besuch ist deshalb ratsam.

Die Blütenpracht, das **üppige Grün** und die vielen Pflanzen in diesem verwunschenen Garten sind beeindruckend: Lotus, Papyrus, Bougainvillea, Bambus, riesige Kakteen, dazwischen leuchtend blau gestrichene Gemäuer und Bassins mit Wasserschildkröten. Eine Broschüre (erhältlich im Shop) informiert über die hier zu beobachtenden Vögel.

Im ehemaligen Atelier von *Majorelle* ist heute das **Musée d'Art islamique** untergebracht (15 DH extra Eintritt). Dieses Museum beherbergt neben Werken des französischen Künstlers die persönliche Sammlung islamischer Kunst von *Pierre Bergé* und *Yves Saint-Laurent*, u.a. wertvolle Keramik, Textilien, Schmuck und Waffen.

- **Info:** www.jardinmajorelle.com, Tel. 0524 30 18 52, Hunde nicht erlaubt, Okt. bis April 8-17.30 Uhr, Mai bis Sept. 8-18 Uhr, im Ramadan 9-17 Uhr.
- **Eintritt:** 40 DH, Musée d'Art Islamique 25 DH extra.
- **Wegbeschreibung:** Der Garten liegt nördlich des Bab Doukkala in Guéliz und ist am besten mit einem Taxi oder der Pferdekutsche zu erreichen.

Jardins de la Ménara

Die Gärten bieten sich als letzter Programmpunkt eines anstrengenden Besichtigungstages an, von dort kann man dann mit dem Taxi zum Hotel zurückkehren. Ursprünglich im 12. Jahrhundert unter den Almohaden errichtet, wurden die Ménara-Gärten im 19. Jahrhundert unter Sultan *Mohamed ibn Abd el-Rahman* als Obst- und Olivenplantagen neu angelegt.

Vom Eingangstor am Ende der Av. de la Ménara führt eine breite Promenade durch die von Bewässerungskanälen durchzogenen Olivenhaine in Richtung **Wasserbassin**. Im Gegensatz zu den menschenleeren Agdal-Gärten (s.u.) sind hier marokkanische Schulklassen unterwegs, treffen sich junge Leute zum Flanieren und Plaudern, picknicken marokkanische Familien im Schatten der knorrigen Olivenbäume. Touristen lassen sich auf Kamelen mit bunten Sätteln ablichten.

Am linken Ende des zentralen Bewässerungsbeckens von 150 x 200 m thront ein **Pavillon** vom Ende des 19. Jahrhunderts mit einem Pyramidendach aus grün glasierten Ziegeln. Das von Palmen und Oliven umrahmte **Wasserbecken** mit dem malerischen Pavillon ist eines der beliebtesten Prospekt- und Fotomotive – vor allem vor der Kulisse der schneebedeckten Gipfel des Hohen Atlas an klaren Tagen im Winter. Der Eingang zum Pavillon liegt auf dessen Rückseite, vom oberen Stockwerk bietet sich ein lohnenswerter Ausblick über die Gärten und die Stadt bis zum Djabal Guéliz. Die Innenräume sind leer, einzig bemerkenswert sind die bemalte Holzdecke im Erd- und das Kuppeldach im Obergeschoss.

- **Info:** tägl. 8-18 Uhr.
- **Eintritt:** in die Gärten frei, für den Pavillon 10 DH.
- **Wegbeschreibung:** Die Ménara-Gärten sind entweder mit dem Petit Taxi (ca. 30 DH ab Djamâa-el-Fna), der Calèche oder dem Bus Nr. 11 ab Place de Foucault erreichbar. Zu Fuß läuft man von der Kutubiya-Moschee ca. 30 Min. entlang der Av. de la Ménara vorbei an den großen Hotels der Hivernage.

Agdal-Gärten

Die Gartenanlagen, bereits **1157 unter den Almohaden gegründet**, sind eine der ältesten der arabisch-islamischen Welt – älter als die Gärten der Alhambra. Angeblich gab *Abd el Moumen* den Auftrag, einen *Jardin imperial* in der Nähe der Sultanspaläste zu errichten. Während die Olivenernte den Almohaden großen Ertrag einbrachte, lagen die Gartenanlagen unter den Meriniden und Ouattasiden brach. Erst im 16. Jahrhundert (unter dem Saaditen *Moulay el-Mansour*) wurden die Gärten regeneriert und das Bewässerungssystem wieder in Betrieb genommen.

Die heute ummauerten und umzäunten Agdal-Gärten sind 515 Hektar groß und werden über einen **Kanal vom Stausee Lalla Takerkoust** am Rande des Hohen Atlas bewässert. Etwa 30.000 Oliven-, 24.000 Orangen- und Mandarinen-, 7000 Granatäpfel- und 720 Feigenbäume bringen jährlich eine reiche Ernte.

Die Gartenanlagen selbst sind nur bedingt sehenswert – z.B. wenn man ein bisschen ländliche Ruhe genießen und allein zwischen den Baumreihen mit schmalen Bewässerungsrinnen aus Erde schlendern möchte. Gelegentlich picknickt eine marokkanische Familie im Schatten eines Olivenbaums. Der Hauptzugang zu den Gärten befindet sich beim großen **Wasserbassin El Hana.** Ein Wärter öffnet das Zugangstor beim Gebäu-

MARRAKESCH

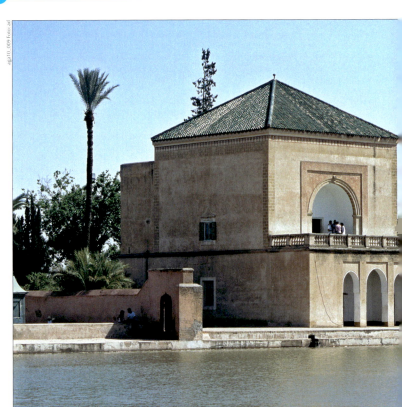

de einer alten Ölmühle (Trinkgeld wird erwartet). Im braunen Wasser des betonierten Bassins schwimmen dicke Karpfen, am Horizont zeichnet sich der Hohe Atlas ab.

●**Info:** Der Zugang zum Bassin ist nur Fr und So geöffnet, **Eintritt frei.**

Ein beliebtes Fotomotiv:
der Pavillon in den Menara-Gärten

●**Wegbeschreibung:** Zugang über den Méchouar südlich des Königspalastes (bei Besuch des Königs gesperrt) oder vom Stadttor Bab Ighli entlang der Stadtmauer Richtung Süden, dann links in die Rue d'Agdal bis zum Eingangstor auf der rechten Seite (unbeschildert). Von allen anderen Seiten sind die Gärten verschlossen und die Eingänge nur schwer auffindbar. Der weite Weg entlang der Straße bis zum Bassin bietet keinerlei Schatten, daher lässt man sich besser mit

Karten Umschlag hinten, S. 389, Stadtpläne S. 392, 400, 408, 418 **MARRAKESCH** 417

dem Taxi oder der Pferdekutsche am Eingangstor absetzen oder nimmt Bus Nr. 6 ab Place de Foucault.

Palmeraie

Bei der Palmeraie handelt es sich um den **einzigen Dattelpalmenhain nördlich des Hohen Atlas,** angeblich zufällig entstanden, als *Youssouf Ben Tachfin* im 11. Jahrhundert mit seinen Truppen hier lagerte und diese Dattelkerne hinterließen. Heute sind die Palmen eine exotische Kulisse für Villen und Hotels. Bis 2012 plant man die Anpflanzung von 300.000 neuen Palmen.

Die 12.000 Hektar große Palmeraie im Norden der Stadt ist weniger ein zusammenhängender Oasengarten als vielmehr ein Areal für große Hotelprojekte, riesige Privatanwesen der Schönen und Reichen und für den Golfplatz **Golf de la Palmeraie.** Die Palmeraie ist neben der Hivernage das teuerste Wohnviertel der Stadt und wie an den südlichen Ausfallstraßen schießen auch hier immer mehr luxuriöse Appartementanlagen und Hotels aus dem Boden. Eine **22 km lange Rundfahrt,** der **Circuit de la Palmeraie,** führt durch die Palmenhaine, umgrenzt von Hotelmauern, mit Baustellen, einzelnen Oliven- und Zitrusgärten und Reitkamelen für Touristen. Bus Nr. 36 fährt von der Haltestelle an der Südseite der Koutoubia in die Palmeraie.

Cyber Parc
(Arset Mulay Abdelslam)

Ein Besuch im sauberen, schönen Cyber Parc bzw. Arset Mulay Abdelslam direkt an der Av. Mohamed V. zwischen Medina und Guéliz lässt den Lärm, Smog und tobenden Verkehr der Stadt vergessen. Familien, Studenten und Jugendliche flanieren zwischen den akkurat geschnittenen Sträuchern, Jacarandas, Zitronenbäumen, Pinien, Palmen und Oliven. In der Mitte des Parks bietet ein modernes Cybercafé kostenpflichtigen Internetzugang. Im westlichen Teil wandelt sich der Charakter des Parks von englisch-gepflegt zum Oasengarten mit kleinen Erdbewässerungskanälen unter Palmen und Oliven.

Am Haupteingang ist in einem Glaspavillon eine kleine **Ausstellung** der Maroc Telecom zur Entwicklung der Telekommunikation in Marokko untergebracht.

Wer sich für Kakteen interessiert, kann der deutsch-marokkanischen **Kaktusfarm Thiemann** (10 km an der Straße Richtung Casablanca, Voranmeldung unter Tel. 0662 10 63 21, Cactusthiemann@hotmail.fr) einen Besuch abstatten.

MARRAKESCH – GUELIZ UND HIVERNAGE

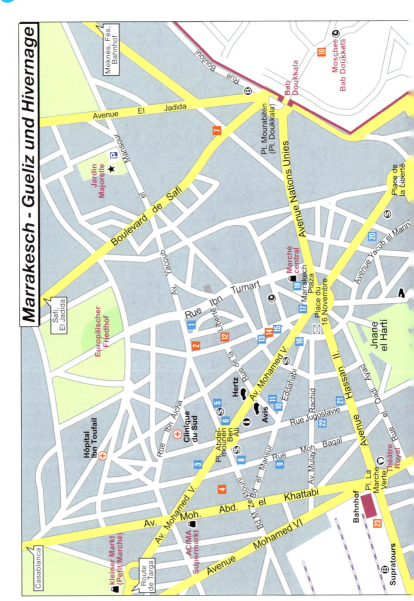

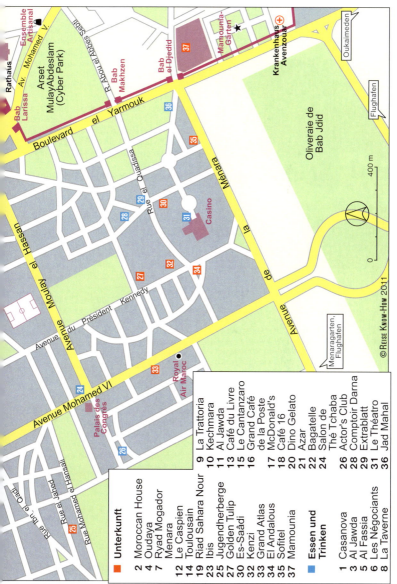

MARRAKESCH

Die Neustadt
(Guéliz und Hivernage)

Die Neustadt, das heutige Viertel Guéliz, entstand in der Kolonialzeit im Westen der Medina als modernes Wohnviertel für die Franzosen außerhalb der Stadtmauern.

Heute erstickt Guéliz im Verkehr, und für Fußgänger wird es zunehmend unangenehm, sich im Verkehrslärm und Smog an der Hauptstraße, der **Av. Mohamed V.,** zu bewegen. Guéliz ist besonders zum **Einkaufen, Essen und Ausgehen** geeignet, sonst aber ohne besondere Sehenswürdigkeiten. In den mehrstöckigen rosa Betonbauten entlang der Av. Mohamed V. und in den Seitenstraßen sind Shops mit Kleidung und Souvenirs, Restaurants, Cafés und Bars, Lebensmittelläden, Banken, Immobilienbüros, Reiseagenturen und Autovermieter untergebracht.

Jardin Majorelle:
eine Ruheoase mitten in der Stadt

Am großen **Place du 16. Novembre** entstand in den letzten Jahren die repräsentative **Marrakech Plaza,** ein moderner Gebäudekomplex mit Läden und Apartments vor einem hübschen Platz mit Springbrunnen und Palmen. Dahinter, an der Ecke von Rue des Nations Unies und Rue Ibn Toumert, wurde der neue **Marché central** mit Lebensmitteln und Schnittblumen errichtet.

Am **Place Abdelmoumen** an der Kreuzung zum Bd Zerktouni laden viele Cafés mit schattiger Terrasse auf dem Gehsteig zu einer Verschnaufpause ein. Das am Platz gelegene Office du Tourisme hält Informationen für Besucher bereit.

Entlang der **Av. Mohamed Abdelkrim El Khattabi** gelangt man südwärts zur Kreuzung der Av. Mohamed VI. mit der Av. Hassan II. Hier thront der Stolz der Marrakchis, das 2001 fertiggestellte **Théâtre Royal** des tunesischen Star-Architekten *Charles Boccara*. Der gelbe Bau mit großer Kuppel, Säulen und Backsteinen weckt von außen Assoziationen zu Moscheen und Tempeln in Ägypten. Das Gebäude ist u.a. Veranstaltungsort beim Filmfestival *(Festival international du Film de Marrakech)* sowie für Theater- und Musikvorführungen.

Beim Théâtre Royale beginnt der südliche Abschnitt der **Av. Mohamed VI.** Entlang dieser vierspurigen, palmenflankierten Prachtmeile sind große Luxushotels, Cafés und Restaurants sowie der Kongresspalast *(Palais des Congrès)* angesiedelt.

Die sogenannte **Hivernage** zwischen Av. Moulay el Hassan und Av. de la Ménara schließt westlich an die Medina und südlich an Guéliz an. In diesem blitzsauberen und mit Palmen und Oliven begrünten Quartier reihen sich edle Apartmentanlagen und Luxushotels aneinander. Die Hivernage ist neben der Palmeraie das teuerste Wohnviertel der Stadt.

Information

- **Office du Tourisme** (ONMT), Place Abdelmoumen, Guéliz, Tel. 0524 43 61 31/39. Kostenlose Broschüren, keine Detailinfos oder Empfehlung von Stadtführern.

Karten Umschlag hinten, S. 389, Stadtpläne S. 392, 400, 408, 418 **MARRAKESCH**

- www.madein-marrakech.com
Jede Menge Adressen und Tipps zu Riads, Restaurants, Bars etc. (franz.).
- www.marrakech.travel/de
Offizielle Website des Tourismusamtes in mehreren Sprachen.

Stadtführungen

Kompetente deutschsprachige Stadtführer verlangen für eine **halbtägige Führung ca. 300 DH** und für den ganzen Tag ca. 500 DH (unabhängig von der Personenzahl). Der Preis sollte immer vorher vereinbart werden! Die Hotels halten in der Regel eine Liste empfehlenswerter Stadtführer bereit.

Empfehlenswerte offizielle und des Deutschen mächtige **Führer** für alle Sehenswürdigkeiten sind: *Hassan Moumen* (Mobil 0661 58 16 81), *Jamal Benihoud* (Mobil 0662 20 32 81, falkoniti@hotmail.com), *Abdelkader Dizi* (Mobil 0667 96 49 12), *Omar Faris* (Mobil 0661 16 36 22) und *Ahmed Tija* (Tel. 0524 30 03 37).

Hotels in der Neustadt

Ohne Reservierung ist ein Unterkommen in den größeren Hotels zur Hauptsaison an Ostern, Weihnachten und zu Ferienzeiten schwierig!

Fast alle **Hotels in der Neustadt** verfügen über eigene **bewachte Parkplätze,** mit Ausnahme einiger Hotels direkt an der Av. Mohamed V. (hier gibt es öffentliche bewachte Parkplätze).

Günstig

- **Toulousain,** 44, Rue Tariq Ben Ziad, Guéliz, Tel. 0524 43 00 33, www.hoteltoulousain. com. Zentral gelegenes einfaches Traveller-Hotel mit Parkmöglichkeit im Hinterhof. Nebenan befindet sich das sehr empfehlenswerte Café du Livre (s.u.). Ruhig und angenehm, netter Innenhof, (z.T. recht Hitze stauende) DZ mit Dusche/WC inkl. Frühstück €€, auch günstigere Zimmer ohne Bad. Sauber, nur an manchen Stellen blättert der Putz.

Mittelklasse

- **Ibis – Moussafir*****, Av. Hassan II., Place de la Gare (direkt am Bahnhof), Tel. 0524 43 59 29 33, www.ibishotel.com. Schönes Mittelklassehotel mit Pool, freundlichem Service und gutem Frühstück, €€€. Die Räume nach vorne sind laut, besser Zimmer zum Garten verlangen. Ein weiteres Ibis-Hotel liegt an der Ausfahrtsstraße Richtung Casablanca.
- **Le Caspien*****, 12 Rue Loubnane, Ecke Rue Liberté, Guéliz, Tel. 0524 42 22 82, www.lecaspien-hotel.com. Die hübschen, sauberen und modern marokkanisch gestalteten Zimmer (mit Bad, TV) gruppieren sich auf mehreren Etagen um den Innenhof (auch Suiten mit Balkon). Das 3-Sterne-Haus hat ein angenehmes Bistro und einen Mini-Pool. €€€.
- **Moroccan House Hotel*****, 3, Rue Loubnane, Ecke Bd Zerktouni, Guéliz, Tel. 0524 42 03 05/06, www.moroccanhousehotels. com. Dieses empfehlenswerte Hotel ist etwas übertrieben kitschig-orientalisch im Stil eines Riads gestaltet. Das Personal ist sehr freundlich, ein Pool bietet Erfrischung. Die 50 Zimmer verschiedener Farbgebung und Kategorie sind mit Baldachinbett, TV und Klimaanlage ausgestattet. €€€€B.
- **Oudaya*****, 147, Rue Mohamed El Beqal (Nordende), Tel. 0524 44 85 12 oder 44 71 09, www.oudaya.ma. Zentrumsnahes, modernes und relativ großes Hotel mit marokkanischen Stilelementen, ca. 20 Min. Fußmarsch zum Djamâa-el-Fna. Sehr freundlich und korrekt, schöner Pool im Hof, Hammam, behinderten- und kinderfreundlich, viel von Veranstaltern gebucht. Gut ausgestattete, saubere und klimatisierte Zimmer (z.T. klein) mit Sat-TV (gebührenpflichtig) und Balkon zum Hof. Kein Hotelparkplatz. Restaurant mit Weinausschank. DZ €€€.
- **Ryad Mogador Menara*****, Ecke Bd 11 Janvier/Bd Prince My Abdellah, am Bab Doukkala, Tel. 0524 43 86 46, www.ryadmogador.com. Modernes, großes 3-Sterne-Hotel der Ryad-Mogador-Kette mit Pool, Parkplatz und gutem Preis-Leistungsverhältnis. Die Zimmer sind mit Sat-TV und Klimaanlage ausgestattet. Kein Alkoholausschank. Ca. 15 Minuten Fußmarsch zum Djamâa-el-Fna. DZ €€€.

Oberklasse

Die modernen Oberklasse-Hotels **in der Neustadt** (v.a. in der Hivernage) unterscheiden sich kaum in Komfort, Ausstattung und Angebot (klimatisierte Zimmer mit TV, mehrere Restaurants, Sport- und Wellnessangebot). Daher werden hier nur einige ausgewählte Adressen genannt.

●**Golden Tulip Farah*******, Av. Président Kennedy, Hivernage, Tel. 0524 44 89 52, www.goldentulipfarahmarrakech.com. Komfortables, großes 4-Sterne-Hotel mit Pool im herrlichen Palmengarten, Restaurant und Bar mit hübscher Terrasse zum Pool (Alkoholausschank). Zimmer mit TV und Klimaanlage, schöne zweigeschossige Bungalows für vier Personen, europäisch geprägtes Frühstücks- und Abendbuffet (20 Euro). DZ 120 Euro, Bungalow 250 Euro.

●**La Mamounia Palace*******, Av. Bab Djedid (zwischen Stadtmauer und Kutubiya-Moschee), Tel. 0524 38 86 00, www.mamounia.com. Das legendäre und weltbekannte Luxushotel wurde nach dreijähriger Renovierung 2009 glamourös wiedereröffnet. Das ursprünglich aus dem Jahr 1923 stammende, von *Henri Probst* entworfene Traditionshotel verbindet die märchenhafte Atmosphäre aus 1001 Nacht mit dem Komfort des 21. Jh. Es diente als Kulisse für zahlreiche Filme und als Domizil für Aristokraten, Stars und Politiker, darunter Stammgast *Winston Churchill*. Sterneköche sorgen im französischen und marokkanischen Gourmet-Restaurant fürs leibliche Wohl, der 2500 m² große Spa-Bereich garantiert Entspannung und ist (mit Reservierung) auch für Nichtgäste geöffnet. Unbedingt einen Besuch wert ist der traumhafte, 7 ha große Mamounia-Park mit Pool unter

Marrakesch und Hollywood

von *Dr. Stefan Zimmermann* und *Prof. Dr. Anton Escher*, Mainz

Was haben die Spielfilme „Die Reise nach Marrakesch" von Richard Eichberg aus dem Jahr 1949, „Der Mann, der zu viel wusste" von *Alfred Hichcock* aus dem Jahr 1955, „Peter Voss der Held des Tages" von *Georg Marischka* aus dem Jahr 1959, „Faustrecht der Freiheit" von *Rainer Werner Fassbinder* (1975), „Ishtar" von *Elaine May* (1985), „Marrakesch" von *Giles MacKinnon* (1998) sowie „Die Mumie" von *Stephen Sommers* (1999) gemeinsam?

Abgesehen von ihrem Erfolg an den Kinokassen ist es der gemeinsame Handlungsort bzw. der gemeinsame Drehort, die Stadt Marrakesch.

Das Marrakesch des Kinos spiegelt das durch Hollywood verklärte, **orientalisch-exotische Bild einer marokkanischen Stadt.** Eine Analyse zahlreicher Spiel- und Fernsehfilme zeigt, dass das lichtgespielte Marrakesch, aus einigen wenigen Einstellungen und noch wenigeren Bausteinen zusammengefügt, vom Zuschauer assoziiert wird. Letztlich sind es vier Elemente, die in allen Filmen als charakteristische Gestaltungsorte der Stadt, die immer die Altstadt, d.h. die Medina ist, auftauchen: Nahezu jeder Film führt die Stadt mit einem Blick auf den weltberühmten Platz, auf den Djamâa-el-Fna, mit einem Schwenk auf das Minarett Kutubiya ein. Bereits jetzt weiß der Zuschauer: Der Film erzählt von Marrakesch! Der Blick verweilt auf den exotischen Schlangenbeschwörern und orientalischen Märchenerzählern. Danach fährt die Kamera über die Dächer der Medina von Marrakesch. Auch die geheimnisvollen und verwirrenden Gassen in den märchenhaften Souks der Medina dürfen nicht fehlen. Sie vermitteln Furcht, Angst und Ungewissheit, denn sie umfassen und umschließen die Menschen wie ein Labyrinth und zwingen oftmals dazu, dass sich die Protagonisten der Filmerzählungen darin zu verlieren glauben. Schließlich verwenden die Filmemacher die faszinierenden Gärten der Häuser und ihre Diwane, um die Innenseite der Welt von Marrakesch zu zeigen.

Karten Umschlag hinten, S. 389, Stadtpläne S. 392, 400, 408, 418 **MARRAKESCH**

Palmen. Nichtgäste können den Pool und Fitnesspavillon mit einem Tagespass (50 Euro) nutzen. Zimmer ab 600 Euro.

Maisons d'Hôtes und Hotels in der Medina

Maisons d'Hôtes sind **Gästehäuser in alten,** meist sehr **schön renovierten Stadthäusern** der Medina. Die mittlerweile mehreren hundert Gästehäuser der Altstadt sind in der Regel nicht mit dem Auto zugänglich! Die ungenauen Pläne der Medina mit ihren unzähligen Gässlein reichen zur Orientierung bzw. zum problemlosen Auffinden der Häuser nicht aus. Rufen Sie deshalb am besten vorher in der jeweiligen Unterkunft an und lassen Sie sich (z.B. vom Djamâa-el-Fna) abholen, den Gepäcktransport organisieren und einen bewachten Parkplatz in der Nähe zeigen. Am Djamâa-el-Fna kann man auch Träger mit Gepäckkarren anmieten (ca. 20 DH, vorher verhandeln!). Eine Reservierung ist für alle Gästehäuser unbedingt empfehlenswert.

Maisons d'Hôtes in der **nördlichen Medina** liegen in den Quartieren Kennaria, Dabbachi, Azbezt, Mouassine, Kat Benhadid, Riad Larousse, Bab Doukkala, u.a. nördlich des Djamâa-el-Fna. Gästehäuser in den Quartieren Riad Zitoun el Jdid, Riad Zitoun el Kedim, Berrima, Mellah, Kasbah u.a. zählen wir zur **südlichen Medina.**

Günstig

Die meisten preiswerten Gästehäuser liegen **südlich des Djamâa-el-Fna,** z.B. in den Seitengassen der Rue Bab Agnaou und der Rue Riad Zitoun el Kedim.

Das **imaginierte Marrakesch,** wie es sich in den Spielfilmen findet, ist in der Regel auch der „Orient", den der europäische Zuschauer zu betreten erwartet. Dies ist der Grund, warum die präsentierten filmischen Images der Stadt über Jahrzehnte nur gering oder gar nicht variieren. Auch wenn sich Geschichten und Erzählungen der Filme vor ihrem zeitlichen Hintergrund unterscheiden und entwickeln, bleibt das imaginierte Marrakesch über die Jahre nahezu identisch.

Aber nicht nur in Marrakesch, sondern auch im ehemaligen Berberdorf Aït Benhaddou südlich des Hohen Atlas und den Studios in Ouarzazate (Atlas Studios, Kan Zamane Studios, Cinedina Studios) sowie den dazugehörigen Drehorten in Casablanca geben sich internationale Filmcrews die Klinke in die Hand. In den vergangenen Jahren nahm die **internationale Drehtätigkeit** deutlich zu, was dazu führt, dass gegenwärtig bis zu dreißig ausländische Filme pro Jahr produziert werden. Von diesen Produktionen profitiert auch das heimische Kino, das auf ausgebildete Techniker und die bestens ausgebaute Infrastruktur zurückgreifen kann. Die **Unterstützung von marokkanischer Seite** für ausländische Filmproduktionen gilt als mustergültig, so stellt die Armee bereitwillig Rekruten als Komparsen und hilft bei Produktionen, die militärisches Fachwissen verlangen. Staatliche Unterstützung gibt es auch beim Location-Scouting, der Erteilung von Drehgenehmigungen und allen weiteren administrativen Schwierigkeiten.

Inzwischen treffen sich in Marrakesch die großen Protagonisten des Kinos und die internationalen Stars nicht nur zum Drehen ihrer Produktionen, sondern auch, um sich und ihre Filme auf der internationalen Bühne zu präsentieren. Seit 2001 findet alljährlich das **internationale Filmfestival von Marrakesch** statt, das sowohl dem massentauglichen Unterhaltungskino die Bühne bereitet als auch dem nationalen Kino und vermehrt den indischen Bollywood-Produktionen ein Forum bietet. Es bleibt abzuwarten, ob Marokko und vor allem Marrakesch mit seiner hervorragenden filmischen Infrastruktur, den Studios und den nahezu perfekten Drehorten sowie den ausgebildeten Fachleuten nach und nach zu einem afrikanischen „Marrakywood" werden. Die Grundlagen dafür existieren auf jeden Fall.

MARRAKESCH

● **Ali,** Rue Mulay Ismail (wenige Schritte vom Djamâa-el-Fna), südliche Medina, Tel. 0524 44 49 79, www.hotel-ali.com. Travellertreffpunkt Nr. 1 in Marrakesch, internationales junges Low-Budget-Publikum. Zimmer laut, nicht klimatisiert und sehr klein, aber sauber, bewachter Parkplatz. Jeden Abend günstiges All-you-can-eat-Büffet, eigener Pizzaofen. Hier treffen sich auch die marokkanischen Bergführer – wer eine Trekkingtour plant, kann hier Kontakte knüpfen. Abends lebhaftes Treiben im Café zur Straße. WLAN im EG, Wechselbüro (auch am Wochenende und abends geöffnet). Es können Tagesausflüge (z.B. nach Ouzoud) gebucht werden. Übernachtung auf der Dachterrasse mit tollem Blick auf den Platz (Matratze und Schlafsäcke vorhanden) 50 DH inkl. Frühstück. DZ mit Frühstück €€, auch 3er-Zimmer.

● **Chellah,** 14, Derb Skaya, Riad Zitoun el Kedim, südliche Medina, Tel./Fax 0524 44 29 77. Einfaches Hotel mit zehn Zimmern mit Etagenduschen und WC in einer staubigen Nebengasse, drei Zimmer sind groß genug für 3 bis 4 Personen. Großer Innenhof mit schönen Zitronenbäumen, Springbrunnen und Sitzgelegenheit. Einigermaßen freundlich, nicht so hübsch wie Hotel Essaouira. DZ € ohne Frühstück. Keine Verköstigung im Haus möglich.

● **El Amal,** 93, Derb Sidi Bouloukate, in einer ruhigen Seitengasse der Riad Zitoun el Kedim, südliche Medina, Tel. 0524 44 50 43, kaoutar_zahi@yahoo.fr. DZ € ohne Frühstück (20 DH). Etwas dunkle, einfache und ordentliche Zimmer mit Waschbecken in einem kleinen, grün gestrichenen Hofhaus. Saubere Etagenduschen. DZ € ohne Frühstück.

● **Essaouira,** 3, Derb Sidibouloukate (Seitengasse der Riad Zitoun el Kedim), südliche Medina, Tel. 0524 44 38 05, www.jnanemogador.com/hotelessaouira-marrakech. Am Südende des Djamâa-el-Fna durch einen Torbogen in die Riad Zitoun el Kedim einbiegen – links liegt eine kleine Parkgarage –, dann ca. 5 Min. bis zum Hotel rechts in der zweiten kleinen Seitengasse. Einfaches, hübsches und sauberes, daher beliebtes Travellerhotel in einem kleinen Riad mit bunt bemalten Holzbalkonen. Hellhörige Zimmer mit Waschbecken oder eigenem Bad auf zwei Etagen um den Innenhof. Abendessen auf Bestellung. Dachterrasse mit Snackbar und Blick auf die Stadt und die Berge (Übernachtung auf der Terrasse 30 DH). DZ €B mit Etagendusche (warm), nur eine Toilette pro Gang, DZ mit Bad/WC €€B.

● **Gallia****, 30, Rue de la Recette (Seitengasse der Rue Bab Agnaou), südliche Medina, Tel. 0524 44 59 13, www.ilove-marrakech.com/hotelgallia. In diesem renovierten alten Stadthaus wird man sehr freundlich empfangen, den schönen Innenhof ziert eine große Palme, die 19 Zimmer sind sauber und klimatisiert. Häufig ausgebucht, Reservierung notwendig. DZ €€€ inkl. Frühstück.

● **Grand Hôtel Tazi****, Av. El Mouahidine/Rue Bab Agnaou, Tel. 0524 44 27 87, Fax 44 21 52. Gute, zentrale Lage am Ende der Rue Bab Agnaou, aber verkehrsreiche Ecke. Lobby mit Wechselstube und prachtvollem Stuckdach, der Empfang ist nicht immer freundlich. Die großen, sauberen, klimatisierten und z.T. mit TV ausgestatteten Zimmer reihen sich an einen endlosen dunklen Gang. Die Bäder sehen nicht mehr alle einladend aus (mehrere Zimmer zeigen lassen). Teilweise wenig fachmännische Renovierungsversuche. Im Hof gibt es einen kleinen Pool. Es gibt Bier. DZ €€€ ohne Frühstück.

● **Jnane Mogador****, 116, Riad Zitoun el Kedim, Derb Sidi Bouloukat, südliche Medina, nur wenige Meter vom Djamâa-el-Fna, Tel./Fax 0524 42 63 23/24, www.jnanemogador.com. Kleiner, hübscher Riad mit zwei Stockwerken, Internetecke, 18 schönen Zimmern mit TV und Klimaanlage, Dachterrasse ohne Schatten, kleiner Hammam. DZ mit Frühstück €€€B.

● **Riad Celia,** 1, Douar Graoua, Riad Zitoun Djedid, südliche Medina, Tel. 0524 42 99 84/81, www.hotelriadcelia.com. Schlichter, sauberer und freundlicher Riad. Die klimatisierten Zimmer mit Bad gruppieren sich auf drei Etagen um den Innenhof mit riesiger Palme. Hübsche Dachterrasse, WLAN im Haus. Günstige Lage nur wenige Minuten vom Djamâa-el-Fna. DZ €€€ inkl. Frühstück.

● **Sherazade****, 3, Derb Djamaa, Riad Zitoun El Kedim (ca. 5 Min. vom Djamâa-el-Fna), südliche Medina, Tel./Fax 0524 42 93 05, www.hotelsherazade.com. Am Südende des Djamâa-el-Fna durch einen Torbogen in die Riad Zitoun el Kedim einbiegen – links liegt eine kleine Parkgarage –, dann in die dritte Straße auf der linken Seite. Sehr nettes, sauberes Hotel im marokkanischen Stil mit 21 Zimmern, das vom deutsch-marokkanischen Paar *Sabina* und *Ahmed Benchaira* geführt wird. Ein – im Vergleich zu den teureren Maison d'Hôtes – einfaches Stadthaus und beliebtes Travellerhotel. Sehr gutes Frühstück 5 Euro, Halbpension 15 Euro, DZ mit Bad €€€ (z.T. mit Klimaanlage), DZ mit (sauberem) Etagenbad €€. Keine Kreditkartenzahlung, Vorausbuchung notwendig.

●**Sindi Sud,** 109, Riad Zitoun el Kedim, Derb Sidi Bouloukate, südliche Medina, 10 m vom Hotel Essaouira, Tel. 0524 44 33 37, sindisud@caramail.com. Einfaches Hotel mit freundlichem Personal, schöner Dachterrasse und ordentlichen Zimmern, gutes Preis-Leistungs-Verhältnis.

Mittelklasse

●**Bordj Dar Lamane,** 11, Ben Salah, Derb Koudia (direkt beim Place Ben Salah und der gleichnamigen Moschee), nördliche Medina, Tel. 0524 37 85 41, in Deutschland: Tel. 0711 475078, www.marokko-exklusiv.de/riad.htm. Unter deutsch-marokkanischer Leitung steht dieser schöne, farbenfrohe Dar im traditionell marokkanischen Stil. Das Haus hat sieben komfortable Zimmer, die sich auf zwei Stockwerken um den Innenhof mit Brunnen gruppieren (untere Zimmer relativ dunkel). Von der Dachterrasse genießt man einen herrlichen Blick über die Dächer von Marrakesch. Die Gäste werden liebevoll von der sehr gut Deutsch sprechenden Hausdame Latifa betreut. Hervorragende Küche, Weinausschank, individuelle Organisation von Ausflügen möglich. DZ €€€€.

●**Dar Limoun,** 71, Derb Jamaa, Riad Zitoun Djedid, Tel. 0524 38 18 09, http://darlimoun.free.fr. Gute Lage nahe des Bahia-Palastes und Dar-Si-Said-Museums, Taxis bis zum Préfecture-Parkplatz, wenige Minuten zum Djamâa-el-Fna. Das Ehepaar *Quesnay* kümmert sich rührend um die Gäste ihrer drei geräumigen Zimmer. Auf der Terrasse (leider ohne Blick) serviert *Cathérine* ein üppiges Frühstück mit selbst gemachten Kuchen und Konfitüren. Klimatisierte, marokkanisch gestaltete Zimmer, auch genug Platz für Kinder. Essen auf Vorbestellung (z.B. die Spezialität Marrakeschs: *Tanjia*). DZ €€€€B, Kinder bis 6 Jahre kostenlos, bis 12 Jahre 10 Euro extra.

●**Dar Malak,** 20, Derb Assabane, Riad Laarouss, nördliche Medina, Mobil 0667 48 19 36, www.darmalak.com, um die Ecke des Riad Zina. Die sympathischen Franzosen *Eric* und *Rose Ruel* kümmern sich persönlich um die Gäste ihres hellen „Hauses der Engel" mit nur drei Zimmern und einer Suite. Der Künstler *Eric* stellt in einem Atelier seine Gemälde aus. Bemalte Stuckdecke, ansonsten minimalistische Gestaltung, kleiner Hammam, WLAN, sehr ruhige Lage, Essen auf Bestellung. DZ mit AC €€€€B, in der Hauptsaison plus 15%.

●**La Terrasse des Oliviers,** 79, Derb Derdouba Ahset Ihiri, Bab Doukkala, nördliche Medina, Tel./Fax 0524 38 72 48, Mobil 0665 14 64 51, www.terrasse-des-oliviers.com. Schönes kleines Gästehaus in kräftigen Rottönen und mit verspielten Details, alte Architektur z.T. noch erhalten (Zedernholzdecken), offener Innenhof mit Wasserbassin und Olivenbäumen, tolle Dachterrasse voller Pflanzen, freundliche und entspannte Atmosphäre. Mit Pkw vom Bab Moussoufa zugänglich. DZ/Suite €€€€ inkl. Frühstück (je nach Saison).

●**Riad Aladdin,** 7/8, Derb Touareg, Berrima, Place Ferblantiers, Tel. 0524 38 64 25, www.riadaladdin.com. Sehr schöner Riad mit 17 individuell im Berberstil gestalteten klimatisierten Zimmern, ideale Lage beim Place des Ferblantiers und dem Bahia-Palast. Von der großen, grünen Dachterrasse mit Sonnenliegen lässt sich herrlich der allabendliche Einflug der Störche zu ihren Nestern auf den Mauern des El-Badi-Palastes beobachten. DZ €€€€B.

●**Riad Johenna,** 25, Derb Sidi Boulafdail, Rue Kennaria, südliche Medina, Mobil 0667 44 50 44, www.riad-johenna.com. Der Oberbayer *Hans Kraus* renovierte mit seiner marokkanischen Frau *Sabah* liebevoll dieses kleine Riad, in dem man sich wie zu Hause fühlt und persönlich betreut wird. Die drei Zimmer mit altem Stuck, Tadlakt, AC/Heizung und eigenem Bad orientieren sich zum kleinen offenen Innenhof, der bei Regen abgedeckt wird. Auf der Dachterrasse kann man die Geräuschkulisse des Djamâa-el-Fna miterleben. Ideale Lage nahe des Platzes, erreichbar über die Riad Zitoun Djedid in der ersten Gasse rechts nach dem Cinéma Eden. DZ (je nach Saison) €€€ bis €€€B.

●**Riad Lena,** 8, Derb el Hammam (kein Türschild), Riad Laarouss, nördliche Medina, Tel. 0524 38 96 85, Mobil 0661 28 02 79, www.riadlena.com. Sehr schönes, in sanften Farben und mit Leinen gestaltetes Haus. Kleines Badebecken im Innenhof, chillige Dachterrasse mit schattigen Sitzecken und Restaurant (Alkoholausschank). Elf nach Gewürzen benannte Zimmer und große Suiten für bis zu 4 Pers., angenehmer Kaminsalon im EG. Nicht weit vom Musée de Marrakech. DZ mit Frühstück (je nach Saison) ab €€€€B.

●**Riad Noga,** 78, Derb Jdid, Douar Graoua. Tel. 0524 37 76 70, 38 58 46, www.riadnoga.com. Vom Djamâa-el-Fna auf der Derb Dabbachi nach Osten, nach der Kreuzung mit der Rue Kennaria die vierte Gasse rechts runter (ca. 10 Min. Fußmarsch). Das Riad Noga (unter deutscher Führung) ist eine Oase der Ruhe inmitten der Medina! Das Gästehaus besteht aus zwei wundervoll renovierten Stadthäusern mit kühlem Innenhof. Im Patio des ersten Hauses mit Orangenbäumen kann man in der Polsterecke in Marokko-Büchern schmökern. Im erdroten Patio nebenan befindet sich ein erfrischender Pool. Sieben individuell eingerichtete, hübsche DZ unterschiedlicher Größe mit Bad, Heizung/Klimaanlage, Sat-TV/DVD, z.T. mit offenem Kamin, Internet verfügbar. Sehr gutes Frühstück und Dinner (auf Bestellung, Alkoholausschank) auf der herrlichen Dachterrasse mit Ausblick. DZ/Suite €€€€ (saisonabhängig), Reservierung notwendig!

●**Riad Sahara Nour,** 118, Derb Dekkak, Bab Doukkala, nördliche Medina, Tel. 0524 37 65 70, www.riadsaharanour-marrakech.com. Kulturelles Begegnungszentrum und Gästehaus mit fünf Zimmern. Musiksalon, Bibliothek mit Marokko-Literatur und Zeitschriften, Kalligrafie-Kurse für Gäste möglich. Zwei große, helle Suiten und zwei kleine Zimmer auf der Dachterrasse (kein Blick), alle hübsch individuell gestaltet (z.B. Africa Suite). Sonniger Innenhof mit Zitrus- und Olivenbäumen. Der engagierte Besitzer *François* will den Dialog zwischen den Kulturen fördern. DZ bzw. Suite inkl. Frühstück €€€B bis €€€€. 10% Rabatt für Besitzer dieses Buches!

●**Riad Zina,** 38, Derb Assabane, Riad Larousse, nördliche Medina, Tel. 0524 38 52 42, www.riadzina-marrakech.com. Von der Gasse Riad Larousse hinter öffentlichem WC links in Derb Assabane, Eingang versteckt hinter einem niedrigen Durchgang. Die deutsche *Beate Prinz* gestaltete das 350 Jahre alte Stadthaus mit nur drei Gästezimmern und einer Suite modern und mit kreativen Details. Weißer, heller Innenhof mit gigantischen Kakteen und stylischem Mobiliar. Kleine, hübsche Dachterrasse mit schattiger Sitzecke und Liegestühlen. Ruhige und familiäre Atmosphäre, WLAN. *Beate* ist Reiterin und kann Tipps für Reitausflüge und andere Unternehmungen geben. DZ €€€€A, große Suite mit offenem Kamin und kleiner Privatterrasse 220 Euro. Frühstück, Tee und Softdrinks sind inklusive.

Oberklasse

●**Dar Les Cigognes,** 108, Rue de Berrima südliche Medina, Tel. 0524 38 27 40, www.lescigognes.com, an der Hinterseite des El-Badi-Palastes, mit Pkw zugänglich. Top-End-Luxus für anspruchsvolle Reisende oder die Flitterwochen in zwei vom Star-Architekten *Charles Boccara* schick renovierten Häusern aus dem 17. Jh.: Decken, Türen und Balkone aus dunklem Zedernholz, helle Polstermöbel, offener Patio und Stuckbögen. Freundlicher, professioneller Service – hier kann man sich von der Massage bis zum Soukbummel oder Ausflug nach Essaouira alles organisieren lassen. Alkoholausschank, jeden Abend Teilnahme an einem 90-minütigen Kochkurs möglich. Große Dachterrasse voller Blühpflanzen mit Blick auf die Störche auf den Mauern des El-Badi-Palastes. 11 Zimmer und Suiten mit offenem Kamin und AC. DZ/Suite €€€€€. Preise saisonabhängig.

●**La Maison Arabe,** 1, Derb Assehbe, Bab Doukkala, nördliche Medina, Tel. 0524 38 70

10, www.lamaisonarabe.com. Luxuriöses, dennoch nicht protziges Haus aus mehreren miteinander verbundenen Riads, super Frühstück, Afternoon Tea mit marokkanischem Gebäck, Pool und Hammam. Interessierte können sich zu einem Koch-Workshop anmelden. Standard-DZ €€€€ mit Sat-TV, Minibar, Heizung/AC etc., auch Suiten mit Balkon, im Juli vergünstigte Preise.

●**Les Jardins de la Koutoubia*******, 26, Rue de la Koutoubia, südliche Medina, Tel. 0524 38 88 00, www.lesjardinsdelakoutoubia.com. In einem historischen Palast aus dem 18. Jh. entstand 2002 ein Luxushotel mit über 100 Zimmern in bester Lage zwischen Kutubiya-Moschee und Djâmaa el-Fna. Orientalischer Prunk und Architektur verbinden sich hier ohne Kitsch mit modernem Komfort – ein Traumhotel für Genießer. Luxuriöser Clarins-Spa, Tiefgarage, Restaurants mit indisch-asiatischer, europäischer und marokkanischer Küche. DZ oder Suite €€€€, Frühstücksbüfett 19 Euro.

●**Noir d'Ivoire,** 31–33, Derb Jdid (kein Türschild), Bab Doukkala, nördliche Medina, Tel. 0524 38 09 75, www.noir-d-ivoire.com. Dieser wahrhaft elegante Riad im lebhaften Bab-Doukkala-Viertel wurde ganz in Erdfarben und Schwarz gehalten und ist eine der Top-Adressen in der Stadt. Es gibt einen Hammam, Massage- und Fitnessraum, Salons mit kleiner Bibliothek sowie eine Boutique mit Waren lokaler Designer. Die sechs Zimmer mit Tadlakt-Bädern und drei großen Suiten mit Jaccuzzi und Privatterrasse sind individuell und stilvoll gestaltet. Einmalig in Marrakesch: ein eigener Weinkeller mit einer internationalen Auswahl an edlen Tropfen. DZ oder Suite €€€€.

●**Riad Enija,** 9, Derb Mesfioui, Rahba Lakdima, nördliche Medina, Tel. 0524 44 09 26, 44 00 14, www.riadenija.com. Kein Schild an der Tür, auf der linken Seite am Ende der Gasse (Haus Nr. 9). Betreiber dieses Traums aus 1001 Nacht sind die Schweizer *Ursula Haldimann* und *Björn Conerdings.* Sehr schicker, professionell gestylter Komplex aus drei wunderschönen Stadtpalästen mit einem wahren Urwald im größten Innenhof. Stuck, Zedernholzschnitzereien, Zelliges, Töpfe mit riesigen Palmen, Räucherstäbchen und Kerzen, mehrere Patios mit Springbrunnen, Restaurant im Gewölbekeller. DZ €€€€.

●**Riad Farnatchi,** Derb el Farnatchi, Rue Souk el Fassis, Qua'at Ben Ahid, nördliche Medina, Tel. 0524 38 49 10/12, www.riad-farnatchi.com. Dieser traumhafte Riad besteht aus mehreren miteinander verbundenen Häusern des 16. Jh. und liegt mitten in der Medina in direkter Nachbarschaft zur Medersa Ben Youssef. Die neun sehr stilvoll marokkanisch gestalteten Suiten mit mehreren Räumen sind z.T. größer als die meisten Stadtwohnungen und bedienen alle Ansprüche: Kamin, Tadlakt-Wände und -Böden, Sat-TV, DVD, WLAN und Privatterrasse. Architektonische Highlights sind der Mosaik-Badebrunnen im ersten Innenhof sowie der Speisesalon mit Rankenrelief bis zur Decke und thronartigen Ledersesseln – das Essen selbst ist leider nur mittelmäßig (marokkanische Weine). Die Kanadierin *Lynn Paris* kümmert sich persönlich um die Gäste und gibt Tipps für alle Belange. Das Personal spricht englisch.

●**Riyad el Cadi,** 86/87, Derb Moulay Abd el Kader, Dabbachi, nördliche Medina, Tel. 0524 37 86 55, www.riyadelcadi.com. Dieses edle Gästehaus besteht aus sieben miteinander verbundenen Hofhäusern mit 14 komfortablen Zimmern oder Suiten. Das Ensemble wurde ursprünglich vom ehemaligen deutschen Botschafter in Rabat, *Dr. Herwig Bartels,* eingerichtet. Heute steht es unter der Führung seiner Tochter *Julia Bartels.* Das Haus mit bedeutenden Antiquitäten aus aller Welt und exquisitem Designer-Interieur überzeugt durch einen gewissen Minimalismus. Das Haus ist zugleich ein Museum für die Sammelstücke, z.B. antike Berbertextilien und eine Galerie orientalischer Textilien aus dem osmanischen Reich (15.–17. Jh.). Hammam, kleiner Pool, Innengarten, WLAN und großzügige Terrassen stehen zur Verfügung. DZ bzw. Suite €€€€.

Riad-Vermittlungsagenturen

Folgende Agenturen helfen bei der Vermittlung von Zimmern bzw. Suiten in Maison d'Hôtes (alle Kategorien) oder der Miete bzw. dem Kauf ganzer Häuser in der Medina:

- **Medina,** 102, Rue Dar el Bacha, Souika sidi abd al Aziz, Medina, Tel. 0524 44 24 48, www.marrakech-medina.com.
- **Marrakesch Riads,** 8, Derb Charfa Lakbir, Mouassine, Medina, Tel. 0524 42 64 63, www.marrakech-riads.net.
- **Riads au Maroc,** 1, Rue Mahjoub Rmiza, Ménara, Guéliz, Tel. 0524 43 19 00, www.riadomaroc.com.

Clubhotels

- **Club Méd La Medina,** Tel. 0524 44 40 16, www.clubmed.de. Zentral in der Medina direkt beim Djâmaa-el-Fna. 207 Zimmer im maurischen Stil mit Klimaanlage, TV usw. 1000 m² Spa-Bereich, Tennis, Fitness etc. Ein weiteres Resort befindet sich in der Palmeraie. 1 Woche inkl. Flug, Verpflegung und Aktivitäten ca. 1400 Euro p.P. (je nach Saison).
- **Riu Tikida Palmeraie,** km 6 Route Fés, Annakhil, Tel. 0524 32 74 00, www.riu.com. Ende 2009 eröffnetes Clubhotel mit 388 Zimmern, etwa 5 km außerhalb des Zentrums in einem Palmenhain. Pool, Hallenbad, Wellnesszentrum, Tennisplätze, Kinderbetreuung und Animationsprogramm. Pauschalangebote z.B. über TUI.

Hotel außerhalb

Vgl. auch Route C 21 ins Ourika-Tal.

- **Terre des etoiles,** Agafay, Tel. 0524 36 16 67, www.terredesetoiles.com. Wer nur 25 km außerhalb von Marrakesch etwas Wüstenluft schnuppern möchte, ist in diesem *Bivouac* (Zeltcamp) richtig: zehn voll eingerichtete Luxus-Zelte mit Bad in wüstenhafter Umgebung, Restaurant und Bar (abends Musik und Bauchtanz). Pferde-, Kamel- und Quadausflüge. Es gibt Strom und fließend Wasser – so komfortabel hat man es in den Bivouacs am Erg Chegaga nicht.

Jugendherberge

- **Auberge de jeunesse,** Rue el Jahed, Hivernage, Tel. 0524 44 77 13, aubergemarrakech @hotmail.fr, www.hihostels.com, in einer Parallelstraße zum Bd el Hansali. Sehr saubere, ruhig gelegene Herberge, hübscher kleiner Garten und TV-Salon. 7 Euro mit Frühstück im Mehrbettzimmer, auch Familienzimmer.

Campingplätze

- **Camping Ferdaous,** Tel. 0524 31 31 67, N 31°43,144′, W 07°58,918′, 13 km außerhalb an der Straße Richtung Casablanca (Route de Casa) auf der linken Seite (rosa Gebäude, ca. 100 m vor der dunkelblau/gelben Tankstelle links abbiegen; bzw. von Casablanca kommend ca. 100 m nach der Tankstelle rechts). Der verfallende, heruntergekommene und durch den Straßenverkehr sehr laute Platz ist in mit Bäumen und Büschen umzäunte Bereiche geteilt (ohne Schatten). Die sanitären Anlagen sind nur mittelmäßig gepflegt und nicht voll funktionstüchtig. Preis pro Person/Tag mit Wohnmobil ca. 50 DH. Mit Taxi oder Bus kommt man zur Medina.
- **Le Relais de Marrakech,** in der Palmeraie, Mobil 0664 71 73 28, www.lerelaisdemarrakech.com, N 31°42,408′, W 07°59,407′. Vom französischen Paar *Gilles* und *Joelle* betriebener Campingplatz und Kasbahhotel mit marokkanischem Restaurant (Alkohollizenz, sehr gutes Essen auf Vorbestellung, drahtloses Internet). Die noch wenig schattigen Stellplätze mit Stromanschluss verteilen sich in der schönen Gartenanlage mit schönem Pool (Sonnenliegen). Die sanitären Anlagen mit heißer Dusche haben europäischen Standard. Auch Übernachtung in komfortablen Berberzelten möglich (€€, z.T. mit Bad). Es gibt eine Waschmaschine. DZ mit Bad im Kasbahhotel €€€. Mit dem Grand Taxi kommt man in die Medina.
- **Manzil La Tortue,** Douar Gzoula, 12 km in Richtung Ouarzazate, Tel. 0661 95 55 17, www.manzil-la-tortue.com, N 31°36,654′, W 07°54,28′. Hübsches Gästehaus unter französischer Führung mit komfortablen Zimmern, Berberzelten und Campingareal im

Links: Gnawa-Musiker auf dem Djâmaa-el-Fna; rechts: Innenhof im Riad Zina

Karten Umschlag hinten, S. 389, Stadtpläne S. 392, 400, 408, 418 **MARRAKESCH**

grünen Garten. Restaurant mit Küche aus Bioprodukten. Es gibt einen schönen Pool (kostenlos zu benutzen, wenn man dort isst, ansonsten 50 DH p.P.).

●**Les Jardins d'Issil,** ca. 13 km in Richtung Ourika (Route de l'Ourika), dann hinter einem Bewässerungskanal links abbigen (beschildert „Camping 4x4", ca. 6,5 km), Tel. 0524 485711, www.jardinsissil.com. Toller Platz in einem herrlichen Garten mit Pool, Hammam, Restaurant und luxuriös ausgestatteten Festzelten zur Übernachtung für bis zu 5 Pers. (klimatisiert/beheizt, mit Tadelakt-Bad, €€€€).

Essen und Trinken

Erste Adresse für ein erlebnisreiches Mahl in Marrakesch sind natürlich die **Garbuden am Djamâa-el-Fna,** wo man neben Einheimischen zu Abend isst. Hier gibt es nahezu alles: Salate, eingelegtes Gemüse, Eier, Fleischspießchen, gegrillten Fisch, Tajine, Suppe und sogar Schnecken und Schafsköpfe. Die Stände sind normalerweise sehr hygienisch, die Speisen werden frisch zubereitet und lagern nur kurz. Vorsicht: Manchmal werden nicht geordete Beilagen einfach mitserviert, diese müssen extra bezahlt werden. Preisbeispiele: Brochette-Spieß 5 DH, Tajine/Couscous ca. 30 DH, Salat ca. 10 DH.

Sehr lecker ist der **frisch gepresste Orangensaft** von den zahlreichen Verkäufern auf dem Platz. Der Preis beträgt 4 DH pro Glas. Achten Sie darauf, dass der Saft wirklich frisch gepresst und kein (evtl. verkeimtes) Eiswasser beigemischt wird!

Neben dem obligatorischen „Dinner" am Djamâa-el-Fna empfiehlt es sich, in einem der **Palastrestaurants** à la 1001 Nacht ein delikates Menü zu genießen (z.B. Dar Zellij, Le Foundouk, Le Tobsil). Dort muss der Tisch allerdings frühzeitig reserviert werden, am

besten von zu Hause aus! In einigen der teuren Restaurants mit marokkanischer Speisekarte kann nur ein ganzes Menü zu einem Komplettpreis und nicht à la carte bestellt werden. Getränke sind manchmal schon im Preis (300–600 DH) enthalten. Häufig gehört Live-Musik, manchmal auch Bauchtanz zum Rahmenprogramm. Exquisite, von Sterneköchen zubereitete Gourmetküche servieren die **Restaurants des Hotels La Mamounia** (Le Francais und Le Marocain).

In den **günstigen und mittelpreisigen Restaurants** muss nicht immer gleich ein ganzes Menü konsumiert werden, dort bekommt man einen Salat auch schon ab 15 DH und eine gute Tajine ab 60 DH.

In der Medina

●**Café Arabe,** 184, Rue el Mouassine, nördliche Medina, Tel. 0524 42 97 28, www.cafearabe.com, tägl. 10–24 Uhr. Delikate, teure italienische und marokkanische Küche (kleine Portionen) im Innenhof eines eleganten Riads. Auf der Dachterrasse herrscht abends chillige Lounge-Atmosphäre auf weißen Polstergarnituren. Auch Sonntagsbrunch.

●**Chez Chegrouni,** direkt am Djamâa-el-Fna. Das ausschließlich von Touristen frequentierte hübsche Café hat die höchste Terrasse am Platz – von hier oben bietet sich ein entsprechend toller Blick auf das Treiben. Das Essen ist recht günstig, kann aber bei starkem Andrang etwas dauern. Salate 10 DH, Couscous/Tajine 60 DH.

●**Dar Zellij,** 1, Kaasour, Sidi Ben Slimane, nördliche Medina, Tel. 0524 38 26 27, www.darzellij.com, nur mit Reservierung, dann Abholung durch Mitarbeiter des Restaurants an der Moschee Sidi Ben Slimane (mit Taxi erreichbar, tgl. außer Di ab 19.30 Uhr). Hervorragende marokkanische Küche in einem wunderschönen Riad aus dem 17. Jh. ohne überflüssigen Orient-Kitsch: Hier speist man bei dezenter Live-Musik in äußerst romantischer Atmosphäre unter Orangenbäumen im offenen, weißen Innenhof mit Arkaden, vorher gibt es einen Aperitif auf der Dachterrasse. Die Ober sprechen auch englisch. Menü ab 350 DH, Alkoholausschank (u.a. marokkanischer Wein).

●**Kosybar,** 47, Place des Ferblantiers, Tel. 0524 38 03 24. In diesem orientalisch-schicken Riad mit Bar und empfehlenswerten marokkanischen Weinen sitzt man am besten auf der Dachterrasse mit herrlich kühlenden Wasserzerstäubern – inklusive Blick auf die Störche des El-Badi-Palastes. Ein Gericht (internationale Küche von Tajine bis Sushi) kostet ca. 160 DH.

●**Ksar el Hamra,** 28, Sabt Ben Daoud (in einer Quergasse zwischen Riad Zitoun Kedim und Djedid), Tel. 0524 42 76 07, www.restaurantksarelhamra.com, tägl. mittags und abends. Der offene Innenhof dieses prächtigen Riads mit vielen Pflanzen und einem Springbrunnen sorgt für eine gemütliche Stimmung. Ein Menü kostet 400–450 DH.

●**Le Foundouk,** 55, Souk Hal Fassi, Kat Bennahid, nördliche Medina hinter dem Musée de Marrakech, Tel. 0524 37 81 90, www.foundouk.com, Küche von 12–24 Uhr. Exklusive Adresse in einem renovierten Funduq (Karavanserail), das vornehm in dunklen Tönen und einem Mix aus marokkanischen Elementen und modernem Design gestaltet ist. Sehr gutes Essen, Vorspeisen (Tarte, Lachs, Salate etc.) 45–135 DH, Hauptspeisen (Couscous, Pastilla, Tajine, Filet, Pasta) 120–170 DH. Auch marokkanische Weine und Cocktails.

●**Le Marrakchi,** 52, Rue des Banques, direkt am Djamâa-el-Fna (Nordende), Tel. 0524 44 22 77, www.lemarrakchi.com, tägl. 12–1 Uhr, Abendessen ab 19.30 Uhr. In diesem (klimatisierten) Restaurant direkt am Platz mit tollem Blick aus dem verglasten Obergeschoss sitzt man auf roten Samtsesseln an vornehm gedeckten Tischen. Das orientalische Flair für das ausschließlich touristische Publikum wird perfekt inszeniert. Service und Essen sind gut, die Preise zu hoch (Menü mit Couscous/ Tajine 260 DH, Couscous oder Grillgerichte je 130 DH). Auch Weine und Aperitifs.

●**Le Tobsil,** 22, Derb Abdellah Ben Hessaien, Bab Ksour, nördliche Medina, Tel. 0524 44 40 52, restobsil@yahoo.fr *(Christine)*, Mi bis Mo ab 19.30 Uhr. Sehr gutes und unter in Marrakesch lebenden Ausländern beliebtes

Garbude am Djamâa-el-Fna

Restaurant mit intimer und romantischer Atmosphäre in einem schönen, relativ kleinen Dar mit Palmen, Bogengang und Galerie. Auf diese exklusive Adresse weist kein Schild hin und es öffnet nur nach Reservierung. Jeden Abend treten Gnawa-Musiker auf. Das feste Tagesmenü kostet 600 DH inkl. (auch alkoholische) Getränke.

● **Narwama,** 30, Rue Koutoubia (Seitengasse vom Bd Mohamed V., gegenüber der Kutubiya-Moschee), Tel. 0524 44 08 44, narwama @menara.ma, tägl. abends geöffnet. Diese große „Oriental Lounge" in einem alten Riad ist gleichzeitig schickes Restaurant und Bar. Im roten Innenhof mit riesigem Bambus und knalliger Einrichtung herrscht eine chillige Atmosphäre. Der thailändische Chefkoch sorgt für Abwechslung, falls man schon genug Tajine und Couscous gegessen hat: thailändische (mild bis sehr scharf), mediterrane, vegetarische und marokkanische Küche für 140–350 DH pro Gericht. Zu späterer Stunde nimmt man auf den pinkfarbenen Polstersesseln der Salons noch einen Cocktail oder ein Glas Wein in internationaler Gesellschaft ein.

● **Riad des Mers,** 411, Derb Sidi Messaoud, Bab Yacout, nördliche Medina beim Bab Doukkala, Tel. 0524 37 53 04, tägl. mittags und abends. Im gemütlichen Innenhof dieses kleinen hübschen Riads mit hellem Tadelakt und Mosaik-Springbrunnen gibt es sehr gute Fischgerichte, Austern und Krustentiere. Aufmerksamer Service, gutes Preis-Leistungsverhältnis, Alkoholausschank. Menü ab 230 DH, Gerichte à la carte ca. 70 DH.

● **Ryad Tamsna,** 23, Derb Zanka Daika, Seitengasse der Riad Zitoun el Djedid (vom Préfecture-Parkplatz ca. 200 m Richtung Norden, dann hinter Pâtisserie links durch einen kleinen Torbogen, nächste Gasse rechts), Tel. 0524 38 52 72, www.tamsna.com, tägl. geöffnet. Dieser sehr schöne Riad mit hellem Innenhof und modernem Interieur ist gleichzeitig ein feines Restaurant (marokkanische und senegalesische Küche) und Galerie. In den Salons oder auf der Dachterrasse lassen sich die schön renovierten Zedernholz- und Stuckarbeiten bewundern, von der Dachterrasse bietet sich ein herrlicher 360°-Blick auf die Medina. Für Mittag- und Abendessen Reservierung notwendig. Menü 250–350 DH.

In der Neustadt

●**Al Fassia,** 55, Bd Zerktouni, Guéliz, Tel. 0524 43 40 60 oder 43 79 73, alfassia@menara.ma, außer Di mittags und abends. Das Al Fassia ist eine der bekanntesten und besten Adressen für marokkanische Küche (aus Fès) und doch nicht zu teuer (Tajine und Couscous für ca. 120 DH, Mittagsmenü 160 DH). Im eleganten Interieur mit niedrigen Tischen und Polsterhockern bzw. Sitzecken bedienen nur Frauen, die in einer Kooperative organisiert sind. Auf Vorbestellung (ab 4 Pers.) gibt es Mechoui und Pastilla. Alkoholausschank, eine Reservierung ist sinnvoll.

●**Azar,** Rue Yougoslavie, Ecke Av. Hassan II., Guéliz, www.azarmarrakech.com, Tel. 0524 43 09 20, tägl. mittags und abends geöffnet. In dieser modern durchgestylten „Brasserie Libanaise" sollte man unbedingt die leckeren warmen und kalten Mezze probieren. Mezze (libanesische Vorspeisen) 40–70 DH, Menü mit Mezze, Kefta oder Chawarma und Dessert 300 DH. Auf der chilligen Terrasse lässt es sich gemütlich Shisha rauchen. Night Club mit orientalischer Liveperformance im Keller. Alkoholausschank, auch gute alkoholfreie Saftcocktails.

●**Bagatelle,** 103, Rue Yougoslavie, Ecke Bd Moulay Rachid, Tel. 0524 43 02 74, tägl. 9–23 Uhr. In diesem französischen Restaurant (seit 1949) mit nostalgischer Bistroatmosphäre sitzt man besonders schön auf der schattigen Terrasse. Alkoholausschank. Grillgerichte oder Tajine 80–110 DH.

●**Cantanzaro,** 50, Rue Tarik Ibn Zaid, Tel. 0524 43 37 31, neben dem Hotel Toulousain (im Ramadan geschlossen). Obwohl von außen wenig attraktiv, herrscht in diesem beliebten Restaurant mit italienischer Küche innen echte Pizzeria-Atmosphäre, leider ohne Tageslicht. Der Laden ist selbst mittags voll mit marokkanischem und internationalem Publikum. Pizza aus dem Steinofen, Pasta, Wein und Bier, Menü ca. 130 DH. Reservierung notwendig (oder lange Wartezeit).

●**Casanova,** 221, Av. Yacoub el Mansour, Guéliz, Tel. 0524 42 37 35, ristorantecasanova@menara.ma, tägl. 12–15 und 19–24 Uhr. Auf der hübschen Terrasse mit Orangenbäumen und Topfpflanzen oder im modernen Interieur mit Bar bekommt man in diesem italienischen Restaurant relativ preiswerte hausgemachte Pasta (70–120 DH) oder (nur abends) Pizza aus dem Holzkohleofen (55–80 DH) serviert. Jeden Abend unterhält ein Pianist die Gäste.

●**Comptoir Darna,** Av. Echouada, Hivernage, Tel. 0524 43 77 02, www.comptoirdarna.com, tägl. 20–2 Uhr. Hier servieren junge Marokkanerinnen internationale und marokkanische Gerichte. Service und Essen sind gut, die Preise aber überhöht (Vorspeisen ab 75 DH, Hauptgericht ab 160 DH). Die Lampen und Räucherstäbchen sorgen für orientalisches Ambiente, im OG füllt sich die Lounge, bevor täglich um 22.30 Uhr eine sehr sehenswerte Bauchtanzshow beginnt. Alkoholausschank, Reservierung notwendig, Kreditkarten werden akzeptiert.

●**La Taverne,** 23, Bd Zerktouni, Guéliz, ggü. Cinéma Colisée, Tel. 0524 44 61 26. Der weiße Innenraum des freundlichen Restaurants mit marokkanischen und internationalen Gerichten (Menü 125 DH) wirkt etwas nüchtern-steril, dafür sitzt man sehr schön im schattigen Hofgarten mit Biergartenatmosphäre (Weinausschank).

●**La Trattoria de Giancarlo,** 179, Rue Mohamed El Beqal, Guéliz, Tel. 0524 43 26 41, www.latrattoriamarrakech.com, tägl. 19.30–23.30 Uhr. Hier öffnen die sehr korrekten und zuvorkommenden Ober dem Gast schon die Taxitür und führen zum Aperitif (marokkanischer Wein, Bier, Cocktails u.a.) mit Olivensnack in den sehr schönen Vorgarten mit Palmen und Bambus. Der Hauptgang (wechselnde italienische Gerichte, keine Pizza) wird in eleganter Atmosphäre im offenen Innenhof voller großer Pflanzen am Rand eines beleuchteten Wasserbassins eingenommen. Wasserzerstäuber von oben kühlen die Luft ab. Die Salons sind mit Kunst im hispano-maurischen Stil dekoriert. La Trattoria ist wohl das beste italienische Restaurant der Stadt – mit sehr fairen Preisen: Pasta, Fleisch- und Fischgerichte 120–160 DH, auch italienische Desserts. Nur mit Reservierung.

Cafés und Pâtisserien

Alkohol wird in den kleinen Lokalen und Cafés in der Medina nicht ausgeschenkt!

In der **Neustadt** reihen sich mehrere Straßencafés entlang der Av. Mohamed V., besonders um den Place Abdelmounen.

In der Medina

- **Café Argana**, Djamâa-el-Fna. Das hübsche, alteingesessene Terrassencafé bietet einen schönen Blick über das Treiben auf dem großen Platz. Es gibt gute Eisbecher und Gebäck von der Pâtisserie im EG. Ende April 2011 war die Terrasse des Cafés Schauplatz eines blutigen islamistischen Bombenanschlags mit 17 Todesopfern.
- **Café Bougainvillea**, 33, Rue el Mouassine, nördliche Medina. Ganz in den lila-pinken Farben der Bougainvillea-Blüten gehaltenes nettes Café zum Entspannen in einem hübschen Innenhof mit wechselnden Ausstellungen marokkanischer Künstler. Neben frischem Orangensaft gibt es auch Milchshakes und Crêpes. Ideale Zwischenstation bei einem Bummel durch die Souks. Pizza 60 DH, Tajine 80 DH, Sandwich 50 DH.
- **Café des épices**, 75, Rahba Kedima, www.cafedesepices.net. Dieses sehr nette Café liegt mitten in der Medina auf halbem Weg zwischen Djamâa-el-Fna und Musée de Marrakech. Hier sitzen junge Traveller bei chilliger Musik auf der (heißen) Dachterrasse, auf niedrigen Polstern oder Basthockern im kühlen Zwischengeschoss oder an Tischen im Erdgeschoss mit Terrasse. Neben gutem Espresso gibt es Sandwiches (45 DH) und frische Säfte. Vom Dach hat man einen tollen Blick auf den kleinen Platz Rahba Kedima mit den Korbhändlerinnen (guter Fotostandort).
- **Café de France**, nördlicher Djamâa-el-Fna. Das Café ist eine der ältesten Institutionen für Touristen am großen Platz. Im EG gibt es neben den üblichen Getränken mittelmäßige Gerichte à la carte – dort sitzt man in der ersten Reihe, wenn junge Akrobaten ihre Kunststücke vorführen. Auf der Terrasse im 1. Stock wird das Standard-Touristenmenü (Tajine und Couscous, 90 DH, zu teuer) serviert, von der Panoramaterrasse im 2. Stock (nur Getränke) bietet sich der schönste Blick.
- **Café Les Terrasses de l'Alhambra**, direkt am Djamâa-el-Fna. Dieses moderne Café im stylisch-andalusischen Outfit ist immer voller Touristen, die hier Lavazza-Kaffee, leckere Eisbecher, Panachés, aber auch Gerichte wie Couscous und Pizza mit Blick auf den Platz genießen. Das Untergeschoss ist innen klimatisiert, auf der Terrasse sorgen Wasserzerstäuber für Kühlung, unter der Markise auf der oberen Terrasse heizt es sich mittags stark auf.
- **Earth Café**, 2, Derb Zawak (Seitengasse der Riad Zitoun el Kedim), südliche Medina, www.earthcafemarrakech.com. Im winzigen bunten Innenhof dieses jung-alternativen Cafés gibt es leckere vegetarische Küche aus Bioprodukten (z.B. Veggie-Burger 60 DH).
- **Fine du Marrakech**, Av. Houmman el Fetouaki. In der Auslage dieser von Marokkanern wie Touristen gleichermaßen frequentierten Pâtisserie liegen bergeweise zuckrigklebrige Versuchungen. Beim Straßenverkauf gibt es neben Gebäck frische Croissants, im bestuhlten Inneren auch Café au Lait.
- **Pâtisserie des Princes**, 32, Rue Bab Agnaou. Eine der ältesten und bekanntesten Konditoreien in Marrakesch: große Auswahl an leckerem Gebäck und Kuchen, auch gut verpackt zum Mitnehmen.
- **Ryad Jama**, 149, Rue Kennaria/Anfang Riad Zitoun Djedid. Ein unauffälliges Schild in der Riad Zitoun Djedid (vom Djamâa-el-Fna südwärts) weist rechts in den kleinen Innenhof (Holztür mit Haus-Nr. 149), geöffnet 12–15 und 18.30–22 Uhr. Hier sitzt man schattig und gemütlich wie in einer Gartenlaube unter einem Orangenbaum und einer großen Palme und genießt einen frischen Orangensaft oder das Tagesgericht (z.B. Couscous für 50 DH).

In der Neustadt

- **Café 16**, Place du 16 Novembre (Marrakech Plaza), Guéliz, Tel. 0524 33 96 70, www.16cafe.com. Das Motto dieses sehr modernen, in freundlichem Weiß und Hellgrün gestalteten Cafés und Restaurants am zentralen Vorzeigeplatz Marrakech Plaza könnte lauten: frisch und gesund. Denn es werden sehr leckere, toll angerichtete Salate (z.B. mit Lachs, 90–120 DH) und Sandwiches (ca. 100 DH), frisch gepresste Säfte, 16 Sorten Tee, aber auch diverse Eisbecher (30 DH) und

Sorbets sowie Schokofondue serviert. Man sitzt im kühlen, großzügigen Innenraum oder auf der Terrasse unter Sonnenschirmen. Hier treffen sich sowohl Marokkaner als auch Ausländer zur Mittagspause.

● **Café du Livre,** 44, Rue Tarik Ben Ziad, Guéliz, im Hinterhof vor dem Hotel Toulousain, Tel. 0524 43 21 49, www.cafedulivre.com, tägl. (außer So.) 9.30–21 Uhr. In dieser Einheit aus (klimatisiertem) Café, Restaurant und kleiner Bibliothek lässt es sich herrlich in verschiedensprachiger Literatur (Zeitschriften, Bücher, Reiseführer) über Marokko schmökern, nebenbei via WLAN mit dem Laptop die Mails checken und einen Kaffee trinken. Wegen der eher versteckten Lage im Hinterhof im OG ist das Café für Touristen noch ein Geheimtipp. U.a. gute Salate (z.B. geräucherter Forellensalat), Sandwiches (50–75 DH) und Tapas, Alkoholausschank. Es werden auch einige Bücher verkauft, ausgelesene Romane können getauscht werden.

● **Café Extrablatt,** Ecke Av. Echouada/Rue al Quadissia, Hivernage, www.extrablatt-marra-

Karten Umschlag hinten, S. 389, Stadtpläne S. 392, 400, 408, 418 **MARRAKESCH** 435

kech.com, tägl. 8–24 Uhr. Auf der großen Terrasse des Extrablatt in der grünen Hivernage treffen sich die junge marokkanische Oberschicht sowie in der Stadt lebende Ausländer und Touristen. Hier kann man in Ruhe ein Frühstück (ab 35 DH) oder einen hübsch angerichteten leichten Mittagssnack (Sandwiches, Salate 35–65 DH, Pizza ab 45 DH) genießen. Saftcocktails, diverse Kaffees, flotter Service, gutes Preis-Leistungsverhältnis.

● **Dino Gelato Italiano**, Av. Mohamed V., neben Hotel Hasna, www.gelatsdino.com, tägl. 9–1 Uhr. Auf der großen Terrasse mit Schirmen oder im modernen Intérieur der Eisdiele gibt es Gebäck, tolle Eisbecher (60–95 DH), Crêpes und Kaffee.

● **Kechmara**, Rue de la Liberté, www.kechmara.com, Mo bis Sa 7.30–24 Uhr. Dieses durchgestylte In-Café mit verglaster Front, einigen Stühlen auf dem Gehsteig und weißem minimalistischen Interieur mit schwarzafrikanischen Bildern und Skulpturen könnte auch in München oder Mailand junges Publikum anziehen. An der Longbar gibt es Cocktails, an den Tischen mit weißen Plastikschalenstühlen gutes Frühstück (Crêpes, Schokocroissants, Saftcocktails etc.) sowie wechselnde Gerichte (Menü 150 DH).

● **Le Grand Café de la Poste**, Ecke Bd el Mansour Eddahabi/Av. Imam Malik, Guéliz (direkt ggü. der Hauptpost), www.grandcafedelaposte.com, tägl. 8–1 Uhr. In diesem traditionsreichen Café (seit 1925) gibt es nach Aussagen in Marrakesch lebender Ausländer das beste Frühstück der Stadt (8–12 Uhr). Man sitzt auf der hübschen Terrasse oder im eleganten Salon mit kolonialem Ambiente. Feine französische à-la-carte-Gerichte (mittags und abends) ab ca. 110 DH, Kreditkarten werden akzeptiert.

● **Pâtisserie Al Jawda**, 11, Rue de la Liberté, Guéliz, tägl. 8–20.30 Uhr. Eine der populärsten Pâtisserien der Stadt: Im kleinen Verkaufsladen kann man aus *Madame Alamis* hausgemachten köstlichen Gebäckvariationen mit Mandeln, Feigen, Honig, Sesam und Orangenblüten auswählen (180 DH/kg). Es gibt auch (für den Export mit Biosiegel bezeichneten) Honig, Marmelade und Arganöl. Im dazugehörigen **Straßencafé Al Jawda Plus** an der Av. Mohamed V. (Nr. 84) gibt es das Gebäck zum Tee, Saft oder Kaffee.

● **Salon de Thé Tchaba**, Av. Mohamed VI. (schräg gegenüber vom Palais de Congrès, neben dem Café L'Opera), Guéliz. In diesem Teesalon mit edlem Ambiente (inkl. WLAN) kann man nicht nur gemütlich Dutzende Teesorten, Smoothies und Kaffee genießen, sondern auch alles rund um Tee erwerben, z.B.

Routenteil C

Luxus ohne Grenzen im Mamounia Palace

die orientalische Tchaba-Teekollektion in seidenen Beuteln und hübschen Dosen.
- Für Fast-Food-Liebhaber steht ein **McDonald's** am Place du 16. Novembre bereit sowie beim Marjane-Supermarkt weiter nördlich. An der südlichen Av. Mohamed V. gibt es zudem einen **Pizza Hut**.

Nachtleben

Das Nachtleben spielt sich hauptsächlich in den **Discos in Guéliz bzw. in den teuren Hotels der Hivernage** ab, an die meist eigene Night Clubs und Bars angeschlossen sind – dort wird auch überall Alkohol von Bier bis Champagner ausgeschenkt. Inzwischen kann man in Klubs wie Pacha oder Le Théatro kaum unterscheiden, ob man sich in Marrakesch oder in einem entsprechenden Establissement in Europa befindet. Einige Klubs bieten wochentags auch eine Ladies' Night mit kostenlosen Getränken an.

- **Actor's**, im Hotel Médina & Spa, Av. Mohamed VI., tägl. ab 23 Uhr, www.actorsmarrakech.com, Eintritt 150–200 DH. Der Klub eröffnete zum Filmfestival 2006, um die Filmstars im VIP-Bereich zu empfangen. Ladies' Night am Mi, täglich wechselnde Musik von Salsa, Funk bis zu orientalischen Klängen.
- **Azar** (vgl. Restaurants), Av. Yougoslavie, Guéliz. Auf der chilligen Terrasse dieser schicken „Brasserie Libanaise" gibt es Shisha, Wein und leckere Cocktails. Night Club mit Live-Musik im Keller (Eintritt frei).
- **Café Arabe** (vgl. Restaurants), Rue el Mouassine, nördliche Medina. Abends treffen sich die marokkanische Schickeria und Touristen entspannt auf der Dachterrasse zu einigen Drinks.
- **Casino de Marrakech**, Av. El Qadissia, Hivernage, 50 m vom Hotel Es-Saâdi, www.casinodemarrakech.com, Tel. 0524 44 88 11, tägl. 14–4 Uhr. Im ältesten Kasino des Landes (seit 1952) herrscht verraucht Spielhöllenatmosphäre mit Spielautomaten, Black Jack, Poker und Roulette. Gelegentlich auch Tanz- und Akrobatikshows. Kein Dresscode.
- **Comptoir Darna**, Av. Echouada, Hivernage, www.comptoirdarna.com. Elegantes Restaurant im EG und am Wochenende prall gefüllte Lounge im OG mit gemischtem Publikum aus gestylten Marokkanern und Ausländern, aber auch normalen Familien und Touristen. Täglich um 22.30 Uhr beginnt eine spektakuläre Show mit attraktiven Bauchtänzerinnen, die sich auch nicht scheuen, auf die Tische zu steigen. Im kleinen Hofgarten mit Boutique schmusen Pärchen in den Polsterecken.
- **Jad Mahal**, 10, Rue Haroun Errachid, Bab Jdid, Hivernage, Tel. 0524 43 69 84. Man glaubt sich in einer anderen Welt: Spärlich bekleidete Empfangsdamen geleiten in diese schicke Lounge und das Candlelight-Restaurant um eine Hofgarten. Im Barbereich empfängt einen Orientatmosphäre mit Live-Musik und Tanzshow (tgl. ab 22.30 h).
- **Le Théatro**, Av. El Qadissia, Hivernage (im Hotel Es-Saâdi), www.theatromarrakech.com, tägl. ab 0 Uhr. Dieser Klub ist momentan eine der ersten Adressen im Nachtleben der Stadt. Bekannte DJs (House) und Live-Spektakel unterhalten das hippe marokkanische und internationale Publikum. 150 DH Eintritt, dienstags Ladies' Night.
- **Pacha**, Bd Mohamed VI., Nouvelle zone hôtelière de l'Agdal (einige Kilometer außerhalb des Zentrums), www.pachamarrakech.com, tägl. ab 23.30 Uhr, Eintritt 100–150 DH. Während im Münchener Ableger des schicken Pacha-Klubs Sommerfeste mit dem Motto „A trip to Marrakesch" stattfinden, wird in dieser Partyburg in Form einer Kasbah europäische Freizügigkeit unter dem Dresscode „From Kaftan to High Heels" zelebriert.

Kinos

- **Mégarama**, Bd Mohamed VI., beim Pacha Klub, Tel. 0890 10 20 20. Modernes Kino mit aktuellem Hollywoodprogramm (franz.).
- **Colisée**, Bd Zerktouni, zentral in Guéliz, Tel. 0524 44 88 93. Aktuelle Hollywoodstreifen, drei Vorstellungen täglich, Mo Kinotag.
- Jährlich findet das **Marrakech International Filmfestival** mit internationaler Prominenz statt (s.a. Exkurs „Marrakesch und Hollywood").

Fahrrad und Quad

- Um die Entfernungen zwischen der Medina und Guéliz besser zu überbrücken, kann man sich z.B. vor dem Hotel Es-Saâdi oder El Andalous in der Hivernage ein **Fahrrad ausleihen**. Auch neben dem Hotel Ali am Südende des Djamâa-el-Fna sowie in einem Moped- und Radshop an der Rue Bab Agnaou (neben dem Restaurant Mabrouka) gibt es Fahrräder zur Miete (ca. 80 DH/Tag).
- **Locaquad**, Mobil 0661 33 25 33, www.locaquad.com. Geführte Quad-Fahrten in der Palmeraie ab 40 Euro/Pers.

Sport

Schwimmen

- Baden ist in einigen der **Luxushotels** gegen Gebühr möglich. Für das La Mamounia gibt es ein (teures) Tagesticket, das den Zutritt zum tollen Pool und dem Fitnesspavillon erlaubt. Das **Piscine Municipale** (öffentliches Schwimmbad) liegt in der Rue des Remparts.
- **Oasiria**, km 4, Route d'Amizmiz, Cherifia (gegenüber Club Equestre), Tel. 0524 38 04 38, www.oasiria.com. Schönes Familienbad auf einem 10 ha großen Gelände mit Oliven- und Eukalyptusbäumen. Wellenbad, 500 m langer Wasserkanal, in dem man sich Gummireifen treiben lassen kann, Toboggans, Pirate und Kid's Lagoon für Kinder. Diverse Restaurants, mitgebrachtes Picknick nicht erlaubt. Großer Parkplatz. Vom 15. Juni bis 31. August zwischen 9.30 und 15 Uhr verkehrt alle 45 Min. ein kostenloser Shuttlebus ab dem Parkplatz an der Kutubiya-Moschee. Tageseintritt für Kinder 100 DH, Erwachsene zahlen 180 DH.

Hammam und Wellness

Auch in Marrakesch eröffnen immer mehr ausnehmend schöne Wellness-Oasen in stilvoll renovierten Riads. Authentischer (und um ein Vielfaches billiger!) ist es, ein Quartier-Hammam aufzusuchen. Alle großen Hotels der Neustadt bieten Massagen, Hammam und Kosmetikbehandlungen an.

- **Bain d'Or**, in der Gasse an der Rückseite der Ben-Youssef-Moschee, Öffnungszeiten für Männer 6–11 und 21–24 Uhr, für Frauen 11–21 Uhr, Eintritt 10 DH. Der älteste Hammam der Stadt wird noch heute von den Bewohnern des Quartiers genutzt. Bei diesem Bad handelt es sich um einen traditionellen Hammam, d.h. ohne Privatbehandlung oder besondere Wahrung der Intimsphäre wie bei Touristeneinrichtungen. Dafür erlebt man authentische marokkanische Alltagskultur.
- **Isis Spa**, 12, Derb Jdid, Derb Dabachi, Medina, Tel. 0524 38 45 50, www.riad-isis.com, 9–21 Uhr, nur mit Reservierung, Paket aus Hammam, ½ Std. Massage und Rhassoul-Maske für 300 DH. Die Mitarbeiterinnen von Chefin *Layla* versprechen u.a. eine herrlich erholsame, zarte Massage bei Synthesizer-Entspannungsmusik in einem im Zen-Stil renovierten Riad.
- **Hammam Ziani**, 14, Riad Zitoun Djedid, gegenüber dem Préfecture-Parkplatz nördlich des Eingangs zum El-Bahia-Palast, www.hammamziani.ma, tägl. 7–22 Uhr, getrennter Frauen- und Männerbereich. Wer sich in einem Quartier-Hammam nicht wohlfühlt, ist in diesem sehr sauberen Bad richtig. Mo bis Do 35 DH Eintritt, Fr bis So 45 DH, Massage 100 DH.

Trekking/Bergsteigen

Ab Marrakesch bieten sich v.a. mehrtägige Touren im Hohen Atlas an, z.B. auf den Djabal Toubkal von Imlil aus.

Sehr empfehlenswerte deutschsprachige **Bergführer** für individuelle Trekkingtouren (z.B. am Djabal Toukbal, M'goun, Djabal Sahgro usw.) sind *Abdeslam Ourbati* (Mobil 0676 79 03 66, abdou_ourbati@yahoo.fr oder abdourbati@gmail.com) und *Mohamed Kadaoui* (Mobil 0661 87 35 10, www.nomade-escapade.com). Ein weiterer empfehlenswerter Bergführer (französischsprachig) ist *Benyounesse Elahmadi* (Mobil 0661 70 92 42, younessee@hotmail.com. Kontakt zu Bergführern kann man auch jeden Abend im Hotel Ali knüpfen.

Bergtouren und -führer, Trekking und Wüstentouren bieten bzw. vermitteln auch viele **Veranstalter und Reisebüros** an (s.u.).

Marrakesch

- Club Alpin Français Casablanca, www.caf-maroc.com. Informationen über Bergsteigen und Skifahren in der Toubkal-Region (Hütten, Führer, Karten).

Reiten

- **Les écuries de l'Atlas,** Aït Ourir (ca. 40 km außerhalb der Stadt), Mobil 0663 50 06 43, laurent_tomasso@yahoo.fr. *Laurent Tomasso* bietet schöne Ausritte in der Umgebung von Marrakesch an. Er holt interessierte Reiter in Marrakesch ab, der Umgang ist unkompliziert und persönlich. ½ Tag Ausritt 650 DH, 1 Tag 950 DH inkl. Fahrt, Wasser und Verpflegung.

Golfen

- **Palmeraie Golf Club,** die 18-Loch-Anlage mit sieben Wasserhindernissen wurde vom legendären Golfplatzarchitekten *Robert Trent Jones* gestaltet. Zum Platz gehört das 5-Sterne-Hotel Palmeraie Golf Palace.
- **Golf d'Amelkis,** Mitte der 1990er von *Cabbel Robinson* angelegter Platz mit 18 Löchern zwischen Erdwällen und Wasserhindernissen für technisch versierte Spieler.
- **Royal Golf,** der 18-Loch-Platz unter Palmen, Zypressen und Zitrusbäumen wurde bereits in den 1920ern angelegt.

Einkaufen

Traditionelles Handwerk

- **Souvenirs** gibt es in der größten Auswahl in der Medina in den Souks, hier muss man aber bis aufs Äußerste handeln (meist ist etwa ein Drittel des erstgenannten Preises möglich)! Auch in der Neustadt bekommt man Souvenirs – die Auswahl ist kleiner, dafür sind sie manchmal günstiger.
- Empfehlenswert für alten, echten **Schmuck** sind diverse Läden in der **Rue Mouassine** (nördliche Medina, beginnend am Place Bab Ftouh).
- Im **Ensemble Artisanal** an der Av. Mohamed V. kann man Kunsthandwerk zu Festpreisen kaufen. Vor allem zur Preisinformation vor dem Einkauf im Souk ist ein Besuch anzuraten.
- **Töpferwaren** gibt es im Töpferviertel beim Bab Rhemat (außerhalb der Stadtmauer).
- Utensilien für die marokkanische Teezeremonie gibt es am Ostende des Bab Fteuh oder in der Rue Riad Zitoun Djedid: ziselierte Teetabletts, marokkanische **Teekannen** in verschiedenen Formen und Größen sowie hübsche rot, grün oder blau verzierte Gläser.
- Gerade angesagte **marokkanische bzw. arabische Musik** kann man günstig an dem großen CD-Stand am Djamâa-el-Fna kaufen.
- Im **Gewerbeviertel Sidi Ghanem** (4 km außerhalb links der Straße nach Safi) kaufen Riad-Besitzer und Marrakchis orientalische Dekorationsgegenstände und Mobiliar ein. Besonders schön sind z.B. die bunten großen Kerzen mit orientalischem Dekor von *Amira Bougies* (www.amirabougies.com). Nach Sidi Ghanem fährt der Stadtbus Nr. 15 ab Arset el-Blik.
- **Ets. Bouchaib,** Complexe d'Artisanat, Rue de la Kasbah, im Kasbahviertel, Tel. 0524 38 18 53, www.bouchaib.net, tägl. 8.30–20 Uhr. In diesem Kaufhaus gibt es auf zwei Etagen alles, was Marokko an Kunsthandwerk zu bieten hat: Lampen, Keramik, Teppiche, Kleidung, Lederwaren, Schmuck und sogar Arganienöl, Gewürze und Kosmetika. Wer keine Lust auf Handeln und lange Sucherei in der Medina hat, bekommt hier alle Waren zu fairen Festpreisen! Kreditkarten werden akzeptiert.

Kleidung/Stoffe

- **La Maison du Kaftan marocain,** 65, Rue Sidi Yamani, Mouassine, Medina. Hier gibt es das traditionelle marokkanische Übergewand für Frauen in allen Variationen.
- **Carrefour des Tisserands/Art Ouarzazate,** 1, Rue Kennaria/Ecke Rue des Banques, nahe Djamâa-el-Fna. Ein Schild weist von der Gasse in das Untergeschoss eines Hinterhofgebäudes, wo man zwischen 10 und 14 Uhr zusehen kann, wie auf Webstühlen die Stoffe gefertigt werden. Handgefertigte, schöne Webware aller Farben, Größen und Muster (Tischdecken, Kissenbezüge, Taschen etc.).
- **Scènes de Lin,** 70, Rue el Houria (Rue de la Liberté), Guéliz, www.scenes-de-lin.com, Mo bis Sa 9.30–13 und 15.30–19.30 Uhr.

Schicker Laden mit Dekorations- und Einrichtungsgegenständen für das modern-orientalische Interieur (Kissen, Stoffe, Tischdecken, auch Kaftans, v.a. in Leinen), auch Auftragsarbeiten.

Teppiche

● **Boutique Rachid,** 57, Riad Zitoun Kedim (gegenüber Derb Jdid), südlich des Djamâa-el-Fna, Medina, Tel. 0524 44 05 82. Dieser kleine Laden ist an seiner beschrifteten Markise und den zur Gasse ausgehängten Teppichen erkennbar. Der junge, sehr gut deutsch sprechende und weitgereiste *Rachid* verkauft Kelims aus dem Mittleren und Hohen Atlas. Er erklärt sehr fachmännisch die Bedeutung häufig verwendeter Motive, gab bereits Seminare für deutsche Studenten und organisiert auch Ausflüge in Tadlakt-Betriebe.

● **Art Akhnif,** 6, Rue Mouassine, Medina, Tel. 0524 42 60 96. Schöne Kelims und Kelim-Kissenbezüge, auch andere Teppiche und Überzüge in verschiedenen Farben und Größen werden im kleinen Verkaufsraum präsentiert. Keine Touristenanmache, die Beratung ist freundlich, die Preise sind fair.

Supermärkte/Lebensmittel/Gewürze

● **ACIMA Supermarché,** 107, Av. Mohamed Abdelkrim el Khettabi, tägl. 8.30–22 Uhr. Zentral in der Neustadt gelegener, gut sortierter Supermarkt (auch Alkohol und Schweinefleischprodukte) mit Tiefgarage. Weiterer ACIMA-Markt schräg gegenüber vom Jardin Majorelle.

● **Carrefour,** Route de l'Ourika (ca. 6 km außerhalb), im Shopping Center Almazar. Riesiger Supermarkt der französischen Kette an der südlichen Stadtausfahrt Richtung Ourika, tägl. 9–24 Uhr, mit Tiefgarage.

● **Marjane,** Route de Casablanca, Semlalia, tägl. 9–22 Uhr. Riesiger Hypermarché nördlich der Neustadt. Europäisches Warenangebot von Alkohol über Lebensmittel bis zu Kleidung. Gutes und günstiges (Bio-)Arganiénöl. Ein weiterer Marjane befindet sich an der Straße Richtung Essaouira.

● **Gewürze, Kräuter und Öle** gibt es an Ständen rund um den **Rahba Kedima** in der nördlichen Medina und im **Marché Central** in der Neustadt. Besonders gut für den Lebensmitteleinkauf eignet sich der **Mellah-Markt** *(Marché couvert)* an der Av. Hoummam El Fetouaki nahe des Place des Ferblantiers.

● Die **Herboristerien,** die zurzeit mehr und mehr aus dem Boden sprießen und im Prinzip ausschließlich an Touristen verkaufen, bieten **Gewürze** meist zu überteuerten Preisen an. Dort werden in kommerziellen Verkaufsshows (oft auch auf Deutsch) allerlei traditionelle Heilmittel gegen Rheuma, Blähungen, Husten etc. und diverse Mittelchen für die Schönheit präsentiert.

Buchhandlungen/Zeitschriften

Deutsche Zeitungen und Zeitschriften von „Spiegel" bis „Gala" werden an der Bude neben dem Café Les Terrasses de l'Alhambra am Nordende des Djamâa-el-Fna sowie an Straßenständen entlang der Av. Mohamed V. (z.B. am Place Abdelmoumen) in Guéliz verkauft.

● **Librairie Papeterie Chatr,** 19–21, Av. Mohamed V., Guéliz. Sehr große Buchhandlung mit guter Auswahl an (auch fremdsprachiger) Literatur zu allen Themenbereichen.

● **Marra Book,** 53, Derb Kabada, Av. des Princes, südliche Medina. Café und Buchhandlung in einer Seitengasse der Rue Bab Agnaou. Gute Auswahl an englischer und französischer Literatur sowie Karten zu Marrakesch und Marokko.

Kunst und Kultur

● **Dar Cherifa,** 8, Derb Charfa Lakbir, Mouassine, Medina, Tel. 0524 42 64 63, Mobil 0661 16 36 30. Im Herzen der Medina liegt dieser stilvoll renovierte Riad aus dem 16. Jh. mit wunderschönen Zedernholzarbeiten. Hier finden Kulturveranstaltungen (Lesungen, Konzerte etc.) sowie wechselnde Ausstellungen marokkanischer Künstler statt. Eintritt frei. Wegbeschreibung: Gegenüber der Moschee Mouassine in die mit „Riad les Jardins Mouassine, Dar Justo" beschilderte Gasse einbiegen, links um die Ecke, nächste Gasse rechts durch einen niedrigen Durchgang, an

der Tür direkt dahinter auf der rechten Seite anklopfen.

Stadtbusse

Eine Haupthaltestelle für Busse in die Neustadt, zu den Ménara-Gärten oder zum Flughafen befindet sich am Place Foucault/Arset el-Blik zwischen Djamâa-el-Fna und Kutubiya-Moschee (Fahrpreis: 5 DH).

- **Linien 1–11:** Alle Linien (außer 6 und 9) fahren über die Neustadt (Av. Mohamed V.).
- Die **Linien 4 und 12** fahren zum Jardin Majorelle.
- Die **Linien 3 und 10** fahren zum Bab Doukkala.
- Die **Linien 4, 5 und 12** fahren zum Gare Routière (Busbahnhof), die **Linie 11** zu den Ménara Gärten.
- Die **Linien 3 und 8** fahren vom Bahnhof ins Stadtzentrum.
- Die **Linie 19** fährt halbstündlich vom Flughafen zum Busbahnhof und zum Place Foucault (Djamâa-el-Fna).
- Die **Linie 36** fährt von der Haltestelle an der Südseite der Kutubiya-Moschee in die Palmeraie.

Fernverkehrsbusse

- Der **Busbahnhof** (gare routière) für Privat- und CTM-Linien liegt am Place el-Mourabiten (nahe Bab Doukkala), Tel. 0524 43 44 02. Ein weiterer CTM-Bahnhof (und -Büro) befindet sich in der Rue Abou Baker Seddik, Tel. 05 24 44 74 20.
- Busse privater Linien an den Nordrand des Hohen Atlas (z.B. Amizmiz, Setti-Fatma, Asni) fahren auch am **Place er Robb** ab.
- Der Busbahnhof von **Supratours** (mit Fahrkartenschalter, kleinem Café und Aufenthaltsraum) liegt an der Av. Hassan II., etwas west-

Der neue Bahnhof in der Neustadt

Karten Umschlag hinten, S. 389, Stadtpläne S. 392, 400, 408, 418 **MARRAKESCH** 441

lich vom Bahnhof, Tel. 0524 43 55 25. Einen Tag im Voraus buchen!

Supratours

- **Essaouira:** 4x tägl., Fahrzeit 2½ Std., 70 DH.
- **Agadir:** 5x tägl., Fahrzeit 3 Std., 100 DH.
- **Tiznit – Guelmim – Tan-Tan – Tarfaya:** tägl., bis Tiznit 100 DH, Guelmim 130 DH, Tan-Tan 180 DH, Tarfaya 240 DH.
- **Ouarzazate – Kelâa Mgouna – Boumalne – Tinerhir:** 1x tägl. nachmittags, bis Ouarzazate Fahrzeit 4 Std., 70 DH, Kelâa Mgouna 90 DH, Boumalne 100 DH, Tinerhir 110 DH.
- **Fès:** 1x tägl. morgens, über Beni Mellal, Kasba Tadla, Khénifra, Azrou und Ifrane.
- **Casablanca:** mehrmals tägl., Fahrzeit 4 Std.

CTM

- **Agadir:** 9x tägl., Fahrzeit 5 Std.
- **Casablanca:** 8x tägl., 4 Std., 90 DH.
- **Essaouira:** 2x tägl., 3 Std., 70 DH.
- **Ouarzazate:** 3x tägl. (davon ein Nachtbus), 5 Std., ca. 75 DH.
- **Errachidia:** 1x tägl., 10 Std., ca. 130 DH.
- **Laâyoune:** 1x tägl., 17 Std., ca. 280 DH.
- **Zagora:** 1x tägl., 8 Std.
- **Smara:** 1x tägl., 14 Std.

Private Linien

Verschiedene Gesellschaften (Büros am Gare Routière Bab Doukkala) bieten u.a. mehrmals täglich Verbindungen **nach Fès** (ca. 9 Std. Fahrzeit) und **Meknès** (ca. 6 Std. Fahrzeit), **Agadir, Taroudannt, Essaouira** und **Ouarzazate** (Fahrzeit 7 Std.) an. Die Busse sind schlechter in Schuss als die von Supratours und CTM.

Bahn

- Der neue, repräsentative **Bahnhof** befindet sich in der Av. Hassan II. im Westen der Neustadt, Tel. 0524 44 65 69. Zu Fuß mit Gepäck ist der Marsch in die Medina sehr mühsam, man sollte daher besser mit dem Taxi fahren; zur Jugendherberge sind es nur ca. 10 Min.!
- Genaue Abfahrtszeiten im Internet unter **www.oncf.ma**.

Verbindungen und Preise

- **Casablanca – Rabat (– Tanger):** 9x tägl. (davon zwei Nachtzüge), Fahrzeit nach Casablanca 3¼ Std., nach Rabat 4 Std., nach Tanger 9 bzw. 10 Std. Preise: nach Tanger 2. Kl. 205 DH (im Liegewagen 350 DH), nach Rabat 2. Kl. 120 DH, nach Casablanca 2. Kl. 90 DH.
- **Casablanca – Rabat – Fès:** 8x tägl., Fahrzeit 7½ Std. bis Fès. Preise: nach Fès 2. Kl. 195 DH.

Flugverbindungen

Der **Flughafen Marrakesch-Ménara** liegt 6 km südwestlich des Zentrums, Fahrzeit ca. 15 Minuten aus der Neustadt, Tel. 0524 44 78 65. **Grand Taxi** vom Flughafen zur Innenstadt offiziell 100 DH, Petit Taxi 50 DH, meist wird deutlich mehr verlangt (handeln!).

Am Flughafenparkplatz befindet sich die Haltestelle des **Shuttlebusses Nr. 19** (Navette), der von 6.30 bis 0.15 Uhr halbstündlich zum Busbahnhof und Djamâa-el-Fna fährt (einfache Fahrt 20 DH, hin und zurück 30 DH). Etwa 300 m entfernt vom Flughafengebäude an der Hauptstraße hält auch der **Linienbus Nr. 18** (3,50 DH).

Inlandsflüge

Alle Flüge gehen über Casablanca: Besser die Bahn oder den Bus nehmen, da die Flugreisezeit mit Umweg über Casablanca meist mindestens genauso viel Zeit in Anspruch nimmt.

- **Agadir:** tägl., ca. 600 DH.
- **Fès:** 6x wö., ca. 700 DH.
- **Casablanca:** mehrmals tägl., ca. 600 DH.
- **Oujda:** 5x wö., ca. 1000 DH.
- **Tanger:** 6x wö., ca. 1200 DH.

Auslandsflüge

Air Berlin, Air Arabia, Atlas Blue, EasyJet, Ryanair, Royal Air Maroc und TuiFly fliegen Marrakesch (z.T. nur saisonal) von diedenen **deutschen und Flughäfen in der Schweiz** direkt an. Weitere Verbindungen mit Royal Air Maroc über Casablanca.

Sammeltaxis/Taxis

Petit Taxi

Eine **Stadtfahrt** im Altstadtbereich kostet regulär (nach Taxameter) tagsüber max. 10 DH, zwischen Alt- und Neustadt 10–25 DH, nachts ca. 30 DH, je nach Entfernung. Die Taxifahrer in Marrakesch zocken inzwischen schamlos ab und schalten das Taxameter bei unwissenden Touristen meistens nicht ein – also auf das Taxameter (franz. *taximètre*) bestehen oder den Preis vorher aushandeln! Ein beliebter Trick ist es auch, das Taxameter tagsüber auf den Nachttarif zu stellen oder mehrere Fahrgäste mitzunehmen und den Touristen die gesamte Fahrt bezahlen zu lassen. Taxistände z.B. am Djamâa-el-Fna, am Bab er Robb und am Bab Doukkala.

Grand Taxi (Sammeltaxi)

● Die **Grand Taxis** (**Mercedes-Limousinen**) nehmen bis zu fünf Passagiere mit und dürfen auch außerhalb des Stadtgebietes verkehren, z.B. für Ausflugsfahrten für den ganzen Tag (600–700 DH). Wenn man sich ein Fahrzeug bis zu einem bestimmten Ziel als Sammeltaxi mit anderen (marokkanischen) Passagieren teilt, verringert sich der Fahrpreis entsprechend. Grand Taxis (Sammeltaxis) warten z.B. gegenüber dem Place de Foucault sowie beim Gare Routière entlang der Stadtmauer nördlich des Bab Doukkala. Fahrpeise der Sammeltaxis (pro Person): nach Imlil ca. 40 DH, nach Asni ca. 20 DH, nach Ouarzazate ca. 100 DH (Minibus oder Grand Taxi). Wenn man nach Aït Benhaddou oder Telouèt will, ist es möglich, sich an der Kreuzung zu den jeweiligen Orten absetzen zu lassen und von dort weiterzutrampen. Vom Flughafen zum Djamâa-el-Fna oder nach Guéliz kostet die Fahrt 100 DH (offizieller Preis).

● Ein **Taxiservice** (deutschsprachig) wird unter der Info-Nr. 0524 47 34 61 betrieben bzw. im Internet unter www.marrakesch-info.com/unterkuenfte/taxi.htm.

Karten Umschlag hinten, S. 389, Stadtpläne S. 392, 400, 408, 418 **MARRAKESCH** 443

Pferdedroschken

Mit den **allgegenwärtigen** Pferdedroschken *(calèche)* kann man sich **zu allen Sehenswürdigkeiten** fahren lassen. Haltestellen befinden sich z.B. am Place de Foucault, beim Place de la Liberté Richtung Hivernage, am Westende der Kutubiya-Gärten nahe dem Hotel La Mamounia und beim Jardin Majorelle. Der offizielle Preis für 1 Stunde Fahrt beträgt 90 DH. Meist werden jedoch mindestens 100 DH für eine einfache Strecke unabhängig von der gefahrenen Zeit verlangt – daher hart verhandeln! Der ausgehandelte Preis gilt für die ganze Kutsche, also für max. vier Personen.

Rund ums Auto

Die Ausschilderung in der Stadt ist schlecht. Wer sich nicht verfahren will, sollte ein Petit Taxi vorausfahren lassen.

Parken

- Im Gegensatz zu anderen marokkanischen Städten kann man in der Medina fast direkt **beim Djamâa-el-Fna** gut parken. In den großen Straßen **um die Kutubiya-Moschee** finden sich zahlreiche bewachte Parkplätze sowie ein umauertes Gelände bei der Moschee (40 DH/24 Std.). **Beim C.T.M.-Hotel** befinden sich bewachte Park- und Garagenplätze (auch für „non-residents"), 25–40 DH/Tag je nach Größe des Autos. Ein weiterer Parkplatz zentral in der Medina liegt gegenüber der Préfecture **an der Riad Zitoun Djedid.**
- In der **Av. Mohamed V.** kann man sowohl am Mittelstreifen als auch auf beiden Seiten bewacht parken (40 DH/Tag).
- Die **Saadier-Gräber** sind sehr gut mit dem Auto erreichbar, da man beim Bab er Robb problemlos parken kann.
- Auch die **Gärten Menara und Agdal** haben bewachte Parkplätze.

Pferdedroschken sind beliebt bei Touristen

Autovermietung

Empfehlenswerte und zuverlässige Autovermieter in Marrakesch sind:

- **Avis,** 137, Av. Mohamed V., Tel. 0524 43 25 25, geöffnet 8–12 u. 14–19 Uhr; auch am Flughafen, Tel. 0524 43 31 69.
- **Always Car,** Tel. 0524 44 67 97, Fax 43 09 38, Complexe Kawkab (Nähe Av. Mohamed VI.) und am Flughafen.
- **Amsterdam Car,** 112, Bd Mohamed V., Guéliz, Mobil 0661 13 18 06, www.amsterdamcar.com.
- **Beautiful Car,** 92, Bd Zerktouni, 1. Stock, App. 2, Tel. 0524 44 99 87, www.marrakechinfo.com/beautiful.
- **Brothers Cars**, 115, Rue Yougoslavie, App. 30 (1. Stock), Tel. 0667 513687 (Ibrahim). Miete eines Wagens inkl. Chauffeur für Tagesausflüge möglich (z.B. ins Ourika Tal, 500 DH/Tag).
- **Budget,** Bd Zerktouni, Guéliz, Tel. 0524 43 11 80, auch am Flughafen, www.budget.com, geöffnet Mo bis Sa 8.30–12 u. 14.30–19 Uhr.
- **Europcar,** 63, Bd Zerktouni, Guéliz, Tel. 0524 43 12 28, www.europcar.com, auch am Flughafen (Tel. 0524 43 77 18) und im Sofitel Hotel.
- **First Car,** 234, Bd Mohamed V., Résidence Zaher, Tel. 0524 43 87 64, und am Flughafen, www.firstcar.ma. Zentrale Reservierungsstelle in Casablanca: Tel. 0522 30 00 07, contact@firstcar.ma.
- **Flash Car,** Rue Tarik Ibn Ziad (Hotel El Boustane), Guéliz, Tel. 0524 43 39 13, www.flash-cars.net.
- **Sisters Car,** 10, Rue Fatima El Fihria, Guéliz, Mobil 0661 18 12 63, locationsistercar@hotmail.co, oder über Hotel Sherazade bzw. Essaouira.
- **Hertz,** 154, Av. Mohamed V., Tel. 0524 44 99 84, www.hertz.com, geöffnet 8–12 u. 14.30–18.30 Uhr, So 9–12 Uhr; auch am Flughafen, Tel. 0524 44 72 30.
- **Khouloud Car,** 67, Bd. Mansour Eddahbi, Immeuble Belkahia, Guéliz, Tel./Fax 0524 43 59 99.
- **Lhasnaoui Rent,** Ecke Av. Allal El Fassi und El Yacoub Mansour, Imm. Omairi II, Tel. 0524 31 24 15, www.lhasnaouirent.com.

- **Magdaz Car,** 2, Imm. Zoubairi, Rue Bani Marine Lalla Rkia, 1. Stock, nahe franz. Konsulat und Total-Tankstelle, Tel. 0524 38 57 47, www.magdazcar-marrakech.com.
Maroc Deux Roues, Av. Mohamed V. (ggü. Bab Nkob), Tel. 0661 59 27 14, www.m2r.ma. Moped- und Motorradverleih.
- **Medloc Maroc,** 75, Rue Ibn Aïcha, 1. Stock, Guéliz, Tel. 0524 43 57 57, www.medloc-maroc.com.
- **Najm Car,** Résidence Jakar, Ecke Av. Mohamed V. und Rue Mohamed El Baqal, Tel. 0524 43 79 09, www.najmcar.com.
- **Rabia Cars,** 11, Rue Rahal Ben Ahmed, Semlalia, Tel. 0524 43 00 35, www.rabiacars.com.
- **Sixt,** 9, Rue el Mansour Eddahabi, Tel. 0524 43 31 84, und am Flughafen, Tel. 0524 43 17 99, www.sixt.de.

Autohändler/Werkstatt

- **Toyota du Maroc,** Route de Casablanca, 41, El Koudia, Tel. 0524 31 23 37. Sehr gute Werkstatt.

Notfall/Notrufe

- **Polizei:** Tel. 19.
- **Touristenpolizei:** Tel. 0524 38 48 01.
- **Feuerwehr:** Tel. 15.
- **Notarzt:** Tel. 0524 40 40 40, 400 DH.

Medizinische Versorgung

- **Dr. Gertrud Michaelis,** 7, Rue Ibn Sina, Guéliz, Tel. 0524 44 83 43. Deutsche Allgemeinmedizinerin.
- **Polyclinique du Sud,** Rue Yougoslavie, Ecke Rue Ibn Aicha, Guéliz, Tel. 0524 44 79 99. Von Ausländern in Marrakesch bevorzugt genutzte Privatklinik mit 24-Std.-Notfallaufnahme.
- **Apotheken** gibt es im gesamten Stadtgebiet. Die Nachtdienste der Apotheken *(pharmacies de garde)* werden wöchentlich neu eingeteilt. Infos beim Syndicat des Pharmaciens de Marrakech, Tel. 0524 44 75 20 oder 43 72 28.

Banken/Wechselstellen

- **Banken mit Geldautomaten** sind überall im Stadtgebiet anzutreffen und auch rund um den Djamâa-el-Fna in der Medina.
- Die **Wechselstube im Hotel Ali** am Djâmâa el-Fna hat auch abends und sonntags geöffnet.

Post

- **Place du 16. Novembre, Av. Mohamed V.** (Hauptpost) und **am Djamâa-el-Fna.**

Internet

Nahe des Djamâa-el-Fna, in der Rue Bab Agnaou, im Cyber Parc (vgl. Sehenswertes) sowie in der Neustadt gibt es diverse modern ausgestattete **Internetcafés.** Die Stunde online kostet 5–10 DH (in den teuren **Hotels** bis zu 40 DH).

Reisebüros/-veranstalter

- **Cultures Natur Voyages,** Rue Oum R'Bia, Imm. Nakhil, Appt. 19, Guéliz, Tel. 0524 43 98 66, www.culturenaturevoyage.com. Bergsteigen, Skitouren, Pferde- und Kameltrekking, 4x4-Touren und andere Aktivtouren.
- **Ideal Tours,** Av. Mohamed V., Immeuble Les Amandiers, 1. Stock, App. A3, Guéliz, Tel. 0524 88 70 63, Mobil 0661 60 28 48. Halbtages- und Tagestouren in die Umgebung von Marrakesch, aber auch längere Touren in den Hohen Atlas oder ins Drâa-Tal.
- **Marabout Travel/Amalou Voyages,** *Brigitte Zahner* und *Lahoucine Taha*, B.P. 7288 Sidi Abbad, 40000 Marrakech, Tel./Fax 0524 43 22 42, www.maraboutreisen.ch. *Brigitte* ist Schweizerin, *Lahoucine* stammt aus dem Aït-Bougoummez-Tal. Beide sprechen deutsch und sind spezialisiert auf Wanderungen, Landrovertouren und Themenreisen. Auf ökologische und soziale Verträglichkeit wird besonderen Wert gelegt. Professionelle Betreuung, Reisen in Kleingruppen, Kontakt zur Bevölkerung. Auch individuelle Touren für Familien.

- **Omni Tours,** 220, Av. Mohamed V., Guéliz, Tel. 0524 43 84 71, Mobil 0661 38 64 67, www.omnitoursmaroc.com. Bekannte und empfehlenswerte Incoming-Agentur mit einem großen Fuhrpark von 4x4 bis Bussen, spezialisiert auf Wüstentouren (nach Tata, Merzouga, Zagora), aber auch Tages- und Zweitagesausflüge zu verschiedenen Zielen.
- **Sahara Services Travel,** 88, Bd Zerktouni, Imm. Moutassali, App. 38 (4. Stock), Guéliz, Tel./Fax 0524 42 06 73, Mobil 0661 77 67 66, www.saharaservices.info. Zuverlässige, kompetente und empfehlenswerte Agentur des gut englisch sprechenden *Abdou Benalila* mit Hauptvertretung in Mhamid. Individuelle Programmgestaltung, 4x4-Wüstentouren, Kameltrekking usw., Begleitung durch deutschsprachige Führer möglich.
- **Sport Travel,** 154, Bd Mohamed V, Tel. 0524 43 63 69, www.sporttravel-maroc.com. Diese professionell arbeitende Agentur ist spezialisiert auf aktive Reisende: Trekking-, Ski- und Pferdetouren, Mountainbiking, Canyoning etc.
- **Tamsilt,** *Beatrice Buschor* (deutschsprachige Schweizerin) und *Lahoucine Oulkadi,* Tel./Fax 0524 34 37 98, tamsilt@menara.ma, Poste Medina, B.P. 211, 40000 Marrakech. *Lahoucine* ist geprüfter Bergführer und stammt aus dem Aït-Bougoummez-Tal, einer beliebten Bergsteigerregion Marokkos. In kleinen Gruppen führen *Beatrice* und *Lahoucine* durch die Berge und die Wüste – zu Fuß oder per Fahrzeug, mit Muli oder Kamel (sehr empfehlenswert). Sie betreiben auch eine schöne Auberge in Agouti.
- **Toursport,** 213, Av. Mohamed V., App. 31, Tel. 0524 44 81 39, www.toursport.ma. Trekking-, Ski-, Mountainbike-Touren, Surfen, Paragliden u.a.
- **Unitours Maroc,** Av. du Prince My Abdellah, Rés. Ahlam II, Immeuble D, Tel. 0524 44 69 13, www.unitourismorocco.com. Großer marokkanischer Veranstalter: Golfreisen, Autoverleih, Vermittlung von Riads, Rundreisen.

Es gibt zahllose **Trekkinganbieter** in und um Marrakesch, die allerdings **nicht immer legal** arbeiten. Man sollte bei der Auswahl eines Veranstalters deshalb nicht nur auf den Preis, sondern auch darauf achten, dass die Touren ökologische und soziale Prinzipien berücksichtigen. Ein seriöser Anbieter kann daher keine Dumping-Preise bieten.

Feste/Veranstaltungen

- **Festival National des Arts Populaires** (FNAP), www.marrakech-festival.com, eine Woche im Juli. Dies ist die größte und wohl bedeutendste Kulturveranstaltung der Stadt mit Folklore-Musikgruppen und Artisten aus allen Teilen Marokkos. Bei den Spektakeln im El-Badi-Palast und an anderen Veranstaltungsorten kann der Besucher die kulturelle Vielfalt Marokkos und ihre musikalischen Ausprägungen kennenlernen: traditionelle Musik der Berber aus dem Hohen Atlas, andalusisch geprägte Melodien aus Nordmarokko, mystische Rhythmen der Gnawa aus Essaouira usw.
- **Festival International du Film de Marrakech,** www.festivalmarrakech.info, acht Tage Ende Nov./Anfang Dez. Jedes Jahr kommt zu diesem internationalen Filmfestival unter der Schirmherrschaft von König *Mohamed VI.* für ein paar Tage ein bisschen Hollywoodglamour nach Marrakesch. In den letzten Jahren wurde der rote Teppich z.B. für internationale Produzenten und Stars wie *Martin Sheen, Leonardo diCaprio, Susan Sarandon, Martin Scorsese* und *Roman Polanski* ausgerollt. Das Festival widmet sich internationalen Filmen jeden Genres. An den Veranstaltungsorten (u.a. Kinos Mabrouka und Colisée, Palais des Congrès, Djamâa-el-Fna) werden mehr als 460 Filme gezeigt, darunter auch nicht nominierte, international ausgestrahlte Kinofilme.

Ausflüge

Organisierte Ausflüge

Hotels und Reisebüros bieten eine breite Palette an Ausflügen an (150–300 DH je nach Entfernung und Dauer): Tagesfahrten ins Ourika-Tal, nach Asni und Aghbalou, nach Asni und Ouirgane, nach Ouarzazate, nach Essaouira, Zweitagesfahrten nach Zagora.

Viele große Hotels oder gute Maisons d'Hôtes bieten auch ein **Stadtbesichti-**

gungsprogramm an, z.B. Souk-Besuch mit Besichtigung der Medersa Ben Youssef, Kutschfahrt entlang der Stadtmauer mit Besuch des Jardin Majorelle, der Menara-Gärten, des Agdal-Gartens etc.

Oft kann man auch einen **Fantasia-Abend** (Fantasia und Mechoui-Abendessen) oder **Berber-Abend** (mit Vorführungen und Abendessen im Zelt) buchen.

Ausflüge auf eigene Faust

(mit Mietwagen, Sammeltaxi oder öffentlichen Verkehrsmitteln)

Halbtagesausflüge zum Stausee des **Oued N'Fiss – Lalla Takerkoust** 20 km südlich (mit Bade- und Einkehrmöglichkeit).

Als **Tagesausflug** bietet sich die Weiterfahrt nach **Ouirgane** und **Tameslout** an, einem religiösen Zentrum in der Haouz-Ebene. Hier liegt die Zawia des **Sidi Ahmed Ben Laaroussi,** dem Mann, der viele Wunder bewirkte und angeblich in 366 Wissenschaften bewandert war. Die Zawia ist leider innen nicht zu besichtigen, dafür die Reste einer alten Kasbah. Anfahrt: 19 km von Marrakesch in Richtung Taroudannt, nach 5 km in Richtung Amizmiz abbiegen und bei km 15 wieder rechts. Ein wichtiger Moussem findet am Aid el Fitr statt, siehe Feiertage und islamischer Kalender.

Tagesausflüge können auch ins **Ourika-Tal** und nach **Oukaïmeden** unternommen werden, nach **Mulay Brahim** (Wallfahrtsort) oder **Asni, Ouirgane** und nach **Tin Mal** zur Gründermoschee der Almohaden; ferner nach **Demnate – Pont Naturel Imi-n-Ifri** und zu den **Saurierabdrücken** und zu den **Ouzoud-Wasserfällen.**

Zweitagesausflüge bieten sich an nach **Telouèt,** zu der Kasbah des Paschas *El Glaoui*, und nach **Aït Benhaddou,** zu dem von der UNESCO geschützen Lehmksar. Beide liegen auf der Strecke in Richtung **Tizi-N-Tichka** und Ouarzazate. Telouèt geht auch an einem Tag.

Dreitagesausflüge: Wandern im Nationalpark Djabal Toubkal, mit Anfahrt über Asni und **Imlil,** ab dort zum **Djabal Toubkal,** oder nach Agouti oder Tabant im **Aït-Bougoumez-Tal.**

Route C 1: Marrakesch – Tizi-n-Tichka – Ouarzazate

● **204 km, N9**

Von Marrakesch führt die meist gute (nur z.T. brüchige) Teerstraße in landschaftlich wunderschöner Gegend hinauf zum Tizi-n-Tichka auf 2260 m Höhe. Vor allem im Frühjahr, wenn die Kakteen und Oleanderbüsche blühen, ist der Ausblick in die Gebirgstäler ein Genuss. Man sollte unbedingt einen der zwei großen **Atlas-Pässe** – Tizi-n-Tichka oder Tizi-n-Test (*Tizi* = berberisch „Pass") – befahren, da diese zu den **landschaftlich schönsten Routen Marokkos** zählen. Die unserer Meinung nach schönere (und abenteuerlichere) Strecke verläuft über den Tizi-n-Test. Der Tizi-n-Tichka ist breit und gut ausgebaut und für Wohnanhänger geeignet. Er ist auch im Winter (mit Unterbrechungen bei Schneeräumarbeiten) passierbar.

Die Bewohner der Täler verdienen sich ein Zubrot durch den Verkauf von **Halbedelsteinen und Fossilien,** die sie entweder selbst suchen oder von Zwischenhändlern erwerben – Vorsicht vor Fälschungen!

Es fahren **Busse nach Ouarzazate** (4 Std. Fahrzeit, siehe bei Marrakesch).

Man verlässt Marrakesch entweder über die nördliche Umfahrung der Altstadt (Wegweiser, ca. 7 km bis zum Abzweig ab Djamâa el-Fna) am Golfplatz vorbei und zweigt dann nach ca. 10 km ab obigem Abzweig rechts in Richtung Ouarzazate ab. Oder man fährt alternativ ab der Innenstadt in Richtung Süden (schlecht zu finden) am Königspalast vorbei (während der Anwesenheit des Königs gesperrt) durchs Bab Ahmar zur Route des Remparts und dann rechts.

Ca. **3 km** nach der Stadtausfahrt passiert man einen **Metro-Supermarkt,** dann führt die Straße über die fruchtbare **Haouz-Ebene.** Im Frühjahr bietet sich bei klarem Wetter ein

Karten Umschlag hinten, S. 389

MARRAKESCH – OUARZAZATE

fantastisches Panorama auf die Palmeraie, die grünen Felder und die Berge des Hohen Atlas.

30 und 36 km hinter Marrakesch zweigt links eine Straße zum Ort **Aït Ourir** ab; es geht geradeaus weiter.

5 km weiter passiert die Straße die **Pont** (Brücke) **du Zate**. Ein hübsches Café mit Panoramaterrasse zum Fluss lädt zu einer Rast ein. Zimmer gibt es im **Hotel Le Coq Hardi** (Tel. 0524 48 00 56, www.coqhardimarrakech.com, DZ €, mit Pool).

Bei **km 51** im Ort **Oued Touama** kann man sich im kleinen, sehr sauberen **Hotel Dar Oudar** (Tel. 0524 48 47 72, www.daroudar.moonfruit.fr) einmieten. Es gibt zehn einfache Zimmer mit Du/WC (€) und ein Restaurant. Das Personal ist sehr freundlich.

Bei km 63 ist der kleine Ort **Toufliht/Aït Barka** erreicht. Einfache Unterkunft bietet die **Auberge Toufliht** (Tel. 0524 48 48 61, DZ €€B).

Die Straße führt bergauf zunächst durch Pinien- und Steineichenwälder, dann nimmt die Landschaft immer mehr Gebirgscharakter an und wird karger. Es geht über den **Tizi-n-Aït Imguer** (1470 m bei km 67) mit Blick auf den Djabal Tistouit (3224 m), links unten das Dorf Aghbalouh.

Bei **km 91** durchfährt man den Ort **Taddert** mit Cafés, Restaurants und Lkw-Rastplatz 1 km weiter. Das Tal des Oued Tazlida ist im Ortsbereich leider vermüllt. Übernachten kann man in der sehr einfachen **Auberge des Noyers** (€). Bei Taddert befindet sich eine *Barrière de neige*, ab dort ist im Winter nach Schneefällen die Straße evtl. zeitweise gesperrt (Wartezeit 2–3 Std.).

Die weitere, landschaftlich schöne Strecke führt in **Serpentinen** durch schroffe und steil zerklüftete Berge mit einigen knorrigen Wacholderbäumen an den Hängen. Im Kontrast dazu stehen die grünen Täler mit sprudelnden Bächen und ursprünglichen Dörfern. Es gibt Stellplätze mit Aussicht an der Straße.

Bei **km 103** liegt das **Restaurant Assanfou** (Mobil 0667 43 10 03) mit Garten, Terrasse und Spielplatz in schöner Lage rechts an der Straße. Das Interieur ist nostalgisch gestaltet, es gibt gute Pizza, Tajine, Brochette (jeweils ab ca. 45 DH), Salate und Frühstück.

107 km nach Marrakesch überquert die Straße die **Passhöhe von Tizi-n-Tichka** auf 2260 m. Ein marodes Steinmonument markiert den Pass, in ebenso baufälligen Häuschen werden Fossilien angeboten. Die Straße führt nun bergab.

Etwa bei **km 111** zweigt links rechtwinklig eine **Teerstraße nach Telouèt** und **Anemiter** ab, mit **Pistenverbindung nach Aït Benhaddou** entlang des Asif-Ounila-Tals. Dieser 75 km lange Abstecher (35 km Piste) gehört zu den **schönsten Strecken in Marokko** und verbindet die beiden Highlights Telouèt und Aït Benhaddou.

Variante: Tizi-n-Tichka – Telouèt – Anemiter – Aït Benhaddou

Teerstraße, anfangs z.T. löchrig, ab Anemiter gut. Die bislang nach Regenfällen häufig beschädigte schlechte 4x4-Piste ab Anemiter ist nun vollständig geteert und auch für Pkw befahrbar.

Die Strecke nach Telouèt verläuft vom Tizin-Tichka **durch das Tal des Oued Ounila** (Asif Ounila) und eine grandiose, stark zerklüftete Gebirgswelt. Bei klarem Wetter hat man herrliche Ausblicke auf die Berge des Hohen Atlas.

Vorsicht: An der Straße postieren sich „faux guides", die sich als Führer für die Kasbah in Telouèt aufdrängen wollen – einfach weiterfahren!

20 km nach dem Abzweig ist **Telouèt** erreicht.

Telouèt

Telouèt auf 1870 m Höhe hat mehrere Restaurants und einfache Übernachtungsmöglichkeiten für Touristen zu bieten. Markttag ist der Donnerstag. Etwas erhöht thront ca. 800 m nach dem eigentlichen Ort rechter Hand das von zinnenbewehrten Mauern umgebene **Dar Glaoui**, einst Herrschaftssitz eines der mächtigsten Berberfürsten, des *El Glaoui* (sprich Glawi). Die El-Glaoui-Stammesfürsten beherrschten das Glaoui-Bergland südlich von Marrakesch und kontrollier-

Routenteil C

Route C 1: Marrakesch – Ouarzazate

ten hier die Handelswege. Am mächtigsten wurde der **Pascha Thami El Glaoui** (1879–1956), der sich während der Protektoratszeit mit den Franzosen verbündete und durch das Berberdekret, das eine getrennte Entwicklung für die arabische und berberische Bevölkerung vorsah, begünstigt wurde. Der Pascha nutzte dies weidlich aus und wurde im französisch besetzten Marokko mächtiger als der Sultan.

Erbaut wurde die **Kasbah** von Telouèt Anfang des 20. Jahrhunderts von *Thami el Glaoui*. Als seine Residenz wurde sie kunstvoll im maurischen Stil mit Stuckverzierungen, zedernholzgeschnitzten und herrlich bemalten Deckendekoren und bunten Fayencen ausgestaltet. In der Kasbah des *Al-Glaoui*, die lange Zeit ein kultureller Mittelpunkt war, ist es jetzt still geworden, der Fürstensitz verfällt zusehends. Der Staat steckt mit Ausnahme der Kasbah Taourirt in Ouarzazate kein Geld in die Renovierung der ehemaligen Paläste des ungeliebten Franzosenfreundes *Thami el Glaoui*. Trotz des schlechten Zustands ist zu erahnen, welche Pracht hier geherrscht haben muss. Es gibt noch einige prunkvoll ausgestattete Räume zu besichtigen, am besten erhalten sind das Empfangszimmer und der Harem. Von der Dachterrasse hat man einen wunderbaren Ausblick auf die umliegenden Berge.

Bei der Ankunft am Dar Glaoui fährt man am besten gleich durchs Tor und parkt dort kostenlos. Hier wartet auch der sehr nette offizielle Führer auf Besucher. Inzwischen wird Telouèt von ganzen Geländewagenkolonnen voller Touristen aus Richtung Aït Benhaddou angefahren.

Unterkunft/Essen und Trinken
- **Auberge Telouèt Chez Ahmed**, 500 m vom Ort in Richtung Kasbah, Tel. 0524 89 07 17, www.telouet.com. Hier gibt es gutes Essen im Nomadenzelt sowie einfache Übernachtungsmöglichkeiten, auch auf der Dachterrasse. Der sehr freundliche Besitzer *Ahmed Boukhas* hat im Neubau gegenüber weitere einfache, saubere Zimmer (mit/ohne WC, z.T. funktioniert nicht mehr alles) sowie einen marokkanischen Salon eingerichtet. Wer mehrere Tage bleiben möchte, kann sich auch in hübsche private Wohnhäuser einmieten (Informationen über die Herberge).
- **Gîte de Lac**, im Ortsteil Iaarabene, 550 m vom Hauptort entfernt, Mobil 0668 19 29 17, www.trek-atlas.com. Die einfache Herberge und Trekkerunterkunft wird von *Mohamed Bennouri* betrieben und liegt 5 Min. oberhalb des Souks; saubere und schlichte 2- und Mehrbettzimmer mit Gemeinschaftsdusche, gutes Essen, sehr freundlich. DZ €€ mit voller Verpflegung.
- **La Kasbah Chez Abdelkarim**, *Abdelkarim* ist sehr freundlich und hilfsbereit, gutes marokkanisches Essen. Zimmer € p.P. mit HP (Dusche/WC auf dem Gang).
- **Lion d'Or**, Tel. 0524 89 07 14. Kleine, einfache und saubere Herberge, auch Camping und Übernachtung auf der Dachterrasse möglich, gutes Essen. DZ €.

Einkaufen
- Im Zentrum befindet sich das **Maison Nomade** der Brüder *Alla*, die schöne Kelims und Berberschmuck zu vernünftigen Preisen anbieten.

Busse
- Ein Bus fährt ab Anemiter und Telouèt frühmorgens **nach Marrakesch** (ca. 60 DH).
- **Nach Ouarzazate** fahren bei Bedarf Kleinbusse.

Nach **31,5 km** endet die Teerstraße bei **Anemiter** (Inmiter). Hier liegt die saubere **Auberge Anmiter** (Tel. 0524 89 07 80) am gegenüberliegenden Flussufer (schwer zu finden, evtl. hinführen lassen). Die Herberge hat einen schönen Salon und serviert einfaches, aber gutes Essen (DZ €).

Von Anemiter kann man eine schöne acht- bis neunstündige **Wanderung zum Tamda-See** unternehmen. Dafür nimmt man sich am besten zwei Tage Zeit und übernachtet unterwegs in der Gîte d'étape, 2 Std. Gehzeit von Anemiter entfernt. 200 m nach Beginn der Teerstraße zweigt eine Piste (von Anemiter kommend) rechts ab. Die Piste führt zwischen Hügeln hindurch und links am Berghang an mehreren Dörfern vorbei, um sich vor dem Dorf Tizgha in einen Muliweg zu verwandeln. Den geht es weiter durch eine

Karten Umschlag hinten, S. 389

MARRAKESCH – OUARZAZATE

Talenge in einen Boden voller Gärten. Der Weg führt weiter auf der rechten Talseite, um an einer breit ausgetretenen Kreuzung links abzubiegen, sobald man etwas rechts das rosa Minarett der Moschee sehen kann. Im nächsten Dorf **Aloukrite** gibt es eine Herberge *(Gîte).* Dann folgt der Maultierweg konsequent dem Bach und durchquert noch ein weiteres Dorf, dann wird es etwas einsamer. An einer tief eingeschnittenen Stelle mit einer steinernen Schäferhütte geht es (dem Wasser nach) links bis in den weiten Talboden hinein. Dort weiter rechts bis zum See (manchmal trocken). Die grandiose Berglandschaft in diesem Hochtal ist unbedingt sehenswert. Wasser gibt es aus dem Bach (entkeimen!) und aus einer Quelle unterhalb des Sees. Wer Zeit und Ausrüstung zur Übernachtung hat (es kann kalt werden), dem sei der Ausblick von der Bergkette im Norden (3600 m) empfohlen. Zurück auf dem gleichen Weg.

Hinter Anemiter folgt die Piste weiter dem schönen grünen Tal des **Asif Ounila**, umgeben von den kargen Bergen des Hohen Atlas, dessen Hänge z.T. steil ins Tal abfallen und einen Canyon bilden. In den vielen Lehmdörfern entlang des Flusstals thronen alte beeindruckende Kasbahs

Bei ca. **km 42** sind eine Passhöhe und ein großes Dorf erreicht, bei **km 47** eine weitere Passhöhe; danach geht es steinig bergab ins Tal. Bei ca. **km 51** geht es rechts ins schöne Kasbahdorf **Tizgui**. Der Fluss schlängelt sich wie ein grünes Band durch die karstige Wüstenlandschaft.

Bei **km 55** liegt der Ort **Tourhat**. Es folgen mehrere Dörfer entlang des Tals, bis bei **km 63** die **Kasbah Tamdakht** und die Teerstraße nach Aït Benhaddou erreicht sind (6 km, vgl. Aït Benhaddou/Ausflug).

Fährt man vom Tizi-n-Tichka ohne Abstecher entlang der N9 weiter, erreicht man bei **km 113** das Dorf **Agouelmous** mit Häusern aus roter Erde, die mit den grünen Terrassenfeldern kontrastieren. 1 km weiter kann man beim **Café/Restaurant Tizi-n-Tichka** eine Rast einlegen. Es gibt eine Aussichtsterrasse mit lohnendem Blick auf der Rückseite, saubere Toiletten und Läden von Mineralienhändlern.

6 km weiter folgt der kleine hübsche Ort **Irherm-n-Ougdal** mit einfachen Restaurants, einer Herberge und Souvenirläden. Links oberhalb thront eine bewohnte **Speicherburg (Agadir)**. Im Ort befindet sich die **Barrière de neige,** falls man aus der anderen Richtung kommt. 2 km weiter folgt ein Rastplatz mit Restaurant und Mineralienläden.

Beim großen Ort **Agouim** (km 130) geht rechter Hand eine Straße zum Lac d'Ifni auf der Südseite des Djabal Toubkal ab.

Eingebettet in die tolle Felsenlandschaft liegt bei **km 145** oberhalb des Dorfes **Tisselday** das **Gästehaus I Rocha** am Hang (kleines Schild an der Zufahrtspiste, Mobil 0667 73 70 02, www.irocha.com, DZ €€€ pro Pers. mit HP). Die sehr hübsche rustikale Herberge hat sieben Zimmer im Berberstil mit Bad, gruppiert um einen kleinen Hof. Hier herrscht eine sehr ruhige, erholsame Atmosphäre, die Gäste werden nett betreut. Es gibt eine schattige Terrasse mit Ausblick, einen kleinen Pool und einen gemütlichen Salon mit Kamin.

Bei **km 155** folgt das hübsche **Café-Restaurant Issalene** im Kasbahstil und 3 km weiter **Imini** mit einer kleinen Steinkasbah und dem Gästehaus **Kasbah Imini** (Mobil 0666 23 03 21, Kasbah_Imini2001@yahoo.fr, DZ € bis €€ je nach Saison): Es gibt zehn einfache, sehr saubere und originelle Zimmer mit Dusche/WC auf dem Gang, einen netten Innenhof und einen ummauerten Parkplatz; die Leute sind sehr freundlich, das Essen ist gut, und als Zugabe gibt es noch eine schöne Aussicht von der Terrasse.

Bei **km 172** zweigt rechts die Straße nach Tazenakht (N10, 64 km) ab.

176 km nach Marrakesch zweigt in **Tabourath** links die Teerstraße zum befestigten Dorf Aït Benhaddou ab (8 km), das sehr sehenswert ist. An der Kreuzung gibt es eine Tankstelle und eine Auberge.

Aït Benhaddou

Das Ksar Aït Benhaddou gehört seit 1987 zum **UNESCO-Weltkulturerbe.** Hier und in den Filmstudios von Ouarzazate (siehe dort) wurden zahlreiche Filme gedreht, darunter „Sodom und Gomorrha" (1962), „Lawrence von Arabien" (1962), Martin Scorceses „Die letzte Versuchung Jesu" (1988), „Gladiator" (2000), „Alexander" (2004), „Königreich der Himmel" (2005) und „Prince of Persia: Der Sand der Zeit" (2010).

Aït Benhaddou ist ein **wunderschönes Beispiel traditioneller Lehmbauarchitektur** der Berber. Das **Ksar** (= befestigtes Dorf) auf der östlichen Seite des **Oued Mellah** besteht aus einem Labyrinth an Häusern, Türmen und Kollektivspeichern, von denen es sechs Stück in Aït Benhaddou gab. Die aus Stampflehm errichteten und mit Ornamenten geschmückten Häuser liegen ineinander verschachtelt am Berghang und sind als Ensemble ein beeindruckender Anblick. Lange Zeit verfielen die Gebäude, da die Bewohner in moderne Häuser im neuen Ortsteil auf der Westseite des Oued Mellah (mellah = Salz, benannt nach dem leicht salzhaltigen Wasser) umzogen und die Kasbahs nicht mehr instand hielten. Erst in den letzten Jahren wurden viele Kasbahs renoviert.

Über die Teerstraße erreicht man zunächst den **neuen Ortsteil,** der sich in den letzten Jahren enorm entwickelt hat. Inzwischen gibt es diverse Herbergen, Cafés, Restaurants und Souvenirbuden, die auf Touristenfang sind. Mittags strömen die Besucher scharenweise aus den Bussen und kehren in ein Restaurant ein, bevor das alte Ksar besichtigt wird. Planen Sie möglichst den frühen Vormittag oder späten Nachmittag für Ihre Besichtigungstour ein. Lassen Sie sich nicht von Führern, die nur abkassieren oder sich als illegaler Guide aufdrängen wollen, zu vermeintlichen Parkplätzen leiten.

Ein empfehlenswerter **offizieller Führer** ist **Hassan Boulkayed** (Mobil 0667 59 84 97), der sich sehr für die Erhaltung des Ksar einsetzt und ein kleines Museum eingerichtet hat. Er betreibt auch ein kleines Gästehaus (vgl. Unterkunft). Besonders lustig ist eine Führung mit dem über 70-jährigen **Abdoul „Le Chakal",** der gebrochen deutsch spricht. Er kann über das Hotel La Kasbah oder Mobil 0663 22 07 61 kontaktiert werden. Für eine zweistündige Führung sind 100 DH Honorar angemessen.

Ein **großer Parkplatz** befindet sich von Ouarzazate kommend rechts (von Telouèt kommend links) der Straße vor dem Complexe touristique La Kasbah. Von dort führt der Weg an einigen **Souvenirläden** vorbei hinunter zum Oued und zum Ksar auf der anderen Flussseite. Das alte **Ksar** ist nur zu Fuß erreichbar. Falls das Oued Wasser führt, muss es über Trittsteine und Sandsäcke oder mit Eseln überquert werden. Inzwischen werden an den Zugängen zum Ksar pauschal 10 DH „Renovierungsbeitrag" von jedem Touristen verlangt.

Verfolgt von **„faux guides"** (die leider inzwischen schon an den Parkplätzen lauern) geht es durch schmale Gassen und über Steintreppen. Dunkle Gänge führen unter Häusern hindurch. Eine neue **Steintreppe** führt ganz nach oben auf den Hügel der alten Festung, von wo man einen herrlichen Blick auf die Umgebung, die niedriger gelegenen Häuser und die vielen Storchennester (im Frühjahr) auf den verzierten Türmen hat. Hier befinden sich die Ruinen eines Agadirs, eines Kollektivspeichers für die Bewohner des Ortes.

In der Hauptgasse durch das Ksar liegt rechter Hand die **Boutique La Kasbah** der Familie El Yagoubi (schönes Kunsthandwerk und Souvenirs). Daneben befindet sich das Haus der Familie von Ibach Brahim, das man als **„Maison berbère"** besichtigen kann (Trinkgeld). Das einfache typische Haus mit einigem Original-Interieur vermittelt eine Vorstellung vom traditionellen Wohnen. Ein weiteres **„Maison traditionelle"** (Trinkgeld) ist im oberen Bereich des Dorfes zu finden.

Abdoul „Le Chakal" führt mit Begeisterung und Spaß durch das Weltkulturerbe Aït Benhaddou

Route C 1: Aït Benhaddou

Es gehört dem überaus netten *Ali Aït Malik* und seiner Familie; *Ali* informiert auf Wunsch über das traditionelle Wohnen.

Am Geburtstag des Marabuts und Schutzpatrons *Sidi Ali Ouamate* im August wird ein großer **Moussem** veranstaltet. Nach einem ausgiebigen Mahl gehen alle ins Dorf zurück, dann wird zum Takt der Bendirs und Flöten die ganze Nacht hindurch gesungen und getanzt.

Unterkunft/ Essen und Trinken

Hinweis: Das **Duschwasser** in Aït Benhaddou ist **leicht salzig**. Alle Unterkünfte bieten Exkursionen in der Umgebung an.

●**Auberge Tiguami Khadija,** an der Hauptstraße, Mobil 0660 85 31 84, pension_khadija@hotmail.com. Von einem Leser sehr empfohlene Herberge eines österreichisch-marokkanischen Ehepaars: hübsche, geräumige und saubere Zimmer, sehr gute Tajine, leckeres Frühstück mit Amlou (Arganienöl mit Mandeln und Honig).

●**Auberge Tomboctou,** 2 km außerhalb an der Straße Richtung Tamdakht, Tel. 0524 88 28 49, www.auberge-tombouctou.com. Hübsche Herberge im Lehmbaustil in ruhiger Lage, einfache DZ €

●**Auberge Trid,** am Ortseingang rechts, Tel. 0524 88 48 72. Freundliches Personal, sehr sauber, kalte Dusche, sehr gutes und reichhaltiges Essen. DZ € mit HP.

●**Complexe touristique La Kasbah,** gegenüber vom Restaurant La Kasbah, von Ouarzazate kommend am Ortsanfang rechts, Tel. 0524 89 03 02/08, www.hotel-lakasbah.com. Großes Kasbahhotel mit riesigem Parkplatz (Caravan-Stellplatz), das Interieur ist etwas seltsam kitschig-marokkanisch gestaltet. Die klimatisierten Zimmer (z.T. mit Balkon) im Hauptgebäude am Parkplatz sind sauber und ordentlich, aber etwas düster. Der Pool und der große Garten mit tollem Blick auf das Ksar befinden sich hinter dem Hotel (Rich-

Route C 1: Aït Benhaddou (Kasbah Tamdakth)

tung Ksar) am Oued. Schöne Frühstücksterrasse. DZ €€€ bis €€€A p.P. mit HP.
- **Dar Mouna,** hinter dem Hotel La Baraka Richtung Oued (kleines Schild), Tel. 0528 84 30 54, www.darmouna.com. Nettes Maison d'Hôtes mit 12 gemütlichen Zimmern mit AC und Blick auf den schönen Pool oder das Ksar. Restaurant mit Kamin. Herrliche Aussicht von der Terrasse. DZ €€€B inkl. HP.
- **Etoile Filante d'Or,** Tel. 0661 59 24 29, www.etoilefilantedor.com. Das marokkanisch-französische Ehepaar *Hind* und *Aurelien Brossard* führt diese hübsche ruhige Herberge mit 19 Zimmern mit Bad (€€€B). Es gibt sehr gutes Essen.
- **Kasbah du Jardin,** Tel. 0524 88 80 19, www.kasbahdujardin.com. Schönes, empfehlenswertes Hotel mit Pool, nettem marokkanischen Salon zum Relaxen und freundlichem Besitzer. Die Frau des Hauses kocht Couscous, Tajine, Salat, Berber-Omelett. Vor dem Haus Garten und Olivenhain (Campingmöglichkeit). DZ mit Bad €€€ inkl. Frühstück, im Nomadenzelt €.
- **Kasbah Defat,** Douar Assfalou, ca. 3 km außerhalb an der Straße Richtung Tamdakht, Tel. 0524 88 80 20, www.defatkasbah.com. Hübsche Herberge mit Pool, sehr freundlich. Günstige einfache DZ €€B.
- **Kasbah Ellouze,** in Tamdakht, vgl. Ausflug.
- **Kasbah Hajja Aït Ben Haddou,** Mobil 0652 03 38 25 oder Tel. 0524 88 72 22, www.hajja-aitbenhaddou.com. Sehr schönes Gästehaus in einer renovierten Kasbah aus dem 18. Jh. mitten im alten Ksar. Es gibt ein (auch für Nicht-Gäste geöffnetes) Restaurant und Café mit sehr schöner Aussichtsterrasse. Acht traditionell gestaltete Zimmer mit Bad. €€€B inkl. Frühstück.
- **La Baraka,** Tel. 0524 89 03 05, www.hotel-labaraka.com. Günstiges, sauberes Hotel im Kasbahstil mit gutem Zeltrestaurant (Menü ab 80 DH). Man kann auch campen, auf der Dachterrasse oder im Nomadenzelt übernachten (30 DH p.P.). DZ mit Bad (z.T. klimatisiert/beheizt) ab €.
- **Le Ksar d'Aït Benhaddou,** von Ouarzazate kommend auf der rechten Seite. Diese ordentliche Herberge mit Campingplatz und Restaurant hat einfache Zimmer mit und ohne eigenem Bad (saubere gemeinschaftliche WCs). Für Camper gibt es einen Stellplatz mit noch kleinen Olivenbäumen (kein Schatten) direkt an der Straße. DZ € p.P. inkl. HP.
- **Maison d'Hôtes von Hassan Boulkayed,** Mobil 0667 59 84 97. Die Herberge des Touristenführers bietet sechs saubere einfache Zimmer mit Bad (€€ p.P. mit HP) und einen tollen Blick auf den Ksar.
- **Riad Maktoub,** von Ouarzazate kommend an der Ortseinfahrt auf der rechten Seite, Tel. 0524 88 86 94, www.riadmaktoub.com. Sehr hübsches, komfortables Gästehaus im traditionellen Lehmbaustil, kleiner Pool im Innenhof. DZ mit Bad €€€€B.
- **Rose du Sable,** Tel. 0524 89 00 22, www.larosedusable.com. Hübsche Herberge mit traditionell eingerichteten, sehr sauberen Zimmern (Dusche), gutem Essen (große Portionen) und freundlichen Betreibern. DZ € p.P. mit HP (gutes Preis-Leistungsverhältnis).

Ausflug zur Kasbah Tamdakth

Vorbei an den Herbergen Kasbah Defat und Auberge Tomboctou führt die Teerstraße von Aït Benhaddou über ca. 6 km nach Tamdakht (Leser warnten vor der desolaten Brücke kurz vor dem Ort). Die mächtige Kasbah Tamdakht gehörte wie diejenigen in Telouèt und Ouarzazate einst dem Glaoui-Pascha. Nachdem die Lehmburg lange leer stand und verfiel, wurde in den letzten Jahren ein Teil renoviert. Der **prächtige Komplex** ist Wohnsitz von Tauben, Falken, Blauracken und Eulen, auf den Türmen haben Störche ihre Nester. Es ist möglich, die schöne Kasbah (10 DH) und die Oasengärten zu besichtigen.

Direkt neben der Kasbah liegt das wunderschöne **Hotel Kasbah Ellouze** unter Führung des sehr netten französischen Paares *Michel* und *Colette Guillen* (Tel. 0524 89 04 59, www.kasbahellouze.com, DZ €€€B mit HP). Das traditionelle Lehmhaus hat neun sehr hübsche, große Zimmer im rustikalen Berberstil mit Balkon, Bad und AC. Die Terrassen und Zimmer bieten zum Teil einen herrlichen Blick auf die Kasbah, das Oued und die Störche. Kühle, gemütliche Salons sind ideal zum Ausruhen nach einer Besichti-

Karten Umschlag hinten, S. 389, Stadtplan S. 454 **ROUTE C 1: OUARZAZATE**

gung in der Hitze. Organisation von Exkursionen (z.B. mit Kamelen) in die reizvolle Umgebung möglich.

Zurück auf der Teerstraße nach Ouarzazate liegt 1 km weiter der **Camping Tissa** (Tel. 05 24 89 10 30, Tissacamp@hotmail.com) auf der rechten Seite mit Zimmern, einfachen sauberen Sanitäranlagen, netten Leuten, gemütlichem Salon, gutem Essen auf Bestellung, aber leider nur wenig Schatten.

Bei **km 190,5** (von Marrakesch aus, ohne Abstecher) zweigt rechts eine Straße zur **Kasbah Tiffoultoute** (2 km) und nach Zagora ab. Die Kasbah des ehemaligen Kalifen *Abderrachmane* liegt imposant über dem Oued Drâa. Die Kasbah wird jetzt als **Restaurant/Auberge** betrieben und ist ein beliebtes Ausflugslokal für Gruppen und Folkloreabende. Die Aussicht vom zinnenbewerten Dach auf das Drâa-Tal ist sehr schön.

Nach **192 km** ist **Tamassint** erreicht. Hier ist das **Hotel Oscar** ausgeschildert (3-Sterne-Standard, schön renoviert, Garten mit Pool, Tel. 0524 88 22 12, Fax 0524 88 27 66, DZ €€€). Daneben liegen die älteren **Atlas-Filmstudios** (www.atlasstudios.com), die besichtigt werden können (50 DH Eintritt für eine halbstündige Führung, an der Rezeption des Hotels zu zahlen). Den Eingang flankieren riesige Imitationen ägyptischer Statuen. Die Gegend zwischen Aït Benhaddou und Zagora dient als Kulisse für zahlreiche internationale Filme mit Starbesetzung. In den Atlas-Filmstudios erhalten Besucher einen Einblick in die Filmindustrie Marokkos. Viele der hier ausgestellten Kulissen mit Gipsfassaden und Holzgerüsten sind verstaubt oder in schlechtem Zustand – die Führung durch die surreale Szenerie mitten in der Wüste ist dennoch interessant. Zu bewundern sind u.a. der tibetische Tempel aus „Kundun", der Papp-Düsenjet aus dem „Juwel vom Nil", der ägyptische Tempel aus „Asterix und Obelix – Mission Kleopatra" sowie die Jerusalem-Kulisse aus „Königreich der Himmel".

Auf dem Gelände der Atlas-Filmstudios gibt es einen **Pferdestall**, der hauptsächlich für Dreharbeiten zur Verfügung steht, aber auch Ausritte anbietet (1 Std. 200 DH, kompetente Betreuung, Tel. 0666 63 51 65 oder noujoum.almidar@gmail.com).

Auch das riesige Areal der neuen **CLA Studios** 2 km vorher links an der Straße kann man besichtigen – wenn nicht gerade Dreharbeiten stattfinden.

Nach weiteren 4 km, bei **Gesamt-km 196** (ohne Abstecher), ist **Ouarzazate** erreicht – an einem Kreisverkehr mit einer Filmrollenplastik in seiner Mitte.

Ouarzazate

Ouarzazate (sprich: Warsasat) hat sich vom ehemaligen Militärstützpunkt zu einer **sauberen und modernen Stadt** mit **158.000 Einwohnern** gemausert. Schon während der Protektoratszeit war die Stadt wichtiger Militärstützpunkt und nach dem Krieg waren auch deutsche Kriegsgefangene in Ouarzazate interniert. Nach der Unabhängigkeit nutzten die Marokkaner den Ort weiterhin als Militärbasis.

In den 1980er Jahren wurde im Zuge der Förderung des Wüsten- und Rundreisetourismus die touristische Infrastruktur von Ouarzazate wesentlich ausgebaut, die Stadt erhielt ein **neues Gesicht**. Braune und rote Häuser, Mauern mit weiß abgesetzten Zinnen, ein hübscher Hauptplatz (Place du 3 Mars) mit Springbrunnen, eine palmengesäumte **Fußgängerzone** (Rue du Marché) und ein prunkvolles Hotelviertel geben dem Ort das Aussehen und das Ambiente einer Touristenstadt mit marokkanischem Lokalkolorit. Das Konzept ging auf, und so nutzen inzwischen viele internationale Reiseveranstalter Ouarzazate als Ausgangsort für Rundtouren. Pauschaltouristen fliegen von Casablanca zum kleinen Flughafen der Stadt ein.

Aber Ouarzazate ist nicht nur eine Touristenstadt mit Hotels, Supermärkten, Autovermietungen, Reiseagenturen und Restaurants. Ouarzazate ist neben Tanger, Essaouira, Aït Benhaddou, Marrakesch und Erfoud eine **Filmmetropole**. *Bernardo Bertolucci, Martin Scorsese, Oliver Stone, Orson Welles* und *Alfred Hitchcock* sind nur ein paar der berühmten Regisseure, die sich Marokko als Drehort

ROUTE C 1: OUARZAZATE

auswählten. Die Filmografie ist lang: Es begann 1956 mit Hitchcocks „Der Mann, der zu viel wusste". Es folgten – um nur wenige zu nennen – „Lawrence von Arabien" (1962), „The Jewel of the Nile" (1985), „Himmel über der Wüste" (1990), sämtliche Folgen von „Die Bibel" (1994–1999), „Kundun" (1997), „Die Mumie" (1999), „Gladiator" (2000), „Alexander" (2004), „Asterix & Obelix: Mission Kleopatra" (2002), „Königreich der Himmel" (2005) und 2009 „Die Päpstin". Einige Kulissen können in den **Atlas-Filmstudios** wenige Kilometer vor Ouarzazate (von Marrakesch kommend, siehe Route Marrakesch – Ouarzazate) besichtigt werden. 2005 wurden die **Studios CLA** (www.cla-studios.com), die größten Marokkos mit einer Investitionssumme von 10 Mio. Dollar, in etwa 2 km Entfernung der Atlas-Filmstudios an der Straße nach Marrakesch eröffnet. Außerdem öffnete 2007 ein **Musée du Cinéma** (Eintritt 30 DH) gegenüber der Kasbah Taourirt, neben dem Centre Artisanal, seine Pforten. Darin steht u.a. die Kulisse einer weißen Kirche mit Glockenturm aus dem Bibelfilm „Bethlehem". Dieser falsche Kirchturm ist z.B. aus den oberen Etagen der Kasbah Taourirt zu sehen. Ein Monument mit zwei Filmrollen in der Mitte des Kreisverkehrs an der Stadteinfahrt aus Richtung Marrakesch symbolisiert Ouarzazates Status als Filmstadt.

Sehenswertes

Ouarzazate hat fast keine Sehenswürdigkeiten zu bieten. Wegen der zentralen Lage zwischen Hohem Atlas und Wüste eignet sich die Stadt jedoch hervorragend als Ausgangspunkt für Ausflüge in die Umgebung.

Die **Kasbah Taourirt** am östlichen Rand von Ouarzazate – einst Wohnsitz des Paschas von Marrakesch (El Glaoui, siehe Marrakesch und Telouèt) – ist der Inbegriff der

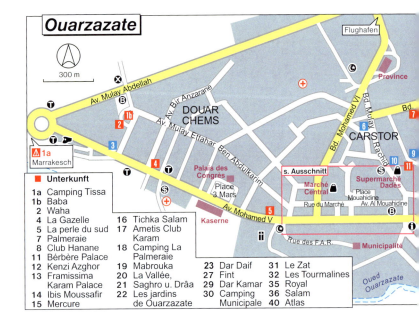

Karten Umschlag hinten, S. 389

ROUTE C 1: OUARZAZATE

stadtähnlichen Kasbah mit Fürstensitz und Wohnvierteln. Der riesige verschachtelte Bau hinter hohen Mauern bot einst einem ganzen Stamm Unterkunft. Das Kasbahviertel hinter dem Palastgebäude ist auch heute noch bewohnt. Der sehenswerte Palastbereich hat schöne Holz- und Stuckverzierungen in den Innenräumen und wurde vor einigen Jahren renoviert. Die Besichtigung kostet 10 DH, ein offizieller Führer (es gibt auch einen deutsch sprechenden Herren) verlangt für eine etwa einstündige Führung ca. 60 DH.

Das **Kasbahviertel** hinter der Kasbah Taourirt (Durchgang links vom Haupteingang des Palastes) ist ein Dorf für sich: verschieden hohe Lehmbauten, eine Burg, Türme und eine *Mellah* (Judenviertel). Alles fügt sich zu einem Ganzen zusammen, der Kasbah – in diesem Falle die ganze Altstadt, einst eine der größten ganz Marokkos. In der **Mellah** wohnen keine jüdischen Bewohner mehr. In der Synagoge ist eine Teppichweberei untergebracht. Ein Rundgang durch die verwinkelten Gassen des Kasbahviertels ist ein faszinierendes Erlebnis, auch wenn sich inzwischen einige Souvenirhändler niedergelassen haben und Kinder sich als Führer aufdrängen. Die Bevölkerung ist weiterhin freundlich, infolge des Touristenansturms mittlerweile aber nicht mehr ganz so begeistert von den vielen Fremden ...

Gegenüber der Kasbah, auf der anderen Straßenseite, werden in einem Ladenkomplex allerlei Souvenirs und Teppiche verkauft. Dort befindet sich auch ein **Ensemble Artisanal** mit Teppichkooperative, daneben das Musée du Cinéma (vgl. oben).

Einen Besuch wert ist der kleine **Souk** (bis 22 Uhr), der zwar nicht mit den Märkten der großen Städte konkurrieren kann, aber durchaus eine nette Auswahl an Waren zu bieten hat. Markttag ist der Sonntag.

Am Place du 6. Novembre gibt es einen kleinen **zoologischen Garten** mit einheimi-

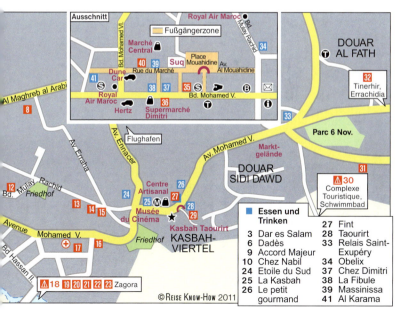

schen Tieren wie Berberaffen, Pfauen, Störchen, Ziegen, Erdmännchen. Der Park ist ganz nett, die Gehege aber sind sehr trostlos und der Spielplatz verfallen.

Die **Kasbah Tiffoultoute** an der Verbindungsstraße Marrakesch – Zagora (ca. 10 km) liegt imposant auf einem Hügel über dem Oued Drâa. Vor allem wegen der schönen Aussicht von der Dachterrasse und der grandiosen Außenkulisse lohnt sich ein Besuch (Eintritt 10 DH, inkl. Tee). Außerdem kann man die Fahrt dorthin gleich mit einem Restaurantbesuch in der Kasbah verbinden.

Die **Kasbah des Cigognes** (Storchenkasbah) und ein anderes Ufer des Stausees erreicht man ebenfalls auf der Strecke in Richtung Zagora. Wenn man etwa 4 km hinter Ouarzazate links abbiegt (Beschilderung „Dar Daif"), erreicht man die alte Festung mit den Storchennestern. In der Kasbah ist nun das Gästehaus Dar Daif untergebracht (siehe Unterkunft).

Der **Stausee Mansour ed Dahbi** ist von schroffen Wüstenbergen umgeben und ca. 15 km von Ouarzazate entfernt. Hier entstanden an einem kleinen Bereich des Nord-Ufers ein Nobelwohnviertel und ein Touristikkomplex mit (mittlerweile aufgelassenem) Golfplatz, Surf- und Segelcenter. Das mit Palmen und mediterraneen Pflanzen begrünte Villenviertel ist aber in den Anfängen stecken geblieben. Das Viertel wirkt unwirklich und abgeschieden inmitten der ansonsten kahlen Uferlandschaft. Das Ufer des Stausees kann man nicht besuchen, die Zufahrt an der Straße Richtung Zagora ist durch das Militär gesperrt.

Zum Ausflugsprogramm der Hotels gehört ein Abstecher in die 15 km entfernte **Palmenoase Fint,** die recht hübsch gelegen ist und sich eigentlich nur lohnt, wenn man sonst wenig Gelegenheit hat, eine Oase im herkömmlichen Sinne zu sehen. Zu erreichen ist sie, wenn man auf der Straße in Richtung Zagora und dann gleich beim nächsten Ort nach rechts auf die Umgehungsstraße um Ouarzazate fährt. Nach ca. 1,5 km folgt ein Schild, das links zur Oase weist. Die Oase selbst liegt hinter einem Bergrücken.

Information

- **Délégation du Tourisme de Ouarzazate,** Av. Mohamed V., Tel. 0524 88 24 85, www.ouarzazate.com. Das Touristenbüro organisiert Tagesfahrten ab Ouarzazate, ansonsten: Nicht besonders freundliches Personal und kaum Material.
- Infos im Internet unter **www.ouarzazate-tourisme.org.**

Unterkunft

Klassifizierte Hotels

- **Le Bérbère Palace*******, Tel. 0524 88 31 05, Fax 0524 88 30 71, www.ouarzazate.com/leberberepalace. Sehr gutes und gepflegtes Hotel mit geräumigen Zimmern und allem Komfort. Erstklassiger Service, auch am Pool Barbetrieb bis 1 Uhr nachts, WLAN im Haus. Das Restaurant ist zu teuer, das Frühstücksbüfett dafür üppig und gut. DZ €€€€€B.
- **Framissima Karam Palace******, Bd Mulay Rachid, Tel. 0524 88 22 25/22, farahot@menara.ma. Sauberes, schönes Hotel, auch mit Appartements, sehr gutes Abendbuffet, schöne Lage. DZ €€€€.

Kasbah Taourirt

Route C 1: Ouarzazate

- **Farah Al Janoub******, Av. Erraha (Hotelviertel), Tel. 0524 88 48 88 oder 88 51 06/69, farahot@menara.ma. Luxuriöses Hotel mit allem Komfort. DZ €€€€.
- **Club Hanane******, Av. Erraha (Hotelviertel), Tel. 0524 88 57 48/97 oder 88 25 55, www.clubhanane.com. Sehr komfortables Clubhotel im Kasbahstil mit Pool und Hammam, laute Klimaanlage. Man gibt sich wenig Mühe, da die meisten Reisenden nur auf der Durchreise sind. DZ €€€€.
- **Kenzi Azghor******, Bd Mulay Rachid, Tel. 0524 88 65 01, www.kenzi-hotels.com. Sehr hellhörige Zimmer, das Essen ist nur mittelmäßig. DZ €€€€B ohne Frühstück.
- **Le Fint******, Av. Mohamed V. (gegenüber der Kasbah Taourirt), Tel. 0524 88 48 86, www.finthotel.com. Hübsches Hotel mit 74 Zimmern, Restaurant, Pool und nettem Restaurant mit Aussichtssterrasse.
- **Ametis Club Karam******, Bd Mulay Rachid, Tel. 0524 88 25 24, www.ametishotelsmaroc.com. Clubhotel im Kasbahstil mit Pool. Zimmer und Apartments mit Bad, AC/Heizung, Sat-TV und Minibar.
- **Mercure****** (ex Club Méd), Bd Mulay Rachid, Tel. 0524 89 91 00, www.accorhotels.com. Das Hotel entspricht zwar auch nach der Renovierung nicht ganz europäischem 4-Sterne-Standard, ist aber durchaus empfehlenswert: Pool, Fitnessstudio, schönes Ambiente, WLAN, Tennisplatz, Haustiere erlaubt. Gutes Frühstücksbüfett (auch frühmorgens). Abends legt an der Bar ein DJ Tanzmusik auf. DZ €€€€B, Sonderangebote bei Vorbuchung über Portale im Internet.
- **La perle du sud*****, 39/40, Av. Mohamed V., Tel. 0524 88 86 40/41, www.hotelperledusud.com. Hübsches Hotel mit 68 klimatisierten Zimmern (mit TV) und Pool. Der Nachtklub kann schlaflose Nächte bereiten.
- **Les jardins de Ouarzazate*****, in Tabounte, außerhalb der Stadt an der Straße nach Zagora, Tel. 0524 85 42 00, www.lesjardinsdeouarzazate.com, hotellesjardins@yahoo.fr. Hübsches Kasbahhotel in ruhiger Lage, schöne Frühstücksterrasse zum Palmengarten mit Pool, kabelloses Internet im Haus, klimatisierte Zimmer mit TV, von der Hauptstraße manchmal laut. DZ €€ mit Frühstück (gutes Preis-Leistungsverhältnis!).
- **Ibis Moussafir*****, Bd Mulay Rachid, Tel. 0524 89 91 10, www.ibishotel.com. Wie die meisten Ibis-Hotels sehr empfehlenswert: Pool, klimatisierte Zimmer, gutes Preis-Leistungsverhältnis. DZ €€€B.
- **Riad Tichka Salam*****, Av. Mohamed V., Tel. 0524 88 33 35, Fax 0524 88 27 66. Schönes, ruhiges Hotel mit Pool, bewachter Parkplatz. Wenn Touristengruppen eintreffen leidet die Qualität des Essens und es bleiben evtl. nur einfachere Zimmer für Individualreisende. DZ €€€€.
- **Sogatour Le Zat*****, Aït Gdif, an der Straße Richtung Tinerhir, Tel. 0524 88 25 21, lezat@sogatour.ma. Der ruhig gelegene Flachbau mit dem „Charme" der 1970er Jahre liegt etwas weitab des Zentrums. Das Hotel wurde 2001 renoviert, ist aber immer noch altmodisch eingerichtet. Kleiner Garten, Pool, WLAN, kostenloser Parkplatz, hellhörige Zimmer mit AC, fast nur Gruppenreisende. DZ €€€A, für das Gebotene zu teuer.
- **Mabrouka*****, km 2, Route Zagora – Tarmigte, Tel. 0524 85 48 61, Fax 0524 85 44 43. Schönes Hotel mit Pool, die Zimmer haben EC. €€.
- **Palmeraie*****, Bd Al Maghreb al Arabi (Hotelviertel), Tel. 0524 88 72 92/9, Fax 0524 88 57 49, www.ouarzazate.com/hotelpalmeraie. Schönes Mittelklassehotel mit Pool, kinderfreundlich. Jeweils drei Zimmer (mit Heizung, Klimaanlage) auf Bungalows verteilt, die locker im schönen Garten gruppiert sind. DZ €€€A (evtl. verhandelbar).
- **Drâa*****, Tabounte, Route de Zagora, Tel. 0524 85 47 61, www.ouarzazate.com/hoteldraa, hoteldraa2000@yahoo.fr. Im Ortszentrum von Tabounte, an der Hauptstraße direkt an der Kreuzung Zagora – Agadir und Marrakesch. Sehr hellhöriges, sauberes Hotel mit Pool (nicht immer mit Wasser), Restaurant ohne Fenster (nicht besonders und zu teuer), Panoramaterrasse und Straßencafé, bewachter Parkplatz. DZ mit AC und WC/Dusche €€A mit Frühstück.
- **La Vallée***, in Tabounte, außerhalb der Stadt an der Straße nach Zagora, hinter der großen Furt über den Oued Ouarzazate, Tel. 0524 85 40 34, www.hotellavalleemaroc.com. Beliebtes Travellerhotel mit hübschem Innenhof mit Pool, Zeltrestaurant mit Live-

Karten Umschlag hinten, S. 389, Stadtplan S. 454 **ROUTE C 1: OUARZAZATE** 459

Berbermusik (gutes, reichliches Essen, Alkoholausschank). Der Außenbereich ist schmucker als die einfachen Zimmer, in denen zum Teil nicht mehr alles voll funktionsfähig ist. DZ €€ mit Bad und Frühstück, Zimmer ohne Duschen auf der Dachterrasse €A (Duschen im EG funktionieren nicht alle).
● **La Gazelle***, Av. Mohamed V., Tel. 0524 88 21 51, Fax 0524 84 47 27. Sparsam möblierte, etwas muffige Zimmer, gruppiert um einen Innenhof mit kleinem Garten. Gutes Essen, schöner und sauberer Pool, Parkmöglichkeit im Hof. DZ mit Bad €A bis €€B inkl. Frühstück, in der Nebensaison billiger.

Maisons d'Hôtes

● **Dar Kamar,** 45, Kasbah Taourirt, kleine Zufahrt ins Kasbahviertel direkt links vom Haupteingang der Kasbah, dort Parkplatz (bewachen lassen!), dann ca. 100 m zu Fuß erste Gasse rechts bergab, Tel. 0524 88 87 33, www.darkamar.com. Die Atmosphäre in diesem Lehmbau, einem alten Gerichtshof aus dem 17. Jh., ist einmalig. Die spanischen Betreiber *Carmen* und *Juan Antonia* haben hier einen künstlerischen und sehr stilvollen Mix aus alter marokkanischer Lehmarchitektur und schwarzafrikanischen Elementen geschaffen: Springbrunnen und Waschbecken aus Fossilien, Tadlakt-Bäder, afrikanische Masken und Gebrauchsgegenstände, bunte Lampenvariationen, Bilder von Afrikareisen usw. Im Restaurant lässt es sich vornehm und sehr gut dinieren (Menü 250 DH). Von der Dachterrasse hat man einen fantastischen Blick auf die Umgebung und das Kasbahviertel. Zur Entspannung gibt es ein Hammam (mit Massage). Klimatisierte Zimmer mit Bad (je nach Kategorie) €€€€.
● **Dar Daif,** Douar Talmasla, 5 km außerhalb Richtung Zagora (Abzweig beschildert, N 30°54,35′, W 0652,85′), Tel. 0524 85 49 47 oder 0524 85 42 32, dardaif@gmail.com. 12 sehr schöne Zimmer in der alten Storchenkasbah, herrlicher Palmengarten und Pool. DZ €€€€.
● **Les Tourmalines,** außerhalb beim Stausee, Tel. 0524 88 71 07, www.lestourmalines.net. Sehr sauberes Hotel mit Pool am Seeufer, unter der Leitung eines netten französischen Ehepaares, wunderbarer Blick auf den Stausee und den Atlas, Essen im Berberzelt. Klimatisiertes Zimmer €€€€ inkl. Frühstück.

Unklassifizierte Hotels

● **Atlas,** Rue du Marché, Tel. 0524 88 22 07. Sehr zentral gelegen und sehr einfach, aber ordentlich und sauber, die Zimmer riechen z.T. unangenehm nach Rauch. ½€ (verhandelbar).
● **Baba,** direkt beim Busbahnhof. Einfaches, helles und freundliches Hotel. Die Zimmer sind sauber, aber nicht immer mit frischer Bettwäsche versehen. Große DZ ohne Bad ½€, mit Bad €, mit AC €A.
● **Habib,** am Busbahnhof. Einfache Zimmer mit Waschbecken, Toiletten mäßig sauber. Ruhig, ca. 15 Min. zu Fuß ins Zentrum. ½€.
● **Royal,** 24, Av. Mohamed V., Tel. 0524 88 22 58. Einfaches, nicht ganz ruhiges Hotel mit schönem Empfangsraum und Innenhof. Einige DZ mit (warmer) Dusche, aber ohne WC, sonst gibt es Etagenduschen. Die Sanitäranlagen sind sauber, der Empfang ist freundlich. ½€.
● **Saghro,** ca. 2 km außerhalb in Tabounte, an der Kreuzung zur Straße nach Zagora, Tel. 0524 85 43 05. Empfehlenswerte Budget-Unterkunft mit ordentlichen Zimmern und heißer Dusche. DZ €B.
● **Salam,** Av. Mohamed V., Tel. 0524 88 25 12. Preiswertes, meist sauberes Hotel, in dem viele Rucksackreisende absteigen. Sehr hilfsbereiter Chef. Duschen und WC im Zimmer, Fenster zum Flur. ½€.

- **Waha,** direkt beim Busbahnhof, Tel. 0524 88 66 66. Einfach, 3er-Zimmer und DZ mit/ ohne Bad (€).

Campingplätze

- **Camping Municipal,** Tel. 0524 88 25 78, N 30°46,509′, W 05°33,265′. Hinter der Kasbah Taourirt in Richtung Stausee, dann ca. 1 km nach der Kasbah rechts (4 km vom Zentrum). Schattige Standplätze, im Winter mit Wohnmobilen überfüllt, einfache sanitäre Anlagen (leider schon etwas heruntergekommen und auch nicht immer sauber). Trinkwasser nur in der Küche am Empfang (chlorig). Nebenan liegt das öffentliche Schwimmbad. Abends kann man mehrere Touristen-Folkloreveranstaltungen akustisch mitverfolgen.
- **Camping La Palmeraie,** Douar Tajda, ca. 2 km in Richtung Zagora, Tel. 0524 85 42 37, www.camping-ouarzazate.com. Wohnmobil-Stellplätze (mit Strom), Zimmer mit Bad und Berberzelte in einem Palmenhain auf der südlichen Seite des Oued Ouarzazate. Es werden 4x4-Ausflüge organisiert.
- **Camping Tissa,** vgl. Routenbeschreibung vor Ouarzazate.

Essen und Trinken

In den Hotels, z.B. im La Gazelle bzw. Hotel La Vallée, isst man gut und preiswert (mit Alkoholausschank). Preiswerte Restaurants gibt es auch um den Souk und in der Av. Mohamed V. gegenüber der Touristeninformation.

- **Accord Majeur,** schräg gegenüber Bérbère Palace, Tel. 0524 88 24 73. Hier wird mittags und abends eine gelungene Mischung aus marokkanischer und südfranzösischer Küche serviert (Tajines, Suppe, Foie gras und Coupe arabica), auch Weine aus Meknès, etwas gehobene Preisklasse.
- **Al Karama,** Rue du Marché, Lotissement du centre, Tel. 0524 89 02 52. Einfaches, empfehlenswertes Restaurant, Supermarkt im EG. Kleines, gutes Menü ab ca. 40 DH, reichlich garnierte Sandwiches für 20 DH.
- **Chez Dimitri,** 22, Bd Mohamed V., Tel. 0524 88 73 46. Nur von 19.30–22 Uhr geöffnet. Schönes Restaurant, stilvolles Ambiente mit Autogrammfotos vieler Filmstars an der Wand, gute Küche, Alkoholausschank. Das Restaurant profitiert vom Ruf vergangener Zeiten. Hauptgericht ab ca. 80 DH, Kreditkarten werden akzeptiert.
- **Chez Nabil,** Bd Mulay Rachid, Tel. 0524 88 45 45, beim Supermarché Dadès. Gutes marokkanisches Essen, auch Café und Eisdiele, gemischtes Publikum (Marokkaner und Touristen), gehobene Preise.
- **Dadès,** Bd Mulay Rachid, neben dem Supermarkt Dadès (beim Busbahnhof, Tel. 0524 89 06 98. Marokkanisches, frisch zubereitetes und preiswertes Essen (ca. 50 DH für ein Fleischgericht).
- **Erraha,** 11, Rue al Mouahidine (beim Busbahnhof), Tel. 0524 88 40 41. Freundliches Personal, gute Pizza und Pasta.
- **Etoile du Sud,** Bd Ennacer/Av. Mohamed V., Tel. 0524 88 30 73. Großes Restaurant nahe der Kasbah mit Terrasse und Abendveranstaltungen (v.a. für Gruppen).
- **Fint,** Av. Mohamed V., Tel. 0524 88 48 86. Herrliche Terrasse, gutes Essen (ca. 100 DH/ Menü).
- **La Datte d'Or,** Bd Mulay Rachid, Tel. 0524 88 71 17. Gepflegtes Restaurant mit marokkanischer Küche.
- **La Fibule,** Av. Mohamed V., neben Chez Dimitri, Tel. 0524 88 48 42. Gemütliches, preiswertes und gutes Restaurant und Café (Eisdiele), hervorragende Harira (Suppe).
- **La Kasbah,** Tel. 0524 88 20 33. Gegenüber der Kasbah Taourirt, schöner Blick auf die Kasbah, Menü (ab 80 DH) zu teuer für das Gebotene.
- **La Rose des Sables,** 2 km außerhalb Richtung Zagora/Marrakesch, hinter der Furt über das Oued (gegenüber dem Hotel La Vallée), Tel. 0524 88 57 00. Empfehlenswertes Restaurant und Café mit marokkanischer Küche sowie Pizza und Pasta, man sitzt schön auf der Terrasse.

Aussicht von der Dachterrasse des Maison d'Hôtes Dar Kamar

ROUTE C 1: OUARZAZATE

- **Le petit gourmand,** 512, Bd Mohamed V., Tel. 0524 88 73 88. Hübsches Café-Restaurant an der Ortseinfahrt von Tinerhir kommend. Pizza oder Tajine ca. 40 DH, auch Salate und Hamburger.
- **Massinissa,** Rue du Marché, in der Fußgängerzone beim Souk, Tel. 0524 88 46 46. Recht nette Terrasse, Brochettes, Steak/Couscous/Tajine ab ca. 40 DH.
- **Obelix,** Bd Mulay Rachid, Tel. 0524 88 71 17. Hübsches Restaurant im ägyptischen Stil in zentraler Lage, gutes Essen.
- **Pâtisserie Dar es Salam,** am Ende der Av. Mohamed V. in Richtung Marrakesch rechts. Hier gibt es neben Brot und Backwaren auch gutes und preiswertes Frühstück (schneller Service).
- **Patisserie Habous,** 22, Place Mouahidine. Zentral gelegenes Café mit marokkanischen Gebäck, Croissants etc. Von der Terrasse kann man schön das Treiben auf dem Platz beobachten.
- **Pizza Veneziano,** Bd Mulay Rachid, neben dem Obelix, Tel. 0524 88 76 76. Gute Pizza zum vernünftigen Preis, Terrasse, aufmerksame Bedienung.
- **Pizzeria Royal,** Av. Mohamed V., Tel. 0524 89 00 42. Pizza oder Tajine ab ca. 40 DH, auch Frühstück und Sandwiches.
- **Relais Saint-Exupéry,** 13, Bd Mulay Abdellah, Tel. 0524 88 77 79, www.relaissaintexupery.com. Der Name des Lokals ist Programm: Viele Accessoires zum Autor des „Kleinen Prinzen". Guter Service, gehobene und gute marokkanische Küche (4-Gänge-Dinner 200 DH).
- **Snack El Hassania,** 32, Rue du Marché (zwischen Hotel Atlas und dem Souk). Kleines, schlichtes Restaurant, dafür preiswert und schmackhaft, freundlich und ehrlich (Tajine 30 DH).
- **Snack Taourirt,** neben der Kasbah Taourirt. Nettes Café/Restaurant mit Terrasse, Menü ca. 70 DH.

Sport

Tennis, Baden

- Ein **Sportzentrum** mit Tennisplätzen gibt es im Hotelviertel oberhalb der Av. Mohamed V. (gegenüber dem Hotel Bélère). Alle großen Hotels haben einen Pool.
- Auch beim **Complexe touristique** (Richtung Camping) mit gutem Restaurant (und folkloristischen Abendveranstaltungen) gibt es einen Pool.

Trekking

- Empfehlenswert für die Organisation von Bergtouren ist der lizensierte **Bergführer Slimane Baadoud.** Er spricht neben französisch auch fließend englisch (Mobil 0661 24 16 43 oder 0661 40 61 91, www.maroctrekking.com, naturetrekking@yahoo.fr). *Slimane* organisiert Berg- und Skitouren, Pferde- und Kameltrekking etc. im ganzen Land.
- Weitere **Bergführer** für die Gegend sind *Mohamed Elkhattabi* (Mobil 0662 13 21 76) und *Rachid Tahiri* (Mobil 0679 14 79 28). Bergführer kann man außerdem über das **Bureau des guides et accompagnateurs** in Agdz und Kelâa M'gouna anheuern. Auch das Touristenbüro in Ouarzazate vermittelt Bergführer.

Einkaufen

- **Marché Municipal** *(Marché couvert)*, in einer nördlichen Parallelstraße bzw. am Platz zur Av. Mohamed V. (von Marrakesch kommend links). Hier gibt es ein umfassendes Angebot an Frischwaren.
- **Supermarché Dimitri**, in der Av. Mohamed V. (gegenüber Restaurant Chez Dimitri). Gute Auswahl an Konserven, Alkoholika und Drogeriewaren. Geöffnet von 8–21 Uhr.
- **Supermarché Dadès**, Av. Mulay Rachid, neben Restaurant Chez Nabil. Gutes Angebot, aber teurer als in kleinen Geschäften, Mittagspause bis 16 Uhr.
- **Souvenirgeschäfte** gibt es in und um die Kasbah Taourirt und im Hotelviertel gegenüber dem Hotel Bélère. In der Av. Mohamed V. gibt es eine **Teppichweberkooperative** und in der ehemaligen Synagoge im Kasbahviertel eine **Teppichweberei.**
- Außerdem hat Ouarzazate einen kleinen, interessanten **Souk** (bis 22 Uhr geöffnet).

Busse

Vorsicht: An den Busbahnhöfen lauern viele „**faux guides**", die Touristen gegen hohe Provision in bestimmte (nicht unbedingt gute) Hotels schleppen wollen.

- Der **CTM-Busbahnhof** liegt an der Av. Mohamed V.; Büro: 5, Av. Mohamed V., Tel. 0524 88 24 27 (tägl. 7–22 Uhr). CTM bietet nur noch wenige Verbindungen an; Privatbusse bedienen diverse Ziele mehrmals täglich.
- Der **Busbahnhof für Privatlinien** liegt am westlichen Stadtrand an der Parallelstraße zur Av. Mohamed V. 50 m südlich halten auch die Sammeltaxis. Das **SATAS-Büro** befindet sich am Place du 3 Mars, Tel. 0524 88 31 66.
- In Ouarzazate verkehrt ein gelber **City-Bus**, der z.B. die Atlas-Filmstudios anfährt und alle halbe Stunde an den Haltestellen mit gelben Schildern abfährt.

Verbindungen und Preise

- **Inezgane/Agadir:** 5x tägl. SATAS-Busse, 7 Std. Fahrzeit, 1x tägl. CTM-Bus, ca. 80 DH.
- **Agdz – Zagora – M'hamid:** 1x tägl. mit SATAS oder CTM, ca. 40 DH.
- **Boumalne – Tinerhir:** 2x tägl. mit SATAS, nach Tinerhir, ca. 50 DH.
- **Casablanca:** CTM-Bus 1x tägl., ca. 9 Std.
- **Marrakesch:** CTM-Bus 4x tägl., 80 DH, ca. 5 Std., 1x tägl. Supratours-Bus, 70 DH.
- Um nach **Aït Benhaddou** zu kommen, kann man den Bus nach Marrakesch nehmen und an der Kreuzung (Tabourath) aussteigen. Dort findet man für die restlichen 11 km meist eine Mitfahrgelegenheit.

Taxis

Stadttaxis

Tagsüber kostet das Petit Taxi einheitlich **4 DH** im ganzen Stadtbereich (zu den 4-Sterne-Hotels werden 10 DH verlangt).

Karten Umschlag hinten, S. 389, Stadtplan S. 454 **ROUTE C 1: OUARZAZATE**

Sammeltaxis/Grand Taxis

Abfahrt an drei verschiedenen Stellen (für unterschiedliche Richtungen) beim Busbahnhof für Privatlinien am westlichen Stadtrand an der Parallelstraße zur Av. Mohamed V.; Taxis in Richtung Norden, u.a. nach Marrakesch und Aït Benhaddou.

Der Standplatz für die **Taxis nach Osten,** z.B. nach Skoura, Tinerhir und Erfoud (mit Umsteigen), liegt auf einem staubigen Gelände an der N10 außerhalb der Stadt noch etwas hinter dem Abzweig zum Zoo. Man hangelt sich auf der Strecke nach Osten von Ort zu Ort, z.B. bis M'gouna, von M'gouna nach Boumalne du Dadès, von Boumalne weiter nach Tinerhir.

Ein Grand Taxi **zum Flughafen** (nur 3 km vom Stadtzentrum) kostet pauschal 60 DH. Ein Taxi/Minibus (jeweils komplett angemietet für 5 Personen) **nach Ouarzazate** über Aït Benhaddou und zurück nach Marrakesch kostet 500 DH (100 DH p.P.). **Nach Aït Benhaddou** hin und zurück 200–300 DH, nach **Zagora** 300 DH, nach **Agdz** 150 DH. Ein komplettes Taxi nach Skoura kostet 70 DH.

Flugverbindungen

- **Flughafen,** Taourirt, Tel. 0524 88 22 97.
- **Royal Air Maroc,** 1, Bd Mohamed V., Tel. 0524 88 50 80. Die Flugpläne wechseln halbjährlich.
- Täglich Flüge nach **Casablanca** und von dort Anschlussflüge in andere (marokkanische und europäische) Städte.

Rund ums Auto

Das Fahrzeug über Nacht unbedingt nur auf einem bewachten Parkplatz abstellen, denn insbesondere im Kasbahviertel besteht Einbruchgefahr!

Autovermietung

- **Amzrou Transport touristique,** 41, Bd Mohamed V., Tel. 0524 88 23 23, Mobil 0661 16 07 48, www.amzroutrans.com. Bietet auch diverse Exkursionen in die Umgebung an (u.a. Oase Fint, Tamnougalte, Telouèt).
- **Avis,** Ecke Bd Mohamed V./Place du 3 Mars, Tel. 0524 88 80 00, und am Flughafen. Geöffnet Mo bis Sa 8–19 Uhr, So bis 12 Uhr.
- **Budget,** Av. Mohamed V., Tel. 0524 88 42 02 und am Flughafen. Geöffnet Mo bis Sa 8.30–12 und 14.30–17 Uhr, So 9–12 Uhr.
- **Drâa Car,** *Abdellah Rahmouni,* Imm. Charafi Nr. 2 (beim Hotel Amlal), Tel. 0524 88 81 06, Mobil 0661 64 64 46. Gute Autos und günstige Angebote, die Leserresonanz fällt positiv aus.
- **Dune Car,** Av. Mohamed V., Tel. 0524 88 73 91, beim Hotel Amlal und Restaurant Es Salam. Sehr freundliches und zuvorkommendes Personal.
- **Europcar,** Av. Mohamed V./Place du 3 Mars und am Flughafen, Tel. 0524 88 20 35.
- **Hertz,** 33, Bd Mohamed V., Tel. 0524 88 20 84. Mo bis Fr 8–12 und 14.30–18.30 Uhr, So 9–12 Uhr.
- **Sam Tour,** 9, Av. Mulay Rachid, Tel./Fax 0524 88 70 54. Seriös und ausgesprochen freundlich. Autos werden ins Hotel gebracht und wieder abgeholt.
- **Tafoukt Cars,** 88, Rue d'Errachidia, Tel. 0524 88 26 90, www.tafouktcars.com, tafouktcars@hotmail.fr.
- **Week End Car,** 4, Av. Mohamed V./Place du 3 Mars, Tel. 0524 88 28 80. Guter Service, kulant und empfehlenswert, die Autos vor Abfahrt genau kontrollieren.

Siehe auch Reisebüros: Einige vermieten Geländefahrzeuge. Preisvergleich und Handeln lohnen sich.

Werkstätten

- **Garage Tichka,** 75, Av. Mohamed V., Tel. 0524 88 51 96.
- **Garage Raquiq,** *El Habib* und *Mohamed.* Quartier Industriel, Tel. 0668 37 69 91. Führt Reparaturen zuverlässig und kompetent aus. Gute Leserresonanz.
- **Motocycles** (Morabit), 19, Rue al Mouahidine, Tel. 0524 88 21 13, Mobil 0668 67 51 80, saidmor@hotmail.com. Kleines Motorrad- und Fahrradgeschäft (Leserempfehlung) mit Spezialwerkzeug, Ersatzteilen und -schläuchen. Der junge Besitzer ist ehrgeizig, hilfsbereit und hat faire Preise.

Notfall/Notrufe

- **Notruf:** Tel. 190.
- **Feuerwehr:** Tel. 150 oder 0524 88 21 15.
- **Polizei:** Tel. 190, Av. Mohamed V.
- **Nachtapotheke:** Tel. 0524 88 44 18.
- **Rotes Kreuz:** Tel. 0524 88 36 35.
- **Krankenhaus:** Hôpital Sidi Hssaine Bennasser, Hay Sidi Hssaine, Tel. 0524 88 21 28 oder 88 22 00.

Post/Banken

- Die **Hauptpost** liegt an der Av. Mohamed V./Bd Mulay Rachid.
- Diverse **Banken mit Geldautomat** entlang der Av. Mohamed V., außerdem am Bd Mulay Rachid. Wechselstube gegenüber dem Hotel New Bélère. Sonntags auch im Supermarkt Dimitri Wechseln möglich.

Reiseveranstalter/-büros

Diverse Büros rund um den Place du 3 Mars und den Place Al Mouahidine. Empfehlenswert sind folgende Agenturen:

- **Daya Travels,** Av. Mohamed V., Tel./Fax 0524 88 77 07. Verleih guter Fahrräder ohne Nepp. Es wird holländisch, englisch und französisch gesprochen, Service und Beratung sind sehr freundlich.
- **Desert et Montagne,** Village Talmassla, Tel. 0524 85 49 49. Wüstenreisen und Bergtouren, Verleih von Geländewagen.
- **Farhana,** 23, Rue du Marché, Mobil 0662 15 30 35, Tel. 0524 88 53 04, www.maroctours.ch, farhana@maroc-tours (Korrespondenz auf Deutsch). Agentur unter marokkanisch-schweizerischer Führung mit individuellen Tourangeboten (buchbar in Marokko oder der Schweiz): von Halbtagesausflügen bis zu mehrtägigen Touren mit Übernachtung, mit 4x4 oder Kamel.
- **Holidays Services,** 11, Av. Mohamed V. (neben Hotel La Gazelle), Tel. 0524 88 61 01, www.holidayservices.co.ma. Das renommierte Büro organisiert vor allem Touren für große Reiseveranstalter, hat aber auch ein eigenes Ausflugsprogramm.
- **Ideal Tours,** Tel. 0524 88 70 63, Av. Moulay Rachid, www.idealtoursmaroc.com. Diverse Halbtages- und Tagesausflüge.
- **Iriqui Excursions,** Place du 3 Mars, Tel. 0524 88 57 99, www.iriqui.com. Ausflüge mit 4x4, Kameltouren. Agenturchef ist *Labbas Sbaï*.

Feste/Veranstaltungen

- **Semaine de Ouarzazate,** in Sidi Daoud bei Ouarzazate, im April.
- Weitere fünfzig **Moussems** finden in der Provinz Ouarzazate statt.
- **Symphonies de Desert,** im Juni. Klassische Konzerte in der Wüste (Näheres über das Fremdenverkehrsamt).

Ausflüge

Individuelle Ausflüge

Nach **Aït Benhaddou** und **Telouèt** (großes Ksar mit Kasbahs, Glaoui-Fürstensitz). Die Verbindungsstrecke zwischen beiden Orten sollte nur mit Geländefahrzeug befahren werden! Wenn man nicht über ein eigenes Auto verfügt und mit öffentlichen Verkehrsmitteln fährt (bis Tabourath, dann per Anhalter), sollte man sich zumindest für den Rückweg von Aït Benhaddou von anderen Touristen mitnehmen lassen.

Entlang der **Straße der Kasbahs** in Richtung Skoura, Kelâa M'gouna und Tinerhir (siehe nachfolgende Route).

Ins **Drâa-Tal,** zu den **Cascade du Drâa** und nach **Agdez** (siehe nachfolgende Route).

Zum **Stausee** und zur **Oase Fint** (siehe Stadtbeschreibung oben).

Zu den **Atlas-Filmstudios** siehe Anfahrtsbeschreibung nach Ouarzazate.

Organisierte Ausflüge

In allen **großen Hotels** hängen Ausflugsprogramme aus, z.B. auch zur Oase Fint, nach Boumalne du Dadès oder zu den Kasbahs in Skoura und Kelâa M'gouna (Straße der Kasbahs). Halbtagestouren im Reisebüro nach Aït Benhaddou kosten zwischen 200 und 600 DH p.P. (je nach Teilnehmerzahl), im privaten Taxi etwa 350 DH (Verhandlungssache!). Alle hier genannten Reisebüros führen Ausflüge und Mehrtagestouren durch.

Route C 2: Ouarzazate – Tinerhir – Errachidia

● 303 km, N10

Die **„Straße der Kasbahs",** wie diese beliebte Hauptverbindungsstrecke durch spektakuläre Landschaften genannt wird, führt – nomen es omen – an zahlreichen festungsartigen Lehmburgen (Kasbahs) und -dörfern (Ksour) vorbei. Zum Teil sind sie verfallen, viele sind aber noch gut erhalten oder wurden in den letzten Jahren in Privatinitiative renoviert.

Im ersten Routenabschnitt zieht sich die Straße **flussaufwärts am Dadès entlang,** mit schönen Oasendörfern, Dattelpalmen und Kasbahs. Der Fluss entspringt im Hohen Atlas und windet sich in einem tiefen Canyon hinab zur Dadès-Schlucht. Bei Boumalne du Dadès mündet er aus dem Hohen Atlas in die Hochebene zwischen Boumalne und Ouarzazate. Nördlich von Boumalne gibt es in der **Dadès-Schlucht** eindrucksvolle Felsformationen zu bewundern. Vor Ouarzazate wird der Fluss zu einem großen See gestaut.

Skoura ist die größte Dattelpalmenoase Marokkos und kann mit prächtigen Kasbahs aufwarten. **Tinerhir** hat einen fast ebenso großen Palmenhain, der eingebettet zwischen rötlich-braunen Bergen malerisch am Oued Todrha (Todgha) liegt. Hier beginnt die Straße in die **Todrha-Schlucht** mit ihren mächtigen, steil aufragenden Felswänden.

Gute Busverbindung nach Errachidia mehrmals täglich (siehe Ouarzazate).

Abschnitt 1: Ouarzazate – Tinerhir

● 165 km, N10

Bei der Kasbah von Taourirt in Ouarzazate nimmt die Route ihren Anfang. Von dort verläuft die N10 ostwärts über ein Wüstenplateau. 1 km nach der **Auberge Le Lion blanc** (Tel. 0254 88 57 57, DZ €) mit schönem Palmengarten an der Straße liegt rechts der Stausee Mansour ed Dahbi (siehe Ouarzazate) bei km 18. Es bietet sich ein schöner Ausblick auf den See.

Nach **39 km** ist **Skoura** erreicht.

Skoura

In dieser herrlichen großen **Palmenoase** mit typischer Oasenbewirtschaftung liegen auf der nördlichen Seite des (meist trockenen) Oueds zahlreiche schöne Kasbahs versteckt,

Kasbah von Skoura (Abb. aus W. Wrage, „Straße der Kasbahs")

Route C 2: Skoura

die mit Ornamenten verzierte Mauern und Türme aufweisen. Viele der **Kasbahs** von Skoura sind verlassen und dem Verfall preisgegeben, einige jedoch wurden in den letzten Jahren renoviert und als Herbergen wiederbelebt. An der Straße stehen neue Betonhäuser, in die die Bewohner auf der Suche nach mehr Komfort umgezogen sind. Der Lehmbau ist vielen zu mühsam geworden, da die Häuser nach starkem Regen immer wieder restauriert werden müssen.

Direkt an der Straße auf der linken Seite liegt die **Kasbah Aït Ben Moro** mit Souvenirstand, ca. 2 km vor dem Ortsanfang von Skoura (von Ouarzazate kommend). Sie wurde in ein stilvolles **Hotel** umfunktioniert (vgl. Unterkunft).

Typisch für die Region ist die Herstellung von **Rosenwasser**, das überall an der Straße der Kasbahs verkauft wird. Auch in Skoura gibt es große Rosengärten zur Gewinnung von Rosenwasser und -öl.

Versteckt im nordöstlichen Palmenhain neben einer Quelle im großen Oasengarten liegt die wunderschöne **Kasbah Aït Abou Ali** (siehe Abstecher unten).

Die große und unbedingt sehenswerte **Kasbah Amerhidil** aus dem 17. Jahrhundert erreicht man, indem man kurz hinter der Kasbah Aït Ben Moro links abbiegt (N 31°02,865', W 06°34,337', Schild „Les jardins de Skoura"). Die mit bemalten Felsen markierte Piste führt durch das Flussbett auf die andere Seite des Oueds. Insgesamt ca. 900 m von der Teerstraße entfernt liegt die Kasbah (N 31°02, 779', W 06°34,867'). Sie ist auch gut zu Fuß durch die Oasengärten vom Parkplatz des Hotels Ben Moro erreichbar. Eine Besichtigung der prachtvollen Lehmburg ist gegen ein Trinkgeld (20–50 DH) für den kompetenten Führer möglich. Die engagierte Familie *Naciri*, der die Kasbah seit Generationen gehört, hat das Gebäude kompetent renoviert. In einem kleinen Museum im EG sind alte Werkzeuge und Gebrauchsgegenstände zu sehen. Die Kasbah wurde vor allem durch *Werner Wrages* Standardwerk „Die Straße der Kasbahs" bekannt und ist auf dem 50-DH-Schein abgebildet. An die alte Kasbah baute die Familie ein Gästehaus an (vgl. Unterkunft).

Unterkunft

● **Chez Ayad,** kurz vor Skoura an der Hauptstraße, Tel. 0524 85 20 47, www.chezayad.com, chezayad@yahoo.fr. Schöne Unterkunft in einer echten renovierten Kasbah (ca. 100 Jahre alt). *Hassan Ayad* und seine Familie empfangen Gäste herzlich und sind sehr freundlich. Es gibt sechs DZ mit Bad (€€ mit Frühstück), auch barrierefreie Zimmer im EG. Gutes Frühstück und Abendessen auf der Terrasse im Palmengarten.
● **Chez Slimani,** Mobil 0661 74 68 82, Anfahrt wie zur Kasbah Amerdihil (s.o.), der Beschilderung folgen, kleiner Eingang in der Mauer rechts (N 31°03,039', W 06°34,925'). Sehr einfache saubere Gîte d'étape in hübscher Familienkasbah, Schlafraum mit Matratzen, kleiner Salon, schattiger Garten. ½€.
● **Chez Talout,** Oulad Arbia, Mobil 0662 49 82 83, www.talout.com, taloutabde@yahoo.fr. Schöne Herberge mit Restaurant und Dachterrasse und Blick über die Oase. Klimatisierte/beheizte komfortable DZ mit Bad inkl. Frühstück €€€.
● **Dar Lorkam,** ca. 5 km abseits der Hauptstraße in der Palmeraie (andere Seite des Oueds), Tel. 0524 85 22 40, www.dar-lorkam.com. Liebevoll gestaltete Herberge in ruhiger Lage mit Pool, nette Zimmer im Berberstil mit Bad (€€€ p.P. inkl. HP). Das Essen wird mit Gemüse aus dem Garten zubereitet.
● **Espace Kasbah Amridil,** unmittelbar neben der Kasbah Amerhidil, Tel. 0524 85 22 97, nassirilarbi@yahoo.com. Hübsches Gästehaus in einer im Original-Lehmbaustil nachgebildeten Kasbah, freundlicher Empfang, marokkanische Küche. €€€.
● **Kasbah Aït Ben Moro,** Tel./Fax 0524 85 21 16, www.aitbenmoro.com, hotelbenmoro@yahoo.fr. Die Kasbah aus dem 18. Jh. wurde vom Spanier *Juan de Dios Romero* stilvoll und authentisch instand gesetzt und zu einem komfortablen Hotel umgestaltet. Die 13 beheizbaren Zimmer mit Bad und drei Turmzimmer mit Dusche/WC am Gang sind sehr

Kasbah Amerhidil

gemütlich, z.T. mit Blick auf die Palmeraie. Von der Terrasse im schönen Garten genießt man den Sonnenuntergang über der Oase. Es gibt sehr gutes Essen und marokkanische Weine. DZ €€€ p.P. inkl. HP.
- **La Palmeraie,** Tel. 0662 15 30 49. Nette Gîte d'étape der Familie *El Gharbi* in einer Kasbah, ca. 800 m vom Zentrum im Douar Rouha. Übernachtung in Zimmern oder auf der Dachterrasse möglich (€).
- **Les Jardins de Skoura,** Tel. 0524 85 23 24, Mobil 0661 73 04 61, www.lesjardinsdeskoura.com. Anfahrt wie zur Kasbah Amerdihil (s.o., Schild an der Straße), im Flussbett rechts halten und durch die Palmeraie hindurch immer den orangefarbenen Pfeilen folgen (ca. 3 km, N 31°03,605', W 06°35,730'). In diesem Landhotel unter französischer Führung mit schönem Garten mit Hängematten und Pool herrscht eine wunderbar ruhige und erholsame Atmosphäre. Hübsche, sehr große Zimmer und Suiten (€€€€B inkl. Frühstück) im Berberstil, z.T. mit Kamin und Privatterrasse (Familiensuite).
- **Les Nomades,** Mobil 0661 89 63 29, azizberber@hotmail.fr, ca. 600 m hinter dem Dorf am Rande des Palmenhains. Gästehaus im Kasbahstil der freundlichen Familie *Assilah*. Zimmer mit Bad € p.P. inkl. HP.

Campingplatz

- **Amridil** (Camping International de Skoura), Mobil 0666 25 11 54, nördlich der Hauptstraße am Oued, ummauertes Gelände nahe der Kasbah (Wegweiser). Netter Empfang, saubere sanitäre Anlagen (warme Dusche kostet extra), schattiger Salon/Restaurant, Essen auf Bestellung, Stellplätze (mit Strom) leider ohne Schatten, auch Bungalows im Kasbahstil (€€€).

Essen und Trinken

- **La Kasbah,** Tel. 0524 85 20 78, ajebran@yahoo.com, in der Ortsmitte direkt an der Straße. Hier gibt es gutes Essen mit Ziegenkäse-Spezialitäten. Die Betreiber vermieten auch hübsche Zimmer (DZ €€) im Berberstil mit Tadelakt-Bädern oberhalb des Restaurants.

Route C 2: El Kelâa des M'gouna

- Im **Café des Roses** machen ganze Busladungen voller Touristen Halt.

Sonstiges

- Ein **Grand Taxi** nach Ouarzazate kostet ab Skoura etwa 25 DH. Die Busse von Ouarzazate nach Tinerhir halten z.T. in Skoura.
- Zahlreiche **Moussems** finden in den umliegenden Dörfern zwischen 12. und 20. Rabia I statt; in Skoura selbst der **Moussem Sidi Othmane** am 14. Rabia I.
- Der Veranstalter Sport Travel (Marrakesch, siehe dort) betreibt eine **Pferderanch** in Skoura, wo Reiter Ausritte unternehmen können. Anfahrt: Von Ouarzazate kommend in Skoura links ab auf die Teerstraße nach Toundout, vor der Auberge Bouarif links auf eine Piste, nach 500 m ist die Ranch erreicht (Douar Tiriguioute, Mobil 0661 22 52 63). 1 Std. Ausritt kostet 130 DH, 1 Tag mit Picknick 470 DH.

Abstecher zur Kasbah Aït Abou Ali

Dieser Abstecher ist **auch für Radfahrer und Fußgänger empfehlenswert,** da er durch die Oasengärten von Skoura führt. Man kann direkt vom Ortszentrum starten und über das Oued nordostwärts dorthin gelangen.

Kurz vor Ortsende in Richtung El Kelâa, Tinerhir weist das Schild „Gîte d'étape Kasbah Aït Abou Ali" nach links. Entlang der Teerstraße geht es knapp 7 km bis zu einem Dorf mit einer Kasbah. Dort auf eine Piste links abbiegen und nach 2,4 km zu einer kleinen **Brücke** ein Oued überqueren (**N 31°06, 056', W 06°33,897'**). Kurz darauf wieder auf guter Piste ein Oued queren. Weiter durch die Oasengärten: Nach 1,1 km erreicht man ein kleines Dorf. Weiter an Lehmmauern entlang geradeaus durch die Gärten, nach 500 m rechts abbiegen (Pfeil auf Mauer). Nach 800 m liegt links die wunderschöne **Kasbah Aït Abou Ali (N 31°06,442', W 06°34,714').** Die Herberge mit einfachen sauberen Zimmern verfügt auch über Nomadenzelte, in denen man übernachten kann. In den herrlichen Gärten gibt es ein Quelle und jede Menge Dattelpalmen – eine herrliche Oase der Ruhe abseits der Touristenströme.

Hinter Skoura führt die N10 weiter durch wüstenartige Gegend, die lediglich im Drâa-Tal grüne Farbe zeigt. Entlang der Straße liegen malerische Kasbahs. Die Hauptverbindungsstrecke führt dann bergauf über ein ödes Plateau zum Pass **Tizi-n-Taddert** (**km 61**, 1370 m). Danach geht's hinab ins grüne Dadès-Tal nach **Imassine** (**km 66**).

Aït Ridi, ein kleiner Ort mit Dattelpalmenhain und vielen Kasbahs, ist nach **85 km** erreicht. Hier steht rechts der Straße ein großer, pilzförmig erodierter Felsen, der als Aussichtsplattform dient. Unterhalb gibt es Souvenirläden, einen Parkplatz und Cafés.

4 km weiter führt eine Brücke über den **Asif M'goun.** In der Nähe haben sich viele Restaurants, Cafés und Steinverkäufer entlang der hübschen Palmenhaine angesiedelt.

Die landschaftlich sehr schöne Strecke führt weiter entlang des Dadès, der sich tief in den roten Sandstein gegraben hat.

Bei **km 89** liegt das **Hotel Rosa Damaskina** (Tel. 0524 83 69 13, www.rosadamaskina.com) an der Pont d'Almou (Brücke) mit herrlichem Blick und sauberen Zimmern (DZ mit Bad €€B p.P., üppiges Frühstück). Im Restaurant kann man zu Mittag essen.

El Kelâa des M'gouna folgt bei **km 94.**

El Kelâa des M'gouna

Die schöne Oase mit ca. **15.000 Einwohnern** liegt 1467 m hoch am Fluss Asif M'goun, der hier vom Hohen Atlas kommend ins Dadès-Tal mündet und wenige Kilometer vor El Kelâa des M'gouna in den Dadès-Fluss fließt. Auf einem Felsen, der die Oase überragt, liegt die **Kasbah** des früheren Pascha von Marrakesch, El Glaoui. Es bieten sich im Ort viele Führer dorthin an. Die Kasbah gab dem Ort seinen Namen: Kelâa bedeutet Festung, M'gouna heißt der hier ansässige Stamm.

Karten Umschlag hinten, S. 389

EL KELÂA DES M'GOUNA

Die Oase ist vor allem für die Herstellung von **Rosenwasser und -öl** bekannt, Ersteres wird für Kosmetik sowie zum Backen und Kochen verwendet, Letzteres als Essenz für die Parfümherstellung. In Kelâa des M'gouna wird Mitte Mai die **Fête des Roses** gefeiert.

Markttag ist der **Mittwoch**. Der Markt ist größer als in Boumalne und sehr sehenswert.

Unterkunft

● **Kasbah Itran,** Richtung Rosental, Tel. 0524 83 71 03, Mobil (Mohamed) 0662 62 22 03, www.kasbahitran.com. Maison d'Hôtes in traditioneller Lehmbauweise unter spanischmarokkanischer Führung, sieben Zimmer mit Bad €€ bis €€€B (inkl. Frühstück).
● **Ksar Kaissar,** 3 km hinter dem Zentrum Richtung Tinerhir links ab (Schild), Tel. 0524 83 67 42/76. Komplex mit 64 klimatisierten Zimmern, 50 Höhlenzimmern und großem Pool. Die Zimmer im alten Hotelteil sind nicht so sauber, die in den neueren besser. Es gibt einen terrassenartig angelegten **Campingplatz** mit schattigen Wohnmobilstellplätzen und toller Aussicht.
● **Hotel du Grand Atlas,** Av. Mohamed V., Einfaches ordentliches Hotel mit Duschen/WC am Gang.

Camping

● **Camping M'goun,** 15 km vor Kelâa M'gouna von Ouarzazate kommend auf der linken Seite (lange Mauer entlang der Straße, **N 31° 10,250', W 06°15,00'**). Campingplatz des Veranstalters M'goun Tours (vgl. Ausflüge) am Südrand des Mgoun-Massivs auf einem Farmgelände. Es gibt ebene, von Rosenhecken und Zypressen begrenzte Stellplätze mit Strom und Wasser, moderne Sanitäranlagen. 2 Pers. inkl. Fahrzeug 60 DH.
● Camping auch am **Ksar Kaissar,** s.o.

Verkehrsverbindungen

● Der **private Bus** nach Boumalne kostet ca. 5 DH (sehr viele Stopps unterwegs), vor allem am Markttag ist die Fahrt ein Erlebnis.
● **Sammeltaxis nach Boumalne** 6 DH, nach **Ouarzazate** ca. 15 DH.
● **Marrakesch** (über Ouarzazate): 1x tägl. Supratours-Bus, 90 DH, ca. 6 Std.

Ausflüge

Von El Kelâa kann man einen Ausflug ins **Rosental (Vallée des Roses)** unternehmen. Der Abzweig in der Ortsmitte ist ohne Hinweisschild. Die Strecke ist inzwischen bis Bou Thrarar geteert. Nur anfänglich und dann wieder ab Hdida führt die Straße direkt am Tal entlang und bietet herrliche Ausblicke auf das unten gelegene Flusstal – dazwischen geht es durch uninteressante Steinwüste. Deshalb sollte man unbedingt einen Abstecher direkt ins Flusstal bzw. eine Wanderung dorthin unternehmen. Bei Bou Thrarar führt eine 4x4-Piste nach Aït Youl in die Dadès-Schlucht und eine Piste weiter nach Tabia Aït Zaghar (vgl. Route C 17).

● Tipps für Unternehmungen in der Region (Wanderungen, Ausflüge etc.) gibt das **Bureau des guides et accompagnateurs de montagne** 1 km vor Kelâa des M'gouna (Tel. 0524 83 73 68/71) und in Souk el Khemis (s.u.). Die Büros vermitteln Bergführer.
● Ausflüge in die Umgebung organisiert auch der Reiseveranstalter **M'goun Tours** unter deutscher Leitung (Aït Sedrat Gharbia, km 13, Kelâa des M'gouna/Ouarzazate, Tel. 0537 71 76 23, www.mgoun-tours.de).

Zaouiat el Bir folgt nach **103 km.** Ab hier führt die Route durch dicht besiedeltes Gebiet, man kommt nur noch langsam vorwärts. Nur noch gelegentlich bieten sich Ausblicke auf die Kasbahs und die Berge.

Bei **km 108** ist **Souk el Khemis** erreicht. Rechts neben der Straße steht eine schön renovierte **Kasbah mit Museum** (beschildert), außerdem das Bureau des guides et accompagnateurs de montagne, das Bergführer vermittelt (Tel. 0524 85 04 11).

Bei **km 115** ist **Boumalne** erreicht.

Boumalne Dadès

♪ VIII, A2

Das Markt- und Verwaltungszentrum der Region hat **etwa 11.000 Einwohner.** Es liegt auf 1586 m zwischen den kahlen, verwitterten Berghängen des Hohen Atlas im Norden und des Djabal Saghro im Süden. Der schöne, von mächtigen Kasbahs umgebene Ort ist **Zentrum der Aït-Atta-Nomaden.** Die Bewohner leben in erster Linie von der Landwirtschaft (Gemüse-, Obst-, Getreideanbau), die hier entlang der Flüsse im Terrassenfeldbau betrieben wird. Palmen gedeihen auf dieser Höhe aufgrund der Winterkälte nicht mehr.

Markt ist am Mittwoch, ein Besuch des **Souks,** zu dem alle Bewohner der Umgebung kommen, lohnt sich (Marktgelände ca. 2 km außerhalb an der Straße nach Tinerhir). In Boumalne steht eine schöne **Kasbah**, die noch als Speicherburg genutzt wird.

Unbedingt einen Abstecher wert ist die **Dadès-Schlucht** (vgl. Ausflüge unten bzw. Route C 18). Die Schlucht ist zumindest im oberen Bereich eindrucksvoller als die Todrha-Schlucht. Die Teerstraße endet bei Msemrir, wer nicht bis dorthin vordringt, sollte zumindest bis Aït Oudinar fahren. Schon nach wenigen Kilometern flussaufwärts thronen imposante Kasbahs in dem von roten Felsen umrahmten grünen Flusstal – eine faszinierende Landschaft voller Kontraste.

Unterkunft

Klassifizierte Hotels

●**Xaluca Dadès*****, Tel. 0524 83 00 60, www.xaluca.com. Kasbahhotel mit tollem Blick über das Dadès-Tal, Pool, Hammam und 110 hübschen, afrikanisch gestalteten Zimmern mit Bad, TV, kabellosem Internet und Heizung/AC. DZ €€€A.

●**Kasbah Tizzarouine,** am Ortsausgang Richtung Tinerhir rechts abbiegen (beschil-

dert), dann einige 100 m Piste, Tel. 0524 83 06 90. Großes Hotel im Kasbahstil mit Pool, die Terrasse am hinteren Ende der riesigen Anlage bietet einen tollen Blick auf Boumalne. Eines der zwei hübschen Restaurants befindet sich in einem Berberzelt (abends Folklore mit zum Teil aufdringlichen Tänzerinnen), meist gutes Essen und aufmerksamer Service (in der Hauptsaison bei viel Gruppenandrang evtl. weniger gut). Übernachtung in Standard-Zimmern, in kleinen Höhlenzimmern (ohne Fenster, mit eigener Terrasse) oder in Berberzelten möglich (bei Ansturm nicht immer sauber). DZ €€€ bis €€€€B (je nach Saison).

● **Gorge de Dadès** (ex Chems)**, in der Kurve Richtung Tinerhir, Tel. 0524 83 00 41, Fax 0524 83 13 08. Ordentliches Hotel mit schöner Aussicht und Restaurant oberhalb des Ortes. DZ mit Dusche und Balkon €€. Das Hotel vermittelt den von Lesern gelobten, englisch sprechenden Führer *Jaouad Ahouri* für die Umgebung.

● **Soleil Bleu***, oberhalb des Ortes (2 km) in Richtung Tinerhir und dann links (vom Hotel Madayeq ca. 400 m weiter auf Piste, N 31°22,684', W 05°58,872'), Tel. 0524 83 01 63, le_soleilbleu@yahoo.fr. In den Zimmern mit und ohne Blick ins Tal ist nicht immer alles voll funktionsfähig, aber sie sind sauber. Das Personal ist sehr freundlich. Es gibt ein gutes Restaurant mit sehr schöner Terrasse und herrlichem Blick. Alte Zimmer mit Bad im EG €€A, neue Zimmer im 1. Stock €€€ inkl. HP. **Camping** im Hof möglich (Stellplatz im ummauerten Hof wenig ansprechend, sanitäre Anlagen aber ordentlich und sauber, warme Duschen).

● **Vallée des Oiseaux***, Bd Mohamed V. (am Ortsende in Richtung Tinerhir links), Tel./Fax 0524 83 07 64. Nettes Hotel mit einfachen Zimmern mit Du/WC (nur durch Vorhang abgetrennt), sehr freundliches Personal, gutes Essen in einem großzügigen Speiseraum. DZ mit Bad €B, ohne ½€.

Unklassifizierte Hotels

● **Al Manader,** Av. Mohamed V. (ca. 500 m außerhalb in Richtung Tinerhir auf der rechten Seite), Tel. 0524 83 01 72, aubergealmanader@hotmail.com. Empfehlenswerte Alternative zu den klassierten Hotels: schöne, saubere und geräumige Zimmer mit heißer Dusche und WC (nur durch Vorhang abgetrennt), vom Balkon herrlicher Blick ins Tal. Sehr freundliches Personal und gutes Essen, eigener Parkplatz. DZ mit Bad €, ohne Dusche/WC ½€.

● **Bougafer,** links hinter der Bushaltestelle (von Ouarzazate kommend), einfach und sauber, nett eingerichtet, hübsche Terrasse und Dachterrasse. ½€ mit Dusche/Waschbecken (ohne WC), auch 3er-Zimmer.

Herbergen/Camping in der Dadès-Schlucht

Die Unterkünfte sind entsprechend ihrer Reihenfolge entlang der Straße durch die Dadès-Schlucht aufgelistet (von Süden nach Norden, vgl. Route C 18).

● **Auberge Panorama****, in Aït Ibrirne in der Dadès-Schlucht, ca. 11 km von Boumalne, Tel. 0524 83 15 55, www.auberge-panorama.sup.fr, auberge-panorama@hotmail.fr. Hübsche Herberge im Restaurant und Panoramaterrasse. Die sieben sauberen Zimmer mit Bad sind unterschiedlich und liebevoll gestaltet. DZ €€

● **La Kasbah de Mimi,** ca. 12 km von Boumalne in der Dadès-Schlucht, Tel. 0524 83 05 05, mimi.kasbah@laposte.net. Sehr schönes Kasbahhotel mit Pool und Restaurant unter französischer Führung. DZ mit HP €€€ p.P.

● **Kasbah Aït Arbi,** ca. 12 km von Boumalne in der Dadès-Schlucht, Tel. 0524 83 17 23. Diese Herberge der netten Familie *Hammou* hat eine sehr schöne Aussichtsterrasse und saubere Zimmer mit warmer Dusche (€), man kann auch auf der Dachterrasse übernachten. Touren in die Umgebung und die Besichtigung der Kasbah Aït Arbi können organisiert werden.

● **Auberge Tamlalte,** ca. 16 km von Boumalne auf der rechten Seite in einer Kurve, Tel. 0524 88 68 53, www.hoteltamlalte.com. Le-

Renovierte Kasbah in der Dadès-Schlucht

serempfehlung: schöne helle Zimmer mit Bad, fantastische Aussicht, freundliches Personal, gutes Essen, schöne Wanderungen möglich. DZ €€.
- **Les 5 lunes – chez Daoud,** ca. 23 km von Boumalne in der Dadès-Schlucht, Tel. 0524 83 07 23, www.les5lunes.c.la. Die Herberge der Familie *Ochatou* mit Restaurant und fünf Zimmern im Berberstil wurde liebevoll-verspielt gestaltet. DZ €€.
- **Auberge Aït Oudinar – Gorges du Dadès,** in Aït Oudinar, ca. 25 km von Boumalne in der Dadès-Schlucht, Tel. 0524 83 02 21, Mobil 0676 60 02 85, www.aubergeaitoudinar.com. Die sehr schön direkt am Fluss gelegene familiäre Herberge ist liebevoll marokkanisch eingerichtet, die Zimmer sind sauber und haben Bad, AC und Balkon. Gutes Essen wird auf der Terrasse oder im angeschlossenen Berberzelt serviert. Der kleine Campingplatz neben der Herberge ist schattig. Von hier kann man in Begleitung eines Familienmitglieds eine sehr schöne Wanderung durch eine Nebenschlucht des Dadès unternehmen. DZ mit HP €€ p.P.
- **Chez Pierre****, ca. 26 km von Boumalne in Aït Oudinar, Tel. 0524 83 02 67, http://chezpierre.ifrance.com. Ein Franzose betreibt diese aus Lehm im Kasbahstil errichtete Herberge mit acht Zimmern mit Bad und Heizung. Es gibt mehrere Terrassen, einen Pool und hervorragendes, viel gelobtes Essen (Menü ab 10 Euro). Es werden auch (Wander-)Ausflüge organisiert und Mountainbikes verliehen. DZ €€€.
- **La Gazelle,** in Aït Ouffi, ca. 27 km hinter Boumalne in der Dadès-Schlucht, Tel. 0524 83 17 53. Nette, saubere Herberge, auch günstige Übernachtung im Nomadenzelt oder im Salon möglich. DZ mit Dusche €, ohne Dusche ½€.
- **La Fibule,** ca. 27 km von Boumalne in der Dadès-Schlucht (bei Aït Oudinar), Tel. 0524 83 17 31, mustaphaDades@hotmail.com. Empfehlenswerte Herberge mit netten Leuten und gutem Essen. DZ mit kleinem Heizofen inkl. HP €€B.
- **Hotel des Peupliers,** in Aït Ouffi, ca. 28 km hinter Boumalne in der Dadès-Schlucht, Tel. 0524 83 17 48, echaouich@yahoo.fr. Das einfache saubere Hotel mit Restaurant und Campingmöglichkeit gehört *Mohamed Echaouich*, der Wanderungen zu den in den Bergen lebenden Höhlennomaden führt. DZ mit warmen Duschen €B p.P. mit HP.
- **Kasbah de la Vallée,** in Aït Ouffi, ca. 28 km hinter Boumalne in der Dadès-Schlucht, Tel. 0524 83 17 17. Teurer als die anderen einfachen Herbergen in Aït Ouffi, sehr kleiner Campingplatz angeschlossen, gutes Essen. Die sanitären Anlagen (heiße Duschen) im Hotel können von Campern mitbenutzt werden. Am Abend werden Berbertänze aufgeführt. DZ (je nach Kategorie) € bis €€.
- **Auberge Tissadrine,** in Aït Ouffi, ca. 28 km hinter Boumalne in der Dadès-Schlucht, Tel. 0524 83 17 45. Einfache, aber sehr angenehme Herberge der freundlichen Brüder *Ourizi Lahsen, Daud* und *Youssef* in traumhafter Lage direkt am Fluss. Hübsche Zimmer mit heißer Dusche, kleines Restaurant mit preisgünstigem und gutem Essen, Camping möglich, Strom ab 19 Uhr. Ein Tagesausflug in die Berge wird gratis angeboten. DZ €€ mit HP.
- **Atlas Berbère,** am Ortsausgang von Aït Ouffi, ca. 28 km hinter Boumalne in der Dadès-Schlucht. Kleines, sehr hübsches Hotel im Kasbahstil, sehr schöne DZ (€B), Terrasse am Fluss und auf dem Dach, netter Besitzer, sehr gutes Essen, kleiner Souvenirshop.
- **Le Vieux Chateau,** am Ortsausgang von Aït Ouffi, ca. 28 km hinter Boumalne in der Dadès-Schlucht, Tel. 0524 83 17 19, Fax 0524 83 02 21. Wegen seiner Dimensionen wirkt das Hotel etwas steril, aber die Leute sind sehr nett. Jeden Abend wird Musik gemacht. Lärmempfindliche Menschen sollten im linken Flügel schlafen, da rechts der Generator brummt. Große, freundliche Zimmer. €.
- **La Kasbah de Victor,** ca. 30 km hinter Boumalne in der Dadès-Schlucht, Tel. 0524 83 16 80, www.kasbahdevictor.com, lakasbahdevictor@yahoo.fr. Kleines, empfehlenswertes Kasbahhotel: herzlicher Empfang, fantastischer Blick in die Schlucht, gutes Essen im Nomadenzelt (auch Weinausschank), Pool, nur drei Zimmer (mit Bad). DZ €€.
- **Taghia,** ca. 32 km hinter Boumalne, direkt vor der engsten Stelle der Dadès-Schlucht, Tel. 0524 83 12 62. Eine Fußgängerbrücke führt über den Fluss zu dem an die Felswand gebauten Hotel am anderen Ufer. Einfach,

Atlas VIII, Karte S. 389 ROUTE C 2: BOUMALNE DADÈS

sauber, warme Duschen, freundliche Leute, gutes Essen, Campingmöglichkeit im Hof. DZ €.
- **La Source du Dadès,** ca. 32 km hinter Boumalne, direkt vor der engsten Stelle der Dadès-Schlucht, Tel. 0524 83 12 58, source.dades@yahoo.fr. Drei ordentliche einfache DZ mit HP €€ p.P.
- **Berbère de la Montagne,** ca. 34 km hinter Boumalne in der Dadès-Schlucht bei Imdiazen, Tel./Fax 0524 83 02 28, www.berberemontagne.ift.fr, Asmoun3000@yahoo.fr. Nettes und sauberes Kasbahhotel mit Restaurant und Campingplatz. Zimmer mit Bad €€, ohne Bad €.
- **Au nom de la rose,** ca. 100 m hinter Berbère de la Montagne (34 km von Boumalne bei Imdiazen), Tel. 0524 83 13 65, Mobil 0678 75 47 46. Kleine Herberge mit drei sauberen Zimmern mit Bad. Hübscher Salon, leckeres Essen und sehr freundlicher Besitzer, der auf Wunsch eine reizvolle dreistündige Wanderung in eine Nebenschlucht und zu den Höhlen der Nomaden begleitet. DZ €€ p.P. mit HP.

Essen und Trinken

- **Bougafer,** beim gleichnamigen Hotel (s.o.). Schöne, von Wein überwachsene Terrasse, gutes Menü ca. 70 DH, Treffpunkt der Bergführer (auch Vermittlung).
- **In viele Herbergen** entlang der Straße in der Dadès-Schlucht kann man zum Mittagessen einkehren.

Busse

Die **Privatbusse** fahren mehrmals täglich an der Sammeltaxihaltestelle etwa 100 m südlich der Moschee an der Hauptstraße ab.

- **Ouarzazate** und **Marrakesch:** mehrmals tägl. (u.a. Supratours), 30 DH bis Ouarzazate (2½ Std. Fahrzeit), 100 DH bis Marrakesch (6-7 Std. Fahrzeit).
- **Errachidia – Merzouga:** Supratours-Bus 1x tägl. nachmittags (kommt von Marrakesch), ca. 40 DH bis Errachidia (4 Std. Fahrzeit), ca. 90 DH bis Merzouga (6 Std.).
- **Tinerhir** und **Errachidia:** CTM und Supratours 1x tägl., Fahrzeit nach Tinerhir ca. 75 Min. (10 DH), nach Errachidia 4 Std.
- **Erfoud:** Privatbusse mehrmals tägl., ca. 40 DH, 4 Std. Fahrzeit.

Sammeltaxis/Grand Taxis

Mittags ab der **Bushaltestelle (bei der Moschee)** in die Dadès-Schlucht bis Aït Youl 5 DH und bis Aït Oudinar 15 DH, bis Msemrir ca. 25 DH, nach Tinerhir ca. 15 DH. Nach Ouarzazate 20 DH, Abfahrt an der Hauptstraße ca. 100 m südlich der Moschee. In den Djabal Saghro nach Ikniounn fahren nur Lastwagen. Ein komplettes Grand Taxi nach Agadir für 4 Pers. kostet ca. 1200 DH.

Sonstiges

- Im Zentrum gibt es **Banken (mit Geldautomat)** und **Internetcafés.**
- Die **Post** liegt oberhalb des Zentrums zwischen den Hotels Madayeq und Soleil bleu.

Ausflüge

Der Ort eignet sich als Ausgangspunkt für Touren in die wildromantische **Dadès-Schlucht** (s. Route C 18), ins **Rosental** (am interessantesten zur Rosenernte im Mai, vgl. Kelâa M'gouna) oder nach Süden ins **Djabal-Saghro-Massiv.** Außerdem werden von den Hotels Touren ins **Vallée des Oiseaux** (Vogeltal) angeboten.

Das **Bureau des guides et accompagnateurs de montagne** in Souk el Khemis (kurz vor Boumalne, Tel. 0524 85 04 11) kann Touren in die Dadès-Schlucht und ins Rosental organisieren und Führer bzw. Bergführer vermitteln.

Sehr reizvoll sind **Trekkingtouren im Massiv des Djabal Saghro** (vgl. entsprechenden Exkurs), einem zerklüfteten bergigen Wüstengebiet vulkanischen Ursprungs. Durchquerungen zu Fuß werden auch von deutschen Trekkingveranstaltern angeboten (Start ab dem Dorf Tagdilt etwas südlich von Boumalne).

Route C 2: Tinerhir (Tineghir)

Außerdem sind Wanderungen in den Hohen Atlas zu den Höhlennomaden oberhalb der Dadès-Schlucht oder zur **Todrha-Schlucht** bei Tinerhir möglich.

Von Boumalne geht es weiter auf der N10 **in Richtung Tinerhir** durch eine baumlose Hochebene ohne besonderen Reiz. Die Route ist im Norden begrenzt durch den Hohen Atlas, im Süden durch den Djabal Sarhro.

135 km hinter Ouarzazate folgt der Ort **Imiter** mit schönen Kasbahs.

Nach **165 km** ist **Tinerhir (Tineghir)** erreicht.

Tinerhir (Tineghir) ♪ VIII, B2

Dieses ehemalige Festungsdorf liegt auf 1342 m Höhe inmitten einer großen Palmenoase. Es setzt sich aus **25 Oasendörfern** zusammen, die sich das Tal entlangziehen. Tinerhir ist Kreisstadt und Verwaltungszentrum für 72 Orte des Umkreises. Durch den Tourismus ist Tinerhir in den letzten Jahren stark expandiert. Die etwa **60.000 Einwohner** leben vom **Oasenfeldbau** sowie von Handel und Tourismus. Die Oasenfelder werden traditionell in Terrassen angelegt: Die Dattelpalme als höchster Baum beschattet Obstbäume und Sträucher und diese wiederum die Bodenkulturen (Gemüse, Getreide). Zur Bewässerung durchzieht ein System aus Erd- oder Betonkanälen die Felder.

Einen **Spaziergang** durch die Oase startet man am besten kurz nach dem Abzweig der Straße in die Todrha-Schlucht (dort auf der linken Seite parken). Grundsätzlich ist es angebracht, beim Bummel durch die Gärten die dort arbeitenden Bauern um Erlaubnis zu fragen oder einen einheimischen Führer zu engagieren, da es sich um private Grundstücke handelt.

Auf einem Hügel über Tinerhir erhebt sich eine einstmals imposante **Kasbah** des Pascha *El Glaoui* (1919 erbaut). Heute ist sie großteils verfallen.

Tinerhir bietet alle Versorgungsmöglichkeiten (Banken, Internetcafés etc.). Sonntags und montags findet auf dem Souk-Gelände am Stadteingang (von Boumalne kommend) ein **großer Wochenmarkt** statt.

Information

● Touristische Informationen zu Tinerhir findet man im Internet unter **www.tinghironline.com** (engl. und franz.)

Unterkunft

Klassifizierte Hotels

● **Kenzi Bougafer******, am Ortsanfang auf der linken Seite (von Boumalne kommend), Tel. 0524 83 32 60, 0524 88 32 60, Fax 0524 83 32 82. Großes Hotel mit komfortablen (geheizten/klimatisierten) Zimmern und einem schönen Pool. DZ €€€€ inkl. Frühstück (Preis-Leistungsverhältnis okay).

● **Saghro******, Tel. 0524 83 41 81, Fax 0524 83 43 52. Schöne Lage auf einem Hügel mit herrlichem Ausblick, Pool, gutes Frühstück, aber wenig ansprechendes Abendbuffet, saubere, im Winter kalte Zimmer (die Heizung funktioniert nicht immer). DZ €€€€, in der Nebensaison günstiger.

● **Kasbah Lamrani*****, Bd. Mohamed V. (am Ortsanfang links (von Boumalne kommend), Tel. 0524 83 50 17, www.kasbahlamrani.com. Sehr schönes Hotel im Kasbahstil, mit Restaurant im Berberzelt (sehr gute marokkanische und europäische Küche). Bewachter, schattiger Parkplatz vor dem Haus, Pool und Garten mit Olivenbäumen. Die klimatisierten Zimmer sind großzügig und geschmackvoll eingerichtet (€€€A). Service wird großgeschrieben: Das Personal ist zuvorkommend und freundlich.

● **Tomboctou****, Av. Bir Anzarane, Tel. 0524 83 51 91 oder 0524 83 46 04, www.hoteltomboctou.com, N 31°30,917′, W 05°32,028′. Das sehr schöne, stimmungsvolle Hotel

Straße der Kasbahs bei Tinerhir

TINERHIR (TINEGHIR)

ist in einer 1944 errichteten Kasbah des *Cheikh Bassou Ou Ali* untergebracht. Es gehört dem Schweizer *Edi Kunz,* der auch die Reiseagentur Suprateam Travel betreibt (diverse Ausflugsprogramme, vgl. Reiseveranstalter). Im schönen ruhigen Garten gibt es einen Pool und ein Restaurant im Festzelt (gutes Essen, Alkoholausschank). Das mehrsprachige Personal ist freundlich, von der Dachterrasse bietet sich ein toller Blick über die Stadt. Eigener Parkplatz mit Wächter. Kartenmaterial zur Umgebung ist an der Rezeption zu bekommen – hier kann man auch gut Infos zur Region einholen. DZ mit Bad und AC/Heizung inkl. Frühstück €€€, Suite €€€€, auch Familienzimmer. Kreditkarten werden (mit Aufschlag) akzeptiert.

Unklassifizierte Hotels

●**Agdal,** Av. Mohamed V., Tel./Fax 0524 83 57 63. Relativ neues Hotel mit elf sehr sauberen Zimmern und sehr netter, bemühter Familie. € p.P. inkl. HP (günstig).

●**Bachir,** 369, Av. Mohamed V., Tel. 0524 83 36 23, Fax 0524 83 30 60. Einfaches, neueres Hotel mit 12 Zimmern (Duschen auf dem Gang). DZ €A mit Frühstück.

●**El Fath,** 56, Av. Hassan II., Tel. 0524 83 48 06. Die sanitären Anlagen und Zimmer des kleinen einfachen Hotels (Travellertreffpunkt) sind nicht immer sauber, aber die Besitzer sind freundlich und das Essen ist gut und preiswert. DZ (Du/WC am Gang) ½€.

●**Kasbah,** 69, Av. Mohamed V., Tel./Fax 0524 83 44 71, www.lakasbah-barkaoui.com, Barkaouimohamed2006@yahoo.fr. Glauben Sie den Schleppern im Ort nicht, die behaupten, das Haus hätte geschlossen! Empfehlenswertes und oft gelobtes Restaurant und Hotel mit leckerem Essen (Couscous, Brochettes, Tajine für ca. 50 DH) im gemütlichen Speiseraum. Der sehr freundliche, englisch sprechende Besitzer *Mohamed El Barkaoui* ist sehr um seine Gäste bemüht und weiß gut über Berbertraditionen Bescheid. Es gibt saubere und hübsche Zimmer mit und ohne Bad (heißes Wasser), neuere DZ (z.T. mit AC/

476 TINERHIR

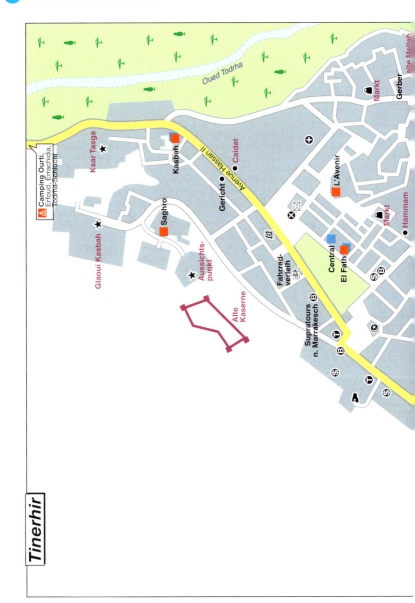

Route C 2: Tinerhir (Tineghir)

Heizung) €€ p.P. inkl. HP. Überdachte, abgeschlossene Parkplätze für Autofahrer.
● **L'Avenir,** 27, Rue Zaïd Ouhmed (im Zentrum), Tel. 0524 83 45 99, http://avenir.tineghir.net. Der einheimische Besitzer ist nett, aber etwas aufdringlich. Zweckmäßige Zimmer, saubere sanitäre Anlagen mit warmen Duschen auf dem Flur, sehr gutes Essen mit frischen Zutaten. DZ €, auch Übernachtung auf der schönen Dachterrasse möglich.

Herbergen/Camping in der Todrha-Schlucht

● **Festival,** ca. 5 km von Tinerhir in Richtung Todrha-Schlucht, Mobil 0661 26 72 51, www.auberge-lefestival.com. Herberge in ruhiger Lage mit sauberen und gut ausgestatteten, in den Fels gehauenen Höhlenzimmern. Das Essen ist gut, der Eigentümer *Adi* kümmert sich liebevoll um seine Gäste. Hier kann man auch (schattenlos) zelten. DZ €€€.
● **Le Soleil,** ca. 8 km von Tinerhir in Richtung Todrha-Schlucht, Tel./Fax 0524 89 51 11, www.hotelcampinglesoleil.com, N 31°32,85', W 05°35,34'. Hübsches, sehr sauberes Hotel mit Pool, Restaurant und Camping neben einem hübschen Garten. Für Camper gibt es parzellierte, bepflanzte Stellplätze, sehr gute und saubere Sanitäranlagen, warme Duschen, eine Waschmaschine und Abwasserentsorgungsmöglichkeit für Womos. Koch *Mohamed* spricht deutsch und kocht sehr gut. DZ €€B mit Dusche und WC, auch Übernachtung auf der Terrasse möglich.
● **Amazir,** 8,5 km hinter Tinerhir in Richtung Schlucht auf der rechten Seite, Tel. 0524 89 51 09, www.lamazir.com. Hübsches, sehr sauberes kleines Hotel mit Pool und Restaurant vom Besitzer des Camping Atlas. DZ mit Bad €€€ inkl. Frühstück.
● **Anissa,** 10 km hinter Tinerhir in Richtung Schlucht (nach den Campingplätzen) auf der rechten Seite, Tel. 0524 89 52 37. Kleines Gästehaus mit netten Zimmern mit Bad. Sehr gute Küche (viele Gruppen), romantischer Garten mit Palmen und Berberzelt, freundliches, englisch sprechendes Personal. DZ mit HP €€.
● **Aicha,** 12 km von Tinerhir in Richtung Todrha-Schlucht, Tel. 0524 89 52 10, maison-aicha@yahoo.fr. Empfehlenswertes kleines Gästehaus, DZ mit Frühstück €A.
● **Riad Toudra,** 13 km von Tinerhir in Richtung Todrha-Schlucht, Tel. 0524 89 50 31, todra2@caramail.com. Das Hotel von *Monsieur Hamou* hat hübsche, sehr saubere Zimmer im marokkanischen Stil mit Du/WC (€). Schöne Dachterrasse mit Blick auf den Fluss.
● **Valentine,** 13 km von Tinerhir in Richtung Todrha-Schlucht, Tel. 0524 89 52 25, Mobil 0667 05 86 12, abdul.valentine@yahoo.fr. Empfehlenswerte Herberge mit sechs sauberen Zimmern (DZ, 3er- oder 4er-Zimmer mit Bad €€ inkl. Frühstück). Es gibt gutes Essen, die sehr nette Betreiberfamilie ist bei der Organisation von Ausflügen behilflich.
● **Yasmina,** 15 km von Tinerhir in toller Lage an der engsten Stelle der Schlucht, Tel. 0524 83 42 07, 0524 89 51 18. Das Essen ist etwas einfallslos, Strom vom Generator. DZ mit Du/WC €€B.
● **Hotel des Roches,** neben dem Yasmina in der Schlucht (15 km von Tinerhir), Tel. 0524 89 51 34. Saubere Zimmer, heiße Duschen, gutes Essen, freundlicher Manager. DZ €€. Yasmina und des Roches liegen beide sehr hübsch, da es aber tagsüber von Touristen wimmelt, hat man erst abends seine Ruhe.

Campingplätze

● **Atlas,** 9 km von Tinerhir in Richtung Todrha-Schlucht, Tel. 0524 89 50 46. Sehr schöner Campingplatz unter riesigen, schattigen Palmen: netter Besitzer, Restaurant (Essen okay), saubere sanitäre Anlagen, heiße Duschen, auch Zimmervermietung (€), manchmal etwas laut, da viele Feste gefeiert werden. Camping 10 DH p.P., Zelt/Auto 15 DH, Strom 15 DH.
● **Le Lac – Garden of Eden,** 9 km von Tinerhir, direkt neben Camping Atlas auf der rechten Seite, Tel. 0524 89 50 05, www.auberge-campinglelac.com. Schöner Platz in idyllischer Lage zwischen Palmen oberhalb der Oasengärten, direkt an der heiligen Quelle – das glasklare Quellbecken befindet sich talaufwärts gleich hinter dem Camping. Ein Ableitungskanal führt quer über das Gelände und eignet sich gut zum Kühlen von Geträn-

Atlas VIII, Karte S. 389, Stadtplan S. 476

TINERHIR (TINEGHIR)

ken und zum Baden. Das freundliche Personal (spricht französisch und spanisch) ist gerne bereit, Gäste durch die Oasengärten und zu einer halb verfallenen Kasbah zu führen. Camping 20 DH p.P., Zelt/Auto 10 DH, Motorrad 6 DH. Auch Übernachtung in Zimmern (mit/ohne Bad € bis €€), im Nomadenzelt oder auf der Dachterrasse möglich (30 DH). Gutes Essen auf Bestellung.

- **Source des Poissons Sacrés,** Mobil 0668 25 53 09. Schattiger und sehr idyllischer Platz oberhalb des Camping Le Lac. Die heilige Quelle ist in ein Becken gefasst, in dem Fische herumschwimmen. Einfache saubere sanitäre Anlagen, ebensolche Zimmer (€).
- **Ourti,** Tel./Fax 0524 83 32 05, am Ortsanfang von Tinerhir (von Boumalne kommend). Kleiner, ummauerter Platz mit Eukalyptusbäumen und schönem Pool (Juli bis Sept.). Sehr saubere, großzügig bemessene Sanitäranlagen (heiße Duschen). Es gibt auch einen Salon mit marokkanischem Restaurant und sehr ordentliche Zimmer mit Balkon und Moskitonetz (DZ €B inkl. Frühstück). Übernachtung auf der Dachterrasse möglich. Camping 12 DH p.P., Zelt 10 DH, Auto/Motorrad 8 DH, Wohnmobil 12 DH, Pool 20 DH.
- **Le Soleil,** siehe oben unter „Herbergen in der Todhra-Schlucht".

Essen und Trinken

- **Central,** 48, Av. Hassan II. (gegenüber einer kleinen Parkanlage). Ausgezeichnete Tajine (ca. 45 DH), auch vegetarisch.
- **Chez Michèle,** 2 km Richtung Todrha-Schlucht (Aït Ourjdal), Tel. 0524 83 51 51. In den Salons oder auf der Panoramaterrasse wird französische und marokkanische Küche serviert.
- **El Fath,** Av. Hassan II. (vgl. Unklassifizierte Hotels), gutes und preiswertes Essen.
- **Inass,** ca. 3 km von Tinerhir Richtung Todrha-Schlucht auf der linken Seite, Tel. 0524 83 33 00. In diesem hübschen Gartenrestaurant wird sehr gute Tajine u.a. in schattigen Lauben oder im Nomadenzelt serviert. Viele Gruppen halten hier zum Mittagessen.
- **Kasbah,** Av. Mohamed V. (vgl. Unklassifizierte Hotels), sehr empfehlenswert.

Busse

Es fahren **CTM- und private Busse.**

- **Merzouga** (über Errachidia): 1x tägl. (nachmittags) Supratours-Bus aus Marrakesch, 80 DH, 5 Std. Fahrzeit.
- **Goulmima – Errachidia:** mehrmals tägl., bis Errachidia 30 DH, knappe 3 Std. Fahrzeit.
- **Erfoud – Rissani** (über Errachidia): 1x tägl., bis Erfoud 35 DH, bis Rissani ca. 50 DH.
- **Ouarzazate:** mehrmals tägl., ca. 3 Std., ca. 50 DH.
- **Agadir** (über Ouarzazate): 1x tägl., 14 Std., ca. 150 DH.
- **Marrakesch** (über Ouarzazate): 2x tägl. mit Supratours (aus Errachidia), 8 Std., 110 DH.
- **Langstreckenbusse** verkehren nach **Fès, Casablanca, Rabat** und **Tanger.**

Sammeltaxis/Taxis

- **Petit Taxis** in Tinerhir kosten 5 DH.
- **Sammeltaxis (Grand Taxis)** fahren am Platz vor der Post in alle Richtungen ab: nach Tinjedad ca. 1 Std., ca. 20 DH; nach Ouarzazate 50 DH; in die Todrha-Schlucht 6 DH (jeweils bei Vollbesetzung mit 6 Pers.). Nach Erfoud muss man den Umweg über Errachidia in Kauf nehmen.
- Wer von Tinerhir mit öffentlichen Verkehrsmitteln zur **Dadès-Schlucht** will, sollte mit dem Bus oder Sammeltaxi bis Boumalne fahren und weiter mit einem Taxi in die Schlucht.

Reiseveranstalter

- **Suptrateam Travel,** 126, Av. Bir Anzarane (siehe Stadtplan), Tel. 0524 83 29 89, Mobil 0661 24 36 02, www.supratravel.com. Erfahrener und zuverlässiger Veranstalter unter schweizerisch-marokkanischer Führung: Geländewagen-, Quad- und Fahrradtouren, Kameltrekking, Rundreisen, Trekking etc.

Einkaufen

- Im **Supermarkt Chez Michèle** an der Av. Mohamed V. (in Richtung Boumalne auf der linken Seite) werden europäische und marokkanische Waren sowie Alkohol verkauft (im Ramadan geschlossen).

Ausflug in die Todrha-Schlucht

Vgl. Route C 19. Von Tamtattouchte im Hohen Atlas windet sich der **Oued Todrha** Richtung Süden durch die enge Schlucht. Den Fluss säumen Palmen und Oleander, links und rechts ragen die steilen Felswände in schwindelerregende Höhe, Ziegen klettern auf schmalen Pfaden entlang der steil abfallenden Schluchtränder.

Die **Straße von Tinerhir** in die Todrha-Schlucht ist bis Aït Hani geteert (zum Teil nur einspurig und löchrig). Zwischen Aït Hani und Agoudal (über den Tizi Tirherhouzine, 2700 m) sind momentan weitere Asphaltierungsarbeiten im Gang. Ab Imilchil führt eine Teerstraße nach El Ksiba.

Im Frühjahr kann die Straße nach starken Regenfällen unpassierbar und stark beschädigt sein, während im Sommer der Fluss nur bis zur Auberge Yasmina fließt. Wenn man nicht die ganze Rundfahrt durch die Todrha- zur Dadès-Schlucht (oder umgekehrt) unternehmen will oder kann (bisher nur mit 4x4), sollte man wenigstens einige Kilometer hineinfahren oder -wandern. Bis Aït Hani verkehren Sammeltaxis.

Eine lohnenswerte Variante ist die **Drei-Schluchten-Rundfahrt** durch die Todrha-Schlucht nach Aït Hani, von dort nach Assoul und durch eine wunderschöne Schlucht nach Imiter und Amellago. Zurück geht es auf mittlerweile asphaltierter Straße durch die Rheris-Schlucht nach Goulmima (vgl. Route C 20).

Route C 2, Abschnitt 2: Tinerhir – Goulmima – Errachidia

● 138 km, N10
● Der letzte, weniger besuchte Teil der Straße der Kasbahs führt von Tinerhir weiter durch **karge, steinige Wüstenlandschaft.** Die Bergzüge des Djabal Tisdafine im Norden und des Djabal Ougnat im Süden begrenzen die Route über Goulmima bis nach Errachidia.

Etwa **23 km** hinter Tinerhir zweigt die neue Teerstraße nach Alnif Richtung Süden ab (47 km durch schöne Landschaft).

43 km hinter Tinerhir lohnt es sich, beim Schild „Sources, Musée, Galerie d'Art" auf die Piste (500 m) links zu den **Quellen und dem Museum Lalla Mimouna** abzubiegen. Hier hat der Künstler *Zaïd Abbou*, der auch eine Galerie in Tinejdad betreibt (s.u.), mit sehr viel Engagement ein Freiluftmuseum geschaffen und fünf vormals vermüllte Quellen gesäubert und in Steinbecken gefasst. Der sehr freundliche *Zaïd* hat in Heidelberg studiert, spricht hervorragend deutsch und führt selbst durch die Anlage. Auf dem großen bepflanzten Areal widmen sich die Gebäude mit antiken Ausstellungsstücken verschiedenen Themen wie Landwirtschaft, Nomaden, Kunsthandwerk, Handschriften und Wasser. *Zaïd* will die Menschen der Region für Umweltthemen sensibilisieren, Kultur vermitteln und vor allem die glasklaren, türkisfarbenen, gas- und mineralhaltigen Quellen schützen. Seine Sammlungen und sein Wissen über die Kultur sind wirklich beeindruckend und den Eintritt von 50 DH wert. In einer kleinen angeschlossenen Galerie verkauft er eigene Kalligrafien sowie Werke lokaler Künstler. Es gibt ein Café und ein sehr sauberes Toilettenhäuschen.

4 km weiter folgt eine große Tankstelle mit Café/Restaurant. Noch 1 km weiter (**48 km ab Tinerhir**) zweigt rechts beim Schild „Musée des Oasis, Maison d'Hôtes el Khorbat" eine Piste ab. Auf dieser gelangt man zum malerischen Ksar El Khorbat (ca. 1 km) mit dem **Maison d'Hôtes El Khorbat** (Tel. 0535 88 03 55, www.elkhorbat.com) des Spaniers *Roger Mimo*. In drei renovierten alten Häusern des Ksar ist ein sehr informatives **Museum** (Eintritt 20 DH) über die Berber zwischen Dadès, Drâa und Ziz untergebracht. In vier Sprachen werden deren Lebensweise und Traditionen erklärt. *Roger*, der Marokko wie seine Westentasche kennt, führt bei Interesse selbst durch das Museum und gibt den Besuchern viele Tipps zur Umgebung. In drei weiteren zusammengeschlossenen Häusern sind die Gästezimmer untergebracht: große, einfach eingerichtete Zimmer im Berberstil mit AC, zum Teil mit eigener Terrasse. Man wohnt hier dunkel und kühl zwischen den dicken, alten Lehmmauern (DZ €€€ p.P. mit HP). Wer möchte, kann im kühlen Salon oder auf der Terrasse zu Mittag essen (gutes Menü ab 80 DH).

Ein **Spaziergang** durch den sehr ursprünglichen, verfallenden Ksar el Khorbat mit seinen symmetrisch angeordneten, gedeckten Gassen ist ein Erlebnis! *Roger* will nach und nach mehr Häuser renovieren und die Infrastruktur verbessern, sodass das alte Lehmdorf besiedelt und erhalten bleibt.

Bei **km 50** ist man in **Tinejdad** angelangt.

Mehrere einfache **Restaurants** bieten sich für eine Einkehr an. Unterkunft findet man im **Hotel Reda** (Mobil 0671 70 89 42). Sammeltaxis und **Busse** verkehren nach Erfoud, Errachidia und Ouarzazate.

Ausflug nach Aghbalou N'Kerdous

Dieser Ausflug (ca. 60 km Teerstraße) führt durch eine hübsche Schlucht zur **Quelle** Aghbalou N'Kerdous. 3 km hinter Tinejdad (1 km nach dem Abzweig nach Erfoud) zweigt eine neue Teerstraße links ab. Die Straße führt durch die Dörfer Ksiba N'Igouramène, Tadert N'Oumira (in der Nähe gibt es präislamische Tumulusgräber) und Irbiben nach Taghia N'Ifer und durch die Schlucht von Tagia N'Ifer. Auf dem Weg passiert man einen schönen Aussichtspunkt mit kleiner Quelle. Nach etwa 60 km ist die große und schön gelegene Quelle Aghbalou N'Kerdous erreicht.

Kurz nach Tinejdad zweigt rechts die R702 nach Erfoud ab; geradeaus weiter. **74 km** hinter Tinerhir liegt **Goulmima.**

Tinejdad ⌕ IX, C2

Der große Ort bietet alle Versorgungsmöglichkeiten, ist aber nur von geringem touristischem Interesse. Es lohnt sich ein Blick in **Zaïds Galerie,** eine unglaublich umfangreiche Kunsthandwerksausstellung mit altem marokkanischen Interieur und Schmuck, Töpferwaren, Hausrat, Büchern und Fotos. Sie wird geführt von dem sehr netten *Zaïd* (s.o.) und seiner Frau. Er sammelt seit über 25 Jahren alte Gegenstände seines Landes, und bei Interesse kann man ihm auch etwas abkaufen. Der Besuch ist wirklich zu empfehlen, auch wenn man nur durch die Ausstellungsräume und den tollen Garten spaziert. Es gibt kaum irgendwo einen Laden oder auch ein Museum, wo so eine Fülle an schönen Gegenständen zu sehen ist!

Goulmima ⌕ IX, C1

Die saubere, expandierende Stadt mit ihren roten Häusern hat etwa **15.000 Einwohner** und besteht aus einem neuen und einem alten Teil. In der **Neustadt** befinden sich alle wichtigen Geschäfte, die CTM-Busstation, Tankstellen, Banken und das Krankenhaus. Auf dem ummauerten **Souk-Gelände** findet am Donnerstag der Wochenmarkt statt. Die unbedingt **sehenswerte Altstadt** (Beschilderung „Ksar Goulmima") 1,2 km südlich der Neustadt ist ein typischer Lehmksar aus engen, dunklen und zum Teil überdachten Gängen mit einem Hauptplatz, einer Moschee und einem alten, sehr schönen Eingangstor mit quadratischen Ecktürmen. Hier leben ungefähr 3000 Einwohner, die noch freundlich auf Touristen reagieren. Mit einem der netten

Führer hat man auch manchmal Gelegenheit, ein Wohnhaus zu besichtigen.

Im Zentrum links zweigt eine Straße ab, die durch die **Schluchten des Oued Gheris** (Rheris) nach Amellago und weiter nach Rich durch fantastische Landschaft führt (inzwischen asphaltiert).

Unterkunft/Camping

- **Camping Les Tamaris (Chez Michèle),** Av. Hassan II. (am Stadteingang auf der linken Seite von Tinejdad kommend), Tel. 0535 88 54 13, www.chez-michele.com. Empfehlenswerter Campingplatz unter französischer Leitung. Gute sanitäre Anlagen, sauberer Pool (nicht immer gefüllt), teilweise schattig.
- **Maison d'Hôtes Les Palmiers,** von Tinerhir kommend im Ort vor der Brücke über den Oued Gheris rechts abbiegen, Tel. 0535 78 40 04, www.palmiersgoulmima.com. Gästehaus mit fünf klimatisierten Zimmern (mit Bad, €€€) in einem herrlichen Palmen- und Obstgarten, in dem man auch campen kann (niedrige Zufahrtshöhe). WiFi vorhanden.
- **Oasis Youth Hostel Palmeraie,** Secteur 3, Hay Ouatman, Mobil 0666 90 84 42, arjikamal@yahoo.fr. Schön gelegene, geräumige Jugendherberge *(auberge de jeunesse)* mit guten Zimmern (€).

Die **Strecke hinter Goulmima** führt über eine wenig abwechslungsreiche Hochebene. Bei **km 132** ist **Errachidia** erreicht.

Errachidia ♪ IX, D1

Die stark wachsende Universitätsstadt am Kreuzungspunkt zweier Straßen weist die typischen rosa-weißen Mauern und Häuser des Südens auf, hat mehr als **200.000 Einwohner** und ist ein wichtiger Standort der marokkanischen Truppen. Früher war Errachidia Stützpunkt der Fremdenlegion. Die Stadt hat keine besonderen touristischen Attraktionen zu bieten, doch die Lage am Rande der Sahara macht sie zu einem guten Ausgangspunkt für Ausflüge in die Wüste und Oasen (Ziz-Schlucht, Erfoud, Rissani, Erg Chebbi). In Errachidia sind beste Versorgungsmöglichkeiten gegeben.

Information

- **Office de Tourisme**, Av. Mulay Ali Cherif, Tel. 0535 57 09 44.

Unterkunft

Klassifizierte Hotels

- **Kenzi Rissani****, Av. Mulay Ali Cherif, am Ortsausgang Richtung Erfoud, Tel. 0535 57 25 84, 57 21 86, www.kenzi-hotels.com. Von außen wenig ansprechender Betonbau mit komfortablen klimatisierten Zimmern mit TV. Es gibt einen Pool, Bar, Restaurant und einen bewachten Parkplatz. DZ €€€ bis €€€€B.
- **Errachidia****, 31, Rue Ibn Battouta (beim Busbahnhof), Tel. 0535 57 04 53. Angenehmes sauberes Hotel mit Restaurant. DZ mit Bad €€A.
- **M'Daghra****, 92, Rue M'Dghra/Oued Lahmer, Tel. 0535 57 40 47, Fax 0535 57 40 49. Sauberes, aber etwas dunkles Hotel. DZ mit Bad €A.

Maisons d'Hôtes/ Unklassifizierte Hotels

- **Auberge Tinit,** Route de Goulmima (am Stadtrand Richtung Ouarzazate), Tel. 0535 79 17 59, www.auberge-tinit.info, tinit_auberge2000@yahoo.fr. Das Hotel im Kasbahstil unter marokkanisch-südtirolerischer Leitung hat einen schönen großen Garten mit Pool (schattige Sitzlauben), um den sich die hübschen Zimmer mit Bad gruppieren. Ruhige Lage, Internet verfügbar. Nicht-Gäste können auf der Terrasse zwischen 12 und 15 Uhr gut zu Mittag essen. DZ mit Frühstück €€€.
- **Le France,** Rue Ibn Battouta, Tel. 0535 57 09 97. Einfaches, neueres Hotel in zentraler Lage, Café im EG. DZ € bis €€.
- **Le Riad,** Route de Goulmima, Tel. 0535 79 10 06/07, www.hotelleriad.com. Sehr schönes Gästehaus mit tollem Pool im Garten und komfortablen Zimmern/Suiten mit Sat-TV, AC, kabellosem Internet etc. €€€€B.

- **Renaissance,** 19, Rue Mulay Youssef (ca. 200 m vom Busbahnhof), Tel. 0535 57 26 33. Etwas heruntergewirtschaftet, aber für einfache Ansprüche okay. DZ mit Dusche (nur abends warm) inkl. HP €€B. Der freundliche Besitzer ist sehr geschäftstüchtig (Preise für Ausflugsangebote prüfen).
- **Zitoune,** 25, Place Hassan II., Tel. 0535 57 24 49. Sauberes Hotel mit sieben Zimmern, sehr netter Besitzer, bei Vollbelegung warme Dusche nur auf Anfrage. ½€.

Essen und Trinken

- **La Perle,** Rue Sidi Bou Abdallah (gegenüber dem Hotel Oasis). Gemütliches Restaurant mit gutem Essen zu fairen Preisen, saubere Toiletten.
- **Imilchil,** Av. Mulay Ali Cherif. Gute Tajines, schöne Außenanlagen, nettes Personal.
- **Lipton,** Av. Mulay Ali Cherif. Preiswert, gut.
- **Al Boustane,** Rue d'Erfoud (nach der Brücke in Richtung Erfoud). Nettes Restaurant/Café mit Grünanlage.
- **Tinit,** vgl. Auberge Tinit oben. Gutes Essen auf der Gartenterrasse.

Busse

- **CTM-Büro:** Tel. 0535 57 20 24.
- **Marrakesch** (über **Ouarzazate**): tägl. mit Supratours und CTM (frühmorgens), 155 DH, ca. 10 Std. Fahrzeit.
- **Tinerhir – Boumalne Dadès – Ouarzazate:** mehrmals tägl., bis Tinerhir 30 DH (ca. 2½ Std.), bis Boumalne 40 DH (ca. 4 Std.).

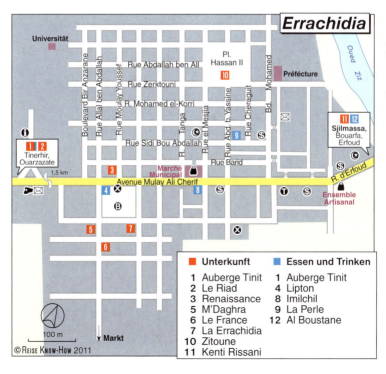

- **Agadir** (über Ouarzazate, Tazenakht): tägl. Privatbusse, 25 Std. Fahrzeit (!), ca. 200 DH.
- **Casablanca:** 1x tägl. CTM-Nachtbus, Fahrzeit ca. 12 Std., 175 DH.
- **Erfoud** und **Rissani:** mehrmals tägl., 2 Std. Fahrzeit, ca. 30 DH.
- **Fès:** 1x tägl. CTM, 120 DH, ca. 7 Std.
- **Bouarfa** und **Figuig:** mehrmals tägl. Privatbusse nach Bouarfa, Umsteigen nach Figuig.

Sammeltaxis/Taxis

Der **Sammeltaxi-Parkplatz** befindet sich bei der Moschee. Die Taxis verkehren nach Süden und Norden. Preise: nach Erfoud ca. 20 DH, nach Tinjedad ca. 15 DH, nach Meski ca. 7 DH.

Sonstiges

- Die zuverlässige **Renault-Werkstatt Sjilmassa** liegt an der Hauptstraße rechts am Stadtanfang Richtung Erfoud.
- **Hauptpost** an der Av. Mulay Cherif (von Ouarzazate kommend an der Stadteinfahrt).
- Es gibt **mehrere Banken mit Geldautomat.**
- **Polyclinique Tafilalet,** Route de Méknes/Boutalamine, Tel. 0535 57 43 21. Sehr gute Privatklinik mit deutsch und englisch sprechenden Ärzten.

Ausflüge

Von Errachidia kann man gut Ausflüge zur **Source Bleue de Meski** (Richtung Erfoud) unternehmen (vgl. Route C 9).
Auch zum **Stausee Hassan Adakhil Tirhiourine** und in die **Ziz-Schlucht** zum Tunnel der Legionäre (an der Strecke nach Midelt) lohnt sich ein Ausflug.

Route C 3: Errachidia – Boudenib – Figuig

- 395 km, N10 und N17

Die Teerstraße führt durch eine einsame Wüstenberglandschaft und bietet keine großartigen Höhepunkte. In den Orten wird Oasenfeldbau betrieben. In diesem grenznahen Gebiet unterhält die Gendarmerie diverse Checkpoints. Bus- bzw. Sammeltaxiverkehr nach Boudenib.

Die Oase Figuig ist sehr schön (siehe Route A 10), wegen der weiten Entfernung lohnt sich aber ein Besuch nicht unbedingt, es sei denn, man hat ausreichend Zeit und besucht den Ort auf der Rückreise in Richtung Oujda und Melilla.

Errachidia Richtung Erfoud verlassen (**km 0**).
Nach **23 km** zweigt rechts die Straße nach Erfoud und Rissani (N13) ab. Kurz vor der Kreuzung kann man rechts zur Source Bleue de Meski fahren (vgl. Route C 9).
Bei **km 75** führt eine Brücke über das **Oued Guir** (im Sommer ausgetrocknet). Von hier kann man auf einer links abgehenden Piste (R 601) durch eine schöne Wüstenlandschaft entlang des Oued bis zum Djabal Khang al Gahr oder weiter nach Gourrama und Rich fahren.
Nach **93 km** ist **Boudenib,** der größte Ort an der Route, erreicht. Es gibt einen Markt, eine Post, eine Apotheke und ein sehr einfaches Hotel. Es ziehen sich Palmenoasen rechts den Bergen entlang, dann geht es weiter durch kahle Wüstenlandschaft.
Bei **km 127** wird das **Oued Safsaf** überquert, bei **km 141** liegt die Quelle **Source Sidi Ahmed** links an der Straße.
148 km hinter Errachidia zweigt eine Asphaltstraße nach links in Richtung Beni Tadjite und Talsinnt ab. Bei Beni Tadjite liegt die **Farm** (Olivenbäume, Ziegen- und Schafszucht) des deutschen Marokko-Kenners **Thomas Friedrich.** Interessierte Reisende sind bei ihm willkommen, finden einen kostenlosen Stellplatz und können mit ihm Ausflüge

Karte S. 389 ROUTE C 4: OUARZAZATE – TAROUDANNT 485

zu den lokalen Sehenswürdigkeiten unternehmen. *Thomas* gibt außerdem einen Einblick in das Nomadenleben der Region (Vorankündigung notwendig unter thomasfriedrich1@web.de oder Tel. 0673 97 74 01). Anfahrt: In Beni Tadjite rechts abbiegen, dann stadtauswärts (Richtung Talsinnt) ca. 1 km bis zur Afriquia-Tankstelle. Davor links Richtung Gourrama/Rich abbiegen, nach etwa 24 km wieder links nach Aït Sbaa – Jadida, noch etwa 1,5 km bis zum Haus (**N 32°22,589′, W 03°39,822′**).

152 km nach Errachidia wird das **Oued Bouânane** überquert, danach folgt ein Marabut mit Friedhof und der gleichnamige ursprüngliche Ort in einer Senke mit Palmen.

Bei **km 167** folgt das **Oued Zelmou**, bei **km 200** das **Oued Belaabi**.

Bei **km 209** geht es rechts nach **Aïn Ech Chair**, einem kleinen Ort mit Brunnen und Palmen.

Bei **km 227** zweigt rechts ein Sträßchen nach **El Mengoub** (**N 32°15,040′, W 02° 21,471′**) ab. Von hier führt eine 4x4-Piste in Richtung Figuig (s. Route A 10), die zwar kürzer als die Teerstraße nach Bouarfa ist, aber viel mehr Zeit in Anspruch nimmt.

Bei **km 275** ist **Bouârfa** (s. Route A 10) erreicht. Nach rund **395 km** Fahrt ab Errachidia kommt man in **Figuig** an (s. Route A 10).

Route C 4: Ouarzazate – Tazenakht – Taliouine – Taroudannt

● **293 km, N9, N10; 260 km, P1706**
● **Gute Teerstraße** an der Südseite des Hohen Atlas und den Ausläufern des Anti-Atlas entlang, landschaftlich meist reizvoll. Die erste Bachfurt zwischen Ouarzazate und Tazenakht kann nach Regenfällen evtl. unpassierbar und gesperrt sein. Die Straße zwischen Tazenakht und Taliouine ist sehr gut und schnell befahrbar. Die Gegend ist häufig sehr trocken und wirkt dann öde, aber nach Regenfällen und im Frühsommer sprießen Gras und Blumen – dann gleicht sie einer Prärielandschaft aus Wildwestfilmen. Sehr schön ist die Landschaft um Taliouine.
● Es fahren **Busse ab Ouarzazate** in Richtung Agadir (Abfahrtszeiten und Preise siehe bei Ouarzazate).

Fahren Sie ab Ouarzazate in Richtung Marrakesch. Von dort erreicht man bei **km 15** den Ort Tabourath (Tankstelle und Auberge). Rechts führt ein Abzweig nach Aït Benhaddou, geradeaus geht es weiter.

Nach **19 km** zweigt links die Straße nach Agadir ab (Wegweiser), weiter durch einsame Hügellandschaft.

Bei **km 56** ist **Anezal** (Anzel) erreicht, ein Ort in schroffer Felsgebirgslandschaft. Unterkunft bietet die **Auberge Sirwa:** Die um den Innenhof gruppierten Zimmer (DZ €) mit schöner Aussicht sind einfach ausgestattet, die WC-Spülung funktioniert leider nicht immer. Der nette und zurückhaltende Besitzer führt durch die Oasengärten des Ortes.

Bei **km 63** geht es bergauf – das Felsgebirge erinnert an den Sinai, die Ausblicke auf das Umland sind herrlich.

Den **Pass Tizi-n-Bachkoum** (1700 m) erreicht man nach 67 km, danach geht es 2 km bergab in einen weiten, hügeligen Kessel bis **Tazenakht (km 82)**.

Tazenakht

Es gibt in diesem angenehmen Ort einen sehr schönen **Markt** im Arkadenhof (Wochenmarkt am Donnerstag, mit Viehmarkt). Das Gelände für den Wochenmarkt befindet sich ca. 2 km außerhalb in Richtung Taliouine. Tankstellen und mehrere Restaurants bieten einfache Kost.

Unterkunft

● Übernachtung im einfachen, sauberen und freundlichen **Zenaga** (Tel. 0524 84 10 32, besseres Zimmer € mit Bad, heißes Wasser nur am Abend und dann auch nicht immer, Essen angeblich nicht besonders) direkt an der Hauptstraße in der Ortsmitte.

● Die großen Zimmer im motelähnlichen **Etoile** gruppieren sich um einen Innenhof,

der Pool ist riesengroß, aber nie als solcher in Benutzung.
● Neuer ist das ordentliche **Taghdoute** links an der Hauptstraße im Zentrum (einfach, sehr sauber, mit Terrassencafé, DZ mit Frühstück €).

Busse

● Dienstags fährt von Tazenakht ein Bus **über Ouarzazate nach Marrakesch** (70 DH, Fahrzeit 7 Std.).

Links führt ein Abzweig nach Foum-Zguid, unsere Route geht rechts weiter nach Taroudannt.

14 km hinter Tazenakht, bei km 96, liegt linker Hand ein verfallenes Ksar mit Moschee und Marabut, die **Zawia Sidi Lahsain.**

Bei **km 108** ist der größere Ort **Kourkouda** erreicht (Tankstelle, Fossilienverkauf). Ein alter Ksar schmiegt sich an den Hang. Weiter führt die Straße durch etwas öde, braune Hügel in der Halbwüste. Die Schafhirten in dieser dünn besiedelten Region sind freundlich und zurückhaltend.

Nach **139 km** beginnt der Ort **Tinfrat** mit zwei Marabuts links der Straße. Der Hauptort mit Cafés und Safranverkauf folgt erst 2 km weiter. Bei **km 144** ist das Dorf **Sidi Hssaine** mit Tankstelle erreicht.

Bei **km 151** zweigt links eine Straße nach Tata und Agadir-Melloul (36 km) ab.

Knapp 2½ km weiter geht es zum Dorf **Ifri** ab, das sehr schön an einem Flüsschen liegt. Auf dessen Ostseite erhebt sich eine Felswand, in die von fern nicht sichtbar ein **Agadir** mit vielen raffiniert in den Fels geschlagenen und mit Türen verschlossenen Kammern. Den Speicher kann man mit dem Speicherwärter *Lahcen* besuchen, der im Dorf wohnt. Am Dorfanfang führt ein Abzweig zu einer Schule, an dieser fahren wir vorbei bis zum Wasserturm. Dort parken und in Richtung Moschee laufen, in der Gasse rechts davor einbiegen und nach *Lahcen* fragen (**N 30°26,726', W 07°50, 440'**). Innen

kann man nicht sehr viel sehen, es ist ziemlich dunkel, verschachtelt und eng, aber von außen ist der Speicher sehr imposant. Es ist kein offizieller Eintritt zu zahlen, aber der Wärter verdient ein Trinkgeld (ca. 50 DH). Beim Ort sieht man im Herbst auch die Felder, auf denen der Safran angebaut wird.

Zurück an der Kreuzung ist ohne Abstecher bei **km 165 Taliouine** erreicht.

Taliouine

Die stark expandierende und sehr angenehme **Palmenoase** mit etwa **6000 Einwohnern** ist von den schroffen Bergen des Hohen Atlas (Djabal Siroua) im Norden und im Süden vom Anti-Atlas umgeben. Eine **Kasbah** mit schöner Ornamentik im oberen Bereich thront auf einem Hügel an der Ortseinfahrt. Sie wurde von Pascha **El Glaoui** errichtet. Hinter der Kasbah im alten Ortskern findet montags ein sehenswerter **Markt** statt.

Der Ort lohnt sich aufgrund seiner schönen Lage für einen längeren Aufenthalt und für Ausflüge in die umliegenden Täler und Berge des über 3000 m hohen **Djabal Siroua** – ein reizvolles Gebiet für mehrtägige **Trekkingtouren** (s.u.).

Die Gegend zwischen Tazenakht, Taliouine und Aoulouz ist **Safranland:** Hier wird Safran angebaut, der in den Dörfern verkauft wird (ca. 30 DH pro Gramm). Für 1 g Safran müssen die Stempel von 140 bis 230 Krokussen geerntet werden (Ernte im Okt./Nov.).

Unterkunft

● **Ibn Toumert******, Tel. 0528 53 41 25, www.hotelibntoumert.com. Schon etwas verstaubtes, überdimensioniertes Hotel mit 100 Zimmern und Pool in schöner Lage neben der Kasbah. Der Esssaal hat den Charme eines Krankenhauses (Essen nicht besonders), sehr freundliches Personal. DZ €€€

Die Kasbah von Taliouine

● **Auberge Souktana,** an der Hauptstraße auf der rechten Seite (von Ouarzazate kommend), Tel. 0528 53 40 75, souktana@menara.ma. Das empfehlenswerte Hotel wird vom engagierten Besitzer *Ahmed Jadid* und seiner französischen Frau *Michelle* betrieben. Es gibt hübsche Zimmer mit Bad sowie Klimaanlage/Heizung im Haus oder kleine Hütten (mit Waschbecken) und winzige Zelte (mit Betten) im Garten (sehr saubere gemeinschaftliche Duschen und WC). Im Garten kann man auch campen (wenig Platz für Fahrzeuge, eher für Zelt und Motorrad geeignet). Von der schattigen Gartenterrasse des Restaurants (sehr gutes Essen, Menü ca. 80 DH) hat man einen schönen Blick auf die Kasbah. Innen sitzt man gemütlich am Kamin. DZ mit Bad €€B ohne Frühstück (gutes Preis-Leistungsverhältnis), Hütte €, Zelt 80 DH/2 Pers., **Camping** 12 DH p.P., Auto 8 DH, heiße Dusche 6 DH. Organisation von Trekkingtouren im Djabal Siroua (mit Führer, Gepäckmuli, Essen und Übernachtung im Zelt).

● **Auberge Askaoun,** gegenüber Le Safran, nach der Furt über das Oued am Ortseingang auf der rechten Seite, Tel. 0528 53 40 17. Das empfehlenswerte Hotel wurde 2008 komplett renoviert. Große, einfach ausgestattete, sehr ordentliche Zimmer mit oder ohne Bad, z.T. mit Balkon. Im Terrassenrestaurant werden Spezialitäten mit Safran serviert. DZ mit Bad €€, (ältere) Zimmer ohne Bad €.

● **Siroua,** in der Ortsmitte links abbiegen. Inzwischen recht heruntergekommenes Hotel, Camping möglich (kein Schatten). DZ €.

● **Le Safran,** am Ortsanfang auf der linken Seite, Tel./Fax 0528 53 40 46, www.auberge-safran.fr.fm. Auberge mit sauberen Zimmern in sehr schöner Lage mit Blick auf die Kasbah, fast alle Zimmer mit WC/Bad (sanitäre Anlagen mäßig). Der sehr nette Besitzer und diplomierte Bergführer *Mahmoud Mohiydine* spricht gut englisch und bietet Touren in den Anti- und Hohen Atlas an. DZ mit Bad inkl. Frühstück €€. Menü mit Safran-Gerichten ca. 70 DH.

Campingplätze

● **Toubkal,** ca. 2 km vor Taliouine rechts (von Tazenakht kommend), Tel. 0528 53 40 17,

Route C 4: Taliouine

Mobil 0661 83 84 23. Sehr schöner, viel besuchter Campingplatz (auf zwei Terrassen) und Auberge mit sauberen Sanitäranlagen, einfachen Zimmern (€ mit Bad) inmitten der schönen Gartenanlage (Rasen!) mit Pool, kleinem Laden und einem Berberzeltrestaurant. Das Personal ist sehr freundlich.
● **Campig Zagmouzen**, ca. 2 km vom Zentrum Richtung Askoun (auf der rechten Seite). Sehr ruhig gelegener Platz mit schönem Garten und sauberen sanitären Anlagen, auch Übernachtung im Berberzelt möglich.
● Außerdem Camping **bei den Hotels Souktana und Siroua** (s.o.) möglich.

Einkaufen

● Die schwarz-gelben (mit Safran gefärbten) **Wollteppiche** sind eine Besonderheit dieser Gegend. Inzwischen gibt es mehrere Teppichkooperativen bzw. -läden in Tazenakht und Taliouine. Die erste Kooperative wurde von *Wilfried Stürzer* aufgebaut, der sich intensiv mit Berberteppichen und dessen Geschichte befasst und auch ein Buch darüber geschrieben hat (*W. Stürzer, H. Reinisch:* Berber. Hersberger Collection). Die Kooperative liegt ca. 10 km außerhalb, jedoch sind Besuche nicht besonders erwünscht, da die Teppiche lieber zentral vermarktet werden.
● In Taliouine gibt es am Ortsanfang von Ouarzazate kommend auf der rechten Seite eine **Safran-Kooperative**, die *Coopérative Souktana du Safran* (Schild, tägl. 8–20 Uhr), wo man das wertvolle Gewürz direkt einkaufen kann. Es gibt einen kleinen Ausstellungsraum mit alten Gebrauchsgegenständen aus der Region und einen Verkaufsraum mit Infos über den Safrananbau.

Verkehrsverbindungen

Busse verkehren nach Ouarzazate, Taroudannt und Agadir, **Sammeltaxis** bedienen die Nebenstrecken in die Umgebung.

Ausflüge

Von der Auberge Souktana aus werden mehrtägige Trekkingtouren ins **Djabal-Siroua-Gebiet** veranstaltet. Es geht durch traumhaft schöne vulkanische Wüstenberge mit Basaltsäulen und schwarzen Schluchten mit Palmen (die Wanderzeit beträgt 3–5 Stunden täglich).

Von Taliouine lohnt sich ein Ausflug zum **Agadir** (Speicherburg) von **Ifri** (vgl. vorherige Beschreibung).

Empfehlenswert ist auch ein Ausflug nach **Askaoun** im **Djabal-Siroua-Gebiet** auf landschaftlich sehr schöner Strecke (10 km Asphalt, dann gute Piste; Askaoun: **N 30°54, 034′, W 07°47,932′**, über Tozro und Tala: **N 30°36,450′, W 07°50,189′**). Dort wird Safran angebaut. Eine Rundfahrt über Aoufour – Aoulouz und zurück nach Taliouine ist möglich.

---

13 km hinter Taliouine bzw. 178 km hinter Ouarzazate liegt der Ort **Iouzioua Ounneïne** bzw. **Assaki** (Tankstelle und Geschäfte). Nach der Brücke über den **Oued Assaki** zweigt eine geteerte **Straße nach Igherm (90 km, R106) und Tata** ab, eine lohnenswerte Variante (Speicherburgen, bizarre Gebirgslandschaft), falls man den Anti-Atlas besuchen will.

Nach dem Oued weicht die karge Felslandschaft mit Palmenoasen und Kasbahs Arganienbäumen und Getreidefeldern. Es bietet sich immer wieder ein schöner Ausblick auf den Atlas.

29 km hinter Taliouine bzw. bei **km 194** führt links die Straße P1706 in Richtung **Agadir** und Taroudannt. Diese Strecke ist ungefähr 35 km kürzer, aber landschaftlich langweiliger. Geradeaus führt die (hier beschriebene) alte Route (N10) über **Aoulouz** nach **Ouled Berhil.**

Abkürzung in Richtung Agadir

Nach der Kreuzung führt diese kürzere Variante (P1706) auf sehr guter Straße durch das flache, landwirtschaftlich extensiv genutzte **Sous-Tal** mit Obsthainen, Weizen, Zuckerrohr und Arganienbäumen über Khemis Arazane (km 47) bis zur Einmündung in die Straße Agadir – Taroudannt bei km 71. Geradeaus weiter nach Taroudannt (6 km), links nach Tata – Igherm.

Bei **km 202** erreicht man auf der N10 **Aoulouz**, einen großen Ort mit Tankstelle und Geschäften.

Die Kreuzung rechts nach Marrakesch über den Tizi-n-Test ist bei **km 237** erreicht. Links geht es weiter nach Taroudannt/Agadir.

Km 244 Oulad Berhil (vgl. Beschreibung „Nach Asni, Ouirgane und über den Tizi-n-Test nach Taroudannt"). Weiter führt die Straße durch dicht besiedelte Regionen und erreicht bei **km 293 Taroudannt**.

Route C 5: Ouarzazate – Agdz – Zagora

● Ca. 250 km, N9

Die gute Teerstraße führt durch wild zerklüftete braune Wüstenberglandschaft bis Agdz, dann landschaftlich sehr schön entlang der Palmenhaine des **Oued Drâa** (südliche Straße der Kasbahs). Der Drâa ist von einem breiten Palmenband gesäumt, er führt in der Regel Wasser bis Zagora, in regenreichen Jahren bis M'hamid, und versickert dann in der Sahara. Der Oued Drâa erreicht als einziger Fluss Marokkos aufgrund des Staudamms in Ouarzazate den Atlantik nicht mehr – davor wenigstens noch von Zeit zu Zeit. Sein lang gezogenes Flussbett und die Mündung sind allerdings sowohl auf der Landkarte als auch in natura gut zu erkennen. Viele **Kasbahs** und ursprüngliche **Ksour** sind auf der linken Drâa-Seite zu bewundern. Die Gegend lieferte die traumhaften Landschaftsbilder für Bertoluccis Film „Der Himmel über der Wüste". **Busse** verkehren ab Ouarzazate.

Im Zentrum von Ouarzazate vor dem Tourismusamt rechts abbiegen, dann führt eine Furt über den Oued Ouarzazate. **2 km** hinter Ouarzazate liegen die Hotels Les jardins de Ouarzazate und La Vallée (vgl. Ouarzazate/Unterkunft). Bei der darauffolgenden Kreuzung geht es rechts nach Marrakesch und geradeaus weiter nach Zagora.

Nach **4 km** zweigt links die Zufahrt zum Gästehaus Dar Daif (Kasbah des Cigognes, vgl. Ouarzazate/Sehenswertes) ab.

37 km hinter Ouarzazate ist der Ort **Aït Saoun** erreicht.

Hinter dem Ort geht es in Serpentinen bergauf zum **Tizi-n-Tinififft** (1660 m), der bei **km 51** erreicht ist. **4 km weiter** auf der Straße bergab folgt ein **Aussichtspunkt** – das Panorama auf das grüne Drâa-Tal inmitten der braunen Berglandschaft ist sehr schön. Die gänzlich unbewachsenen Gesteinsschichten sind wie verrutschte Tortenböden schräg übereinander gefaltet. In einem engen Canyon zwängt sich der Drâa durch die faszinierenden Wüstenberge.

Zweigen Sie bei **km 58** beim Schild „**Cascades de Tizgui**" links zu den kleinen Wasserfällen ab. Dieser Abstecher führt über eine Piste durch hügeliges Gelände (Vorsicht mit dem Pkw!). Fahren Sie nach ca. 6 km bei einer Pistengabelung links. Bei km 8 geht es links steil bergab, bis nach ca. 700 m ein kleiner Parkplatz erreicht ist. Rechts führt die Piste weiter zum **Douar Tizgui**, eine Palmenoase im breiten Flusstal des Oued Drâa.

Vom Parkplatz erreicht man links an einem steinigen Flussbett (Hinweisschild) entlang nach acht Minuten die **Cascades de Tizgui**. Der kleine Wasserfall (in regenarmen Jahren eher ein Rinnsaal oder auch trocken) ergießt sich von einer romantischen Schlucht mit Palmen und Tümpeln nach unten in ein Wasserbecken. Ist genügend Wasser vorhanden, kann man hier herrlich baden und die Rinne von der letzten Steinstufe als Rutsche benutzen. Omar hat hier ein bescheidenes Freiluftrestaurant errichtet und betrachtet sich als Wärter der Wasserfälle – bei ihm kann man einen Tee trinken. Die am Parkplatz wartenden Kinder drängen sich recht penetrant als Führer oder Wächter fürs Auto auf.

Zurück auf der Hauptstraße erreicht man nach 2 km (**km 59** ab Ouarzazate) das Dorf **Ourika** (1100 m) in einem Palmenhain.

Agdz (auch Agdez geschrieben) ist **67 km** nach Ouarzazate erreicht.

Agd(e)z ♪ XI, A1

Das Städtchen (900 m) war früher eine französische Garnison. Die Festung, in der jetzt das marokkanische Militär stationiert ist, thront auf einem kleinen Berg über dem Marktplatz, wo am Donnerstag ein sehr schöner **Souk** stattfindet (bis mittags 12 Uhr, links der Straße nach Zagora). Der sympathische Ort liegt im Oued Drâa am Fuße des 1531 m hohen **Djabal Kissane**, der als schwarzer, lang gezogener Tafelberg die Kulisse bestimmt.

In den Läden an der Durchgangsstraße kann man nicht ungestört einkaufen, einige Händler wollen ihre Ware recht aufdringlich an den Mann bringen. Wenn man sich davon nicht abhalten lässt, findet man bisweilen sehr schöne Dinge. Dennoch: Wem es in Ouarzazate zu touristisch und modern ist, der wird sich in Agdz wohl fühlen, denn die Menschen hier – im Siedlungsgebiet der **Mezguita-Berber** – sind freundlich und (abgesehen von den Basaristen) keineswegs aufdringlich. Die schöne Lage im Drâa-Tal lädt zu Ausflügen in die Umgebung ein.

Wenn man von der Hauptstraße links in Richtung „Camping Palmeraie" (Beschilderung) durch sehr ursprüngliche alte Wohnviertel geht bzw. fährt, erreicht man nach etwa 2,5 km die beiden, lange Zeit verfallenden **Kasbahs Qaid Ali (Asslim)** in der Palmeraie. Die untere Kasbah mit hohen Wehrtürmen direkt neben dem Campingplatz ist 150 Jahre alt, im angeschlossenen Riad kann man Zimmer mieten (vgl. Unterkunft/Camping Kasbah Palmeraie). Die obere Kasbah ist ca. 250 Jahre alt. Beide Lehmburgen gehören der Familie Aït el Qaid; in den 1950er Jahren lebten noch etwa 200 Mitglieder des Familienclans in den beiden Kasbahs. Der Soziologe M'Barek Aït el Qaid, einer von vier Brüdern, eröffnete 1990 den Campingplatz, um durch die Einnahmen den Erhalt der Kasbahs zu gewährleisten. Sein Großvater war der letzte Qaid des nördlichen Drâa-Tals (Qaid Ali). Inzwischen wurde die untere Kasbah mit Hilfe der privaten Organisation Lehmexpress (www.lehmexpress.de), der Bauhaus-Universität Weimar und freiwilligen Helfern teilweise restauriert. Im Obergeschoss ist eine kleine Ausstellung untergebracht, die die Architektur der Kasbah und die Renovierung dokumentiert. Die Ausmaße der alten Familienresidenz sind beeindruckend; es bleibt noch viel Restaurierungsarbeit zu tun. Von den sechs Türmen hat man – besonders im Abendlicht – einen herrlichen Blick auf den Djabal Kissane und auf den verschachtelten Ksar sowie die Oasengärten. Die Kasbah kann in Begleitung eines Familienmitglieds besichtigt werden (25 DH Eintritt, vgl. Camping La Palmeraie).

Unterkunft

● **Casbah des Arts,** Mobil 0668 51 95 52 od. 0662 84 75 12, www.casbahdesarts.com. Kamal el Kacimi (spricht deutsch) und Abderazak Aït el Qaid (Enkel des letzten Qaids) gestalteten diese 300 Jahre alte Kasbah zu einem Gästehaus um, das im Frühjahr 2011 eröffnete. Sieben hübsch traditionell gestaltete Zimmer mit Tadelakt-Bad, Restaurant, Organisation diverser Aktivitäten möglich. DZ mit Frühstück €€€€B.
● **Dar Qamar,** in der Palmeraie, ca. 2 km vom Zentrum entfernt (Richtung Kasbah/Campingplatz Kasbah Qaid Ali), Tel. 0524 84 37 84, www.darqamar.com. Sehr schön in den Palmenhain eingebettetes Gästehaus im Lehmbaustil, mit Pool und sieben stilvollen Zimmern mit Tadelakt-Bädern. DZ €€€€.
● **Kasbah Drâa,** vor Agdz (von Ouarzazate kommend) auf der linken Seite, Tel. 0524 84 33 46. Einfache, ordentliche Zimmer in einem Bungalow im schönen großen Oliven- und Obstgarten, gutes Restaurant (vgl. auch Essen und Trinken). DZ mit Bad €€.
● **Kasbah Qaid Ali,** einfache Zimmer in den Lehmgemäuern der alten Kasbah (vgl. Camping Kasbah Palmeraie weiter unten).
● **Kissane*****, Av. Mohamed V., am Ortsanfang rechts (von Ouarzazate kommend), Tel. 0524 83 30 44, kissane@menara.ma. Das einzige klassifizierte Hotel erfüllt keinen 3-Sterne-Standard, der Pool ist nicht immer gefüllt. Alkoholausschank. DZ €€.
● **Riad Tabhirte,** Mobil 0678 45 80 76 oder 0668 68 00 47, www.riadtabhirte.com, tab-

hirte.maroc@yahoo.fr. Hübsches Gästehaus mit Hofgarten. 3 Zimmer mit Bad (€€€B mit Frühstück) unter Führung von *Hussein Achabak* und seiner französischen Frau *Evelyne Fabre*. Es gibt auch günstige und nette Nomadenzelte im Garten. Sicherer Parkplatz, Internetverbindung.

●**Rose du Sable,** in der Palmeraie, ca. 2 km vom Zentrum entfernt (Richtung Campingplatz/Kasbah Asslim), Tel. 0524 88 64 52, Mobil 0661 33 86 01, www.rosedusable.com. Hübsches, in traditioneller Lehmbauweise errichtetes Gästehaus der Schweizerin *Katrin Bänziger*. Die 8 (2er- und 3er-) Zimmer mit AC/Heizung schmücken originelle Ornamente aus verschiedenfarbigen Graniten. 4 klimatisierte Zimmer im OG und auf dem Dach mit eigenem Bad und Blick über die Palmeraie. Die etwas düsteren Zimmer im EG mit Innenhof und TV-Salon teilen sich zwei Bäder. Es gibt einen hübschen kleinen Garten mit einer schattigen Laube und einem kleinen Pool. Sehr ruhige Lage in der Palmeraie, entspannte Atmosphäre, üppiges Menü auf Bestellung (150 DH). Ausflüge können organisiert werden (Kameltouren, mit 4x4 etc.). DZ €€€A inkl. Frühstück (besserer Kurs bei Zahlung in Euro).

Campingplätze

●**Kasbah Palmeraie,** Tel. 0524 84 36 40, www.casbah-caidali.net, g.aitelcaid@gmail.com, N 30°42,700', W 06°26,795'. In der Ortsmitte bei der abknickenden Hauptstraße nach links abbiegen (Schild), dann ca. 2 km kaputte Teerstraße und Piste bis zum Platz (200 m hinter dem Gästehaus Rose du Sable auf der rechten Seite). Der weitläufige Platz liegt romantisch und ruhig unter hohen Dattelpalmen (dennoch wenig Schatten) zwischen der Kasbah Qaid Ali und den Oasengärten. Er wird von *Aziz Aït al Qaid* und seiner französischen Frau *Gaelle* betrieben. Die Sanitäranlagen sind relativ neu und sauber, es gibt Stromanschlüsse für Caravans. Die Zisterne wurde zu einem herrlich erfrischenden Schwimmbecken (mit Fröschen) umgebaut. Neben dem Pool gibt es ein nettes Restaurant, in dem man auf Bestellung essen kann (Menü 65 DH). Es besteht auch die Möglichkeit, im ca. 100 Jahre alten hübschen Riad neben der Kasbah einfache Zimmer zu mieten (saubere Dusche/WC separat). *Gaelle* spricht deutsch und führt kompetent durch die Kasbah. Hier kann man sehr viel über die Umgebung erfahren und gute Tipps für Ausflüge bekommen. Auf Wunsch werden diverse Ausflüge (z.B. Cascades de Tizgui, Kasbah Tamnougalte) organisiert. Nach Tamnougalte marschiert man von hier aus etwa 2 Std. (8–9 km). Preise: Camping 13 DH p.P., Auto 10 DH, Caravan 20 DH, Zelt 10 DH, Strom ab 10 DH, Zimmer im Riad € p.P. (je nach Saison), Besichtigung der Kasbah 25 DH. Gegenüber befindet sich ein Hammam (Frauen nachmittags, morgens und abends Männer, 10 DH).

●Eine weitere Camping- und Übernachtungsmöglichkeit im Nomadenzelt besteht beim **Camping La Palmeraie Caravane Targuix** (ausgeschildert) in der Nähe der Kasbah Qaid Ali, aber nicht so schön und mit wenig Schatten, dafür preiswerter.

Essen und Trinken

●**Kasbah Drâa,** vor Agdz (von Ouarzazate kommend) auf der linken Seite, Tel. 0524 84 33 46. Kasbahrestaurant in einem schönen Olivengarten mit hübscher Terrasse und nüchtern gefliestem Speisesaal für die Bustouristen, die hier einkehren (saubere WCs). Menü bis ca. 100 DH, Frühstück 30 DH.

●**Sable d'Or,** im Ortskern an der Hauptstraße, Mobil 0671 73 27 14. Gutes, preiswertes Essen (Tajine ca. 40 DH), auch Pâtisserie.

Busse

Die Busse von Marrakesch, Ouarzazate und Casablanca halten in Agd(e)z auf dem Weg nach Zagora.

Verbindungen und Preise

●**Zagora:** CTM-Bus 2x tägl., 2 Std. 15 Min. Fahrzeit, ca. 25 DH.
●**Ouarzazate:** 2x tägl., 2 Std., ca. 20 DH.
●**Marrakesch:** CTM-Bus 1x tägl. abends, ca. 6 Std. Fahrzeit, ca. 100 DH.

Route C 5: Tamnougalte

- **Casablanca** (über Ouarzazate, Marrakesch): CTM-Bus 2x tägl. (morgens und abends), ca. 10 Std. Fahrzeit, ca. 180 DH.
- **Sammeltaxis** halten beim Marktplatz und im Zentrum (z.B. nach Zagora und Ouarzazate). Ein Grand Taxi nach Ouarzazate kostet 25 DH p.P. (bei Vollbesetzung mit 5 Pers.) bzw. 150 DH für das ganze Taxi.

Feste/Veranstaltungen

- **Moussem Sidi El Haj,** im Douar Zaouite Taoudacht bei Agdz, im August.
- **Moussem Sidi Hssaine,** in Agdz, Ende September.
- **Moussem Zaouite Timesla,** bei der gleichnamigen Zawia bei Agdz, am 18 Rabia I.
- **Moussem Sidi Ameur,** im Douar Sidi Ameur bei Agdz, 12 Rabia I.

Sonstiges

- Ein gute **Werkstatt** gibt es an der Straße nach Zagora (ca. 1 km, *garage mechanique*).
- Im Ort gibt es eine **Post,** ein **Internetcafé** und einen **Geldautomaten** (bei der Post).
- Das **Bureau des guides** im Zentrum vermittelt Bergführer für die Region.

Hinter Agdz ändert sich die Szenerie. Die Strecke führt durch das Tal des Oued Drâa und ist landschaftlich recht abwechslungsreich und schön. Das Flusstal wird zur Linken von dem hohen Bergzug des Djabal Kissane begrenzt – davor ein breiter Saum von Dattelpalmen, Oleander und vielen Kasbahdörfern: Dar Cheikh-el-Arabi, Dar Fatima u.v.m. Tamarisken, Gomphocarpus-Büsche und Schirmakazien geben der Landschaft einen ostafrikanischen Anstrich.

Ein lohnender Abstecher führt bei **km 72** (5 km hinter Agdz) links über die Brücke in den **Ksar Tamnougalte**.

Kasbah Taouirt

Tamnougalte ♪ XI, A1

Hier finden sich mehrere schöne Kasbahs innerhalb des befestigten Dorfes (Ksar), darunter auch die **älteste Kasbah des Drâa-Tals**. Die Besichtigung des alten Ksar sollte man sich keinesfalls entgehen lassen. Jahrhundertelang war die **Kasbah Tamnougalte** – was übersetzt so viel wie „Ort des Zusammentreffens" bedeutet – Herrschaftssitz und Schutzburg für die umliegenden Dörfer (vgl. Exkurs unten). Ihre Gründung geht auf den Begründer der Alawitendynastie, *Mulay Rachid,* zurück, der im 17. Jahrhundert herrschte. Tamnougalte war ein wichtiger Marktflecken auf der Karawanenroute in Richtung Timbuktu. Die Kasbah als Fürstensitz und Karawanserei sicherte den Machtanspruch der Herrscher in diesem Gebiet.

Bereits auf dem Weg ins Dorf passiert man nach ca. 1 km die links auf einem Hügel thronende etwa 60 Jahre alte **Kasbah Taouirt** (nicht zu verwechseln mit der Kasbah Taourirt in Ouarzazate) – besser bekannt als das „Fort Bounoura" aus *Bernardo Bertoluccis* Film „Himmel über der Wüste" (1990). Für den Film wurden eigens ein Tor gebaut und eine Sanddüne angekarrt, um das Fort Bounoura, in dem der Hauptdarsteller starb, stilecht darzustellen. Leider verfällt die Kasbah heute (Besichtigung möglich).

Kurz darauf befindet sich auf der rechten Seite das Hotel Kasbah Itrane (vgl. Unterkunft). Die schmale Piste führt rechts durch ein Eingangsportal – vorbei am Marabut Sidi Abdullah ou Ali – in den Ksar Tamnougalte zum Parkplatz vor dem Restaurant Chez Yacoub. Direkt am Eingang in den Ksar beim Parkplatz befindet sich ein Hammam (tagsüber für Frauen, nachts für Männer geöffnet).

Der **Ksar Tamnougalte** ist ein **verschachteltes Labyrinth** aus dunklen Gängen, die die drei Qa'id-Kasbahs miteinander verbinden. Es leben noch etwa zehn Familien im Ksar, der teilweise mit Hilfe der *Association pour Developpement Tamnougalte* renoviert wurde. In den Kasbahs mit prachtvollen Innenhöfen und Salons kann man alte Gebrauchsgegenstände bewundern. Besonders interessant ist die Architektur aus traditionel-

Route C 5: Tamnougalte

len Bauelementen einer Kasbah (Lehmmauern, Holztüren, Deckenbalken aus Palmholz) und maurischen Elementen (Bogengänge, Deckenbemalungen). Sehenswert auch der **Funduq Labarjj** mit Stuckverzierungen, Säulen und bemalten Tamariskenholzdecken. Sehr schön ist auch das Eingangstor in den Ksar mit einer alten geschnitzten Holztür.

Wer die Kasbahs besichtigen möchte, sollte bei Chez Yacoub nach *Hassan* fragen (Tel. 0524 84 38 70, Mobil 0670 01 90 88). Eine **Führung** durch die Kasbahs und das alte, verfallende Judenviertel (Mellah) kostet pro Kasbah 10 DH (30 DH für alle drei, plus Trinkgeld für den Führer) und dauert gut 1 Std.

Unterkunft/ Essen und Trinken

● **Chez Yacoub** in der Kasbah (direkt am Parkplatz), Tel. 0524 84 33 94, www.chezyacob.com, tamougalte@yahoo.fr. Nettes Restaurant im kühlen marokkanischen Salon, sehr freundlich, gutes Menü mit Tajine/Couscous/Brochette für ca. 90 DH. In dem verwinkelten alten Haus werden auch einfache romantische Zimmer vermietet (€€ inkl. HP p.P., Du/WC auf dem Gang).

● **Jardin Tamnougalte**, an der Zufahrtspiste nach Tamnougalte am anderen Flussufer auf der rechten Seite, Tel./Fax 0524 84 36 14. Die freundliche Familie von *Ismail Elalaoui* vermietet nette, saubere Zimmer mit Bad (DZ €€€ mit Frühstück), die in einem sehr schönen Palmengarten liegen. Wohnmobilisten können im ummauerten Hof (kaum Schatten, keine Dusche/WC) **campen**.

● **Kasbah Itrane**, Tel. 0524 84 33 17, Mobil 0666 77 88 20. Das nicht sehr kreativ gestaltete Hotel im Kasbahstil liegt direkt am Palmengarten und hat ein Restaurant mit Terrasse zum großen Pool. Großzügige Zimmer mit schlichten gefliesten Bädern (€€ p.P. mit HP) und kleinere Zimmer (etwas günstiger).

● **Bab el Oued**, direkt unterhalb der Kasbah Taouirt, Tel. 0660 18 84 84, www.bab-eloued-maroc.com. Mehrere Leser empfehlen

Route C 5: Ouarzazate – Zagora

dieses sehr schön in der Palmenoase gelegene Gästehaus unter deutscher Führung: fünf geräumige, klimatisierte Bungalows im herrlichen Garten mit Pool, Restaurant mit gutem Essen, ökologisch vorbildlich mit biologischer Klärgrube und Solarstrom. €€€B.

Busse

- Busse **nach Zagora und Ouarzazate** (20 DH) können an der Hauptstraße angehalten werden.

Variante: Wer nicht auf der Teerstraße Richtung Zagora weiterfahren möchte, kann von Tamnougalte aus die Piste nehmen, die links des Drâa an zahlreichen schönen Lehmdörfern und Kasbahs vorbei nach Süden führt. Sie ist ab Tansikht allerdings nicht mehr für Pkw befahrbar.

Wieder Richtung Zagora geht es auf der Hauptstraße schön entlang des palmengesäumten Drâa-Tals mit malerischen Oasengärten und Ksour.

Bei **km 83** (16 km hinter Agdz) führt eine 1 km lange Piste zu dem Ort **Timidarte**. Am Eingang zum alten Ksar liegt die **Kasbah Timidarte** aus dem 17. Jh., die *Hussein Achabak* in jahrelanger Arbeit sehr authentisch mit alten Handwerkstechniken restauriert und zu einer Herberge umgestaltet hat (Mobil 0668 68 00 47, www.kasbahtimidarte.com, kasbah-timidarte@hotmail.com). Die sauberen Zimmer im OG mit Dusche/WC auf dem Gang sind sehr einfach ausgestattet (Matratze auf dem mit Teppich belegten Boden). Zwei Zimmer haben ein eigenes Tadelakt-Bad (DZ €€ mit Frühstück). Es gibt einen Garten im Hof, auf Wunsch wird Essen zubereitet. Von der Dachterrasse hat man einen schönen Blick auf den gänzlich verlassenen Ksar. Der freundliche *Abdou* kümmert sich um die Gäste.

Bei **km 91** (24 km hinter Agdz) zweigt bei **Tansikht** links die Straße (R108) nach Nekob und Tazzarine ab. Hier liegt unter Palmen die kleine Auberge Tansikht. Wenig später führt die Straße an der kleinen Staumauer **Barrage Deriaba** vorbei.

Bei **km 108** (41 km hinter Agdz) thront die imposante **Kasbah Othmane** rechts oberhalb der Straße (Besichtigung möglich). Im Ort gibt es eine Tankstelle.

Der Ort **Tinzouline** (Tankstelle, Geschäfte, Souk am Montag und Donnerstag) mit beeindruckender Kasbah folgt 13 km weiter **(Gesamt-km 121)**. Die diversen Cafés/Restaurants im Ort haben Tajine anzubieten (Preis unbedingt im Voraus aushandeln). In der Nähe von Tinzouline gibt es **prähistorische Gravuren** *(gravures rupestres)* von Gazellen, Straußen und Reitern. Die Zufahrt (7 km schlechte Piste, dann ca. 250 m zu Fuß das Oued entlang) ist schwer zu finden, daher sollte man sich einen Führer nehmen.

Bei **km 128** (61 km hinter Agdz) führt eine Piste über eine Brücke auf die andere Seite des Drâa zum Ort **Zorgane** (2 km). Dort gibt es die nette, aus Lehm gebaute Gîte d'étape **Chez Hammou Aït Hssaine** (Tel./Fax 0524 84 65 08, Mobil 0667 35 90 80, aithssaine12 @hotmail.com) mit sauberen ordentlichen Zimmern mit Gemeinschaftsdusche (DZ €). Die Herberge liegt nach der Durchquerung des Palmenhaines am Rande der Berge nahe des alten Ksar. Es ist auch Camping möglich.

Weiter entlang der Teerstraße reiht sich ein verfallender Ksar an den anderen. Ein breiter, schöner Palmenhain säumt den Drâa. Die Frauen der Region tragen schwarze Umhänge und sind zwar nicht ganz verschleiert, ziehen aber oft den Umhang vor das Gesicht, wenn sich ein Fremder nähert.

Es besteht immer wieder die Möglichkeit, einen Abstecher zu den **Oasen** auf der anderen Drâaseite zu machen, die von Touristen kaum besucht werden und noch um einiges ursprünglicher sind als die Orte entlang der Hauptroute.

149 km hinter Ouarzazate (82 km hinter Agdz) geht es links ab auf die andere Flussseite zum liebevoll und hübsch angelegten **Camping Oued Drâa** unter großen, schattigen Palmen. Es gibt leckere marokkanische Küche, die Familie ist sehr nett, die sanitären Anlagen einfach. Bei Interesse kann man die Familienkasbah besichtigen. Preise: im Berberzelt 50 DH p.P., Camping ca. 20 DH p.P.

2 km weiter, bei **km 151,** liegt der noch gut erhaltene, sehenswerte Ksar von **Tissergate**.

Atlas XI, Karte S. 389, Stadtplan S. 497

ROUTE C 5: ZAGORA

Im Gegensatz zu den meisten Ksour in der Region wurde in Tissergate in den Erhalt der alten Baustruktur investiert und die Häuser auch an das Stromnetz angeschlossen. Deshalb leben heute noch 92 Familien im Ksar mit seinem Labyrinth aus überdachten Gassen. Die meisten Männer arbeiten jedoch auswärts in Rabat oder Casablanca.

Unterkunft bietet das **Dar El Hiba** (Tel. 0524 84 78 05, Mobil 0661 61 06 48, hotel-darelhiba@menara.ma) in einer liebevoll hergerichteten Kasbah mit leider sehr hellhörigen, einfachen Zimmern und hervorragendem Essen (DZ €€€ inkl. Frühstück). Der sehr nette Besitzer *M. Larbi* sorgt für eine individuelle, familiäre Atmosphäre.

Sehr empfehlenswert ist das wunderschöne Gästehaus **Le sauvage noble** (Tel. 0524 83 80 72, Mobil 0661 34 84 13, Korrespondenz in Deutsch per E-Mail: sauvage.noble@yahoo.de, www.sauvage-noble.org) der Reiseagentur Renard Bleu Touareg (vgl. Zagora). In dem sehr stilvoll mit traditionellen Materialien restaurierten Lehmhaus gibt es 16 individuell gestaltete, romantische Zimmer mit Tadelakt-Bädern (€€€) und z.T. mit Jacuzzi. Im herrlichen Rosengarten sorgt ein Planschpool für Erfrischung. Von der Sonnenterrasse bietet sich ein herrlicher Blick auf die Palmeraie. Der Anthropologe *Abdellah Najji*, der sich um die Gäste kümmert, kann viel über die Region erzählen und spricht gut deutsch. Von hier aus kann man diverse Ausflüge in die interessante Umgebung unternehmen (z.B. in die Palmeraie, nach Tamegroute) und viel über die Lebensweise in den Oasen lernen – ideal für einen ruhigen, authentischen Landurlaub! Bei einem geführten Rundgang durch den Ksar erfährt man mehr über die Sozialprojekte von Renard Bleu Touareg, z.B. beim Besuch einer Teppichkooperative.

Nur etwa 2 km hinter Tissergate zweigt links die Zufahrt zum **Camping Oasis Enchantée** ab (vgl. Zagora/Unterkunft).

Nach **157 km** (90 km hinter Agdz) ist **Zagora** erreicht.

Zagora, Camping La Montagne: das Kamel, das aus dem Wasserhahn trinkt

Zagora ♪ XI, B1/2

Die **große Garnisonsstadt** liegt **am Rande der Wüste** an den palmengesäumten Ufern des Drâa und wird von den Wüstenbergen **Djabal Adafane** (1027 m) und **Djabal Zagora** (974 m) im Osten begrenzt. Auf dem Djabal Zagora befinden sich Reste einer Almoravidenfestung aus dem 11. Jahrhundert. Da sich dort das Militär niedergelassen hat, ist die Zufahrt mit dem Auto verboten, man darf aber in etwa einer halben Stunde zu Fuß hinaufwandern (schöner Fernblick über das Drâa-Tal und die Palmenoasen).

Zagora war früher wichtige Karawanenstation – das inzwischen erneuerte, viel fotografierte Schild „52 Tage nach Timbouctou" im Zentrum (gegenüber der Gendarmerie) zeugt davon. In der Protektoratszeit war die Stadt französischer Militärstützpunkt.

Die Stadt hat mittlerweile etwa **45.000 Einwohner** und expandiert enorm – auf der vierspurigen Einfahrtsstraße von Agdz kommend

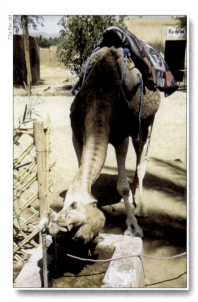

passiert man zunächst riesige Neubauviertel, bevor man das alte Zentrum mit den rosafarbenen Häusern und den Geschäften unter Arkaden erreicht. Die Infrastruktur ist gut, man kann sich hier mit allen Vorräten eindecken. Die Bewohner leben traditionell von der Landwirtschaft, zunehmend aber auch vom Tourismus. Ankommende Touristen werden vor allem in der Nebensaison von nervigen Schleppern geradezu überfallen.

Zagora eignet sich hervorragend als Basisstation für **Wüstenexkursionen** mit dem Auto bzw. Taxi, zu Fuß oder mit dem Kamel oder auch nur zum Relaxen in einem der Hotels unter Palmen. Mittwochs findet ein **schöner, sehenswerter Markt** statt.

Der Oasenfeldbau wird vorwiegend für den Eigenbedarf entlang des Oued Drâa betrieben. In den **Oasengärten von Amezrou** (ca. 2 km südlich vom Zentrum) kann man noch das traditionelle Bewässerungssystem bewundern, bei dem die Kanäle gezielt blockiert und wieder geöffnet werden, um die verschiedenen Parzellen zu bewässern. Ausgangspunkt für einen Spaziergang durch die Gärten ist der Weg zum Camping Amezrou, der links am Hotel Fibule du Drâa vorbeigeht und dann (an einigen Häusern vorbei) in den Palmenhain führt. Die **Kasbah** im alten Ksar Amezrou kann besichtigt werden. Dort wird auch altes Kunsthandwerk verkauft (u.a. Töpferwaren).

Mit Unterstützung der deutschen GTZ (Gesellschaft für technische Zusammenarbeit) wurde im Jahr 2000 das Réserve de Biosphère des Oasis du Sud Marocain (RBOSM) von der UNESCO anerkannt. Das riesige **Biosphärenreservat** erstreckt sich über die Grenzen der Provinzen Zagora, Ouarzazate und Errachidia. Ziel des Projekts ist die nachhaltige und ökologisch sinnvolle Entwicklung der Oasenregionen unter Berücksichtigung ihres kulturellen und architektonischen Erbes. Das Fortschreiten der Desertifikation soll durch die Oasenbewirtschaftung verhindert werden.

Für die Lebensbedingungen der Nomaden und der Oasenbewohner engagiert sich das **Tourismus- und Sozialprojekt Renard Bleu Touareg**, gegründet vom deutschen Verein **Azalay e.V.** (www.azalay.de) und dem aus der Region stammenden Anthropologen *Abdellah Najih*. Auf einer von Nomaden begleiteten Kameltour (vgl. Ausflüge/Kameltouren) oder in ihrem Gästehaus in Tissergate (Le sauvage noble, siehe dort) erfährt man mehr über die verschiedenen Projekte (z.B. Frauenkooperativen, Nomadenschule, Brunnenbau).

Unterkunft

Klassifizierte Hotels

●**Reda Zagora******, Richtung Amezrou, kurz vor der Drâa-Brücke, Route de M'hamid, Tel. 0524 84 70 70, Fax 0524 84 70 12. Großzügige Hotelanlage mit Pool, die schon bessere Zeiten gesehen hat. Klimatisierte, nicht immer saubere Zimmer mit alter Möblierung, kein 4-Sterne-Standard. DZ €€€€ (evtl. verhandelbar).

●**Ksar Tinsouline******, Av. Hassan II. (im Ortskern nach dem Torbogen links), Tel. 0524 84 72 52, tinsouline@menara.ma. Vor einigen Jahren renoviertes älteres Hotel mit Pool im Garten und Hammam, saubere Zimmer, jedoch kein 4-Sterne-Standard. DZ €€€€.

●**Palais Kasbah Asmaa******, Tel. 0524 84 75 55, www.asmaa-zagora.com. Palastartiger Bau neben Kasbah Asmaa (s.u.) mit 95 Zimmern und Pool im Palmengarten, orientalisches Flair, komfortable Zimmer mit AC/Heizung (DZ €€€€B), Bar und Restaurant.

●**Kasbah Asmaa*****, Richtung Amezrou nach der Drâa-Brücke, Tel. 0524 84 75 99, www.asmaa-zagora.com. Das angenehme Hotel mit orientalischer Atmosphäre hat einen hübschen Garten mit Pool, einen bewachten Parkplatz gegenüber und großzügige klimatisierte Zimmer mit Balkon (am ruhigsten mit Blick zum Pool und Garten). DZ €€€ mit (gutem) Frühstück.

●**Sirocco*****, Tel. 0524 84 61 25, www.kasbah-sirocco.com. Über die Drâa-Brücke in Richtung Camping Montagne (vom Zentrum kommend links) abbiegen, dann ca. 150 m auf der linken Seite. Sehr schöne Anlage im Kasbahstil mit Garten und Pool, freundlichem Personal und 20 komfortablen Zimmern mit AC und guten Sanitäranlagen. DZ €€€€B inkl. reichhaltigem Frühstück.

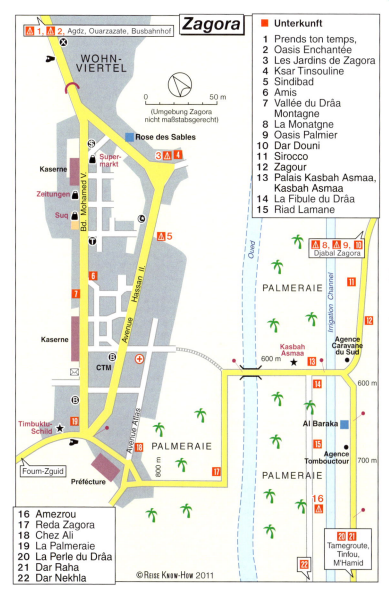

Route C 5: Zagora

- **La Fibule du Drâa*****, in Amezrou, 300 m nach der Brücke des Oued Draâ, Tel. 0524 84 73 18, fibule@menara.ma. Angenehmes, schönes Travellerhotel im Kasbahstil mit Pool und Bar im ummauerten Palmengarten, gutes Restaurant im marokkanischen Stil (Weinausschank). Die Rezeption ist leider etwas aufdringlich und geschäftstüchtig (bieten Ausflüge an). DZ (schon etwas verwohnt) mit Bad und AC €€€, sehr einfache Zimmer im alten Teil des Hotels (klein und eng, mit Gemeinschaftsdusche) €A.
- **La Perle du Drâa*****, in Amezrou, ca. 4 km in Richtung M'hamid links an der Teerstraße, Tel. 0524 84 62 10, www.perledudraa.ma, perledudraa@yahoo.fr. Das typisch marokkanisch gestaltete Mittelklassehotel mit 40 klimatisierten Zimmern (mit Bad und Balkon) wirkt schon etwas abgewohnt, doch der Empfang ist sehr freundlich, es gibt einen bewachten Parkplatz, einen großen Pool im Garten und kabelloses Internet. Nichtgäste dürfen den Pool benutzen, wenn sie hier zu Mittag essen. DZ €€€ inkl. Frühstück. 10% Ermäßigung für Reise-Know-How-Leser.
- **Zagour****, hinter der Drâa-Brücke links abbiegen, dann ca. 100 m auf der rechten Seite am Fuße des Djabal Zagora, Tel. 0524 84 61 78. Das von außen unscheinbare Hotel hat seinen früheren Charme verloren, dennoch: saubere Zimmer mit Bad und AC, Pool, schöne Terrasse mit Blick auf die Palmengärten. DZ €€€ (verhandelbar).
- **Ternata****, Av. Mohamed V., Tel. 0524 84 69 49, ternata_zagora@yahoo.fr. Neueres dreistöckiges Hotel im Zentrum mit ordentlichen klimatisierten Zimmern mit TV und AC, Dachterrasse, Parkplatz und Pool. DZ €€ (je nach Saison).
- **La Palmeraie***, Av. Mohamed V., Tel. 0524 84 70 08. Empfehlenswertes Hotel mit angenehmer Atmosphäre, gutem Restaurant, freundlichem Personal und sauberen, geräumigen, etwas nüchtern eingerichteten Zimmern mit Bad (€€B). Bewachter Parkplatz.

Unklassifizierte Hotels und Maisons d'Hôtes

- **Chez Ali**, Av. Atlas, Tel. 0524 84 62 58, www.chez-ali.com. Diese nette kleine Herberge in einem traumhaften Garten hat ein sehr hübsches Restaurant, einfache, sehr saubere Zimmer (€€ inkl. HP für 2 Pers.) mit gemeinschaftlichen Sanitäranlagen im Garten sowie komfortable, schöne Zimmer mit Bad. Traveller mit kleinerem Budget kommen in günstigen Berberzelten unter (½€). Der Besitzer ist sehr freundlich und hilfsbereit. Die hauseigenen Kamele kommen bei Wüstentouren zum Einsatz (empfehlenswert).
- **Dar Douni**, 3 km außerhalb in Richtung Camping La Montagne auf der linken Seite zwischen Straße und Flusstal, Tel. 0524 84 70 61. Gîte d'étape der Familie *Azizi Naji* mit Matratzenlagern (2- und 5-Personen-Zimmer) und Kochgelegenheit. Es gibt eine große Terrasse, einen schönen Garten, warme Duschen und saubere Toiletten. ½€.
- **Dar Nakhla**, am Rande der Palmeraie von Amezrou, Mobil 0668 88 63 94 *(Brahim)*, www.riadzagora.fr. Ruhiges Gästehaus mit nur vier klimatisierten Zimmern mit Bad, Terrasse mit Aussicht. DZ €€€B.
- **Dar Raha**, in Amezrou, Tel. 0524 84 69 93, www.darraha.com, darraha_zagora@yahoo.fr. Neun hübsche, individuell im Berberstil dekorierte Zimmer (je drei teilen sich ein Bad) in einem renovierten Lehmhaus. Dachterrasse mit schönem Ausblick, Vermittlung von kompetenten Führern für Kameltrips oder durch die Oase. Die französischen Betreiber verkaufen eine interessante Broschüre über den alten Ksar Amezrou. DZ €€€.
- **Karim Sahara**, Hay Mansour Dhabi, 500 m hinter der Polizei auf der linken Seite, Mobil 0662 41 55 70, karimsahara2001@caramail.com. Kleine, familiäre Herberge mit Terrassenrestaurant, Zimmer mit Bad € p.P. inkl. Frühstück.
- **La petite Kasbah**, in Amezrou, an der Straße nach M'hamid auf der rechten Seite, Tel. 0524 84 80 43, Mobil 0671 51 61 97, petitekasbah@yahoo.fr. Gästehaus der freundlichen und hilfsbereiten Familie von *Brahim El Badri*, gutes Essen im netten Restaurant. 5 DZ mit Bad (€ p.P. inkl. Frühstück).
- **Riad Lamane**, im Palmenhain von Amezrou, Tel. 0524 84 83 88, www.riadlamane.com. Das sehr schöne Gästehaus von *Mohamed El Hachimi*, der zeitweise in Deutschland lebt, ist eine wahre Oase: mit fantastischem

Atlas XI, Karte S. 389, Stadtplan S. 497 **ROUTE C 5: ZAGORA** 499

Garten, Bibliothek und Pool unter Dattelpalmen. Im Garten gibt es in Bungalows untergebrachte DZ mit Dachterrasse (inkl. HP €€€€) und befestigte Zeltzimmer mit Gemeinschaftsbad (€€€ inkl. HP).
- **Riad Marrat,** im Palmenhain von Amezrou, Tel. 0524 84 67 66. Schönes Gästehaus im orientalischen Stil mit Pool, Garten und Dachterrasse mit Blick auf die Oase. Zimmer mit AC/Heizung und Bad €€€ p.P. mit HP.
- **Vallée du Draâ,** Av. Mohamed V., Tel. 0524 84 71 10. Einfaches, aber sauberes und sehr angenehmes Budget-Travellerhotel. Die Räume zum Innenhof sind ruhig, zur Straße laut. DZ mit/ohne Bad €.
- **Le sauvage noble** und **Dar el Hiba** in Tissergate, siehe dort.
- Einfache und günstige Unterkunft finden Backpacker auch beim **Camping Prends ton temps** (s.u.).

Campingplätze

- **Amezrou,** in Richtung Amezrou, unmittelbar hinter dem Hotel La Fibule du Drâa rechts abbiegen (noch vor dem Kanal), Tel. 0524 84 74 19. Der saubere, kleine und angenehme Platz liegt idyllisch inmitten eines großen, wunderschönen Palmengartens – es gibt sogar Rasen. Die Sanitäranlagen sind sehr gut in Schuss, haben warme Duschen (10 DH) und Sitzklos.
- **La Montagne,** auf der anderen Seite des Oued Drâa in ruhiger Lage am Fuße des Djabal Zagora in Richtung Amezrou, Mobil 0666 41 58 06. Das schöne Gelände unter schattigen Tamarisken ist inzwischen nicht mehr gut gepflegt (die sanitären Anlagen sind baufällig und nicht besonders sauber). Der englisch sprechende Betreiber Mohamed Azaghar ist ein angenehmer Gesprächspartner, der gerne über das Oasenleben erzählt. Seine **Kameltouren** (mit den eigenen Kamelen) in die Umgebung sind nach wie vor sehr empfehlenswert und wurden von vielen Lesern gelobt (vgl. Ausflüge/Kameltouren).
- **Les Jardins de Zagora,** am nordöstlichen Ende der Av. Hassan II., links neben dem Hotel Ksar Tinsouline, Tel. 0524 84 69 71. Emp-

fehlenswerter, schöner Platz in zentraler und dennoch ruhiger Lage mit sauberen sanitären Anlagen. Der Betreiber Mohamed Akhatar ist sehr nett und spricht gut englisch. Auch Berberzelte und Zimmer mit Bad (€). Kamel- und 4x4-Ausflüge möglich.
- **Oasis Enchantée,** Mobil 0677 87 35 79, www.oasis-enchantee.com. 2 km vor Zagora von Agdz kommend auf der linken Seite (300 m Piste, gegenüber Friedhof), N 30°22, 154′, W 05°50,460′. Schöner, ummauerter Platz unter Palmen mit Swimmingpool und Restaurant. Auch Übernachtung im Nomadenzelt möglich.
- **Oasis Palmier,** auf der anderen Seite des Oued Drâa, an der Piste Richtung Camping Montagne, Mobil 0666 56 97 50, N 30°19, 378′, W 05°49,508′. Sehr gepflegter kleiner Platz in einem herrlichen, schattigen Palmengarten. Der freundliche Besitzer tut alles, damit sich seine Gäste wohlfühlen, und alles – sogar die Toiletten! – ist liebevoll dekoriert. Die kleinen sanitären Anlagen sind sehr sauber, das Essen ist gut.
- **Prends ton temps,** Hay El Mansour Dhabi (von Agdz kommend vor dem Zentrum links, beschildert). Tel. 0524 84 65 43, Mobil 0671 72 80 18, www.prendstontemps.com, N 30° 20,262′, W 05°49,920′). Der Platz trägt den netten Namen „Nimm Dir Zeit" – so könnte das Motto vieler Marokkaner lauten. Das Campingareal mit Palmen hat eher Parkplatzcharakter, der Garten mit den darum gruppierten kleinen Hütten ist aber sehr liebevoll gestaltet (ordentliche, einfache Zimmer mit gemeinschaftlicher Du/WC €). Prends ton temps liegt näher am Busbahnhof (ca. 2 km) als die anderen Unterkünfte im Zentrum. Der Besitzer Belaid ist ein lustiger Typ, der gerne für seine Gäste musiziert.
- **Sindibad,** Tel. 0524 84 75 53, nahe Hotel Tinsouline, N 30°19,580′, W 05°50,000′. Der Platz inmitten eines großen Palmengartens hat ein schönes, von Quellwasser gespeistes Schwimmbecken (nicht immer gefüllt). Die sanitären Anlagen sind extrem einfach und meist schmutzig. Es gibt auch sehr kleine, einfache Zimmer (½€) und ein nettes Restaurant mit sehr gutem Essen und üppigem Frühstück. Der Platz ist Treffpunkt für jüngere Touristen und Marokkaner.

Essen und Trinken

- **Al Baraka**, in Amezrou, ca. 700 m vom Hotel Fibule in Richtung Tamegroute, rechts der Straße. Großes, gepflegtes Restaurant mit freundlicher Bedienung, Blick auf die Palmeraie und marokkanischem Ambiente. Ein sehr gutes Menü ist für 90 DH zu haben (Tajine und Couscous, gutes Gebäck).
- **Chez Ali**, siehe Unklassifizierte Hotels. Sehr gut, freundlich und preiswert.
- **La Fibule du Drâa**, siehe Klassifizierte Hotels. Gutes Essen mit Musik im schönen Speisesaal, auch Weinausschank. Qualität, Service und Wartezeit variieren.
- **La Rose des Sables**, Av. Allal Ben Abdellah, im gleichnamigen Hotel. Üppiges und sehr gutes Menü, auch Frühstück.

Busse

- Das **CTM-Büro** befindet sich in Tamgroute, Tel. 0524 84 73 27.
- Der **Gare routière** (Bahnhof für Fernbusse) befindet sich ca. 2 km vor dem Stadttor (von Agdz kommend), der regionale Busbahnhof liegt kurz hinter dem Stadttor links.

Verbindungen und Preise

- **Ouarzazate – Marrakesch:** CTM-Bus 1x tägl. am Abend, ca. 130 DH, ca. 8 Std. Fahrzeit (Ankunft nachts). Nach Ouarzazate ca. 50 DH (ca. 3½ Std.), nach Agdz 20 DH.
- **Agdz:** Privatbusse, 20 DH. Auch die CTM-Busse nach Marrakesch fahren über Agdz. Fahrzeit 30 Min.
- **Ouarzazate – Casablanca:** 1x tägl. CTM-Nachtbus, ca. 200 DH. Fahrzeit nach Ouarzazate ca. 3½ Std., nach Casablanca ca. 12 Std.
- **M'hamid:** 1x tägl. (nachmittags) CTM-Bus, 2 Std. Fahrzeit, ca. 20 DH.
- **Agadir:** Privatbusse über Ouarzazate (lange Strecke mit vielen Stopps, endet nachts in Inezgane). Besser mit dem Bus nach Ouarzazate und dann weiter nach Agadir.

• **Tazzarine – Rissani:** Kleinbus um 9 Uhr morgens, Umsteigen in Tazzarine (ca. 3 Std.).

Taxis

Sammeltaxis (Grand Taxis) fahren vom Busbahnhof nach Ouarzazate (ca. 10 DH), Tamegroute (ca. 7 DH), M'hamid (mit Umsteigen in Tamgroute, 25 DH) und Tazzarine (45 DH). Am Busbahnhof kann man ein **Petit Taxi** (5 DH) nehmen, wenn man zu den entfernteren Hotels in Amezrou will.

Rund ums Auto

• Ein Leser empfahl die ordentliche **Werkstatt Garage Iriki** in der Av. Atlas.

Feste/Veranstaltungen

• **Moussem Zaouite Tamegroute,** bei der bekannten Zawia am 10. Moharrem (siehe Ausflüge).
• **Moussem Sidi Ali ou Brahim,** im Ksar Tinsouline, im August.

Ausflüge

Organisierte Ausflüge

Folgende professionell arbeitende und empfehlenswerte Agenturen bieten diverse Geländewagen- und andere Wüstenexkursionen in der Umgebung an:

• **Tombouctour,** 79, Av. Mohamed V., Tel. 0524 84 82 07, www.tombouctour.ch; Kontakt in der Schweiz *(Monika Grunder Dakhamat):* Tel. 0041-43-205 25 00, info@tombouctour.ch. Die kompetente Agentur organisiert Kameltrekkings, Mountainbike- und Geländewagentouren (auch 4x4-Vermietungen) und arbeitet mit deutschen Veranstaltern zusammen. Frau *Grunder* engagiert sich zudem für das **Projekt AMINA** zur Verbesserung der Lebensumstände der Frauen der Region. Ein Verkaufsgeschäft für die von den Frauen hergestellten Produkte ist geplant (Gewürze, Marmelade, Oliven-/Arganöl, Kosmetika etc.).

• **Biosahara Exploration,** 14, Av. Mohamed V./Rue ancien Marché, Tel. 0524 84 73 52, www.biosahara.com; Kontakt in der Schweiz (deutschsprachig): Tel. 0041-78-658 82 43, schweiz@biosahara.com. *Houcine El Kharassi* spricht englisch und legt Wert auf naturnahe, ökologisch vertretbare Reisen.
• **Saharastern,** Rue Alal Ben Abdullah, gegenüber dem Hotel Ksar Tinsouline, Mobil 0671 86 73 97, www.saharastern.com; Kontakt in Deutschland: Tel. 0179-7485705, info@morocco-interiors.com. Der Agenturchef *Hassan El Ayachi* spricht deutsch.
• **Sahara Aventures,** Hay El Massira, Tel. 0524 84 70 26, www.saharaventure.com. Der freundliche *Brahim al Meddiki* organisiert zuverlässig und zu fairen Preisen 4x4-Touren in der Wüste. Sein Sohn, der die Touren begleitet, gibt Erklärungen in Englisch.

Kameltouren

Zagora ist das Zentrum der Kameltouren-Anbieter, sodass man als Neuankömmling mit (nicht immer seriösen!) Angeboten überhäuft wird. Man sollte vor der Buchung unbedingt Preisvergleiche anstellen und sich versichern, ob der Tourenanbieter tatsächlich über eigene Kamele, Equipment, Bivouacs etc. verfügt und nicht nur vermittelt und Provision kassiert. Der Konkurrenzkampf ist inzwischen enorm, sodass es sogar Behauptungen gibt, Anbieter würden Touristen bestechen, damit diese (positive bzw. die Konkurrenz verleumdende) Leserbriefe an den Verlag schicken. Uns ist es nicht möglich, in der Flut von Lob und Beschimpfung die Wahrheit herauszufinden – die unten (in alphabetischer Reihenfolge) genannten Agenturen können jedoch guten Gewissens empfohlen werden.

In der Regel werden Kameltouren von einer Stunde bis zu einer Woche angeboten – wobei es schon etwas Kondition bedarf, mehrere Tage auf einem schaukelnden Kamelrücken durchzustehen. Es steht jedoch jedem frei, zur Schonung des Hinterteils und für ein abwechslungsreiches Wüstenfeeling etappenweise neben dem Kamel zu laufen. Unterwegs übernachtet man in einfachen **Bivouacs** (befestigten Nomadenzelten mit Tep-

Route C 5: Zagora (Ausflüge)

pichen und Matratzen) oder wahlweise unter freiem Himmel in der Wüste. Zur **Ausrüstung** gehören ein guter Sonnenschutz (Hut mit Nackenschutz oder Chech), feste Schuhe, ein Tagesrucksack, eine Taschenlampe und im Winter ein eigener warmer Schlafsack. Radlerhosen schonen das Gesäß auf dem harten Sattel. Der Tourenanbieter sollte für die Wasserversorgung unterwegs sorgen (Mineralwasserflaschen oder abgekochtes Teewasser). Vor der Buchung sollte man sich versichern, ob das Essen unterwegs frisch zubereitet wird (z.B. im Feuer gebackenes Fladenbrot, Gemüse-Tajine) oder nur aus Konservenkost besteht. Zudem sollte der Führer über passable Sprachkenntnisse verfügen (zumindest in Französisch!). Der Kamelführer erwartet am Ende des Trips ein Trinkgeld.

Der **Preis** einer Kameltour hängt oft von der Teilnehmerzahl ab: 1 Std. 100–150 DH, ein ½ Tag ca. 250 DH; ein Tag und eine Nacht mit Abendessen, Frühstück und Übernachtung im Nomadenzelt ca. 650 DH p.P.; ein Tag von 8–17 Uhr ca. 450 DH p.P. mit Essen; drei Tage ca. 1600 DH p.P. mit Verpflegung. Getränke müssen gesondert bezahlt werden.

●**Brahim Tours,** gegenüber dem Hotel Ksar Tinsouline, Zagora, Mobil 0672 31 66 10 *(Brahim El Haddouchi)* oder 0678 56 47 85 *(Youssef)*, www.brahimtours.com. Die Agentur unter marokkanisch-schweizerischer Führung wurde von einer Leserin wärmstens empfohlen: nette, zurückhaltende, freundliche Betreuung, gutes Essen unterwegs, Berücksichtigung individueller Wünsche, Organisation auch von Gruppenreisen.

●**Bachir Razgui,** Rue Bouskri 73a, Zagora, Tel. 0661 77 55 89, Amnirexpedition@yahoo. fr. Kameltouren ab Zagora oder M'hamid, auch alle Transfers (ab Flughafen/Hotel) können organisiert werden. Ansprechpartner in Deutschland: *Sibylle Walden* und *Khalihanna Razgui*, Tel. 0152-03786829.

●**Caravane Azul,** Tel. 0524 84 75 13, Mobil 0668 88 57 46, www.caravaneazul.com. Von Lesern gelobte Agentur von *Ahmad Boucetta:* kompetente Organisation von Kameltouren am Erg Chegaga, fürsorgliche Betreuung unterwegs.

●**Caravane du Sud,** gegenüber dem Hotel La Fibule du Drâa, Tel. 0524 84 74 97, www.caravanedusud.com. Die Agentur von *Ali Yassine* bietet ein individuelles Tourenprogramm mit 4x4 oder Kamelen. Der Führer *Mohamed* wurde sehr gelobt.

●**Caravane Mille Etoile,** 45, Av. Mohamed V., Tel. 0524 84 62 35, Mobil 0668 94 93 82. Mehrere Leser lobten den Kamelführer *Abdellah Douini,* bei dem sich auch allein reisende Frauen wohlfühlen – professionell, zuverlässig und immer korrekt.

●**Discovering South Morocco,** 3 km südlich von Zagora an der Straße nach M'hamid, gegenüber dem Restaurant La Baraka, Tel. 0524 84 61 15, Mobil 0667 23 35 83, www.discoveringsouthmorocco.com. Die Touren von *Mohamed Sirirou* wurden von Lesern gelobt: gute Organisation, authentisches Wüstenerlebnis.

●**Jnane Dar,** in Tamegroute, Tel. 0524 84 06 22, www.jnanedar.ch. Das Gästehaus in Tamegroute (s. dort) unter Führung von *Abdessadek Naciri* und *Doris Paulus* (deutschsprachig) hat eigene Kamele in Ouled Driss (bei M'hamid) und organisiert zuverlässig mehrtägige Exkursionen.

●**Mohamed Azaghar (Camping Montagne),** Tel. 0524 84 75 78, Mobil 0666 41 58 06, www.azagarscamels.de, Hossahara@yahoo. fr. *Mohamed* hat viele Kamele und war einer der ersten Anbieter in Zagora. Er organisiert zuverlässig und kompetent auf die individuellen Wünsche der Kunden abgestimmte Kameltouren (von einigen Stunden bis zu mehreren Tagen) zu fairen Preisen. Die französischsprachigen Tourenbegleiter sind freundlich und bereiten das Essen unterwegs frisch zu (keine Konserven, im Sand gebackenes Brot).

●**Renard Bleu Touareg,** Av. Mohamed V., Tel. 0524 83 80 72, www.renard-bleu-touareg.org, www.azalay.de. Die Agentur des freundlichen Anthropologen *Abdellah Najih Azizi* (spricht gut deutsch), der als Nomade aufwuchs, setzt sich für sozial und ökologisch verantwortlichen Tourismus ein. Kompetente Organisation, Zusammenarbeit mit deutschen Veranstaltern, sehr positives Feedback. *Abdellah* begleitet die Touren und kann sehr viel über die Region erzählen.

Atlas XI, Karte S. 389

ROUTE C 6: TAMEGROUTE

Individuelle Ausflüge

Ein Halbtagesausflug führt 18 km südöstlich von Zagora zum Ort **Tamegroute** mit einem altem Ksar, der Zawia Tamegroute und einer interessanten Töpferkooperative (siehe dort). **Weitere Ausflüge** führen nach M'hamid, zu den Dünen von Tinfou und zum Erg al-Yahudi bzw. Erg M'hazil. Für die Tour bis M'hamid einschließlich der Abstecher sollte ein ganzer Tag veranschlagt werden.

Route C 6: Zagora – Tamegroute – M'hamid – Erg Chegaga – Foum-Zguid

● **245 km, 91 km Teerstraße und 154 km Piste**

Die einspurige Teerstraße führt durch wenig abwechslungsreiche Wüstenlandschaft mit kleinen Dünen und Sandverwehungen, einigen Tamarisken und Dattelpalmen. Richtiges **Wüstenfeeling** erlebt man erst hinter M'hamid: Voraussetzung für eine Fahrt zu den Dünen des Erg Chegaga und zum Lac Iriki sind ein Geländewagen und Wüstenerfahrung. In Zagora oder M'hamid können aber auch 4x4- oder Kameltouren bei den Veranstaltern und in Hotels gebucht werden.

Ab Zagora bzw. ab Marrakesch verkehrt einmal täglich ein **Bus nach M'hamid.**

Abschnitt 1: Zagora – M'hamid

● **91 km, N9**

Im Zentrum von Zagora zweigt links die Straße nach Amezrou und M'hamid ab (vorbei am repräsentativen Bau der Préfecture und über die Drâa-Brücke); rechts geht es nach Foum-Zguid (Straße im Ausbau). Nach 18 km ist Tamegroute erreicht.

Tamegroute ♪XI, B2

Die wichtigste Sehenswürdigkeit des Ortes ist die **Zawia Tamegroute.** Dieses berühmte Heiligtum des Nassirya-Ordens beim Duar Tamgroute wurde im 17. Jahrhundert von *Mohamed Bennacer* gegründet. Es enthält eine **alte Bibliothek,** welche 4189 handgeschriebene Bücher und Schriften beherbergt (im Jahr 2006 renoviert). Die ältesten Handschriften stammen aus der Zeit vom Ende des 12. bis zum 16. Jahrhundert; sie sind in einem gläsernen Wandschrank untergebracht und können natürlich nicht herausgenommen werden.

In der Zawia, dem Marabut neben der Bibliothek, befinden sich die **Gräber** von sieben heiligen Männern und einer heiligen Frau, die unter großen, grünen Brokatdecken in einem Raum mit schöner Wanddekoration ruhen. Auch der Vorraum, der besichtigt werden kann, hat schöne Holzintarsien sowie eine prächtige Holztüre.

Zu finden sind die Zawia und Bibliothek, wenn man im Ort links abbiegt (beschildert) und dann rechts vor dem großen Platz mit den Souvenirläden parkt. Die Zawia mit ihrem grün gedeckten Dach ist nicht zu verfehlen. Hier tummeln sich viele Kinder, die das Auto bewachen wollen – wer diesen Service in Anspruch nehmen möchte, sollte den Preis vorher aushandeln (maximal 5 DH). Sonntags sind keine Besichtigungen möglich.

Der Ort Tamegroute ist sonst wegen seiner grün glasierten **Töpferwaren** bekannt. Die Handwerker formen die Töpfe mit der Hand auf einer runden Drehscheibe, die mit den Füßen gedreht wird. Die Töpfer haben sich zu einer Kooperative zusammengeschlossen (Verkaufsraum an der Hauptstraße links), in der man günstig die sehr schöne Keramik kaufen kann. Die Leute der Kooperative sind sehr freundlich und führen auch gerne durch den Ort.

Der alte, noch sehr ursprüngliche Ortsteil von Tamegroute besteht aus einem noch intakten **Lehmksar** mit engen, zum Teil überdeckten Gassen und verschachtelten Bauten. Touristen werden dort nicht besonders gern gesehen. Der interessante und völlig untouristische **Markt** in Tamegroute findet samstags statt.

Unterkunft

● **Jnane Dar,** gegenüber der Bibliothek, Tel. 0524 84 06 22, Mobil 0661 34 81 49, www.jnanedar.ch. Das Hotel wird von *Doris Paulus* und ihrem Geschäftspartner *Abdessadek Naciri* (deutschsprachig) engagiert geführt. Die hübsche Herberge hat fünf einfache Zimmer und zwei Mini-Suiten mit Bad im Haus inmitten eines großen Palmen-, Blumen- und Gemüsegartens. DZ unterschiedlicher Größe €€ bis €€€, Zimmer ohne Bad €, auch Dreibettzimmer und eine Suite für bis zu 6 Pers., im Nomadenzelt ½€. Sehr gutes Essen im Garten in einem wunderschönen Pavillon. Es gibt einen Pool (nicht immer gefüllt) und einen abgeschlossenen Parkplatz. Kameltouren können vor Ort gebucht werden. Ein Leser empfahl den vom Hotel vermittelten Führer *Hassan Boudlal* (Mobil 0677 78 09 53), der auch einen Souvenirladen gegenüber betreibt.

Weiter in Richtung M'hamid ist etwa bei **km 25 Tinfou** erreicht. Links etwas abseits der Straße liegt das **Kasbah Hotel Sahara Sky** (Mobil 0667 35 19 43, www.hotel-sahara.com) unter der Leitung des Deutschen *Fritz Gerd Koring.* Das Hotel im Kasbahstil steht einsam in der Wüste, direkt an den **Dünen von Tinfou.** Ist der Eigentümer abwesend, macht das große Haus einen versandeten und wenig gepflegten Eindruck – die Gästebetreuung und das Essen lassen dann ziemlich zu wünschen übrig. Attraktion des Hotels ist das **Sternenobservatorium** mit Teleskopen auf der Dachterrasse. Klimatisierte, einfach ausgestattete DZ mit Bad €€ p.P.

Ungefähr **6,5 km danach** wird das Oued Drâa überquert; die Straße führt über eine kleine Passhöhe durch Ausläufer der schwarzbraunen, kahlen Berge des **Djabal Bani.**

58,5 km hinter Zagora weist ein Schild links zum **Bivouac Auberge Aït Issfoul** (ca. 2 km Piste durch einen Palmenhain, Tel. 0524 84 83 02). Vom Restaurant mit Nomadenzelt hat man einen traumhaft schönen Blick auf die Wüstenlandschaft. Übernachtung im Zelt (mit HP ½€ p.P.) oder in sehr einfachen Zimmern (HP €), heruntergekommene sanitäre Anlagen.

Tagounite, eine Wüstenoase mit Militärbasis, Geschäften, Restaurants und der letzten Tankstelle (!), folgt nach **64½ km.** Ein Abzweig links führt zum Ksar **Nasrate** (9,5 km), einem malerischen Lehmdorf mit Palmenhain, zu einer sehenswerten Kasbah und zur Geländewagenpiste nach Hassi Remlia und Taouz. Am Ortseingang führt ein Abzweig links zum einfachen **Camping La Palmeraie** der freundlichen Familie *Omari* (Mobil 0666 05 20 02) auf einem einfachen und wenig schattigen Palmengrundstück mit festen Nomadenzelten (Gemeinschaftsküche, WC/Duschen okay).

Linker Hand steht nach **66,5 km** die schöne **Kasbah Aït Arbaa.**

Ab **km 73** steigt die Straße zur Passhöhe **Tizi-Beni-Salmane** an. Auf einem Kegelberg steht ein Turm, ein Torbogen weist auf die Passhöhe hin. Der Blick zurück ins Draâtal ist sehr schön.

Bei **km 75,8** zweigt eine 6 km lange, gute Piste zu den Dünen des **Erg al-Yahudi** (auch Erg Lihoudi genannt), den Judendünen, ab. Einer Legende nach soll hier einmal ein Jude, der die Nomadenzelte am Rande der Dünen als Händler aufsuchte, verschwunden sein. In Vollmondnächten hört man ihn rufen ... In den Bivouacs (fest installierte Nomadenzelte), die von organisierten Gruppen angesteuert werden, kann man übernachten. Geländewagenfahrer können an den Dünen wild campen (Pkws bleiben hier stecken). Vom Erg Yahudi ist es möglich, M'hamid auf einer Wüstenpiste (nur 4x4) direkt anzusteuern.

Bei **km 84,4** ist **Ouled Driss** erreicht. In diesem Ksar mit Kasbah gibt es ein informatives Museum zum Leben in der Kasbah (Schild im Dorf, von Zagora kommend rechts). Zur Unterkunft eignet sich **Carrefour des Caravanes** (Tel./Fax 0524 84 86 65) in schöner Lage im Palmenhain, umgeben von Sanddünen, mit kleiner Auberge und Campingplatz. Der unaufdringliche Besitzer *Mahjub Chems ed-Din* ist lizensierter Fremdenführer und organisiert zuverlässig 4x4- und Kameltouren. Die einfachen Zimmer sind sauber, die sanitären Anlagen leider in einem ziemlich desolaten und ungepflegten Zustand. Übernachtung in Nomadenzelten möglich, Alkoholausschank im Freiluftrestaurant.

Ca. bei **km 85** zweigt links eine Piste ab. Hier liegt die nette **Auberge Oasis.** Folgt man der schlechten, aber auch für Pkw befahrbaren Piste, gelangt man nach wenigen Kilometern zur Herberge **Auberge Kasbah Touareg** mit sehr einfachen, aber sauberen Zimmern in einer ursprünglichen Original-Familienkasbah (½€, keine Leintücher). Die Bäder sind blitzblank. Restaurant und Camping sind angeschlossen, Mama kocht!

Zurück auf der Straße liegt 1,5 km hinter Ouled Driss die sehr schöne Anlage **Dar Azawad** und wenig später **Chez Le Pacha** (vgl. M'hamid). Direkt an der Hauptstraße, gegenüber von Dar Azawad, lädt das **Café Fata Morgana** zu einer Rast ein. Man mag es kaum glauben: Mitten in der Wüste serviert die deutsche Besitzerin *Isolde Neumann-Nzinga* köstlichen hausgemachten Kuchen und Cappuccino (Tel. 0524 84 68 69, über Mittag und im Sommer geschlossen).

Bei knapp **km 88** folgt der **Camping Paradise Garden (N 29°49,631′ W 05°40,913′).** Das schöne Terrain am Rande eines Dattelpalmenhaines war 2010 längere Zeit geschlossen und wurde Anfang 2011 wiedereröffnet. Es gibt wenig schattige Stellplätze mit Strom, gute Sanitäranlagen mit europäischem Standard, einen großen Pool, ein Restaurant und befestigte Nomadenzelte zur Übernachtung. Ein Hotelneubau ist geplant – der Campingplatz muss dann evtl. weichen.

Nach **91 km** erreicht man **M'hamid.**

In der Bibliothek der Zawia Tamegroute

Route C 6: M'hamid

M'hamid ♪ XI, B3

Die **große Oase** (ca. 8000 Einwohner) liegt am Oued Drâa und besteht aus insgesamt **acht Ksour.** M'hamid ist Endpunkt der Asphaltstraße, liegt unmittelbar an der algerischen Grenze und ist deshalb militärisch von Bedeutung. M'hamid selbst hat keine besonderen Attraktionen zu bieten, ist aber **Ausgangspunkt für schöne Wüstentouren,** sodass die Oase im Frühjahr und im Herbst/Winter einem Offroader-Treffpunkt gleicht, während sie außerhalb der Saison recht verlassen und staubig wirkt. Neu ankommende Touristen werden sofort mit Angeboten für Wüstentrips per Geländewagen oder Kamel überhäuft (Vorsicht vor Schleppern).

Im Ort gibt es ein großes Fort, einen kleinen Souk, wo man preiswerten Stoff für den obligatorischen Kopfschal (*chech*) kaufen kann, diverse (Souvenir-) Geschäfte und eine Sanitätsstation. Eine Tankstelle und einen Geldautomaten sucht man vergeblich! Der wöchentliche **Souk** findet montags statt.

Viele Frauen sind von Kopf bis Fuß in leuchtend blaue, rote oder orange Baumwolltücher gehüllt – ihre ethnische Verbindung zu den Sahrawis in der Westsahara und Mauretanien lässt sich nicht leugnen.

Sehr schön ist ein Bummel durch die Palmenhaine am Oued Drâa oder eine Tour im Geländewagen zum Dayet Chegaga (einem Zeitsee) und dem angrenzenden **Erg Chegaga (Erg M'Hazil)** etwa 60 km westlich von M'hamid (ca. 2 Std. Fahrt), zur Zawia Abd er Rahman und der Oase Source Sacrée. Sehenswert ist auch die weite Lehmebene des **Lac Iriqui** in einsamer Wüstenlandschaft zwischen den Sanddünen und dem Gebirgszug des Djabal Bani. Der Erg Chegaga (Erg M'Hazil) ist neben dem Erg Chebbi bei Erfoud das zweite große **Sanddünengebiet** Marokkos. Hier herrscht zwar vor allem um Ostern ebenso wie am Erg Chebbi touristischer Hochbetrieb, und es gibt inzwischen viele fest installierte Bivouacs diverser Veranstalter, dennoch erlebt man hier mitten in der Landschaft, weit entfernt von einem Ort und der Teerstraße, noch mehr (manchmal sogar einsames) Wüstenfeeling als in Merzouga.

Unterkunft

●**Chez Le Pacha,** Ouled Driss, ca. 3 km vor M'hamid, Tel. 0524 84 86 96, www.chezlepacha.com, N 29°49,666′, W 05°40,346′. Sehr schöne, traditionell gestaltete Anlage des Veranstalters Tombouctour (vgl. Zagora). Hier kann man in komfortablen, befestigten Nomadenzelten (mit Bett, €€A p.P. mit HP) mit zentralen Sanitäranlagen oder in klimatisierten/beheizten Zimmern und Suiten mit Bad und Sitzecke einen entspannten Wüstenurlaub verbringen (€€€€, Suiten auch mit Terrasse). Ausgezeichnetes klimatisiertes Restaurant (im Winter mit Kamin), Garten, schöner Pool und Bar. Das Personal spricht z.T. deutsch. Von der Unterkunft besteht die Möglichkeit, Tages- und Mehrtagesausflüge per Kamel und 4x4 zu unternehmen – einige Leserinnen machten dabei negative Erfahrungen mit *Mohamed Dakhamat*. Beim Hotel werden Gewürze, Oliven- und Arganöl, Kosmetika, Marmeladen etc. des sozialen Frauenprojekts AMINA verkauft.

●**Dar Azawad,** Ouled Driss, ca. 4 km vor M'hamid, Tel. 0524 87 87 30, Mobil 0661 24 70 18, www.darazawad.com. Die wunderschöne Anlage in einem blühenden Garten mit Pool und Sonnenterrasse wird von einem Franzosen geführt. Die 15 sehr stilvoll in einem Mix aus traditionellen und modernen Elementen gestalteten, klimatisierten Zimmer und Suiten sind in Lehmbungalows im Garten verteilt (DZ €€€€ inkl. HP für 2 Pers.). Das Restaurant befindet sich in einem Pavillon im Garten, die Bar in gemütlichen Kaminsalon. Es gibt auch etwas günstigere, komfortable und hübsche Nomadenzelte mit Bad. Sicheres Parken möglich.

●**Kasbah Azalay,** El Ghizlane, im Ort links auf die andere Ouedseite abbiegen, Tel. 0524 84 80 96/98, Mobil 0661 68 62 74, www.azalay.com, N 29°49,267′, W 05°43, 067′. Das stilvolle, sehr gepflegte Kasbah-Hotel auf einem großen Gartenareal mit Palmen und Oleander hat sehr schöne, komfortable Zimmer und Suiten mit AC, Kühlschrank, TV und Mosaikbädern. Im marokkanischen Restaurant wird sehr gutes Essen und Wein serviert. DZ inkl. Frühstück €€€€, im Nomadenzelt €.

Atlas XI, Karte S. 389

ROUTE C 6: M'HAMID

- **Kasbah Sahara Services,** direkt am Ortseingang auf der rechten Seite, Tel. 0524 42 06 73, Mobil 0661 77 67 66, www.hotelmhamid.com. Hübsches Lehmhaus mit sechs fest installierten Zelten im Garten und acht kleinen, einfachen, netten Zimmern mit Bad. Traveller können sich hier austauschen und Touren über Sahara Services (vgl. Reiseagenturen) direkt buchen. Gutes Essen im Restaurant, DZ €€ p.P. mit HP, Zelt € p.P.
- **La Boussole du Sahara,** am Ortsende an der Piste in Richtung Lac Iriqi, Mobil (Khalifa) 0672 73 25 64, boussoledesahara@yahoo.fr. Die Herberge der sehr freundlichen Familie Boudani wirkt ein wenig unordentlich und verstaubt, aber die Zimmer mit gemeinschaftlicher Du/WC (½€) sind für einfache Ansprüche okay.
- **Tabarkat,** Douar Kdar Bounou, etwa 3 km vor M'hamid auf der linken Seite, Tel. 0524 84 86 88, www.tabarkat.com. Hübsches Hotel im Kasbahstil in einem ummauerten Palmengarten mit Pool. 22 klimatisierte Zimmer mit Bad (€€€), Restaurant und sichere Parkmöglichkeit.

Campingplätze

Camping ist an diversen Plätzen vor M'hamid (siehe Anfahrt auf den vorherigen Seiten) und auf der anderen Seite des Flusses in den Palmenhainen möglich (im Ort links abbiegen). Hier liegen drei Campingplätze:

- **El Khaïma,** Mobil 0662 13 21 70, www.aubergeelkhaima.com, N 29°50,190', W 05° 45,753'. Bachir Elkhadiri vermietet einfache Khaimas (Nomadenzelte) und Zimmer mit Du/WC und Küche für bis zu 5 Pers. in der Lehmkasbah (€€). Zelten ist direkt auf dem schattigen Palmengelände möglich. Restaurant und Hammam vorhanden.
- **Hamada du Drâa,** Tel. 0524 84 80 86, Mobil 0662 13 21 54, www.hamada-sahara.com. Hübsche Anlage mit nettem Vorgarten, Berberzelten (€ p.P. inkl. Frühstück) und Restaurant. Stellplätze mit Strom, warme Dusche inklusive. Der Service ist aufmerksam und freundlich, im Rezeptionsgebäude steht kostenlos Internetzugang zur Verfügung.

- **M'hamid Oasis,** Mobil 0661 34 83 68, Tel. 0524 84 80 55. Schöner Platz des sehr netten Dr. Mohamed Ali Khoumani liegt in einem großen Dattelpalmenhain. Im Zeltrestaurant wird einfaches Essen mit Gemüse der Saison und selbst gebackenem Brot serviert. Die sanitären Anlagen sind leider sehr schlecht. Neben Camping ist auch Übernachtung im Nomadenzelt möglich.
- **Paradise Garden,** vgl. Routenbeschreibung vor M'hamid.

Reiseagenturen

Zuverlässige Veranstalter von **Kamel- und Geländewagentouren** in der Wüste sind:

- **Desert Life,** Douar Aït Ghnima, Mobil 0667 23 78 60 od. 0613 03 69 72, desertlife.tours@gmail.com od. boulfrifri2005@hotmail.com. Die Agentur von Mohamed Boulfrifri wurde von Lesern sehr gelobt. Individuelle Programmgestaltung mit 4x4- und Kameltouren in der Wüste, der Preis ist verhandelbar.
- **Iriqi Excursions,** am Hauptplatz im Zentrum (El Ghizlane), Tel. 0524 88 57 99 (Zentrale in Ouarzazate, s. dort), www.iriqui.com. Die zuverlässig arbeitende Agentur unterhält zwei Bivouacs in der Oasis Sacrée und an den Dünen. Der Preis der eher teuren Touren ist verhandelbar.
- **Maroc Desert,** im Zentrum, Tel. 0524 84 80 88, Mobil 0668 16 74 36, www.marocdesert.com, cheznaji@yahoo.fr. Das Wüstencamp (Bivouac) wurde von einem Leser gelobt, kompetente Durchführung von Kamel-, 4x4- und Quadexkursionen.
- **Mhamid Travel,** im Zentrum (El Ghizlane), Tel. 0524 88 59 49, Mobil 0666 39 79 76, www.mhamid-travel.com. Agentur der erfahrenen Brüder Mohamed und Ismail Isbai (siehe Hotel Kasbah Azalay). Zuverlässig und gut organisierte Kamel- und 4x4-Touren mit Bivouac am Erg Chegaga.
- **Nomads Travel,** Douar Aït Ghnima, Mobil 0642 50 22 96, www.nomads-travel.com. Agentur unter deutsch-marokkanischer Führung (Christine Goerig und Zaid Harmach) mit individuellem Tourenprogramm per Kamel oder Geländewagen.

Route C 6: Zagora – Foum-Zguid

●**Sahara Services,** am Hauptplatz im Zentrum neben dem Restaurant Dunes d'Or (Buchung auch über Kasbah Sahara Services möglich), Mobil 0661 77 67 66, www.sahara-services.info, N 29°49,517', W 05°43,205'. Sehr empfehlenswerte Agentur des gut englisch sprechenden *Abdoul Benalia. Abdoul* kann jede Art an Aktivität und Tour organisieren, auch mit Abholung am Flughafen in Ouarzazate oder Marrakesch. Er ist Betreiber der gleichnamigen Herberge im Ort, verfügt über neue Landcruiser und ein eigenes fest installiertes Bivouac an den Dünen des Erg Chegaga. Auch alleinreisende Frauen fühlen sich auf seinen Touren wohl. Ein Kameltrip mit einer Übernachtung im Bivouac inkl. Verpflegung kostet 800 DH für 2 Pers. (günstiger bei mehr Personen), 10% Discount für Besitzer dieses Buches!

●**Sahara Trip,** im Zentrum (El Ghizlane), Mobil 0670 02 00 33 oder 0661 40 82 32, caravanedereve@hotmail.com. Kleine Agentur des freundlichen *Ali Laghfiri,* Geländewagentouren zu den Dünen, eigenes Bivouac in der Wüste (ca. 10 km von Mhamid).

Route C 6, Abschnitt 2: M'hamid – Erg Chegaga – Foum-Zguid

●154 km Piste

Die unmarkierte Piste zum Erg Chegaga sollte nur mit Geländewagen befahren werden – Wüstenerfahrung ist wegen der evtl. Orientierungsprobleme mit den vielen (im sandigen Gelände verwehten) Spurenbündeln von Vorteil. Inzwischen ist die Route in der Saison im Frühjahr und Herbst von sehr vielen Touristenfahrzeugen frequentiert. Fahrzeit vom Erg ca. 2 Std, bis Foum-Zguid zusätzlich etwa 3–4 Std.

M'hamid von der Auberge Boussol in Richtung NW durch vermüllte Kieswüste verlassen **(km 0, N 29°49,685', W 05°43,753')**.

Nach **1,6 km** fährt man rechts ab von der Hauptpiste auf eine Alternativpiste **(N 29°49,892', W 05°44,675')**, die 2 km nördlicher verläuft und weniger sandig ist.

Vorbei an einem Bivouac geht es über kleine Querdünen mit Tamarisken holprig Richtung Westen. Die Spuren sind nicht immer deutlich erkennbar und vom Sand verweht.

Bei **km 9,6** mündet diese Piste wieder in die Hauptpiste von M'Hamid ein **(N 29°50,138', W 05°48,697')**. Weiter führt die Piste in Richtung W/NW über eine Lehmebene entlang des Oued Naam.

20 km hinter M'Hamid ist eine **V-Kreuzung (N 29°50,487', W 05°54,453')** erreicht: Die Piste rechts führt nach Tagounite/zum Erg el Yahudi, links weiter über eine weite Kiesebene (z.T. Wellblechpiste) Richtung Westen. Die kleinen **Bougran-Dünen** liegen ca. 4 km weiter südlich (dort kann man schön campen und verbringt beim Kameltrekking zum Erg Chegaga die erste Nacht).

Bei **km 33,5** ist ein **Brunnen im Oued el Atach** erreicht, **N 29°50,990', W 06°02,598'**. Am Brunnen kann man entweder links/geradeaus direkt zum Erg Chegaga weiterfahren oder rechts zur Bilderbuchoase Source Sacrée.

Abstecher zur Source Sacrée

Vom Oued el Atach rechts weiter geht es über breite, feste Piste Richtung NW in 9 km bis zur Source Sacrée (heiligen Quelle) in einer Palmenoase. In dem ummauerten Gelände mit Palmen und Schilf betreibt Iriqui Excursions aus M'hamid (s. dort) das **Camp Oasis Sacrée, N 29°52,992', W 06°07,129'**) und ein Zeltrestaurant. Hier kann man zu Mittage essen oder einen kalten Drink einnehmen. Die Übernachtung im Nomadenzelt ist übeteuert (€€€ p.P. mit HP, baufällige Du/WC). In einem kleinen Gehege leben Gazellen. In Planung ist ein Ökotourismus-Projekt, das auf dem Gelände (15 ha) einen

Bivouac im Erg Chegaga

ROUTE C 6: ZAGORA – FOUM-ZGUID

geschützten Lebensraum für die Wüstentiere der Region (Fenneks, Schakale, Gazellen) schaffen und Touristen in diese grüne Oase locken soll. Die gesamte Region ist Jagdgebiet saudi-arabischer Scheichs, daher werden Gazellen und Fenneks immer seltener.

Im Oued el Atach weiter Richtung Erg Chegaga führt die sandige Piste sehr holprig nach SW. Bei **km 41,8** steht eine einsame Akazie in der sandigen Ebene neben der Piste (gut für eine schattige Mittagsrast, **N 29°50,135′, W 06°06,880′**).

Es geht weiter durch kleine Dünen, links erscheint die Silhouette des Erg Chegaga am Horizont.

Bei **km 50** fährt man über die platte Ebene des Zeitsees **Lac Iriqui,** vorbei am Gebäude einer (nie in Betrieb genommenen) Nomadenschule. Wer möchte, kann den nahe gelegenen **Brunnen,** versteckt zwischen Coloquinten (Oscherbäumen), etwas südwestlich anfahren: **N 29°51,252′, W 06°11,437′**.

Ansonsten hält die Piste direkt auf die Dünen des **Erg Chegaga** zu; bei **km 54** ist das **Bivouac** der Agentur Sahara Services direkt unterhalb der „Grande Dune" (höchsten Düne) erreicht **(N 29°50,979′, W 06°12,582′)**. Hier kann man (mit Voranmeldung in M'Hamid bei Sahara Services, s.o.) in befestigten Nomadenzelten übernachten. Es gibt ein kleines WC, ein großes Zeltrestaurant und abends Musik am Lagerfeuer.

Besonders im Frühjahr, wenn es auf dem Lac Iriqui grünt und blüht, ziehen hier viele Nomaden mit ihrem Vieh durch die Gegend. Die Nomaden sind mittlerweile nicht mehr gut auf die zahlreichen Off-Road- und Rallyetouristen zu sprechen. Reisende sollten hier umweltbewusst und angepasst auftreten, auf Bepflanzungen achten und nur im Schritttempo auf Nomaden und deren Tiere zufahren. Vor allem zur Hochsaison (z.B. Ostern) ist der ganze Erg umgeben von Zeltcamps (Bivouacs) und man ist selten allein.

Die Piste (viele Spuren) nach Foum-Zguid führt weiter am Fuße der Dünen entlang

durch einen Coloquinten-Wald westwärts. Es geht durch kleine Dünen mit Tamarisken und über Sandverwehungen auf und ab (Reifenluftdruck senken). Um diesen sandigen Abschnitt entlang des Ergs zu umgehen, kann man auch zurück zur Source Sacrée fahren und die nördlichere (näher am Gebirgszug des Djabal Bani) und festere Piste über Zawia Abd en Nebi (s.u.) nach Foum-Zguid wählen.

Ab etwa **km 82** geht es wieder sehr flott über die ewig weite, feste Lehmebene des **Lac Iriqui (N 29°56,254', W 06°24,086')**. Am Fuße des Djabal Bani rechter Hand (nördlich) liegt die **Zawia Abd en Nebi** in Sichtweite.

25 km weiter verlässt die Piste den See (**N 29°50,569', W 06°37,797'**). Linker Hand thront der auffällige Tafelberg **Mdaouer Seghir** (669 m).

Bei **km 120** geht es entlang des Bergzugs **Mdaouer Kebir** (links) und des Oued Mdaouer Richtung NW. Die mit Steinmännchen markierte Piste wird steiniger, wer bei den Dünen den Reifendruck gesenkt hat, sollte hier wieder aufpumpen.

Bei **km 135** führt die Piste auf einen **Einschnitt des Djabal Bani** zu, an dessen Fuß Foum-Zguid liegt.

9 km weiter befindet sich ein **Checkpoint** in einem Steinhäuschen (**N 30°03,126', W 06°51,881'**). Wieder 1 km weiter (**Gesamtkm 145**) mündet die Piste in die Teerstraße ein – rechts weiter nach **Foum-Zguid**, das nach **147 km** Fahrt ab M'Hamid erreicht ist.

Foum-Zguid

Das ganz in Rosatönen gehaltene ruhige Wüstenstädtchen Foum-Zguid mit ca. **10.000 Einwohnern** liegt am trockenen Oued Zguid am Fuße des Djabal Bani. Ein großer Torbogen an der Ortseinfahrt heißt Besucher willkommen. In Foum-Zguid selbst gibt es keine Sehenswürdigkeiten, die Umgebung bietet sich jedoch für Wüstenausflüge an.

Billige, einfache Unterkunft bietet das **Hotel Iriki** mit Café-Restaurant (gute und preiswerte Tajine). Ein Leser empfiehlt das **Restaurant Chez Rachid** gegenüber des Eingangs zum Militärstützpunkt am zentralen Platz. Am komfortabelsten wohnt man im sehr schönen **Gästehaus Bab Rimal** in der Palmeraie (Tel. 0524 39 41 95 od. Mobil 0670 64 94 83, www.maroc-desert.com, DZ €€€€): schöne Anlage mit in Bungalows untergebrachten großen Suiten und Zimmern im modernen Berberstil, Restaurant, schöner Pool im Palmengarten, eigener Spa mit Wellnessangebot, Essen im offenen Berberzelt. Beim **Khayma Park** am Südrand der Stadt in sehr ruhiger Lage kann man campen oder in einem eingerichteten Nomadenzelt übernachten (½€ p.P., mit Strom, saubere sanitäre Anlagen, gutes Restaurant, khaymaparc-camping@hotmail.com). Am Ortsausgang in Richtung Tata (ca. 800 m nach dem Stadttor) hat der **Campingplatz Sable d'Or** eröffnet (Tel. 0656 03 28 60, *Said Tabi*): einfache saubere Toiletten/Duschen mit warmem Wasser, kleines Restaurant, Pool, frisch gepflanzte Bäume (wenig Schatten), sehr freundlich und preisgünstig.

Markttag ist der **Sonntag,** am Mittwoch findet ein kleiner Gemüsemarkt auf dem Souk hinter dem Café Iriki statt. Die Gendarmerie liegt oberhalb des Hauptplatzes (Gebäude mit Treppen und arabischer Aufschrift).

Ein **CTM-Bus** fährt 1x täglich morgens in zwei Stunden nach Tazenakht. Nach Tissint fährt abends ein Bus weiter nach Tata.

Vorsicht: Angeblich werden auf dem zentralen Parkplatz vor den Shops und Cafés immer wieder Reifen zerstochen!

Route C 7: Foum-Zguid – Zagora

● Ca. 125 km (davon 115 km Piste), N12

Die Piste wird seit Jahren für die Asphaltierung vorbereitet, aber nie fertiggestellt. Die vielen Furten sind betoniert, aber nach starken Regenfällen evtl. trotzdem unpassierbar. Anfangs und auf den letzten ca. 25 km vor Zagora ist die Piste breit und gut, im Mittelteil aber holprig, steinig und besser nur mit

Karte S. 389   **Route C 8: Agdz – Tazenakht**

4x4 oder robusten Pkw mit viel Bodenfreiheit befahrbar. Ab Anfang Mai ist hier die Rallye Atlas unterwegs – Vorsicht! Dann preschen sowohl Motorradfahrer als auch andere Fahrzeuge ohne Rücksicht auf die Umgebung mit 100 Sachen dahin, sodass man pausenlos auf der Hut sein muss! Es kam auch bei dieser Rallye bereits zu Todesfällen. Ansonsten fast kein Verkehr.

Foum-Zguid auf der R111 in Richtung Norden entlang eines schönen Palmenhains verlassen. Im Dorf **M'hamid (km 0)** zweigt rechts im Palmenhain über das Oued die breite Piste Richtung Zagora ab (Schild, **N 30°07,469', W 06°52,859'**). Geradeaus geht's auf Asphalt nach Tazenakht (R111).

Die breite gute Piste führt entlang der Strommasten nach Südosten, zunächst begrenzt von Oasengärten und dem Gebirgszug des Djabal Bani im Süden, dann durch Steinwüste mit wenig Vegetation.

Nach **35 km** liegt ein Dorf mit Palmenhain rechts. Die Djabal-Bani-Kette rückt näher und die nun schlechtere, steinige Piste führt in Richtung Nordosten. Zwischen km 53 und 75 führt die Piste entlang und durch das **Oued el Feija** (z.T. sandig).

Bei **km 62** zweigt eine Zufahrt zum Dorf **Bou Rbia** links ab, es geht geradeaus weiter, **N 30°08,177', W 06°21,882'**.

Ab **km 75** beginnen Häuser und Gärten, bei **km 86** folgen die großen **Oasengärten von Feija (N 30°10,052', W 06°08,465')**. Hier werden sehr gute süße Wassermelonen angebaut, die man direkt kaufen kann. Weiter geht es in Richtung Osten.

Ab etwa **km 100** beginnt wieder eine breite Pistentrasse und bei **km 115** die **Teerstraße (N 30°16,517', W 05°53,616')**. An der dortigen Kreuzung geht es rechts zum Flughafen und geradeaus weiter nach Zagora.

Nach **123 km** ist **Zagora** erreicht (Kreuzung bei der Préfecture und dem Timbuktu-Schild); möchte man von Zagora nach Foum-Zguid fahren, biegt man hier in Richtung Flughafen ab.

Route C 8: Agdz – Tasla – Bou-Azzer – Tazenakht

● **Ca. 90 km, R108**

Die Strecke ist vollständig geteert und bis Tasla landschaftlich reizvoll (danach erst wieder ab km 75). Die Route führt durch das Tal des Oued Tamsift mit hübschen Oasendörfern, umgeben von dunklen Wüstenbergen. Privatbus- und Sammeltaxiverkehr.

Nördlich von Agdz zweigt man **links** nach **Bou Azzer** ab (Schild, **N 30°41,620', W 06°27,316'**) = km 0.

Etwa **25 km** nach dem Abzweig liegt **Aït Semgane** mit einem zerfallenen Ksar und einer Moschee rechts in einem sehr großen Palmenhain.

Die größere Palmenoase **Tasla** mit Kasbahs rechts der Straße ist bei **km 36** erreicht. Hinter Tasla führt die Straße in die Berge. Etwa bei **km 44** mündet kurz vor dem Weiler Ahrbar die von Zagora kommende Teerstraße (P1520, über Aït Hamane, Bleida) ein: rechts weiter nach Tazenakht und Bou Azzer (9 km), links nach Zagora.

Bei **km 51** ist eine lang gestreckte **Passhöhe** (1400 m) erreicht, dann geht's weiter bergab.

Der Bergbauort **Bou Azzer** liegt bei **km 54** an der Strecke. Hier werden Kupfer, Nickel und Kobalt abgebaut.

Nach insgesamt **69 km** mündet diese Route in die Straße Tazenakht – Foum-Zguid ein (beschildert, **N 30°31,338', W 07°02,279'**, R111, ca. 75 km nach Foum-Zguid) – rechts weiterfahren.

Die Straße schlängelt sich durch kahle schroffe Berge hinauf zu den Pässen **Tizi-n-Timlaine** (1190 m) und **Tizi-Taguergoust** (1640 m) und dann hinab bis **Tazenakht** etwa bei **km 90** in sehr schöner, ursprünglicher Gegend. Weiter führt die Teerstraße nach Taroudannt und Agadir bzw. Ouarzazate (siehe Route C 24).

Route C 9: Midelt – Errachidia – Erfoud – Rissani – Merzouga (Erg Chebbi)

●Insgesamt 285 km, N13; Midelt – Errachidia: 142 km, Errachidia – Rissani: 104 km, Rissani – Merzouga: 39 km

Die gute Teerstraße führt durch tolle Landschaft mit vielen Palmenoasen. Besonders schön ist es in der Ziz-Schlucht ca. 30 km vor und dann wieder hinter Errachidia bis Erfoud (auch sehr lohnenswert mit dem Bus). Die Teerstraße von Rissani nach Merzouga ist die schnellste und einfachste Verbindung zu den Dünen der Erg Chebbi. Gute Busverbindung nach Errachidia und Erfoud (siehe Midelt, Route B 6), Sammeltaxis und Supratours-Bus von Rissani nach Merzouga.

Abschnitt 1: Midelt – Errachidia

Hinter Midelt (**km 0**) führt die Strecke durch steinige Täler, begrenzt von den kargen Bergen des Hohen Atlas mit stark verwitterten, steilen Hängen.

Bei **km 15** ist **Zebzate** (sprich: Sebsat) erreicht. Links zweigt die N 15 nach Guercif (siehe Route A 11) ab. Auf der kurvigen Passstraße geht es mit tollen Ausblicken bergauf durch die karge Berglandschaft. Händler verkaufen leckeren Honig (mit Rosmarin) an der Straße.

Etwa **27 km** hinter Midelt überquert man die Passhöhe **Tizi-n-Talghemt** (1907 m) mit Pinien und Wacholder. Es geht über ein Hochplateau, auf dem im Sommer Nomaden mit ihren Schafen, Ziegen und Kamelen unterwegs sind.

Bei **Km 40** liegt das Dorf **Souk de Nzala** (mit Tankstelle), wo samstags ein Wochenmarkt stattfindet. Im Parc Animalier Nzala werden Strauße und andere Tiere gehalten. Danach wird die Gegend entlang des Flusstals wieder etwas reivoller. Immer wieder passiert man kleine Orte.

Bei **km 43** zweigt rechts eine Teerstraße zur **Zawia des Sidi Hamza** (25 km) ab, einem Wallfahrtsort mit der Grabstätte des gleichnamigen Marabut und einer berühmten Bibliothek aus dem 12. Jh.

47 km hinter Midelt liegt **Aït Kharrou**, gesäumt von einer schönen Schlucht und schroffen Bergen.

Bei einer Tankstelle bei **km 74,5** zweigt rechts die Straße nach **Rich** ab, das westlich vom Oued Ziz liegt (Abzweig zur Route C 20 nach Amellago).

Kasbahs und befestigte Lehmdörfer kleben an den braunen Berghängen. Bei **km 82,5** führt in einem Dorf mit Brücke links ein Teerstraßenabzweig nach **Gourrama** (hier findet das jüdische Fest Haailoula Anfang Februar statt) und weiter nach **Talsinnt.** Von dort führen ebenfalls Asphaltstraßen nach Beni Tajite und weiter nach Norden nach **Missour.** In dieser Region sind Touristen fast unbekannt. Von Gourrama kann man entlang dem **Oued Guir** auf landschaftlich schöner Strecke (viele Palmengruppen laden zum Campen ein) bis 17 km vor Boudenib gelangen. Geradeaus weiter.

An der Dorfeinfahrt von **Ksar Kerrandou** liegt die **Kasba Dounia** rechts an der Straße (Tel. 0535 36 83 95, www.kasbadounia.com, DZ €€€ inkl. HP). Das nette kleine Gästehaus im Kasbahstil hat einfache saubere Zimmer mit Bad und einen typisch marokkanischen Salon, in dem Tajine und Brochettes zum Mittagessen serviert werden (70 DH).

Bei **km 85** liegt der kleine Ort **Hammat Mulay Hachem** mit Palmen am Ziz-Fluss. Hier und in **Hammat Mulay Ali Cherif (km 95,5)** gibt es **Heilquellen**. Das Quellwasser soll gegen verschiedene Leiden und Hautkrankheiten helfen. Es gibt zwei für Männer und Frauen getrennte Badehäuser und ein Stück weiter gleich am Fluss zwei **heiße Quellen,** die zum Baden einladen.

Danach führt die Straße bergauf, oberhalb des Ziz entlang, bis zum **Tunnel der Legionäre** bei **km 98**. Er wurde, wie der Name sagt, von französischen Legionären erbaut. Hier beginnt der schönste Teil der Strecke durch die **Gorges du Ziz** (Ziz-Schlucht) mit tollen Palmenoasen entlang des Flusses, begrenzt von den steil aufragenden Bergen des Hohen Atlas. In den Oasen wird viel Obst angebaut (z.B. Aprikosen).

100 km hinter Midelt liegt rechts am Fluss das saubere, freundliche **Kasbah Hotel Jurassique** im Kasbahstil mit (schattenlosem) Campingplatz, Restaurant und 20 Zimmern (Tel. 0661 09 92 84, 0535 57 32 80, www. kasbahjurassique.com).

Die Straße führt mit schönem Blick auf den Stausee bergab, bis bei **km 131** die Zufahrt zum **Stausee Hassan Abdhakhil** abzweigt. Das Kasbahdorf **Amzourge** bei **km 138** entstand als Ersatz für das gleichnamige Dorf, das dem Stausee weichen sollte. Der See hat aber nie seine vorgesehene Höhe erreicht, sodass der Ort nicht überflutet wurde. Jetzt gibt es zwei Dörfer mit gleichem Namen, die Bewohner haben sich auf beide verteilt.

An der Wegkreuzung bei **km 139** geht es **links** weiter nach **Erfoud/Errachidia/Figuig** und rechts nach Ouarzazate (N10). Sehr viele Neubauten und die prächtige Universität (links) künden die Provinzhauptstadt Errachidia (vgl. Route C 2) an, die bei **km 142** erreicht ist.

Abschnitt 2: Errachidia – Erfoud – Rissani

• **104 km, N13**

Hinter Errachidia führt die sehr gute Teerstraße durch eine trockene Wüstenlandschaft mit Streusiedlungen **entlang des Ziz-Tals**. Der Oued Ziz fließt ca. 1 km westlich in einem tiefen Taleinschnitt mit grünen Oasengärten, Palmen und Lehmdörfern – der Kontrast zu den Wüsten-Plateaubergen der Umgebung könnte größer nicht sein.

16 km hinter Errachidia zweigt eine kleine Straße ins Tal zu den Quellen von Meski ab (600 m, **N 31°51,40', W 04°16,96'**).

Source Bleue de Meski

Die „Blaue Quelle von Meski" **oberhalb des Ziz-Flusses** liegt in einem tiefen, von Palmen gesäumten Taleinschnitt. Sie wurde während der französischen Protektoratszeit gefasst und fließt durch **mehrere Steinbecken** – wovon das größte als Schwimmbad genutzt wird – in die Oasengärten. Die Becken mit kaltem, sehr klarem Wasser, in dem Fische schwimmen, säumen hohe Dattelpalmen. Zwischen den Palmengärten liegt ein schöner, schattiger Campingplatz mit Restaurant (laut eines Lesers nicht empfehlenswert) und einigen Souvenirläden (alle mit guter Auswahl). Die Händler sprechen fast alle deutsch und besuchen Camper regelmäßig, um ihre Produkte anzupreisen ...

Die schön konzipierte Anlage ist im öffentlichen Besitz, die sanitären Anlagen sind leider – vor allem bei voller Belegung des Campingplatzes – in sehr schlechtem hygienischen Zustand. Meski ist im Sommer **Treffpunkt der marokkanischen Jugend** und von Soldaten. Vor allem am Wochenende sind die Plätze rund um die Schwimmbecken voll besetzt. Außerhalb der Saisonzeiten im zeitigen Frühjahr und Spätherbst findet man die Anlage meist ordentlich vor. Wer hier nicht campt, muss Eintritt ins Schwimmbad und Parkgebühr zahlen (ca. 10 DH).

Oberhalb der Quelle **im Ort** gibt es eine kleine Post, eine Téléboutique, einen Laden und ein Restaurant, das – außerhalb der Saison nur auf Vorbestellung – gutes Essen anbietet.

Von der Blauen Quelle empfiehlt sich ein **Ausflug zur anderen Seite des Flusses,** wo die halb verfallene **Kasbah Meski** steht. Die Kasbah liegt auf einem Felssporn, von dem sich vor allem morgens oder abends ein schöner Blick auf das Flusstal eröffnet. Man kann direkt vom Campingplatz hinunter durch die Oasengärten ins malerische Ziz-Tal laufen, wo Frauen am Fluss Wäsche waschen und Bauern die Felder bestellen. Beim Waschplatz kann man relativ trockenen Fußes den Fluss überqueren, hinauf zur Kasbah laufen und diese zu Fuß umrunden – ein Ausflug, der sich lohnt! Am Campingplatz bieten sich auch Führer zur Kasbah an.

Route C 9: Erfoud (Arfoud)

In Bewässerungskanälen und Tümpeln der Oase (nicht im Badebecken mit fließendem Wasser) ist evtl. Vorsicht vor einer Bilharziose-Infektion geboten.

Zwischen Errachidia und Erfoud fahren **Sammeltaxis** (ca. 25 DH nach Erfoud, ca. 7 DH nach Errachidia), die auf Wunsch in Meski anhalten.

Zurück auf der Hauptstraße befinden sich ca. **10 km** hinter der Quelle ein Parkplatz und **Aussichtspunkt** mit herrlichem Blick auf das Ziz-Tal und seine Palmenhaine. Der tiefe Taleinschnitt des Oued Ziz zieht sich als grünes Band, gesäumt von Lehmdörfern und Plateaubergen, durch die Wüste.

2 km weiter liegt die **Zawia Amelkus** rechts im Palmenhain, danach sieht man sehr schöne Lehmksour rechts der Straße.

Aoufouss, ein großer Ort mit Geschäften, Tankstelle und dem recht neuen **Camping Hakkou** (Tel. 0535 77 90 59, ha-kkou2008@hotmail.com, 30 Stellplätze für Wohnmobile und Zelte, kaum Schatten, heiße Duschen kosten extra, Restaurant), folgt 42 km nach Errachidia. Schöne rosafarbene Häuser mit rot-weißen, von Zinnen gekrönten Arkaden schmücken das Dorf. Ab hier ist die Landschaft besonders sehenswert.

Am palmenbewachsenen Ziz-Tal entlang führt die Straße nun in das Gebiet des **Tafilalet** und nach Erfoud.

Bei **km 59** spritzt auf der rechten Seite nahe der Straße eine **Wasserfontäne** aus einem Becken. Amerikanische Geologen haben hier nach Wasser gegraben und reichlich gefunden! Es wird durch den Schwemmdruck des Atlas nach oben befördert. Aber der Schein trügt: Da das Gebiet des Tafilalet im Tertiär von einem Ozean bedeckt war, ist die Sedimentstruktur ziemlich kalziumhaltig. Das Wasser der ganzen Region ist leicht salzhaltig. Probieren ist der Gesundheit nicht abträglich, jedoch für den täglichen Gebrauch ist das Wasser unnütz.

Bei **km 73** ist der Ort **Maadid** erreicht. Der alte Ksar hat ein prächtiges Eingangstor aus der Zeit der Almohaden und ist von mächtigen Mauern und schönen Oasengärten umgeben.

Erfoud folgt bei **km 77 (N 31°25,87, W 04°13,50′).**

Erfoud (Arfoud) ♫ IX, D2

Die Stadt hat ca. **25.000 Einwohner** und ist **Hauptstadt des Tafilalet.** Der einst malerische Ort aus roten Lehmbauten liegt auf 802 m Höhe am Fuße des Djabal Erfoud (935 m). Er wurde 1917 von den Franzosen gegründet und war **im Mittelalter Karawanenstützpunkt** auf dem Weg nach Sijilmassa (20 km südlich von Erfoud). Sklaven und Gold wurden aus Schwarzafrika nach Marokko, Arabien und später auch in die europäischen Länder gebracht.

Erfoud selbst hat keine besonderen Sehenswürdigkeiten aufzuweisen, ist aber als Ausgangspunkt in das – neben dem Erg M'Hazil/Chegaga (südlich von M'hamid) – einzige Dünengebiet Marokkos, den **Erg Chebbi,** zum **versteinerten Korallenriff** und in die südlichen Wüstenoasen Merzouga und Taouz interessant. Auch das manchmal im Herbst (zur Datteleernte) stattfindende **Dattelfest** ist sehenswert.

Es gibt gute Versorgungsmöglichkeiten und einen kleinen **Souk** mit Frischwaren und Kunsthandwerk, das auch in diversen Läden angeboten wird.

Erfoud ist bekannt für seine **Fossilien.** Das fossilienreiche Gestein wird aus Steinbrüchen versteinerter Korallenriffe in der Umgebung gewonnen und anschließend bearbeitet (geschliffen und poliert). Die versteinerten Meerestiere wie Tintenfische mit Gehäuse (Belemniten und Ammoniten), Seelilien, Trilobiten und Schnecken stammen aus dem Devon (vor 320 bis 400 Millionen Jahren). Man geht davon aus, dass die Sahara damals von einem Flachmeer bedeckt war. Trilobiten stammen meist nicht von den Fundstellen bei Erfoud, sondern aus dem 110 km entfernten Alnif. Strikt abzuraten ist vom Kauf der ebenfalls angebotenen jungsteinzeitlichen Steinbeile und Pfeilspitzen – deren Ausfuhr ist verboten. Mehrere Fossilienwerkstätten in Erfoud (an der Straße Richtung Rissani) führen durch ihren Betrieb und verkaufen diverse

ROUTE C 9: ERFOUD (ARFOUD)

Schalen und Anhänger bis zu ganzen Tischplatten und Springbrunnen aus geschliffenem Fossilienstein (vgl. Einkaufen). Vorsicht: Besonders schöne und große Ammoniten entpuppen sich immer wieder als Fälschung, d.h. sie sind geschickte Steinmetzarbeiten.

Vom **Bordj Est,** einem Fort, das sich auf dem **Djabal Erfoud** über dem Ort erhebt, hat man eine grandiose Aussicht über das Tafilalet, vor allem bei Sonnenuntergang. Man kann bis zu einer Aussichtsplattform unterhalb des Gipfel hinauffahren. Das Fort am Gipfel ist vom Militär besetzt.

Kunstwerke der besonderen Art sind in Richtung Tinejdad zu bewundern, wo der Künstler und Architekt Hannsjörg Voth mitten in der Wüste die **„Himmelstreppe"** und die „Goldene Spirale" geschaffen hat. Diese Freiluftkunst kann man **nur mit autorisiertem Führer ab Fezna** besichtigen.

Unterkunft

Klassifizierte Hotels

Fast alle Hotels bieten verschiedene (4x4-) Exkursionen in die Wüste an.

●**Belere******, an der Straße nach Rissani, Tel. 0535 57 81 90, www.belerehotels.ma. Viel von Reisebussen frequentiertes Luxushotel mit Bungalows; Pool, Zimmer mit AC, internationales Buffet-Restaurant, freundliches Personal. €€€€.

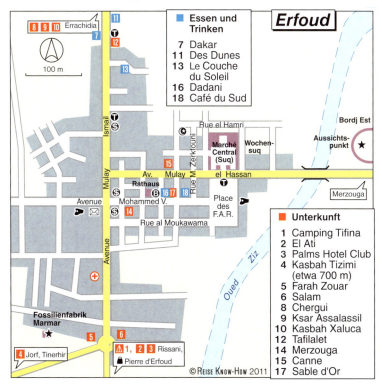

Route C 9: Erfoud (Arfoud)

● **Chergui******, außerhalb an der Straße nach Errachidia (5,5 km), Tel. 0535 57 85 04, www.hotelchergui.com. Großes Kasbahhotel mit 100 klimatisierten Zimmern mit TV. Schöner Pool mit Palmen, marokkanisches Restaurant, Hammam, kabelloses Internet (WiFi). DZ mit Halbpension für 2 Pers. €€€€.

● **El Ati******, ca. 1 km außerhalb Richtung Rissani, Tel. 0535 57 73 73, www.hotelati.com. Der klotzige Bau hat wenig Atmosphäre, die Zimmer sind jedoch komfortabel (mit AC) und sauber, das Personal freundlich. Großer Pool im Innenhof (wenig Schatten), kabelloses Internet. DZ €€€€, gutes Abendbuffet.

● **Kasbah Xaluca******, 5 km an der Straße nach Errachidia (in Maadid), Tel. 0535 57 84 50/51, www.xaluca.com. Sehr schönes, stilvolles Kasbah-Hotel der Xaluca-Gruppe mit Liebe zum Detail: geschmackvoll eingerichtete, geräumige Zimmer, Suiten und Bungalows (Waschbecken aus Fossiliensteine usw.) mit AC, Sat-TV, Decken aus Palmholz, Betten auf Steinsockeln. Restaurant mit gutem Essen, großer Pool, beheizter Innenpool und schöner SPA-Bereich, sehr freundliches Personal, reichhaltiges Frühstück. Camping im Hinterhof möglich mit separaten Sanitäranlagen. DZ mit Frühstück €€€, Suite €€€€.

● **Ksar Assalassil******, ca. 1 km außerhalb an der Straße nach Errachidia, Tel. 0535 57 82 27, http://hotelksarassalassil.e-monsite.com. Luxus-Herberge im Kasbahstil in ruhiger Lage, schöner Pool im Palmengarten, bewachter Parkplatz. 14 klimatisierte, saubere und geräumige Zimmer und Suiten mit Sat-TV und drahtlosem Internet (WiFi). DZ €€€€ bis €€€€€ mit Frühstück.

● **Palms Hotel Club******, ca. 4 km außerhalb an der Straße nach Rissani, Tel. 0535 57 61 44, www.palmotel.com. Großer Komplex im Kasbahstil in einem Palmengarten mit Pool, klimatisierte Zimmer mit Sat-TV, Hammam. DZ €€€€ (vergleichsweise teuer).

● **Kasbah Tizimi*****, Route de Jorf (in Richtung Tinejdad ca. 700 m ab Kreuzung), Tel. 0535 57 61 79, www.kasbahtizimi.com. Schönes Kasbah-Hotel mit Pool, die klimatisierten Zimmer sind geschmackvoll im marokkanischen Stil ausgestattet. DZ/Suite €€€ bis €€€€B inkl. Frühstück, je nach Kategorie und Saison.

● **Salam*****, Route de Rissani, Tel. 0535 57 64 25 od. 57 60 23, Fax 0535 57 64 26. Älteres, gut ausgestattetes Hotel mit sauberen, klimatisierten Zimmern. Der Empfang ist nicht immer freundlich. Gutes Essen, bewachter Parkplatz, schöner Garten mit Pool. DZ €€€.

● **Tafilalet*****, Av. Mulay Ismail, Tel. 0535 57 65 35, www.hoteltafilalet.com. Mittelklassehotel mit hübschem zweiteiligem Innenhof mit Pool, Bar und Garten. Saubere, schon etwas abgewohnte DZ mit Frühstück €€€B. 15% Rabatt für Reise-Know-How-Leser.

● **Canne***, 85, Av. Mulay el Hassan, Tel. 0535 57 86 95. Gut geführtes Hotel unter französischer Leitung an der Straße zum Souk, hellhörige Zimmer, ansonsten gut, mit Restaurant. DZ €A inkl. Frühstück.

● **Farah Zouar – Chez Gaby***, Av. Mulay Ismail, Tel. 0535 57 62 30 oder 0535 57 81 11, www.hotelchezgaby.com, am Ortsanfang von Rissani kommend, gegenüber des Hotels Salam. Saubere Zimmer (sehr hellhörig) und Suiten mit Bad, TV und AC. Dachterrasse, bewachter Parkplatz, schöner Pool. DZ €€.

● **Sable d'Or***, 141, Av. Mohamed V. (im Zentrum), Tel. 0535 57 63 48, an der Hauptkreuzung im Ort, schräg gegenüber der Post. Freundlich, ruhig, Essen mäßig. Saubere DZ mit Du/WC €.

Unklassifizierte Hotels

● **La Gazelle,** Av. Mohamed V. Kleines, sehr einfaches Hotel, dafür supergünstig und sauber (Zimmer mit kalten Duschen). ½€ (verhandelbar).

● **Merzouga,** Av. Mohamed V., Tel. 0535 57 65 32. Nettes und sauberes Hotel, sehr freundliche Leute, die sich zusammen mit Geschäftsführer *Mohamed Abdellaove* rührend um die Gäste kümmern (sprechen englisch). DZ mit Bad ½€, mit reichhaltigem Abendessen und Frühstück €A, Übernachtung auch im Berberzelt.

Campingplatz

● **Camping Tifina,** einige Kilometer Richtung Rissani (ummauerter Platz auf der rechten Seite), N 31°22,90', W 04°16,30', Tel. 0535

Das Tafilalet

Das Tafilalet-Gebiet entspricht heute der **Provinz Errachidia** mit den weiteren Orten Aoufous, Erfoud, Rissani und Merzouga und hat eine Ausdehnung von 60.000 km². Im 10. und 11. Jh. war **Sijilmassa** die Hauptstadt dieser Landschaft; sie war so mächtig, dass sie sich mit Fès und Marrakesch messen konnte. Die Ursprünge von Sijilmassa sind umstritten, nach *Leo Africanus* war es eine römische Gründung, nach dem Geographen *El Bekri* eine Gründung des Schmieds *Midrar* aus Meknès. Es ist die **Wiege der Alawiden,** von hier aus brachen die Shurafa, Nachkommen *Mohameds*, Anfang des 17. Jh. auf, die religiöse Erneuerung ins ganze Land zu tragen, und eroberten Marrakesch und unter *Mulay Rashid* 1666 auch Fès und den Norden. *Mulay Ismail,* der große Sultan von Meknès und Beherrscher Marokkos, der 55 Jahre lang regierte, bemühte sich Ende des 17. Jh., das Tafilalet, aus dem seine Vorfahren stammten, wieder aufzuwerten, jedoch konnte Sijilmassa keine Bedeutung mehr erlangen. Das Tafilalet war wichtiges Karawanen- und Handelszentrum, von hier brachen vom Mittelalter an die Karawanen nach Timbouctou und Schwarzafrika auf und brachten Sklaven und Gold zurück.

Jetzt ist das Tafilalet bekannt für die Herstellung von **Töpferwaren** und besonders schönen **Ledersachen,** die so genannten „Filali". Diese werden mit dem besonderen Gerbstoff „Takaout" präpariert, welcher dem Leder seine natürliche Farbe lässt. In der Nähe liegt der **Erg Chebbi:** Berge gelber Sanddünen, durchwachsen von einigen Grasbüscheln, Spuren von Käfern, Vögeln und Schakalen, die die Grasbüschel nach Wüstenratten absuchen. Davor dehnt sich endlos die blauschwarze Steinwüste oder Hammada aus. In der Ferne liegen Gebirgszüge im Dunst.

Menschen, Tiere und Pflanzen kämpfen einen ungleichen Kampf gegen den Sand. Der Wüstensturm bläst Tausende von Tonnen Sand ins Kulturland. Haushohe Dünen wälzen sich wandernden Sandwogen gleich und überfluten die Oasen, sodass die Menschen zum Abwandern gezwungen werden. Um sich dagegen zu schützen, werden Hecken aus Palmenzweigen gegen den Wind errichtet und Reihen bestimmter genügsamer Gräser angepflanzt, deren Wurzeln den Boden festigen. Im Windschatten der Gräser kommt dann der Sand zur Ruhe.

Das Tafilalet ist das **größte zusammenhängende Oasengebiet Marokkos** und hat ca. 500.000 Einwohner. Hier wachsen unzählige Dattelpalmen, und die Menschen kultivieren in ihren Oasengärten, die mit Foggaras (siehe Route A 10, Skizze zu Oasenbewässerungssystemen bei Figuig) und Kanäle (Segouias) bewässert werden, Gemüse, Getreide und Futterpflanzen. Sie werden von Obstbäumen beschattet, die wiederum von den Dattelpalmen ihren Schatten beziehen. Durch die Trockenheit Anfang der 1980er und -90er Jahre wurde das Tafilalet am stärksten von ganz Marokko in Mitleidenschaft gezogen. Die Palmenhaine sind in vielen Bereichen verdorrt, zudem macht die gefährliche Pilzkrankheit „Bayud" den Palmen zu schaffen. Der Bevölkerung wurde somit ihre wichtigste Lebensgrundlage entzogen. Nach den „mageren" Jahren der Trockenheit folgten zwar wieder einige „fette" Jahre, für viele Oasenbauern und Palmenhaine jedoch zu spät.

Als Hoffnung am Horizont erschien der Tourismus, der in der Vergangenheit vielen Einwohnern „gutes Geld" brachte und zahlreiche Hotels aus dem Boden schießen ließ. Angesichts der rückgängigen Besucherzahlen im Zeitalter islamistischer Terroranschläge ist jedoch so manche Herberge wieder in ihrer Existenz bedroht. Zu wünschen wäre wegen der permanenten Wasserknappheit ein ökologisch angepasster Tourismus, um die Wasserreserven nicht noch mehr anzugreifen. Doch angesichts gefüllter Hotelpools und der steigenden Ansprüche vieler Touristen erscheint dies eher unwahrscheinlich.

88 20 58, www.tifina-marokko.com. Sehr hübsch gestalteter, sauberer und gepflegter Platz (europäischer Standard!) unter französischer Führung. Pool, Stellplätze mit Wasseranschluss und Strom, Abwasserentsorgung für Wohnmobile, auch Luxusstellplätze mit privater Dusche/WC, Restaurant mit Alkoholausschank, außerdem Übernachtung im Bungalow oder Berberzelt möglich.

Essen und Trinken

● **Café du Sud,** Av. Mohamed V. Sehr gutes Restaurant, in dem auch die Einheimischen essen gehen (marokkanische Küche), mittlere Preise (Verhandlungssache).
● **Dadani,** Av. Mohamed V., Tel. 0535 57 79 58. Angenehme Atmosphäre auf der Terrasse, auch allein reisende Frauen fühlen sich hier wohl, wechselndes Tagesmenü und gute Tajines.
● **Dakar,** Av. Mulay Ismail (am Ortsausgang Richtung Errachidia gegenüber der Ziz-Tankstelle), Mobil 0661 35 16 52. Gepflegtes, gutes und günstiges Restaurant mit Suppen, Salaten, Pizza (40–50 DH), Brochette und Tajine (50–60 DH). Der Besitzer zeigt gern unverbindlich seine Fossiliensammlung im UG.
● **Des Dunes,** Av. Mulay Ismail, Mobil 0661 35 16 52, neben der ZIZ-Tankstelle. Besitzer ist *Sadek Ettayek*, dessen Brüder die Hotels der Xaluca-Gruppe managen. Sehr gutes Essen, hervorragende Spezialität des Hauses ist ein Fleischragout in Tajine, genannt *Kalia*.
● **Le Couche du Soleil,** Av. Mulay Ismail, preisgünstiges Essen in angenehmer Atmosphäre.
● **Le Clap,** 7, Rue Allal Ben Abdellah, am Busbahnhof beim CTM-Schalter. Sehr gut und freundlich. Weibliche Bedienung!

Einkaufen

● Die **Av. Mulay el Hassan** führt direkt auf den Souk zu. An ihr sowie an der **Av. Mohamed V.,** die ebenfalls zum Place des F.A.R und zum Markt bzw. Taxistandplatz führt, sind sämtliche wichtigen Geschäfte, Banken

Atlas IX, Karten S. 389, 529, Stadtplan S. 515

und Tankstellen zu finden. Am Platz vor dem Souk (Place des Forces Armee Royale) befinden sich die Polizei und andere wichtige Ämter sowie ein großer Parkplatz.
- Den **Souk** erreicht man durch einen rotweißen Eingangsbogen. Neben dem Eingangstor liegen rechter Hand diverse Souvenirgeschäfte, in denen man günstig einkaufen kann. Hinter dem Hofbereich des Souk, auf dem Waren der Saison, z.B. im Herbst Datteln, angeboten werden, liegt der überdachte Bereich des **Lebensmittel-Souks**. Hier gibt es jede Menge gutes und preiswertes Obst und Gemüse, Milchprodukte etc. Der **große Wochenmarkt** am Sonntag findet neben dem Souk-Gelände statt.
- Einen **Supermarkt** gibt es an der Av. Mohamed V. gegenüber dem Hotel Sable d'Or. Daneben befindet sich ein Geschäft für **Autoersatzteile** (besonders Geländewagen).
- In Erfoud kann man wunderschöne geschliffene **Fossilien** einkaufen. Bei **Adarissa Atelier – Pierre d'Erfoud** (Tel. 0535 57 75 96 oder 0535 57 71 59, am Ortsausgang Richtung Rissani auf der linken Seite neben einer Tankstelle) und bei der **Fossilienfabrik Marmar** (an der Straße Richtung Tinerhir) kann man sich von einem deutsch sprechenden Führer durch die Fabrik führen lassen. Hier kann man beobachten, wie der Fossilienstein mit verschiedensten Werkzeugen poliert und bearbeitet wird. In der großen Verkaufsausstellung mit (verhandelbaren, relativ hohen) Preisen gibt es alle denkbaren Gegenstände aus Fossilienstein bzw. präparierte Fossilien aller Größen. Bezahlung mit Kreditkarte ist möglich, große bzw. schwere Waren werden auch nach Europa verschickt.

Busse

- **CTM-Büro** an der Av. Mohamed V.
- **Busgesellschaft Salam** an der Av. Mulay Ismail, Tel. 0535 57 60 41.

Verbindungen und Preise

- **Errachidia und Meknès:** je 1x tägl. morgens mit CTM und Supratours, 110 DH, 8 Std. Fahrt nach Meknès; nach Errachidia ca. 2 Std.
- **Rissani:** mehrmals tägl., ca. 15 DH, Fahrzeit ca. 30 Min.
- **Fezna** (Himmelstreppe) bzw. **Tinejdad:** Kleinbus gegenüber der Post, 5 DH nach Fezna, 15 DH nach Tinejdad, Fahrzeit 2– 3 Std.
- **Rich und weiter nach Midelt:** 4x tägl., nach Rich ca. 40 DH, 2 Std. Fahrt; nach Midelt ca. 65 DH, 3 Std. Fahrt.
- **Errachidia – Tinerhir – Ouarzazate – Marrakesch:** 1x tägl. mit Supratours, bis Tinerhir 3½ Std. Fahrzeit, bis Ouarzazate ca. 7 Std., bis Marrakesch ca. 12 Std.
- **Merzouga:** tägl. Supratours-Bus über Rissani (40 DH, vgl. auch Merzouga). Man sollte sich vorab über eine Rückfahrmöglichkeit am gleichen Tag erkundigen, sonst muss man sich auf eine Übernachtung in Merzouga einstellen (empfehlenswert).

Sammeltaxis/Taxis

- **Abfahrt** der Sammeltaxis am Pl. des F.A.R.
- **Tinerhir:** ca. 20 DH p.P., das komplette Taxi für 400–800 DH, 1½ Std. Fahrzeit.
- **Rissani, Merzouga:** Ein **Sammeltaxi-Kleinbus** fährt mehrmals tägl. bis 21 Uhr über Rissani nach Merzouga (12 DH/Pers., Gepäck extra).

Rund ums Auto

- **Garage Chez Aziz,** neben Café des Dunes, empfehlenswerte Werkstatt und Pannendienst, Mobil 0661 67 41 02.
- Empfehlenswert ist auch die kleine **Werkstatt von Mohamed Ben Messaoud** in der Stadtmitte auf der linken Seite schräg gegenüber eines Supermarché (Av. Mulay Ismail): zuverlässig und faire Preise (Mobil 0668 35 23 46, auch englisch).

Fest

- Anlässlich der Datteleernte findet das **Dattelfest** statt (ein Wochenende im Sept.).

Dattelstand

ROUTE C 9: RISSANI

Ausflüge

In allen Hotels und im Ort kann man **Touren zum Erg Chebbi oder nach Rissani** buchen. Je länger man wartet, um so preiswerter werden die Angebote. Merzouga und die Dünen sind inzwischen auf Teerstraße über Rissani erreichbar, daher sind hohe Preise für einen Geländewagen nicht mehr gerechtfertigt. Das Wüstenerlebnis ist jedoch auf der Pistenfahrt entlang der Dünen von Erfoud nach Merzouga größer – besonders schön ist eine Umrundung des Erg Chebbi (zwischen 60 und 85 km, je nach Strecke). Wer zum Sonnenuntergang nach Merzouga fahren will, sollte spätestens um 15 Uhr aufbrechen, um noch genügend Zeit zu haben, die Dünen zu erklimmen. Schöner ist der Sonnenaufgang, da die Sonne hier hinter den Dünen aufgeht, während sie über Merzouga untergeht.

Ein **Tagesausflug** mit dem Geländewagen zu den Dünen ab Erfoud kostet etwa 1200 DH für bis zu 6 Personen.

Anbieter

● Empfehlenswert sind (landesweite) Geländewagentouren mit **Brahim Karaoui,** der gut englisch und deutsch spricht und in Merzouga das hübsche Riad Nezha betreibt; Mobil 0661 98 79 77.

Von Erfoud geht es an Palmenhainen entlang, am Palms Hotel Club (links) vorbei, auf der breiten Teerstraße **nach Rissani.**

5 km hinter Erfoud überquert man eine Khettara (Foggara), einen unterirdischen Bewässerungskanal.

Nach 15 km ist das Hotel Kasbah Asmaa erreicht, 2 km weiter (km 17) das Hotel Kasbah Ennasra (siehe Rissani). Dort zweigt rechts die **Straße nach Alnif und Tazzarine** ab (ZIZ-Tankstelle). Nach wiederum 1 km geht es an einer V-Gabelung links nach Merzouga und rechts ins Zentrum von **Rissani,** das bei **Gesamt-km 104** erreicht ist.

Rissani ♪ IX, D2

Rissani liegt am Rande der Wüste, zählt ca. **10.000 Einwohner** und ist einer der Orte, die in keinem Reiseprogramm fehlen. Der **Massentourismus** hat seine Spuren hinterlassen: Aufdringliche Kinder, die im Extremfall mit Steinen werfen, und so viele, zuweilen recht aufdringliche „faux guides" (nicht lizensierte Führer), wie der Erg Chebbi Sandkörner zählt. Wenn man hier alleine spazieren geht, hat man wenig Ruhe. Trotzdem ist Rissani ein hübscher Oasenort mit rosa getünchten Lehmhäusern, einer großen Kasbah und einem herrlichen, inzwischen aber auch touristischen Markt – alles umrahmt von einem riesigen Palmenhain. In den Oasen rings um das Dorf wird noch typische Oasenbewirtschaftung betrieben. Wichtigste Handelsware ist die Dattel.

Geschichte

Rissani war das legendäre **Sijilmassa,** die ehemalige Hauptstadt des Tafilalet, von der außer ein paar kläglichen Mauerresten 2 km außerhalb Rissanis nichts mehr erhalten ist.

Der marokkanische Reisende Leo Africanus (1495 bis ca. 1550) führt die **Gründung** auf die Römer zurück, der Geograf Al-Bekri glaubt an eine Gründung im Jahr 757. Damit wäre das Reich Sijilmassa eines der ersten Sultanate auf islamischem Boden. 922 errangen die Fatimiden die Staatsgewalt über das Wüstenreich, und 1056 besetzten die Almoraviden Sijilmassa, danach folgten die Almohaden und 1255 die Meriniden.

Im Mittelalter war der Ort ein bedeutender **Karawanenstützpunkt** und Handelszentrum, in dem Datteln, Salz, Leder- und Metallwaren gegen Gold, Elfenbein und Sklaven getauscht wurden. Mitte des 17. Jahrhunderts eroberten die Alawiden-Cherife aus dem Tafilalet unter Mulay al-Rashid (1664–1672) Fès und Marrakesch und gründeten die auch heute noch regierende Alawiden-Dynastie. Zahlreiche Kasbahs wurden errichtet, nach und nach aber wurde Rissani zur Hauptstadt des Tafilalets, und Sijilmassa verfiel.

Atlas IX, Karten S. 389, 529, Stadtplan S. 523

ROUTE C 9: RISSANI

Sehenswertes

Torbogen

Die **Einfahrt von Rissani** schmückt ein großer, prachtvoll verzierter Torbogen, der unter *Hassan II.* zum Gedenken an seine aus der Gegend stammenden Vorfahren errichtet wurde.

Markt

Besonders sehenswert ist der Markt. **Sonntag ist großer, Dienstag und Donnerstag kleiner Markt.** Zwischen den Mauern des Souk hocken die Händler mit Gemüse, unter den Arkaden befinden sich die Läden mit der Handwerkskunst sowie die Bäcker und Fleischer. In einigen Höfen werden Schafe, Ziegen, Hühner und vieles mehr verkauft. Der Handel dürfte sich – abgesehen von modernen Errungenschaften wie Uhren, Textilien sowie Plastikwaren, die auch auf dem Markt verkauft werden – noch genauso abspielen wie vor hundert Jahren. Hier lässt es sich wunderbar beobachten, zuhören, staunen. Auch wenn man selbst nichts kaufen will, ist der Markt ein Erlebnis.

Unübertroffen jedoch ist der **Parkplatz der Nomaden.** Nein, kein Parkplatz für Autos oder Fahrräder – ein Eselsparkplatz und ein kleiner Kamelparkplatz. Vor zwei umfriedeten Höfen werden die Sättel der Vierbeiner gelagert, dies allein schon ein imposanter Anblick. Im Hof selbst wimmelt es von Eseln, die dicht gedrängt stehen, oftmals auch übereinander, da man ja selten so viele hübsche Eselinnen auf einmal trifft ... Man stelle sich mal die Situation übertragen auf unsere Autos vor: Man parkt seinen Wagen im Parkhaus und einige Monate später ist man stolzer Besitzer eines „Baby"-Autos – zweifellos

Von Sijilmassa, einst Hauptstadt des Tafilalet, ist nicht mehr viel übrig

Route C 9: Rissani

eine Kapitalanlage! Dies ist es sicher auch für die Berber, wenn ihre Eselstute nach einem Markttag in Rissani trächtig ist. So hat sich für viele der Markt in zweifacher Hinsicht gelohnt.

Kasbahs

Neben dem Hotel El Filalia liegt der sehenswerte **Ksar Abouam** mit der **Kasbah Mulay Ismail.** Der Lehmkomplex mit seinen verschachtelten Gassen und Innenhöfen hat ein gut erhaltenes, prachtvolles, von mächtigen Türmen flankiertes Eingangstor. Der Ksar diente als Kulisse für die Filme „Marco Polo", „The secret of the Sahara" und „Himmel über der Wüste". Im Komplex ist der schöne Kunsthandwerksladen von *Hafid* und *Ismail Dribi Alaoui*, **La Maison Saharienne** (s.u.), mit mehreren Ausstellungsräumen untergebracht, wo man sehr unaufdringlich auf Deutsch beraten und in keinster Weise zum Kauf genötigt wird. Ein sehenswertes **Museum** ist in einer Kasbah gegenüber dem Hotel Sijilmassa untergebracht, ebenso ein **Ensemble Artisanal** (staatlicher Kunsthandwerksladen mit Festpreisen).

Mausoleum Mulay Ali Cherif

Nicht unbedingt lohnenswert ist ein Besuch des 2 km entfernten Mausoleums (Zawia) von *Mulay Ali Cherif*, da Nicht-Moslems die Moschee und mosaikgeschmückte Grabkammer nicht betreten dürfen. *Mulay Ali Cherif* ist ein Vorfahre des jetzigen Königs.

Oasenrundfahrt

Auf der Oasenrundfahrt (**Circuit touristique**) passiert man zahlreiche schöne Ksour, so das Ksar Abbar, ein riesiger Lehmbaukomplex mit herrlicher Ornamentik auf dem von mächtigen Türmen flankierten Eingangstor. Diesen Komplex schuf der Sultan *Mulay Abd al-Rahman* Mitte des 19. Jahrhunderts, der hier sowohl seine Schätze als auch seine zahlreichen Frauen von einer schwarzen Leibgarde bewachen ließ. 2 km weiter auf der Piste, die am Mausoleum vorbeiführt, gelangt man zu den Resten des Ksar Oulad Abd al-Halim aus dem 19. Jahrhundert, das noch bewohnt und einst eines der schönsten Wehrdörfer in der Wüste war. Inzwischen stark verfallen, zeugt es doch von einer prunkvollen Vergangenheit, und Reste einstmals kunstvoller Lehmhausarchitektur sind noch zu besichtigen. Das malerische, aber auch kärgliche Leben zwischen den halb verfallenen Mauern ist zumindest genauso interessant, wie es die Reste aus alten Zeiten sind. Sehenswert ist auch das Ksar Dar al-Beida (18. Jh.), für das sogar Marmor aus Volubilis herangeschafft wurde. Teilweise sind die Außenmauern und Wehrtürme noch gut erhalten. Weiter auf der Oasenrundfahrt kommt man durch zahlreiche, zum Teil abgestorbene Palmenhaine und erreicht nach insgesamt 20 km („Circuit touristique Rissani – Zawia Mulay Ali Sherif – Rissani") wieder Rissani von Süden her.

Die Dörfer können besichtigt werden, da man jedoch häufig von Kindern regelrecht „überfallen" wird, ist es hier evtl. sinnvoll, einen offiziellen Führer mitzunehmen, der einem etwas Ruhe verschafft.

Insgesamt lohnt sich die Rundfahrt nicht, interessant sind nur die ersten 8–10 km an der Zawia vorbei entlang der alten Ksour. Zudem ist die Straße für Pkw eher schlecht.

Unterkunft

Klassifizierte Hotels

●**Kasbah Asmaa***,** Tel. 0535 77 40 83, Fax 0535 57 54 94, asmaabivouac@yahoo.fr, ca. 3 km vom Zentrum in Richtung Erfoud auf der linken Seite. Hübsche, mit traditionellen Elementen gestaltete Anlage mit sehr schönem Garten. Das Essen ist sehr gut, die Zimmer allerdings sind nicht mehr alle gut in Schuss und das Personal ist nicht immer freundlich. DZ €€€A inkl. Frühstück.

●**Kasbah Ennasra,** ca. 2 km außerhalb Richtung Erfoud, Tel. 0535 77 44 03, www.kasbahennasra.net. Schönes Kasbahhotel mit 15 Zimmern (auch Familienzimmer) mit Himmelbett, Bad, AC und kleiner Terrasse. Pool im hübschen Innenhof, gemütliches Restaurant (Alkohol) mit Terrasse zum Hof, Parkplatz. DZ €€€€B (saisonabhängig).

Atlas IX, Karten S. 389, 529

ROUTE C 9: RISSANI

Unklassifizierte Hotels

● **El Filalia,** Grand Place Rissani (bei der Bushaltestelle), Tel. 0535 57 51 03, Fax 0535 57 58 56. Die Zimmer sind einfach und nicht immer sauber, manche etwas rauchig und stickig, da die Fenster nach innen zu einem Schacht weisen. Die Duschen und Toiletten (mäßig sauber) liegen auf dem Flur (kein warmes Wasser). Organisation von 4x4-Touren nach Merzouga (relativ teuer). DZ €, auch Übernachtung auf der Dachterrasse möglich.

● **Merzouga,** größeres Hotel und Café-Restaurant an der Straße Richtung Merzouga. Einfache geräumige Zimmer mit Bad, kleiner Innenhof, gutes Essen. DZ €€.

Jugendherberge

● **Auberge de la jeunesse,** 107, Hay Moulay Slimane, am Marktplatz, Tel. 0535 57 53 89, ryh2007@gmail.com, www.hihostels.com. Die Herberge ist in einem geräumigen Haus untergebracht und sehr sauber, die Sanitäranlagen sind einfach. Es gibt eine Küche im Keller. Übernachtung mit Jugendherbergsausweis ab 35 DH, DZ 80 DH, Vierbettzimmer 150 DH. Die Herberge ist nach Leserinformationen offenbar nicht immer geöffnet.

Essen und Trinken

Eine Spezialität des Tafilalet ist Maflouka, auch „Berberpizza" genannt: ein großes, mit Fleisch, Zwiebeln, Knoblauch, 44 Gewürzen und Eiern gefülltes Fladenbrot. Dieses sehr leckere Gericht gibt es häufig nur auf Vorbestellung, besonders gut nahe dem Markt (Aufschrift „Maflouka") bei *Fatima*. Die meisten Herbergen am Erg Chebbi offerieren ebenfalls Maflouka.

● Empfehlenswert sind die Restaurants **Toumbouctou** und **Merzouga** an der Straße Richtung Merzouga.

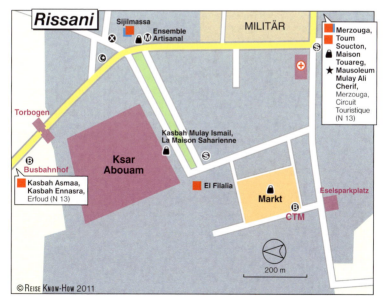

Route C 9: Rissani (Ausflüge)

Einkaufen

- **Maison Saharienne**, Ksar Abouam, zwischen Kasbah und Moschee, Tel. 0535 57 52 89, Mobil 0661 35 16 85. Der nette Laden gehört *Hafid Dribi*, der sehr freundlich und sachkundig ist. Er verkauft schöne Teppiche und Schmuck, Kupfer- und Lederarbeiten.
- Außerdem gibt es noch die Souvenirläden **Maison Touareg**, Tel. 0535 77 01 75, an der Stadtausfahrt Richtung Merzouga, mit einem großen Sortiment an Teppichen und Kunsthandwerk, und **Maison Bedouine** in Richtung Mausoleum Mulay Cherif.

Verkehrsverbindungen

Die **Busse und Sammeltaxis** fahren ab dem Gare Routière vor dem Stadttor (in Richtung Erfoud). Der **CTM-Bahnhof** ist in der Nähe des Hotels El Filalia im Zentrum.

Verbindungen und Preise

- Mehrmals täglich Busse und Sammeltaxis nach **Erfoud** und weiter nach **Errachidia** (ca. 50 DH). Die Sammeltaxis sind schneller und nur unerheblich teurer als die Busse.
- Supratours fährt jeden Abend über **Errachidia** und **Midelt** nach **Fès** (9–11 Std. Fahrzeit). Es verkehren auch Busse weiter nach **Meknès**. Außerdem fährt täglich ein Supratours-Bus nach **Marrakesch** (via Erfoud, Errachidia, Tinerhir, Boumalne Dadès, Ouarzazate).
- Weitere Fernverkehrsbusse fahren täglich nach **Zagora, Rich, Rabat, Tanger** und **Casablanca** (Nachtbusse).
- Nach **Tinerhir** gibt es einen Direktbus via Erfoud (ca. 35 DH plus Gepäck).
- Mit **Mercedes-Kleinbus** weiter zu diversen Stellen des Erg Chebbi bzw. nach **Merzouga** mehrmals täglich ab Markt (12 DH p.P.), Rückfahrt am Nachmittag oder am nächsten Tag frühmorgens. Nach Merzouga verkehrt auch ein **Supratours-Bus** täglich (siehe dort).

Sonstiges

- Ein empfehlenswerter offizieller **Stadtführer** ist **Mohamed Nacuer**, Mobil 0662 56 29 20, der meist neben dem Restaurant Sijilmassa (am Souk an der Hauptstraße) auf Kundschaft wartet. Er ist sehr nett und spricht u.a. englisch und deutsch.
- Für den **Notfall** stehen ein Centre Medical und Apotheken zur Verfügung. Das nächste Krankenhaus befindet sich in Erfoud.

Feste

- Im Frühjahr findet das **Recontre de Musique Melhoun** statt, ein Musikfestival mit klassischer Musik.
- Mitte Dezember gibt es **an der Université Mulay Ali Cherif** ein Fest.
- Seit 2003 findet in Rissani und Merzouga regelmäßig das **Festival des Musiques du Désert** statt (www.festivaldudesert.ma).

Ausflüge

Bei Merzouga bzw. Taouz liegen am **Erg Chebbi** – neben den Dunes de Chegaga südlich von M'hamid – die einzigen höheren **Sanddünen** Marokkos (bis zu 200 m hoch). Wegen der vielen Herbergen entlang der Dünen findet man hier Wüsteneinsamkeit nur viele Kilometer abseits der Piste bzw. auf der Ostseite des Dünengebietes. Trotzdem empfinden Saharaneulinge den Erg Chebbi als das Wüstenerlebnis schlechthin. Touren nach Merzouga werden von den Hotels in Erfoud und Rissani angeboten, am schönsten ist ein Dünenspaziergang oder Kamelausflug zum Sonnenaufgang. Die Preise für eine Tour sind meist verhandelbar und hängen vor allem von der Dauer ab (ob Halbtagestour oder mit Übernachtung/Essen, s.a. Ausflüge bei Erfoud).

Wer über ein eigenes Fahrzeug und Zelt verfügt, kann den Sonnenauf- bzw. -untergang wesentlich ruhiger und stimmungsvoller abseits des Trubels in den Dünen genießen, denn Campingmöglichkeiten gibt es am Rande des Erg Chebbi genug.

Sehr schön ist der **Dayet Sri,** ein flacher Zeitsee in der Wüste, der nach den vielen starken Regenfällen in den letzten Jahren immer wieder Wasser führte. Hier kann man gelegentlich auch Flamingos und badende

Atlas IX, Karten S. 389, 529

ROUTE C 9: MERZOUGA

Kamele beobachten. Auch beim Café Yasmina am Nordrand des Erg Chebbi und südlich von Merzouga bilden sich in regenreichen Jahren Seen, die zusammen mit den Sanddünen ein herrliches Bild ergeben.

Route C 9, Abschnitt 3: Rissani – Merzouga

● 39 km, N13

Die seit 2002 asphaltierte Strecke führt zunächst sehr kurvenreich durch die Oasengärten und den Palmenhain von Rissani, dann geradeaus Richtung Osten. Die beeindruckende Silhouette der **Dünen** ist bei klarem Wetter schon am Horizont zu sehen. Entlang der Route erstreckt sich ein regelrechter Schilderwald der unzähligen Auberges am Erg Chebbi (Infos zu den Unterkünften bei Merzouga).

Mercedes-Kleinbusse und ein **Supratours-Bus** verkehren ab Erfoud und Rissani (siehe dort), **organisierte Touren** werden von den Hotels angeboten.

Rissani an der Gabelung (**N 31°17,308′, W 04°15,441′**) links nach Nordosten verlassen (Wegweiser von „faux guides" geschwärzt), vorbei am Souvenirshop Maison Touareg.

Nach **6 km** liegt das **Hotel/Restaurant Le Trésor** (Mobil 0662 05 33 59) an der Straße, ein kleiner ummauerter Campingplatz in der kahlen, flachen Ebene. Es stehen sehr einfache Zimmer (€) zur Verfügung.

Bei **km 12** führt eine **Brücke** über den Oued Ziz. Hier gibt es gelegentlich Gendarmerie-Kontrollen. Dann folgt der erste Pistenabzweig Richtung Erg zur Kasbah Hotel Said (12 km) und Auberge Derkaoua (5 km).

Km 16, Abzweig zu den **Auberges** Lahmada (14,5 km), Bérbères (10 km), Kasbah Yasmina (14 km), La Caravane (12 km), Salama chez Youssef (13 km).

17 km hinter Rissani zweigt links die Piste nach **Hassi Labied** (Schild) ab.

Km 23, Abzweig zu Les Hommes Bleu Riad Maria, Les Dunes d'Or (6 km), La Baraka (6 km), Auberge Café du Sud (8 km), Kasbah Erg Chebbi (5 km).

Km 29, Abzweig zu Atlas du Sable, Ocean des Dunes, Secret du Sahara, Nasser Palace (jeweils 2 km). Alle paar Meter folgen weitere Abzweige und Schilder zu Herbergen an den Dünen.

Km 35, Abzweig zum Hotel/Restaurant Panorama, das wie eine Festung vor den Dünen auf einem kleinen Hügel thront.

Km 36, Ortseinfahrt von Merzouga mit Supermarkt und Quad-Verleih (links), **N 31° 08,640′, W 04°03,356′.**

Merzouga ♪ IX, D3

Diese kleine Wüstenoase (ca. 3000 Einwohner) liegt am Rande des Erg Chebbi, des größten Dünengebiets Marokkos. Rotgelb schimmern die ca. 100 m hohen Dünen im Abend- oder Morgenlicht und wirken wie ein Abziehbild der großen algerischen Wüstenlandschaften. Die Vermarktung ist dementsprechend, der Ort lebt – abgesehen von geringfügiger Landwirtschaft – von Touristen. Seit der Fertigstellung der Teerstraße eröffnen immer mehr (meist einfache) Herbergen mit Café/Restaurant und Campingplatz entlang der Dünen. Besonders im Frühjahr herrscht in Merzouga touristischer Hochbetrieb und das Motorenbrummen der Quads sorgt nicht gerade für erholsames Wüstenfeeling. Die Preise für Ausflüge sind zum Teil übertrieben teuer: Ein kurzer Kamelritt hinauf auf die Dünen wird gelegentlich sogar für mehr als 200 DH verkauft – zu Fuß ist man schneller auf den Dünen. Auch Flaschenwasser wird in Merzouga wesentlich teurer verkauft, eine Bevorratung in Rissani ist ratsam. Etwas abseits der Herbergen kann man dennoch sehr schöne Wanderungen im Dünengebiet unternehmen.

Auch ein Besuch der **Oasengärten** und die Besichtigung der **Bewässerungsanlagen** ist lohnenswert. Es existieren noch ein paar wenige Ziehbrunnen, an denen die Frauen das Wasser holen.

Route C 9: Merzouga

Die Weiterfahrt in den Süden nach **Taouz** (nahe der algerischen Grenze) bietet – abgesehen vielleicht von einem Besuch der Gnawa-Musiker in Khamlia – wenig. Dort gibt es Felszeichnungen, die man jedoch nur mit Führer besuchen kann.

3 km westlich von Merzouga liegt der **Dayet Sri**, ein flacher See, der in regenreichen Jahren im Winter Wasser führt und wo man von Zeit zu Zeit auch Flamingos antrifft. Der See trocknet während einer längeren Trockenperiode aus. Fahren Sie vom Restaurant des Amis die Mauer entlang in Richtung Westen, danach gleich rechts die Piste entlang, die erste Abzweigung wieder rechts und dann ziemlich geradeaus. Die Piste führt auf leichte Hügel zu, von wo aus der See gut zu überblicken ist (auch mit Pkw kein Problem, GPS-Koordinaten siehe Karte Tafilalet).

Unterkunft

Bei den meisten der genannten Auberges ist **Camping** möglich, alle bieten diverse **Aktivitäten** für Touristen an: Kameltrips in die Dünen zum Sonnenauf- oder -untergang (max. 200 DH p.P.), Kameltouren in den Erg mit Übernachtung im Berberzelt und Verpflegung (300–700 DH), Quadtouren und Wanderungen zur höchsten Düne. Ein halbtägiger Geländewagenausflug kostet 700–1200 DH. In vielen Herbergen wird abends Live-Musik für die Besucher gemacht.

Inzwischen habe sich **„faux guides"** darauf spezialisiert, ankommende Touristen (z.T. bereits im Bus nach Merzouga) abzufangen und gegen hohe Provision in eine Herberge zu schleppen. Lassen Sie sich auch von hartnäckigen Überredungsversuchen nicht beirren und steuern Sie direkt die von Ihnen gewählte/gebuchte Unterkunft an, um Nepp und Betrug zu verhindern!

Herbergen in Merzouga und südlich Richtung Taouz

● **Africa**, Mobil 0668 69 02 41 oder Tel. 0535 57 72 66, Aubergeafrica@gmail.com. Einfache, sehr saubere Herberge mit Strom, schön gelegen direkt vor den Dünen am Dorfrand. Sehr nette, zurückhaltende Familie, angenehme und ruhige Atmosphäre, gute marokkanische Gerichte. Zimmer mit und ohne Bad €.

● **Chez Julia**, am Ortseingang links (beschildert), hinter der Moschee, Mobil 0670 18 13 60. Kleine, einfache, sehr saubere Auberge mit 5 Zimmern und Restaurant, betrieben von der Österreicherin *Julia Günther*. 2 Zimmer teilen sich je eine Dusche und WC. *Julia* legt Wert auf individuelle Betreuung und gibt gute Tipps für die Erkundung der Umgebung. Persönliche und ruhige Atmosphäre, besonders für alleinreisende Frauen eine gute Anlaufadresse. Von der Dachterrasse hat man einen schönen Ausblick. € bis €A p.P. mit HP, marokkanische und österreichische Küche (Schnitzel und Kaiserschmarrn in der Wüste!) für 45–120 DH.

● **Chez Tonton**, von Rissani kommend 500 m hinter dem Supermarkt links, Mobil 0666 66 04 61, www.cheztonton-merzouga.com. Nette Herberge des gastfreundlichen *Ahmed Aït Bahaddou* und seiner Familie. 6 saubere hübsche Zimmer mit Bad (z.T. klimatisiert). €€B.

● **Kasbah Le Touareg**, am Ortsausgang 2 km in der Palmeraie, gegenüber der großen Düne, Tel./Fax 0535 57 72 15 oder Mobil 0662 09 70 86, www.kasbahletouareg.com. Die Anlage im Stil einer Kasbah bietet saubere, einfache Zimmer, die sich um den großen Garten mit Palmen und Oleander gruppieren. Es gibt auch einen ummauerten Campingplatz und ein Nomadenzelt. 10 Zimmer ohne Dusche im alten Trakt €B, 32 Zimmer mit Bad (einige mit AC) €A bis €€ p.P. inkl. HP, auf der Terrasse 30 DH p.P., im Nomadenzelt 25 DH. Camping 30 DH p.P. inkl. Poolnutzung.

● **Ksar Bicha**, am Rande der Oase, 150 m vom Palais Berbère (vgl. Einkaufen), Tel. 0535 57 71 13, Mobil 0666 50 64 81, www.ksarbicha.com, N 31°06,438', W 04°00,635'. Hübsche und saubere Herberge mit bepflanztem Innenhof, reichhaltigem und gutem Essen, Pool. Es gibt ordentliche Zimmer

Sonnenuntergang im Erg Chebbi

mit geräumigem Bad (heißes Wasser und AC), von der Dachterrasse schöner Blick auf die Dünen. Der sehr freundliche Betreiber *Ali* spricht deutsch. DZ inkl. HP €€€, Menü 100 DH.

●**Ksar Sania,** Merzouga, N 31°05,115', W 04°00,453', Tel. 0535 57 74 14 oder Mobil 0661 35 99 10, www.ksarsaniahotelmerzouga.com. Das komfortable Ksar Sania unter französischer Führung wurde von der Flut im Jahr 2006 komplett zerstört und in den letzten Jahren wieder aufgebaut. Traditioneller (klimatisch vorteilhafter) Lehmbau mit hübschen, stilvoll gestalteten Zimmern mit Bad, auch Hütten/Berberzelte ohne Bad – empfehlenswert. DZ mit Bad €€ p.P. mit HP, Camping 25 DH p.P.

●**Lac de Sahara,** vor der großen Düne in Merzouga, Mobil 0661 78 72 75, Tel. 0535 57 72 02, N 31°05,569', W 04°00,271'. Einfach eingerichtete, aber saubere Herberge mit nettem Aufenthaltsraum, sehr freundlich, kein Strom. Die teureren Zimmer sind recht geräumig. ½€ bis €B.

●**Le Petit Prince,** direkt an den Dünen, Tel. 0671 93 77 87, N 31°05,868' W 04°00,395', moha_aventura@hotmail.fr. Ein Leser empfahl diese Herberge von *Mohamed Haddany*: hübsche Zimmer mit Bad in Richtung Innenhof oder Dünen (DZ mit HP €€€B), gute Sanitäranlagen mit Sitzklos und warmer Dusche für Camper. Sehr gute Küche (Menü ab 60 DH).

●**Les Portes du Desert,** Mobil 0667 61 13 03 Tel. 0535 57 79 30, www.lesportesdudesert.com, N 31°04,793', W 04°00,616'. Sauberer Campingplatz und hübsche Herberge südlich von Merzouga, sehr schön direkt an den Dünen gelegen. Pool, klimatisierte Zimmer mit Bad, Restaurant. DZ €€€, Übernachtung im Berberzelt 30 DH, Camping 20 DH/Fahrzeug.

●**Les Pyramides,** am südlichen Ortsausgang zwischen Hotel Merzouga (s.u.) und Kasbah Le Touarg (s.o.), Mobil 0670 13 76 73, www.aubergelespyramides.com. Schöne Herberge im Kasbahstil, gutes Essen, *Mohamed* ist sehr um seine Gäste bemüht. Zimmer mit eige-

nem Bad €€B, Zimmer mit sehr sauberer (warmer) Dusche/WC am Gang €, Übernachtung auf der Terrasse 25 DH, Camping 40 DH (mit Strom).

● **Les Roches,** von Rissani kommend 100 m hinter dem Stadttor links in Zufahrtsweg abbiegen, Mobil 0670 36 27 84 oder 0672 76 518, roche_lahcen@yahoo.com. Schöne einfache Zimmer. Sehr aufmerksames Personal (spricht z.T. deutsch), das intensiv für die angebotenen Kameltouren wirbt ... DZ € p.P. mit HP, im klimatisierten Zimmer €€ p.P., Camping inkl. Strom 50 DH.

● **Merzouga – Chez Sadoq,** von Rissani kommend immer geradeaus durch Merzouga bis zur Anlage (ca. 2 km), Tel./Fax 0535 57 63 22, www.chezsadoq.com. Großer, ummauerter Hof mit hübschen Beduinenzelten (mit Betten) direkt an den Dünen und großem Zeltrestaurant. Die Zimmer sind einfach, aber sauber, Toiletten auf dem Gang. € p.P. inkl. HP.

● **Nomad Palace,** ca. 6 km südlich von Merzouga Richtung Taouz, Mobil 0661 56 36 11 (Ali), www.adventureswithali.com, N 31°02,831', W 03°59,743'. Hübsches und komfortables Kasbahhotel mit traditionell gestalteten Zimmern (mit Bad) um den Innenhof. Ruhige Lage am Erg Chebbi abseits des großen Touristentrubels. DZ €€ p.P. mit HP.

● **Panorama,** ca. 1 km von Merzouga Richtung Hassi Labied, Mobil 0662 08 55 73 und 0667 25 99 52, www.aubergepanorama.com. Die Herberge mit empfehlenswertem Restaurant liegt links auf einem Hügel mit herrlichem Ausblick, ca. 1 km entfernt von den Dünen (N 31°06,873', W 04°00,765'). Der Besitzer *Youssef Aït Behaddou* kümmert sich nett um die Gäste. Sehr saubere Zimmer mit Bad €€ p.P./HP, auf der Dachterrasse oder im Nomadenzelt 25 DH.

● **Riad Nezha,** im Zentrum von Merzouga, N 31°06,02', W 04°00,50', Tel. 0535 57 65 89, Mobil 0661 98 79 77 oder 0661 53 65 58, www.riadnezha.com. Dieses stilvolle und gepflegte Kasbahhotel unter der professionellen Führung des deutsch sprechenden *Brahim Karaoui* hat große hübsche Zimmer und Suiten im marokkanischen Stil (alle mit Bad und Klimaanlage). Von der Dachterrasse bietet sich ein toller Blick über die Oase und auf die Dünen. Die Betten sind sehr komfortabel. Gutes Essen im Restaurant oder auf der Hofterrasse, kostenloses Internet, Pool im Bau – sehr empfehlenswert! *Brahim* und seine Frau *Aicha* organisieren diverse Aktivitäten (Kameltouren, Bivouacs etc.) und tun alles, um die Kunden zufriedenzustellen. DZ/Suite mit HP €€€ p.P. (angemessenes Preis-Leistungsverhältnis).

● **Rose de Sable,** an der Straße nach Taouz, Tel. 0535 57 71 45, Mobil 0666 03 91 81, www.aubergerosedesable.com, N 31°04,848', W 04°00,524'. Schöne und sehr saubere Auberge im Kasbahstil mit 14 Zimmern und Pool. Der Besitzer *Brahim* spricht gut englisch. DZ mit Bad €€ p.P. inkl. HP, auch Übernachtung auf der Dachterrasse und Camping möglich.

Herbergen entlang des Erg Chebbi

Die meist einfachen Gästehäuser befinden sich alle an der Piste entlang der Dünenwestseite südlich der Kasbah Derkaoua bis Hassi Labied und Merzouga. Die nachfolgend genannten Herbergen sind von Nord nach Süd geordnet, die erstgenannten Unterkünfte sind folglich am weitesten von Merzouga entfernt (vgl. auch Übersichtskarte Tafilalet). Die meisten Unterkünfte sind über direkte Querpisten (auch mit Pkw) erreichbar, die von der Teerstraße Rissani – Merzouga abzweigen (Beschilderung beachten). Gehobenen (europäischen) Standard bieten die Herbergen Yasmina, Riad Mamouche, Mohayut, Kanz Erremal, Tombouctou, Dar Janoub und Suerte Loca.

● **Kasbah Hotel Said** und **Kasbah Derkaoua,** vgl. unten „Variante: Auf Piste von Erfoud nach Merzouga".

● **Lahmada,** am nördl. Erg Chebbi (N 31°13,063', W 03°58,750'), ca. 350 m zu den Dünen, Mobil 0661 40 98 16 oder 0661 35 16 93, www.freewebs.com/kasbahbivouaclahamada. Einfache Herberge mit Zimmern und Berberzelten, geschäftstüchtige Leitung. Die WCs/Duschen könnten sauberer sein (hängt von Belegung ab, warmes Wasser). Strom wird abends zugeschaltet. DZ mit HP €€, gutes Couscous.

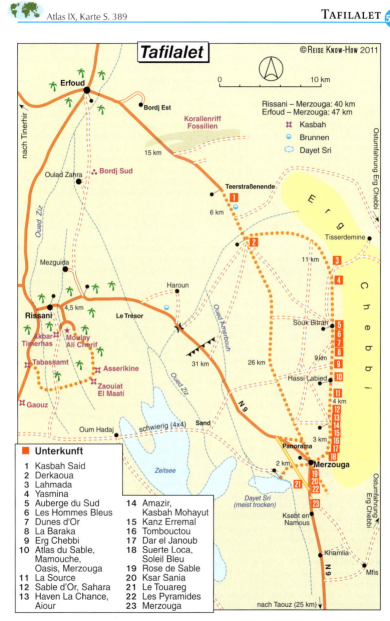

Route C 9: Merzouga

● **Yasmina,** 11 km Piste ab dem beschilderten Abzweig von der Teerstraße (von Rissani kommend) und ca. 14 km ab der Auberge Derkaoua (Piste von Erfoud kommend), Mobil 0661 35 16 67, www.hotelyasminamerzouga.com. Die ziemlich abgeschiedene Herberge von *Youssef Karaoui* ist in einer ehemaligen Moschee am Rande der Dünen untergebracht. Bei reichlich Regen liegt ein See direkt zwischen den Dünen und der Auberge. Großer Speisesaal, auch Übernachtung auf der Dachterrasse möglich, urige und angenehme Atmosphäre (abends Live-Musik), schöner Pool, freundliches Personal, das ein wenig deutsch spricht. Gepflegte DZ mit Bad (warme Dusche) und Terrasse €€ p.P. mit HP, mit AC €€€B p.P. mit HP, Übernachtung im Berberzelt 200 DH/HP.

● **Auberge du Sud,** Mobil 0661 60 28 85 *(Hamid)* oder 0661 21 61 66 *(Moha),* www.aubergedusud.com. Rustikale (einfache) und saubere Zimmer (z.T. mit AC), netter Manager *Hamid,* freundliches, deutsch sprechendes Personal, ungezwungene Atmosphäre, Pool. DZ € bis €€, reichhaltiges und gutes Essen, auch Übernachten auf der Terrasse und Camping möglich.

● **Dunes d'Or,** ca. 20 km ab Derkaoua, Mobil 0661 35 06 65, Tel. 0535 57 71 46, www.aubergedunesdor.com, N 31°12,096', W 04°01,642'. Sehr schöne, saubere und freundliche Herberge in einem hübschen Areal mit Bäumen und Bänken vor den Dünen und einem Pool. Hübsche, recht komfortable DZ/Suite (z.T. mit Heizung/AC) €€ bis €€€B p.P. mit HP, Übernachtung auf der Terrasse oder im Berberzelt 200 DH p.P. mit HP, auch Camping möglich.

● **Les Hommes Bleus,** Tel. 0535 77 01 75 oder Mobil 0661 21 61 52, aubergeleshommesbleus1@yahoo.fr, direkt an den Dünen, N 31°11,750', W 04°01,740'. Sehr hübsch, nettes Restaurant, saubere Zimmer mit Bad, Wohnmobilstellplätze mit Strom, auch Übernachtung im Berberzelt möglich. DZ €€ p.P. mit HP.

● **La Baraka,** 6 km Piste ab dem beschilderten Abzweig von der Teerstraße (von Rissani kommend), Mobil 0662 41 19 18, http://auberge-labaraka.com. Kleine Herberge und Campingplatz der netten Familie von *Mohamed Otalb,* hübsch zwischen kleinen Bäumen gelegen, direkt an den Dünen. DZ mit oder ohne Bad € p.P. inkl. HP.

● **Erg Chebbi,** ca. 22 km ab Derkaoua, Mobil 0668 75 38 54 *(Zaid),* www.ergchebbi.net, N 31°11,00', W 04°02,00'. Gepflegtes Gelände mit Garten im Innenhof, freundliche Leute, komfortable Unterkunft direkt an den Dünen, ideale Lage für einen Spaziergang bei Sonnenaufgang zur höchsten Düne des Erg. Gutes Essen auf Bestellung. Schöne, große und saubere (leider etwas hitzestauende) DZ mit Dusche €€ p.P. mit HP.

● **Atlas du Sable,** in Hassi Labied, Tel. 0535 57 70 37, www.alielcojo.com. Sehr saubere Zimmer und klimatisierte Suiten im Berberstil, mit Bad (warme Dusche), gutes Essen, sehr freundlich, mit Pool.

● **Riad Mamouche,** Tel. 0535 57 60 77, Mobil 0666 66 21 10, www.riad-mamouche.com. 2009 eröffnetes, komfortables Haus mit Innenhof und Dachterrasse mit schönem Blick auf die Dünen, erfrischender Pool, Skiverleih (!). Hübsche klimatisierte DZ mit Bad €€ p.P. mit HP.

● **Oasis,** in Hassi Labied, Mobil 0661 73 90 41, www.auberge-oasis.net. Die sehr freundlichen Brüder *Oubana* bieten in ihrer Herberge einfache, saubere Zimmer mit und ohne Dusche an. Man kann auch auf der Terrasse übernachten. Organisiert werden u.a. Ausflüge in das Gnawa-Dorf südlich von Taouz.

● **Merzouga,** in Hassi Labied, Mobil 0661 25 46 58 *(Lahcen)* oder 0667 76 68 32 *(Ali),* www.merzouga-guesthouse.com, N 31°08,320', W 04°01,336'. Die Herberge der sehr freundlichen Familie *Seggaoui* bietet saubere Zimmer mit heißer Dusche, einen netten marokkanischen Salon, ein Speisezimmer mit Kamin (gutes Essen) und eine schöne Dachterrasse. Die Familie betreibt auch einen Souvenirladen für Fossilien. *Lahcen* spricht deutsch und informiert gerne über die Region. DZ mit HP €€ p.P.

● **La Source,** in Hassi Labied, Tel. 0535 57 80 44, www.auberge-lasource.com. Die sehr freundlichen und deutsch sprechenden Brüder *Hassan* und *Omar* mussten die Herberge direkt an den Dünen nach den Überschwemmungen 2006 komplett neu aufbauen. Einfache saubere Zimmer mit oder ohne (warme)

Du/WC € p.P. mit HP, mit Bad und Klimaanlage €€B p.P. mit HP.
- **Kasbah Sable d'Or,** in Hassi Labied, Tel. 0535 577859, www.kasbah-sable-dor.com. Kleine Herberge mit zwei einfachen Zimmern im Berberstil, Nomadenzelt und Campingareal (mit heißen Duschen und Strom). Das französisch-marokkanische Paar *Isabelle* und *Rachid* ist ein herzlicher Gastgeber, *Isabelle* kocht selbst für ihre Gäste (gutes Essen). Zimmer mit/ohne Bad € p.P. inkl. HP, Camping 20 DH/Fahrzeug plus 15 DH für Strom, im Nomadenzelt oder auf der Dachterrasse 40 DH/Nacht.
- **Sahara,** ca. 4 km nördlich von Merzouga in Hassi Labied, Abzweig von der Teerstraße ab Rissani bei km 32 (N 31°08,100′, W 04°01,122′), Tel. 0535 57 70 39, www.aubergesahara.com. Die hübsche und sehr saubere Herberge direkt an den Dünen wird von den netten Brüdern *Bourchuk* geführt. Sie hat kleine Zimmer mit Gemeinschaftsbad und neuere Zimmer mit Bad und AC, einen schönen Salon und einen Pool mit Liegen. Abends Trommelkonzert. Camping (mit sanitären Anlagen) unter Palmen 20 DH p.P., DZ mit Bad €€ p.P. mit HP, auch Übernachtung auf der Dachterrasse oder im Nomadenzelt möglich (30 DH).
- **Haven La Chance,** ca. 4 km nördlich von Merzouga in Hassi Labied, Abzweig von der Teerstraße ab Rissani bei km 30, Mobil 0661 47 72 28, www.desert-hotel.com. Kleine familiäre Herberge mit 12 Zimmern (mit Bad, z.T. klimatisiert) im traditionellen Stil. Es gibt auch ein Restaurant und Berberzelte (170 DH/Nacht). Campingmöglichkeit auf dem Gelände (mit Duschen/WC und Strom 60 DH/Kfz). DZ mit Bad €€ p.P. inkl. HP.
- **Kasbah Aiour,** Hassi Labied, N 31°07,960′, W 04°00,985′, Tel./Fax 0535 57 73 03, Mobil 0662 08 16 20, aiour@euskalnet.net. Nette saubere Zimmer mit oder ohne Bad. Etwas lieblos zubereitetes Essen, Nomadenzelt mit Teebewirtung. DZ €€ mit HP.
- **Kasbah Mohayut,** ca. 3 km nördlich von Merzouga, Mobil 0666 03 91 85, www.mohayut.com, N 31°07,869′, W 04°01,034′. Diese sehr schöne Herberge mit Camping von *Mohamed Oubadi* („Moha" im Namen) und der deutschen Reiseveranstalterin *Jutta Payne* („Jut") liegt direkt neben dem Riad Amazir. *Mohamed* spricht sehr gut deutsch, ist sehr nett und hilfsbereit und kennt sich hervorragend in der Gegend aus. Die Anlage ist komfortabel und schön konzipiert: Große geschmackvolle Zimmer mit Bad/WC und zwei Bungalows. Ein großer Wohnmobilstellplatz mit Strom, sauberen Toiletten, warmen Duschen und Entsorgungsstation (60 DH für Auto mit 2 Pers.) steht Campern zur Verfügung (mit Waschmaschine). WLAN verfügbar, hübsches Restaurant (Weinausschank). DZ mit HP €€€ p.P., mit AC €€€A, auch Suiten mit Dachterrasse €€€€.
- **Riad Amazir,** neben obiger Herberge direkt an den Dünen, Tel./Fax 0535 57 72 03, Mobil 0669 11 40 47, http://amazir.merzouga.free.fr. Liebevoll gestaltete Herberge von *Mohamed Aït Bahadou* mit toller Aussichtsterrasse auf die Dünen und 20 hübschen einfachen Zimmern mit eigenem Bad, z.T. mit Zugang zur Terrasse. Es gibt ein nettes Restaurant. Wenige Zimmer ohne Bad im Altbau mit sehr sauberen Gemeinschaftsduschen und WCs €, DZ mit Bad €€ p.P. mit HP.
- **Kanz Erremal,** 3 km außerhalb von Merzouga Richtung Hassi Labied, Tel. 0535 55 84 82, Mobil 0666 03 91 78, www.kanzerremal.com, N 31°07,741′, W 04°00,819′. Die sehr schöne und im Vergleich zu den meisten anderen sehr komfortable Auberge im Kasbahstil liegt direkt am Dünenrand. Den großen Innenhof/Salon umgibt eine offene Galerie zum 1. OG. Die zehn großen DZ und Suiten mit Bad (z.T. mit AC/Ventilator) und vier Turmzimmer sind sehr hübsch im Berberstil gestaltet und bieten zum Teil einen tollen Ausblick direkt auf die Dünen. Es gibt auch einen Pool. Camping (moderne sanitäre Anlagen) und Übernachtung im Nomadenzelt neben dem Hotel oder in den Dünen möglich. Frühstück 40 DH, sehr gutes Dinner 120 DH (Alkoholausschank). DZ €€€ p.P. mit HP.
- **Kasbah Tombouctou,** direkt neben Kanz Erremal Richtung Merzouga (N 31°07,633′, W 04°00,802′), Tel. 0535 57 84 50/51, www.xaluca.com. Der große Komplex im Kasbahstil mit mehreren Lehmgebäuden und vielen Türmchen direkt an den Dünen hat ein bisschen Disneyland-Charakter. Die sehr ge-

räumigen, originell und sehr schön dekorierten Suiten (mit AC und Tadelakt-Bädern) verteilen sich auf drei Blocks und sind sehr sauber. Es gibt einen Pool, ein Hammam (mit Massage), von der Terrasse des Restaurants hat man Dünenblick (üppiges Abend- und Frühstücksbuffet, Alkoholausschank). Hier kommen vor allem Gruppen unter. Kamel-/Quad-/4x4-Touren in den Dünen. Camper können den Parkplatz nutzen (sanitäre Anlagen vorhanden). Zimmer oder Suite €€€ bis €€€€B inkl. Frühstück.

●**Dar el Janoub,** südlich angrenzend an die Kasbah Tombouctou (N 31°07,579', W 04°00,880'), Tel. 0535 57 78 52 oder Mobil 0672 08 56 58, www.dareljanoub.com. Wunderschönes Maison d'Hôtes, das mit schlichter Eleganz überzeugt, statt dick mit marok-

Eine tolle Unterkunft: Riad Nezha

Atlas IX, Karten S. 389, 529

ROUTE C 9: MERZOUGA

Tel./Fax 0535 57 65 77, Mobil 0661 38 18 43, www.tuaregexpeditions.com. Sehr schöne, großzügig angelegte Herberge mit großem Innenhof, Restaurant, großem Wohnmobilstellplatz und Pool. Sehr saubere und geschmackvoll eingerichtete Zimmer mit Bad (z.T. mit Heizung/AC) €€A p.P. mit HP, im Berberzelt 150 DH.

Essen und Trinken

- **Tifawt,** *chez Boujouija,* im Zentrum nach dem Torbogen links, dann nach 200 m auf der rechten Seite. Gute marokkanische Küche, *Lahcen* gibt Tipps zur Umgebung.
- **Panorama,** zwischen Merzouga und Hassi Labied auf einem Hügel mit herrlichem Weitblick auf Merzouga und den Dayet Sri (vgl. Unterkunft), Menü ca. 70 DH.
- Gutes Essen erhält man auch im **Riad Nezha** (Mittagessen), im **Restaurant des Amis** und in der **Kasbah Mohajut**.

Einkaufen

Am **Markt** und in kleinen **Läden** sind alle Lebensmittel erhältlich.

- **Le Palais Berbère,** Mobil 0661 98 79 77 Der sehr schöne Teppich- und Kunsthandwerksladen im Norden des Ortes nahe des Mobilfunkmastes (400 m vom Zentrum, großes Schild) gehört *Brahim Karaoui,* der u.a. sehr gut deutsch spricht und auch das Riad Nezha betreibt (vgl. Herbergen in Merzouga). Die Teppiche der Familien werden in Kommission genommen und bei *Brahim* verkauft (faire Preise). *Brahim* unternimmt **Geländewagen-Touren** im ganzen Land, z.B. zu den Felsgravuren von Taouz oder rund um den Erg Chebbi (700–1200 DH/Tag für bis zu 4 Pers.).

Taxis und Busse

Die Verbindungen in Merzouga sind nicht so gut wie in den meisten anderen Orten Marokkos – eine frühzeitige Organisation des Transports ist sinnvoll. Ein Sammeltaxi-Klein-

kanischen Stilelementen aufzutragen. Helle, freundliche Wohlfühl-Atmosphäre, etwas trüber Pool. 21 Zimmer mit AC in kleinen Bungalows mit Garten, zum Teil mit Privatterrasse, eigene Stromversorgung. Sehr schöne schattige Terrasse mit Blick direkt auf die Dünen. DZ ab €€€ p.P. inkl. HP.
- **Chez Tirhi – Suerte Loca,** von der Teerstraße ab Rissani bei km 33 links abbiegen (Schild), an den Dünen südlich des Hotels Tombouctou (N 31°07,434′, W 04°00,713′),

bus fährt mehrmals täglich bis 21 Uhr nach **Rissani** (ca. 15 DH p.P., Gepäck extra, Abfahrt im Zentrum beim Café des Amis). Die meisten Taxis fahren am Torbogen beim Militär frühmorgens ab (Sonnenaufgang); nachmittags geht es von Rissani gegen 14 Uhr zurück. Die Herbergenbesitzer helfen gerne, eine Fahrmöglichkeit zu beschaffen.

Täglich um 19 Uhr fährt ein **Supratours-Bus** über **Rissani** (20 DH), **Erfoud** (40 DH), **Errachidia** (50 DH) und **Midelt** nach **Fès**. Außerdem verkehrt neuerdings ein Supratours-Bus **zwischen Merzouga und Marrakesch** (via Rissani, Erfoud, Errachidia, Tinerhir, Boumalne Dadès, Ouarzazate). Der Bus startet jeden Morgen um 8 Uhr in Merzouga, die Fahrt bis Marrakesch dauert etwa 13 Std. Preise: nach Tinerhir 80 DH, nach Boumalne Dadès 105 DH, nach Ouarzazate 130 DH, nach Marrakesch 200 DH.

Post

• Die Post befindet sich in dem rosafarbenen Gebäude mit grünem Dach am Ortseingang. Hier kann man **auch telefonieren**.

Route C 10: Erfoud – Merzouga

Diese 46 km lange Strecke ist **nur auf den ersten 17 km asphaltiert und dann Piste**. Pkw-Fahrer sollten nach Merzouga und zu den Herbergen die geteerte Route über Rissani wählen, vor allem wenn man über keine Wüsten- oder Pistenerfahrung verfügt! Will man das Ganze als Rundtour unternehmen, so ist es mit dem Pkw günstiger, erst von Rissani nach Merzouga und zurück diese Route nach Erfoud zu fahren, da dann bei kritischen Sandstellen manchmal bergab gefahren werden kann. Möchten Sie es als Pkw-Fahrer dennoch versuchen, so sollten Sie sich nicht zu sehr den Dünen nähern und auf den ausgefahrenen Spuren bleiben. Auch mit großen Wohnmobilen mit geringer Bodenfreiheit sollte diese Strecke keinesfalls gewählt werden (Gefahr des Aufsitzens bei Wadidurchfahrten, Bewässerungskanälen, Abbruchkanten etc.). Zu den Herbergen zweigen gute Pisten von der Teerstraße ab, die auch mit Wohnanhängern und Caravans befahrbar sind. Mit GPS-Gerät kann man sich nach den in der Tafilalet-Karte und bei den Herbergen genannten Koordinaten orientieren.

Die Straße von Erfoud führt am Souk und Hauptplatz vorbei (der Beschilderung Busbahnhof/Souk folgen), geradeaus über den Ziz-Fluss (nach starken Regenfällen evtl. nicht passierbar) und am Bordj Est vorbei.

Etwa **9 km** östlich von Erfoud erstreckt sich links ein 350 Millionen Jahre altes **Korallenriff**, wo schöne Versteinerungen zu finden sind (**N 31°22,851', W 04°10,422'**). Die Straße ist ziemlich durchlöchert, sodass man besser auf die Piste daneben ausweicht. Danach folgen Abzweige zu Fossilienläden.

2 km weiter geht links eine Piste zu einem **Fossiliensteinbruch** (5 km). Nach 2 km erreicht man die Häuser der **Familie Seggaoui** und anderer Familien, die Fossilien aus dem Steinbruch abbauen. Man kann dort auch einkaufen, sollte aber handeln und sich vorher in Erfoud bereits einen Überblick über die Preise verschafft haben. *Ahmed Seggaoui* hat hier inzwischen ein wahres Museum errichtet. Neben sonstigen Souvenirs gibt es geschliffene und Rohfossilien, ganze Drusen, noch unpolierte Steinplatten und ein riesiges Lager an Tonkrügen. Polierte Fossilien werden an zahlreichen weiteren Ständen entlang der Piste verkauft. Auch **Brahim Boumia** nahe dem Haus der *Seggaouis* bietet Fossilien zum Verkauf an. Er ist sehr bescheiden und unaufdringlich. Zu empfehlen ist außerdem der Laden des netten **Ali Tirhi** (*La Carriere des Fossiles de Boutachrafine*).

Bei **km 17** endet die Teerstraße. Die Route verläuft etwas links der alten Straße als breite Wellblechpiste weiter.

Bei **km 19** führt eine Zementfurt über ein Oued. Ein 20 m hoher Sendemast dient als Orientierung. 200 m rechts davon liegt das **Kasbah Hotel Said** (**N 31°18,869', W 04°06,287'**, Mobil 0664 49 40 50 und 0661 70 30 82, Tel./Fax 0535 57 71 54, www.kasbah-hotel-said.biz) des Spaniers *Fredi* und des Betreibers des Restaurant du Sud in Erfoud,

Atlas IX, Karten S. 389, 529 **ROUTE C 10: ERFOUD – MERZOUGA**

Said. Das sehr schöne Hotel mit geschütztem und begrüntem Innenhof verfügt über 17 geschmackvolle Zimmer mit Bad und einen Pool. Auch Übernachtung im Nomadenzelt und Camping ist auf einem ummauerten Gelände möglich. DZ €€€B p.P. mit HP.

Km 23 Furt und Wadi, die Telegrafenleitung endet hier. 200 m weiter folgt die **Auberge Kasbah Derkaoua (N 31°17,451', W 04°05,599'**, Tel./Fax 0535 57 71 40, Mobil 0661 34 36 77, www.aubergederkaoua.com). Hübsches, sehr gepflegtes Hotel mit zehn geschmackvollen klimatisierten Zimmern (DZ €€€). Es stehen ein herrlicher kleiner Garten und ein schöner Pool (für Nicht-Hotelgäste 40 DH p.P.) zur Verfügung. Übernachtung in Nomadenzelten möglich. Man kann dort Pferde ausleihen und Reitstunden nehmen. Die Herberge ist von Erfoud auch gut mit dem Pkw erreichbar.

Bei **km 31** geht es nordwestlich zu den Dünen, die Hauptpiste zieht sich rechter Hand nordwärts. Fährt man hier weiter, erreicht man bei **km 34** einen Schilderwald der Herbergen und kommt ebenfalls zu den Dünen.

Nachdem man den Abzweig zur netten Auberge Oasis (vgl. Merzouga/Herbergen entlang des Erg Chebbi) passiert hat, ist etwa bei **km 46 Merzouga** erreicht.

Variante: Ostumfahrung des Erg Chebbi

Abgesehen von den letzten Kilometern vor Merzouga, die durch Sand und vorbei an kleinen Dünen führen, ist die etwas weiter von den Dünen entfernte Passage auch mit robustem Pkw und ausreichender Bodenfreiheit machbar – ein Geländewagen ist jedoch ratsam. Für die dünennahe Variante, die auch die Veranstalter fahren, ist ein Geländewagen unerlässlich. Je nach dünennaher oder -ferner Passage ist die Umrundung 50–85 km lang, die Ostumfahrung alleine auf der hier beschriebenen Route ungefähr 55 km.

2–3 km nach dem Kasbah-Hotel Said oder ab der Auberge Derkaoua kann man sich östlich halten (ab Derkaoua nordöstlich, um die Dünenzungen des Erg Chebbi nördlich zu umfahren). So stößt man auf eine breite, harte Piste (**N 31°18,326', W 04°02,527'**), die zunächst auf einen Palmenhain zuhält, dann kurz vor diesem bereits an der Ostseite des Dünengebietes in Richtung Süden schwenkt (**N 31°16,743', W 03°59,425'**). Die Ostseite des Erg Chebbi ist abgesehen von einigen Nomaden, die dort ihre Zelte aufgeschlagen haben einsam und kaum besiedelt.

Ca. bei **km 25** ab Hotel Said stößt man auf den Jagdposten eines Saudis, **N 31°06,314', W 03°58,434'**, rechts liegen einige Häuser. Kurz nach den Häusern quert die Piste ein breites Oued und schwenkt nach West entlang der Südseite des Erg Chebbi. Auf der südlichen Seite in Richtung N'fis führt die Piste entlang eines dichtbewachsenen Wadis, das bis an die Dünen grenzt. Hier ist es landschaftlich sehr schön. Die bessere Piste führt auf steinigem Gelände meist oberhalb des Oued. Die hier gefahrene weitere Ostumfahrung ist ab dem Hotel Said bis N'fis (**N 31°04,224', W 03°57,151'**) 45 km. Hinter N'fis führt die Piste in einem Bogen um den Hügel herum (nicht hinauf, Vorsicht Absturzgefahr), **N 31°03,160', W 03°58,299'**. Die dünennähere Variante führt rechts durch den Sand. Bei **N 31°02,676', W 03°58,827'** bei einer Kreuzung rechts halten und über den festen Boden der Hügel hinab in eine Sandsenke (**N 31°03,061', W 03°59,504'**). Hier trifft man von rechts auf die Spuren der dünennäheren Variante. Nach links in Richtung Merzouga auf breit gefächerten, sandigen Spuren ca. 1 km, dann folgt wieder festerer Boden (**N 31°03,064', W 03°59,502'**) bis Merzouga.

Variante: Auf der Dünenwestseite nach Merzouga

Den Abzweig bei der Auberge Derkaoua nach links nehmen. Entlang des Ergs reihen sich inzwischen unzählige Herbergen – und jeden Tag werden es mehr (vgl. Merzouga/Unterkunft).

Km 1,2 Schild links Yasmina „Visitez le Lac Yasmina". Erst parallel zur Hauptpiste und Telegrafenleitung und wenige Spuren, dann Wellblechpiste und einmündende Spuren.

Route C 11: Merzouga – Zagora

Km 10,5 Holpirges Oued mit Gras queren. 400 m weiter mündet eine Piste ein. Geradeaus weiter.

Km 14,3 Café/**Auberge Yasmina** am Rande der Dünen. Nebenan liegt die **Auberge/ Camping Lahmada** (vgl. Merzouga).

Es folgen einige Herbergen und dann bei **km 16,5–17** die Hüttensiedlung **Souk Bitrah** (N 31°13,112′, W 04°00,913′).

Km 27,5 Ort **Hassi Bedi (Hassi Labied)** mit dem **Souvenirladen** von Herrn *Seggaoui*, der ein überaus gastfreundlicher, deutsch sprechender Berber ist, der neben den Erklärungen zu seinen Verkaufsstücken (schöne Teppichauswahl) informative Erläuterungen zu Kultur, Land und Leuten gibt. Zu den Unterkünften bei Hassi Labied vgl. Merzouga/Herbergen entlang des Erg Chebbi.

Auf dem weiteren Weg folgt der Souvenirladen **Depot Nomade** (bei Camping Kasbah und Auberge Sable d'Or) von *Ahmed Amroui*, der gut deutsch spricht und Geschichten über Teppiche und Berber in entspannter, unaufdringlicher Atmosphäre erzählt.

Bei **km 31** passiert man die **Auberge Restaurant Panorama**, die links auf einem Hügel mit herrlichem Ausblick in ca. 1 km Entfernung von den Dünen liegt (**N 31°06,873′, W 04°00,765′**).

Bei **km 32** ist **Merzouga** erreicht.

Route C 11: Merzouga – Taouz – Hassi Ousina – Hassi Remlia – Tamassint – Tissemoumine – Zagora (Variante nach Tagounite)

● Ca. 256 km

Bis Taouz ist die Route geteert (N13), ab dort ist die Piste nur noch mit **Allradfahrzeug** befahrbar. Auf der gesamten Strecke gibt es keinerlei Treibstoffversorgung. **Wüstenausrüstung und -kenntnisse sind für die Befahrung der Strecke ab Taouz unbedingte Voraussetzung!** Die landschaftlich schöne und vielseitige Wüstenstrecke verläuft 20–30 km nördlich der algerischen Grenze, deshalb unbedingt stehen bleiben, wenn sich Militär nähert, und auf Verlangen sofort die Papiere zeigen. Es soll hier Schmuggler geben.

Abschnitt 1: Merzouga – Taouz

● 21 km Teerstraße, N13

In Richtung Taouz kurz vor Merzouga rechts der unbeschilderten Asphaltstraße nach Süden folgen. Nach **7 km** erreicht man das Dorf **Khamlia**, das für seine **Gnawa-Musiker** schwarzafrikanischer Herkunft bekannt ist. Musikinteressierte können hier mehr über die Gnawa erfahren. Einfache **Unterkunft** bietet das **Dar El Khamlia** (Mobil 0670 91 43 51, www.khamliahouse.com, DZ €). 1 km vor Khamlia kann im **Nomad Palace** übernachtet werden (vgl. Merzouga).

Bei **km 12** führt links ein Abzweig ostwärts nach M'Fis zu den Bleiminen (7,5 km).

Bei **km 21** ist **Taouz** nahe der (geschlossenen) algerischen Grenze erreicht; hier endet die Teerstraße im Nichts. Ein kleines Café ist die einzige Versorgungsmöglichkeit in diesem Dorf mitten in der Wüste. Nahe des Ortes gibt es Bleiminen, im Nordwesten wenig spektakuläre Felszeichnungen, zu denen man sich von Jugendlichen gegen Bakschisch führen lassen kann. Im Ort werden Fossilien sowie prähistorische Faustkeile, Haifischzähne etc. zum Verkauf angeboten.

Im hübschen **Gästehaus Itrane Sahara** in **Jdaid** (ca. 15 km abseits der Hauptstraße von Taouz, N 30°52,85′, W 04°08,47′, Mobil 0662 18 667, www.itranesahara.com) mitten in der Wüste kann man Urlaub abseits des Touristentrubels am Erg Chebbi machen (Quad-Exkursionen, Wanderungen etc.).

Karte S. 389

ROUTE C 11: MERZOUGA – ZAGORA

Abstecher zu den Felszeichnungen

Die Piste dorthin ist schlecht, teilweise sandig. Von Gendarmerie (mit Fähnchen auf Berg) kommend links (**N 30°54,458', W 04°00,073'**) Richtung Bergzug bzw. parallel zu dem Bergzug den Spuren entlang des Oueds folgen (altes Ksar Taouz ist linker Hand ca. 2 km entfernt zu sehen), dann rechts in Richtung Berg und Oued auf holperiger Piste queren (**N 30°54,748', W 04°00,886'**).

Nach ca. einem weiteren Kilometer an dem braunen Bergzug nördlich vorbei in Richtung SW. Man stößt auf eine breite, alte Piste in ein Oued bzw. Chott (**N 30°55,110', W 04°01,503'**).

Bei ca. km 3 rechts hinauf auf einen Hügel (**N 30°54,399'W 04°02,303'**).

Nach weiteren 2 km, ca. 5 km nach Taouz, parken (**N 30°54,526', W 04°02,292'**). Etwas oberhalb an einem flachen Berghang sieht man auf Steinen am Boden Gravuren von Tieren und Symbolen – alle nicht mehr besonders erhalten –, außerdem Tumuli. Zurück zur Abzweigung und 2 km danach die rechte Piste hoch und nach weiteren 3 km bis zum Ende des langen Bergzuges fahren. Dort gibt es alte Befestigungsruinen und Felszeichnungen von libyschen Wagen.

Abschnitt 2: Taouz – Zagora

Hier beginnt der schönste Teil der Route, die bis Hassi Fougani durch eine abwechslungsreiche Saharalandschaft mit Dünen, Bergen und akazienbestandenen Oueds führt. Bis Hassi Remlia ist die Piste gut markiert (keine Orientierungsprobleme). Es müssen immer wieder Oueds gequert werden, die nach Regenfällen evtl. schlammig sind.

Die **Piste nach Zagora** zweigt am Dorfanfang (von N kommend) von Taouz links ab (**km 0), N 30°54,53', W 03°59,73'**. An den ersten Häusern nach Süden Taouz umrunden. Die Piste ist hinter den Häusern deutlich erkennbar und führt südlich der Militärkaserne vorbei.

Km 1,4 Rechts zweigt eine Piste ab, auf der es zum alten Ksar von Taouz geht, **N 30°53,588', W 04°00,332'**.

Km 4,7–5 Man quert ein Oued, die Ein- und Ausfahrt ist mit Steinmännchen markiert. **N 30°52,52', W 04°02,47'**.

Bei **km 11,5** (**N 30°51,54', W 04°05,27'**) fährt man ins breite Bett des **Oued Ziz**. An erhöhten Stellen finden sich immer wieder Steinmännchen (Redjems).

Bei **km 15** verlässt man das Wadi (**N 30°50,78', W 04°08,36'**).

Wer bei **km 15,5 Hassi Ouzina** umfahren will, muss bei **N 30°46,31', W 04°08,52'** die ganz linke Piste nehmen, die rechte und die Piste geradeaus führen in den Ort und dann wieder zusammen. Kinder bieten sich als Führer an. Wir fahren geradeaus weiter.

Bei **km 23,2** liegen verfallene **Lehmmauern und Palmen**, **N 30°46,27', W 04°08,54'**. Hier nicht den Spuren in das Oued folgen (weicher Sand ohne Ausweg ins Dorf oder weiter), sondern links nach Süden halten und dem Oued ca. 200 m folgen.

Km 25 Am anderen Ufer nordwärts auf die Häuser zu. Zuvor bei Gabelung rechts halten, geradeaus geht es zum Militärposten. Man fährt durchs Dorf (einfache Auberge). Bei der Dorfausfahrt hält man auf schöne gelb-rote Dünen und einen lang gezogenen Felsrücken zu.

Die **Pistenumfahrung** (s.o.) **von Hassi Ouzina** mündet bei **N 30°45,95', W 04°10,32'** ein. Wer von Zagora kommt, sieht ein Schild: rechts nach Ouzina, geradeaus nach Taouz.

Weiter geht es durch fantastische Landschaft mit schwarzen Bergen und gelb-roten Sanddünen.

Bei **km 32,5** (**N 30°44,76', W 04°12,67'**) und **km 33** folgen zwei **Cafés/Restaurants** mit Brunnen vor einer Bilderbuchkulisse. Danach führt die Piste ins Gebirge.

Bei **N 30°42,86', W 04°20,98'** beginnt eine breite Schwemmtonebene, die man möglichst geradlinig durchquert. Bei **N 30°42,75', W 04°22,02'** verlässt man die Ebene eher am rechten Rand. Weiter auf breiter Piste mit starkem Wellblech.

Route C 11: Merzouga – Zagora

Etwa **53 km** hinter Taouz ist **Hassi Remlia** erreicht, N 30°41,210′, W 04°24,876′. Die Piste führt direkt auf das Schulhaus zu (arabische Beschriftung). Zahlreiche Einheimische bieten sich als Führer an, die für die sandige Passage im Oued Rheris evtl. hilfreich sein können. Man fährt bei den Häusern möglichst geradeaus weiter. Die Piste weist nach Regenfällen entsprechende Furchen auf und verläuft für 1–2 km in einem Oued (tiefe Spuren in weichem und aufgewühltem Sand). Vorsicht vor möglichem Gegenverkehr, denn im tiefen Sand führt Anhalten zwangsläufig zum Einsanden. Absperrungen, die durch das Oued gehen, nicht beachten, rechts führt ins Nichts. Mit Allrad ist die tief zerfurchte Piste auch bei Nässe zu schaffen. Oueddurchfahrt beginnt bei **N 30°41,023′, W 04°25,524′**.

Bei **N 30°40,951′, W 04°25,695′** ist die Durchfahrt durch das Oued Rheris beendet. Von links münden Spuren ein. Weiter durch die Büsche auf deutlichen Spuren (sehr sandige und zerfurchte Piste).

Bei **km 65** (N 30°40,18′, W 04°39,93′) verengt sich das Tal und bietet einen wunderschönen Blick zurück.

Km 69,1 Rechts weiter, links Abzweig in ein Gebirgstal (keine frischen Spuren), **N 30° 40,375′, W 04°34,170′**.

Km 79,3 Verzweigung vor **Tafraoute** (wie der gleichnamige Ort im Anti-Atlas), ist aber auf der Michelin-Karte als **Hassi Fougani** eingezeichnet. Der Brunnen liegt allerdings etwas nördlicher. Unterkunft findet man in der einfachen **Auberge Hamada Kem-Kem** (N 30°40,17′, W 04°41,45′), kein Strom, nur manchmal fließendes Wasser, WC außerhalb, gutes Essen, freundliche Leute, DZ mit HP €. Alle rechts abzweigenden Pisten führen ins Dorf. Links weiter, danach folgt die kleine Auberge Toumbouctou, roter Pfeil nach links.

Km 80 Auberge Lac Maider, N 30°40, 117′, W 04°41,177′. Rechts liegt das Dorf. Man fährt geradeaus in die **Schwemmtonebene des Lac Maider** – der Zeitsee führt nur sporadisch Wasser. Die direkte Piste führt geradeaus und rechts (nördlich) an einem markanten **pyramidenförmigen Berg** vorbei und verläuft anschließend westwärts. Die deutlichen Spuren (vom Militär) biegen allerdings nach links ab und queren den See südwestlich. Wenn man diesen Spuren folgt, trifft man bei **N 30°38,53′, W 04°42,89′** auf einen **Militärposten.** Von hier umrundet man den erwähnten pyramidenförmigen Berg und die anschließenden Bergrücken links, also im Süden. Über eine flache Ebene dem Berg entlang, später auf einen breiten Bergrücken zu, der rechts Sandausläufer hat. Auch an diesem fährt man entlang. Die Piste ist hier deutlich sichtbar. Am Ende des Berges quert man etwas sandig in Richtung Nordwesten. Man kurvt zwischen kleinen Dünen durch und trifft dann auf die von rechts kommenden Spuren der direkten Piste.

Geradeaus über den Lac ohne Umweg trifft man bei **km 86,6** auf die **Auberge Sahara,** umgeben von Sanddünen (**N 30°38, 533′, W 04°44,789′**) und schwarzen Bergen. Weiter Wellblechpiste bis ab **km 92** Fesch-Fesch die Fahrt schwieriger macht und einige Sanddünen und ein Sandfeld bergauf zu überqueren sind.

Bei **km 93,6** (N 30°38,156′, W 04°49, 352′) geht es an der **Pistengabelung** links weiter in Richtung Tagounite, rechts geht es in Richtung **Oum Djerane** und **Zagora**. Man kann aber in Richtung Tagounite auch später in Tamassint abbiegen. Die Piste ist anschließend wieder deutlich sichtbar, flott befahrbar und wegen des breit ausgefahrenen Wellblechs kaum zu verfehlen.

Auf der linken Piste trifft man etwa bei **km 104,5** (N 30°34,08′, W 04°59,283′) auf einen aus Steinen gefertigten **Pfeil auf dem Boden,** der nach rechts weist. Ca. 2 km abseits liegt rechter Hand der **Militärposten Tamassint, N 30°33,664′, W 04°53,985′**. Hier kann man nach links in Richtung Tagounite weiterfahren (vgl. Variante: Tamassint - Tagounite).

Wir biegen in **Richtung Tissemounine** gleich nach dem Militärposten nach **rechts** ab und kommen zum Brunnen, an dem ab und zu Nomaden lagern. Die Piste verlässt den Kessel über eine steil wirkende Ausfahrt nach Norden und führt anschließend auf lockeren Spuren zwischen kleinen Dünen hindurch. Es gibt in der Folge keine klar sichtbare Route. Man fährt Kurs 300°. Immer wieder münden einzelne Spuren ein.

Route C 11: Merzouga – Zagora

Bei **N 30°36,49', W 05°06,40'** kreuzt eine Piste rechtwinklig. Rechts geht es nach Oum Djerane, links in die Ebene von Hassi Bou Haiara – geradeaus weiterfahren.

Bei **N 30°36,31', W 05°07,22'** geht es geradeaus weiter. Man sieht die Häuser von **Tissemoumine**. Anschließend gibt es mehrere Pisten, die alle westwärts führen. Man lässt Tissimoumine rechts liegen und folgt dem Verlauf des Tales nach Westen in Richtung **Tizi-n-Tafilalet** (vgl. Variante Mecissi – Zagora, Route C 13). Bis Zagora wird man auf der Piste kräftig durchgeschüttelt.

Bei **N 30°30,94', W 05°23,35'** mündet die Piste aus **Taghbalt** von rechts ein (gemauerter Wegstein).

Weiter nach der Beschreibung von **Route C 16 ab ca. km 55,8 in Richtung Tizi-n-Tafilalet**. Die kürzeste Route folgt der dort genannten **Variante 1 um den Djabal Zagora rechts herum**, die beim Camping Montagne in Zagora ankommt.

Variante: Tamassint – Tagounite

Diese meist gut befahrbare Piste (später viel Wellblech) führt durch eine weniger eindrucksvolle Landschaft wie im ersten Teil, aber sie bietet sich an, wenn man weiter Richtung M'hamid und Lac Iriqui fahren möchte.

Beim **Militärposten Tamassint (km 0)** den breit gefächerten Spuren Richtung Südwesten folgen. Vereinzelt trifft man auf Nomadenlager. Weiter über langweilige Kiesebene. Südlich der Piste erstreckt sich ein niedriger Hügelzug, nördlich sieht man ca. 10 km entfernt schwarze Berge.

Ca. km 12, Reifenmarkierung bei **N 30°27,439', W 04°59,204'**. Kurz darauf folgt ein Akazienoued.

Km 15 Linker Hand ein weißes Zelt mit Haus (*Agoult*). Abzweig bzw. Kreuzungspunkt 500 m weiter, **N 30°25,902', W 04°59,619'**. Danach verengt sich das Tal, die Route führt rechter Hand eines Wadis bergab. Abzweig ca. 1 km weiter nach links nicht beachten, weiter Richtung Süden, danach ein Wadi linker Hand von Kegelbergen mit roten Sandhängen. Bei **N 30°24,182', W 05°00,107'** über Rüttelpiste und Hammada.

Km 24 Pistenverzweigung bei einem weiß gemauerten Steinmännchen mit orangen Klecksen. Einmündung von links und Abzweig nach rechts. **N 30°21,307', W 05°01,200'**, Aufschrift aus Steinen auf dem Boden. Geradeaus nach SW. Breite Ebene mit Büschen und Akazien.

Km 28 Wieder leicht hügelige Reg-Ebene und viele quer zur Piste laufende Wadis mit Grasbüscheln. Etwas mühsam zu fahren. Im Norden liegt die Bergregion um den Tizi-n-Tafilalet. Die Landschaft zeigt sich wieder etwas hübscher.

Km 42 Einmündung von rechts, **N 30°12,77', W 05°08,06'**, Hammada und Hügellandschaft, Akazien.

Km 49 Steinmännchen, Einmündung einer Piste von links und darauffolgend ein **Militärposten** mit einem kleinen roten Fort (**N 30°09,376', W 05°09,833'**) am Rande eines Palmentales. Passkontrolle. Weiter ins Tal und Oued an einem Brunnen vorbei.

Km 54 Kreuzung bei **N 30°06,261', W 05°11,790'**, von rechts mündet eine große breite Piste ein.

Km 58 Abzweig rechts im 90°-Winkel in Richtung Tgounit vor einer Schule im Ort **Mègunde**.

Km 62 Einmündung einer Piste von rechts (**N 30°06,626', W 05°15,105'**). Danach bergauf durch schwarze Hammada.

Km 66 Passhöhe, weiter Blick auf eine kahles trockenes Wüstental. In Serpentinen bergab.

Km 73 Brücke bei **N 30°04,511', W 05°20,210'**. Ca. 2 km durch Ebene und wieder bergauf, bis bei **km 184** erneut eine **Passhöhe** erreicht ist.

Km 83 Links ein Wasserreservoir am Berg, ca. 2 km entfernt. Es folgt das hübsche Lehmdorf **Nesrate** (**N 30°03,423', W 05°28,999'**), rechts liegt der große Palmenhain des Draâ-Tales.

Km 97 Rechts geht es zum Dorf **Abu Youssef** – geradeaus weiter.

Km 98,5 Kreuzung, links lang (**N 29°59,918', W 05°30,320'**). Weiter vorne Palmenhain und Ksar.

ROUTE C 12: ERFOUD – TINEJDAD

Bei **N 29°59,070', W 05°30,769'** im rechten Winkel abbiegen (kleines Schild „Blida-Tagounite"), dann über eine kleine Brücke und über den Bewässerungskanal Richtung Südwesten ins Draâ-Tal zwischen den Oasengärten und Palmen hindurch fahren.

Bei **km 103** geht es erst entlang und dann über den Bewässerungskanal, **N 29°58,617', W 05°34,354'**. 600 m weiter beginnt **Tagounite**, und die Piste mündet bei **km 212** (**N 29°58,568', W 05°34,973'**) in die Hauptstraße Zagora – M'hamid (Route C 3) ein.

Route C 12: Erfoud – Tinejdad

●87 km, R702

Diese **Abkürzungsstrecke zurück zur Straße der Kasbahs** führt durch eine schöne Wüstengegend auf einer guten Straße mit einigen Sandverwehungen (vorausschauend fahren). Nach starken Regenfällen kann die Route im Bereich von Furten überschwemmt oder beschädigt sein. **Busverkehr** zwischen Erfoud und Tinejdad spärlich, besser mit dem **Sammeltaxi.**

In **Erfoud** biegen Sie – vom Zentrum kommend – bei der Kreuzung zu den Hotels Farah Zouar und Salam rechts in Richtung Tinejdad ab (Beschilderung). Nach 4,5 km liegt ein Ort mit schöner Lehmkasbah links der Straße.

Bei **km 7** führt eine Furt über den **Oued Gheris,** der bei Regen im Frühjahr viel Wasser führt. Rechts der Straße befindet sich ein versteinertes Korallenriff.

Jorf, einen größeren Ort mit Palmenhain und schönem Ksar, Tankstelle und Geschäften, erreicht man nach **19 km.** Hier findet mittwochs ein ursprünglicher, sehenswerter Wochenmarkt statt.

Bei **km 22** fällt rechter Hand beim Ort **Achouria** eine Reihe von Erdhaufen neben der Straße auf: Es handelt sich um Wartungsschächte einer **Foggara/Khettara.** Dieses unterirdische Bewässerungssystem beförderte früher gutes (weniger salzhaltiges) Wasser aus höheren Lagen am Rande des Atlas in die Oasen. Die Kanäle wurden von Sklaven ausgehoben und über die Schächte instand gehalten bzw. von Sand befreit. Man kann auf die Aushubkegel gehen und einen Blick in die Tiefe werfen. Souvenirhändler haben am Parkplatz ein Nomadenzelt aufgebaut. Die Foggaras sind heute nicht mehr in Betrieb.

Bei **Fezna (km 26)** zweigt eine Straße zum Stausee von Fezna ab. In der Oase findet man Unterkunft im komfortablen und schönen **Kasbahhotel Ksar Jallal** der Französin *Hélène Viant-Benardt* (Tel. 0535 78 95 07 oder Mobil 0661 08 16 49, www.ksarjallal.com, DZ €€€€).

Abstecher zur „Himmelstreppe"

Wer die Himmelstreppe besuchen möchte (6–7 km von Fezna entfernt), muss Folgendes beachten: Die Kunstwerke sind bewacht und werden zu bestimmten Zeiten als Atelier privat genutzt. Ohne einen **vom Künstler autorisierten Führer** können die Kunstwerke nicht besucht werden! Wer die „Himmelstreppe", die „Goldene Spirale" oder das neueste Projekt „Stadt des Orion" besichtigen möchte, meldet sich bei dem Führer *Cheikh Hassan* aus Fezna einen Tag vorher telefonisch an: Mobil 0661 43 53 50. Nur er und der autorisierte Bewacher der Kunstwerke, *Brahim Ben Moha,* sind befugt, den Besucher für 200 DH p.P. bzw. 500 DH mit Anfahrt im Geländewagen (mit Vorsicht und bei Trockenheit auch im Pkw) zu den Kunstwerken zu bringen (auch Gruppenvergünstigungen). Ihr Unkostenbeitrag wird für die Führung zu den Kunstwerken, deren Überwachung und Pflege verwendet. Die Führung zu Fuß dauert 2–3 Stunden, mit dem Geländewagen ca. 1 Stunde. Die Besichtigung erfolgt unter Aufsicht des Führers und auf eigene Gefahr.

Mit dem Auto sollten Fahrten durch die Ksour von Fezna und deren Oasengärten vermieden und zum Schutz der Landschaft nur die vom Führer vorgegebenen Pisten befahren werden. Als Barriere gegen Motorräder und Geländewagen wurden um die

Karte S. 389

KUNST IN DER WÜSTE

ag5404kl Foto: dd

Kunst in der Wüste – die „Himmelstreppe" und die „Goldene Spirale"

Die aus Lehmziegeln gefertigte **„Himmelstreppe"** des **Münchner Künstlers Hannsjörg Voth** wurde 1986 fertiggestellt und hat die Form eines Dreiecks. Das Dreieck, dessen langer Schenkel 23 m misst (Boden), hat eine Höhe von 16 m. Die Hypothenuse beträgt 28 m: Hier verläuft zwischen zwei 140 cm hohen und 52 cm breiten Wangen-Brüstungen eine Treppe mit 52 Stufen. Die Stirnseite des Dreiecks ist an der Basis 6,80 m breit und verjüngt sich bis zur Spitze auf 3,60 m. Diese senkrechte Seite wird durch einen 60 cm tiefen Einschnitt profiliert und vertikal gegliedert. Die 52 Treppenstufen führen zu einer Plattform, die 4 m unterhalb der Spitze des Bauwerks liegt.

Im Inneren der Treppe befinden sich im oberen Raum zwei Flügel mit Federkleid aus handgeschmiedeten Messern. Die Spannweite beträgt 3,50 m.

Das zehn Jahre später realisierte Objekt der **„Goldenen Spirale"** hat, wie der Name sagt, die Form einer Spirale und ist über einen Brunnen gebaut. Der Grundriss ist aus neun Viertelkreisen konstruiert. Die Spirale wurde mathematisch durch eine Summenreihe wiedergegeben, in der jede Zahl die Summe der zwei vorangegangen zahlen ist: 1, 2, 3, 5, 8, 13, 21, 34, 55, 89 usw. („Fibonacci-Reihe" des *Leonardo von Pisa*, 1180–1250). Jede Tirade dieser Summenreihe ergibt eine Annäherung an den Phi-Wert des Goldenen Schnittes. Diese Verbindung des Goldenen Schnittes über die Fibonacci-Reihe ist eine Gesetzmäßigkeit, die in vielen ungestört ablaufenden Prozessen in der Natur stattfindet: in Kristallen, Muscheln, Pflanzen, auch im menschlichen Körper.

Die Umfassungsmauer der Anlage erreicht nach 260 m den höchsten Punkt von 6 m. Eine aufgeschüttete Rampe führt ins Zentrum der Spirale.

„Sehr geehrte Besucher,

dank der Genehmigung und Unterstützung durch das Königreich Marokko konnte ich die „Himmelstreppe", die „Goldene Spirale" und die „Stadt des Orion" in der Marha-Ebene bauen. Ihr Interesse an meinen Kunstwerken ehrt und freut mich. Doch meine Motive, diese Skulpturen in der Marha-Ebene zu realisieren, waren und sind, dort in Ruhe und Abgeschiedenheit meiner künstlerischen Arbeit nachgehen zu können. Ich habe diese Kunstwerke entworfen, ihre Realisierung organisiert und selbst finanziert.

Zehn Jahre konnte ich dort ungestört arbeiten. Doch seit geraumer Zeit wird das Interesse von Kunstfreunden und Touristen, diese Skulpturen zu besichtigen, immer größer, leider zum Nachteil der Kunstwerke und meiner künstlerischen Arbeit. Durch unsachgemäßes Verhalten vieler Besucher häuften sich die Schäden an den Bauwerken. Um diese bedauerlichen Folgen zu vermeiden, bitte ich Sie um Verständnis, dass eine kontrollierte Führung zu den Kunstwerken und deren Überwachung notwendig geworden sind.

Ich bitte Sie, die Hinweise des Führers und Bewachers zu beachten, denn ich habe Ihnen die Verantwortung übertragen, die Kunstwerke und ihr Umfeld zu schützen."

Hannsjörg Voth

Kunstwerke **Steinkreise** gesetzt. Fahrzeuge müssen auf den ausgewiesenen Plätzen außerhalb der Steinkreise parken. Die Strecke von den Steinkreisen zu den Skulpturen ist zu Fuß zurückzulegen, denn die Plätze gehören zu den Kunstwerken.

Die „Goldene Spirale" kann in den Wintermonaten von Oktober bis März nicht besichtigt werden. Der Künstler möchte in dieser Zeit ungestört dort seiner Arbeit nachgehen und bittet um Verständnis.

Wieder auf der Hauptstraße sieht man bei **km 27** rechts der Straße **Ruinen** einer Karawanserei oder einer Festung.

Nach 1½ km überquert die Straße erneut eine Foggara mit zum Teil 1,50 m hohe Ausgrabungshügel bei den Zustiegslöchern.

Nach **35 km** beginnen die Oasendörfer entlang dem **Oued Gheris**.

Touroug, eine große Oase mit einem alten Ksar, passiert man nach **52 km.**

Etwa **67 km** hinter Erfoud liegt der große Ort **Mellab** mit einem alten Lehmksar und neuen rosafarbenen Häusern zwischen schräg gefalteten Bergen in idyllischer Lage am Oued Todrha.

83½ km von Erfoud entfernt mündet die R702 beim einem Café/Restaurant in die N10: Rechts geht es nach Errachidia, links nach Tinejdad und Ouarzazate.

Bei **km 87** folgt **Tinejdad** (vgl. Route C 2).

Route C 13: Rissani – Tazzarine – Nekob – Drâa-Tal

● **231 km, N12, R108**

Diese **durchgehend asphaltierte Route** ins Drâa-Tal bietet sich zur Rückfahrt an, um nicht auf gleicher Strecke wieder nach Ouarzazate zurückzukehren. Bis Nekob ist die Straße meist gut (zum Teil porös, einige Löcher) und zweispurig, danach sehr löchrig und nur einspurig befahrbar (Vorsicht bei Gegenverkehr).

Die schöne Strecke, die zwischen **Djabal Saghro** und der **Sahara** nördlich der algerischen Grenze verläuft, ist weniger frequentiert als die Straße der Kasbahs, bietet aber auch weniger Höhepunkte. Sehenswert sind **Tazzarine** und die nahe gelegenen Felsgravuren sowie die Palmenoase **Nekob** mit ihren vielen Kasbahs.

Eine **Busverbindung** besteht von Rissani aus (siehe Rissani). **Sammeltaxis** verkehren nach Alnif bzw. Nekob. Ab Tazzarine gibt es Sammeltaxis Richtung Zagora, d.h. bis zur Straße N9 (Ouarzazate – Zagora), ab dort Sammeltaxis in beide Richtungen.

Verlassen Sie Rissani Richtung Erfoud. Fahren Sie beim Schild „Circuit Touristique" geradeaus weiter. Nach **3 km** zweigt bei der ZIZ-Tankstelle die Straße links nach Alnif und Tazzarine ab; geradeaus geht es nach Errachidia.

Nur wenige Kilometer weiter kündigt sich mit kleinen Sanddünen das Ende der Tafilalet-Oasen an. Bei **km 11** erstreckt sich ein fossiles Korallenriff rechts der Straße.

Kurz danach bei **km 12** (9 km nach dem Abzweig) führt bei einem alten, kleinen weißen Pfeilschild „Forces Armée Royale" eine Piste nach rechts (nordwärts) auf einen **kreisförmigen Berg mit Krater** zu. Besser ist es aber, erst 12 km nach dem Abzweig (**N 32°16,165', W 04°24,706'**) abzubiegen. Hier führt die breite Piste ohne Umweg und für jedes Fahrzeug befahrbar zu dem Berg, der bei **N 31°17,858', W 04°24,099'** erreicht ist. Dieser Berg ist nach Westen hin offen und durch eine große dicke Mauer auf einen ca. 3 m breiten Einlass zugemauert. Eine Zufahrt führt nach innen, eine schmale Piste nach oben bis an den Kraterrand. Von oben hat man eine herrliche Aussicht auf die ehemalige Meeresebene und die Korallenriffabhänge. Das Gestein enthält auch Fossilien. Der Krater diente früher angeblich Karawanen als Schutz vor Sandstürmen und später der französischen Armee als Festung. Bei den Einheimischen heißt er *Lamdouar*, was so viel wie „runder Berg" bedeutet.

Nach 23 km liegt das **Bordj Taguerroumt** zur Linken. Bis Mecissi erstreckt sich ein schwarzes und schroffes Bergmassiv zur Rechten.

Mecissi, ein kleiner Ort mit spärlichen Versorgungsmöglichkeiten und Tankstelle, ist nach **55 km** erreicht. Unterkunft bieten das einfache **Camping Restaurant Tombouctou** und das **Camp Azourite** (Schild). Das Café im Camping Tombouctou hat eine nette Terrasse und guten, frisch gebackenen Kuchen, aber auch Steaks bzw. Brochettes werden serviert.

Weiter verläuft die Route durch schwarzbraune Wüstenlandschaft mit kleinen Bergen, Dornbüschen und einzelnen Akazien. Bei **km 80** folgt **Achbarou**, eine lang gezogene Palmenoase. Ein zerfallenes Ksar liegt malerisch am Berg links der Straße. Weiter führt die Strecke entlang eines palmenbestandenen Flusstales.

Alnif, ein stark expandierender Ort mit Militärposten, ist bei **km 94** erreicht. Die nicht besonders attraktive Siedlung mit ihren rotweißen Häusern ist bekannt für die hier käuflichen Trilobiten (fossile Urkrebse, Vorsicht vor Fälschungen!). Es gibt eine große Tankstelle und den kleinen **Souvenir- und Mineralienladen** von *Ihmadi Mohand* (trilobites@caramail.com) gegenüber des Hotels Bougafer. *Ihmadi* hat Geologie studiert und ist eine kompetente Informationsquelle für Fundstellen oder die Zuordnung selbst gesuchter Fossilien. Schlepper duldet er nicht in seinem Laden. Alle Preise sind fair und angeschrieben. Auch *Mohamed Bouyiri* (Mobil 0672 15 29 52) kann in seinem Laden gegenüber der Afriquia-Tankstelle sehr viel über die Region und seine Fossilien- und Mineraliensammlung erzählen.

Empfehlenswert ist laut einem Leser das neuere **Hotel Le Palmier** (Mobil 0667 20 23 025, benamerlomar@yahoo.fr) mit sechs Zimmern mit warmer Dusche. Die Betreiber *Lahcen* und *Mohamed* sind sehr freundlich und unternehmen Exkursionen in die Berge und zu Fossilienfundstellen. Hier finden auch Wohnmobile einen Stellplatz.

Bei **km 103** taucht die Palmenoase **Tisernay** am **Oued Tazlaft** zwischen schwarzen Bergen auf. Die Straße führt durch eine flache Steinwüste, die von Bergketten gesäumt wird.

13 km südwestlich von Alnif bietet die **Kasbah Meteorites** (Ksar Tiguirna, Tel. 0535 78 38 09, Mobil 0670 78 00 71, www.kasbahmeteorites.com) mitten in der Wüste empfehlenswerte Unterkunft für Traveller: klimatisierte Zimmer mit Bad und TV (DZ €€), großer Pool, marokkanisches Restaurant mit Alkohollizenz.

Nach **124 km** passiert man **Imi-n-Ouzrou**, den Hauptort einer großen Palmenoase, die sich über mehrere Kilometer hinzieht.

Bei **km 152** mündet die Straße von Taghbalte und Zagora ein.

Bei **km 155** ist **Tazzarine** erreicht.

Tazzarine ♪VIII, B3

Die grüne, sehr schöne und ursprüngliche **Palmenoase mit großen Kasbahs** wird nach und nach vom Tourismus entdeckt. Tazzarine ist noch lange nicht so überlaufen wie die Oasen entlang der Straße der Kasbahs, obwohl es ebenso schön ist wie viele Orte entlang der Route Tinerhir – Ouarzazate. Lehmhäuser, enge Gassen und Bewässerungskanäle in den Oasengärten prägen das Ortsbild, die Bevölkerung ist sehr freundlich. Tazzarine eignet sich hervorragend als Ausgangspunkt für 4x4-Touren oder Trekkingtouren in den Djabal Saghro. Nahebei befindet sich ein Militärstützpunkt. Es gibt außerdem einen hübschen Marabut mit Friedhof, einige Geschäfte und eine Tankstelle.

Unterkunft/ Campingplätze

● **Bougafer**, Tel. 0524 83 90 05, Fax 0524 83 90 86. Von Agdz kommend rechts über die Brücke, Beschilderung „Village touristique", am Ortsanfang sofort links. Das ehemals schöne Hotel (DZ €€€A HP für 2 Pers.) mit Restaurant und Pool erhielt zuletzt sehr schlechte Leserkritiken (dreckige Bettwäsche und Handtücker, Personal muffig, kein gutes Essen, Preisnachforderungen am Abreisetag etc.). Der etwas sterile, ummauerte Campingplatz bietet kaum Schatten, ist aber auch für größere Wohnmobile geeignet (25 DH p.P. inkl. Fahrzeug, Strom 10 DH, Pool 40 DH).

Route C 13: Tazzarine

●**Camping Amasttou,** gut ausgeschildert, Tel. 0524 83 90 78, Fax 0524 83 84 64, N 30°46,509', W 05°33,265'. Der wunderschön gelegene Campingplatz unter Palmen ist zweigeteilt: Der rechte Platz ist nicht mehr zu empfehlen, der linke (wo sich die Anmeldung befindet) ist dagegen sehr schön mit guten Sanitäranlagen und schattigen Sitzgelegenheiten im gepflegten Garten. Gutes Essen im Zeltrestaurant, auch Übernachtungsmöglichkeit im luftigen Nomadenzelt (mit Matratzen und Bettwäsche) und in etwas heißen kleinen Zimmern (mit Ventilator, € p.P. inkl. warmer Dusche). 15 DH p.P., Wohnmobil 24 DH, Zelt 12 DH, Strom 12 DH, warme Dusche 9 DH, Kind 6 DH. Der Campingplatz ist für große Wohnmobile wegen der Anfahrt durch schmale Gassen und unter niedrigen Stromleitungen hindurch mühsam zu erreichen, auch etwas Bodenfreiheit ist notwendig. Der Platz liegt mitten zwischen Lehmmauern des alten Ksar am Rande der **Oasengärten.** Von hier kann man wunderbar die Gärten und die alten Ortsteile besichtigen. Es werden auch **Ausflüge** zu den nahe gelegenen **Felszeichnungen** Tirourirines und Abdi Boulili und Aït Ouazik, zu den Wasserfällen Imi Nougizi Noukbache und nach Taghbalte organisiert. Auch **Kameltouren** sind möglich. Die netten Patrons *Lahcen* bzw. *Brahim El Ouarzazi* sind bei allen Fragen behilflich oder vermitteln einen Führer zur Besichtigung der örtlichen **Kasbahs Aït Chaib** und **Aït-Ali Ouhda.** In einer der Kasbahs ist ein sehenswertes **Museum** eingerichtet (Eintritt 10 DH). Gute Detailkarten über die Gegend hängen in der Rezeption aus.
●**Camping Sardrar,** Mobil 0667 23 80 22 und 0666 48 10 34, camping.sardrar@caramail.com, N 30°43,318', W 05°28,547'. Südöstlich vom Tazzarine in Richtung Oum Jrane: An der Ortsausfahrt links (von Alnif kommend) auf Teerstraße abbiegen, nach 12 km wieder links ab (Schild) auf Piste, weitere 5 km bis zum Camping. Großes Gartengelände mit Palmen und Berberzelten zur Übernachtung sowie einem Restaurant. Sanitäre Anlagen mit heißen Duschen. Es gibt auch einige Zimmer.
●**Les Jardins de Tazzarine,** Zaouiat Sidi Msaâd, Tel. 0524 83 93 23, www.lesjardinsdetazzarine.com, N 30°45,793', W 05°33,104'. Von Alnif kommend durch den Ort fahren und über die Brücke, dann noch etwa 3,4 km der Beschilderung folgen. Die familiäre Auberge mit Campingplatz eignet sich perfekt für einen ruhigen Aufenthalt in der Oase: Übernachtung im gemütlichen Nomadenzelt (mit Betten und Strom € p.P. inkl. Frühstück) oder im Zimmer, herzlicher Empfang der Familie *Ziani,* gutes Essen mit frischen Produkten aus dem Garten (Menü 55–120 DH), saubere Sanitäranlagen.
●**Oasis de Mezgarne,** Mobil 0661 74 36 17, N 30°46,869', W 05°31,403'. 7 km vor Tazzarine links auf Piste abbiegen (3 km, für Pkw auf dem letzten Stück evtl. zu sandig). Hier kann man in ruhiger Lage auf einem ehemaligen Farmgelände campen oder im Berberzelt übernachten (€ p.P. inkl. Frühstück). Küche für Selbstversorger, Dusche (abends und morgens warm). Es werden verschiedene Exkursionen in der Umgebung angeboten (per 4x4 oder Kamel).

Sammeltaxis

Sammeltaxi frühmorgens nach **Zagora** (Abfahrtsstelle nahe der Tankstelle vor der Téléboutique). Möglichst schon am Vortag buchen. Um nach **Ouarzazate** zu kommen, kann man auch mit dem Taxi bis Tansikht mitfahren und dann dort in ein Taxi umsteigen (kaum Wartezeit) oder den Bus nach Ouarzazate anhalten.

Ausflüge

Organisierte Ausflüge

Die Herbergen können Ausflüge zu den nahe gelegenen **Felszeichnungen** Tirourirines, Abdi Boulili und Aït Ouazik sowie zu den **Wasserfällen** Imi Nougizi Noukbache und nach **Taghbalte** organisieren. Auch Kameltouren oder die Miete eines kompletten Landrovers (1100 DH pro Tag) sind möglich.

Trekking im Djabal Saghro

Zu den Felsgravuren von Aït Ouazik

Durchgehend gute, steinige Piste, die man notfalls auch mit Pkw befahren kann (vgl. Route C 16a).

Die **Straße in Richtung Nekob** führt durch eine sehr schöne Wüstenlandschaft parallel zum Oued, gesäumt von Palmen und Bergen. Nach 6 km endet der Palmenhain von Tazzarine.

Ca. **10 km nach Tazzarine** liegt der kleine Ort **Tamsahalte.** Hier zweigt links eine 1 km lange Piste zum **Hotel Riad du Sud** ab (Tel. 0524 88 64 53, Fax 0524 88 64 50, €€€€B p.P. mit HP). Die Familie *Laandour* betreibt diese ruhig gelegene Herberge in einer renovierten Kasbah auf einem Hügel. Das Riad du Sud hat 10 etwas dunkle, dafür kühle und saubere Zimmer mit Bad sowie AC/Heizung, die um einen Innenhof mit Garten und Berberzelt gruppiert sind. Von der Terrasse bietet sich ein schöner Blick auf die Oase.

22 km von Tazzarine bzw. 178 km von Rissani entfernt erreicht die Straße den kleinen Ort **Ilal.**

6 km weiter liegt **Aït Massaoud,** ein kleiner Ksar mit Moschee und Kasbah.

Bei **Gesamt-km 191** ab Rissani, 36 km hinter Tazzarine, folgt **Nekob.**

Nekob   ♪ VIII, A3

Der **expandierende Ort** liegt auf 1000 m Höhe. Es gibt eine Geschäftsstraße, einen Mechaniker, ein *Bureau des guides en montagnes* (Vermittlung von Führern für Djabal-Saghro-Trekking) und eine Tankstelle. Markt ist am Sonntag. Was man von der Hauptdurchgangsstraße nicht sieht, sind der **große Palmenhain** und die vielen **mächtigen Kasbahs** im Ort – es sollen 45 Stück sein, die meisten sind noch bewohnt.

aga10_017 Foto: ad

Trekking im Djabal Saghro

Das Djabal-Saghro-Massiv zieht sich als östliche Fortsetzung des Antiatlas 200 km vom Drâa-Tal bis zum Ziz im Süden Marokkos. Das Gebirgsmassiv ist **eine der unwirtlichsten Regionen des Landes** mit nur durchschnittlich 200 mm Regenfall im Jahr. Im Frühjahr zieren ein paar gelbe, weiße und blaue Farbflecke die Hänge dieser schwarz-braunen Steinwüste. Knorrige Wacholderbäume – die einzigen Bäume in dieser Höhe – neigen sich in Windrichtung. Die karge Bergwelt ist Lebensraum der **Berber vom Volk der Aït Atta**. Sie betreiben bescheidene Landwirtschaft in den tief eingeschnittenen, grünen Tälern. Auf ihren Feldern gedeihen Weizen, Gerste, Henna, Mandel- und Walnussbäume. Ihre traditionelle Lebensgrundlage ist die Wechselweidewirtschaft. Im Winter weiden die Aït Atta ihre Ziegen und Schafe in der Sahara südlich der Berge, im Frühjahr treiben sie die Tiere auf die Hänge des Djabal Saghro, und nach deren Abweidung ziehen sie in den Hohen Atlas, der nach der Schneeschmelze neue Weidegründe bietet.

Das Djabal-Saghro-Massiv fasziniert durch die Klarheit von **Formen und Farben:** bizarr erodierte Felsen, Steine und Kiesel in Schwarz-braun, die in unvergleichlicher Weise mit dem klaren, kristallblauem Himmel kontrastieren. Das hohe geologische Alter von 200 bis 500 Millionen Jahren zieht zudem Geologen, Fossiliensammler und Naturliebhaber an. Besonders bekannt ist das **Bab'n'Ali**, das „Tor von Ali": zwei markante, nebeneinander stehende Felsdaumen inmitten der imposanten Bergkulisse nördlich von Nekob.

In vier Tagen können **Wanderer** mit etwas Kondition das Massiv durch fantastische Schluchten hindurch, vorbei an markanten Felstürmen und -spitzen, ursprünglichen Berberdörfern und über mehrere Gipfel von mehr als 2000 Metern Höhe, durchqueren. Der Trekk startet am Nordrand des Djabal Saghro in **Tagdilt** (südlich von Boumalne Dadès) oder von Süden in **Handour** (nördlich von Nekob). Im Frühjahr kann es nachts noch empfindlich kalt werden, mit Temperaturen nahe an der Nullgradgrenze. Tagsüber herrschen dafür angenehme 25 bis 35 Grad, während es im Sommer bis zu 45 Grad heiß wird. Am romantischsten ist die Übernachtung in Zelten unter dem klaren Sternenhimmel. Es ist aber auch möglich, in einfachen Gîtes d'étape – von Berberfamilien geführten, einfachen Unterkünften in den Oasen – unterzukommen (Schlafsack mitbringen). Wer sein Gepäck nicht selbst tragen möchte, kann in Boumalne oder Nekob bei den dortigen Bureaux des guides et accompagnateurs Mulitreiber mit ihren Tieren anmieten. Ein marokkanischer **Bergführer** sollte auf jeden Fall angeheuert werden, da die Wege nicht markiert sind und die Orientierung auf den weit verzweigten Pfaden schwer fällt. Ein Bergführer kostet pro Tag ca. 30 Euro, dazu kommen die Kosten für Maultiere und Mulitreiber, sodass man mit Kosten von 60 bis 100 Euro pro Tag (für die gesamte Gruppe) rechnen muss.

Etappen

1. Tag: Tagdilt (1670 m, südlich von Boumalne Dadès) – Tizi-n-Tazoughat (2200 m) – Tizi-n-Iferd (2500 m) – Almoun-n-Ouarg (2200 m).

Atlas VIII, Karten S. 389, 549

ROUTE C 13: NEKOB

Gehzeit ca. 7 Std., 900 Höhenmeter Aufstieg, 300 Höhenmeter Abstieg.
2. Tag: Almoun-n-Ouarg – Kouaouch (2592 m) – Igli (1730 m). Gehzeit ca. 7 Std., 400 Höhenmeter Aufstieg, 900 Höhenmeter Abstieg.
3. Tag: Igli – Afourar-Schlucht (1440 m) – Bab'n'Ali (1380 m). Gehzeit ca. 4 Std., 350 Höhenmeter Abstieg.
4. Tag: Bab'n'Ali – Irhazzoun (1300 m) – Handour (1200 m, 15 km nördlich von Nekob). Gehzeit ca. 7 Std., 150 Höhenmeter Aufstieg, 250 Höhenmeter Abstieg.

Unterkunft/Versorgung

- **Gîte d'étape in Tagdilt:** Einfache, aber saubere Unterkunft des herzlichen *Brahim Bourig* (**Gîte de Bourig,** Mobil 0661 77 67 08) mit seiner Familie. 50 DH p.P. in zwei Salons mit Matratzen, heiße Dusche 10 DH, gutes Essen auf Bestellung.
- Beim **Lagerplatz in Igli** gibt es Duschen, Softdrinks und Schokoriegel.
- Beim **Bab'n'Ali** stehen ein Shop mit Getränken und die ordentliche, einfache **Auberge Tazlout** (Tel. 0524 93 97 40, Mobil 0661 68 81 70) für Mountainbiker und Trekker zur Verfügung.
- Auch am Endpunkt des Trekkings in **Handour** (nahe Nekob) gibt es eine nette saubere **Gîte d'étape.**
- In einigen Dörfern kann man bei Berberfamilien einen Tee trinken und evtl. Wasserflaschen kaufen, ansonsten muss das **Proviant** selbst mitgebracht werden.

Karte

- **„Kultur-Trekking im Dschebel Saghro"** von *Mohammed Aït Hamza* und *Herbert Popp,* 1:100.000, beziehbar über www.stadtgeo.uni-bayreuth.de/de/publications/maghreb-karten.

Nekob liegt am Südrand des kargen, erdgeschichtlich uralten Massivs des **Djabal Saghro,** das man bei einem fünftägigen, sehr lohnenswerten Trekking nach Boumalne Dadès durchqueren kann (vgl. Exkurs im Kapitel „Die Straße der Kasbahs"). Das Massiv ist nicht nur ein Paradies für Wanderer, sondern auch für Mineralien- und Fossiliensammler. Eine Leserin empfahl den in Nekob lebenden *Hammou Maarir,* der Geografie studiert hat und sehr gut englisch spricht, als Führer für eine Djabal-Saghro-Tour (Mobil 0673 51 94 35, azoul.hamou@gmail.com).

Unterkunft

- **Kasbah Aït-Atta,** am westlichen Ortsrand, Tel. 0667 45 88 67. Schöne Zimmer in einer Kasbah am Rande der Palmeraie, toller Blick von der Dachterrasse. *Zaid* und *Aisha* kümmern sich rührend um die Gäste. *Zaid* ist Bergführer und organisiert Touren in den Djabal Saghro. DZ inkl. HP €€ (günstig).
- **Kasbah Baha Baha,** Abzweig einer beschilderten Piste rechts am Ortseingang (etwa 200 m), Tel. 0524 30 78 01, www.kasbahabaha.com. Die 50 Jahre alte Kasbah wurde 1999 von *Lahcen* und *Brahim El-Ouarzizi* zum Hotel umgebaut. Die gesamte Anlage ist liebevoll eingerichtet, mit einem kleinen ethnografischen Museum (10 DH), Pool und stilvollem Restaurant. Zu besichtigen ist auch die alte, restaurierte Küche, wo sich Besucher über traditionelle Kochweisen kundig machen können. Von der Terrasse hat man einen herrlichen Blick über das ganze Tal. Zwei Zimmer haben ein Bad, die Gemeinschaftsduschen (draußen) sind jedoch sehr sauber. Alles in allem eine traumhafte Anlage, in der es sich wunderbar ein paar Tage in Ruhe entspannen lässt. DZ mit Bad €€€, im Nomadenzelt € (mit Matratzen und frischer Bettwäsche).
- **Kasbah Imdoukal,** Hinweisschild an der Straße, nahe Kasbah Baha Baha, Tel. 0524 83 97 98, kasbah.imdoukal@wanadoo.fr. Ebenfalls empfehlenswertes Gästehaus in traditioneller Lehmarchitektur: 18 Zimmer im Berberstil mit Bad und AC/Heizung €€€€B, Pool, Restaurant.

Route C 14: Nekob – Boumalne Dadès

- **Auberge Ennakhile Saghro,** am Ortsausgang Richtung Tazzarine (1 km) links an der Straße, Tel. 0524 83 97 19, Mobil 0672 64 15 11, www.kasbah-nkob.com. Familiäre Herberge im Kasbahstil: fünf hübsche Zimmer (mit Bad), Restaurant, toller Ausblick von der Dachterrasse. Der junge Betreiber *Houssaine Benaamer* ist sehr freundlich und spricht gut englisch. DZ ohne Bad € p.P. inkl. HP, DZ mit Bad €€ p.P. inkl. HP.
- **Hotel Aït Omar,** Tel. 0611 82 73 31, Kontakt in Deutschland: Tel. 069-422433, www.hotel-aitomar.de. Ökologisch orientiertes Hotel unter deutscher Führung in einer renovierten Kasbah: neun Appartements (z.T. barrierefrei) und zwei Einzelzimmer mit Bad, Klimaanlage und Fußbodenheizung (!), Pool, Fitness-, Seminarraum, Hammam, Internet verfügbar, Restaurant mit europäischer und marokkanischer Küche. Es können diverse Aktivitäten organisiert werden (Wandern, MTB, Besichtigungen). €€€ p.P. mit HP.

Etwa **4 km hinter Nekob** liegt der Ort **Aït Ouzzine** am Fuß schwarzer Tafelberge. Hier findet man schöne Unterkunft im **Maison d'Hôtes Ksar Jenna** im Kasbahstil (Tel. 0524 83 97 90, www.ksarjenna.com) links an der Straße. Das Gästehaus hat einen paradiesischen Garten mit Rasen, Palmen, Rosen in allen Farben und Sorten, Oleander, Orangen etc. Die sieben Zimmer sind hell in Pastellfarben gestaltet und komfortabel mit AC und schönen Bädern versehen (DZ €€€€ p.P. mit HP). Es gibt eine Bar in einem verglasten Pavillon im Hof. Gemütliches marokkanisches Restaurant. Das Haus ist eine wahre Oase inmitten der wüstenhaften Landschaft!

Die Straße weiter in Richtung Drâa-Tal führt durch flache steinige Steppe mit niedriger Buschvegetation.

Ca. **40 km hinter Nekob** (Gesamt-km 231) mündet die Route nördlich von **Tamsikht** in die N9 entlang des Drâa-Tals. Rechts geht es nach **Agdz** (29 km) und **Ouarzazate** (ca. 100 km), links nach **Zagora** (66 km).

Route C 14: Nekob – Tizi-n-Tazazert (Dj. Saghro) – Boumalne Dadès

- **94 km**

Die Piste ist nur für 4x4-Fahrzeuge mit großer Bodenfreiheit geeignet (sehr steile Passagen mit großen Steinen). Keine öffentlichen Verkehrsmittel, bis Handour bzw. von Boumalne kommend bis Tagdilt kann man mit dem (Sammel-)Taxi fahren.

Diese einsame Route führt durch die fantastische, bizarre Bergwüstenlandschaft des **Djabal Saghro.** Das Massiv kann in fünf Tagen auf einer sehr schönen **Trekkingtour** zu Fuß durchquert werden, meistens starten die Touren von Norden in Tagdilt (buchbar bei deutschen Trekkingreiseveranstaltern oder bei einem lokalen Bergführer vor Ort, vgl. Exkurs „Trekking im Djabal Saghro"). Um das Bab'n'Ali sind auch viele **Mountainbiker** unterwegs.

Von Westen (Drâa-Tal) kommend zweigt am Ortseingang von **Nekob** links (gegenüber der Post, Schild „Kasbah Baha Baha") die Straße nach Boumalne ab **(N 30°52,307′, W 05°51,859′).** Nach ca. 200 m zweigt rechts die Zufahrt zu den Kasbah-Hotels (vgl. Nekob/Unterkunft) ab.

Bei **km 1,3** geht es Richtung Boumalne/Tinerhir geradeaus weiter, an der hohen Antenne links vorbei und nach 300 m rechts ab. Die Piste führt nun nordwärts den Telegrafenleitungen nach, die Leitung wird unterquert.

Bei **km 5,5** geht es rechts bergauf durch Hammada (immer geradeaus).

Bei **km 13** führt die Piste mit schönem Blick ins Tal über einen Berggrat nach Osten, danach geht's kurvig bergab.

Etwa **15 km** hinter Nekob ist das Dorf **Handour** (1200 m) erreicht, das sehr schön über einem Palmen-Flusstal zwischen roten Bergen liegt. Hier bietet einen kleine, hübsche und saubere **Gite d'étape** Unterkunft für Trekker **(N 30°57,689′ W 05°53,463′).**

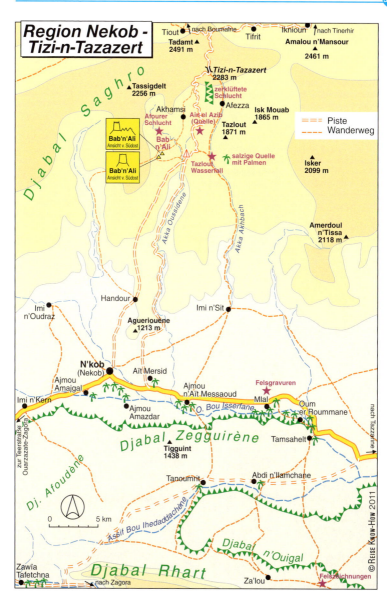

Route C 14: Nekob – Boumalne Dadès

Die Piste führt nun bergab zum schönen Flusstal mit Dattelpalmen und einzelnen Häusern und im Tal entlang, bis bei **km 19 Bab'n'Ali** erreicht ist (ca. 1380 m, **N 31° 03,17', W 05°47,40'**). Die Landschaft ist geprägt von zwei erodierten, **einzeln stehenden Felstürmen**, die das „Tor des Ali" bilden. Einer Legende zufolge soll es sich bei den Türmen um eine versteinerte Hochzeitsgesellschaft handeln, den linken Berg nennt man „Monsieur" und den rechten „Madame mit ihren Kindern" (die kleinen Ausläufer vor „Madame"). Von hier aus kann man eine Wanderung (ca. ½ Tag) in die beeindruckende **Afourar-Schlucht** unternehmen, wo man in Gumpen herrlich baden kann (z.B. bei **N 31°04,354', W 05°48,349'**). Die Leute in Bab'n'Ali sind sehr angenehm und zurückhaltend. Neben einer Schule und einem Friedhof gibt es einen Laden mit Softdrinks oberhalb der Piste (an einem Pfad in Richtung der Berge) und eine einfache **Gîte d'étape** für Trekker. Hier ist auch **Camping** möglich (Dusche/WC vorhanden, Getränkeverkauf).

Bei **km 25** liegt die recht ordentliche **Auberge Tazlout** an der Piste (Tel. 0524 93 97 40, einfache Toiletten/Duschen, Softdrinks, ideal für Trekker und Mountainbiker). Von hier kann man zu den ca. 2 km entfernten **Cascades Tazlout (N 31°03,785', W 05°46, 183')** wandern. Die hübschen, etwa 20 m hohen Kaskaden liegen in einer kleinen Schlucht mit gesicherten Kletterrouten.

An der Verzweigung bei **km 25,8** geht es **links weiter** (**N 31°03,438', W 05°46,927'**, rechts kann man entlang des Flusstals zu den Cascades wandern). Danach führt die Piste in Serpentinen durch reizvolle Wüstengegend bergauf.

Bei **km 29,5** führt links ein Abzweig 3 km nach Agmasz. Nach weiteren 1,6 km zweigt eine Piste nach links ab, die nach 1,5 km bei einem Haus endet.

Bei **km 30** liegt die **Wasserstelle El-Azir** rechts, **N 31°04,433', W 05°46,891'**. Wenn man von der Wasserstelle das steinige Oued mit einzelnen Palmen bergab wandert, findet man Gueltas mit Fröschen und in regenrei-

cheren Jahren auch auf einen Wasserfall mit Bademöglichkeit (Achtung: Schlangen!).

Weiter führt die sehr steinige schlechte Piste (im Schritttempo) bergauf, bei **km 43** bietet sich ein fantastischer Ausblick in die zerklüftete **Tazlout-Schlucht**, die mit ihren in den Himmel ragenden schwarzen Felssäulen an das Hoggar-Gebirge in Algerien erinnert.

Bei **km 46,6** ist die Passhöhe **Tizi-n-Tazazert** (2283 m) erreicht, **N 31°07,436', W 05,45,957'**. Hier gibt es einen guten Stellplatz für Camper. Mit tollen Ausblicken geht es weiter durch die bizarr erodierte, karge Berglandschaft des Djabal Saghro. Die arme Nomadenbevölkerung, die im Sommer mit ihrem Vieh durch die Berge zieht, ist sehr freundlich.

Bei **km 51,4** führt eine Piste zu einem Richtfunksender auf dem Berg. Unmittelbar vor dem Abzweig liegt unterhalb der Piste rechter Hand eine Wasserstelle.

Bei **km 52**, also etwa 600 m weiter, geht es bei einem Wegstein **links nach Tiout (Minen) und Boumalne**, rechts nach Tinerhir (siehe Route C 15), **N 31°09,552', W 05° 45,779'**. Die Piste führt in Serpentinen bergab. Wer versehentlich **rechts** fährt in Richtung **Tinerhir** (siehe Route C 15), trifft bei **N 31°10,342', W 05°43,743'** auf eine breite Querpiste (Wegmarkierung rechts nach Ikniounn) bei einer T-Kreuzung – hier nach Boumalne **links abbiegen** und dann durch den Ort in Richtung **N 31°17,043', W 05° 49,621'**. Auf diese Weise trifft man auf die geteerte Verbindungsstraße von Boumalne nach Tagdilt (s.u. bei km 69,6).

Links entlang ab dem Wegstein in Richtung Boumalne trifft man bei **km 54,5** auf Häuser und eine Kupfermine linker Hand. Die Piste führt bergab in ein Flusstal mit Oleander.

Bei **km 55,5** mündet die Piste ein (**N 31°10,252', W 05°43,621'**), die von der Mine wieder auf die Hauptpiste führt – weiter bergab. 1 km weiter geht es am Stausee rechts vorbei, danach links zu den **Minen von Tiout**.

Bei **km 57** liegen links Abraumhalden und 1 km oberhalb das Bergwerk von Tiout. Es geht rechts entlang auf breiter Piste, die bis zum Ort parallel zu einer Piste auf der anderen Flussseite führt. **N 31°10,239', W 05°47, 207'**.

Etwa **59 km** hinter Nekob zweigt links die Zufahrt zum Ort **Imi-n-Ouarg** ab, geradeaus weiter.

Bei **km 69** ist der Ort **Tagdilt** (1680 m) am Nordrand des Djabal-Saghro-Massivs erreicht. Hier betreibt der herzliche *Brahim Bourig* mit seiner Familie eine **Gîte d'étape** (zwei Salons mit Matratzen und Wolldecken, warme Dusche 10 DH, 50 DH p.P., Abendessen auf Bestellung, Tel. 0661 77 67 08, **N 31°15,088', W 05°51,504'**). Tagdilt ist der Ausgangspunkt für die sehr schöne mehrtägige **Djabal-Saghro-Durchquerung** (vgl. Exkurs „Trekking im Djabal Saghro"). Die Trekkingroute verläuft westlich dieser Piste über den Pass Tizi-n-Ouarg (2400 m) und Igli, durch die Afourar-Schlucht nach Bab'n'Ali.

Bei **km 69,6** mündet eine breite Piste von links ein (s.o., km 52).

Nach insgesamt etwa **75 km** beginnt bei **Igoudmane n'Aït Ourir** die **Teerstraße**, **N 31°18,015', W 05°52,091'**. Weiter geht es durch flache Steppe direkt auf die schneebedeckten Berge des Hohen Atlas und den Ort Boumalne zu.

Bei **km 86** mündet diese Strecke in die **Teerstraße** vor Boumalne (N10) ein, **N 31° 21,844', W 05°54,890'** (Wegweiser nach Ikniounn).

Nach rund **94 km** ist **Boumalne** erreicht (siehe Route C 2).

Route C 15: Tizi-n-Tazazert – Ikniounn – Tinerhir

● 70 km

Die recht gute Piste führt durch landschaftlich reizvolle Wüsten- und Gebirgslandschaft (Djabal Saghro). Keine öffentlichen Verkehrsmittel.

Berberkinder im Gebiet des Dj. Saghro

Etwa 6 km hinter der Passhöhe Tizi-n-Tazazert (vgl. vorhergehende Route C 14) geht es bei einem Wegstein links nach Tiout (Minen) und Boumalne, **N 31°09,552′, W 05°45,779′**. Kleine Ansiedlung mit Obstbaumkulturen. **Rechts weiter nach Tinerhir,** den Berg hinunter.

Km 10 T-Kreuzung: wieder Wegestein und Schilder nach Boumalne 38 km, nach N'kob 60 km, nach Tazzarine 90 km, **N 31°10,342′, W 05°43,743′**. Eine breite Querpiste führt links in Richtung Boumalne (siehe Route C 14, km 52), **rechts weiter.** Nach 1 km stößt man auf eine Ansiedlung in einem Hochtal mit Feldern und Pappeln. Die breite Wellblechpiste führt entlang der Hochspannungsleitung.

Bei **Km 16** liegt der große Marktort **Ikniounn** reizvoll vor dem Massiv des **Amalou-n-Mansour** (2712 m, höchster Berg des Djabal Saghro). Hier ist es auch im Hochsommer angenehm kühl. Von Ikniounn kann man auf einer **Geländewagen-Piste bis Alnif** fahren. Diese einsame Strecke ist 70 km lang und bis Mouddou (km 25) und ab Kadem (km 37) gut erkennbar und ohne Orientierungsprobleme zu befahren. Der Abschnitt zwischen beiden Orten ist allerdings selbst für Geländefahrzeuge schwierig (üble Geröllfelder, genaues Kartenmaterial notwendig).

Weiter in Richtung Tinerhir den Abzweig nach 600 m links nicht beachten und geradeaus weiter fahren; **N 31°10,483′, W 05°40,326′**. Nach weiteren ca. 300 m muss man bei einem Abzweig links weiterfahren.

Bei **ca. km 18,5** erreicht man einen kleinen Ort in einem schönen Tal mit Feldern, Nuss- und Obstbäumen. Danach geht es in einem Rechtsbogen bergauf an einem kleinen (zeitweise trockenen) Bach entlang. Bei **km 20,5** befindet sich links ein Brunnen, **N 31°12,025′, W 05°39,473′**.

Bei **km 23** liegt ein kleiner Stausee mit Staumauer und 1,5 km weiter ein kleiner Ort mit Schulhaus – hier links halten, ebenso bei der Gabelung bei **km 26, N 31°13,101′, W 05°37,227′**. Hier ist eine trockene Hochebene mit Kullerfelsen erreicht. Hin und wieder trifft man Nomaden.

An der Kreuzung bei **km 35** mündet eine Piste von rechts ein (**N 31°17,749′, W 05°35,651′**), geradeaus weiter durch steinige Wüstenberglandschaft bergab.

Bei **km 39,5** ist die **Passhöhe Tizi-n-Tikkit** erreicht, **N 31°18,35′, W 05°36,60′**. Ab **km 44** schlängelt sich die Piste links eines schönen, schluchtartigen Palmentals entlang, bis sich das trockene Oued weitet.

Bei **km 50** mündet eine breite Piste von links aus einem Seitental ein. Das Tal weitet sich, die Piste führt auf Tafelberge zu.

Nach einer kleinen Siedlung mit Feldern und Obstbäumen bei **km 52,5** geht es bergauf geradeaus auf einen Bergeinschnitt zu, bis bei **km 54** eine kleine **Passhöhe** erreicht ist. Von hier hat man einen weiten Blick bis nach Tinerhir. Die Piste führt weiter durch die Berge und hinab bis zu einem Abzweig zu einer Antennenanlage bei **km 58,5** und der **Oase Ouaklim** bei **km 60**. An der Kreuzung 2 km weiter geht es geradeaus weiter.

Bei **km 63,5** mündet diese Route in die **Teerstraße** nach Tinerhir ein (Wegweiser Ouaklim, Ikniounn, **N 31°28,802′, W 05°33,766′**).

Nach insgesamt **70 km** am Tizi-n-Tazazert ist **Tinerhir** erreicht (siehe Route C 2).

Fährt man die Strecke **in umgekehrter Richtung,** dann in Tinerhir in Richtung Boumalne fahren, im Ort bei einem Neubauviertel links abbiegen (große Einmündung), dann nach 200 m rechts auf einer Piste hinter dem E-Werk vorbei und in südlicher Richtung weiter auf verzweigten Spuren direkt auf einen großen schwarzen Felsen zu – dort links vorbei. Ab dort folgt eine eindeutige Piste in Richtung Ouaklim und Ikniounn.

Route C 16a: Tazzarine – Aït Ouazik – Zagora

● Ca. 83 km

Diese Piste ist **nur mit Geländewagen** zu empfehlen: ab Aït Ouazik harte, steinige, ausgewaschene Piste bis zum Tizi-n-Tafilalet, dann wieder besser. Die Orientierung ist we-

ROUTE C 16A: TAZZARINE – ZAGORA

gen verschiedener Pistenverläufe nach Süden und Westen etwas schwierig. Es kann sein, dass man auf die Route C 16b gerät, die aber auch eine schöne Variante ist. Entlang der Route ist ein Abstecher zu Felsgravuren bei Aït Ouazik möglich.

In **Tazzarine** (**km 0,** vgl. Route C 13) fährt man am Hotel Bougafer vorbei und von dort aus (**N 30°46,737′, W 05°34,106′**) immer geradeaus.

Nach etwa **6 km** zweigt bei **N 30°44,212′, W 05°32,007′** eine Piste nach links in Richtung Zagora und Tizi-n-Tafilalet ab. Diese **Variante** zur nachfolgend beschriebenen Route gabelt sich kurz darauf erneut. Beide Wege führen nach Zagora. Die linke Piste führt über Taghbalte (siehe Route C 16b), d.h. man trifft etliche Kilometer weiter südlich auf eine Piste, die fast rechtwinklig von links von Taghbalte kommt und rechts zum Tizi-n-Tafilalet führt, während die rechte Piste bei der erstgenannten Kreuzung etwas westlicher verläuft und in die Piste mündet, die von Aït Ouazik kommt. Sie gilt als die Hauptpiste nach Zagora.

Geradeaus geht es nach Aït Ouazik weiter den Telefonleitungen nach auf guter Piste in Richtung Süden, durch dünn mit Akazien bewachsenes Gebiet.

Bei **km 11,5** befindet sich ein Ziehbrunnen rechts der Piste. Bei **km 14** ist ein Oued zu queren. Links stehen Häuser, dann folgt der kleine Ort **Aït Ousghal.** Die Piste macht einen Knick in Richtung Nordwesten in ein schönes Palmental mit steilen, 10 m hohen Felswänden. Ca. 1 km danach liegen wieder Häuser in einer Talsenke.

19 km hinter Tazzarine ist das schöne Dorf **Aït Ouazik** erreicht, **N 30°41,379′, W 05°37,131′.** Rechts ins Dorf und am Ortsende in Richtung Westen fahren. Besser ist es jedoch,

Felsgravuren bei Aït Ouazik

Route C 16b: Tazzarine – Aït-Ali – Zagora

das Dorf auf einer Umfahrungspiste (links) zu umgehen. Das Ortsende liegt bei **N 30°41, 886', W 05°37,531'** 1 km weiter.

An der Kreuzung bei **km 21,3** geht es links nach Zagora und rechts zu den Felsgravuren, **N 30°41,059', W 05°30,263'**.

Abstecher zu den Felsgravuren von Aït Ouazik

Durchgehend gute, steinige Piste – notfalls (mühsam) auch mit Pkw möglich!

Ab der Kreuzung bei km 21,3 links weiter fahren, nach 400 m kommt wieder eine Kreuzung, rechts weiter über Hammada, **N 30° 41,034', W 05°38,485'**.

Nach 1 km bei **N 30°41,381', W 05° 37,372'** trifft man auf einen bewachten **Parkplatz mit Steinhaus** bzw. **kleinem Café** oberhalb des Oueds auf dem Hügel. An der Abbruchkante zum Oued finden sich auf **am Boden liegenden Steinen** zahlreiche schöne Gravuren (Gazellen, Strauße, Rinder, Fische), **N 30°41,126', W 05°39,069'**. Ca. 500 m weiter ebenso. Bitte achten Sie darauf, nichts zu zerstören oder gar auf den Steinen herumzusteigen, es wurde ohnehin schon von den Einheimischen zuviel zerstört – diese verwendeten Steine sogar zum Hausbau. Die Gravuren sind unwiederbringlich und etwa 8000 Jahre alt!

Zurück auf der gleichen Piste.

Bei **km 23,8** führt die Piste in ein steiniges Flusstal (**N 30°38,885', W 05°37,821'**) und über eine betonierte Furt.

Bei **km 26** liegen eigenartige Felsformationen und Schluchten am rechten Berghang. Die Piste führt auf ein markantes Gebirgsmassiv (Tafelberg) zu, dann konstant zwischen zwei Bergzügen nach Süden, zahlreiche kleine Oueds sind zu queren (holprig, mit zum Teil steilen Abfahrten).

Bei **km 30,5** liegen ein Friedhof und ein Brunnen auf der anderen Seite des Oueds. 5 km weiter mündet eine alte Piste von links ein (Wegstein ca. 500 m oberhalb). Die Piste führt weiter über Hammada, immer wieder sind kleine Oueds zu überqueren.

Bei **km 42,4** zweigt rechts eine Piste zu einem Brunnen ab (geradeaus weiter, **N 30° 31,170', W 05°32,453'**).

An der Pistenkreuzung bei **km 48,8** geht es links nach Taghbalte, rechts nach Zagora, **N 30°27,988', W 05°31,366'**.

Bei **km 52,2** und **km 55,8** münden Pisten ein. Bei **km 57,3** befindet sich ein Wegstein, **N 30°25,302', W 05°35,527'**.

Nach **rund 58 km** ist die Passhöhe **Tizi-n-Tafilalet** erreicht. Bei **km 60** mündet eine Piste von rechts (aus südwestlicher Richtung) ein, **N 30°23,770', W 05°38,265'**. **Hier gibt es zwei Möglichkeiten:**

1. Rechts abbiegen in Richtung Südwesten. Man erreicht dann einen Kreuzungspunkt (**N 30°23,759', W 05°47,316'**) und auf der weiteren Strecke den Djabal Zagora, an dem man rechts vorbeifährt. Die Piste mündet beim Camping de la Montagne ein, **N 30°19,101', W 05°49,683'**. Dann biegt man vor dem Hotel Fibule du Drâa rechts nach Zagora ab. Das ist der direktere und kürzere Weg.

2. Fährt man geradeaus weiter nach Zagora, folgt kurz danach ein steiniges Oued. Bei **km 63,2** Pistengabelung, rechts weiter in Richtung Südwesten, **N 30°22,518', W 05° 38,689'**. Km 66 Oued queren, danach wird es wieder steinig. An der Kreuzung bei **N 30°25,095', W 05°37,077'** gelangt man auf der stärker befahrenen Piste (mehrere Verzweigungen, Ebene z.T. mit Wellblech, links auf Djabal Zagora zuhalten) direkt zum Camping de la Montagne in Zagora (ca. **km 83**).

Aus der anderen Richtung kommend, beginnt die Piste ca. 5 km vor Amezrou beim Wegweiser „Tazzarine 90" (**N 30°18,255', W 05°46,972'**).

Route C 16b: Tazzarine – Aït-Ali – Zagora

● 102 km

Diese landschaftlich sehr schöne Strecke verläuft etwas weiter westlich als die Alternativ-

Route C 17: El Kelâa des M'gouna – Skoura

route C 16a. Die Strecke befährt man am besten nur mit Geländewagen, da wegen größerer Steine Bodenfreiheit nötig ist. Als Variante ist es auch möglich, auf einer relativ neuen Teerstraße (Abzweig kurz vor Tazzarine von Alnif kommend) nach Taghbalte (schöne Lage oberhalb eines palmenbestandenen Oueds) zu fahren und von dort auf diese Piste zu stoßen.

In **Tazzarine (km 0,** vgl. Route C 13) fährt man am Hotel Bougafer vorbei und von dort **(N 30°46,737', W 05°34,106')** geradeaus.

Nach etwa **6 km** zweigt bei **N 30°44,212', W 05°32,007'** diese Route nach links in Richtung Zagora und Tizi-n-Tafilalet ab. Die z.T. sandige Piste führt entlang kleiner Siedlungen, Akazienbäume und Palmen.

Km 24 Rot gemauertes Wegtor mit blau-weißem Wappen. Die Piste führt weiterhin durch ein steiniges Flusstal, links grüne Oasen, rechts schwarze Kieswüste (Serir).

Km 30 Akazien auf beiden Seiten, viele Wadi-Überquerungen.

Km 32 Wieder Steinebene, links Telefonmasten, östlicher Pistenverlauf.

Km 33 Unmittelbar vor dem Wadi rechts abbiegen (weg von den Telefonmasten). Die Piste steigt an auf ein steiniges Hochplateau.

Km 35 Pisten-Einmündung von links (von Taghbalte, das ca. 5 km entfernt liegt). Rechts (nach Süden) weiterfahren, sehr holprige Steinpiste, nur in ausgesprochen langsamer Fahrweise zu bewältigen (nur für Allrad-Fahrzeuge!).

Km 38 Gabelung, beide Spuren führen wieder zusammen. Pistenverlauf in Richtung S bis SSW, bald wieder SO.

Km 41 Die Piste führt direkt nach SW und windet sich nachfolgend den Bergen entlang und dann in steilen Kurven ins Flusstal hinunter.

Km 44 Eine bessere Piste führt in Richtung SSW am Flusstal entlang; Palmen.

Km 47 Wegstein, geradeaus fahren. 1 km weiter folgen Lehmhäuser und Gärten.

Km 49 Foggaras, Pistenverlauf SW. Die Piste nähert sich geradewegs einem Gebirgszug.

Km 54 Rechts markante Felsmassive, Gabelung, geradeaus weiterfahren.

Km 55 Von Bergen umrahmte Hammada-Ebene, die steinige Piste verläuft in Richtung SSW.

Km 58 Gabelung, geradeaus fahren.

Km 61 Einmündung in die Hauptpiste von/nach Tazzarine von rechts, geradeaus nach Zagora führend.

Km 69 Wegestein, geradeaus.

Km 72 Gabelung, die linke Spur nach SW nehmen.

Km 77 Ein markant zackiger Gebirgszug ist rechts zu sehen, an der Gabelung rechts weiterfahren über Hammada.

Km 80 Links führt eine kleine Piste zu einem gemauerten Ziehbrunnen und weiter nach Tamegroute. Nach Zagora rechts weiterfahren.

Km 95 Einmündung in die Teerstraße, in Richtung **Zagora** nach rechts, das nach 7 km erreicht ist.

Route C 17: El Kelâa des M'gouna – Bou Thrarar – Tabia Aït Zaghar – Skoura

● Ca. 127 km

Teerstraße bis Bou Thrarar, dann Geländewagen-Piste, ab ca. 15 km vor Toundout wieder Teerstraße. Diese **einsame Strecke** verläuft oberhalb des wunderschönen Tals Asif M'-Goun, in dem mächtige Kasbahs auf Hügeln thronen. Von Bou Thrarar führt die Route über einsames Hochland und wieder bergab in ein grünes Flusstal mit schönem Lehmksour bis nach Skoura.

Sammeltaxis fahren bis Tourbist bzw. von Skoura aus in Richtung Toundout. Von Kelâa des M'gouna verkehrt auch ein Minibus direkt beim Markt nach Bou Thrarar. Der Bus fährt nicht über Tourbist durch das Tal Asif M'Goun, sondern über die Berge direkt nach Bou Thrarar.

Route C 17: El Kelâa des M'gouna – Skoura

Die Route beginnt im Stadtzentrum von **El Kelâa des M'gouna** (**km 0**, vgl. Route C 2). Hier zweigt eine Straße nordwärts (Tagmout) ab (von Ouarzazate kommend links).

Bei **km 1,4** führt die Straße entlang des Tals bergauf (**N 31°15,100', W 06°07,642'**), immer wieder bieten sich herrliche Ausblicke auf verschachtelte Kasbahkomplexe.

Nach etwa **8 km** ist die große Oase **Ta(l)gmout** mit mächtigen Kasbahs im grünen Tal erreicht. 10 km hinter Kelâa des M'gouna folgen die Dörfer **Aït Gmat** und **Tazrout**. Rechts befinden sich große Höhlen in den Tuffsteinbergen.

Die zwei sehr schönen Ksour **Tourbist** und **Ifar**, die in einer Flussschleife liegen und große Kasbahs haben, durchfährt man etwa bei **km 18**.

Etwa bei **km 35** liegt **Tamalout**, ein ursprüngliches Berberdorf. Inmitten des schönen Ortes an einer unscheinbaren Y-Kreuzung geht es links nach Bou Thrarar (Talsenke, Fluss und Furt, **N 31°23,302', W 06°07,691'**). Die rechts (Osten) abzweigende Piste führt, vorbei am **Hotel Boutaghrar** (**N 31°23,474', W 06°07,514'**), ca. 12 km ins Dadès-Tal nach Aït Youl (nur mit 4x4-Fahrzeug).

Weiter geht es durch den großen Ort **Bou Thrarar** (Hotels, Restaurants, Cafés usw.) und eine sehr schöne Gegend mit prächtigen Kasbahs entlang einem fruchtbaren Tal mit Walnuss-, Pfirsich- und Feigenbäumen. In Bou Thrarar findet man Unterkunft in dem von Lesern wärmstens empfohlenen **Hotel Boutaghrar** (Tel. 0524 83 11 26, www.hotelboutaghrar.com) von *El Houssine Azabi* in einer alten, originalgetreu eingerichteten Kasbah mit großer Panoramaterrasse (gutes Essen, sehr freundlich, Zimmer mit Bad €€ oder Übernachtung auf der Terrasse). Hier kann man auch einen Führer für Unternehmungen in der Umgebung engagieren.

Im Rosental bei Bou Thrarar

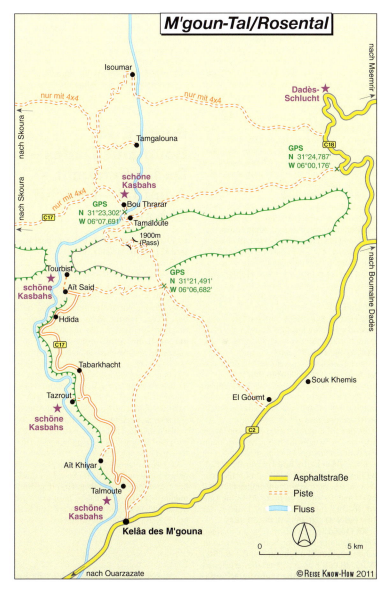

Etwa bei **km 37** verengt sich das Tal zur Schlucht, durch die ein sprudelnder Bergbach fließt. Ein ca. 3,50 m hohes Felstor wird durchfahren. Von hier führt eine Trekkingroute durch die Mgoun-Schlucht bis Agouti ins Aït-Bougoumez-Tal. Bis **km 40** durchfährt man dieses ursprüngliche grüne Tal, flankiert von roten Berghängen mit wild gezackten Felsen und Höhlen.

Bei etwa **km 41** ist das Flusstal zu Ende (**N 31°22,887', W 06°11,969'**). 700 m weiter zweigt eine Piste in Richtung Osten ab.

Bei **km 44,8** geht es rechts lang, linke Spuren ignorieren. 200 m danach quert die Piste ein Oued und führt weiter durch karge Hügellandschaft. Nach 800 m wieder durch ein Oued mit steiler Auffahrt.

Zwischen km 47,7 und 48,6 liegen **Felshöhlen**, in denen Nomaden unter einfachsten Bedingungen hausen. **Alemdoum**, ein Dorf mit Gîte d'étape, ist bei **km 49** erreicht. Hier zweigt eine breit trassierte Piste in Richtung Norden (nach Amejgag) ab.

Bei **km 54,9** folgen weitere **Höhlenwohnungen**, kurz danach zwei Orte. Es geht rechts weiter, die linke Piste führt in den Ort **Aït Khlifa**.

Bei **km 55,5** und **55,9** münden Pisten ein.

An der Furt bei **km 57,6** und der Verzweigung danach hält man sich links, **N 31°24,528', W 06°16,577'**.

Bei **km 66,6** geht es am Abzweig links weiter, **N 31°22,320', W 06°20,908'**.

Nach Höhlenwohnungen bei **km 72** führt die Piste kurz im Oued entlang, dann weiter durch karge Hügellandschaft, links erstreckt sich das Bergmassiv Djabal Aklim.

Bei **km 77,8** mündet eine Piste von Aberzaghan ein, weiter nach Südwesten, dann westwärts (Ende des Hochplateaus).

Etwa **58 km hinter Bou Thrarar (N 31°20,898', W 06°28,156')** geht es auf schlechter Piste steil bergab in ein zerklüftetes Hügeltal mit Oued. Es folgen mehrere schlechte Oued-Durchfahrten. 5 km weiter beginnt der Teer bei **N 31°20,289', W 06°29,984'**.

Aït Ouzid liegt an einem schräg gefalteten Berg, dahinter der sehr hübsche ursprüngliche Ort **Aguerd n'Igherm (N 31°18,556', W 06°38,058')**. Man passiert die zerfallenen **Kasbahs Targot N'Aha** und **Alig N'Targa**.

Die Fahrt führt durch ein ursprüngliches und schönes Tal mit freundlicher Bevölkerung.

Ca. bei **km 101** (15 km nach Teerbeginn) ist **Toundout** erreicht (gute Versorgungsmöglichkeiten, Cafés) – weiter in Richtung Süden. **N 31°13,706', W 06°34,635'**.

Bei etwa **km 127** ist **Skoura** erreicht.

Route C 18: Boumalne Dadès – Dadès-Schlucht – Agoudal – Imilchil – El Ksiba

● **159 km bis Imilchil (R704), von dort weitere 121 km bis El Ksiba (R317)**

Die Straße in die Dadès-Schlucht ist **bis Msemrir asphaltiert,** auf den letzten 10 km vor dem Ort ist der Belag allerdings von Überschwemmungen und Steinschlag stark beschädigt. **Hinter Msemrir** ist die Piste (nach Imilchil bzw. in die Todrha-Schlucht) **nur noch mit Allrad** oder hochbeinigem Fahrzeug (z.B. VW-Bus) befahrbar. Nach starken Regenfällen und im Winter kann die Strecke unterbrochen und nicht befahrbar sein. Im Winter ist es hier auf über 2000 m Höhe sehr kalt, es liegt z.T. Schnee. Von Imilchil nach El Ksiba ist die Route wieder asphaltiert. Die Strecke nach Imilchil bietet fantastische landschaftliche Eindrücke: mit Schluchten, einsamer Bergwelt und ursprünglichen Dörfern und Kasbahs.

Wer kein eigenes Fahrzeug hat, kann mit dem **Sammeltaxi** bis Aït Youl oder Aït Oudinar fahren oder ein ganzes Grand Taxi anmieten (ca. 300 DH/halber Tag). Lkw (mit Mitfahrgelegenheit) fahren Imilchil von Rich und El Ksiba über die Teerstraße an.

Felsformationen in der Dadès-Schlucht

Karten S. 389, 561 ROUTE C 18: BOUMALNE DADÈS – EL KSIBA 559

Routenteil C

Route C 18, Abschnitt 1: Boumalne Dadès – Dadès-Schlucht – Agoudal – Imilchil

Von Boumalne (vgl. Route C 2) in Richtung Ouarzazate geht es nach dem Ortszentrum rechts (beschildert „Gorge Dades, Msemrir 60 km"). Der **Dadès** windet sich als grünes Band durch die Landschaft und bildet einen wunderschönen Kontrast zu den kargen Felsbergen. **Oasengärten** mit Feigen-, Walnuss- und Obstbäumen sowie Silberpappeln gedeihen im Tal. Wegen der relativ hohen Lage und Kälte im Winter wachsen hier nur vereinzelt Palmen. Die Straße führt weiter in großen Kehren bergauf. Viele Häuser reihen sich entlang des Tales, darunter immer mehr Herbergen und Restaurants.

Bei **km 7** liegt rechter Hand im Tal die imposante **Kasbah Aït Youl**, zusammen mit der braunen Bergkulisse ein beliebtes Fotomotiv. Bei **Aït Ibrirne (km 10)** bietet die hübsche **Auberge Panorama** im Kasbahstil rechts an der Straße Unterkunft und Möglichkeit zur Einkehr. 2 km weiter folgt die **Kasbah de Mimi**, ebenfalls ein schönes Kasbahhotel (vgl. Boumalne Dadès/Unterkunft). Ca. **14 km** hinter Boumalne liegt die einfache **Auberge Miguirne** mit Restaurant links der Straße.

Zwischen **km 15** und **km 17** fallen rechter Hand auf der anderen Flussseite **bizarre Felsformationen** (-verwerfungen) auf, die häufig in Marokko-Prospekten und auf Postkarten abgebildet sind. Sie werden wegen ihrer Form auch „Affenpfoten" genannt. Im grünen Tal stehen die Reste einer Kasbah. Oberhalb bietet sich ein Parkplatz für einen Fotostopp an.

Bei **km 17** ist der Ort **Tamlalt** mit Auberge und Campingmöglichkeit erreicht. Nur ein kurzes Stück weiter thront die schöne **Kasbah Aït Arbi** in fantastischer Landschaft. Man kann sie besichtigen (10 DH). Kurz danach folgt das **Hotel/Restaurant Kasbah Aït Arbi** (vgl. Boumalne Dadès/Unterkunft).

Danach zweigt links die Piste Richtung Rosental (siehe bei El Kelâa M'gouna) ab. Diese Route kann man als Geländewagenfahrer auf dem Rückweg als Variante zur Hauptstraße Richtung Kelâa M'gouna wählen.

Bei **km 22** folgt das Dorf **Aït Ali** mit einer Teppichkooperative. Das Hotel und **Restaurant Les 5 lunes – chez Daoud** (vgl. Boumalne Dadès/Unterkunft) liegt 1 km weiter rechts der Straße.

Bei **km 25** passiert man **Aït Oudinar**, einen langgezogenen kleinen Marktort. An der Straße (links gleich nach der Brücke) liegt die sehr empfehlenswerte **Auberge Gorges du Dadès** mit **Campingplatz** (vgl. Boumalne Dadès/Unterkunft). Ein Mitglied der Betreiberfamilie führt auf Anfrage gerne auf einen benachbarten Aussichtsberg mit Höhlennomaden und weiter in eine Nebenschlucht des Dadès. Eine **Rundwanderung** von hier über den Berg in die kleine, spektakuläre Nebenschlucht bis in die Dadès-Schlucht und durch die Oasengärten zurück zur Herberge dauert ca. 3 Std. und ist sehr lohnenswert (ca. 100 DH Trinkgeld für mehrere Personen, festes Schuhwerk notwendig!).

1 km hinter Aït Oudinar befindet sich rechts am Hang die **Auberge Chez Pierre**. Nur 700 m weiter folgt die **Auberge La Fibule** (vgl. Boumalne Dadès/Unterkunft).

Kurz darauf, bei **km 27,5**, ist **Aït Ouffi** erreicht, ein kleiner Ort, der sich die Felswände an der Straße entlangzieht. Reisende haben hier die Auswahl zwischen **mehreren Herbergen**, z.B. Hotel des Peupliers, La Gazelle, La Kasbah de la Vallée, Auberge Tissadrine, Atlas Bérbère, Le Vieux Chateau (vgl. Boumalne Dadès/Unterkunft). Von den Unterkünften aus bietet sich eine **spektakuläre Wanderung** an: Gleich unterhalb der Auberge Tissadrine kann man über eine Baumstamm-Brücke über den Dadès balancieren und dann in eine Seitenschlucht einbiegen. Die Schlucht verengt sich immer mehr, und man wandert zwischen hohen Felswänden und über einige Felsblöcke hinweg talaufwärts – eine reizvolle Canyoning-Tour auf dem Trockenen! Diese Wanderung kann man auch von der anderen Richtung in Aït Oudinar beginnen; sie mündet dann hier wieder in die Dadès-Schlucht.

ROUTE C 18: BOUMALNE DADÈS – EL KSIBA

Hinter Aït Ouffi verengt sich die Schlucht. Die Felswände ragen immer höher und spektakulärer neben der Straße auf, die sich in Serpentinen weiter bergauf windet.

30 km hinter Boumalne (2,5 km weiter) thront das **Hotel La Kasbah de Victor** links der Straße in einer Kurve über der Schlucht (vgl. Boumalne Dadès/Unterkunft).

Ab **km 32** durchfährt man den **engsten Abschnitt der Schlucht.** Die Straße führt auf den nächsten Kilometern direkt am Fluss entlang. Nach starken Regenfällen ist sie hier oft überschwemmt, entsprechend beschädigt ist der Asphalt). Direkt am Eingang in die enge Schlucht liegen die Herbergen **Taghia** und **La Source du Dadès.** Etwa 1 km weiter (km 34), wo sich das Tal wieder etwas weitet, befindet sich die Unterkunft **Berbère de la Montagne** (vgl. Boumalne Dadès/Unterkunft).

Etwa bei **km 36** ist **Aït Toukhsine** erreicht. Die Häuser und Felder im Tal umgibt die Kulisse stark zerklüfteter und schräg gefalteter, brauner Berge. Es wachsen Pappel-, Äpfel-, Feigen- und Walnussbäume.

Bei **km 47** verengt sich das Tal wieder, die Straße führt auf einer kleinen Brücke über den Dadès und zunächst unmittelbar am Wasser entlang. Dann schlängelt sich die Route eng am Felshang entlang bergauf (Vorsicht: Steinschlag!). Auf 2100 m Höhe angekommen, bietet sich ein **grandioses Panorama in den Canyon des Dadès.** Unten windet sich der Fluss in grünen Schleifen durch die grau-braunen, schroffen Berge.

Ab **km 54** geht es wieder bergab ins Flusstal. Etwa bei **km 59** ist **Msemrir (N 31°41,717', W 05°49,214')** erreicht. Den großen Ort umgeben Felder mit Mais, Getreide und Apfelbäumen. Wochenmarkt ist am Samstag. Im Spätherbst, Winter und Frühjahr ist es hier oben sehr kalt, es wurde uns von -10°C im April berichtet! Neben anderen einfachen Herbergen bietet sich die einfache **Auberge El Warda** als Unterkunft an. Der Besitzer *Mohamed Outakhchi* ist Bergführer, sehr hilfsbereit und kompetent.

In Msemrir endet die Teerstraße. Von Msemrir kann man mit 4x4-Geländewagen

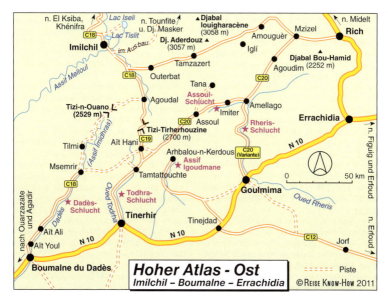

Hoher Atlas - Ost
Imilchil – Boumalne – Errachidia

Route C 18: Boumalne Dadès – El Ksiba

über ein Hochtal (2700 m) auch bis in die **Todrha-Schlucht** weiterfahren (dort ab Aït Hani geteert, vgl. Route C 19).

Weiter führt eine gute Schotterpiste entlang des breiten grünen Hochtals mit vielen Dörfern und Feldern. 3 km hinter Msemrir geht es über eine breite Furt, vorbei an einer gefassten Quelle. Die Kinder betteln nach Süßigkeiten und Kugelschreibern.

Bei **km 68** (9 km hinter Msemrir) zeigt ein Schild links zum Hotel/Camping Asaka (**N 31°45,201', W 05°47,755'**). Im Tal reihen sich Dörfer aneinander, man kann auf beiden Seiten des Flusses (auf Piste) entlangfahren.

Ab **km 82** wird das Flusstal schmäler, die Piste wird steiniger (ab hier im Jahr 2010 nur noch mit 4x4 möglich) und führt durch einen kleinen Canyon. Bei **km 84** folgt die **Gîte d'étape Ighounba** (**N 31°50,676', W 05°43,826'**) einsam im Tal. Dahinter führt die Piste raus aus dem Flusstal holprig, schmal und abschüssig bergauf (eine andere Piste folgt weiter dem Tal); es geht durch eine braune und einsame Berglandschaft mit grandiosem Ausblick in die Schlucht.

Bei **km 100** (41 km hinter Msemrir) ist ein **Pass** auf 2890 m Höhe erreicht (**N 31°54,706', W 05°39,730'**). Es geht nun weniger abenteuerlich und kurvig weiter über ein Hochplateau, auf dem Nomaden ihre Esel, Ziegen und Schafen weiden lassen. 15 km hinter dem Pass (**km 115**) folgen ein paar ärmliche Lehmhütten mit einem Bewässerungsbecken.

Wieder 2 km weiter, bei **km 117**, mündet die **Piste aus der Todrha-Schlucht** (vgl. Route C 19) bei einem weißen gemauerten Wegweiser in diese Route ein. Immer wieder muss das Flussbett des Asif Melloul gequert werden (nach Regenfällen problematisch oder unmöglich).

Bei **km 124** erreichen wir in **Agoudal** (**N 32°00,496', W 05°29,434'**) auf 2360 m Höhe wieder die Zivilisation. Das hübsche Dorf mit Kasbah ist sehr ursprünglich, Frauen tragen die traditionelle Tracht, die Kinder betteln leider unermüdlich. Übernachtung ist in der sehr netten **Auberge Ibrahim** (**N 32°00,732', W 05°29,250'**, Tel. 0535 88 46 28, aubergeibrahim@wanadoo.fr) am nördlichen Ortsausgang in einem Lehmhaus möglich. Ibrahim informiert anschaulich über die Lebensbedingungen im Ort, organisiert und führt Wanderungen etc. Es gibt sechs saubere Zimmer, heiße Duschen, auch Übernachtung im Salon, im Berberzelt oder Camping im Hof ist möglich.

Hinter Agoudal führt nun eine neue **Teerstraße** entlang der Strommasten durch das Tal Asif Melloul mit Pappeln und Feldern.

17 km nach Agoudal, bei **km 141**, mündet diese Route in die von Rich (im Ziz-Tal) kommende Teerstraße ein (Wegweiser, **N 32°05,949', W 05°30,572'**, vgl. Variante).

Variante über Rich oder Amellago

Ca. 110 km, Fahrzeit 2½–3 Std. Die Teerstraße nach Rich (R706) führt an der kargen Bergkette des Djabal Aderdouz (3057 m) entlang – in dieser ursprünglichen, kaum von Touristen besuchten Gegend leben noch Mouflons. Solange die Asphaltstraße durch die Todrha- bzw. Dadès-Schlucht noch nicht bis Imilchil fertiggestellt ist, bietet sich diese Strecke als Alternativroute für nicht geländegängige Fahrzeuge an. Es gibt kaum Versorgungsmöglichkeiten an der Route. Von Mzizel kann man auf Asphalt bis Assoul fahren oder nach Amellago und weiter ins Rheris-Tal (siehe Route C 20).

3 km hinter der Kreuzung liegt rechts der **Moussemplatz,** auf dem jährlich der berühmte **Hochzeitsmarkt von Imilchil** abgehalten wird, **N 32°06,021', W 05°28,616'**.

Bei **km 10** geht es bergab entlang einer kleinen Schlucht. 4 km weiter ist ein breites Tal mit Feldern erreicht.

Nach **15 km** folgt das ursprüngliche Dorf **Outerbat.** Hier tragen die Aït Haddidou noch ihre alte Tracht. Kurz nach dem Ort weichen die Felder den kahlen, bizarren und schräg gefalteten Bergen des Djabal Aderdouz.

Bei **km 25** und **km 27** liegen die kleinen Dörfer **Aït Taderte** und **Tamzadert.** Danach führt die Route bergab mit schönem Blick auf den Djabal Aderdouz. Nach dem Dorf **Aït Yaha-Ousgher** (**km 31**) geht es weiter ein Tal entlang und wieder bergauf durch wüstenhafte Berge. Die Straße schlängelt sich am Hang oberhalb des Flusses entlang, bis sie wieder in ein Tal mit Feldern führt.

Bei **km 38** liegt das Lehmksar **Aïn el Rhazi** in schöner Landschaft auf der anderen Seite des Ziz-Flusses.

Bei **km 41** schlängelt sich die Straße durch das Dorf **Timtbout** und führt nach 4 km wieder durch eine Schlucht mit Feldern und Nussbäumen. Nach 14 km weitet sich das Tal und die Berge werden niedriger.

Das Dorf **Igli** liegt bei **km 62** rechts auf der anderen Flussseite. 3 km weiter führt eine Brücke über einen Nebenarm des Oued Ziz, und dann ist bei **km 66 Amgouèr** erreicht (**N 32°00,265′, W 05°02,202′**).

4 km weiter folgt ein kleines Dorf, und dann geht es hinauf zum **Pass Tizi-n-Ali** auf 1700 m bei **km 73**. Das große Lehmdorf **Tagoundoute** liegt bei **km 81** an der Strecke.

Bei **km 86** ist **Mzizel** erreicht, der Ort besteht aus einem neuen Teil mit Geschäften und einem halbzerfallenen Lehmdorf.

Bei **km 89** führt **rechts** eine relativ neue Teerstraße nach „Amellago 40" und „Assoul 73" – geradeaus weiter nach **Rich**, das nach 24 km erreicht ist. Dort gibt es eine Tankstelle und Geschäfte sowie ein einfaches Hotel.

Nach der Einmündung auf die Teerstraße links weiter Richtung Imilchil (ohne Variante, s.o.) folgt kurz darauf der Ort **Bouznou** mit einer Herberge. Bis zur **Kreuzung bei km 150** (**N 32°09,102′, W 05°34,531′**) folgen mehrere Dörfer. An dieser Kreuzung geht es **rechts nach Tounfite** (bis Tounfite Piste, die Asphaltierung war für 2011 geplant, von dort weiter auf Teerstraße nach Boumia und Zeida, vgl. Route B 9) und **links weiter nach Imilchil**, das mit **km 159** erreicht ist (**N 32°09,586′, W 05°37,939′**).

Imilchil ♪ VI, B3

Imilchil liegt auf einem wunderschönen Hochplateau am Fluss Asif Melloul auf 2100 m Höhe, das Ortsbild prägen die **mächtigen Kasbahs**. Interessant ist die Tracht der Aït-Hadiddou-Frauen mit schwarz-weiß gestreiften Wollumhängen und den roten Wolltroddeln. Am häufigsten wird sie in den benachbarten Orten zwischen Agoudal und Imilchil getragen.

Imilchil wurde vor allem durch den Mitte September (Fr bis So) stattfindenden **Moussem der Bräute** bekannt. Eigentlicher Veranstaltungsort ist **Agda** etwas südlich von Imilchil. Die hier lebenden **Aït Hadiddou** mit ihren Untergruppen Aït Brahim und Aït Yazza gehören zur großen Berbergruppe der Beraber. Sie treffen sich hier mehrere Tage zu Ehren eines Lokalheiligen. Die Frauen dieser Bergstämme sind frei und selbstständig. Auf dem bekannten **Heiratsmarkt** von Imilchil werden Braut und Bräutigam von den Eltern vermittelt oder von den Kandidaten selbst ausgewählt. Dieser Brauch entwickelte sich angeblich deshalb, weil im ganzen Jahr irgendwo Hochzeiten stattfanden und dazu immer sämtliche Aït Hadiddou der Umgebung eingeladen wurden. Um das zu vereinfachen und die Hochzeit preiswerter zu gestalten, wurde der einmal jährliche Hochzeitstermin ins Leben gerufen. Da die Frauen nach einer Trennung den Ehepartner frei wählen können, sind die Scheidungen sehr häufig geworden. Damit geht der Brautpreis, den die Familie des Ehemannes zahlen musste, verloren. Am Moussem sind die Frauen der Aït Hadiddou stark geschminkt und ge-

Kasbah in Imilchil

schmückt. Die verheirateten Frauen und die Geschiedenen erkennt man an der hohen, spitzen Haube. Ist man sich einig geworden oder wurde die Vermählung vorher schon von den Eltern abgesprochen, marschiert man am letzten Tag des Moussems zum Qadi, um den Heiratsvertrag aufzusetzen. Wenn der Vertrag unterschrieben ist, wird in der Qubba der Marabut der Segen des Heiligen erfleht.

Inzwischen ist der Heiratsmarkt zu einem **Touristenspektakel** geworden: Der ganze Moussem gleicht einem riesigen Markt mit vielen Tieren und sonstigen Waren – Verheiratungen finden kaum mehr statt. Trotzdem ist der Moussem sehenswert, vor allem freitags, wenn Viehmarkt ist. Die meisten Touristen kommen erst am Samstagnachmittag, am Sonntag ist es bereits wieder ruhig. Übernachten kann man während des Moussems in Nomadenzelten bei Agda (mit Wolldecken ca. 120 DH p.P.) und in den kleinen Hotels der umliegenden Orte. Dort darf man auch sein Zelt aufstellen.

Imilchil lädt wegen der schönen Gebirgslandschaft in der Umgebung zum **Wandern** ein (z.B. im Flusstal des Asif Melloul). Im Ort existieren eine Tankstelle, mehrere Herbergen, einige Straßencafés und diverse Läden zur Versorgung. Am Samstag wird in Imilchil ein sehr ursprünglicher **Markt** abgehalten.

Direkt an der Teerstraße von Imilchil Richtung El Ksiba/Beni-Mellal (ca. 4 km Richtung Norden) liegt der **Lac Tislit,** ein schöner, von Birken umgebener See. Man kann eine kleine Wanderung rund um den See unternehmen oder in der Auberge Tislit einen Tee trinken. Nicht weit entfernt gibt es noch einen weiteren See, den **Lac Iseli** (ca. 9 km von Imilchil). Dieser See ist unbewohnt und liegt in kahler, unwirtlicher Umgebung. Die beiden Seen werden als „Braut" (Lac Tislit) und „Bräutigam" (Lac Iseli) bezeichnet. Der Sage nach sind sie durch die Tränen eines Liebespaares entstanden, das nicht heiraten konnte, weil die beiden Stämme, von denen Braut und Bräutigam abstammten, verfeindet waren. Die Legende wird in enge Verbindung

Karten S. 389, 561

ROUTE C 18: IMILCHIL

zum Heiratsmarkt gebracht. Die Seen sind sehr fischreich, im Lac Iseli lebt ein endemischer Fisch, der 1940 erstmalig entdeckt wurde und dessen Bestand regelmäßig kontrolliert wird.

● **PLZ von Imilchil:** 52 100 (Aït Hani)

Unterkunft

● **Kasbah Adrar,** an der Ortsausfahrt Richtung El Ksiba, Tel. 0523 44 21 84. Hotel im Kasbahstil mit Restaurant und Mehrbettzimmern mit Dusche (warmes Wasser) und Toilette. DZ € p.P.
● **Chez Bassou,** Tel./Fax 0523 44 24 02, www.chezbassou.com. Der Betreiber dieses ordentlichen Hotels und Restaurants, *Bassou Chabou,* ist Bergführer. Es gibt einfache saubere Zimmer mit und ohne Bad.
● **Toudra,** *chez Baamti Hammou,* im Zentrum, Tel. 0523 44 29 30, Mobil 0672 47 75 43. Die einfachen und sauberen Zimmer mit WC/Dusche auf dem Gang (€) verteilen sich auf zwei Etagen. Netter Besitzer, gutes Essen.
● Direkt am **Tislit-See** (an der Route Richtung El Ksiba) kann man im empfehlenswerten **Hotel du Lac – Auberge Tislit** übernachten oder dort campen (Tel. 0535 52 63 44, Mobil 0661 46 83 75, Fax 0535 52 70 39). Die Pächter sind sehr freundlich, die kleinen Zimmer (warme Dusche auf dem Gang) einfach, aber ordentlich und sehr sauber, im Winter wird im großen Salon der Kamin eingeheizt. Zimmer inkl. gutem Essen zum fairen Preis (€€ p.P. mit HP). Auch Camping möglich.

Camping

● Beim **Hotel du Lac am Lac Tislit** (s.o.). Einige Herbergen gestatten es Wohnmobilisten, kostenlos auf ihrem Parkplatz zu campen, wenn sie im Restaurant essen gehen.

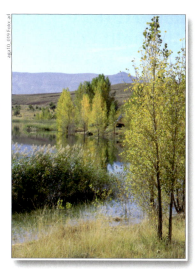

Links: Imilchil liegt sehr schön auf einem Hochplateau (2100 m); rechts: der Lac Tislit im Herbst

Verkehrsmittel

Ein **Bus** fährt jeden zweiten Tag **nach Rich** (Mo, Mi, Fr, am Sa wegen des Marktes zweimal, nicht am So). **Sammeltaxis und Bedford-Lkw** verkehren täglich nach Kasba Tadla (von dort Weiterfahrt mit dem Bus möglich).

Trekking

Ein empfehlenswerter und freundlicher **Bergführer** für die Region ist **Lhoussain Oukhatar** (Mobil 0666 10 30 80, oukhatarimilchil @yahoo.fr). Er betreibt mit seiner Familie auch eine nette **Gîte d'étape** mit sauberen 4er-Zimmern, einem kleinen Salon und sehr einfachen sanitären Anlagen (kalte Dusche).

Sonstiges

Bei der Ortsausfahrt von Imilchil liegt linker Hand eine **Werkstatt** mit freundlichem und geschicktem Mechaniker, der trotz mangelhaftem Werkzeug gut improvisiert. **Diesel** ist ist dort aus Fässern erhältlich.

Route C 18, Abschnitt 2: Imilchil – El Ksiba

Von Imilchil führt die Teerstraße nach El Ksiba in Richtung Norden weiter (R317, beschildert). 4 km hinter Imilchil liegt rechts der **Lac Tislit**, ein hübscher, von Birken umgebener Bergsee mit der **Auberge Tislit** (vgl. Imilchil, **N 32°11,774', W 05°38,525'**). Von dort kann man auf einer brauchbaren Piste bei **km 6** zum **Lac Iseli** (ca. 18 km hin und zurück) gelangen (vgl. Imilchil). Die gute Straße verlässt das Hochtal des Asif Melloul und führt weiter durch karges Bergland, immer wieder mit schöner Aussicht.

Bei **km 8** ist eine kleine Passhöhe erreicht (2300 m), danach geht es kurvig bergab. Diese Gebirgsseite ist kaum bewohnt und der Landschaftscharakter wandelt sich vom kargen Karst zu grüner, alpenähnlicher Landschaft. Das ist auf die Niederschläge zurückzuführen, die auf der Seite des Mittleren Atlas abregnen und nur wenig in die trockenen Hochtäler des Hohen Atlas vordringen (Wetterscheide).

Bei **km 19** geht es rechts zum **Forsthaus** (*Maison forestière*). Im kleinen Ort **Ouaourioud** (1800 m Höhe) gibt es ein Restaurant und einen Polizeiposten.

Bei **km 38** liegt der Ort **Aït Sidi Hucein** (Ikassene) mit Cafés. Bei **km 46** folgt rechts ein Forsthaus (1530 m). 9 km weiter führt ein Abzweig links zu den Orten **Cherket** und **Boutferda**.

Bei **km 68** zweigt rechts eine Piste nach Aghbala ab, es geht geradeaus nach El Ksiba (53 km.) Die Straße ist schmal und kurvig, daher ist bei Gegenverkehr Vorsicht geboten!

78 km hinter Imilchil ist die **Passhöhe Tizi-n-Ifar** (1700 m) erreicht. 10 km weiter führt eine Teerstraße links nach Ouaouizarht (siehe Route B 11).

Bei **km 109** wird eine weitere Passhöhe, **Tizi-n-Aid** (1500 m), überquert. Bei km 121 ist **El Ksiba** erreicht (vgl. Route B 10, geradeaus nach Kasba Tadla).

Route C 19: Tinerhir – Todrha-Schlucht – Tamtattouchte – Agoudal – Imilchil

● 247 km, R703

Die Straße von Tinerhir durch die Todrha-Schlucht ist inzwischen **bis Imilchil geteert** bzw. war Anfang 2011 teilweise noch im Ausbau. Ab Imilchil führt eine Teerstraße nach El Ksiba bzw. Rich. Im Frühjahr kann die z.T. einspurige, löchrige Straße in der Todrha-Schlucht nach starken Regenfällen unpassierbar und stark beschädigt sein, während im Sommer der Fluss nur bis zur Auberge Yasmina fließt. Wenn man nicht die ganze Rundfahrt durch die Todrha- zur Dadès-Schlucht (oder umgekehrt) unternehmen will oder kann (bisher nur mit 4x4), sollte man keinesfalls versäumen, wenigstens einige Kilometer hineinzufahren oder zu wandern. Bis Aït Hani verkehren Sammeltaxis.

Eine lohnenswerte Variante ist die **Drei-Schluchten-Rundfahrt** durch die Todrha-Schlucht nach Aït Hani, von dort nach Assoul und durch eine zweite wunderschöne Schlucht nach Imiter und Amellago. Zurück geht es durch die Rheris-Schlucht nach Goulmima. Die gesamte Route Aït Hani – Assoul – Amellago – Goulmima ist mittlerweile asphaltiert (vgl. Route C 20).

Zu den Unterkünften in der Todrha-Schlucht vgl. unter Tinerhir, Route C 2.

1 km von Tinerhir in Richtung Goulmima zweigt links die Straße in die Todrha-Schlucht ab (R703). 8½ km hinter dem Abzweig reihen sich bei dem Ort **Aït Ouritane** mehrere Campingplätze aneinander (siehe Tinerhir). Alle liegen schattig im Palmenhain.

1,5 km weiter am **Camping Le Lac – Garden of Eden** liegt das **Restaurant** (und Camping) **Source des Poissons Sacrés** (siehe bei Tinerhir/Unterkunft, Route C 2), wo man eine Pause einlegen sollte, um die glasklare idyllische „Quelle der heiligen Fische" zu besichtigen.

12 km nach Tinerhir folgt das empfehlenswerte **Maison d'Hôtes Aicha** (vgl. Tinerhir) links der Straße. 1 km weiter kann man im **Maison d'Hôtes Valentine** Unterkunft finden (vgl. Tinerhir).

1 km weiter (**km 14**) folgt ein Parkplatz mit dem **Restaurant/Auberge La Vallée** gegenüber, kurz darauf das **Hotel Mansour** und **Etoile des Gorges** (beide sauber). Hier beginnt die Todrha-Schlucht: Am besten man parkt hier und wandert zu Fuß weiter.

Bei **km 15** befindet sich rechts das **Hotel-Restaurant Yasmina**, daneben das **Hotel des Roches** (siehe Tinerhir). Beide Häuser liegen ausgesprochen hübsch nahe der Segen bringenden Quelle, die eingangs der Schlucht entspringt (rechter Hand vor der Brücke).

Bei den Hotels ist die engste und **spektakulärste Stelle** der Strecke erreicht. Die roten Felswände ragen steil in den klaren blauen Himmel. Eine betonierte, häufig von Überschwemmungen beschädigte Furt führt durch den Fluss. Hier wimmelt es zu manchen Jahreszeiten von Touristen und an Wochenende auch von einheimischen Picknickern. Im Winter ist es dagegen ziemlich ruhig. Früher sammelte sich der **Touristenstrom** am Anfang der Schlucht, seit der Asphaltierung dringt er bis hinauf nach Tamtattouchte vor. Die Schlucht hat dadurch viel von ihrem ursprünglichen Reiz eingebüßt: Souvenirhändler reihen sich aneinander, Taxis und Busse parken entlang der Straße, die Felsen sind von Graffiti verunstaltet, spärlich bekleidete Touristen wandern umher.

Kletterer mit eigener Ausrüstung haben die Möglichkeit, auf mehreren gesicherten Routen die Wände zu erklimmen.

Hinter dem engen Teil der Schlucht führt die Straße in gleichmäßiger Steigung entlang des Todrha bergan, ab und zu muss der Fluss gequert werden. Wanderer sollten nach 2–3 km umdrehen, da der weitere Weg durch die Schlucht keine Abwechslung bietet. Wanderer mit Ausdauer können bis Tamtattouchte laufen und oberhalb am östlichen Rand der Todrha-Schlucht bis zu den alten Ksour vor Tinerhir hinuntergehen. Durch die Oasengärten geht es dann nach Tinerhir. Dafür ist ein ganzer Tag einzuplanen.

Nach **17 km** trifft man auf die letzten Palmen, viele Furten führen durch das Kiesbett. Bei **km 29** ist ein kleiner Marabut erreicht, und 3 km danach führt ein Abzweig links nach **Msemrir** (in der Dadès-Schlucht).

Tamtattouchte, ein größerer Ort mit vielen Kasbahs am Ende der Todrha-Schlucht, ist bei **km 33** erreicht. Vor allem im Winter kann es hier auf etwa 1800 m Höhe recht kühl werden. Übernachtsmöglichkeit besteht in der **Herberge Chez Baddou** (Mobil 0669 35 42 82, auberge_baddou@caramail.com) gleich zu Beginn des Ortes mit einfachen, blitzsauberen Zimmern im 1. Stock (€, Du/WC auf dem Gang), einem gemütlichen Aufenthaltsraum mit Bibliothek, einem schön angelegten Campingplatz (warme Duschen) und gutem Restaurant. Der Besitzer *Moha Abaz* ist sehr freundlich und gibt viele gute Ratschläge. *Ahmed* bietet sich als Führer z.B. nach Agoudal oder zu einem kleinen Salzbergwerk an. Schräg gegenüber auf einem Hügel mit schöner Aussicht liegt die **Kasbah Taymat (Chez Moha)** mit etwas komfortableren Zimmern und gemütlichem Innenhof (ebenfalls warme Gemeinschaftsduschen und WC). Daneben bzw. direkt gegenüber von Baddou befindet sich die einfache **Auberge Bougafer** (Mobil 0670 22 35 36, www.aubergebougafer.com, DZ ohne Bad € p.P. inkl. HP, mit Bad €€ p.P. inkl. HP), in der der nette Chef persönlich und gut kocht. Eine Leserin empfahl das Restaurant der **Auberge Haut Atlas (Chez Brahim).** Auch die **Auberge Les Amis** (Mobil 0670 23 43 74, amistamt@yahoo.fr) am Ortseingang rechts wurde von Lesern sehr gelobt: freundlich, luftige, große und recht hübsche Zimmer mit Du/WC (€€ p.P. inkl. HP), betrieben von zwei gastfreundlichen Brüdern (einer spricht deutsch). Man kann auch auf der Dachterrasse übernachten oder auf dem Gelände campen.

Etwa 1,5 km hinter Tamtattouchte geht es links auf Piste nach Msemrir und in die Dadès-Schlucht (siehe Route C 18) und rechts bzw. geradeaus weiter bergauf nach Aït Hani und Imilchil. Ab **km 44** führt die Straße über ein Hochplateau.

Bei **km 49,7** zweigt rechts die Straße nach Assoul ab, es geht links weiter nach Imilchil. **N 31°46,562', W 05°27,414'**. Nur 300 m weiter ist **Aït Hani**, ein Ort mit Militärposten, erreicht.

Bei **km 54** zweigt die Zufahrt nach **Toumliline** ab (4 km). Die Straße führt geradeaus bergauf bis zum **Pass Tizi Tirherhouzine** (2700 m) bei **km 68, N 31°52,715', W 05° 28,601'**. In der Region sind viele Hirten mit Schafen, Pferden und Kamelen unterwegs. Nach dem Pass führt die Piste wieder im Hochtal des Asif Melloul entlang.

Bei **km 88** ist **Agoudal** erreicht. Zur weiteren Strecke nach Imilchil vgl. Route C 18/Abschnitt 1 (ab km 124).

Route C 20: Rich – Amellago – Aït Hani – (Goulmima) – Tinerhir (über Todrha-Schlucht)

● 190 km

Diese landschaftlich sehr schöne Gebirgsstrecke durch den Hohen Atlas ist inzwischen vollständig geteert, auch die Variante durch das Rheris-Tal nach Goulmima. Außer Kleinbussen und Lkw bestehen keine Transportmöglichkeiten.

Der hübsche Ort **Rich** mit roten Häusern am Ufer des Oued Ziz liegt 2,5 km westlich der N13 nach Errachidia (vgl. Route C 9). Hier findet man Unterkunft im einfachen **Hotel Isis** (DZ mit Du/WC €, kein Essen, sehr freundlicher Chef, **N 32°15,508', W 04°30, 355'**). Am Ortsende folgt man der Beschilderung nach Imilchil – diese Route ist auf den ersten 27 km identisch mit derjenigen nach Imilchil (vgl. Route C 18/Variante über Rich).

3 km hinter Rich führt die schmale gute Straße über den **Oued Ziz** (im Sommer trocken).

Bei **km 12** liegt **Aït Ben Yaya** mit verfallenden Kasbahs im Flusstal. Bei **km 22** folgen weitere schöne Kasbahdörfer.

Bei **km 27 zweigt diese Route links** nach Amellago **ab** (ca. 2 km vor Mzizel). Weiter geht es auf guter, breiter Straße einem steinigen Tal entlang durch Kieshügellandschaft.

Bei **km 54** führt eine Furt durch ein Oued bei der Ortschaft **Agoudim**. Das Tal wird nach ca. 10 km etwas enger und gebirgiger. Die Berge rücken ab Amellago immer näher heran.

Der von schroffen Wildwest-Bergen umgebene expandierende Ort **Amellago** ist nach **69 km** erreicht. Es gibt eine einfache **Gîte d'étape** (Tel. 0535 36 82 58) im Kasbahstil mit Camping (sehr freundlich, schöner Garten, heiße Duschen, kein Strom). Entlang des Rherisflusses wachsen Obstbäume. Die Region ist sehr ursprünglich, die Bevölkerung freundlich.

An der **Kreuzung** im Zentrum (**N 31°59, 755', W 05°00,136**) geht es geradeaus nach Tadirhoust (30 km), Imirhene bzw. Goulmima (entlang des Oued Rheris nach Süden, vgl. Variante) und **rechts weiter nach Aït-Hani, Assoul zur Todrha-Schlucht**.

Variante: Durch das Rheris-Tal nach Goulmima

Diese inzwischen vollständig asphaltierte Variante war in der Vergangenheit nur mit Allradfahrzeug möglich und bei Regen nicht unpassierbar, da sie einige Kilometer durch das Flussbett des Oued Rheris führt, das bei Regen schnell komplett unter Wasser steht! Die Route eignet sich auch gut als Trekkingtour durch die herrliche Rheris-Schlucht.

Km 0 Beim obigen Wegweiser in Amellago geradeaus fahren und nach einem ½ km beim Fort nach links, bzw. von der Todrha-Schlucht kommend nach OSO halten. Die Straße schlängelt sich durch eine **schöne Canyonlandschaft** mit roten Berghängen. Hier findet man tolle Übernachtungsplätze.

Nach etwa **19 km** endet die Schlucht, die Route führt zur linken (östlichen) Hangseite hinauf und bleibt oberhalb des Flussbettes.

Danach folgen die Orte **Aït Brahim, Toukter, Timezguit**. Ein großer Palmenhain, mit Feigenbäumen und Oasengärten, wird von zerklüfteten Bergen gesäumt.

Die Straße führt oberhalb des Flusses entlang, ab etwa **km 29** kommen die großen Palmenhaine von Goulmima in Sicht. Hin und wieder sieht man sehr schöne Kasbah-Ruinen. Kurz vor dem Ort Mgamane liegt ein Friedhof mit Marabut.

Der große Ort **Tadighoust** (Tadirhoust) ist nach **34 km** erreicht, **N 31°49,454', W 04°57,968'**. Reisende kommen in der von Franzosen betriebenen **Herberge Chez Pauline** (Tel. 0535 88 54 25, www.gitechezpauline.com, **N 31°48,954', W 04°58,064'**) in der Palmeraie unter. Auf dem grünen Farmgelände kann man campen, in einem der hübschen Berberstil-Zimmer mit Bad (€€€B) oder günstig im Schlafsaal (€ mit Frühstück) übernachten. Alle Zutaten für das Essen kommen aus eigenem biologischen Anbau.

Die Straße führt nach dem Ort durch eine flache Ebene. Über eine zementierte Furt wird mehrmals das zerklüftete Lehmbett des Oued Rheris duchquert.

Nach insgesamt **53 km** ab Amellago mündet diese Variante im Zentrum von Goulmima in die N10 ein (siehe Route C 2), Wegweiser „Tadirhoust 18 km", **N 31°41,574', W 04°57,161'**.

Ab der obigen Kreuzung in Amellago geht es durch das Tor und bei einem Kreisverkehr geradeaus nach Assermo. Rechts geht es wieder nach Rich (am Ort vorbei). Bei ca. **km 72** liegt die **Gîte Chez Lahcen** (€B p.P. mit HP, gutes Essen, Tel. 0666 28 29 65, ouhta.lahcen@caramail.com), **N 32°00,25', W 05°02,534'**. In der Gegend gibt es einige **Kletterrouten**. *Lahcen Ouhta* von der Auberge gibt Tipps, führt Wanderungen durch die Region und verkauft Topos.

Danach geht es in Richtung Westen ins Gebirge. Man fährt durch eine Schlucht, die bei **km 73,2** bei einem an den Felshängen klebenden **großen Dorf** beginnt. Nun führt die Route durch ein wunderschönes, **enges Felsental** mit Palmen, Feigenbäumen und Lehmbauten. Bei **km 76** liegt das Kasbahdorf Immeder (Imiter) in der Schlucht. 4 km weiter geht es bergauf am Hang entlang, bei **km 81** erreicht man ein **Dorf**.

Danach führt die Straße an einem **Felsüberhang** entlang, der für größere Fahrzeuge (Lkw) zu niedrig und eng sein dürfte. Weiter entlang der Schlucht erreicht man bei **km 89** eine Kreuzung (**N 32°00,494', W 05°09,343'**). Eine Piste zweigt rechts ab in Richtung **Tizi-Tagountsa** und ins Tagountsa (bzw. Taguensa)-Tal. **Links weiter** über die Brücke. Das lang gezogene Dorf **Ouina** liegt auf der anderen Seite. Ab hier wird das Flusstal karg und trocken. Es geht über ein dünn besiedeltes Hochplateau, das Tal weitet sich und die Schlucht endet.

Das Zentrum des großen Ortes **Assoul** mit vielen neuen Häusern, Kasbahs und Moschee ist bei ca. **km 100** erreicht. 2 km nach dem Ort zweigt rechts eine Piste in Richtung Tana ab, die Hauptroute folgt weiter **geradeaus** einem breiten trockenen Oued über eine langweilige Hochebene.

Bei **km 130** ist **Tidrine** erreicht, danach führt die Straße durch ein weites Hochtal mit einigen Dörfern mit Kasbahs bis Aït-Hani.

An der Kreuzung bei **km 136,4** (**N 31°46,903', W 05°27,100'**) weist ein arabisch beschrifteter Wegweiser rechts nach Imilchil (75 km), links in die Todrha-Schlucht und nach Tinerhir (58 km) – links weiter.

137 km von Rich liegt **Aït Hani** (vgl. Route C 19). Von hier geht es auf Teerstraße weiter nach Tamtattouchte und durch die Todrha-Schlucht nach Tinerhir; zur weiteren Strecke vgl. Route C 19 in umgekehrter Richtung.

Route C 21: Marrakesch – Ourika-Tal – Setti-Fatma bzw. Oukaïmeden

● 63 km nach Setti-Fatma, P2017; ca. 77 km nach Oukaïmeden, P2017 und P2030

Zunächst gute, dann im Ourika-Tal z.T. vom Regen beschädigte Teerstraße durch den

Route C 21: Marrakesch – Oukaïmeden

Hohen Atlas. Kurz hinter Asguine sind zwei Varianten möglich: weiter nach Setti-Fatma (Variante 1) oder hinauf zum Skiort Oukaïmeden (Variante 2). Variante 1 führt durch das sehr schöne, grüne und inzwischen ziemlich touristische Ourika-Tal mit vielen Restaurants und Herbergen. Im Tal des rauschenden Gebirgsflusses Oued Ourika wachsen u.a. Erdbeeren, Kirschen, Pfirsiche, Feigen und Walnüsse. Am Ende der Straße in Setti-Fatma kann man in etwa 30 Min. zu Wasserfällen wandern. Von dort bieten sich mehrtägige **Trekkingtouren**, z.B. zum Djabal-Yagour-Plateau (interessante Felsgravuren), an. Auch in Oukaïmeden beginnt eine schöne Trekkingtour über den Tizi-n-Eddi-Pass (2928 m) ins Imenane-Tal (Gîtes z.B. in Ouaneskra, Imsker). Die Wege führen durch ursprüngliche Berberdörfer mit Terrassenfeldern und die fantastische Bergwelt des Hohen Atlas. Gepäckmulis können angemietet werden.

Sammeltaxis fahren nach Setti-Fatma und Oukaïmeden oder mit dem **Stadtbus Nr. 25** ab Marrakesch bis nach Ourika, dann weiter mit dem Grand Taxi bis Setti-Fatma (ca. 50 DH p.P.) oder Oukaïmeden. In Marrakesch kann man Tagesausflüge nach Setti-Fatma buchen.

In Marrakesch der Beschilderung nach Ourika/Oukaïmeden in Richtung Süden folgen (an der Av. Mohamed V. links, dann entlang der Stadtmauer). **6 km** nach dem Zentrum kann man sich im riesigen **Carrefour-Supermarkt** rechts der Straße mit allen erdenklichen Köstlichkeiten (u.a. günstiges und gutes Arganienöl) eindecken.

Etwa **9 km** südlich von Marrakesch liegt das Farmgelände von **La Ferme Berbère** (Tel. 06 61 22 09 41, www.laferme-berbere.com), das Leser wärmstens für einen Familienurlaub empfahlen: 10 schöne Zimmer im marrokanischen Stil (€€€) und möblierte Berberzelte in absolut ruhiger Lage, mit Pool und Hammam, sehr gutes (marokkanisch-französisches) Essen, französische Besitzerin *Patricia*.

Nach **12 km** (ab Zentrum Marrakesch) folgt das **Restaurant Le Touggana** (Tel. 0524 37 62 78) mit feiner italienischer und internationaler Küche an der Strecke (stylish-knalliges Interieur, Terrasse, u.a. Salate, Fisch- und Fleischgerichte für ca. 150 DH). 1 km weiter zweigt links die Zufahrt zum Nobel-Freizeitbad und **Club La Plage Rouge** ab. Die gute, verkehrsreiche Straße führt weiter Richtung Süden, mit herrlichem Blick auf den im Frühjahr verschneiten Hohen Atlas.

Etwa bei **km 16** weist ein Schild links zum „Camping 4x4", hier geht es zum schönen Gartengelände von **Les Jardins d'Issil** (vgl. Marrakesch/Camping).

Etwa **33 km** hinter Marrakesch finden anspruchsvolle Reisende luxuriöse Unterkunft bei **Les Jardins d'Ourika** (DZ €€€€, mit Pool und Hammam, Tel. 0524 48 21 16, Mobil 0661 33 42 59, www.jardins-ourika.com) in ländlicher Umgebung und dennoch nahe der Stadt.

Bei **km 36** liegt der lebhafte Ort **Ourika** (Tnine de l'Ourika, viele Läden, einfache Hotels) links abseits der Straße. An der **Kreuzung** geht es links nach Aït Ourir (an der N9), rechts nach Tahanoute (R203) und **geradeaus weiter** nach Setti-Fatma. Montags findet in Ourika (Soukgelände an der Straße nach Aït Ourir an Oued Ourika, 3 km ab der Kreuzung) ein sehenswerter ursprünglicher **Wochenmarkt** statt.

Hinter Ourika (an obiger Kreuzung geradeaus Richtung Setti-Fatma) führt die Straße nun kurvig bergauf entlang des herrlich grünen Ourika-Tals. Rote, z.T. bewaldete Berghänge begrenzen die Straße. An diversen Ständen kann man bemalte Töpferwaren aus rotem Ton einkaufen. Im **Douar Tafza** am Eingang zum Ourika-Tal kann man dem **Eco-musée berbère de l'Ourika** (Tel. 0524 38 57 21, www.ecomuseeberbere.com) einen Besuch abstatten. In Privatinitiative entstand hier ein Museum in einer restaurierten Kasbah, das interessante historische Fotografien und Gebrauchsgegenstände der Berber im Hohen Atlas ausstellt.

Bei **km 41** liegt das verspielt-verwinkelt gestaltete Gästehaus **Kasbah de Tifirte** auf der linken Seite (mit schöner Aussichtsterrasse, Teppich- und Souvenirladen).

2 km weiter **(km 43)** führt ein Fahrweg über eine Brücke zum **Jardin de Timalizene** mit dem Café des Arts (Mo geschlossen) in einem idyllischen Garten direkt am Fluss

Karten S. 389, Umschlag hinten

(hübsches Lehmhaus, geräumige Zimmer mit Tadelakt-Bad, €€€ p.P. mit HP, Hammam, Tel. 0524 48 40 59, www.timalizene.net).

Bei **km 45** ist das Dorf **Asguine** (diverse Shops) erreicht. Am Ortseingang rechts oben thront der rosa Betonklotz des **Hotel Ourika***** direkt an der lauten Hauptstraße (Tel. 0524 48 45 62, DZ mit Balkon €€, mit Pool).

An der **Kreuzung 2 km hinter Asguine**, etwa 47 km von Marrakesch-Zentrum entfernt, geht es **rechts nach Oukaïmeden** und **links nach Setti-Fatma**.

Variante 1: nach Setti-Fatma

Links weiter entlang des Ourika-Tals.

1 km nach der Kreuzung lädt rechts an der Straße das **Restaurant Le Maquis** (mit Pool und Zimmern) zu einer Rast ein. Kurz darauf folgt das Dorf **Aghbalou**.

Entlang der weiteren Strecke findet man überall Unterkunft in einfachen Gästehäusern (Maisons d'Hôtes).

Bei **km 51** liegt das Palastrestaurant **Kasbah de l'Ourika** rechts und direkt gegenüber das **Hotel Amnougour** (Tel. 0524 44 45 45, Restaurant mit kitschig-marokkanischem Interieur und Terrasse mit Blick auf den Fluss, Menü 170 DH, nüchtern gefliese und einfach ausgestattete klimatisierte Zimmer mit Bad €€).

1 km weiter bietet die **Auberge Ramuntcho**** (Tel. 0524 48 45 21, www.ramuntcho.ma) ein wesentlich ansprechenderes Ambiente als das Hotel Amnougour: schöne Terrasse mit Ausblick, Kaminsalon, Bar mit Alkoholausschank, saubere, aber schon recht abgewohnte Zimmer mit AC (€€€€B inkl. HP), Pool im Innenhof, alles umgeben von einem tollen Garten mit Feigen, Zitronen, Bougainvillea etc.

Die z.T. beschädigte (und bei Hochwasser evtl. gesperrte) Straße führt nun – gesäumt von diversen Läden und Restaurants – direkt am Fluss entlang durch mehrere Ortschaften. Dank touristischer Nachfrage wird nun auch hier **Arganienöl** von „Kooperativen" verkauft, obwohl im Hohen Atlas gar keine Arganienbäume wachsen, sondern nur im südlicheren Anti-Atlas.

Bei **km 61** im Dorf **Tigminou** finden Budget-Traveller Unterkunft in einer netten **Gite** (Herberge, Tel. 0668 21 97 84) rechts oberhalb der Straße mit zwei einfachen sauberen Zimmern mit großen Fenstern zum Fluss und sauberem WC/Dusche am Gang. Das größere, ebenfalls empfehlenswerte **Maison d'Hôtes Atlas Tigmui** befindet sich noch weiter oberhalb in einem roten Haus.

62 km nach Marrakesch folgt **Assgaour** und direkt anschließend der Ort **Setti-Fatma** mit einfachen Unterkünften, Cafés, Restaurants, Grand-Taxi-Haltestelle, Läden und einem *Bureau des guides et accompagnateurs* (Vermittlung von autorisierten Wanderführern). Empfehlenswert für ein Mittagessen im hübschen Garten unter Pappeln am Fluss ist das **Restaurant Le Noyer** (blaues Gebäude mit Dachterrasse auf der rechten Seite, zu den Gartentischen über die Hängebrücke auf die andere Flussseite, Menü 100 DH).

1 km vor Setti-Fatma liegt die schöne, mit viel Liebe zum Detail gestaltete **Herberge La Perle d'Ourika** (Mobil 0666 34 95 99, perledelourika@hotmail.com, gutes Couscous, sehr freundlich, DZ mit warmer Dusche €) an der Straße oberhalb des Flusses. Die Aussicht von hier ins Tal ist großartig.

In der ganzen Gegend kann man sehr schöne **Wanderungen** unternehmen, z.B. zu Wasserfällen. Zahlreiche (zum Teil recht aufdringliche) Führer bieten sich dafür an. **Der erste Wasserfall ist sehr leicht zu finden:** Die Straße in Setti-Fatma bis zum Ende fahren (**km 63** ab Marrakesch), an einem der ausgewiesenen bewachten Parklätze parken. Auf einer der provisorischen Brücken (die es nach starken Regenfällen immer wieder wegspült) geht es über den Fluss und vorbei an den Cafés immer bergauf dem Bachlauf und den vielen Touristen nach. Diese schöne, etwa halbstündige Wanderung führt durch ein grünes Tal mit Nussbäumen und großen Felsen (mit ein wenig Kletterei) bergauf, bis man unterhalb des Wasserfalles zu einem kleinen Café kommt. Wer gut zu Fuß ist, kann noch weiter nach oben in die Berge wandern (feste Schuhe). Im Winter ist der Weg ohne Führer nicht leicht zu finden und sollte nur bei trockenem Wetter ohne Schnee begangen werden.

ROUTE C 21: OUKAÏMEDEN

Variante 2: nach Oukaïmeden

Zurück an der Kreuzung 2 km hinter Asguine (s.o.) geht es weiter nach Oukaïmeden. Die Straße schlängelt sich in Serpentinen durch eine schroffe Berglandschaft nach oben, bis nach etwa 30 km Oukaïmeden erreicht ist.

Oukaïmeden

Der Bergort auf 2650 m Höhe ist **Marokkos einziges hochalpines Skigebiet**. Am Ortsanfang befindet sich ein kleiner Stausee. Hier fühlt man sich eher ins schottische Hochland versetzt als in Marokko. Im Vergleich zur Hitze in Marrakesch ist es angenehm kühl, die Berge sind meist in Wolken gehüllt, sodass man durchaus einen Pullover gebrauchen kann. Über 2000 m Höhe wächst noch Ginster, ansonsten findet man nur noch wenig Vegetation.

Ein neuer Sessellift am Ende der Straße führt auf den 3265 m hohen **Djabal Oukaïmeden**, weitere Schleppliftanlagen erschließen das Gebiet. Im Ort und auf der Bergstation steht ein Skiverleih zur Verfügung.

In und bei Oukaïmeden gibt es einige kaum mehr erkennbare bzw. zerstörte **Felsgravuren** zu sehen: eine sonnenförmige Gravur hinter der Ladenzeile beim Refuge de Club Alpin Français, eine Kuh und ein Dolch auf den Felsplatten am Ortseingang rechts hinter den Häusern.

Den Ort verunstalten einige **hässliche Betonbauten**, es gibt ein Sportzentrum, Restaurants (auch eine Pizzeria), kleine Läden, Hotels, Gendarmerie und die Baracken des *Bataillon des Skieurs*. Im Sommer wirkt der Ort bis auf einige Schaf- und Ziegenherden, die hier oben weiden, sehr verlassen.

Am Ortsende von Oukaïmeden an einer Kreuzung kann man in Richtung Radio-/TV-Station (auf dem Berg) rechts (links geht's zu den Liften) auf einer kurzen Piste (bei späterem Abzweig wieder rechts) zu einer **Aussichtsplattform** (2740 m) fahren. Hier hat man einen großartigen Panoramablick auf den Tizi-n-Test, Djabal Toubkal und Marrakesch. Mit Glück sieht man einen der seltenen Bartgeier.

Die gute Piste am Ende der Teerstraße beim Sessellift führt auf den **Tizi-n-Eddi** (2928 m). Von dort bietet sich eine tolle Aussicht auf das Imenane-Tal. Zu Fuß wandert man etwa zwei Stunden bis zum Pass.

Unterkunft

● **Club Louka******, Tel. 0524 31 90 80, www.clublouka.com. Das ältere Hotel gleich am Ortsanfang links (beim See) hat 101 komfortable Zimmer mit Heizung, TV und Panoramaterrassen. Sehr gutes Essen auf Vorbestellung. Der Pool wird erst ab einer gewissen Auslastung geheizt. Ski-, Kletter- und Trekkingtouren können organisiert werden, auch Mountainbike-Verleih. DZ €€€€A inkl. HP.
● **Chez Juju**, Tel. 0524 31 90 05, www.hotelchezjuju.com. Herberge im französischen Hüttenstil, recht komfortable Zimmer mit Bad, üppiges Frühstück.
● **Le Courchevel**, Tel. 0524 31 90 92, www.lecourchevelouka.com. Einfach ausgestattete Zimmer mit Bad, aufmerksamer Service, Restaurant und Aufenthalts-/TV-Raum mit Kamin, Bar mit Alkohol. DZ ab €€€€B, auch Lagerbetten €€€ inkl. HP.
● **Chalet d'Oukaïmeden****, Tel. 0524 31 90 36, www.cafmaroc.com. Unterkunft des **Club Alpin Français** im schweizerischen Chaletstil mit Bettenlager und Zimmern. € p.P., Frühstück 25 DH, Essen 90 DH. Reservierung beim Club Alpin notwendig (Adresse siehe Internet oder im Exkurs „Bergsteigen im Djabal-Toubkal-Gebiet").

Von Oukaïmeden wieder zurück bis nach **Aït Lekak (N 31°15,850', W 07°49,272')** kann man auf einer inzwischen asphaltierten Route durch einsame, schöne Gegend **in Richtung Tahanoute/Asni** (an der R203) fahren. Beim großen Ort **Tadmamt** unterhalb am Hang zweigt eine unbeschilderte Piste links nach Asni ab (sehr schmal, z.T. sehr schräg, schöner Blick auf den Dj. Toubkal). Die Straße rechts weiter mündet bei **N 31°20,107', W 07°56,859'** nahe Tahanaoute in die Teerstraße R203 von Asni nach Marrakesch ein.

Karten S. 389, Umschlag hinten

Route C 22: Marrakesch – Asni – Tizi-n-Test – Taroudannt

● 229 km (bis Asni 48 km), Asphalt, R203

Diese **landschaftlich sehr schöne Strecke** ist etwas abenteuerlicher als die Passstrecke über den Tizi-n-Tichka. Auf der Nordseite ist der Asphalt gut und relativ neu, auf der Südseite nach dem Pass zunächst ausgefranst und löchrig. Die Strecke ist vor allem auf der Südseite extrem kurvig und schmal. Bei Gegenverkehr wird es regelmäßig spannend, wer wohin ausweicht ... Wintersperre bei frischem Schneefall. Zwischen Asni und Ouled Berhil gibt es keine Tankstelle!

Manchen Reisenden ist es wohler, die Straße in umgekehrter Richtung zu fahren, da man dann auf der komplizierteren und gewundeneren Südseite die Felswand und nicht den ungesicherten Abhang neben sich hat, vor allem bei schlechtem Wetter. Bei Nebel ist diese Strecke ausgesprochen unangenehm zu fahren, es lohnt sich, auf besseres Wetter zu warten. **Für Wohnanhänger und überdimensionale Wohnmobile ist die Strecke nicht geeignet,** auch für **nicht schwindelfreie Fahrer** kann der Abschnitt zwischen der Passhöhe und den nachfolgenden 15 km problematisch sein.

Mit dem **Bus oder Sammeltaxi** in Marrakesch vom Bab er Robb nach Asni. Von dort fahren Busse nach Ouled Berhil. Viele Busse fahren nur bis Asni, es gibt aber auch einen Privatbus nach Taroudannt. Außerdem besteht Sammeltaxiverkehr. Bis Mulay Brahim kostet ein Grand Taxi komplett ca. 500 DH (für 5 Fahrgäste).

Ab Marrakesch beachten Sie die Beschilderung nach Taroudannt, bei **km 5** geht es links in Richtung Taroudannt weiter, rechts nach Amizmiz.

Bei **km 30** ignorieren Sie den Abzweig links ins Ourika-Tal. Bei km 31 liegen vor dem Ort **Tahanaoute** eine Tankstelle und ein Marktgelände, wo dienstags ein **schöner Markt** stattfindet. Trotz vieler Touristen aus Marrakesch ist dieser Wochen-Souk noch recht ursprünglich.

Nach 1 km ist der große Ort Tahanaoute, nach **34 km** das Dorf **Saour** erreicht. Viele Souvenirläden bieten an der Straße Waren zum Verkauf an.

Nach 3 km führt eine Brücke über den **Asif Reraïa.** Rote Lehmhäuser, die sich kaum von der Umgebung abheben, ziehen sich entlang der Hänge.

Bei **km 47** besteht die Möglichkeit, zur Zawia und **nach Mulay Brahim abzuzweigen** (4 km).

Mulay Brahim

Dieses schön gelegene Bergdorf auf 1200 m Höhe ist ein **Wallfahrtsort,** der nach dem „Heiligen" *Mulay Brahim* benannt ist. Einige Tage nach Mauladbeginn findet dort ein wichtiger **Moussem** statt, der unbedingt sehenswert ist. Mulay Brahim ist in erster Linie Wallfahrtsziel für Frauen mit unerfülltem Kinderwunsch.

Es gibt eine **Wohn- und** eine **Marktregion.** Diese erreicht man, wenn man am Ortseingang bei den Restaurants oder beim Hotel Haute Roches parkt und linker Hand die Treppen nach oben geht. Beim Aufgang drängen sich die Frauen, um ihren Geschlechtsgenossinnen die Hände mit **Henna** zu verzieren – das bringt „baraka", den göttlichen Segen. Die Tradition der Hennabemalung ist vor allem in Wallfahrtsorten zu sehen und auch bei Hochzeiten üblich. Touristinnen können sich ebenfalls schmücken lassen (Preis verhandeln!). Der Souk-Bereich zieht sich zur Zawia hin, und je näher man dem Heiligtum (an dem grünen Dach zu erkennen) kommt, desto mehr Devotionalien werden verkauft.

Vom Marktbereich gelangt man zum Wohnbereich. Dazwischen kann man noch die **heiligen Quellen** besichtigen und im Wohnbereich sehr schöne Einblicke in das Leben einer ländlichen Gemeinde gewinnen.

Beim Ort beginnen die Schluchten des Mulay Brahim mit dem **Oued Mulay Brahim.**

Route C 22: Asni (Ausflug nach Imlil)

Mulay Brahim wirkt von der Straße aus etwas schmuddelig und arg touristisch: Cafés, geschmückte Reitpferde und Kamele usw. Hierher kommen aber **fast nur marokkanische Pilger** und Ausflügler aus Marrakesch, und der Ort ist als typischer kleiner Wallfahrtsort (evtl. mit Führung) sehr sehenswert.

Übernachten kann man im ziemlich heruntergekommenen **Hotel Haut Roches** (€) oder im ebenfalls einfachen (mäßig sauber, Klospülung mit Eimer) **Star Hotel** etwas oberhalb (€ ohne Frühstück). Wer es komfortabler will, sollte in Imlil oder Ouirgane eine Unterkunft suchen.

Folgt man der Straße weiter, so gelangt man auf das Plateau (fantastische Aussicht) und weiter nach Aguergou (ca. 10 km) und nach weiteren 5 km zur **Kasbah Tifferouine**, einem Ausflugsziel marokkanischer Veranstalter (mit hübschem Grill-Lokal).

Hinter Mulay Brahim schlängelt sich die Straße hinauf ins Bergland. Es wachsen Oleander, Thuja, Kiefern und Steineichen. Nach 48 km ist Asni erreicht.

Asni

Asni hat eine herrliche Silberpappelallee, die die ganze Straße überdacht. Im Ort stehen eine Kasbah und Sommerhäuschen wohlhabender Bewohner von Marrakesch. Wochenmarkt ist am Samstag. Von Asni kann man Wanderungen oder Bergtouren in den Hohen Atlas unternehmen. Der Ort ist Ausgangspunkt für eine **Djabal-Toubkal-Besteigung** von Imlil aus (s.u. und Exkurs). Asni ist außerdem das Zentrum für die Mineralien- und Fossilienverkäufer des Hohen Atlas. Überall entlang der Straße zum Tizi-n-Test bieten die **Fossilienhändler** ihre echte oder auch gefälschte Ware feil.

Unterkunft

● **Kasbah Tamadot,** ca. 4 km in Richtung Imlil, Tel. 0524 36 82 00, www.kasbahtamadot.virgin.com. Dieses luxuriöse Hideaway mit 24 mit wertvollen Antiquitäten ausgestatteten Zimmern und Suiten sowie sehr komfortablen Zeltzimmern lässt keine Wünsche offen – ideal für die Flitterwochen oder (wer es sich leisten kann) für ein paar Entspannungstage. Das Kanoun Restaurant steht mit Reservierung auch Nicht-Gästen offen (Hauptgericht ab 200 DH). Für Entspannung sorgen der Innen- und Außenpool, ein Tennisplatz und der Hammam mit diversen Wellnessangeboten. DZ ab 360 Euro.

● Weitere (bezahlbare) Unterkünfte in Imlil und Ouirgane (s.u.).

Verkehrsverbindungen

● **Sammeltaxis bis Imlil** für ca. 10 DH.
● **Grand Taxi nach Marrakesch** (komplett für 4–5 Pers.) ca. 400 DH, **Sammeltaxi** 20 DH.
● **Bus nach Ouled Berhil:** 2x tägl., 40 DH.

Ausflug nach Imlil

Lohnenswert ist ein Abstecher zum 1740 m hoch gelegenen Bergdorf Imlil (17 km schmale Teerstraße) im Mizane-Tal mit vielen Nussbäumen auf Terrassenfeldern. Der schön gelegene Ort ist mittlerweile stark von Touristen und Tagesausflüglern aus Marrakesch frequentiert: Cafés und Souvenirhändler und immer mehr Herbergen reihen sich aneinander. Imlil ist letzter Versorgungspunkt für eine **Besteigung des Djabal Toubkal,** des höchsten Berges Nordafrikas (4167 m, vgl. Exkurs „Bergsteigen im Djabal-Toubkal-Gebiet"). Inzwischen wurde eine Teerstraße von Imlil weiter gen Osten über Tamatert bis nach Tacheddirt fertiggestellt.

Von Imlil lohnt sich eine Wanderung zum höher gelegenen **Aroumd** etwas weiter südlich im Mizane-Tal (vgl. Exkurs): Die Steinhäuser des ursprünglichen Dorfes thronen am Hang oberhalb des Flusstals. Auf der gegenüberliegenden Flussseite beginnt der Aufstieg zum Djabal Toubkal.

Abstieg vom Djabal Toubkal

Unterkünfte in Imlil und Aroumd

● **Aksoual,** im Zentrum von Imlil, Tel. 0524 48 56 12. Einfaches und sauberes Hotel mit Café, DZ ½€.

● **Atlas Gîte Imlil** *(chez Jean Habib)*, ca. 700 m vom Zentrum am Ortsausgang (über die Brücke und vorbei an der Schule), Tel. 0524 48 56 01, atlasgite@yahoo.fr. Nette Herberge eines Franzosen, Zimmer mit oder ohne Bad €€B.

● **Atlas Toubkal** und **Gîte chez l'Habitant** von *Omar le Rouge*, in Aroumd, Tel. 0524 48 51 41, Omar_id_mensour@hotmail.com. Treffpunkt der Toubkal-Trekker, freundlich, gutes Essen, warme Dusche, Schlafsack oder Leintuch selbst mitbringen. Die Sanitäranlagen sind nicht immer sauber.

● **Club Alpin Français** (CAF), im Zentrum von Imlil, Tel. 0524 48 51 22, Mobil 0677 30 74 15, cafmaroc@menara.ma. Hütte des französisch-marokkanischen Alpenvereins mit Bettenlager (ca. 60 DH p.P.), Essen auf Bestellung, Camping im Garten möglich. Mulis zum Gepäcktransport können organisiert werden.

● **Dar Mezik,** Mobil 0661 34 44 31, azdourb @hotmail.com. Die Herberge in einem Steinhaus oberhalb von Imlil wird vom pensionierten Bergführer *Brahim Azdour* und seinem Bruder *Hassan Ben Mohamed Azdour* (siehe unten bei Bergführer) betrieben. Das Essen ist sehr gut und üppig. DZ € bis €€ p.P. mit Frühstück.

● **Dar Ounakrim,** in Aroumd, Tel. 0524 48 57 50 oder 0678 45 79 14, www.atlas-holiday.com. 5 Zimmer ohne Bad, Dachterrasse, Salon mit Kamin. Der Eigentümer *Mohamed* ist Bergführer und organisiert alles rund um eine Toubkal-Besteigung, Skitouren oder mehrtägige Trekkings im Hohen Atlas (Mulis, Verpflegung etc.).

● **Gîte Imlil** *(Slimane Baadoud),* am Ortsausgang von Imlil, über die Brücke, dann 100 m hinter der Schule (ca. 7 Min. Fußmarsch vom Zentrum), Mobil 0661 24 16 43 oder 0661 40 61 91, www.naturetrek-maroc.com. Diese

Bergsteigen im Djabal-Toubkal-Gebiet

Imlil bzw. **Aroumd** sind die Ausgangsorte für die Besteigung des Djabal Toubkal und viele weitere Bergtouren im Hohen Atlas. In Imlil (vgl. Asni/Ausflüge) gibt es mehrere Cafés, Lebensmittelläden, einen bewachten Parkplatz, einige Herbergen und eine Hütte des *Club Alpin Français* (CAF) mit schattigem Campingplatz für Zelte. Das *Bureau des guides* neben der Hütte des CAF am Parkplatz vermittelt Bergführer für die Toubkal-Besteigung (ca. 300 DH/Tag). In Imlil kann man auch Mulis für den Gepäcktransport anmieten (ca. 100 DH/Tag). Vertrauen Sie sich nur staatlich geprüften, diplomierten Bergführern an (Ausweis zeigen lassen). Es empfiehlt sich, hier oder in Aroumd (s.u.) zu übernachten, damit genügend Zeit für den langen Marsch zur Toubkal-Hütte bleibt.

Für die **Besteigung des Toubkal** rechnet man 3 Tage. Für eine Rundtour über mehrere Gipfel sind 5 Tage zu veranschlagen. In der Regel steigt man am ersten Tag bis zur Hütte auf und verbringt dort den Nachmittag zur Akklimatisation (wichtig!). Am zweiten Tag geht es auf den Gipfel und wieder zurück zur Hütte, am dritten Tag steigt man über Sidi Chamharouch bis Imlil ab. Sehr fitte Bergsteiger können auch am Gipfeltag wieder ganz bis Aroumd absteigen, dann sind allerdings knapp 1000 anstrengende Höhenmeter im Aufstieg und über 2000 Höhenmeter im Abstieg zu bewältigen.

Ab Aroumd rechnet man etwa 4–5 Stunden Gehzeit bis zur **Toubkal-Hütte** (ex Neltner) auf 3207 m. Von dort sind es noch 3–4 Std. bis zum Gipfel auf 4167 m Höhe. Die Tour ist generell nur für geübte Geher zu empfehlen, der Anstieg zum Gipfel führt z.T. über loses Geröll (Trittsicherheit unbedingt notwendig). Schon im September und bis in den Mai kann es in der Höhe schneien – warme Funktionskleidung, Regenschutz, Mütze und Handschuhe müssen ins Gepäck. Die Hütten bieten einfache Versorgungsmöglichkeiten. Wer zeltet, muss seine Lebensmittel und Ausrüstung selbst mitbringen.

Die Toubkal-Hütte sowie die neuere und gepflegtere **Hütte Le Mouflon** (Mobil 0663 76 37 13, 0663 76 31 09, afoud@wanadoo.net.ma) daneben etwas unterhalb sind ideale Zwischenstationen für die Besteigung des Djabal Toubkal und weitere Gipfel rund ums Mizane-Tal. Beide bieten eine Kochgelegenheit für mitgebrachte Verpflegung. Mineralwasser, Tee/Café, Snacks und eine warme Mahlzeit (z.B. Couscous, Tajine) sind erhältlich. Die Hütten haben Lagerschlafplätze sowie heiße Duschen für Bergsteiger. Es gibt auch einen Mulistall für die Gepäcktiere. In der Umgebung der Hütten sowie weiter unterhalb entlang des Bachs finden sich ebene Flächen für **Zelte**. In der Toubkal-Hütte des *Club Alpin Français* können Alpenvereinsmitglieder ermäßigt übernachten (ca. 60 DH), Nichtmitglieder zahlen in beiden Hütten etwa 90 DH pro Nacht (Preise saisonabhängig, heiße Dusche extra). Die Umgebung der Hütten ist von den vielen Wandergruppen schon stark in Mitleidenschaft gezogen worden: überall Müll und Hinterlassenschaften mit Klopapierfahnen. Jeder Bergsteiger sollte deshalb seinen Müll wieder mit ins Tal nehmen und das Klopapier verbrennen!

In Imlil folgt man der Straße geradeaus bergauf bis zur Betonbrücke mit Hochwassermauer und dem Schild „Parc National du Toubkal". Weiter geht es auf dem Fahrweg und schließlich auf Pfaden durch die Terrassenfelder mit Walnussbäumen entlang des Tales bis nach Aroumd.

Alternativ kann man (zu Fuß oder mit dem Auto) die 5 km lange Piste am Berghang oberhalb **nach Aroumd** nehmen. Eine kleine Brücke quert zum Schluss den Fluss zum hübschen Terrassendorf.

Der Aufstieg

Von Aroumd geht es entlang der Ostseite des Flussbetts ca. eine ½ Stunde talaufwärts, bis ein breiter Pfad beim grünen Nationalparkschild links nach oben abzweigt. Zur Zeit der Schneeschmelze oder nach Regenfällen kann der Fluss recht reißend sein, ansonsten liegt er meist trocken.

Auf dem einfachen, nur leicht ansteigenden Pfad geht es in etwa 2 Stunden zum Pilgerort **Sidi Chamharouch** (2500 m), wo der Bach auf einer Betonfurt überquert wird. Unter dem großen, weiß bemalten Stein wurde angeblich ein Heiliger verschüttet. Pilger kommen hierher zum Freitagsgebet und hoffen auf die Erfüllung ihrer Wünsche. Es gibt mehrere Souvenirbuden und einen Kiosk mit Getränken und Schokoriegeln. Der weitere Weg führt noch vor den Buden rechts vorbei in Serpentinen aufwärts. In 2–3 Stunden ist der weite Kessel mit den Campplätzen und zwei Hütten erreicht.

Der Gipfelaufstieg führt durch den südlichen **Irhzer n'Ikhibi**, das Tal, das etwa bei der Toubkal-Hütte ins Haupt-(Mizane-)Tal mündet. Es handelt sich um einen steilen, nach Westen exponierten Anstieg, der vormittags lange im Schatten liegt.

Von der Hütte aus überquert man den Bach und steigt in dem zunächst steilen Seitental auf: entweder rechts, unangenehm und mühsam durch Schutt und Geröll, oder weiter links durch Rinnen und über Bänder des Felsabbruches, der die linke Talseite versperrt. Das Tal wird bald flacher. Es geht weiter über große Felsblöcke, dann wieder über Schutt, bis man eine Art Kessel erreicht. Schräg rechts führt der Weg über steiles Geröll zur Toubkal-Scharte (**Tizi-n-Toubkal**) und dann nach links einfach über den SW-Grat zum Gipfel. Die Gehzeit beträgt 3–4 Stunden ab der Toubkal-Hütte. Der Weg ist nur unregelmäßig mit Steinmännchen markiert.

Weitere Gipfel im Bereich der Toubkal-Hütte

Neben dem Djabal Toubkal gibt es noch eine ganze Reihe anderer leicht zugänglicher hoher Berge.

Den **Ras n'Ouanoukrim** (4083 m) und die **Timesgouida** (4089 m) erreicht man über den Felsgrat nach Westen, später über Geröll zu den Gipfeln **Akioud** (4010 m) und **Afella** (4015 m) über die Amrharas-N'Igli-oua-Scharte.

Ein weiteres beliebtes Ziel ist der **Tazaghart** (3980 m), dort kann man in der im Sommer bewirtschafteten Tazaghart-Hütte (ex Lepiney) übernachten. Den Schlüssel dafür bekommt man im Winter in Tizi Oussem ausgehändigt.

Diese Routen auf die höchsten Atlasgipfel sind auch als **Skihochtouren** möglich. März bis Mai gilt als die beste Zeit hierfür.

Für Kletterer gibt es jede Menge Routen, zumeist Gratklettereien mittlerer Schwierigkeitsgrade, jedoch auch extrem schwierige Wandklettereien. Die bekanntesten Kletterberge in der Region sind **Tadat** (3760 m), **Le Clochtons** (3963 m) und **Tadaft** (ca. 3900 m) sowie der Djabal-Toubkal-Westgipfel. Je nach Jahreszeit sind in den diversen Rinnen und Couloirs auch Eis- und kombinierte Fahrten möglich.

Informationen zum Bergsteigen und Skifahren bei:
- **Club Alpin Français** (CAF), 50, Bd Sidi Abderrahamane, 20200 Casablanca, Tel. 0522 98 75 19, www.caf-maroc.com. Infos und Reservierung für die Toubkal-Hütte.
- **Bureau des guides Imlil,** neben der Hütte des CAF im Zentrum von Imlil, Tel. 0524 48 56 26, www.bureaudesguidesimlil.com. Geöffnet Mo bis So 8–18 Uhr.
- **Karte:** „Djebel Toubkal im Hohen Atlas", Touristikkarte, 1:100.000 und 1:60.000, Spruck/Zylka 1999, FH Karlsruhe.
- Empfehlungen für geprüfte **Bergführer** siehe bei Marrakesch und bei Asni/Imlil.

Trekking rund um den Toubkal

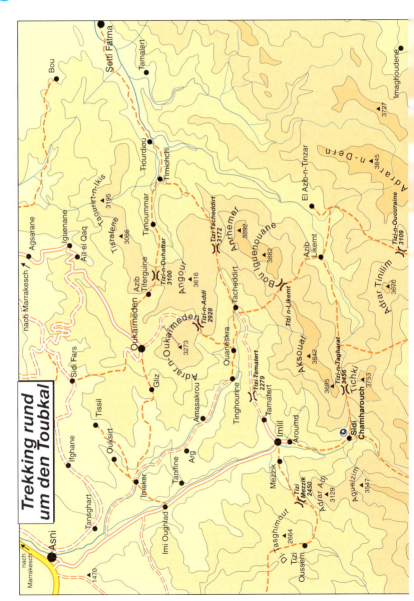

Karte Umschlag hinten

TREKKING RUND UM DEN TOUBKAL

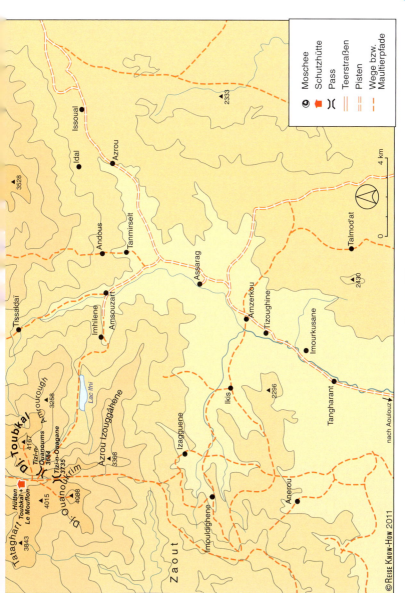

Routenteil C

Route C 22: Marrakesch – Taroudannt

Herberge des erfahrenen geprüften Bergführers *Slimane* (s.u.) hat 10 Zimmer mit WC/heißer Dusche und eine schöne Terrasse. DZ €, Abendessen 60 DH.
• **Imi n'Ouassif**, im Zentrum von Imlil ca. 100 m abseits der Hauptstraße, Mobil 0662 10 51 26, iminouassif@gmail.com. Empfehlenswerte, sehr saubere Herberge von *Mohamed Bouinbaden* (pensionierter Bergführer), zehn Zimmer mit Etagendusche/WC, untere Zimmer mit eigenem Bad, oben mit Etagendusche/WC, schöne Frühstücksterrasse, Küchenbenutzung möglich. € p.P. mit HP.
• **Kasbah du Toubkal,** Tel. 0524 48 56 11, www.kasbahdutoubkal.com, zentrale Reservierung über Tel. 0044-1883-74 43 92 (UK). Die renovierte und zum Hotel umfunktionierte Kasbah (ca. 20 Min. Aufstieg) thront über dem Ort in der Mitte des Tals. Die im Berberstil dekorierten Suiten und Zimmer sind sehr schön, sollten aber weit im Voraus reserviert werden und haben ihren Preis. Es gibt auch ein Familienhaus mit drei Zimmern sowie zwei Berbersalons (für 3–4 Pers.) mit gemeinschaftlichen Duschen/WC. Von den Terrassen bietet sich ein herrlicher Ausblick auf das Mizane-Tal und die Bergwelt. Das Hotel engagiert sich in Form einer Association für die Entwicklung der Region. Es können diverse Tagesausflüge und Trekkings gebucht werden (inkl. geführter Toubkal-Besteigung). DZ ab €€€€A inkl. Frühstück.
• **Les Etoiles du Toubkal,** im Zentrum von Imlil, Tel. 0524 48 56 18, www.hotel-etoiletoubkal.com. 18 Zimmer mit Bad, Terrassenrestaurant mit Aussicht, DZ €€ inkl. Frühstück.

Bergführer

Als **lizensierte Bergführer** für die Region sehr zu empfehlen sind *Slimane Baadoud* (Mobil 0661 24 16 43 oder 0661 40 61 91, www.maroctrekking.com), *Mohamed Id Belaid* (Gîte Atlas Toubkal in Aroumd) sowie *Hassan Ben Mohamed Azdour* (Mobil 0666 39 59 21, www.trektoubkal.com). Sie stellen individuelle Touren (von einfachen Spaziergängen im Tal bis zu zehntägigen Trekkings) zusammen, organisieren den Gepäcktransport mit Mulis sowie die Übernachtungen und Verpflegung während des Trekks. Weitere Führer vermittelt das **Bureau des guides** (Führerbüro) beim Parkplatz neben der Hütte des Club Alpin Français in Imlil (siehe Exkurs), Tel. 0524 48 56 26, www.bureaudesguidesimlil.com.

Zu weiteren (deutschsprachigen) Bergführern siehe bei Marrakesch.

Bei **km 50** hinter Marrakesch zweigt links die Straße nach **Imlil** ab (vgl. Ausflug ab Asni), Ausgangspunkt der Toubkalbesteigungen. Bald weicht der Wald Getreidefeldern.

Nach **61 km** zweigt rechts die Zufahrt zur **Kasbah de Ouirgane** ab, eine sehr schön gelegene Herberge mit weitem Blick übers Tal (Tel. 0524 48 48 37, KasbahdeOuirgane@hotmail.com, DZ €€€, Camping vor dem Haus möglich).

Vor Ouirgane zeigt ein Steinschild den Weg zum schönen, von Franzosen geführten **Landhaus La Bergerie** (Tel. 0524 48 57 17, www.labergerie-maroc.com, Suiten kosten €€€€B bis €€€€, ein Menü 150 DH) mit Pool. Hier kann man herrlich entspannen oder ins Restaurant mit Kaminsalon und Terrasse einkehren.

Wenig später folgt Ouirgane (rechts Abzweig nach Amizmiz).

Ouirgane

Der beliebte **Ausflugs- und Sommerkurort** Ouirgane eignet sich als Ausgangspunkt für Wanderungen und andere Unternehmungen in der schönen, ruhigen Umgebung. Einige ansprechende Unterkünfte laden dazu ein, hier ein paar Tage zu verweilen – zum Beispiel zur Entspannung nach einem hektischen Stadtaufenthalt in Marrakesch.

Sehr schöne Unterkunft finden Urlauber in der exklusiven **Hotelanlage La Roseraie****** (Tel. 0524 43 91 28, www.laroseraiehotel.com, DZ mit HP €€€€A) mit Tennisplätzen, Pool, Reitstall und Reitplatz in herrlicher Berggegend direkt am Fluss. Das Essen ist sehr gut und wird im Sommer im duftenden Rosengarten serviert.

Gegenüber des Hotels Roseraie, auf der anderen Flussseite, liegt das **Au Sanglier qui Fume**, das „rauchende Wildschwein", – in diesem Restaurant und Hotel gibt es auch zwei (nicht rauchende) Wildschweine, einen Affen und ein bewohntes Storchennest. Die bungalowähnlichen Reihenhäuschen (DZ mit Dusche/WC €€€€B p.P. inkl. HP) sind geschmackvoll gestaltet und liegen in einem romantischen Garten mit Obstbäumen, Stockmalven, rauschendem Bach und Pool. Die französische Küche und Bier/Wein sind gut, das Personal ist sehr freundlich.

Nahe der Ortsmitte befindet sich die romantisch gestaltete **Herberge Chez Momo II** (Tel. 0524 48 57 04 oder 0524 48 57 12, www.aubergemomo.com). Sie liegt mitten in einem Olivenhain, hat einen Pool, einen netten Salon mit Kamin und stilvolle Zimmer und Suiten (DZ €€€€B inkl. HP).

Sehr empfehlenswert ist auch **La Bergerie** (Tel. 0524 48 57 17, www.labergerie-maroc.com, DZ mit Frühstück €€€€). Hier genießt man gemütliche Landhausatmosphäre, es gibt komfortable (beheizte) Zimmer und einen Pool im grünen Garten. Im Restaurant mit Kamin wird gute französische und marokkanische Küche serviert.

Hinter Ouirgane verläuft die Straße **weiter durch sehr schöne Gebirgslandschaft** im grünen Tal des **Oued N'Fiss**. Der Fluss ist seit 2008 zu einem See, der **Barrage Yacoub El Mansour**, aufgestaut, der u.a. Marrakesch mit Wasser versorgt.

Bei **km 94** ist der kleine Ort **Oued Agoundis (Ijoukak)** mit Forsthaus erreicht. Etwa 1½ km weiter gibt es eine Tankstelle. Ein Abzweig führt nach **Talat n'Yacoub**, einem wichtigen Zentrum des Goundafa-Stammes. Dort kann man in der **Gîte d'étape Imnir** des freundlichen *Lahcen Imnir* (Mobil 0662 03 63 64) übernachten. Das Privathaus in ruhiger und sehr schöner Lage bietet hübsche einfache Gästezimmer mit gemeinschaftlichen Duschen und WC (½€ inkl. Frühstück, Essen auf Bestellung).

Etwas entfernt thronen links und rechts der Straße zwei mächtige Kasbahs, die **Goundafa-Kasbahs Agadir N'Gouj** (rechts) und **Tagoundaft** (links).

Etwa 100 km nach Marrakesch führt ein Abzweig rechts nach **Tin Mal**.

Tin Mal

Auf einer kleinen Brücke überquert man den Oued N'Fiss und erreicht nach ca. 1 km oder 15 Min. Fußweg die **festungsartige Moschee** auf dem Hügel über einem Lehmhüttendorf in wunderschöner Umgebung.

Die Moschee und Zawia Tin Mal ist **Ursprungsort der Almohaden**. Der von den Almorawiden verfolgte *Ibn Tumart* fand 1120 hier Zuflucht. Der Marabut wurde von seinen Anhängern als Mahdi verehrt, bekehrte die hier wohnenden Masmuda-Berber zum Islam und gründete das Kloster Ribat. Die Klosterbrüder nannten sich „Al Mohawadun", daraus wurde später der Name „Almohaden" (s.a. Land und Leute/Geschichte).

Der Nachfolger von *Ibn Tumart*, **Abd al-Mu'min**, eroberte von hier aus in sieben Jahren Marokko. Marrakesch wurde Hauptstadt. Tin Mal blieb weiter heiliger Ort und letzte Zufluchtsstätte der Almohaden, als die Meriniden das Reich eroberten. Die **Moschee** ließ *Abd al-Mu'min* 1154 erbauen, sie wurde 1276 von den Meriniden zerstört. Schon seit 1993

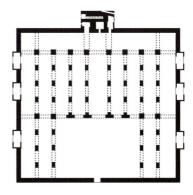

Grundriss der Moschee von Tin Mal

Route C 22: Marrakesch – Taroudannt

wird die Moschee mit großem Aufwand von Stuttgarter Architekten renoviert und kann gegen eine Eintrittsgebühr von 10 DH p.P. besichtigt werden.

Im Dorf gibt es die einfache **Gîte d'étape Chez Lahcen.**

---

116 km hinter Marrakesch liegt das Dorf **Idni.** Ungefähr 1,5 km hinter Idni ist eine **Barrière de Neige** eingerichtet, das heißt ab hier bzw. bei km 152 wird bei starkem Schneefall die Strecke von Süden her gesperrt.

Steile Abhänge ohne Begrenzung fallen hinab zum **Oued N'Fiss.** Oleander, Walnussbäume und im Frühjahr blühende Iris säumen das Flussufer. An die stark erodierten Hänge sind kärgliche Lehmhäuser gebaut, die sich kaum von der roten Erde abheben.

Bei **km 135,6** ist der Pass **Tizi-n-Test** in 2093 m Höhe erreicht. Am Pass gibt es einen Mineralienstand und eine Parkbucht mit Aussicht. Beim Pass liegt auch der kleine **Camping du Col** (Schild). Ab dem Pass ist eine sehr schöne Wanderung entlang der Piste zu einer Fernsehstation möglich (ca. 2 Std., traumhafte Aussicht).

Das **Hotel und Café** mit Panoramaterrasse **La Bellevue** 1 km weiter ist freundlich, einfach und sauber (Mobil 0667 59 57 58, € p.P. mit HP, Du/WC auf dem Gang, nettes Restaurant mit Kamin), der Besitzer ist sehr geschäftstüchtig.

Auf der Südseite des Tizi-n-Test wurden die Berghänge mit Pinien aufgeforstet, um der fortschreitende Erosion einzudämmen. Die schmale Straße führt bergab, immer wieder bieten sich herrliche Ausblicke. Nach 3–4 km ragt ein Felsüberhang über die Straße, der Fahrzeugen über 3,50 m Höhe Probleme bereiten dürfte.

Lavendel, Ginster, Steineichen und Stechpalmen wachsen an den Hängen, weiter in Serpentinen bergab. Innerhalb von 30 km führt die Straße von 2000 m Höhe bis auf eine Höhe von nur noch 500 m im Soustal!

152 km hinter Marrakesch trifft man auf eine weitere Barrière de Neige, daneben Mineralienhändler und ein einfaches Café.

Ca. **164 km** hinter Marrakesch flachen sich die Hänge des Hohen Atlas zur Sous-Ebene hin ab, und das Arganiengebiet beginnt. Auf den **Arganienbäumen** klettern die Ziegen bis in die oberen Äste, um die im Sommer reifen Früchte zu erhaschen.

Bei **km 175,4** mündet die Strecke in die breite Straße Richtung Taroudannt (rechts) und Ouarzazate (links) ein.

Der große Ort **Oulad Berhil** ist etwa bei **km 184** erreicht. Ein Hinweisschild führt zum **Palais Riad Hida** (Tel./Fax 0528 53 10 44, www.riadhida.com). Bei den Schildern im Zentrum unmittelbar links auf eine Piste, die am Markt vorbeiführt, abbiegen und dann 1,1 km geradeaus. Hier hat *Mohamed Laafissi* ein Restaurant in einem 1860 gebauten **Palast eines Paschas** eingerichtet. Der prachtvoll renovierte Palast mit sechs Zimmern (€€€€) ist mit typisch maurischem Dekor ausgestattet. Im schönen Garten mit tropischen Pflanzen, Pool und Terrasse stolzieren Pfauen umher. Besonders schön ist das Zimmer Nr. 10, das ehemalige Schlafgemach des Paschas.

Ein Bus über den Tizi-n-Test fährt von Ouled Berhil zweimal am Tag nach Asni, es verkehren auch Sammeltaxis nach Taroudannt.

Entlang der weiteren Strecke mit vielen Orten wird **Landwirtschaft** betrieben – das fruchtbare Soustal zieht sich von Ouled Berhil bis nach Agadir. Immer wieder passiert man große Zitrusfrucht-Plantagen und Landgüter.

Bei **km 229** ist **Taroudannt** erreicht. Bis Agadir sind es noch ca. 67 km.

Die Moschee von Tin Mal ist Ursprungsort der Almohaden

Route C 23: Marrakesch – Amizmiz – Ouirgane

● 86 km

An der Straße nach Amizmiz thronen drei schöne **Kasbahs,** mächtige Wohnburgen aus rotbraunen, dicken Lehmmauern mit zinnengekrönten Ecktürmen, auf denen Störche nisten. Die Bäche in den Tälern säumen rosa blühender Oleander und bewaldete Berghänge. Walnuss-, Mandel-, Ölbäume und Feigen wachsen hier. Entlang des Oued N'Fiss führt diese landschaftlich großartige Strecke bis zur Passstraße von Agadir/Taroudannt nach Asni (R203). Es fahren **Busse und Sammeltaxis** ab Marrakesch.

Man verlässt Marrakesch auf der Straße in Richtung Ouirgane und Asni und fährt nach 5 km geradeaus weiter. Die Straße nach Asni (und weiter über den Tizi-n-Test) bleibt links. An der Kreuzung liegt das schöne Restaurant Ksar Rifia.

Etwa **16 km** hinter Marrakesch führt ein Abzweig rechts nach **Tameslohte.** Hier kann man ein paar schöne Tage auf dem Land in der empfehlenswerten **Auberge de Tameslohte** (Tel. 0524 48 38 40, www.aubergedetam.com, aubergedetam@orange.fr) verbringen: Terrassen und Pool im herrlichen Garten mit Palmen, Oliven und Bougainvilleen, Restaurant und Kaminsalon, hübsche Zimmer mit Bad, auch voll eingerichtete Berberzelte. DZ €€€.

Bei **km 32** führt eine Brücke über den **Oued N'Fiss.** Flussabwärts liegt der 7 km lange **Stausee Lalla Takerkoust,** der in erster Linie der Bewässerung der Haouz-Ebene dient. Trotz der Schilder „Baden verboten" kommen am Wochenende zahlreiche Badegäste. Angeblich gilt das Badeverbot auch nur für Nichtschwimmer ... Einige Bereiche um den See wurden mit Pinien aufgeforstet, und es finden sich nette Picknick-, Camping- und Badeplätze in der Nähe des Seeufers. Zum Stausee werden in Marrakesch auch organisierte Ausflüge angeboten. Unterkunft bietet die **Villa du Lac** (Tel. 0524 30 98 98, www.villadulac-marrakech.com) mit einem schönen Garten direkt am Ufer, einem kleinen Pool und sechs marokkanisch eingerichteten Zimmern mit Tadlakt-Verputz und Bad (DZ €€€ p.P. mit HP).

Weiter entlang der Straße nach Amizmiz liegt bei **km 49** linker Hand der Straße die **Zawia des Heiligen Sidi Boudhaj,** der hier sehr verehrt wird.

Bei **km 54** ist **Amizmiz** erreicht. Den 11.000-Einwohner-Ort auf ca. 1000 m Höhe teilt der Fluss in zwei Teile. Dienstags ist großer Souk – einer der größten, ganz und gar untouristischen Märkte im Hohen Atlas, auf dem sich die Cleuh-Berber der Gegend treffen. Hier werden hübsche Tongefäße verkauft. Seit 2004 findet in Amizmiz jährlich im Sommer ein **Festival** mit Folkloreveranstaltungen und Kunsthandwerksausstellungen statt.

Die **Umgebung von Amizmiz** ist sehr schön. 4 km südlich des Ortes, nahe der Straße nach Marrakesch, erreicht man über eine unbefestigte Straße die nette Unterkunft sowie das gute **Restaurant La Source bleue** (Hinweisschilder beachten) mit wunderbarer Aussicht. Exklusive Unterkunft findet man bei Amizmiz in der luxuriösen **Maroc Lodge** (Mobil 0661 20 25 37, infos@maroc-lodge.com) mit herrlichem Garten, Pool, Gourmet-Küche und vier 80 m² großen Bungalows für bis zu 4 Personen (mit Schlaf- und Wohnzimmer mit Kamin, getrennter Toilette, Terrasse etc.; Buchung ab drei Nächten; €€€€€).

In Amizmiz folgt man dem Wegweiser „Ouirgane". Die Straße führt durch kahle Hügellandschaft, die teilweise mit Eukalyptus aufgeforstet wurde und erreicht bei **km 60,5** das Dorf **Amghrass.** Man fährt an weiteren Weilern und kleinen Dörfern vorbei, bis bei **km 71,5** eine **betonierte Furt** durch den Oued N'Fiss führt. Auf der Ostseite etwas oberhalb liegt das Dorf Aouzzer.

Die Straße geht kontinuierlich bergauf bis zur **Passhöhe** bei **km 79.** Weiter bergab durch ein schönes Bergland mit Aussicht auf das Tal des Oued N'Fiss. An den Hängen wachsen Ginster, Salbei, Lavendel, Wermut, Zistrosen, Thujen und Wacholder, die im Frühjahr herrlich blühen.

An einer Saline rechter Hand vorbei führt die Straße durch Olivenhaine und Felder.
Bei **km 86** ist **Ouirgane** erreicht.

Route C 24: Demnate – Tessaout-Tal – Assermo – Ouarzazate

● Ca. 157 km, R307

Diese Asphaltstraße führt durch sehr schöne und ursprüngliche Gegend mit riesigen Steinkasbahs. Das Oued Tessaout bei Toufrine kann bei Hochwasser schwer passierbar sein. Das Tessaout-Tal selbst ist immer noch nur mit 4x4 befahrbar. In den Dörfern an der Strecke kann man sich mit den wichtigsten Lebensmitteln versorgen. Es fahren hier keine öffentlichen Verkehrsmittel.

In **Demnate** (km 0, vgl. Route B 13) aus Richtung Norden links nach Imi-n-Ifri abbiegen, rechts geht's nach Marrakesch. Am Forsthaus vorbei geht es durch Pinienwald stetig bergauf.

5,5 km hinter Demnate befindet sich die Naturbrücke (Pont Naturel) **Imi-n-Ifri** (siehe Route B 13). Die Teerstraße führt weiter geradeaus durch den Ort (links zu den Dinosaurierabdrücken, vgl. Route B 13).

Nach **18 km** ist der erste Pass erreicht (1650 m, **N 31°39,380′, W 06°55,678′**), dann führt die Route mit schönem Blick ins Tal in Serpentinen bergab.

Bei **Km 24** folgen Häuser und ein kleiner Ort. Links erstreckt sich die schöne **Schlucht des Asif M'goun** mit Terrassenfeldern. Die Route führt zunächst den Fluss entlang und dann steil bergauf zu einem namenlosen **Pass** auf 2180 m Höhe (**N 31°33,553′, W 07°00,011**). Nach kurzer Abfahrt geht es wieder hinauf zum **Tizi-n-Outfi**, 2150 m.

Die Serpentinen winden sich bergab ins Tal des Oued Tessaout (mit spärlicher Vegetation), dem die Straße bis Toufrine folgt.

Der kleine Ort **Toufrine** (Toufghine) im Flusstal mit vielen Nussbäumen ist bei **km 74** erreicht. In der familiären und sauberen **Gîte d'étape Toufghine** von *Mohamed Eddahbi* kann man in einem Schlafraum mit Matratzen und Decken übernachten (€B inkl. HP, Tel. 0667 23 87 30, taufghine@hotmail.com). Von hier aus kann man Wanderungen unternehmen, zudem gibt es gutes Essen. Mehrere Leser lobten die Herberge.

Die Straße führt über den **Oued Tessaout** (**N 31°25,656′, W 06°52,626′**, auch im Hochsommer viel Wasser) und weiter entlang des Flusstals. Hier ist sogar im Sommer alles grün und viele Felder erstrecken sich entlang des Oueds und des Nebenflusses.

Am Ende des Tals geht es bergauf zur **Passhöhe Tizi-n-Fedghat** (Tizi-n-Fedhrat), 2210 m, **N 31°20,546′, W 06°54,992**.

Ab ca. **km 100** führt die Straße wieder bergab mit Blick auf das Dadès-Tal und den Stausee El Mansour Eddahbi. Bei **km 106** liegt der kleine Ort **Assermo** an der Strecke.

Weiter in Richtung Ouarzazate folgen die Oasendörfer Aït Watab, Ou Yussuf, Khassabet, Zaouyat Ben Naji etc. und schließlich **Tidghist** mit Palmen und Kasbahs.

Etwa bei **km 138** mündet diese Route bei **N 30°58,681′, W 06°46,965′** in die N10 zwischen Ouarzazate und Skoura ein (beschildert „Ghessat 24, Demnate 142"). Nach **Ouarzazate** geht es rechts weiter (19 km).

Routenteil D

Routenteil D:
Sous, Anti-Atlas, südl. Atlantikküste und Westsahara

Tafraoute liegt in reizvoller Umgebung

Am Strand von Legzira

In der Maison traditionelle in Oumesnat

Einleitung zu Routenteil D

Die vom Hohen und Anti-Atlas eingeschlossene Ebene, **Sous** genannt, ist eines der fruchtbarsten Gebiete des Landes. Die Flüsse des Hohen und Anti-Atlas, vor allem der Oued Sous, speisen das Becken mit Wasser. Groß angelegte **Bewässerungssysteme** ober- und unterhalb der Erde leiten außerdem Wasser von Staudämmen auf die Felder. Die Bewässerung ist für den Ernteerfolg unbedingt erforderlich, denn im Sous fallen **unter 250 mm Regen im Jahr.** Die Jahresdurchschnittstemperatur liegt bei 19,5°C. Der Sommer ist heiß, wobei der vom Anti-Atlas wehende *Chergui* (warmer Fallwind) die Temperatur auf 30 bis 35°C erhöht.

Vom 16. bis 18. Jahrhundert wurden im Sous Zuckerrohr und Baumwolle angebaut, es war die reichste Provinz Marokkos. **Taroudannt,** die Hauptstadt des Sous, war nach den Königsstädten die viertgrößte Stadt des Landes. Ihre Bedeutung als **Landwirtschaftsgebiet** hat die Sous-Ebene bis heute behalten – hier wachsen Zitrusfrüchte, Bananen, Oliven, Artischocken, Tomaten und viele weitere Obst- und Gemüsesorten, zum Teil in riesigen Gewächshäusern.

Der **Anti-Atlas** ist eines der ältesten Gebirge mit **Höhen bis zu 2300 m** und vielen trockenen Flusstälern. Die Vegetation ist wüstenähnlich, es fallen in der Regel deutlich un-

Routenübersicht: Sous, Anti-Atlas, südl. Atlantikküste und Westsahara

- **Agadir** / S. 590
- **Route D 1:** Agadir – Taroudannt / S. 621
- **Route D 2:** Agadir – Tafraoute – Tiznit – Massa-Nationalpark – Agadir / S. 627
- **Route D 3:** Tafraoute – Jemâa Ida Oussemlal – Bou Izakarne / S. 652
- **Route D 4:** Tafraoute – Aït-Mansour-Tal – Souk d'Afella Ighir – Ukas – Tamanart / S. 653
- **Route D 5:** Tafraoute – Igherm – Taroudannt / S. 654
- **Route D 6:** Tiznit – Bou Izakarne – Akka – Tata – Foum-Zguid – Tazenakht / S. 657
- **Route D 7:** Id Aïssa (Amtoudi) – Jemâa Ida Oussemlal / S. 664
- **Route D 8:** Tata – Igherm – Taliouine / S. 665
- **Route D 9:** Tiznit – Bou Izakarne – Guelmim / S. 667
- **Route D 10:** Tiznit – Sidi Moussa d'Aglou – Sidi Ifni – Guelmim / S. 669
- **Route D 11:** Fam el Hisn (Foum-el-Hassan) – Assa – Guelmim / S. 675
- **Route D 12:** Guelmim (– Fort Bou Jerif) – Plage Blanche / S. 676
- **Route D 13:** Guelmim – Tan-Tan – Tarfaya – Laâyoune – Dakhla – mauretanische Grenze / S. 680

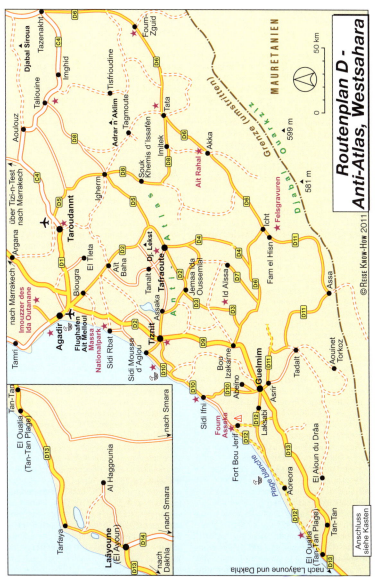

ter **200 mm Regen im Jahr.** Nur am Küstenabhang findet sich eine artenreiche Vegetation mit Dattelpalmen, Oliven, Mandeln und Feigen. Der steile Nordhang ist vegetationsarm, der Südhang fast ohne Vegetation. Die Bevölkerung, die auf der Suche nach einträglicher Arbeit noch nicht in größere Städte abgewandert ist, lebt in erster Linie von der Viehzucht (Schafe und Ziegen). Der Anti-Atlas ist ein Paradies für **Wanderungen und Touren mit dem Mountainbike oder Geländewagen** in grandiosen Granitfelsenlandschaften mit idyllischen Palmentälern.

Bewohnt werden der Sous und Anti-Atlas von den **Chleuh-(Schlöh-)Berbern**, die ihre Traditionen und ihre Sprache (Tachelheit) bis in die Gegenwart bewahrt haben. Sie leben meist in befestigten Dörfern, die, im Gegensatz zu den Lehmbauten weiter nördlich und östlich, aus Stein gebaut sind. Die Chleuhs unterhalten zahlreiche **Gemeinschaftsspeicher,** die – anders als Kasbahs – nur selten ganzen Stämmen Unterkunft bieten. Diese **Agadire** (Speicher für die Ernte und Wertgegenstände) liegen in unwegsamen Gebiet, meist auf einer Bergkuppe, und hatten bis zu 300 Wohn-/Vorratsräume. Die meisten Agadire befinden sich zwischen Aït-Baha und Tafraoute. Der größte Speicher ist der Agadir Id Aïssa in der Nähe von Tarkjijt, der interessanteste und älteste der Agadir Tasguent zwischen Igherm und Tafraoute.

Ausgangspunkt für Reisen in den Anti-Atlas sind **Agadir, Tiznit** oder **Taroudannt.** Die Gegenden im südlichen Anti-Atlas, am südlichen Atlantik und in der marokkanischen Sahara sind noch sehr ursprünglich und weniger von Touristen besucht als die Region um Agadir und Essaouira.

Neue Arbeitsplätze und einen Gegenpol zur Landflucht im Anti-Atlas schuf der sukzessive Ausbau der **Häfen** entlang der südlichen Atlantikküste. Inzwischen ist Laâyoune mit Abstand der größte Fischereihafen des Landes (über 380.000 Tonnen Fisch pro Jahr), es folgen Tan-Tan, Agadir und Dakhla. Auch touristisch entwickelt sich die südliche Atlantikküste bis Dakhla immer mehr: Ihr Potenzial sind die endlosen weißen Sand(dünen)strände und vogelreiche Lagunen im Bereich von Flussmündungen. Hier haben **Surfer und Angler** ein riesiges Terrain für sich allein. Im Hinterland erstreckt sich meist eine öde, weite Wüstenlandschaft.

Im Übergang zur **Westsahara** und im Grenzgebiet zu Algerien fällt die **starke Präsenz des Militärs** auf. In den Städten der Westsahara wird seit Jahren vom marokkanischen Staat hoch investiert, wohl auch um eine ideologische Bindung an Marokko zu fördern. Die Straßen sind gut ausgebaut, die Städte blitzsauber, die Märkte gefüllt, und es wird viel gebaut.

Agadir ♂ XII, A3

Agadir ist eine **moderne Hafen- und Industriestadt** mit dem drittgrößten Fischereihafen Marokkos (nach Lâayoune und Tan-Tan) sowie der **beliebteste Badeort des Landes.** Orientalisches Flair und großartige historische Sehenswürdigkeiten sucht man hier vergebens. Agadir ähnelt eher einer europäischen Badedestination als einer typischen Stadt Marokkos. Agadir hat mittlerweile um die **500.000 Einwohner,** darunter Araber und Berber. Mit den angrenzenden Gemeinden Ben Sergao, Inezgane, Aourir, Tamrakht, Taghazoute und Aït Melloul ist die Millionengrenze bereits erreicht.

Da Agadir durch den vorbeifließenden (kalten) Kanarenstrom über ein **gleichmäßiges Klima** sowohl im Sommer als auch im Winter verfügt, wurde vor allem diese Stadt zur Touristenmetropole. Die mittleren durchschnittlichen Temperaturen liegen nicht unter 16 °C und nicht über 27 °C, die Wassertemperaturen fallen nicht unter 16 °C, steigen aber auch nicht über 20 °C, sodass für abgehärtete Naturen das Baden auch im Winter möglich ist. Wer's lieber warm mag, fröstelt selbst im Juli und August bei Wassertemperaturen um die 19 °C und Lufttemperaturen von meist 25 bis 28 °C. Der Himmel ist wegen des feuchten Kanarenstroms im Frühsommer oft bedeckt und lockert sich manchmal erst nachmittags auf. Regen ist allerdings selten – die Stadt zählt **300 Sonnentage im Jahr.** Bei diesem Klima kann man sich im Winter wie im Sommer wohlfühlen, ohne sei-

AGADIR

nen Kreislauf zu strapazieren. Ähnlich wie die Kanaren entwickelte sich Agadir deshalb vor allem für Rentner zu einem Überwinterungsparadies. Gerade im Winter strahlt der Himmel in leuchtendem Blau, die Luft ist klar und von den wenigen Bergen der Umgebung hat man eine fantastische Fernsicht.

Die Stadt am Atlantik fehlt in keinem deutschen Reiseprospekt und gefällt nicht nur Sonnenanbetern: Aktivurlauber spielen hier Tennis und Golf, Surfer gleiten über die Wellen. Vor allem für Touristen mit wenig Zeit und **europäischen Komfort- und Konsumbedürfnissen** eignet sie sich als Urlaubsziel. Ebenso beliebt ist die Stadt unter Marokkanern: Sie gilt als Vorzeigeobjekt des modernen Marokko und Urlaubswunschziel Nummer Eins.

Agadir hat nach Marrakesch jährlich die meisten Übernachtungen und die **zweithöchste Bettenkapazität des Landes.** Der Tourismusplan „Agadir 2015" sieht u.a. vor, die Kapazität von derzeit rund 27.000 Betten bis 2015 auf 60.000 zu steigern. Dafür entstehen weitere 4- und 5-Sterne-Hotels, außerdem sollen der Flugverkehr ausgebaut und die Erholungsinfrastruktur erweitert werden.

Die **Stadtentwicklung** geht entsprechend rasch voran: In **Founty** am Südrand Agadirs wuchs in den letzten Jahren ein ganz neuer Stadtteil mit touristischer Infrastruktur aus dem Boden. Im alten Hafenbereich wurde 2007 das gigantische Projekt **Marina Agadir** mit Yachthafen, modernen Appartementanlagen und einer Flaniermeile mit Restaurants und schicken Boutiquen fertiggestellt. Auch die **Strandpromenade** wurde ausgebaut: Sie erstreckt sich nun über mehrere Kilometer von der Marina am Nordende der Bucht bis nach Founty im Süden der Stadt. Auch die Strände nördlich von Agadir um Taghazoute werden touristisch erschlossen: Überall wird an Straßen, Hotels und sonstiger Infrastruktur gebaut.

Nirgends ist der **Kontrast zwischen Tradition, Religion und modernem Leben** größer als in Agadir. Was man sich hier als Tourist erlauben darf, ist in keiner anderen marokkanischen Stadt möglich. Selbst noch so leicht bekleidete Damen und Herren auf der Strandpromenade werden kaum beachtet oder angesprochen, auch der sonst streng untersagte Alkoholgenuss in der Öffentlichkeit wird geduldet. Die **Folgen** bleiben nicht aus: So mancher Familienvater investiert sein Geld in das überall käufliche Bier, und die Nachtclubs und Casinos verführen nicht bloß Touristen dazu, ihr Geld loszuwerden. Auch das horizontale Gewerbe hat seine Hauptniederlassung in Agadir gefunden, nirgendwo sonst im Land bieten sich so viele weibliche und männliche Prostituierte an.

Auch ohne prägnante Sehenswürdigkeiten muss ein Aufenthalt in Agadir nicht zum reinen Stranduralub werden. Wegen der günstigen Lage und den ausgezeichneten Versorgungsmöglichkeiten eignet sich die Stadt hervorragend als **Ausgangspunkt für Rundreisen.** Von Agadir kann man bequem und preiswert mit Mietwagen oder organisiert Tages- und Wochenausflüge ins Umland unternehmen und marokkanische Eindrücke par excellence mit nach Hause nehmen. Denn Städte wie Marrakesch oder Essaouira, auch der Anti-Atlas und die Umgebung von Tafraoute oder der südliche Atlantik sind auf guten Straßen leicht und schnell erreichbar. Auch als Anlandungsstelle für Kreuzfahrten (Oktober bis April) gewinnt Agadir an Attraktivität.

Geschichte

Die **Ursprünge der Stadt** sind unklar, einige Chronisten bringen sie mit dem antiken Hafen Rusadir in Verbindung, an dem auch *Hanno*, der bekannte phönizische Seefahrer, gelandet sein soll. Die eigentliche Stadtgründung geht auf das Jahr 1505 zurück, als der portugiesische Edelmann *João Lopes de Sequeira* um eine Quelle in der Nähe des Meeres die Festung Santa Cruz de Cap de Gue gründete. Später wurden daraus die Namen Santa Cruz de Narba und Santa Cruz de Aguer. *Don Francisco des Castro,* der Statthalter der Festung (1513–1521), ließ auf Wunsch des neuen Besitzers, des portugiesischen Königshauses, die Festung ausbauen und lieferte sich im Laufe der Jahre heftige Kämpfe gegen die benachbarten Berberstämme.

Agadir

Muhamad ash-Shaykh errichtete 1531 in der Nähe eine Festung, um Santa Cruz einzunehmen, was ihm 1541 auch gelang. Dieser Berberwiderstand führte zur Etablierung der Saaditen-Dynastie, da die Sous-Berber *Al-Qa'im*, den Vater *Muhamad ash-Shaykhs*, um Hilfe gegen die Portugiesen gebeten hatten.

Unter der Herrschaft der **Saadier** wurde der Hafen ein **bedeutender Handelsplatz.** Ausgeführt wurden Zuckerrohr, Datteln, Wachs, Häute und Gold; Stoffe kamen ins Land. Durch die verstärkten Einfuhren von Rohrzucker aus Südamerika nach Europa verlor der Hafen jedoch an Bedeutung.

1751 wurde Dänemark das Handelsmonopol über Agadir übertragen. Der Sultan *Sidi Muhamad ibn Abdallah* verhinderte 1756 eine weitere Entwicklung des Hafens zugunsten der Stadt Mogador (Essaouira). 1819 sollen nach Berichten des Reiseschriftstellers *Cochelet* nur noch zwölf bewohnte Häuser in Agadir gestanden haben.

Anfang des 20. Jahrhunderts gründeten einige **deutsche Firmen** Niederlassungen in Agadir (Mannesmann, Marx & Co., Atlasgesellschaft, Gondafi-Gesellschaft). Dadurch gab es einen neuen Aufschwung. Der deutsche Wirtschaftsstützpunkt, der den einzigen sicheren und damit strategisch wichtigen Hafen zwischen Casablanca und Dakar bot, störte die französische Kolonialpolitik erheblich. Als Reaktion auf den **französischen Einmarsch in Marokko** kam es beinahe 1911 schon zum Ersten Weltkrieg, als das deutsche Kanonenboot „Panther" vor der Küste aufkreuzte, um den deutschen Bewohnern und Firmen „Schutz zu gewähren". Diese Episode ging als **„Panthersprung von Agadir"** in die Geschichte ein. Mit dem Beginn der Protektoratsherrschaft wurden diese Rivalitäten beendet, die deutschen Firmen mussten das Land verlassen. Deutschland bekam als Gegenleistung Teile von Französisch-Westafrika zur Kolonie Kamerun zugeschlagen.

Unter den Franzosen entwickelte sich die Stadt zu einem **Badeort.** 1936 wohnten erst 6000 Einwohner in Agadir, 1960 waren es schon 50.000.

Durch das **Erdbeben** am 29. Februar 1960, das nur 15 Sekunden dauerte, wurde die Stadt fast vollkommen zerstört und 15.000 Bewohner getötet. 1962 begann der Wiederaufbau, die Häuser wurden erdbebensicher errichtet. Aber es entstanden keineswegs gesichtslose Einheitsbaracken, sondern ein Musterbeispiel architektonischer Stadtplanung der 1960er Jahre mit nur ein- bis zweistöckigen modernen Betonhäusern, die nach wie vor ziemlich fremdartig in Marokko wirken. Die Entwicklung zum Touristenort und zu einer wichtigen Hafenstadt begann mit diesem Neuanfang.

Sehenswertes

Kasbah

Außer der Kasbah, die von *Mulay Abdallah al-Ghalib* (1557–74) auf dem Hügel bei Agadir erbaut wurde, gibt es in der Stadt nichts Historisches zu besichtigen. Ein Ausflug auf die Kasbah, auf einem Felsen in 236 m Höhe liegend, lohnt sich weniger wegen der Ruinen als wegen des prachtvollen Ausblicks auf die Stadt und den Hafen.

Touristenviertel und Strand

Die Hauptadern Agadirs sind die **Av. Hassan II.,** die **Av. Mohamed VI.** und die Av. Mohamed V., die als Durchgangsstraße die Wohn- und Verwaltungsviertel von den Hotelvierteln trennt. An der Av. Mohamed V. liegt die **Fußgängerpassage Aït Souss,** begrenzt von Grünanlagen, Sportplätzen und den beiden Museen sowie Pizza Hut, McDonald's und anderen Restaurants und Geschäften. Sie verbindet das Touristenviertel mit dem Zentrum und Talborjt. Vor der breiten und verkehrsreichen **Av. Mohamed V.** liegt der Strand mit seinen Hotelbauten, Strandanlagen, Geschäften und Restaurants – eine Touristenstadt für sich entlang des Bd du 20 Août und der Rue Oued Souss. Dieses touristische Retortenviertel unterscheidet sich exorbitant vom Rest Marokkos. In ihm liegen schicke Hotels, deren Stil vom Betonbau der 1970er Jahre bis zu der an maurische Stilelemente anknüpfenden Architektur der 1990er Jahre reicht. Für die wenig beschauliche Atmosphäre dieser Hochhaushotels entschädigt ein wenig der herrliche Blick aus den

AGADIR

oberen Stockwerken. Zwischen den Hotelanlagen liegen Fußgängerstraßen mit Boutiquen, Eisdielen, Cafés und internationalen Spezialitätenlokalen mittelmäßiger Qualität.

Entlang des insgesamt 10 km langen **Sandstrandes**, besonders am Nordende der Promenade, finden Touristen zahlreiche Restaurants und Cafés, öffentliche Strandabschnitte mit Liegen und Sonnenschirmen (zu mieten), aber auch private Strandbereiche der Club- und Luxushotels mit Beachvolleyballplätzen. Zur Hochsaison in den Sommermonaten beaufsichtigen Rettungsschwimmer den Strand – ist die schwarze Flagge gehisst, sollte man nicht baden. Jetskis und Fußball spielende Jugendliche sorgen dafür, dass es am Strand nicht allzu ruhig wird …

Die breite, z.T. palmengesäumte **Strandpromenade,** auf der Touristen wie Marokkaner gerne flanieren und sogar die Touristenpolizei patrouilliert, erstreckt sich mittlerweile von der Marina bis nach Founty. Vor dem Tafoukt-Komplex befindet sich ein kleiner **Vergnügungsplatz.** An Festtagen und in der Hauptsaison im Sommer werden dort Spektakel aufgeführt. Es gibt Verkaufsstände, Karussells und Autoscooter zur Unterhaltung der Kinder und Jugendlichen.

Eine kleine **Bimmelbahn,** mit der eine 12 km lange Stadtrundfahrt unternommen werden kann, hat am Bd du 20 Août (gegenüber dem Eingang zum Vogelpark, s.u.) ihre Haltestelle. Im Sommer ist sie immer voll besetzt, an Feiertagen vor allem von Einheimischen. Im Juli und August, zur Urlaubszeit der Marokkaner, ist auch der Strand von Agadir vorwiegend von Einheimischen belegt.

Vallée des Oiseaux

In der Verlängerung des großen Platzes nach Nordosten, zwischen Bd du 20 Août und Av. Hassan II., liegt ein kleiner **Park mit zoologischem Garten** (*Vallée des Oiseaux*, Di bis So 9.30–12.30 u. 14.30–18 Uhr, Eintritt

Am Strand von Agadir

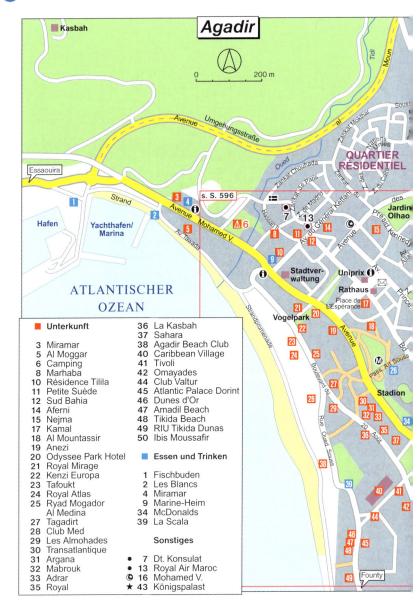

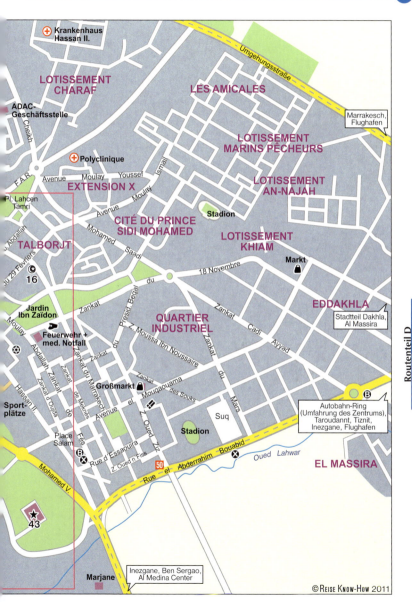

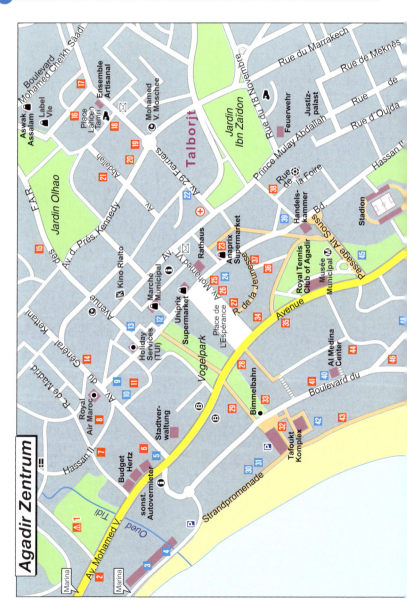

5 DH), der verschiedene Vogelarten aus allen Kontinenten und einige wenige Mufflons beherbergt. Leider werden viele Vögel schlecht gehalten und sehen entsprechend zerrupft aus.

Musée du Patrimoine Amazigh

An der Fußgängerpassage Aït Souss befindet sich dieses kleine **Museum zur Berberkunst,** das täglich (außer So und an Feiertagen) von 9.30–19.30 Uhr geöffnet hat (Eintritt 10 DH). Die kleine und sehr schöne Sammlung mit insgesamt 1000 Ausstellungsstücken zur südmarokkanischen Berberkunst enthält alte Töpfereien, Decken, Hausrat, alte Berberkleider und besonders im Untergeschoss viel Berberschmuck aus Silber. Es finden auch temporäre Sonderausstellungen statt. Das Museum verfügt über einen Ausstellungsraum, eine Bibliothek und einen Vortragsraum.

Founty und Ben Sergao

Geht man entlang der Rue Oued Souss vom Tikida Dunas Hotel noch weiter südlich, gelangt man zum **bislang noch am wenigsten bebauten Strandabschnitt Agadirs.** Leider wurde den ehemals hohen Dünen der Garaus gemacht, als man die Flussmündung ausbaggerte. Das Eukalyptuswäldchen fiel den Baumaßnahmen im Founty-Viertel zum Opfer, das etwas oberhalb des südlichsten Strandabschnittes liegt. Inzwischen sind dort zahlreiche große Luxushotels mit eigener Infrastruktur entstanden (wie z.B. der Robinson Club) – und auch hier wird der Strand Stück für Stück zugebaut.

Noch weiter südlich in Richtung Inezgane liegt zwischen der Straße und dem Meer der riesige **Königspalast** inmitten gepflegter Gartenanlagen (ein weiterer Palast befindet sich weiter nördlich in Stadtnähe). Der Palast ist nicht zu besichtigen, die Pracht lässt sich nur von außen erahnen.

Nahebei an der Straße nach Inezgane befindet sich das **Wohnviertel Ben Sergao,** in dem vorwiegend die Verwaltungs- und Militärelite der Stadt wohnt. Auch der Reitclub, der Königliche Golfplatz und die **Golfplätze** des Dunes, Golf du Soleil sowie das Hotel Jacaranda unter deutscher Leitung liegen in diesem Viertel.

Eine weitere Attraktion in Ben Sergao ist **La Medina d'Agadir,** eine mit großem Aufwand errichtete **Kunsthandwerksstadt,** geschaffen von dem Italiener *Coco Polizzi* (www.medinapolizzi.com, tägl. 8.30–18.30 Uhr, Eintritt 40 DH). Auf einem Teil des 4 ha großen Terrains wurde ein architektonisches Meisterwerk geschaffen: die Nachbildung einer kleinen, von Mauern umgebenen Medina aus Lehm und Schiefersteinen mit kunstvollen Fensterverzierungen, Gittern und Gewölben. Alles ist aus Naturmaterialien gebaut und mit original marokkanischem Dekor verziert. In einigen Räumen haben sich Kunsthandwerker angesiedelt, die exzellente Qualität zu Festpreisen bieten (Schmuck, Lampen, Lederwaren, Mosaiktische). Im Restaurant werden gute Tajine und Erfrischungsgetränke serviert. Ein Shuttlebus fährt täglich fast stündlich am Info-Kiosk La Medina d'Agadir nahe dem Club Med ab, hält aber auch bei diversen anderen großen Hotels (Hin- und Rückfahrt inkl. Eintritt 60 DH).

Einen Besuch wert ist auch der Komplex **Kasbat Souss** in Ben Sergao, wo Kunsthandwerker schöne Keramikwaren, Schmuck, Lampen und Bilder anbieten (vgl. Einkaufen).

Talborjt

Das Wohnviertel Talborjt nordöstlich des Touristenviertels zwischen Av. Mohamed V. und der Av. Moulay Abdellah ist das **moderne Wohnviertel der Mittelschicht.** Hier leben die gut gestellten Marokkaner, aber auch einige Ausländer, hauptsächlich Franzosen. Die noch besser verdienende Bevölkerungsschicht und die meisten Ausländer wohnen in der Cité Suisse am nördlichen Stadtrand. In Talborjt finden Touristen günstige Unterkünfte und Mittelklassehotels, Banken, das Ensemble Artisanat sowie viele Restaurants und Cafés. Diese sind häufig auf europäischen Geschmack und Geldbeutel zugeschnitten, aber preiswerter als im Touristenviertel.

Am Rand von Talborjt laden zwei gepflegte Stadtparks zur Erholung nach dem Einkaufsbummel ein: der **Jardin Olhao** und der **Jardin Ibn Zaidon** am südlichen Rand.

■ Unterkunft

- 1 Camping
- 2 Al Moggar Garden Beach
- 6 Résidence Tilila
- 7 Marhaba
- 8 Petite Suède
- 11 Sud Bahia
- 14 Aferni
- 15 Res. Nejma
- 16 Canaria
- 17 Résidence Azour
- 18 Bahia
- 19 La Tour Eiffel
- 20 La Tour du Sud
- 21 Tamegoute
- 23 Atlantic
- 25 Kamal
- 26 Louban
- 27 Les Palmiers
- 28 Odysee Park Hotel
- 29 Royal Mirage
- 32 Tafoukt Beach
- 33 Kenzi
- 34 Sacha
- 35 Anezi
- 36 Al Mountassir
- 37 Yasmina
- 38 Fleurie
- 41 Ryad Mogador Al Medina
- 43 Royal Atlas
- 44 Tagadirt
- 46 Les Almohades
- 47 Club Med
- 50 Argana
- 51 Adrar
- 53 La Kasbah
- 54 Mabrouk
- 55 Royal
- 56 Sahara
- 58 Solman
- 59 Cinq Parties du Monde
- 60 Omayades
- 61 Tivoli
- 62 Shems
- 63 Agador
- 64 Tamlelt Manador + Eingang zum Komplex
- 65 Agadir Beach Club
- 67 Club Valtur
- 69 Dunes d'Or
- 70 Atlantic Palace Dorint
- 71 Amadil Beach
- 72 Tikida Beach
- 73 RIU Tikida Dunas
- 74 Hotels im Founty-Viertel

■ Essen und Trinken

- 3 Mimi La Brochette
- 4 diverse Restaurants
- 5 Marine-Heim
- 9 La Tour de Paris
- 10 Darkoum
- 12 Via Veneto
- 13 Mozartstuben
- 22 El Yacout
- 24 Scampi
- 30 Vendôme
- 31 McDonald's + Pizza Hut
- 39 Tafarnout
- 40 Taco Loco
- 42 Miso Thai Wok + Café del Mar
- 45 Pizza Hut
- 48 Petit Dôme
- 49 Jardin d'Eau
- 52 La Langouste
- 57 McDonalds
- 66 La Scala
- 68 Le Mauresque

Fischereihafen und Marina

In den **Fischereihafen,** der einen Besuch wert ist, werden Sie nach Vorlage Ihres Passes eingelassen. Die günstigste Zeit ist morgens vor 8 Uhr. Gehen Sie bis zum Ende des Hafens, wo sich die kleinen Kutter drängen. Hier kann man das Treiben der Fischer beim Löschen der Ware und beim Verkauf beobachten. In der großen Auktionshalle wird der Fisch verkauft und mit Lkws abgeholt. Auch im Einzelverkauf wird die Ware angeboten. Außerhalb des Hafentores (wenn man davor steht rechts) gibt es mehrere saubere, nummerierte **Imbissbuden** mit langen Tischen, wo man eventuell günstig Fisch essen kann. Der Preis ist unbedingt vorher auszuhandeln, bei Ankunft an den Buden wird man regelrecht von den Händlern überfallen, die ihre Bude anpreisen möchten ... Werden Sie sich nicht einig – der Nepp ist auch hier allgegenwärtig –, besuchen Sie besser eines der Restaurants an der Promenade. Sehenswert ist im Hafen der Bau traditioneller Holzfischerboote – erstaunlich, mit welcher Geschicklichkeit aus den halb fertigen Gerippe Boote entstehen.

2007 wurde in der Bucht neben dem Fischerhafen Richtung Stadt nach langer Bauzeit das prestigeträchtige Projekt **Marina Agadir** eröffnet. Das neue Vergnügungsviertel, das durch eine Mauer vom alten Hafen getrennt ist, beherbergt einen Yachthafen, teure Läden internationaler Ketten, Banken, Immobilienbüros, Parfümerien, ein Spa, einladende Restaurants und Cafés sowie noble Appartementanlagen und ein Hotel. Besonders an Wochenenden flaniert hier die halbe Stadt die Promenade entlang, bummelt durch die schicken Boutiquen oder sitzt in einem Café und genießt den Sonnenuntergang mit Blick auf den Strand.

Großer Suq (Souk)

Lohnenswert ist ein Besuch des großen Suqs (südöstlich des Zentrums an der Rue Chaib Al Kamra Mohamed Ben Brahim), vor allem am Samstag oder Sonntag. Hier gibt es **alles, was das Herz begehrt:** frisches Gemüse, Obst und Gewürze, Töpferei- und Metallwaren, Lederwaren, Lampen, Kleidung, Schuhe, Teppiche, Schmuck, Elektrogeräte sowie allerlei Kitsch und Spielzeug aus asiatischer Fertigung. Man kann vielen Handwerkern bei der Arbeit zusehen. Ein Preisvergleich mit den Geschäften in der Stadt lohnt sich, um keinem Touristennepp zum Opfer zu fallen. Aber auch hier verlangen die freundlichen Händler z.T. schon überzogene Touristenpreise (verhandeln!).

Sehr günstig und mit guter Auswahl präsentiert sich der **Suq von Inezgane,** 12 km südlich der Stadt. Großer Markttag ist Dienstag und Freitag, dann ist das Treiben besonders bunt und die Auswahl noch vielfältiger.

Information

● **Conseil régional du Tourisme (CRT) Agadir,** Av. Hassan II., Tel. 0528 84 26 29, crtdgaga@menara.ma. Meist wenig hilfreich und kaum Material.

Internetseiten über Agadir

● Die deutschsprachigen Seiten **www.agadirnet.com** geben einen guten Überblick über Hotels, Ferienwohnungen und Aktivitäten.
● **www.goagadir.com** und **www.agadir-tourisme.com** liefern touristische Informationen auf Französisch.

Stadtführungen/Ausflugsfahrten

Als Stadtführer und Reiseleiter für Ausflüge in alle möglichen Städte und in die nähere Umgebung ist der nette **Hassan Aferiad** zu empfehlen. Er ist staatlich anerkannter Reiseleiter und Deutschlehrer (Mobil 0661 18 88 52, h.aferiad@daad-alumni.de). *Hassan* arbeitet mit dem Tourismusberater *Hassan Aboutayeb* (Besitzer der Ecolodge Atlas Kasbah, vgl. Unterkünfte) zusammen – als Führer für deutschsprachige Gruppen, Dolmetscher und Lehrer für Tourismus-Studenten.

Blick über den Hafen aufs Meer

Atlas XII, Karte S. 589, Stadtpläne S. 594, 596 **AGADIR** 601

Ein weiterer empfehlenswerter Anbieter für individuelle Ausflüge in Kleingruppen (Minibusse) ist **Mustapha Ben Radi** (Mobil 0661 16 63 19, mustapha@erlebnis-property-maroc.com).

Der staatlich anerkannte, nette Reiseleiter und Deutschlehrer **Hassan Moukhsil** organisiert Touren in Agadir und Umgebung (Mobil 0661 70 12 19, www.moukhsil.wordpress.com).

Weitere offizielle, deutschsprachige Führer für Agadir und das ganze Land vermittelt die **Association régionale des Guides et Accompagnateurs de Tourisme** (ARGAT), Tel. 0670 96 87 07, argatagadir@hotmail.com.

Auch diverse kompetente, deutsch sprechende **Fahrer von Grand Taxis** bieten Stadt- und Ausflugsfahrten an (siehe Taxis).

Unterkunft

Im Founty-Viertel südlich des Hotels Tikida Dunas direkt am Meer haben in den letzten Jahren diverse Luxushotels/-clubs neu eröffnet. Zu beachten ist, dass die Hotels an der Hauptdurchgangsstraße Av. Mohamed V. stark vom Straßenlärm betroffen sind. Die Hotels **in Talborjt** liegen meist relativ weit vom Strand entfernt. Bei einigen Hotels ist eine Buchung übers Internet oder einen Veranstalter (z.B. TUI, Neckermann) wesentlich preiswerter.

Wer nur eine Nacht in Agadir bleibt oder die Stadt als Durchgangsstation betrachtet, findet **in Inezgane** (7 km südlich von Agadir) in der Nähe des Busbahnhofs (Av. Mokhtar Souissi) viele günstige Hotels.

Klassifizierte Hotels

●**Atlantic Palace Dorint*******, Bd du 20 Août, Secteur touristique, Tel. 0528 82 41 46, www.atlanticpalace-agadir.com. Riesiges Luxushotel mit mehreren Restaurants, Bars und Discos, Poollandschaft, Gesundheits-/Wellnesspark, eigenem Strand (ca. 300 m entfernt), Tennisplätzen, Shuttle zum Golfplatz. Überdimensionale Eingangshalle mit kunstvollen Holzdecken im marokkanischem Stil

AGADIR

(etwas plüschig und barock). Die schönen Zimmer haben mit den um die Pools und im Garten gruppierten Wohnbezirken individuellen Charakter. €€€€€B, Suite teurer.

●**Kenzi Europa*******, Bd du 20 Août, Tel. 0528 82 12 12, www.kenzi-hotels.com. Achtstöckiges Hotel mit toller Aussicht auf den Strandbereich (von den oberen Zimmern). Nicht direkt am Meer, aber mit eigenem Privatstrand Oasis. Die Zimmer sind hübsch, für 5-Sterne-Standard aber etwas klein. Sehr schönes Restaurant und Lounge. Fitnesscenter, Pool, Tennis/Squash und alle Annehmlichkeiten eines Luxushotels. €€€€ DZ ohne Frühstück.

●**Ryad Mogador Al Medina Palace*******, Bd du 20 Août, Tel. 0528 33 93 90, www.ryadmogadoragadir.com. Sehr schönes und komfortables Hotel im maurischen Stil, mit Pool und schöner Gartenanlage direkt am Strand. Mehrere Restaurants (mexikanisch, italienisch, marokkanisch etc.). DZ mit Frühstück €€€€.

●**Sahara** (Groupe Sahara)*****, Av. Mohamed V., Tel. 0528 84 06 60, www.sahara-agadir.com. Großes Hotel mit beheiztem Pool, Hammam und Tennisplätzen, marokkanische und internationale Küche, Nachtclub. Im Cabaret Al Hambra finden gute arabische Musik- und Tanzvorstellungen statt, die auch die marokk. Oberschicht besucht. Herrliche Aussicht von den Zimmern in den oberen Stockwerken. Es gibt auch Bungalows, darin ist es nachts wegen des Nachtclubs jedoch öfters recht laut. DZ €€€€, REISE-KNOW-HOW-Leser erhalten 15% Rabatt.

●**Royal Atlas*******, Bd du 20 Août, Tel. 0528 29 40 40, www.hotelsatlas.com. 2007 eröffnetes supermodernes Luxushotel direkt an der Strandpromenade. Das dreistöckige Gebäude mit klaren Formen umgibt eine schöne Poollandschaft mit Palmen. Über 300 schicke Zimmer mit Balkon (Meer- oder Poolblick). Wellnesszentrum, Internet, marokkanische und italienische Küche, angesagter Actor's Nightclub. DZ mit Frühstück €€€€€B.

●**Royal Mirage** (ex Sheraton)*****, Bd Mohamed V., Tel. 0528 84 27 41, www.royalmiragehotels.com. Sechsstöckiges Hotel mit allen Schikanen, leider laut wegen des Straßenverkehrs. Sehr zentral, Pool, Hammam, eigenes Casino nebenan, klimatisierte Zimmer und Bungalows mit Sat-TV. €€€€.

●**LTI – Agadir Beach Club******, Bd du 20 Août, Secteur touristique, Tel. 0528 84 43 43, www.lti.de. Noble Anlage direkt am Strand mit sehr komfortablen und geräumigen Zimmern und Appartements (für bis zu 5 Pers.). Etwas laut wird's in den Zimmern, die um die offene Lobby mit der darunter liegenden Musikbar gruppiert sind. Restaurant, Nachtclub, Beauty- und Fitnesscenter, Tennis, schöner Swimmingpool im großen Garten. DZ inkl. HP €€€€A.

●**Le Tivoli******, Bd du 20 Août, Secteur touristique, Tel. 0528 84 76 40, tivoli@menara.ma. Komfortables, etwas schnörkelig-konservativ wirkendes Hotel mit vielen Pauschaltouristen. Die vier Blocks gruppieren sich um den schönen Garten mit großem Pool im Innenhof. Wellnessangebot, Volleyball, Tennis, Animation, Transfer zum Golfplatz. Große Zimmer mit Sat-TV und Balkon, z.T. mit Meerblick. Sehr freundlicher Service. Essen leider nicht besonders gut (geschmacksneutrales Einheitsessen). DZ €€€€, Frühstück 65 DH, Menü 160 DH.

●**Tikida Beach******, Rue Oued Souss, Secteur touristique, Tel. 0528 84 54 00, www.agadirtikida.com. Sehr schönes und komfortables All-inclusive-Hotel mit der richtigen Mischung aus marokkanischen und modernen Stilelementen. Große, klimatisierte Zimmer mit Sat-TV, Balkon oder Terrasse (Meer- od. Poolblick). Großer Pool im traumhaften Garten, direkt am Privatstrand. Breites Sport-, Wellnessangebot und Animationsprogramm (vom Arabischkurs bis Yoga), Thalassotherapiezentrum. Shuttlebus zum Golfplatz Golf du Soleil. Nightclub Papagayo angeschlossen. DZ all incl. €€€€€.

●**Jacaranda******, km 4, Route d'Inezgane, Ben Sergao, Tel. 0528 28 03 16, Kontakt in Deutschland: Tel. 04161-558705, www.jacaranda-hotel-agadir.com. Anfahrt: in Richtung Inezgane fahren, nach der Pépinerie New Garden und den Taxi-/Bushaltestellen rechts zum Al Madina abbiegen (großes blaues Schild), dann auf der linken Seite. Das erste „Ökohotel" Marokkos wird von der Deutschen *Christel Butz* geführt. Die etwas nüchtern wirkenden komfortablen Zimmer mit

AGADIR

Balkon und Sat-TV haben keine AC, sind aber nach Osten ausgerichtet und gut isoliert. Gutes Frühstück und Essen, auch individuelle Speisewünsche (z.B. Trennkost) werden berücksichtigt. Das Personal spricht deutsch. Günstige und ruhige Lage nahe am Golfplatz und am Flughafen. Beheizter Innenpool, Sauna und Pool im sehr schönen tropischen Garten mit Jacarandas und Palmen. DZ und Bungalows €€€€.

- **Atlas Amadil Beach******, Chemin des dunes, Secteur touristique, Tel. 0528 82 93 00, www.hotelsatlas.com. Sehr schönes Hotel mit prachtvoller Halle, tollem Garten, Pool und großem Spa-Bereich. Ausgezeichnetes marokkanisches Restaurant Dar Fes, auch gute italienische Küche im Restaurant La Vague. €€€€.

- **Anezi******, Av. Mohamed V., Tel. 0528 84 09 40, www.hotelanezi.com. Etwas unpersönliches Hochhaus, aber große und sehr schöne Gartenanlage mit Pool. Fantastischer Blick vom obersten (10.) Stock, z.B. von der Roof Garden Bar. Strandnähe, internat., marokk. und ital. Restaurant, Nightclub, Hammam. DZ und Appartements (mit Küche) €€€€B bis €€€€.

- **Argana******, Av. Mohamed V., Tel. 0528 84 83 04, www.argana-hotel.com. 238 Zimmer mit Bad/WC, Klimaanlage, Sat-TV und teilweise Balkon oder Terrasse. Internat. Küche, schallisolierte Disco/Nightclub, Gartenanlage mit großem Pool. Bis zum Sandstrand sind es ca. 10 Gehminuten. Das Hotel hat keinen 4-Sterne-Standard. DZ €€€€, Appartement €€€€A.

- **Tafoukt Beach******, Bd du 20 Août, Tel. 0528 84 01 23, www.tafoukthotel.com. Das Hotel, 2005 komplett renoviert, hat eine sehr schöne Lobby (Funduq-Architektur) und Zimmer im maurischen Stil. Weitläufige Anlage mit hübschem Garten und Pool, um den sich die weißen Bungalows gruppieren. Direkter Strandzugang. Angeschlossener (öffentlich zugänglicher) Tafoukt-Komplex mit Läden und Restaurants. DZ oder Appartement (für bis zu 8 Pers.) €€€€ (je nach Saison).

- **Ramada Les Almohades******, Bd du 20 Août, Tel. 0528 84 02 33, www.ramada.com. Ca. 15 Gehmin. zum Zentrum. Schon etwas ältere, aber vor einigen Jahren renovierte Anlage mit schönem Garten. 321 Zimmer mit Sat-TV und Balkon, Restaurant, Disco, Pool mit Kinderbecken, Spielplatz, Volley- und Basketball, Tennis usw. Für Kinder (4–12) Miniclub mit Animationsprogramm. DZ ab €€€A, auch günstig über Neckermann buchbar.

- **Marhaba******, Av. Hassan II., Tel. 0528 84 06 70, hotel.marhaba@menara.ma. Sehr zentral gelegenes, strandnahes, angenehmes und freundliches Mittelklassehotel mit Pool und schönem Garten. 75 Zimmer mit Meerblick, zur Straße hin laut. DZ €€€, günstig über Neckermann buchbar.

- **Odyssee Park Hotel******, Bd Mohamed V., Tel. 0528 84 33 26, www.hotel-odysseepark.com. Das 2002 renovierte Mittelklassehotel bietet 140 Zimmer mit Balkon/Terrasse und Blick auf den hübschen Garten mit Pool oder auf den Vogelpark. Es liegt ca. 250 m vom Strand entfernt. Buffet-Restaurant, Café Vienna und Tapas-Bar, freundliches Personal. DZ €€€A.

- **Les Omayades****** Bd du 20 Août, Tel. 0528 84 22 12/13, 0528 84 03 69, Fax 0528 84 22 01. Vergleichsweise kleine Anlage im marokkanischen Stil mit 144 terrassenartig in Bungalows angelegten (klimatisierten) Zimmern mit Balkon. Zwei Restaurants mit marokkanischer und japanischer Küche. 800 m zum Strand, ruhig gelegen, netter Service und schöne Poolanlage. Günstige All-inclusive-Angebote von europäischen Veranstaltern (z.B. Neckermann).

- **Atlas Kasbah Ecolodge,** Tighanimine El Baz, Route d'Azrarag, Drarga, Mobil 0661 48 85 04, www.atlaskasbah.com. An der Kreuzung gegenüber des Metro-Supermarkts nach links abbiegen, von dort 5 km außerhalb der Stadt. Dieses Ökohotel im Kasbahstil in ruhiger Lage auf einem Hügel erhielt bereits Preise für nachhaltigen Tourismus (achtsamer Umgang mit Wasser und Energie, Abfallvermeidung). 12 hübsche Zimmer/Suiten im Berberstil (mit Bad), Restaurant mit Panoramaterrasse, Pool. Es sind diverse Aktivitäten in der ländlichen Umgebung möglich, auch kurze Koch- und Sprachkurse (Arabisch, Berberisch). DZ mit Frühstück €€€€.

- **Adrar*****, Av. Mohamed V., Tel. 0528 84 07 37, Fax 0528 84 05 45. Zentral gelegenes

AGADIR

Hotel mit sehr schönem parkähnlichen Garten. Ca. 500 m zum Strand. €€€A.

- **Tagadirt (Groupe Sahara)*****, Bd du 20 Août, Tel. 0528 84 06 30, www.groupesahara.com. Große Anlage im maurischen Stil, alle (schon etwas abgewohnten) Zimmer mit Bad und Heizung, freundliches Personal. Pool, Tischtennis und Tennis, Privatstrand mit Surfschule, Tanzabende mit Folklore, Kinderbetreuung und günstige Preise für den Nachwuchs. €€€€.
- **Aferni*****, Av. Général Kéttani, Tel. 0528 84 07 30, www.aferni.com. Sauberes Mittelklassehotel mit Pool, europäischer Küche und sehr freundlichem Personal. Zimmer mit Bad, TV und z.T. Balkon. €€€, gutes Preis-Leistungsverhältnis.
- **Kamal*****, Av. Hassan II., Tel. 0528 84 28 17, www.hotelkamal.ma. Angenehmes sauberes Mittelklassehotel ohne besonderes Ambiente in zentraler Lage, ca. 15 Gehminuten zum Strand. Die 128 Zimmer mit Bad/WC und TV, z.T. mit Balkon, sind auf drei Etagen verteilt. Es gibt einen Pool, eine schöne Terrasse mit Blick auf den großen Platz und ein Restaurant mit marokkanischer und internationaler Küche (nicht besonders). DZ €€€.
- **Ibis Moussafir*****, Rue Abderrahim Bouabid (beim Souk), Tel. 0528 23 28 42, www.ibishotel.com. Gepflegtes Hotel im modernisierten maurischen Stil, mit Restaurant, Pool, WLAN und 104 Zimmern mit Sat-TV. Bewachter Parkplatz (kostenpflichtig). Wie alle Ibis-Hotels sehr gutes Preis-Leistungsverhältnis. €€€B, Reservierung empfehlenswert.
- **Sud Bahia*****, Av. des Administrations Publiques, Tel. 0528 84 07 82, www.sudbahiahotel.ma. An einer Nebenstraße im Zentrum, 15 Min. zum Strand. Älteres, empfehlenswertes Mittelklassehotel mit preiswertem Restaurant und freundlichem Personal. Die Zimmer auf vier Etagen sind komfortabel und sauber (mit Sat-TV und Balkon), zum Hof hin jedoch laut (Disco bis um 5 Uhr). Pool und Kinderbecken im Innenhof-Garten, Autovermietung im Haus. Kinder von 2–12 Jahren erhalten 50% Ermäßigung. DZ €€€.
- **Mabrouk*****, Bd du 20 Août, Tel. 0528 82 63 03 od 0528 84 06 06, www.hmabrouk.ma. Kleines Hotel mit hübschem Garten und Pool, Restaurant, bewachter Parkplatz. Zimmer mit Bad und TV. 5 Min. zum Strand, 15 Min. ins Zentrum. DZ €€€ inkl. Frühstück.
- **Al Mountassir****, Rue de la Jeunesse, Tel. 0528 84 30 74, 0528 84 32 28, Fax 0528 84 60 71. Angenehmes Mittelklassehotel mit Pool, aber ohne besonderes Flair. Um die Ecke kann man in der Pâtisserie Louban sehr gut frühstücken. DZ €€, der Preis kann bei längerem Aufenthalt verhandelt werden.
- **Talborjt*****, Rue de l'Entraide, Talborjt, Tel. 0528 84 03 86, Fax 0528 84 03 96. Sehr sauberes, empfehlenswertes Hotel im Zentrum der Stadt (jedoch weit zum Strand). Zimmer mit Bad €€, Frühstück zu teuer.
- **La Tour du Sud****, 75, Av. Kennedy, in Talborjt nahe der Moschee Mohamed V., Tel. 0528 82 26 94, Fax 0528 82 48 46. Neueres empfehlenswertes Hotel mit marokkanischem Ambiente. Hübsche, sehr gepflegte Zimmer mit Bad, TV und (meistens) Balkon. Nettes Straßencafé im EG. DZ €€.
- **Solman****, Av. Hassan II., im Zentrum, Tel. 0528 84 45 65, hotelsolman@menara.ma. Sehr sauberes Hotel mit Pool, Bar/Restaurant, 10 Gehminuten vom Strand entfernt. DZ €€ ohne Frühstück.
- **Atlantic****, Av. Hassan II., Tel. 0528 84 36 61/62, www.atlantichotelagadir.com. Sauberes, 2004 renoviertes Hotel mit kleinem Garten, Pool, Sonnenterrasse, marokkanischem Restaurant und bewachtem Parkplatz. DZ mit Frühstück €€€ (saisonabhängig), bei Pauschalbuchung häufig günstiger (z.B. TUI).
- **Miramar****, Av. Mohamed V., Tel. 0528 84 07 70, Fax 0528 84 87 84. Das kleine Hotel liegt an der Hauptstraße in Richtung Hafen und ist das älteste der Stadt. Sehr gepflegte, klimatisierte Zimmer, Bad und WC getrennt, sehr gutes französisches Restaurant (gehobene Preise, vgl. Restaurants). €€ DZ.
- **Royal****, Av. Mohamed V., Tel. 0528 84 06 75, Fax 0528 84 05 02. Hübsche, schon ältere Bungalowsiedlung mit Pool, gutes Preis-Leistungsverhältnis, zentrale Lage. DZ €€ bis €€€ (saisonabhängig).
- **Sindibad****, Place Lahcen Tamri, Talborjt, Tel. 0528 84 45 35, Fax 0528 84 24 74. Low-Budget-Hotel mit relativ großen, sauberen Zimmern und freundlichem Personal. Die Räume zum Hoteleingang/zur Straße sind nicht so ruhig. €€.

Atlas XII, Karte S. 589, Stadtpläne S. 594, 596

AGADIR

- **El Bahia****, Rue El Mehdi Ibn Toumert, nahe Place Lahcen Tamri, Talborjt, Tel. 0528 82 27 24, Fax 0528 82 45 15. Nettes, sauberes, besonders für Rucksackreisende empfehlenswertes Hotel. DZ mit Dusche auf dem Flur €, mit Dusche im Zimmer €€.
- **Cinq Parties du Monde***, Av. Hassan II., Tel. 0528 84 54 81, Fax 0528 84 25 04. Beliebtes, günstiges Travellerhotel. €.
- **Petite Suède***, Av. Hassan II./Général Kettani, Tel. 0528 84 07 79, www.petitesuede.com. Das Hotel liegt etwas laut an einer verkehrsreichen Ecke, dafür ist das Personal sehr freundlich, es gibt eine Autovermietung im Haus, die Zimmer mit Bad sind einfach und sauber. Von der netten Frühstücks-Dachterrasse hat man Meerblick. Kein eigener Parkplatz. DZ €€ bis €€A (je nach Saison), 10% Rabatt für REISE-KNOW-HOW-Leser.

Hotels im Founty-Viertel (südliche Rue Oued Souss)

Die Hotels sind in ihrer Reihenfolge entlang des Strandes von Nord nach Süd angegeben. Das ganze Founty-Viertel soll sich zum neuen Touristenzentrum der Stadt entwickeln – entsprechend viel wird gebaut.

- **RIU Tikida Dunas******, Chemin des Dunes, Tel. 0528 84 90 90, www.riu.com. Hotelkomplex direkt am Strand mit großer Gartenanlage, mehreren Pools, Wellnesszentrum und allem Komfort. Empfehlenswert. DZ €€€€.
- **Iberostar Founty Beach******, Rue Oued Souss, Cité Founty, Tel. 0528 84 44 44, www.iberostar.com. Clubanlage direkt am Strand, ca. 1 km vom Zentrum. Schöner Mix aus traditionellen und modernen Elementen. Die Zimmer im Bungalowstil sind um den weitläufigen Garten mit hübscher Poollandschaft gruppiert. Liegen und Sonnenschirme gebührenfrei, am Strand gegen Gebühr. 470 Zimmer mit Sat-TV, AC, Safe usw. Restaurants, Bar, Internet, Autoverleih, Sauna/Hammam, Fitness und Spa, Tennisplätze, Beach-Volleyball, Basketball. DZ mit Frühstück €€€ €€A, Zimmer mit Meerblick 300 DH extra. All-inclusive-Angebote von Neckermann.
- **Palais des Roses*******, Rue Oued Souss, Cité Founty, Tel. 0528 82 82 01, www.palaisdesroses.com. Luxushotelanlage mit 405 Zimmern und 25 Suiten, in deren Bädern jeden Tag frische Rosen ausgelegt werden. Die Anlage ist stilvoll traditionell gestaltet. Alle Annehmlichkeiten, 8000 m² Poollandschaft, 11.000 m² Thalasso- und Spa-Center, mehrere Nightclubs, Privatstrand mit Wassersport, Tennisplatz, Kinderbetreuung/-animation, Fitnessraum etc. Herrlicher Garten mit Teichen, Palmen und Kakteen. Schöne Terrassen mit Meerblick, orientalische Wasserpfeifenecke, Zigarrenbar. DZ/Suiten €€€€€.
- **Sofitel Agadir******* (Accor), Baie des Palmiers, Cité Founty, Tel. 0528 82 00 88, www.accorhotels.com. Durchgestyltes Luxushotel der Accor-Gruppe im Kasbah-Stil. 248 klimatisierte Zimmer und 25 Suiten mit Safe, Minibar, Sat-TV usw. Zwei Restaurants (international und Seafood), großer Pool, Privatstrand, Fitnesscenter, Hammam und Sauna, Tennis, Jet Ski. Hervorragender Service, aber sehr hohe Preise für Getränke und (dafür nicht angemessen gute) Speisen. DZ ab €€€€, bei Internetbuchung günstiger.

Unklassifizierte Hotels

- **Canaria,** 2, Place Lahcen Tamri, Talborjt, Tel. 0528 84 67 27. Die 21 Zimmer (mit oder ohne Dusche) gruppieren sich um den Innenhof. Kürzlich renoviert, saubere Sanitäranlagen, angenehme Travelleratmosphäre, aber arrogantes Management, keine Handtücher. DZ mit Dusche €, ohne €B, auch 3er-Zimmer.
- **La Tour Eiffel,** Rue du 29 Février, Tel. 0664 22 09 25, direkt gegenüber der Moschee Mohamed V. in Talborjt. Sehr einfach, aber sauber und okay, Dusche/WC auf dem Gang, Straßencafé/Restaurant mit preiswertem Essen im EG. 3er-Zimmer €B.
- **Tamegoute,** 38, Av. Allal Ben Abdellah, Talborjt, Tel. 0528 84 78 66, Eingang an der Gebäuderückseite. Sehr gepflegte und saubere Zimmer mit Bad (z.T. mit Balkon), recht neue Ausstattung, sehr gutes Preis-Leistungsverhältnis. €A.
- **Tamri,** 1, Av. President Kennedy, Tel. 0528 82 18 80. Sauberes Hotel in ruhiger Lage, warme Duschen auf dem Flur (Benutzung nur zu bestimmten Zeiten). DZ €B.

AGADIR

●**Tiznine,** in Talborjt, hinter dem Hotel Ayour (Rue de l'Entraide), Tel. 0528 84 39 25. Einfaches Hotel mit sauberen Zimmern auf zwei Etagen um den Innenhof, Dusche/WC am Gang, nicht weit zum Café Yacout. Dreibettzimmer €A.

Ferienwohnungen

Bei den „Résidence touristique" genannten Unterkünften handelt es sich um 1- bis 2-Zimmer-Selbstversorger-Appartements mit Kochnische, Geschirr und Kühlschrank.

●**Résidence Fleurie,** Rue de la Foire, Tel. 0528 84 42 69, www.residence-fleurie.com. 48 klimatisierte Studios mit Telefon, Sat-TV und Kochecke mit Kühlschrank, Balkon. 5 größere Appartements, Cafeteria, Pool, Parkgarage. 10 Min. zum Strand. Studio für 2 Pers. €€€, Appartement für 4 Pers. €€€€.
●**Résidence Louban,** Av. Mohamed VI., sehr zentral beim Place de l'Espérance. Tel. 0528 82 65 01, 0528 82 64 99, loubanaga@menara.ma. 33 Appartements mit Kochnische, Kühlschrank, Bad, Balkon und Sat-TV für 4–5 Personen. Pool und Kinderbecken, 10 Min. Fußmarsch zum Strand. €€€€B bis €€€€, tägliche Zimmerreinigung.
●**Résidence Yasmina,** Rue de la Jeunesse, Tel. 0528 84 30 84, www.residence-yasmina.com. Komfortable Appartements für bis zu 5 Personen. Ziemlich nah am Zentrum, aber weit zum Strand, schön angelegt, mit Pool und hübschem Gartenrestaurant, von der obersten Etage Meeresblick, bewachter Parkplatz. 4-Pers.-Appartement €€€€, DZ mit Frühstück €€€.

Campingplätze

●**Camping International,** Bd Mohamed V., Tel. 0528 84 66 83, 0528 84 09 21. Die ursprünglich schön konzipierte Anlage mit vielen Bäumen ist schon etwas abgewirtschaftet, aber okay. Im Winter ist der Platz voller Wohnmobil-Rentner, die Agadir als Überwinterungsquartier nutzen, im Sommer ist er ganz in der Hand marokkanischer Familien. Die sanitären Anlagen sind in einem sehr schlechten Zustand, aber meist sauber, außer im Hochsommer und von etwa Dezember bis März, wenn der Campingplatz mehr oder minder „überquillt". 20 DH p.P., Zelt 20 DH, Auto 20 DH, Wohnmobil 60 DH, Motorrad 10 DH, heiße Dusche 15 DH.
●**Paradis Nomade,** Douar Azrarag, 15 km von Agadir entfernt, Tel. 0671 12 15 35, www.paradis-nomade.com. An der Kreuzung nach Marrakesch direkt gegenüber des Metro-Markts in kleine Teerstraße nach links abbiegen, durch Vororte, dann ausgeschildert (N 30°28,509', W 09°27,961'). Idyllischer und beliebter Traveller-Treffpunkt mit Gästehaus des französischen Paares *Jacqueline* und *Robby Derue*. Pool, Restaurant mit Alkoholausschank (Menü 170 DH), 8 DZ mit Bad und Terrasse (€€€), auch Übernachtung im Nomadenzelt möglich (340 DH p.P. mit HP), gute sanitäre Anlagen mit heißer Dusche. Camping für 2 Pers. mit Auto/Caravan/Zelt (inkl. heißer Dusche und Poolbenutzung) 80 DH, Strom 20 DH. Ausflüge mit 4x4 und Quad möglich.
●Bei Aourir (7 km von Agadir, vgl. Route E 1) hat Ende 2009 der **Campingplatz Atlantica d'Imourane** mit 450 Stellplätzen für Wohnmobile und Zelte eröffnet. Er liegt direkt am Meer, hat europäischen Standard, Restaurant und Pool. Man kann frischen Fisch direkt von den Fischern kaufen. 90 DH für 2 Pers. mit Fahrzeug, 20 DH Strom.
●Der komfortable Campingplatz **Atlantica Parc** am Meer befindet sich 25 km nördlich in Aghroud (vgl. Route E 1).

Im Umkreis von Agadir (ca. 100 km nördlich und südlich) wurden Schilder mit dem Hinweis **„Camping interdit" (Camping verboten)** aufgestellt, um das Entstehen ganzer Wohnmobil-Städte im Winter zu unterbinden. Da sich Diebstähle häufen und das Abfallproblem immer dringlicher wurde, sahen sich die Behörden gezwungen, das wilde Campen zu verbieten. Das scheint aber viele Camper nicht zu stören – im Gegenteil: Manche beschweren sich auch noch, dass keine Abfalltonnen aufgestellt werden und lassen ihren Müll ungeniert liegen. So kommt es, dass man sich häufig für seine Landsleute schämen muss!

Atlas XII, Karte S. 589, Stadtpläne S. 594, 596

AGADIR

Essen und Trinken

Im Gegensatz zu anderen Städten verfügen in Agadir die meisten größeren Restaurants über eine **Alkohollizenz**. Ein Hauptgericht in einem durchschnittlichen Touristenrestaurant kostet zwischen 50 und 100 DH.

Richtung Hafen/im Hafen

● **Le Miramar,** Bd Mohamed V., kurz vor dem Stadtende rechts in Richtung Hafen, Tel. 0528 84 07 70. Zum Hotel Miramar gehöriges hervorragendes Restaurant (s.a. dort) mit italienischer Küche und Seafood. Im Winter Kaminfeuer, im Sommer klimatisiert. Fischgerichte ca. 200 DH.

● Es gibt auch eine Reihe **kleiner Fischrestaurants am Hafen,** wo man inzwischen **abgezockt** wird und – fragt man nicht genau nach – so viel zahlt, als hätte man im Luxusrestaurant gegessen! Wenn man aber vorher einen Preis ausmacht, der normal klingt, ist die Portion klein, und man sitzt in Zeltverschlägen oder auf einfachsten Stühlen mit Billiggeschirr. Die Schlepper überfallen Touristen schon an der Einfahrt zum Hafen.

Im Zentrum und nördlich (Talborjt)

● **Darkoum,** Av. Général Kettani, Tel. 0528 220948. In diesem teuren Palastrestaurant werden marokkanische Spezialitäten serviert; auch Musikprogramm.
● **La Pampa,** 8, Av. Mohamed VI., Tel. 0528 82 80 18. Grillbraten und sehr gute marokkanische Spezialitäten, mittlere Preisklasse.
● **La Tour de Paris,** Av. Hassan II., Immeuble Bahia, Tel. 0528 84 09 06. Italienische Küche und leckerer gegrillter Fisch, mit Terrasse, auch gut zum Frühstücken.
● **Marine-Heim** *(bei Hilde),* Bungalow Marhaba, Bd Mohamed V., Tel. 0528 84 07 31. Mittelmäßige deutsche und franz. Küche.
● **Mozartstuben,** Tel. 0528 82 45 64, Place Hassan II. Deftige österreichische und internationale Küche. Kitschig-alpenländisches Interieur, Musik von *Mozart.* Tägl. außer So 10–23 Uhr. Gericht ca. 95 DH.
● **Scampi,** Av. Hassan II., Tel. 0528 84 40 54. Gute internationale Küche mit Fisch und Meeresfrüchten.
● **Via Veneto,** Av. Hassan II., Tel. 0528 84 14 67. Sehr gute italienische Küche (Holzofenpizza u.a.), gutes Preis-Leistungsverhältnis.

Im Touristenviertel

Zwischen Av. Mohamed V. und Strand, Rue Oued Souss, Bd du 20 Août und an der Strandpromenade. Der Service und die Qualität der Restaurants an der Promenade lassen z.T. zu wünschen übrig.

● **Café del Mar,** direkt an der Strandpromenade, in der Nähe des Hotels Royal Atlas. Auf der Terrasse mit gemütlichen Polstergarnituren werden Spaghetti (70 DH), Fleischgerichte (ca. 110 DH) oder Sandwiches (60 DH) serviert.
● **Feyrouz,** im Al Madina Palace, Bd du 20 Août, Tel. 0528 84 53 53. Sehr gutes libanesisches Essen der oberen Preisklasse, beson-

Relaxen am Pool des Hotels Royal Atlas

ders empfehlenswert sind die Vorspeisen (Mezze).
- **Jardin d'Eau,** Tel. 0528 82 37 06, Bd du 20 Août. Bekanntes Restaurant mit verspieltem Interieur. Küche (internat. Gerichte) und Service sind sehr gut, es gibt Live-Musik.
- **Jazz Restaurant,** Tel. 0528 84 02 08, Bd du 20 Août, neben Complexe Igoudar. Beliebtes Lokal mit abendlicher Live-Musik, gute Fleisch- und Fischgerichte.
- **Jean Cocteau (Shem's Casino),** Tel. 0528 82 11 11, Bd Mohamed V., im 1. Stock von Shem's Casino. Eines der besten Restaurants der Stadt mit französischer Küche der gehobenen Preisklasse.
- **La Langouste (Club La Kasbah),** Bd du 20 Août (schräg gegenüber dem Club Med), Tel. 0528 84 01 36. Sehr gute französische Küche mit Meeresfrüchten und Fischgerichten – das Restaurant war einmal die angesagteste Adresse in der Stadt. Mittlere Preisklasse.
- **La Scala,** Rue Oued Souss, nahe Club Valtur/Ecke Bd 20 Août, Tel. 0528 84 67 73. Hervorragendes Restaurant mit französischer und marokkanischer Küche, schönem Interieur und Gartenterrasse, evtl. längere Wartezeit. Menü ca. 250 DH.
- **La Sirène,** 34, Complexe Aït Souss. Das Restaurant in der kleinen Fußgängerpassage serviert sehr gutes und üppiges Essen zum günstigen Preis.
- **Le Fouquet's,** Bd du 20 Août, Tel. 0528 84 16 86. Italienische und internationale Küche, mitternächtliches Menü mit Bauchtanz.
- **Le Mauresque,** Complexe Valtur (Ecke Bd du 20 Août/Rue Oued Souss), Tel. 0528 82 04 44. Relativ teures Restaurant mit verspielter Orientatmosphäre, schöner Gartenterrasse und lobenswertem Service. Fisch 160–330 DH, Tajine/Couscous ca. 140 DH.
- **Le Petit Dôme,** Bd du 20 Août, direkt am Eingang zum Zoo. Viel besuchtes günstiges Restaurant mit Garten, abends Musik.
- **Les Blancs,** am Nordende der Bucht/Promenade in der Marina, Tel. 0528 82 83 68. Auf der gemütlichen Terrasse der Strandbar kann man bei einem Cocktail herrlich den Sonnenuntergang genießen. Im Restaurant mit schickem Ambiente in einem Glaspavillon werden mediterrane Küche (Fischgerichte 170–580 DH) und Pizzas (80 DH) serviert.
- **Le Vendôme,** Tel. 0528 84 81 82, an der Strandpromenade. In diesem alteingesessenen Café/Restaurant gibt es ein einfaches Menü für 70–90 DH und günstiges Frühstück, Säfte sowie Alkoholika. Service und Essen sind leider nur mäßig gut.
- **Mexican Taco Loco,** Bd du 20 Août, ggü. Hotel Royal Atlas. Nette Terrasse mit Strohschirmen, gute mexikanische Speisen.
- **Miso Thai Wok,** an der Strandpromenade zwischen Hotel Royal Atlas und Café del Mar. Schickes Asia-Restaurant mit angenehmer Terrasse. Sushi, Sashimi, thailändische Küche.
- **Mimi la Brochette,** an der Strandpromenade, Complexe Al Moggar, Tel. 0528 84 03 87. Beliebtes Restaurant mit guten und relativ günstigen Brochettes, Hähnchen und Fisch.
- **Oceana,** Bd Tawada, Tel. 0524 82 74 53. Gutes indisch-pakistanisches Restaurant an der nördlichen Promenade, nettes Interieur.
- Die **einfachen Lokale,** in die auch die einheimische Bevölkerung geht, sind vor allem nördlich der Av. Moulay Abdellah und um den Platz Lahcen Tamri zu finden, aber auch im Bereich des Busbahnhofes der städtischen Busse (Place Salam) und des Souks.

Cafés/Imbiss/Fastfood

Zahlreiche Cafés auch mit deutschem Kuchen und Eis gibt es vor allem entlang der Strandpromenade.

- Empfehlenswert sind die **Pâtisserie Tafarnout** in der Av. Hassan II. in Talborjt (hervorragendes Gebäck) und das bei Marokkanern sehr beliebte **Café Louban** in der Av. Prince Mulay Abdallah (üppiges Frühstück).
- Zu empfehlen ist auch die **Pâtisserie El Yacout** in der Av. 29 Février in Talborjt. Neben der Pâtisserie mit einer riesigen Auswahl an Gebäck befindet sich das hübsche Café im maurischen Stil mit schattiger Laubenterrasse. Hier kann man frische Säfte, Eisbecher, Crêpes, Couscous oder Tajine, aber auch Pizza und Sandwiches bestellen.
- **McDonald's** darf in Agadir natürlich nicht fehlen: Die Restaurants an der Av. Mohamed V. (Drive In) und am Strand an der Promenade (neben dem zweiten **Pizza Hut**) werden vor allem von Jugendlichen frequentiert.

Atlas XII, Karte S. 589, Stadtpläne S. 594, 596 **AGADIR**

- Am **Bd Hassan II.** befinden sich **mehrere Pizzerien.**

Nachtleben

Die **großen Hotels** bieten ein buntes Abendprogramm: von Show-Veranstaltungen à la Las Vegas bis zu Zaubervorstellungen, Bauchtanz und klassisch marokkanisch-andalusischer Musik.

- **Papagayo,** im Tikida Beach Hotel. Die größte und von der Jugend Agadirs meistbesuchte Disco. Eintritt 200 DH (inkl. einem Getränk), im Juli/August teurer.
- **Dreams Disco,** an der Strandpromenade hinter dem Restaurant Tawada. Eine der modernsten und größten Discos der Stadt mit Restaurant, Pub, Bar. Abendessen mit Live-Musik ab 18 Uhr, Disco ab 22 Uhr.
- **Sofitel Disco,** im Hotel Sofitel in Founty. Live-Musik bis Mitternacht, danach Disco (sonntags marokkanischer Abend). Im Sommer ist die Disco brechend voll mit Jugendlichen aus der schicken Szene. 30 Euro (!) Eintritt.
- **Bar Fly und Factory,** im Hotel Tafoukt. Orientalisches Flair und Wasserpfeifen-Sitzecken locken in dieser Lounge und Disco vorwiegend über 30-jähriges Publikum an.
- **Mojito Disco Bar,** im Hotel Amadil. Arabisch-orientalische Live-Musik, Attraktion sind die Bauchtänzerinnen. Es gibt auch ein Restaurant für hungrige Nachtschwärmer.
- Weitere Discos und Bars mit Alkoholausschank **in den großen Hotels.**

Sport

Agadir eignet sich perfekt für sportlich Aktive – jedes bessere **Hotel** bietet die Möglichkeit für Sportarten wie Tennis, Golf, Surfen, Segeln u.v.m.

Agadir ist nach Essaouira der wichtigste marokkanische **Surfer-Treffpunkt.** Vor allem die Spots an der nördlichen Küste bei Taghazoute sind international in der Surferszene bekannt.

Wer lieber aufs Meer hinaus will, um zu fischen, kann einen Tagesausflug mit modernen Yachten zum **Haifischfang** buchen (siehe „Ausflüge").

Flieger können im Aéro-Club d'Agadir in Inezgane ihrem Hobby nachgehen. **Gleitschirmflieger** starten von der Kasbah auf dem Hügel über Agadir oder an anderen schönen Plätzen an den südlichen Stränden.

Segler können in der Marina einen Katamaran chartern.

Fahrräder zur Stadterkundung kann man sich bei vielen Hotels ausleihen.

Und das Angebot der **Clubhotels** lässt natürlich auch keine Langeweile aufkommen: Bogenschießen, Tischtennis, Mini-Golf, Beach-Volleyball – die Liste ist endlos.

Aktivitäten wie **Jet Ski (Aquascooter), Bootsausflüge und Surfunterricht** können über jedes große Hotel gebucht werden.

Surfen

Viele bekannte Surfspots befinden sich an der nördlichen Küste **zwischen Taghazoute und Tamri** (z.B. Killer Point, Anchor Point, Banana Beach, Devils Rock etc.). Beste Surfzeit ist Oktober bis April. Die eher ruhige Bucht von Agadir eignet sich besonders für Anfänger. Neben den unten genannten Stellen bieten auch zahlreiche Hotels Leihgeräte sowie Kurse an.

- Der **Holiday Club Agadir** (Mobil 0668 32 52 83, www.taghazout.info) vermittelt Zimmer und Appartements in Taghazoute und an den besten Surfspots der Umgebung (vgl. Kapitel „Von Agadir nach Essaouira/Taghazoute"). Der deutsche Betreiber kennt die Region wie seine Westentasche, verleiht Surf- und Kiteboards und gibt Tipps zu den besten Locations. Auch Angel- und Schnorchel-Ausflüge werden organisiert.
- Die **Endo-Surfschule** in Taghazoute ist ebenfalls in deutscher Hand. *Steffen Landgraf* und *Gerrit Handl* (Mobil 0667 13 17 44 oder 0668 39 51 24, www.endosurf.com, Büro in Wiesbaden: Tel. 06127 43 21) bieten Flughafentransfer, Unterkunft, Vollverpflegung, Surfunterricht, Leihmaterial und Begleitung zu den besten Surfspots an. Als Anbieter von Surfreisen seit 1999 gehört Endo Surf zu den besten Surfschulen in Marokko.

AGADIR

- Die Trendsportart **Kite-Surfen** findet auch in Marokko immer mehr Anhänger. Kite- und Windsurfzentren befinden sich nördlich von Agadir in Tamrakht und Taghazoute.
- An das Hotel **Les Dunes d'Or** ist ein Wassersportzentrum (Base Nautique, 9–17 Uhr) angeschlossen, das u.a. Katamarantouren anbietet und Ausrüstung verleiht. Mietpreise pro Stunde: Katamaran 400 DH, Surfsegel 200 DH, Body Board 100 DH, Kanu 150 DH.
- **Pauschalangebote für Surfer** mit Material, Transfers zu den besten Spots und Unterkunft im eigenen Surfcamp bietet **Dynamic Loisirs** an (www.surf-maroc.com).

Segeln

In der neuen **Marina Agadir** (Port de Plaisance) stehen 320 Plätze für Yachten zur Verfügung. In der Marina können Boote/Katamarane gemietet werden, und es steht jegliche sonstige Infrastruktur zur Verfügung. Infos zu Yachtcharter und Segelkursen beim Yachtclub Agadir, Tel. 0528 84 44 82, www.yachtclubagadir.com.

In den größeren **Hotels** können Segeltörns verschiedener Veranstalter gebucht werden (z.B. Agadir Beach Club, Hotel Les Dunes).

Fischen, Tauchen

- Ausflüge für Sportfischer in den Gewässern Agadirs (auch Hai- und Thunfischfang) sind mit dem modernen Boot von **Maroc Sport Fishing** möglich (Tel. 070 51 24 25, http://joudat.iliass.free.fr). Ein Tagesausflug zum Hai- oder Thunfischfang inkl. Essen kostet ca. 80 Euro.
- Tauch-, Fisch- und Harpunierausrüstung verkauft und verleiht **Hassan Pêche,** Av. Mohamed V., Inezgane (Tel. 0528 33 22 32, www.hassan-peche.com).

Tennis

- Bei **Royal Tennis d'Agadir** (Av. Hassan II., Tel. 0528 84 43 10, www.rtca.au.ma) stehen sieben Courts zur Verfügung. Außerdem haben fast alle großen Hotels und Clubs eigene Tennisplätze.

Golfen

Golfer buchen ihren Golfurlaub am günstigsten direkt pauschal beim Veranstalter. In Agadir stehen drei Golfplätze zur Verfügung. Die Greenfee beträgt für neun Löcher etwa 40 Euro, für 18 Löcher etwa 60 Euro. Gäste des Tikida Beach Hotels erhalten beim Golf du Soleil und Gäste des Club Med am Golf des Dunes Sonderkonditionen.

● Der **Golf des Dunes** liegt rechter Hand der Straße in Richtung Ben Sergao (beschildert, Tel. 0528 83 46 90). Auf dem 80 ha großen Platz mit drei Parcours à 9 Löchern, Eukalyptusbäumen, Palmen und Wasserlöchern spielen vor allem Club-Med-Urlauber (Pendelbusse von dort). Auch Kursangebot.
● Der sehr schöne 36-Loch-Platz **Golf du Soleil** gehört zum Tikida Beach Hotel (Tel. 0528 33 73 29, www.golfdusoleil.com) und liegt ebenfalls in Ben Sergao in der Nähe des Golf des Dunes. Es verkehrt ein kostenloser Shuttleservice zum Club Valtur bzw. Tikida Beach, auch für andere Hotelgäste. Auch mehrtägige Kurse möglich (Golfakademie).
● Der 18-Loch-Platz **Royal Golf** mit Zypressen, Palmen und Eukalyptus ist einer der ältesten Marokkos (1955) und liegt 12 km südlich von Agadir Richtung Aït Melloul (Tel. 0528 24 85 51).

Reiten

Reiten oder nur mal auf dem Pferd bzw. Kamel rumhoppeln ist **am Strand von Agadir** möglich. Auch im Ausflugsprogramm der großen Hotels sind Pferdeausritte enthalten (siehe Aushänge in den Hotels). Zwei Stunden kosten etwa 250 DH.

● In Ben Sergao an der Route Richtung Inezgane, ca. 6 km von Agadir (gegenüber der Kaserne), liegt der **Royal Club Equestre d'Agadir**, Tel. 0528 33 30 93. 150 DH pro Std., Zehnerkarte 2000 DH, Zehnerkarte in der Gruppe 1500 DH mit Reitstunden.

Agadir: Synonym für Strandurlaub

Hammam, Massage

Ein Besuch im Hammam (traditionelles, orientalisches Dampfbad) mit Massage gehört zum Pflichtprogramm eines Marokkourlaubs und ist herrlich erholsam. Inzwischen haben **fast alle größeren Hotels und Clubs** ein eigenes Hammam, wenn nicht sogar ein komplettes Wellnesszentrum.

Preise: Hammam 50–100 DH; Massage: 100–250 DH.

Wesentlich günstiger (ca. 10 DH) sind die **Hammams der Einheimischen.** Hier gibt es nach Geschlechtern getrennte Bereiche oder Besuchszeiten. Zu jedem Quartier gehört ein Hammam – das Badeerlebnis dort ist natürlich wesentlich authentischer als in der Hotelanlage, wenn auch nichts für Berührungsängstliche.

Einkaufen

Der **Souk** im Südosten der Stadt hat dem Marché Municipal den Rang abgelaufen. Ob Souvenirs, Gewürze, Arganienöl, handwerkliche Produkte oder allerlei Plastik- und Spielwarenramsch aus Fernost – hier ist alles einigermaßen preisgünstig zu haben. Seit es zahlreiche Beschwerden über Touristennepp gab, kontrolliert die Polizei, ob Touristen fair behandelt werden. Am Montag ist der Souk geschlossen! Lohnenswert – auch wenn man nicht einkaufen möchte – ist der Besuch des riesigen **Markts in Inezgane.** Hier gibt es von Lebensmitteln bis zu Möbeln alles Erdenkliche zu kaufen – zudem ist es günstiger und viel weniger touristisch als in Agadir.

Zeitungen

In den Läden am Strand und im Hotelviertel (z.B. Résidence Tafoukt oder am Bd du 20 Août) gibt es deutsche Zeitungen und Landkarten von Marokko zu kaufen, ebenfalls in dem Buch- und Zeitschriftenladen an der Av. Hassan II.

Souvenirs

In Agadir sind Souvenirs **relativ teuer,** dafür sind der Standard hoch und die Auswahl groß. Wer gut handelt, kann vor allem in touristenarmen Monaten durchaus faire Preise erzielen.

Kunsthandwerk gibt es im Souk oder im Touristenviertel, in Ständen um den Marché Municipal und im (etwas verwaisten) **Ensemble Artisanal** in Talborjt (Av. 29 Février, So geschl.). Dort werden hübsche Holz- und Keramikwaren, Lampen, Teppiche etc. in guter Qualität zu Festpreisen angeboten.

Diverse Läden mit schönen Souvenirs findet man auch im **Tafoukt-Komplex** beim Tafoukt Hotel.

Günstig und in großer Auswahl kauft man Kunsthandwerk in Werkstätten an der Straße Agadir – Inezgane oder in der **Kasbat Souss** in Ben Sergao ein. In diesem Komplex mit idyllischem Innenhof und Café bieten Handwerker schöne Keramikwaren, Silberschmuck, Spiegel, Bilder, Lampen u.a. an (km 5 Route Principale d'Agadir, Ben Sergao, von Agadir kommend auf der rechten Seite, Tel. 0528 28 19 34).

Lebensmittel

Für größere Einkäufe von Lebensmitteln und Konsumwaren bietet sich der **Marjane-Supermarkt** an der Straße nach Inezgane im Founty-Viertel an. Dort kann man auch gutes und (im Vergleich zu den Touristenläden) günstiges Arganienöl einkaufen. Ein großer Metro-Supermarkt findet sich an der Umgehungsstraße im Westen der Stadt.

Die **Einkaufsmeile für Lebensmittel** und anderen Tagesbedarf (Zeitungen, Postkarten) ist die **Av. Hassan II.** in ihrem zentralen Bereich. Das nahe gelegene **Kaufhaus Uniprix** bietet Souvenir-Massenware, Konserven und Spirituosen. In Höhe vom Post und Rathaus liegt der **Supermarkt Anaprix**: klein, aber gut sortiert, mit gutem Gemüse. Etwas weiter befindet sich die **Bäckerei und Konditorei La Veranda** u.a. mit gutem marokkanischem Mandel- und Blätterteiggebäck. Auch der **Marché Municipal** liegt in Gehweite. Hier gibt es Gewürze, Gemüse, Obst, Blumen, Fisch und Fleisch im Untergeschoss sowie Lebensmittelläden im Obergeschoss. In Talborjt haben außerdem die gut sortierten **Supermärkte Aswak Assalam** (Bd Mohamed Cheikh Saadi) und **Label Vie** (Alkoholverkauf) neue Filialen eröffnet.

Diverse Lebensmittel, Dinge für den touristischen Bedarf (Sonnencreme u.a.) sowie Alkohol und Arganienöl verkauft der **Supermarché im Complexe Tamlelt** gegenüber dem Hotel Tivoli.

Fisch und Schalentiere sind auch im Hafen erhältlich. Dort sollte man möglichst forsch direkt die Fischverkaufsstellen ansteuern, da man sonst umweigerlich von „hilfreichen" Leuten zu den Händlern gelotst wird und Aufpreis zahlt.

Die **Herboristerie Kasbah d'Argane** (Tel. 0528 21 04 80, 124 Av. Kadi Ayad, Quartier Industriel) verkauft kosmetische Produkte und traditionelle Heilmittel aus Ölen und Kräutern. Speiseöl bzw. kosmetisches Arganienöl wird hier traditionell hergestellt. In den Verkaufsräumen werden sämtliche Anwendungsmöglichkeiten auf Deutsch erklärt und vorgeführt. Hier sind auch Massagen möglich (2 Std. für 30 Euro inkl. Hoteltransfer hin und zurück). Der Besuch einer Herboristerie – wo auch alle Arten von Gewürzen verkauft werden – steht auf dem Programm jedes organisiert reisenden Touristen.

Stadt- und Vorortbusse

Im Herbst 2010 hat die spanische Gesellschaft ALSA den Busverkehr übernommen (statt bisher GAB und Zetrap) und reorganisiert. Innerstädtische Busfahrten (bis inkl. Inezgane) kosten **4 DH,** Fahrten nach außerhalb **8 DH**.

Die meisten Busse fahren entlang der zentralen Achse **Av. Mohamed V.** und halten z.B. **vor dem Royal Mirage Hotel**. Mehrere Linien starten auch am Hafen und am Place Salam. Die Busse können außerdem per Handzeichen (mit deutlichem Schritt auf die Straße) angehalten werden. Zu den Stoßzeiten sollte man die Busse besser vermeiden – es treiben Taschendiebe ihr Unwesen.

ALSA-Buslinien

●**nach Inezgane** (zum zentralen Busbahnhof mit Verbindungen in alle Landesteile) fahren die Busse **Nr. 11, Nr. 21, Nr. 23** (ab Hafen

und Zentrum über Ben Sergao) und **Nr. 6** (ab Place Salam)
- **nach Founty: Nr. 2** (Hay Mohammadi – Founty)
- **von/zum Flughafen: Nr. 37** von/nach Inezgane (Weiterfahrt ins Zentrum s.o.) und alter GAB-Bus **Nr. 22**. Fahrzeit 30 Min., ab 6 Uhr morgens alle 30 Min. (bis 20.30 Uhr). Der Bus hält ca. 500 m vom Flughafenausgang entfernt direkt an der Straße vor dem Gelände. Die Taxifahrer erzählen gelegentlich, dass es keinen Bus gäbe.
- **nach Imimiki: Nr. 31**
- **nach Taghazoute: Nr. 32**
- **nach Tamri: Nr. 33**
- **nach Ameskroud: Nr. 34**

Zusätzlich zu den oben genannten verkehren folgende **innerstädtische Linien:** Nr. 1 Place Salam – Hôpital Hassan II., Nr. 3 Zone Balnéaire – Les Amicales, Nr. 4 Anza – Hay Mohammadi, Nr. 5 Wilaya – Tilila, Nr. 7 Wilaya – Tassila, Nr. 8 Hafen – Taddart, Nr. 9 Hafen – Dragra, Nr. 10 Wilaya – Ben Sergao – Tarrast, Nr. 12 Hôpital Hassan II. – Aït Melloul.

Die Buslinien wurden kurz nach Einführung bereits wieder verändert, evtl. sind diese Angaben deshalb z.T. schon nicht mehr richtig. Informationen von ALSA unter Info-Tel. 0528 82 47 99.

Fernverkehrsbusse ab Agadir

- Der **Busbahnhof** ist von Talborjt an die südliche Umgehungsstraße Av. Mohamed Ben Brahim (östlich vom Souk) umgezogen.
- Der **zentrale Hauptbusbahnhof**, von dem die meisten Busse in alle Gegenden des Landes starten, befindet sich in Inezgane!
- Busse der **Privatlinien** verkehren ständig in alle Richtungen (an den Schaltern am Busbahnhof in Agadir od. Inezgane erkundigen).

CTM

- **CTM-Büro** im Busbahnhof: Tel. 0528 22 55 96. Büro in Talborjt: 1, Yacoub El Mansour, Tel. 0528 82 53 41.

Verbindungen und Preise:
- **Azrou – Ifrane – Fès:** tägl. abends ab Inezgane.
- **Safi – Casablanca:** 7x tägl. (davon 4x ab Inezgane), 9 Std., 210 DH.
- **Marrakesch:** 9x tägl. (davon 4x ab Inezgane), 4 Std., 95 DH.
- **Rabat – Meknès:** tägl. abends ab Inezgane.
- **Rabat – Larache – Tanger:** tägl. spätabends ab Inezgane.

Supratours

- **Supratours-Büro** am Busbahnhof: Tel. 0528 23 73 05. Abfahrt ab Inezgane oder ab Innenstadt (Supratours-Büro).

Verbindungen und Preise:
- **Marrakesch – Beni Mellal – Meknès – Fès:** tägl. 16 Uhr
- **Marrakesch:** 8x tägl. (z.T. ab Inezgane), Fahrzeit 3½–4 Std.
- **Essaouira – Safi:** tägl. morgens, bis Essaouira 3–4 Std., 60 DH.
- **Laâyoune – Boujdour – Dakhla:** 2x tägl., ca. 350 DH, 11 Std. bis Laâyoune.

Fernverkehrsbusse ab Inezgane

CTM

- **CTM-Büro** in Inezgane: 94, Av. Mokhtar Souissi, Tel. 0528 83 22 20.

Verbindungen und Preise:
- **Beni Mellal – Khénifra – Azrou – Fès – Oujda:** 1x tägl. Nachtbus, nach Beni Mellal 160 DH (8 Std.), nach Khénifra 200 DH, nach Azrou 225 DH, nach Fès 245 DH, nach Oujda 345 DH.
- **Laâyoune – Dakhla:** Nachtbus, 350 DH, 11 Std. bis Laâyoune, 22 Std. bis Dakhla.
- **Taroudannt:** 1x tägl., 30 DH, ca. 3 Std.
- **Marrakesch:** 3x tägl., 95 DH, ca. 3 Std.
- **Casablanca:** 3x tägl., 210 DH, 9 Std.
- **Taroudannt – Taliouine – Tazenakht – Ouarzazate:** 1x tägl. morgens, Ouarzazate 120 DH (6 Std.), Taliouine 70 DH, Taroudannt 30 DH (3 Std.), Tazenakht 100 DH.

AGADIR

Am Flughafen

- **Essaouira – Safi – El Jadida:** 1x tägl. morgens, nach Essaouira 70 DH (3–4 Std.), nach Safi 110 DH (6 Std.), nach El Jadida 140 DH (8 Std.).
- **Tafraoute:** 1x tägl. mit CTM (4 Std., 55 DH), Privatbusse spätabens von Schalter 8 (über Tiznit).

Supratours

Die Supratours-Busse starten direkt vor dem Hotel Hagounia. Fahrzeiten vgl. CTM.

Verbindungen und Preise:
- **Marrakesch:** 4x tägl., 95 DH.
- **Azrou, Meknès, Fés:** 1x tägl., nach Fès 210 DH, Meknès 200 DH, Azrou 185 DH.
- **Essaouira – Safi:** tägl. morgens, nach Essaouira 70 DH, nach Safi 100 DH.
- **Smara, Tan-Tan, Guelmim, Tizinit:** tägl. abends, nach Tiznit 50 DH, nach Guelmim 80 DH, nach Tan-Tan 120 DH.
- **Guelmim, Bou Izakarne, Tiznit:** 2x tägl.
- **Dakhla, Laâyoune, Tan-Tan:** tägl. abends, nach Dakhla 350 DH, nach Laâyoune 210 DH, nach Tan-Tan 120 DH.

Flugverbindungen

- **Al Massira** (Aït Melloul, 25 km von Agadir), Tel. 0528 83 91 12, www.agadir-airport.com.
- **Busverbindung von und zum Flughafen** s.o., Stadt- und Vorortbusse.
- **Royal Air Maroc** (RAM) in der Rue Général Kettani, Tel. 0528 82 91 20, landesweites Call Center: Tel. 0900 00 800.

Inzwischen wird Agadir außer von RAM auch günstig von TUI, Condor, LTU und Air Berlin aus Deutschland direkt angeflogen (siehe „Praktische Tipps A–Z ").

Atlas XII, Karte S. 589, Stadtpläne S. 594, 596

AGADIR

Vorsicht: Die Kofferträger (mit grünem Anzug) am Flughafen verlangen ein unverschämtes Trinkgeld (10 DH sind okay).

Taxis

Petit Taxis *(taxis rouges)* verkehren innerhalb des Stadtgebiets. Um einen überteuerten Fahrpreis zu verhindern, sollte man auf Einschalten des Taxameters bestehen! Der Normalpreis innerhalb der Stadt beträgt 15 DH. Die Petit Taxis fahren wie die Grand Taxis auch kollektiv zu bestimmten Destinationen (preiswert) – Abfahrtsplatz ist El Battoire (zentraler Grand Taxi Stand) am Place Salam.

Vom/zum Flughafen fahren **Grand Taxis** (beige Mercedes, Festpreis: 150 DH) und die deutlich billigeren **blauen Grand Taxis** (50–60 DH inkl. Gepäck bis nach Agadir, Haltestelle direkt ggü. der Einfahrt zum Flughafen neben zwei Restaurants). Am preiswertesten ist der Bus, der an der Straße startet (siehe Stadt-/Vorortbusse). Teilt man sich das beige Grand Taxi mit marokkanischen Fahrgästen als Sammeltaxi kostet es offiziell lediglich 9 DH/Pers.

Der **zentrale Abfahrtsplatz der Sammeltaxis** (Grand Taxi mit insgesamt 6 Fahrgästen) befindet sich am Place Salam (El Battoire) in Talborjt. Grand Taxis warten aber auch gegenüber des Souk, am Busbahnhof, gegenüber dem Club Méd oder vor anderen großen Hotels.

Preise Sammeltaxis: ca. 60 DH p.P. nach Marrakesch und Essaouira, 30 DH nach Taroudannt (25 DH ab Inzegane), ab/nach Inezgane ca. 5 DH p.P., über Tiznit (1 Std., 25 DH p.P.) nach Tafraoute (3 Std., 35 DH p.P.)

Ausflugsfahrten mit dem Grand Taxi

Von verschiedenen Lesern sehr empfohlen wurde Herr **Adi Ouali** (Taxi Nr. 593, Mobil 0668 80 55 86, Adi-Tours@Live.fr), der jeden Abend zwischen 19 und 22 Uhr vor dem Hotel Iberostar Agadir (Founty) zu finden ist. Das Taxi ist klimatisiert, Herr *Ouali* spricht sehr gut deutsch, ist sehr freundlich und angenehm. Auch wenn er keine Abstecher zu Teppichläden unternimmt, hat er bei mehrtägigen Fahrten Absprachen mit Hotels und Restaurants. Wer ihn über mehrere Tage engagieren will, sollte 2–3 Tage vorher Kontakt mit ihm aufnehmen.

Auch der sehr freundliche und sehr gut deutsch sprechende **Abdellah Abaidat** (Taxi Nr. 953, Mobil 0661 57 56 37, abaidat.abdellah@hotmail.com) bietet ein- oder mehrtägige Ausflugsfahrten an.

Ein sehr angenehmer Taxifahrer ist auch **Ahmed Zaky** (Taxi Nr. 96, Tel. 0528 20 46 42, Mobil 0661 70 98 75), der ebenfalls deutsch spricht.

Die deutschsprachigen Taxifahrer verlangen für individuelle Ausflugsfahrten zu verschiedenen Destinationen 100–180 Euro pro Tag (Verhandlungssache).

Am Flughafen sind für verschiedene Ausflugsziele **Festpreise für Grand Taxis** ausgeschrieben: nach Taroudannt – Tiznit – Aït Baha 450 DH, Tafraoute 900 DH, Taghazoute – Aourir 300 DH, Mirleft 600 DH, Essaouira oder Guelmim 800 DH, Ouarzazate 1800 DH, Tan-Tan oder Marrakesch 1000 DH. Mehr als 20 kg Gepäck kosten extra.

Rund ums Auto

Autovermietung

Die meisten Autovermietungen liegen am **Bd Mohamed V.** fast nebeneinander oder rund um die **Av. Hassan II.** Einige sind am Flughafen oder in den Hotels untergebracht. Sie sollten die Preise und Konditionen verschiedener Anbieter vergleichen, bei einigen Agenturen kann man den Preis auch verhandeln. Häufig sind die Tarife der in den Hotels untergebrachten Agenturen höher.

Thomas Kasan (vgl. „Ferienwohnungen") vermittelt **Mietwagen übers Internet:** www.agadir-ferien.de. Mietwagenbuchung auch über www.agadir-net.com.

●**Avis,** Bungalow Marhaba, Av. Mohamed V., Tel. 0528 82 14 14; Flughafen Al Massira, Tel. 0528 83 92 44; Reservierungsbüro in Deutschland, Tel. 01805-21 77 02.

●**Budget,** Av. Mohamed V., Bungalow Marhaba, Tel. 0528 84 82 22. Preiswerter ab Deutschland.

AGADIR

- **Europcar/Interrent,** Bd Mohamed V./ Rue Hubert Giraud, Tel. 0528 84 02 03, und am Flughafen El Massira, Tel. 0528 84 03 37. Mittagspause zwischen 12 und 14.30 Uhr, sonntags nur vormittags. Reservierungszentrale in Casablanca: Tel. 0522 31 37 37.
- **Hertz Maroc,** Av. Mohamed V., Bungalow Marhaba, Tel. 0528 84 09 39.
- **Always Car,** Av. Mohamed V., in der Nähe des Hotels Marhaba, Tel. 0528 83 93 24.
- **Auto Cascade,** Av. Hassan II., Tel. 0528 84 45 04, www.auto-cascade.com.
- **First Car,** am Flughafen, Tel. 0528 83 92 97, www.firstcar.ma. Großer Vermieter mit mehreren Vertretungen im Land, kooperiert mit Sixt in Deutschland.
- **Holiday Cars,** am Flughafen, www.holidaycars.com. Günstige Tarife in Deutschland.
- **Johamacars,** Complexe Agador, 34, Bd. 20 Août, Secteur Touristique, Tel. 0528 84 29 08, www.johamacars.com. Der Geschäftsführer *Hassan* spricht gut deutsch.
- **Pacific Cars,** 8, Av. Mulay Ismail bis Rue 409, Cité Nahda, Tel./Fax 0528 82 46 06, www.moroccotime.com/pacificcars-agadir.
- **Star Cars,** 93, Av. Al Khouarizmi, Cité Al Massira, Tel. 0528 84 32 29.
- **Tiznit Cars,** Av. Hassan II., Tel. 0528 82 24 478, www.moroccotime.com/tiznitcaragadir.
- **Tourist Car,** Bd Mohamed V., Bungalow Marhaba, Tel. 0528 83 93 18, Flughafen Al Massira, Tel. 0528 84 21 69. Ablieferung und Abholung am Flughafen möglich.
- **Week end Car,** 4, Bungalow Marhaba, Bd Mohamed V., Tel. 0528 23 06 63, Mobil 0662 51 30 47, www.week-end-car.com.

Werkstätten

- **Pannen-/Straßendienst,** Tel. 0177.
- **Motorradwerkstätte,** Av. Haj Lahbib, nahe der Abzweigung von der Av. Abdel Aziz el Massi. Herr *Id-Jelloul Lahcen* kennt sich auch mit größeren Bikes aus.
- **Auto-Hall,** Rue de la Foire, Tel. 0528 84 29 95, www.autohall.ma. Große Werkstatt für verschiedenste Modelle.

Automobilclub

Die ADAC-Filiale hilft Mitgliedern bei den nötigen Papieren (Zollbefreiungserklärung), falls ein Ersatzteil aus Deutschland eingeflogen werden muss, und bei sonstigen Problemen rund ums Auto (Auslandsschutzbrief).

- **Auslandsdienst ADAC, Sigrid Graetz** Rue Nation Unies/Ecke Rue Mokthar Souissi/Cité Suisse, Tel. 0528 84 37 52, adacsigi@gmx.net.

Fahrrad-/Motorrad-/Vespaverleih

Die **Preise variieren** leicht im Laufe des Jahres (Sommer und Festtage sind am teuersten). Eine Vespa oder ein Motorrad kostet etwa: 1 Tag 250 DH, ½ Tag 150 DH, 1 Woche 1000 DH, 1 Std. 50 DH (jeweils inkl. Versicherung); ein Fahrrad ca. 100 DH/Tag. Motorrad-/Fahrradverleihe finden sich vor dem Hotel Les Almohades, nahe des Club Mediterranée und Beach Club am Bd du 20 Août und neben dem Hotel Salam.

Notfall/Notrufe

- **Polizei:** Route de Taroudannt, Tel. 0528 24 00 47.
- **Notruf** (landesweit): Tel. 019.
- **Feuerwehr:** Tel. 015.
- **Ambulanz:** Tel. 0528 23 23 23.

Medizinische Versorgung

Apotheken gibt es im gesamten Stadtgebiet (dort Aushänge zu den Nachtdiensten).

Krankenhäuser

- **Hôpital Hassan II.,** Route de Marrakech, Tel. 0528 84 66 86-88.
- **Clinique Al Massira,** Av. du 29 Février, Tel. 0528 82 08 49.
- **Clinique des Nations Unies,** Place des Nations Unies, Tel. 0528 82 52 31. Kleine empfehlenswerte Privatklinik. *Dr. Hassan Messaouid* spricht auch englisch.
- **Clinique de la Residence,** 34, Rue Mehdi ben Toumert, Talborjt, Tel. 0528 82 45 97 oder 0528 82 52 11. Kleine moderne Privat-

klinik des französischen Chirurgen *Dr. Paul Hemelin,* der englisch und etwas deutsch spricht.

Allgemeinärzte (deutschsprachig)

● **Dr. M. Akerbib,** 314a, Al Wifaq, Ben Sergao, Tel. 0528 28 13 73, Mobil 0662 28 48 52.
● **Dr. Mouhid,** 19, Rue du President Bekkay, Tel. 0528 82 64 04. Kinderarzt, wird von NUR empfohlen.
● **Dr. Grich,** Tel. 0528 84 17 50, Av. Hassan II., Immeuble Oumlil. Spanische Ärztin, wird ebenfalls sehr empfohlen.

Zahnärzte

● **Dr. Bouthrirt,** Place des grands taxis et des buses, Tel. 0528 82 18 03.
● **Dr. Touhami,** Av. Moulay Abdellah, Immeuble M 2, App. 4, Tel. 0528 82 26 48. Spricht englisch und hat in Frankreich studiert. Er arbeitet sauber und gut und hat eine moderne Praxis.
● **Dr. Berradea,** Av. Hassan II., Immeuble Oumlil, Tel. 0528 22 06 24. Die freundliche Ärztin arbeitet sehr kompetent.

Tierärzte

● **Dr. Krzystof Albert,** Rue 210, Appt. 9, Quartier Industriel (östliche Seitenstraße des Bd Hassan II., zwischen Klinik Assoulil und Klinik Argana), Tel. 0528 84 31 20.
● **Dr. Ali Ramich,** in Talborjt in der Nähe des Jardin Olhao und des französischen Instituts IFA, Mobil 0661 21 47 24.

Honorarkonsul

● **6, Rue de Madrid,** Sec. Résidentiel, Tel. 0528 84 10 25, Fax 0528 84 09 26, **Konsul Hamza Choufani.** Sprechzeiten: 9–12 Uhr (außer So).

Banken/Wechselstellen

Bankautomaten (Abhebung mit Maestro-/EC-Karte) im gesamten Stadtgebiet. In fast allen größeren Hotels besteht Tauschmöglichkeit zum offiziellen Kurs, außerdem gibt es zahlreiche Banken in Talborjt. Die Wechselstube am Flughafen tauscht übrige Dirham in Euro zurück. Die Bank am Bd du 20 Août, im Gebäude des Hotels Al Madina Palace, hat auch Samstagvormittag, die Bank im Sahara-Hotel sieben Tage die Woche geöffnet!

Post, Telefonieren

● **Hauptpost** an der Av. Prince Sidi Mohamed (Ecke Av. Prince Moulay Abdallah), geöffnet Mo bis Fr 8.30–12 und 14–18.30 Uhr.
● **DHL-Annahmestelle** am nördlichen Ende der Av. Mohamed V., Tel. 0528 84 06 56, teurer, aber zuverlässiger und schneller Versand nach Deutschland.
● Zahlreiche **Téléboutiquen** und Telefonzellen mit Selbstwahl (Karten- und Münztelefone) sind über das gesamte Stadtgebiet verteilt. **Telefonkarten** gibt es am Kiosk und in vielen Läden. Lokale **SIM-Karten** von Méditel und Maroc Telecom sind ebenfalls in den Téléboutiquen oder an Kiosken erhältlich.

Reisebüros

Es können zahlreiche Reisebüros aufgesucht werden, die ein **umfassendes Ausflugsprogramm** anbieten (Preisbeispiele s.u., Ausflüge). Hier nur eine kleine Auswahl an empfehlenswerten Reiseagenturen:

● **Bakhzouz Tours,** 31/1 Fondation Hassan II., Bd Mohamed V., Mobil 0667 92 99 05, http://bakhzouz-tours.ifrance.com. Verschiedene Tages- und Zweitagestouren, z.B. Oued Massa, Taroudannt, Marrakesch und Essaouira, z.T. mit deutschsprachiger Reiseleitung.
● **Bovoyages,** Av. Général Kettani, Tel. 0528 84 25 18 oder 0528 82 92 30, www.bovoyages.com. Kompetente und zuverlässige Agentur, die mit vielen deutschen Veranstaltern zusammenarbeitet. Es können auch komplette Rundreisen für Selbstfahrer (inkl. Fahrzeug) im Voraus arrangiert werden. Ausflüge, Rundreisen, Mietwagen etc.
● **ExplorAction,** 8, Av. Hassan I., Tel. 0528 22 28 22 oder 0661 18 88 52 (*Hassan Aferiad,* spricht deutsch), exploraction@menara.ma. Vielseitiges Programm (Trekking, Rundreisen,

Agadir (Ausflüge)

Reiten) in Zusammenarbeit mit Partnern in Südmarokko. Der alternative Tourismus soll ein Beitrag zur Dorfentwicklung in den besuchten Regionen leisten.

● **Holiday Services (TUI),** Av. Hassan II., Tel. 0528 84 12 20, www.holidayservices.co.ma, Vertretung von TUI und Hapag Lloyd. Hier kann man kurzfristig günstige Rückflüge ergattern. Netter deutschsprachiger Büroleiter *Mohamed*.

● **Omni Tours (Erg Tours),** Bd Mohamed V., Complexe Anezi, *Mohamed Aït Sidi Brahim,* Tel. 0528 84 11 11, www.ergtours.com, www.omni-tours.com. Man spricht englisch und deutsch. Bekannte und sehr empfehlenswerte Incoming-Agentur mit einem großen Fuhrpark von 4x4 bis Bussen, spezialisiert auf Wüstentouren (nach Tata, Merzouga, Zagora), aber auch Zweitagesausflüge nach Marrakesch (1300 DH) oder Tagesausflüge nach Taroudannt, Tafraoute oder in den Massa-Nationalpark (400 DH).

● **Sahara Tours International (LTU),** Bd du 20 Août, ggü. Hotel Agador (Complexe Agador), Tel. 0528 84 04 21 od. 0528 84 06 11, www.saharatoursinternational.com. LTU-Vertretung (u.a. Flüge).

● **Swift Travel,** 30, Bd Mohamed V., Fondation Hassan II, Complexe Transatlantique, Tel. 0528 82 43 37, swifttravel@iam.net.ma. Deutschsprachige Agentur mit breitem Ausflugsprogramm und Autovermietung.

● **Univers Holidays/Globus,** Bd du 20 Août, im 1. Stock neben Hotel Tivoli, Tel. 0528 84 50 51 und 0528 84 14 72, globus@marocnet.net.ma. Vertretung von Condor, Thomas Cook, Neckermann. Tagesausflüge, günstige Condor-Flüge nach Deutschland, netter deutschsprachiger Herr *Sami* im Büro.

● **Tarik Reisen,** Bd du 20 Août, neben dem Hotel Tivoli, Tel. 0528 82 28 78. Die kleine Agentur organisiert diverse (Tages-)Ausflüge nach Taroudannt, Marrakesch, Tiznit etc. in kleinen Gruppen. Man spricht deutsch.

Veranstaltungen und Moussems

● **Semaine commerciale,** Handelswoche im November.
● **Touristen- und Kulturwoche,** im Dez.
● **Kunsthandwerkswoche,** im Dezember.
● **Festival du théâtre amazigh (Berbertheater),** im Juni.
● **Kino-Festival,** im Dezember.
● **Timitar Festival,** im Juli, Konzerte afrikanischer Gruppen mit Schwerpunkt auf der Musik der Berber, www.festival-timitar.com.
● **Moussem Sidi Bousta,** Ende Mai.
● **Moussem Sidi Boushab,** im gleichnamigen Ort bei Inezgane, 1. Juniwoche.
● **Moussem M'Hamed ben Amer,** in Aïn Nakhla bei Inezgane, 2. Junihälfte.
● **Moussem Sidi Abderrahmane,** in Aït Youssef bei Inezgane, Ende Juli.
● **Moussem Sidi Lhaj M'Barek,** in Inezgane, im August.
● **Moussem Tikki,** im Suq Jemaa Tikki, bei Inezgane, Mitte September.
● **Moussem Lallal Aicha,** Abdellah in Immouzzer Cercle Inezgane, September.
● **Manifestations Religieuses des Pecheurs,** in Agadir, im Oktober.
● **Moussem Sidi M'Hamed ou Amer,** in Zaouit Assif, bei Inezgane, 1. Oktoberwoche.
● **Moussem Sidi Yakoub,** im Douar Aferni bei Inezgane, im Dezember.
● **Moussem Immi Ouassif,** im gleichnamigen Dorf bei Inezgane, Dezember.

Ausflüge

Alle oben genannten Reisebüros bieten Ausflugsprogramme von ein bis mehreren Tagen Dauer an. Auch mit Grand Taxis (Tagesmiete) sind individuelle Ausflüge möglich (vgl. oben Taxis).

Ein beliebtes Ausflugsziel, das von Reisebüros angeboten wird, ist z.B. **Tassila** im Massa-Tal mit Tajine-Essen im Berberzelt und Folkloredarbietungen – alles sehr touristisch inszeniert. Die angebotenen Touren (ca. 10 Fahrzeuge voll besetzt) nach **Sidi R'bat** sind nicht zu empfehlen. Viel angenehmer ist es, sich für einen Tag ein Auto zu mieten, in aller Ruhe selbst zum schönen **Massa-Nationalpark** zu fahren und sich den Tag nach Gusto einzuteilen.

Ausflüge können auch nach **Sidi Moussa d'Aglou** bei Tiznit unternommen werden.

Die **Küste nördlich von Agadir** zwischen Tamrakht, Taghazoute und Tamri hat schöne Sandstrände mit ruhigen Buchten zu bieten. Außerdem ist die Gegend um **Taghazoute** ein Surferparadies (Stadtbusse Nr. 32 und 33, siehe Route E 1).

Zu den Wasserfällen von Immouzzer

Die 65 km lange Fahrt zum nordöstlich von Agadir gelegenen Ort Immouzzer des Ida Outanane führt durch das hübsche **Paradise Valley** und eine reizvolle Berggegend. Endpunkt sind die Wasserfälle beim Ort Immouzzer, der durch das **Honigfest,** das im Mai zur Honigernte gefeiert wird, Bekanntheit erlangte. Die Wasserfälle waren jedoch aufgrund der sommerlichen Trockenheit in den letzten Jahren regelmäßig ausgetrocknet. Dieser Ausflug ist bequem an einem Tag (mit evtl. Wanderung), notfalls auch als Halbtagesausflug machbar.

Von Agadir geht es vorbei am Hafen Richtung Norden nach Essaouira und Taghazoute.

Etwa **10 km hinter Agadir** ist **Aourir** und 1 km darauf der große Ort **Tamrakht** erreicht; bis hierher ist die Straße vierspurig ausgebaut. Erfrischungen bieten mehrere nette Cafés bzw. Restaurants. Der Ort ist bekannt für seine schmackhaften Tajines – Agadirer Familien fahren am Wochenende hierher zum Essen. Es werden kleine, sehr süße **Bananen** verkauft, die im Mündungsgebiet des Oued Tamrakht wachsen, daher wird der Ort auch „Banana Village" genannt. Markt ist am Mittwoch.

Unterkunft bietet die hübsche **Auberge Littoral** (Tel. 0528 31 47 26, www.hotellittoral.com, Restaurant mit Alkoholausschank, DZ mit Frühstück €€, mit Bad, sehr sauber und freundlich). Auch in der **Villa Solaria** von *Margrit* (Schweizerin) und *Mohamed Addi* kann man übernachten (Tel./Fax 0528 31 47 68 oder Mobil 0661 40 19 75, www.addimaroc.com). Es gibt komfortable DZ (€€), eine Ferienwohnung und Studios mit Meeresblick, Küche und Salon (€€€), kostenloses Internet sowie eine sehr schöne Dachterrasse. Zum Strand sind es 15 Minuten zu Fuß. Das Paar bietet auch Geländewagen-Touren im Umland an.

In Aourir zweigt rechts die Straße nach Immouzer des Ida Outanane ab. Kurz darauf folgt noch eine Kreuzung, an der Sie rechts abbiegen (Schild „Route de Miel"). Links geht es nach **Imimiki,** von wo man eine schöne Wanderung entlang des **Oued Tamrakht** unternehmen kann (Stadtbus Nr. 31 fährt von Agadir nach Imimiki).

Die schmale, ausgefranste Teerstraße nach Immouzzer führt durch karge Hügellandschaft mit Arganienbäumen. Hinter Aourir sieht man immer wieder Bienenkästen, denn im ganzen Tal wird ein sehr schmackhafter **Honig** produziert. Im weiteren Verlauf bildet der Fluss immer wieder schöne Felsgumpen, das Ufer säumen Arganien, Palmen und Oleander. In den 1970er Jahren wurde das Tal von den Hippies „Paradise Valley" genannt – durchaus treffend.

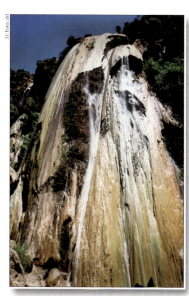

Cascades de Immouzzer

Vom Abzweig sind es 10 km (**Gesamt-km 24**) bis zum kleinen Dorf **Alma** (Oulma). Hier bieten Steinhändler Fossilien und Mineralien, Töpfer ihre handgefertigte Keramik an. Nach 1 km zweigt eine Straße rechts nach Agadir ab. Der Asphalt wird wieder besser.

Nach weiteren 8 km (**Gesamt-km 33**) erreicht man das kleine Dorf **Tamzargout** (zwei kleine Läden) und überquert dann den **Oued Tamrakht** mit einer gut ausgebauten Furt. In dieser reizvollen Landschaft sind auch Bananenanpflanzungen angelegt. Danach schlängelt sich die schmale Straße durch eine schöne Schlucht mit vielen Wassergumpen, die von großen Felsen und Oleandern sowie Palmen gesäumt sind.

4 km nach Tamzgout folgt ein kleiner, sehr einfacher, aber wunderschön gelegener Stellplatz namens **Bivouac La Vallée de Paradis** zum Campen an der Straße.

Weiter bergauf erreicht man bei km 33 (**Gesamt-km 47**) das Dorf **Tifrit** und das kleine, feine **Hotel Tifrit** mit herrlicher Aussichtsterrasse, hervorragendem Essen und Pool (Tel. 0528 21 67 08, Mobil 0661 65 42 31, www.hotel-tifrit.com, DZ mit HP €€B, Etagenduschen, Menü 80 DH). Gegenüber liegt das **Café-Restaurant La belle Vallée,** kurz darauf folgt das **Café-Restaurant Panoramic** mit Honigverkauf.

Weiter bergauf befindet sich nach 3 km (**Gesamt-km 50**), vor dem Ort **Aksri** bzw. Aqasri, das edle französische Ausflugsrestaurant **La Bonne Franquette** mit Garten und Kaminzimmer. Dort kann man sich auch in eines der stilvollen fünf Zimmer, die sich um den Innenhof mit Pool gruppieren, einmieten (Tel. 0528 82 31 91, DZ mit HP €€€€). 1 km weiter folgt der Ort **Tifaouine** auf einer Hochebene mit Feldern.

51 km hinter Tamrakht und **65 km von Agadir** ist das ca. 1150 m hoch gelegene **Immouzzer des Ida Outanane** erreicht. Unterkunft und Erholung in dieser ruhigen Umgebung finden Touristen im komfortablen **Hotel des Cascades***** (Tel. 0528 82 60 16/23, saubere DZ mit HP €€€€) mit schönem Garten und herrlichem Ausblick von der Terrasse. Eine Tennisanlage und ein Pool stehen zur Verfügung, Jagden und Ausflüge werden organisiert.

Im Zentrum zweigt links (rechts geht es weiter nach Arhbalou) die steil abfallende Straße zu den **Wasserfällen** ab, welche man nach 4 km erreicht. Man parkt ca. 1 km vorher bei einem ausgewiesenen Parkplatz oder bei einem der Cafés und geht zu Fuß bzw. mit Führer zu den 400 m weiter oben rechts liegenden Wasserfällen, die in den letzten Jahren im Sommer meist trocken lagen. Nach der Führung zu den Wasserfällen wird ein Sprung vom Felsen in ein Wasserloch unterhalb der Fälle vorgeführt, den sich die „Kunstspringer" natürlich bezahlen lassen (wollen) – selbst nicht in Auftrag gegebene Vorführungen werden abkassiert ... Die Möglichkeit, im Becken ein Bad zu nehmen, ist eher theoretischer Natur, vor allem als Frau wird man hier verhältnismäßig ungeniert angestarrt.

Von der Panoramaterrasse der **Auberge Amalou** (Mobil 0661 53 09 35, badra.badra @caramail.com) hat man einen schönen Ausblick auf die Wasserfälle. In der Auberge gibt es ein Restaurant sowie zehn gepflegte und sehr saubere Zimmer, z.T. mit Bad und TV (DZ mit HP €€€). Wer sich länger hier aufhalten will und Interesse an der Bevölkerung und deren Traditionen hat, kann sich an *Abdellah Abidar* wenden, dessen Frau im Restaurant frisches Brot für die Besucher bäckt. *Abdellah* führt auf Wunsch auch Wanderungen in die Umgebung durch. Nebenan liegt das ebenfalls sehr ordentliche **Café/Restaurant Le Miel.**

Wenn man an der Kreuzung in Immouzzer rechts weiterfährt, kann man auf einer geteerten Straße zur Route Marrakesch – Agadir (N8) weiterfahren und den Ausflug als Rundfahrt planen. 29 km vor Amskroud mündet das Sträßchen bei **N 30°42,708', W 09° 12,973'** in die Hauptroute ein.

Sonstige Ausflüge

Nach Amtoudi (Id Aïssa) siehe Route D 8, Tafraoute siehe Route D 2, Marrakesch siehe Route C 1, Taroudannt (und Oase Tiout) siehe nachfolgende Route D 1, Essaouira siehe Route E 1.

Route D 1: Agadir – Taroudannt

● 81 km, N10

Eine breite, gut ausgebaute und sehr verkehrsreiche Hauptverbindungsstrecke entlang vieler Orte verbindet die beiden Städte. In der gesamten Sous-Ebene werden in riesigen **Gewächshauszelten** vor allem Bananen, Tomaten und Paprika angebaut – ein Bananenzelt umfasst eine Fläche von zwölf Hektar. Auf großen **Plantagen** beiderseits der Straße wachsen Zitrusfrüchte. Falls Sie eine Plantage besichtigen möchten, halten Sie einfach an und fragen Sie – eine Besichtigung wird selten verwehrt. Die Fahrt nach Taroudannt ist ansonsten ohne landschaftliche Attraktionen.

Mehrmals täglich fährt ein **Bus von Inezgane** (Agadir) nach Taroudannt.

Taroudannt ♪ XII, B3

Die von einer mächtigen Mauer umgebene **Hauptstadt des Sous (200.000 Einwohner)** ist ein wichtiges landwirtschaftliches Zentrum und liegt inmitten von Olivenhainen, Obst- und Weingärten. Eine nette Berberlegende erzählt die **Herkunft des Stadtnamens:** Eines Tages verschwand der Oued Sous aus seinem Bett und nahm die Kinder einer Berberfrau mit sich, die an dessen Ufer lebte. Die Mutter rief daraufhin verzweifelt in der ganzen Umgebung „Taroua dant!" – „Meine Kinder wurden weggetragen!"

Geschichte

Taroudannt, eine Stadt berberischen Ursprungs, wurde 1030 von den Almoraviden besetzt. Anfang des 14. Jahrhunderts von den Meriniden zerstört, gewann sie bald wieder ihre Bedeutung als wichtigste Stadt des Sous zurück. Sie war Operationsbasis für die Angriffe gegen Agadir, das bis 1541 von den Portugiesen besetzt war. Die Saadier bauten die Stadt aus und machten sie in den Jahren zwischen 1520 und 1540 unter *Mohamed ash-Shaykh* zu ihrer Hauptstadt, bevor sie diese nach Marrakesch verlegten.

Taroudannt erlebte seine Blütezeit unter *Ahmad al-Mansur* (1576–1603) als **wichtiges Handelszentrum für Karawanen** nach dem Sudan (Regionen südlich der Sahara) – Handelsgüter waren vor allem Gold, Silber und Sklaven. Die Region wurde mit Hilfe der Sklavenarbeit zum landwirtschaftlichen Zentrum des damaligen Marokko. Hauptsächlich Zuckerrohr, Baumwolle, Indigo und Früchte zum Export wurden angebaut. Die Abschaffung des Sklavenhandels, der Niedergang des Zuckerhandels und die Schließung des Hauptausfuhrhafens Agadir im Jahre 1765 durch den Sultan *Mulay ar-Rashid* ließen Taroudannt an Bedeutung verlieren.

Im 20. Jahrhundert wurde die Stadt **Sitz des Rebellen El Hiba,** der gegen die Franzosen kämpfte und 1912 auch Marrakesch eroberte. 1913 erfolgte der Gegenschlag der Stämme der Glaoui, Goundafa und Mtougui aus dem Hohen Atlas, die Taroudannt einnahmen. 1917 wurde die Stadt von den Franzosen besetzt.

Der Aufstieg Agadirs hat der Stadt viel von ihrer früheren Bedeutung genommen. Sie ist jedoch nach wie vor wichtiger Handelsort für landwirtschaftliche Produkte.

Sehenswertes

Taroudannt ist fast vollständig von einer ca. 8 m hohen, mächtigen **Lehmmauer** mit Türmen und fünf Toren aus dem 16. Jahrhundert umgeben. Die Stadtmauer kann man bereits bei der Einfahrt in die Altstadt bewundern.

Taroudannt hat zwar keine großartigen Sehenswürdigkeiten zu bieten, besitzt aber viel Flair. Ein Bummel durch die **Medina und die Souks** ist auf jeden Fall lohnenswert, vor allem für Ausflugsgäste aus Agadir, die noch keine erhaltene Medina besucht haben. Hier lernt man noch ein Stück unverfälschtes Marokko kennen.

Das Herz der Medina bilden die belebten **Plätze El Alouine (Assaragh)** und **Talmoklate** mit ihren hübschen Cafés und den nahe

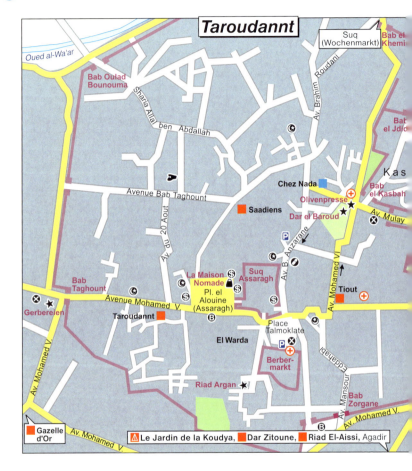

gelegenen Souks, die zu den schönsten und lebendigsten in Marokko zählen. Auch der **Markt am Sonntag** (Suq el Hed) rund um das Bab el Khemis (vormittags), zu dem die Bevölkerung aus dem ganzen Sous-Gebiet zusammentrifft, ist interessant und malerisch.

Taroudannt ist traditionell für seine **handwerklichen Arbeiten** bekannt, vor allem für **Silberschmuck** und die **Gerbereien**. In den Souks kann man Kunsthandwerk in guter Qualität und zu entsprechend gehobenen Preisen einkaufen.

Trotz berberischen Ursprungs ist die Stadt im Gegensatz zu ihrer Umgebung **stark arabisch geprägt.** Nur in wenigen Städten Marokkos begegnet man so vielen verschleierten Frauen, Indiz für einen hohen arabischen und konservativ-islamischen Bevölkerungsan-

ROUTE D 1: TAROUDANNT

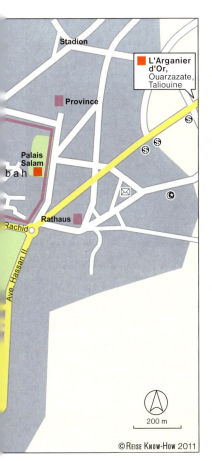

teil. Ein dezentes Auftreten europäischer Reisender ist deshalb unbedingt angebracht.

Unterkunft

Klassifizierte Hotels

●**Gazelle d'Or*******, Tel. 0528 85 20 48, www.gazelledor.com. Eines der exklusivsten und schönsten Hotels in Marokko, ehemals Wohnsitz des französischen Barons *Pellenc*, auf einem ca. 10 ha großen Grundstück. Es diente als Drehort für „Ali Baba und die 40 Räuber". Sehr aufmerksamer und freundlicher Service, täglich frische Blumen, das Frühstück wird auf der Zimmerterrasse serviert. Das Hotel kann besichtigt werden (außer zur Mittagspause). Auch Wellness- und Fitness-Angebote. Sehr teuer, DZ €€€€€ mit HP.

●**Palais Salam******, Bd Moulay Ismail, in der Kasbah an der Stadtmauer, Tel. 0528 85 25 01, palsalam@menara.ma. Innerhalb der alten Kasbah, angrenzend an die Stadtmauern, hat dieses tolle Hotel mit riesigem Palmengarten und zwei uralten Feigenbäumen im Patio eine einmalige Lage. Die Zimmer im alten Trakt sind sehr schön und gepflegt (mit versetzten Etagen). Diejenigen im neueren Trakt sind enger und weniger gemütlich. Freundliches und aufmerksames Personal, Dinner gegen Vorbestellung, Frühstück nicht besonders üppig. (Bezahlbares) DZ €€€€ inkl. Frühstück.

●**Saadiens****, Bordj Oumansour (in der Medina, direkt bei der Stadtmauer und in der ehemaligen Kasbah), Tel. 0528 85 24 73, hotsaadi@menara.ma. Schöne, saubere Zimmer, hübsche Dachterrasse, gelangweilter Empfang, Pool (gegen Eintritt auch für Nicht-Hotelgäste) und bewachter Parkplatz. Verlangen Sie die Zimmer mit Balkon nach hinten, diejenigen zur Straße sind laut, einige wenige haben kein Fenster und sind deshalb recht stickig. DZ mit Bad inkl. Frühstück €€.

●**Taroudannt***, Place el Alouine, Tel. 0528 85 24 16, Fax 0528 85 15 53. Einfaches, aber schönes, nostalgisch-verstaubtes Hotel mit Palmengarten im Innenhof. Die Zimmer sind relativ sauber, zur Straße hin laut, sonst ruhig. Zwei Parkplätze vor dem Hotel, sonst bewachter Parkplatz am Hauptplatz. Alkoholverkauf (auch an Auswärtige) an der Bar. DZ mit Bad/ohne WC €B, Dreierzimmer €, Preise saisonabhängig.

●**Tiout***, Av. Prince Heritier Sidi Mohamed, Ecke Rue Masgib el Kebir, gut ausgeschildert, Tel. 0528 85 03 41, Fax 0528 85 44 80. Hübsches, ordentliches und freundliches Mittelklassehotel mit bewachtem Parkplatz im Innenhof, Internet für die Gäste, Hammam,

Route D 1: Taroudannt

Auf dem Souk

kein Alkoholausschank. DZ mit Balkon, AC und Bad €€€B inkl. Frühstück.

Maisons d'Hôtes

●**Riad El-Aissi,** Mobil 0661 17 30 89 oder 0666 66 35 13, www.riadelaissi.com. 3 km außerhalb (Village Talaa) an der Route Richtung Agadir über Ameskroud, direkt an einem schönen Orangenhain. Hübsches Hotel im traditionellen Stil mit Restaurant und Pool. Die Besitzerin hat in Europa gelebt und kocht selbst für ihre Gäste. Klimatisierte Zimmer für 2 oder 3 Personen €€€, großes Zimmer oder Suite für bis zu 6 Personen €€€€B.

●**Dar Zitoune,** Tel. 0528 55 11 41/42, www.darzitoune.com. An der Stadtausfahrt Richtung Agadir auf der rechten Seite. Sehr schönes Gästehaus unter schweizerischer Führung im marokkanischen Stil. 14 Bungalows im tollen tropischen Garten mit Pool, Terrasse und Hammam. DZ oder Suite €€€€ inkl. Frühstück.

●**Dar al Qadiri,** Lotissement Al Amal, M'haïta, kurz vor der Stadtmauer, Tel. 0528 85 02 48, Dar_alqadiri@yahoo.fr. Saubere, hübsch eingerichtete und klimatisierte Zimmer mit Bad, freundlich, gutes Essen, von einem Leser sehr empfohlen. DZ €€.

●**L'Arganier d'Or,** 19 km Richtung Ouarzazate (N10) in Zaouiat Ifergane Aït Igasse, Tel. 0528 55 02 11/18, www.larganierdor-hotel.com. Schöner Riad zum Relaxen in ruhiger ländlicher Umgebung auf einer 3 ha großen Orangenfarm mit Pool und Hammam. Klimatisiertes Zimmer mit Bad €€€.

Unklassifizierte Hotels

●**El Warda,** Place Talmoklate, über einem Café, in dem sich viele Jugendliche treffen. Einfaches, sehr sauberes und freundliches Hotel, helle DZ mit/ohne Dusche ½€.

Atlas XII, Karte S. 589, Stadtplan S. 622   **ROUTE D 1: TAROUDANNT**

• **Roudana,** ca. 100 m rechts vom Hotel Tiout (beschildert). Einfach und sauber, mit Dachterrasse, gutes Preis-Leistungsverhältnis, Zimmer laut eines Lesers z.T. dunkel und feucht. ½€.
• **Place,** direkt am Place El Alouine. Von einem Leser sehr gelobt: schöne Dachterrasse mit Aussicht auf den Platz und frisch renovierte saubere Zimmer. Gute Harira im Café im EG. ½€.
• **Weitere einfache Hotels** gibt es um die Plätze El Alouine und Talmoklate.

Camping

Wohnmobile können auf einem **Stellplatz an der Stadtmauer** vor dem Hotel Palais Salam campen (10 DH).
Mehrere schöne ruhige Stellplätze mit Wasser und Strom findet man auf dem Farmgelände von **Le Jardin de la Koudya** (Domaine Roussel, Lakhnafif/El Guerdane, an der N10 Richtung Agadir, Tel. 0665 79 87 22, www.koudya.com, Camping ca. 70 DH für 2 Pers.). Es gibt ein gutes Toilettenhäuschen, heiße Duschen im Gästehaus und einen Pool im Garten. Die Besitzerin spricht deutsch.

Essen und Trinken

• **Chez Nada,** Foug Saguia, ca. 100 m vom Hospital in Richtung Innenstadt. Marokkanische und internationale Spezialitäten werden auf der Dachterrasse serviert. Geschmackvoll eingerichtet, sehr freundlich.
• **Frühstücken** kann man gut in den Cafés am Place El Alouine (Assaragh) für ca. 20 DH.

Einkaufen

• Ein paar Häuser vom Hotel Saadien entfernt liegt das **Maison de Miel,** wo man eine große Auswahl an Honig bekommt (Orangenblüten-, Thymian-, Eukalyptushonig).
• **Alkoholische Getränke** (Bier und Wein) werden im Hotel Taroudannt verkauft.
• Eine schöne Auswahl an **Teppichen** bietet der gut deutsch sprechende *Brahim Bihi* im **La Maison Nomade** nahe dem Place El Alouine in einer Gasse hinter der BMCE-Bank (Schild).
• Gute **Arganienölprodukte** kann man in der Frauenkooperative in Tiout kaufen (vgl. Ausflug).

Busse

• **CTM-Büro,** Bd El Mansour Eddahbi, Bab Zorgane (nahe Busbahnhof).
• **CTM- und Privatbusse** (z.B. Sahara Voyages) fahren vom **Busbahnhof beim Bab Zorgan** außerhalb der Stadtmauern ab.

Verbindungen und Preise

• **Agadir:** mehrmals täglich, u.a. mit CT nach Casablanca um 21 Uhr, ca. 30 DH, ca. 1½ Std. Fahrzeit.
• **Marrakesch** (CTM-Bus): 1x tägl. um 21 Uhr (Bus nach Casablanca), Ankunft nachts, 90 DH, ca. 5 Std. Fahrzeit.
• **Ouarzazate:** Mittags fährt ein CTM-Bus über Taliouine, 79 DH, ca. 5 Std. Fahrzeit.
• **Casablanca** (CTM-Bus): 1x tägl. um 21 Uhr, 200 DH (über Agadir, Safi etc.), Fahrzeit ca. 9 Std., auch Privatbusse über Marrakesch mehrmals täglich.
• **Tata** (SATAS): tägl. morgens, Fahrzeit 5 Std., Preis ca. 60 DH, über Taliouine ca. 90 DH.

Sammeltaxis/Taxis

Sammeltaxis in alle Richtungen ab Place El Alouine und Bab Zorgan. Ein Sammeltaxi nach **Inezgane** (Agadir) kostet ca. 30 DH, ein Grand Taxi nach **Moulay Brahim** über den Tizi-n-Test 600 DH. Preiswerter fährt man über den Tizi-n-Test nach Marrakesch, wenn man erst mit dem Sammeltaxi nach **Ouled Berhil** (45 Min., 30 DH) fährt und von dort mit dem Bus oder mit dem Sammeltaxi oder Bus nach **Asni** (4 Std., 40 DH); von dort weiter nach **Marrakesch.**

Ähnlich wie in Marrakesch verkehren in Taroudannt **Pferdedroschken** *(calèche)* als romantische Alternative zum Taxi. Mit den Kutschen kann man sich günstig z.B. von den Souks (Place El Alouine) zurück zum Hotel befördern lassen.

ROUTE D 1: TAROUDANNT (AUSFLUG ZUR OASE TIOUT)

Feste/Veranstaltungen

- Zahlreiche **Moussems** finden in den Dörfern der Umgebung zwischen Juli und Oktober statt. Vor allem im August und September zur Erntezeit häufen sich die Moussems.
- **Moussem Rkeb Moulay Brahim,** in Taroudannt am 2. Tag von Aid Mouloud.
- Weitere **drei Moussems in Ouled Teima** während des Mouloud.
- Im April findet eine **Handwerksmesse** mit Kunsthandwerksausstellung statt.

Sonstiges

- In der Stadt gibt es mehrere **bewachte Parkplätze.**
- Post außerhalb der Medina **an der Straße nach Ouarzazate.**

Ausflug zur Oase Tiout

Anfahrt: Von Taroudannt 38 km Teerstraße bis Tiout. Fahren Sie zurück Richtung Agadir, nach 3 km über den Oued Sous, bis zum Kreisverkehr 6 km hinter Taroudannt. Hier Richtung Ouarzazate und Tata abbiegen. Die Straße führt an Orangenhainen, Oliven- und Arganienbäumen sowie Mais- und Getreidefeldern entlang. 16 km nach dem Kreisverkehr (22 km ab Taroudannt) an der Kreuzung nach einer Tankstelle rechts auf eine schmale Teerstraße abbiegen Richtung Tiout (Schild)/Igherm, links geht es nach Aït Yazza, geradeaus nach Taliouine. 11 km weiter (33 km ab Taroudannt) rechts nach Tiout abzweigen (geradeaus weiter nach Igherm), das nach 5 km erreicht ist.

An der Ortseinfahrt auf der linken Seite befindet sich das Gebäude der **Arganienölkooperative Taitmatine** (Tel. 0528 85 25 51, www.targanine.com). Hier kann man den Frauen beim Klopfen der Arganienkerne, beim Rösten der Samenkerne und Extrahieren des Arganienöls zusehen. Außerdem wird gutes Arganienöl und die „Berbernutella" Amlou, eine köstliche Mischung aus Honig, Mandeln und Arganienöl, zum Verkauf angeboten. Machen Sie nur Fotos, wenn die Damen damit einverstanden sind!

Am Ortsanfang rechts geht es auf einer Piste (300 m) zur hübschen **Auberge Tigmmi** (Tel./Fax 0528 85 05 55) unter Führung eines Franzosen. Die Herberge in einem alten Haus des Dorfes ist eine wahre Oase der Ruhe für Individualtouristen mit großen, sauberen und hübschen Zimmern (Bad/WC). Es gibt mehrere Salons, eine Dachterrasse mit schönem Blick und einen Innenhof mit Orangenbäumen und Springbrunnen. DZ €€€ mit HP, sehr gutes Essen (Menü 50–120 DH).

Die hübsche **Palmenoase Tiout,** die vom 16. bis 19. Jahrhundert, zur Zeit des Zuckerhandels, recht bekannt war, wird im Südwesten überragt von einer mächtigen **Kasbah.** Zu ihr gelangt man ab der Kreuzung am Ende der Teerstraße links auf einer ausgefahrenen Piste (2 km). Auf dem Parkplatz am Ende der Piste (**N 30°23,137', W 08°41,578'**) werden Busladungen an Touristen abgesetzt, die in die zum Restaurant umfunktionierte Kasbah zum Mittagessen pilgern. Das Menü im **Restaurant Kasbah Tiout** (Tel. 0528 55 05 75) kostet etwa 80 DH p.P., die Säle auf mehreren Etagen mit schönem Blick auf die Oase bieten Platz für 400 Personen. Die eigentliche Kasbah kann nicht mehr besichtigt werden, das Restaurant wurde als Betonbau oben draufgesetzt. Individualtouristen sind hier nicht besonders willkommen. Der Ausflug lohnt sich aber vor allem wegen des schönen Dorfs, das auch Wallfahrtsziel mit einem hübschen **Marabut** ist. Man kann Spaziergänge unternehmen oder in Begleitung eines Führers mit dem Esel durch die Oasengärten reiten.

Bei der **Rückfahrt** ist es möglich, an der Kreuzung von km 22 geradeaus weiter Richtung Aït Yazza zu fahren und von dort nach 3 km zum Dorf Freija zu gelangen.

Links der Straße liegt die ursprünglich sehr schöne Lehmburg **Kasbah Freija,** errichtet Ende des 19. Jahrhunderts. 2008 wurde sie renoviert und zum Hotel und Restaurant **Riad Freija** umgebaut, leider wenig authentisch (www.riadfreija.ma, Tel. 0528 85 10 03/04/05). Vorzüge sind die ruhige Lage, der schöne Pool, die Dachterrasse mit Blick auf die Umgebung und der große Innenhof mit Palmen und Brunnen, in dem auch das Essen serviert wird (kein Alkohol). Die Suiten und klimatisierten Zimmer (DZ €€€) wurden leider nicht mit Originalmaterialien gestaltet (Tapete statt Lehmverputz, Keramikfliesen statt Mosaiken).

1 km weiter endet der Teer, eine steinige Piste führt über das Oued Sous (ohne Wasser auch mit Pkw befahrbar). Dahinter geht es weiter auf Teerstraße nach **Aït Yazza** (2 km ab Freija), wo die Route an einer unbeschilderten Kreuzung **(N 30°30,204′, W 08° 48,008′)** in die Straße Marrakesch – Taroudannt einmündet. Von Taroudannt kommend, kann man hier rechts Richtung Kasbah Freija bzw. Tiout abbiegen. Von hier sind es noch 7 km bis Taroudannt.

Route D 2: Agadir – Tafraoute – Tiznit – Massa-Nationalpark – Agadir

- 275 km bis Tiznit, R104
- Ca. 370 km als Rundfahrt bis nach Agadir, N1

Für diese **schöne und sehr lohnenswerte Rundstrecke** sollte man mindestens zwei, besser aber **drei Tage** einplanen. Eine landschaftlich großartige Alternative (mit Terrassenfeldern) ist die ungefähr ähnlich weite Strecke von Aït-Baha nach Tanalt und von dort über Taguenza ins Ammeltnal bzw. direkt von Tanalt nach Tiznit.

Es fahren mehrmals täglich **Busse** von Agadir bzw. Inezgane über Aït-Baha nach Tafraoute (und umgekehrt).

Abschnitt 1: Agadir – Aït-Baha – Tafraoute

- 155 km, R105

Agadir über die Straße nach Ben Sergao und Inezgane (Av. Mohamed V. nach Süden in Richtung Founty) verlassen. **Inezgane** ist etwa **7 km nach Agadir** erreicht.

Inezgane ♪XII, A3

Der quirlige, verkehrsreiche Ort ist im Gegensatz zu Agadir ein **typisch marokkanischer Handelsort** und Verkehrsknotenpunkt. Das von Arkaden gesäumte Zentrum und der Suq (täglich, großer Wochenmarkt am Dienstag und Freitag, s.a. Agadir) liegen links der Hauptverkehrsstraße. Hier befindet sich auch der **zentrale Busbahnhof,** von dem Busse in alle Landesteile starten (vgl. Agadir).

Unterkunft

Wer sich nicht länger in Agadir aufhalten möchte, sollte gleich in Inezgane übernachten, da fast alle Busse morgens von dort weiterfahren und eine Übernachtung in Agadir umständlicher und teurer wäre. Auch wenn am nächsten Morgen der Rückflug geht, ist Inezgane als Station für eine Nacht zu empfehlen. Von dort fährt der Bus Nr. 37 zum Flughafen.

In manchen der billigen Hotels ist ein Zimmer schon ab 50 DH p.P. zu bekommen.

- **Hazienda***,** km 6, Route d'Inezgane – Ben Sergao, Tel. 0528 33 36 21, Fax 0528 83 50 70. Schönes, kleineres Club-Hotel (Reiturlaub), von Wäldchen umgeben, nahe des Königspalasts, weit zum Meer. €€€€.
- **Pyramide***,** Chemin Oued Sous – Ben Sergao, Tel. 0528 83 47 05, Fax 0528 33 06 57. Kleines Hotel mit 25 Zimmern, schon etwas abgewohnt, mit Pool. DZ mit Bad €€.

Route D 2: Inezgane

- **Le Provencale****, km 9 Route d'Inezgane, an der Straße Agadir – Inezgane auf der rechten Seite, Tel. 0528 83 26 12, Fax 0528 83 34 31. Günstige Lage in der Nähe des Flughafens, sauberer Pool, außen unscheinbar, aber innen sehr gepflegt, freundlich und unaufdringlich. Kein Restaurant (nur Frühstück). DZ mit Bad €€.
- **La Pergola****, km 8 Route d'Inezgane, an der Straße Agadir – Inezgane auf der linken Seite, Tel. 0528 83 31 00, Fax 0528 83 50 25. Nettes, einfaches und sehr sauberes Hotel an der verkehrsreichen Straße Agadir – Inezgane mit herrlichem Garten. Unter französischer Führung, hervorragende französische Küche im gleichnamigen Restaurant. Ideal für die letzte Nacht vor dem Rückflug (Taxi zum Flughafen wird vermittelt). DZ €€B.
- **Aday****, Bd Mohamed V., Tel. 0528 83 37 84. Im Zentrum von Inezgane, rechts der Hauptstraße, sauberes und freundliches Hotel. DZ €.
- **Hagounia***, 9, Av. Mokhtar Soussi, am Kreisel an der Hauptstraße Aït Melloul – Agadir, Tel. 0528 83 27 83. Größeres, einfaches und leider nicht besonders gepflegtes Hotel mit Parkplatz vor der Tür und Snackcafé im EG. Z.T. übel riechende, abgewohnte DZ mit Bad (ohne Frühstück) €.
- **Louz Noufara***, Av. Mokhtar Soussi, beim Sammeltaxistand, Tel. 0528 33 19 90 und 0528 33 20 46. Sehr sauberes Hotel, nettes englisch sprechendes Personal, ordentliche Zimmer. DZ mit Bad/ WC €.
- Mehrere einfache **günstige Hotels** befinden sich am Südende der Av. Mokhtar Soussi (vom Busbahnhof links) und nahe des Suqs.

Busse

Der große Busbahnhof liegt von Agadir kommend rechts der großen Hauptstraße nach Tiznit an der Av. Mokhtar Soussi (vgl. Plan).

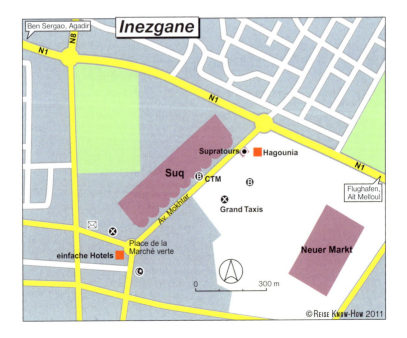

Das Büro von **Supratours** (Bahnbusse) befindet sich neben dem Hotel Hagounia, schräg gegenüber das CTM-Büro unter den Arkaden. Zu den Verbindungen ins ganze Land vgl. Agadir/Fernverkehrsbusse ab Inzegane.

Ins Zentrum von Agadir fahren die **Stadtbuslinien** (ALSA) Nr. 6, 11, 21 und 23.

Weiter geht es auf palmengesäumter, vierspuriger Schnellstraße **nach Aït Melloul** (ca. 10 km hinter Agadir). Die geschäftige und stark expandierende Stadt am Oued Sous ist sozusagen Vorort von Agadir und Wohnstadt vieler in Agadir arbeitender Marokkaner. Es gibt viele Geschäfte für den alltäglichen Bedarf und Restaurants – hier herrscht im Gegensatz zu Agadir typisches marokkanisches Kleinstadtleben. In Aït Melloul werden die schwarz-weißen Makhzenzelte (tentes caïdales) hergestellt, außerdem gibt es zahlreiche Produzenten von Keramikfliesen.

Am Kreisverkehr in Aït Melloul geht es links nach Ouarzazate, rechts nach Tiznit und geradeaus nach Tafraoute. 4 km weiter zweigt an einem weiteren Kreisverkehr die Straße zum **Flughafen Al Massira** ab. Die nun nicht mehr vierspurig ausgebaute Straße nach Tafraoute führt geradeaus (rechts nach Tiznit) durch flache Steppenlandschaft mit Arganienbäumen, Feigenkakteen und Gewächshäusern. Es herrscht viel Verkehr, daher ist Vorsicht geboten.

Bei **km 28** erreicht man **Biougra,** einen geschäftigen und hübsch begrünten Ort mit vielen Neubauten und allen Versorgungsmöglichkeiten. In Biougra findet Mitte August ein schöner Moussem statt. An der Ortsausfahrt bietet das relativ neue **Hotel Targante** (Tel. 0528 81 91 66, sotayour@menara.ma, DZ mit Bad €€) Unterkunft.

Hinter dem Ort **Imi-Mqorn (km 43)** wird die karge, steinige Landschaft hügeliger, auf den knorrigen **Arganienbäumen** klettern Ziegen auf der Futtersuche. Aus dem nussartigen Samenkern der Arganienfrüchte wird Speiseöl gewonnen.

4 km hinter Imi-Mqorn geht es auf der schmalen Teerstraße kurvig bergauf bis **Aït-Baha** (**km 60,** Abzweig rechts in den Ort). Am Sonntag findet hier ein Wochenmarkt statt, es gibt eine Tankstelle, Cafés und einen Grand-Taxi-Stand. Übernachtung ist im empfehlenswerten **Hotel Al Adarissa***** möglich (Tel. 0528 25 44 61/62): freundlich, abgeschlossener Parkplatz, sehr saubere und ordentliche Zimmer mit TV und Bad (DZ €A), von der Terrasse des Cafés/Restaurants blickt man auf die Berge.

3 km hinter dem Ort **(km 63)** zweigt links eine kurze Piste zur **„Coopérative Agricole Féminine Maoriga"** ab (Schild). Die Frauen der Kooperative stellen hier Arganienöl her. Man kann sich die verschiedenen Arbeitsschritte erklären lassen und gutes Arganienöl direkt kaufen (ca. 250 DH/Liter).

Die kleine Bergstraße windet sich dem Tal des **Oued Aït-Baha** entlang bis auf 1300 m hinauf. Der Fluss wurde in den letzten Jahren zu einem See gestaut, an seinem Ufer liegt der kleine Ort **Had Aït M'Zal.** Es geht weiter durch wildromantisches Bergland mit Arganien, Mandelbäumen, Kakteen und schönen Ausblicken hinunter ins Tal des Oued Aït-Baha (ab ca. **km 76**). Steinhäuser kleben an den terrassierten Hängen, auf denen Getreide und Mais angebaut werden.

Nachdem man einige kleine Dörfer passiert hat, führt die Straße ab ca. **km 101** wieder bergab ins Tal. Kurz darauf eröffnet sich ein toller Blick auf den auf einem Hügel thronenden, kreisförmigen Agadir Tizourgane. An der V-Kreuzung bei **km 105** geht es links nach Tafraoute und zum Parkplatz für den (unbedingt lohnenswerten) Besuch des Agadirs, rechts ins Dorf **Ida Ougnidif/Tioulit** unterhalb der Speicherburg. Hier ist das **Gebiet der Illalen,** einer Konföderation von 18 Stämmen, von denen jeder einen Speicher besitzt, in dem die Ernte und wichtige Familiengüter gelagert werden. Innerhalb des Speichers gibt es bis zu 300 verschließbare Fächer. Der Schlüssel befindet sich im Besitz des Familienoberhauptes.

Der **Agadir Tizourgane** wurde im 13. Jahrhundert als Getreidespeicher errichtet und dann im Zuge der kriegerischen Auseinandersetzungen zwischen den Berberstämmen immer mehr als Zufluchtsstätte für die Dorfbewohner genutzt. Der heutige, von einer Ringmauer umgebene Komplex mit Speicherkammern, Moschee und dreißig Stein-

Route D 2: Agadir – Tiznit – Agadir

häusern entstand so bis ins 16. Jahrhundert. Bis zur Unabhängigkeit Marokkos lebten noch 35 Familien im Agadir. Dann wanderten sie in moderne Häuser oder auf der Suche nach Arbeit in größere Städte ab. Heute wohnen nur noch drei Familien im Agadir Tizourgane. Die Bewohner des Dorfes Tiouilt nutzen die Speicherkammern teilweise immer noch zur Lagerung von Getreide und Wertgegenständen. Bei einem Spaziergang durch die schmalen Gassen (Eintritt 10 DH) kann man die alte Architektur bewundern: Die Flachdächer der Häuser aus grauem Bruchstein sind mit Erde beschwert und werden von Deckenbalken aus Arganienholz getragen. Holztüren führen ihrs Innere, in das nur wenig Licht durch die kleinen Fensterchen fällt.

Seit 2005 wurde der Agadir mit Unterstützung des Kulturministeriums teilweise renoviert, einige Häuser haben Familien aus dem Dorf in Privatinitiative instand gesetzt. Zur Bewahrung der einzigartigen Atmosphäre wurden die Stromleitungen für die wenigen bewohnten Häuser – im Gegensatz zu allen anderen Orten Marokkos – unterirdisch verlegt.

Die nette Familie *Mussali* engagiert sich besonders für den Erhalt des Agadirs und betreibt ein **Maison d'Hôtes** in einem der alten Steinhäuser. *Jamal* und *Malika* Mussali (Mobil 0661 94 13 50, www.tizourgane-kasbah.com) führen die saubere, authentische Herberge, die sie sehr schön und mit Liebe zum Detail hergerichtet haben. Es gibt fließend Wasser und Strom, einen kühlen Bersalon, eine schattige und gemütliche Dachterrasse mit Blick auf die Berge und kleine hübsche Zimmer mit Dusche und WC auf dem Gang (240 DH p.P. mit HP). Ein großes Familienzimmer hat ein eigenes Bad. Die Mutter backt fantastisches Brot in der Pfanne, das zum Frühstück auf der Terrasse serviert wird. *Jamal* führt gerne durch die Anlage und unternimmt bei Interesse **Wanderungen** in der Umgebung, z.B. zu einem anderen Agadir oder zur Palmenoase Targa'n'Touchka (Markt am Sonntag). Wer möchte, kann auch mehrtägige Touren unternehmen oder an einem Tag den Djabal Lekst (2359 m) nach Tafraoute überschreiten. Neben der Herberge befindet sich ein Hammam. Dieser Ort eignet sich perfekt für ein paar geruhsame (Wander-)Tage auf dem Land!

Weiter auf der Hauptstraße erreicht man bei **km 112 Madao**, eine große Siedlung im Tal des von unzähligen Mandelbäumen gesäumten Oued Aït-Baha, dahinter die Kulisse der im Nachmittagslicht rot schimmernden Berge. Hier kann man in einem Café oder Restaurant einkehren.

Danach führt die schmale Straße wieder bergauf nach **Sidi M'Zal (km 122)**, einem großen Ort mit vielen neuen Häusern. Es gibt einen Marabut und eine hübsche alte Zawia zu sehen.

Bei **km 134** zweigt links eine Teerstraße (15 km) nach **Aït Abdallah** und **Igherm** ab, beides sehr schön gelegene Anti-Atlas-Dörfer. Rechts führt die Hauptstraße weiter nach Tafraoute. Nach 1 km (**km 135**) ist die **Passhöhe Tizi Mlil** (1650 m) erreicht. Die recht ausgefranste schmale Straße führt in Serpentinen und mit grandiosem Ausblick ins Tal.

Bei **km 143** liegt die **Zawia Sidi Abd el Jabar** unterhalb der Straße, umrahmt von hohen, rötlichen Granitbergen der Djabal-Lekst-Kette. Das Dach der Zawia ist wie bei allen marokkanischen Heiligtümern mit grün lasierten Ziegeln gedeckt. Jedes Jahr im Sommer findet ein Moussem zu Ehren des Heiligen statt.

Es folgen viele malerische Dörfer mit rosafarbenen Häusern vor grandioser Bergkulisse, Arganien und Palmen gedeihen im Tal.

Nach gut **149 km** (ab Agadir) zweigt eine Teerstraße rechts nach **Oumesnat** (beschildert) und ins **Ammelntal** ab (vgl. Tafraoute/Ausflüge).

Auch bei der Kreuzung 2 km weiter (**151 km** hinter Agadir) führt eine Teerstraße rechts ins Ammelntal und weiter nach **Tahala** und über Tanalte nach Anezi und Tiznit (eingangs erwähnte Variante). Eine **Rundfahrt** (vgl. Tafraoute/Ausflüge) durch das Tal bis Tahala und zurück über Afella Adaï lohnt sich auf jeden Fall – die alten Häuser der Dörfer kleben an den Berghängen des Djabal Lekst

Agadir Tizourgane

(2359 m) oder sind imposant auf Hügeln gebaut.

Abstecher nach Oumesnat

Zweigt man bei km 149 oder 151 rechts ab, gelangt man über ein schmales Betonsträßchen (später Piste, 8 km, gut ausgeschildert) zum Parkplatz im Dorf Oumesnat mit dem *Maison traditionelle*. Dort renovierte die Familie *Ahrass* ein **400 Jahre altes traditionelles Haus** und gab es für Touristen zur Besichtigung frei – der Besuch ist unbedingt lohnenswert! Der blinde, liebenswerte alte Herr *Abdessalam* oder (meistens) sein Sohn *Mustapha* führen sachkundig durch das Haus (Eintritt 10 DH plus Trinkgeld für die Führung und den Tee). Sie erzählen über Traditionen und Architektur und erklären die alten Gerätschaften und deren Funktionsweise. Mittlerweile ist dieses kleine Museum ziemlich bekannt bei internationalen und marokkanischen Touristen. Die alten, mehrstöckigen Häuser der Region sind aus Bruchstein gebaut und mit Lehm verputzt. Das Dach tragen Balken aus Palm- und Arganienholz. Im Erdgeschoss des *Maison traditionelle* waren ursprünglich die Tiere untergebracht, im Obergeschoss befinden sich die Küche, ein Getreidespeicher und der Salon, auf der Terrasse und im Obergeschoss liegen die Schlafräume und ein Webstuhlzimmer. Am Ende der Führung erhält man einen erfrischenden Tee im liebevoll dekorierten Salon und kann (bei Interesse) Arganienöl kaufen.

Rachid, ein Bruder von *Mustapha*, betreibt direkt neben dem Maison traditionelle ein **Maison d'Hôtes** (Mobil 0666 91 77 68 oder 0666 91 81 45, masiondhote@gmail.com). Das nette Gästehaus besteht aus zwei Teilen: Im alten Trakt in einem traditionellen Haus gibt es vier einfache Zimmer, die sich zwei Bäder teilen. Die sechs Zimmer im neuen Trakt sind komfortabler, mit Klimaanlage und eigenem Bad, aber weniger authentisch. Alle Zimmer sind sehr sauber und hübsch im Berberstil gehalten. Von der Dachterrasse hat

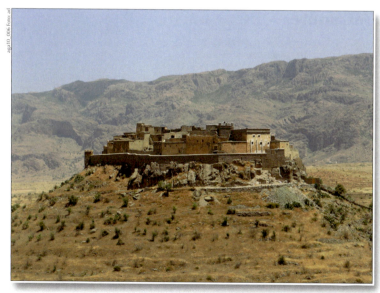

ROUTE D 2: TAFRAOUTE

man einen schönen Ausblick. Wenn man mit dem Taxi von Tafraoute kommt, reicht ein Anruf, und man wird mit einem Gepäckesel am Parkplatz abgeholt.

Ein Mitglied der Familie führt auch gerne durch den alten Dorfkern oberhalb der (weitgehend verwilderten) Oasengärten. Die vielen schönen, zwischen Arganien, Palmen und Feigenkakteen am Hang gelegenen Häuser verfallen leider großteils. Die Fassaden vieler Ruinen mit Lokba-Verzierungen sind immer noch sehenswert. Es existieren auch noch zwei alte Olivenölmühlen im Ort, die jedoch nicht mehr in Betrieb sind.

Fährt man von Tafraoute in Richtung Oumesnat, sollte man seine Augen auf die große runde Gipfelformation richten, die hinter Oumesnat aufragt. Mit etwas Fantasie erkennt man schlitzförmige Katzenaugen und eine Schnauze – den **„Tête de Lion"** (Löwenkopf).

Weiter entlang der Hauptroute ist nach gut **155 km Tafraoute** erreicht.

Tafraoute   ⌕ X, B2

Diese auf 1000 m Höhe gelegene **Dattelpalmen-Oase** hat etwa 8000 Einwohner und ist das Zentrum der Chleuh-Berber. Der Ort ist wild gewachsen und deshalb selbst nicht besonders schön. Reizvoll ist vor allem die **karge Gebirgswelt der Umgebung** – die Region zählt zu den landschaftlich schönsten in Marokko. Auf einem Hügel oberhalb des Dorfes liegt das staatliche Touristenhotel Les Amandiers. Von dort hat man eine schöne Aussicht auf den Ort, den im Abendlicht rosafarben schimmernde Granitberge und -felse umgeben. Besonders malerisch sind die alten, an die Felshänge gebauten Wohnhäuser im Ammelntal und in der 6 km entfernten Oase Adaï. Die Fassaden der mehrstöckigen, mit Lehm verputzten Steinhäuser sind z.T. mit sogenannten **Lokbas** dekoriert, drei- und viereckige, aus Schieferstein gesetzte Löcher, die man mit Pferde- oder Maultierschwanzhaaren verstopft. Auch die heute vorwiegenden neuen Betonhäuser passen sich in ihren Rosatönen, mit den farblich abgesetzten Fenstern und Türen und den Zinnen auf dem Dach gut in die Landschaft ein.

Die **Bevölkerung** von Tafraoute ist Touristen gegenüber sehr freundlich. Die Frauen kleiden sich traditionell in lange schwarze, am Saum bunt bestickte Gewänder. In Tafraoute trifft man im Gegensatz zu anderen Orten keine bettelnden Kinder und selten aufdringliche Jugendliche. Die Bewohner gelten als geschickte Kaufleute, deren Handelstradition bekannt ist. Viele arbeiten in den Städten im Norden oder sammeln Berufserfahrung im Ausland. Jede Familie besitzt ihren eigenen kleinen Oasengarten mit Obstbäumen, Gemüse und Gewürzpflanzen, die heute jedoch oft brachliegen. In der Region gedeihen viele **Mandelbäume,** die Ende Februar prächtig blühen. Zu diesem Zeitpunkt findet auch das bekannte **Mandelfest** statt.

Tafraoute bietet alle Versorgungsmöglichkeiten mit Hotels, Restaurants, Markt, Tankstelle, Post, Bank etc. Der **Wochenmarkt** (Souk) findet immer mittwochs statt.

Sehenswertes

In der Umgebung von Tafraoute kann man tagelang wandern, Rad fahren oder klettern und die malerischen Dörfer im Ammelntal besuchen.

Nur wenige Kilometer von Tafraoute entfernt liegen **großartige, von der Winderosion geschaffene Felsformationen** aus Granit. Besonders bekannt sind der **Chapeau Napoléon** bei Aguard Oudad, der **Tête du Lion** bei Oumesnat und der **Clownsfelsen** nahe Tazzeka (Tazka).

Neben den bizarren Formen der Granitberge sind **Les Peintures** – vom belgischen Künstler *Jean Vérame* **blau, violett, rot und schwarz bemalte Felsen** bei Aguard Oudad – eine der Hauptattraktionen für Touristen (vgl. Ausflüge).

In der Umgebung Tafraoutes gibt es außerdem **Felsgravuren** zu entdecken. Am leichtesten erreichbar ist die **Gazellengravur** zwischen den Dörfern Adaï und Tazzeka (vgl. Ausflüge). Ihre Authentizität wird allerdings bezweifelt.

Atlas X, Karten S. 589, 637

ROUTE D 2: TAFRAOUTE

Nicht versäumen sollte man den Besuch des *Maison traditionelle* in **Oumesnat**, den man mit einem Spaziergang durch den alten Ortskern und die Oasengärten verbinden kann (siehe Abstecher weiter oben).

Information

● Interessante touristische Informationen zu Tafraoute und Umgebung bieten die guten französisch- und englischsprachigen Internetseiten **www.tafraout.info**.

Unterkunft

Klassifizierte Hotels

● **Les Amandiers****, Tel. 0528 80 00 88, www.hotel-lesamandiers.com. Das Hotel im Kasbahstil liegt auf einer Anhöhe mit tollem Blick auf den Ort (vor allem zum Sonnenuntergang). Von außen erhielt das Hotel zwar einen neuen Anstrich, innen aber herrscht eher Krankenhausatmosphäre, und die Zimmer mit Balkon, Bad und TV haben keinen 4-Sterne-Standard mehr (abgewohnte Möbel). Das Personal ist freundlich, der Pool zwischen Granitfelsen und die Terrasse sind schön. DZ €€€, Frühstück 30 DH (preiswert und gut), mittelmäßiges Menü 120 DH.

● **Saint Antoine***, Av. Mokhtar Souissi, Tel. 0528 80 14 97, www.hotelsaintantoine-tafraout.com. Etwas gesichtsloser Neubau mit gefliesten Wänden, aber großer Swimmingpool im hübschen Hofgarten sowie komfortable geräumige Zimmer mit Bad, TV und Klimaanlage. Kostenloses Internet für Gäste (auch WiFi), Alkoholausschank im Restaurant, Parken vor dem Haus möglich. DZ mit Frühstück €€€.

● **Salama**, im Zentrum beim Markt, Tel. 0528 80 00 26, www.hotelsalama.com. Das Hotel existiert seit 1966 und wurde 2006 komplett saniert: sehr hübsche klimatisierte Zimmer im marokkanischen Stil mit TV und Bad (manche mit Balkon und Bergblick), gemütliche Kaminecke in der Lobby, schöne Panorama-Dachterrasse, Parkplatz vor dem Haus, gutes Essen im Restaurant/Café im EG. DZ ohne Frühstück €€, gutes Preis-Leistungsverhältnis.

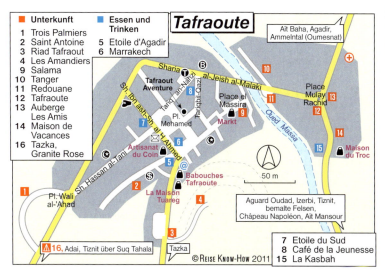

Günstige Hotels

●**Auberge Les Amis**, Place Mulay Rachid, Tel. 0527 54 30 93. Einfache neue Herberge mit zehn Zimmern mit Dusche/WC auf dem Gang. DZ €.
●**Tafraoute**, Place Mulay Rachid (bei der Afriquia-Tankstelle), Tel. 0528 80 00 60. Einfache Zimmer mit Waschbecken, WC/Dusche auf dem Gang, ordentlich und okay, bessere Wahl als Tanger und Redouane. Unterstellmöglichkeit für Fahrräder und Motorräder. ½€.
●**Tanger**, an der Brücke übers Oued im Zentrum, Tel. 0528 80 01 90. Sehr einfaches, aber sauberes Hotel mit durchgelegenen Matratzen, WC/Dusche auf dem Gang, einige Zimmer mit WC und Waschbecken. DZ €.
●**Redouane**, am Oued im Zentrum, kleine, sehr einfache Zimmer mit Waschbecken und angeschlagener Möblierung, WC/Duschen auf dem Gang, freundlich, nur für Low-Budget-Traveller mit niedrigen Ansprüchen. ½€.

Maisons d'Hôtes in Tafraoute und im Ammelntal

●**Chez Amaliya**, ca. 5 km außerhalb Richtung Agadir, gleich nach dem Abzweig ins Ammelntal, Tel. 0528 80 00 65, www.chez-amaliya.com. Dieses große Hotel im Kasbahstil liegt vor der fantastischen Bergkulisse des Djabal Lekst und bietet den höchsten Komfort am Platz. Es hat 14 sehr stilvoll marokkanisch gestaltete und klimatisierte Zimmer mit Bad, die sich um den Hofgarten mit schönem Pool gruppieren. Auf dem Dach bietet ein Appartement mit zwei Zimmern und Küche genug Platz für eine Familie. Außerdem gibt es ein schickes Restaurant, einen Salon mit Spielen und Büchern sowie eine moderne Bar mit Wein und Bier. DZ €€€.
●**La Tête du Lion**, 5 km außerhalb Richtung Agadir (1 km nach dem Abzweig ins Ammelntal auf der rechten Seite), Tel. 0528 80 11 65, www.latetedulion.com. Die acht klimatisierten, sehr gepflegten Zimmer mit Bad und Telefon gruppieren sich um den Hofgarten. Es gibt ein kleines Restaurant auf der Dachterrasse (Alkoholausschank). Verschiedene Aktivitäten können organisiert werden (Wanderungen, 4x4-Ausflüge). DZ mit Frühstück €€A.
●**L'Arganier d'Ammelne**, ca. 5 km außerhalb Richtung Agadir (1 km nach dem Abzweig ins Ammelntal auf der linken Seite), Mobil 0661 92 60 64, Tel. 0528 80 00 20, www.arganierammelne.com. 2006 von einem franz.-marokk. Ehepaar eröffnetes Hotel mit neun unterschiedlich gestalteten Zimmern (geräumiges Bad) und zwei Familiensuiten. Im kleinen Restaurant im Berberstil (gutes Essen, zum Frühstück auch Arganienölprodukte), im Salon mit Fernseher oder auf der Dachterrasse mit toller Aussicht lässt es sich gut aushalten. DZ €€. Das angeschlossene Campingareal bietet noch wenig Schatten (kleine Olivenbäume), vgl. unten.

Die nette Familie El Najah führt den Laden Artisanat du Coin

Atlas X, Karten S. 589, 637, Stadtplan S. 633 **ROUTE D 2: TAFRAOUTE**

- **Maison de Vacances,** an der Straße Richtung Aguard Ouadad/Tiznit, Mobil 0662 87 96 57, maison_de_vacances@yahoo.fr. Der deutsche *Richard Marten* vermietet zwei schöne Appartements mit Küche, Salon und Schlafzimmer (€€€B) und ein Zimmer mit Küche und Bad (€€B). Auch Mountainbikeverleih (80 DH/Tag).
- **Riad Tafraout Maison d'Hôtes,** an der Straße zum Hotel Les Amandiers, Tel. 0528 80 00 31, www.riad-tafraout.com. Das Interieur des ansonsten hübschen Gästehauses wirkt etwas übertrieben orientalisch-afrikanisch. Alle acht Zimmer (mit Bad, TV) sind sauber, ordentlich und klimatisiert. Beeindruckend sind die massiven Holztüren aus Mali. Im Obergeschoss locken eine Sauna und ein Jacuzzi. DZ ohne Frühstück €€€B.
- **Yamina,** ca. 6 km außerhalb Richtung Agadir (Pistenabzweig nach Tandilt), Mobil 0670 52 38 83, Tel. 0528 21 66 21, www.yaminatafraout.com. Ein franz.-marokk. Paar betreibt diese sehr schöne authentische Unterkunft mit nur vier (klimatisierten) Gästezimmern in einem traditionellen Lehmhaus in ruhiger Lage. DZ €€€ mit HP (sehr gutes Essen).

Campingplätze

Alle Plätze sind **im Winter hoffnungslos überfüllt** mit Wohnmobilen, die hier z.T. mehrere Wochen verbringen.

- **Tazka,** Tel. 0528 80 14 28, www.camping-tazka.com. Gepflegter Platz etwa 600 m außerhalb an der Straße Richtung Tiznit (Aday). Saubere Sanitäranlagen, Abwasserentsorgungsmöglichkeit für Wohnmobile, Internet, leider wenig Schatten. Preise: 12 DH p.P., 18 DH Caravan, 10 DH Auto, 25 DH Lkw oder großer Caravan, 20 DH Strom, Zelt 10 DH, Motorrad 8 DH, heiße Dusche 10 DH.
- **Granite Rose,** Ende 2009 neu eröffneter, ummauerter Platz neben Tazka. Jeder Stellplatz hat Stromanschluss und Wasserhahn, die Sanitäranlagen sind gepflegt (warme Duschen). Es gibt eine Waschmaschine und kabelloses Internet (WiFi). Der Besitzer *Omar* ist sehr hilfsbereit.
- **Trois Palmiers,** an der Straße Richtung Tiznit, N 29°43,30', W 08°58,77'. Ummauerter Platz mit wenig Schatten, im benachbarten Palmenhain stehen bei großem Andrang ebenfalls Dutzende Wohnmobile. Sehr einfache, nicht immer saubere Sanitäranlagen. Maximale Durchfahrtshöhe 3,40 m. Es gibt auch Bungalows zur Miete (sauber). Preise: 10 DH p.P. und Pkw, 15 DH Zelt oder Caravan, Motorrad 8 DH, heiße Dusche 10 DH (nicht immer funktionstüchtig), Strom 18 DH.
- **La Vallée d'Ammelne,** 5 km Richtung Agadir auf der rechten Seite, Mobil 0667 59 92 80 *(Mr. Salmi).* 2009 eröffneter Platz, wenig Schatten, Pool (evtl. ohne Wasser), kleines Café. Die sanitären Anlagen sind okay, aber schon jetzt etwas angeschlagen. 70 DH für 2 Pers. mit Caravan und heißer Dusche.
- **L'Arganier d'Ammelne,** 5 km Richtung Agadir, vgl. Maison d'Hôtes. Gästehaus mit angeschlossenem Campingareal (kahler Sandplatz). Die frisch gepflanzten Olivenbäume bieten erst wenig Schatten. 10 DH p.P., Auto und Zelt, 15 DH Caravan, heiße Dusche 6 DH, Motorrad 7 DH, Lkw 25 DH.
- **La Vallée de Tarsouate,** Douar Tarsouate (12 km Richtung Izerbi), Tel. 0671 38 03 05, http://tarsouate.camping.free.fr. Ruhiger ummauerter Platz, kaum Schatten, Pool (45 DH/Tag), sanitäre Anlagen mit europäischem Standard, Restaurant, Fahrradverleih, Entsorgungsmöglichkeit für Wohnmobile, 70 DH für 2 Pers. inkl. heißer Dusche, Stromanschlüsse vorhanden.
- Sehr schöne **Wildcampingplätze** findet man in der gesamten Umgebung unter den hohen Dattelpalmen. Auch in der Nähe der bemalten Felsen (vgl. Ausflüge) gibt es schöne Stellplätze. Lassen Sie keinen Müll liegen!

Essen und Trinken

Alkoholausschank nur in den Hotels Les Amandiers und Saint Antoine.

- Im **Café de la Jeunesse** gibt es gutes und günstiges Frühstück.
- **Etoile d'Agadir,** am Place de La Marche Verte (gegenüber Artisanat du Coin). Beliebtes Restaurant und Straßencafé mit Terrasse, gute und preiswerte Tajine (35–40 DH), auch tolles Frühstück (ca. 25 DH).

- **Etoile du Sud,** Folkloredarbietungen im Original-Hochzeitszelt im Garten. Inzwischen ist das Restaurant so stark von Touristengruppen frequentiert, dass Qualität und Service schwanken (Menü ca. 90 DH).
- **La Kasbah,** an der Straße Richtung Aguard Oudad (ggü. Maison de Troc). In diesem Restaurant unter französischer Führung gibt es sehr gutes Essen in gemütlicher Atmosphäre (Menü 90 DH, Tajine ab 60 DH, exzellente Brochettes), Alkoholausschank.
- **Marrakech,** im Zentrum, einfaches und günstiges Restaurant mit sehr guten Tajines (auch vegetarisch, Menü 55 DH), frisch gepresstem Saft, Omelettes, Suppen. Auch zum Frühstücken empfehlenswert.

Sport/Aktivitäten

- Der sympathische, gut deutsch sprechende *Ahmed Ouardarass* von **Tafraout Aventure** am Hauptplatz im Zentrum (Tel. 0528 80 13 68, Mobil 0661 38 71 73, www.tafraout-aventure.com) organisiert zuverlässig und kompetent jegliche Art von Aktivitäten – Wanderungen, Mountainbiketouren, 4x4-Ausflüge etc. – und gibt Tipps für die besten Kletterfelsen oder Paragliding-Startplätze. Hier kann man sich bestens über die Region informieren und eine gute Übersichtskarte mit allen touristisch interessanten Orten rund um Tafraoute erstehen. Ein Tagesausflug (z.B. Aït-Mansour-Tal, Ammeltal, Agadir Tasguent) kostet je nach Teilnehmerzahl um die 1000 DH p.P., eine Tageswanderung ca. 400 DH. *Ahmed* organisiert auch individuelle Touren in Südmarokko.
- Man sollte sich unbedingt genug Zeit nehmen, um eine Tagestour oder sogar eine mehrtägige **Wanderung** in der tollen Gebirgswelt aus Granit zu unternehmen. Konditionsstarke und trittsichere Wanderer können zwei der höchsten Berge des Anti-Atlas, den **Djabal Lekst** (2359 m, vgl. Ausflüge) oder den **Adrar Mqorn** (2344 m), besteigen.
- Kompetente mehrsprachige **Bergführer** vermittelt Tafraoute Aventure (s.o.).
- Quadtouren in der Umgebung unternimmt **Tafraoute Quadbikes** von *M. Said Oussidi* (Mobil 0670 40 93 84, Av. Mohamed V.).
- Auch der Laden gegenüber des Maison Touareg (vgl. Einkaufen) vermietet **Quads** (150 DH/Std.) **und Fahrräder** mit Helm für (je nach Qualität) 50–150 DH/Tag. Fahrräder (Mountainbikes) können außerdem bei Artisanat du Coin (vgl. Einkaufen), bei Tafraout Aventure (s.o.) und beim Maison de Vacances (vgl. Maison d'Hôtes) gemietet werden (70–150 DH/Tag). Man sollte unbedingt die Qualität der Reifen überprüfen und ein Reparaturset mit Flickzeug mitnehmen.

Einkaufen

Da der Ort für Agadir-Pauschaltouristen zum Pflichtprogramm zählt, sind natürlich viele **Souvenirläden** vorhanden. Wer sich Zeit nimmt zum Stöbern, kann auch noch Antiquitäten finden, die anderswo nicht mehr aufzutreiben sind.

- **Artisanat du Coin,** Place de la Marche Verte (direkt bei der Post), Mobil 0661 70 05 25, Tel. 0528 80 10 45. Im Laden der Familie *El Najah* wird man freundlich und unaufdringlich bedient. Hier kann man **Schmuck und Souvenirs** kaufen, auch selbst gefertigte Stücke von Vater *Brahim el Najah*, der sich hervorragend in der Gegend auskennt. Es werden faire Festpreise verlangt, die unter denen in den Großstädten liegen. Auch **Mountainbikes** sind zu mieten (80 DH am Tag).
- Tafraoute ist bekannt für seine vorne abgerundeten handgefertigten **Babuschen** (Sandalen) aus Ziegenleder. Diese findet man entweder in großer Auswahl auf dem Souk oder im gut sortierten Laden von *Leyla* (der Tochter von *Brahim el Najah,* s.o.), **Babouches Tafraoute,** am Place de La Marche Verte. Sie verkauft auch hübsche Lampen.
- Wer Teppiche, Lampen oder Fossilien kaufen will, ist im **Maison du Troc** an der Straße nach Aguard Oudad gut aufgehoben. *Lahcen* und *Mohamed* sprechen sehr gut deutsch. Kelimkissen können nach individuellen Vorgaben bis zum nächsten Tag genäht werden.
- Gut beraten wird man auch im **Maison Touareg** (Av. Mohamed V., Richtung Hotel Les Amandiers, Tel. 0528 80 02 10, www.maisontouareg.com), auch wenn die Mitglie-

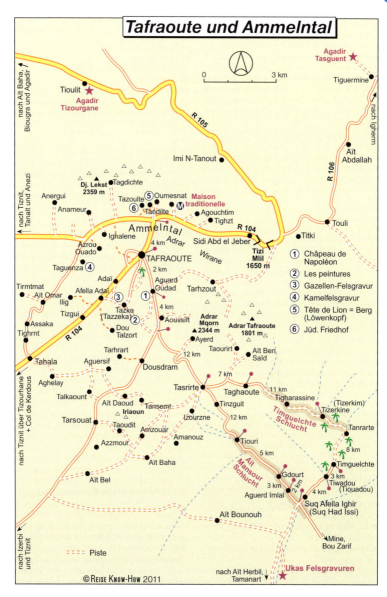

der des Clans der Familie *Aït Sidi Brahim* in ihren Tuareggewändern im ganzen Ort Touristen ansprechen, was zuweilen nervig sein kann. Die Verkäufer kennen sich sehr gut mit Teppichen aus und erläutern ohne Kaufzwang Traditionen und Muster. Wer sich zum Kauf entschließt, kann mit Kreditkarte oder in Devisen bezahlen. Die Teppiche werden auf Wunsch auch zuverlässig nach Europa verschickt.

● Teure Arganienölprodukte wie Arganienöl (350 DH für 250 ml), Seifen, Cremes und Amlou (150 DH) sind bei **Argan Tafraout** am Place El Masira El Khadra, dem Marktplatz, erhältlich.

Busse

● Das Büro des privaten Busunternehmens **S.T.C.R.** befindet sich nahe des Hotels Redouane (Mobil 0670 68 73 53). **Fahrplan:** Aït-Baha – Inezgane – Marrakesch – Casablanca – Rabat – Larache – Asilah – Tanger: 1x tägl. abends (S.T.C.R.-Nachtbus), bis Aït-Baha ca. 2½ Std. Fahrzeit (32 DH), bis Inezgane ca. 3½ Std. (45 DH), bis Marrakesch 9 Std. (120 DH), bis Rabat 14 Std. (195 DH), bis Tanger 18 Std. (266 DH).
● **CTM** (Tel. 0528 80 17 89) startet einmal tägl. morgens **nach Casablanca.**
● Weitere Privatbusse fahren täglich **über Tiznit nach Agadir, Marrakesch und Casablanca** (z.B. Sahara Voyages tägl. 8.30 Uhr).

Sammeltaxis/Taxis

Regelmäßig Sammeltaxis nach **Tiznit** (25 DH, 1 Std.) und weiter nach **Tafraoute** (3 Std., 35 DH). Sammeltaxis auch nach **Tanalte** und **Aït-Baha.** Grand Taxis können auch für Ausflugsfahrten ins Umland angemietet werden.

Post/Bank/Internet

● Die **Post** liegt am Place de La Marche Verte (mit Wechselbüro).
● **Internetcafé** an der Straße Richtung Hotel Les Amandiers.
● Eine **Bank mit Geldautomat** (BMCE) befindet sich neben dem Hotel Saint Antoine.

Feste/Veranstaltungen

● **Mandelfest,** www.festivalamandiers.com, im Februar.
● **Moussem Sidi Ahmed ou Said,** in Adaï, Mitte August.
● In Anameur findet dreimal im Jahr, im Januar, März und Mai, ein **Fest zu Ehren des Marabuts Chezelhamiz,** mit großem Essen im Freien, statt.

Ausflüge

Nicht motorisierte Touristen können die beschriebenen Ausflüge entweder bei Tafraout Aventure als Tagesausflug buchen oder ein Grand Taxi anmieten.

Rundfahrt durchs Ammelntal

Eine Tour ins wunderschöne Ammelntal mit seinen **ursprünglichen Dörfern** und der grandiosen Granitfelsenkulisse sollte man auf keinen Fall verpassen. Eine gute Übersichtskarte zu dieser Strecke erhält man im Büro von Tafraoute Aventure (vgl. Tafraoute, Sport/Aktivitäten). Der Ausflug führt als Rundfahrt von Tafraoute über das Ammelntal nach Tahala und von dort wieder zurück über Afella Adaï nach Tafraoute (R104). Die Route ist durchgehend asphaltiert und ohne Abstecher etwa 41 km lang.

Verlassen Sie Tafraoute auf der Teerstraße Richtung Agadir/Aït Baha. Nach **4 km** folgt eine **V-Kreuzung,** links geht es ins westliche Ammelntal, rechts kann man einen lohnenswerten Abstecher nach **Oumesnat** und zum *Maison traditionelle* (vgl. Route D 2) unternehmen.

Die **Ammeln** – ein Berbervolk, das zur Hauptgruppe der Chleuh gehört – haben in ganz Marokko einen Ruf als gute Händler. Es gibt im Ammelntal **vier Berberstämme:** Afella Wassif, Aït Smaybun (Anameur), Aguns Wassif und Tahala, die in 46 Dörfern *(Douars)* leben. Die meisten der für die Region typischen zinnenbewehrten Häuser aus Bruchstein, mit weißer Ornamentikbemalung und Lokba-Verzierungen auf dem Lehmputz verfallen. Viele Ammeln haben die Region verlassen und arbeiten die meiste Zeit des

Jahres im Ausland oder in großen Städten wie Casablanca – das Ersparte fließt häufig in Form eines modernen Familienhauses wieder zurück in die alte Heimat. Die neuen, mehrstöckigen und rosa getünchten Gebäude mit weiß umrahmten Fenstern prägen heute das Landschaftsbild rund um Tafraoute.

Gleich hinter dem Abzweig ins Ammelntal liegt das komfortable **Kasbahhotel Chez Amaliya** auf der rechten Seite (vgl. Tafraoute/Maison d'Hôtes). Die schmale, ausgefranste Teerstraße führt durch im Sommer sehr trockene Felslandschaft mit Arganien und Palmen. Auf der rechten Seite ragen die imposanten Granitberge des **Djabal Lekst** (2359 m) auf. Kleine Stichstraßen oder Pisten führen zu den Dörfern, die an den Berghängen kleben.

4 km nach dem Abzweig (**km 8** ab Tafraoute), unmittelbar vor dem Dorf **Aït Ougmass**, zweigt bei einem gemauerten Wegweiser eine steile, teilweise betonierte Straße nach **Tagdichte** (1422 m) ab. Das Dorf ist Ausgangspunkt für die Besteigung oder Überschreitung des Djabal Lekst (vgl. Ausflug weiter unten).

4 km weiter (**km 12** ab Tafraoute) führt eine schmale Teerstraße rechts ab Richtung **Tanalt**. Von Tanalt kann man auf einer westlichen Alternativroute nach Aït-Baha fahren (vgl. vorhergehende Routenbeschreibung). Folgt man der Teerstraße vom Abzweig nur etwa 2 km, kann man bei einem kleinen Wegweiser rechts auf eine Piste nach **Anergui** (1469 m) abbiegen. Die 7 km lange Piste führt sehr kurvig und steil (ohne Seitenbegrenzung) bergauf. Die größten Steigungen sind betoniert. Es bietet sich ein grandioser Ausblick nach unten! Anergui thront wie ein Adlerhorst auf einer Bergkuppe, darunter fallen die rot-braunen Felshänge steil ab. Vom oberen Ortsrand kann man auf einem Pfad bis zum Talschluss wandern oder in einer Tagestour den Djabal Lekst nach Tagedichte überschreiten (vgl. Ausflug weiter unten).

Folgt man weiter der Hauptstraße (ohne Abstecher nach Anergui), ist bei **km 13** (1 km weiter) das Dorf **Taguenza** erreicht. Bei **km 16** führt eine Furt über den **Assif Almouloud**, und die Straße entfernt sich vom Ammelntal und den Bergen.

3 km weiter (**km 19**) zweigt eine kleine Piste rechts nach Tiremtmate (weißer Wegweiser) ab. Biegt man hier ab und hält sich nach ca. 200 m links, bieten sich schöne Wildcampingmöglichkeiten entlang eines kleinen Oueds. Nach 3 km auf holpriger Piste (mit Vorsicht auch mit Pkw möglich) erreicht man das Dorf **Tiremtmate**. Dort kann man einen schönen Spaziergang entlang des Flüsschens mit Oleander und Froschteichen unternehmen und mit Hilfe eines einheimischen Führers evtl. auch die dortigen **Felsgravuren**, die Gazellen darstellen, entdecken.

Bei **km 24** ist der Ort **Assaka** erreicht. 3 km weiter mündet diese Route beim großen Ort **Tahala** in die Teerstraße R104 ein. Links geht es nach Tafraoute (17 km), rechts nach Tiznit (90 km).

7 km hinter Tahala passiert man das Dorf **Boutabi**. 3 km danach (**km 37** ab Tafraoute) zweigt unmittelbar vor Afella Adaï rechts eine Piste (arabisches Schild) zu den **bemalten Felsen** ab (siehe nächsten Ausflug). Das Dorf **Afella Adaï** liegt in wunderschöner Kullerfelsenlandschaft.

Nur 1 km weiter folgt **Adaï**. Dort befinden sich links der Straße an den Felshängen und auf einem Hügel besonders schöne Häuser.

2 km hinter Adaï (**km 40** ab Tafraoute) führt eine kleine Piste rechts ab (**N 29°42, 705', W 08°59,455'**) in den Palmenhain zu den **Gravuren von Tazzeka** (Tazka, 1 km). Rechts oberhalb der Piste kann man an einem Felsen eine ca. 3 m große Gazelle und eine Kuh erkennen (**N 29°42,685', W 08° 59,311'**). Über das Alter der (nachgeritzten) Gravuren lässt sich streiten ... Die Piste durchquert das Dorf Tazzeka und mündet 2 km nach dem Abzweig von der Hauptroute (bei **N 29°42,574', W 08°59,174'**) in die Teerstraße zwischen Tazzeka und Tafraoute (1 km) ein.

Fährt man nicht über die Gravuren und Tazzeka, sondern die Teerstraße weiter, folgt nur etwa 1 km nach dem Abzweig (Gesamtkm 41) Tafraoute.

Wer **von Tafraoute ins Ammelntal wandern** möchte, biegt am Ende der Straße Sharia al Jeish rechts in einen Pfad ein (arabisches Hinweisschild). Dieser führt zwischen zwei Mauern zu einigen Häusern und am

Route D 2: Tafraoute (Ausflüge)

Les Peintures (Painted Rocks)

Friedhof vorbei in ein kleines, schönes Palmental. Man folgt weiter der Piste geradeaus. Dann geht es an einem Berbergehöft rechts vorbei und auf einem mit weißen Punkten markierten Weg über einen felsigen Anstieg und einen längeren felsigen Abstieg direkt ins Ammelntal.

Rundfahrt zu den bemalten Felsen

Diese etwa 25 km lange Rundfahrt führt von Tafraoute über Aguard Oudad zu den bemalten Felsen *(Les Peintures)* und über Afella Adaï zurück nach Tafraoute.

Von Tafraoute geht es südwärts (am Platz östlich des Oueds rechts) in Richtung Izerbi/Tiznit durch malerische Landschaft mit Palmen, mächtigen Granitfelsen und den typischen rosaroten Häusern des Anti-Atlas. Nach knapp **3 km** erreicht man **Aguard Oudad**. Das hübsche Dorf liegt rechter Hand in einem Palmenhain am Fuße des sogenannten **Chapeau Napoléon** (dt.: Napoleonshut), einem eigenartigen Turmfelsen, der dem berühmten Hut des Kaisers ähnlich sehen soll. Etwa 6 km hinter Tafraoute zweigt links die Straße ins Aït-Mansour-Tal nach Afella Ighir ab (vgl. folgenden Ausflug). Nur 400 m weiter (**km 6,4** ab Tafraoute) führt eine Piste rechts ab zu den **bemalten Felsen (franz.: Les Peintures, engl.: Painted Rocks)**. Vorsicht: Aus der anderen Richtung (Tiznit) kommend, sieht man die Beschilderung beim Abzweig nicht (**N 29°39,613', W 08°57,702'**). 2,5 km weiter (ca. **km 9** ab Tafraoute) spaltet sich die Piste auf: Rechts geht es zum Parkplatz, von dem man ca. 10 Min. bergab zu den Felsen wandert. Keine Wertsachen im Wagen lassen, es wurde von Autoaufbrüchen berichtet!

Der belgische **Maler Jean Vérame** bemalte hier die bis zu 30 m hohen Granitfelsen in den Farben Blau, Rot, Schwarz und Violett ganzflächig oder in geometrischen Mustern.

ROUTE D 2: TAFRAOUTE (AUSFLÜGE)

Im Einklang mit der Natur und den Farben des Himmels entstand hier 1984 eine „Phantasmagorie" von 2 km Länge und 800 m Breite. 20.000 Kilo Farbe, nach altägyptischen Rezepten hergestellt, wurden in zwei Monaten vermalt – nachdem der Künstler bereits ähnliche Projekte auf Korsika, in den Cevennen, im Tibestigebirge und im Sinai verwirklicht hatte. Die Malereien in dieser Traumlandschaft sind im **Farbenspiel von Licht und Schatten** zu verschiedenen Tageszeiten wirklich eindrucksvoll. Die der Erosion ausgesetzten Felsen waren in den letzten Jahren schon recht verblichen und wurden deshalb 2010 vorwiegend in Blau neu gestrichen. Um eine starke Verwitterung zu verhindern, sollte nicht auf den bemalten Stellen der Felsen herumgeklettert werden. Aber dazwischen zu wandern und die Gesamtansicht von oben zu genießen, ist ein echtes Erlebnis.

Mit einem Fahrzeug mit hoher Bodenfreiheit oder einem Geländewagen kann man mit Vorsicht beim vorher genannten Abzweig (**km 9**) auf holpriger Piste auch links weiterfahren, um direkt in den Kessel zu den bemalten Felsen zu gelangen (ca. 1 km, **N 29°40,189', W 08°58,466'**). Bei der Gabelung 5 km weiter (**Gesamt-km 14**) geht es rechts auf einer anderen Strecke nach Aguard Oudad zurück oder links weiter auf besserer Piste nach Afella Adaï. Links entlang trifft man nach weiteren 4,2 km (**Gesamt-km 18,2**) bei einer kleinen Schule, einem arabisch beschrifteten Wegstein und dem Hinweis „Circuit Touriste" auf die Straße nach Tafraoute – nun rechts weiter nach Afella Adaï, Adaï und Tafraoute (ca. 5 km).

Rundfahrt durchs Aït-Mansour-Tal

Dieser wunderschöne **Tagesausflug** führt in einer Rundfahrt von Tasrirte durch die Aït-Mansour-Schlucht nach Souk d'Afella Ighir und durch die Schlucht von Timguelchte zurück nach Tasrirt. Die gesamte Route ab/bis Tafraoute ist 91 km lang. Die schmale Teerstraße durchs Aït-Mansour-Tal ist meist gut. In Souk d'Afella Ighir endet der Asphalt, die weitere Piste bis zurück zur Kreuzung bei Tasrirte sollte man nur mit robustem Fahrzeug mit viel Bodenfreiheit befahren (oder mit dem Mountainbike). Auf der gesamten Strecke muss der Fluss häufig auf Betonfurten gequert werden – nach starken Regenfällen kann die Straße daher überschwemmt oder beschädigt sein.

Von Tafraoute geht es auf schmaler Teerstraße über Aguard Oudad (2 km) nach Süden. Bei **km 6** zweigt diese Route links ab nach Afella Ighir (beschildert), geradeaus geht es nach Tarsouate/Izerbi und zu den bemalten Felsen (vgl. vorigen Ausflug). Die Straße schlängelt sich mit herrlichem Ausblick hinauf auf den **Adrar Mqorn** (2344 m).

18 km hinter Tafraoute führt beim Dorf **Tasrirte** in einer Rechtskurve eine Piste links ab nach Timguelchte (arabischer Wegweiser, **N 29°36,800', W 08°55,144'**). Hier mündet diese Rundfahrt am Ende wieder ein – mit 4x4 kann man sie natürlich auch umgekehrt befahren. Mit Pkw geht es auf der Teerstraße weiter geradeaus nach Aït Mansour.

Schon 7 km weiter (**km 25** ab Tafraoute) eröffnet sich eine spektakuläre Bergkulisse: Die Straße folgt dem von Palmen und Oleander gesäumten Flusstal in der Aït-Mansour-Schlucht.

Bei **km 30** sind der zwischen hohen rotbraunen Felswänden eingeschlossene Palmenhain von **Aït Mansour** und der Ort **Tiouri** erreicht. Die gesamte Region mit ihren vielen Oasen nennt sich **Afella Ighir.** Man glaubt sich im Garten Eden: In den Oasen entlang des Flusstals gedeihen Dattelpalmen, Oleander, Oliven und Feigen. Es folgen das Dorf **Gdourt (km 35)** und der schöne, leider verfallene **Ksar Aguerd Imlal (km 38)**.

Die Route hat nun mehr Pistencharakter (gut befahrbar), bevor sie **40 km** hinter Tafraoute in eine größere Teerstraße einmündet (**N 29°29,885', W 08°49,333'**): Diese Rundfahrt führt links weiter zum Ort **Souk d'Afella Ighir** (1 km, Sonntagsmarkt), Wohnort für die Arbeiter der nahe gelegenen Goldmine von Akka. Von Afella Ighir führt eine neue Teerstraße nach Izerbi – wer möchte, kann von hier also direkt nach Tiznit weiterfahren.

1 km nach dem Ort folgt man weiter der Piste geradeaus und verlässt die Teerstraße, die zur Mine führt. 3 km weiter (**km 45** ab Tafraoute) ist **Tiwadou** in einem Palmenhain

erreicht. Bei einer Téléboutique am Ortseingang geht es rechts zur **Herberge von Mohamed Sahnoun** (kein Schild, Mobil 0667 09 53 76, Tel. 0528 21 66 09, m_sahnoun@hotmail.com, 70 DH p.P. mit Frühstück). Die überaus gastfreundliche Familie bietet Unterkunft in drei sehr einfachen, aber netten Zimmern in ihrem Lehmhaus. Die sanitären Anlagen sind sauber. Besonders idyllisch ist der schattige Oasengarten, in dem man Tee oder hervorragende Tajine serviert bekommt. Wer möchte, kann hier auch sein Zelt aufschlagen. *Mohamed* gibt Tipps zu Aktivitäten und ist ein guter Führer für die Region.

Beim hübschen Dorf **Timguelchte** mit Zawia **(km 47)** beginnt die spektakuläre **Schlucht von Timguelchte.** Die Schotterpiste (hohe Bodenfreiheit erforderlich) folgt dem Flusstal mit Arganien, Oleander, Palmen, Oliven und Granatäpfeln zwischen den hohen rot-braunen Felswänden. Die Dörfer **Imi Ouazal (km 53)** und **Tizerkine (km 55)** umgeben herrliche Oasengärten. Alte Teerreste auf der folgenden Strecke verschlechtern die Piste eher. Bis zu den Ruinen des **Ksar Taghaoute (km 66)**, die rechts auf einer Kuppe thronen (neuer Ort etwas später), durchfährt man eine einsame Gegend, die sich auch gut als Terrain für Mountainbiker eignet.

Bei km 73 sind wieder das Dorf **Tasrirte** und die Teerstraße zurück nach Tafraoute erreicht (vgl. km 18).

Variante mit 4x4: Biegt man an der Kreuzung bei km 40 nach rechts ab, gelangt man auf Teerstraße nach Izerbi. Wer mit dem Geländewagen unterwegs ist, kann zunächst dieser Straße folgen und 4 km nach der Kreuzung auf eine Piste links abzweigen (kein Wegweiser, N 29°28,031′, W 08°50, 977′). Die steinige, sehr holprige Piste (8 km) folgt dem Oued Tazougart zu den mehrere tausend Jahre alten **Felsgravuren von Ukas** beim **Guelta Imtkan** (vgl. Route D 4).

Besteigung des Djabal Lekst

Der Djabal Lekst (2359 m), **höchster Berg der Region,** kann von den Dörfern Tagedichte (1422 m) oder Anergui (1469 m) im Ammelntal bestiegen werden (Anfahrt zu den Orten vgl. Ausflug „Rundfahrt durchs Ammelntal"). Der kürzere Weg (ca. 5 Std. Auf- und Abstieg, rund 1000 Höhenmeter) führt vom oberen Ortsrand in Tagedichte über einen Geröllhang steil bergauf bis zum Gipfel mit grandiosem Ausblick auf die karge Landschaft des Anti-Atlas und die Dörfer rundum.

Von **Anergui** auf der Westseite der lang gezogenen Djabal-Lekst-Kette kann man den Berg auch nach Tagedichte überschreiten. Diese anstrengende Tour dauert einen ganzen Tag (ca. 7 Std. Gehzeit). Der Weg startet am Parkplatz am obersten Ende des neuen Ortsteils von Anergui. Treppenstufen führen bergauf zu einem steinigen Pfad, der einem kleinen, herrlich ruhigen Tal bis zum Talschluss folgt und dann in Serpentinen zum Plateau Azarah und weiter nach Tagdichte führt.

Für beide Touren sind Trittsicherheit, Bergschuhe und **gute Kondition** unbedingte Voraussetzung. Es gibt kaum Schatten, daher gehören eine Kopfbedeckung, genug Wasser und Proviant ins Gepäck. Der Weg ist schwer zu erkennen und nur gelegentlich mit Steinmännchen markiert, daher empfiehlt es sich sehr, einen Bergführer anzuheuern. In der Gegend gibt es Wildschweine und Gazellen.

Route D 2, Abschnitt 2: Tafraoute – Tiznit

● **117 km, R104 u.a.**

Es gibt **nach Tiznit zwei bzw. drei Strecken,** die bei Ida Oussemlal wieder zusammenführen. Die erstbeschriebene Hauptroute (Variante 1) ist kürzer, die nachfolgend beschriebene Variante 2 die landschaftlich reizvollere, die durch einsame Landschaften über Izerbi bzw. noch kürzer an dem Ort vorbei nach Jemâa Ida Oussemlal führt. 10 km kürzer als die Hauptroute ist der direkte Weg von Tafraoute Ortsmitte in Richtung Westen nach Adaï und Afella Adaï sowie Tahala. Eine zusätzliche **Alternativstrecke** führt über das

Route D 2: Agadir – Tiznit – Agadir

Ammelntal nach **Tamlat** und **Anezi** (siehe Alternative) und von dort auf kürzerem Weg nach Tiznit.

Zu den **Busverbindungen** nach bzw. von Tiznit siehe bei Tafraoute bzw. Tiznit.

Variante 1

Folgen Sie ab Tafraoute der Wegweisung nach Tiznit und Agadir, bis nach ca. 4½ km die Abzweigung nach Oumesnat und ins östliche Ammelntal erreicht ist. Biegen Sie hier links ins westliche Ammelntal ab. Etwa 12 km hinter Tafraoute führt eine schmale Teerstraße rechts ab Richtung Tanalt. Diese Route verläuft über Anezi nach Tiznit (s.u.) bzw. über Tanalt nach Aït-Baha.

Alternative Route: Tafraoute – Anezi – Tiznit (bzw. Tanalte – Aït-Baha)

Biegen Sie bei dem Abzweig **(N 29°44, 25′, W 09°02,12′)** rechts ab. Kurz darauf führt eine sehr schöne Serpentinenstrecke bis auf 1400 m Höhe. Immer wieder bieten sich tolle Ausblicke auf Dörfer und Terrassenfelder, die mit Arganien, Oliven- und Mandelbäumen bepflanzt sind. Feigenkakteen (Opuntien) begrenzen die Felder. Nach knapp 15 km passiert man ein Dorf. Schöne Häuser liegen überall weit verstreut an den Hängen.

Wiederum ein Wegweiser und **Abzweig** folgen **nach 22 km (N 29°44,32′, W 09°08, 82′)**. Rechts geht es nach Tanalt (10 km) und Aït-Baha (83 km). Diese Strecke führt über **Tanalt,** das bei **km 34** erreicht ist (Militärfort, Tankstelle) durch das **Oued Takoucht**. Bei **km 51** erreicht man die **Passhöhe** bei Tlata Aounouenz mit Cafés und Läden, durchquert den Ort (nicht auf die rechts abzweigende Straße nach Souk el-Had de Targa abbiegen) und stößt auf ein Oued mit Oleander, Palmen und einem kleinen Staubecken. 6 km weiter liegt ein Platz mit Zisterne. Bei **km 67** ist eine Palmenoase am Oued Anguerif erreicht, den man auf einer ausgebauten Furt durchquert. **69 km** nach dem Abzweig hält man sich im Ort Kehmis Aït Moussa rechts und fährt bergauf durch ein mit Arganien und Euphorbien bewachsenes Hügelland. Bei **km 86** erreicht man **Sidi Abdallah,** ein Straßendorf, bei km 114 bzw. 124 **Aït-Baha.**

Fährt man jedoch in Richtung Tiznit, weist der Wegweiser geradeaus nach **Anezi (30 km)**. Zurück zeigt der Wegweiser „Tafraoute 34 km". Immer wieder passiert man schöne Siedlungen, u.a. den größeren Ort **Amaghouz.**

Einen **weiteren Abzweig** mit Wegweiser erreicht man bei **km 31,5**: links nach Tafraoute (über Suq Tahala und ins Ammelntal, zurück Tanalt), rechts weiter Richtung Anezi **(N 29°43,03′, W 09°11,90′)**. Die Straße schlängelt sich weiter durch das Bergland bis man bei **km 40,3** wiederum auf einen **Wegweiser** trifft: Amaghouz zurück, links Souk el-Khemis, rechts weiter **(N 29°41,61′, W 09° 15,83′)** und 2½ km (Gesamt-km 42,8) wieder ein **Abzweig** rechts nach Aït-Baha – wir fahren geradeaus weiter und stoßen bei **km 54,5** auf den großen Ort **Anezi** (Ortsmitte). Hier links weiter und bei **km 58,5** geradeaus weiter (Teerabzweig nach links). Nach 2 km liegt unterhalb der Straße ein schönes Dorf mit bemalten Häusern und **Lokba-Verzierungen.** Unsere Straße mündet hier auf die Straße in Richtung Tiznit; links weiter **(N 29° 41,42′, W 09°30,82′)**, bis wir bei ca. **km 113** beim Kreisverkehr am südlichen Stadtrand **Tiznit** erreichen.

Die **Hauptstrecke in Richtung** (Souk el-Had) **Tahala und Tiznit** windet sich durch Bergland mit Arganien und Mandelbaumbestand. Nach **25 km** erreicht man (Souk el-Had) **Tahala,** das früher ein Zentrum der Juden war. Ab hier führt ebenfalls eine Straße ins (westliche) Ammelntal und nach Tafraoute. Über **Souk Tnine de Tarsouale (km 39),** einem Ort in karger Gebirgslandschaft, zieht sich die Straße bergauf bis **Jemâa Ida Oussemlal** (bzw. Tizourhane) bei **km 52,** einem großen Marktort mit Tankstelle.

Links zweigt die Straße nach Fam el Hisn (110 km) und zu **Variante 2** (Asphaltstraße Tafraoute – Izerbi, 60 km) ab. Weiter geht es durch Hügelland mit Kornfeldern im Sommer. Im Frühjahr ist die Hochebene mit einem grünen Flaum bewachsen und von blühenden Obstbäumen gesäumt.

Route D 2: Agadir – Tiznit – Agadir

7 km **(km 59)** hinter Jemâa Ida Oussemlal führt ein Teersträßchen (C7076) links nach **Ifrane de l'Anti-Atlas** (Ida-Oumarkt), der ehemals größten jüdischen Ortschaft in Marokko, ab (siehe Route D 3).

61 km hinter Tafraoute ist die Passhöhe **Col de Kerdous** erklommen. Von hier eröffnet sich eine herrliche Aussicht auf die bizarren Granitberge.

1 km weiter erhebt sich das **Hotel Kerdous** auf 1200 m Höhe (Tel. 0528 86 20 63, www.hotel-kerdous.com). Das ehemalige Bordj Tiffermit wurde zu einem schönen, jedoch inzwischen schon wieder recht renovierungsbedürftigen und etwas vernachlässigten 4-Sterne-Hotel umgebaut. Jedes Zimmer (mit Bad, AC und TV) ist in traditionellem Stil eingerichtet und unterschiedlich gestaltet. Im Speisesaal oder im Innenhof (mit Pool, nicht immer Wasser) wird hervorragendes Essen serviert. Wer Abgeschiedenheit liebt, sollte hier einkehren und das Hotel als Basis für Ausflüge nach Tafraoute und in die Umgebung nutzen. In den Wintermonaten kann es jedoch sehr kalt werden und starken Morgennebel geben, der sich im Laufe des Vormittags auflöst. Rucksackreisende, die mit dem Bus anreisen, werden manchmal etwas misstrauisch beäugt. Keine Zahlung mit Kreditkarte möglich! DZ mit Frühstück €€€, Menü ca. 100 DH, Weinausschank.

Auf der weiteren Strecke passiert man einen kleinen Ort mit schönen roten Häusern, vielen Feigenkakteen und Terrassenfeldbau.

Nach **74 km** ist **Tirhmi,** ein größerer Ort mit Verkauf von bemalten Töpfereiwaren, erreicht.

80,5 km hinter Tafraoute besteht die Möglichkeit, zum Marabut und **Wallfahrtsort Sidi-Ahmed-ou-Moussa** abzuzweigen. Hier liegen der gleichnamige Idrissiden-Scherif, der im Jahre 1563 verstorben ist, und seine vier Söhne begraben. Die Marabut-Cherifen beherrschten dieses Gebiet (Tazeroualt) bis 1882. Das Grabmal (Marabut) und die Wallfahrtsstätte bzw. Sitz der religösen Bruderschaft (Zawia) erreicht man über eine breite Treppe, die zum großen, mit grünen Tonziegeln gedeckten Gebäude führt (kein Zutritt für „Ungläubige"). Dreimal im Jahr (März, April, August) pilgern Wallfahrer hierher zum Grabmal. Die Anhänger der Bruderschaft haben als **Akrobaten** im 19. Jahrhundert in der Zirkuswelt, vor allem wegen ihrer Spring- und Pyramidenbaukunst, international Bekanntheit erlangt.

Die schlechte Straße nach Sidi-Ahmed-ou-Moussa führt 10 km durch eine landschaftlich sehr schöne Gegend, der Ort, hübsch an einem Fluss gelegen, ist noch sehr ursprünglich. 4 km weiter folgt von einer alten Kasbah gekrönte Ort **Iligh** mit ruhmreicher Vergangenheit als Zentrum des Zuckerhandels im Sous.

Die Straße nach Tiznit durchquert hügeliges, dünn bewachsenes Gebiet. Entlang eines Palmentals geht es bis **km 88** zu einem malerischen Dorf mit Moschee am Hang. Die weitere Route bis **Sidi Assaka** verläuft am fruchtbaren **Oued Assaka,** an dem Palmen, Feigenbäume und Aranien gedeihen.

117 km von Tafraoute entfernt erreicht man Tiznit.

Variante 2

Diese Route verläuft von Tafraoute über Izerbi nach Ida Oussemlal. Es gibt noch eine kürzere Variante, die Izerbi umgeht und im Dorf nach der Passhöhe direkt nach Souk Khèmis des Aït Oufka führt.

Verlassen Sie Tafraoute in Richtung **Aguard Oudad,** das nach knapp 3 km erreicht ist (siehe Ausflüge Tafraoute). Die weitere Strecke säumen riesige Granitfelsen.

Etwa **19 km** hinter Tafraoute stößt man auf den Ort **Tnine Tarzoual** mit einer schönen Moschee. Die Beschilderung ist nur auf Arabisch. Nach einigen Kilometern wachsen erneut viele Arganienbäume. Weiter auf schmaler, kurviger Straße bis **Izerbi** bei ca. **km 33,5**. Dieser Ort imponiert durch ein bereits von weitem sichtbares palastartiges Gebäude eines Ministers und andere eindrucksvolle neue Häuser. Es gibt auch eine alte Kasbah.

Einfahrt nach Tiznit

Nach einem Straßenknick nach Westen ziehen sich eigenartige kammartige Felsspitzen wie Bänder entlang der Straße.

Beim Ort **Aït Oufka (km 49,5, N 29°30, 098', W 09°08,496')** zweigt eine kleine Teerstraße links ab. Die Straße geht 4 km vor Souk Anefg (19 km ab der Kreuzung, bei **N 29°24,359', W 09°15,272'**) in eine steinige Piste über, auf der man mit Geländewagen bis zur **Speicherburg von Id Aïssa (Amtoudi)** in Richtung Süden fahren kann (insgesamt 50 km, vgl. Route D 7).

Bei **Ida Oussemlal (km 60)** biegt die Straße rechts nach Tanalt/Tafraoute ab, geradeaus geht es weiter auf der vorher beschriebenen Hauptstrecke nach **Tiffermit (km 66)** und über den **Col de Kerdous (km 69)** nach Tiznit.

Tiznit ⌕ X, A2

Die stark expandierende Stadt hat **86.000 Einwohner** und liegt in einer von Kakteen und Euphorbien bewachsenen Ebene. Tiznit hat typischen Wüstenstadtcharakter und ist von einer 6 km langen Mauer mit sechs Toren umgeben. Die Altstadt mit den lebhaften Souks hat wegen der vielen Neubauten leider etwas an Charme verloren. Markttag ist der Donnerstag. Tiznit war vor allem wegen seines kunstvoll gefertigten Silberschmucks, seiner ziselierten Waffen und Kupferarbeiten bekannt. Mittlerweile sind sie hier allerdings teurer als anderswo.

Geschichte

Die Stadt wurde 1882 von Sultan *Mulay Hassan* gegründet, wenn auch Legenden behaupten, dass *Lalla Fatima Tiznit* hier vor 1500 Jahren bereits eine Siedlung gegründet haben soll. Ende des 19. Jahrhunderts wurde Tiznit zum **Handelszentrum** und Ausgangspunkt vieler Karawanen in den Süden. 1912 ging die Stadt in die Geschichte ein, als sich der Rebell und Thronanwärter *El Hiba* dort zum Sultan ausrufen ließ. 1917 wurde der Ort von den französischen Truppen unterworfen. Die Franzosen unterhielten hier bis 1956 eine Garnison, und auch heute noch ist Tiznit ein wichtiger Militärstützpunkt.

Route D 2: Tiznit

Sehenswertes

Sehenswert sind die **alten Stadtmauern,** das **Minarett der großen Moschee** mit ihren hervorstehenden Querstangen, die beim Lehmbau als Abstützungen dienten und typisch sind für die Lehmbauweise südlich der Sahara (Sahel). Weniger interessant ist die Source bleue, eine in einem reizlosen Betonbecken gefasste (fast trockene) Quelle, die auf die als Heilige verehrte *Lalla Fatima Tiznit* zurückreichen soll.

Einen Besuch wert (aber nicht spektakulär) ist **La Perle du Sud** (Tel. 0528 60 01 01), ein großes **Souvenirgeschäft** mit schöner Auswahl in einem alten, 200 m² großen Paschapalast aus dem 19. Jahrhundert. Hier fertigen Kunsthandwerker filigranen Schmuck, und man kann ihnen bei der Arbeit zusehen. *Boujemaa* berät gerne auf Englisch oder Deutsch.

Die **Schmuckhändler** liegen in der Nähe des Place Méchouar. Goldschmuck kostet 200–250 DH pro Gramm, Silberschmuck 8–15 DH pro Gramm, je nach Verarbeitung.

Unterkunft

Klassifizierte Hotels

- **Idou Tiznit******, Av. Hassan II. (gegenüber des Hotels Tiznit am Kreisverkehr), Tel. 0528 60 03 33 od. 60 04 44, www.idoutiznit.com. Das beste Hotel am Platz mit Pool und klimatisierten DZ €€€ bis €€€€ inkl. Frühstück, Preise saisonabhängig.
- **Tiznit*****, Rue Bir Anzarane, Tel. 0528 86 21 11 oder 86 38 86, am Kreisverkehr der Ausfallstraßen nach Agadir und Tafraoute. In die Jahre gekommenes Hotel mit reizvollem Innenhof (Folkloreveranstaltungen), Pool und Restaurant/Bar. Das Hotel verfügt über großzügige, traditionell eingerichtete Familienzimmer mit Blick auf den Innenhof und ebenso schöne Standardzimmer; diejenigen nach vorne zur Straße hin sind etwas laut. DZ €€
- **De Paris****, Av. Hassan II. (gegenüber Hotel Tiznit am Kreisverkehr), Tel. 0528 86 28 65, Fax 0528 60 13 95. Älteres, kleines Hotel. Saubere und ordentliche Zimmer, freundlich, DZ mit Bad und WC €. Restaurant im EG, Frühstück 14 DH, gute Tajine.
- **Assaka****, Av. Lalla Abla, Tel. 0528 60 22 86, hotelassaka@hotmail.com. Neueres Hotel an der Straße nach Agadir.

Unklassifizierte Hotels

- Mehrere **sehr einfache Hotels** liegen am und um den Place Méchouar (z.B. Atlas, Touristes).
- **Hotel du Sahel,** Route de Tafaroute, ggü. Hotel Tiznit. Am Kreisverkehr hinter der Stadt links abbiegen und dann gleich rechts, wo die Straße nach Agadir abgeht. Nettes Personal, sauberes DZ ohne Dusche/WC €B.
- **Al Mourabitine,** am Ende der Straße, die nördlich vom Place Méchouar abzweigt, im 1. Stock. Sauber und einfach. DZ mit Etagendusche ½€.

Camping

- **Municipal International,** vom Zentrum kommend am Kreisel beim Hotel Idou Tiznit links (von Agadir kommend rechts). Die Rezeption ist nur von 8–11 und 18–22 Uhr besetzt. Recht schöner ummauerter Kiesplatz mit Bäumen, nebenan befindet sich das öffentliche Schwimmbad. Die sanitären Anlagen sind gepflegt und sauber – empfehlenswert! Tarife: 14 DH p.P., 20 DH Caravan, 12 DH Auto, 10 DH Motorrad, 7 DH heiße Dusche, 10 DH Zelt, 42 DH Lkw.
- **Riad Assllaf,** ca. 1,5 km an der Straße nach Tafraoute, Tel. 0528 60 03 85, http://riad-assllaf.net. 2010 eröffneter Platz mit Strom, guten sanitären Anlagen (heiße Dusche) und marokkanischem Restaurant (auch für Folkloreveranstaltungen und Partys genutzt), im Winter voll besetzt mit Wohnmobilen.

Einkaufen

- Der **Marché Municipale** (Obst, Gemüse, Fleisch, Frischwaren) liegt an der Hauptstraße Hassan II. links (von Tafraoute kommend).
- Ein **Supermarkt** befindet sich hinter dem Hotel Idou Tiznit (Supermarché Idou Tiznit).
- Schönen Schmuck gibt es bei **Perle du Sud** (vgl. Sehenswertes) und **Trésor du Sud** beim Bab el Khemis.

Atlas X, Karte S. 589

ROUTE D 2: TIZNIT

Busse

● Die meisten Busgesellschaften unterhalten Büros am Place Méchouar, Ecke Rue Yaqub el Mansur. Es gibt **keinen zentralen Busbahnhof,** die Fernbusse halten an verschiedenen Stellen, z.B. nahe des großen Kreisverkehrs an der Straße Richtung Tafraoute (vgl. Stadtplan).

● **CTM-Büro** am Place Méchouar (Tel. 0528 86 23 29) und im Quartier Industriel (Route Tafraoute, ggü. Banque populaire), Tel. 0528 86 66 93.
● **Supratours-Büro,** Hay Youssoufia, Tel. 0528 60 00 50. Supratours fährt nach Marrakesch (100 DH).

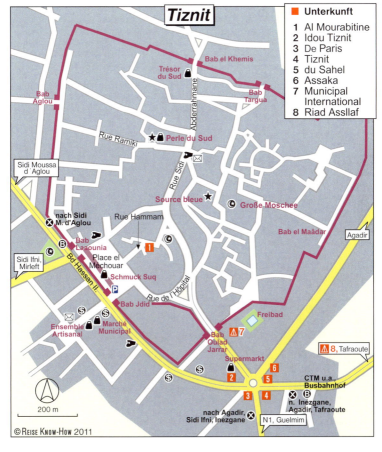

Route D 2: Tiznit (Ausflüge)

CTM-Verbindungen und Preise

- **Inezgane – Agadir – Marrakesch – Casablanca – Rabat – Tanger:** tägl. CTM-Nachtbus; Fahrzeit nach Tanger ca. 17 Std., 350 DH; nach Agadir ca. 2 Std., 40 DH; nach Marrakesch 120 DH; nach Casablanca 220 DH.
- **Tafraoute:** 2x tägl., 3½ Std. Fahrzeit, 20 DH.
- **Guelmim – Tan-Tan – Laâyoune – Dakhla:** 1x tägl. spätabends, nach Guelmim auch frühmorgens; Fahrzeit nach Guelmim 2 Std., 40 DH; nach Laâyoune 9 Std., 190 DH; nach Tan-Tan 80 DH; nach Dakhla 310 DH.
- Es fahren außerdem **Privatbusse** ab Place Méchouar nach Agadir, Tafraoute, Mirleft, Sidi Ifni etc.

Stadtbusse

Stadtbusse fahren am **Bab Laaounia** ab. Es verkehren folgende **Linien:** Linien 11 und 8 nach Aglou (vgl. Ausflüge), Linie 26 über Mirleft nach Sidi Ifni, Linie 22 nach Sidi Aglou (Umsteigemöglichkeit nach Massa mit Bus Nr. 17 aus Inezgane), Linie 12 Barrage Youssef ben Tachfine, Linie 14 nach Aït Jerrar (östlich von Bou Izakarne), Linie 18 nach Anezi im Anti-Atlas, Linie 19 nach Tirmi, Linie 21 nach Aït Erkha im Anti-Atlas.

Sammeltaxis/Taxis

Sammeltaxis halten am Place Méchouar oder am Bab Laaounia. Nach **Sidi Infi** 40 DH, **Mirleft** ca. 35 DH, **Agadir**/**Inezgane** 25 DH, 1 Std., **Tafraoute** 35 DH, 3 Std.

Post

- Das **Hauptpostamt** befindet sich vor dem Haupttor Bab Aït Jerrar links (von Tafraoute kommend).

Sonstiges

- **Banken** befinden sich am Bd Hassan II.
- Zentral **parken** kann man am Place Méchouar oder an der Stadtmauer beim Bab Laaounia.
- **Mietwagen** gibt es bei **Cosmos Cars** (13, Av. Hassan II., Tel. 0528 86 43 06, Mobil 0661 34 27 07) oder bei **Toudert Cars** (28, Centre Commercial Al Qods, Tel. 0528 60 09 00).

Feste/Veranstaltungen

- **Moussem Sidi Abdellah ou Said,** an der Straße nach Massa (Resmouka), 1. Woche im Juni.
- **Moussem Sidi Alhmed,** Ende August.
- **Moussem Cheikh Maa El Ayine,** in Souk Khemis de Tiznit, Ende August.
- **Moussem Sidi Moussa d'Aglou,** im gleichnamigen Ort, im September.

Ausflüge

In Tiznit zweigt eine alte Straße nach Westen zum langen und schönen Strand **Sidi Moussa d'Aglou** ab (Beschilderung „Aglou Plage 17 km", Stadtbusse Nr. 11 und 8 ab Tiznit). Vom geplanten touristischen Ausbau ist bis auf die gepflasterte Promenade am Meer mit zwei Restaurants noch nicht viel zu spüren. Der Fischerort ist nach wie vor sehr ruhig, es gibt ein paar Läden, eine Post und einen Gendarmerieposten. Der Strand wird bevorzugt von der Tizniter Bevölkerung aufgesucht, aber auch europäische Aussteiger haben sich hier niedergelassen.

Am Ortseingang auf der rechten Seite liegt der **Camping Aglou Plage,** der 2011 neu angelegt wurde: Parzellen mit Strom- und Wasseranschluss, junge Bepflanzung, neue sanitäre Anlagen mit heißen Duschen, Waschmaschine und Entsorgungsmöglichkeit für Wohnmobile (65 DH für 2 Pers. inkl. Auto und Dusche). Das **Hotel Aglou Beach***** (Tel./Fax 0528 86 61 96, agloubeach@hotmail.com) ist etwas steril, liegt aber schön oberhalb der Promenade. Die Preise sind angemessen (€€€, Frühstück für 20 DH, Essen 45–80 DH), die Freundlichkeit lässt zu wünschen übrig, die Zimmer sind ordentlich, sauber und modern ausgestattet. Campen am Strand ist nicht erlaubt, Wohnmobile können

Hier lässt sich's aushalten:
Ksar Massa im Massa-Nationalpark

aber auf dem Platz unterhalb des Hotels über Nacht stehen bleiben (gegen Gebühr).

Einladend ist das **Restaurant Idou Aglou** in einem hübschen Backsteinbau mit Terrasse zum Meer an der Promenade. Hier gibt es Sandwiches, Tajine und Fischgerichte (45–60 DH pro Gericht). Am anderen Ende der Promenade kann man im **Restaurant La Corniche** einkehren (Eisbecher, Frühstück, verschiedene Menüs mit Tajine und Fisch).

Biegt man vor dem Campingplatz rechts in die Piste ein (nordwärts), erreicht man nach ca. 2 km in den Fels der Steilküste gehauene **Grottenwohnungen** (Troglodytenhäuser), wo Fischer leben. Im Buch „Moroccan Interiors" (Taschen Verlag) sind Bilder dieser Wohnungen zu sehen. Die Höhlen werden aufgrund des touristischen Interesses immer bunter, der Abfall am Strand immer mehr. Die Fischer sind sehr freundlich, man kann ihnen beim Einholen des Fangs zusehen.

Von Tiznit bieten sich außerdem **Tagesausflüge** in den **Massa-Nationalpark,** nach **Mirleft** (schöne Badebuchten) und **Sidi Ifni** (ehemalige spanische Enklave) an.

Route D 2, Abschnitt 3: Tiznit – Massa-Nationalpark – Agadir

● **92 km, plus ca. 30 km Abstecher, N1**

Hinter Tiznit führt die Straße durch eine langweilige Gegend, die gelegentlich durch Eukalyptusaufforstungen und Palmen unterbrochen wird. Lediglich 25,4 km hinter Tiznit wird die Landschaft beim Oued Massa etwas hügeliger.

32 km nach Tiznit zweigt rechts eine Teerstraße zum **Yussuf-Ibn-Tashfin-Stausee** ab, der das Wasser des Oued Massa sammelt. Der Stausee liegt eingebettet zwischen kahlen Steinbergen. Die Staumauer wird vom Militär bewacht. Baden und Campen ist nicht möglich.

3 km weiter führt kurz vor der **Auberge Le Musée – Maison de Massa** (Mobil 0666 15

ROUTE D 2: AGADIR – TIZNIT – AGADIR

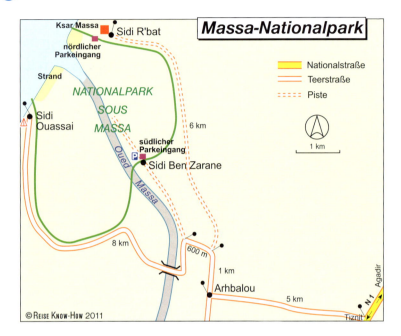

29 98, saubere DZ inkl. warmer Dusche, freundlich, gemütlicher Innenhof und kleines Museum, €) ein Abzweig links nach Massa.

Bei **km 39** nach Tiznit zweigt links eine **Straße zum Massa-Nationalpark** und nach Sidi R'bat ab (Schild „Camping International Wassay Beach 10 km", **N 30°01,031', W 09°34,782'**), rechts geht es nach Biougra. Von hier lohnt sich ein Abstecher zum Park.

Abstecher zum Massa-Nationalpark

1. Variante/zum südlichen Parkrand: 5 km auf Asphalt bis zum Dorf Arhbalou fahren, dort rechts in Richtung Sidi R'bat abbiegen. Nach etwa 1,6 km rechts weiter auf einer Piste (immer am Oued Massa entlang) bis zum südlichen Nationalpark-Eingang beim Dorf Sidi Ben Zarane (2 km, **N 30°03,337', W 09°39,231'**). Am Parkplatz mit Museum, Infotafeln und Picknickbänken in einem kleinen Eukalyptushain sollte man den Pkw abstellen. Von dort kann man am Ufer des Oued Massa durch den Park bis zum Meer und dem nördlichen Parkeingang wandern (2,5 km). Folgt man in Arhbalou der Straße nach links, so gelangt man über Massa und Tassila bis nach Aglou Plage (39 km).

2. Variante/zum nördlichen Parkrand: Diese Route führt nach Sidi R'bat. In Arhbalou (s.o.) ebenfalls rechts abbiegen, aber nach etwa 1 km auf eine beschilderte Piste zum Ksar Massa und nach Sidi R'bat nach oben rechts abbiegen (**N 30°02,121', W 09°38,040'**). Immer geradeaus der Hauptpiste entlang des Parkzauns folgen (nicht links den Strommasten entlang). Nach ca. 6 km (ab dem Abzweig von der Teerstraße) sind **Sidi R'bat** und Ksar Massa erreicht. Im kleinen Dorf gibt es einen Surfshop und zwei Unterkünfte: Ksar Massa und Auberge La Dune. Unterhalb des Orts liegt der nördliche Eingang zum Nationalpark.

Die herrliche Anlage **Ksar Massa** direkt oberhalb des Strands (Mobil 0661 28 03 19, Fax 0528 25 57 72/22 47 13 72, www.ksarmassa.com, €€€€ inkl. Frühstück) verfügt über elf geräumige, individuell und farbenfroh gestaltete Zimmer mit Tadlakt-Bädern, eine Villa mit zwei Zimmern und Nomadenzelte. Den Pool umgibt eine schöne Gartenanlage mit Palmen und Aloe auf mehreren Terrassen. Der Service ist freundlich und gut. Von der Terrasse hat man einen herrlichen Blick aufs Meer, hier wird mittags hervorragender frischer Fisch serviert (auch für Nicht-Gäste). Im Kaminsalon mit Bibliothek und Spielen kann man sich an kühlen Tagen die Zeit vertreiben. Im Spa-Bereich gibt es einen beheizten Pool, Jacuzzi, Fitnessgeräte und Massageangebote.

Auch die **Auberge La Dune** oberhalb von Ksar Massa ist empfehlenswert (Mobil 0666 80 78 24, www.ladune.de, DZ €€€): hübsche Gästezimmer mit Bad, Balkon und Meerblick, auch Übernachtung im Berberzelt und Camping möglich, saubere sanitäre Anlagen, gutes Essen.

Südlich von Sidi R'bat zieht sich der Massa-Park entlang, im Norden kann man rechts vor dem Ksar Massa auf einer ausgefahrenen Sandpiste oberhalb des Strands Richtung Norden bis zum nächsten Fischerdorf bei Douira fahren. Hier gibt es wunderschöne einsame Strände aus Muschelsand und ausgespülte Felsen. Die Fischer sind freundlich und zeigen gerne ihre **Höhlenwohnungen**. Die Piste kann man auch bis Tifinite weiterfahren, sie wird allerdings für Pkw zu sandig.

3. Variante/nach Sidi Ouassai Plage: Nach Sidi Ouassai und zum Campingplatz ebenfalls in Arhbalou rechts abbiegen, nach 1,6 km weiter der Teerstraße folgen (nicht rechts auf der Piste zum Parkeingang). Die Straße führt nun in einem Bogen zur Brücke über den Oued Massa und zum **Sidi Ouassai Plage** (8 km), einem kleinen Dorf mit Marabout. Die Straße endet oberhalb des Strandes. Hier kann man parken und einen Spaziergang zur Mündung des Oued Massa und zum nördlichen Parkeingang bei Sidi R'bat unternehmen (ca. 3 km). Auf dem ummauerten Gelände des **Camping International Sidi Wassay Plage** (Tel. 0528 21 75 59, www.wassaybeach.com) in ruhiger Lage direkt am Strand gibt es schattenlose Stellplätze mit Stromanschluss. Die sanitären Anlagen sind gut. Man spricht deutsch. Ca. 80 DH p.P. inkl. Auto, Strom und heißer Dusche, zur Hochsaison teurer. Es gibt auch Zimmer (€€€).

Der **Nationalpark Oued Massa** existiert seit 1991, ist 338 m² groß und wurde mit Hilfe der deutschen Entwicklungshilfegesellschaft GTZ aufgebaut. Im Park wurden aus dem Zoo Hannover stammende **Säbelantilopen, Mendesantilopen** und **Mhorr-Gazellen** sowie **Strauße** angesiedelt, die schon ausgestorben waren und sich hier mittlerweile gut eingelebt haben und vermehren. Leider sieht man die scheuen Tiere meistens nicht. Am Ufer des Oued Massa, das vom Parkeingang bei Sidi Ben Zarane am besten zugänglich ist, kann man Wasservögel wie **Löffler, Flamingos, Reiher, Ibisse** sowie verschiedene seltene Vogelarten beobachten (Zwergseeschwalbe, Brauner Sichler). Besonders lohnenswert ist das im Herbst, wenn die **Vögel** auf ihrem Zug gen Süden hier Halt machen. Auch alles mögliche Kleingetier wie Streifenhörnchen oder Schildkröten sind hier zu finden.

Das fruchtbare **Tal des Oued Massa**, an dessen Ufern Getreide, Gemüse und Obst angebaut werden, ist von sandigen, auf der Westseite hoch aufragenden Ufern begrenzt. Entlang dieses Steilabfalls liegen hübsche und ursprüngliche Orte mit weiß gekalkten Moscheen und Umzäunungen aus Feigenkakteen. Meistens ist das Mündungsgebiet durch Dünen vom Meer getrennt, und der Fluss erreicht nur noch nach starken Regenfällen das Meer.

Am Nationalparkeingang bei Sidi Ben Zarane warten die deutsch sprechenden **Touristenführer Lahcen Mjat** (Mobil 0671 05 31 29, überteuerte 150 DH für 2 Std. Führung) und **Lahcen Ahuilat** (Mobil 0648 10 80 16) auf ein Engagement.

Von Tiznit fährt der **Stadtbus Nr. 22** bis nach Sidi Abou, dort kann man in **Bus Nr. 17 aus Inezgane** nach Massa – Aghbalou umsteigen. In Aghbalou Mitfahrgelegenheiten

Route D 3: Tafraoute – Bou Izakarne

nach Sidi Ouassai, Sidi R'bat oder Sidi Ben Zarane.

Weiter entlang der Hauptstraße nach Agadir folgen die expandierenden Straßenorte **Had Aït Belfa (km 43)**, **Arbya Aït Boutayeb (km 50)** und **Tin Mansour (km 51)** mit diversen Tankstellen und Cafés/Restaurants.

Etwa **61 km** hinter Tiznit biegt nach links eine Straße zum Meer nach **Tifnite** ab, die bei einem Parkplatz am langen Sandstrand endet (hier können Wohnmobile campen). Das kleine ursprüngliche Fischerdorf war einmal für den Ausbau als Touristikzentrum vorgesehen. Die groß angekündigten Projekte sind scheinbar im Sande verlaufen, denn hier gibt es nach wie vor nur den sehr schönen Sandstrand, einen Gendarmerieposten und eine Haltestelle für Grand Taxis.

Bis Agadir ist die Straße nun vierspurig ausgebaut (viel Lkw-Verkehr). Bei **km 66** kann man im Kreisverkehr rechts nach Biougra und Aït-Baha abbiegen. In **Biougra** finden im Oktober die Moussems Sidi Amzal und Sidi Messaoud statt. Wenige Kilometer weiter liegt der Ort **Sidi Bibi** etwas östlich der Straße (4 km). Samstags findet dort ein netter Markt statt. Im August wird hier drei Tage der Moussem Sidi Bibi veranstaltet, ein riesiger Markt mit vielen Zelten zur Übernachtung, Kinderkarussell und Fantasia, zu dem alles, was Füße, Esel oder Lkw hat, anreist.

Die Straße zum **Flughafen Agadir Al Massira** (Aït Mellou) zweigt bei **km 74** rechts ab. Kurz darauf ist die Kleinstadt **Aït Melloul** (Zentrum), 5 km weiter **Inezgane** erreicht (siehe Route D 2/Abschnitt 1).

Hinter dem Vorort **Ben Sergao (km 85,** siehe Agadir) fährt man nach insgesamt **92 km** (plus Abstecher) ab Tiznit in **Agadir** ein.

Route D 3: Tafraoute – Jemâa Ida Oussemlal – Bou Izakarne

● 119 km

Die **vollständig geteerte Route** bietet hinter Ida Oussemlal keine besonderen Highlights, es geht durch karge und steinige Hügellandschaften mit einigen Feldern, Wacholder und Thujen entlang des Flusstals (Wildcampingmöglichkeiten). Diese Strecke bietet sich als schnelle Nord-Süd-Verbindung an, falls man zur Route Bou Izakarne – Tata (N12) oder weiter in den Süden nach Guelmim möchte. Geländewagenfahrer sollten besser die wesentlich schöneren Routen D 4 (durch das Aït-Mansour-Tal und zu den Gravuren von Ukas) oder D 7 (von Ida Oussemlal nach Id Aïssa) wählen. Keine öffentlichen Verkehrsmittel ab Tiffermit.

Tafraoute auf der R104 Richtung Tiznit verlassen – vorbei an zahlreichen Dörfern erreicht man bei **km 41 Jemâa Ida Oussemlal** (siehe Route D 2), links zweigt eine Straße nach Fam el Hisn ab. Auf der löchrigen, ausgefransten Straße geht es geradeaus weiter.

Bei **km 47** zweigt das schmale Teersträßchen nach Tighirte und Ifrane de l'Antiatlas **links ab** (C7076, geradeaus geht es nach Tiznit/Col de Kerdous, vgl. Route D 2), **N 29° 32,449', W 09°18,301'**. An der Gabelung 6 km später führt diese Route rechts weiter.

Der Ort **Tighirt** (Jemaa-n-Tirhirte) liegt bei **km 71** rechts abseits der Straße (3 km). Bei **km 87** wurde ein kleiner Staudamm angelegt.

Bei **km 89** ist der große Ort **Ida Oumarkt** (Neubauten und alter Ksar) in einem schönen Palmental erreicht.

Ifrane de l'Anti-Atlas (Ifrane Atlas Seghir) liegt etwa **95 km** von Tafraoute entfernt. Der Marktort erstreckt sich schön am Fluss Assif Ifrane mit Dattelpalmenhainen und Obstgärten im Außenbereich. Nordöstlich des modernen Ortsteils, auf der anderen Seite des

Flusses, liegt das alte Judenviertel (Mellah) auf einem Hügel. Ifrane war einmal **eine der größten** und einflussreichsten **jüdischen Siedlungen** in Südmarokko und wurde „Klein-Jerusalem" genannt. Die Lehmgebäude der Mellah verfallen leider, es existieren noch eine (verschlossene) Synagoge und ein jüdischer Friedhof. Unterkunft findet man bei der gastfreundlichen Familie *Addi* in ihrem Haus **Tiggmi Alhana** (DZ € mit HP p.P., bei **N 29°14,162', W 09°26,991',** ca. 500 m zu Fuß ab dem Parkplatz).

Beim großen Ort **Timoulaye (km 105)** mündet diese Route in die Straße Akka – Bou Izakarne ein **(N 29°10,077', W 09°34,099').** Auf einer relativ neuen Teerstraße geht es nun rechts weiter nach **Bou Izakarne,** das nach insgesamt **119 km** erreicht ist (vgl. Route D 6).

Route D 4:
Tafraoute –
Aït-Mansour-Tal –
Souk d'Afella Ighir
– Ukas – Tamanart

● 95 km

Diese Route ist nur auf den ersten 44 km und den letzten 10 km asphaltiert. Zwischen Souk d'Afella Ighir und Tamanart führt eine nur mit Geländewagen befahrbare Piste durch das steinige Flussbett des Oued Tazougart. Landschaftliche Höhepunkte sind die Aït-Mansour-Schlucht (vgl. Tafraoute/Ausflüge) zu Beginn und die einsame, wüstenhafte Pistenstrecke entlang des Oued Tazougart – hier kommt Saharafeeling auf. Im Gebiet Ukas (im Tal des Oued Tazougart) kann man Felsgravuren besichtigen. Nach starken Regenfällen können sowohl das Aït-Mansour-Tal als auch die Pistenstrecke im Flussbett schwer befahrbar sein.

Von Tafraoute geht es auf der schmalen Teerstraße über Aguard Oudad (2 km) nach Süden. Bei **km 6** zweigt diese Route **links ab** nach Afella Ighir (beschildert), geradeaus geht es nach Tarsouate/Izerbi und zu den bemalten Felsen (vgl. Tafraoute). Die Straße schlängelt sich mit herrlichem Ausblick (auf den Adrar Mqorn) nach oben.

Die Route mündet **40 km** hinter Tafraoute in eine größere Teerstraße ein **(N 29°29, 885', W 08°49,333'):** Links geht es zum Ort **Souk d'Afella Ighir** (1 km, Sonntagsmarkt, Wohnort für die Arbeiter der nahe gelegenen Goldmine von Akka) und in einer Rundfahrt durch die Timguelchte-Schlucht zurück nach Tafraoute (vgl. Tafraoute/Ausflug durchs Aït-Mansour-Tal).

Diese Route führt an der **Kreuzung bei km 40 rechts weiter** auf der Teerstraße Richtung Izerbi.

4 km nach der Kreuzung **(km 44)** verlässt man den Asphalt nach **links auf eine Piste** (kein Wegweiser, **N 29°28,031', W 08°50, 977').** Ab hier ist die Route nur noch mit Geländewagen befahrbar. Die steinige, sehr holprige Piste folgt dem trockenen Flussbett des **Oued Tazougart** in Richtung Süden (schöne Campingmöglichkeiten). Einige Nomaden ziehen mit ihren Tieren durchs Tal.

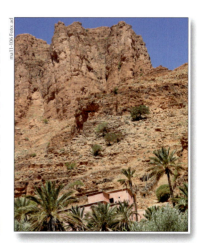

Im Aït-Mansour-Tal

Route D 5: Tafraoute – Igherm – Taroudannt

Bei **km 52** thront ein einzelner, schräg geschichteter Felskegel im Oued (bei einem Ziehbrunnen, **N 29°24,958', W 08°51,771'**), dahinter biegt man links ab und quert das Flussbett zu seiner östlichen Seite. Dort befinden sich die **Gravuren von Ukas** (Gebietsbezeichnung) an der Spitze einer Felszunge (**N 29°24,93', W 08°51,513'**) und etwas oberhalb auf den Felsen (**N 29°24,740', W 08°51,487'**). Auf der anderen Seite der Felszunge liegt ein kleiner Friedhof und am Ende des kleinen Taleinschnitts das **Guelta Imtkan** (Wasserbecken). Die Gravuren von Rindern, Gazellen u.a. sind mehrere tausend Jahre alt – bitte beschädigen Sie nichts (nicht anfassen, nicht darauf steigen)!

Weiter Richtung Tamanart quert man das Oued wieder Richtung Westen zurück zum Felskegel (**km 53,5**). Die Piste führt sehr holprig und steinig entlang des von rotbraunen, gefalteten Bergen flankierten Flussbetts.

Bei **km 57** liegen ein paar **Steinhäuser** rechts in einem Talkessel, 400 m weiter gibt es eine Zisterne. 3 km weiter folgt erneut ein Nomadenlager. Die geschichteten Berge werden immer höher, sodass die Piste entlang des Flusstals nun durch einen Canyon führt. Bei viel Regen entstehen hier Wasserfälle und Gueltas (mit Wasser gefüllte Felsbecken).

Bei **km 71** liegt ein Brunnen rechts im Oued. Bei **km 78** zweigt eine Piste zur Palmenoase Esmougi ab (kleiner Wegweiser in Gegenrichtung „Smogne, Aït Mansour, Tafraout", **N 29°14,780', W 08°58,930'**). Ein Abstecher rechts nach **Esmougi** lohnt sich: Die ursprüngliche Palmenoase mit freundlichen Menschen liegt 4 km nach dem Abzweig in einer Schlucht mit steil aufragenden Felswänden (**N 29°16,437', W 08°59,427'**).

Ohne Abstecher geht es links auf der nun breiten ausgebauten Piste (betonierte Furten) weiter in Richtung Tamanart.

Bei **km 85** beginnt beim Ort **Tamessoult** (**N 29°11,514', W 08°59,163'**) der Asphalt. Der malerische alte Ksar mit Palmenhain liegt unterhalb am Hang. Die Straße verlässt nun das Flusstal und führt bergauf. Bei **km 89** bietet sich wieder ein sehr schöner Blick ins Palmental und auf den Ort **Im-Ouzlag** links unterhalb.

Die große Palmenoase **Tamanart** ist bei **km 92** erreicht, **N 29°09,570', W 08°57,513'**. Der Ksar **Aït Herbil** liegt auf der anderen Flussseite.

Bei **km 95** mündet diese Route bei einer Tankstelle in die N12 von Bou Izakarne nach Akka ein (**N 29°07,998', W 08°57,915'**). Links geht's nach Bou Izakarne, rechts nach Icht/Akka (vgl. Route D 6).

Route D 5: Tafraoute – Igherm – Taroudannt

● **Ca. 185 km (ohne Abstecher), R106 und R109**

Einspurige, z.T. löchrige und ausgefranste Teerstraße. Die Strecke nach Igherm (107 km) und weiter nach Taroudannt ist geteert. Das landschaftlich schönste Stück reicht bis 6 km hinter Aït Abdallah. Der Höhepunkt dieser Route, nur wenige Kilometer abseits der Hauptstrecke, ist der Agadir Tasguent (vgl. Abstecher).

Ab Tafraoute Richtung Aït-Baha fahren und nach 4 km rechts Richtung Agadir/Oumesnat (vgl. Route D 2) abbiegen. Links geht es ins Ammelntal (s.o.).

Etwa **7 km** hinter Tafraoute geht es links nach **Oumesnat** zum *Maison traditionelle* (vgl. Route D 2). Die schmale Teerstraße ist ziemlich ausgefranst.

Bei **km 10** kann man links einen Abstecher zum Dorf **Imi'n'Tizghrt** (Wegweiser) mit vielen schönen alten Steinhäusern am Hang und zur **Arganienölkooperative Al Baraka** unternehmen. Die Kooperative liegt ca. 1 km nach dem Abzweig; man kann vor dem Gebäude mit der Aufschrift „Association Jaideco" parken und durch die Oasengärten zur Koope-

Die Aufbewahrungszellen
im Agadir Tasguent

rative spazieren, wo die Frauen wertvolles Speiseöl, Cremes und Seifen produzieren. Man kann direkt bei ihnen einkaufen.

Etwa 11 km hinter Tafraoute liegt links die Zawia des *Sidi Abd el Jebar* (vgl. Route D 2). Nun geht es bergauf, bis bei **km 20** die Passhöhe **Tizi Mlil** (1650 m) erreicht ist.

1 km weiter führt die Hauptstraße links weiter nach Aït-Baha und Agadir, **hier rechts abbiegen** nach Igherm und Aït Abdallah (beschildert). Die kurvige Straße führt durch eine karge braune Berglandschaft entlang eines Flusstals mit vielen Mandelbäumchen (Blüte im Februar).

Der große Ort **Aït Abdallah** auf ca. 1500 m Höhe ist bei **km 36** erreicht. Der Wochenmarkt findet am Samstag statt. Die nun etwas bessere Straße führt bergauf zum Pass **Tizi'n' Tarakatine** (ca. 1690 m).

50 km hinter Tafraoute erreicht man das Dorf **Tiguermine,** nach Igherm geht es geradeaus weiter.

Abstecher zum Agadir Tasguent

In Tiguermine angekommen, sollte man sich unbedingt etwas Zeit zur Besichtigung der **imposanten Speicherburg** Agadir Tasguent nehmen. Entweder man fährt sie direkt an (z.T. steinige Piste) oder nimmt sich im Dorf einen Führer und läuft zu Fuß. Zu empfehlen ist *M'hamed Aït Omar,* der in einem der ersten Häuser von Tiguermine wohnt. Nach Informationen eines Lesers gibt es eine neue Teerstraße von Tiguermine Richtung Taroudannt, von welcher der Agadir nur ein paar hundert Meter abseits liegt – die nachfolgend beschriebene Pistenfahrt erübrigt sich dann.

Zum Agadir direkt am Ortsanfang links auf eine gute Piste (bergauf) abbiegen **(N 29° 52,485', W 08°43,352').** Nach 3 und 4 km folgen zwei Dörfer; weiter geradeaus. 6 km

Route D 5: Tafraoute – Igherm – Taroudannt

nach dem Abzweig biegt man an der Dorfeinfahrt von **Alma** mit hübschen alten Steinhäusern links ab (weißes arabisches Schild und Steinwegweiser „Agadir Tasgint"). Pkw sollten besser hier parken, denn die folgende Piste (2 km) bis zum Agadir ist holprig und steinig. Der Parkplatz beim Dorf unterhalb des Agadir Tasguent ist 8 km nach dem Abzweig von der Hauptstraße erreicht **(N 29° 54,935', W 08°44,788')**. Die Dorfkinder begrüßen Neuankömmlinge umgehend und betteln nach Kugelschreibern und Bonbons. Ein mit Steinen gepflasterter Weg führt bergauf zum Eingang in den Agadir. Falls kein Wärter anzutreffen ist, muss man sich im Dorf nach dem Schlüsselhalter erkundigen (20 DH Trinkgeld p.P. für den Wärter).

Im renovierungsbedürftigen, aber dennoch sehr sehenswerten **Agadir Tasguent**, der keine Ecktürme oder Zinnen hat, befinden sich 200 Speicherkammern mit sehr schön geschnitzten und bemalten Türen. Die Räume, in denen das Hab und Gut der Dorfbewohner lagerte, sind über enge Gänge, die oberen Zellen nur über in die Mauer integrierte Trittstufen aus Steinen erreichbar. Der ganze Speicher ist **aus Schiefersteinen ohne Mörtel** errichtet und hat sieben, mit Arganienholzbalken gestützte Stockwerke, fünf Innenhöfe, Stallungen, eine Zisterne und eine Moschee – alles in einem Bau, falls im Kriegsfalle die Bevölkerung des Dorfes hier Zuflucht suchen müsste.

Der größte Schatz im Agadir ist eine schriftliche **Aufzeichnung des Gewohnheitsrechtes der Berber** („droit coutumier") auf Holztafeln, die fast 1000 Jahre alt sein soll. Dieses Gewohnheitsrecht, das Regeln über die Schlichtung von Streitigkeiten und die Aburteilung von Vergehen vorsieht, wurde jahrhundertelang in mündlicher Form weitergegeben, angeblich von Frauen auf Schiefertafeln und erst später auf die Holztafeln eingeritzt. Die Tafeln gelten als Heiligtum und lagern in einem Turm, der mit zwölf Schlössern verschlossen ist. Die zwölf Schlüssel sind auf zwölf vertrauenswürdige Schlüsselhalter verteilt. Auch wenn das Gewohnheitsrecht mittlerweile in Buchform vorliegt, gelten die Tafeln doch als Sensation, denn bis auf wenige Ausnahmen – z.B. in Form der Tuaregschrift Tifinagh – wird den Berbern keine eigene Schrift zugestanden.

Weiter in Richtung Igherm durchfährt man eine karge braune Hügellandschaft mit Getreidefeldern. Bei **km 71** kleben die Lehmhäuser des Dorfes **Illigh** unterhalb einer auffälligen Felskuppe malerisch links der Straße am Hang. Auch der alte Ortskern von **Azoura (km 74)** am terrassierten Hang rechts unterhalb der Straße bietet ein schönes Fotomotiv. Hinter **Tagadirt Nait Ali (km 76)**, das rechts auf einem Hügel thront, führt die Straße durch eine Felsenge mit markanten Spitzen. An der T-Kreuzung bei **km 95** geht es links weiter nach Taroudannt und rechts nach Igherm und Tata.

Der große Ort **Igherm** auf 1706 m Höhe liegt nur etwa 500 m südlich der Kreuzung. Es gibt einige einfache Cafés/Restaurants, eine Tankstelle und diverse Läden. Der Wochenmarkt findet am Mittwoch statt.

Variante nach Tata

Folgt man von Igherm weiter der guten Teerstraße R109 Richtung Süden, gelangt man nach Tata (vgl. Route D 8). Diese schöne Alternativroute führt durch eine **wüstenhafte Landschaft**: Die kargen, bizarr in Schichten gefalteten Berge sind durchzogen von palmengesäumten Wadis, malerische Dörfer mit rosaroten Häusern wie Issafen (sehenswerter Souk am Donnerstag) und Tizgui Ida Oubaloul liegen an der Strecke. Bei Tata mündet die Route in die N12 Richtung Akka/Bou Izakarne bzw. Foum-Zguid ein. Von Igherm fahren auch Busse nach Tata.

An der Kreuzung von **km 95** weiter Richtung Norden (Taroudannt) führt die Straße in vielen Windungen bergauf und -ab durch eine karge Gebirgsgegend mit Arganien und Getreidefeldern. Es sind zwei Pässe zu überwinden, dann geht es kurvig bergab.

65 km hinter Igherm (**km 160** ab Tafraoute) ist die Sous-Ebene erreicht, links zweigt eine kleine Straße nach **Tiout** ab, dort kann

man eine Arganienölkooperative besuchen (vgl. Taroudannt/Ausflug). Dahinter ist die Teerstraße nur noch einspurig.

80 km hinter Igherm (**km 175** ab Tafraoute) mündet bei **Aït Yazza** die R109 in die Hauptstraße N10 ein (aus der Gegenrichtung an dieser unbeschilderten Kreuzung rechts abbiegen nach Igherm, **N 30°30,204', W 08°48,008'**). Kurz zuvor passiert man die zum Hotel umgebaute **Kasbah Freija** (vgl. Route D 1) am Oued Sous.

Auf der N10 links weiter sind es nur noch 7 km nach **Taroudannt** (vgl. Route D 1), das etwa 182 km nach Tafraoute erreicht ist.

Route D 6: Tiznit – Bou Izakarne – Akka – Tata – Foum-Zguid – Tazenakht

● Ca. 540 km, N1, R102, N12, R111

Die Strecke ist **durchgehend asphaltiert**. Auch zur Speicherburg Id Aïssa (Amtoudi, vgl. Abstecher) führt eine Teerstraße. Bis Bou Izakarne ist der Verkehr dicht, dann geht es durch eine meist reizvolle Wüstengegend, in der sich karge braune Bergzüge und malerische Palmenoasen mit fast vegetationslosen Sand- und Steinebenen abwechseln. Hinter Tata führt die Route wieder durch abwechslungsreichere Wüstenlandschaft. Zu den öffentlichen Verkehrsmitteln vgl. die jeweiligen Routenabschnitte.

Abschnitt 1: Tiznit – Bou Izakarne – Tata

● Ca. 311 km, 68 km auf der N1 bis Bou Izakarne, dann R102 und N12 nach Akka und Tata.

Absolutes Highlight entlang der Strecke ist die Speicherburg Id Aïssa (Amtoudi). In der wunderschönen Umgebung kann man sich tagelang aufhalten und wandern. Von Tiznit fahren Grand Taxis und ein SATAS-Bus nach Tata.

Hinter Tiznit reihen sich große Tankstellen mit Restaurants aneinander. Man fährt durch eine dicht besiedelte Gegend und erreicht bei **km 30** eine weite, von Bergen umschlossene Ebene mit Arganienbäumen und Olivenhainen.

Die verkehrsreiche Straße führt bergauf durch eine mit Arganien bewachsene Hügellandschaft, bis bei **km 38** der Pass **Tizi-Mighert** (1057 m) erreicht ist. In Gegenrichtung bietet sich im Winter bei klarem Wetter ein herrlicher Blick auf die Ebene vor Tiznit.

Nach **42 km** wird der große Straßenort **Tleta Akhssass** mit Café-Restaurants und einer Tankstelle passiert. Bei **km 68** ist **Bou Izakarne** erreicht, ein großer Marktort und Verkehrsknotenpunkt ohne Attraktionen (Bank, Tankstelle, einfaches Hotel). Schattige Stellplätze, gute sanitäre Anlagen mit heißen Duschen und ein Pool locken auf dem **Camping Bab Sahara** (chez Marie et Thierry, beschildert, Mobil 0653 93 52 72).

Busse verkehren mehrmals täglich nach Laâyoune sowie nach Guelmim, Tiznit und Agadir. Ein Supratours-Bus fährt nach Marrakesch.

In Bou Izakarne biegt diese Route auf die R102 (gute Teerstraße) links Richtung Akka und Tata ab.

14 km hinter Bou Izakarne ist der große Ort **Timoulaye** erreicht. Von hier kann man auf einem schmalen Teersträßchen nach **Ifrane de l'Antiatlas** (Abzweig bei **N 29°10, 077', W 09°34,099'**) und weiter nach Jemâa Ida Oussemlal und Tafraoute fahren (vgl. Route D 3).

Berge begrenzen die Straße bis zur großen Palmenoase **Tarhjijt** (Taghjeht) etwa 37 km hinter Bou Izakarne.

5 km hinter Tarhjijt (42 km ab Bou Izakarne) führt eine Straße über die schöne alte Oase **Tainzirt** nach Tnine Wadai und Amtoudi (Id Aïssa, s.u.). Der Abzweig für diese Strecke befindet sich bei **N 29°03,024', W 09°21,661'**.

Etwa 14 km hinter Tarhjijt (51 km ab Bou Izakarne) kann man links nach **Amtoudi** zur

Route D 6: Tiznit – Tazenakht

unbedingt sehenswerten Speicherburg von Id Aïssa abbiegen.

Abstecher nach Amtoudi zum Agadir Id Aïssa

14 km hinter Tarhjijt (**N 29°04,903', W 09° 15,645'**, Wegweiser „Aday 10 km, Amtoudi 26 km") zweigt eine schmale Teerstraße zum großen Ort mit Palmenhain **Tnine Wadai (d'Adaï)** ab, wo die Straße von Tainzirt (vgl. oben) bei einem Kreisverkehr einmündet. Eine kleine Teerstraße führt rechts weiter zur Oase Id Aïssa. Der Ort Id Aïssa mit der schon früh sichtbaren Speicherburg ist etwa 24 km nach dem Abzweig von der Hauptstraße erreicht.

Von Tnine Wadai kann man auch links zum hübschen Ort **Timoulaye n'Ouamalougt (12 km)** fahren, wo ebenfalls ein Agadir auf einem Hügel thront. Ein Abstecher zur gefassten **Quelle Lalla Melaka** ist wenig lohnenswert.

Die ganze Region entlang des schönen Flusstals des Assif Boulgous wird **Amtoudi** genannt. Das **Dorf Id Aïssa am Fuße des Agadirs Id Aïssa,** der auf einem hohen Felsvorsprung thront, besteht aus einem alten Ortsteil auf der West- und einem neuen Ortsteil auf der Ostseite des Oueds. Etwa 800 Berber vom Stamm der Aït Herbil leben hier. Zur Hochsaison im Winter besuchen vormittags **Busse voller Touristen** aus Agadir den Ort und lassen sich auf Eseln zur Speicherburg hinaufbringen – im Sommer und am Nachmittag ist man ganz alleine. Trotz des gelegentlichen Massenansturms haben das Dorf und die Gegend ihren Charme behalten. Die Menschen sind nach wie vor freundlich und hilfsbereit und haben es verstanden, vom Tourismus zu profitieren, ohne ihr Dorf und die Gemeinschaft zu zerstören.

Am Ortseingang auf der linken Seite befindet sich das **Hotel-Restaurant-Camping Amtoudi** (Mobil 0666 92 25 41). Das Campingareal besteht nur aus einem schattenlosen Kiesplatz mit Strom. Die einfachen ordentlichen Zimmer gruppieren sich um einen kleinen Innenhof und sind sehr sauber (Duschen/WC auf dem Gang, €€). Es gibt auch ein nettes Restaurant mit traditioneller Polstereinrichtung (Tajine/Couscous ca. 60 DH). Campingtarife: 40 DH p.P., Strom 20 DH, heiße Dusche 5 DH.

Am Ortseingang rechts geht es auf einer kleinen Piste durch den neuen Ortsteil runter zum Oued und zur **Auberge Ondiraitlesud** (ca. 1,5 km, beschildert, Tel. 0528 78 94 14, Mobil 0672 50 57 15, http://ondiraitlesud.ma.free.fr). Die geräumigen und kühlen Zimmer mit Bad sind gemütlich und charmant gestaltet. Es gibt auch einfachere, ebenfalls nette Zimmer ohne Bad und eine günstige Zeltunterkunft (DZ mit Bad €€). Die Gemeinschaftsduschen/WC sind sauber. Im Hofgarten mit Palmen und Aprikosen sitzt man gemütlich, Gäste können hier auch zu Mittag essen (gute Tajine 50–70 DH). Es können mehrtägige Trekks in der landschaftlich wunderschönen Umgebung organisiert werden. Fußfaule mieten sich einen Esel, um zur Speicherburg hinaufzureiten. Ein schöner Ganztagesausflug führt von Id Aïssa über das Felsplateau oberhalb des Flusses zum Agadir Aglaoui, zur Quelle und dann über ein anderes Plateau zurück zur Herberge (200 DH für eine Gruppe).

Bei der Auberge ist der sehr freundliche und kompetente **Touristenführer Abdullah** zu finden. Eine Führung durch die Speicherburg Id Aïssa kostet 100 DH für bis zu 4 Pers. Zur Besichtigung des Agadir überquert man bei der Herberge das Flussbett zum alten Ortsteil und steigt von dort auf einem breiten Steinpfad eine halbe Stunde bergauf. Schlüsselhalter *Mohamed* öffnet den Eingang für Touristen (Eintritt 15 DH).

Von der Auberge Ondiraitlesud sollte man unbedingt eine sehr schöne **Wanderung** (hin und zurück 2–3 Std.) entlang des Flussbetts Richtung Osten durch die **Schlucht des Assif Boulgous** unternehmen. Bewässerungskanäle plätschern durch Oasengärten mit Palmen, Oleander, Getreidefeldern, Granatapfel- und Feigenbäumen. Oberhalb der Schlucht thront der **Agadir Aglaoui** wie ein

Die Speicherburg von Id Aïssa

ROUTE D 6: TIZNIT – TAZENAKHT

Adlerhorst. In den vielen Gumpen am Ende der Schlucht bei den Quellen kann man herrlich baden (aber bitte nicht zu freizügig!).

Agadir Id Aïssa

Etwa 100 m über dem Dorf und dem Flusstal thront der Agadir Id Aïssa imposant auf einem Felsen. Die aus Bruchstein ohne Mörtel errichtete **Speicherburg** aus dem 12. Jahrhundert ist **eine der ältesten und besterhaltenen in Marokko.** Sie wurde noch bis 1950 als Speicher für Getreide und Wertgegenstände sowie als Zufluchtsstätte (für Mensch und Tier) bei Stammeskonflikten genutzt. Die 75 verschließbaren Kammern sind heute immer noch im Privatbesitz der Familien. Früher bewachten drei Wärter in drei Wachttürmen rund um die Uhr den Agadir. Die Bewohner des Tals bezahlten sie dafür mit Naturalien (Olivenöl, Getreide) oder Geld. Bei einem Überfall zogen sich die Menschen in die Burg zurück; damit sie auch länger ausharren konnten, gibt es im Komplex eine Zisterne mit drei Brunnen, Bienenzellen, eine gemeinschaftliche Küche und eine Moschee. Ein Zimmer (Schlüssel vom Wärter) dient heute als kleines Museum für alte Gebrauchsgegenstände und mehrere hundert Jahre alte Aufzeichnungen auf Holz.

Die einspurige gute Teerstraße (N12) führt weiter durch eine braune Landschaft von Wüstenbergen mit kleinen Oasen. 81 km hinter Bou Izakarne (30 km nach dem Abzweig nach Amtoudi, **N 29°07,998′, W 08°57,915′**) zweigt links eine Straße zu den Oasen **Tamanart** (Aït Herbil) und **Tamessoult** ab (nach Taroudannt beschildert, auf den ersten 8 km asphaltiert). Von dort kann man auf einer Geländewagenpiste über Ukas bis ins Aït-Mansour-Tal fahren (vgl. Route D4).

Etwa 102 km nach Bou Izakarne führt eine Teerstraße rechts nach **Fam el Hisn** (Foumel-Hassan, 5 km) und nach **Assa** (geteert, vgl. Route D 11). In der Nähe, bei **Icht,** finden Reisende Unterkunft in der Herberge **Borj Bi-**

Route D 6: Tata

ramane (*Paul Savonitto*, Mobil 0610 46 99 33, www.borj-biramane.com): Campingplatz, mit Lehm befestigte Berberzelte mit richtigen Betten für bis zu 6 Pers. (€ p.P.), gemeinschaftliche Toiletten/Duschen (heißes Wasser), Zimmer im Lehmturm mit Tadelakt-Bad (€€€), Panoramaterrasse, Zeltrestaurant, 4x4- und Wanderausflüge möglich, **N 29°03, 550', W 08°51,212'**.

Weiter geht es durch eine karge Landschaft mit Hammada (Steinwüste) und graubraunen Bergen. Etwa 139 km hinter Bou Izakarne passiert man das Dorf **Tisgui El Haratine** und 2 km weiter die Oase **Aït Ouabelli**. Schräg geschichtete Berge ziehen sich links und rechts der Straße entlang, kleine Oasen liegen in malerischen Palmenhainen.

162 km hinter Bou Izakarne ist der Ort **Touzounine** in einem großen Palmenhain erreicht.

Der große Ort **Akka** mit viel Militärpräsenz, kleinen Läden, einfachen Restaurants und einer Tankstelle liegt 181 km von Bou Izakarne entfernt.

Etwa 3 km hinter Akka, beim Ortsschild, zweigt links eine Straße in Richtung Agadir Ouzim und El Kebab ab, von wo man zum **Agadir Azro** und zu den Quellen von Aït Rahal gelangen kann.

Abstecher nach Aït Rahal

Nördlich von Akka erstreckt sich ein Palmenhain bis nach Aït Rahal mit **Quelle und mehreren Süßwassertümpeln**. Bei obigem Abzweig trifft man nach 2,6 km auf zwei Dörfer hintereinander, bis 600 m danach die Piste hinunter ins Oued führt. Rechts oberhalb des Flusses fallen die Befestigungsmauern des alten Ksar und des Speichers von Azro steil zum Oued hinab. Nach weiteren 2 km durchqueren wir abermals ein Oued und nach einem weiteren Kilometer (Gesamt-km 6 seit dem Abzweig) ein Lehmdorf. Bei km 7 ist Aït Rahal erreicht.

Hier biegt man am Anfang des Dorfes links ab und stößt ca. 300 m weiter auf den Fluss, der hier Kaskaden und Tümpel bildet. Wandert man durch den Palmenhain rechts zur Quelle, bieten sich **beschauliche Szenen**: Männer in traditioneller Kleidung auf Pferden und Eseln, Frauen mit schwarzen, bunt bestickten Tüchern, badende Jugendliche, Froschtümpel und Palmenhaine. Der **Souk** von Aït Rahal wird am **Donnerstag** auf dem Marktplatz oberhalb des Flusstales abgehalten. Fährt man die Straße ab der Flussfurt 7 km nach Süden, gelangt man 1 km südwestlich von Akka wieder auf die Hauptverbindungsstraße N12).

Etwa 9 km hinter Akka (190 km von Bou Izakarne) zweigt rechts eine Piste nach **Oum el Aleg** (ca. 1 km) ab. Durchfährt man den Ort, findet man am zweiten Bergrücken nach dem Dorf **Felsgravuren** („gravures rupestres", evtl. im Ort nach einem Führer fragen).

Immer wieder flankieren Bergrücken und Palmenhaine die Strecke. **Nomaden** in weißen Zelten schlagen in der Region ihre Lager auf.

Etwa 48 km hinter Akka (229 km von Bou Izakarne) weist das Schild „**Historical Monument Site rupestre Tiggane 0,8 km**" zu Felsgravuren, die an einem flachen Felsrücken liegen und schwer zu finden sind. Ein weiteres Schild, das Gravuren anzeigt, finden wir bei km 34 beim **Oued Misakaou**. Ca. 500 m entfernt sind an einem Felshügel diverse Gravuren unterschiedlicher Qualität zu entdecken.

Die Straße führt weiter durch eine öde Wüstengegend. Etwa 14 km vor Tata beginnt der Palmenhain. An einer von hellem Sand flankierten Felswand bieten sich ruhige Picknick- oder Übernachtungsplätze an. Durch den Palmenhain von Tata erreicht man 62 km hinter Akka (243 km hinter Bou Izakarne, 311 km von Tiznit entfernt) die Stadt Tata.

Tata

Die im Norden und Westen von ausgedehnten Palmenhainen umgebene **40.000-Einwohner-Stadt** am Bergzug **Djabal Bani** entwickelte in den letzten Jahren eine neue Dynamik. Vorbei ist die Zeit, als es nichts zu sehen gab und nur Militär das Straßenbild dominiert. Die Zahl der in Tata stationierten Grenzsoldaten beträgt nurmehr 300. Die Bevölkerung der Hauptstadt der Provinz Tata besteht hauptsächlich aus **Chleuh-Berbern** und **Haratin,** den dunkelhäutigen Abkömmlingen ehemaliger Sklaven). Der Araberanteil liegt bei 10%. Die Menschen in Tata sind offen und freundlich. Der Bürgermeister engagiert sich sehr für den infrastrukturellen Ausbau von Tata, auch mit internationaler Unterstützung aus Frankreich und Deutschland (vgl. Exkurs).

Die Ortschaft bietet sich für kleinere und größere **Wüsten-Unternehmungen** an. Sie ist noch nicht von Touristen überlaufen und herrlich ruhig. Ein Bummel durch die **Oasengärten** am Rande der Stadt ist ebenso schön wie eine Wanderung hinaus zum Marabut oberhalb des Stadtteils Agadir-Lehne. Empfehlenswert sind **Ausflüge in die Douars** im Süden der Stadt: Tazart mit verfallender Mellah, El-Ayoun mit genossenschaftlich genutztem Waschwasserbrunnen, Jebair mit einer 350 Jahre alten Karawanserei aus Lehm-Mauerwerk (im Ort nach dem Schlüssel fragen).

Information

●**Office du Tourisme,** 70, Bd Mohamed V., Mobil 0661 81 19 07.

Unterkunft

Klassifizierte Hotels

●**Relais des Sables*****, Av. des F.A.R. (stadtauswärts Richtung Igherm/Taroudannt), Tel. 0528 80 23 01/02, Fax 0528 80 23 00, N 29°44,364′, W 07°58,461′. Das eigentlich hübsche Hotel im Kasbahstil wurde in den letzten Jahren leider wenig gepflegt: Die in Bungalowblocks untergebrachten Zimmer sind einfach eingerichtet und schon recht abgewohnt, im Bad funktioniert nicht immer alles. Das Hotel ist aber immer noch beliebter Treffpunkt der Reisenden, sehr freundlich und hat einen (etwas trüben) Pool. Auch Alkoholausschank. Stellmöglichkeit für Camper auf dem Parkplatz (geringe Gebühr). DZ mit Frühstück €€, Minisuite mit AC €€€.

●**La Renaissance****, 9, Av. des F.A.R., Tel. 0528 80 22 25, m.belkassan@menara.ma, N 29°44,522′, W 07°58,498′. Dieses Hotel mit angenehmer Atmosphäre, internationalem Publikum, Alkoholausschank und gutem Essen besteht aus zwei Gebäudeteilen. Im neueren, gemütlichen Haus mit großer Terrasse (links der Straße von Igherm kommend) sind

Eine Wüstenoase geht die Zukunft an

von *Norbert Schmidt*

Die Offenheit, mit der die Tataoui ihren Gästen begegnen, ist Teil der **Kommunalpolitik.** So ist man beispielsweise stolz auf die Erfolge der Schulentwicklung. Der Anteil der Mädchen in den Eingangsklassen entspricht – dank eines UNESCO-Programms – der gesellschaftlichen Wirklichkeit: Beide Geschlechter sind gleich stark vertreten.

Im Rathaus bemüht man sich um **internationale Teilhabe** an der kommunalen Entwicklung: China, Frankreich, Japan, Monaco oder etwa „Brot für die Welt" bringen sich in Tata ein.

Wer in der Mairie bei **Bürgermeister Moulay Mehdi Lahbibi** (Tel. 0528 80 20 01 oder 0661 38 71 05) nachfragt, bekommt Auskunft über einzelne Projekte. Etwa den kooperativen Brunnenbau im Douar Taldnount: Die Bewässerungsanlage trägt zur Ernährung von rund 700 Menschen bei. Oder über die Initiative „Agouni" zur Frauen-Gleichstellung im ländlichen Raum.

Nicht zu vergessen die 1999 eingeleitete und 2003 unterzeichnete **Freundschaftsakte zwischen Tata und dem oberhessischen Städtchen Lich:** Unter anderem begegnen sich regelmäßig die Beschäftigten der neuen Poliklinik Tata und des Krankenhauses in Lich, Hebammen und Schwesternschülerinnen hospitieren in der Partnerstadt.

die schöneren und teureren Zimmer untergebracht. Der Service könnte besser sein, der Pool im alten Haus hat eine zweifelhafte Wasserqualität. DZ €, Suite €€.

Maison d'Hôtes

● **Dar Infiane,** am Ortsrand Richtung Taroudannt, Mobil 0661 61 01 70 oder 0661 44 16 43, www.darinfiane.com. Der französische Besitzer *Patrick Simon* hat die alte Kasbah von Tata geschmackvoll und originell renoviert: zehn komfortable DZ mit Bad, Heizung und Klimaanlage, Internet, üppiges Frühstück. Die Besichtigung ist lohnenswert. Es können Ausflüge organisiert werden. DZ €€€€B, Essen 200 DH.

Unklassifizierte Hotels

● Die **Hotels Essalam** und **Sahara** sind sehr einfach und nicht immer sauber.

Campingplätze

● **Camping Municipale,** Tel./Fax 0528 80 33 56. Etwas versteckt gelegen an der Straße nach Agadir-Lehne: Von Akka kommend in Richtung Zentrum fahren, immer geradeaus halten, der Platz liegt kurz vor dem Ortsausgang links. Im Winter mit Wohnmobilisten völlig überfüllter, wenig ansprechender Platz mit nicht immer sauberen Waschräumen und Stromanschlüssen. Neben dem Camping (200 m) wurde 2009 ein **Freibad** eröffnet, das von einem alten Brunnen gespeist wird.
● **Tata Titi,** Mobil 0671 47 14 51, campingtatatiti@hotmail.com. 6 km nördlich von Tata (N 29°49,17', W 07°59,50'). Einfacher Platz mit schattigen Stellplätzen und kleinen Sanitäranlagen der Niederländer *Peter Bouwman* und *Tilly Smitz.* Kein Strom.
● **Bivouac El Khayma,** außerhalb in Richtung Foum-Zguid hübsch beim Palmenhain gelegen, Mobil 0672 30 38 06. Stellplatz für Camper mit Beduinenzelten und Restaurant.

Verkehrsverbindungen

Taxis fahren ab dem Al-Massira-Platz im Ortskern. Ein neuer Busbahnhof befindet sich am Ortseingang (von Igherm kommend); **Busverbindungen:** Agadir – Casablanca 4x tägl., Ouarzazate 4x tägl., Tan-Tan 2x tägl., Fès 1x tägl., Rabat 2x tägl.; Preise: Agadir 70–80 DH, Casablanca 170 DH, Ouarzazate 130 DH, Fès 200 DH.

Sonstiges

● Es gibt u.a. zahlreiche **Läden,** eine **Bank, zwei Bankautomaten, Souvenirläden,** ein **Internetcafé** und **Tankstellen.** Der **Markt** liegt kurz vor dem Ortsende rechts (von Igherm kommend); dort bei etwas verlotterten Häusern und Neubauten links abbiegen. **Souk** am Sonntag neben dem neuen Busbahnhof.
● Zu empfehlen ist das **Café/Restaurant Soyez les bien venus au Monde du Rêve** am Busbahnhof neben dem Taxistand.
● **Souvenirs** (Teppiche, Schmuck, Fossilien etc.) im **Maison Tuareg** bei *Hassan Anouar,* 16, Av. des F.A.R., im **Maison Nomade** und im **Maison du Patrimoine Tataoui.** Es gibt ein **Kunsthandwerkshaus,** in dem u.a. Silberarbeiten und Teppiche hergestellt werden.
● Einen Besuch wert ist die **Teppich-Kooperative.** Wer sie besichtigen möchte, wende sich an *Mohamed Idrame,* Mobil 0666 33 03 50.
● Ein Leser empfahl den **Automechaniker Moklis** (Schild an der Hauptstraße, an der Tankstelle nach ihm fragen).
● Im Mai findet ein **Theater-Festival** statt.
● **Notfall: Poliklinik,** Tel. 0528 80 20 01.

Route D 6, Abschnitt 2: Tata – Foum-Zguid – Tazenakht

● **228 km bzw. 285 km (auf der R108 ins Drâa-Tal), N12 und R111**

Bis Foum-Zguid führt eine sehr gute **Teerstraße,** danach wird sie schmäler und ist nur noch eineinhalbspurig. Diese Wüstenstrecke ist landschaftlich meist schön, vor allem um Tissint und hinter Foum-Zguid in Richtung Tazenakht. **Sammeltaxis** fahren von Tata nach Tissint, Foum-Zguid und Tazenakht. Ein **CTM-Bus** fährt von Tissint nach Tazenakht und Ouarzazate und von dort weiter nach Casablanca.

Die **alternative Route** über Bou-Azzer und Aït Semgane ins Drâa-Tal (Teerstraße R108) ist ohne große Höhepunkte und verläuft entlang eines Wadis mit Streudörfern.

Der Abzweig in Richtung Tissint führt in der Ortsmitte von Tata an der Kaserne vorbei nach Osten. Die Straße verläuft kilometerlang schnurgerade durch Hammada (Steinwüste), die durch die Bergkette des Djabal Bani im Süden und Norden begrenzt wird. Nach **30 km** ist **Akka Iguiren,** eine sehr malerische Oase an einem Oued, erreicht. Die Strecke führt südlich am Ort vorbei und passiert nach gut 52 km den großen Palmenhain Trit, eine Häuseransammlung zur Linken, zur Rechten säumen hohe Berge die Straße.

Ein weitere Palmenoase folgt nach 7 km. Der **Oued Tissint** verläuft links der Straße (nicht immer mit Wasser). Er hat tiefe Furchen in den lehmig-sandigen Boden gegraben und hier eine bizzare Wüstencanyonlandschaft geschaffen. Bei **km 62** kann man auf einer Piste zum Rand des Canyons gelangen, wo sich für Wohnmobilisten hübsche Wildcampingmöglichkeiten bieten. Nach weiteren 6 km ist bei **km 68** Tissint erreicht.

Tissint

Die **ursprüngliche Oase aus fünf Ksour** befindet sich vor der Einfahrt in den neuen Ortsteil auf der anderen Seite des canyonartig ausgewaschenen Steilufers des Oued Tissint. Die alten Steinhäuser kleben malerisch am Abbruch des Hanges zum Fluss. Die meisten Menschen sind in den neuen Ortsteil mit lebhafter Bautätigkeit umgezogen. Im Juli findet ein Moussem für den Heiligen des Ortes am Marabut im alten Ortsteil statt. Die sehr freundliche Bevölkerung (Chleuh-Berber) trägt die für Südmarokko und Mauretanien typischen blau-schwarzen Kleider (Fu-

kias). Es gibt ein kleines Bordj am Ortseingang links, dort Passkontrolle und Aufnahme der Personalien von Durchreisenden.

Fährt man am Ortseingang bei dem Kontrollposten geradeaus (**N 29°54,443′, W 07°18,995′**), anstatt dem rechtwinkligen Knick der Hauptstraße zu folgen (Schild „Cascades d'Atiq"), erreicht man nach 300 m eine Piste, die hinab zum **Oued Tissint** mit den **Kaskaden** führt. Hier hat sich ein großes Wasserbecken gebildet, das man mitten in der Wüste nie vermuten würde und von der Hauptstraße aus nicht sieht. Gelegentlich (in regenärmeren Jahren) liegt es trocken. Wenn genügend Wasser da ist, kann man baden, ansonsten ist die Wasserqualität zweifelhaft. Das Wasser ist wegen des hohen Salzgehaltes frei von Bilharziose (laut WHO). Am Postgebäude hinter den Arkaden führt eine Treppe hinunter zum Oued Tissint. Wer mit dem Auto unterwegs ist, parkt besser hier.

Eine noch bessere Badealternative zu den stark besuchten Kaskaden bietet sich 8 km weiter außerhalb in Richtung Foum-Zguid oder wenn man dem Schild in Richtung „Cascades" folgt, dann den Fluss auf einer Furt überquert und noch wenige Kilometer weiterfährt.

Unterkunft bieten das einfache **Hotel-Restaurant Essalam** (direkt oberhalb der Kaskaden) oder das ebenfalls einfache **Hotel El Hana** (½€). Campen kann man im **Campement VIP Akka Nait Sidi** (Mobil 0661 61 01 70, darinfiane@wanadoo.net.ma), dort ist auch Übernachtung im Nomadenzelt in der Wüste möglich.

Souk ist am Montag – die beste Gelegenheit für Rucksackreisende, mit einem Lkw oder Sammeltaxi in Richtung Tata weiterzukommen, da dorthin kein Bus fährt.

Ein **CTM-Bus** fährt von Tissint ca. um 6 Uhr über Foum-Zguid, Tazenakht, Ouarzazate, Marrakesch, Benguerir und Settat nach Casablanca.

Bei **km 72** ziehen sich weitere Palmenhaine zur Linken des Oued Tissint, der wegen des Salzgehaltes **Oued Melh** genannt wird. Nach etwa 4 km (bei **N 29°50,963′, W 07°15,300′**) kann man mit Geländewagen, Moun-

Route D 7: Id Aïssa – Jemâa Ida Oussemlal

tainbike oder zu Fuß die Straße in Richtung Fluss verlassen und auf ein kleines Steinhaus mit zwei Palmen zuhalten. Dann – je nach Belastbarkeit des Fahrzeugs – bis zu einer leicht geneigten Fläche weiterfahren **(N 29° 51,097′, W 07°15,323′)**. Dieser Platz ist ein hervorragender Übernachtungsplatz und von der Straße aus nicht einzusehen. Ein Naturpool mit ca. 3 m Wassertiefe (je nach Jahreszeit) ist in wenigen Schritten erreicht.

Etwa bei **km 86** kann man zu Fuß in nördlicher Richtung zum Oued gehen und trifft auf einen Salzsumpf mit Palmen und Wassertümpeln (Bademöglichkeit). Prähistorische Felszeichnungen gibt es oben auf dem westlichen Ausläufer des kleinen, von der Straße gut sichtbaren Höhenzuges.

Nach weiteren 3,5 km erreicht man das Dorf **Mirhimina**. Weiter führt die Straße durch Hammada, die ab und zu von Sanddünen südlich der Straße aufgelockert wird.

Bei **km 135 (N 30°03,652′, W 06°52, 152′)** folgen ein Wegweiser und der **Abzweig zur Zawia Abd-er-Rahman und zum Lac Iriqui.** Der See füllte sich früher in regenreichen Jahren mit Wasser des Oued Drâa, was wegen des Baus eines Stausees am Oberlauf des Flusses heute nur noch selten passiert. Östlich des Lac Iriqui zieht sich ein großes Dünengebiet bis M'hamid (siehe dort).

Nach weiteren 5 km erreicht man bei **km 140 Foum-Zguid** (vgl. Route C 6).

Knapp 5 km hinter Foum-Zguid zweigt beim Dorf **El Mhamid** eine breite Piste rechts ab im Palmenhain und über das Oued (großes Schild „Zagora"). Hier kann man auf einer seit Jahren zur Asphaltierung vorbereiteten Piste nach Zagora fahren (vgl. Route C 7). Nach Tazenakht geht es geradeaus.

Auf der weiteren Strecke fährt man durch zahlreiche Dörfer, Palmenhaine und Schluchten in schöner Landschaft und erreicht bei **km 206** den Abzweig nach Bou-Azzer und Agdz (69 km). Diese geteerte Alternativroute führt erst durch Berge und erreicht nach 16 km das unattraktive Bergbaudorf **Bou Azzer**, in dem Kobalt, Nickel und Kupfer abgebaut werden. Weiter geht es landschaftlich unspektakulär entlang eines trockenen Flusstals über die große Palmenoase **Tasla** bis nach Agdz im Draâ-Tal.

Nach **Tazenakht** folgt man der R108 weiter nach links (Nordwesten, etwas mehr als 21 km).

Route D 7: Id Aïssa (Amtoudi) – Jemâa Ida Oussemlal

●**58 km**

Diese steinige, häufig nur langsam befahrbare Piste durch eine kaum besiedelte schöne Berglandschaft ist **nur mit Geländewagen** befahrbar und für Lkw zu schmal. Ab km 29 ist die Route asphaltiert. Zur Speicherburg Id Aïssa vgl. Route D 6.

Von **Id Aïssa** (km 0) zunächst auf der Teerstraße zurückfahren Richtung Tnine Wadai (vgl. Route D 6/Abschnitt 1/Abstecher nach Id Aïssa). Nach etwa 3,5 km zweigt vor einem Hügel mit einer Villa rechts die Piste Richtung Tafraoute ab (Wegweiser „Targa 10, Souk Anefg 27, Aït Oufka 35, Tafraout 63", **N 29°13,275′, W 09°13,501′**).

Die Piste führt erst entlang der Strommasten nach Nordosten und dann steinig über einen Rücken in ein anderes Tal. Entlang des trockenen Flusstals mit Arganien und Feldern liegt bei **km 13** ein verfallener Ksar links und nach **15 km** das Dorf **Targa** (1060 m Höhe) mit einigen hübschen alten Steinhäusern **(N 29°18,968′, W 09°12,872′)**.

An der Gabelung am Dorfausgang mit einem gemauerten Wegstein geht es rechts weiter **(N 29°21,187′, W 09°13,465′)**. Die steinige Piste führt weiter entlang des Flusstals mit schöner rotbrauner Bergkulisse.

Bei **km 18** thront der unglaublich beeindruckende, angeblich ca. 900 Jahre alte **Agadir Mharz** auf einem Berg – die Häuser/Speicher kleben unmittelbar am Steilhang.

Die Piste führt nun bergauf und ist nach Regenfällen evtl. schwer befahrbar. Das Flusstal verengt sich zu einer Schlucht.

Karte S. 589 **ROUTE D 8: TATA – IGHERM – TALIOUINE**

Bei **km 22** ist eine **Passhöhe** (1400 m) mit Schäferhütten erreicht, **N 29°21,414', W 09°13,677'**. Der Ausblick reicht hier bis zu den Granitbergen von Tafraoute.

25 km hinter Id Aïssa liegt der größere Ort **Souk Anefg** umgeben von Getreidefeldern. An der Gabelung 2 km weiter (mit Wegstein) geht es geradeaus weiter. Wieder 2 km weiter **(km 29)** mündet diese Route in die Teerstraße ein: rechts weiter nach Izerbi. Links kann man zur Teerstraße nach Ifrane de l'Antiatlas queren (vgl. Route D 3). Aus der anderen Richtung kommend (Tafraoute) biegt man hier links nach Id Aïssa/Amtoudi ab, **N 29°24,359', W 09°15,272'**.

Die schmale Teerstraße führt in Serpentinen bergab in Richtung Nordosten. In einem Ort bei **km 35** geht es an der Gabelung mit arabischem Wegweiser geradeaus weiter.

Bei **km 45** folgt der Ort **Tafighart**. 3 km weiter **(km 48)** mündet diese Route in **Aït Oufka** (donnerstags Markt) in die Teerstraße Jemâa Ida Oussemlal – Izerbi – Tafraoute ein: rechts nach Izerbi und Tafraoute, links zum Col de Kerdous. Hier biegt man aus der anderen Richtung kommend links nach Id Aïssa ab, **N 29°30,098', W 09°08,496'**.

Bei **km 58** sind **Jemâa Ida Oussemlal** und die Straße R104 zwischen Tafraoute und Tiznit erreicht (vgl. Route D 2).

Route D 8: Tata – Igherm – Taliouine

● **202 km, R109 und R106**

Die Route ist **durchgehend asphaltiert** und führt ab Igherm durch eine sehr schöne wüstenhafte Landschaft mit bizarr in Schichten aufgefalteten Bergen, palmengesäumten Wadis und malerischen Dörfern mit rosaroten Häusern.

Durch den Palmenhain von **Tata** (vgl. Route D 6) geht es zunächst auf der N12 Richtung Akka. Etwa 4 km hinter Tata zweigt die R109 rechts ab.

Die Straße führt durch eine karge Landschaft mit braunen Schichtbergen. Ab etwa km 26 geht es bergauf nach **Imitek** (760 m Höhe), das **33 km** hinter Tata erreicht ist.

Etwa bei **km 49** zweigt links eine **Geländewagen-Piste** (kleiner Wegweiser, **N 29°38,765', W 08°25,355'**) **nach Bou Zarif** und weiter in Richtung Tafraoute ab (vgl. Variante am Ende der Routenbeschreibung).

Der Ort **Tizgui Ida Ouballou** liegt bei etwa **km 65** in einem tollen, breiten Palmental. Die Route führt weiter entlang des schönen Flusstals mit diversen alten Ksour.

Bei **km 82** thront über dem Straßenort **Souk Khemis-d'Issafen** (sehenswerter Wochenmarkt am Donnerstag) eine mächtige Speicherburg auf einem Hügel. Der Agadir kann besichtigt werden. **Tagadirt** mit einem alten Ksar auf einer Kuppe folgt 9 km hinter Issafen.

Etwa **113 km** hinter Tata ist **Igherm** auf 1700 m Höhe erreicht. Man verlässt Igherm (vgl. Route D 5) in **Richtung Nordosten** und durchfährt eine steinige, schroffe Berglandschaft mit Mandelbäumen.

Nach ca. 5 km ist eine Passhöhe und nach **13 km** das kleine Straßendorf **Adar** erreicht. Danach geht es 4,5 km bergab und anschließend bergauf durch eine felsige Landschaft mit vereinzelten Wacholder- und Mandelbäumen bis zu einem Pass auf 1900 m Höhe (ca. **km 131**), **N 30°08,359', W 08°20,581'**.

Die Route führt weiter durch ursprüngliche Lehmdörfer, die sich an die Hänge schmiegen. Immer wieder bieten sich herrliche Ausblicke auf die bizarre Berglandschaft mit Felskegeln und Türmen. Besonders eindrucksvoll ist der Blick auf den imposanten **Djabal Ouaklim (Adrar-n-Aklim),** einen 2531 m hohen Kegelberg mit abgeflachtem Gipfel.

Es folgen wahre **Anti-Atlas-Bilderbuchdörfer**, umgeben von grünen Terrassenfeldern in den Flusstälern. Ein besonders schönes, an den Hang einer Schlucht gebautes Dorf liegt etwa 17 km nach der Passhöhe (ca. **km 148**) an der Strecke. Es geht weiter durch eine zerklüftete erodierte Felslandschaft mit Felstoren, Höhlen und einzelnen Speicherburgen auf den Hügeln.

Etwa bei **km 156** erreicht man das Soukgelände von **Azaghar N-Irs, N 30°18,209',**

Route D 9: Tiznit – Bou Izakarne – Guelmim

W 08°14,959'. Danach folgen weitere Orte mit Speicherburgen, gesäumt von einer **skurrilen Wüstenbergkulisse.**

Erst nach ca. 30 km (bei **km 186**) wird es im Flusstal des **Oued Assakis,** eingerahmt von gefalteten Bergen, wieder fruchtbarer. Verfallende Kasbahs und Speicherburgen bilden eine wunderschöne Kulisse in dieser großartigen Landschaft.

Etwa bei **km 191** erreicht man die Straße Agadir – Taliouine (N10) vor einer Brücke am Oued Assakis, **N 30°33,120', W 08°01,655'.** Hier geht es rechts weiter nach **Taliouine** (siehe Route C 4, ca. 11 km).

Variante:
Über Bou Zarif ins Aït-Mansour-Tal/nach Tafraoute

Auf der bei **km 49** (s.o.) links abzweigenden Schotterpiste geht es zunächst durch ein steiniges Oued in Richtung Südwesten. Nach 4 km führt die Piste über eine Furt und verlässt dann das Flusstal. Es geht durch eine braune Wüstenbergelandschaft nach Westen steinig und ausgewaschen bergauf (nur mit Geländewagen).

Bei **km 12** (ab dem Abzweig von der Teerstraße) liegen einige einfache Steinhütten links. Danach muss ein kleines Flusstal mehrmals gequert werden (nach Regenfällen evtl. schwierig) und es folgt ein sehr steiniger schlechter Abschnitt.

Bei **km 25** passiert man das Dorf **Anfla Agaref (N 29°33,503', W 08°34,587').** An der V-Kreuzung 3 km weiter geht es geradeaus (links nach Bou Zarif). Der Ort **Bou Zarif** liegt wieder 3 km weiter (**km 31**) links abseits der Piste.

Bei **km 33** wird ein hübsches Flusstal mit Palmen gequert, danach öffnet sich die Landschaft, es geht raus aus den Bergen.

40 km nach dem Abzweig von der Teerstraße ist die **Goldmine von Akka** erreicht (Förderturm und Abraumhalde links), **N 29°29,829', W 08°43,001'.**

2 km weiter mündet diese Variante in die Teerstraße ein, die von Tafraoute zur Mine führt. Es geht rechts weiter einspurig bergauf (Vorsicht vor entgegenkommenden Minen-Lkw!), **N 29°29,559', W 08°43,451'.**

Bei **km 55** zweigt rechts eine Straße zum Dorf **Tiwadou** ab, links geht es über **Souk d'Afella Ighir** und die Aït-Mansour-Schlucht nach Tafraoute (42 km Teerstraße, vgl. Tafraoute/Ausflüge/Rundfahrt durchs Aït-Mansour-Tal).

Route D 9: Tiznit – Bou Izakarne – Guelmim

● 105,5 km, N1

Die breite **gute Teerstraße** führt durch Halbwüste. **Eukalyptus-, Arganien-, Palmen- und Olivenanpflanzungen** sowie **Getreideanbau** haben in den letzten Jahren dafür gesorgt, dass die Landschaft ihren öden Charakter verloren hat. Zahlreiche neue Orte sind entlang der Straße entstanden. Die landschaftlich attraktivere Strecke führt von Tiznit über Moussa d'Aglou und Sidi Ifni entlang des Meeres nach Guelmim (siehe Route Tiznit – Sidi Ifni – Guelmim). Gute **Busverbindungen** mehrmals täglich (siehe bei Tiznit bzw. Guelmim).

Die verkehrsreiche, zunächst vierspurig ausgebaute Straße führt auf 68 km nach Bou Izakarne (Beschreibung vgl. Route D 6).

76 km hinter Tiznit befindet sich der Ort **Tagant** mit Tankstelle und vielen Geschäften. Nach etwas mehr als **105 km** fährt man in **Guelmim** ein.

Guelmim

Guelmim, eine **stark expandierende Garnisonsstadt** in einer wüstenhaften Umgebung, hat **121.000 Einwohner.** Die nicht gerade attraktive Neustadt umgeben bergige Ausläufer des Anti-Atlas. Einst war Guelmim ein wichtiger Handelsposten für Karawanen aus Schwarzafrika, die hier auch Wasser schöpften – daher der Name der Stadt: „Aguelmim" bedeutet auf Masirisch (Sprache der Berber) „wo es Wasser gibt".

Die Männer der Region tragen traditionell eine **blaue Djellabah,** die Frauen hüllen sich in bunte Wickeltücher. Wegen ihres blauen Umhangs werden die ursprünglich nomadisch lebenden Mauren in der Westsahara auch „Blaue Männer" genannt.

Der interessante **Souk** und der berühmte **Kamelmarkt** für die Touristen finden am Samstag an einem Platz an der Straße in Richtung Tan-Tan statt, für die Einheimischen schon am Freitagabend. Der Kamelmarkt hat seine wirtschaftliche Bedeutung für die Bevölkerung verloren, da der Nomadismus stark abgenommen hat, keine Karawanen mehr verkehren und die Menschen sesshaft werden. Die Kamele dienen jetzt u.a. der Touristenbeförderung.

Die gesamte Region Guelmim – Es-Smara soll in den nächsten Jahren massiv touristisch erschlossen und entwickelt werden. **Großprojekte** sind u.a. am Plage Blanche sowie an den Mündungen von Oued Drâa (Foum Drâa) und Oued Chbika (Foum Chbika) an der Atlantikküste geplant.

Information

●**Conseil régional du Tourisme** (C.R.T.), 17, Rue Lahbab (ggü. Wilaya auf der linken Seite), Tel. 0528 87 31 85, www.crt-guelmim. com. Hier bekommt man ein recht informatives dreisprachiges Heftchen mit Infos zu Sehenswürdigkeiten in der Region.

Unterkunft

Klassifizierte Hotels

●**Au rendez-vous des Hommes bleus*****, Av. Hassan II. (an der Straße Richtung Sidi Ifni), Tel. 0528 77 28 21, Fax 0528 77 05 56. Das Hotel hat keinen 3-Sterne-Standard. Die klimatisierten Zimmer mit TV sind okay, die Bäder allerdings etwas schmuddelig und angeschlagen. Im Café im EG gibt es kein Essen. DZ €€A.

●**Facomtour*****, Farah Complexe Touristique, in Tighmert (12 km Richtung Assa), Tel. 0528 77 20 10, Mobil 0667 92 52 90. Camping, Restaurant und Hotel mit hübschen Zimmern. DZ €€.

●**Salam***, Av. Youssef Ben Tachfine (Richtung Tan-Tan), Tel. 0528 87 20 57, Fax 0528 77 09 12. Die Zimmer sind relativ sauber, aber laut vom Straßenlärm und den nächtlichen Gesellschaften im EG. DZ ohne Frühstück €.

●**Bahich***, 31, Av. Abaynou, Tel. 0528 77 21 78, bahich_hotel@hotmail.com. Einfaches Hotel im Zentrum, Zimmer mit Dusche €€.

Unklassifizierte Hotels

●**Abaynou,** am Thermalbad Abeïno (s.u.).
●**Arkaba,** Tel. 0528 87 18 65, Herberge in Tighmert (12 km Richtung Assa).
●**Etoile du Sahara,** Av. Mohamed VI., Tel. 0528 87 10 95, an der Stadteinfahrt auf der rechten Seite. Nettes Restaurant und Café im EG, im OG ordentliche Zimmer mit schon etwas angeschlagenen Badezimmern. DZ €€.
●**Fort Bou Jerif,** ca. 42 km von Guelmim, etwas abseits der Straße zum Plage Blanche (vgl. nächste Route).

Campingplätze

●In Abeïno (vgl. Ausflüge).
●Beim **Fort Bou Jerif** (vgl. Route D 12).
●**Porte du Sahara,** 2 km vor Guelmim (von Tiznit kommend) auf der rechten Seite, **N 29°01,012', W 10°01,662'**. Schattenloser, etwas trostlos wirkender Platz direkt an der Straße. Kleine Lauben zum Sitzen bieten zumindest ein bisschen Schutz vor der Sonne.
●**Domaine Khattab,** 12 km von Guelmim entfernt in Tighmert (Route nach Assa), Tel./Fax 0528 87 18 12, **N 28°58,178', W 09°57, 255'**. Der große und schattige Platz liegt auf einem Bauernhof. Es gibt auch Zimmer in Bungalows. Einfache, aber saubere Sanitärräume, jedoch sehr viele Hunde am Platz (nachts Gebell). Ca. 40 DH/Fahrzeug.

Essen und Trinken

●In den **Grilllokalen** (rôtisserie) am Place Bir Anzarane gibt es zu Mittag Grillhähnchen, Tajine und Omelettes (gut und günstig).

Route D 9: Guelmim

- Im **Restaurant des Hotels Etoile du Sahara** (Stadteinfahrt Guelmim von Bou Izakarne kommend) sitzt man nett auf der Terrasse und isst Brochette, Pizza und Sandwiches oder trinkt Milchshakes und Kaffee (allerdings ausschließlich männliches Publikum).

Busse

- **Busbahnhof** an der Av. Abaynou (von Bou Izakarne kommend am Kreisverkehr rechts nach Abeïno).

- **CTM-Büro,** Tel. 0528 87 27 07.

Verbindungen und Preise

- **Laâyoune – Tan-Tan – Dakhla:** CTM 5x tägl. bis Laâyoune, ca. 150 DH; bis Dakhla 1x tägl., ca. 16 Std. Fahrzeit, 280 DH.
- **Agadir – Marrakesch – Casablanca:** CTM 1x tägl. (abends) bis Marrakesch, 125 DH, ca. 9 Std. Fahrzeit; bis Casablanca ca. 12 Std., 255 DH; nach Agadir ca. 5 Std, ca. 65 DH.
- **Privatbusse** nach **Sidi Ifni** (2x tägl., ca. 15 DH) und **Dakhla** (1x tägl., 250 DH).

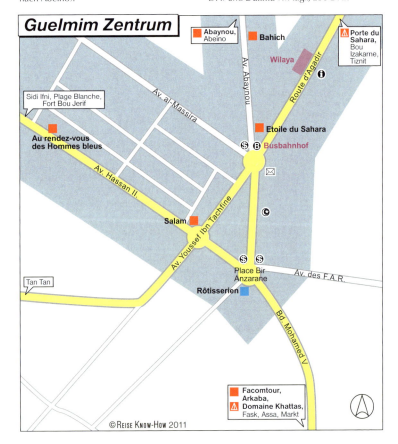

ROUTE D 10: TIZNIT – SIDI IFNI – GUELMIM

● **Supratours** fährt nach **Marrakesch** (130 DH, ca. 9 Std.) und **Dakhla**.

Sammeltaxis

Grand Taxis/Sammeltaxis fahren am Markt (Straße Richtung Assa) und am Busbahnhof ab: nach **Abeïno** (7 DH), **Bou Izakarne** (30 DH), **Tiznit** (50 DH), **Tan-Tan** (ca. 50 DH) und **Sidi Ifni** (20 DH).

Feste/Veranstaltungen

Im Jahresverlauf finden in der Region zahlreiche **Moussems** statt (Termine im Touristenbüro erfragen). Die **Guedra**, der traditionelle Knietanz der Bewohner um Guelmim, ist meist nur noch im Rahmen von Touristenveranstaltungen zu bewundern.

Sonstiges

● Ein offizieller **Führer** fürs Umland ist beim Hotel Salam zu bekommen (Brahim Aybich). Ein Leser empfahl den französisch sprechenden **El Abdi Habib**, Mobil 0668 729 47 78, habibidesert@yahoo.fr. Er führt kompetent durch die Medina oder in die Umgebung.
● Der **Markt** liegt vom Place Bir Anzarane an der Straße Richtung Assa.
● Am Place Bir Anzarane gibt es zwei **Banken mit Geldautomat** sowie ein Wechselbüro. Weitere Banken an der Straße Richtung Assa.

Ausflüge

Abeïno

Bis Abeïno sind es 13 km. Nach 4 km auf der Straße nach Sidi Ifni geht es rechts ab (beschildert „Source Thermal, Oasis"). In diesem nicht besonders ansprechenden Ort gelangt man zur 39 Grad heißen Schwefelquellen mit ordentlichen, getrennten Badebereichen für Frauen und Männer (Eintritt 10 DH).

Vor einigen Jahren wurde das **Hotel Abaynou** mit zwei Restaurants an der Thermalstation gebaut (Tel. 0528 87 28 92, thermaleguelmim@yahoo.fr, klimatisierte DZ und Appartements, €€€). **Stellplätze für Wohnmobilisten** gibt es vor dem Männerbad (mit Dusche/WC und Strom). Campen kann man auch am **Camping Britta Dancy** (ca. 1,5 km gute Piste von Abeïno, ruhige Lage, schöne Stellplätze in einem Garten, schlechte sanitäre Anlagen, 60 DH für 2 Pers. inkl. Fahrzeug und Strom, auch einfache Zimmer).

Plage Blanche

Schöner **Dünenstrand** im Südwesten Guelmims und südwestlich von Fort Bou Jerif, der aber im Gegensatz zu seinem Namen nicht weiß ist (siehe Route D 12).

Route D 10: Tiznit – Sidi Moussa d'Aglou – Sidi Ifni – Guelmim

● 137 km, R104, N12

Die **landschaftlich schöne Strecke** führt an wildromantischen Steilküstenabschnitten mit kleinen Sandbuchten vorbei. Sidi Ifni ist wegen seiner kolonialen Atmosphäre interessant, die im krassen Kontrast zu Agadir steht: dort Touristenrummel und Neubauviertel, im abgelegenen Sidi Ifni ein nostalgisch-verstaubtes Stadtbild mit nur wenigen Touristen.

Busverbindung ab Guelmim bzw. Tiznit (Stadtbus Nr. 26 über Mirleft nach Sidi Ifni alle 2 Std.), auch **Sammeltaxis**. Zur schönen Bucht Legzira kann man sich mit dem Bus am Abzweig absetzen lassen und ca. 2 km zu Fuß laufen. Zurück muss man den Bus an der Straße anhalten.

Ab Tiznit die Straße in Richtung Sidi Moussa d'Aglou (Aglou Plage) und Sidi Ifni wählen.

Nach **3 km** zweigt eine Straße nach **Aglou Plage** ab, geradeaus geht es weiter nach Sidi Ifni. Die Teerstraße über Aglou Plage entlang des Meeres ist schöner und weniger kurvig als die Hauptstrecke, deshalb ist man hier kaum länger nach Sidi Ifni unterwegs als durchs Inland.

Route D 10: Tiznit – Sidi Ifni – Guelmim

Rechts weiter Richtung Aglou Plage passiert man bei ca. **km 13** einen Abzweig **rechts nach Tassila** und weiter zum Massa-Nationalpark (weißer Steinwegweiser, Teerstraße).

Sidi Moussa d'Aglou ist bei **km 15** erreicht (siehe Tiznit/Ausflüge). Genau gegenüber des Campingplatzes zweigt die Straße nach Sidi Ifni ab und führt oberhalb von Strand und Hafen an einer kleinen Ferienhauskolonie vorbei. Das hübsche Gästehaus **Le Chant du Chameaux** (Mobil 0667 90 49 91, www.chantduchameau.com) in einem roten Haus liegt rechts der Straße (Zufahrtspiste, 1 km) ruhig oberhalb des Strandes. Im netten Steingarten mit Terrasse gibt es auch Nomadenzelte zum Übernachten (DZ mit Frühstück €€€, im Nomadenzelt €€).

Ab **km 22** entstehen große Ferienvillen entlang der Straße. Auf den nächsten Kilometern laden **lange Sandstrände** mit kleinen Dünen zum Verweilen und Baden ein.

Bei **km 24** folgt **Sidi Bou Ifdail**. Die **Ranch Les 2 Gazelles** von zwei Französinnen im Ort bietet Ausritte und Reitstunden an (www.les2gazelles.com, Mobil 0666 26 66 86, 350 DH für einen halbtägigen Ausritt). Im hübschen Gästehaus werden auch Zimmer mit Bad vermietet (DZ mit Frühstück €€€).

Es geht an einer Steilküste entlang, die gelegentlich durch kleine Sandbuchten an den Flussmündungen unterbrochen wird.

Bei **km 41** mündet beim Dorf **Gourizim** diese Route in die Hauptstraße von Tiznit ein, rechts geht es weiter nach Tiznit.

47,6 km hinter Tiznit führt rechts eine kleine Straße zum **Plage Mirleft** (Imin Tourga) am Oued Mirleft entlang. Die Straße endet an einem Parkplatz oberhalb des von roten Felsen umrahmten schönen Sandstrands an der Flussmündung.

Bei **km 48** ist **Mirleft** erreicht.

Mirleft

Das Fischerdorf hat sich **in den letzten Jahren enorm entwickelt.** Überall entstehen neue Ferienhäuser, vor allem Franzosen investieren hier. Mittlerweile bieten mehrere Gästehäuser komfortable und schöne Unterkunft für Surfer oder Urlauber an, die an den schönen Sandstränden der Umgebung relaxen möchten. Im Zentrum (links der Straße) gibt es einen Markt mit vielen Lebensmittel- und Souvenirläden, Cafés, eine Tankstelle, eine Post, eine Bank und ein Internetcafé.

Das in einen Teil des alten französischen Militärforts (von 1935) integrierte **Les 3 Chameaux** auf einem Hügel oberhalb des Orts ist die teuerste und komfortabelste Unterkunft am Platz (Tel. 0528 71 91 87, Mobil 0666 54 85 79, www.3chameaux.com, DZ oder Suiten €€€€). Eine Piste führt vom Ortszentrum links der Straße hinauf zum Fort (ca. 1 km). In den alten Gemäuern herrscht rustikales Landhausambiente mit einem fantastischen Blick auf Mirleft und das Meer. Die Zimmer und Suiten sind sehr schön marokkanisch gestaltet, mit Tadelakt-Bädern, z.T. auch mit Terrasse (Berg- oder Meerblick) und Kamin. Es gibt einen Pool, im Restaurant wird Alkohol ausgeschenkt (Menü 195 DH). Das französische Eigentümerpaar kann diverse Aktivitäten organisieren: Quad-Exkursionen, Ausritte, Surf- und Angelausflüge etc.

Biegt man an der Kreuzung in Mirleft rechts ab (statt links ins Zentrum), gelangt man in das Villenneubauviertel **Les Amicales** mit diversen Unterkünften (Zimmervermietung) und zum Viertel Aftas bei der schönen **Plage d'Aftas.**

Empfehlenswert ist das sehr hübsche Haus **Sally's Bed & Breakfast** mit fünf Zimmern (Les Amicales, Tel. 0528 71 94 02, Mobil 0661 46 98 88, www.sallymirleft.com, DZ mit Bad €€€A). *Sally* ist begeisterte Reiterin und hat das Haus extravagant mit marokkanischen Antiquitäten, alten Fotos und Reiterutensilien dekoriert, zudem bietet sich ein toller Blick auf die Klippen oberhalb des Strands.

Eine sehr erholsame Atmosphäre herrscht auch auf dem großen Farmgelände von **Le Ksar** (Aftas, Tel. 0528 71 90 85, Mobil 0667 19 90 62, liliane@ksar-molina.com, DZ €€€) von *Cat* und *Gilles Molina*. Auf der grünen Anlage mit kleinem Pool, Bougainvilleen, Palmen und vielen Singvögeln kann man nach Reservierung auch als Nichtgast im **Restaurant La Ksar Dine** (tägl. außer So) speisen (Menü ab 110 DH). Es werden diverse Aktivitäten angeboten (Quad, Surfen, Reiten, Wandern, Fischen etc.).

Zum **Camping Gîte Nomade** biegt man im Ort beim Wegweiser rechts ab Richtung Aftas (Mobil 0671 50 52 75). Der kleine Hofplatz ist sauber und recht liebevoll gestaltet mit vielen Pflanzen. Es gibt allerdings keinen Schatten und nur wenige Stellplätze (20 DH pro Wohnmobil, Person und Zelt, 10 DH Auto, 10 DH Strom, 30 DH Waschmaschine, auch Appartements zu vermieten).

Im Ortszentrum (links der Straße), etwas weiter vom Strand entfernt, kann man im hübschen **Hotel Atlas** mit mehreren Terrassen und nettem Restaurant (direkt am Markt, Tel. 0528 71 93 09, www.atlas-mirleft.com, Zimmern mit/ohne Bad €€, zu teuer) oder im einfachen, sauberen **Hotel du Sud** (DZ €) übernachten. Sehr gut und günstig isst man im benachbarten **Restaurant Mirleft:** Tajine (1 Std. Vorbestellzeit) und Snacks wie Omelette und Salat.

Quad-Exkursionen in der Umgebung unternimmt **Anzid Quad Evasion**, Mobil 0677 75 65 48, www.anzidquadevasion.com. **Surfkurse und Angelausflüge** organisiert **Mirleft Ride** (an der Straße nach Les Amicales, Mobil 0678 26 55 70). Arganienölprodukte wie Arganienöl, Seifen und Cremes verkauft **Argan Art de Vie** im Zentrum.

Die Strecke weiter in Richtung Sidi Ifni folgt einer wild zerklüfteten Steilküste mit schönen Ausblicken aufs Meer.

3 km hinter Mirleft ist **Sidi Mohamed Ben Abdallah** mit sehr schönem Sandstrand, Felsinseln und Felstor erreicht. Unterkunft in der **Auberge Dar Najmat** direkt oberhalb der Bucht. Hier und in den folgenden Buchten weisen Schilder auf „Camping interdit" hin, da diese Buchten von unzähligen Touristen als Wildcampingquartier genutzt wurden.

21 km hinter Mirleft zweigt rechts bei einem gemauerten Wegweiser und Schildern eine kleine Piste zur **Bucht von Legzira** ab (1 km, für Pkw problemlos).

Legzira

Hauptattraktion an diesem ca. 3 km langen, **sehr schönen Strand** sind zwei gewaltige, von Wind und Wellen geformte **Felstore aus rotem Sandstein** (Achtung vor Steinschlag unter den Toren!). Die ehemals sehr ruhige und idyllische Bucht von Legzira hat sich in den letzten Jahren touristisch stark entwickelt. Mittlerweile gibt es mehrere Gästehäuser, und es herrscht ziemlicher Trubel – dennoch lohnt sich ein Besuch zum Baden oder für einen Spaziergang.

Einfach, ordentlich und sauber sind die Zimmer in der Auberge/Restaurant **Legzira Chez Abdoul** mit schattiger Terrasse (Mobil 0662 54 06 37, DZ inkl. HP mit Dusche/WC auf dem Gang €€ p.P.).

Auch der **Beach Club Legzira** (Mobil 0670 52 28 00, www.legzirabeachclub.com) bietet neben einer Terrasse mit Meerblick saubere, gut ausgestattete Zimmer mit Bad – allerdings haben nur manche ein Fenster nach außen zum Meer (DZ €€B). Der Empfang fällt eher gelangweilt aus.

Der junge *Abdallah* vom unmittelbar benachbarten **Sable d'Or** ist sehr freundlich und um das Wohl seiner Gäste bemüht. Die sauberen ordentlichen Zimmer (mit und ohne Bad, mit Fenster zum Gang oder zum Meer) verteilen sich auf drei Etagen. Von der Terrasse genießt man einen herrlichen Blick aufs Meer und den Sonnenuntergang (Mobil 0661 30 24 95, sabledor1@gmail.com, DZ mit Bad €A mit Frühstück).

In allen Herbergen kann man sehr leckeren frisch gegrillten Fisch essen (ca. 70 DH). Strom gibt es in Legzira erst nach Sonnenuntergang (vom Generator).

Auf dem Plateau oberhalb der Bucht befand sich in der Vergangenheit ein guter **Stellplatz für Wohnmobile** – hier ist jedoch seit 2009 eine Ferienanlage im Bau. Caravans können evtl. auf dem (nicht besonders großen) Parkplatz der Auberge Legzira stehen bleiben.

---

32 km hinter Mirleft (ca. 80 km von Tiznit) erreicht man hinter einer Brücke eine **Kreuzung:** Rechts geht es zu den Campingplätzen und zum Hotel Aït Bamrane, links nach Guelmim und Laâyoune, geradeaus ins Zentrum von Sidi Ifni.

Sidi Ifni

Die ehemalige Garnisonsstadt mit riesigen Kasernenruinen hat etwa **20.000 Einwohner** und versprüht einen maroden Charme. Die **Art-déco-Gebäude** aus der spanischen Kolonialzeit der 1930er Jahre um den Place Hassan II. verfallen zusehends, vor allem im Sommer wirkt die Stadt mit den alten Gemäuern sehr verschlafen und verstaubt.

Der **Sand- und Kiesstrand** unterhalb des Felsabbruchs ist recht hübsch und vor allem für Surfer interessant – leider ist er häufig ziemlich vermüllt. Von wirtschaftlicher Bedeutung für die Stadt ist der **Fischfang,** vor einigen Jahren wurde ein neuer Fischerhafen 5 km südlich der Stadt errichtet.

Geschichte

Sidi Ifni diente den **Spaniern** schon Ende des 15. Jahrhunderts als Stützpunkt für den Sklavenhandel und die Fischerei. Im 16. Jahrhundert fiel die Festung mit dem Namen Santa

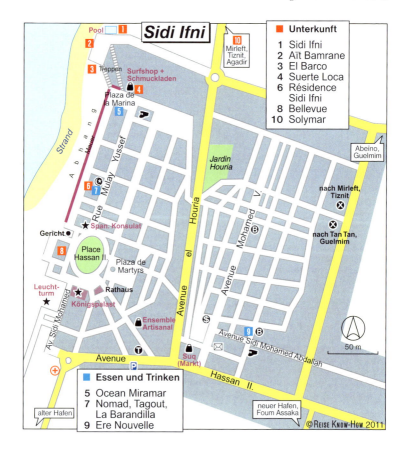

10°24,453′). Hier wurden einige unschöne Betonhäuser errichtet. Im Frühjahr gleicht das Flussbett einem Blumenmeer. Mit einem Geländewagen kann man am Strand (je nach Wasserstand) das Oued Assaka auf die Südseite überqueren und oberhalb der Küste auf einer steinigen, häufig schlechten Piste zum Plage Blanche weiterfahren (vgl. Route D 12/Variante).

Route D 11: Fam el Hisn (Foum-el-Hassan) – Assa – Guelmim

● 185 km, P1801 und R103

Die Teerstraße führt durch hügeliges Steppengelände, gesprenkelt mit niedrigen, verholzten Büschen, und durch die fast vegetationslosen Berge des Djabal Bani und Djabal Akerkour. Im Bereich von Wadis gibt es einige kleine Palmenhaine. Sammeltaxis und Busverkehr von Assa nach Guelmim.

Kurz vor Icht (von Akka kommend) zweigt diese Route von der Straße Tata – Akka – Bou Izakarne (N12) ab, **N 29°01,929′, W 08°50,503′**.

Nach **2 km** ist die hübsche Oase **Fam el Hisn** (Foum-el-Hassan) mit Palmenhain, Arkadenläden und Marktplatz erreicht. In der Umgebung gibt es viele **Felsgravuren,** die in den letzten Jahren z.T. beschädigt wurden und nur mit ortskundigem Führer besichtigt werden sollten (Interessierte fragen im Ort, beim Borj Biramane in Icht oder bei *Günther Schulz* in Essaouira, s. dort, an). Reisende finden Unterkunft in der Herberge **Borj Biramane** nach Icht (vgl. Route D 6).

Bei **km 16** wird das breite, trockene **Oued Boughirni** gequert.

Bei **km 27** liegt ein Ziehbrunnen, an dem häufig Nomaden anzutreffen sind.

Die Straße zieht sich über eine schwarze Hammada, die schwarze Tafelberge in einigen Kilometern Entfernung begrenzen. Ab und zu trifft man auf Häuser und kleine Palmenhaine.

An der Kreuzung bei **km 77** führt die Teerstraße links nach Zag in die Westsahara und **Assa** ist erreicht, **N 28°36,561′, W 09°25,462′**.

Assa

In diesem modernen Kasernenort mit ca. **13.000 Einwohnern** fallen die vielen Neubauten auf – die Bevölkerung wächst stetig. Es gibt neben zahlreichen Shops Banken mit Geldautomat, ein Hospital, eine Tankstelle und Internetcafés. Die Menschen in Assa sind **maurisch geprägt,** man merkt ihnen ihre ethnische Verwandtschaft zu den Bewohnern der Westsahara an. Die Saharawi-Frauen, die hier und im Süden sowie in Mauretanien heimisch sind, kleiden sich in bunte, leichte Tücher. Die Männer tragen die typische himmelblaue Gandura („Blaue Männer") mit einem schwarzen Chech. Der **Wochenmarkt** findet am Montag statt.

Assa wurde im 12. Jh. von dem als heilig verehrten *Sidi Yazza Ou Idha* gegründet. Er ist wie die 366 ihm nachfolgenden Marabuts in der Zawia im alten Ksar begraben. Assa ist deshalb ein bedeutender **Wallfahrtsort** zu Ehren der „Heiligen von Assa", mit großem dreitägigem **Moussem** im Frühjahr. Am vierten Tag wird eine Kamelstute geopfert, die man von weither unter Tambour-Dröhnen nach Assa bringt, um sie vor der Zawia zu schlachten. Das Fett vom Höcker wird in Stückchen geschnitten und ebenso wie die Haare des Tieres an die herumstehenden Gläubigen verteilt, die das noch warme Höckerfett an Ort und Stelle verzehren. Das Fleisch wird an die Familien der Marabuts und an Arme verschenkt. Nach dem Opfer veranstalten die Familien Tänze.

Im **alten Ksar** am Berghang am anderen Ufer des Wadis kann man **an den unteren Felsen Zeichnungen** entdecken. Die historischen Gebäude des Ksar werden momentan renoviert. Von oben hat man einen schönen Blick über die Oase und ihre Umgebung.

Unterkunft bietet das **Hotel Nidaros***** (Tel. 0528 70 05 05, €€€B) oder das von

Route D 12: Guelmim – Plage Blanche

Belgiern betriebene Gästehaus **Dar Rose des Sables** (am Ortseingang von Fam el Hisn kommend, einfache Zimmer mit Bad €, Tel. 0641 93 78 45, rosedessables.assa@hotmail.com, www.dar-piste-assazag.com).

Variante:
von Assa zum Oued Drâa

Das 10 km südlich von Assa gelegene Oued Draâ ist ein etwa 1 km breites, mit Tamarisken und Akazien bestandenes, gut befahrbares Trockenflussbett. Hier findet man schöne Lagerplätze und viel Tierleben. Die Region ist Siedlungsgebiet der Aït-Toussa-Nomaden.

Die Piste von Assa nach Aouïnet Torkoz führt durch eine ziemlich flache Halbwüstenlandschaft, ab und unterbrochen durch ein trockenes, steiniges Flussbett. Sie kann nach starkem Regen an manchen Stellen unpassierbar werden. Bei **km 28** passiert man einen gemauerten Steinblock, bei **km 51** ist **Aouïnet Torkoz** erreicht. 2 km nach dem Dorf folgt die *Station des Recherches Presahariennes*, die nur zeitweise besetzt ist. Aouïnet Torkoz ist Ausgangspunkt für die Besichtigung der Felszeichnungen am Djabal Taskalouine und Djabal Tabayoud. *Laghzen Kentaoui* bietet in seinem Haus am Rande des Oued Drâa eine Übernachtungsmöglichkeit.

Ohne Abstecher zum Oued Drâa geht es im Zentrum von Assa weiter nach rechts **in Richtung Guelmim.**

Nach einem Checkpoint bei **km 86** führt die Straße weiter durch eine steinige Ebene hinein ins Bergland.

Bei **km 92** liegt die **Quelle Boujale**. Es geht durch ein steiniges Flussbett mit Akazienbäumen und Gomphocarpus-Sträuchern, die ballonartige hellgrüne Früchte haben.

Von der **Passhöhe** (800 m) bei **km 110** öffnet sich ein schöner Blick auf die Ebene des Isimi-Asilif-Tales zwischen zwei Bergzügen.

Der **Col Amezloug** (750 m Höhe) im Djabal Akerkour wird bei **km 113** überquert.

Bei **km 121** liegt das Dorf **Targamant** in einem Palmenhain. Die Straße führt weiter bergauf und bergab ohne große Steigungen.

Bei **km 150** weitet sich das Tal und eine Reg-Ebene ist erreicht. 2 km weiter zweigt eine Piste zur Oase **Tagmoute** ab.

Der Lehmksar **Fask** mit Tankstelle liegt bei **km 159.**

Bei **km 172** zweigt links die Zufahrt zum **Camping Domaine Khattab** (vgl. Guelmim/Camping) und zur **Oase Tigmerte**. 10 km weiter führt links eine Piste zur **Oase Asrir** (10 km, großer Moussem im Mai/Juni).

Bei **km 185** ist **Guelmim** erreicht (siehe Route D 9).

Route D 12: Guelmim – (Fort Bou Jerif) – Plage Blanche

● 62 km bis Plage Blanche, bis Fort Bou Jerif ca. 42 km

Gute Teerstraße mit betonierten Furten. Zum Fort Bou Jerif (ab der Kreuzung zum Plage Blanche) sind es 9 km Piste. Mit **Taxi** ab Guelmim-Zentrum (kein Sammeltaxi, diese fahren nur bis Laksabi). Vom Fort Bou Jerif kann man auf einer **Pistenvariante** mit dem Geländewagen über Foum Assaka zum Plage Blanche fahren.

Die Region soll im Zuge des „Plan Azur" zur **Tourismusentwicklung** in Marokko umfassend touristisch erschlossen werden – der Bau der Teerstraße war der Anfang. Hotels am Plage Blanche sollen folgen.

Im Zentrum von Guelmim von Tiznit kommend rechts (NW) in Richtung Laksabi und Sidi Ifni abbiegen. Bei km 1,5 überquert die Straße auf einer Brücke den Oued Lakhdar. Bei km 2 zweigt vor dem Torbogen, der die Stadtausfahrt markiert, die Route links nach Laksabi, zum Plage Blanche und zum Fort Bou Jerif ab (beschildert, **N 29°00,058', W 10°04,399'**). Nach Sidi Ifni geht es geradeaus weiter.

Nach **12 km** zeigt ein Torbogen den Ortsbeginn von **Laksabi** an, kurz danach geht es

ROUTE D 12: GUELMIM – PLAGE BLANCHE

rechter Hand zum Plage Blanche und Camping Fort Bou Jerif (Schild). Geradeaus führt die Straße in den Ort.

Bei **km 15** folgt erneut eine Gabelung (**N 29°00,052′, W 10°11,616′**): rechts nach Taligouine und Ouadai Assaka (alte 4x4-Strecke nach Fort Bou Jerif), geradeaus weiter zum Plage Blanche und nach Fort Bou Jerif.

Bei **km 33** ist der **Abzweig nach Fort Bou Jerif (N 29°00,409′, W 10°20, 700′)** erreicht (vgl. Abstecher).

Abstecher nach Fort Bou Jerif

Die 9 km lange, etwas holprige und löchrige, aber mit Vorsicht auch mit Wohnmobil oder VW-Bus befahrbare Piste führt direkt zum Campingplatz und Motel und an diesen vorbei zum alten Fort. Es geht durch eine **einsame Hügellandschaft,** in der hin und wieder Saharaoui-Nomaden ihre weißen Zelte aufschlagen.

Bei **Gesamt-km 42** ist das **Motel Fort Bou Jerif** erreicht – das Gelände mit Campingplatz, Restaurant, Pool und mehreren Gebäuden ähnelt selbst ein bisschen einer Festung mit Zinnen und Türmchen. Der Franzose *Pierre Gerbens* betreibt diesen Stützpunkt für Off-Roader, Naturfreunde und Wüstenfans nahe eines alten französischen Forts (Mobil 0672 13 00 17, Fax 0528 87 30 39, www.boujerif.com, **N 29°04,940′, W 10°19,853′**). Der Platz ist gleichzeitig Infobörse für Saharadurchquerer, die nach Mauretanien unterwegs sind. Übernachtungsmöglichkeit besteht im Nomadenzelt (€), im komfortablen (3-Sterne-)Hotel (geräumige DZ inkl. Frühstück €€€A), im (2-Sterne-)Petit Hotel mit kleinen netten Zimmern (€€€) oder im ein-

Flusstal bei Laksabi

ROUTE D 12: GUELMIM – PLAGE BLANCHE

fachen Motel mit Gemeinschaftssanitäranlagen (€€A). Alle Zimmer sind sehr sauber, das Duschwasser ist hier in der Wüste etwas salzhaltig. Strom gibt es bis 23 Uhr, dann wird der Generator abgeschaltet. Auf Vorbestellung kann man ausgezeichnetes, aber teures Essen genießen (Menü 180 DH, Frühstück 40 DH, auch Alkoholausschank) – Spezialität des Hauses ist Tajine mit Kamelfleisch und als Dessert eine Früchte-Tajine mit Zimt und Honig. Auch das Campingareal ist sehr gepflegt, vor allem die sanitären Anlagen haben europäischen Standard (30 DH p.P., 20 DH/Auto oder Motorrad, 30 DH/Geländewagen oder Wohnmobil).

Die Gegend hat ein sehr angenehmes Klima, da kühle Meereswinde für Abkühlung sorgen. Die Region eignet sich hervorragend für (ornithologische) **Wanderungen** oder **Ausflüge** mit dem Geländewagen, per Kamel oder Pferd. *Pierre Gerbens* ist gerne bei der Organisation verschiedener Aktivitäten behilflich.

Etwa 15 Minuten zu Fuß (1,3 km) vom Platz entfernt thront über dem Tal des **Oued Assaka** das **Fort Bou Jerif** (1935 von den Franzosen erbaut), mit herrlichem Ausblick auf das Oued, in dem sich in feuchteren Jahren und im Winter zwischen Steinen eine Art Badebecken bildet. Auch Wasserschildkröten und viele Frösche leben dort. Die steinige Piste von hier nach **Foum Assaka** (Mündung des Oued Assaka) und weiter in Richtung Süden zum Plage Blanche (vgl. Variante) kann nur mit Geländewagen befahren werden.

4x4-Variante: Fort Bou Jerif – Foum Assaka – Plage Blanche

Von Fort Bou Jerif über Foum Assaka bis zum Plage Blanche sind es etwa **54 km auf oft steiniger, z.T. schlechter Piste.**

Vom Campingplatz Fort Bou Jerif (**km 0**) fährt man zunächst rechts in Richtung des alten Forts, das nach 1,3 km erreicht ist – von hier nicht ins erodierte Oued hinunterfahren, sondern rechts halten. Die Piste führt durch hügelige, häufig neblige Wüstenlandschaft mit Euphorbien Richtung Westen, bei Steigungen ist sie oft steinig und holprig.

Bei **km 4,9** geht es an der **Verzweigung** mit dem Schild „Douar El Fouija" (6 km) **rechts** weiter. N 29°05,285', W 10°21,886'.

An der **Gabelung** bei **km 6,4 links** weiter, ein Oued wird gequert (problemlos).

Bei **km 7,3** mündet eine Piste von rechts hinten ein. An der **Verzweigung** 700 m weiter (**km 8**) folgt man **links** der Hauptpiste. N 29°06,653', W 10°22,168'.

Bei **km 8,8** liegt der **Marabut Sidi Massfoud** rechts auf einem Hügel im Oued (einige verfallene Häuser).

Bei **km 10,5** ist eine **Moschee** auf einem Hügel erreicht. Die Hänge sind gegen die Erosion mit Feigenkakteen bepflanzt. **N 29°07,062', W 10°23,208'.** Ca. 100 m nach der Moschee geht es **links** weiter. Es folgen einige von Steinmauern begrenzte Gehöfte; es geht steil auf und ab.

Bei **km 12,2** geht es an der **Gabelung** bei Häusern **links** weiter (rechts endet die Piste bei den Häusern). N 29°07,588', W 10°23, 847'.

An der **Verzweigung** 700 m weiter führt die Piste nach Foum Assaka **rechts** weiter der Steinmauer entlang.

Bei **km 13,3** ist eine **Kreuzung** mit Wegweiser („Fort Bou Jerif") erreicht, N 29°07, 748', W 10°24,338'. Hier geht es steil bergab zum Strand und zur Flussmündung – die linke Piste ist etwas besser als die rechte (schmal, steinig).

An der **Verzweigung** am Hang 900 m weiter fährt man **rechts** runter zur betonierten **Brücke über das Oued Assaka (km 14,4, N 29°08,024', W 10°23,897')** auf dessen nördliche Seite. An der Brücke beginnt die Teerstraße der Küste entlang nach Sidi Ifni (vgl. Route D 10/Variante).

Hinter der Brücke kann man auf einer schmalen steinigen Piste zur **Mündung des Oued Assaka (Foum Assaka)** und zum Strand fahren. Die Mündung ist bei **km 16** erreicht, N 29°08,443', W 10°24,453'. Hier stehen einige unattraktive und unvollendete Betonhäuser herum. Im Frühjahr blüht es überall. Im Sommer kann man hier herrlich und unbeobachtet baden.

Zur **Weiterfahrt zum Plage Blanche** überquert man entweder das Oued am Strand (je nach Wasserstand) und fährt auf der südlichen Seite wieder bergauf auf die Küstenpiste oder (besser) man fährt über die Brücke **zurück zur Kreuzung von km 13,3.**

Von der Kreuzung (Tacho auf Null stellen) geht es weiter auf der Küstenpiste oberhalb der Mündung nach Süden. 500 m nach der Kreuzung passiert man den Wegweiser „Fort Bou Jerif 14, Plage Blanche 20 km", **N 29° 07,561', W 10°24,424'**. Auf der steinigen, nur langsam befahrbaren Piste geht es durch eine karge graue Steinhügellandschaft. Immer wieder müssen steile, schlechte Auf- und Abfahrten bewältigt werden. Das Meer ist meist nicht in Sicht.

6 km hinter der Kreuzung von km 13,3 wird eine kleines **Oued** gequert. 1,7 km weiter ist eine kleine Bucht mit Kiesstrand und Fischerhütten erreicht, **N 29°05,551', W 10° 26,394'**. Eine weitere Bucht folgt bei **km 17,6** (ab der Kreuzung). Ab ca. **km 24** geht es nicht mehr so viel auf und ab, sondern auf beserer Piste über ein Plateau geradeaus.

Bei **km 33** mündet diese Piste in die Teerstraße von Guelmim nach Plage Blanche ein (vgl. unten km 60 der Hauptstrecke), **N 28° 57,648', W 10°34,543'**. Von hier sind es noch 2 km bis zum Plage Blanche.

Auf der Teerstraße (ohne Abstecher/Variante) in Richtung Plage Blanche erreicht man bei **km 39** ein **Dorf** mit Moschee. Es geht durch eine hügelige, karge Landschaft mit einigen Getreidefeldern.

Bei **km 60** mündet von rechts die Piste von Foum Assaka ein (ca. 35 km, nur mit 4x4, vgl. Variante oben).

Etwa **62 km hinter Guelmim** endet die Teerstraße bei einigen Häusern, einem Funkmast der Marine Royale und dem einfachen **Hotel Dromedaire** mit schäbigen Bungalows. Hier können Wohnmobile stehen bleiben, das Toilettenhäuschen ist allerdings verfallen und vermüllt.

Unterhalb eines Steilabbruchs liegt der Strand **Plage Blanche** mit kleinen weißen Dünen und der Flussmündung. Auf der anderen Flussseite befindet sich ein kleines Fischerdorf. Der Strand ist schön, aber leider nicht weiß, sondern eher gelbbraun und auch nicht gerade sauber. Hier fließt der kalte Kanarenstrom vorbei, sodass sich vor allem im Hochsommer, wenn die Temperaturunterschiede zwischen Inland und Wasser hoch sind, ein Nebelband von ca. 40 km Breite die Küste entlangzieht. Zum Baden ist es daher oft zu kalt.

Weiterfahrt von Plage Blanche zur Mündung des Oued Drâa

Mit einem leichten Geländefahrzeug kann man an der Küste weiter bis **Aoreora** (Fort an der nächsten Flussmündung) fahren. Ein Weiterkommen ab hier ist schwierig, da es keine präparierte Ausfahrt aus dem Fluss gibt und kurz nach Aoreora die Steilküste anfängt. Der Strand ist, von einzelnen Fischern abgesehen, menschenleer. **Vorsicht: Wer hier festsitzt, kann tagelang schaufeln!** Einige Touristen, die zu nahe am Meer oder am Fluss fuhren, haben ihr Fahrzeug verloren!

Km 103 Fort (mit Militär) auf der Steilkante oberhalb des Strandes und der Flussmündung. Hier das Campen normalerweise nicht erlaubt, aber die Soldaten sind sehr freundlich und lassen mit sich reden. Die Gegend und die Dünen sind noch schöner als in Bou Issafen, denn hier schwemmt etwas weniger Müll an. Eine Weiterfahrt an der Küste ist nicht möglich, da nach 10 km das **Cap Drâa** ins Meer ragt und die Steilküste beginnt.

Nach Aoreora links in das Oued einbiegen. Hier gibt es viele Wasserlöcher (Frösche), nach Regenfällen ist es sumpfig.

Ab **km 115** wird die Weiterfahrt schwierig: überall Wasser und Sumpf. Suchen Sie sich einen Weg rechts den Berg hoch – das ist nur mit Allrad und Blechen zu meistern. Oben gelangt man an die Kante zum Ouedabbruch und kommt auf die Piste nach Aoreora. Wenn das Oued trocken ist, dürfte eine Ausfahrt leichter zu finden sein.

Bei **km 126** wird beim **Fort Aoreora** eine Kontrolle passiert; nach der Genehmigung geht es links weiter. Von der oft verwehten, sehr sandigen Piste ist kaum mehr etwas zu sehen. An der Küste befinden sich einzelne Fischerhütten.

Bei **km 138** reicht die Steilküste bis zum Meer (einzelne Fässerdeponien von Fischern,

Route D 13: Guelmim – Tan-Tan – Tarfaya – Laâyoune – Dakhla – mauret. Grenze

Brunnen links mit der Aufschrift „28.2.84"). An der Gabelung danach geht es rechts entlang der Küste, die Piste ist oft schwer zu erkennen.

Das **Cap Drâa** mit Steingemäuer ist bei **km 149** erreicht.

Der Abzweig links ins Landesinnere bei **km 154** führt später wieder mit der Piste geradeaus zusammen.

Bei **km 162** bietet sich an der **Oued-Drâa-Mündung** mit einem alten **spanischen Fort** (Turm, kein Militär) ein herrlicher Ausblick. Eine Abfahrt zur Mündung (sehr breit) ist mit Geländewagen möglich (schöne Campmöglichkeiten unten). Der Fluss zieht sich in der Mündung breit in mehreren Ausuferungen durch den Sand. Eine gute Piste führt oben vom Turm entlang der Steilkante zum Fluss. Die Karten sind alle falsch, da hier das Fort Foum-el-Oued-Drâa eingezeichnet ist, das weiter im Landesinneren liegt, ferner ein Übergang zum Fluss und eine Weiterführung der Piste auf der anderen Seite.

Bei **km 176** zweigt eine Piste von links ein. Diese Piste führt jetzt nach unten ins Oued (Seitenarm des Oued Drâa).

Bei **km 177** zweigt eine Piste rechts ab, geradeaus weiter. Hier gibt es starke Sandverwehungen, die Piste ist manchmal kaum zu erkennen. Ab **km 181** wird es wieder hügeliger und holpriger (kein Sand mehr).

Bei **km 184** mündet eine Piste mit vielen Spuren von links ein.

Bei **km 187** thront das von Soldaten bewachte **Fort Foum el-Oued Drâa** auf einem Berg inmitten des sehr breiten, wasserlosen Oueds mit vielen Büschen und Tamariskenhügel. Von dort führt eine gute Piste im Fluss bis zur Hauptstraße Guelmim – Tan-Tan.

An der Gabelung bei **km 191** geht es rechts weiter, ebenso an der Gabelung 2 km weiter.

Bei **km 194** ist die alte Teerstraße bei der Hochspannungsleitung zu sehen. Links davon führt die neue Straße entlang.

Nach insgesamt **195 km** mündet die Piste am **Oued Drâa** in die Straße von Tan-Tan (10 km) ein.

● Ca. 1330 km, N1; 450 km bis Laâyoune, 540 km Laâyoune – Dakhla, 340 km Dakhla – marokk./mauret. Grenze

Die **gute Asphaltstraße** durch die Westsahara ist bis zur Grenze bei Guergarat frei befahrbar. Vor und nach den Orten sind mehrere Kontrollpunkte zu passieren, wo man als Tourist bis Laâyoune meist durchgewunken wird. Ab Laâyoune in Richtung Grenze muss man die genauen Personendaten abliefern. Die Strecke sollte nicht bei Nacht befahren werden (viele Lkw mit überhöhter Geschwindigkeit).

Eine **Weiterfahrt nach Nouâdhibou in Mauretanien** ist (mit Visum) **problemlos möglich.** Auch eine **Ausreise von Mauretanien in Richtung Westsahara** (also von Süd nach Nord) ist von Seiten Mauretaniens seit 2000 wieder gestattet.

Für Radfahrer ist diese Route nicht empfehlenswert: Viele Dutzende Kilometer führen durch **öde, flache und langweilige Gegenden,** die Radler angesichts der starken Seitenwinde vom Meer und der Eintönigkeit verzweifeln lassen.

Abschnitt 1: Guelmim – Laâyoune

● 450 km

Die **Küstenlandschaft** bis Tarfaya präsentiert sich als eine flache Steppe, gesprenkelt mit niedrigen Büschen, Sukkulenten und den grauen, stacheligen Euphorbia-Polstern. In wenigen Regionen wird Getreide angebaut, auf den restlichen, karg bewachsenen Flächen weiden Schafe und Ziegen. Die Wüstenlandschaft wird durch breite, canyonartige Quertäler verschiedener Oueds unterbrochen. Von diesen führen nur die **Oueds Drâa und Chbika** gelegentlich Wasser. In den Mündungsgebieten kann man häufig **Flamingos** und andere Wasservögel beobachten, es finden sich auch traumhafte Übernachtungsplätze. Besonders schön sind das Naturschutzgebiet um das **Sebkha Naila** und die Salzsenken *(Sebkhas)* vor Laâyoune. Gute Busverbindung (siehe Guelmim).

Von Guelmim führt die Straße zum Ort **Ras Oumlil** (Tankstelle, Restaurants, Geschäfte) bei **km 56.**

Hier beginnen braune, im Winter vegetationslose Berge, und die Straße schlängelt sich über 16 km bergauf zu einer Passhöhe (350 m). In umgekehrter Richtung bieten sich bei klarer Luft fantastische Ausblicke auf die Ebene in Richtung Guelmim.

Zwischen **km 106** und **107** zweigt eine Piste ab, die zur Route D 12 zum **Ksar Tafnidilt** (vgl. Tan-Tan/Camping) führt.

Bei **km 108** ist das **Oued Drâa** (mit Kontrollposten) nahe an dessen Mündung ins Meer erreicht. Hier beginnt die Provinz Tan-Tan.

Bei **km 127** zweigt eine asphaltierte Straße nach **M'sied** (frei befahrbar) ab.

1 km weiter ist Tan-Tan erreicht, das seine Gäste mit zwei lebensgroßen Kamelstatuen an der Stadteinfahrt begrüßt.

Tan-Tan

Die ca. **71.000 Einwohner** zählende Stadt mit großen Kasernen ist **Gouverneurssitz,** hat eine Kasbah, mehrere Moscheen und einen großen Souk. Im Zuge der hohen marokkanischen Investitionen in der Westsahara entstanden auch in Tan-Tan diverse Neubauviertel und Parkanlagen rings um die Stadt. Der Hafen von Tan-Tan wurde mit großem Aufwand zum **Hochseehafen** ausgebaut. Die Küstengewässer sind sehr fischreich – jährlich werden hier mehr als 116.000 Tonnen Fisch eingeholt. Die saubere und gepflegte Stadt dient als Versorgungszentrum für den Süden – angefangen von Elektrogeräten bis zu jeder Art von Lebensmitteln gibt es alles zu kaufen. Ein großes Geschäftsviertel (Suq Hebodmaire) liegt links von der Durchgangsstraße.

Geschichte

Die Region wird schon von dem berühmten Historiker **Ibn Khaldoun** erwähnt, der bereits von den Anfängen der Islamisierung und den Auseinandersetzungen zwischen Berbern und Arabern in der Region berichtet. Das Gebiet war ursprünglich von Sanhaja- und Zenata-Berbern besiedelt, die aber nach und nach von den arabischstämmigen Beni Hassan dominiert wurden. Diese breiteten sich über den ganzen Süden Marokkos bis in die Westsahara aus. Das Hassania, ein arabischer Dialekt, wird auch in der Westsahara von den Saharaouis gesprochen, von denen viele der Ethnie der Beni Hassan angehören.

Im 14. Jahrhundert, als die **Spanier** die Kanarischen Inseln besetzten, fassten sie auch an der Küste südlich von Tan-Tan (an der Khnefiss-Mündung) Fuß und errichteten dort ein Handelsfort, das auch als Sklavenzwischenlager diente. Immer wieder gab es Kämpfe mit den Bewohnern des Hinterlandes, vor allem die Assa-Marabuts vereinten sich, die 1524 die Spanier vertreiben konnten. Später drangen die **Portugiesen** an der Drâamündung ins Hinterland ein und lieferten sich Kämpfe mit der Bevölkerung. Bald beherrschten die Portugiesen die ganze Atlantikküste mit ihren Forts.

Mit der Ausweitung der Handelsniederlassungen und der Dominanz der europäischen Mächte in Marokko gelangte der schottische Händler *McKenzie* in die Region und errichtete in Tarfaya das **Casa Mar,** eine Burg im Meer, die als Handelslager diente. Zucker, Munition, Waffen und Gold wurden über dieses Zwischenlager transportiert, bis Sultan *Hassan I.* dem Treiben ein Ende setzte.

Ende des 19. Jahrhunderts eroberten die Spanier abermals das Gebiet südlich des Drâa und kolonisierten es bis hinunter nach

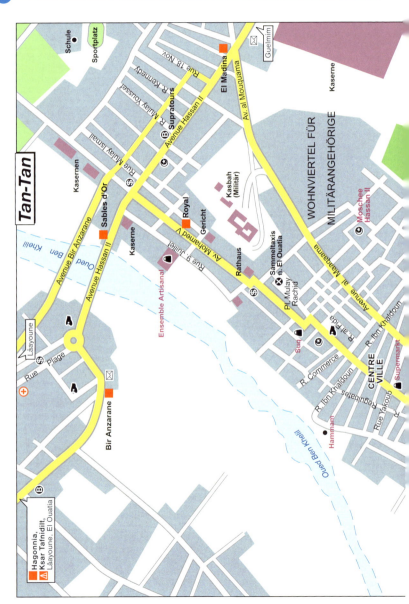

ROUTE D 13: TAN-TAN

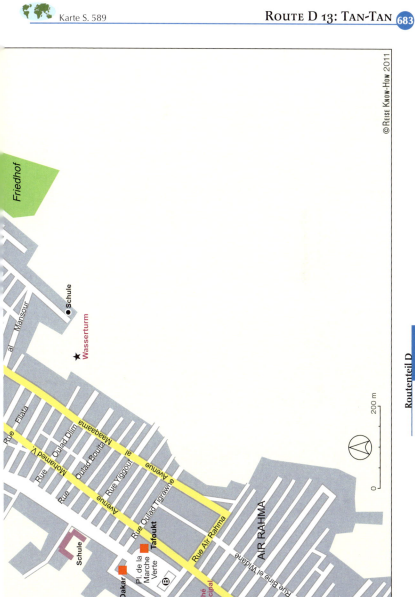

Mauretanien. Die **spanische Kolonie Río de Oro** wurde geschaffen. 1953 überließen die Spanier das Gebiet nördlich von Tah-Daora den Marokkanern.

Die „**Befreiung" der Westsahara**, der **Grüne Marsch**, als 350.000 unbewaffnete Zivilisten zu Fuß in die gerade von den Spaniern verlassene Westsahara einmarschierten, startete am 6. November 1975 in Tan-Tan.

Information

- www.tantanville.ma, Informationen zur Stadt auf Französisch.

Unterkunft

- **Hagounia*****, Av. El Wahda, in El Ouatia (Tan-Tan Plage), Tel. 0528 87 90 20, hotel-hagounia@menara.ma. Typisch marokkanisches Mittelklassehotel in einem Neubau, Zimmer mit Bad und TV, Restaurant.
- **Sables d'Or****, 125, Av. Hassan II., Tel. 0528 87 80 69. Das nette kleine Hotel gehört *Brahim Boufous*, der 17 Jahre in Frankreich gelebt hat. Schöne Zimmer mit Dusche und TV, €.
- **El Madina***, 68, Av. Hassan II., Tel. 0528 76 09 28, einfach.
- **Bir Anzarane***, 154, Av. Hassan II., an der Straße nach El-Ouatia, Tel. 0528 87 78 34. Empfehlenswert.
- **Afra**, Av. Bir Anzarane, Tel. 0528 76 50 16, www.hotelafra.ma. Ordentliche Zimmer mit Bad €€.
- **Villa Ocean** und **Auberge Les 2 Chameaux**, vgl. El Ouatia (Tan-Tan Plage).
- Sehr einfache günstige Hotels findet man am Busbahnhof (Place de La Marche Verte), z.B. **Tafoukt** (sauber, heiße Dusche, etwas hellhörig, sehr freundlich) und **Dakar**.

Campingplatz

- **Ksar Tafnidilt**, nördlich von Tan-Tan bei einem alten Fort (5 km Piste ab dem Abzweig bei km 106, siehe vorherige Beschreibung), Mobil 0669 23 31 15, www.tafnidilt.net, **N 28°32,755', W 10°59,569'**. Großer Campingplatz, Herberge und empfehlenswerter Traveller-Treffpunkt, vor allem für Leute, die mit dem Geländewagen weiter zum Plage Blanche fahren. Es gibt Nomadenzelte, Zimmer mit und ohne Bad (€ bis €€€), ein Restaurant und einen Pool. Menü 180 DH, Camping 40 DH p.P. mit Fahrzeug, Übernachtung im Nomadenzelt 60–100 DH p.P.

Busse

- **CTM-Büro** an der Av. de la Plage, Tel. 0528 76 58 86.
- **Supratours-Büro** an der Av. Hassan II., Tel. 0528 87 77 95.
- Der zentrale **Busbahnhof** *(gare routière)* liegt an der Av. Mohamed V./Rue Aïn Rahma. Auch diverse Privatbusse verkehren hier.

Verbindungen und Preise

- **Laâyoune** (Dakhla): 1x tägl. (über Nacht) mit CTM, 100 DH, Fahrzeit ca. 7 Std.
- **Marrakesch (über Agadir)**: 2x tägl. (über Nacht) mit CTM, 165 DH, ca. 11 Std.; nach Agadir 90 DH, ca. 7 Std.
- Die **Supratours-Busse** verkehren 2x tägl. nach **Laâyoune**, 1x tägl. nach **Dakhla** und 2x tägl. nach **Agadir** und weiter nach **Marrakesch**. Preise in etwa wie CTM.
- **Private Busse** fahren nach **Assa** und **Fam el-Hism** oder nach **Bou Izakarne** und **Tiznit**.

Sammeltaxis/Taxis

- **Petit und Grand Taxis** warten am Hauptplatz El Amir Mulay Abdallah.
- **Sammeltaxis** nach **Guelmim** ca. 40 DH, nach **Laâyoune** ca. 90 DH, nach **Tiznit** ca. 80 DH.

Medizinische Versorgung

Bereitschaftsapotheken sind **La Grande Pharmacie**, 13, Place Lala Meryem/Av. Mo-

Schiffswrack in der Nähe von Tarfaya am Atlantik

ROUTE D 13: GUELMIM – MAURET. GRENZE

hamed V., Tel. 0528 76 59 34, und **Pharmacie Sahara,** 104, Av. Hassan II., Tel. 0528 87 75 73. Das **Hôpital Hassan II.** liegt an der Av. de la Plage (Straße Richtung Laâyoune, Tel. 0528 87 71 74).

Sonstiges

- Diverse **Banken** mit Geldautomat entlang der Av. Hassan II.
- Viele günstige **Restaurants** findet man an der Av. Hassan II. und rund um den Place de La Marche Verte beim Busbahnhof (z.B. **Ennajma,** freundlich und gutes Essen).
- **Feste: Moussem Tan-Tan** (Touristen- und Folklorefestival) im September, **Moussem Chbika** im Mai.

Ab Tan-Tan führt die gute Teerstraße nach El Ouatia. Die Strecke Ouatia (Tan-Tan Plage) – Tarfaya wurde zur Besetzung der Westsahara 1975 in Windeseile ausgebaut.

Wenige Kilometer hinter Tan-Tan zweigt links eine Straße zum Flughafen und 1 km weiter nach Es-Semara (Smara) in der Westsahara ab.

20 km hinter Tan-Tan **(km 150)** führt bei einer Tankstelle die Straße geradeaus nach El Ouatia und links nach Tarfaya und Laâyoune.

El Ouatia (ehem. Tan-Tan Plage) liegt 2 km abseits der Hauptstraße (an obiger Kreuzung geradeaus).

El Ouatia (ehem. Tan-Tan Plage)

Der aufstrebende Ort mit vielen Neubauten dient als Sommerfrische für die Bewohner von Tan-Tan. Der **Fischereihafen** wurde enorm vergrößert, sodass hier inzwischen nach Laâyoune landesweit die größten Fischmengen pro Jahr eingeholt werden (vgl. Tan-

Route D 13: Guelmim – Dakhla – mauret. Grenze

Tan). Seit 1998 ist der Ort Sitz des nationalen Meeresforschungsinstituts. Im Juli findet in El Ouatia ein Folklore-Festival statt. Zum Essen kann man in Fischrestaurants einkehren.

Bei der empfehlenswerten **Auberge Les 2 Chameaux** (Tel. 0618 49 06 81, www.aaubergecampingdes2chameaux.com, **N 28°29,087', W11°19,281'**) kann man campen und in Zimmern oder im Nomadenzelt übernachten. Es gibt Stellplätze mit Strom, gute sanitäre Anlagen, eine Gemeinschaftsküche, Internet, einen Fernsehsalon und ein Restaurant (70 DH p.P. im Nomadenzelt, Zimmer mit Bad €€, Camping 100 DH für 2 Pers. mit Fahrzeug).

Eine Campingmöglichkeit nur 200 m vom Strand entfernt besteht auch in der **Résidence Sables d'Or** mit Restaurant und Bungalows (Tel. 0528 87 90 80, DZ €€, saubere und gute sanitäre Anlagen, Parken ca. 50 DH/Fahrzeug) und beim **Camping Atlantique** an der Straße parallel zum Strand (Tel. 0668 41 25 54, N 28°29,647', W 11°20,181', angeblich nicht empfehlenswert).

Hinter El Ouatia, in Richtung Tarfaya, verläuft die Straße die ersten 15 km nahe des Kiesstrandes. Dann folgt Steilküste, an der sich meterhohe Wellen brechen. Eine flache Wüstenlandschaft breitet sich ins Landesinnere aus. Viele Fischer stehen mit meterlangen Angelruten am Steilabbruch. Bei ihnen kann man günstig frischen Fisch einkaufen.

Eine Kormoran-Kolonie hat sich bei **km 174** unter den Küstenfelsen eingenistet. 6 km weiter (**km 180**) mündet das **Oued Chbika** ins Meer. Im Mündungsbereich mit schönen Stränden soll in den nächsten Jahren ein großes Touristenresort (www.chbika.ma) mit acht Hotels, Golfplatz, Wohnungen und einem Yachthafen entstehen – dann ist es hier mit der Ruhe und Einsamkeit vorbei…

Die Mündung des **Oued Ma Fatma** ist bei **km 209** erreicht. Dort gibt es schöne Wohnmobilübernachtungsplätze: Südlich der Brücke vor km-Stein 224 abbiegen, **N 28°12,311', W 11°46,917'**. Am Ende des Weges befindet sich ein abgesteckter Platz mit Häuschen (10 DH/Nacht, Dusche 10 DH extra, Wasser auffüllen möglich).

Hier sieht man häufig Flamingos, ebenso an der Mündung des **Oued El Ouaar** (**km 218,** Brücke). Eine schöne Sandbucht wird von schwarzen, ausgewaschenen Felsterrassen mit Höhlen und Muschelbänken begrenzt.

Kurz darauf trifft man auf drei Tankstellen links der Straße (Kontrollposten). Ab hier kann man wesentlich **preiswerter** (zoll- und steuerfrei) **tanken** als im Norden (Diesel ca. 5,20 DH). Das gesamte Gebiet der Westsahara ist zoll- und steuerfrei!

Bei **km 238** trifft man auf die **Station de la Marine.** Nebenan findet man ein großes **Loch mit Meereseinbruch** rechts der Straße.

1 km weiter (**Gesamt-km 239**) ist der Ort **Sidi Akhfennir** erreicht. Einfache Häuser, eine Tankstelle und viele Cafés säumen die Straße. Im **Restaurant France** gibt es sehr guten frischen Fisch. Bei der auf Hobbyfischer spezialisierten Herberge **La Courbine d'Argent** (Tel. 0671 42 23 77, www.lacourbinedargent.com) hinter dem Ort direkt am Meer kann man in Nomadenzelten und Zimmern (€€€) übernachten; Camper sind angeblich nicht mehr erwünscht. Wer in das Naturschutzgebiet **Parc National de Khenifiss** fahren möchte, kann vom Forstamt eine Genehmigung (40 DH) bekommen. Dafür sollte man in Sidi Akhfennir den deutsch sprechenden Herrn *Boujemaâ Dbaia* (Tel. 0671 62 14 08, Treffpunkt im Café/Restaurant France) kontaktieren, er ist bei der Beschaffung behilflich.

Die Steilküste endet und geht in einen schönen **kilometerlangen Sandstrand** über.

Bei **km 261** führt rechts ein Abzweig in das **Naturschutzgebiet Lac Naila.** 1 km weiter trifft man auf ein kleines Fischerhäuschen am Ende der Zufahrtsstraße. Zur Übernachtung auf dem Parkplatz dort braucht man eine Genehmigung der Polizei in Akhfennir (kosten- und problemlos); der arabisch sprechende Aufpasser macht darauf aufmerksam. Von hier führt eine breite Treppe runter zum Meer und zum Sebkha (leider mit angeschwemmtem Müll). Auch wenn man die Hauptstraße nach Laâyoune 3 km weiterfährt, hat man Ausblick nach rechts unten auf das schöne Naturschutzgebiet um den Salzsee, an einer großen, tiefblauen, von gelben

Sanddünen und Schilf gesäumten Lagune. Hier tummeln sich neben diversen anderen Vögeln auch viele Flamingos.

Die Straße führt nun ca. 1 km vom Meer entfernt weiter gen Süden.

Das große **Sebkha Debira** bzw. **Tamzra (km 278)** breitet sich rechter Hand der Straße aus. An der Küste liegt der **Marabut des Sidi Lemsid** (*Sidi El Msid*). Das Sebkha ist von einer Kette gelber Sanddünen eingerahmt und erstreckt sich von Westen nach Osten auf einer Länge von 25 km. An seiner Mündungslagune stehen die Reste eines viereckigen kleinen Forts, das seinerzeit die Einfahrt zum „Puerto Cansado" beschützte. Das ganze Küstenplateau ist übersät mit Muschelschalen, darunter fand man früher auch allerhand prähistorische Artefakte wie Pfeilspitzen, kleine Steinbeile, auch eine Menge Straußeneierschalen, manche mit Ornamentik versehen, sowie kleine Ringe aus diesem Material, welche einst die Frauen als Halskettenschmuck getragen haben mögen. Auch Skelettstücke von Walen wurden an dieser Küste gefunden. Ein Abstecher lohnt sich sowohl landschaftlich als auch wegen des traditionellen Salzabbaus.

Bei **km 310** führt die Straße wieder am Meer entlang, darunter liegt die Steilküste mit Sandstrand.

Etwa ab **km 326** bis Tarfaya sind immer wieder **gestrandete Schiffe** an der Küste zu sehen – die Ursache für die vielen Havarien ist uns leider nicht bekannt.

3 km vor Tarfaya führt ein Abzweig links nach Laâyoune (ca. 100 km), rechts geht es nach Tarfaya.

Tarfaya

Viele Kasernen deuten auf die Wichtigkeit als **militärischer Stützpunkt** hin. Bereits unter den Franzosen war Tarfaya, damals wegen des vorgelagerten Kaps **Cap Juby** genannt, ein wichtiger Posten. Es gab einen Leuchtturm, der die Schiffe vor den Klippen der Steilküste warnt, und die Postfliegerstation des französischen Militärs, von der aus Briefe in die westafrikanischen Kolonien geflogen wurden. Der berühmte Schriftsteller **Antoine de Saint-Exupéry** war hier 1927–1929 als Postkurierflieger stationiert. Hier holte er sich die Inspiration für einige seiner wichtigsten Bücher wie „Wind, Sand und Sterne", „Der kleine Prinz" oder „Stadt in der Wüste". Nach den schönen Beschreibungen des bekannten Schriftstellers erwartet man sich hier mehr als diesen kleinen Ort am Ende der Welt. Man kann jedoch noch die Kolonialfassade der französischen Kaserne, in der jetzt marokkanisches Militär untergebracht ist, bewundern. Ein kleines Denkmal soll an den berühmten Flieger erinnern: ein aus Rohren zusammengeschweißtes Metallflugzeug am Strand, gegenüber der Kaserne. Von hier genießt man auch einen sehr schönen Ausblick auf den weiten Sandstrand und das **Casa Mar** (siehe Tan-Tan/Geschichte), das der Schotte McKenzie mitten im Wasser errichten ließ.

Das Trinkwasser in Tarfaya ist leicht salzhaltig und von schlechter Qualität. Im Ort gibt es viele Geschäfte und einige Restaurants zur Einkehr. Einfache Unterkunft findet man bei privaten Zimmervermietern. Empfehlenswert ist das **Hotel Casa Mar** (Mobil 0674 60 31 75, DZ €€€) mit voll eingerichteten sauberen Appartements mit Küche und Meerblick. Die Leute sind sehr freundlich, ein gutes Restaurant ist angeschlossen (Fisch und Meeresfrüchte, Menü ca. 120 DH).

An der Straße nach Laâyoune liegt der ausgebaute Fischerhafen. Die unberührten Sanddünenstrände weiter südlich in der Westsahara sind vor allem für **Surfer** interessant.

Von Tarfaya weiter Richtung Laâyoune passiert man bei **km 375** die **Sebkha Tah** links. Diese sollte man besser nicht durchfahren, da hier in der Nähe die ehemalige Grenze verlief und Minengefahr besteht.

5 km weiter verläuft die **ehemalige Grenze zur spanischen Sahara (Westsahara)**. Mittlerweile ist hier ein Ort entstanden (Tankstelle und Café). Die Reste des spanischen Grenzgebäudes von **Tah,** zwei Kuppelgebäude, sind noch zu sehen. An der Straße stehen kleine Steinpyramiden mit arabischer Beschriftung und Jahreszahlen, dekoriert von einem Fahnenstangenwald und einem Denk-

mal zur Erinnerung an den „Grünen Marsch" zur „Befreiung" der Westsahara.

Bei **km 389** ist die **Sebkha Oum D'ba** rechter Hand zu sehen. Ein Abstecher lohnt sich: Etwa 500 m, nachdem man von der Straße aus in der Sebkha schauen kann, geht rechts eine Piste ab. Hier steht eine verfallene Hütte mit einer Rampe bei einem Lkw-Schrottplatz. Dieser echte Salzsee ist von gigantischen Steilwänden umgeben, und man kann auf einer Piste über die weißglitzernde Ebene hinausfahren bis zur Mitte, wo Salz abgebaut wird – aber besser nur, wenn es trocken ist. Danach sollte man das Auto waschen lassen.

An einer **Tankstelle** bei **km 403** führt ein **Abzweig** links nach **Daoura**. Der Ort bestand in spanischer Zeit nur aus Wellblechhütten.

Bei **km 410** zweigt rechts eine Piste zum **Camp Bédouin** ab (4,5 km, Tel. 0667 92 58 74, www.camp-bedouin-maroc.com, **N 27° 27,717′, W 13°03,115′**). Der Platz wird von dem Belgier *Luc Tromme* geführt. Die sanitären Anlagen sind sehr gepflegt, das Brauchwasser etwas salzig, im großen Zeltrestaurant gibt's gutes Essen (Alkoholausschank). Man kann auch im Nomadenzelt übernachten. Es ist möglich, von hier organisierte Quad- und 4x4-Ausflüge sowie eine sehr schöne Wanderung mehrere Kilometer Richtung Strand zu den Dünen und zum Zeugenberg inmitten des Salzsees (ca. 2 Std.) zu unternehmen.

Der Ort **Aïn Tissergad** bei **km 435** besteht nur aus wenigen Häusern.

Am **Checkpoint** bei **km 445** werden die Personalien überprüft und es gibt eine Tankstelle, danach führt links ein **Abzweig** nach

Die Westsahara

Die Westsahara ist ein vorwiegend flaches Gebiet mit nur wenigen, im Osten bis max. 700 m hohen Hügeln. **Hammadas** (Steinwüsten), **Regs** (Kieswüsten), **Ergs** (Sandwüsten) – allerdings mit nur wenigen Sanddünen – und **Sebkhas** (Salzsenken) prägen die Landschaft. Das Gebiet der Seguit el Hamra in Richtung Smara (Es Semara) und Tindouf besteht vor allem aus kalkigen Hochflächen mit weißem Mergel und Quarzkies. Wasser gibt es kaum, nur in den Oueds gedeihen wenige Akazien und Sukkulenten.

Südwestlich von Laâyoune in Richtung mauretanischer Grenze liegt das **Zemmour**, eine Granithügellandschaft, die ihre größten Erhebungen bei Guelta Zemmour mit Bergen von ca. 700 m Höhe hat. Der **Küstenstreifen** ist durch den Atlantik stark gegliedert und von Schluchten durchzogen. Die Küstenlinie fällt von der Hochebene meist steil ab und verläuft in vorgelagerten Sandstränden. Durch den kalten Kanarenstrom herrscht oft Nebel an der Küste. Vor allem im Winter ist es nachts feuchtkalt, Temperaturen um 0°C sind nicht selten. Die Tageshöchsttemperaturen können im Sommer abseits der Küste bis 55°C betragen, sind aber entlang des Küstenstreifens häufig nicht höher als 25°C.

Im Süden erstreckt sich hinter der Küste das Basaltgebirge **Adrar Soutouf**, dahinter liegt die trockene **Wüste Tiris.** Zu Regenfällen – meist heftige Gewitter – kommt es nur selten entlang der Küste oder im Gebiet von Seguit el Hamra.

Die Westsahara war vor der Angliederung an Marokko nur dünn von Nomadenstämmen besiedelt. Eine hier heimische Ethnie sind die **Reguibat**, freiheitsliebende Krieger, die auch wie ihre Tuaregnachbarn in Algerien „Blaue Männer" genannt werden, weil sie blaue Djellabas (weite Umhänge) mit schwarzen Turbanen tragen und die Indigofärbung der Gewänder auf die Haut abfärbt. Sie fühlen sich als Herren dieses Gebiets und erlangten ihren Namen von dem von ihnen verehrten Heiligen *Ahmed R'Guibi*. Ihre Ursprünge gehen bis auf die ersten Jahre der Hedschra (islamische Zeitrechnung) zurück. Sie gliedern sich in mehrere Fraktionen mit jeweils einem Stammesführer. Die **Tekna**, ei-

Dcheira (Ed Chera) – geradeaus weiterfahren nach Laâyoune.

Bei **km 447** ist der **Militärposten vor Laâyoune** in einem schlossartigen Gebäude erreicht (Personalienkontrolle), N 27°10,259′, W 13°11,5′26′. Über die Brücke am Oued Seguiat al Hamra erreicht man die **Innenstadt von Laâyoune** bei **ca. km 450**.

Laâyoune

Laâyoune ist ein **wichtiger Militärstützpunkt** und die Hauptstadt der Provinz Laâyoune-Boujdour-Sakia el Hamra. Die unaufhörlich wachsende Stadt hat ca. **184.000 Einwohner** (1960 waren es erst 5700!) und liegt in der Senke des **Oued el Khatt,** kurz vor dessen Mündung ins Meer. Laâyoune sowie das gesamte Gebiet der Westsahara sind steuerfrei (billiger Treibstoff!) sowie **Zollfreigebiet.**

Ein Großteil der zugezogenen **Bevölkerung** sind Marokkaner aus dem Norden, die mit höheren Gehältern und Steuervergünstigungen hierher gelockt werden. Die **Saharawi-Frauen** tragen dünne Umhänge und Tücher in leuchtenden Farben und schlingen diese locker über den Kopf. Sie sind meist sehr selbstbewusst und Fremden gegenüber aufgeschlossen. Das gilt auch für die Männer, die sich überwiegend westlich kleiden. Auch jede Menge UN-Soldaten tummeln sich hier, die zur Überwachung des Westsahara-Referendums in die Stadt gerufen wurden und deren Mandat Jahr für Jahr verlängert wird.

ne andere Volksgruppe, gliedern sich ebenfalls in Untergruppen und bilden aus diesen eine Konföderation von zwölf Stämmen. Sie leben hauptsächlich im Süden, haben sich aber auch als Händler in Smara und Laâyoune niedergelassen. Eine andere Ethnie sind die **Uled Slim;** sie gelten als maurische Volksgruppe, zu der auch die Fischerstämme Imragen und Chnaglas gehören, die früher Tribut an die ihnen Schutz gewährenden Uled Slim zahlten.

Die Westsahara zählte 1975 etwa 200.000 Bewohner, von denen über die Hälfte nach dem „Grünen Marsch" in die Lager um Tindouf in Algerien geflohen ist (vgl. im Kapitel „Land und Leute").

Der **Nomadismus** verliert infolge des Westsaharakonflikts (vgl. Exkurs „Der vergessene Krieg in der Westsahara"), der Grenzziehungen und des Schutzwalls immer mehr an Bedeutung. Die verbliebenen Nomaden verlagern ihre Weidegebiete in die fruchtbareren Gebiete um Guelmim und bis in den Anti-Atlas, was den dort lebenden Berbern ein Dorn im Auge ist. Das (Arbeits-) Leben konzentriert sich auf die Städte, vor allem Laâyoune, wo sich zahlreiche Saharawis in den Industrie- und Hafengebieten bzw. in den Phosphatminen bei Bou Craa verdingen. Durch die hohe Präsenz des marokkanischen Militärs ist ein reger Handel entstanden, an dem die Tekna genauso wie marokkanische Händler ihren Anteil haben.

Die Situation der (armen) **Fischer** hat sich dank des Ausbaus der Fischerhäfen von Laâyoune, Boujdour und Dakhla mit japanischer Hilfe verbessert – die meisten Fischer an der Küste bekamen halbwegs menschenwürdige Behausungen.

Obwohl in die Westsahara in den letzten Jahrzehnten intensiv investiert wurde, halten die **Spannungen** zwischen marokkanischer Regierung und Saharawis an – so gab es im November 2010 blutige Auseinandersetzungen mit mehreren Toten, als die Polizei das Lager von (z.T. gewaltsam) demonstrierenden Saharawis am Rande von Laâyoune räumte. Auch wenn es mehr Tote unter den Polizisten gab, wurde dieser unschöne Zwischenfall in der westlichen Presse in erster Linie der marokkanischen Politik zur Last gelegt. Unfreiheit lässt sich offensichtlich nicht nur durch verbesserte Lebensbedingungen kompensieren.

Route D 13: Laâyoune

Die Stadt erhielt mit Investitionen der marokkanischen Regierung ein modernes, stets sehr sauber gehaltenes Zentrum. Insgesamt macht Laâyoune einen moderneren Eindruck als so manche Stadt im Norden Marokkos – auch die Einkaufsmöglichkeiten sind sehr gut.

Der **Hafen** wurde als Hochseehafen ausgebaut, um die ausgebeuteten Rohstoffe direkt verschiffen zu können.

In Laâyoune gibt es nicht viel zu entdecken. Sehenswert sind allenfalls der **Colline des Oiseaux**, ein schön angelegter Park mit exotischen Vögeln, und das **Ensemble Artisanal**, das staatliche Kunsthandwerkszentrum.

Information

- **Délégation provinciale du Tourisme,** Rue d'Islam, ggü. Hotel Parador, gelbes Häuschen mit grünem Zaun, Tel. 0528 99 52 83, laayoune@tourisme.gov.ma.
- **PLZ von Laâyoune:** 70 000.

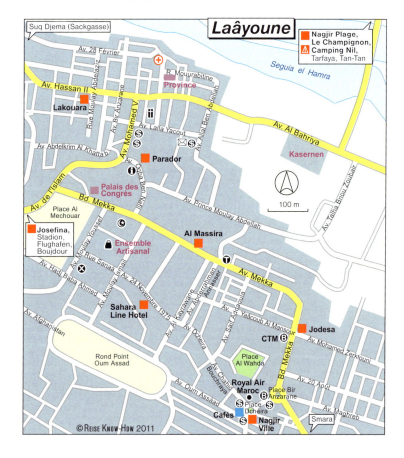

Unterkunft

- **Al Massira*******, Av. Mekka/Oqba ibn Nafi, Tel. 0528 89 42 25, Fax 0528 89 09 62. Klimatisierte Zimmer, mit Pool. €€€€.
- **Parador*******, Rue Oqba ibn Nafi, Tel. 0528 89 00 00, Sahara_hospitaly@yahoo.fr. Sehr schönes Hotel mit Pool und allem Komfort. Al Massira und Parador gehören beide zu „Sahara Hospitaly".
- **Nagjir Ville******, Place (Sahat) Dcheira (Pl. de la Résistance), Tel. 0528 894 168/169, 0528 890 983/984, www.hotel-nagjir.com. Hotel mit schöner Lobby, Pool und Disco; hier residieren viele UNO-Beauftragte. Die Zimmer entsprechen keinem 4-Sterne-Standard: kleine Bäder, verschlissene Teppichböden. Günstige Lage nahe der Hauptgeschäftsstraße Av. Mekka. €€€B.
- **Nagjir Plage******, Corniche Foum el-Oued, Laâyoune Plage, Tel. 0528 991 018/019, Fax 0528 995 270. Hotel am Meer mit geräumigen, gut ausgestatteten Zimmern (z.T. mit Meerblick, €€€), Suiten, Bungalows und großem Pool.
- **Sahara Line******, Rue Kairaouane/Rue 24. Novembre, Tel. 0528 99 54 54, Fax 0528 99 01 55. Schönes Hotel nahe des Zentrums, Zimmer mit Sat-TV. €€€.
- **Le Champignon,** Laâyoune Plage (Foum el-Oued), Tel. 0528 89 21 15, Fax 0528 89 27 91. Etwas verkitschter Tourismuskomplex mit Bungalows in Pilzform (2–6 Pers., z.T. mit Küche), Pool mit Discobeschallung, Restaurant und Bar. Im Sommer ist ziemlich was los, man glaubt sich in Spanien. DZ in der Vorsaison €€, in der Hauptsaison €€€.
- **Lakouara*****, Av. Hassan II., Tel. 0528 99 49 94. Hotel der Mittelklasse mit 40 gepflegten Zimmern. €€€B.
- **Josefina*****, Port de Laâyoune, an der Straße nach Laâyoune-Hafen, kurz nach der Stadtausfahrt in Richtung Boujdour, Tel. 0528 99 84 78, hotel_rest_josefina@hotmail.fr. Gepflegtes Hotel mit 18 Zimmern, Restaurant mit spanischer Küche (spanischer Besitzer). €€€.
- **Jodesa****, 223, Av. Mekka, Tel. 0528 99 20 64, Fax 0528 89 37 84. Empfehlenswert. €€.
- Diverse **unklassifizierte Hotels** beim Suq Djemal.

Camping

- **Campingplatz Nil** in Laâyoune Plage (Foum el-Oued) gegenüber der Rückseite des Hotels Champignon. Groß, einfach und meist sauber.
- **Wohnmobilisten** können in Foum el-Oued am Ende der Strandpromenade auf einem großen Parkplatz oder weiter hinten bei den Dünen (etwas vermüllt) stehen.

Essen und Trinken

Um den **Place Dcheira** und entlang der **Av. Mekka** gibt es viele preiswerte Restaurants und Cafés.

Busse

- Der **Busbahnhof** liegt im Zentrum an der Av. Mekka neben dem Hotel Bahia.
- **CTM-Büro,** Tel. 0528 89 02 48.
- **Supratours-ONCF,** Tel. 0528 89 07 72.

CTM-Verbindungen und Preise

- **Casablanca:** 2x tägl. (1x tägl. Weiterfahrt nach **Rabat**), 21 Std. Fahrzeit, 400 DH.
- **Fès:** 1x tägl., 14 Std. Fahrzeit, 430 DH.
- **Marrakesch:** 1x tägl., 17 Std. Fahrzeit, 300 DH.
- **Dakhla:** 1x tägl. (von Casablanca kommend), ca. 145 DH, 10 Std. Fahrzeit.
- **Guelmim:** mehrmals tägl., ca. 135 DH.

Taxis/Sammeltaxis

Abfahrt am nordwestlichen Ende der Av. Hassan II. in Richtung Norden. Die Taxis nach Boujdour und Dakhla fahren von einem Platz weiter südlich ab (nach dem „Garé routière direction Boujdour" fragen).

Flüge

- **Royal Air Maroc,** Place Dcheira, Imm. Nagjir, Tel. 0528 99 58 00/10.
- Der **Flughafen Hassan I.** liegt 1 km außerhalb, Tel. 0528 89 37 91.

ROUTE D 13: GUELMIM – DAKHLA – MAURET. GRENZE

● Es fliegen mehrmals wöchentlich Maschinen nach **Casablanca, Dakhla** und **Agadir** (RAM).

Rund ums Auto

In der Stadt gibt es mehrere **Autovermieter** und **Werkstätten,** z.B. bei **N 27°09,66′, W 13°12,70′,** und **Garage Salam,** 72, Rue Assila, Tel. 0528 89 13 64.

Route D 13, Abschnitt 2: Laâyoune – Boujdour – Dakhla

● 540 km

Die einsame Teerstraße führt – abgesehen von den langen Stränden unterhalb der Steilküste – keine besondere Attraktionen Richtung Süden. Busverbindung einmal täglich nach Boujdour und Dakhla.

Vom Flughafen und Kreisverkehr **(km 0)** geht es hinter Laâyoune vorbei an vielen Sanddünen in Richtung Foum el-Oued.
Nach **15 km** zweigt die Straße nach Foum el-Oued (Laâyoune Plage, 6 km) ab. Im Dorf bei km 4, kurz vor der Gendarmerie, kann man beim Dorfbrunnen gut die Wassertanks von Wohnmobilen auffüllen. 2 km weiter ist **Foum el-Oued** mit Strandpromenade, Palmenallee und einem schönen Sandstrand erreicht. Der Tourismuskomplex Le Champignon an der Straße zum Strand liegt in Meeresnähe (vgl. Laâyoune/Hotels). Im Sommer herrscht hier sehr viel Trubel. Der einfache **Campingplatz Nil** liegt gegenüber (siehe Laâyoune/Camping).
Bei **km 24** geht es an der Kreuzung geradeaus nach **Laâyoune Port** mit Hafen- und Industrieanlagen, vielen Neubauten, Geschäften, Bank, Apotheke, Restaurants und den **Hotels El Marsa*** (€, einfach) und **Josefina** (siehe Laâyoune). Es bestehen keine Campingmöglichkeiten am Strand südlich des Hafens.
An der Abzweigung fährt man **links weiter** nach **Boujdour** und **Dakhla.**
Bei **km 31** führt die Straße über das Transportförderband für Phosphat, das 109 km bis Bou Craa zu den Abbaustellen des Phosphats geht. Hier enden die Hafenanlagen von Laâyoune.
Bei **km 47** zweigt rechts die Zufahrt zum **Plage Tourouma** ab. Bei **km 77** breitet sich links eine große Sebkha aus.
106 km hinter Laâyoune ist **Lamssid** (Lemsid) mit Tankstelle erreicht. Hier kann man über eine Piste zum Strand gelangen. 40 km weiter geht es an einem Abzweig zum Fischerdorf **Agathali.**
Bei **km 158** kann man nach rechts zum **Leuchtturm Faro-Cabino** (6 km Piste) und zu einer Fischersiedlung abbiegen. Der Leuchtturm funktioniert nicht mehr. An diesem schönen Strand liegen mehrere gestrandete Schiffe.
Es müssen zwei Checkpoints passiert werden, bevor man bei **km 186** in **Boujdour** ankommt.

Boujdour

Die **expandierende, sehr gepflegte Stadt** hieß unter den Spaniern Cap Bojador und hatte nur ca. 3000 Einwohner, mittlerweile sind es durch den Zuzug zahlreicher Marokkaner aus dem Norden schon rund 37.000. Um die lokale Wirtschaft anzukurbeln, ist ein **Fischerhafen** in Bau, der im Laufe des Jahres 2011 fertiggestellt werden soll(te). Es gibt viele Geschäfte, Cafés, eine **Bank** mit Geldautomat, einen **Markt** (es ist sogar Butter erhältlich), eine **Tankstelle** und zwei einfache **Hotels.** Sehenswert ist der alte **Leuchtturm,** den man von außen besichtigen, aber nicht fotografieren darf, da sich dort das Militär einquartiert hat.
Fährt man südlich der Strandpromenade entlang (an der Müllkippe vorbei), erreicht man einen sehr schönen Muschelstrand mit dem **Camping Sahara Line** (Bd Mohamed V./Corniche, ausgeschildert, Tel. 0528 89 68 93, campingsaharaline@menara.ma, **N 26°**

07,912′, W 14°29,738′, europäischer Standard, Strom und Waschmaschine vorhanden, warme Duschen, viel Platz für Wohnmobile, nur ein Platz für Zelte und 4x4, Minimarkt und Restaurant).

Insgesamt **204 km** nach Lâayoune kann man bei **N 25°58,163′, W 14°30,987′** (gegenüber einem weißen Haus, Gendarmerie-Kontrolle) über den Steilabbruch auf einer Teerstraße zu einem **wunderschönen Sanddünenstrand** mit zwei gestrandeten Schiffen hinunterfahren. Vorsicht: Bei Ebbe tummeln sich Rochen im seichten Wasser! Am Ende der Teerstraße kann man unten auf einer Piste halbwegs nahe zum Meer gelangen (mit Erlaubnis der Offiziellen am Checkpoint).

Die gute Straße erlaubt auf den nächsten Kilometern schöne Ausblicke von den Steilabbrüchen aufs Meer hinunter. Entgegen den Angaben auf den Karten führt die Straße von Zeit zu Zeit immer wieder in Küstennähe vorbei. Bedingt durch die Steilküste liegen die kilometerlangen Strände oft fast unerreichbar weit unten.

Bei **km 254** steht ein Leuchtturm rechts. Bei **km 351** gibt es eine Tankstelle. 1 km danach zweigt eine Straße zu einem Fischerdorf ab, das an einer schönen Bucht liegt. Vor dem Ort ist die Straße abgesperrt. Die Bucht mit den Fischerbooten ist nur zu Fuß erreichbar.

An der **Village de Pêche La Crâa** bei **km 369** kann man tanken. 4 km weiter führt die Straße hinab ins Oued Crâa und wieder hinauf. Die Gegend wird ungefähr für 20 km etwas hügeliger, verstreute kleine Tafel-(Zeugen)berge tauchen auf. Ab **km 450** ist die Landschaft wieder öde und eben.

Bei **km 470** liegt die neue Siedlung **N'Tirifit**, 3 km weiter eine Tankstelle.

Eine weitere Tankstelle befindet sich bei **km 495** am Abzweig nach **El Argoub** links und Dakhla rechts (Kontrollposten der Gendarmerie). Danach führt die Straße hinab in die **Lagune von Dakhla**. Hier sieht man viele Wasservögel (Flamingos, Pelikane etc.). Vorsicht: Nicht mit dem Fahrzeug in die trockenen Lagunenränder fahren, es besteht die Gefahr in die sandige Sebkha-Oberfläche einzusinken, denn unter der vermeintlich festen Oberfläche ist es feucht!

Etwa bei **km 504** gibt es bei einem Militärposten (**N 23°54,192′, W 15°47,228′**) gute Campmöglichkeiten am Sandstrand mit Felskegel. Abgesehen von wenigen Fischern (bei denen man direkt Fisch kaufen kann) und vielen streunenden Hunden ist es hier sehr ruhig. Beim Baden Vorsicht vor Zitterrochen, die sich hier im flachen Wasser in den Sand einwühlen! Bei Ebbe kann man zu Fuß auf die vorgelagerte Insel wandern.

Auch auf der folgenden Strecke findet man links und rechts der Straße schöne Plätze zum Campen oberhalb des Meeres (im Winter viele Wohnmobile). Auch Hobbyfischer treffen sich hier zum Hochseeangeln.

Bei **km 534** liegt der Camping Moussafir (siehe Dakhla) und gegenüber der Abzweig nach Oum Laabouir. 1 km weiter müssen an einem Checkpoint mal wieder alle Personendaten genannt werden. **N 23°45,527′, W 15°54,576′.** 200 m danach zweigt eine Straße zum Atlantik ab, die zum Leuchtturm und am Flughafen entlang in die Innenstadt führt.

Dakhla ist **540 km** nach Laâyoune erreicht.

Dakhla

Das ehemalige Villa Cisneros ist in erster Linie eine Militärstadt (ca. **85.000 Einwohner**), soll aber wegen der fischreichen Küste ein wichtiges **Fischereizentrum** werden. Die saubere Stadt entwickelt sich schnell, der Hafen wurde ausgebaut, eine angeschlossene Industriezone soll eine Weiterverarbeitung der Fänge möglich machen und Arbeitsplätze schaffen. Touristisch ist die Küste bei Dakhla (Lagune) vor allem für **Kite- und Windsurfer** sowie für **Hochseeangler** interessant. Immer mehr Camps bieten Pauschalangebote mit Kursen, Unterkunft, Vollpension und Ausrüstung an. Man kann aber auch lange Wanderungen an den endlosen weißen Sandstränden und durch die Wüste unternehmen.

Das Städtchen mit seinen weiß getünchten Häusern bietet **beste Versorgungsmöglich-**

keiten. Die Bevölkerung ist relativ modern eingestellt, sehr nett und hilfsbereit, spricht aber kaum französisch, eher noch spanisch. Ein hübscher Anblick sind die Menschen in ihren **traditionellen Gewändern**. Die Frauen tragen bunte Tücher, die man in den Läden an der Rückseite des Suqs kaufen kann, die Männer die traditionelle hellblaue Gandura. Inzwischen jedoch laufen die meisten Bewohner Dakhlas auch in Jeans herum.

Um den Ort gibt es überall warmes Wasser, da Bohrungen **Thermalwasser** nach oben fördern.

An der Ostseite der Bucht von Dakhla in Richtung Süden erreicht man entlang einer Steilküste nach ca. 45 Minuten zu Fuß eine größere **Bucht**, die bei Ebbe trocken liegt. Hier kann man viele **Vögel** beobachten, z.B. Flamingos, Pelikane, Reiher und Strandläufer. Zunächst geht's am Flughafen vorbei und dann immer auf den Leuchtturm zu. Rechts von ihm liegt eine kleine Steilküste mit einem Sandstrand und meist starker Brandung. Weiter nach Norden laufen die Klippen aus, und es gibt nur noch Sand und Minidünen. Da im Süden leider mal die Müllkippe lag, weht es in Stadtnähe jede Menge Plastiktüten durch die Gegend.

Ein schöner Ausflug führt zur **Île du Dragon**, die ca. 30 km vor Dakhla in der Bucht zwischen der Landzunge und dem Festland (siehe km 504) liegt. Man kann die Insel bei Ebbe zu Fuß (z.B. vom Camp Nomades du Sahara) oder per Boot (teure Tagesausflüge vom Hotel Calipau) erreichen. Wer in der Lagune von Dakhla angeln will, kann bei der Polizei eine Erlaubnis einholen.

Information

- **Délégation provinciale du Tourisme**, 10, Av. Al Walaâ, Imm. Al Baraka, Tel. 0528 89 83 89, dakhla@tourisme.gov.ma.

Unterkunft

Klassifizierte Hotels

- **Bab al Bahar**, Av. Mohamed V., Tel. 0528 93 14 40, www.bab-al-bahar.com. Das 2008 eröffnete Hotel der Best-Western-Gruppe ist elegant durchgestylt und bietet komfortable Zimmer mit Sat-TV, WiFi und zum Teil Blick über die Bucht des Oued Eddahab. Spa-Bereich mit Fitness, Hammam und Massage. Italienisches Restaurant und Frühstücksbufett. €€€€.
- **Calipau Sahara**, Avenue Al Walaâ, Tel. 0528 89 88 86, info@calipau-sahara.co, www.dakhla-hotel-sahara.com. Luxushotel mit modern und elegant ausgestatteten Suiten mit Meerblick. Großer Pool direkt über dem privaten Sandstrand, sehr gutes Restaurant mit Fisch und Meeresfrüchten, Spa mit Hammam, Massagen und Jacuzzi. €€€€€ (teuer!).
- **Sahara Regency*******, neben dem Rathaus im Zentrum und in der Nähe des alten Hafens, Tel. 0528 93 16 66, www.sahararegency.com. First-Class-Hotel mit Pool und klimatisierten Zimmern. €€€€.
- **La Sarga******, Av. Allal El Fassi, Tel. 0528 89 80 69. Vor allem von Hobbyfischern frequentiertes Luxushotel mit 80 Zimmern und Pool auf der Dachterrasse. €€€€.
- **Doums*****, Av. Al Walaâ (an der Hauptstraße von Norden kommend links), Tel./Fax 0528 89 80 45. Angenehmes Hotel mit sauberen Zimmern (€€) und Autoverleih.
- **Residence Erraha*****, Av. Ahmed Benchekroune, rechter Hand der Straße zum Hafen, gegenüber der neuen Moschee. Angenehmes Hotel mit sauberen Zimmern (€€), auch Appartements mit Küche (€€€B).
- **El Wahrda****, Av. Al Walaâ. Ordentliches Hotel gleich an der Einfahrtsstraße linker Hand. €€B.
- **Makaouama***, Av. Al Walaâ. Einfaches Hotel mit warmer Dusche.

Camps in der Bucht von Dakhla

- **Auberge des Nomades du Sahara**, Route de Dakhla PK27 (27 km vor Dakhla), Mobil 0670 65 52 72, www.auberge-des-nomades-du-sahara.com. Zeltcamp für Surfer und Fischer vor der Île du Dragon in der Bucht von Dakhla.
- **Camp Dakhla Attitude**, Route de Dakhla PK35 (35 km vor Dakhla), Mobil 0661 83 50 10, booking.dakhlaattitude@gmail.com,

www.dakhla-attitude.ma. In diesem Camp kann man einen entspannten Surfurlaub verbringen und Kitesurfkurse in der flachen Lagune buchen. Surfer können sich hier auch das komplette Equipment ausleihen. Neben dem Kitecenter gibt es Zelte mit Betten und Strom (geteilte sanitäre Anlagen), Bungalows mit Bad, einen Surfshop, eine Lounge, ein Restaurant und WiFi auf dem Gelände.

● **Camp Rio Aguila Aventure,** Route de Dakhla PK25 (25 km vor Dakhla), Mobil 0668 13 21 10, www.rioaguilaaventure.com. Zeltunterkunft und Camping für Surfer und Traveller an der Mündung des Río de Oro, Generatorstrom, gute sanitäre Anlagen. Verschiedene Aktivitäten in der schönen Umgebung sind möglich.

Camping

● **Moussafir,** 6 km vor dem Ort in Richtung Norden. Gepflegter Platz mit guten sanitären Anlagen (kalte Duschen), Trinkwasser auffüllen möglich. Von dort kann man hinab zur Lagune laufen, die ca. 10 m unterhalb liegt (baden möglich).

● Am nördlichen Ende der Lagune befindet sich der **Campingplatz km 25,** der im Winter mit Wohnmobilen voll besetzt ist.

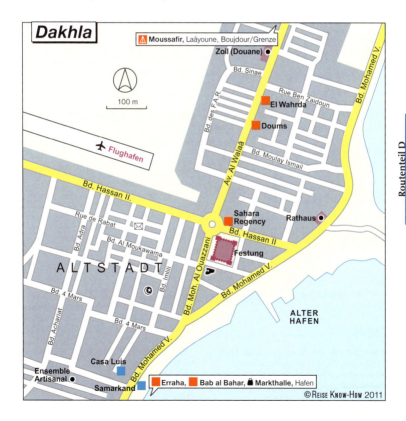

- Auch **entlang der gesamten Lagune** ist Campen möglich.

Essen und Trinken

- **Casa Luis**, Av. Mohamed V., direkt neben dem Hotel Bahia. Gemütliches und schönes Restaurant mit guter Küche (Menü 60 DH) und Bierausschank.
- **Samarkand**, links an der Hauptstraße schräg gegenüber vom Hotel Sahara. Schönes Restaurant am Meer, mit Glaskästen als Windschutz. Fisch und Tajine okay, Pizza mäßig, kein Alkohol.
- Sehr gutes Essen gibt es im **Hotel Calipau Sahara** (Fisch und Meeresfrüchte). Wein.
- **Einfache Restaurants** in der Nähe der überdachten Suqs – hier kommt guter fangfrischer Fisch auf den Tisch!

Busse

- Büros von **CTM** und **Supratours** an der Hauptstraße von Boujdour kommend.
- Das **Sat-Büro** (Satas) liegt bei der Markthalle und nahe der neuen Moschee.

CTM-Verbindungen und Preise

- **Laâyoune:** 1x tägl., ca. 145 DH, 10 Std. Fahrzeit.
- **Agadir:** 3x tägl., 350 DH, 22 Std. Fahrzeit.
- **Casablanca:** 1x tägl., 520 DH, 31 Std. Fahrzeit.

Taxis/Sammeltaxis

- **Abfahrt** nahe des großen Platzes hinter der Altstadt und zwischen der Neustadt.
- **Kleinbusse nach Mauretanien** starten vom Checkpoint an der Kreuzung nach El Argoub.

Sonstiges

- **BMCE-Bank** (mit Automat) an der Hauptstraße links, da, wo sich die Straße teilt.
- **Ensemble Artisanal** (Kunsthandwerk zu Festpreisen) rechts der Hauptstraße (dem Schild „Sûreté National" folgen).
- Das Gebäude der **Post** sieht mehr nach Lagerhalle aus (mit Rolltor) und liegt etwas zurückversetzt von der Hauptstraße, die hinter der Altstadt im Westen in Richtung neue Moschee und Markthalle führt, **N 23°41,618', W 15°56,194'**.
- **Frisches Gemüse und Fleisch** kauft man am besten in der **Markthalle** (mit weißen Kuppeln) hinter der neuen Moschee.
- 30 km entfernt von Dakhla, in der Lagune, bietet das **Camp Attitude** (vgl. Dakhla/Unterkunft) eine Basis für **Wind- und Kitesurfer** mit Kursen und Ausrüstungsverleih.
- **Trinkwasser** zum Kanisterauffüllen ist am Campingplatz zu bekommen, an den Tankstellen gibt es nur Brauchwasser.

Route D 13, Abschnitt 3: Dakhla – mauret. Grenze

- **Ca. 390 km**

Die Route südlich von Dakhla ist bis kurz vor die Grenze asphaltiert, weiter geht es auf Piste durch vermintes Gebiet bis zur Grenze nach Mauretanien. Für die Fahrt über die Grenze nach Mauretanien ist Wüstenausrüstung sinnvoll, und es sollte unbedingt genug Wasser und Verpflegung eingepackt werden. Von Nouâdhibou kann man auf einer Teerstraße nach Nouâkchott weiterfahren (vgl. „Westafrika, Band 1: Sahel-Länder", Reise Know-How Verlag).

Beim Militärposten außerhalb von Dakhla **(km 0)** fährt man auf der Teerstraße Richtung Norden. **34 km** weiter zweigt eine Straße rechts nach El Argoub ab (Checkpoint und Tankstelle).

Bei **km 46** geht es an einem Abzweig nach Awsserd (Aoussert), Tichla.

Bei **km 71** befindet sich der Abzweig links nach **Tinguir.** 1 km weiter folgt eine **Tankstelle.**

ROUTE D 13: GUELMIM – MAURET. GRENZE

Bei **km 76** ist **El Argoub** erreicht. Rechts geht es hinunter zur Bucht. Der Ort mit seinen rötlichen Häusern und sehr kleinen Geschäften wirkt etwas trostlos. Hier gibt es u.a. frisches Brot, Obst und Gemüse zu kaufen.

Bei **km 88** geht es rechts nach **Mlili** bzw. **Imlili** – dort ist ein Militärposten, wo es weder Verpflegung noch Treibstoff gibt. Auf der folgenden Strecke erstrecken sich immer wieder schneeweiße Dünen neben der Straße.

Bei **km 90** liegt rechts das kleine Fischerdorf **Porto Rico**. 20 km weiter folgen eine Siedlung und ein Strand mit weißen Dünen.

Bei **km 123** gibt es eine Tankstelle und einen Abzweig zur Siedlung **La Bouirdia** am Meer.

125 km hinter Dakhla zweigt eine Piste nach **Cintra** mit langem Sandstrand ab. 2–3 km danach folgt eine Abbruchkante und Schichtstufenberge, rechts sieht man ein Sebkha bzw. Meeressenke und das Mündungsgebiet des Oued Cintra. Die Küstenlinie bildet hier eine Halbinsel.

Ab **km 156** verläuft die Straße wieder in Küstennähe mit lang gezogenem weißen Sandstrand.

Bei **N 22°54,359′, W 16°11,867′**, zweigt eine Piste rechts ab, die zum Meer führt. Rechter Hand liegt ein schöner, aber leider vermüllter Sandstrand (alte Bojen, Plastikmüll von Fischern etc.) mit Wrack, der von kleinen weißen Dünen gesäumt wird.

Bei ca. **km 186** erstreckt sich rechts das **Sebkha Natatoulet**. Danach führt die Route bis zur Grenze durch Schutthügellandschaft, die kein Ausweichen ins Gelände erlaubt. Vor dem marokkanischen Grenzposten folgen noch zwei **Checkpoints**, an denen die Personalien und Kfz-Daten aufgenommen werden.

Bei **km 284** kann man sich an zwei **Tankstellen und in Läden** (Getränke und Dosen) mit der nötigsten Versorgung eindecken. Hier gibt es auch ein Motel. **N 22°03,246′, W 16°44,754′**.

Nach **363 km** ab Dakhla ist der marokkanische **Grenzposten** (mit einigen Läden) **Guerguerat** erreicht. Hier werden in den Häuschen unten am Parkplatz die Ausreiseformalitäten erledigt: Zoll (freundlich, nur lasche Fahrzeugkontrolle) und Polizei (Ausreisestempel, freundlich und problemlos). **N 21°25,408′, W 16°57,408′**.

Bei **km 341** befindet sich der letzte marokkanische Militärposten – hier endet der Asphalt.

Vom marokkanischen Grenzposten fährt man auf breiter geschobener Piste nach Süden und erreicht nach ca. 4 km den neuen **Grenzposten Mauretaniens** (Zoll bei **N 21°19,878′, W 16°56,767′**). Hier beginnt die Straße nach Süden. 9 km danach überquert man die Gleise der Eisenerzbahn nach Zouérate, dann verzweigt sich die Straße. Links geht es nach Nouakchott, rechts nach Nouâdhibou (50 km). In **Nouâdhibou** muss die Kfz-Versicherung für Mauretanien abgeschlossen werden (vgl. „Westafrika, Band 1: Sahel-Länder", REISE KNOW-HOW Verlag).

Routenteil E:
Die Atlantikküste und der Westen

Asilah: Stadt mit andalusischem Flair

Strand südlich von Sidi Kaouki

Schnappschuss in Essaouira

Einleitung zu Routenteil E

Die nördliche Atlantikküste und der Westen sind die **reichsten Gebiete Marokkos.** Hier lebt der größte Teil der Bevölkerung, hier liegen die **größten Industriestädte und Handelszentren** (Casablanca, Rabat, Kénitra), die wichtigsten Phosphatabbaugebiete (Khouribga, Youssoufia) und die fruchtbarsten Landwirtschaftszentren wie der Rharb (Gharb), die Loukkos-Ebene und die Doukkala.

Touristisch bieten die Industriezentren und Landwirtschaftsgebiete im Atlantischen Becken und in der Zentralmeseta wenig. Deshalb konzentriert sich dieser Routenteil, was das **Hinterland** betrifft, auf einige wichtige Hauptverbindungsstrecken oder Sehenswürdigkeiten, wie die Kasbah Boulâouane, oder das landschaftlich reizvolle Gebiet um die Heilquellen von Oulmès im Pays Zaër und um Rommani.

An der **Atlantikküste** mit ihren schönen Badeorten, wie z.B. Essaouira, Oualidia Mohammedia oder Asilah, findet man Erholung und kann in Ruhe faulenzen, windsurfen (nicht für Anfänger) oder Wellenreiten. Badezeit ist für normal abgehärtete Mitteleuropäer von Juni bis Mitte Oktober: Die Wassertemperaturen steigen wegen des kalten Kanarenstroms im Sommer auf nicht mehr als 20°C, im Winter liegen sie um die 16–17°C. Bei Lufttemperaturen im südlichen Küsten-

Routenübersicht: Die Atlantikküste und der Westen

- **Route E 1:** Agadir – Essaouira / S. 702
- **Route E 2:** Marrakesch – Essaouira / S. 730
- **Route E 3:** Essaouira – Safi / S. 731
- **Route E 4:** Essaouira – Safi (entlang der Küste) / S. 731
- **Route E 5:** Safi – El Jadida – Casablanca / S. 738
- **Casablanca** / S. 746
- **Route E 6:** Casablanca – Rabat (Küstenstraße) / S. 770
- **Rabat und Salé** / S. 774
- **Route E 7:** Rabat – Oulmès – Khenifra / S. 798
- **Route E 8:** Rabat – Kénitra – Larache / S. 798
- **Route E 9:** Larache – Mulay Bousselham – Kénitra / S. 804
- **Route E 10:** Larache – Tanger / S. 805
- **Route E 11:** Meknès – Rabat / S. 812
- **Route E 12:** Casablanca – Marrakesch / S. 812

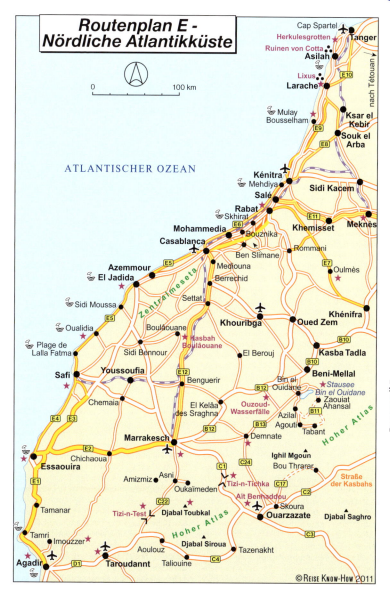

abschnitt zwischen Essaouira und Agadir von 22–25 °C und im nördlichen Bereich der Küste von 8–12 °C im Winter ist ein Bad im 17 °C kalten Wasser meist wenig einladend.

Besonders interessant und geschichtsträchtig sind die ehemaligen portugiesischen Festungsstädte **El Jadida** (UNESCO-Weltkulturerbe), **Safi**, **Essaouira** (UNESCO-Weltkulturerbe) und **Asilah**, aber auch die **Königsstadt Rabat**. Jede Stadt hat ein ganz eigenes Flair – und obwohl sie wohlhabender und häufig auch moderner sind als die Städte im Atlasgebirge, gehen hier noch viele Frauen verschleiert oder tragen den weißen „Haik" als Verhüllung.

Unter den Orten an der Küste haben sich vor allem **Essaouira** und **Asilah** als alternative Reiseziele zu Agadir entwickelt. Hier kann man in Appartements und Riads stilvoll wohnen und abseits der ganz großen Touristenströme baden, bummeln, Galerien besuchen und die Seele baumeln lassen.

Casablanca mit seinen Villen, Hochhäusern, Boutiquen, Restaurants und einer der größten und prachtvollsten Moscheen der Welt (Moschee Hassan II.) zeigt sich nicht nur als moderne Metropole. Die größte Stadt Marokkos setzt sich auch aus riesigen Bidonvilles (Elendsviertel/ Slums) zusammen, in denen die zugezogene Landbevölkerung unter einfachsten Bedingungen lebt. Casablanca entwickelte sich wegen der prekären Zustände u.a. deshalb zum Zentrum der Islamisten in Marokko. Übertriebene Ängstlichkeit ist hier zwar nicht angesagt, doch vorsichtige Touristen sollten die Armenviertel meiden und Casablanca evtl. nur auf der Durchreise besuchen.

Negative Begleiterscheinung der rasanten Infrastruktur- und Bauentwicklung entlang der nördlichen Küste sind der **Müll und Bauschutt** rund um die Städte. Manche Küstenabschnitte, etwa nördlich und südlich von Casablanca, gleichen seit Jahren einer einzigen Riesenbaustelle.

Einsame Naturlandschaften sucht man in diesem Landesteil Marokkos vergeblich – am ehesten findet man noch ein ruhiges Plätzchen im Hinterland im Pais du Zaer, im Mamorawald und in den Bergen östlich von Essaouira.

Route E 1: Agadir – Essaouira

● 172 km, N1

Gute Asphaltstraße durch hügelige Küstenlandschaft, bis Tamrakht vierspurig. Gute Busverbindung ab beiden Städten (siehe dort, Fahrzeit ca. 4 Std., mit Ausflugsbussen der Reiseveranstalter ca. 3 Std.). Zu den Stränden bei Taghazoute kann man mit den **ALSA-Stadtbussen** Nr. 32 stündlich von Agadir aus gelangen. Die Linie 33 geht bis Tamri.

Bisher sind die **wunderschönen Strände** um und nördlich von Taghazoute noch relativ ruhig. Nur am Wochenende baden hier viele Marokkaner. Und von Dezember bis März stehen an manchen Plätzen die Wohnmobilisten in Zehnerreihen (für Abfallentsorgung und Wasserversorgung muss bezahlt werden). Der Strandabschnitt von Agadir bis Tamri wird momentan touristisch erschlossen. Die Straße ist zum Teil schon ausgebaut, mit dem Bau von Hotelprojekten und dem Golfplatz wurde begonnen.

Von Agadir fährt man auf der vierspurigen, von Palmen gesäumten Av. Mohamed V. am Hafen vorbei, durchquert den Industrieort Anza und erreicht nach etwa 10 km den Ort Tamrakht (vgl. Agadir/Ausflug zu den Wasserfällen von Immouzzer). In der Ortsmitte biegt eine ausgeschilderte Straße ins „Paradise Valley" und nach Immouzzer ab (vgl. Agadir/Ausflug zu den Wasserfällen von Immouzzer).

Wer noch einen Abstecher zum Meer einlegen will, zweigt kurz hinter Tamrakht, nach einer kleinen Anhöhe, zum Strand ab. Am Friedhof vorbei, führt ein Feldweg direkt auf einen im Atlantik liegenden Felsen zu, der auch **Teufelsfelsen** genannt wird. Unbeschadet kann dieser aber nur bei Ebbe erreicht werden. Man spürt hier die Kraft des Atlantiks, immer höhere Brecher branden an die Felsen, und aus vielen kleinen Kratern spritzt das Wasser fontänengleich heraus. Alljährlich im Oktober findet hier die zweitägige **Fête Imouran** statt. Junge Mädchen versammeln sich in traditioneller Berbertracht, setzen sich

Atlas XII, Karte S. 701

bei Ebbe rund um den Felsen auf die Steine und warten bis das Wasser kommt und sie nass spritzt. Das ist ein Zeichen für eine baldige Hochzeit. Da auch viele junge Männer dem Fest beiwohnen, ist eine nachhaltige Begegnung nicht auszuschließen.

Beim Teufelsfelsen (zwischen Tamrakht und dem Strand) hat im Jahr 2009 der große **Campingplatz Atlantica d'Imourane** neu eröffnet (vgl. Agadir/Camping).

5 km hinter Tamrakht ziehen sich bis nach Taghazoute riesige Baustellen neuer Hotelprojekte an der Meerseite der Straße entlang. Im **Taghazout Resort** sollen in den nächsten Jahren u.a. Hotels und ein 18-Loch-Golfplatz entstehen.

18 km nördlich von Agadir liegt **Taghazoute Plage** (Abzweig von der Straße), ein langer Sandstrand, der weniger überlaufen ist als die Strände in Agadir. Allerdings ist die Umgebung total vermüllt. Am südlichen Strandabschnitt, wo die Zufahrtsstraße endet, gibt es einen Parkplatz.

1 km weiter nördlich ist das nette Fischerdorf **Taghazoute** erreicht.

Taghazoute ♪ XII, A3

Noch geht es hier ruhig zu ... Da der Ort aber nach dem „Plan Azur" als einer der Hauptinvestitionspunkte für den Tourismus vorgesehen ist, verwandelt sich die Landschaft rundum langsam in eine Großbaustelle. Bislang kann man hier noch unter Individualreisenden Urlaub machen und Zimmer in Privathäusern, aber auch komfortable Ferienwohnungen mieten. Der **Holiday Club Agadir** unter deutscher Führung vermittelt Ferienhäuser und Zimmer und bietet alle Services für Surfer (Kurse, Leihausrüstung für Kite- und Windsurfing etc.): Mobil 0668 32 52 83, www.taghazout.info. In der Surf-Pension mit Küche, heißer Dusche, Internet und großer Dachterrasse bekommen Low-Budget-Traveller das Zimmer bereits für 8 Euro p.P. ohne Frühstück. Die Preise für ein Appartement schwanken je nach Größe und Ausstattung zwischen 30 und 150 Euro pro Tag und sind stark saisonabhängig. Wer möchte, kann eine herrliche Wohnung direkt am Strand oder Fischerhafen mit Balkon, Meeresblick, Küche, Kühlschrank, heißer Dusche und TV buchen.

Die beste Zeit zum **Surfen** ist von Oktober bis April, die besten Wellen gibt es von Dezember bis Februar. In der Zeit um Weihnachten, Ostern und Neujahr sollte man seine Unterkunft unbedingt vorreservieren.

Die **Endo-Surfschule** (www.endosurf.com) ist ebenfalls in deutscher Hand. *Steffen* und *Gerrit* (Mobil 0668 39 51 24, vgl. Agadir/Sport) bieten Unterkunft, Vollverpflegung, Surfunterricht und Begleitung zu den besten Surfspots an.

Bei einer strandnahen Übernachtung ist zu bedenken, dass die Fischer um 4 Uhr morgens ihre Boote starten und die Zweitakt-Motoren ganz sicher jeden Toten aufwecken. Bis alle Boote ausgelaufen sind, dauert es mindestens 30 Minuten ...

Preiswertes und gutes Essen gibt es im schon erwähnten netten **Café Flouka** an der Hauptstraße (z.B. gegrillter Fisch). Abzuraten ist vom einzigen Hotel (½€) im Ort (Berichte von Diebstählen!). Neben diversen Geschäften und einer Apotheke gibt es auch eine Reparaturwerkstatt für Surfbretter und einen Waschsalon. Stadtbusse fahren regelmäßig nach Agadir.

Nördlich von Taghazoute reihen sich zahlreiche schöne **Strände** aneinander (u.a. Paradis Plage, Miami Beach und Surfer's Point).

3 km hinter Taghazoute hat Ende 2009 der **Campingplatz Terre d'Ocean** (Tel. 0675 58 54 07 od. 0528 20 05 15, http://terredocean.wifeo.com) mit ordentlichen sanitären Anlagen und tollem Meerblick eröffnet. Es gibt einen Pool, einen Laden, ein Restaurant, Abwasserentsorgung für Wohnmobile, aber leider keinen Schatten. Man kann auch in eingerichteten Berberzelten übernachten. Camping ca. 85 DH für 2 Pers. mit Fahrzeug, 15 DH Strom.

27–30 km nördlich von Agadir erstreckt sich eine lange Bucht mit schönen, sauberen Sandstränden. Dort liegen der Ort **Immi Oudar** (Immouader) sowie **Paradis Plage** und **Aghroud Plage**. Auch hier entstehen immer mehr Ferienappartements. In kleinen Läden und Cafés kann man sich versorgen.

Route E 1: Agadir – Essaouira

In Immi Oudar befindet sich der riesengroße und viel gelobte **Camping Atlantica Parc** (Tel. 0528 82 08 05, www.atlantica-parc.com) etwas abseits rechts der Straße (nicht direkt am Strand). Dieser Platz mit (nahezu) europäischem Standard ist sicherlich einer der besten und saubersten des Landes, allerdings in den Wintermonaten von Dutzenden europäischer Wohnmobilisten besetzt. Die modernen Einrichtungen wie der saubere Sanitärblock mit Waschmaschine und heißen Duschen, der schöne Pool mit Liegen, das Restaurant, das Internetcafé und der Laden mit täglich frischem Brot lassen kaum Wünsche offen. Leider sind die Bäume an den parzellierten Stellplätzen noch klein und spenden wenig Schatten. Langzeitcamper können auch Chalets, Bungalows, Wohnzelte und Caravans mieten. Gebühr 100 DH/Tag für 2 Pers. inkl. warmer Dusche, ab dem 4. Tag günstiger, Strom 20 DH/Tag.

Fischerboote in Immesouane Plage

Hinter Aghroud wird es ruhiger, die Straße führt kurvig die Felsküste entlang, die gelegentlich von Sandbuchten unterbrochen wird. Das hügelige Hinterland wirkt wüstenhaft, mit Euphorbien und Dornensträuchern.

43 km nördlich von Agadir liegt das **Cap Rhir** mit Leuchtturm und einigen Häusern. Den Leuchtturm kann man gegen Trinkgeld an den Wärter (verhandeln!) besichtigen. Eine Piste führt zu einem großen Standplatz an der Felsküste (zahlreiche Wohnmobilisten).

10 km weiter gelangt man zur **Plage Imi Ouassif**, einer tollen Bucht mit Sandstrand. Eine Piste führt links ab (verwittertes Schild) zu einem Standplatz an der Mündung des **Oued Aït-Ameur**.

Nach weiteren 4 km, bei **Gesamt-km 57**, ist **Tamri** erreicht. Der kleine Markt- und Fischerort in hübscher Lage ist auch ein beliebter Surfspot, wenn in Taghazoute gerade die Wellen ausbleiben. Markttag ist Montag. Das Gebiet war bereits in der Steinzeit bewohnt, man fand in den Höhlen von Ifrane Oughoua zahlreiche Steinwerkzeuge. Im Mündungsgebiet des Oued Aït-Ameur und an dessen Ufer gedeihen **Bananen**, die zwar klein sind, aber umso besser schmecken.

9 km hinter Tamri ziehen sich Sanddünen bis zum Meer. Hier gibt es **einsame Strände** und traumhafte Ausblicke aufs Meer, denn die Straße schlängelt sich bergauf und führt dann oberhalb der Küste weiter.

Ab **km 72** entfernt sich die Straße vom Meer und führt durch das hügelige karge Hinterland mit Arganienbäumen.

Bei **km 79**, nachdem man mehrere Siedlungen passiert hat, zweigt rechts eine Straße zur Barrage Sidi Mulay Abdallah (Stausee) ab. Kurz darauf quert man das **Oued Tamkouirint** auf einer Furt. Hier kann man sein Auto parken und das Oued hinunterlaufen. Nach etwa 10 Min. erreicht man die **Gouffre d'Agadir Imoucha**, wo das Flüsschen früher aus einer Schlucht über mehrere halbkreisförmige Terrassen in Wasserfällen nach unten zur Mündung fiel. Jetzt liegt es wegen des Stausees (s.u.) trocken. Am Ende der Schlucht folgt das Dorf Tildi, wo viele Heilige begraben sein sollen.

Bei **km 83** zweigt links ein Teersträßchen nach **Immesouane Plage** ab.

Abstecher nach Immesouane Plage

5 km nach Verlassen der Hauptstraße erreicht man Immesouane Plage. An der Kreuzung am Ortseingang geht es geradeaus durch eine hässliche Neubausiedlung; unterhalb liegt der alte Ortskern mit einer schönen kleinen Sandbucht. Der Strand ist ein **beliebtes Surferziel**, es gibt Surfshops, Läden und einfache Fischrestaurants. Der kleine Fischerhafen voller blauer Boote und mit Leuchtturm ist recht malerisch. In der Markthalle finden frühmorgens Fischauktionen statt.

Die Surfschule **Planet Surf Morocco** bietet Kurse und Leihausrüstung an (Tel. 0528 21 87 83, Mobil 0660 73 80 15, www.planetsurf-morocco.com).

Unterkunft für Ferien abseits des Touristentrubels bietet die saubere und stilvoll eingerichtete **Auberge Kahina** (Tel. 0528 82 60 32, www.auberge-kahina.com, €) mit Terrassenrestaurant.

Biegt man an der Kreuzung am Ortseingang rechts ab, erreicht man nach ca. 400 m die **Auberge Tasra** (Tel. 0528 82 05 97, Mobil 0668 24 29 18, bijerch@web.de). Die hübsche Herberge mit Restaurant im Innenhof (Alkoholausschank, Tajine 50 DH) liegt zwar nicht direkt am Strand, ist aber dennoch die ideale Surferunterkunft. Die einfachen (laut eines Lesers z.T. ungepflegten) Zimmer sind in zwei Trakten um den Hofgarten untergebracht, die neueren Zimmer haben ein Bad (nur durch Duschvorhang abgetrennt, DZ €€), bei den älteren Zimmern befinden sich Dusche/WC auf dem Gang (DZ €). Traveller mit kleinem Geldbeutel können auch im Schlafsaal übernachten (50 DH p.P.). An der Rezeption ist Geldwechsel möglich. Der Betreiber der Herberge lebt in Köln. Zur Surfsaison sollte man unbedingt reservieren.

Von der Auberge führt die kleine Teerstraße weiter entlang der Küste mit schönen Ausblicken aufs Meer.

7 km nach Immesouane Plage liegt **Immesouane** am Felshang oberhalb der Straße. Der größere Ort mit einer schönen gelbblauen Moschee hat gepflegte Oliven- und Obstgärten, die durch Trockenmauern und Feigenkakteen abgetrennt sind.

Der terrassierte **Imsouane Camping** (Mobil 0664 11 34 13, www.morocco-camping.com) wird von einem deutschen Ex-Profisurfer betrieben. Die sanitären Anlagen sind gut ausgestattet, es gibt Strom, eine Entsorgungsstation für Wohnmobile, ein Internetcafé sowie ein Restaurant. Die vielen angepflanzten Bäume spenden erst wenig Schatten. Auch Übernachtung im Berberzelt ist möglich (50 DH p.P.). Camping: 40 DH p.P. im Zelt oder Auto, Strom 20 DH/Tag.

Hinter Immesouane führt die Straße wieder ins Landesinnere und mündet bei km 18 (7 km hinter Immesouane) wieder in die Hauptstraße Richtung Tamanar (16 km).

Folgt man an der Kreuzung bei **km 83** weiter der Hauptstraße, hat man 7 km weiter noch einmal die Möglichkeit, Richtung Immesouane (Plage) abzubiegen. Hier mündet der obige Abstecher 16 km vor Tamanar wieder in die Hauptroute.

Hübsche Dörfer liegen auf den mit Arganien bewachsenen rötlichen Steinhügeln verstreut. Entlang der weiteren Strecke bis Essaouira kann man bei Frauenkooperativen (teure) **Arganienölprodukte** direkt kaufen, z.B. Arganienöl (ca. 250 DH/½ l), Seifen, Cremes und Amlou, die „Berbernutella", eine leckere Mischung aus Arganienöl, Mandeln und Honig (ca. 100 DH pro Glas). Die freundlichen Frauen der Kooperativen erklären und demonstrieren die aufwendigen Arbeitsschritte zur Produktion des Öls.

Bei **km 106** erreicht man den Ort **Tamanar**, das Zentrum der **Haha-Nomaden**, die vor allem für ihre Tänze bekannt sind. Es gibt eine Tankstelle und mehrere einfache Straßenrestaurants. Für eine Mittagspause empfiehlt sich das **Café/Restaurant Argana** nach der Ortsausfahrt auf der linken Seite mit einer netten Terrasse und Souvenirshop.

12 km hinter Tamanar führt rechts ein Abzweig zu einem weiteren Stausee. Hinter dem Dorf **Oued Tassaraset** (**124 km** von Agadir) wird die Landschaft wieder gebirgiger, es wachsen viele Thujen-, Wacholder-, Oliven- und Arganienbäume in der dünn besiedelten Gegend. Am Straßenrand wird Arganienöl verkauft.

126 km hinter Agadir (20 km nach Tamanar) geht es bei einem kleinen Dorf links zum **Cap Tafelney** (Beschilderung aus der Gegenrichtung: „Plage Tafdna"). Die schmale Teerstraße endet nach 13 km am Nordende einer traumhaften Bucht. Die weißen Häuschen des kleinen Fischerortes ziehen sich den Hang entlang, im Meer schaukeln blaue Fischerboote. Der schöne Sandstrand ist um den Ort herum verschmutzt, weiter weg aber sauber. Bei den Fischern kann man preiswert Fisch und Schalentiere kaufen. In mehreren Fischbuden gibt es einfache Gerichte (von Lesern empfohlen wird das Restaurant La Vague), Läden garantieren die Grundversorgung – einem Tag am Strand steht also nichts im Wege.

3 km nach dem Abzweig zum Cap Tafelney führt rechts eine Piste zum **Djabal Amsittene,** der von oben eine herrliche Aussicht bietet.

136 km nördlich von Agadir liegt **Smimou**, ein kleiner Ort mit Läden, Straßenrestaurants und Tankstellen. Markt ist am Sonntag.

2 km hinter Smimou führt ein Abzweig links zum **Turm Had-Smimou** (10 km) und zu sehr ursprünglichen, der Küste vorgelagerten Bauerndörfern. Die Häuser sind durch Natursteinmauern und Kakteen abgetrennt, die Hügellandschaft entlang der Küste ist sehr idyllisch und auch für Wanderungen oder Reitausflüge geeignet. Mit dem Auto kann man jedoch nicht entlang der Küste weiterfahren.

12 km hinter Smimou (**148 km** nördlich von Agadir) folgt der kleine Ort **Tidzi** mit einer Arganienölkooperative. Die Straße führt weiter durch eine flache Landschaft mit Arganienbäumen, die Strecke ist nun weniger abwechslungsreich und Blick aufs Meer.

Bei **km 160** zweigt links vor der Brücke eine Straße zu den fantastischen Dünenstränden von **Sidi Kaouki** ab. Geradeaus geht es nach Essaouira weiter.

Abstecher nach Sidi Kaouki ⟿ XII, A1

Die Buslinie 2 verkehrt bis 21 Uhr etwa alle 1½ Stunden zwischen Essaouira und Sidi Kaouki. Gelegentlich gibt es auch Sammeltaxis von Sidi Kaouki nach Essaouira. Ein Grand Taxis ab Essaouira kostet ca. 150 DH.

8 km nach dem Abzweig von der Hauptstraße folgt eine Kreuzung bei einem großen, von Deutschland mitfinanzierten Windpark. Rechts geht es zum **Cap Sim** (2 km, Dorf mit Marabout und einfachem Café/Restaurant). Geradeaus führt die kleine gute Teerstraße weiter nach Sidi Kaouki, das nach insgesamt 12 km erreicht ist. Am Parkplatz am Strand ist die Gendarmerie postiert, hier kann man in einer der Fischbuden essen.

Der kleine Ort mit einem **herrlichen langen Sandstrand** mit kleinen Dünen und stetigem starken Wind ist mittlerweile stark vom Tourismus geprägt. Der große **Marabout des Heiligen Sidi Kaouki** liegt direkt am Meer und wird vor allem von Frauen besucht, die auf Erfüllung ihres Kinderwunsches hoffen. Das Grab befindet sich neben dem eigentlichen Marabout.

Sidi Kaouki gilt neben Mulay Bouzerktoun (nördlich von Essaouira) als **eines der besten**

Kite- und Windsurfreviere Marokkos, allerdings nur für geübte Surfer, da die Wellen ziemlich hoch sind. Am Strand kann man Sonnenschirme, -liegen und Quads mieten sowie Kamelritte unternehmen. Im kleinen Café auf der Dachterrasse des bunt mit Graffiti bemalten Holzhauses des **Surfclubs Sidi Kaouki** kann man einen Tee trinken und die Aussicht auf den Strand genießen. Der Surfclub verleiht komplettes Surfequipment und bietet Lagerräume für die eigene Ausrüstung.

Die einsame Küstenlandschaft nördlich und südlich von Sidi Kaouki prägen Arganien, Ginster und Pinien. Vom Parkplatz im Ort führt die kleine Teerstraße weiter Richtung Süden. Hinter Sidi Kaouki folgen erst einige unschöne, unvollendete Baustellen, dann führt die Straße durch die karge Landschaft entlang der Küste nach **Sidi Mbarek,** von wo man z.B. eine schöne Strandwanderung zurück nach Sidi Kaouki unternehmen kann (ca. 3 Std.).

Vorsicht: An den Stränden rund um Sidi Kaouki (nördlich und südlich) kam es in den vergangenen Jahren immer wieder zu Diebstählen, aufgeschnittenen Zelten und Autoaufbrüchen! Wild campen ist daher nicht empfehlenswert bzw. wird z.T. von der Polizei verboten.

Unterkünfte/ Camping in Sidi Kaouki

Es gibt mittlerweile diverse im Ort verstreute Herbergen und Appartements für Surfer und Traveller. Infos zum Surfen und zu Unterkünften in Sidi Kaouki findet man im Internet unter **www.sidi-kaouki.com.**

●Die nette **Villa Soleil** (Tel. 0524 47 20 92, Mobil 0670 23 30 97, www.hotelvillasoleil.com) unter belgischer Führung hat geräumige Bungalows für bis zu vier Personen mit Bad und eigenen kleinen Innenhöfen (DZ €€€), ein kleines Restaurant und einen Salon mit offenem Kamin.

●Die sehr hübsche, kleine **Résidence Sidi Kaouki** (Tel. 0524 78 32 06, Mobil 0668 05 16 27, www.sidikaouki.com) unter deutsch-französischer Leitung ist ganz in Blau-Weiß gehalten und wird durch einen eigenen Brunnen versorgt. Es gibt zehn sehr gemütliche, saubere Zimmer und ein ausgesprochen nettes und gutes Restaurant mit abendlichem Candlelight-Dinner (mittags auf Vorbestellung frischer Fisch, Salate etc.). DZ mit Frühstück €€, Dinner 110 DH, warme Etagenduschen und Hammam. Es werden auch Ausflüge organisiert und Mietwagen vermittelt.

●Empfehlenswert ist außerdem das **Hotel La Pergola** (Tel. 0524 78 58 31, www.pergola-maroc.com) neben der Résidence Kaouki: liebevolle Betreuung durch den französischen Besitzer und das Personal, kleines Restaurant mit leckerem Essen, hübsches Ambiente, DZ €€ bis €€€ (je nach Saison).

●Die hübsch aufgemachte Herberge **Le Dauphin** (Tel. 0524 47 67 32, www.hotel-kaouki.com, €€B) bietet sechs Zimmer mit Balkon und Meerblick.

●Die nette deutsch-italienische **Auberge de la Plage – Club Equestre** (Tel. 0524 47 66 00, www.kaouki.com) von *Carina Fischer* und ihrem Mann *Gabrielle Meretti* hat ein gemütliches Restaurant, die zehn Zimmer mit Meerblick sind einfach, aber sauber, das Personal ist sehr nett (DZ ohne Bad €€, DZ mit Bad €€€).

●Die neueste und wahrscheinlich komfortabelste Unterkunft in Sidi Kaouki bietet **Windy Kaouki** (Tel. 0524 47 22 79, Mobil 0661 25 63 66, www.windy-kaouki.com). Die schicken geräumigen Appartements für bis zu vier Personen sind modern marokkanisch gestaltet und haben eine Küche. Es gibt eine Garage zur Lagerung der Surfausrüstung, einen Pool und ein Restaurant. Appartement für 2 Pers. €€€€.

●An der Straße Richtung Süden führt ein beschilderter Abzweig links zum 2009 eröffneten, ummauerten Platz **Camping Kaouki Beach** (www.camping-kaouki-beach.com) mit sehr guten sanitären Anlagen (heiße Duschen), bepflanzten Stellplätzen mit Stromanschluss und Abwasserentsorgung für Wohnmobile. Morgens wird frisches Brot geliefert. Camping 60 DH für 2 Pers. inkl. Fahrzeug, ab drei Nächten 55 DH, Strom 15 DH.

●Weitere Stellplätze bietet der **Camping Dar Chtis** (Abzweig von der N1 ca. 1 km vor dem Abzweig nach Sidi Kaouki, vgl. Essaouira/Campingplätze).

Route E 1: Essaouira

Wieder **zurück auf der Hauptstraße** folgt nach 1 km (bei **Gesamt-km 161**) der Abzweig zum **Flughafen Essaouira-Mogador**.

Bei **km 164 zweigt** rechts die Straße nach Casablanca und Marrakesch ab, und ein Schild weist auf den **Camping Le Calme** hin (9 km, vgl. Essaouira/Campingplätze). An der Kreuzung befindet sich die Universität Cadi Ayyad; am Entstehen ist der Ort **Essaouira Aljadida** mit riesigen Neubauten.

Weiter links in Richtung Essaouira kann man bei **Gesamt-km 166** zum Ort **El Ghazoua** links abbiegen. Nach dem **Restaurant km 8** (Mo geschl., französische Küche) liegt rechts die **Solarwerkstatt Afrisol** (Hauptsitz in Casablanca) von *Peter Kiefer*, der auf Photovoltaik-Anwendungen (Solarstrom) aller Art (Land-Elektrifizierung, Wasserpumpen, Systeme für Häuser und Wohnmobile) und thermische Solarsysteme (Warmwasser, Heizung, Pool) spezialisiert ist. Er hat auch die sehr informativen Seiten www.essaouiranet.com ins Leben gerufen.

An der Straße in Richtung Essaouria liegen rechts die **Villa Damonte**, links die **Auberge Belle de Mai** (vgl. Essaouira/Hotels außerhalb).

2 km weiter (**168 km** hinter Agadir) zweigt links eine kleine Teerstraße nach **Diabat** ab (vgl. Essaouira/Ausflüge). 1 km weiter bei einem Kreisverkehr und kurz vor der Brücke über den Oued Ksab kann man ebenfalls nach Diabat abbiegen. Hier traf sich in den 1970ern die gesamte Hippieszene, *Bob Marley* hatte hier ein Haus. Heute hat sich das beschauliche Dorf am Strand in eine Großbaustelle verwandelt: Hier entsteht das gigantische **Tourismusprojekt Mogador Essaouira** (vgl. Essaouira).

3 km weiter steht rechter Hand der kleine **Leuchtturm Sidi Magdoul**. Kurz davor liegt etwas versteckt rechts der Straße (kein Schild) der **Campingplatz Sidi Magdoul**.

Nun beginnt die vierspurige Einfahrtsstraße nach **Essaouira**, das nach 1 km erreicht ist (**Gesamt-km 172**).

Essaouira ♪ XII, A1

Kein Tourist sollte es versäumen, dieses auf die Felsen des Atlantiks gebaute charmante Fischerstädtchen zu besuchen. Das **frühere Mogador** hat inzwischen **99.000 Einwohner**. Die einstmals portugiesische Stadt verliert heute als Fischereistandort an Bedeutung und wird stattdessen touristisch immer mehr ausgebaut.

Attraktionen sind der Fischerhafen mit Werft, die alten Festungsanlagen, die rote Stadtmauer und vor allem die beeindruckende, **andalusisch geprägte Altstadt**. Bei einem Bummel durch die Gassen mit den malerischen weißen Häusern fallen besonders die schönen, gelb umrahmten Eingangsportale, Torbögen und blau getünchten Fenster und Türen ins Auge. Die Medina von Essaouira zählt seit 2001 zum **UNESCO-Weltkulturerbe**. Wie in vielen anderen Altstädten Marokkos wurden auch in Essaouira in den letzten Jahren viele alte Gebäude von Privatinvestoren umfassend renoviert und zu Gästehäusern oder Restaurants umfunktioniert.

Bei einem Bummel durch die Altstadt entdeckt man immer wieder neue Dinge, die Essaouira sein **unverwechselbares Flair** verleihen: Gemütliche Restaurants und Cafés, in denen man in Ruhe einen *Thé à la menthe* schlürfen kann, Galerien lokaler Künstler sowie unzählige Boutiquen mit Skulpturen und Kästchen aus Thujenholz, mit Musikinstrumenten der Gnawa, bunten Lampen aus Kamelhaut u.v.m.

Die lebhafte **Künstler- und Musikszene** Essaouiras lockte schon in den 1970er Jahren Hippies, Beatniks und Künstler wie *Bob Marley*, die *Rolling Stones*, *Jimi Hendrix* und *Jim Morrison* an. Heute ist vor allem das jedes Jahr im Juni stattfindende **Gnaoua-Musikfestival** (www.festival-gnaoua.net) international bekannt – dann sind alle Gästehäuser ausgebucht, und die ganze Stadt ist voller junger Alternativer und Musikfreunde.

Essaouira, bezaubernde Stadt am Atlantik

ROUTE E 1: ESSAOUIRA

Die „windy city", wie sie oft genannt wird, ist außerdem ein bekannter **Surfer-Treffpunkt:** Inzwischen tummeln sich nicht nur Wind-, sondern auch zahlreiche Kite-Surfer im Wasser.

Bis Anfang der 1990er Jahre war Essaouira fast nur von Individualtouristen besucht, doch heute hält auch hier der Massentourismus Einzug. Immer mehr große Hotels, wie z.B. das Sofitel Essaouira & Spa und das Atlas Essaouira & Spa an der Strandpromenade, eröffnen in der Stadt. In Diabat (siehe Ausflüge) entsteht das riesige Tourismusprojekt **Mogador Essaouira** (www. mogadoressaouira.com), eine Parkanlage mit 18-Loch-Golfplatz, drei Luxushotels und -villas, einer „petite medina" mit Boutiquen und anderen Einrichtungen.

So trifft in Essaouira wie in Marrakesch Moderne auf Tradition. Viele Frauen tragen noch den traditionellen **Haik,** einen weißen Umhang mit schwarzem Gesichtsschleier, während europäische Touristinnen im Trägertop oder Bikini den Strand entlang flanieren.

Kaum eine Stadt hat in den letzten zehn Jahren so vom Tourismus profitiert wie Essaouira und trotzdem ihren Charme bewahrt – angesichts der großen touristischen Bauprojekte und des **Ausbaus zum Badezentrum** fragt man sich allerdings, wie lange noch ...

Geschichte

Das **frühere Mogador** ist wahrscheinlich nach dem Heiligen und berberischen Schutzpatron *Sidi Magdoul* (Grab am Eingang zur Stadt) benannt. Der Name könnte aber auch vom Wort *Amegdoul,* „die Wohlbehütete", abstammen.

Die Ursprünge des Hafens und Handelsplatzes gehen auf den karthagischen Admiral **Hanno** (um 465 v.Chr.) zurück, der hier einen Stützpunkt anlegte. Der Nubierkönig **Juba II.** unterhielt im 1. Jahrhundert Purpurmanufakturen. Der rötliche, von der **Purpurschnecke** gewonnene Farbstoff gab den vorgelagerten Inseln ihren Namen (Purpurin-

ROUTE E 1: ESSAOUIRA

seln) und wurde zu hohen Preisen an die Römer geliefert.

Zu Beginn des 16. Jahrhunderts errichteten die **Portugiesen** unter König *Manuel I.* ein erstes Fort am Atlantik (1506). Sie tauften die Stadt Mogadouro. Zeitweise diente die Stadt auch Piraten als Unterschlupf.

Ihre heutige Form erhielt die Stadt erst Mitte des 18. Jahrhunderts. 1765 wurde Essaouira im Auftrag von Alaouiten-Sultan *Sidi Mohamed Ben Abdallah* und unter Mitwirkung des französischen Festungsarchitekten *Théodore Cornut* als **Konkurrenzhafen zu Agadir und Salé** erbaut. *Cornut* war ein Schüler von *Vauban*, der wiederum (u.a.) La Rochelle befestigte, die am Atlantik gelegene Partnerstadt von Essaouira. Im Gegensatz zu den anderen marokkanischen (Alt-)Städten verlaufen die Straßen schnurgerade.

Mogador wurde nach der Schließung des Hafens von Agadir (1765) wichtiger **Hafen und Handelsplatz.** Jüdische Händler ließen sich in der Stadt nieder. Im 19. Jahrhundert beherrschte Mogador 40% des überseeischen Handels des Landes. **Karawanen** aus Timbuktu brachten Gold und Elfenbein aus dem Süden und tauschten es gegen Lederwaren, Salz und Zucker aus Marokko.

Erst im 20. Jahrhundert nahm die Bedeutung als Handelsstadt ab, als durch die französische Besetzung von Timbuktu der Saharahandel unterbrochen wurde und andere große Häfen wie Casablanca und Agadir immer mehr Konkurrenz machten.

Sehenswertes

Wichtigste Straßen sind die **Av. Oqba Ibn Nafi** und deren Verlängerungen Av. de Istiqlal sowie Rue Mohamed Zerktouni.

Bemerkenswert ist der **Uhrenturm** in der Stadtmauer an der Av. Oqba Ibn Nafi (bzw. Okba Ben Nafi). Am nördlichen Ende der Rue Mohamed Zerktouni liegt das Stadttor **Bab Doukkala.** Durch das Bab Doukkala oder von Südwesten entlang der Av. de Istiqlal erreicht man am leichtesten den lebhaften **Souk** an der Rue Mohamed Zerktouni. Hier kann man allerlei Alltagsgegenstände, Kleidung (am Souk Djedid) und Lebensmittel erstehen. Sehenswert ist der Innenhof des **Marché aux grains** (alter Getreidemarkt) mit dem netten Café Au bonheur des dames. Händler verkaufen Schmuck, Kleidung und Kunsthandwerk im Hof. Essaouira ist neben seinen Holzeinlegearbeiten (s.u.) auch für hübschen **Silberschmuck** bekannt, den Juweliere im **Souk des Bijoutiers** (nahe Rue Mohamed el Gorry) anbieten.

Am Südende der Altstadt liegt der ummauerte und von Festungstürmen flankierte **Fischereihafen,** den man durch die Port de la Marine betritt. Im Juni beginnt hier die Sardinenfischerei. Sehenswert sind der Trubel am Hafen (u.a. die Fischauktion, meist vormittags) und das Einbringen der Netze sowie die **traditionellen Bootswerften,** die nach wie vor die blauen Holzfischerboote herstellen.

Vom Fischereihafen gelangt man über den Place Mulay Hassan und die Rue de la Sqala zu den alten **Festungsanlagen,** der **Sq(k)ala de la Kasbah.** Sie ist von Türmen flankiert und besitzt schöne, in Spanien gefertigte Bronzekanonen (Sevilla 1743). Die Westbastion kann man besteigen und über die Mauer einen Blick hinunter auf die Klippen des Atlantiks werfen.

Unterhalb der Sqala-Mauer verkaufen Künstler ihre Gemälde und Händler verschiedene **Holzeinlegearbeiten** aus Thujen- und Zitronenbaumholz, für die Essaouria bekannt ist. Die Preisvorstellungen der Händler sind häufig überhöht. In Agadir kauft man ähnliche Stücke im Supermarkt günstiger, allerdings nicht in gleicher Qualität.

An der Rue Laâlouj, die ebenfalls zur alten Festung führt, liegt das kleine **Volkskunstmuseum Sidi Mohamed Ben Abdallah,** Tel. 0524 47 23 00. Im 1. Stock des Museums sind Silberarbeiten, Waffen und Bilder der Stadt zu bewundern. Im Erdgeschoss findet man eine schöne Sammlung alter Musikinstrumente und eine Ausstellung über die Musikgeschichte der verschiedenen Stämme, vor allem der **Gnawa,** deren ekstatische Tänze aus Westafrika stammen und durch ihre Ähnlichkeit zum Voodoo-Kult besonders bekannt sind. Die Gnawa-Musik hat im volkstümlichen Glauben die Kraft, Krankheiten zu heilen und „baraka" zu übertragen. Das **Al-Qacha-Viertel** zwischen Sqala und Rue d'Oujda ist das Zentrum der Gnawa-Musiker. Wer Glück hat, kann sie beim Musizieren und Tanzen beobachten (Vorsicht beim Fotografieren, vorher fragen!). Wer möchte, kann in Essaouira auch lernen, eines der traditionellen Instrumente zu spielen.

Am Nordrand der Medina (nördlich der Av. Mohamed Zerktouni) befindet sich die **Mellah,** das alte Judenviertel. Beim Bummel durch die Gassen zeigt sich die Stadt ganz anders als im touristischen Bereich um den Place Mulay Hassan. Viele der alten Häuser und schönen Torbögen verfallen, in den Ruinen sammelt sich der Müll.

In der ganzen Medina haben sich zahlreiche Galerien angesiedelt. Am bekanntesten ist die **Galerie Van Damgaard** in der Rue Oqba Ibn Nafi, in der zahlreiche bekannte Künstler aus der Stadt und aus ganz Marokko ihre Bilder und Skulpturen ausstellen.

Eine kleine Galerie mit ansprechenden und günstigen Bildern, auch von nicht so bekannten Künstlern, ist die **Galerie Kasbah** von Attar Kabir in der Rue Tétouan (vgl. Einkaufen/Galerien). In den Seitenräumen befinden sich die Künstlerwerkstatt und Verkaufsausstellungen von Bildern, Holzskulpturen, Keramik, Teppichen, Messing.

Außerhalb der Altstadt führt der **Bd Mohamed V.** als breite Avenue an langem Strand entlang. An der **Strandpromenade** laden Cafés und Restaurants zum Verweilen ein. Badeurlauber können Liegen und Sonnenschirme mieten (25 DH/Tag). Die häufig **starke** (und kühle) **Brise** verleidet jedoch einen längeren Strandaufenthalt und zieht eher Surfer an.

Information

- **Délégations du Tourisme,** 10, Rue du Caire, beim Bab es Sbaa und in der Nähe des Uhrenturms, Tel. 0524 78 35 32, dtessaouira @menara.ma. Viele nützliche Informationen an der Pinnwand: Sportangebot, Adressen, Bus- und Zugfahrplan. Mittags 2–3 Std. geschlossen.
- Offizielle Internetseite der Stadt mit Infos zu Geschichte, Sehenswürdigkeiten, Hotels usw. ist **www.mogador-essaouira.com.**
- Sehr informative Seiten über Essaouira, u.a. mit empfehlenswerten Hotels und Riads, sind **www.essaouiranet.com** (auch deutsch). Info-Tel. (*Patrick* oder *Kabira*): 0524 47 34 61 oder service@essaouiranet.com.
- Das **Magazin „Le Guido"** enthält diverse nützliche touristische Informationen zu Essaouira: www.leguido.com.
- Die deutschen Marokkokenner **Günther** und **Diana Schulz** (Tel. 0610 03 40 64, marokko.schulz@g-mail.com, http://schulzmarokko.blogspot.com, wohnhaft in Ounara, ca. 25 km Richtung Marrakesch) organisieren Reisen in Marokko (auch Westsahara und zu Felsbildern) und **geführte Touren** für Reisende mit eigenem Fahrzeug. Außerdem bieten sie **Stadtführungen** an, servieren **Essen** in ihrem Garten (2 Tage Vorbestellung notwendig) und geben Hilfestellung bei der Arzt- und Werkstattsuche.

Unterkunft

Wie in Marrakesch schießen in Essaouira die privaten **Gästehäuser (Maisons d'Hôtes)** geradezu aus dem Boden. Auch die klassifizierten Hotels, vor allem im Luxussegment, nehmen stetig zu. Wie in den meisten Städten ist auch die Medina von Essaouira nicht mit dem Fahrzeug zugänglich. Am unbeschwerlichsten ist es, bei Ankunft kurz beim Hotel anzurufen, um sich mit dem Gepäck (Transport in Handkarren) abholen und zum Haus führen zu lassen.

In Diabat (vgl. unten) entsteht das touristische Mammutprojekt **Mogador Essaouira** mit mehreren Luxushotels. Dort breitet sich schon seit 2007 eine riesige Baustelle aus (Datum der Fertigstellung ungewiss).

Im Folgenden wird nur eine Auswahl an Hotels und Gästehäusern genannt.

Klassifizierte Hotels

- **Atlas Essaouira & Spa*****, Bd Mohamed V., Tel. 0524 47 99 99, www.hotelsatlas.com. Neues, sehr modernes Luxushotel der Atlas-Kette mit allen Finessen, etwas weiter entfernt von der Medina, dafür direkt am Strand. Schöner Pool, großer Spa-Bereich, mehrere Restaurants, 156 Zimmer mit Blick zum Gar-

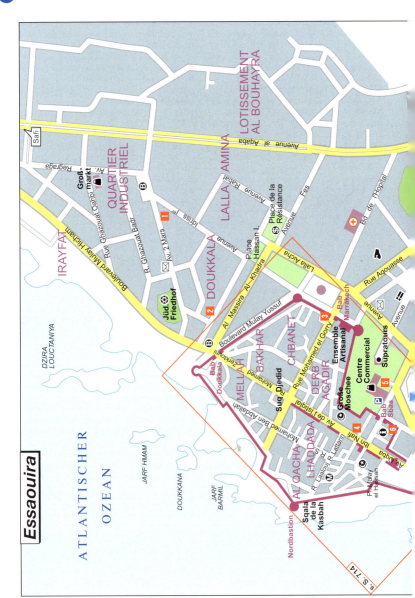

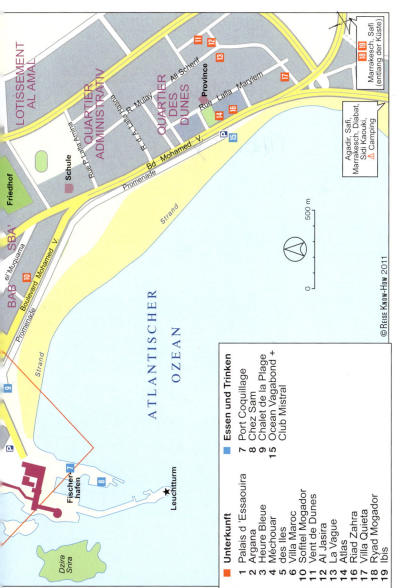

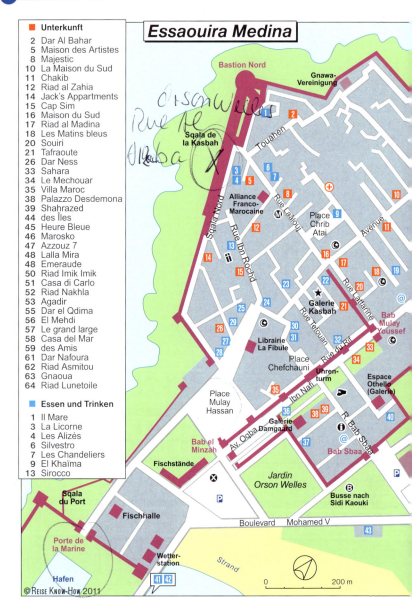

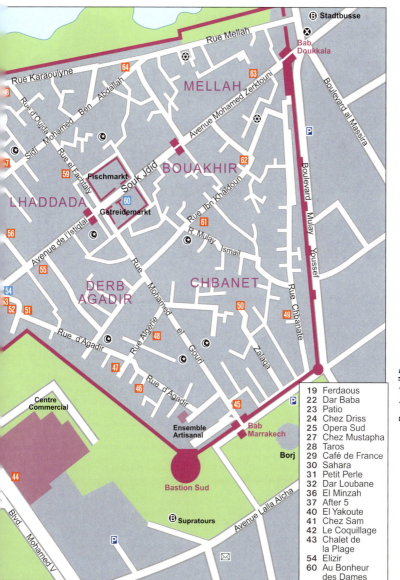

Ein Festmahl: gegrillter Fisch in einer der Imbissbuden am Hafen

ten oder aufs Meer. DZ mit Frühstücksbuffet €€€€.
● **Heure Bleue Palais*******, 2, Rue Ibn Battouta, neben Bab Marrakech in der Medina, Tel. 0524 78 34 34, www.heure-bleue.com. Eines der besten Hotels am Platz in einem aufwendig renovierten, stilvoll gestalteten Stadtpalast aus dem 19. Jh. Das Gästehaus hat 35 auf drei Stockwerke verteilte Zimmer und Suiten mit DVD-Player und WLAN (z.T. mit Kamin), ein Hammam, Wellnessprogramm und ein marokkanisches Gourmet-Restaurant (Menü 500 DH). Im Restaurant und Patio brennt im Winter ein Kaminfeuer. Letzter Schrei ist der Pool auf dem Dach. DZ ab 300 Euro mit hervorragendem Frühstücksbuffet (mit marokkanischem Gebäck) – teuer, aber seinen Preis wert.

● **Sofitel Thalasso Mogador*******, Bd Mohamed V., Tel. 0524 47 90 00, www.sofitel.com. Direkt an der Strandpromenade gelegenes Luxushotel, das keine Wünsche offen lässt: 117 Zimmer mit AC und Balkon, Garten, beheizter Pool, Thalassotherapie-Zentrum. DZ €€€€ bis €€€€€.
● **Hotel des Îles******, Bd Mohamed V., Tel. 0524 78 36 36, www.hotel-des-iles.com. Saubere Zimmer mit TV, Heizung und z.T. Meerblick im Hauptgebäude, größere und innen recht hübsch ausgestattete Bungalows mit Terrasse in um den Pool gruppierten, hässlichen Betonbauten. Parken direkt vor dem eigenen Bungalow möglich. Poolbenutzung für Nicht-Gäste möglich (75 DH). Das Hotel existiert seit 1948 und war einmal das beste Haus am Platz, heute ist es zu teuer für das Gebotene. DZ €€€€.
● **Ryad Mogador******, Route de Marrakech (vor der Stadt rechts in Richtung Safi), Tel. 0524 78 35 55, www.ryadmogador.com. Sehr schönes Hotel der Luxusklasse im Grünen mit Tennisplätzen, Pool, Reitanlage um die Ecke. DZ €€€€.

ROUTE E 1: ESSAOUIRA

- **Al Jasira*****, 18, Rue Hubble-Ali Cherif, Quartier des Dunes (ausgeschildert), Tel. 0524 47 59 56, www.aljasirahotel-mogador.com. Traditionell gestaltetes, empfehlenswertes Hotel ca. 250 m vom Strand und 15 Min. vom Stadtzentrum entfernt, mit 32 sehr sauberen und hübschen Zimmern sowie sieben kleinen Suiten mit europäischem Komfort. Hübscher Pool, Dachterrasse und Terrasse im EG, Restaurant (nur mittags), sehr freundlich. €€€€ inkl. Frühstück.
- **Ibis*****, Route de Marrakech, an der Straße Richtung Casablanca/Safi/Marrakesch neben der Afriquia-Tankstelle, Tel. 0524 47 92 80, www.ibishotel.com. Das Hotel liegt sehr ruhig am Stadtrand, nah am Strand, aber recht weit von der Medina (ca. 25 Min. zu Fuß) entfernt. 151 gut ausgestattete Zimmer mit Bad, TV, Telefon und WLAN, Restaurant mit mediterraner Küche, schöner Pool. DZ €€€€, gutes Preis-Leistungsverhältnis!
- **Riad Al Madina*****, 9, Rue Attarine (vom Uhrenturm Richtung Medina, dann rechter Hand), Tel. 0524 47 59 07, Tel./Fax 0524 47 66 95, www.riadalmadina.com. Sehr stilvolles Hotel in einer ehemaligen Pascharesidenz aus dem 18. Jh. mit hübschen, jedoch relativ kleinen Zimmern. Im Innenhof mit Pflanzen und Springbrunnen befindet sich das Restaurant. Im ehemaligen Hotel Pascha haben schon die Rock- und Popgrößen *Janis Joplin*, *Mick Jagger*, *Jimi Hendrix* und *Leonard Cohen* residiert. DZ inkl. Frühstück €€€€.
- **Riad Zahra*****, 90, Quartier des Dunes, Tel. 0524 47 48 22, www.riadzahra.com. Gästehaus (kanadische Führung) nahe der Dünen am Strand mit 23 sehr geschmackvoll eingerichteten, sehr sauberen Zimmern mit Bad und TV, Dachterrasse mit Blick über die Dünen und Pool. DZ €€€.
- **Emeraude****, 228, Rue Chbanate (beim kleinen Tor am Bab Marrakech), Tel./Fax 0524 47 34 94, www.essaouirahotel.com. Sehr schönes Hotel unter französischer Leitung in einem Stadthaus aus dem 18. Jh. (5 Min. vom Strand, 50 m vom Bab Marrakech). Die zwölf Zimmer gruppieren sich um den Innenhof, von der Dachterrasse bietet sich eine herrliche Aussicht. Im Restaurant wird original Souiri-Essen serviert. DZ mit Frühstück €€€.
- **Le Mechouar****, Av. Oqba ibn Nafi, neben Hotel Sahara, Tel. 0524 47 58 28, www.lemechouar.com. Traditionshotel (seit 1925) in zentraler Lage in der Medina, freundliches Personal, schickes Restaurant, Panoramaterrasse, schön eingerichtete, aber stickige Zimmer (Fenster zum Flur). Der Pub Le Corner im Erdgeschoss ist sehr beliebt (Alkoholausschank), daher evtl. laute Musikbeschallung bis frühmorgens. DZ mit Bad und TV €€, Suite (3 oder 4 Pers.) €€€.
- **Riad Nakhla****, 2, Rue d'Agadir (Nebenstraße der Av. L'Istiqlal, nahe Uhrenturm und Souk Djedid, direkt neben der Moschee), Tel./Fax 0524 47 49 40, www.essaouiranet.com/riad-nakhla. 18 gemütliche Zimmer mit Bad in einem sehr schönen Stadthaus aus dem 18. Jh. (mit Dachterrasse). Ein Führer wird vom Hotel umsonst gestellt; der englisch sprechende Manager hilft auch gerne bei der Vermittlung von Ausflügen. DZ €€, 3er-Zimmer €€€, große Suite €€€A, gutes Preis-Leistungsverhältnis!
- **Sahara****, Av. Oqba Ibn Nafi, Tel. 0524 47 52 92, www.essaouiriad.com/hotelsahara. Einfaches sauberes Travellerhotel – die billigeren Zimmer gehen auf den Innenhof hinaus (€A bis €€), die teureren Zimmer haben Fenster nach außen (€€ bis €€A mit Bad/WC, je nach Saison). Manchmal stört die laute Musikbeschallung von der Bar nebenan.
- **Cap Sim***, 11, Rue Ibn Rochd, Tel./Fax 0524 78 58 34. Empfehlenswertes, sehr sauberes und bei Travellern beliebtes Hotel mit netter Einrichtung und Panoramaterrasse. (Etwas kleine) DZ ohne Bad €, mit Bad €€ inkl. Frühstück. Kreditkarten werden akzeptiert.
- **Souiri***, 37, Rue Lattarine, Tel./Fax 0524 47 53 39, www.hotelsouiri.com. Freundliches, ruhiges und empfehlenswertes Hotel mit 36 auf drei Etagen verteilten, sauberen Zimmern und Panoramaterrasse. DZ mit Bad €€A, DZ ohne Bad (Etagendusche) €€, auch 3er-Zimmer mit/ohne Bad und ein Appartement mit zwei Zimmern und Küche.
- **Tafraoute***, 7, Rue de Marrakech, Tel. 0524 47 62 76, www.hoteltafraout.com. Sehr zentral in der Medina gelegenes, traditionell gestaltetes, einfaches und sauberes Gästehaus in einem Riad. DZ mit Dusche/WC €€€B.

Maisons d'Hôtes

Ausgewählte Gästehäuser in alphabetischer Reihenfolge:

- **Azzouz 7,** 7, Mulay Azzouz, Tel. 0524 47 28 50, www.azzouz7.net. Sieben hübsch dekorierte und saubere Zimmer mit Tadelakt-Bad, Dachterrasse mit Meerblick. Die junge Hausdame *Lamya* kümmert sich liebevoll um die Gäste. DZ €€€B.
- **Dar al Bahar,** 1, Rue de Touahen, in der Medina an der Stadtmauer zum Atlantik, Tel. 0524 47 68 31, www.daralbahar.com. Kleines, blitzsauberes, stilvoll renoviertes Altstadthaus mit schöner Dachterrasse und freundlichem Personal. Das „Haus am Meer" wird vom niederländisch-französischen Ehepaar *Lise* und *Jean-Claude* betrieben. DZ teilweise mit Meerblick, €€€ bis €€€€B inkl. gutem Frühstück.
- **Dar el Qdima,** 4, Rue Malek Ben Rahal (Seitenstraße der Av. L'Istiqlal), Tel./Fax 0524 47 38 58, www.darqdima.com. Die Räume in diesem alten Stadthaus haben ein zauberhaftes Interieur mit Tadlakt-Badezimmern und Zelliges. Außerdem gibt es eine herrliche Dachterrasse, das Personal ist sehr freundlich. Einer der Besitzer spricht deutsch. DZ €€€, sehr gutes Preis-Leistungsverhältnis.
- **Dar Nafoura,** 30, Rue Ibn Khaldoun, zwischen Bouakhir und Chbanet-Viertel, gleich hinterm Souk, Tel. 0524 47 28 55, www.darnafoura.com. Die Bretonen *Sylvie* und *Jackie Renan* haben stets das Wohl der Gäste im Auge und sorgen für eine familiäre Atmosphäre in diesem empfehlenswerten Haus mit nur acht Zimmern unterschiedlicher Größe. Marokkanisches oder französisches Dinner auf Anfrage. *Jackie* fuhr früher zur See und war dafür verantwortlich, dass bis zu 400 Gäste nicht einfach nur satt wurden. DZ €€€ inkl. Frühstück.
- **Dar Ness,** 1, Rue Khalid ben Walid, Tel. 0524 47 68 04, www.darness-essaouira.com. Dieser Riad unter französischer Leitung und mit angenehmer persönlicher Atmosphäre liegt zentral direkt am Place Mulay el Hassan. Die auf drei Stockwerke verteilten Zimmer sind hell gestaltet, es gibt eine Dachterrasse. DZ €€€€B inkl. Frühstück.
- **La Casa del Mar,** 35, Rue d'Oujda, Tel./Fax 0524 47 50 91, Mobil 0668 94 38 39, www.lacasa-delmar.com. Mitten in der Medina überragt das schöne Haus die alte Stadtmauer. Es wurde liebevoll im mediterranen Ambiente von einem jungen Paar aus Mallorca ausgestattet. Von der Sonnenterrasse bietet sich ein wunderschöner Blick aufs Meer. Essen auf der Terrasse oder im Salon am gemütlichen Kaminfeuer. Organisation von diversen Aktivitäten möglich: Quad-, KTM- und 4x4-Ausflüge, Fahrradverleih, Kamelreiten, geführte Wanderungen, Surf-Ausrüstung zu mieten. €€€€B (Preis saisonabhängig), Menü 150 DH.
- **Lalla Mira,** 14, Rue d'Algérie, Tel. 0524 47 50 46, www.lallamira.ma. Sehr empfehlenswertes, in freundlichen Farben gestaltetes „Bio-Hotel" der Deutschen *Feli Christ*. Das Haus liegt neben dem ältesten **Hammam** der Stadt, Lalla Mira, das Frau *Christ* sehr schön renoviert hat (für Gäste freier Eintritt, tagsüber für Frauen, ab 19 Uhr für Männer geöffnet). Gutes Restaurant mit Gerichten aus lokalen Produkten (auch für Vegetarier und Vollwertköstler). Auf dem Dach gibt es eine kleine windgeschützte Terrasse und eine Sonnenterrasse mit Aussicht. Komfortable DZ oder Mini-Suite mit reichhaltigem (und gesundem) Frühstück €€€ bis €€€€B. Leser klagten, dass ein beim Check-In zugesicherter Preis beim Check-Out nicht berücksichtigt wurde (bei Vorausbuchung schriftliche Bestätigung des Preises mitbringen!).
- **La Maison des Artistes,** 19, Rue Laâlouj, an der Sqala, Tel. 0524 47 57 99, Mobil 0662 60 54 38, www.lamaisondesartistes.com. Sehr schön gestaltete Zimmer zu unterschiedlichen Preisen (€€€€ bis €€€€) mit Blick zur Terrasse, zum Patio oder zum Meer. Es herrscht eine angenehme und einladende Atmosphäre, WiFi im ganzen Haus.
- **La Vague Ocean Bleu,** 67, Mulay Ali Cherif, Quartier des Dunes (nahe Hotel Al Jasira und Vent des Dunes, 15 Min. zur Medina, nah am Strand), Tel./Fax 0524 47 23 24, www.essaouiranet.com/vague-ocean-bleu. Elf einfach ausgestattete hübsche DZ €€, auch 3er- und 4er-Zimmer, mit HP plus 80 DH p.P., Frühstück 25 DH. Bewachter Parkplatz und Lagerraum für Surf-Ausrüstung.

- **Les Matins Bleus,** 22, Rue de Drâa, Tel./Fax 0524 78 53 63, www.les-matins-bleus.com. Etwas versteckt und ruhig mitten in der Medina gelegenes Familienhaus, das von (u.a.) deutsch und englisch sprechenden Brüdern betrieben wird. Offener Innenhof mit zwei Stockwerken, auch Zimmer auf der Dachterrasse. Ausgesprochen positive Leserresonanz: sehr freundlich, hilfsbereit und sauber, gutes Essen. DZ €€€ mit Bad und Frühstück, Suite für 2 Personen €€€€B.
- **Maison du Sud,** 29, Av. Sidi Mohamed Ben Abdellah, Tel. 0524 47 41 41, www.maisondusud.net. Schönes, stilvolles Gästehaus mit vielen Topfpflanzen in zwei miteinander verbundenen Riads aus dem 18. Jh. Die unterschiedlich gestalteten, geräumigen Zimmer mit kleinem Salon und Tadelakt-Bad gruppieren sich auf mehreren Etagen um den hellen Innenhof (auch Familienzimmer für 4 Pers.). Auf der Dachterrasse kann man gemütlich im Nomadenzelt sitzen. Abendessen im Restaurant nach Vorbestellung, Menü 120 DH, kein Alkohol. Das Haus ist größer und etwas unpersönlicher als andere Riads, aber freundlich und empfehlenswert. DZ €€€€B, Besitzer dieses Buches erhalten 15% Rabatt!
- **Palazzo Desdemona,** 12–14, Rue Youssef al-Fassi, Tel. 0524 47 22 27, www.palazzodesdemona.com. Zwei Stadthäuser aus dem 18. Jh. wurden zu einem edlen Riad mit Villencharakter verbunden. Es gibt 15 Zimmer/Suiten mit Kamin und Terrasse. DZ €€€€.
- **Résidence El Mehdi,** 15, Rue Sidi Abdessamih, Tel./Fax 0524 47 59 43, www.residence-elmehdi.com. Sehr schön renoviertes und ausgestattetes Stadthaus aus dem 19. Jh. mit Restaurant und Bar im Innenhof. Menü 100 DH. DZ €€€B inkl. Frühstück.
- **Riad Asmitou,** 33, Rue Bagdad/Ecke Rue Ibn Khaldoun, schräg gegenüber von Dar Nafoura (s.o.), Tel. 0524 47 37 26, Mobil 0661 08 22 81, www.riadasmitou.com. Die franz. „Sirocco"-Seniorchefin *Annie Garnier* und *Solange Barroux* haben ein exzellent ausgebautes und eingerichtetes Gästehaus eröffnet. Das Haus setzt auf Qualität und Charme: „Asmitou" heißt so viel wie „Wie heißt das noch?". DZ €€€€B.
- **Riad al Zahia,** 4, Rue Mohamed Diouri, Tel. 0524 47 35 81, www.riadalzahia.com. Schöner Riad (sechs Zimmer, zwei Suiten bis 4 Pers.) mitten in der Altstadt, nahe der Sqala und des Museums. WiFi im Haus. DZ mit Frühstück ab €€€A (saisonabhängig).
- **Riad Imik Imik,** 25, Rue Zalaqa, in einer Sackgasse hinter L'Heure Bleue, Tel. 0524 47 69 47 oder Mobil 0672 04 61 67, www.riad-imikimik.com. Die deutsche Eigentümerin *Britta Lüders* kümmert sich persönlich und engagiert um die Gäste in ihrem kleinen Riad in ruhiger und günstiger Lage nahe des Bab Marrakech (Haltestelle der Supratours-Busse). Die unterschiedlich gestalteten Zimmer mit Bad, kleiner Sitzecke und Tadelakt-Wänden verteilen sich auf zwei Etagen um den Innenhof (Fenster zum Hof oder zur Gasse). Auf der Dachterrasse kann man in der Hängematte relaxen. DZ (je nach Größe) €€€B inkl. Frühstück.
- **Riad Le Grand Large,** 2, Rue Oum Errabia (die erste große Gasse vom Platz Mulay el Hassan durch die Altstadt), Tel./Fax 0524 47 28 66, www.riadlegrandlarge.com. Sehr schönes familiäres Hotel in einem alten Stadthaus mit zehn Zimmern auf drei Etagen, Dachterrasse mit Blick, traditionell und sehr stilvoll gestaltet, Restaurant mit Pizza/marokkanischer/französischer Küche, gemütliche Zimmer mit WC/Bad, sehr sauber und freundlich. Direkt nebenan Hammam Mounia. Zimmer/Suite (bis 4 Pers.) inkl. Frühstück €€€ bis €€€€B.
- **Riad Lunetoile,** 191, Rue Sidi Mohamed Ben Abdellah, Tel. 0524 47 46 89, lunetoile @menara.ma, www.riad-lunetoile.com. Recht günstiger, von der Simbabwerin *Sue Hunt* geleiteter Riad mit vier Zimmern und zwei Familien-Appartements mit Küche, Terrasse und Meerblick. €€€B.
- **Riad Marosko,** 66, Impasse Rue d'Agadir, Tel. 0524 47 54 09, www.riad-marosko.com. Schönes Haus mit Sonnenterrasse und Blick auf die Bucht von Essaouira. Sehr nette und gastfreundliche Betreiber aus der Bretagne. Sieben Minisuiten für bis zu 5 Personen, €€€A bis €€€€B.
- **Vent des Dunes – Villa Sarah,** Villa 20, Quartier des Dunes (etwas außerhalb, nahe Hotel Al Jasira), Tel./Fax 0524 47 53 91, www.essaouiranet.com/ventdesdunes. In einer schönen alten Privatvilla, jedes Zimmer

Route E 1: Essaouira

im marokkanischen Stil mit Bad und TV, Garten, Frühstück und Abendessen im Berberzelt, sehr ruhige Lage. Meerblick von der Dachterrasse. Bewachter Parkplatz und Garage für Sportgeräte (Windsurfer). DZ inkl. Frühstück im Vent des Dunes €€€B. Elf sehr geräumige Appartements in der Villa Sarah mit Kochecke, Badezimmer, Salon und Schlafzimmer, €€€.

●**Villa Maroc,** 10, Rue Abdellah Ben Yassine, Tel. 0524 47 31 47, www.villa-maroc.com. Ältestes und bekanntestes Gästehaus der Stadt, wunderschön in drei Medinahäusern aus dem 18. Jh. untergebracht. Die sehr schön traditionell gestalteten Zimmer (12 DZ, 5 Minisuiten, 4 Suiten für bis zu 4 Pers.) verteilen sich um den Innenhof mit Pflanzen und Vögeln auf verschiedenen Stockwerken. Mehrere Salons mit Kamin, Abendessen bei Kerzenlicht (sehr gut, kein Lunch). Wunderbare Dachterrasse mit Blick aufs Meer und den Hafen. Reservierung sinnvoll, da meist ausgebucht. Besitzer sind *Cornelia Hendry* (Schweizerin) und *Abderrahim Ezzaher*. Parken nur außerhalb am bewachten Parkplatz vor dem Hafen. DZ/Suite €€€€ bis €€€€€ mit üppigem Frühstück auf dem Dach.

●**Villa Quieta,** 86, Bd Mohamed V., Tel. 0524 78 50 04/5, www.villa-quieta.com. An der Stadteinfahrt gleich nach dem ersten Kreisverkehr rechts in eine kleine Straße abbiegen, dort ca. 100 m linker Hand. Das palastartige Gebäude mit einem stuckverzierten Salon mit Springbrunnen hat neben den zwölf DZ und zwei Suiten schöne Aufenthaltszimmer, manche mit Kamin, und eine Dachterrasse mit Liegestühlen und Meeresblick. Nur wenige Meter zum Strand und ca. 20 Min. zu Fuß zur Altstadt. Mietwagen und Exkursionen können organisiert werden. Sehr nette Betreuung der Gäste, WLAN, Parkplätze vor dem Haus. Individuell gestaltete, geräumige, aber schon etwas angestaubte DZ €€€€A inkl. üppigem Frühstück mit Gebäck und frischem Obst.

Unklassifizierte Hotels

●**Agadir,** 4, Rue Agadir, Tel. 0524 47 51 26, hotel.agadir@gmail.com, vom Hotel Mechouar kommend nach der Moschee in der ersten Seitengasse rechts. Einfaches Hotel in einem alten Hofhaus, die Zimmer (z.T. ohne Fenster) mit Etagenduschen sind recht abgewohnt, aber ordentlich und sauber. DZ mit Fenster €B, auf dem Dach ½€, warme Dusche 5 DH.

●**Casa di Carlo,** 17, Rue d'Agadir, Tel. 0524 78 36 85. Mit lokalem Kunsthandwerk eingerichtetes, sauberes Medinahaus, Zimmer auf drei Etagen, kleine Kunstgalerie im Erdgeschoss, freundliches Personal, reichhaltiges und günstiges Frühstück. Einfach, aber originell und vor allem für junge Traveller mit kleinem Budget sehr empfehlenswert! DZ € bis €€A (je nach Saison), Etagenduschen.

●**Chakib,** 2, Rue Abdesmih, Tel. 0524 47 52 91. Schöne einfache Zimmer (die besten in der obersten Etage), direkt vor der Haustür liegt ein Frauen-Hammam. ½€.

●**Gnaoua,** 89, Av. Zerktouni, Tel. 0524 47 52 34, beim Bab Doukkala. Neueres Haus mit hübschen, sauberen Zimmern mit Bad und z.T. mit Balkon. Einige Zimmer zum Innenhof sind etwas düster. DZ €€ bis €€€.

●**Hotel des Amis,** 24, Rue el Fachtali, Tel. 0524 47 27 70. Einfaches Hotel in der Medina, Dachterrasse mit schöner Aussicht. DZ ohne Bad ½€.

●**Majestic,** 40, Rue Laâlouj, Tel. 0524 47 49 09. Sehr ruhig und freundlich, Sanitäranlagen mäßig sauber, toller Blick von der Dachterrasse. DZ ohne Bad €, kein Frühstück.

●**Palais d'Essaouira,** 5, Av. 2 Mars (ggü. des hinteren Ausgangs des Busbahnhofs), Fax 0524 47 23 87, www.al-bab.com/hotelpalais. Einfache preiswerte Zimmer mit dicken Wolldecken für den Winter, sehr freundlich, 2-Sterne-Standard. DZ mit Bad €€, ab der zweiten Nacht günstiger.

●**Shahrazed,** 1, Rue Yussuf el Fassi, Tel. 0524 47 29 77, Fax 0524 47 64 36, hotelshahrazed@yahoo.fr. Günstig direkt am Bab Sbaa gelegen. Die großen Zimmer sind zur Straße hin laut, die Duschen nicht immer warm, aber das Personal ist freundlich. DZ mit Bad/WC €€, Zimmer für 4–5 Pers. €€€.

Hotels und Maisons d'Hôtes außerhalb der Stadt

●**Auberge Belle de Mai,** 8 km von Essaouira an der Straße Richtung Agadir in El Ghazoua,

Tel. 0524 79 21 49, Mobil 0667 92 72 315, www.hotel-essaouira.com. Hübsches Hotel mit zehn sauberen und gemütlichen Zimmern (Etagenduschen), Terrasse und großem Garten. Restaurant mit provencalischer Küche (Fischgerichte, Bouillabaise). Evtl. ist Camping im Hof möglich. €€B (auch 3er- und 4er-Zimmer).

● **Auberge Tangaro,** 7 km in Richtung Agadir, Tel. 0524 78 47 84, www.auberge-tangaro.com. Das kleine, mehrmals renovierte Hotel mit gemütlichem Innenhof, Terrasse und kleinem Campingplatz gibt es seit 1920. Es liegt in bewaldeter, ruhiger Gegend und ist am Wochenende ein beliebtes Ausflugsziel. Leider ist es von hier etwas weit zum Meer (½ Std. Marsch). Abends wird bei Kerzenlicht diniert. Wer es ruhig mag und Wandern dem Baden vorzieht, ist hier gut aufgehoben. Kamelausflüge möglich. DZ mit Kamin und inkl. HP €€€€B (2 Pers.), zur Ferienzeit teurer.

● **Baoussala,** El Ghazoua, 10 km von Essaouira, Tel. 0524 79 23 45, Mobil 0666 30 87 46, www.baoussala.com. In diesem Haus im traditionellen Kasbahstil sind sechs sehr hübsche, unterschiedlich gestaltete Suiten und Zimmer mit Bad untergebracht. Das 5000-m²-Gelände mit Eukalyptusbäumen eignet sich gut für einen ruhigen Urlaub abseits des Stadttrubels. Das marokkanische Essen wird in einem Berberzelt serviert. DZ mit Frühstück €€€€B, Taxi in die Stadt 90 DH.

● **Casa Naima,** 18 km außerhalb, bis Ausfahrt Ghazoua in Richtung Agadir, dann Richtung Marrakesch und nach Ida Ougourd rechts abbiegen. Mobil 0678 96 18 80, www.casanaima.com. *Séverine* und *Jacques* aus der Bretagne haben sich einen Lebenstraum erfüllt: In Ida Ougourd errichteten sie auf 30.000 m² Land mit Quellwasser im Jahr 2006 ein Wohn- und Gästehaus (600 m²) im Kasbahstil. Es gibt fünf Zimmer und einen Pool, mehrfach täglich besteht Stadtbus-Anschluss an der nahen Straße. Die Gastgeber sind sehr herzlich und führen auch zu den Souks im Ort oder in Had Drâa. DZ/Suite €€€A bis €€€€B

● **Dar Kenavo,** 13 km in Richtung Agadir, Mobil 0661 20 70 69, www.darkenavo.com. Die sehr schöne Anlage mit (beheiztem) Pool, Hammam und Leihfahrrädern eignet sich gut für einen Familienurlaub, sofern man motorisiert ist. Kamel- und Reitausflüge können organisiert werden. DZ mit Bad €€€, auch 3er- und 4er-Zimmer, Familiensuite €€€€B (mit Frühstück), Übernachtung im Berberzelt €, Menü 120 DH, Ermäßigung bei einem Aufenthalt über sechs Tagen.

● **La Maison du Chameau,** Douar Laarab, 5 km in Richtung Marrakesch, Tel. 0524 78 50 77, www.passionmaroc.com. Das renovierte Farmhaus in ruhiger Lage mit Pool und schönem Garten verfügt über 8 hübsche Zimmer. Die Farm widmet sich – wie der Name sagt – den Kamelen. Es sind Reitkurse und Rundritte auf den hauseigenen *Meharis* (Rennkamelen) möglich. 1 Std. Kamelritt 100 DH, Tagesausflug 370 DH inkl. Picknick. DZ mit Frühstück €€ (je nach Saison). Es kann auch ein separates Haus mit 4 Zimmern für 4 bis 8 Personen gemietet werden.

Appartements/Ferienhäuser

Am Busbahnhof warten **Schlepper,** die gegen Provision Unterkünfte vermitteln. Falls Sie schon ein Hotel ausgesucht haben, lassen Sie sich nicht beirren. Ansonsten findet man hier evtl. auch Privatzimmer mit Familienanschluss.

Eine große Auswahl an schönen Appartements inkl. Beschreibung, Fotos, Preisen und direkter Buchungsmöglichkeit liefert die Internetseite **www.essaouiranet.com**.

● **Jack's Apartments,** Infos im Karimo-Büro am Place Mulay Hassan hinten rechts, Tel. 0524 47 45 00, www.jackapartments.com. Der deutschsprachige Schweizer *Jack Oswald* lebt in Essaouira, renoviert zahlreiche Häuser und vermietet darin schöne, traditionell eingerichtete Appartements direkt an der Stadtmauer (Rue de la Sqala) mit herrlichem Blick aufs Meer. Jedes Appartement hat Wohnzimmer, Schlafzimmer, Küche und Bad. Im Angebot stehen auch ein Landhaus außerhalb und eine wunderschöne Wohnung im ehemaligen britischen Konsulat. Die Preise variieren je nach Saison und Mietdauer zwischen 50 und 120 Euro pro Nacht.

● **Villa Sarah,** Villa 20, Quartier des Dunes, vgl. Maison d'Hôtes/Vent des Dunes.

Campingplätze

- **Sidi Magdoul,** Tel. 0524 47 21 96, von Agadir kommend kurz vor der Stadt rechts (hinter dem Leuchtturm), N 31°29,499', W 09°45,739'. Der Platz mit Schatten spendenden Bäumen hat sehr saubere, gefliese Sanitäranlagen mit warmen Duschen (kosten extra, Schlüssel tagsüber beim Betreiber holen). Zur Hauptsaison ist der Platz häufig mit Wohnmobilen überfüllt. Morgens kann man frisches Gebäck einkaufen.
- **Stellplätze für Wohnmobile** befinden sich gegenüber des Leuchtturms Sidi Magdoul, beim Parkplatz am Hafen und an der Promenade am Bd Mohamed V. (30 DH/Nacht).
- **Camping des Oliviers** *(chez Alain),* in Ounara, ca. 23 km Richtung Marrakesch, Mobil 0613 95 43 82, www.campingdesoliviers.com, N 31°31,97', W 09°32,80'. Sehr schöner schattiger Platz mit Kinderspielplatz, Restaurant (im Sommer Disco), guten Sanitäranlagen (heiße Dusche), Strom und Pool. Übernachtung auch in Bungalows (bis 5 Pers.) oder in eingerichteten Nomadenzelten möglich (€). Der marokkanische Künstler *Noureddine Binak* (Tel. 0610 51 69 12) bemalt auf Wunsch Wohnmobile mit Wüstenmotiven.
- **Camping Esprit Nature,** ca. 15 km von Essaouira Richtung Marrakesch (1,5 km vor Ounara) in ruhiger Lage, www.espritnature-essaouira.com. Neuer Platz des französischen Ehepaars *Patrice* und *Severine* (auch englischsprachig) in einem Forstgebiet mit guten sanitären Anlagen, Abwasserentsorgung für Wohnmobile, Stellplätze mit Strom.
- **Camping Le Calme,** in Idaougourd, ca. 10 km Richtung Marrakesch, Mobil 0661 53 04 13, www.campinglecalme.populus.ch, N 31°25,95', W 09°39,40'. Gut ausgestatteter Platz mit Pool, Restaurant, Waschmaschine, schattigen Standplätzen und angeschlossenem Riad (DZ mit/ohne Bad €€). 70 DH für 2 Pers. inkl. Poolnutzung und heißer Dusche.
- **Camping de la Plage,** 45 km hinter Essaouira Richtung Safi beim Plage Baibah (vgl. Route E 4).
- **Dar Chtis,** Pistenabzweig (beschildert) ca. 16 km vor Essaouira von Agadir kommend, Tel. 0672 67 58 66, www.darchtis.com, N 31°24,71', W 09°42,55'. Dieser von Franzosen geführte Platz hat gepflegte, parzellierte Stellplätze, saubere sanitäre Anlagen mit heißer Dusche und einen Pool. 80 DH für 2 Pers. mit Wohnmobil.
- Außerdem ist Campen an der **Auberge Tangaro** möglich (s. Hotels außerhalb).

Essen und Trinken

Ausgewählte Restaurants und Cafés in alphabetischer Reihenfolge:

- **After 5** (ehemals Le Cinq), 5, Rue Youssef El Fassi, Tel. 0524 47 33 49, tägl. ab 12 Uhr. Schickes Restaurant mit Lounge und raffinierter, entsprechend teurer französischer Küche (Menü 200 DH). Sehenswertes Haus mit Gewölbe, ideal für einen „Apéro"!
- **Au Bonheur des Dames,** Marché aux Graines im Souk, Tel. 0524 47 59 68, www.bonheurdesdames-essaouira.com. In diesem kleinen, feinen Lokal halten die sympathischen Gastleute nicht nur 40 (!) verschiedene Sorten Tee, frische Saftcocktails sowie 15 verschiedene Kaffees bereit, sondern auch ein nur scheinbar minimalistisches, leckeres Tagesmenü (40 DH) mit frischen Waren aus dem Umland. Man sitzt sehr gemütlich im Hof des alten Getreidemarkts und kann mit dem Laptop seine Mails checken (WLAN). Alle Zutaten (inkl. Eiswürfel) sind mit Mineralwasser zubereitet oder gewaschen.
- **Chalet de la Plage,** 1, Bd Mohamed V., Tel. 0524 47 59 72, direkt am Strand. Wirkt mit der dunklen Einrichtung im Schiffsambiente sowie den in die Jahre gekommenen Obern nostalgisch-verstaubt, daher weniger stimmungsvoll als Chez Sam (s.u.). Jedoch gutes Essen und sehr guter Service, Portionen nicht besonders üppig. Menü 85–170 DH. Alkoholausschank.

Im Hafen von Essaouira

ROUTE E 1: ESSAOUIRA

●**Chez Mustapha,** nettes Musik-Café direkt am Pl. Mulay Hassan neben dem alten Justizpalast. Man sitzt auf der Terrasse oder im Obergeschoss, es gibt Salate, Tajine, Pasta und Pizza (nicht besonders) für ca. 50 DH, auch günstiges Frühstück.

●**Chez Sam,** Tel. 0524 47 62 38, Mobil 0661 15 74 85, ganz am Ende des Hafens, tägl. 12–15 und 19–23 Uhr. Fast schon legendäres Restaurant am Platz mit hervorragender maritimer Küche und Alkoholausschank (vorzüglicher Mogador-Wein aus der Region!). Urige Seemanns-Atmosphäre mit Blick aufs Hafenbecken, ein Fensterplatz zum Wasser sollte reserviert werden. Bei gutem Wetter kann man auf der Terrasse draußen am Meer sitzen. 3-Gänge-Menü ab 85 DH, ein Menü mit Languste kostet 250 DH, Gerichte à la carte 80–100 DH (auch Fischtajine), alle Gerichte plus 7% Tringkeldpauschale.

●**Dar Baba,** 2, Rue Marrakech, Tel. 0524 47 68 09. Sehr gutes italienisches Restaurant in einem Riad mit schönem Ambiente: hausgemachte Nudeln, Käse, Kuchen, Crème Caramel, italienischer Cappuccino, Wein, Bier.

●**Dar Loubane,** 24, Rue du Rif, Tel. 0524 47 62 96. In einem sehr schönen Stadthaus aus dem 18. Jh. untergebrachtes Restaurant mit französischem Flohmarktambiente und französisch-marokkanischer Küche. Gnawa-Musik am Samstagabend. Gerichte ab 100 DH. Kreditkarten werden akzeptiert.

●**Elizir,** 1, Rue Agadir/Ecke Av. d'Istiqlal, Tel. 0524 47 21 03, www.elizir.com. Dieser kleine „Italiener" ist der letzte Schrei – eingerichtet wie ein Pop-Art-Museum, eine Junge-Leute-Heimatstube der 1960er und 1970er Jahre. Sehr viel Atmosphäre, deshalb etwas teurer (Gericht ab etwa 70 DH).

●**El Khaïma,** Place el Khaïma/Rue Laâlouj. Hier sitzt man gemütlich und ruhig draußen oder unter einem Laubengang an einem schönen Platz in der Medina. Gutes Menü 60–80 DH.

Route E 1: Essaouira

●**El Minzah,** 3, Av. Oqba Ibn Nafia, Tel. 0524 47 53 08. Stilvolles und gutes Restaurant mit Pianobar in einem schönen Gewölbesaal (mit WLAN). Hier kommen vor allem Meeresfrüchte auf den Tisch. Menü mit Fisch oder Tajine 95 DH, Gourmet-Menü mit Austern, Crevetten, Calamari und Languste oder Hummer für 290 DH; Alkoholausschank.

●**El Yakoute,** 14, Rue Mohamed El Ayachi, Mobil 0661 67 84 63. Marokkanisches Essen, freundliche Bedienung, angenehmes Ambiente. Menü ab 80 DH.

●**Ferdaous,** 27, Rue Abdesslam Lebadi (Nebengasse der Av. Ben Abdallah), Tel. 0524 47 36 55 (Reservierung nötig), tägl. 12–14.30 und 18.30–22.30 Uhr. Sehr gute marokkanische Küche im 2. Stock eines alten Stadthauses (Menü ca. 120 DH).

●**Il Mare,** 43, Rue de la Sqala, Tel. 0524 47 64 17, direkt an der Sqala-Mauer. Von der obersten Terrasse hat man einen sehr schönen Blick auf die Bastion und übers Meer. Menü ca. 150 DH, Fischgericht 130 DH, auch Pizza und Pasta (ca. 70 DH). Live-Musik und Alkoholausschank.

●**La Cantina,** 66, Rue Boutouil (am kleinen Platz in der Nähe der Mellah), Tel. 0524 47 45 15. In diesem Lokal unter englischer Führung werden hervorragende, selbst zubereitete Desserts wie Käsekuchen und Tiramisu (für 15 DH) serviert! Außerdem gibt es mexikanische und britische Küche mit viel Chili und nicht zuletzt eine große Auswahl für Vegetarier.

●**La Licorne,** 26, Rue de la Sqala, Tel. 0524 47 36 26. Stilvolles Restaurant in einem Altstadthaus direkt an der Sqala, sehr gute, z.T. vegetarische Gerichte (Tajine ab 85 DH, Fisch ab 100 DH, Menü 160 DH), gute Weinkarte. Jeden Abend ab 19 Uhr geöffnet und gut besucht.

●**La petite Perle,** Tel. 0524 47 50 50, zwischen dem Platz am Uhrenturm/Horloge und der Pâtisserie Chez Driss. Nettes Restaurant nahe der Stadtmauer, abends marokkanische Live-Musik. Gute Küche zu fairen Preisen (Tajine ab 40 DH). Sehr beliebt, daher oft voll (reservieren oder früh kommen!).

●**Le Coquillage,** Tel. 0524 47 66 55. Großes, sehr gutes Restaurant (Fischgerichte) am Hafen mit schöner Terrasse bzw. Fensterfront im Inneren direkt zum Wasser. Freundlicher und guter Service. Menüs zwischen 120 und 250 DH (mit Languste), à-la-carte-Gerichte um 110 DH, Alkoholausschank. Kreditkarten werden akzeptiert.

●**Le Méchouar,** Av. Oqba Ibn Nafia, Tel. 0524 47 58 28 (vgl. auch Hotels). Gutes Restaurant mit sehr hübscher Gartenterrasse zur Straße. Es wird eine große Auswahl an marokkanischen und europäischen Hauptgerichten, Snacks und Frühstück serviert (Salate, Hamburger, Fischgerichte, Tajine etc.); auch gute Weinkarte. Regelmäßige Live-Konzerte spätabends im beliebten Pub Le Corner (Cocktails u.a.). Tajine 80–12 DH, Frühstück 15–35 DH.

●**Le Patio,** 28 bis, Rue Mulay Rachid (Nebengasse der Rue Laâlouj), Tel. 0524 47 41 66, nur abends geöffnet, Mo. geschl. In einem Riad untergebrachtes Restaurant, in dem vorwiegend Fischgerichte (bei Kerzenlicht) serviert werden. Sehr schönes Ambiente, Essen zu gehobenen Preisen (Gericht ab ca. 140 DH).

●**Les Alizés,** 26, Rue de la Sqala, Tel. 0524 47 68 19. In diesem sehr beliebten Lokal (oft Warteschlangen) in Gewölberäumen direkt am Fuße der Stadtmauer gibt es sehr gute marokkanische Küche (Menü ca. 100 DH) und Weine.

●**Les Chandeliers,** 14, Rue Laâlouj, Mobil 0669 64 88 42, www.leschandeliers.net. Kleines empfehlenswertes Restaurant (französischer Besitzer) in einem liebevoll restaurierten Stadthaus mit Gewölberäumen gegenüber des Museums. Gute französische und italienische Küche (auch Pizza zum Mitnehmen), guter Service und gehobene Preise, tolle Lounge mit Alkohollizenz.

●**Ocean Vagabond,** am südlichen Ende des Bd Mohamed V. (auf Höhe der Villa Quieta), tägl. 8.30–18 Uhr, www.oceanvagabond.com. Chill-Restaurant und Wohlfühl-Café der Surferszene mit abwechslungsreicher Tageskarte (Putensteak, Pizza, diverse Baguettes, Salate). Nette Terrasse zum Meer und angeschlossenes Surfcenter (vgl. Sport). Alkoholausschank, Strandliegen für Gäste gratis.

●**Opera du Sud,** Place Mulay Hassan. Gute und günstige vegetarische Tajine und Frühstück, angenehm zum Sitzen und um das

Treiben auf dem Platz zu beobachten. Menü ca. 50 DH.

● **Pâtisserie Chez Driss,** 10, Rue El Hajjali, direkt am Place Mulay Hassan. Führendes Kaffeehaus am Platz mit reicher Geschichte, wovon die zahllosen Fotos von prominenten Gästen an den Wänden Zeugnis ablegen. Sehr gutes Gebäck und günstiges Frühstück, mit Dachterrasse.

● **Ramses,** Rue Ibn Roched, gegenüber vom Sirocco, Tel. 0524 47 21 39. Grundsolide marokkanische Küche, nicht abgehoben. Merlan-Filet um 80 DH.

● **Silvestro,** 70, Rue Laâlouj, Tel. 0524 47 35 55. Sehr gute Pizzeria und Restaurant im Obergeschoss mit zwei Dachterrassen. Der Italiener *Pino Silvestro* und seine marokkanische Frau bedienen die Gäste stets mit einem Lächeln. *Silvestro* kochte bereits am Hof in Rabat. Pizzen für 60 DH, Fleischgerichte ca. 90 DH, auch Weinausschank.

● **Sirocco,** 15, Rue Ibn Rochd, Tel. 0524 47 23 96, Mobil 0661 08 33 72. *Anni Garnier,* die Hausherrin, führt das Restaurant mit Herzenswärme. Sie oder ihr Sohn *Gregory* kümmern sich persönlich um das Wohl der Gäste. Mittlerweile hat sich das Restaurant vom Geheimtipp zur festen Größe in Essaouira gemausert. Sonntags wird Live-Musik geboten. Schmackhaftes Essen, mittlere bis leicht gehobene Preisklasse (Gericht ab 80 DH). Exzellente Pastilla und zum Dessert *Fondant au chocolat!*

● **Taros Café,** 2, Rue de la Sqala/Ecke Place Mulay Hassan, Tel. 0524 47 64 07, www.taroscafe.com. Das Taros Café ist Restaurant, Roof-Garden, Boutique und Kunstgalerie in einem. Das stilvolle Haus von *Alain Fillaud* wird vor allem von internationalem Publikum besucht, die Preise bewegen sich daher im oberen Segment. Diniert wird im Salon, einen Digestif, Cocktail oder Espresso genießt man auf der sehr schönen Dachterrasse mit Blick auf den Platz. Der Service ist vorbildlich, die Küche einfallsreich (Salate, Fisch, Fleisch, Gericht um 130 DH, kleine Portionen). Regelmäßig gibt es gute Live-Musik, auch Zaubershows.

● Die **Fischstände am Hafen** sind inzwischen in festen Buden an zwei Seiten des kleinen Platzes zwischen Bab El Minzah, Pl. Mulay Hassan und Fischmarkt angesiedelt. Hier kann man unkompliziert und günstig auf den aufgestellten Tischen und Bänken frisch gegrillten Fisch oder Meeresfrüchte essen. Die an den Zugängen angeschriebenen Preise gelten für alle Stände: z.B. gegrillte Sardinen 10 DH, 250 g Seezunge oder sechs Scampi 40 DH, Menü 60 DH, Salatteller 10 DH. Vorsicht: Die Kellner versuchen gelegentlich, höhere Preise zu verlangen (z.B. den Preis für Langusten statt für Garnelen).

● Entlang der **Strandpromenade** am Bd Mohamed V. haben mehrere Restaurants und Cafés eröffnet, darunter das **Restaurant de la Baie** in einem nüchternen Glaspavillon. In der Cafeteria mit Terrasse zum Meer gibt es guten Cappuccino, alle Gerichte (Tajine, Fisch, Pizza) kosten um die 50 DH.

● Hervorragendes Essen (zu gehobenen Preisen) servieren auch das **Restaurant im Heure Bleue Palais** (marokkanisches Gourmet-Restaurant, vgl. Hotels) sowie das **Restaurant Côté Plage** im Hotel Sofitel (Fischgerichte, Tapas).

Sport

Surfen/Wassersport

● Das **Wassersportzentrum Club Mistral/Ocean Vagabond** (Bd Mohamed V., Tel. 0524 78 39 34, www.oceanvagabond.com) mit Privatstrand (Liegestühle) befindet sich am südlichen Ende der Promenade (Höhe Villa Quieta, beim Denkmal in der Kreuzung) und bietet Kurse sowie Leihausrüstung für Wellenreiter, Wind- und Kitesurfer an. Ein dazugehöriges Gästehaus liegt in der Querstraße Lalla Aicha. Die Anfängerkurse finden vormittags statt, wenn der Wind noch nicht so stark ist. Ein Rettungsboot sorgt für ein gutes Sicherheitsgefühl. Leihgebühr für volle Surf-/Kiteausrüstung 60 Euro pro Tag bzw. 220 Euro pro Woche; 10-Stunden-Surfkurs 190 Euro.

● Ein **Fanatic Surfcenter** mit Leihausrüstung und Surfkursen liegt an der Strandpromenade schräg gegenüber des Sofitel Hotels (www.fanatic-boarderscenter.com).

● Auch **Essaouira Kite Surf** bietet Kite- und Windsurfkurse an: Mobil 0667 20 63 725

oder 0661 14 12 948, www.essaouirakitesurf.com.
- Das **Hotel Ryad Mogador** verfügt über ein eigenes **Wassersportzentrum** mit Spielplatz und Privatstrand an der Promenade (UCPA Kite Center). Außerdem kann man auf den Plätzen des Hotels **Tennis** spielen (ca. 100 DH/Std.).
- **Navette des Îles** (Tel. 0524 47 46 18, Kiosk im Hafen nahe Restaurant Chez Sam) unternimmt **Bootsausflüge** für Touristen. Eine einstündige Rundfahrt kostet 80 DH/Pers., 40 DH für Studenten und 20 DH für Kinder. Für dreistündige Ausfahrten mit dem Fischerboot (wetterabhängig) sind 200 DH/Pers. zu bezahlen.

Sonstige Aktivitäten

- Quad-Ausflüge organisiert **Sahara Quad**, 335 Lotissement Eraounak, Mobil 0668 58 73 97 oder 0673 44 95 41, www.essaouira-tours.com. Ein zweistündiger Ausflug kostet 40 Euro, ein Tag (z.B. in Sidi Kaouki) 95 Euro.
- Die **Ranch de Diabat** hat **Kamel- und Pferdetouren** entlang der Atlantikküste im Angebot und wurde von Lesern gelobt: Mobil 0662 29 72 03 oder 0670 57 68 41, www.ranchdediabat.com. Ein zweistündiger Ausritt mit Kamel oder Pferd kostet ca. 25 Euro, ein Tagesausflug mit Picknick 50 Euro. Es können auch mehrtägige Trekks organisiert werden; die Reitstrecke mit dem Kamel beträgt dabei 15–20 km täglich, die mit dem Pferd bis zu 40 km.
- Nahe Diabat, ca. 3 km von Essaouira entfernt, hat Anfang 2010 der 18-Loch-Golfplatz **Golf de Mogador** mit schickem Clubhaus eröffnet (www.golfdemogador.com, Tel. 0524 47 92 30).

Hammam/Wellness

Viele Riads haben ein eigenes Hammam für ihre Gäste. Die traditionellen Hammams für die Einheimischen sind zwar sehr günstig, aber nicht immer sauber.

- Ein kleiner, feiner Hammam ist **Lalla Mira** neben dem gleichnamigen Gästehaus (vgl. Maison d'Hôtes).

- Ein umfangreiches Verwöhnprogramm mit Massage, Hammam etc. bietet das **Heure Bleue Palais** an (vgl. Hotels, tägl. 10–13 Uhr für Nicht-Gäste, Tel. 0524 78 34 34).
- Eine empfehlenswerte Wellness-Adresse ist das schicke **Azur Art + Spa** (15, Rue Khalid Ben Walid, kleine Gasse neben dem Café de France am Place Mulay Hassan, Tel. 0524 78 57 94, www.azur-essaouira.com). Im Erdgeschoss dieses alten Stadthauses stellen lokale Künstler ihre Werke aus, im 1. und 2. Stock befinden sich ein großer Hammam, Massage- und Kosmetikräume sowie ein Ruheraum mit Kamin und kleiner Bar.

Einkaufen

Die **ganze Altstadt** von Essaouira ist ein Einkaufsparadies für Liebhaber geschmackvoller Wohneinrichtung, nicht verkitschter Souvenirs und Kunsthandwerk, für Bilder und Skulpturen sowie Kästchen und Truhen aus Thujenholz. Ein Laden reiht sich an den anderen, man hat die Qual der Wahl. Das Einkaufen in Essaouira ist meist frei von Anmache. Die Preise sind nicht niedrig, aber mit etwas Verhandlungsgeschick kann man noch Schnäppchen ergattern.

Zeitungen/Bücher

- Zeitungen, Bücher, Postkarten etc. gibt's in der **Kasbah Boutique** zu Beginn der Rue Sidi Mohamed Ben Abdallah, kurz vor der Abzweigung zur Galerie La Kasbah.
- Eine gut sortierte Buchhandlung mit englischen und französischen Reiseführern, Postkarten usw. ist die **Librairie La Fibule** am Place Mulay Hassan.

Galerien/Kunst

- **Galerie Damgaard,** Rue Oqba Ibn Nafi, Tel. 0524 78 44 46, www.galeriedamgaard.com, tägl. 9–13 und 15–19 Uhr. 1988 gründete der Skandinavier *Frédéric Damgaard* eine Galerie mit Werken lokaler Künstler – ein Haus, das immer noch weit nach Europa hinein wirkt, auch wenn *Damgaard* 2006 die Räumlichkeit an *Alain Graffe* und *Claude Jadot* abgab. Die ganze Fülle lokaler Kunst ist

dort zu sehen – und zu erwerben: *Tabal, Sanana, Akjait, Aït Tazarin*. Ein Haus, das besonnen und enthusiastisch zugleich geführt wird!
- **Galerie La Kasbah,** Attar Kabir, 4, Rue Tétouan, Tel. 0524 47 56 05. Das alte Gebäude (ein Funduq) ist ein Gesamtkunstwerk: Hier gibt es Antiquitäten, Kunsthandwerk, alte Türen, Keramik etc. zu kaufen. Ein Besuch lohnt sich auch ohne Kaufinteresse!
- **Marea Arte,** 7, Rue Youssef El Fassy, Tel. 0524 47 35 95, Mobil 0661 22 28 71 (*Sergio Baldini,* Direktor). „Gott wollte, dass die bescheidene Arbeit, die meine Schöpfung zu schaffen vermag, das Bild von Essaouira hat und genauso nützlich ist wie der Zement, mit dem man Wandlampen an die Mauern heftet." So steht es auf dem Votivbild, das 2006 zur Beisetzung von *Ruggero Giangiacomi* ausgegeben wurde. 76 Jahre war der Italiener aus Ancona alt, als er am katholischen Friedhof hinter dem Doukkala-Tor seine letzte Ruhe fand. Hier hatte er gewirkt, gearbeitet, ausgestrahlt. Unbedingt sehenswert.
- Eine sehr nette **Freiluftgalerie** findet man auf der Place Mulay Hassan und an der Sqala. Am Platz ist jeden Tag **Mund-Maler Mustapha** tätig. Seine Werke und die seiner Helfer kosten 20 DH pro Stück. Oben auf der Mauer verkaufen **Fatima und Hasna Chichti** die Arbeiten ihrer Mutter *Sarah* bzw. von deren Bruder. *Fatima* fertigt zudem Henna-Tatoos.

Kunsthandwerk/Souvenirs
- **Artisanale de Bab Doukkala,** Mobil 0670 02 09 86. Im östlichen Flügel des Tores unterhält der lebenslustige *Mustapha* ein „Künstlerstübchen". Er verkauft alles, wovon er meint, es sei nach des Touristen Geschmack: Ölmalerei-Schinken, Metallarbeiten, Nippes-Kärtchen, Schmuck ... Leitspruch: „Vente en gros et en detail"! Tipp: Drei Ansichtskarten für 6 DH.
- Im **Ensemble Artisanal** in einem Hofkomplex direkt beim Bab Marrakech kann man Kunsthandwerk zu fairen Festpreisen einkaufen. Die große Silberwerkstatt verkauft hübschen Schmuck.
- Sehr schöne **Fès-Keramik** zu akzeptablen Preisen gibt es in der **Poterie de Fès** in der Rue de la Sqala Nr. 16.

Lebensmittel/Alkohol
- **Aswak Assalam** am nördlichen Ende der vierspurigen Av. Al Aqaba (östl. der Medina).
- Im Gewerbegebiet hinter dem Ibis Moussafir im Süden der Stadt entsteht ein **Carrefour-Supermarkt.**
- Am Bd Mulay Youssef, vom Bab Doukkala kommend der Mauer entlang, nach ca. 200 m auf der linken Seite, gibt es einen **Alkohol-Laden** (Bier und große Weinauswahl).

Vorsicht bei Gewürzen und Duftstoffen: Oft werden Touristen unechter Moschus oder Vanilleextrakte oder falscher Safran angedreht. Die Gewürzpreise sind völlig überhöht!

Stadtbusse

- **Linie 1:** bis Diabat.
- **Linie 2:** alle 2 Std. nach Sidi Kaouki.
- **Linie 3:** alle 2 Std. Richtung Süden nach Smimou.
- **Linie 4:** nach Hrarta.
- **Linien 5 und 6:** Richtung Osten nach Had Drâa, El Hanchane.
- **Linie 7:** nach Sidi Ishak.
- Die **Linien 1** und **4** (in der Stadt) fahren auch am Strand entlang.

Eine Übersicht über die Stadtbuslinien mit Fahrplan findet man an der Anschlagtafel im Touristenbüro. **Die meisten Linien** verkehren bis 21 Uhr und **starten am Bab Doukkala.**

Fernverkehrsbusse

- Der **zentrale Busbahnhof** (Tel. 0524 78 52 41) befindet sich ca. 500 m nordöstlich der Medina in der Neustadt (10 Min. zum Bab Doukkala), Rue Ghazouat Badr, Quartier Industriel. Vorsicht vor Schleppern, die Hotels empfehlen und Provision kassieren!

CTM-Busse
- **CTM-Büro,** Busbahnhof, Tel. 0524 78 47 64.

Verbindungen und Preise:
- **Agadir:** 1x tägl. nachmittags, 70 DH, Fahrzeit 3–4 Std. Wenn man einen Anschlussflug

Route E 1: Essaouira

nach Deutschland bekommen will, dann ist es besser, ein Sammeltaxi zu nehmen. Es fahren auch Privatbusse mehrmals täglich.
- **Safi:** 2x tägl. vormittags, 50 DH, 2 Std.
- **Casablanca:** 2x tägl., 110 DH, 6 Std.
- **El Jadida:** 1x tägl., ca. 80 DH, 4 Std.
- **Marrakesch:** 2x tägl., 70 DH, 3 Std.

Supratours-Busse

- **Büro und Abfahrtsplatz** gegenüber des Borj Sud (Av. Lalla Aicha, Tel. 0524 47 53 17) – im Voraus reservieren!

Verbindungen und Preise:
- **Agadir – Tan-Tan – Laàyoune – Dakhla – Boujdour:** 1x tägl. vormittags, 3 Std. Fahrzeit bis Agadir (ca. 55 DH).
- **Marrakesch:** 4x tägl. (im Winter nur 2x) Fahrzeit ca. 3 Std., 65 DH. Der Mittagsbus hat Anschluss nach Tinerhir, Umsteigen in Marrakesch, 11 Std. Fahrzeit, 100 DH ab dort.
- **Safi:** 1x tägl., 50 DH, 2 Std.
- **Beni Mellal – Kasba Tadla – Khouribga:** 1x tägl.

Privatbusse

Private Busse diverser Gesellschaften fahren mehrmals täglich nach **Marrakesch, Agadir und zu anderen Zielen** (Casablanca, Rabat, Fès, Taroudannt etc.). Eine Reservierung ist nicht möglich, die Abfahrtszeiten wechseln ständig. Die privaten Busse sind zwar billiger, aber schlechter in Schuss.

Sammeltaxis/Taxis

- **Petit Taxis** am Bab Doukkala und am Bab Sbaa, 6 DH im Stadtbereich. Ein Taxi zum Flughafen kostet ca. 100 DH.
- **Sammeltaxis** hinter dem Busbahnhof, z.B. nach Agadir ca. 75 DH p.P. (3 Std. Fahrzeit), nach Marrakesch ca. 90 DH p.P.
- **Grands Taxis** warten ebenfalls am Bab Doukkala. Preise für ein komplettes Taxi: nach Agadir (auch zum Flughafen) 500–700 DH, nach Marrakesch ca. 600 DH, nach Fès 2500 DH (ca. 10 Std.), nach Sidi Kaouki ca. 150 DH. Empfehlenswert sind die Taxifahrer *Aziz el Kouchi* (er spricht englisch und holt ggf. auch vom Flughafen Marrakesch ab, Mobil 0661 20 70 45, www.transport-nawrasmogador.com) und der nette *Lahcen* (auch für allein reisende Frauen kein Problem), Mobil 0667 48 35 11.
- **Privater Taxiservice** zu landesweiten Zielen unter Tel. 0524 47 34 61, www.essaouiranet.com (deutschsprachig) oder **Transport Nawras Mogador,** Mobil 0661 20 70 45, www.transport-nawrasmogador.com (Tagesmiete 1200 DH, halber Tag 600 DH).

Flugverbindungen

- **Flughafen:** Tel./Fax 0524 47 67 04/05. Essaouira wird 2x die Woche von Casablanca von der Royal Air Maroc angeflogen.
- Außerdem gibt es noch die private Fluggesellschaft **Regional Airlines,** die internationale Flüge von Casablanca nach Essaouira bzw. Agadir verbindet.

Rund ums Auto

Autoverleih

- **Araucaria Car,** Tel. 0524 47 22 25, www.araucariacar.com. Klein- und Geländewagenvermietung.
- **Essaouira Travel Car,** 4, Rue Wad el Makhazin (Neustadt), Tel./Fax 0524 78 31 66, www.essaouiratravelcar.net. Kleinwagen ab 33 Euro/Tag, Rückgabe in anderen Städten möglich.
- Unter **www.essaouiranet.com** ist eine Autoanmietung bei verschiedenen Anbietern direkt übers Internet möglich.

Parken

Mehrere **bewachte Parkplätze** befinden sich rund um den Hafen und beim Bab Sbaa, nahe des Uhrenturms. Auch an der Strandpromenade (Bd Mohamed V.) gibt es Parkbuchten. Offizielle Parkgebühr: 10 DH am Tag plus 10 DH nachts (nicht mehr bezahlen!).

Notfall/Notrufe

- **Polizei:** Tel. 019 oder 0524 78 48 80.
- **Gendarmarie Royale:** Tel. 0177.

- **Protection Civile** (Lebensrettung): Tel. 015.
- **Notarzt** (tagsüber): Tel. 0524 47 48 61.
- **Tierarzt: Cabinet Veterinaire La Lagune,** *Dr. Adnane El Ajl,* 504, Av. Allal El Fassi, Lot. 5, Tel. 0524 47 28 87, Mobil (Notfall) 0661 56 16 10.
- **Notfallapotheke** im Rathaus.

Krankenhaus

- **Hôpital Sidi Mohamed ben Abdellah,** am Bd de l'Hôpital, Tel. 0524 47 27 16.

Geldwechsel

- Mehrere **Banken** verteilen sich rund um den Place Mulay el Hassan.
- **Travellerschecks** können im Hotel Riad al Madina getauscht werden.

Post

- Eine **Post mit Wechselbüro** befindet sich direkt neben dem Museum in der Av. Laâlouj. Die **Hauptpost** ist in der Neustadt in der Av. Lalla Aicha.

Internet

Es gibt diverse **Internetcafés,** z.B. beim Bab el Minzah nahe des Pl. Mulay Hassan, beim Parkplatz am Hafen und in der Rue de Caire beim Touristenbüro. Immer mehr Hotels haben drahtlosen Internetzugang (WLAN).

Feste/Veranstaltungen

- Im Juni findet in Essaouira das inzwischen sehr bekannte **Gnaoua-Festival** (www.festival-gnaoua.net) mit zahlreichen Musik- und Tanzgruppen statt. Zu dieser Zeit unbedingt frühzeitig ein Hotel reservieren!
- Ende Oktober/Anfang November kommt es beim dreitägigen **Festival des Andalousies Atlantiques d'Essaouira** zu diversen Musikvorführungen.
- Folgende **Moussems** (Mausims) werden in Essaouira gefeiert: im April **Regraga,** im August **Moussem El Hmadcha,** Mitte Sept. **Moussem Derkaouia** und (meist) Anfang November **Moussem Ghazia** und **Moussem Aissaouia.**

Sonstiges

- **Alliance Franco-Marocaine d'Essaouira,** Rue Lâalouj, 9, Rue Mohamed Diouri, Tel. 0524 47 61 97. Hier werden Französisch-Sprachkurse für Einheimische und Arabisch-Kurse für Ausländer gegeben. Darüber hinaus finden in der Einrichtung – eingeweiht 2004 vom damaligen französischen Innenminister *Sarkozy* – Kunstausstellungen, Musikveranstaltungen, Lesungen und Theateraufführungen statt.
- **Coeur de l'Amitié,** Siège Sicial Maroc, 1, Rue Chaouia. Eine Reihe engagierter Bürger nimmt sich, unabhängig von Herkunft und Stand, der gefallenen (Straßen-)Kinder von Essaouira an: warmes Essen, medizinische Versorgung, schulische Begleitung und Stringenz, Freizeitaktivitäten, Sozialisierung. Präsidentin ist *Marie Claude Zusatz,* Mobil 0662 49 56 91. Wer möchte, kann der Einrichtung einen Besuch abstatten.

Ausflüge

Wandert man den schönen, nicht immer sauberen Dünenstrand südwärts, gelangt man nach **Diabat.** In dem Küstenort mit kleinen Cafés befindet sich die Sultanspalast-Ruine von *Muhammed Ben Abdellah.* Diabat erlangte in den 1970er Jahren eine gewisse Bekanntheit als Hippie-Aussteigerziel, nachdem sich hier der Rockstar *Jimi Hendrix* mit Anhängern für einige Zeit niedergelassen hatte. In Diabat entsteht momentan im Zuge des „Plan Azur" der Regierung ein touristisches Großprojekt mit Luxushotels, Villen, Golfplatz etc. – das von Edeldesignern aus aller Welt gestaltete Luxushotel Sofitel Golf & Spa hat bereits eröffnet.

Vor der Küste Essaouiras kann man zwei **Inseln** (**Îles de Mogador** bzw. Purpurinseln) besuchen, auf denen unter *Juba II.* Purpur gewonnen und nach Rom exportiert wurde. Die Inseln wurden als Naturreservat ausgewiesen, da auf ihnen der seltenen **Eleonora-Falke** brütet. Nur von Mai bis Oktober ist er hier auszumachen, ansonsten lebt er in Madagaskar. Auch von Essaouira aus kann man ihn am frühen Abend mit dem Fernglas und von einem guten Aussichtsplatz aus beim Insektenfang beobachten. Die Überfahrt zu den Inseln verhandelt man mit den Fischern im Hafen (150–500 DH). Man benötigt jedoch eine Genehmigung (Geduld und Beharrlichkeit sind gefordert) von der Province (Bd Mohamed V.). Die Inseln sind unbewohnt, nur zwei alte Festungen, eine Moschee und ein Gefängnis blieben aus vergangen Zeiten erhalten.

Zum Marabout und den Stränden von **Sidi Kaouki** vgl. Abstecher nach Sidi Kaouki.

Im Süden liegt ca. 58 km entfernt der **Djabal Amsittene** (905 m), auf den man hinaufwandern und die Aussicht genießen kann. Auch eine schlechte Piste führt nach oben.

Route E 2: Marrakesch – Essaouira

● 178 km, N8, R207

Diese Route führt durch eine landschaftlich meist reizlose Gegend, hinter Marrakesch zunächst über eine Ebene mit Oliven- und Orangenhainen. Auf der Strecke nach Essaouira sollte man sehr korrekt fahren, da hier oft Polizeikontrollen durchgeführt werden. Gute Busverbindung, auch Sammeltaxis, siehe Marrakesch oder Essaouira.

Bei **km 22** durchfährt man das Straßendorf **Oued N'fiss** mit Geschäften und Restaurants. Die schnurgerade, schnelle Straße garantiert ein schnelles Vorwärtskommen, sofern der Verkehr nicht zu dicht ist.

Ab **km 47** beginnt das Straßendorf **Mzoudia**, mit Zementfabrik und im Winter mit Planen abgedeckten Gemüsefeldern. Danach durchquert man eine hügelige und trockene Gegend mit schönen Blumenwiesen im Frühjahr nach Regenfällen.

Die reizlose Kleinstadt **Chichaoua** mit vielen Straßenrestaurants erreicht man **bei km 73**. Sie ist bekannt für die dort gefertigten Chichaoua-Teppiche. Hier führt ein Abzweig links nach Agadir (ca. 180 km). Wenige Kilometer hinter dem Ort kommt man auf die neue **Autobahn** von Marrakesch nach Agadir – die schnellste Verbindung zwischen den beiden Touristenstädten.

Geradeaus weiter nach Essaouira erreicht man nach **99 km Sidi-Mokhtar**, einen Weiler mit großem Rasthof und Café.

Es folgen die Straßendörfer **Taftecht** bei **km 124** und **Tleta-Henchane** bei **km 142**.

Bei ca. **km 154** führt ein Abzweig rechts zur sehr hübschen **Auberge Riad des Vignes** auf einem Weingut (Tel. 0660 24 18 93/92, www.ryaddesvignes.com, €€€€B), wo man in einer schönen Gegend auf der Panoramaterrasse stilvoll und teuer speisen kann. Es gibt traditionelle marokkanische Speisen mit Bioprodukten aus der Region. Das Weingut kann man besichtigen, natürlich auch Wein probieren, außerdem werden Ausritte angeboten.

Bei **km 154,5** erreicht man eine Kreuzung: rechts nach Safi und Casablanca (vgl. Route E 3) beim Ort **Ouanara**, der etwa 300 m **(km 155)** darauf folgt. In Ouanara leben die deutschen Marokkokenner *Günther* und *Diana Schulz,* die Expeditionen und Reisen in Marokko durchführen, Stadtführungen in Essaouira organisieren (s. dort) und in ihrem Haus und Garten Essen anbieten (2 Tage Vorbestellung, Tel. 0610 034 064, marokko.schulz@g-mail.com, vgl. Essaouria/Information). Bei Ouanara liegen außerdem zwei Campingplätze (s. Essaouira/Camping).

163 km von Marrakesch entfernt trifft man auf einen Abzweig links zur Hauptverbindungsstrecke Essaouira nach Agadir.

Bei **km 170** führt ein Abzweig rechts auf die Piste nach Mulay-Bouzerktoun (Qubba bzw. Marabut, Windsurfgebiet, s.u.).

An der Straße vor Essaouira folgen viele Kooperativen, die Arganienöl verkaufen. Durch Thujenwald geht es bis **Essaouira,** das bei **km 178** erreicht ist.

Karte S. 701

Route E 3: Essaouira – Safi

● 139 bzw. 157 km, N1

Die Straße führt durch eine wenig abwechslungsreiche Gegend. Gute Busverbindung.

Essaouira nach Norden in Richtung Marrakesch, Safi, Casablanca verlassen. Bei **km 8** zweigt nach links die Küstenstraße nach Safi ab s. u. (*Safi par la côte,* Souira Kedima, siehe Route E 4); geradeaus weiter. Nach **14 km** liegt linker Hand das **Dar Kenavo** (siehe Essaouira/Hotels außerhalb der Stadt) und nach **26 km** erreicht man eine **T-Kreuzung:** Einmündung in die Straße Marrakesch – Agadir (s. Route E 2).

Bei **km 30** ist der Ort **Ouanara** erreicht (s. Route E 2). Ca. 200 m weiter kann man rechts zur Auberge mit Restaurant und dem Weingut Riad des Vignes abbiegen (s. Route E 2).

3 km weiter in Richtung Safi durchfährt man das Straßendorf **El Had-Draâ** mit Tankstelle. Olivenhaine säumen die Straße.

Etwa bei **km 45–47** im Weiler **Had-Cikait** liegen mehrere alte Ölmühlen entlang der Straße (von Maultier, Kamel und Esel angetrieben), wo man gutes kalt gepresstes Olivenöl kaufen kann.

Weitere Straßendörfer folgen, bis **Talmest** erreicht ist (**km 68**). Im Ort gibt es eine Tankstelle, Geschäfte, Restaurants. Durch eine weite Hügellandschaft mit wenig Bewuchs, vorbei an Bauernhöfen und durch Straßendörfer, erreicht man bei **km 101 Dar Tahar-Ben Abbou,** einen großen Ort. Hier führt ein **Abzweig nach links** (*Itinéraire touristique Safi*) zur Küste nach Souira Kédima. Diese Straße verläuft in Richtung Meer und trifft nach ca. 17 km auf die Route E 4.

Weiter in Richtung Casablanca wird die Landschaft flacher und ist dichter besiedelt.

Der große Ort **Sebt des Gzoula** beginnt bei **km 111.** Hier gibt es neben diversen Tankstellen, Cafés und einem Hotel alle Versorgungsmöglichkeiten. Links zweigt die P2307 nach Safi ab (27 km).

Bei **km 130** liegt **Tleta Bouguedra,** links nach Safi (26 km), Cafés an der Kreuzung. Nach Casablanca geradeaus.

Safi ist entweder bei **km 139** (Abzweig bei km 111) oder bei **km 157** (Abzweig bei km 130) erreicht.

Route E 4: Essaouira – Safi (entlang der Küste)

● 122 km, R301

Diese schöne einsame Strecke führt entlang herrlicher Strände mit Buschwald, Sanddünen und Feldern. Die Teerstraße ist meist gut, ab ca. 50 km vor Safi für einige Kilometer jedoch sehr schlecht (Tempolimit 40 km/h). Busverbindung und Grand-Taxi-Verkehr zu den einzelnen Orten und bis Safi.

In Essaouira am südlichen Bd Mohamed V. an der Kreuzung mit Denkmal (von Medina kommend) geradeaus Richtung Safi/Casablanca fahren **(km 0).** Rechts geht's nach Agadir. 1 km weiter liegt das Hotel Ibis rechts an der Strecke. Die zunächst viel befahrene Straße führt durch eine mit Thujen bewachsene niedrige Küstendünenlandschaft. Bei **km 7** biegt man links von der Hauptverbindungsstrecke nach Casablanca (Route E 3) ab (beschildert „Safi par route cotière").

Bei **km 25** zweigt links eine Straße zum Dorf **Mulay Bouzerktoun** (2 km kleine Teerstraße) und dem gleichnamigen Marabut ab. Hier findet im Frühjahr ein großer Moussem zu Ehren der Heiligen des Regragra-Stammes statt. Der Strand hier ist ein Windsurfrevier für Könner: Wellen und Wind sind besser als in Sidi Kaouki, außerdem ist es hier weniger touristisch und sehr ruhig. Im Dorf gibt es einen Surfshop. Das Waschen am Dorfbrunnen ist verboten, dafür gibt es Süßwasserquellen am felsigen Strand (bei Ebbe). Wohnmobile finden einen Stellplatz am Südende des Dorfes oberhalb des felsigen Strandes. Surfer kommen im gemütlichen **Gästehaus**

Route E 4: Essaouira – Safi (entlang der Küste)

Lawama unter (Tel. 0661 48 72 21, lawama@hotmail.fr, mit Panoramaterrasse, relaxter Atmosphäre und Fischrestaurant) oder im **Maison Blanche** nebenan (Tel. 0553 23 24 50, Mulay.lamaisonblanche@hotmail.fr, DZ z.T. mit Meerblick ab €€€ inkl. Frühstück).

Weiter auf der Straße Richtung Safi ziehen sich kleine Küstendünen entlang des unberührten Strandes (Zugang mit Kfz nicht möglich). Nur wenige Häuser und von Steinmäuerchen begrenzte Felder sind in der einsamen Landschaft zu sehen.

Bei **km 45** zweigt eine Straße links zum **Plage Baibah** ab (Fischerdorf und Strand). Zu Fuß sind es 40 Minuten zum schönen Sandstrand. Mit vorsichtiger Fahrweise kann man auch mit Pkw oder Campingfahrzeug in Richtung Strand fahren und findet dort schöne Stellplätze nahe der Küstenlagune. 900 m vom Fischerort befindet sich der **Camping de la Plage** direkt am Strand (Tel. 0662 35 37 47, barreausy@gmail.com, N 31°47,267', W 09°35,017'): Stellplatz (Fahrzeuge bis 3 t) bis 100 DH, Ermäßigung im Winter. Die Anlage besteht zum großen Teil aus schönen Bungalows mit zwei Zimmern und Küche (€€) und einigen einfachen Zimmern (€). Die sanitären Anlagen mit heißer Dusche sind gut und sauber. Es gibt auch einen Pool.

Auf der weiteren Strecke dehnen sich immer wieder traumhafte Dünenstrände unterhalb der Straße aus, die allerdings nicht mit dem Fahrzeug erreichbar sind.

Ab **km 53** führt die Straße wieder etwas weg vom Meer durch kleine Dörfer und entlang grüner Felder.

80 km hinter Essaouira führt die Straße bergab ins breite **Tal des Oued Tensift,** der hier ins Meer mündet. Eine Brücke überquert den Fluss. Im hässlichen Marktort **Khemis Oulad el Hadj** halten hauptsächlich Trucks zum Mittagessen (Grillstände).

Bei **km 88** ist die Retorten-Ferienstadt **Souiria** mit großen Neubauvierteln und Strandanlage erreicht (Cafés und Restaurants).

3 km weiter führt eine Piste direkt zu einem herrlichen Sandstrand, der von Büschen gesäumt ist. Weiter verläuft die Straße mit schönen Ausblicken oberhalb der Steilküste entlang.

Bei **km 102** zweigt rechts eine Straße nach Agadir (zur N1) ab. 4 km weiter kann man auf einer rudimentären Teerstraße links runter zur felsigen Küste und **Plage Souiria** fahren. Dort verzweigen sich diverse Pisten und man findet evtl. Campingmöglichkeiten.

Bei **km 111** beginnen die ziemlich stinkigen **Industrie-/Chemieanlagen** und **Fischfabriken** von Safi. Hinter einer Mauer links der Straße erstrecken sich Bidonvilles (Slums).

Ab **120 km** hinter Essaouira führt ein von Oleander und Palmen gesäumter Boulevard ins Zentrum von **Safi,** das etwa 2 km weiter erreicht ist.

Die Atlantikküste ist ein Eldorado für Windsurfer

Safi

Die moderne **Hafen- und Industriestadt** Safi hat etwa **285.000 Einwohner**. Das Stadtbild prägen die Industrieanlagen an der südlichen Stadtausfahrt und die große Neustadt mit dem zentralen Place Mohamed V. Die von Mauern umgebene Medina wirkt dazwischen winzig, ist aber durchaus einen Bummel wert.

Safi ist ein bedeutender **Exporthafen für Phosphat,** vor allem der Phosphate aus der Gegend um Youssoufia, und Standort vieler Phosphat verarbeitender und chemischer Industrien. Auch Textil- und Nahrungsmittel verarbeitende Fabriken sorgen für Arbeitsplätze in der stark expandierenden Stadt. Für Touristen ist Safi vor allem wegen seines **Töpferviertels,** dem größten des Landes, und der **gut erhaltenen Medina** mit seiner Festung, der Kechla, interessant. Wären da nicht die Abwässer der Industriebetriebe und die starke Brandung, würden die schönen Strände nördlich von Safi zum Baden einladen ...

Geschichte

Zum ersten Mal wurde die Stadt mit dem Namen „Asfi" von dem arabischen Geografen *Al Bakri* erwähnt. Im 12. Jh. berichtet der arabische Historiker, dass Asfi ein lebendiger Hafen gewesen sei. Im 13. Jh. gab es ein Ribat (befestigtes Kloster) in Safi, welches unter den Portugiesen zur Zitadelle wurde. Die eigentliche Gündung als **portugiesische Handelsniederlassung** geht auf das Jahr 1480 zurück. In erster Linie war der Ort Umschlagplatz für Tauschwaren aus dem Karawanenhandel (Sklaven, Gold, Elfenbein.) 1511 ließen die Portugiesen mächtige Wehrmauern um die Stadt bauen. Da es aber immer wieder zu Kämpfen mit den umliegenden Berberstämmen kam, wurde sie 1541 nach der Belagerung durch **Sultan Mohamed ash-Shaykh** von den Portugiesen wieder aufgegeben und vollkommen zerstört.

Unter den Arabern entwickelte sie sich zu einer wichtigen **Handelsstadt für den Europahandel.** Der Sultan gestattete europäischen Firmen, Niederlassungen zu gründen, und ließ sich dieses Recht teuer bezahlen. Ende des 17. Jh., Anfang des 18. Jh. war Safi die wichtigste Hafenstadt Marokkos. Die Stadt verlor aber ihre Bedeutung im 18. Jh. durch die Konkurrenz anderer marokkanischer Häfen. Erst unter den Franzosen erlebte Safi Anfang des 20. Jh. einen neuen Aufschwung durch die Einrichtung einer Fischkonservenindustrie (vorwiegend Sardinen) und galt bis 1976 als „Sardinen-Hauptstadt" Marokkos.

Sehenswertes

Gegenüber des Eingangs zur Medina, direkt am Meer, liegt die **portugiesische Festung Dar al Bahr** (Schloss am Meer) aus dem 16. Jh. Die 60 x 60 m große Anlage diente den Portugiesen zum Schutz des Hafens vor Angreifern. Auch hier gibt es Bronzekanonen wie auf der Festung in Essaouira und eine gut erhaltene Kapelle. Von den Mauern hat man einen schönen Blick aufs Meer und die Stadt. Bewacht parken kann man direkt vor der Medina am Place de l'Indépendance. Die *Cité Portugaise* wird zurzeit (Mitte 2011) renoviert und kann nicht besichtigt werden.

Südlich des Meeresschlosses Dar el Bahr liegt das **Mausoleum** des *Shayk Muhamed Sidi Ala,* des Schutzheiligen der Stadt, im alten Ribat-Viertel, das auf die Ursprünge der Stadt als Klosterfestung zurückgeht.

Die **Cathédrale Portugaise** mit sehenswerten Sternengewölben liegt in der **Medina.** Zu erreichen ist sie durch ein Tor links von der großen Moschee, dann weiter die Rue du Kadi Ayat und in die nächste kleine Straße links einbiegen. Sie wurde 1519 im manuelischen Stil (der zwischen Gotik und Renaissance einzuordnen ist) errichtet (Eintritt 10 DH, i.d.R. geöffnet 8–12 und 14.30–18 Uhr).

Im Osten thront die **Kechla** über der Medina. Diese portugiesische Festung aus dem 18. Jh. ist über die Rue Mulay Youssef an der Südseite der Medina oder vom Töpferviertel von der Nordseite her zu erreichen. Man kann gut vor der Festung parken. Die Kechla weist einige sehr schöne Räume im maurischen Stil auf, der Innenhof ist von einer mächtigen Würgefeige begrünt, auf den

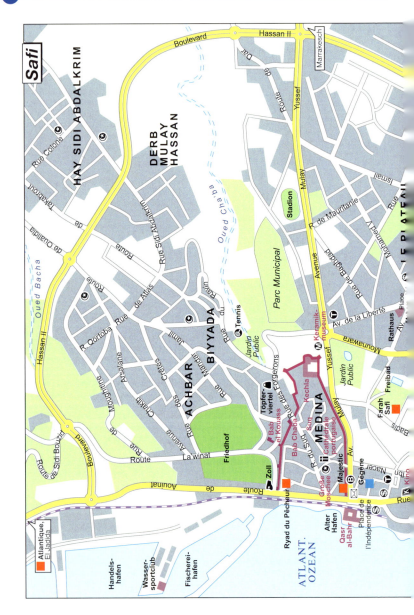

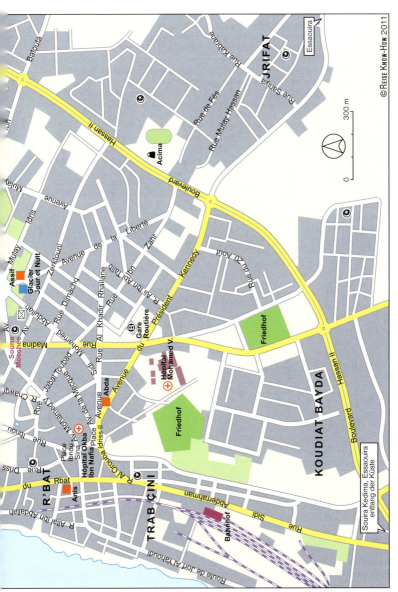

Mauern stehen alte Kanonen. Von den Mauern und Wehrtürmen hat man einen schönen Blick auf die Stadt. In der Kechla ist ein kleines **Keramikmuseum** mit schönen Exponaten aus allen Regionen des Landes untergebracht (Eintritt 10 DH, tägl. außer Di).

Das **Töpferviertel Safis** *(La Colline des potiers),* bergaufwärts nahe des Bab Chaba, ist das größte Marokkos. Hier kann man beim Töpfern und Brennen der Waren in den kugelförmigen Brennöfen zuschauen und wunderschöne Töpferwaren in großer Auswahl kaufen. Auch wenn die Töpferwaren hier wesentlich günstiger sind als z.B. in Fès (dafür nicht ganz so robust und weniger filigran bemalt), sollte der Preis unbedingt verhandelt werden. Die Motive auf den bunten Töpfereien sind inzwischen schon sehr dem touristischen Geschmack angepasst: Sonnen, Sternchen, Kamele etc.

Im **Fischereihafen** herrscht vor allem frühmorgens lebhaftes Treiben. Dort finden auch Fischauktionen statt. **Markttag** in Safi ist der Montag (Suq im Industriegebiet am Stadtausgang in Richtung Süden).

Information

- **Délégation du Tourisme,** 26, Rue Imam Malik, Tel. 0524 62 24 96, dtsafi@menara.ma.
- Websites von Safi sind **www.safi.ma** und **www.safi-ville.com**
- **PLZ von Safi:** 46 000.

Unterkunft

Klassifizierte Hotels

- **Farah Safi******, Av. Zerktouni, Tel. 0524 46 42 99, hotelfarahsafi@menara.ma. Bestes Hotel am Platz mit komfortablen, sauberen und klimatisierten Zimmern (z.T. Meerblick). Garten mit Pool, mehrere Restaurants, Fitnesscenter und Nachtclub. €€€€.
- **Atlantique Panorama******, Sidi Bouzid, in der Bucht nördlich des Hafens, Tel. 0524 66 84 90/91, atlantique_panorama@menara.ma. Neueres Hotel mit 157 Zimmern. €€€, Frühstück 35 DH.
- **Ryad du Pêcheur*****, 1, Rue de la Créte, Tel./Fax 0524 61 02 91, www.ryaddupecheur.com. Das empfehlenswerte Gästehaus in einer alten Diplomatenvilla bietet neben hübschen Zimmern auch ein sehr gutes Restaurant (Hauptgerichte ab 70 DH), von dem man einen tollen Blick auf die Bucht von Safi hat. Sehr freundliches Personal. €€€A.
- **Assif*****, Av. de la Liberté, Tel. 0524 62 23 11 oder 62 29 40, hotel_assif@menara.ma, www.hotel-assif.ma. Ordentliche Zimmer mit Bad, einige mit TV, bewachter Parkplatz. DZ €€ bis €€€B.
- **Abda*****, Av. Kennedy, Tel. 0524 61 02 02, Fax 0524 61 19 15. Angenehmes Stadthotel mit schönen Zimmern mit TV, Restaurant und Café.
- **Mimosas****, Rue Ibn Zaidoun, Tel. 0524 62 32 08, Fax 0524 62 59 55. Zimmer mit Bad, Parkplatz.

Unklassifizierte Hotels

Preiswerte Hotels gibt es in der Medina, beim und in der Nähe des Busbahnhofs und im Zentrum der Neustadt, z.B. in der Rue de R'bat.

- **Majestic,** Place de l'Indépendance, gegenüber Dar al Bahr, Kreuzung Av. Mulay Youssef. Saubere Zimmer, z.T. mit Meeresblick, Gemeinschaftsduschen. ½€, warme Duschen 5 DH extra.

Camping

- **Camping Municipal – Sidi Bouzid,** am Rande der Stadt, 2 km nördlich vom Zentrum in Richtung Oualidia. Schön angelegter schattiger Platz mit Pool, der aber erst im Juni/Juli in Betrieb genommen wird. Neue saubere Sanitäranlagen, Entsorgungsstation für Wohnmobile.
- Über dem **Hafen** kann man beim öffentlichen Schwimmbad in einem schattigen Gelände mit hohen Bäumen auf einem sauberen Platz kostenlos mit dem **Wohnmobil** stehen.

Im Töpferviertel von Safi

Essen und Trinken

Preiswerte Cafés und Restaurants findet man entlang der Rue de R'bat (Neustadt), Rue de Suq (Hauptstraße in der Medina) und Place de l'Indépendance am Eingang zur Medina.

- **La Trattoria,** 2, Route de Laouinat, Tel. 0524 62 09 59. Gutes, feineres Restaurant mit Fischgerichten und italienischer Küche (Gericht ca. 150 DH).
- **Refuge,** Sidi Bouzid, nördlich des Hafens Richtung El Jadida, Tel. 0524 66 80 86. Sehr gutes, teureres Restaurant mit Fischgerichten und Meeresfrüchten.
- **Gégène,** 11, Rue de la Marne, Rue de R'bat. Sehr gute marokkanische und mediterrane Gerichte (ca. 90 DH) in gemütlichem Ambiente und mit freundlicher Bedienung, auch Austern und Fisch, Alkoholausschank.

Bahn

- Der **Bahnhof** liegt in der Rue de R'bat, Tel. 0524 46 33 75.
- **Verbindungen nach El Jadida** (1x tägl., Umsteigen in Ben Guerir, 6.15 Std., 110 DH in der 2. Kl.) und **Casablanca** über Ben Guerir (2x tägl., 4.30 Std., 75 DH in der 2. Kl.).

Busse

- **Busbahnhof** an der Ecke Av. Kennedy/Rue Madina Mounawara, gegenüber dem Hôpital Mohamed V. Private Busse fahren in alle Richtungen. Nach Essaouira mit den einfachen Bussen 30 DH, mit Supratours (Komfort wie CTM) 50 DH.
- **Stadtbusse** (in die Umgebung, z.B. nach Souira Kédima) ab Bd Hassan II.
- **CTM-Büro,** Place Ibnou Sina, Tel. 0524 62 21 40.

Route E 5: Safi – El Jadida – Casablanca

● 240 km, R301 und R320

CTM-Verbindungen und -Preise
● **Casablanca:** 7x tägl., 85 DH, Fahrzeit 4 Std.
● **El Jadida:** 4x tägl., 50 DH, 2 Std.
● **Essaouira:** 9x tägl., 40 DH, 2 Std.

Taxis

● Taxifahrten mit dem **Petit Taxi** kosten im Stadtgebiet einheitlich 6 DH.
● Die **Grand Taxis** verkehren ab dem Busbahnhof (*gare routière,* s. Busse) in alle größeren Städte.

Einkaufen

● Im **Marjane-Supermarkt** an der Route de Marrakesch kann man sich mit allen Vorräten eindecken. Auch im **Acima-Supermarkt** (tägl. 9–20.30 Uhr) an der vierspurigen Umfahrungsstraße Bd Hassan II. gibt es alles, was sich Europäer wünschen.

Feste/Veranstaltungen

● **Rencontres culturelles de Safi,** in Safi, im Mai.
● **Salon International de Céramique,** in Safi, im Juni.
● **Semaine Culturelle et Touristique,** in Safi, im Juli.
● **Festival Annuel de Safi,** in Safi, im Sept.
● **Moussem Sidi Bouchta,** Ouled Sidi Bouchta (vgl. Route E 5, km 28), am 13. Chaoual.
● **Moussem Sidi Bouzid,** in Safi (nördlich beim Campingplatz), im August.
   Die beiden genannten Moussems sind die bekanntesten. Es gibt weitere in der Provinz Safi zwischen Juli und September.

Abschnitt 1: Safi – El Jadida

● 143 km, R301

Küstenstraße mit gutem Asphalt, bis Oualidia schöne Ausblicke aufs Meer, dann durch wenig attraktives Landwirtschaftsgebiet. Gute Busverbindung (siehe Safi).

Am Kreisverkehr am Bd Hassan II. in Safi geht es geradeaus Richtung Oualidia (rechts nach Marrakesch). Beim nächsten Kreisel 2 km weiter bei einer Total-Tankstelle fährt man geradeaus (rechts führt die R202 durchs Inland nach El Jadida). An der nächsten Kreuzung biegt man schließlich rechts ab auf die Küstenstraße R301.
   Die Straße führt in Küstennähe nordwärts, an einigen Stellen kann man zum Strand abzweigen und findet dort evtl. Übernachtungsplätze (für Wohnmobile).
   Nach **14 km** zweigt links eine kleine Straße zum **Plage Lalla Fatma** ab. Der schöne Sandstrand in einer Felsenbucht mit Steilküste hat durch die immer näher rückende Stadt viel Charme eingebüßt und ist auch nicht immer sauber. Die Straße endet bei einem kleinen Café. Der Parkplatz ist ziemlich verschmutzt und kostenpflichtig. Von Juni bis September hat die *Protection civile* ein Zelt am Strand stehen, um bei Badeunfällen zu helfen, denn die Wellen sind hoch. Die Leute sind sehr nett und haben nichts gegen Camper.
   Entlang der von Eukalyptus gesäumten Küstenstraße bieten sich immer wieder schöne Ausblicke aufs Meer, ab und zu steht ein Marabut (Grabmal eines Heiligen) in der Landschaft. Erwähnenswert ist bei **km 28** das **Marabut Sidi Bouchta,** ein wichtiger Wall-

fahrtsort. Hier finden zahlreiche Moussems statt (siehe Safi/Feste).

Bei **km 32** führt ein Abzweig nach links zum schönen **Plage Cap Bedouzza** (1 km) mit Sandstrand und einer kleinen Auberge. Am Abzweig thront ein imposanter Leuchtturm an der Steilkante. Auch hier wird mehr und mehr gebaut, und wer früher einen ruhigen Wohnmobilstandplatz fand, wird heute enttäuscht sein.

Auf den weiteren 18 km hat man immer wieder sehr schöne Blicke über die Steilküste, die zum Teil terrassenartig nach unten zum Meer hin abfällt, wo sich schöne Sandstrände erstrecken. Das Hinterland ist sehr karstig, es wird Mais und Gemüse angebaut.

Bei **km 55** durchfährt man den großen Ort **El Akarta** mit Tankstelle und kleinen Geschäften. 5 km weiter folgt **El Kasba** mit einer Tankstelle und einem Abzweig zum **Plage Karram.**

Oualidia ist nach **64 km** erreicht.

Oualidia

Die palmengesäumte Av. Hassan II. führt als Hauptstraße durch das hübsche **Bade- und Fischerstädtchen,** dessen weiße Häuser sich die Hänge hinab bis zur Lagune ausbreiten. Am schönen Sandstrand mit Felsformationen und Grotten brechen sich die Wellen.

Oualidia ist bekannt für die **Austernzucht,** die ab hier in der Lagune in Richtung El Jadida betrieben wird. Außerdem ist Oualidia ein **beliebter Badeort reicher Marokkaner** und daher im Sommer stark frequentiert, außerhalb der Saison aber sehr angenehm. Im Ort befinden sich eine Kasbah aus dem Jahr 1634 und ein **Sommerpalast des Königs.**

●**PLZ von Oualidia:** 24 250.

Unterkunft

●**Beach View****, 301, Av. Hassan II., Tel. 0523 36 61 31, www.beachvieweloualidia.com. Das Schönste an diesem etwas gesichtslosen dreistöckigen Bau ist die Poolterrasse mit tollem Blick übers Meer und die Bucht. Die Zimmer und Suiten mit Balkon sind sauber und erfüllen europäische Komfortansprüche. Im Restaurant mit Glasfront zum Pool kann man Austern schlürfen und Wein trinken. Inkl. Boutique, Disco und Piano-Bar, Hammam und Massage. €€€€.

●**L'Hippocampe***, Rue du Palais, Tel. 0523 36 64 99, Fax 0523 36 64 61. Die Ausstattung des Hotels ist schon etwas älter, aber die Bungalowzimmer und Suiten sind sauber und haben z.T. Blick auf die Lagune. Gutes Restaurant (v.a. Meeresspezialitäten) und exotischer Garten mit Pool, Surfcenter daneben. €€€€.

●**Araignée Gourmande***, an der Lagune (Oualidia Plage), Tel. 0523 36 64 47, www.araignee-gourmande.com. Hübsche gepflegte Zimmer mit Bad, Sat-TV und WiFi. Sehr freundlich, sauber und preiswert. Restaurant mit Fischgerichten und Austern. €€B.

●**L'Initiale,** Oualidia Plage, Tel. 0523 36 62 46. Das familiär geführte Hotel liegt direkt am Strand und ist sehr sauber. DZ mit Dusche und vorzüglichem Menü (auch vegetarisch) €€€A, Alkoholausschank.

●**Thalassa,** Bd Hassan II., Tel./Fax 0523 36 60 50. In diesem älteren, aber sehr sauberen und ordentlichen Hotel gibt es helle einfache Zimmer (z.T. mit Balkon) im OG. Im Restaurant im EG kann man Fischgerichte (ca. 60 DH) und Austern auf der Terrasse essen. DZ mit Bad €€B.

Camping

Der Campingplatz wurde 2010 geschlossen. Wildcampen ist evtl. auf der Halbinsel, die sich parallel zur Küstenstraße und großen Lagune hinzieht, möglich. Die Zufahrt auf die Halbinsel ist nur direkt von Oualidia möglich.

Essen und Trinken

Fast alle Restaurants in Oualidia sind **Fischrestaurants,** einige bieten auch Austern an. Mehrere Restaurants und Cafés findet man hinter dem Beach View Hotel. Empfehlenswert ist das **Restaurant des Hotels L'Hippocampe.**

Route E 5: Oualidia

Im **Restaurant de la Jeunesse** an der Av. Hassan II. gibt es Lavazza Café, Pizza, frittierten Fisch und Tajine zum günstigen Preis.

Busse/Sammeltaxis

● Gute **Busverbindung nach Nord und Süd** (nach Safi 3x tägl., ca. 15 DH). Man sollte aber nicht samstags fahren, da dann Markttag ist und zahlreiche zusätzliche Busse in allen Nachbarorten halten und es ziemlich nervig ist, den richtigen Bus zu finden.
● Will man nach **Essaouira**, kann man mit dem Bus oder Sammeltaxi bis nach Safi fahren und dort in einen Bus nach Essaouira umsteigen.
● **Sammeltaxis** fahren alle 15 Min. **nach Safi**, ca. 20 DH p.P.

Sonstiges

● **Post** an der Hauptdurchgangsstraße auf der linken Seite (von Safi kommend).
● Eine **Banque populaire** mit Bankomat gibt es an der Hauptstraße neben dem Thalassa-Hotel.
● Am **Markt** gegenüber vom Beach View Hotel (auf der rechten Seite der Av. Hassan II.) kann man sich mit Fleisch, Gemüse und Obst eindecken.

Hinter Oualidia beginnt das Landwirtschaftsgebiet der **Doukkala,** das **fruchtbarste Gebiet Marokkos.** Zwischen Meer und Straße zieht sich eine riesige Lagune, wo es Salinen gibt und Austernzucht betrieben wird. An der Lagune und der Küste wird sehr viel Gemüse in Gewächshäusern angebaut.

Bei **km 87** liegt der unattraktive Ort **Ouled Ghanem** an der Straße (Kürbis-, Obst- und Gemüseverkauf). Ab **km 103** beginnt eine breite Lagune, die sich direkt neben der Straße entlangzieht. Auf den nächsten 2 km gibt es bei einigen Öffnungen hin zum Meer sehr schöne Sandstrände. Sie sind aber schwer zu erreichen, da man nicht über die Lagune kommt bzw. diese auf mühsamem Weg über Oualidia direkt am Strand entlang ansteuern muss.

Bei **km 104** liegt das hübsche **Hotel/Restaurant La Brise*** mit Pool und Blick auf die Lagune rechts der Straße.

Bei **km 112** folgt **Sidi Abed** mit Tankstelle und einladendem Sandstrand (Abzweigung links). Eine Sandzunge mit Buschwald und Pinien zieht sich auf der gegenüberliegenden Seite der Lagune einige Kilometer in Richtung Norden. Hier stehen öfters Wohnmobile, die Piste ist von Sidi Abed aus erreichbar. Hinter Sidi Abed endet die Lagune, es geht weiter entlang der Felsküste.

4 km hinter Sidi Abed findet man Unterkunft im **Hotel/Restaurant Le Relais** (Parkplatz, direkter Meerblick) links an der Straße.

Ab **km 120** folgen die Hochspannungsmasten eines E-Werks, dann die Phosphatförderbänder und der Hafen von El Jadida.

An der **Kreuzung** bei **km 124** geht es geradeaus nach El Jadida weiter (rechts nach Marrakesch, links zum Industriegebiet Jorf Lasfar).

Etwa 8 km weiter **(km 132)** führt ein Abzweig rechts nach Mulay Abdallah. In der Nähe liegen die **Ruinen von Tit** mit Toren, zwei Minaretten und Mauerresten der alten Hauptstadt der Doukkala und des Berghaoutareiches aus dem 11. Jh. Im **Wallfahrtsort Mulay Abdallah** mit einer großen Zawia findet im August ein großer Moussem mit Fantasias statt (siehe Kapitel Feste).

Bei **km 135** kann man links zum **Ferienort Sidi Bouzid** mit vornehmen Ferienwohnungen, Villen, Restaurants/Cafés, Vergnügungspark und hübscher Sandbucht abbiegen (3 km). Von Sidi Bouzid kann man direkt entlang der Felsküste einer kleinen Straße nach El Jadida folgen. Hier finden Wohnmobilisten zwischen den Neubauten und Fischern evtl. noch ein paar schöne Stellplätze. Es gibt mehrere Hotels in Sidi Bouzid.

El Jadida ist nach insgesamt **143 km** erreicht.

El Jadida

In der sehr gepflegten **Provinzhauptstadt** – dem historischen Mazagan – wohnen etwa **320.000 Einwohnern**, ca. 1 Mio. Menschen leben in der gesamten Provinz. Die Stadt ist **wichtiger Industriestandort** und Phosphathafen (Jorf Lasfar). Auch als Handelszentrum von **landwirtschaftlichen Produkten aus der Doukkala** ist El Jadida von Bedeutung (Weizen, Trauben, Zuckerrüben, Gemüse). Eine Promenade führt entlang des (nicht immer sauberen) **Sandstrands** bis an den südlichen Stadtrand beim Ibis Hotel. Der **Plage Haouzia** 3 km außerhalb in Richtung Azemmour ist zwar schön, die Wasserqualität wegen der Industrieanlagen der Stadt jedoch zweifelhaft. Dort wird im Rahmen des „Plan Azur" ein riesiges Tourismusprojekt gebaut.

In der **Cité Portugaise,** der alten portugiesischen Festungsstadt direkt am Meer, eröffnen wie in vielen anderen marokkanischen Altstädten Privatinvestoren hübsche Gästehäuser in restaurierten Gemäuern. Wegen seiner ruhigen und bislang wenig touristischen Atmosphäre ist ein Zwischenstopp in El Jadida auf jeden Fall empfehlenswert.

Geschichte

El Jadida heißt übersetzt **„die Neue".** Die Stadt liegt wahrscheinlich auf den Ruinen der **karthagischen Siedlung Rusibis.** Frühe arabische Quellen berichten bereits im 11. und 12. Jh. über einen Hafen Mazagan bzw. Mazighan an der bzw. nahe der Stelle, an der sich das heutige El-Jadida befindet.

1502 wurde eine **portugiesische Festung** errichtet, um die Hauptniederlassung der Portugiesen in Marokko entstand (Mazagan), und die deshalb auch heute noch „Portugiesenstadt" genannt wird. Bis Mitte des 18. Jh. konnten die Portugiesen Mazagan halten. 1769 zogen sie ab und sprengten nach dem Rückzug die Stadt. Bis 1821 lag sie verlassen und wurde dann von Juden aus Azemmour besiedelt, sie erhielt den Namen El Jadida. Weiterhin blieb die Stadt unbedeutend und stieg erst in der Protektoratszeit Anfang des 20. Jh. zur Hafen- und Handelsstadt auf.

Sehenswertes

Sehenswert sind die **Cité Portugaise** – erhaltene Teile der Stadt aus der Portugiesenzeit – sowie die Festungsmauern, von vier Bastionen aus dem 16. Jh. flankiert, die von den Juden im 19. Jh. vervollständigt wurden. Die Cité Portugaise wurde 2004 zum **UNESCO-Weltkulturerbe** erklärt und mit großem Aufwand renoviert. Die **Festungsstadt** hat **zwei Tore,** von denen das nordöstliche am Bd de Suez als Eingang und das südöstliche als Ausgang dient. Zum Meer hin endet die Portugiesenstadt an der **Porte de la Mer,** dem alten Hafen. Von hier wurden die Waren ein- und ausgeladen, die über den Atlantik nach Portugal gebracht wurden.

Ein Besichtigungs-Muss ist die 1541 erbaute **Zisterne** (Cisterne Portugaise) linker Hand etwa auf halber Höhe der Hauptstraße in der Portugiesenstadt (geöffnet 9–13 u. 15–18 Uhr, Eintritt 10 DH). Das gotische Kreuzrippengewölbe, von 25 Säulen gestützt, spiegelt sich stimmungsvoll im Wasser. Am Besten fragt man an der Kasse nach dem sehr guten deutsch sprechenden Führer.

Wer möchte, kann einen Spaziergang bis ans Ende der **Mole,** die parallel zur nördlichen Mauer der Cité Portugaise verläuft, unternehmen und die Ausblicke auf Meer und Hafen genießen. Im **Hafen** finden frühmorgendlich Fischauktionen statt; man kann die Fischer bei der Einfahrt beobachten.

Information

- **Délégation du Tourisme,** 20 bis, Av. Al Moukaouama, Tel. 0523 34 47 88, dteljadida@menara.ma.
- Offizielle Website: **www.eljadida.ma.**
- **PLZ von El Jadida:** 24 000.

Unterkunft

Klassifizierte Hotels

- **Sofitel Royal Golf & Spa****, Route de Casablanca (8 km), Tel. 0523 37 91 00, www.accorhotels.com. Sehr schickes Golfhotel (18-Loch-Platz) mit 107 Zimmern und

zehn Suiten. Zwei Restaurants, Pool, Fitnessstudio und Tennis. €€€€.
- **Ibis Moussafir*****, Place Nour El Kamar, Route de Casablanca, Tel. 0523 37 95 00, www.ibishotel.com. Angenehmes, empfehlenswertes Hotel der Ibis-Kette am südlichen Sandstrand (Straße zwischen Strand und Hotel) mit Pool und bewachtem Parkplatz. Teure Getränke. Klimatisiertes DZ €€€.
- **El Morabitine*****, Av. Mohamed VI./Av. Ennakhil, Tel. 0523 37 94 30, Fax 0523 35 35 21/15, www.elmorabitine-hotel.com. Modernes Mittelklassehotel im marokkanischen Stil mit Pool, ca. 100 m zum Strand. €€€.
- **Provence****, 42, Av. Mohamed Fkih Errafi, Tel. 0523 34 2347, Fax 0523 35 21 15. Der alte Kolonialbau mit hübscher Fassade und etwas plüschigem Interieur ist eher auf marokkanische Gäste ausgerichtet. Die sauberen Zimmer nach hinten sind ruhig. Bewachtes Parken ist auf der Straße vor dem Hotel möglich. €€A.
- **Bruxelles***, 40, Rue Ibn Khaldoun, Tel. 0523 34 20 72. Ähnlich wie das Hotel de Provence, sowohl im Aussehen als auch bzgl. der Preise. Mit Parkgarage. €€.

Unklassifizierte Hotels

- **Royal,** 108, Av. Mohamed V., Tel. 0523 34 11 00. Angenehmes und sauberes Budgethotel, Zimmer z.T. mit Bad. €.
- **Moderne,** 21, Av. Hassan II., Tel. 0523 34 31 33. Einfach und freundlich. ½€.
- **Suisse,** 145, Bd Zerktouni, Tel. 0612 24 99 38. Einfach und okay. ½€.

Maisons d'Hôtes

- **Dar Al Manar,** Tel. 0523 35 16 45, www.dar-al-manar.com, ca. 7 km außerhalb Richtung Azzemmour, beim Leuchtturm Sidi Msbah (abseits der Hauptstraße, beschildert). Die Landvilla ist sehr hübsch im modern-orientalischen Stil gestaltet. Schöne DZ mit Bad, gepflegter Garten, osteopathische Massagen möglich, Essen auf Bestellung. €€€€.
- **Le Mazagao,** 6, Derb el Hajjar, in der Medina, Tel. 0523 35 01 37, www.lemazagao.com. Hübsches Gästehaus in der Medina mit toller Dachterrasse (mit Ausblick) und sehr gutem Essen, von einem französisch-marokkanischen Paar betrieben. DZ ab €€€.
- **Dar del Mare,** 18, Rue Joseph Amiel, in der Cité Portugaise, Tel. 0523 37 28 07, www.dar-del-mare.com. Kleines Gästehaus mit ruhiger familiärer Atmosphäre in der historischen Portugiesenstadt. Vier individuell gestaltete Zimmer, Dachterrasse, kostenloses WiFi im ganzen Haus.

Camping

- **International,** 1, Av. de Nations Unies (von der Küstenstraße Richtung Azemmour bzw. Route de Casablanca hinter dem Hotel Ibis rechts ab in eine Nebenstraße), Tel. 0523 34 27 55, N 33°14,407′, W 08°29,308′. Schönes Gelände mit viel Schatten unter Eukalyptusbäumen nur 5 Min. vom Strand entfernt. Leider ist der Platz wenig gepflegt und die sanitären Anlagen sind total heruntergekommen (nur kalte Dusche) und zur Hochsaison im Sommer unzumutbar. Im vorderen Bereich gibt es Reihenbungalows und eine von Marokkanern viel besuchte Bar, die hinteren Stellplätze sind daher ruhiger.

Essen und Trinken

- **Ali Baba,** Route de Casablanca, nahe Ibis Hotel, Tel. 0523 34 16 22. In diesem feinen Restaurant mit nostalgischem Interieur genießt man ausgezeichnete Küche mit Blick in Richtung Meer.
- **Au Petit Paris,** Av. Mohamed VI., Résidence Les Grands Palmiers, Tel. 0523 39 24 64. Feine französische Küche (mit Fisch und Fleisch) in Pariser Ambiente, unter französischer Führung. Menü ca. 200 DH.
- **Borj Mazagane,** Centre Commercial Marhaba (4. Stock), Av. Mohamed VI., Tel. 0523 34 34 35. Schickes Café (mit Kuchen) und gutes Restaurant (italienische Küche) mit tollem Blick auf die Stadt, vor allem bei der Jugend beliebt.
- **Tchikito,** Rue Mohamed Smiha, nahe Place Moh. Ben Abdallah. Hier gibt es guten und günstigen Fisch: großer Teller mit Sol, Loup, Crevetten für ca. 60 DH.

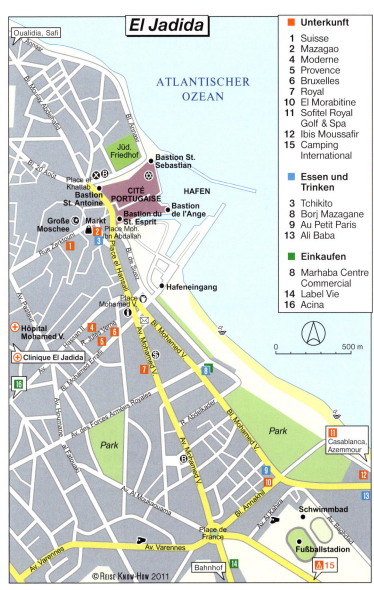

ROUTE E 5: SAFI – EL JADIDA – CASABLANCA

Busse

- Busse und **Sammeltaxis** fahren vom **Gare Routière** an der Av. Mohamed V., Ecke Rue Abdel-Moumin Mouahidi. Der Bahnhof ist verhältnismäßig weit weg vom Zentrum (ca. 15 Min. Fußmarsch). Mehrere Busse fahren täglich in alle Richtungen. Ein Sammeltaxiplatz nach Casablanca kostet 35 DH.
- **CTM-Büro,** Tel. 0523 34 26 62.

Verbindungen und Preise

- **Oualidia:** 3x tägl., ca. 25 DH, 1½ Std.
- **Azemmour:** mehrmals tägl., ca. 10 DH, Sammeltaxi ca. 15 DH.
- **Casablanca:** 4x tägl., 35 DH, 1½–2 Std.
- **Essaouira:** 1x tägl., 85 DH, 4½ Std.
- **Safi:** 6x tägl., 60 DH, 2½ Std.

Bahn

- Der **Bahnhof** liegt 4 km südlich der Stadt: der Beschilderung folgen bzw. ein Taxi nehmen, zu Fuß mindestens 1 Std.
- **Casablanca:** 6x tägl., 1 Std. 40 Min. Fahrzeit, 35 DH (2. Kl.).

Einkaufen/Banken

Eine große Auswahl an (europäischen) Lebensmitteln gibt es im **Acima-Supermarkt** (Bd Roudani, Ecke Bd Bnou Badis) und im **Label Vie** (vom Place de France südwärts).

Die besten **Einkaufsmöglichkeiten** bestehen am Place Hansali und entlang der Av. Mohamed VI., z.B. im modernen **Centre Commercial Marhaba.** Boutiquen (und gute Restaurants) findet man in der **Résidence Les Grand Palmiers** in der Av. Mohamed VI.

Diverse **Banken mit Geldautomat** gibt es an der Av. Mohamed V. Eine **Post** befindet sich am Place Mohamed V.

Sport/Aktivitäten

- Ausritte sind von den **königlichen Reitställen** (*Haras royal,* Route de Casablanca, Tel. 0523 34 21 27) aus möglich.
- **Golfen** ist am Golfplatz des Hotel Sofitel (s. Unterkunft) bzw. Mazagan Beach Resort (8 km nördlich von El Jadida) möglich.
- Verschiedene Wassersportaktivitäten bietet der **Club de Sport Nautique** im Hafen an.

Notfall

- **Polizei:** Tel. 0523 34 07 48 oder 0523 34 07 13.

Krankenhäuser

- **Clinique El Jadida,** Rue de Tunis, Tel. 0523 34 34 60.
- **Clinique Doukkala,** Av. Hassan II., Tel. 0523 34 31 72.
- Ein neues, ultramodernes **Provinzkrankenhaus** ist in Bau und soll noch 2011 eröffnet werden.

Feste/Veranstaltungen

Diverse Moussems im Juli und August, u.a. **Moussem touristique** und **Semaine Culturelle d'El Jadida.** Im November **Célébration de la Marche Verte** und **Célébration de la Fête de l'Indépendance** (18. November). Besonders bekannt ist das **Moussem von Mulay Abdallah** südlich von El Jadida im August (vgl. vorhergehende Routenbeschreibung).

Route E 5, Abschnitt 2: El Jadida – Casablanca

- **97 km, R320**

Rissige und häufig geflickte, verkehrsreiche Teerstraße mit wenigen Ausblicken auf das Meer – die hier beschriebene küstennahe Straße R320 bietet keine besonderen Attraktionen, ist aber immer noch interessanter als die noch verkehrsreichere **Schnellstraße N1**

Route E 5: Safi – El Jadida – Casablanca

oder die mautpflichtige **Autobahn** im Hinterland, die durch dicht besiedeltes Landwirtschaftsgebiet führt. Stadtbusse fahren von El Jadida nach Azemmour und weiter bzw. vom Norden (von Casablanca) nach Aïn Diab und Dar Bouazza. Die Fernverkehrsbusse fahren entlang der Hauptstraße N1. Gute Zugverbindung (vgl. El Jadida und Casablanca).

In El Jadida am Pl. de France links Richtung Azemmour abbiegen. Man verlässt die Stadt auf der vierspurigen Küstenstraße (Route de Casablanca), vorbei am Hotel Ibis (links) und am Abzweig zum Campingplatz (rechts) Richtung Osten.

4 km hinter dem Hotel Ibis (= km 0) beginnt die **Autobahn** Richtung Casablanca/Rabat, es geht rechts weiter auf der Küstenstraße nach Azemmour (N1).

Nach **8 km** passiert man den Abzweig zum **Hotel Sofitel Royal Golf** (vgl. El Jadida/Unterkunft).

11 km hinter El Jadida (bzw. Ibis Hotel an der Stadtausfahrt) eröffnete 2009 das 5-Sterne-Luxusresort **Mazagan Beach Resort** mit Golfplatz und Casino.

Bei **km 13** biegt man links ab nach Azemmour und zur kleineren Küstenstraße R320. Geradeaus führt die N1 weiter durchs Landesinnere nach Casablanca.

Das Zentrum von **Azemmour** ist bei ca. **km 15** erreicht.

Azemmour

Die kleine Stadt liegt auf einem Felsen an der westlichen Seite der Flussmündung des **Oum er-Rbia** („Mutter des Frühlings"), des größten Flusses Marokkos. Zum Meer hin fällt die Felswand steil ab und von den Mauern der Festung hat man einen schönen Blick auf die Küste. Azemmour wurde bereits im Mittelalter erwähnt. Die Portugiesen errichteten dort 1486 eine Handelsniederlassung und erbauten zu Beginn des 16. Jh. die Festung. Die beschauliche **Medina** mit ihrem Festungsring, den Bronzekanonen sowie dem ehemaligen Pulvermagazin (Dar el Baroud) und den weißen Altstadthäusern ist auf jeden Fall sehenswert. Sie hatte früher einen hohen jüdischen Bevölkerungsanteil. Im Kasbahbereich kann man noch eine Synagoge besichtigen. Azemmour wird von den Bewohnern auch „Mulay Bou Chaïb", nach dem Ortsheiligen, genannt. Dessen **Mausoleum und Moschee** liegen in der Oberstadt (keine Besichtigung von innen). Zu Ehren des Heiligen findet in der vierten Juliwoche ein Moussem statt. Angrenzend liegt ein **Suqviertel,** in dessen Hauptgasse vor allem Wundermittel und Heilkräuter wie getrocknete Chamäleons, Wurzeln, Felle, Henna und diverse wundersame Tinkturen verkauft werden. In vielen Häusern kann frau sich die Hände oder Füße mit Henna bemalen lassen, die traditionell besonders kunstvoll zur Hochzeit eines Mädchens bemalt werden (siehe Kapitel Land und Leute/Bevölkerung). Die Bemalung dient auch zum Schutz gegen den „bösen Blick" und zur Verschönerung.

Dienstags findet in Azemmour ein großer **Wochenmarkt** (Suq) statt.

Unterkunft in den hübschen Gästehäusern **Riad Azama** (17, Impasse Ben Tahar, Tel. 0523 34 75 16, www.riadazama.com, €€€) oder **L'Oum Errebia** (25, Impasse Chtouka, Tel. 0523 34 70 71, www.azemmour-hotel.com, €€€€, direkt am Fluss gelegen, mit Hammam, Ausstellung moderner Gemälde) in der Medina.

In Azemmour geht es über die Brücke des Oum er-Rbia (vor der Stadtmauer rechts) und 1 km weiter links ab (Beschilderung „Casa par la route côtière"). Die Route führt durch ein dicht besiedeltes Landwirtschaftsgebiet, vom Meer ist nichts zu sehen.

17 km hinter Azemmour, bei **km 32,** zweigt links eine Zufahrt zum **Plage Sidi Bounaim** ab. Hier finden Wohnmobilisten einen schönen **Stell- und Schlafplatz** direkt am Meer. Der Wärter erwartet ein kleines Trinkgeld. Fährt man 1 oder 2 km die Piste, die unterhalb des Postens weggeht, entlang, folgen weitere wunderschöne Stellplätze.

Auf der gesamten folgenden Strecke bis Casablanca werden überall Ferienanlagen gebaut – Rohbauten, Müll und Schutt säumen die Küste. Der Blick zum Meer ist durch die bewachsenen Küstendünen versperrt.

Route E 5: Casablanca

Bei **km 60** geht es zum **Sidi Rahal Plage** (schöner Strand mit Dünen) links ab.

Bei **km 64** führt eine kleine Piste (1 km) links zum **Camping Hawaii, N 33°29,314′, W 07°54,366′**. Im Sommer ist das schattige Gelände unter Eukalyptusbäumen von Marokkanern überfüllt, die Toiletten/Duschen sind heruntergekommen und schmutzig. Es gibt einen Pool.

Bei **km 74** liegt der große Ort **Dar Bouazza** links an der Küste. An der Jack Beach in Dar Bouazza kann man im geschmackvollen **Hotel des Arts****** (Tel. 0522 96 54 50, €€€€€) übernachten oder im dazugehörigen Restaurant **Les 5 Venus** (Tel. 0522 96 54 50) sehr gut speisen. 2–3 km in Richtung Casablanca liegt am langen Strand Oued Merzeg (ehem. Desert Plage) an der Mündung des gleichnamigen Flusses außerdem den **Campingplatz Oued Merzeg** direkt am Strand (7 ha Gelände mit viel Schatten, geöffnet 1.5.–31.10., kalte Duschen, Kinderspielplatz, Restaurant, Tel. 0522 90 07 79).

Wer in Richtung Rabat oder Meknès weiterfahren will, ohne Casablanca zu besuchen, sollte in Dar Bouazza auf die Schnellstraße in Richtung Casablanca abbiegen, die nach 4 km erreicht ist, und gelangt dann auf die Autobahn in Richtung Norden. Fährt man in Richtung Aïn Diab weiter, muss man ganz Casablanca im dichten Stadtverkehr durchqueren.

3 km hinter Dar Bouazza wird die Straße vierspurig. Bei **km 79** können sich Kinder im **Tamaris Aquaparc** in riesigen Rutschen (rechts der Straße) austoben.

Ab **km 81** breiten sich Slumviertel (Bidonvilles) links etwas abseits der Straße aus. Ab **km 89** folgt das krasse Gegenteil: die schicken Villenvororte **Aïn Diab** und **Anfa (km 92)** mit Clubs, Restaurants, Hotels, Strandanlagen etc. Über den Boulevard d'Anfa erreicht man das Zentrum von **Casablanca** bei **km 97**.

Casablanca

Casablanca ist das **wichtigste Handels- und Industriezentrum Marokkos, größter Hafen Nordafrikas** und mit ca. **3 Mio. Einwohnern** die **größte Stadt Marokkos.** Der Stadtname stammt aus dem Spanischen und bedeutet **„weißes Haus",** der arabische Name lautet „Dar al Baida" (*Dar* = Haus = *casa, Baida* = weiß = *branca* bzw. *blanca*) – angeblich diente ein weißes Haus früher als Landmarke für die Schiffe.

Der dicht besiedelte Großraum Casablanca beherbergt über 4 Mio. Menschen und ist wegen des unkontrollierten Zuzugs armer Landbevölkerung und der wuchernden Elendsviertel am Stadtrand *(bidonvilles)* der **soziale Brennpunkt des Landes.** Die eleganten, blitzsauberen Stadtviertel Maarif, California (!), Anfa, Aïn Diab und die Ferienorte an der Küste mit schicken Neubauten und Strandanlagen stehen im krassen Gegensatz zu den vermüllten ärmeren Stadtvierteln und den aus Blech und Plastikplanen zusammengezimmerten Hütten in den **Bidonvilles.** Nirgendwo in Marokko prallen die Gegensätze zwischen Arm und Reich so aufeinander wie hier. In der Vergangenheit entwickelten sich deshalb zahlreiche soziale Unruhen von Casablanca aus, so die Brotaufstände 1984 und 1986 und auch islamistische Anschläge 2003 und 2006 (s. Kapitel Politik). In den Außenbezirken entlang der Autobahn versucht man die Armut zu verstecken, indem die Elendsviertel mit Mauern vor den Blicken Fremder abgeschirmt werden. Einige der Bidonvilles wurden auch abgerissen und Neubauten für sozial Schwache errichtet, aber viele Projekte blieben und bleiben in Ansätzen stecken. Wer wirksam helfen will, sollte (anstatt bettelnden Kindern Geld zu geben) an eine Organisation spenden, wie z.B. der AMAEF (*Association Marocaine d'aide à l'Enfant et à la Famille,* 120, Rue Tarik Bnou Zia, Tel. 0522 29 44 60 und 0522 44 38 02, amaef@casanet.net.ma oder contact@blanee.com). Diese Organisation kümmert sich um notleidende Kinder, Familien, Frauen und Kranke. Die *Association Bayti* (Tel. 0522 75 69 65 oder 0522 75 69 66) hilft Straßenkindern und ehemaligen *Petites Bonnes* (Kindersklaven bzw. Hausmädchen).

Casablanca bietet, abgesehen von der sehr imposanten Moschee Hassan II., **kaum touristische Attraktionen,** hat sich aber als Zentrum für **Thalasso-Therapien** (Kuren in angewärmtem Meerwasser mit Algen) einen Namen gemacht. Kinos, Cafés, Restaurants, Discos, Galerien – alles, was wir aus europäischen Großstädten kennen, ist in der größten Stadt Marokkos zu finden. Casablanca entwickelte sich deshalb gewissermaßen zur „Traumstadt" aller westlich orientierten Marokkaner. Für Europäer hingegen ist „Casa" eine wenig attraktive und in vielen Vierteln nicht besonders gepflegte Industriestadt nahe am Kollaps.

Geschichte

Die Funde einer Altsteinzeitsiedlung im Steinbruch „Sidi Ahmad er Rahman", 11 km von Casablanca entfernt, und Funde fossiler Schädelfragmente im Steinbruch „Thomas", aus denen der erste *Homo sapiens* elektronisch rekonstruiert werden konnte, lassen auf frühe Besiedlung der Gegend schließen.

Geschichtlich nachweisbar ist die **Berbersiedlung Anfa** aus dem 8. Jh., auf deren Grundmauern die heutige Stadt entstand. Eine zweifelhafte Bekanntheit erreichte der Ort im 14. Jh. unter dem Berberstamm der Hilal als **Seeräuberrepublik.**

Die zahlreichen Übergriffe der **Portugiesen** auf die Atlantikküste im 15. und 16. Jh. beeinflussten stark die Entwicklung der Stadt. Im Jahre 1496 wurde sie von der Armee *Don Ferdinands* verwüstet. Ein weiterer Überfall portugiesischer Truppen fand im Jahr 1515 statt. 1575 wurde die Stadt von den Portugiesen besetzt und erhielt den Namen *Casabranca.* Die Besetzung dauerte bis zum Jahre 1755, als ein Erdbeben die Stadt zerstörte und die Portugiesen vertrieb. Die Stadt wurde im 18. Jh. von dem alawidischen **Sultan Mohamed ibn Abdallah** wieder aufgebaut und gewann unter ihm auch an Bedeutung. Er versah sie mit einer Medersa, öffentlichen Bädern und einer Moschee, die seinen Namen trägt. **Spanische Kaufleute** ließen sich ebenfalls dort nieder und nannten die Stadt *Casablanca.*

Unter der Herrschaft von *Mulay Hassan* (1873–1894) zählte die Stadt 20.000 Einwohner. Mitte des 19. Jh. siedelten sich zahlreiche Europäer in Casablanca an. 1857 bereits wurde der erste europäische Vize-Konsul dort eingesetzt. 1906 sollte der **Hafen** ausgebaut werden. Bei den Arbeiten kam es zu Überfällen auf französische Bauarbeiter, da eine Straße über das Gebiet einer Qubba gebaut wurde. Die folgenden Unruhen wurden von den Franzosen niedergeschlagen, die Stadt wurde besetzt. Wieder siedelten viele Europäer in Casablanca. Der Ausbau des Hafens nach dem Ersten Weltkrieg unter dem französischen General *Lyautey* legte den Grundstein zur wirtschaftlichen Entwicklung der Stadt. Die nahen Phosphatlager machten sie zur wichtigsten Handelsmetropole. Casablanca wurde zum **Wirtschaftszentrum** ausgebaut, zahlreiche schöne Kolonialbauten und Villen wurden errichtet. Ihre Stellung als Wirtschaftsmetropole konnte sie auch nach der Kolonialzeit halten und ist jetzt die bedeutendste Stadt des Landes. Die Fischkonservenindustrie und fast die Hälfte der übrigen marokkanischen Industrie haben sich in Casablanca angesiedelt. Über 60% des marokkanischen Außenhandels wird über den Hafen von Casablanca abgewickelt.

Sehenswertes

Zentrum

Casablanca ist eine **moderne Großstadt mit wenigen alten Bauwerken und marokkanischen Kulturelementen,** dafür geprägt vom französischen Kolonialismus – mit breiten Boulevards und französisch inspirierten Stadthäusern aus den 1930er und 1940er Jahren, ergänzt durch moderne Hochhäuser und Gebäude in neuorientalischem Stil. Einige schöne Jugendstilgebäude sieht man noch in der Av. Mohamed V. und Av. Mohamed Slaoui. Als gelungene moderne Architekturbeispiele sind das Glasturmgebäude der neuen Börse von Casablanca zu nennen sowie die **Twin Towers** des spanischen Architekten *Ricardo Bovill Levi* mit 28 Stockwerken

Karte S. 701, Stadtplan S. 754

CASABLANCA ÜBERBLICK

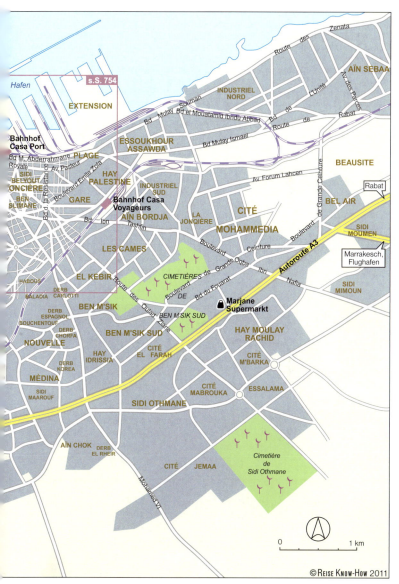

Route E 5: Casablanca

im Stadtteil Maarif. Die 1998 errichteten Türme sind mit 115 m die höchsten Bauwerke des Maghreb und beherbergen ein Luxus-Hotel (Turm B), schicke Restaurants, Büros und eine große Mall. Wer also so etwas wie Großstadtfeeling in Casablanca sucht, muss dort gewesen sein.

Die meisten Gebäude im Zentrum wurden in der französischen Kolonialzeit im Jugendstil (Art déco) errichtet; einige dieser Häuser sind mittlerweile wieder renoviert (zumindest die Fassaden), sodass sich ein Bummel lohnt.

Sinnvollerweise beginnt man einen Stadtbummel am verkehrsreichsten und zentral gelegenen **Place des Nations Unies** bzw. Bd Houphouët Boigny (am Eingang zur Medina mit Stadtmauer und Uhrturm). Der Platz – in vielen Karten und Büchern fälschlicherweise als Place Mohamed V. bezeichnet – ist Kreuzungspunkt der wichtigsten Verkehrsachsen der Stadt. Er ist leicht auszumachen dank des hässlichen Hyatt-Regency-Betonbaus mit blauen Fenstern und eines modernen runden Stahlgewölbes in der Mitte des Platzes.

Der **Bd Houphouët Boigny** (ex Bd Mohamed Hansali) mit zahlreichen Souvenirgeschäften führt vom Platz zum Hafen und zu einer Mall direkt am Bahnhof Casa Port, dem **Centre Ibis** mit dem gleichnamigen Hotel.

Die **Av. des F.A.R.** *(Forces Armée Royale)* mit den wichtigsten Hochhäusern der Stadt und vielen Hotels beginnt ebenfalls am Place des Nations Unies. Sie bildet den Anfang der Straße nach Rabat.

Die **Av. Hassan II.** läuft von der entgegengesetzten Seite des Platzes weg und durchquert den **Place Mohamed V.,** den wichtigsten Platz, mit einem Springbrunnen, dessen Fontäne 30 m hoch spritzt und nachts beleuchtet wird. Hier trifft sich abends und an Feiertagen die Bevölkerung, um zu flanieren. Vor allem an Festtagen gibt es kein Durchkommen mehr. Am Platz liegen die **wichtigsten Gebäude der Stadt:** das Rathaus mit einem Uhrturm, von dem man eine schöne Aussicht hat, der Justizpalast, das Stadttheater, die Staatsbank und, etwas südwestlich davon, der **Park der Arabischen Liga.** Dieser

Park mit Wasserbecken, Spazierwegen und einem Stadion wurde 1918 geschaffen, ein kleiner Vergnügungspark für Kinder kam dazu. Leider wirkt er inzwischen in weiten Bereichen vergammelt. Der Park ist beliebter Treffpunkt der Schüler und Studenten der Stadt, die hier oft bis in die Nacht hinein büffeln. In vielen Familien ist der Raum in den kleinen Wohnungen sehr begrenzt, sodass die Schüler in den Park ausweichen müssen. Die meisten sind sehr aufgeschlossen gegenüber Ausländern und wollen gerne ihre erworbenen Sprachkenntnisse aufbessern, sodass sich hier für junge Leute gute Kontaktmöglichkeiten bieten. An der Nordwestecke der Anlage befindet sich die ehemalige Kathedrale **Sacre Cœur** aus dem Jahr 1930, die erst in eine Moschee umgewandelt wurde, jetzt aber ein Kulturkomplex ist, in dem **Kulturveranstaltungen** und **Ausstellungen** stattfinden.

Wer nun Lust zur weiteren Stadtbesichtigung hat, sollte vom Bd Hassan II. in Richtung Norden zum Place Houphouët Boigny (bzw. Pl. des Nations Unies) rechts abbiegen. Zwischen Bd de Paris bzw. dessen Verlängerung Av. Lalla Yacout und Av. al Fetouaki und der Rue Mohamed Ben Abdallah gibt es eine kleine **Fußgängerzone.** Hier und in den umliegenden Straßen ist vor allem an den Abenden und am Wochenende viel los. Es warten zahlreiche Restaurants, Cafés und Geschäfte mit durchaus interessantem Angebot auf Gäste. Allerdings liegt in unmittelbarer Nachbarschaft (beim Zentralmarkt) der **Rotlichtdistrikt** Casablancas, den allein reisende Frauen unbedingt meiden sollten.

Elegant und unbeschwert lässt es sich im vornehmen **Viertel Aïn Diab** am Meer bummeln, ebenso im modernsten Teil der Stadt, in den Vierteln **Maarif** und **Gauthier** mit den **Twin Towers** (s.o.) und einem vielfältigen Kulturangebot, Restaurants und Cafés.

Empfehlenswert ist tagsüber auch ein Besuch des **Zentralmarktes** (Marché Municipale, Bd Mohamed V.). Am Vormittag kann man hier die angebotenen Fische und Meeresfrüchte nicht lebend besichtigen (und kaufen). Austern können an Ort und Stelle mit einem Tropfen Zitrone probiert werden – sie gelten in Marokko als Wundermittel zur Auffrischung der Manneskraft. Sie werden direkt frisch aus Oualidia geliefert und stoßen im Gegensatz zu Miesmuscheln den Schmutz des Meereswassers von sich. Die Miesmuscheln dagegen gedeihen gut in verschmutztem Wasser.

Die Alte Medina

In die Alte Medina gelangt man am besten vom Ausgangspunkt, dem Place Houphouët Boigny. An der Westseite des Platzes dehnt sich der alte Stadtteil mit seinem Gassengewirr aus. Die Medina von Casablanca kann an Vielfalt und Größe nicht mit den Altstädten der anderen Großstädte konkurrieren. Dafür erlebt man hier marokkanisches **Alltagsleben pur** – quirlig, lebendig und bunt, eine Art Flohmarkt, wo jeder alles verkauft, und das fast ohne Touristen bei relativ wenig Belästigung. Daher sind diese Viertel oft eindrucksvoller als die touristisch geprägten Suqs der Königsstädte.

Die wichtigsten Bauwerke in der Medina sind die **Jamaa al Kebir** (die Moschee des Sidi Mohamed ibn Abdalla, keine Besichtigung möglich), die große Moschee **Jamaa ech Chleuh** und die **Qubba des Sidi al Kairuani**, des ersten Schutzheiligen der Stadt, der Mitte des 14. Jh. aus Kairouan hierher kam.

Wer einigermaßen gut zu Fuß ist, kann durch die alte Medina bummeln und an deren Nordseite zum Bd Mohamed Ben Abdallah gelangen und erreicht über diesen, immer am Meer entlang, in ca. 30 Minuten die Moschee Hassan II. Bevor man sich jedoch in die Medina und zu Fuß auf den Weg zur Moschee begibt, sollte man sich über die Sicherheitslage informieren, denn seit 9/11 ist Casablanca die Stadt mit den meisten Islamisten und dem größten sozialen Konfliktpotenzial. Das trifft auch für die Medina und die

Auf dem Souk in der Alten Medina

Route E 5: Casablanca

angrenzenden, noch nicht erneuerten Wohnviertel in Richtung Hafen und große Moschee zu.

Moschee Hassan II.

Die **größte Attraktion der Stadt** ist diese Moschee (N 33°36,400′, W 07°37,979′), die 1993 am Geburtstag des Propheten *Mohamed* eröffnet wurde. Sie ist nach der Moschee von Mekka die größte Moschee der Welt und bietet 100.000 Gläubigen Platz. Ein Laserstrahl ist auf Mekka gerichtet, aber er soll angeblich nicht exakt ausgerichtet sein, sodass er nicht nach Mekka, sondern nach Bagdad zielt ...

Die Moschee ist **auf den Klippen ins Meer hinein gebaut,** dort wo sich ehemals das Meerwasserschwimmbecken befand, am Bd Sidi Mohamed Ben Abdallah bzw. an der Corniche, dem Küstenboulevard. Es heißt, dass das Fundament im Meer für das kolossale Bauwerk nicht stabil genug gebaut wurde und die Moschee deshalb gefährdet wäre. „Ich habe", so der verstorbene König *Hassan II.,* „mit dieser Großen Moschee die Idee verbunden, Casablanca zu einer einzigartigen Stadt zu machen. Ich wollte die Moschee auf dem Wasser bauen."

Der **gesamte Moscheebereich** umfasst eine Fläche von 9 ha, zum Komplex gehören eine islamische Schule, Hammams und Reinigungsbecken, ein **Museum über marokkanische Geschichte** (eröffnet im Herbst 2010), Konferenzräume und eine Bibliothek, die via Satellit mit den größten Bibliotheken der Welt verbunden sein soll. Ein Museum für traditionelle marokkanische Kunst bzw. Kunsthandwerk soll noch im Laufe des Jahres 2011 eröffnen.

Der Gebetssaal fasst 20.000 Gläubige, weitere 80.000 finden auf einer Gebetsplattform außerhalb Platz. Die Spitze des 200 m hohen **Minaretts** krönen drei Goldkugeln – zusammen 3700 kg schwer –, deren jede einen Durchmesser von 3,8 m hat. Jede Seite des quadratischen Minaretts ist 25 m breit und kunstvoll mit arabischer Ornamentik dekoriert. Ein Aufzug (geschlossen) führt nach oben und erschließt eine **prachtvolle Aussicht** auf die Stadt und den Atlantik. Der Moscheebereich hat 25.000 Säulen und 124 Brunnen. Baubeginn war im August 1986, fertig gestellt wurde der Milliardenbau (ohne die Außenbereiche) 1993. Finanziert wurde die Moschee aus Staatsmitteln und Spenden, zu denen jeder Moslem mehr oder minder verpflichtet wurde. *Hassan II.* hat mit diesem Bauwerk nicht nur sich ein Denkmal gesetzt, sondern vorübergehend auch die Fundamentalisten besänftigt.

Der Moscheekomplex kann als einziger des Landes von Touristen besichtigt werden. Besichtigungszeiten (Tel. 0522 22 25 63): tägl. außer Fr 9, 10, 11 und 14 Uhr (im Juli/August erst um 14.30 Uhr) mit einer ca. einstündigen Führung, Eintritt 120 DH, Schüler und Studenten zahlen 60 DH, Kinder 30 DH. Die **Führung** in z.T. sehr großen Gruppen (in Französisch, Englisch, Deutsch, Italienisch, Japanisch, Spanisch) umfasst die Besichtigung des Inneren der Moschee (großer Gebetsraum) mit seinen gigantischen kunsthandwerklichen Verzierungen, die per Hand in ganz Marokko gefertigt wurden, ferner das Untergeschoss mit seinen unzähligen Marmorbrunnen (Waschraum für die Gläubigen vor dem Gebet) und die luxuriösen Bäder im Keller (eines für Frauen, eines für Männer). In der Moschee befinden sich Wasserkanäle mit Glasböden, durch die man zu den Brunnen im Untergeschoss sehen kann. Das gesamte Dach kann über dem Gebetsraum geöffnet werden, sodass die Sommersonne hereinscheint und man sich unter freiem Himmel befindet. Dies soll die Elemente Wasser, Erde und Himmel symbolisieren. Trotz des Gigantismus ist die Moschee unbedingt sehenswert und die Besichtigung ein beeindruckendes Erlebnis!

Das ganze **Viertel rings um die Moschee** sollte umgestaltet, alte Häuser abgerissen werden. Ein Teil der Bewohner der einfachen Viertel wurde nach Sidi Maaraf im Norden der Stadt umgesiedelt. Einige neue Appartementhäuser mit Eigentumswohnungen wurden hochgezogen, Parks, eine Uferpromenade und gepflegte Viertel sollten entstehen. Jedoch sind die hochfahrenden Pläne nur zum Teil verwirklicht worden, und viele der neuen Wohnungen in den Ausweichvierteln sind den Armen der Stadt zu teuer. So besteht der soziale Brennpunkt Casablanca weiter, und so findet man gerade unter den Armen zahlreiche Anhänger der islamischen Fundamentalistenbewegung Salafia Jihadia (einem Zweig der Maghreb Al Qaida).

Die Moschee erreicht man mit dem Taxi ab dem Zentrum (ca. 15 DH) oder mit dem Bus Nr. 15.

Habbous – Nouvelle Medina

Durch die Hadj-Amar-Riffi-Straße oder die Route de Mediouna oder mit der Schnellbahn (Haltestelle Nouvelle Medina/Derb Sultan) in Richtung Süden erreicht man die Neue Medina, die arabische Neustadt und das an den Königspalast (keine Besichtigung) angrenzende **Suq-Viertel Habbous**. Die Nouvelle Medina wurde 1923 als Viertel für die Arbeiterklasse gebaut und ist eine gelungene Verbindung traditioneller arabischer Baukunst mit moderner Architektur. Über die vielen Gassen spannen sich Bögen, die mit Natursteinen eingefasst wurden und sich schön von den weiß gekalkten Mauern abheben. Das Viertel wurde gerade renoviert und erstrahlt in neuem Glanz.

Im **Viertel Habbous** (bzw. Quartier Hrabous, gesprochen „Khröbus") gibt es einen schönen **Kunsthandwerksmarkt**, in dem Kupferarbeiten, Lampen und Schmuck hergestellt und auch Teppiche, Lederwaren und andere kunsthandwerkliche Arbeiten verkauft werden. Im **Auktionsmarkt Youtiya** werden täglich Teppiche aus Rabat und dem Atlas versteigert. Für bibliophile Orientalisten ist das Habbous eine Fundgrube. Die interessantesten **Buchhandlungen** liegen in der Sharia al-Malaki und deren Umgebung; das ist die Straße, die von der Sidi Mohamed-Moschee in Richtung Bd Victor Hugo und Königspalast führt.

Im Norden des Habbous-Viertels, nahe beim Königspalast, liegt der **Place Mulay Yussuf** mit der gleichnamigen Moschee und gut sortierten Antiquitätenläden. Hier gibt es zudem recht hübsche, mit Henna verzierte Lampen aus Kamelhaut zu kaufen.

In dieses Viertel verirren sich **nur wenige Touristen**, obwohl das Angebot preiswert und vielfältig ist. Es gibt einen sehr schönen **Olivenmarkt,** wo man eingelegte Oliven in verschiedensten Variationen erhält.

Das Habbous-Viertel und die Neue Medina (Derb Sultan) sind der **Suq für die Einheimischen.** Hier gibt es Gemüse, Fische, Schuhe, Kunsthandwerk, einen Flohmarkt, zahlreiche arabische Buchläden, sozusagen ein Beispiel alltäglichen Lebens. Besonders interessant in der **Nouvelle Medina** sind der Errahba-Kornmarkt an der Route de Mediouna, der Flohmarkt Suq al Korea und der Kräutermarkt Suq el Gharb im Derb el Baladia, wo auch die Kissaryia El Haffine, die gedeckte Einkaufsstraße mit Boutiquen, Juwelieren und Kleiderläden, zu finden ist. Die Händler reißen sich um die wenigen Touristen.

Wichtigstes und interessantestes Gebäude dieses Viertels ist die mit grünen Dachziegeln gedeckte **Makhama,** ein Gerichtsgebäude, 1941–1956 im spanisch-maurischen Stil erbaut. Darin sind 64 Räume prachtvoll geschmückt. Der Bau diente früher dem Pascha von Casablanca als Residenz.

Kulturleben

Wenn überhaupt in einer marokkanischen Stadt Ähnlichkeiten mit unserem kulturellen Stadtleben festzustellen sind, dann am ehesten in Casablanca. Aber trotzdem ist die Stadt keineswegs vergleichbar mit Paris, London oder Berlin. Kulturleben im westlichen Sinne gewinnt aber auch in Marokko zusehends an Stellenwert.

Die **ehemalige Kathedrale Sacre Cœur** (s.o.) wurde zu einem **Kulturkomplex** mit Theater (800 Plätze) umgebaut (Théâtre Municipale, Tel. 0522 31 12 64). Ein weiteres großes Theater mit 1800 Plätzen am Bd Mohamed V. ist geplant und soll 2014 eröffnen. Eine Bibliothek, Ausstellungsräume, Geschäfte und Galerien sollen dem Theater angeschlossen werden.

Kleine **Konzerte, Theatergastspiele oder Tanzveranstaltungen** finden auch im **Institut Française** (121, Bd Mohamed Zerktouni, Tel. 0522 77 98 70, www.ambafrance-ma) bzw. im hauseigenen **Theatré 21** (Tel. 0522 77 98 70) statt, ferner im **Kulturzentrum Sidi Belyout** (28, Rue Léo Africaine, Tel. 0661 05 32 38 oder 0522 30 34 72) bzw. im **Kultur-**

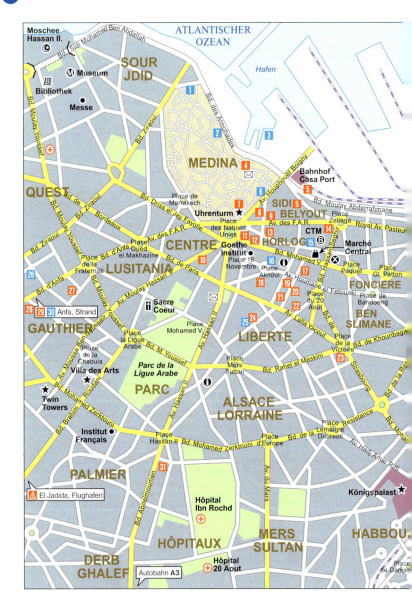

Karte S. 701, Stadtplan S. 748   **CASABLANCA ZENTRUM**

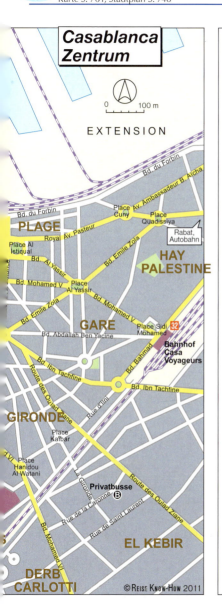

■ **Unterkunft**

- 4 Jugendherberge
- 5 Ibis Moussafir
- 7 La Victoire
- 8 Toubkal
- 9 Royal Mansour
- 10 Kenzi Basma
- 11 Excelsior
- 12 Les Saisons
- 13 Foucauld
- 14 Golden Tulip
- 17 Galia
- 18 Guynemer, Paris
- 19 Mon Rêve
- 20 Maamoura
- 21 Transatlantique
- 22 Majestic
- 23 New Sully
- 24 Astrid
- 27 East-West
- 28 Idou Anfa
- 29 Barcelo
- 31 Business
- 32 Ibis Moussafir

■ **Essen und Trinken**

- 1 Rick's Café
- 2 Sqala
- 3 Port du Pêche
- 6 Taverne de Dauphin
- 15 La Bavaroise, Bodega
- 16 La Petite Perle
- 25 Al Mounia
- 26 Aladdin
- 30 L'Aeropostale, Millenium Viet, Chez Paul

Routenteil E

zentrum in Maarif (Rue Osama Bnou Zaid, Tel. 0522 25 10 07) sowie im **Goethe Institut** (Place du 16. Novembre, info@casablanca.goethe.org, Tel. 0522 20 04 45; Filme, Ausstellungen, Bibliothek, Deutschkurse). Auch das spanische **Instituto Cervantes** (31, Rue d'Alger, Tel. 0522 26 73 37) bietet für spanisch sprechende Leute ein gutes Kulturangebot.

Empfehlenswert ist ein Besuch von **La Casa del Arte** (7, Rue de Franceville, im Viertel Oasis, Tel. 0522 99 09 36). Dieses Haus veranstaltet verschiedenste kulturelle Events und will eine Verbindung zwischen Amateuren und professionellen Künstlern schaffen. Es bietet Musikkurse (Piano, Gitarre, Violine) und Tanzkurse (klassisch, modern, Oriental, Salsa) und auch Malkurse an. Es gibt auch professionelle Darbietungen und eine Galerie, in der unterschiedlichste Künstler ihre Werke zeigen.

Künstler-Treffpunkt ist auch die **Chorfi-Galerie** (*Abdelmalek Chorfi*, 22, Rue Daraa, Quartier Parc, Tel. 0522 27 76 76), dessen Besitzer sehr gut deutsch spricht und immer zu Auskünften bereit ist. Hier kann man schöne Aquarelle und Ölgemälde junger marokkanischer Künstler kaufen, ebenso in der Galerie direkt hinter dem Marché Central.

Wer sich für **moderne Kunst** interessiert, sollte die **Villa des Arts** der Fondation ONA (30, Bd Brahim Roudani, etwas südwestlich des Parc de la Ligue Arabe, Tel. 0522 29 50 87) besuchen. Das Museum beherbergt viele Gemälde bekannter marokkanischer Maler (geöffnet tägl. außer Mo 9.30–19 Uhr, www.fondationona.ma). Das Museum ist in einer renovierten Jugendstilvilla aus dem Jahr 1934 untergebracht. Ein Café und eine Galerie sind angeschlossen.

Eine gute Adresse für kulturelle Informationen mit einer hervorragenden Auswahl an Bildbänden über Marokko sowie kleinen Ausstellungen und Lichtbildvorträgen über Land und Leute ist die **Buchhandlung Les Carrefours des Livres** im Stadtteil Maarif, Rue Assourkosti (ex. Landes), Tel. 0522 25 87 81, 0522 98 24 30. Aber auch im Zentrum finden sich zahlreiche gute Buchhandlungen mit einem hervorragenden Sortiment an Literatur zu Marokko.

Inzwischen gibt es einige gute und empfehlenswerte **Kinos**, vor allem das Megarama an der Corniche (s. Praktische Infos). In dem Kino werden die meisten neueren Filme gespielt, alle in französischer Sprache, ebenso in den zwei Sälen des Filmtheaters im Tour Habbous an der Av. des F.A.R. im Zentrum.

Das **Jüdische Museum** liegt im Viertel Oasis im Südwesten der Stadt in einer schönen Villa in der Rue Chasseur Jules Gros 81 (Tel. 0522 99 49 40, geöffnet Mo bis Fr 10–18 Uhr, Eintritt 20 DH). Casablanca hatte die größte jüdische Gemeinde des Landes, bevor die meisten Bewohner nach Israel ausgewandert sind. Eine Ausstellung mit Fotos, alten Dokumenten und Trachten informiert über diese Zeit.

Weitere Unternehmungen

Auch der **Fischereihafen** neben dem großen Industriehafen lohnt einen Besuch, ganz besonders ist dort das **Restaurant Port du Pêche** zu empfehlen, wo der Fisch immer frisch auf den Tisch kommt. Der Vergnügungshafen **Port de plaisance** mit Yachtclub und Marina hat vor einigen Jahren seine Pforten geöffnet. Ein touristisches Großprojekt mit Hotels ist dort am Entstehen.

Wer genug hat von Stadttrubel, Kunst und Kultur, kann sich an die **Badestrände von Aïn Diab oder Anfa** begeben; dort befinden sich auch die Discos der Stadt sowie zahlreiche Cafés und Restaurants. Entlang der palmengesäumten Küstenstraße Corniche mit einigen Hotels, Bars und Diskotheken gelangt man zu diesen Villen- und Badeorten. Überall an der Küste findet man modern ausgestattete Bäder mit Meeres- und Süßwasserbecken. Die **Corniche** von Aïn Diab ist das beliebteste Ausflugsziel der Bevölkerung von Casablanca – jeden Abend hat man dort das Gefühl, auf einem großen Volksfest zu sein. Auch können die **Villenviertel** in Anfa mit ihren herrlichen Gärten bewundert werden. Die Kontraste zwischen Arm und Reich fallen

Das Hotel Excelsior in der Innenstadt

hier besonders ins Auge. Anfa liegt auf hügeligem Gelände, sodass sich ein herrlicher Blick auf den Atlantik genießen lässt. Schließlich lohnt sich eine Einkehr in eines der Cafés, wenn man vorher in der staubigen Stadt zum Einkaufsbummel war.

Am Ende des Strandes von Aïn Diab liegt auf einer kleinen Felseninsel das **Marabut Sidi Abd-er Rahman,** ein Wallfahrtsort für viele Marokkaner, da man den Frauen dieser Insel magische Kräfte nachsagt. So helfen sie jungen Ehepaaren bei der Erfüllung eines Kinderwunsches genauso wie bei Fürbitten an Allah zur Unterstützung für die Zukunft. Staunend kann man den Zeremonien und dem Zauber (bzw. Hokuspokus) folgen und bewundern, wie erwartungsvoll und mit wie viel Zutrauen die Besucher dem Schauspiel beiwohnen. Es gibt einen Marabut und eine kleine Moschee, in der Opferkerzen gekauft und angezündet werden können, um den Geist dieses Marabuts freundlich zu stimmen. Man kann ein Huhn kaufen und dies opfern, unfruchtbare Frauen baden an einer bestimmten Stelle in einer Felsennische. Rosenwasser, getrocknete Pflanzen und getrocknete Tiere wie Chamäleons sollen helfen, böse Geister zu vertreiben. „Weise Frauen" fungieren als Kartenlegerinnen oder lesen die Zukunft aus der Hand (in Arabisch). Allein das mystische Umfeld ist einen Besuch wert. Die Felseninsel ist nur bei Ebbe zu Fuß zu erreichen.

Information

● **Administration du Tourisme,** Rue Omar Slaoui, Tel. 0522 27 95 33/11/77 55, casablanca@tourisme.gov.ma.
● Offizielle, sehr nützliche Internetseite des Tourismusamtes: **www.visitcasablanca.ma.**
● Olive Branch Tours organisiert fünfstündige **Stadtführungen** und Tagesausflüge in die Umgebung (z.B. El Jadida, Azemmour): Tel. 0522 26 14 16, www.olivebranchtours.com.
● **PLZ von Casablanca:** 20 000 bis 20 600 (je nach Viertel).

Unterkunft

Da es in Casablanca jede Menge Hotels gibt, die meisten Touristen die Stadt aber nur durchfahren, nennen wir nur eine Auswahl an empfehlenswerten Hotels aller Kategorien. Über Internetportale erhält man einen guten Überblick über das Hotelangebot. In der Regel ist der Preis bei Vorausbuchung über das Internet deutlich billiger als die „walk-in rate" vor Ort. Ein Preisvergleich z.B. über trivago.de lohnt sich daher.

Klassifizierte Hotels

●**Riad Salam Le Lido*******, Bd de la Corniche, Tel. 0522 95 25 80, www.riadsalam.ma. Modernes Luxushotel mit Thalasso-Therapie-Zentrum, Wellnessangebot, Restaurants mit internat., marokk. und italien. Küche. Klimatisierte Zimmer, Bungalows und Suiten mit Balkon und Blick aufs Meer oder den Garten. Der Garten mit Pool grenzt direkt an den Sandstrand. €€€€€.

●**Royal Mansour Meridien*******, 27, Av. des F.A.R., Tel. 0522 31 30 11, www.lemeridien.com. Eines der luxuriösesten und prestigeträchtigsten Hotels Marokkos in einem palastartigen Gebäude. Mit eigenem Parkplatz. €€€€€B.

●**Golden Tulip Farah*******, 160, Av. des F.A.R., Tel. 0522 31 12 12, www.goldentulip-farah.com. Luxushotel mit allem, was dazugehört. Das Restaurant La Brasserie ist im Stil der 1920erJahre gehalten, jeden Sonntag Brunch. Das Restaurant Johara bietet gute marokkanische Küche in schöner Atmosphäre. €€€€A.

●**Atlas Nouasseur Airport******, Aeroport Mohamed V. (ca. 3 km vom Flughafen entfernt), Tel. 0522 53 62 00, www.hotelatlas.com. Zentral gelegenes modernes Hotel mit Konferenzsaal und Fitnessraum, Garten, Pool und allen Annehmlichkeiten. Ideal für Reisende, deren Weiterflug am nächsten Tag geht oder die sehr spät abends ankommen. €€€€B.

●**Barcelo******, 139, Bd d'Anfa, zentrale Reservierungstel. über Spanien: 0034 902 10 10 01, www.barcelocasablanca.com. Sehr modernes und schickes Hotel der spanischen Hotelgruppe im Geschäftszentrum und nahe den Bahnhöfen und dem alten Zentrum. Sat-TV, Wifi, AC, großzügige Zimmer, manche mit Moscheeblick. Parkplatz, Flughafentransfer bei Buchung ist möglich. €€€€.

●**Business******, 6, Rue Jenner, Ecke Bd Abdelmoumen, Anfa, Tel. 0522 47 47 09, www.hotelbhcasablanca.com. 8-stöckiges Hotel mit moderner Glasfassade. Das neue und gepflegte, sehr zentral nahe der Nouvelle Medina gelegene Hotel verfügt über sehr schöne und komfortable Zimmer, Sauna und Fitnessraum. WLAN kostenlos, gutes Frühstücksbuffet. €€€€B.

●**Idou Anfa******, 85, Bd d'Anfa, Tel. 0522 20 036, 0522 20 02 35, www.hotel-idouanfa.com. Mehrstöckiges, gepflegtes Hotel im Villenviertel Anfa, mit Pool und Parkplatz, zentrumsnah, sehr guter Service. €€€€B.

●**Kenzi Basma******, 35, Av. Mulay Hassan I., Tel. 0522 22 33 23, www.kenzi-hotels.com. Sehr zentral gelegenes Hotel mit eigenem Parkplatz und geschmackvollen Zimmern. €€€€.

●**Les Saisons******, 19, Rue Oraibi Jilali (ex Rue de Foucauld), im Zentrum nahe der Medina, Tel. 0522 49 09 01, www.hotellessaisonsmaroc.ma. Angenehmes Hotel mit nostalgischem, stilvollem Chic, 36 geräumigen Zimmern, 9 Junior-Suiten und gutem Restaurant Les Cities. €€€€.

●**Toubkal (Best Western)******, 9, Rue Sidi Belyout, Tel. 0522 31 14 14, www.bestwestern.de. Das zentral nahe der Medina und Bahnhof Port gelegene Hotel bietet klimatisierte schöne Zimmer mit Bad, TV und Internetanschluss. Der Standard entspricht eher einem 3-Sterne-Hotel. €€€€.

●**Val d'Anfa******, Bd de la Corniche, Tel. 0522 79 70 70, Fax 0522 79 72 72, www.anfahotel.ma. Schöne Hotelanlage mit vielen traditionellen Elementen, mit Pool, eigenem Hotelstrand, Meeresblick, gutem Service sowie sehr sauberen und geräumigen Zimmern. Die Teppiche im Flur könnten erneuert werden. €€€€.

●**Transatlantique******, 79, Rue Chaouia (ehemals Colbert), im Zentrum direkt an einer Seitenstraße (Ecke) zur Av. Mohmed V. (Viertel Liberté), Tel. 0522 29 45 51, www.transatcasa.com. Das Hotel in einem Art-déco-Gebäude von 1920 wurde 2000 renoviert und hat hübsche Zimmer im marokkanischen Stil, Piano-Bar und Night Club. Parkplätze im Parkhaus. €€€A.

●**Bellerive*****, 38, Bd de la Corniche, Aïn Diab, Tel. 0522 79 75 04, www.belleriv.com. Angenehmes, etwas altmodisch eingerichtetes Hotel mit Pool in Meeresnähe. €€€

●**East-West*****, 10, Av. Hassan Souktani, Ecke Rue Kamal Mohamed und Fakir Mohamed, Tel. 0522 20 02 10, www.eastwest-hotel.com. Ein sehr nettes, modern eingerichtetes Hotel im ruhigen Viertel Gauthier, nahe der Twin Towers. €€€.

●**Guynemer*****, 2, Rue Mohamed Belloui, Tel. 0522 27 57 64, Fax 0522 47 39 99, www.geocities.com/guynemerhotel. Ruhiges, freundliches und sehr empfehlenswertes Traveller-Hotel nahe der Medina in einem Jugendstil-Haus. Die Zimmer (mit kabellosem Internet und Flat-TV) haben allerdings sehr unterschiedliche Größen und Standards trotz gleichem Preis. €€€.

●**Ibis Moussafir*****, Av. Bahmad, Place de la Gare (direkt am Bahnhof Casablanca Voyageurs), Tel. 0522 40 19 84, www.ibishotel.com. Recht hübsches und sauberes Hotel. Die Zimmer sind klein und schon etwas abgewohnt, die Einrichtung ist zweckmäßig und schnörkellos wie bei allen Ibis-Hotels. Die Gesamtanlage und der Garten mit Pool sind aber schön. Gutes Preis-Leistungsverhältnis. Bei später Ankunft Vorbuchung empfehlenswert. €€€.

●**Ibis Moussafir City-Center*****, Ecke Bd Zaïd Ouhmad Sidi Belyout (nahe Bahnhof Casa Port), Tel. 0522 46 65 60, www.ibishotel.com. Frisch renoviert und sehr empfehlenswert, zweckmäßige Zimmer, Frühstücksbuffet, gutes Preis-Leistungsverhältnis. €€€.

●**Astrid****, 12, Rue 6. November, in einer ruhigen Seitenstraße südlich vom Zentrum. Tel. 0522 27 78 03 hotelastrid@hotmail.com. Große saubere Zimmer mit Bad, etwas altmodisches Dekor, aber sehr angenehm und ruhig trotz zentraler Lage. Nettes Café im Erdgeschoss.

●**Paris****, 2, Rue Ech-Charif Amziane, Ecke Rue Prince Mulay Abdallah, Tel. 0522 27 38 71. Etwas altmodisches Altbauhotel in einem Haus mit Kolonialfassade, sehr zentral (nahe der Av. Hassan II. und Fußgängerzone), sauber und freundliches Personal. Die Zimmer im 1. Stock sind großzügiger als die sehr kleinen unter dem Dach. Nettes Café im Erdgeschoss. Kein Parkplatz und auch in der Nähe nur sehr schwierig zu parken, für Autofahrer deshalb wenig geeignet. €€€.

●**Maamoura****, 59, Rue Ibn Batouta, Tel. 0522 45 29 67, www.hotelmaamoura.com. Neueres modernes Hotel mit sauberen und großzügigen Zimmern mit Bad, sehr freundlich. Abholung vom Flughafen möglich. €€€.

●**Mauretania****, 32, Rue Faidi Khalifa, Tel. 0522 44 09 55. Sauber, etwas altmodisch, DZ mit Du/WC €€€ (Handeln möglich).

●**New Sully***, 143, Bd Rahal El Meskini, Tel. 0522 45 29 88, Fax 0522 30 29 78. Freundliches und empfehlenswertes Budget-Hotel mit tollem Ausblick auf die verkehrsreiche Kreuzung. Etwas laut (Zimmer zum Hinterhof ruhig), sehr sauber und ordentlich.

●**Majestic****, 57, Bd Lalla Yacout, Tel. 0522 31 90 21. Sehr zentral nahe der Medina gelegenes, sauberes, aber schon etwas altes Hotel im marokkanischen Stil mit schöner Fassade. Daneben liegt der Club Majestic, wo es am Wochenende heiß hergeht und entsprechend laut ist. €€B.

●**Galia*****, 19, Rue Ibn Batouta, Tel. 0522 48 16 94, galia_19@hotmail.fr. Geräumige, saubere, etwas plüschige Zimmer mit und ohne Bad, WLAN in der Lobby, gutes Preis-Leistungsverhältnis. €€.

●**Excelsior***, Place des Nations Unies, sehr zentral in der Innenstadt, Tel. 0522 20 02 63. Das Hotel mit seiner schöner Fassade im Kolonialstil (in den 1930er/1940er Jahren Unterkunft der Upper class) ist inzwischen ziemlich angestaubt und nicht mehr besonders in Schuss, aber okay. Bewachter Parkplatz. DZ mit Dusche €€.

●**Centre***, 1, Rue Sidi Balyout, Tel. 0522 44 61 80. Ordentliches sauberes Hotel gegenüber dem Hotel Royal Mansour. Sehr zentral, nahe den Hafen und der Innenstadt gelegen. €.

●**Foucauld***, 52, Rue Oraibi Jilali (ex Rue de Foucauld), Tel. 0522 22 26 66. Geräumige, einfache altmodische DZ mit/ohne Du €.

●**Rialto***, 9, Rue Salah Ben Bouchaïb, Tel. 0522 27 51 22. Freundlich und angenehm,

ROUTE E 5: CASABLANCA

nette kleine Terrasse, Zimmer einfach und sauber, recht ruhig, Dusche im Zimmer, WC auf dem Flur. €.

Unklassifizierte Hotels

Einfache Hotels befinden sich nahe der Place Houphouët Boigny, beim Eingang zur alten Medina und beim Hauptbahnhof.

● **La Victoire,** 48, Rue d'Anfa, Tel. 0679 60 06 89, in der Medina, etwa 200 m vom Haupteingang an der Rue Houphouët Boigny. Einfache saubere Zimmer, Du/WC auf dem Gang, freundlich, vor einigen Jahren renoviert. €.
● **Medina,** 16, Rue El Markazia (ex Rue Centrale). Tel. 05 22 26 62 85. Große, sehr saubere DZ. Dusche, Klo und Waschbecken auf dem Gang. ½€.

Auf dem Gelände der Moschee Hassan II.

● **Mon Rêve,** 7, Rue Chaouia (von Süden kommend eine Querstraße rechts vor dem CTM-Busbahnhof), Tel. 0522 41 14 39. Angenehmes einfaches Hotel (Schild „Hotel-Funduq"), große und saubere Zimmer mit und ohne Bad. €.
● **Terminus,** 184, Bd Ba Himad (schräg gegenüber dem Uhrenturm beim Bahnhof Casa Voyageurs), Tel. 0522 24 00 25. Warme Dusche, sauber, freundlich. €B.

Appartements/Maisons d'Hôtes

● **Casablanca Appart'hotel,** 120, Quartier Florida, im Viertel Maarouf (nahe Route de Nouasseur und Route El Jadida N1 sowie Gare de Faculté im Südwesten der Stadt nahe dem alten Flugplatz Casa Anfa), Tel. 0522 97 20 52, 0522 97 39 01, www.ca.ma, N 33°32,430′, W 07°38,468′. Sehr schöne und modern ausgestattete Zimmer, Studios und Appartements mit TV, Telefon, Klimaanlage, Restaurant und Room-Service. Günstiges Frühstück und Pool. Appartement für 75–112 Euro am Tag. Parkplatz. Für Autofahrer eine gute Alternative zu den Hotels im Zentrum.
● **Casablanca Sweet Home,** Tel. 0522 98 11 98, www.casasweethome.com. Unterschiedlich große Appartements in zentraler Lage (nahe Hafen und Medina) für 60–130 Euro am Tag.
● **Riad Dar Itrit,** 9, Rue de Restinga, im südwestlichen Stadtteil Cil nahe Stadion Moh. V. und Bd Ghandi, Tel. 0522 36 02 58, www.daritrit.ma. Ein sehr schönes Gästehaus mit nur drei Zimmern, jedes unterschiedlich marokkanisch gestaltet, sehr freundlich und individuell, WLAN, Parkplätze. €€€€B.
● **Gites Nadia,** an der N1 bei km 13,5 (in Richtung El Jadida), Tel. 0522 65 03 42, Mobil 0661 18 76 48, www.gitenadia.com. Dieses stilvolle Boutique-Hotel (ehemals Farmgelände) liegt außerhalb von Casablanca ca. 6 km vom Strand von Dar Bouazza entfernt. Es hat hübsche Zimmer im marokkanischen Stil und freundliche Besitzer – ideal für alle, die sich nicht ins Stadtgewühl begeben wollen und lieber außerhalb in ländlicher Umgebung wohnen oder auch für Autoreisende auf der Durchreise. Flughafentransfer möglich. €€€€B.

Karte S. 701, Stadtplan S. 754   ROUTE E 5: CASABLANCA

Camping

● **Camping Oasis,** Route d'El Jadida, Av. Mermoz, nahe dem alten Flugplatz Casa-Anfa, Tel. 0522 25 33 67, Bus Nr. 31 vom CTM-Bahnhof. Anfahrt: Mit dem Auto vom Bd Mohamed Zerktouni in den Bd Brahim Roudani in Richtung Süden (El Jadida) abbiegen und immer geradeaus. Kurz nach der Kreuzung, wo es links nach El Jadida geht, geradeaus weiter am Bd Omar Ali Khaim, der Camping liegt dann links in einem mit Bäumen bewachsenen Gelände. Oder bereits eine Kreuzung vorher entlang dem Bd Yacoub el Mansour und links in den Bd Sidi Abderrahme abbiegen, beim Marché de Beau Séjour (große Mall mit vielen Geschäften) vorbei, dann kommt man ebenfalls zum Bd Omar Ali Khaim; hier links abbiegen, dann liegt der Campingplatz rechter Hand. Das Gelände ist schattig und sauber, es gibt warme Duschen.
● Weitere Campingplätze vgl. vorhergehende Routenbeschreibung und Route E 6.

Jugendherberge

● **Auberge de Jeunesse** am Place Ahmed El Bidaoui, nahe Bd des Almohades in der nördlichen alten Medina, Tel. 0522 22 05 51, lesauberges@menara.ma, www.hihostels.com. Die Zimmer (für 2-5 Pers.) und ein Schlafsaal) sind etwas laut, da sie nicht vollständig vom Gemeinschaftsraum getrennt sind. Die Herberge ist sauber, es gibt warme Duschen. DZ inkl. Frühstück €€, im Schlafsaal ca. 70 DH p.P. Geöffnet 8-10 und 12-24 Uhr.

Essen und Trinken

Die **Restaurants** öffnen selten vor 19 Uhr, und viele schließen bereits um 22 Uhr wieder. Ein Menü der mittleren bis teureren Preisklasse kostet 90-300 DH. Zahlreiche Restaurants gibt es im Zentrum, in Maarif und Habbous sowie in Aïn Diab. Einen guten Überblick über die Restaurants in Casa findet man unter www.restoacasablanca.com.

● **A Ma Bretagne,** Sidi Abderrahmane, Bd de l'Ocean Atlantique, Tel. 0522 39 79 79. Ältestes Edel-Restaurant Casablancas (wenn nicht gar Marokkos), sonntags geschlossen, (franz.) Menü ab 300 DH.
● **Al Mounia,** Rue Prince My Abdellah, Tel. 0522 22 26 69. Schönes Restaurant im maurischen Stil mit marokkanischen Spezialitäten und großer Salatauswahl, man kann auch im Garten sitzen. Menü 130-180 DH.
● **Asia Garden,** 26, Rue Ahmed El Mokri, Tel. 0522 36 55 44, Mo geschl. Günstige Preise für das gehobene Niveau des Restaurants, asiatisches Hauptgericht um 90 DH.
● **Au Four a Bois,** 20, Rue Jean Jaurès, Quartier Gauthier, Tel. 0522 22 17 18, aufourabois@menara.ma. Gute italienische Küche, Grillspezialitäten, Pizza, Salate zu günstigen Preisen (90-110 DH) in gepflegter Atmosphäre. Täglich geöffnet.
● **Basmane,** Bd de l'Ocean Atlantique/Bd de la Corniche, im Hotel-Club d'Anfa, Tel. 0522 79 70 70, www.basmane-restaurant.com. Marokkanisches Spezialitäten-Restaurant mit Palastatmosphäre. Hauptgericht 120-160 DH.
● **Bodega,** 129, Rue Allal Ben Abdellah. Spanische Küche, erstes Tapas-Restaurant Casablancas, auch Bierkneipe, Cocktailbar und Flamenco-Vorführungen. Es wird von denselben Besitzern betrieben wie La Bavaroise gleich daneben (s.u.).
● **Café M,** im Hotel Hyatt Regency, Place des Nations Unies, Tel. 0522 43 12 78. 12-15 Uhr und 19 Uhr bis Mitternacht geöffnet. Dieses edle First-Class-Restaurant in Chrom, Leder und Holz bietet exzellente Küche und Weine zu gehobenen Preisen, auch auf der Terrasse.
● **Dar Beida,** im Hotel Hyatt Regency, Place de Nations Unies, Tel. 0522 43 12 78. Luxuriöses Restaurant im marokkanischem Stil mit Bauchtanz und orientalischer Musik. Täglich von 19-2 Uhr nachts offen.
● **La Bavaroise,** 131/139, Rue Allal Ben Abdallah, Tel. 0522 31 17 60. Französische und internationale Küche mit Bier vom Fass. Fisch, Fleisch, Schlachtplatte und Wildbret zur Jagdsaison; sowohl bei Einheimischen als auch bei Expats sehr beliebt.
● **L'Aeropostale,** 6, Rue Molière, Tel. 022 36 02 52. Brasserie und gutes Restaurant im französischen Bistro-Stil. Jazz-Sessions Di und Do, Hauptgericht ab 125 DH.

Route E 5: Casablanca

- **La Mer,** Bd de la Corniche am El Hank-Leuchtturm, Tel. 0522 36 33 15. Fischspezialitäten, sehr gutes und teures Restaurant, Menü ab 250 DH.
- **Le Firdaous,** Hotel Golden Tulip Farah, 160, Av. des Forces Armées Royales, Tel. 0522 27 36 36, 0522 27 60 73. Marokkanische Spezialitäten in edler Palastatmosphäre, exzellenter Service, gehobene Preise.
- **Le Petit Rocher,** Bd de la Corniche am El Hank-Leuchtturm, Aïn Diab, Tel. 0522 36 62 77. Marokkanisches Ambiente, Lounge/Bar, Live-Musik, sonntags Brunch.
- **Le Taverne de Dauphin,** 115, Bd Houphouët Boigny, Tel. 0522 22 12 00. Das Lokal ist seit 1950 in der Hand der Familie *Kerinec* und bekannt für seine gute Qualität (Fischspezialitäten) zu fairen Preisen (70–150 DH).
- **Le 5,** 5, Rue de la Mer Adriatique, Aïn Diab, Tel. 0522 79 70 56. Das schicke Restaurant serviert internationale Spezialitäten, Menü 350 DH, Hauptgerichte 120–160 DH. Di bis Sa, So nur mittags offen.
- **Le Relais de Paris,** Bd de la Corniche, Tel. 0522 39 25 10. Modernes, elegantes Restaurant mit Terrasse und Meerblick, Fisch und Fleischgerichte, franz. Spezialitäten, guter Service. Geöffnet Di bis So ab Mittag.
- **Le Rouget de l'Isle,** 16, Rue Rouget de l'Isle, Tel. 0522 29 47 40. In einer alten Villa mit nostalgischem Interieur gemixt mit modernen Elementen kann man hier hervorragend Pizza, Grillgerichte und leichte französische Küche essen. Die Preise liegen im mittleren Bereich zwischen 100 und 180 DH. Geöffnet mittags Di bis Fr, Sa auch abends.
- **Le Quai du Jazz,** 25, Rue Ahmed el Mokri (nahe Bd d'Anfa) Tel. 0522 94 25 37. Brasserie und Jazzlokal mit guter Küche. Di bis Sa abends, Di bis Fr auch mittags.
- **Le Sky 28,** Kenzi Tower Hotel, Twin Center, 28, Bd Zerktouni. Spanische Küche mit herrlichem Blick aus dem Hochhausturm der Twin Towers, gut und teuer (Menü ca. 400 DH).
- **Loubnane,** Bd de la Corniche, direkt am Meer, Tel. 0522 36 93 70. Sehr gute libanesische Küche, abends Unterhaltungsprogramm (Menü mit Diner Spectacle 300 DH).
- **Millenium Viet,** 8, Rue Molière, im Viertel Racine, nahe Bd d'Anfa, Tel. 0522 39 22 44. Sehr gute vietnamesische und chinesische Küche in schönem Ambiente, günstige Preise (75–115 DH Hauptgericht, Menü 250 DH).
- **Ocean View Cabestan,** 90, Bd de la Corniche am El Hank-Leuchtturm, Tel. 0522 39 11 90. Mediterrane Küche und Fischspezialitäten, komplett renoviertes geschmackvolles Edelrestaurant mit großer Terrasse zum Meer hin. Auch Prominentenlokal bzw. Politikertreff. Hauptgerichte 170–230 DH, Menü ab 165 DH.
- **Ostrea,** im Fischerhafen (Richtung Oualidia am Parc à huitres), Tel. 0522 44 13 90. Meeresspezialitäten (u.a. Austern), täglich geöffnet (auch im Ramadan).
- **Port du Pêche,** Tel. 0522 31 85 61. Sehr gutes Meeresfrüchte-Restaurant im Fischereihafen, unbedingt reservieren, da sehr beliebt. Mittlere Preisklasse (80–180 DH).
- **Rick's Café,** 248, Bd Sour Jdid, Place du Jardin public, am Rande der alten Medina, Tel. 0522 27 42 07, www.rickscafe.ma. Das Original aus dem legendären Film „Casablanca" gab's nur in Hollywood, diese Bar und das Restaurant mit internationalem Publikum sind eine Nachempfindung und gute Geschäftsidee einer ehemaligen US-amerikanischen Diplomatin. WLAN, Jazz-Sessions, Mittag- und Abendessen 12–15.30 und 18–24 Uhr, 130–180 DH.
- **Sqala,** 5, Bd des Almohades, in der Sqala an der nördlichen Stadtmauer der Medina, Tel. 0522 26 09 60. Sehr beliebtes Restaurant mit guter marokkanischer Küche in toller Atmosphäre oberhalb des Hafens zwischen alten Mauern. Preise 120–250 DH. Täglich bis Mitternacht geöffnet. Angeschlossen ist das nette **Café Maure** mit kleinen Gerichten.
- **Thaï Gardens,** Av. de Côte Emeraude, in Anfa, Tel. 0522 79 75 79. Sehr gut, aber teuer (Hauptgerichte um die 250 DH).

Preiswerte Restaurants/Cafés

Billige Restaurants gibt es in der Medina und beim Busbahnhof.

- **Aladdin,** 39, Rue Mohamed Sediki (zwischen Bd Ziraoui und Bd d'Anfa), Tel. 0522 29 86 45. Leckere libanesische Snacks (z.B. *Chawarma* – libanesischer Fleischspieß), von 12–24 Uhr geöffnet.

●**Chez Paul,** Ecke Bd Anfa und Mulay Rachid, Anfa, Tel. 0522 36 60 00, www.paul.ma. Die weltbekannte französische Konditoreikette erfreut sich auch in Marokko steigender Beliebtheit: Hier gibt es hervorragende Crèpes, Kuchen, kleine Gerichte und Salate, alles serviert in einer alten Villa oder auf der Gartenterrasse.
●**Chez Pepe,** 29, Rue Abdul el Waqt im Viertel Bourgogne, zwischen Hafen und West-Casablanca, Tel. 0522 20 06 06. Pizzas, mexikanische und Mittelmeer-Küche zu moderaten Preisen (unter 100 DH), es gibt alkoholische Getränke.
●**Epsom,** Ecke Rue Tata und Mouftakar, im Zentrum bei der Fußgängerzone. Grillgerichte, Brochettes und Sandwiches zu günstigen Preisen, allerdings oft voll – man kann sich sein Essen aber auch mitnehmen.
●**G-Ice,** 35, Rue Kadi Ilas in Maarif, Tel. 0522 25 11 30. Sehr moderne und schicke Eisdiele und Café mit großer Auswahl.
●**Holiday Pizzeria,** 93, Rue Prince Mulay Abdallah, Tel. 0522 22 29 60. Sehr gute Pizzeria, in der es auch Eis und Crêpes gibt.
●**La Petite Perle,** 17–19, Av. Houmane el Fetouaki, Tel. 0522 27 28 49. Mittags bis 15 Uhr, abends 18–23 Uhr. Beliebtes Café mit Pasta, Crêpes, Pizza und Sandwiches zu günstigen Preisen (30–50 DH).
●**McDonald's,** Bd de la Corniche bzw. in der Innenstadt 53, Rond Point Mers Sultan und Bd Ziraoui (N 33°35,682', W 07°38,0522'). Der Fast-Food-Tempel am Bd de la Corniche liegt sehr schön mit Blick aufs Meer, der in der Innenstadt verfügt über gute Parkmöglichkeiten.
●**Oliveri Glacier,** 132, Av. Hassan II., Tel. 0522 27 60 75. Hervorragende Eisdiele.
●**Pâtisserie Bennis Habous,** 2, Rue Fkih el Gabbas, im Viertel Habous (Nouvelle Medina), Tel. 0522 30 30 25. Die Traditionskonditorei Bennis, die ihren Hauptsitz in Rabat hat, ist „die" Konditorei Marokkos und beliefert auch das Königshaus. Herrliche Bastillas und traditionelles Gebäck, vielerlei Kuchen und Torten.
●**Venezia Ice,** Bd Massira al Khadra, Maarif, Tel. 0522 99 36 36. Eisdiele mit großer Auswahl an hervorragenden Eiscremes, Crèpes und Leckereien.

Nachtleben

Discos, Nachtclubs

Die meisten Discos/Nachtclubs liegen in Aïn Diab (außerdem in allen großen Hotels). Einige Bars bzw. Lounge-Bars haben auch über Mittag geöffnet und servieren Essen oder kleine Gerichte. Fast alle großen Hotels haben eine Disco, an dieser Stelle seien nur die angesagtesten genannt. Unter der Seite http://casablanca.madeinmedina.com kann man sich sowohl über trendy Restaurants als auch über Nightlife und Kinos in der Stadt informieren.

●**La Bodega,** siehe Restaurants.
●**Le Jazz Bar** im Hotel Tulip Farah in den Twin Towers, siehe Hotels.
●**Le Jet Set,** 160, Av. des F.A.R. Angesagter Night Club im Hotel Tulip Farah in den Twin Towers, Gauthier-Viertel (siehe Hotels).
●**Le Tcha Tcha,** Quartier Gauthier, 10, Rue Ranche Conte, gegenüber den Twin Towers, Tel. 0619 36 26 89. Lounge-Bar, lokale DJs mit Themenabenden.
●**Le Trica,** 5, Rue El Moutanabi, nahe Bd d'Anfa und Bd Mulay Youssef in Richtung Gauthier, Tel. 0522 22 07 06. Lounge-Bar in modernem Ambiente, italienisches Essen (auch mittags zwischen 12 und 13 Uhr), abends gefragte Mojito-Bar, in der sich die Jugend Casablancas trifft. So und Samstagmittag geschlossen.

Kinos

●Großer Kinokomplex **Megarama,** Bd de la Corniche in Aïn Dïab, Tel. 0890 10 20 20, www.megarama.info. Dieser riesige Kinokomplex (mit Parkplatz) ist die erste Wahl, aber relativ weit außerhalb des Zentrums.
●**Cinéma Roxy,** 9, Rue El-Mansour Dahbi, Tel. 0539 94 38 00. Traditionskino nahe dem Zentrum.
●**Cinéma Lynx,** 150, Av. Mers Sultan, Tel. 0522 22 02 29. Sehr komfortabel und nah am Zentrum.
●Das **Institut Français** (121, Bd Mohamed Zerktouni, Tel. 0522 77 98 70, www.ambafrance.ma) zeigt französische Filme.

Stadtbusse

Wichtigster Ausgangspunkt (Haltestelle und Kreuzungspunkt einiger Linien) ist der **Place Houphouët Boigny** (bzw. Etats Unies) bzw. Av. Mohamed V. Hauptabfahrtsplatz ist der **Place Oued al Makhzine**. Der Stadttarif beträgt 4 DH.

- **Campingplatz:** Linien 1, 2 und 31.
- **Gare de Voyageurs:** Linie 2 und 30.
- **Gare du Port/CTM-Bahnhof:** Linien 10 und 36.
- **Anfa und Aïn Diab:** Linie 9.
- **Nouvelle Medina:** Linien 4 und 16 bzw. mit der Bahn.
- **Mohammedia:** Linien 1, 5, 6 und 7 (schneller und einfacher mit dem Rapid-Zug)
- **Moschee Hassan II.** (ab Place Oued Makhazine): Linie 15.

Fernverkehrsbusse

- **CTM-Bahnhof,** 24, Av. Mohamed Kamal, parallel zur Av. des F.A.R. Die **CTM-Zentrale** ist im angrenzenden Gebäude untergebracht: 23, Rue Léon l'Africain, Tel. 0522 54 10 10. Hier gibt es eine Gepäckaufbewahrung und ein Café. Unter www.ctm.ma findet man Fahrpläne, Preise und Fahrzeiten.

CTM-Verbindungen und -Preise (alphabetisch)

- **Agadir:** 8x tägl., 190 DH, 7½ Std. Fahrzeit.
- **Al Hoceima** (über Nacht): 1x tägl., 180 DH, ca. 12 Std.
- **Azrou:** 1x tägl., 190 DH, 5½ Std.
- **Beni Mellal:** 3x tägl., 85 DH, 4 Std.
- **Berkane:** 1x tägl., 85 DH, 12 Std.
- **Chefchaouen:** 1x tägl., 115 DH, 6 Std.
- **El Jadida:** 7x tägl., ca. 50 DH, ca. 2 Std. Wer nach **Oualidia** will, kann in El Jadida in den lokalen Bus umsteigen.
- **Errachidia:** 1x tägl., 175 DH, ca. 10½ Std.
- **Essaouira:** 2x tägl., 130 DH, 6 Std.
- **Fès:** 10x tägl., 100 DH, 4 Std.
- **Guelmim:** 3x tägl., 255 DH, 12 Std.
- **Laâyoune:** 2x tägl., 400 DH, 22 Std.
- **Marrakesch:** 10x tägl., 80 DH, 3½ Std.
- **Meknès:** 6x tägl., 85 DH, 3½ Std.
- **M'hamid:** 1x tägl., 255 DH, 11 Std.
- **Nador:** 1x tägl., ca. 180 DH, 10 Std.
- **Oujda:** 1x tägl., 180 DH, 12 Std.
- **Ouarzazate – Zagora:** 2x tägl., ca. 150 DH, ca. 8 Std., nach Zagora 200 DH, 12 Std.
- **Rabat:** ca. alle 1–2 Std., schneller und billiger geht's mit der Bahn; 40 DH, 1½ Std., Abfahrt u.a. wie Busse nach Tanger.
- **Safi:** 7x tägl., 85 DH, ca. 4 Std.
- **Tanger:** 5x tägl., 130 DH, ca. 5½ Std.
- **Tafraoute:** 1x tägl., 240 DH. 12 Std.
- **Taroudannt:** 1x tägl., 180 DH, ca. 9 Std.
- **Taza:** 5x tägl., 140 DH, 8 Std.
- **Tétouan:** 5x tägl., 130 DH, 5½ Std.
- **Tiznit** (s. Tafraoute): 1x tägl., ca. 175 DH, ca. 10 Std.

- **Mit CTM nach Karlsruhe, Düsseldorf und Dortmund:** Di 7 Uhr, einfache Fahrt ca. 2000 DH. Der Bus fährt über Rabat, Fès, Meknès und Nador nach Spanien.

Supratours

Supratours, die große **Busgesellschaft der marokkanischen Bahn,** verfügt über moderne klimatisierte Busse und unterhält in Kombination mit der Bahn mittlerweile Verbindungen im ganzen Land, vorwiegend zu Zielen, zu denen keine Bahn verkehrt. Hauptausgangsorte der Supratours-Busse sind Asilah, Marrakesch und Fès. Infos unter www.supratours.ma. Büro in der Rue Azrou, Quartier Roches Noire, Tel. 0522 49 005 oder am Pl. Sidi Mohamed, Quartier Belvedere, Tel. 0522 49 365.

- **Supratours** fährt 2x wöchentlich von Casablanca nach **Paris, Tours, Bordeaux, Toulouse, Strasbourg, Perpignan, Toulon, Nizza** und 1x wöchentlich nach **Italien** (Genua, Pisa, Rom) sowie in die großen **spanischen Städte.**

Der Hauptbahnhof von Casablanca

Privatlinien

- **Busbahnhof der kleineren Gesellschaften** (nicht CTM): Gare Routière Ouled Zinane, Derb Manjra, Tel. 0522 85 35 45, im Südosten des Zentrums. Hier fahren die Busse in den Nordosten ab, z.B. ins Rif (Chefchaouen), Ouezzane und Tétouan.
- **Pullman du Sud** (Zentrale), 115, Av. al Jadida, Tel. 0522 25 49 19. Korrekte und zuverlässige Abwicklung, komfortable und moderne Busse.
- **S.A.T.,** Büro: 25, Rue 14, Lotissement Tazi Miloudi, Tel. 0522 52 31 97; Busbahnhof: Route Ouled Zinane, ca. 1 km näher am Zentrum als der Busbahnhof der kleineren Gesellschaften, Tel. 0522 31 82 72.
- **SATAS,** 36, Rue Metz, Quartier Alsace Lorraine, Tel. 0522 31 94 53. Die modernen Busse fahren vor allem in den Süden.

Bahn

- **O.N.C.F.,** Rue Amir Abdelkader, Hay Aïn Borja, Tel. 0522 40 234 (Verwaltung)
- **Gare Casa Port,** am Hafeneingang, weniger Verbindungen als vom Hauptbahnhof.
- **Gare Casa Voyageurs (Hauptbahnhof),** am Place du Gare/Bd Ba Hamad. Der Bahnhof ist von der Innenstadt ca. 30 Min. zu Fuß entfernt und liegt östlich vom Zentrum; stadtnäher liegt der Hafen-Bahnhof (s. oben).
- **Gare l'Oasis,** im Südwesten Casablancas – günstiger für die Verbindung nach Marrkesch beim Umsteigen (s.u.)

Verbindungen und Preise

- **Flughafen – Casablanca Voyageurs:** Fahrzeit vom Flughafen nach Casablanca-Voyageurs 35 Min., nach Casablanca Port 40 Min.; 18 Züge täglich, ab 6 Uhr morgens stündlich bis 22 Uhr und um Mitternacht, 40 DH.
- **Casablanca Voyageurs – Rabat – Kénitra:** halbstündl., frühmorgens und abends stündlich, letzter Zug um 0.30 Uhr, erster Zug um 6.30 Uhr, ca. 1½ Std. Fahrzeit; Preise: nach Rabat in der 1. Kl. (Schnellzug) 65 DH, 2. Kl. 35 DH; nach Kénitra (Schnellzug) 1. Kl. 90 DH, über Aïn Sebaa 115 DH, Normalzug 70 DH, 2. Kl. ca. 50 DH.
- Von **Casablanca Port** 12x tägl. mit T.N.R. ab 6.30 Uhr stündlich bis 20.30 Uhr (Kénitra 10x täglich). Die Züge nach Rabat fahren

über Bouznika, Skhirat und Temara. In Richtung Rabat sind auf jeden Fall die Züge (meist ab Gare du Port) dem Bus vorzuziehen, da sie schneller und komfortabler sind.
- **Casablanca Voyageurs – Tanger Morora:** 8x tägl., 5½–6 Std.; Preise: 1. Kl. 185 DH, 2. Kl. 125 DH. Ein Nachtzug mit Liegewagen und Schlafsessel (aus Marrakesch kommend) hält um 0.45 Uhr in Casablanca Voyageurs, Ankunft 7.25 Uhr.
- **Casablanca Voyageurs – Marrakesch:** 9x tägl. (alle 2 Std. von 4.50–20.50 Uhr), 3½ Std. Fahrzeit, manche mit Busanschluss nach Agadir, beim letzten Zug Anschluss nach Laâyoune; Preise: 1. Kl. 140 DH (Schnellzug), 2. Kl. 90 DH.

Wer vom Flughafen nach Marrakesch weiterreisen will, sollte den Zug vom Flughafen in Richtung Stadtzentrum nehmen und bereits in Oasis aussteigen! Dort erwischt man den Gegenzug nach Marrakesch. Fährt man bis ins Stadtzentrum, so verpasst man den Anschlusszug nach Marrakesch um 10 Min.
- **Casablanca Voyageurs – Meknès – Fès – (Oujda):** 19x tägl., stündlich (von 5–21.15 Uhr und zusätzlich 21.45 Uhr), ca. 4½ Std. Fahrzeit; Preise: nach Fès 1. Kl. 165 DH, 2. Kl. 110 DH, nach Oujda 4x tägl. 1. Kl. 305 DH, 2. Kl. 205 DH. Um 21.15 Uhr fährt nach **Oujda** ein Schlafwagenzug, der um 7 Uhr ankommt. Einzelschlafabteil 600 DH, Doppelschlafabteil 450 DH, Liegesitz 350 DH.
- **Casablanca Voyageurs – Nador Ville:** 5x tägl. (Umsteigen in Fès oder Taourirt), nur der Zug um 19.45 Uhr fährt durch. 1. Klasse 260 DH, 2. Klasse 185 DH.

Flüge

Fluggesellschaften

- **Royal Air Maroc** (RAM), 44, Av. des F.A.R., Tel. 0522 31 11 22 (Hauptbüro); Bd 97, Bd Al Massira el Khadra, Maarif, Tel. 0522 55 835; am Flughafen Nouaceur Tel. 0522 53 90 00.
- **Lufthansa,** 50, Av. des F.A.R., Tour des Habbous, Tel. 0522 31 31 08.
- **Air France,** 11, Av. des F.A.R., Sidi Belyout, Tel. 0890 20 18 18.
- Weitere Flugbüros in der Av. des F.A.R.

Flughafen

- **Casablanca-Mohamed V.,** Tel. 0522 53 90 40, 0522 53 84 40, N 33°23,411', W 07°33,970', etwa 30 km außerhalb in Nouasseur, über die Stadtautobahn bzw. sehr gut mit dem Schnellzug erreichbar (stündlich). Der letzte Zug geht um 22 Uhr. Die letzten 5 km auf der Stadtautobahn zum Flughafen kosten 5 DH Maut! Es gibt eine private Buslinie „Aerobus", die im 2-Stunden-Takt zwischen großen Hotels und dem Flughafen verkehrt (5–21 Uhr, letzte Fahrt ab Flughafen um 23.15 Uhr), außerdem verkehrt laut Flughafenwebsite ein Bus von CTM, Auskunft-Tel. 0522 36 13 04. Man kann zudem bei Vorausbuchung mit manchen Hotels eine Abholung arrangieren. Ein Taxi kostet ca. 250 DH in die Stadt.

Inlandsflüge

Alle Inlandsflüge werden von Casablanca aus bedient. **Alle großen Städte des Landes** werden von hier (mehrmals) tägl. angeflogen.

Internationale Flüge

- **Frankfurt,** tägl. mit RAM.
- Nach **Italien, Frankreich und Spanien** mehrmals täglich Flüge.
- **Genf und Zürich,** tägl.
- **Amsterdam,** tägl.
- **Brüssel,** tägl.
- Anschlussflüge gibt es günstig mit der RAM **in andere afrikanische Länder,** v.a. nach Westafrika.

Schiffe

- **Comanav** (Reservierungszentrale), 7, Bd de la Résistance, Quartier Belvedere, Tel. 0522 44 35 93, 0522 45 05 80, oder näher an der Medina 43, Av. des F.A.R., Tel. 0522 31 20 50, reservation@comanav.co.ma.

Taxis/Sammeltaxis

- Unter **Taxiruf** (Radiotaxi, Tel. 0522 39 04 39, 0522 39 04 40) oder **Appel Taxis** (appeltaxi@menara.ma, Tel. 0802 00 83 83) kann man sich z.B. für Rundfahrten oder zur Abholung vom Flughafen ein Taxi mieten.

Karte S. 701, Stadtplan S. 754

ROUTE E 5: CASABLANCA

- Sammeltaxi-Haltepunkt ist **beim Busbahnhof,** Petit Taxis am Bd d'Anfa und an allen wichtigen Plätzen (eine Stadtfahrt kostet 15–20 DH, je nach Entfernung). Eine Fahrt von der Innenstadt zum Bd de la Corniche kostet um die 35 DH. Wie in vielen Städten Marokkos muss auf das Einschalten des Taxameters bestanden bzw. der Preis unbedingt vor der Fahrt vereinbart werden!

Notfall/Notrufe

- **Polizei:** Bd Brahim Roudani.
- **Notruf:** Tel. 19.
- **Ambulanz:** Tel. 15.

Medizinische Versorgung

Krankenhäuser

- **Hôpital du 20 Août 1953,** 4, Rue Lahcen El Arjoune, Tel. 0522 26 59 80, 0522 27 94 07.
- **Hôpital Ibn Rochd,** Rue des Hôpitaux, Casa-Anfa, Tel. 0522 27 64 27, 0522 22 41 09, 0522 48 20 20.
- **Hôpital Mulay Youssef,** 112, Bd Mulay Youssef, Casa-Anfa, Tel. 0522 48 64 93, 0522 26 54 38, 0522 26 54 51.
- **Hôpital d'Enfants (Kinderklinik),** Casablanca-Anfa, Tel. 0522 47 40 59, 22 41 09, 48 50 50.
- **Centre Dentaire (Zahnklinik),** Casablanca-Anfa, Tel. 0522 25 85 21.
- **SOS Medecins urgence à domicile,** Tel. 0522 58 38 38, medizinische Nothilfe zu Hause.

Ärzte (deutschsprachig)

- **Dr. Ibrahim El Hentati,** 33, Bd Jacoub El Mansour, Maarif, Tel. 0522 23 57 09. Kardiologe und Internist.
- **Dr. Alain Guidon,** 4, Rue Mohamed Ben Ali, Quartier Gauthier, Tel. 0522 26 71 53. Allgemeinmediziner.

Apotheke

- **Pharmacie Masjid el Madina,** 64, Cité nouvelle Hay Rahma, Tel. 0522 72 91 54 (Nachtapotheke).

- **In allen Stadtvierteln** gibt es zahlreiche Apotheken (*pharmacie*).

Rund ums Auto

Automobilclub

- **Touring Club Maroc,** 3, Av. des F.A.R., Tel. 0522 20 30 64, Fax 0522 27 02 40.

Ersatzteile/Autohändler

- **Auto Assistance et Service Maintenance,** Bd Oujda, Quartier Belvedere, Tel. 0522 40 48 94. Service, Wartung und Reparaturen.
- **Auto-Hall,** 44, Lalla Yacout, Tel. 0522 31 94 19. Fiat und Ford.
- **Auto Nejma Maroc,** Auto Nejma Building, 10 km in Richtung El Jadida (N1), Tel. 0522 65 09 90, service@autonejma.co.ma. Mercedes-Vertretung und Werkstatt.
- **Centrale Automobile Cherifienne,** 84, Av. Lalla Yacout, Quartier Ben Slimane, Tel. 0522 46 70 00. VW-/Audi-Händler und Werkstatt.
- **Fajrine Auto,** 94, Rue el Fourat Quartier Maarif Extension, Tel. 0522 23 40 77. BMW, Mercedes, Jaguar, Porsche.
- **Mercedes Service Center,** an der Route El Jadida (N1), N 33°31,504′, W 07°41,003′. Herr *Adil Zerrat,* der Werkstattleiter, spricht perfekt deutsch.
- **Mitsubishi Corporation,** 159, Bd Zerktouni, Quartier Racine, Tel. 0522 36 11 50.
- **Renault Maroc,** 44, Khalid Ibnou Loulalid, Aïn Sebaa, Tel. 0522 34 97 00 (Hauptniederlassung).
- **Saida Star Auto,** 147, Av. Mustapha el Maani, Quartier Liebertè, Tel. 0522 47 11 75. Suzuki, Volvo, Isuzu.
- **Sopriam,** km 8, Route de Rabat, Quartier Beaussite, Tel. 0522 67 36 89. Peugeot und Citroën.
- **Univers-Motors S.A.,** Bd Sidi Abderrahmane, Derb el Houria, Tel. 0522 89 47 88. BMW-Vertretung.
- **Toyota du Maroc,** Route Zenata km 11,5, Tel. 0522 34 52 00 oder 196, Bd Mulay Ismail, Quartier Roches Noires, Tel. 0522 24 67 35, www.toyota.co.ma.
- **STE Bavaria Motors S.A.,** 60, Av. Pasteur, Quartier Belvedere, Tel. 0522 40 50 39. Er-

satzteile, Reparatur von Motorrädern, Booten, Motoren und Elektroinstallationen in Fahrzeugen.

Autoverleih

Es empfiehlt sich immer, den Zustand der Autos vor der Abfahrt zu kontrollieren.

- **Alliance Tours,** 177, Av. Hassan I., Tel. 0522 27 59 49/50, Mobil 0661 15 87 96, auch am Flughafen. Sehr günstige Autovermietung für ganz Marokko. www.alliancetours.ma/location-voiture-casablanca. html
- **Always Rent a Car,** 8, Rue Salim Cherkaoui, Quartier des Hopiteaux, Tel. 0522 22 59 60.
- **Avis,** 19, Av. des F.A.R., Tel. 0522 31 24 24, und am Flughafen, Tel. 0522 97 40 00, tägl. 7-23 Uhr, www.avis.ma.
- **Budget,** 5, Tour des Habous, Av. des F.A.R., Tel. 0522 31 31 24, und am Flughafen, Tel. 0522 53 91 57, tägl. 7-22.30 Uhr, www.budget.de.
- **Ennasr Car,** 18, Bd d'Anfa, Tel. 0522 22 08 13, und am Flughafen, Tel./Fax 0522 53 82 66. Vermietet auch Geländewagen.
- **Europcar,** 44, Av. des F.A.R., Complexe des Habbous, Tel. 0522 31 37 37 (Mo bis Sa 8.30-19 Uhr, So bis 12 Uhr), und am Flughafen Tel. 0522 53 91 61 (täglich 7-21 Uhr), www.europcar.ma.
- **Express,** 246, Bd Mohamed V., Passage la Fraternelle, und am Flughafen, Tel. 0522 30 78 47 und 0522 30 67 25.
- **First Car,** 30, Rue Sidi Belyout, Tel. 0522 30 00 07.
- **Hertz,** 25, Rue Jilalj el-Oraibi, Tel. 0522 48 47 10, nouasser@hertz.ma, Mo bis Fr 8-12 und 14.30-18.30 Uhr, Sa 8-12 und 15-18 Uhr, So 8-12 Uhr; am Flughafen, Tel. 0522 33 91 81, Mo bis So 7-22 Uhr; www.hertz.de.
- **Hollywood Car,** 254, Bd Rahal El Maskini, Appartement N° 6, Tel. 0522 31 73 13, www.hollywoodcar.ma. Große und günstige Autovermietung.
- **Jet-Car,** 159, Bd de la Résistance, Mers Sultan, Tel. 0522 44 09 77, und am Flughafen, Tel. 0522 53 83 67, jetcar@menara.ma. Alle Angebote inkl. Versicherung, Notfall-Assistenz und unbegrenzter Kilometer.
- **Navatour,** am Flughafen Mohamed V. Tel. 0522 43 36 70. Autovermietung und Touristentransport.
- **Oasis Travel Agency,** 22, Rue Léon Africain (bei C.T.M.), Sidi Belyout, Tel. 0522 30 10 29 und 0522 30 14 15, www.oasis-car.com. Auch Touristentransport und Abholung.
- **Renaissance Car,** 81, Bd d'Anfa, Tel. 0522 29 61 00, und 3, Rue El Bakri, Tel. 0522 30 03 01.
- **Sixt/France Car,** 3, Rue Assaad Ibnou (Ben) Zararra, Qaurtier Maarif, Tel. 0522 25 18 99, www.sixt.com. Empfehlenswert und zuverlässig.
- **Tourist Car,** 53, Rue Allal Ben Abdallah, Mers Sultan, Tel. 0522 31 19 35. Eine der ältesten Mietwagenfirmen Marokkos mit Niederlassungen im ganzen Land.
- **Week end Car,** Zentrale mit Filialen in Agadir und Ouarzazate, 39, Rue Omar el Slaoui, 2. Stock, Büro Nr. 5, Tel. 0522 47 25 58, www.weekendcar.ma. Guter Service, Verhandeln ist möglich.

Einkaufen

Buchhandlungen

- **Livre Service,** 11, Rue Tata-Casablanca, Tel. 0522 26 20 72. Sehr gute Auswahl an Büchern über Marokko.
- **Les Carrefours des Livres,** im Stadtteil Maarif, Rue Assourkosti (ex Landes), Tel. 0522 25 87 81, 0522 98 24 30.

Supermärkte/Lebensmittel

- **Carrefour,** 11, Av. Moussa Ibnou Noussair, im Quartier Gauthier. Ableger der großen französischen Supermarktkette mit gutem Warenanagebot.
- **Label Vie (Hyper),** 305, Bd Bir Anzarane, Ecke Rue Gharb.
- **Libre Service Beausejour,** im Einkaufszentrum Beausejour (im gleichnamigen Viertel im Südwesten nahe Oasis Camping), Rue Banaffsa.
- **Marjane,** mehrere Supermärkte in der Stadt, z.B. 18, Bd Aïn Sebaa, Quartier Beausite, und Bd Mohamed VI./Ecke Bd Bouchaib Doukkali oder weiter außerhalb am Bd Oued

Karten S. 701, 771, Stadtplan S. 754   ROUTE E 5: CASABLANCA

Abour Raqraq in Hay Oulfa. Französische und marokkanische Waren, alles, was das Herz begehrt, von Frischware bis zu Konserven und Alkohol.
- Obst, Gemüse und Frischwaren kauft man am besten im **Marché Central** in der Innenstadt (zwischen Av. des F.A.R. und Av. Mohamed V.) oder in der Medina.

Souvenirs

Souvenirs findet man in der Medina und in der Neustadt um den Bd Mohamed V. und Bd de Paris bzw. in der neuen Medina im Quartier Habbous. Hier liegt auch die königliche Pâtisserie Bennis (vgl. Essen und Trinken/Cafés), wo man alle Köstlichkeiten marokkanischen Backwerks findet.

Der staatliche Laden **Exposition Nationale d'Artisanal** mit großer Souvenirauswahl und Festpreisen liegt im Zentrum an der Av. Hassan II. (Nr. 3, Tel. 0522 26 70 64, tägl. 8.30–12.30 und 14.30–20 Uhr).

Post/Geldwechsel

- Die **Hauptpost** befindet sich am Place Mohamed V.
- **Geldautomaten,** an denen man mit Maestro-(EC-)Karte abheben kann, sind übers gesamten Stadtgebiet verteilt. **Wechselstuben** gibt es am Hafen, am Flughafen und am Touristenbüro, Bd Mohamed V.

Konsulate/Botschaften

- **Deutsches Honorarkonsulat,** 310, Rue Haj Omar Riffi, Tel. 0522 45 05 45, casablanca@hk.diplo.de
- **Österreich,** 45, Av. Hassan II., Tel. 0522 26 69 04, autocom@mbox.azure.net.ma.
- **Niederlande,** 26, Rue Nationale, 10. Stock, Tel. 0522 22 18 20.
- **Mauretanien,** 382, Route El Jadida, Hay Erraha, Quartier Beauséjour (nahe Campingplatz Oasis), Tel. 0522 25 78 78, 0522 25 73 73. N 33°33,715', W 07°38,684'. Das Visum für Mauretanien (3 Fotos) ist bei Beantragung um 9 Uhr in der Regel am Nachmittag fertig und kostet ca. 200 DH (billiger als an der Grenze oder in Dakhla, wo es oft das Fünffache kostet).

Sport/Aktivitäten

Baden/Schwimmen

Badestrände gibt es **an den Küsten vor Casablanca:** Zwischen dem Leuchtturm El Hank bis Aïn Diab, Anfa, Tamaris Plage, Dar Bou Azza oder in Mohammedia (siehe Route E 6). Die Strände sind ganz schön, aber es herrscht viel Rummel, besonders in **Aïn Diab,** dem stadtnächsten Strand. Je weiter die Strände von Casablanca entfernt sind (in Richtung Süden), umso verschmutzter. In Richtung Rabat gibt es recht schöne Strandabschnitte nördlich von Mohammedia. In Mohammedia ist (im südlichen Bereich) Vorsicht wegen Industrieabwässern geboten.

Die **Swimmingpools** mancher Luxushotels sind gegen Gebühr auch für Nichtgäste zugänglich.

Hammams

Modern ausgestattete, saubere und auf Touristen eingerichtete Bäder sind die Hammams **Ziani** (59, Rue Abou Rakrak, Benjdia, nahe Cinéma Libérté, Tel. 0522 31 96 95, 0522 30 63 73) und **Zaki** (25, Rue Abou Assalt El Andaloussi, Maarif, Tel. 0522 25 48 48).

Ski und Bergsteigen

- **Club Alpin Français** (CAF), 50, Bd Mulay Abderrahmane, Hay Erraha, Beausejour, Tel. 0522 98 75 19, www.caf-maroc.com. Auskünfte über Bergführer, Wege sowie Hütten im Hohen und Mittleren Atlas. Organisation von Ski- und Trekkingtouren, Wildwasserfahrten, Höhlenerkundung, Mountainbiking, Klettern. Der Club unterhält vier Hütten im Hohen Atlas.
- **Fédération Royale Marocaine de Ski et Montagne,** Bd Mulay Youssef, Parc de la Ligue Arabe, Tel./Fax 0522 47 49 79.

Reiten

- **Royal Club Equestre Lalla Soukaina,** Ancienne Route d'El Jadida, Tel. 0522 33 26 47.

- **La Ferme Equestre,** Douar Ouled Jmel, Quartier Sidi Abderrahmane, Tel. 0522 36 08 34.

Wassersport

- **Yacht Club du Maroc,** Mohammedia, Quai de Plaisance, Tel. 0523 32 79 19. Segeln, Windsurfen, Tauchen, Wasserski und Sportfischen.

Tennis

- **Fédération Royale Marocaine de Tennis,** Rue Cours des Sports, Cité Guymer, Bouskara, Tel. 0522 99 21 20.
- **Association sportive Tennis,** Allée Parcs, Quartier Aïn Sebaa, Tel. 0522 34 20 03.

Golf

- **Royal Golf Club d'Anfa,** Hippodrome d'Anfa, 18-Loch-Platz, Tel. 0522 39 33 34, 0522 36 10 26, und in Mohammedia (siehe dort).

Feste/Veranstaltungen

Im **Großraum Casablanca** werden zahlreiche Kulturveranstaltungen abgehalten. Informationen dazu findet man in den Zeitungen oder in den Hotels bzw. beim Touristenbüro. Auch im Institut Français und im Goethe Institut finden regelmäßig verschiedene Veranstaltungen statt (s.a. Kulturleben im Abschnitt Sehenswertes).

Bekannt ist das **Jazzfestival Jazzablanca,** Tel. 0663 00 05 65 und 0663 00 05 66, www.jazzablanca.com. Es findet einmal jährlich im Kinokomplex Megarama statt und ist mittlerweile im In- und Ausland sehr populär. Jazz- und Bluesgrößen wie *Al Jarreau, John Lee Hooker* und *Diane Reeves* sind dort bereits aufgetreten.

Ein weiteres erwähnenswertes Festival ist das **Amazigh (Berber) Theater Festival,** das ein weites Spektrum an Musiktheater, Drama, Comedy, Rockoper und musikuntermaltem Sprechtheater (alle Vorführungen in Berbersprachen) zeigt.

Der **Boulevard des Jeunes Musiciens Casablanca** (www.boulevard.ma) dauert vier Tage und findet jährlich im Juni statt. Die jungen Musikanten konkurrieren mit traditioneller Musik bis zu modernen Musikrichtungen in verschiedensten Stilen in einem Wettbewerb. Der Eintritt ist frei.

Moussems gibt es zwischen El Jadida und Casablanca das ganze Jahr hindurch (v.a. im August und September) an den Wallfahrtsstätten.

Ausflüge

- **In Richtung Rommani,** 124 km. Man verlässt Casablanca in Richtung Mohammedia und zweigt dort ab in Richtung Ben Slimane. Die Straße führt durch eine landschaftlich sehr reizvolle Gegend, vorbei an vielen Schluchten und Wandergebieten. Ca. 12 km nach Ben Slimane führt links ein Weg zu einem Aussichtspunkt. Ca. 15 km nach Sidi-Bettache überquert man das Oued Korifla, wo sich linker Hand schöne Schluchten befinden. Nach 124 km erreicht man den Ort Rommani.
- **Mohammedia,** siehe Route E 6.
- Zur **Kasbah Boulâouane** siehe Route E 11.

Route E 6: Casablanca – Rabat (Küstenstraße)

- 95 km, R322

Landschaftlich hat die Küstenstraße (viel Verkehr, viel Polizei) nicht viel zu bieten, sie ist aber immer noch interessanter als die (mautpflichtige) Autobahn. Wer sich einen Eindruck vom Strandleben und den reichen Vororten der Großstädte Marokkos machen will, sollte diesen Weg nehmen, die, die es eilig haben, wählen die Autobahn. Die Badeorte, Strände und Campingplätze entlang der Küste sind im August meist hoffnungslos überfüllt. Gute Busverbindung mit Vorortbussen der Städte Casablanca und Rabat, ferner Bahnlinie (Schnellzug) mit Haltepunkten im Außenbereich diverser Strandorte.

Karte S. 701

CASABLANCA UMGEBUNG 771

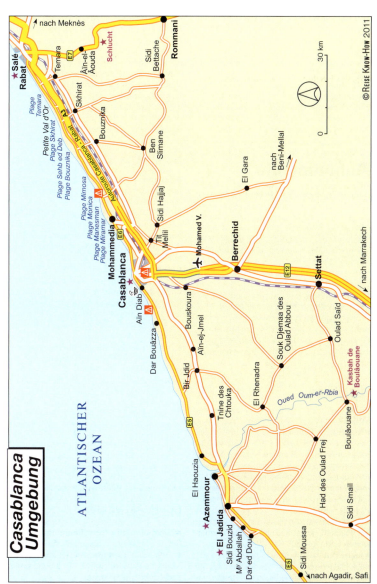

ROUTE E 6: MOHAMMEDIA

In Casablanca geht es vom Uhrenturm auf der Av. des F.A.R. (**km 0**) Richtung Osten. Durch unansehnliche Industrie- und Gewerbegebiete fährt man langsam auf der vierspurigen Straße im dichten Verkehr stadtauswärts.

21 km hinter Casablanca geht es an einer **Kreuzung** links weiter auf der Küstenstraße und rechts auf die Autobahn nach Rabat. Kurz darauf führt ein palmengesäumter Boulevard ins Zentrum von Mohammedia.

Mohammedia

Das entlang der Straßen recht schön begrünte Städtchen mit Industrieanlagen, Strandpromenade und Ferienhäusern für Badeurlauber wirkt in der Nebensaison eher ruhig. Für Urlauber gibt es in der Umgebung sämtliche Infrastruktur inkl. Golfplatz und Yachthafen. Am Strand und beim alten Hafen (Vieux Port) finden sich viele Restaurants und Cafés. Die Wasserqualität des Meeres im Umkreis von Casablanca ist wegen der vielen Industrieanlagen an der Küste eher zweifelhaft.

Am nördlichen Strandabschnitt (ca. 2 km) zieht sich das **Villenviertel Santa Monica Plage** hin, hier gibt es auch einen sehr schönen Strand mit Dünen, aber nur wenig Infrastruktur.

Unterkunft

Hotels

● **Amphitrite Beach Hotel******, Bd Mulay Yussuf, La Corniche, Tel. 0523 30 68 00, www.amphitritemohammedia.com. Neues, modernes Hotel mit internationalem Standard direkt an der Strandpromenade, geräumige Zimmer mit Balkon und z.T. mit Meerblick, großer Pool, Restaurant, bewachter Parkplatz. €€€€.
● **De la Falaise**, Rondpoint Pasteur, Av. Ferhat Hachad, Tel. 0523 32 48 28. Nettes kleines Budget-Hotel. €€.
● **Jnane Fedala**, Rue Abderrahmane Serghini, nahe Place de la Kasbah, Tel. 0523 32 69 00, www.hotel-mohammedia.com. Typisch marokkanisch gestaltetes Mittelklassehotel mit Restaurant. Klimatisierte Zimmer mit Bad €€€A.
● **Sabah**, 42, Av. des F.A.R., Tel. 0523 32 14 54, Fax 0523 32 14 56. Etwas heruntergekommenes 3-Sterne-Hotel mit Disco. €€€.
● **Loran (Complexe touristique)**, im Norden an der Ausfallstraße nach Rabat, Tel. 0523 32 49 46, Fax 0523 32 58 59. Mit Campingplatz, Pool und Restaurant, nur 100 m zum Strand (Plage Manesmann).

Camping

● **Camping International Oubaha**, ca. 11 km nördlich Richtung Rabat (s. Routenbeschreibung unten), nur wenige Meter von der Plage Tilal, **N 33°43,707', W 07°20,154'**. Recht schönes, großes Gelände unter Schatten spendenden Eukalyptusbäumen, die sanitären Anlagen sind nicht voll funktionsfähig, aber okay.
● **Mimosas Beach Club**, Tel. 0523 32 33 25, schräg gegenüber vom Camping Oubaha. Im vorderen Bereich des großen Geländes unter Eukalyptusbäumen stehen Bungalows und Dauercamper, im hinteren Bereich gibt es schattige Stellplätze für Camper. Die sanitären Anlagen sind recht gut (warme Dusche) und einigermaßen sauber. Im Sommer sind alle Plätze mit marokkanischen Campern überfüllt.
● **Ocean Bleu**, ca. 12 km nördlich Richtung Rabat (Zufahrt über Plage Tilal, s. Routenbeschreibung unten), Mobil 0660 91 19 22, www.aliplage.canalblog.com, camping_oceanbleu@yahoo.fr, **N 33°44,251', W 07°19,462'**. Schattiger ummauerter Platz direkt am Meer, vom Strand ist jedoch wegen der vielen Baumaßnahmen ringsherum nicht mehr viel zu sehen. Gute Sanitäranlagen, Elektrizität für Wohnmobile.

Sport/Aktivitäten

● **Royal Golf Mohammedia**, Tel. 0523 32 46 56, www.rgam.ma, 18-Loch-Platz.
● **Yacht Club du Maroc**, Port de Plaisance de Mohammedia, Tel. 0523 32 23 31, www.yachtclubdumaroc.com.

Festival

• **Féstival de Mohammedia,** Préfécture de Mohammedia-Zenata, im Juli.

In Mohammedia endet die vierspurige Straße von Casablanca – in der Stadt ostwärts halten, um auf die Küstenstraße (R322) zu gelangen. An einem großen Kreisverkehr etwa 6 km hinter Mohammedia geht es Richtung Rabat (**N 33°42,189', W 07°22,330'**). Die Straße führt durch Villenviertel nach Nordosten.

Bei **km 30** mündet das Oued Nefifikh ins Meer. Hier lädt eine schöne **Sandbucht** zum Baden ein. 3 km weiter kann man rechts auf die **Autobahn** nach Rabat abbiegen.

1 km darauf, bei **km 34,** zweigt die Zufahrt zu den Campingplätzen **Mimosas Beach Club** und **Camping International Oubaha** vor einer Afriquia-Tankstelle links ab. Beide Plätze liegen in nur wenigen Metern Entfernung vom **Plage Tilal**, einer schönen Sandbucht. Von hier zweigt auch die holprige Zufahrt zum **Camping Ocean Bleu** (1 km) ab.

Es folgen noch einige Ferienanlagen und Armensiedlungen, dann führt die Küstenstraße mit schönem Blick zum Meer durch eine landwirtschaftlich genutzte Gegend. Entlang der Küste gibt es kleine Pinien- und Eukalyptuswälder. Felsen und Sandstrände wechseln sich ab (Zufahrt nur gelegentlich möglich).

Etwa **53 km** hinter Casablanca geht es rechts zur Autobahn nach Rabat und links zum **Bouznika Plage** auf einer Halbinsel. Auch in diesem Ferienort mit Golfplatz und Marina tobt im Sommer das Strandleben, und es wird viel gebaut. 2 km weiter zweigt links die Zufahrt zum **Beach Club Bouznikha Plage** (Disco, Pools) ab.

12 km hinter Bouznika Plage, bei **km 65**, liegt linker Hand **Skhirat Plage** (ca. 500 m). Der Ferienort ist eine einzige Baustelle. In Strandnähe kann man parken und zum hübschen kleinen Sandstrand hinunterlaufen, am Wochenende ist hier die Hölle los. Von Skhirat Plage kann man direkt weiterfahren Richtung Rabat und passiert nach 1 km das **Luxusresort L'Amphitrite Palace** (Tel. 0537 62 10 00, www.lamphitritepalace.net) mit Spa, Thalasso-Anwendungen, mehreren Pools und 178 Zimmern mit allem Komfort. 2 km nach dem Abzweig zum Skhirat Plage mündet die Straße wieder in die Küstenstraße nach Rabat.

Ab **km 68** erstrecken sich die lange Mauer und die gepflegten Gartenanlagen des **Königspalasts** links der Straße.

Bei **km 72** geht es links zum **Rose Marie Plage** (Skhirat-Jouhara Plage) und rechts zur Autobahn. Der ummauerte **Campingplatz Les Gambusias** befindet sich in Strandnähe (einfach und gepflegt, Tel. 0537 74 91 98, 74 95 25). Ansonsten findet man in Rose Marie Plage auch Unterkunft im sehr netten Hotel **Kasbah Club Skhirat****** (Tel. 0537 74 91 16, Fax 0537 74 91 53) mit Pool und schöner Gartenanlage. Die Zimmer haben z.T. direkten Zugang zum Meer und Meeresblick (€€€ inkl. Frühstück), Reiten ist möglich.

Kurz darauf folgt die kleine Badebucht **Petite Val d'Or**. Bei **km 76** führt ein Abzweig zum **Royal Nautique Club** (Wassersportangebot). Ca. 600 m weiter liegt rechts oberhalb das sehr hübsche **Hotel/Restaurant Panorama**** auf einem Hügel (Tel. 0537 74 42 89, Fax 0537 74 48 19, mit Pool, €€B). Von hier hat man eine prachtvolle Aussicht.

Ab ca. **km 81** beginnt der Ort **Temara** mit vielen neuen Ferienanlagen, (Club-)Hotels, Cafés und Restaurants an der Straße. Der Ferienort hat einen schönen Sandstrand, der sich mit felsiger Küste abwechselt, und ist ein beliebtes Ausflugsziel der Rabater.

Hinter Temara folgt ein kurzer unbebauter felsiger Küstenabschnitt mit Fischern. Leider ist hier alles vermüllt. Dann ziehen sich wieder Neubauprojekte rechts der Straße entlang. Dazwischen erstrecken sich Bidonvilles (Elendsviertel), die man mit Mauern zu verstecken versucht. Direkt an der Felsküste entlang geht es bis zur Stadtmauer von **Rabat** (Kasbah des Oudaïas) bei **km 95**.

Rabat und Salé ⇗ IV, A2

Geschichte

Rabat, die **Hauptstadt des Landes,** liegt an der Mündung des Flusses Bou Regreg und zählt zusammen mit Salé etwa **2 Mio. Einwohner.**

Rabat steht zwar im Schatten von Casablanca und ist als Wirtschaftsmetropole sicherlich nicht ganz so wichtig, aber wesentlich gepflegter und für den Touristen viel angenehmer. Hier entdeckt man viel mehr historische Sehenswürdigkeiten und ist weitgehend frei von Belästigungen, die Menschen sind ausnehmend freundlich und hilfsbereit. Wer Stress vermeiden will, gerade am Anfang der Reise, sollte seine Besichtigungstour in Rabat/Salé beginnen.

Rabat ist nicht nur Verwaltungshauptstadt, sondern auch die **Kulturmetropole** des Landes. Es gibt hier Theater, Bibliotheken (Nationalbibliothek in der Av. Ibn Batouta), ausländische Kulturzentren und Kinos.

Prähistorische Funde in der Gegend von Salé weisen auf eine frühe Besiedlung hin. Die **Phönizier und Karthager** benutzten die Mündungsbucht des Bou-Regreg-Flusses als Ankerplatz, das Gebiet des heutigen Chellah war ein wichtiger römischer Handelsplatz. Im 8. Jh. siedelten die kriegerischen **Barghwata-Berber** in der Nähe von Rabat. Sie schrieben ein neues Religionsgesetzbuch, das zwar den Koran als Grundlage nahm, aber sich mehr an berberische Traditionen anlehnte. **Zenata-Berber** und spanische **Umayyaden,** die diese Religionsspaltung heftig bekämpften, gründeten wahrscheinlich im 10. Jh. ein Ribat – eine Klosterburg – auf dem Oudaia-Felsen. Dieses Ribat (daher der Name Rabat) war Stützpunkt für Feldzüge gegen die Barghwata. Am gegenüberliegenden Ufer des Bou Regreg entstand in Salé die Hauptstadt des Königreiches der **Beni Ifren,** die ebenfalls gegen die Barghwata kämpften.

Eine Zeit lang geriet das Kloster in Vergessenheit und gewann erst wieder an Bedeutung, als die **Almohaden** unter *Abd al-Mu'min* die Barghwata besiegten. Sie benutzten die günstige Lage der Flussmündung als Feldlager für Eroberungszüge nach Spanien. Salé wurde zerstört. Auf dem Oudaia-Felsen wurde das ehemalige Kloster zu einer Festung ausgebaut und mit einem Palast und einer Moschee versehen.

Der Enkel *Abd al-Mu'mins,* **Abu Yussuf Yakub al Mansur** (1184–1199), gründete dann die Stadt **Ribat al Fath** (Siegeskloster), wählte sie zur Hauptstadt des Reiches und ließ eine große Stadtmauer und eine Moschee bauen, die allerdings unvollendet blieb. Reste der Moschee und das nicht vollendete Minarett – der Hassan-Turm – kann man heute noch sehen. Nach dem Tode des Sultans *Abu Yussuf Yakub* verlor die Stadt an Bedeutung, der Regierungssitz wurde nach Marrakesch verlegt, Salé jedoch entwickelte sich zum wichtigsten Atlantikhafen der damaligen Zeit. Anfang des 17. Jh. waren die beiden Nachbarstädte Zufluchtsort **andalusischer Flüchtlinge;** beide Städte erlebten einen zweiten Aufschwung.

Die Flüchtlinge gründeten die unabhängige **Republik Bou Regreg** mit der Kasbah Oudaia als Mittelpunkt. Diese Republik erreichte Berühmtheit als **Piratenstützpunkt** und als Umschlagplatz für den Sklavenhandel. Die Angriffe der Piraten richteten sich vor allem gegen europäische Schiffe. Es kam zu vielen Kämpfen mit französischen und auch englischen Schiffen. Waffenstillstandsabkommen wurden unterzeichnet und wieder gebrochen. Selbst nach der Eingliederung ins Alawitenreich Mitte des 17. Jh. hielten die Überfälle an, die Seeräubergeschäfte liefen nun auf Rechnung des Alawitenherrschers.

Nach dem Tode des Sultans *Mulay Ismail* kam es zu heftigen Thronfolgekämpfen, wobei sich Alt-Salé und Neu-Salé bekriegten und so selbst zum Niedergang beitrugen.

Durch das **Erdbeben 1755** wurden der Stadt abermals viele Schäden zugefügt. 1765 kam es zu **französischen Angriffen,** Frankreich schloss einen Vertrag mit Neu-Salé (Rabat) und setzte einen Konsul ein.

Da sämtliche neuerlichen Piratenangriffe von den Europäern mit Vergeltungsaktionen gesühnt wurden, kam es unter *Mulay Abd er-Rahman* langsam zu einem Ende der Seeräuberei. 1829 wurde das letzte Schiff aufgebracht. Unter den **Aliden** und ihrem Sultan *Sidi Muhamad ibn Abdallah* war die Stadt Ende des 18. Jh. wieder Makhzen-Stadt (Königsstadt), aber die Versuche, in den Überresten des Almohaden-Mauerrings eine neue Stadt zu bauen, schlugen fehl. Fünf Jahre nach der Grundsteinlegung war die Stadt 1781 schon wieder ein Trümmerhaufen.

Die **Franzosen** unter General *Lyautey* wählten Rabat 1912 als Verwaltungshauptstadt und Generalresidenz aus. **Sultan Mulay Yussuf** übersiedelte ebenfalls nach Rabat und ließ an dem bereits von *Sidi Muhamad ibn Abdallah* ausgewählten Platz seinen Palast bauen. In der französischen Protektoratszeit wurde die Stadt großzügig ausgebaut und bot das Bild einer beschaulichen modernen Stadt mit Villenvierteln und Verwaltungsbauten. Erst in der zweiten Hälfte des 19. Jh. gewann Rabat durch rege Handelstätigkeit mit Europa an Bedeutung. Die Stadt will und kann aber in keiner Weise Casablanca als Wirtschaftszentrum Konkurrenz machen.

Sehenswertes

Medina und Kasbah des Oudaïas

Ausgangspunkt für einen Rundgang ist die **Medina:** Im Norden vom Meer, im Osten des Flusses Bou Regreg, auf den beiden anderen Seiten durch die 1197 vollendete Almohaden-Stadtmauer begrenzt, bildet sie den eigentlichen Kern der Stadt. An sie schließen sich im Süden die Neustadt und im Südwesten der Königspalast an. Die Rue Soukia, die aus der Altstadt führende Av. Mohamed V., der parallel zur Rue Soukia laufende Bd Laaloul und die von diesem wieder zurück zur Rue Soukia laufende Rue des Consuls umkränzen quadratisch die Medina.

An der Mündung des Bou Regreg

Route E 6: Rabat und Salé

Die kleine Altstadt bekam ihr heutiges Aussehen erst durch die Andalusien-Flüchtlinge im 17. Jh. Sie ist gut erhalten, kann aber **nur wenige Bauwerke von historischer Bedeutung** vorweisen. Die Suqs sind bei weitem nicht so orientalisch geprägt wie in Fès, Marrakesch oder Tétouan, aber sehr gepflegt.

Die überdachte Hauptstraße des Marktes ist die **Rue des Consuls**. In ihr sind große Läden mit Souvenirs sowie in den Nebengassen Gemüse und Nahrungsmittel zu finden. Die Rue des Consuls hat ihren Namen aus der Zeit *Mulay Ismails*, der hier seine zahlreichen ausländischen Gäste wohnen ließ. Auch Salé-Stickereien, Kupfer- und Lederarbeiten findet man in den Läden – für den Besucher bieten sich zahlreiche Gelegenheiten zum günstigen Souvenireinkauf. In der Rue des Consuls befindet sich auch der **Teppichmarkt**, das Verkaufszentrum für Rabat- und Atlasteppiche, die dienstags und donnerstags von den Berbern der umliegenden Gegenden in die Stadt gebracht werden.

Am Anfang der **Rue Suq es-Sebbat** liegt die **große Moschee**, erbaut im 14. Jh., Ende des 19. Jh. vollkommen renoviert und erst 1939 fertig gestellt. Textilien, Lederwaren und Schmuck werden hier im Suq verkauft. Am Ende der Rue Suq es-Sebbat stößt man auf das Tor **Bab al Bahar**, das zum Fluss führt.

Rechter Hand liegt die **Mellah**, in der noch wenige Juden leben und wo sich der **Flohmarkt** etabliert hat. Hier gibt es von alten Ersatzteilen für Küchengeräte, Autos bis zu Wohninventar und holzgeschnitzten Türen ein großes Sammelsurium zu kaufen.

Über die parallel zum Fluss verlaufende Rampe Sidi Makhlouf kommt man zum **Place Suq al-Ghezel**, dem früheren Handelszentrum und Sklavenmarkt, wo jetzt die Färber anzutreffen sind. Die Schneider befinden sich am **Suq al-Merzouk** unweit davon.

Im Süden begrenzt die im 17. Jh. erbaute **Andalusiermauer** die Altstadt. Durch das **Bab al-Had** im Südwesten der Stadt erreicht man die Medina und kommt zum **Marché Municipal**. An der Kreuzung zur Rue Sidi Fatah liegt auf der gegenüberliegenden rechten Seite die **Moschee Mulay Sulayman**.

In der **Rue Sidi Fatah** gibt es verschiedene wichtige **islamische Heiligtümer**, so die Zawia de Sidi Moussa, die Moschee Mulay Mekki mit achteckigem Minarett, die Qubba des Marabut *Sidi Fatah* und die Moschee Mulay al-Rashid.

Gegenüber vom ehemaligen Sklavenmarkt und der Rue des Consuls liegt die **Kasbah des Oudaïas**, auf dem Felsen, wo ehemals das alte Ribat stand. Das **Oudaïa-Tor** (Bab Oudaïa) mit Reliefverzierungen, Haupteingang der Kasbah, ist eines der wichtigsten Bauwerke der Almohadenzeit. Im Inneren des Stadttors befinden sich mehrere Räume, die früher für Versammlungen genutzt wurden. Es gibt eine schöne **Aussichtsplattform** mit Blick zum Meer und nach Salé. Nebenan in der ehemaligen Residenz von *Mulay Ismail* sind das **Museum für marokkanische Kunst**, das **Volkskunstmuseum** und das **Musikinstrumentemuseum** (tägl. außer Di 9–12 und 15–18 Uhr) untergebracht: mit umfangreichen Sammlungen von Schmuck, Musikinstrumenten, Teppichen, Koranschriften und Trachten.

Im Innenhof der ehemaligen Residenz liegt der von den Franzosen angelegte **Andalusische Garten (Jardin Andalou)**. Nahebei befindet sich das gemütliche **Café Maure**, in dem man mit schönem Blick auf die Bou-Regreg-Mündung und Salé einen Tee trinken kann. Das Kasbahviertel lohnt unbedingt einen Spaziergang, die Gassen mit den andalusisch anmutenden, weiß getünchten Häusern sind wirklich hübsch.

Beim Eingang vor der Kasbah (und beim Hassan-Turm) sitzen Frauen, die Hände und Füße von Besucherinnen mit **Henna** bemalen. Vorsicht: Touristinnen werden auch regelrecht „überfallen", indem die Hände im Vorbeigehen bemalt und dann Wucherpreise verlangt werden (30 DH reichen völlig)! Bei der Kasbah und den Andalusischen Gärten lauern leider viele aufdringliche Kinder.

Entlang der Rue Jamaa, der Hauptstraße durchs Kasbahviertel vom Bab Oudaïa nach Nordosten, gelangt man zur **Moschee Jamaa el-Atiq**.

Der gesamte alte Hafenbereich am Bou Regreg von der Kasbah des Oudaïas bis zur Brücke nach Salé (Pont Mlay Al Hassan) wurde in den letzten Jahren in eine prachtvolle **Uferpromenade** verwandelt. Entlang des

RABAT UND SALÉ

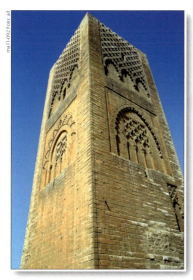

Flusses werden mit Geld aus Dubai schicke Geschäfte sowie Hotel- und Wohnanlagen in einem parkartigen Areal gebaut (www.amwaj-morocco.com). Auf der rechten Flussseite in Salé entstand eine neue **Marina,** entlang der Uferzone von der Marina bis zur Flussmündung entstehen auch hier im Großbauprojekt Bab Al Bahr (www.babalbahr.ma) noble Wohnhäuser, Geschäfte und Hotels. Der neue Yachthafen, die Palmenallee, die Tramway (Trambahn) und die bereits fertiggestellten Bauten verleihen der Bucht ein mondänes Flair, vergleichbar mit europäischen Touristenzentren am Mittelmeer. Segler finden in der neuen Marina einen großartigen Anlegeplatz direkt vor den Toren der Altstadt.

Hassan-Turm und Mausoleum Mohamed V.

Der **Hassan-Turm, Wahrzeichen Rabats,** liegt außerhalb der Medina flussaufwärts (N 34°01,445', W 06°49,295'). Er ist gut zu erreichen über den großen Boulevard, der nach Salé führt. Links in einer Seitenstraße kann man bewacht parken. Die Besichtigung der Moscheeanlage und des Mausoleums ist kostenlos.

Der **Name des Turms** stammt nicht vom verstorbenen König *Hassan II.,* sondern vom **Stadtteil Hassan** (Quartier Hassan). Die Moschee und der dazugehörige Turm wurden Ende des 12. Jh. von *Yaqub al-Mansur* in Auftrag gegeben, der aber noch während der Bauarbeiten verstarb. Es sollte die größte islamische Moschee entstehen, nach dem Vorbild der Giralda in Sevilla. *Yaqubs* Nachfolger aber zogen nach Marrakesch, und das Projekt wurde **nie vollendet.** Die zum großen Teil fertigen Bauten wurden 1755 durch ein Erdbeben weitgehend zerstört, sodass man jetzt nur noch Teile der Mauern, einige Säulen und den Turm sehen kann, der 80 m hoch werden sollte, aber nur eine Höhe von

Hassan-Turm (links) und Mausoleum Mohamed V.

ROUTE E 6: RABAT UND SALÉ

44 m erreichte. Jede der vier Mauern ist mit Reliefs ausgeschmückt. Der Turm kann nicht mehr bestiegen werden. Trotzdem ist die Anlage mit dem benachbarten Mausoleum sehr eindrucksvoll und unbedingt sehenswert.

Am Rande der Moscheeruinen entstand zwischen 1961 und 1967 das **Mausoleum von Mohamed V.,** dem Begründer des neuen Reiches und Großvater des jetzigen Königs. Auch der Vater des jetzigen Königs, Hassan II., liegt hier begraben. Die Grabanlage besteht aus einer Moschee, dem Mausoleum und einer kleinen Gedenkstätte mit Bildern aus dem Leben des Königs. Das Mausoleum kann besichtigt werden (tägl. außer Freitagmittag 8–18.30 Uhr) und ist prunkvoll in typisch maurischer Architektur ausgestattet. Zahlreiche Schnitzornamente, Mosaiken und Fliesen schmücken die Grabstätte. Die Mauern und der Sarkophag sind aus Carrara-Marmor gefertigt. Die Wächter im Mausoleumsbereich sind in herrlicher Tracht mit Pluderhosen und Schärpen geschmückt und ein beliebtes Fotomotiv.

Die Neustadt, der Königspalast, Agdal und der Zoo

Die **Neustadt** Rabats mit ihren modernen und kolonial geprägten Bauten, großzügigen Gartenanlagen, dem Regierungs- und Universitätsviertel ist wahrscheinlich die sauberste in ganz Marokko. Hauptgeschäftsstraße ist die Av. Mohamed V. – hier liegen die Hauptpost, der Bahnhof, Flugbüros, Hotels und Banken.

Am Ende der Av. Mohamed V., am Place Djamaa Assouna, steht im Regierungsviertel die **Moschee Es-Sounna,** im 18. Jh. nach dem Vorbild der Kutubiya-Moschee in Marrakesch erbaut.

In der nahe gelegenen Rue al Brihi Nr. 23 befindet sich das **Archäologische Museum** (tägl. außer Di 9–17 Uhr). Am besten erreicht man es, wenn man von der Moschee aus die Av. Mohamed V. überquert und links von einem großen Verwaltungsgebäude in die Seitenstraße und dann in die erste Straße rechts einbiegt. Das Museum ist sehr schwer zu finden, man parkt am besten in der Nähe des Hotels Chellah, da es von dort nur noch wenige Schritte sind. Das Museum präsentiert die reichhaltigste Sammlung dieser Art in Marokko.

Das Energie- und Bergbauministerium (Quartier Administratif, Rabat-Agdal) beherbergt das **Museum der Wissenschaft der Erde** mit einem 1979 bei Azilal gefundenen, 150 Mio. Jahre alten Dinosaurierskelett.

Ein **Museum,** das vor allem Philatelisten interessieren dürfte und das **über die Entwicklung der Post in Marokko** (an der auch Deutschland maßgeblich beteiligt war) berichtet, befindet sich im Postministerium, Av. Mohamed V. Neben einer exzellenten Sammlung marokkanischer Briefmarken findet man hier Telegrafenmaschinen, Telefone, Beliongrafen, Briefumschläge etc.

Den Abschluss der almohadischen Stadtmauer bildet das **Bab er Rouah,** das „Tor der Winde", neben dem Oudaia-Tor das schönste der Stadt. Es ist zu beiden Seiten von Türmen begrenzt und hat mehrere Innenräume, in denen Ausstellungen stattfinden. Südlich des Tores liegt die **Universität Mohamed V.,** die größte des Landes.

Gegenüber der Universität und neben der Moschee Es-Sounna befindet sich der dem **Königspalast** (Palais Royal, Dar al-Makhzen) vorgelagerte **Méchouar,** ein großer Versammlungsplatz, vor dem man alle zwei Stunden bei der Ablösung der Palastwachen zuschauen kann. Eine Besichtigung des Palastbereiches ist nur von außen möglich. Eine große Attraktion ist der **Gang des Königs zum Freitagsgebet** in die zum Palastbezirk gehörende **Moschee El Faeh.** Gegen 13 Uhr begibt er sich zum Gebet, eskortiert von seiner berittenen, in Schwarz und Weiß gekleideten Leibwache. Der Königspalast wurde vom Großvater des aktuellen Königs Mohamed V. erbaut und vom Königsvater Hassan II. erweitert.

An die Neustadt schließt sich im Südwesten das **wohlhabende Viertel Agdal** an, in dem gleich oberhalb des Palais Royal alle Ministerien liegen. Westlich und südlich des Bahnhofs Agdal befindet sich die Zentrale des Fremdenverkehrsamtes. In Agdal gibt es viele Geschäfte und Restaurants, in denen hauptsächlich die Rabater der Mittelschicht der umliegenden Wohnviertel verkehren.

Atlas IV, Karte S. 701, Stadtpläne S. 782, 784

Die Villen der reichen Marokkaner und Ausländer liegen im Süden von Rabat im **Stadtteil Souissi,** zwischen dem ehemaligen Zoo und Temara. Hier kann man nach einem Medinabummel die eklatanten Wohnunterschiede in Marokko kennen lernen.

Der **Zoo** (früher in Temara) wurde im Frühjahr 2011 auf einem 50 ha großen Gelände im Südwesten von Rabat neu eröffnet (gegenüber dem Stadion Complexe Sportif Mulay Abdellah). Der neue Zoo wurde als Landschaftspark angelegt und soll unter anderem Tiere der afrikanischen Wüstenregionen, der Savanne, der Sumpfgebiete und des Tropenwaldes beherbergen. Auch eine Berberlöwenpopulation – gezüchtet aus den Nachfahren der letzten Berberlöwen, die im Palais Royal gehalten wurden, und normalen Afrikanischen Löwen – wird dort zu sehen sein. Bei diesem Zuchtprojekt war der Münchner Zoo Hellabrunn unter dem ehemaligen Direktor *Henning Wiesner* maßgeblich beteiligt.

Chellah

Am Ende der Av. Yaqub el-Mansur liegt gleich außerhalb der Stadtmauern Chellah, die **Grabstätte der Meriniden-Sultane** (N 34°00,392′, W 06°49,409′). Das Areal auf einem Hügel wird von einer Mauer aus dem 14. Jh. umschlossen. Die Ursprünge des Ortes gehen auf die Karthager zurück, neuerliche Ausgrabungen weisen auch auf eine römische Siedlung namens *Sala Colonia* hin. Spärliche Überreste sind noch zu sehen.

Heutzutage wird Chellah als **heiliger Ort** verehrt, weil sich früher an den Quellen des Bezirks Marabuts reinigten. Außerdem ist es

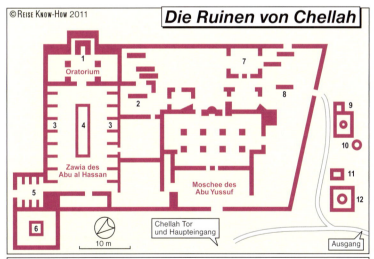

Die Ruinen von Chellah

1 Mihrab
2 Grab des Chems ed Douna
3 Zellen
4 Basin
5 Latrine
6 Minarett
7 Basilika
8 Zerstörtes Minarett
9 Marabut
10 Ibisbaum
11 Grab (1359)
12 Marabut

G. Rohlfs und Leo Africanus berichten über Rabat

„Rbat, so wie es jetzt steht, eine Stadt von ca. 30.000 Einwohnern, hat ein fast modernes südeuropäisches Aussehen, namentlich von der Westseite her. Hier haben sich hauptsächlich Christen und Juden Häuser gebaut, und besonders letztere sind in Rbat zahlreich vertreten, da sie, wie auch die Christen, in Sla nicht wohnen dürfen. In der Mündung des Flusses könnten Rbat und Sla einen guten Hafen haben, wenn nicht eine gefährliche Barre auf der Rhede wäre und wenn für eine gehörige Ausbaggerung gesorgt würde. Jetzt kann der Hafen nur Schooner und kleine Briggs aufnehmen. Man exportiert hier vorzugsweise Öl, Häute und Kork. Als eigene Fabrikation betreibt man in Rbat hauptsächlich die Verfertigung wollener Teppiche, an Güte und Dauerhaftigkeit kommen sie den syrischen gleich, im Muster und in den Farben stehen sie allerdings zurück. Ferner sind Schuhe, Burnusse und Matten gerühmt.

Rbat, auf dem bedeutend höher gelegenen linken Ufer des Flusses gelegen, hat ein Castel auf seiner äussersten nach dem Meere gerichteten Seite, mit sogen. bombenfesten Gewölben, und dicht dabei eine ziemlich große Djemma (Moschee) mit einem sehr hübschen Smah (Minaret). Dieser Sma-Hassan ist wie die Moschee selbst von Sultan *Mansor* erbaut. *Leo Africanus* sagt von ihm: ‚Vor dem Süderthor liess er auch einen Thurm, dem zu Marokko ähnlich, errichten, er hat aber viel breitere Treppen, worauf drei Pferde nebeneinander hinaufkommen können.'

Der Palast des Sultans ausserhalb der Stadt Rbat im Süden und fast hart am Meer gelegen, ein vollkommen neues Gebäude, und irre ich nicht, erst vom jetzigen Sultan erbaut, zeichnet sich nur durch Kasernenhaftigkeit aus. Es ist ein ziemlich unbedeutendes Gebäude, mit einer Beletage, hat viele Fenster, die aber nicht Glasscheiben besitzen, sondern durch hölzerne Jalousien verschlagen sind. Vor dem Schlosse nach dem Strande zu befinden sich Erdschanzen auf europäische Weise errichtet; einige Kanonen sind ebenfalls darin. *Leo Africanus* schrieb weiterhin: ‚Weil in der Nähe der Stadt kein sonderlich gutes Wasser war, so liess Sultan *Mansor* eine Wasserleitung von einer Quelle, die ungefähr 12 Meilen von der Stadt entfernt ist, hier anlegen; sie besteht aus schönen Mauern, welche auf Bogen ruhen, gleich denen, die man hier und da in Italien, vornehmlich um Rom sieht. Diese Wasserleitung theilet sich in viele Theile: einige führen Wasser in die Moscheen, andere in die Schulen, andere in die Paläste des Königs, andere in die öffentlichen Brunnen, dergleichen für alle Districte der Stadt gemacht wurden. Nach *Mansor's* Tode nahm die Stadt allmälig so ab, dass nicht ein Zehntel mehr übrig ist. Die schöne Wasserleitung ist in den Kriegen der Mereniden gegen Mansor's Nachfolger zerbrochen worden.' So *Leo.*

Heutzutage entbehrt Rbat sehr dieser Wasserleitung, die Einwohner behelfen sich zum Theil mit dem Wasser ihrer Cisternen, zum Theil holen sie weither ihr Trinkwasser in Schläuchen. Nirgends ist das Trinkwasser teurer als in Rbat. In allen grösseren marokkanischen Städten durchziehen mit einem grossen Schlauch auf dem Rücken, in der einen Hand eine Glocke, in der anderen einen Becher haltend, Wasserverkäufer die Strassen und verkaufen dem Durstigen den Labetrunk, der dann so bemessen ist, dass der Käufer so viel trinken kann, wie er Durst hat. In Rbat aber muss genau das Mass inne gehalten werden. Im Übrigen hat die Stadt nichts Merkwürdiges, nur will ich nicht unterlassen, auf die unvergleichlich schönen Gärten aufmerksam zu machen, die sich längs des linken Flussufers hinziehen. Was nur das glückliche Klima des Mittelmeeres hervorbringt, findet man hier blühen und grünen."

Aus *G. Rohlfs* „Reisen in Marokko", entnommen aus *W. Gartung,* „Oasen sind überall", Westermann-Verlag, Braunschweig.

Atlas IV, Karte S. 701, Stadtpläne S. 782, 787

RABAT UND SALÉ

eine wichtige merinidische Nekropole aus dem 13. und 14. Jh. Fast alles, was heute zu sehen ist, stammt von **Abu al-Hassan,** dem „schwarzen Sultan". Die Totenstadt wurde 1339 auf den Überresten eines islamischen Friedhofs errichtet. Am besten erhalten und am schönsten ist das Grab des Sultans *Abu al-Hassan.* Daneben stehen eine Moschee, deren Minarett sehr schön mit Ornamentik verziert ist, und eine Zawia, die ebenfalls noch recht gut erhalten ist.

Chellah ist nicht nur wegen seiner Gräber sehenswert, sondern auch wegen der wunderschönen Pflanzen (Blütenmeere umgeben die Gräber) und der unzähligen auf den Ruinen brütenden Störche und Kuhreiher (natürlich nur im Frühjahr) – eine Oase der Ruhe im Vergleich zur Großstadthektik.

Die Nekropole ist täglich von 8.30–18 Uhr geöffnet, auch an Feiertagen; Eintritt 10 DH. Ein Führer ist nicht obligatorisch. Der Parkplatz ist bewacht und kostet 5 DH.

Salé und Village Artisanal

Von Rabat kann man entweder **über die Brücke Pont Mulay Al Hassan oder mit der neuen Tramway** (s.u.) auf einer Hochbahn **nach Salé auf der anderen Flussseite** gelangen.

Durch das **Bab Mrisa,** das älteste Tor von Salé aus dem 13. Jh., betritt man die Altstadt und kommt direkt in die **Mellah,** das Judenviertel. Für die Juden Marokkos ist Salé nach Ouezzane der bedeutendste Wallfahrtsort im Land. Vor allem das Osterfest wird hier besonders gefeiert.

Dahinter dehnt sich ab dem **Bab al Khebaz** und der gleichnamigen Straße die Medina mit dem **Suq al Kebir** aus, wo früher der berüchtigte Sklavenmarkt war. Der Suq ist auf jeden Fall sehenswert und ursprünglicher als derjenige in Rabat. Hier kaufen vorwiegend Einheimische ein.

Salé ist ein bedeutendes Zentrum für **Kunsthandwerk,** so erlangten die **Salé-Stickereien** einen großen Ruf. Aber auch keramische Produkte, Teppiche und Holzarbeiten werden kunstvoll gefertigt. Das bekannte Töpferviertel von Salé liegt außerhalb der Altstadt im Süden an der zweiten Bou-Regreg-Brücke (s.u.).

In der Medina thronen die große **Moschee aus der Almohadenzeit** (12. Jh.) und das schönste Bauwerk aus der Merinidenzeit, die um 1340 erbaute **Medersa Abu al Hassan** mit prachtvollen Zedernholzschnitzereien (Eintritt 10 DH plus Trinkgeld für den Führer). Von der Dachterrasse hat man einen wunderschönen Blick über die Stadt und auf das Meer.

Neben der Moschee liegen die **Zawia Sidi Ahmad Tijani** und in der Nähe die **Quobba des Marabut Sidi Abdallah ibn Hassun,** des Schutzheiligen von Salé. Hier findet am Abend vor dem Maulad das berühmte Wachslaternenfest statt.

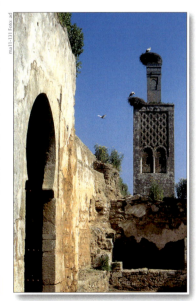

Die Ruinen von Chellah

Rabat und Salé

Am Ende der Medina, nahe der Stadtmauer zum Meer, liegen der Friedhof und ein weiteres Heiligtum, der **Marabut des Sidi Ahmad Ben Achir.** Hier wird am Maulad-Tag ebenfalls gefeiert.

Wenn man von Salé Richtung Meknès fährt (oder von Rabat über die Autobahn), gelangt man zur **Village Artisanal,** einer dem Töpferviertel angeschlossenen Kunsthandwerksstadt mit Ausstellungen, Boutiquen und Cafés. Sie beherbergt Korbflechter mit sehr guten und vielfältigen Produkten – von Körben in allen Größen bis zu Tischsets, Stühlen und Schaukeln –, Zelligeswerkstätten (Keramikfliesen), in denen die schönen Mosaiktische gefertigt werden, sowie Teppichläden und Töpferwerkstätten, in denen sowohl beim Töpfern zugeschaut als auch Ware gekauft werden kann.

Information

- **Administration du Tourisme** (ex O.N.M.T), Ecke Rue Oued Al Makhazine/Rue Zalaga, Agdal, Tel. 0537 67 40 13, 0537 67 39 18, contact@onmt.org.ma. Die Hauptzentrale des Touristenamts, die dem Tourismusministerium angeschlossen ist, hat im Wesentlichen nur Broschüren allgemeiner Art über das Land zu bieten, ist also wenig hilfreich.
- **Administration du Tourisme,** 22, Av. d'Alger, Tel. 0537 66 06 63, rabat@tourisme.gov.ma. Touristische Infos zu Rabat.
- **PLZ von Rabat:** 10 000, **Salé:** 11 000.

Unterkunft

Klassifizierte Hotels

- **Sofitel Rabat Jardin des Roses*******, Tel. 0537 67 56 56, www.sofitel.com. Das ehemalige Hilton-Hotel gegenüber dem Königspalast wurde vollständig renoviert: 229 Zimmern, 7 ha Garten, Pool, Spa und Fitnesscenter. €€€€€.
- **Dawliz******, Av. Bou Regreg, Salé (nach der Brücke über den Oued Bou Regreg rechts, im Einkaufs- und Kinozentrum Dawliz am Flussufer), Tel. 0537 88 32 77/78, www.ledawlizrabat.com. Sehr modern und chic auf-

Atlas IV, Karte S. 701, Stadtpläne S. 784, 787

RABAT – SALÉ

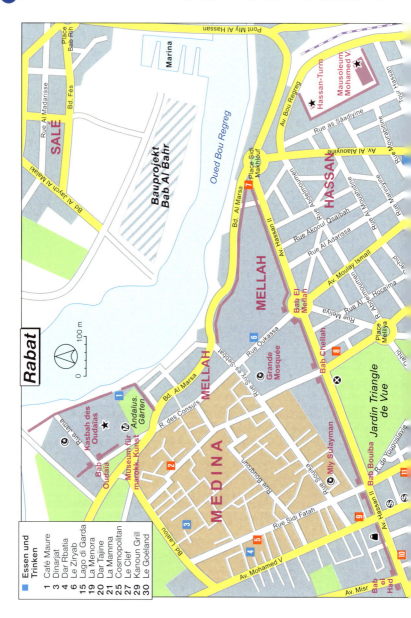

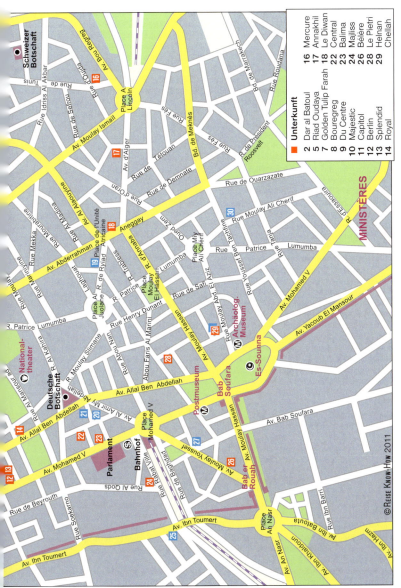

gemachtes Oberklassehotel mit großzügigen, komfortablen Zimmern, WiFi, Fitnesscenter, Hammam und Spa-Angebot, auch behindertengerechte Zimmer, eigener Parkplatz. €€€€.
●**Golden Tulip Farah******, Place Sidi Makhlouf, Tel. 0537 73 47 47, Sales-farahrabat@menara.ma, www.goldentulipfarahrabat.com. Das Hotel mit 192 Zimmern, Fitnesscenter, Hammam und Business Center (extrem teures Internet!) liegt nahe des Hassan-Turms. Das Büfett-Essen ist nicht gut, die Lage zwischen Medina, Salé und Richtung Flughafen dafür super. Vom 5. Stock (kleiner Pool) hat man einen herrlichen Panoramablick auf Rabat, Salé, den Hassan-Turm und die Flussmündung. €€€€.
●**Helnan Chellah******, 2, Rue d'Ifni, Tel. 0537 66 83 00, www.helnan.com. Das vor einigen Jahren renovierte Oberklassehotel mit 111 Zimmern und sechs Business-Suiten liegt in einer schmalen Straße, umgeben von verkehrsreichen Einbahnstraßen, nur mühsam mit eigenem Fahrzeug zu erreichen. Gutes Restaurant, abends Live-Musik. €€€€.
●**Le Diwan Rabat****** (ex Sofitel Diwan), Place de l'Unité Africaine, Tel. 0537 26 27 27, www.accorhotels.com. 94 klimatisierte Zimmer, mit Restaurant, Bar, französischer Brasserie, Wellnesscenter und Hammam. €€€€.
●**Majliss******, 6, Rue Zahla, direkt hinter dem Bahnhof im Zentrum, Tel. 0537 73 37 26, www.majlisshotel.ma. Freundliches Hotel der oberen Mittelklasse im marokkanischen Stil. Klimatisierte Zimmer mit TV, üppiges Frühstücks- und Abendbüfett, die Zimmer zu den Gleisen hin sind laut. €€€€.
●**Soundouss******, 10, Place Talha, Agdal, Tel. 0537 27 88 88, www.soundousshotel.ma. Schönes, konservativ marokkanisch gestaltetes Hotel mit internat. und marokk. Restaurant und Piano-Bar. €€€€.
●**Balima*****, Av. Mohamed V., Tel. 0537 70 79 67, 0537 70 77 55, hotelbalima@menara.ma, www.hotel-balima.net. Von den geräumigen Zimmern in den oberen Stockwerken dieses empfehlenswerten Traditionshotels hat man einen fantastischen Blick auf das Parlament und die Neustadt. Die Ausstattung ist z.T. jedoch schon etwas abgewohnt. Parken ist in einer Nebenstraße (Wächter) hinter dem Hotel oder in der hoteleigenen Garage möglich. Im EG befindet sich ein lebhaftes Café/Restaurant mit Terrasse zur Av. Mohamed V., wo man unter Bäumen den Stadttrubel beobachten kann (gutes Menü, Alkoholausschank). €€€€.
●**Bélère*****, 33, Av. Mulay Yussuf, Tel. 0537 20 33 01/2, belerehotels@menara.ma, www.belerehotels.com. Mittelklassehotel mit Bar und zwei Restaurants (u.a. Retro 1900, vgl. unten). Schlechte Leserkritik: angeblich unfreundlich und Preis-Leistungsverhältnis nicht besonders gut. €€€€B.
●**Bouregreg*****, Ecke Av. Hassan II./Rue Nador (sehr verkehrsreiche Ecke mit Sammeltaxiplatz), Tel. 0537 72 04 14, www.hotelbouregreg.ma. 1957 erbautes und mehrmals renoviertes Mittelklassehotel mit großen sauberen Zimmern (mit Bad und Klimaanlage), mit Disco und Piano-Bar, internat. und marokk. Restaurant. €€€B inkl. Frühstück, auch Dreierzimmer.
●**Annakhil*****, 23, Rue d'Alger, Tel. 0537 72 33 55, Fax 0537 73 42 68, ca. 200 m vom Hotel Diwan gelegen. Von den Zimmern, die zur Seitenstraße hinausgehen, hat man einen schönen Blick auf den Hassan-Turm. Die Zimmer zur Straße hin sind laut. Freundliches Personal, bewachtes Parken vor dem Haus möglich. €€€.
●**Ibis Moussafir*****, 32–34, Rue Abderrahmane Ghafiki/Place de la Gare, Tel. 0537 77 49 26, www.ibishotel.com. Schönes, empfehlenswertes Hotel beim Bahnhof Agdal (weit weg vom Zentrum), sicheres Parken im Hof möglich. €€€.
●**Le Pietri***** (ehem. **Les Oudaias****), 4, Rue Tobrouk (in Bahnhofsnähe), Tel. 0537 70 78 20, www.lepietri.com. Modernes, sauberes und freundliches Hotel mit Restaurant Le Bistro, dort finden jeden Dienstag-, Freitag- und Samstagabend Live-Musik-Sessions statt. Wer schlafen will, sollte ein Zimmer in den oberen Etagen buchen ... Parkmöglichkeit vor dem Hotel oder in der Parkgarage. €€€.
●**Mercure Rabat Sheherazade*****, 21, Rue de Tunis, Tel. 0537 72 22 26, H2962@accor.com, www.mercure.com. Angenehmes Hotel in ruhiger Lage. €€€.
●**Yasmine*****, Rue Mariniyine/Rue Mekka, Tel. 0537 72 20 18. Schönes Hotel mit Res-

Atlas IV, Karte S. 701, Stadtpläne S. 782, 784

SALÉ 787

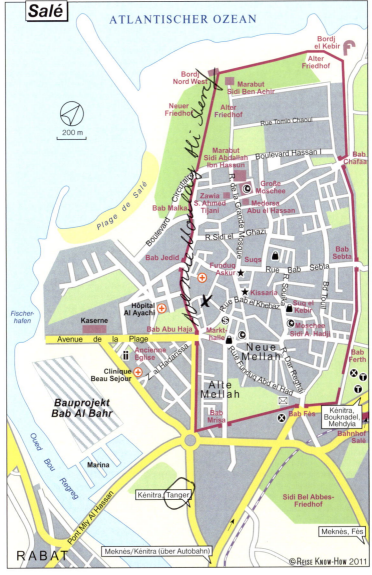

taurant und Parkplatz. Die Bar des Hotels ist v.a. abends sehr stark besucht. €€€.
●**Royal****, Ecke Av. Allal Ben Abdellah/Rue Amman, Tel. 0537 72 11 71/72, www.royal-hotelrabat.com. Modernes, empfehlenswertes Hotel mit Restaurant in guter Lage mit sehr sauberen Zimmern (mit TV), deren Einrichtung noch gut in Schuss ist. €€€A inkl. reichhaltigem Frühstück.
●**Splendid***, 24, Rue Ghazza, in der Medina, Tel./Fax 0537 72 32 83, www.splendidhostel.com. Sauberes Budget-Hotel mit nettem Innenhof und Parkplatz, helle Zimmer mit/ohne Dusche (WC auf dem Gang). €€B.
●**Majestic****, 121, Av. Hassan II., Tel. 0537 72 29 97, hotel_majestic_rabat@yahoo.fr, www.hotelmajestic.ma. Empfehlenswertes Hotel mit hübscher Kolonialfassade, freundlichem Service, sauberen Zimmern (mit TV und Bad, z.T. mit Balkon, nach hinten ruhiger) und gutem Preis-Leistungsverhältnis. Sehr gutes Frühstück in der Konditorei im EG. €€.
●**Capitol***, 34, Av. Allal Ben Abdellah, Tel. 0537 73 12 36. Empfehlenswertes Billighotel mit kürzlich renovierten Zimmern. €.
●**Central***, 2, Rue (Zankat) Al Basra, nahe der Ecke zur Mohamed V., gegenüber dem Hotel Balima, Tel. 0537 70 73 56. Das einfache Hotel in einem hübschen alten Haus in (wie der Name sagt) sehr zentraler Lage hat helle, sehr saubere Zimmer. DZ mit Dusche €, ohne Dusche €B.
●**Dakar***, 26, Rue de Dakar, Tel. 0537 20 80 26. Sehr sauber, freundlich, warme Dusche, Zimmer zur Straße laut (Kühlaggregat eines Supermarkts). €.

Maisons d'Hôtes

●**Riad Oudaya**, 46, Rue Sidi Fateh, in der Medina, Tel. 0537 70 23 92, Riadoudaya@wanadoo.fr, www.riadrabat.com. Sehr schöner kleiner Riad mit nur zwei Suiten und zwei Zimmern mit herrlich grünem Innenhof, kleiner Terrasse, gemütlichen Teesalons und geschmackvollen Zimmern im traditionellen Stil. Der Besitzer *Pierre Duclos* betreibt auch den Riad Kasbah (49, Rue Zirara, in der Kasbah des Oudaïas). €€€€.
●**Dar Al Batoul**, 7, Derb Jirari, Zugang von der Av. Laalou, in der Medina, Tel. 0537 72 50, albatoul@menara.ma, www.riadbatoul.com. Gästehaus mit neun individuell gestalteten Zimmern (mit beheiztem Bad) in einem alten Stadtpalast. €€€€.
●**Villa Glycine**, 3, Rue Mulay Yacoub, Hassan (im Botschaftsviertel). Tel. 0537 72 35 17, Mobil 0668 53 92 59, villaglycine@hotmail.com, http://villaglycine.over-blog.com. Das Gästehaus mit netter Atmosphäre, in dem die Besitzerin auch selbst wohnt, hat fünf Doppelzimmer (davon zwei Zimmer mit eigenem Bad/WC), eine kleine Gäste-Küche mit Kühlschrank, einen wunderschönen Garten mit kleinem Pool und eine Garage für Gäste. DZ inkl. Frühstück €€€A.

Unklassifizierte Hotels

Preiswerte, meist sehr einfache Hotels mit Gemeinschaftsduschen findet man beim Medina-Eingang in der Nähe der Kasbah des Oudaïas, am Suq el Ghezel, am Ende der Av. Mohamed V. und bei den Busbahnhöfen.

●**Alger**, 34, Rue Semmarine, Tel. 0537 72 48 29, in der Altstadt. Sehr saubere große Zimmer mit oder ohne eigenem Bad gruppieren sich um einen Innenhof. Sehr freundlicher Besitzer. €B.
●**De Paris**, 139, Av. Hassan II., Tel. 0537 72 38 68. Große und ruhige Zimmer (durchgelegene Betten), Sanitäranlagen auf dem Flur, bewachter Parkplatz um die Ecke, sehr netter Empfang. €, Duschen extra.
●**Du Centre**, 1, Rue Nouail, am Medina-Eingang, Seitengasse der Av. Mohamed V., Tel. 0537 70 87 32. Zimmer sehr sauber und gut in Schuss, Du/WC auf dem Gang, auch Dreierzimmer mit Waschbecken, die sanitären Anlagen sind okay. €, kalte und heiße Dusche kosten extra.
●**Berlin**, 261, Av. Mohamed V., im 1. Stock, Tel. 0537 70 34 35. Das einfache, saubere und nette Hotel wurde modernisiert und ist nun im ehemaligen Restaurant Hong Kong untergebracht. ½€, warme Dusche extra, gutes Preis-Leistungsverhältnis.
●**Regina**, 24, Rue Sebbahi (Sidi Fatah), in der Medina, Tel. 0573 07 57. Sehr sauber und ruhig, netter Service, 14 Zimmer. ½€, warme Dusche extra.

Camping

Ein Campingplatz befindet sich in **Rose Marie Plage** an der Küstenstraße Richtung Casablanca (vgl. Routenbeschreibung vor Rabat).

Jugendherberge

● **Auberge de Jeunesse,** 43, Rue Marassa, Tel. 0537 72 57 69, auberge.jeunes.rbt@hotmail.fr, www.hihostels.com. Von der Av. Misr, zwischen Bab al Had und Bab al Alou, zweigt gegenüber der Stadtmauer die Rue Marassa ab (Buslinien 5 und 30). Die Jugendherberge ist sauber und hat warme Duschen. 70 DH p.P. im Schlafsaal inkl. einfachem Frühstück. Geöffnet von 8–24 Uhr.

Essen und Trinken

Marokkanische/französische Küche

● **Al Warda,** im Hotel Sofitel Rabat Jardin des Roses, Quartier Souissi, gegenüber dem Königspalast, Tel. 0537 67 56 56. Marokkanisch-französisch inspirierte Küche im edlen Ambiente eines Luxushotels, Hauptgericht ca. 210 DH.

● **Chez Elouazzani,** 1, Place Ibn Yassin, Agdal, Tel. 0537 77 92 97. Sehr schönes Restaurant im traditionellen Stil mit gutem Service und Essen. Menü 250–300 DH.

● **Cosmopolitan,** Av. Ibn Toumert (nahe Bab Rouah), Tel. 0537 20 09 45, 20 00 28. Französische Küche in einer renovierten Art-déco-Villa, man sitzt auf der Terrasse oder im schicken Interieur. Hauptgericht ca. 120 DH.

● **Dar Rbatia,** 16, Rue Ferrane Khachane (Seitengasse der Rue Sidi Fateh in der Medina, Hinweisschild), Tel. 0537 70 13 17 oder 0661 37 11 84, www.darrbatia.ma/. Hier isst man Tajine oder Couscous im Innenhof eines hübschen traditionellen Stadthauses, abends mit andalusischer Musik oder Bauchtanz. Das Menü à la carte kostet 300–500 DH (mit Pastilla, Mechoui). Mittags viele Gruppen.

● **Dinarjat,** 6, Rue Belgnaoui, Tel. 0537 70 42 39, www.dinarjat.com, in der Medina (schwer zu finden, evtl. abholen lassen). Sehr gute marokkanische Küche in einem prachtvollen Palast aus dem 17. Jh., Alkohol nur auf Vorbestellung. Das Preis-Leistungsverhältnis ist nicht optimal (sehr teuer): Hauptgericht ab ca. 160 DH.

● **Kanoun Grill,** 2, Rue d'Ifni, neben dem Hotel Helnan Chellah, Tel. 0537 66 83 00. Gemütliches und gutes Restaurant der mittleren Preisklasse (Gericht 120–150 DH).

● **La Brasserie,** im Hotel Farah Golden Tulip, Place Sidi Makhlouf, Tel. 0537 23 74 00. Sehr feine französische Küche, Hauptgericht ca. 180 DH, mittags und abends geöffnet.

● **La Menora,** 5, Rue de Ryiad, Quartier Hassan, Tel. 0537 26 01 03 oder 0661 40 53 82, www.lamenora.com/. Gute marokkanisch-mediterrane Küche und Grill- und Fischgerichte zum gehobenen Preis.

● **Le Bistrot du Pietri (Le Pietri),** im Hotel Le Pietri, 4, Rue Tobrouk (nahe Bahnhof Rabat-Ville), Tel. 0537 70 78 20, www.lepietri.com/bistde.htm. Sehr gute französische und marokkanische Küche, mittags kostet das Tagesgericht ca. 90 DH inkl. Mineralwasser und Kaffee. Dienstag-, Freitag- und Samstagabend gibt's Live-Musik-Sessions.

● **Le Clef,** Av. Mulay Youssef, Ecke Rue Hatim (nahe Hotel d'Orsay), Tel. 0537 70 19 72. Sehr nettes und preisgünstiges Restaurant für marokkanische Spezialitäten, sehr gutes und reichliches Couscous. Bar im Keller.

● **Le Freycinet/La Peniche,** Salé, am rechten Ufer des Bou Regreg, kurz nach dem Kinocenter Dawliz, Tel. 0537 78 56 61. Mittelpreisiges Restaurant auf einem Schaufelraddampfer mit Jazzband bzw. Chansonsänger am Abend (Tische an der Bühne laut).

● **L'Entrecôte,** 74, Av. Al Amir Fal Ould Oumeir, Agdal, Tel. 0537 67 11 08, www.lentrecote.ma. Sehr gute französische Küche und Grillspezialitäten.

● **Le Petit Beur Dar Tajine,** 8, Rue Dimachk (Damas), hinter dem Hotel Balima, nahe Ecke Av. M. Abdallah, Tel. 0537 73 13 22. Verträumtes, hübsches Restaurant mit ausgezeichneter marokkanischer Küche, Alkoholausschank und jeden Abend Live-Musik. Sonntag Ruhetag. Gericht ab 90 DH, Wein ca. 130 DH.

● **Les deux Palais,** 14, Rue Ouarzazate, Tel. 0537 66 02 66. Marokkanisches Edelrestaurant in einem Stadtpalast.

- **Le Ziryab,** Rue des Consuls, 10 Impasse Ennajar, Medina, Tel. 0537 73 36 36 od. 06 61 09 62 60, www.restaurantleziryab.com/ Marokkanisches Restaurant in einem traditionellen Riad mit Terrasse.

Asiatische Küche

- **Al Marsa Japanese,** Marina Bou Regreg, Tel. 0537 84 58 18 oder 0661 05 94 41. Japanisches Fischrestaurant in der neuen Marina am Fluss.
- **Bombay,** Ecke Av. Pasteur/Rue el Hatimi, Les Oranges, Mobil 0699 39 43 39/43. Indische und japanische Küche.
- **Kiotori,** Bd Mohamed VI., im Einkaufszentrum Mega Mall im Süden der Stadt, Tel. 0537 63 64 67/97. Japanisches Restaurant.
- **Le Mandarin,** 100, Av. Abdelkrim Al Khattabi (am nördlichen Stadtende), Tel. 0537 72 46 99, 70 07 39. Gute chinesische und vietnamesische Küche.
- **Maï Thai,** Bd Mohamed VI., im Einkaufszentrum Mega Mall im Süden der Stadt, Tel. 0537 75 41 41. Thailändische Küche.

Fisch und Meeresfrüchte

Sehr guten preiswerten Fisch gibt es **im Hafen von Salé.** Hier sind mittags einfache Grillbuden mit Tischen und Bänken aufgestellt, wo man sich die Gerichte aussuchen kann. Man sollte aber unbedingt vorher nach dem Preis fragen und die gewünschten Fische direkt beim *Grilleur* in Auftrag geben.

- **Le Goéland,** 9, Rue Mulay Ali Cherif, Tel. 0537 76 88 85, www.legoelandrabat.com. Dieses Restaurant serviert seit 25 Jahren hervorragende Fischgerichte.
- **L'Eperon,** 8, Av. d'Alger, Tel. 0537 72 59 01. Gute Meeresfrüchte und Fischspezialitäte.
- **De la Plage Oudaya,** Plage des Oudaïas (bei der Kasbah), Complexe touristique, Tel. 0537 20 29 28, 72 31 48. Das Restaurant (Alkoholausschank) liegt unterhalb der Aussichtsplattform der Kasbah (von dort über eine Treppe erreichbar oder mit dem Fahrzeug ausgeschildert hinter der Kasbah). Hier sitzt man herrlich geschützt in der alten Festung mit schönem Blick auf Salé und den Strand.

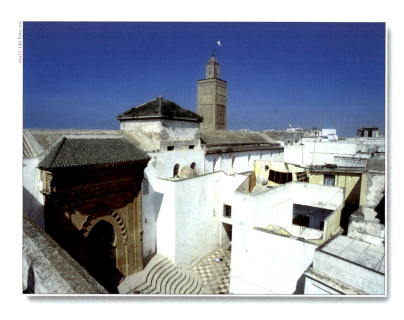

- **Golden Fish,** im Hotel Sofitel Rabat Jardin des Roses, Quartier Souissi, gegenüber dem Königspalast, Tel. 0537 67 56 56. Am Pool des Luxushotels speist man hervorragende Fischgerichte und Meeresfrüchte.

Italienische Küche

- **Café Glacier Italia (Café Pizzeria Italia),** Av. Mohamed V./Place des Alaouites, Tel. 0537 26 17 17/18 18, jelbouhabi@hotmail.com. Größeres Restaurant gegenüber dem Stadtbahnhof, gute Pizza, auch Fisch.
- **First Pizza,** Av. Al Atlas/Rue Oum Rbia, Agdal, Tel. 0537 77 37 77. Gut und günstig.
- **Lago di Garda,** 34, Av. Al Alaouyine, Quartier Hassan (250 m westlich des Hassan-Turmes), Tel. 0537 20 20 37. In diesem hervorragenden italienischen Lokal kommt alles frisch auf den Tisch.
- **La Mamma,** 6, Rue de Tanta (hinter dem Hotel Balima), Tel. 0537 70 23 00. Sehr gut besuchte Pizzeria.
- **Pizza Hut,** Rue Azilal, im Marjane-Supermarkt an der Schnellstraße (Umgehung) zwischen den Autobahnen Casablanca nach Meknès und in der Rue Sebou, Ecke Bd de France in Agdal.

Billige Restaurants, Cafés und Pâtisserien

Viele günstige Garbuden finden sich am südlichen Eingang zur Rue Sidi Fateh (Bab Bouiba), dort auch die **Pâtisserie Bouiba** mit riesiger Gebäckauswahl. Die meisten **kleinen Restaurants** liegen am Rande der Altstadt beim Bab al Had und am Medina-Eingang, Av. Mohamed V./Rue Souika.

Ein **McDonald's** liegt in der Av. Mulay Abdallah (Nr. 3) nahe der Ecke zum Place Mohamed V. Von den **Pâtisserien** mit angeschlossenem Café seien vor allem **Au Delice** (285, Av. Mohamed V.) und **Lina** (45, Av. Allal Ben Abdallah) empfohlen, die beide eine riesige Auswahl an Kuchen und Gebäck führen. In der **Boulangerie Pâtisserie Majestic** (14, Bd Ben Abdallah) kann man hervorragend frühstücken.

Von der Terrasse des **Café Maure** in der Kasbah des Oudaïas bietet sich ein toller Ausblick auf die Mündung des Bou Regreg und die Altstadtmauern. Hier sitzt man ruhig bei einer Tasse Tee und gutem Gebäck unter Holzpergolas und kann die jungen Leute beobachten, die sich hier treffen.

Kinos, Theater

- In der Av. Mohamed V. zeigen die **Kinos Le Colisée** (Av. Moh. V. 281) und **Renaissance** (Av. Moh. V. 266) internationale Filme in französischer Sprache. Aktuelle internationale Filme werden im modernen **Kinocenter Dawliz** in Salé am Bou-Regreg-Ufer gezeigt (Tel. 0537 88 32 77).
- Das **Théâtre National Mohamed V.** (Av. Al Mansour Eddahbi, Tel. 0537 70 7300, www.tnmv.ma) zeigt klassische Konzerte, Opern, Komödien, Ballett und Folklore.

Taxis

Die blauen **Petit Taxis** kosten für eine Stadtfahrt zwischen 10 und 20 DH. Die Fahrt mit dem **Grand Taxi** von Salé zurück nach Rabat-Bahnhof kostet ca. 30 DH. Grand Taxis warten beispielsweise gegenüber des Bab Chellah am nördlichen Ende des Parks oder gegenüber vom Zoll.

Taxibestellung unter Tel. 0537 72 05 18 und 0537 73 03 11 (v.a. Grand Taxis).

Tramway

Die Inbetriebnahme der ersten beiden Linien der Tramway Rabat – Salé wird noch im Laufe des Jahres 2011 erwartet. Die Hochbahn führt dann auf einer neuen Brücke über den Fluss Bou Regreg **von Rabat nach Salé**. **Linie 1** wird den Stadtteil Salé-Hay Karima mit Rabat-Agdal (Cité Universitaire) verbinden und u.a. auch die Bahnhöfe Salé-Ville und Rabat-Ville bedienen. **Linie 2** führt vom Busbahnhof in Salé durch das Stadtzentrum von Rabat und dann über das Quartier de l'Océan zum

Blick über Salé

Krankenhaus Hôpital My Youssef. Das Ticket wird voraussichtlich nicht mehr als 7 DH kosten. Weitere Informationen im Internet unter www.tramwayrabatsale.com.

Stadtbusse

Der Hauptkreuzungspunkt der Stadtbusse liegt am Medina-Eingang beim Markt, Kreuzung Bd Hassan II./Av. Mohamed V. (nahe Bab Mellah). Von hier fahren Busse in alle Richtungen der Stadt. Viele Stadtbusse starten auch von der Rue As Saadiyine beim Hassan-Turm. Die **Linien 6, 16, 24 und 25** fahren nach Salé. Von den Ministerien (am Innenstadtrand gegenüber von Chellah) gehen die **Busse 20–23** weg, die **Linie 28** fährt nach Bouknadel (Jardin exotique), und die **Linie 33** geht ab dem Bab el-Had ca. alle 45 Min. nach El-Harhoura und Temara (Strand). Von Temara fährt der letzte Bus um ca. 20 Uhr ab, der dann nicht selten von lärmenden, manchmal randalierenden jugendlichen Strandrückkehrern besetzt ist. Die **Linien 45, 41 und 17** gehen zum Busbahnhof.

Zum Zoo verkehren die **Linien 51 und 17** vom Place Pietri und vom zentralen Busbahnhof Av. Hassan II.

Unter www.reseautareo.ma findet sich eine Übersichtskarte der Rabater Buslinien.

Fernverkehrsbusse

- **Supratours-Büro,** 16, Rue Abderrahmane El Ghafiki, Tel. 0537 77 65 20.
- Der **Busbahnhof** (für alle privaten Busgesellschaften und CTM) liegt ca. 2 km vom Zentrum entfernt an der Straße nach Casablanca am Place Kamra/Av. Hassan II., Tel. 0537 79 51 24. Es fahren vom/zum Busbahnhof die Stadtbusse 45, 41 und 17.
- **CTM-Büro** am Busbahnhof (Tel. 0522 76 21 00) und in Rabat Océan, 25, Bd de la Résistance.
- Abfahrt der **Busse von Salé** am Bab Fès.

CTM-Verbindungen und -Preise
- **Casablanca:** stündlich, 1–1½ Std., 35 DH. Nach Casablanca reist man schneller und bequemer mit dem Zug.
- **Tanger:** 5x tägl., ca. 4 Std., 120 DH.
- **El Jadida:** 3x tägl., 3½ Std., 65 DH.
- **Essaouira:** 3x tägl., ca. 8 Std., 120 DH. Es ist schneller, mit dem Zug nach Marrakesch zu fahren und dort in einen Bus umzusteigen.
- **Meknès – Fès:** stündlich, 3½ Std., 70 DH.
- **Oujda:** 1x tägl. (abends), 9½ Std., 150 DH.
- **Marrakesch – Agadir:** mehrmals tägl., 10 Std. nach Agadir (190 DH), ca. 5 Std. nach Marrakesch (120 DH).
- **Nador:** 1x tägl., ca. 9 Std., 150 DH.
- **Safi:** 3x tägl., 5½ Std., 110 DH.
- **Tanger:** 5x tägl., 4½ Std., 90 DH. Nach Kénitra – Asilah – Tanger reist man schneller und bequemer mit dem Zug.
- **Lâayoune:** 1x spätabends, 22 Std., 420 DH.

Alle Verbindungen von Rabat nach Süden gehen **über Casablanca** bzw. von Casablanca nach Norden über Rabat (Abfahrtszeiten 1–1½ Std. früher bzw. später).

Flüge

Der **Flughafen Rabat-Salé** (Tel. 0537 80 80 90) befindet sich 10 km nordöstlich an der Straße nach Meknès.

Fluggesellschaften
- **Air France,** 281, Av. Mohamed V., Tel. 0537 70 75 80.
- **Royal Air Maroc,** Av. Mohamed V., Tel. 0537 21 92 12; 202, Av. John F. Kennedy (Souissi), Tel. 0537 63 38 00; am Flughafen, Tel. 0537 81 94 00.

Inlandsflüge
U.a. Flüge nach **Agadir, Casablanca** und **Marrakesch.** Da der Flughafen Casablanca sämtliche internationalen Flüge bedient und mit der Bahn in ca. 1½ Stunden zu erreichen ist, rentiert sich ein Flug ab Rabat nicht.

Bahn

Bahnhöfe
- **Hauptbahnhof Rabat-Ville,** Av. Mohamed V., Tel. 0537 76 73 53, direkt im Zentrum der Neustadt.

●**Im Stadtteil Agdal,** 8 bis, Rue Abderrahmane el Ghafiki, Tel. 0537 77 23 85.

Verbindungen und Preise
●**Casablanca – Casablanca Airport:** von 6.30–21 Uhr halbstündliche Abfahrten, ca. 1 Std. Fahrt; Preise: 1. Kl. 65 DH, 2. Kl. 35 DH, Umsteigen in Casablanca Port. Der Rapid-Zug fährt auch über Skhirat, Temara, Bouznika, Mohammedia. An Samstagen und Sonntagen verkehren einige Züge nicht.
●**Marrakesch:** von 4–20 Uhr alle 2 Std.; ca. 4¼ Std. Fahrzeit; Preise: 1. Kl. 185 DH, 2. Kl. 120 DH.
●**Meknès – Fès:** stündlich ab 6.12 Uhr bis 23.45 Uhr; nach Meknès ca. 2 Std., 2. Kl. 65 DH; nach Fès ca. 3 Std., 1. Kl. 120 DH, 2. Kl. 80 DH.
●**Oujda:** 4x tägl., zusätzliche Züge mit Umsteigen in Sidi Kacem; ca. 9 Std. Fahrt, 1. Kl. 270 DH, 2. Kl. 180 DH.
●**Tanger** (über Asilah): 8x tägl., 4 Std. Fahrzeit; 1. Kl. 145 DH, 2. Kl. 95 DH.

Notfall

●**Polizei,** u.a. Rue Trabless (Préfecture de Police), Tel. 0537 72 02 31 oder 72 02 32; **Notruf,** Tel. 019.
●**Ambulanz/Feuerwehr,** Tel. 015.

Medizinische Versorgung

Apotheken
Nachtapotheke in der Rue Mulay Slimane, von 20–8 Uhr geöffnet; zahlreiche weitere Apotheken im Stadtgebiet.

Ärzte (deutschsprachig)
●**Dr. Mouna Afquir** (Zahnarzt), 68, Rue Patrice Lumumba, App. 2, Tel. 0537 76 56 55. Sprechzeiten: 9–12 und 15–18.30 Uhr.
●**Dr. Ghita Kabbage** (Zahnarzt), 3, Rue Honaïn N°5, Agdal, Tel. 0537 67 04 24.
●**Dr. Ahmed Rabbata** (Allgemeinmediziner), 33 bis, Bd Said Hajji, Salé, Tel. 0537 78 24 86. Sprechzeiten: 9–13 und 15–19 Uhr.
●**Dr. Boubker Alioua** (Gynäkologe), 29, Rue Patrice Lumumba, Clinique La Tour Hassan, Tel. 0537 73 01 49. Sprechzeiten: 9.30–12.30 und 15–18.30 Uhr.

Rund ums Auto

Autoverleih
●**Avis,** 7, Rue Abu Faris el-Marini und am Flughafen, Tel. 0537 72 18 18.
●**Europcar,** Hotel Hilton, 25, Rue Patrice Lumumba, Tel. 0537 72 41 41.
●**Budget,** Bahnhof Rabat-Ville, Tel. 0537 20 05 20; am Flughafen, Tel. 0675 38 60 54.
●**Hertz,** 467, Av. Mohamed V., Tel. 0537 70 73 66, rabat@hertz.ma; am Flughafen.
●**Holiday Car,** 1 bis, Av. Ibn Sina, Tel. 0537 77 16 84. Zuverlässige Vermietung, Partner von Travel Overland in Deutschland.

Autohändler/Werkstätten
Die Hauptniederlassungen der Autofirmen befinden sich in Casablanca.

●**Garage Monte Carlo,** 1 Rue Roma, Océan, *Mohamed* (hat in Deutschland bei Mercedes gelernt), Mobil 0661 13 23 13 oder Tel. 0537 20 84 50.
●**Auto Speedy,** beim Marjane-Supermarkt, Quartier Hassan, Tel. 0537 20 71 18.
●**Ets Ben Nabou,** 16 bis, Rue Loubnane, Océan, Tel. 0537 73 16 25. BMW-Motorräder und Autoersatzteile.
●**Auto Hall,** 2, Av. Jean Jaurès, Les Orangers, Tel. 0537 73 08 95. Mercedes.
●**Ets Hakam Frères,** Av. Hassan II., Tel. 0537 69 09 41. Renault, Nissan.
●**Garage Georges Marciano,** 29, Av. Abdelmoumen, Quartier Hassan, Tel. 0537 72 03 77. Toyota.
●**Société Générale d'Automobiles,** 475, Av. Hassan II., Route de Casablanca, Tel. 0537 54 90 00. Peugeot, Citroën u.a.
●**Super Auto,** 38, Zone d'activité Vita Ryad, an der Ausfallstraße Richtung Meknès und Autobahn, Tel. 0537 29 21 24. Mercedes, auch VW und Nissan.

Parken
Öffentliche Parkplätze gibt es gegenüber der Kasbah des Oudaïas oder nahebei ent-

lang der ganzen Av. Laalou (z.B. vor dem Hotel Les Oudaias).

Sport/Aktivitäten

Schwimmen

Im **Hotel Hilton** (sehr teuer), im **Hotel Safir** und **an den Stränden** südlich und nördlich der Stadt (s.u.).

Reiten

●**Club Equestre Dar Essalam,** km 10, Bd Mohamed VI. (ex Av. Imam Malik), Tel. 0537 75 44 24.

Tennis

●**Club P.T.T.,** Rue Rahma, Tel. 0537 69 01 10.
●**Club Wifaq,** km 6,8, Bd Mohamed VI. (ex Av. Imam Malik), Tel. 0537 75 45 39.

Golf

●**Royal Golf Dar Es Salam,** km 9, Bd Mohamed VI. (ex Av. Imam Malik), Tel. 0537 75 58 64/65.
●**Golf Club Souissi,** km 7,5, Oued Akrach, Souissi, Tel. 0537 63 00 04.

Wassersport/Segeln

Die neue, moderne **Bou Regreg Marina** mit 250 Liegeplätzen wurde 2009 eröffnet; Infos unter www.bouregregmarina.com.

●**Royal Nautique Club du Bou Regreg,** Tel. 0537 78 45 45. Segeln und Kanufahren.
●**Club Nautique de Temara,** Tel. 0537 62 63 84, in Skhirat. Wasserski.
●**Oudayas Surfclub,** Plage des Oudaias (bei der Kasbah), Tel. 0537 26 06 83.

Geldwechsel

●**Wechselstuben** in den großen Hotels und im Bahnhof Rabat-Ville.
●Zahlreiche große **Banken** im Zentrum. Viele Banken mit Maestro-/EC-Automaten in der Av. Allal Ben Abdallah.

Post

●**Hauptpost** an der Av. Mohamed V., geöffnet 8.30–12.15 und 14.30–18 Uhr, im Sommer 9–15 Uhr. Poste restante im angrenzenden Nebengebäude (rund um die Uhr).

Einkaufen

Lebensmittel

●Frisches **Obst und Gemüse** kauft man am besten in der Medina und am Zentralmarkt.
●Wenn man von Meknès die Schnellstraße nach Rabat Richtung Casablanca fährt, liegen rechter Hand der **Marjane-Supermarkt** mit europäischen Waren sowie Pizza Hut und McDonald's (N 33°57,185', W 06°51,06'). Ein weiterer Marjane-Markt liegt direkt von Meknès kommend an der Autobahn, Ausfahrt in Richtung Stadtzentrum.
●Auch die **Supermärkte ACIMA** in der Av. Al Moukaouama (Viertel Océan) und **Asswak Assalam** am Bd Mehdi Benbarka (ex Beni Snassen) haben ein großes Sortiment.
●Am Bd Mohamed VI. (km 4,5, ex Av. Imam Malik) steht das größte Einkaufszentrum Marokkos: **Megamall** (www.megamall.ma, tägl. 10.30–20.30 Uhr) mit Läden, Restaurants, Bowlingcenter, Kinderbetreuung etc.

Kunsthandwerk

Kunsthandwerk kauft man außer in der Medina am besten im **Village Artisanal** (siehe Sehenswertes), dort gibt es ein sehr reichhaltiges Angebot, gute Qualität der Waren und vernünftige Preise.

Bücher/Landkarten

●**Bücher:** in der Neustadt (Zentrum), z.B. **Livre Service Français,** 46, Av. Allal Ben Abdellah; **Librairie le 3ème Millénaire,** 285, Av. Mohamed V, Tel. 0537 26 32 38, www.lib3m.com. Große Buchhandlung mit arabisch- und französischsprachigen Büchern, kleine Abteilung für englische Literatur in der 2. Etage.

Friedhof der Kasbah des Oudaias

Atlas IV, Karte S. 701, Stadtpläne S. 782, 784, 787

RABAT UND SALÉ

- **Stadtpläne und topografische Landkarten** 1:250.000, 1:100.000 und 1:50.000 bei der **Division de la Cartographique** an der Route de Casablanca, nahe dem Busbahnhof und der Kreuzung zur Av. Ibn Rochd (im Ministerium Eaux et Forêts). Siehe auch im Anhang den Abschnitt Landkarten!

Botschaften

- **Deutschland,** 7, Rue Madnine, Tel. 0537 21 86 00, Fax 0537 70 68 51, www.rabat.diplo.de. Montag bis Freitag 9–12 Uhr.
- **Österreich,** 2, Rue Tiddas, Tel. 0537 76 16 98 oder 76 40 03, Fax 0537 76 54 25, rabat-ob@bmeia.gv.at.
- **Niederlande,** 40, Rue de Tunis, Tel. 0537 21 96 00, Fax 0537 21 96 65, rab@minbuza.nl, www.ambassadepaysbasrabat.org.
- **Schweiz,** Place Berkane, Tel. 0537 26 80 30/31, Fax 0537 26 80 40, rab.vertretung@eda.admin.ch. Mo bis Fr 8–11 Uhr.

Sonstiges

- **Goethe-Institut,** 7, Rue Sana'a, Tel. 0537 73 26 50, info@rabat.goethe.org. Hier kann man zweimal wöchentlich deutschsprachige Filme sehen, außerdem gibt es Theatervorführungen und Konzerte, eine deutsche Bibliothek mit Zeitungen, Sprachkurse, Ausstellungen und eine Fülle an Kulturangeboten.
- **Marokkanisch-Deutsche Gesellschaft e.V.** *(Association Maroco-Allemande)*, 45, Rue Oukaïmeden, 2. Stock, Rabat-Agdal, Tel. 0537 65 40 76 oder 0537 75 40 76, mdg@marokko.net, www.marokko.net/mdg. Arabisch-Sprachkurse, Treffen und Verbindungen zwischen Deutschen und Marokkanern, Kontakte zu deutschen Firmen usw. Eine Zeitung erscheint unregelmäßig.

Feste/Veranstaltungen

Eine **Übersicht** über Moussems und Veranstaltungen gibt es über das Tourismusminis-

terium („Le guide des événements au Maroc") bzw. die Niederlassungen des O.N.M.T.

- **Jazz au Chellah,** 5 Tage im Juni, www.jazzauchellah.com.
- **Sommerfestival von Rabat,** im Palais Tazi (hinter dem Bahnhof), Ende Mai, Anfang Juni, mit internationalen Sängern und Tänzern. Genaue Termine über die Préfécture oder die marokkanische Botschaft.
- **Festival de Jazz des Oudaias,** im Oktober.
- **Moussem Sidi Kacem Nadori.**
- **Moussem Sidi Khlifa,** Rabat, zwischen August und Oktober.
- **Moussem Sidi Abdelaziz,** Salé, Marabut des Sidi Abdelaziz, Oktober.
- **Moussem Sidi Larbi Ben Sayeh,** Rabat, am 7. Tag von Aid al Maulad (Mouloud).
- **Fête de Cires (Wachslaternenfest),** am Vorabend des Maulad (Mouloud) in Salé. Dieses Fest ist das traditionelle Fest von Salé und besonders sehenswert.
- **Moussem Sidi Ben Acheur,** in Salé am 7. Tag von Aid al Maulad (Mouloud).

Ausflüge

Jardin exotique de Bouknadel

Der Garten liegt 9 km nördlich von Salé an der Straße nach Kénitra bei dem Dorf Sidi Bouknadel (siehe Route E 8).

Strände der Umgebung

Der beliebteste Strand der Rabater ist der **Plage des Nations Unies** 18 km nördlich von Salé. Er ist sehr schön, an Wochenenden jedoch stark frequentiert und gelegentlich durch Teerklumpen verschmutzt.
Die **Strände von El Harhoua, Temara, Sable d'Or, Tahiti** und **Skhirat** liegen südlich von Rabat und sind vorwiegend Zweitdomizile vermögender Marokkaner mit zahlreichen Sommerhäusern. Von Temara Plage kann man auf einer Strandpromenade bis Sable d'Or laufen. In Skhirat liegt die Sommerresidenz des Königs.
40 km nördlich von Rabat liegt **Bouznikha Plage** mit dem gleichnamigen Strand, Yachtclub, Golfplatz und Beach Club.

32 km nördlich von Rabat liegt **Mehdiya Plage** mit einem schönen, aber nicht immer sauberen Strand, Cafés, Restaurants und Kasbah sowie einem Naturschutzgebiet.
Busverbindungen siehe oben.

Musée Belghazi

Das Museum liegt an der Landstraße nach Kénitra, 17 km von Rabat entfernt, gleich gegenüber der Kreuzung zum Plage des Nations Unies (Tel. 0537 82 21 78, http://museebelghazi.marocoriental.com). Das **Privatmuseum von A. Belghazi,** einem bekannten Holzarchitekten/Künstler und Antiquitätenhändler, birgt unglaubliche Schätze. Die bereits von dem Großvater *Belghazis* begonnene Sammlung umfasst kostbaren Schmuck, Stickereien, Teppiche, Kutschen, messingseliierte Pferdegeschirre, Keramik, Türen, Schnitzereien usw. Der Eintritt ist mit 50 DH für marokkanische Verhältnisse relativ hoch, aber es lohnt sich vor allem für Sammler, da auch verkauft wird! Es gibt auch zwei Belghazi-Museen in Fès.

Mamora-Wald

Das mit 1300 qm Fläche **größte geschlossene Waldgebiet Marokkos** liegt östlich von Salé und südlich von Kénitra. Dort wachsen vor allem Korkeichen, Akazien und geringe Bestände an Steineichen.

Barrage Sidi Mohamed Ben Abdellah – Tal des Oued Korifla

Der Oued Korifla wurde südlich von Rabat zu einem großen **Stausee** aufgestaut. Weiter südlich in Richtung Rommani hat man im Tal des Oued nette Wandermöglichkeiten durch kleine Schluchten und schöne Korkeichenwälder. Wer die Augen offenhält, kann Schildkröten und Chamäleons beobachten.

Kasbah Boulâouane

Die von *Mulay Ismail* errichtete Kasbah auf einer Anhöhe in der Windung des Oum R'bia-Flusses ist unbedingt sehenswert (s. Route E 12).

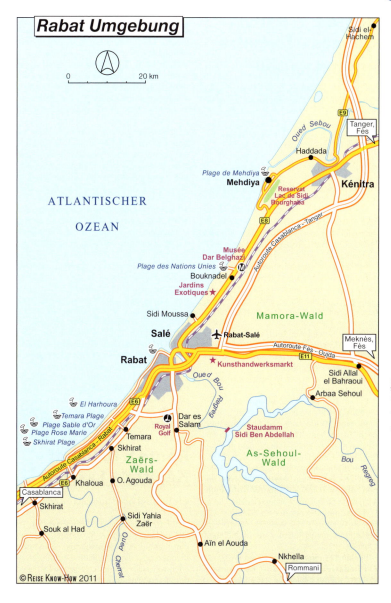

Route E 7: Rabat – Oulmès – Khénifra

● 263 km, R401, R404 und R407

Busse und Sammeltaxis. Die schmale Straße führt durch eine hügelige, teils waldreiche oder landwirtschaftlich genutzte Landschaft. In den Flusstälern laden schöne Schluchten zum Wandern ein. Im Sommer ist die Gegend von Oulmès allerdings sehr heiß.

In Rabat (km 0) den Schildern in Richtung Rommani folgen, an der Chellah vorbei südwärts. Bei km 29 folgt Âin-al-Âouda.

Auf der weiteren Strecke durch eine schöne Gegend mit Wald, Gebirge und Schluchten findet man am Oued Korifla (km 38) und Oued al Mechra ansprechende Plätze zum Campen.

Bei km 54 ist Had-Brachoua mit Tankstellen und diversen Geschäften erreicht. Hier den Abzweig links nach Khemisset (76 km) wählen; weiter auf kleiner, einspuriger Straße durch Hügellandschaft mit kleinen Gehöften zwischen vielen Kornfeldern.

Bei km 77 folgt Aïn Split, rechts geht's in Richtung Casablanca – Rommani, diese Route führt links weiter nach Khemisset und bei km 84 über ein Passhöhe.

Bei km 105 zieht sich der große Ort Mâaziz entlang der Straße.

Bei km 107 geht es rechts nach Tiddas und Oulmès. Wenn man links weiterfährt, kommt man nach 10 km zum Ort Al Jemâa und nach 23 km zum Dayet er-Roumi, einem kleinen Kratersee mit Schilf, Pappeln und malerischem Campingplatz (nicht ausgeschildert, einfach, sauber, kein Strom). Man kann auch unbelästigt direkt am Seeufer wild campen. Am See gibt es Tretboote zu mieten. Man kann baden, auch wenn das Ufer ziemlich schlammig ist. In der im Sommer sehr heißen Gegend ist das Wasser eine willkommene Erfrischung. Rechts weiter in Richtung Oulmès.

Bei km 121 erreicht man auf der R407 den Ort Tiddas, einige Kilometer danach wird die Gegend wieder gebirgiger und reizvoller.

Insgesamt 150 km hinter Rabat führt rechts ein Abzweig zu den Quellen von Oulmès (Source Lalla Haya). Geradeaus geht es zum Ort Oulmès.

In Tarmilate (km 158, Oulmès les thermes) bietet sich mit dem altehrwürdigen (seit 1933) Hotel Thermes*** (Tel. 0537 33 47 42, morales@oulmes.ma, €€€) eine Übernachtungsmöglichkeit. Die Region gehört schon zum Mittleren Atlas.

Bei km 160 befindet sich die Fabrik des bekannten Oulmès-Wassers (www.oulmes.ma), das im ganzen Land verkauft wird. Dort kann man das Mineralwasser *(Eau gazeuse)* in Flaschen kaufen. Das Wasser entspringt dem vulkanischen Zaïan-Massiv im Mittleren Atlas (1100 m). Ein schöner Weg führt in die Schlucht des Oued Bou Regreg und zu den Quellen Source Lalla Haya (5,9 km, ca. 1 Std. Fußmarsch). Im Sommer ist es dort jedoch unerträglich heiß. Der Weg ist für Autos gesperrt und lediglich für kleine geländegängige Fahrzeuge befahrbar (sehr enge und steile Kehren, bei Gegenverkehr keinerlei Ausweichen oder Umkehren möglich). Unten im Tal ist es sehr schön: große Felsen, Wasserschildkröten, Bäume, steile Felswände und das Gebäude der Thermalquelle (schwefelhaltig).

Nach 18 km folgt bei km 178 die Kleinstadt Oulmès mit allen Versorgungsmöglichkeiten. Nach Oulmès führt die Straße bergab durch bewaldete Gegend (Korkeichen).

Am Oued Marrout bei km 196 liegt ein schöner Canyon in einer reizvollen, wenig besiedelten Landschaft.

Nach insgesamt 263 km ist das Ziel Khénifra an der N8 erreicht (siehe Route B 5).

Route E 8: Rabat – Kénitra – Larache

● 191 km, N1 oder Autobahn

Autobahn bis Tanger (mautpflichtig, ca. 70 DH bis Tanger, mehrere Raststätten). Wer auf dem Weg den Jardin exotique, das Musée Belghazi oder die Strände des Nordens besuchen will, sollte auf der Landstraße (N1) fahren, deren Verlauf hier beschrieben ist.

Km 0 Salé, die Straße die Stadtmauer entlang ist Einbahnstraße: Links abbiegen (von Rabat kommend) geht daher nicht. Fahren Sie geradeaus weiter und dann links, der Beschilderung „Salé, Hay Ahrama" folgend.

Bei **km 6,5** führt links ein Abzweig nach **Sidi Moussa** und zur **Kasbah des Mulay Ismail** (1 km). Die Qubba bzw. das Marabut ist auch unter dem Namen **Dondouq Askur** bekannt. Der Heilige lebte im 6. Jh., ihm zu Ehren findet jedes Jahr an seinem Grab ein bekannter Mausim (Moussem) statt. Man kann das Marabut nur von außen besichtigen. 500 m weiter nördlich liegt die Ruine der Gnaoua-Kasbah, von der aber kaum mehr etwas steht. Sie wurde von *Mulay Ismail* erbaut und war Garnison der berühmten so genannten „Negergarde" des Sultans, deshalb ist sie auch als **Guineer-Burg** bekannt.

Auf der weiteren Route folgen zahlreiche Werkstätten für Sandsteinskulpturen und Gartenfiguren.

9 km ab Salé liegt linker Hand der **Jardin exotique de Bouknadel** (rote Mauer).

Jardin exotique de Bouknadel

Die Gärten sind nicht ausgeschildert (nur ein Schild direkt am Eingang); tägl. geöffnet 9–18.30 Uhr, www.les-jardins-exotiques.com.

Der 1952 vom Franzosen *Marcel Francois* gegründete Jardin exotique umfasst eine Sammlung von **Pflanzen aus der ganzen Welt.** Man fühlt sich inmitten dieser üppigen Pflanzenwelt in die Tropen versetzt. Das Klima ist heiß und feucht, es tropft von den Bäumen. Das Blättergewirr ist so dicht, dass man kaum einen Überblick hat. An den Stämmen der Bäume kriechen fingerblättrige Philodendren empor. Dicke Seile von Lianen hängen an den Ästen herab, auf denen Ächmäas und Bromeliaceen schmarotzen. Es wachsen Gummibäume, Palmen und Musa-Arten. Man wandelt durch ein Labyrinth aus schmalen Wegen, Treppenstufen und Grotten. Schwankende Bambusbrücken führen über hohe Bäume mit immer neuem Ausblick. Große Teiche sind überwuchert von einem Teppich violett blühender Elchhornias. Blaue, gelbe und weiße Wasserrosen blühen zwischen den riesigen Tellerblättern der *Victoria regia.* Zahlreiche **Wasserschildkröten** tummeln sich in den Teichen, viele Vögel nisten in den Bäumen. Leider werden auch Affen sehr schlecht in Käfigen gehalten.

Für den Erhalt des Parks wird nicht mehr viel ausgegeben, sodass das Gelände **verwahrlost** (keine Ausschilderung der Rundwege, die Brücken sind kaputt, die Wege zugewuchert), denn der ehemalige Besitzer musste das Gelände schon vor ca. 15 Jahren an den Staat abtreten.

Hinter Rabat stehen viele **Töpferwaren** zum Verkauf an der Straße. Wald und Landwirtschaftsgebiet wechseln ab.

Bei **km 17** kann man zum **Plage des Nations Unies** (Sidi Bouknadel), dem Hauptstrand der Rabater, abbiegen. Dort bietet das schöne **4-Sterne-Hotel Firdaous** mit Pool (Tel. 0537 82 21 31, €€€€) eine angenehme Unterkunftsmöglichkeit.

Gegenüber dem Abzweig zum Strand lädt das **Musée Belghazi** zu einem Besuch ein. Die Privatsammmlung von exzellenten Antiquitäten und Kunsthandwerk ist unbedingt sehenswert (siehe Rabat/Ausflüge).

Danach säumen weitere Töpferstände mit preiswerter Safi-Ware die Straße.

Bei **Km 26** führt ein **Abzweig links** (7 km) **nach Mehdiya.**

Abstecher zum Lac Sidi Boughaba (Naturschutzgebiet) und nach Mehdiya

Nach 3 km geht links ein Abstecher zum Meer und einem hübschen Strand ab, umgeben von Buschland ohne Häuser. Weiter führt die Straße an dem **Réserve biologique de Sidi Boughaba** entlang. Rechts der Straße versteckt in der Buschlandschaft mit Wacholder, Farnen und Lavendel liegt der gleichnamige **See.** Das Reservat ist ein wichtiges Rückzugsgebiet für Wasservögel, wie z.B. der sehr seltenen Marmelente. Es gibt ein Informationszentrum an der Ostseite des Sees mit einer Ausstellung und Videovorführungen.

Auf den ausgewiesenen **Rundwegen** kann man den See in ca. 30 Min. umrunden.

6 km nach dem Abzweig geht es links nach Mehdiya Plage (1 km), rechts kann man weiter nach Kénitra fahren.

Mehdiya ⌕ IV, A1

An der Mündung des Oued Sebou lag bereits eine unter den Karthagern gegründete Kolonie. Hier thront die **Kasbah** von Mehdiya, eine sehenswerte Festung. Im Jahr 1515 von den Portugiesen errichtet, wurde sie 100 Jahre später von den Spaniern übernommen. Lange Zeit konnten sich diese gegen die anstürmenden marokkanischen Truppen verschanzen, erst den Truppen *Mulay Ismails* gelang es im 18. Jh., die Bastion zu erobern.

Heute ist der 2 km vor dem alten Ort gelegene schöne **Mehdiya Plage** in erster Linie Ausflugs- und Badeort und vor allem bei der Jugend beliebt. Neben Ferienhäusern gibt es Cafés, Restaurants und Hotels, im Sommer ist auch ein Rummelplatz aufgebaut. Mitte August finden dort das Fête de la Mer und anschließend eine Touristenwoche statt.

Der **Campingplatz,** der an den Strand angrenzt, ist günstig, dafür aber schlecht in Schuss und hat keinen direkten Zugang zum Meer. Im Sommer herrscht hier Hochbetrieb und die sanitären Anlagen sehen entsprechend aus.

Von Mehdiya Plage kann man am kleinen Fischerhafen (hübsches Restaurant du Port Bellevue) und an der Kasbah entlang eine kleine Straße (10 km) weiter nach Kénitra fahren.

Auf direkter Strecke (ohne nach Mehdiya abzuzweigen) erreicht man bei **km 34** den Ortsanfang von Kénitra und bei **km 42** das Zentrum von **Kénitra.**

Kénitra ⌕ IV, A1

Die saubere, grüne **Hafen- und Industriestadt** am Oued Sebou wurde 1913 von den Franzosen gegründet und bietet für Touristen wenig. Kénitra lebt von der Lebensmittelindustrie, von der Holzverarbeitung und dem Abbau von Kork aus dem Mamora-Wald. Hinzu kommen zahlreiche weitere Industrie- und weiterverarbeitende Betriebe.

Nicht weit von Kénitra befindet sich der **Mamora-Wald,** das größte Waldgebiet Marokkos mit ca. 1300 m² Fläche (siehe auch Rabat/Ausflüge).

Unterkunft

- **Safir*****, Pl. Administrative, Tel. 0537 37 19 21, Fax 0537 34 19 23. Mit Pool, die Zimmer haben AC. €€€.
- **Assam*****, km 4, Route de Tanger, Tel. 0537 37 86 28/21, www.hotelassam.com. Die klimatisierten Zimmer im Bungalowstil gruppieren sich um den schönem Garten mit Pool. €€€.
- **Mamora*****, Av. Hassan II., Tel. 0537 37 13 10, Fax 0537 37 14 46. Zimmer mit AC €€€.
- **Europe****, 63, Av. Moh. Diouri, Tel. 0537 37 14 50/51. €€.
- **Ambassy***, 20, Av. Hassan II., Tel. 0537 37 99 78, www.ambassyhotel.com. Klimatisierte Zimmer mit Bad, z.T. zum Innenhof. Internet verfügbar, Restaurant und Bar mit Alkoholausschank.
- **La Rotonde***, 50, Av. Mohamed Diouri, Tel. 0537 37 14 01/02. Von außen okay, von innen ziemlich heruntergekommen, aber preiswert. €.
- **Billige Hotels** finden sich **im Zentrum** der Stadt.

Bahn

- **Casablanca Voyageurs:** Alle 20 Min. fahren Schnellzüge nach Rabat und Casablanca, Preis: 48 DH in der 2. Kl. bis Casablanca.
- **Tanger:** 8x tägl., 2. Kl. 85 DH.

Atlas II, IV, Karte S. 701, Plan Lixus S. 802   **ROUTE E 8: LARACHE**

Feste/Veranstaltungen

Das ganze Jahr über, vor allem aber zur Erntezeit, finden in Kénitra und Umgebung **zahlreiche Moussems** statt.

An der Kreuzung bei **km 44** geht es links nach Tanger. Bei **km 49** führt links ein Abzweig zur Autobahn nach Rabat und nach Tanger. 1 km weiter geht es rechts nach Fès und links weiter nach Tanger.

Suq-al-Arba-du-Rharb (Gharb), der Hauptort der großen fruchtbaren Landwirtschaftsgegend im Norden, liegt bei **km 115**. Markt ist am Mittwoch. Kurz hinter dem Ort gibt es Salzgewinnungsbecken.

Zum Abzweig **nach Mulay Bousselham** (45 km) siehe Route E 9. Es gibt aber auch eine direkte Verbindung entlang der Küste (siehe nachfolgende Beschreibung). Auf der weiteren Strecke reihen sich im Sommer die Melonenverkäufer aneinander.

Bei **km 128** geht es rechts nach Ouazzane und bei **km 149** befindet sich die alte Grenzstation zum ehemals spanischen Teil Marokkos. Hier gibt es unzählige Souvenirstände mit Töpferwaren, Cafés und Fährticketbüros.

Bei **km 151** zweigt man rechts nach **Ksar-al-Kebir** ab.

Ksar-al-Kebir   ♪ II, A3

Die „große Festung", so der Name der Stadt in der Übersetzung, wurde im 11. Jh. gegründet und im 15. Jh. von den Portugiesen stark bedrängt. Die **Drei-Königs-Schlacht** im Jahre 1578 (s.a. Kapitel Geschichte), aus der die Marokkaner siegreich hervorgingen, ist diesen ein Symbol für den erfolgreichen Widerstand gegen fremde Eroberer und deshalb ein wichtiges Datum. Anfang des 20. Jh. vom Niedergang bedroht, ist die Stadt inzwischen zum **Landwirtschaftszentrum** in der Loukkos-Ebene avanciert. Ksar-al-Kebir verfügt über eine **gut erhaltene Medina,** in der vor allem die Suqs (Markt am Sonntag), die Medersa (14. Jh.) und die im 12. Jh. gegründete Große Moschee sehenswert sind.

Unterkunft im einfachen **Hotel Ksar el Yamama***, Av. Hassan II., Tel. 0539 90 79 60. Weitere einfache Hotels befinden sich in der Medina.

Busse fahren ab dem Socco (wichtigster Platz in der Medina) nach Tanger, Casablanca und Fès. Die **Bahnstation** in Ksar-al-Kebir nennt sich Mulay al Mehdi, was bei Reisenden öfters für Verwirrung sorgt. Alle 2 Std. fahren Züge nach Tanger (37 DH, 2. Kl.) und Rabat (65 DH, 2. Kl.).

Weiter führt die Route durch landwirtschaftlich genutztes Gebiet, das immer wieder durch Wald unterbrochen wird.

Bei **km 190** liegt links das **Hotel-Restaurant Flora mit Campingmöglichkeit.** Gegenüber befindet sich das **Centre d'Accueil,** das von der Schifffahrtsgesellschaft Comarit betrieben wird. In der als Rastplatz angelegten Anlage mit Freiluftrestaurant und Fährbüro kann man mit dem Wohmobil übernachten (siehe Larache, Camping).

Bei **km 192** ist **Larache** erreicht.

Larache   ♪ II, A2

Die in den Außenbereichen stark expandierende Stadt hat ca. **120.000 Einwohner.** Das **Landwirtschaftszentrum** ist von sehr schönen Küstenabschnitten, Wäldern und Obstplantagen umgeben. Die historischen Gebäude in der beschaulich wirkenden, nur wenig von Touristen besuchten Medina wurden in den letzten Jahren renoviert, und es gibt eine kleine Fußgängerzone, sodass sich ein Stopp zu einem Bummel durchaus lohnt. Auch die **Ruinen von Lixus** oder die **Sandstrände** nördlich von Larache am anderen Ufer des Loukkos sind bei einem längeren Aufenthalt in der Gegend einen Besuch wert. Es ist möglich, sich mit Booten vom Fischereihafen auf die andere Seite des Ufers bringen zu lassen – an dem auch in der Hochsaison nicht überfüllten kilometerlangen Sandstrand kann man einen Tee in einem der Cafés schlürfen.

Route E 8: Larache

Ein kleines **Archäologisches Museum** im ehemaligen Palast des Sultans *Yussuf Abdelhak al-Marini* (1258–1281) gibt eine guten Überblick über die Geschichte der Stadt (Eintritt 10 DH, tgl. außer Mo geöffnet). Das schöne Gebäude mit Innenhof beherbergt eine Waffensammlung, Ausstellungsstücke zum Unabhängigkeitskampf, Münzen, Statuen, Bronze-Schmuck, Musikinstrumente usw.

Geschichte

4 km nördlich von Larache liegt **Lixus,** die älteste phönizische Siedlung (Liks) aus dem 11. Jh. v.Chr. Später von den Römern übernommen, war der Ort bis ins 5. Jh. n.Chr. besiedelt. Lixus ist vor allem in der griechisch-römischen Mythologie wichtig. Hier soll *Herkules (Herakles)* die letzten seiner zwölf Taten begangen haben, um in den Olymp einzukehren. Er erwürgte den Riesen *Antäus* in der Luft und stahl drei goldene Äpfel aus dem Garten der Hesperiden.

Bis ins 15. Jh. war Larache unbedeutend. Dann errichteten die **Portugiesen** eine Festung, die aber bereits kurze Zeit später von den Truppen des Sultans *ash Shaykh* aus Fès eingenommen wurde. 1610 wurde die Stadt unter dem Saaditensultan Al Mum'in an Spa-

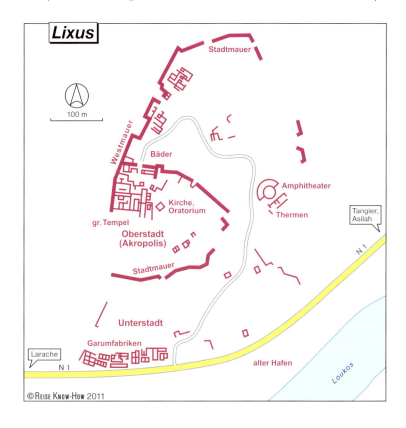

niens Krone *(Philipp II.)* zum Dank für militärische Hilfe übergeben.

Mulay Ismail eroberte die Stadt 1869 zurück und baute sie prunkvoll aus. Larache war während dieser Zeit der größte Naturhafen der Atlantikküste und wurde vor allem als **Piratenstützpunkt** bekannt. Deshalb folgten viele Auseinandersetzungen mit den Europäern, so der Beschuss der Stadt durch Franzosen und Österreicher. Von 1911 bis 1956 gehörte Larache zum **spanischen Protektoratsgebiet.** Der Hafen büßte damals an Bedeutung ein, weil er vom Hinterland und Süden abgeschnitten war, da diese Gebiete unter französischer Verwaltung standen.

Heute ist Larache **Fischerei- und Ausfuhrhafen** für Lebensmittel und Agrarprodukte aus der Loukkos-Ebene.

Sehenswertes

Ausgangspunkt eines Rundgangs ist der Place de la Libération. Von diesem Platz führen die Straßen in alle Richtungen.

Interessant in der Medina ist das **Bab al Khemis** (Donnerstagstor), dahinter der **Socco de la Alcaçeba**, ein arkadengesäumter Markt. Die Reste der **Kasbah** *(Alcaçeba)* aus dem 17. Jh. stammen aus der spanischen Zeit.

In Larache auf dem spanischen Kolonialfriedhof befindet sich das **Grab von Jean Genet,** der als Autor und Dramatiker im französischsprachigen Raum eine ähnliche Rolle spielte wie *Paul Bowles* in Tanger. Zum Friedhof führt ein eigener Fußweg – von dort hat man einen herrlichen Blick zum Atlantik. Er befindet sich ein paar Minuten zu Fuß entfernt vom muslimischen Friedhof.

Das **Kunstgewerbeviertel** befindet sich im Ech-Charia-Bezirk.

Zu erwähnen sind noch die schönen alten **Funduqs** (Herbergen) aus dem 14. Jh. bei der Moschee Souika.

Sehenswert ist auch **Lixus,** das im 19. Jh. von dem deutschen Afrikaforscher *Heinrich Barth* entdeckt wurde. Die **Ruinen** liegen 4,5 km nördlich von Larache in Richtung Asilah und sind erkennbar an den grünen Eisengittern, die das Gelände zur Straße hin umzäunen. Der Zaun zur Seitenstraße ist offen, es gibt aber einen freundlichen Wärter. Er bietet sich gegen ein Trinkgeld (ca. 20 DH) gern für eine Führung an. Lixus ist nach Volubilis die größte Ausgrabungsstätte in Marokko, jedoch mit wesentlich weniger erhaltenen Gebäuden. Die von Mauern umgebene Stadt teilt sich in eine Ober- und Unterstadt. Vor allem die größte antike **Fischverarbeitungsanlage** ist zu erwähnen, in der die beliebte Fischpaste Garum hergestellt wurde (s.a. Tanger, Ausflüge), ebenso das einzige **Amphitheater** in Marokko. Das gut erhaltene Theater liegt in der Oberstadt und ist von unten nicht zu sehen. Wenn man ca. 15 Min. bergauf in leicht nördliche Richtung geht, erreicht man die Ruinen, von denen man einen herrlichen Blick auf die Windungen des Oued Loukkos hat.

- **PLZ von Larache:** 92 000.

Unterkunft

Klassifizierte Hotels

- **Riad****, 88, Av. Mohamed Ben Abdellah, Tel. 0539 91 26 26, hotelriadlarache@hotmail.fr. Sauberes und freundliches Hotel mit Pool. €€A.
- **España****, 2, Av. Hassan II., Tel. 0539 91 31 95, hotelespana2@yahoo.fr. Freundliches, unter den Spaniern 1921 errichtetes Traditionshotel mit sauberen, großen und hellen Zimmern (z.T. klimatisiert und mit Meerblick). WiFi verfügbar. €€€€.
- **La Maison Haute,** 6, Derb ben Thami (in der Medina), Mobil 0665 34 48 88 od. 0668 34 00 72, http://lamaisonhaute.free.fr. Kleines freundliches Gästehaus mit sechs unterschiedlich farbig, traditionell marokkanisch gestalteten Zimmern auf zwei Etagen und einem Appartement. Dachterrasse mit tollem Ausblick. €€€ mit Frühstück.

Unklassifizierte Hotels

- **Einfache Unterkünfte** sind in der Medina rund um die Place de la Libération zu finden.
- **Hotel/Camping Flora,** Tel. 0539 91 22 50, an der Hauptstraße südlich der Stadt. Saubere DZ €. Camping im Hof möglich, Alkoholausschank.

Camping

● Camping **beim Hotel Flora** (s.o.), bewacht, abgeschlossen und schattig.
● 3,5 km südlich der Stadt, nahe der Autobahnausfahrt Larache, gibt es einen großen **Rastplatz** (beschildert „Centre d'accueil") der Fondation Mohamed V. mit einem Restaurant mit sehr sauberen Toiletten und warmen Duschen. Hier kann man auch mit dem Wohnmobil problemlos stehen.

Busse

Busse verkehren ab der Neustadt (südlich der Place de la Libération) vom Busbahnhof an der Rue Mohamed Ben Abdallah in **Richtung Tanger** (30 DH, 2½ Std.), **Kénitra** (2 Std., 40 DH) bzw. **Casablanca** (95 DH, 4 Std.), nach **Agadir** (12 Std., 240 DH) und nach **Fès** (4 Std., 85 DH) bzw. **Meknès** (3 Std., 65 DH). CTM am Busbahnhof: Tel. 0539 91 32 22. Zu Zielen in die Region (z.B. Asilah oder am Bahnhof in Ksar-al-Kebir) kann man am Busbahnhof auch ein **Grand Taxi** nehmen.

Ausflug

4 km nördlich, bei Lixus, zweigt eine Straße am Loukkos entlang zum **Strand** von Larache ab (10 km). Leider ist das Ende der Straße an der Flussmündung direkt am Strand mit Häusern zugebaut, sodass man mit dem Auto nicht dorthin vordringen kann, um zu campen. Man findet hier einige Kilometer nördlich der Mündung einen riesigen Sandstrand, umgeben von Dünen, Pinienwäldern und Steilküste. Auf den vielen Pisten, die in den Wald abzweigen, besteht keinerlei Chance, bis zur Küste vorzudringen. Man kommt lediglich auf den Rand der Steilküste und hat einen tollen Blick aufs Meer und die Stadt. Bislang war es am Strand von Larache ruhig, aber auch hier lässt sich die touristische Entwicklung nicht aufhalten: Es entsteht ein großes **Ferienresort** mit Golfplatz und Luxushotels (Port Lixus, www.port-lixus.com).

Route E 9: Larache – Mulay Bousselham – Kénitra

● 153 km, P4214

Die Straße P4214 führt direkt **entlang der Küste**. Es ist aber auch möglich, auf der Autobahn in Richtung Kénitra bzw. von Süden in Richtung Tanger bis zur Ausfahrt Mulay Bousselham zu fahren – dann ist es noch 1 km bis zum Ort. Sammeltaxis fahren von Larache oder Kénitra.

Von Larache kommend biegt man bei **km 5,5** (beim Schild „Sucererie Cannes de Loukkos", Zuckerfabrik) links ab in Richtung Mulay Bousselham. Die schmale Straße führt durch Korkeichenwälder und dann westwärts parallel zur Küste (nicht direkt am Meer) und weiter durch ein riesiges Landwirtschaftsgebiet mit hochmodernen Bewässerungsanlagen und Zuckerrohranbau.

Nach **55 km** ist **Mulay Bousselham** erreicht.

Mulay Bousselham II, A3

Der Fischerort liegt an einer riesigen **Lagune mit Natur- und Vogelreservat.** Er wurde nach dem Heiligen *Mulay Bousselham* benannt, der aus Ägypten nach Marokko gelangte und im 10. Jh. lebte. Zu seinem **Marabut** auf der anderen Seite der Lagune pilgern zahlreiche Menschen, vor allem zu dem in der ersten Augustwoche stattfindenden Moussem. Dorthin kann man sich mit Booten bringen lassen, oder man muss südlich der Lagune entlang der Landstraße nach Kénitra rechts abbiegen (18 km, siehe Abzweig bei km 73) und dann auf der Lagunenwestseite wieder nach Norden fahren. Auf dem Parkplatz beim Marabut kann man gut mit dem Wohnmobil stehen bleiben.

Atlas II, Karte S. 701

ROUTE E 10: LARACHE – TANGER

Der **Strand** auf der nördlichen Ortsseite und vor allem auf der gegenüber dem Dorf liegenden Seite ist sehr schön und im Winter und Herbst fast menschenleer. Man kann sich auch von Schiffern zum geschützten Sandstrand der Lagune bringen lassen.

Die Wasser- und Sumpfflächen der Lagune mit ihrer vielfältigen Vogelwelt wurden als **Réserve biologique Merja Zerga** unter Schutz gestellt (Merja Zerga bedeutet „Blaue Lagune"). In der **Lagune** leben u.a. Tausende Flamingos, Reiher, Kiebitze, Enten, Stelzenläufer und so seltene Arten wie die Kapohreule. Die europäischen Zugvögel kann man am besten im Dezember und Januar beobachten. Um in die Lagune zu kommen, muss man ein Fischerboot anmieten (2 Std. Fahrt etwa 200 DH). Ein empfehlenswerter Führer für den Nationalpark ist *Hassan Dalil*, der etwas englisch und deutsch, aber besser französisch spricht (Mobil 0668 43 41 10).

Nach Mulay Bousselham fahren **Grand Taxis** ab Souk-el-Arba-du-Rharb (ca. 20 DH, 45 Min.).

Unterkunft

Übernachten kann man in **Privatunterkünften** (an der Lagune die Bootsleute fragen oder den Besitzer des Restaurants Ocean) oder im empfehlenswerten Gästehaus **Villanora** am nördlichen Ortsende am Strand (Tel. 0537 43 20 71, €€€). Die Villa mit nur fünf gemütlichen Zimmern wird von Briten betrieben. Das **Hotel Le Lagon***** (an der Ortseinfahrt links vor dem Zentrum, Tel. 0537 43 20 650) hat große saubere Zimmer mit Terrasse und toller Aussicht aufs Meer (€€). Auch das Gästehaus **La Maison des Oiseaux** ist empfehlenswert (Tel. 0537 43 25 43, http://moulay.bousselham.free.fr).

Camping

Es gibt in Mulay Bousselham zwei Campingplätze. Der **Camping Diafa** direkt an der Lagune hat ein schönes schattiges Gelände und ist vor allem im August ziemlich voll. Die sanitären Anlagen sind einfach und im Hochsommer eine Katastrophe. Empfehlenswert ist der schöne und sehr gepflegte **Camping Flamants Loisirs** kurz vor dem Ortseingang links (Tel. 0537 43 21 64, Mobil 0661 89 22 14, www.flamants-loisirs.net16.net, N 34°52, 557', W 06°16,821') mit sauberen sanitären Anlagen und heißer Dusche.

Essen und Trinken

Im **Restaurant Ocean** sowie im **Restaurant Firdaous** im Ort kann man gut und billig essen. Hinter den Restaurants auf der rechten Seite gibt es einen **Markt,** wo man Obst und frischen Fisch kaufen kann. Sehr gut ist auch das **Restaurant Izaguirre** direkt oberhalb des Camping Diafa und des Bootsablegeplatzes, mit Blick auf die Lagune.

---

8 km hinter Mulay Bousselham **(km 73)** zweigt rechts die Straße nach Kénitra ab, die westlich an der Lagune vorbei und auch zum Marabut führt.

Bei **km 108** folgt ein Küstenabschnitt mit Dünen, nach 2 km führt eine Piste zum Strand.

Am **Nador Plage** bei **km 110** stehen einzelne Hütten. Ein Fußweg führt die Steilküste hinunter zum Sandstrand mit einem gestrandeten Schiff.

Bei **km 153** ist **Kénitra** erreicht.

Route E 10: Larache – Tanger

● **87 km, N1 oder Autobahn**

Diese Strecke bietet **einige touristische Höhepunkte** (Cromlech von M'Soura, Asilah) und sehr schöne Strände bis Tanger bzw. eine reizvolle Berglandschaft bis Tétouan. Gute Bus- und Zugverbindungen.

Entlang der Strecke ziehen sich **Melonenfelder** – viele Händler bieten an der Straße die Früchte an. Immer wieder führt die Route durch Eukalyptus- und Korkeichenwäldchen. Nach **25 km** erreicht man die Kreuzung (Kreisverkehr) Larache – Tanger – Tétouan.

Variante: Von Larache nach Tétouan

Diese landschaftlich schöne Strecke geht durch das **Vorgebirge des Rif**. Diese Variante ist die kürzeste Verbindung nach Ceuta und schneller als die Route über Tanger.

Beim beschriebenen Abzweig nach rechts abbiegen bzw. bei der Autobahnausfahrt „Tétouan" wählen. Bei **km 4,2** liegt eine Tankstelle; links zweigt eine kleine Straße (3,2 km ab Kreuzung) zum Ort Suq-Tnine-de-Sidi-al-Yamani (Montagsmarkt) ab.

Nach **12,4 km** zweigt links (**N 35°23,346′, W 05°54,964′**) ein Feldweg zum Cromlech-Hügel (s.u.) ab.

Abstecher zum Cromlech von M'Soura II, A2

Im Ort **Suq-Tnine-de-Sidi-al-Yamani** bieten sich überall Führer an – vorher unbedingt den Preis aushandeln und vereinbaren, dass nur eine Besichtigung des Cromlech, aber nicht irgendein Händler erwünscht ist. Ein guter Führer ist *Mehdi El Hachloufi* (ca. 100 DH), der auch schon Wissenschaftlern bei der Erforschung als Führer diente.

Wer über ein **geeignetes Fahrzeug und GPS** verfügt, fährt besser weitere 8,2 km bis zum besagten Waypoint bei km 12,4. Hier, direkt beim Verkehrszeichen „Straßenverengung bei km-Stein 70 vor Tétouan", links in einen Feldweg einbiegen (kurz bevor die Straße eine kleine Brücke überquert und einen Rechtsbogen macht). Die Piste kann mit jedem robusten Fahrzeug, besser aber mit Geländefahrzeug, befahren werden. Mit dem Pkw kann man nach Regenfällen ein Stück die Piste fahren, muss aber oft wegen tief ausgewaschener Furchen zu Fuß weiter. Im Frühjahr ist das ein herrlicher Spaziergang von ca. 40 Minuten Länge durch Blumenwiesen und Bäche.

Diese Piste zieht sich dann ca. 2 km den Hang aufwärts über zwei Bergsättel, bis rechts Häuser auftauchen und links davon nach 3,4 km (vom Abzweig bei der Brücke) der Cromlech-Hügel liegt (**N 35°24,264′, W 05°56,659′**).

Ein Wärter bringt ein Gästebuch und kassiert die obligatorischen Dirham.

Der **Hügel** ist teilweise abgetragen und ausgegraben. Vor dem Eingang standen anscheinend fünf hohe Steinsäulen. Zwei davon sind noch erhalten, die westliche misst an der Basis 3 m Umfang, ist 5 m hoch und wird „El Uted" genannt; die andere misst 4,2 m. Zwei sind umgefallen, eine weitere liegt in einem Gehöft (Umfang 213 cm, Höhe 140 cm).

Der Erdhügel ist umgeben von einem **Ring von 167 Monolithen,** von Menschenhand poliert. Er ist fast kreisrund und misst im Durchmesser N/S 54 m, O/W 58 m. Innerhalb des Rings existierte eine mehrtreppige Mauer rechteckiger Steinblöcke, gut abkantet und ohne Mörtel aufeinandergesetzt, Höhe 6 m. In der Mitte des Hügels befand sich eine **Grabstätte.** Man fand nur ein paar Knochen, keine Grabbeigaben.

Dieser Cromlech ist einzigartig in ganz Nordafrika. Die ersten Ausgrabungen wurden 1935/36 von *L. de Montalban* gemacht. Er hinterließ keine Publikationen darüber. Dagegen hat der spanische Archäologe *M. Tarradell* eine genauere Beschreibung gegeben („Lixus: 1959", Instituto Mulay El Hassan, Tetouan. Editorial Cremades M. Torres 17). *Tarradell* glaubt, dass dieses „sepulcro legendario" vielleicht das Grab von *Anteo* ist, der anscheinend in der Nähe von Tingis (Tanger) oder Lixus begraben wurde.

Weiter in Richtung Tétouan geht es durch ein hügeliges Landwirtschaftsgebiet und nach **25 km** hinauf ins Rif-Gebirge. Viele Restaurants liegen an der Route.

Bei **km 54** erreicht die Straße eine **Passhöhe mit Restaurants**. Es geht weiter auf kurviger Strecke und an einem Stausee entlang, bis bei km 78 die Kreuzung Tanger – Tétouan erreicht ist (siehe Route A 1).

Fährt man an der obigen Kreuzung bei km 25 in Richtung Tanger weiter, erreicht man **41 km hinter Larache** das hübsche Städtchen **Asilah.**

Asilah

⌁ II, A2

Wer Strandurlaub mit ein wenig **andalusisch-marokkanischem Flair** verbinden will, ist in Asilah goldrichtig. Der ruhige, blitzsaubere Fischer- und Künstlerort entwickelte sich in den letzten Jahren zu einem beliebten alternativen Reiseziel für marokkanische und europäische Touristen. Anziehungspunkt des Städtchens sind sein sehr schöner Sandstrand und die beschauliche weiße Medina, an deren portugiesische Festungsmauern die Wellen des Atlantiks schlagen. Viele der ehemals verfallenden Häuser der Altstadt wurden in Privatinitiative von Marokkanern und Europäern saniert und zu schönen Ferienwohnungen und Gästehäusern (Maisons d'Hôtes/Riads) umgestaltet. Einige Schlepper versuchen zur Hauptsaison im Sommer Ferienhäuser zu vermitteln und Drogen an den Mann zu bringen.

Am Strand südlich von Asilah entsteht ein **touristisches Großprojekt** mit Luxus-Appartements, Hotels, Golfplatz, Aquapark etc. (www.asilah-marina-golf.com).

Geschichte

Asilah hat eine bewegte Geschichte und wurde bereits unter den **Phöniziern** als **Silis** bekannt. Später, nach dem Fall von Karthago, wurde es dem Römerreich zugeschlagen, nach dessen Untergang brannten es die Normannen 843 nieder. Mit der Islamisierung wurde Asilah arabisch. 1471 von den Portugiesen erobert, kam es 1553 für kurze Zeit unter marokkanische Herrschaft, dann wurde es spanisch. 1692, unter *Mulay Ismail*, bekamen die Marokkaner wieder das Sagen. Von 1911 bis zur Unabhängigkeit im Jahre 1956 herrschten die Spanier.

Asilah, ein Ort mit Flair

Sehenswertes

Asilah hat zwar einige historische Bauwerke zu bieten, ist aber vor allem wegen des Flairs der Altstadt sehenswert.

Die **Umfassungsmauern** der Stadt stammen aus dem 15. Jh. und wurden unter der Herrschaft des portugiesischen Königs *Alphons V.* errichtet. Sehenswert ist das in einen großen Rundturm eingehauene und von einer Gruppe Palmen und Eukalyptus flankierte Tor **Bab al Jebel (Puerta de Tierra).** Oben auf dem Tor ist ein Wappenschild mit Waffen des Königs von Portugal zu sehen.

Von den besten Kunsthandwerkern aus Fès wurde das **Palais Raissouli** (wegen seiner problematischen Geschichte auch „Palast der Tränen" genannt) Anfang des 20. Jh. kunstvoll ausgestattet. Der ehemalige Besitzer, der Stammesführer *El Raissouli*, wurde durch abenteuerliche Eskapaden, Überfälle auf Karawanen und die Entführung bedeutender Europäer bekannt. Er war zeitweise Pascha von Asilah, später Günstling der Spanier und wurde von *Abd al Krim*, dem bekannten Rebellen der Rifkabylen, 1924 gefangen genommen; er starb 1925. Der Palast wurde renoviert und kann nur noch in Ausnahmefällen bei Ausstellungen o.Ä. besichtigt werden.

Seit 1978 wird jährlich im August ein **Kulturfestival** ausgetragen (im Palais Raissouli), bei dem internationale Stars und zahlreiche Künstler auftreten. Auch ein Besuch des **Internationalen Begegnungszentrums Hassan II.**, das in einem architektonisch sehr schönen Gebäude untergebracht ist, lohnt sich wegen diverser wechselnder Ausstellungen. Es liegt rechts an der Hauptstraße, die vom Place Zellaga am Ende der Corniche, innerhalb der Medina, zum **El Kamra-Turm** führt. Hier öffnet sich ein weiterer Platz, Abdellah Guennoun, an dem rechts der besagte Turm liegt und gegenüber die Gassen mit den Kunsthandwerksläden beginnen. Rechts kommt man zur Stadtmauer und an dieser entlang zum Palais Raissouli und am Meer entlang zum Stadttor **Bab al-Bahar.**

Einige **Häuserfassaden** der Stadt sind von Künstlern anlässlich des Kulturfestivals bemalt worden, viele sind im andalusischen Stil blau-weiß gehalten. Asilah gilt als Künstlerstadt; viele lokale Künstler stellen ihre Werke in **Galerien** und Ateliers (zum Verkauf) aus.

● **PLZ von Asilah:** 90 050.

Unterkunft

Klassifizierte Hotels

● **Al Khaima*****, Route de Tanger, am Ortsausgang auf der rechten Seite, Tel. 0539 41 74 28, Fax 0539 41 75 66, alkaima@menara.ma. Schon etwas angestaubte Appartements mit Balkon. Es gibt einen Pool. €€€, je nach Saison.

● **Zelis*****, 10, Av. Mansour Eddahbi, Tel. 0539 41 70 69/29, Fax 0539 41 70 98. Sauberes, freundliches und angenehmes Hotel mit Pool, Fitnessraum auf der Dachterrasse, Restaurant, Internet-Café und 60 schönen Zimmern, z.T. mit Balkon und Meeresblick. DZ mit Bad, TV, AC und Kühlschrank €€€A, Preis evtl. verhandelbar.

● **Mansour***, 49, Av. Mohamed V., Tel. 0539 41 73 90, Fax 0539 41 75 33, elmansourhotel @yahoo.fr. Nettes sauberes Hotel mit freundlichem Personal. DZ mit Bad €€.

● **Sahara***, 9, Rue Tarfaya, Tel. 0539 41 71 85. Nettes kleines, typisch marokkanisches Hotel, sauber und ordentlich. DZ €B, Dreier-Zimmer €, warme Dusche 5 DH.

Unklassifizierte Hotels

● **Asilah**, 79, Av. Hassan II., Tel. 0539 41 72 86. Saubere, aber kleine DZ €, ohne Bad €B, warme Dusche 5 DH.

● **Marhaba**, 9, Rue Zallaka, Tel. 0539 41 71 44. Sehr ordentliches, freundliches und sauberes Travellerhotel am Hauptplatz zum Medina-Eingang. DZ mit Waschbecken €B, Dusche und WC am Gang.

Maison d'Hôtes/Riad-Vermietung

Wer mehrere Tage oder noch länger bleiben möchte, kann Zimmer oder einen kleinen Riad in der Altstadt anmieten. Ein Zimmer kostet 20–50 Euro pro Nacht, ein ganzes Haus (abhängig von der Größe) 50–300 Euro pro Nacht. Schöne, stilvoll marokkanisch

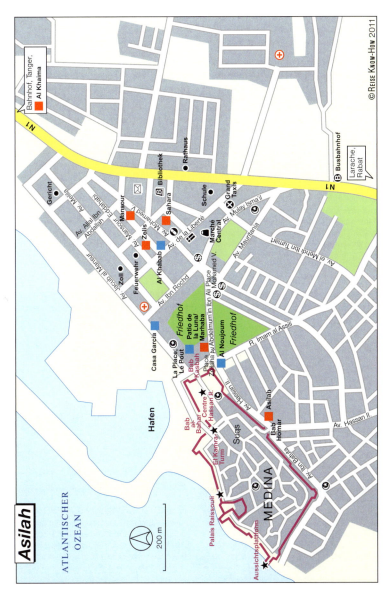

gestaltete Wohnungen vermittelt die **Agentur El Baraka,** Mobil 0619 69 22 10 *(Miguel),* www.elbaraka.net.

● **Patio de la Luna,** 12, Rue Zellaka, Tel. 0539 41 60 74, www.patiodelaluna.com. Kleines hübsches Gästehaus eines Spaniers direkt neben dem Hotel Marhaba nahe dem Medina-Eingangstor. €€€.

Camping

In Asilah gibt es keinen ausgewiesenen Campingplatz. Es ist möglich, beim **Hotel Briech** (in Briech, ca. 8 km nördlich Richtung Tanger) auf einem wenig einladenden Platz zu campen. **Caravans** können am Anfang der Promenade stehen bleiben (30 DH pro Nacht). Im Winter sind alle verfügbaren Plätze mit Wohnmobilisten, die hier überwintern, belegt.

Essen und Trinken

An der Av. Mulay al Hassan gibt es mehrere **Fischrestaurants,** u.a.:

● **Le Pont,** 24, Av. Mulay al Hassan Ben Mehdi. Günstiges, gutes Restaurant mit marokkanischen Spezialitäten und Fischgerichten.
● **La Place,** 7, Av. Mulay al Hassan Ben Mehdi, neben dem Le Pont am Medina-Eingang, Tel. 0539 41 73 26. Nettes Restaurant mit Blick auf Stadtmauer und Richtung Meer. Fisch 65–80 DH, Languste 150 DH.
● **Casa Garcia,** Av. Mulay al Hassan Ben Mehdi, Tel. 0539 41 74 65. Das kleine Restaurant gilt als eines der besten in Asilah: spanisch inspirierte Küche mit Fisch und Meeresfrüchten.
● **Al Noujoum,** 11, Place Zelaka, Tel. 0539 41 74 59. Gutes Essen und nicht zu teuer.
● **Al Khabab,** Av. La Liberté, beim Hotel Zelis um die Ecke. Freundlicher Besitzer, gut und preiswert.

Atlas II, Karte S. 701, Stadtplan S. 809 **ROUTE E 10: LARACHE – TANGER**

Bahn

Der **Bahnhof** liegt ca. 2 km außerhalb an der Straße in Richtung Tanger. Es verkehren Züge nach **Tanger** (alle 2 Std., 16 DH 2. Kl., 45 Min. Fahrzeit), nach **Casablanca** (9x tägl., 109 DH 2. Kl., ca. 4 Std.), nach **Rabat** (9x tägl., 83 DH 2. Kl., ca. 3 Std.) und nach **Marrakesch** (Nachtzug, 186 DH, 9½ Std.). Die blauen Busse von Unionbus zum/vom Bahnhof (5 DH) fahren ab bzw. halten an der Av. Mulay Ismail bei der Moschee.

Busse

- **Busbahnhof** *(gare routière)* an der Av. Prince Héritier, Tel. 0539 41 63 33. Nach/von Asilah fährt man bequemer mit dem Bus, da der Bahnhof 2 km außerhalb liegt. **Grand Taxis** warten an der Av. Mulay Ismail, wo auch der Bus zum Bahnhof abfährt.

Verbindungen und Preise

- **Tanger:** Private Linien fahren etwa alle 15 Min., Fahrzeit ½ bis 1 Std., 10–15 DH.
- **Casablanca:** ca. 4x tägl., ca. 110 DH, ca. 5 Std.
- **Rabat:** Private Linien mehrmals tägl., 65 DH, 3½ Std.
- **Meknès – Fès:** ca. 3x tägl., nach Meknès ca. 65 DH, ca. 4 Std., nach Fès ca. 85 DH, ca. 5 Std.

Notfall/Krankenhaus

- **Polizei,** Av. de la Liberté, Tel. 0539 41 70 89.
- **Notrufnummern:** Tel. 015 (Feuerwehr und Rettungsdienst), Tel. 019 (Polizei).
- **Krankenhaus,** Av. du 2 Mars, Tel. 0539 41 73 18.

Sonstiges

- **Markttag** ist Donnerstag (vor dem Rathaus), v.a. die Tonwaren sind recht günstig.
- Vor dem Eingang zur Medina zwischen Stadtmauer und Strand befindet sich ein großer **Parkplatz,** der im Winter bis zum Frühling von zig Wohnmobilisten aus Europa bevölkert ist.

Festival

- **Kulturfestival** im August.

Hinter Asilah führt die Straße näher am Meer entlang, teilweise bieten sich schöne Ausblicke. Leider sind die zugänglichen Strände meistens voller Müll.

Bei **km 54,** 13 km nach Asilah, erreicht man den **Pont Mohamed V.,** einen Aussichtspunkt (Brücke) mit schöner Badebucht an einer Flussmündung.

Auf der weiteren Strecke liegt ein Pinienwald zwischen Meer und Straße. Zahlreiche Mimosenbäume, die im Frühjahr herrlich gelb blühen, säumen die Route.

Bei **km 74,5** führt ein Abzweig links zur neuen **Freihandelszone von Tanger** (siehe Tanger). Zahlreiche Firmen haben sich hier angesiedelt. Das **Hotel Ibis Moussafir** (€€€) liegt links der Straße. Kurz darauf folgt links ein Abzweig zum Flughafen.

Bei **km 83** kann man sich im **Marjane-Supermarkt (N 36°06,314′, W 05°28,414′)** mit allen Vorräten eindecken.

Bei **km 84** führt ein Abzweig nach links zum Plage Robinson und Club Robinson, zum Cap Spartel (Übergangspunkt des Mittelmeers zum Atlantik) und zu den Herkulesgrotten (vgl. Tanger/Ausflüge). Die Strände in dieser Gegend sind zwar schön, doch ist Wildcampen wegen der Nähe zu Tanger und manch zwielichtiger Gestalten nicht allzu empfehlenswert.

Nach insgesamt **87 km** ist Tanger erreicht (siehe Routenteil A).

Asilah: Obstverkauf an der Stadtmauer

Route E 11: Meknès – Rabat

● 140 km, N 6 oder Autobahn A 2

Die schnellste Verbindung nach Rabat führt über die gebührenpflichtige Autobahn A2. Gute Busverbindung. Zug von Meknès nach Rabat über Sidi-Kacem und Kénitra.

Meknès (**km 0**) nach Westen verlassen oder nach Süden, ca. 1 km nach Meknès in Bir Agourai nach rechts und über die Stadtumgehung, dann folgt bei **km 8** die Einmündung in die Straße in Richtung Rabat (N6) und weiter durch flaches Landwirtschaftgebiet mit großen Landgütern.

Bei **km 54** liegt **Khemisset**. Die expandierende Stadt ist Zentrum der bekannten Khemisset-Teppiche (Kauf im Ensemble Artisanal). **Unterkunft** bietet u.a. das hübsche **Hotel Diouri**** (Tel. 0537 55 26 45, Fax 0537 51 14 17) an der Hauptstraße Bd Mohamed V.

Weiter führt die Route durch eine flache Landschaft und ein Weinanbaugebiet.

Bei **km 80** ist die schmutzige Kleinstadt **Tiflèt** erreicht – hier gibt es alle Versorgungsmöglichkeiten und einen großen Wochenmarkt am Mittwoch.

92 km hinter Meknès beginnt das große Waldgebiet des **Fôret de la Mamora**, wo vor allem Korkeichen wachsen (siehe Ausflüge Rabat).

Sidi Allal El Bahraoui bei **km 106** ist ein großer Ort mit mehreren Tankstellen, Restaurants und Markt am Mittwoch. 660 m nach dem Ort geht es rechts nach Kénitra und geradeaus weiter nach Rabat.

Bei **km 123,3** kann man rechts nach Tanger abbiegen (über die Autobahn A1 Richtung Kénitra).

Nach **136 km** ist die Hauptstadt **Rabat** erreicht (vgl. Route E 6).

Route E 12: Casablanca – Marrakesch

● 245 km, Autobahn A 7 oder N 9

Gebührenpflichtige Autobahn. Gute Bus- und Zugverbindung.

Casablanca (**km 0**) über die Autobahn zum Flughafen verlassen (zum Zentrum 7 km extra). Achtung: Nicht die viel befahrene Landstraße nach Marrakesch und Settat (N9) wählen, die von der Autobahnumgehung im Nordwesten Casablancas ausgeschildert ist, sondern in Richtung El Jadida weiterfahren, bis erneut (schon fast nach der Durchfahrung Casablancas) eine Beschilderung zum Flughafen und nach Marrakesch folgt – hier nach Süden abbiegen. Die Straße ist sehr verkehrsreich bis zum Flughafen (**30 km**), danach wird der Verkehr etwas lockerer. Die Schnellstraße wird ca. 10 km vor dem Flughafen zur gebührenpflichtigen Autobahn und ist inzwischen bis Marrakesch komplett fertiggestellt.

Nach etwa **60 km** kann man in die Stadt **Settat** abbiegen, sofern man Versorgungsmöglichkeiten sucht oder einen Ausflug zur Kasbah Boulâouane unternehmen möchte.

Settat

Diese gepflegte **Universitätsstadt** mit einem großzügigen Zentrum, einer schönen Parkanlage und einem Golfplatz hat keine besonderen touristischen Attraktionen zu bieten, ist aber im Vergleich zum hektischen Casablanca angenehm ruhig. Der Flughafen von Casablanca ist sehr schnell erreichbar, sodass sich hier eine **Übernachtung** als Alternative zu Casablanca anbietet: **Hotel du Parc****, Complexe Touristique M'zamza, vor dem Ortseingang gegenüber der Golfuniversität, Tel. 0523 40 39 41, htlduparcsettat@hotmail.com, €€€€ ohne Frühstück. Das sehr schöne Hotel verfügt über AC, Sat-TV, Jacuzzi, Hammam, Sauna und Massagebad. Preiswerter ist es im **Hotel al Massira***, 3, Place Mohamed V., im Zentrum, Tel. 0523 40 20 72, Fax 0523 40 10 92. Einen **Standplatz für Wohnmobile** gibt es nördlich von Settat auf einem Rastplatz **(N 33°00, 527′, W 07°61, 833′).**

Abstecher zur Kasbah Boulâouane

Von Settat lohnt sich der ca. 30 km lange Abstecher über die R316 nach Westen zur Kasbah Boulâouane (12 km vom Ort Boulâouane entfernt).

Diese Burg (sprich: Balawan) – der Name bedeutet **„Festung des Beistands"** – wurde 1710 von dem **Alawidensultan Mulay Ismail** mitten in der Flussschleife errichtet und war eine wichtige Verteidigungsbastion an der Handelsstraße El Jadida – Agadir. Die Kasbah umgeben **mächtige Mauern,** früher wurde sie von sieben Bastionen bewehrt. Durch das **riesige Südtor** mit Spitzbogen und Seitenarkaden gelangt man zu einer Wächternische, wo ein betagter und sehr netter Führer wartet. Der Eintritt kostet 10 DH plus Trinkgeld für den Führer. Man kann an den zinnengekrönten Mauern entlanglaufen und genießt dabei immer wieder herrliche Ausblicke auf das Flusstal. Auf dem Wehrturm nisten im Frühjahr Störche.

Es gibt auch noch eine recht gut erhaltene Moschee im Innern und eine Qubba – das **Grabmal des Sidi Mansur.** Die Kasbah umfasste einen Wohntrakt, die Moschee, unterirdische Getreidesilos, Pferdeställe und einen unterirdischen Kerker.

Da die Kasbah abseits sämtlicher Touristenpfade liegt, ist man hier mit dem Führer so gut wie allein.

Die Autobahn führt von Settat weiter durch eine nette Hügellandschaft. Nach ca. **120 km** liegt die **Barrage el Massira** etwa 25 km östlich. Man kann zwar nicht direkt bis an den Stausee fahren, aber die Hügellandschaft auf dem Weg besticht durch ihre Ursprünglichkeit und die sehr angenehmen Bewohner. Tourismus ist hier fremd, die Menschen sprechen nur arabisch oder masirisch.

Nach ca. **176 km** liegt im Osten der A7 **Ben Guerir,** eine saubere Bergbaustadt (Phosphat) mit allen Versorgungsmöglichkeiten.

Etwa bei **km 230** verzweigt sich die Autobahn und führt Richtung Südwesten (rechts) nach Chichaoua und Agadir weiter, während es geradeaus nach Marrakesch geht. Die A7 endet im Norden der Stadt nahe der Palmeraie und mündet in die Route de Casablanca. **Marrakesch** ist nach insgesamt rund **245 km** ab Casablanca erreicht.

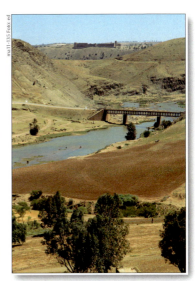

Blick über den Oum er-Rbia auf die Kasbah Boulâouane

Anhang

Bucht von Badis am Mittelmeer
(Nationalpark Al Hoceima)

Imposante Landschaft am Oued Dadès

Die Felsgravuren von Ukas

Reise-Gesundheitsinformationen zu Marokko

Stand: August 2011
© Inhalte: Centrum für Reisemedizin

Die nachstehenden Angaben dienen der Orientierung, was für eine geplante Reise in das Land an Gesundheitsvorsorgemaßnahmen zu berücksichtigen ist. Die Informationen wurden uns freundlicherweise vom Centrum für Reisemedizin zur Verfügung gestellt. Auf **www.crm.de** werden diese Informationen stetig aktualisiert. Es lohnt sich, dort noch einmal nachzuschauen.

Die nachstehenden Angaben wurden nach bestem Wissen und sorgfältiger Recherche zusammengestellt. Eine Gewähr oder Haftung kann nicht übernommen werden.

Klima

Nordwesten mediterran beeinflusst mit trockenheißen Sommern und milden, niederschlagsreichen Wintern; landeinwärts zunehmend kontinentales Klima mit abnehmenden Niederschlägen; in den Sahararandgebieten trockenheißes Wüstenklima; durchschnittliche Temperatur in Rabat im Januar 13°C, im Juli 23°C.

Impfungen

● Einreise-Impfvorschriften: keine.

Empfohlener Impfschutz:
● Generell: **Standardimpfungen nach dem deutschen Impfkalender,** speziell Tetanus, Diphtherie, außerdem Hepatitis A.
● Bei Reisen durch das Landesinnere unter einfachen Bedingungen (Rucksack-/Trecking-/Individualreise) mit einfachen Quartieren bzw. Hotels, bei Campingreisen, Langzeitaufenthalten, einer praktischen Tätigkeit im Gesundheits- oder Sozialwesen sowie bei engem Kontakt zur einheimischen Bevölkerung ist ein Impfschutz gegen Polio, Typhus, Hepatitis B und Tollwut (bei vorhersehbarem Umgang mit Tieren) zu erwägen.

Wichtiger Hinweis:
Welche Impfungen letztendlich vorzunehmen sind, ist abhängig vom aktuellen Infektionsrisiko vor Ort, von der Art und Dauer der geplanten Reise, vom Gesundheitszustand sowie dem eventuell noch vorhandenen Impfschutz des Reisenden.

Da im Einzelfall unterschiedlichste Aspekte zu berücksichtigen sind, empfiehlt es sich immer, rechtzeitig (etwa 4 bis 6 Wochen) vor der Reise eine persönliche Reise-Gesundheits-Beratung bei einem reisemedizinisch erfahrenen Arzt oder Apotheker in Anspruch zu nehmen.

Malaria

Marokko wurde im Mai 2010 von der WHO als malariafrei erklärt, nachdem seit 2005 keine autochthonen Fälle (P. vivax) mehr aufgetreten waren. Im September 2010 wurden zwei autochthone Malaria-Erkrankungen in Casablanca gemeldet. Es handelt sich um die ersten Fälle von M. tropica (P. falciparum) seit 1963. Eine Expositionsprophylaxe sollte beachtet werden (s.u.). Darüber hinausgehende Vorbeugungsmaßnahmen sind nicht indiziert. Bei unklarem Fieber während oder nach einem Aufenthalt in den Sommermonaten ist ggf. an eine Malaria zu denken.

Vorbeugung: Ein konsequenter Mückenschutz in den Abend- und Nachtstunden verringert das Malariarisiko erheblich (**Expositionsprophylaxe).** Die wichtigsten Maßnahmen sind:

- In der Dämmerung und nachts Aufenthalt in mückengeschützten Räumen (Räume mit Air Condition, Mücken fliegen nicht vom Warmen ins Kalte).
- Beim Aufenthalt im Freien in Malariagebieten abends und nachts weitgehend den Körper bedeckende Kleidung tragen (lange Ärmel, lange Hosen).
- Anwendung von Insekten abwehrenden Mitteln an unbedeckten Hautstellen (Wade, Handgelenke, Nacken). Wirkungsdauer ca. 2–4 Std.
- Im Wohnbereich Anwendung von Insekten abtötenden Mitteln in Form von Aerosolen, Verdampfern, Kerzen, Räucherspiralen.
- Schlafen unter dem Moskitonetz (vor allem in Hochrisikogebieten).

Ratschläge zur Reiseapotheke

Vergessen Sie nicht, eine kleinere oder größere Reiseapotheke mitzunehmen (wenigstens Medikamente gegen Durchfall, Fieber und Schmerzen sowie Verbandstoff, Pflaster und Wunddesinfektion), damit Sie für kleinere Notfälle gerüstet sind.

Nicht vergessen: Medikamente, die der Reisende ständig einnehmen muss!

Aktuelle Meldungen

- **Darminfektionen:** Risiko für Durchfallerkrankungen landesweit, gelegentlich auch für Typhus. Nahrungs- und Trinkwasserhygiene beachten, ggf. Impfschutz gegen Typhus.

HILFE!

Dieser Reiseführer ist gespickt mit unzähligen Adressen, Preisen, Tipps und Infos. Nur vor Ort kann überprüft werden, was noch stimmt, was sich verändert hat, ob Preise gestiegen oder gefallen sind, ob ein Hotel, ein Restaurant immer noch empfehlenswert ist oder nicht mehr, ob ein Ziel noch oder jetzt erreichbar ist, ob es eine lohnende Alternative gibt usw.

Unsere Autoren sind zwar stetig unterwegs und versuchen, alle zwei Jahre eine komplette Aktualisierung zu erstellen, aber auf die Mithilfe von Reisenden können sie nicht verzichten.

Darum: Schreiben Sie uns, was sich geändert hat, was besser sein könnte, was gestrichen bzw. ergänzt werden soll. Nur so bleibt dieses Buch immer aktuell und zuverlässig. Wenn sich die Infos direkt auf das Buch beziehen, würde die Seitenangabe uns die Arbeit sehr erleichtern. Gut verwertbare Informationen belohnt der Verlag mit einem Sprechführer Ihrer Wahl aus der über 220 Bände umfassenden Reihe „Kauderwelsch".

Bitte schreiben Sie an:
REISE KNOW-HOW Verlag Peter Rump GmbH, Postfach 14 06 66,
D-33626 Bielefeld, oder per E-Mail an: info@reise-know-how.de

Danke!

Sprachhilfe

Aussprache des Arabischen

Die folgende Auflistung soll helfen, Laute des **marokkanischen Arabisch (Darija)**, die im Deutschen nicht existieren, annähernd richtig auszusprechen. Aufgrund einer einfacheren Handhabung müssen allerdings Zugeständnisse hinsichtlich der Differenzierung der Laute gemacht werden. Als Hilfe sei empfohlen, einheimische Radio- bzw. Fernsehsendungen zu hören, um ein Gefühl für Klang und Aussprache zu bekommen. Ebenso sollte man stets auf der Straße, im Café, im Souk oder sonstwo mit offenen Ohren unterwegs sein, dann ist man bald soweit, Unterschiede zu identifizieren und für den eigenen Sprachgebrauch nutzbar zu machen.

Damit Sie nicht die arabische Schrift lernen müssen, bedienen wir uns einer **Umschrift**, bei der in der Regel ein Zeichen einem arabischen Buchstaben entspricht – so gibt es keine Zweifel, ob „ch" französisch oder deutsch zu lesen ist, ob „sh" wie im Englischen ein Laut ist oder „s" und „h".

Konsonanten

sh: wie das deutsche „sch".
j: stimmhaftes „sh" wie im franz. „Journal".
dj: stimmloses „dsch" wie in Dschungel.
r: ein rollendes Zungen-„r".
gh: ein Zäpfchen-„r" wie in Norddeutschland oder Frankreich.
': Stimmabsatz, wie z.B. im Deutschen: „Vor'ab" oder „Neckars'ulm".
*: der in europäischen Sprachen nicht existierende Kehlkopfverschlusslaut „Ain". Es ist ein Würgelaut, der zur Folge hat, dass die folgenden Vokale dunkler gesprochen werden.
s t d z: emphatische, gepresste Varianten von „s", „t", „d" und „z"; sie verdunkeln den folgenden Vokal.
h: wie im Deutschen, doch immer hörbar, wie z.B. in „Betlehem".
h: stark gehauchter h-Laut (als ob man sich zum Wärmen der Finger in die Hände haucht).
ch: wie in deutsch „Dach".

z: stimmhaftes weiches „s" wie in deutsch „Rose".
q: hinten im Rachen gebildetes kehliges „k" (wie im Tiroler Dialekt).
w: wie in englisch „what", mit beiden Lippen gebildet.
y: wie im deutschen das „j".

Die Konsonanten b d g f k l m n s t werden wie im Deutschen ausgesprochen und geschrieben. Doppelte Konsonanten werden deutlich gelängt ausgesprochen! Das Doppel-n im Deutschen „rennen" entspricht im Marokkanischen einem einfachen Konsonanten.

Selbst- und Zwielaute

- „ai", „au" wie im Deutschen.
- Unterscheiden sie Kurzvokale (a ä e i o u) und Langvokale (â ê î ô û). Häufig ist der flüchtige Murmellaut „ë", den es auch im Deutschen gibt: „Gëbirgë", „bëdankën" etc.

Das arabische Alphabet

Das arabische Alphabet setzt sich aus **28 Buchstaben** zusammen, die von rechts nach links geschrieben werden. Innerhalb der Wortgrenzen werden sie miteinander verbunden (mit sechs Ausnahmen), wodurch sich unterschiedliche Zeichenformen ergeben, abhängig davon, ob ein Buchstabe am Anfang, in der Mitte oder am Ende eines Wortes steht.

Im Marokkanischen gibt es zusätzlich zwei Buchstaben, die im hocharabischen Alphabet nicht vorkommen: „g" (¯) und „v" (¯). Sie tauchen vor allem bei Namen auf, die in ihrem Ursprung Berbernamen waren bzw. sind (Bsp. „Agdz"), oder aber bei der Umschrift fremder Namen. Hier werden sie in Lautschrift mit „g" und „v" wiedergegeben.

Literatur

Für die beiden relevanten Sprachen in Marokko liegen zwei alltagsnahe, kompakte und erfreulich unakademische „Sprechhilfen" vor:
Marokkanisch-Arabisch – Wort für Wort

Das arabische Alphabet

Name	allein stehend	hinten/Mitte/vorn	Aussprache	Umschrift
Alif	أ	ﺎﺎﺎ	a, i oder u. Ein langer Vokal wird mit ^ gekennzeichnet.	a, i, u
Bâ	ب	ببب	b	b
Tâ	ت	تتت	t	t
Thâ	ث	ثثث	th, wie engl. think	th
Djîm	ج	ججج	j, wie engl. Job	dj
Hâ	ح	ححح	gehauchtes h	h
Khâ	خ	خخخ	ch wie in Lachen	kh
Dâl	د	ددد	d	d
Thâl	ذ	ذذذ	stimmhaftes th wie engl. though	th
Râ	ر	ررر	rollendes r	r
Zâ	ز	ززز	stimmhaftes s wie in Susi	z
Sîn	س	سسس	stimmloses s wie in sauer	s
Schîn	ش	ششش	sch	sh
Sâd	ص	صصص	emphatisch s	s
Dâd	ض	ضضض	emphatisch d	d
Ta	ط	ططط	emphatisch t	t
Za	ظ	ظظظ	emphatisch z	z

Das arabische Alphabet

Name	allein stehend	hinten/Mitte/vorn	Aussprache	Umschrift
'ain	ع	ععع	„Würgelaut" aus der Kehle	' oder nichts
Ghain	غ	غغغ	ein franz. r wie in rire	gh
Fâ	ف	ففف	f	f
Qâf	ق	ققق	ein q aus der Kehle	q
Kâf	ك	ككك	k	k
Lâm	ل	للل	l	l
Mîm	م	ممم	m	m
Nûn	ن	ننن	n	n
Hâ	ه	ههه	h	h
Wau	و	ووو	w, wie engl. while od. u	w oder u
Yâ	ي	ييي	wie j in ja oder i	y oder i

Ein letzter **Hinweis zum Buchstaben h:** Er wird im Arabischen immer gesprochen (wie in Bethle**h**em) und dient nicht, wie im Deutschen, der Verlängerung des vorangehenden Vokals.

und **Französisch – Wort für Wort** (beide aus der Reihe „Kauderwelsch" im REISE KNOW-HOW Verlag). Dazu gibt es auch Aussprache-Trainer auf Audio-CD und die Bände komplett digitalisiert für das Lernen am PC.

Wichtige Worte und Redewendungen

Deutsch – Marokkanisch/Französisch

Allgemein

ja – nâ*m, îye/oui
nein – lâ/non
bitte – *afak, lla ichallëk/s'il vous plaît
danke – shukran/merci
in Ordnung – wachcha/d'accord
viel, zu viel – bzâf/beaucoup, trop
wenig – shwîya/(un) peu
billig – rëchîs/bon marché
teuer – ghâli/cher
groß, alt – kbîr/grand, agé
klein, jung – sghir/petit, jeune
es gibt – käyin/il y a
es gibt nicht (kein) – makäyinsh/il n'y a pas
ich will – bghît/je veux
ich will nicht – mabghîtsh/je ne veux pas
geben Sie mir – shibli, *âtinî/donnez-moi
komm/kommt – aji/ajiu/viens/venez
verschwinde/t – sirr/sirru/dégage/z la piste
schau/schaut – shûf/shûfu/regarde/z
ich bin Österreicher/in –
   äna nemsâwi/nemsawîya/
   je suis Autrichien/ne
ich bin Deutscher/-e –
   äna almâni/almanîya/je suis Allemand/e
ich bin Schweizer/in –
   äna swîsri/swisrîya/je suis Suisse/sse
ich bin verheiratet –
   äna mëmzuwwush/je suis marrié
ich bin nicht verheiratet –
   äna mâshi mëmzuwwush/
   je ne suis pas marrié
gut – mëziyân/bon
wie viel (kostet das)? –
   bschhâl (häd shi?)/combien (ça fait?)
Entschuldigung! – smähli/éxcusez-moi
so Gott will, hoffentlich –
   in sha'allâh/ésperons-le
im Namen Gottes – bismillâh
gelobt sei Gott – al hamdu lillâh

Begrüßung – Gespräch

grüß Gott (höflich) –
   as salâmu *alêkum/bonjour, bonsoir
   Antwort: wa *alêkum as-salâm
wie geht's ? –
   labâs, ki dêr (m), ki dêra (w)/
   comment ça va ?
   Antwort: labâs al-hamdu lillâh
guten Morgen – sëbâh ël-chêr/bonjour
guten Abend – msa ël-chêr/bonsoir
gute Nacht –
   lêla sa*iida, tisbah *ala-chêr/bonne nuit
Mahlzeit! Guten Appetit! –
   bismillâh, bon appétit
zum Wohl – bisaha/à votre santé
auf Wiedersehen –
   bëslâma, mâs:alëma/au revoir
bitte (als Aufforderung) –
   tfaddal (m), tfaddali (w), tfaddlu (Mz)/
   s'il vous plaît
wie heißt du? –
   a shnu smîtak?/comment tu t'appele?
ich heiße – smîti/je m'appele
woher kommmst du? (m/w) –
   minên ënta/ëenti?/d'où viens-tu?
woher kommt ihr? – minên ëntûma?
wir sind aus ... –
   hna min .../nous venons de ...
   Österreich – an-nämsa/l'Autriche
   Deutschland – almâniya/d'Allemagne
   der Schweiz – swîsra/la Suisse
das ist ... (m/w) – hädä/hädi .../c'est ...
meine Frau – mrâti/ma femme
mein Mann – radjli/mon mari
meine Mutter – ummi/ma mère
mein Vater – bâba/mon père
mein Sohn – wuldi/mon fils
meine Tochter – bënti/ma fille
mein Bruder – chûya/mon frère
meine Schwester – uchti/ma soeur
mein Freund – sahbi/mon ami
meine Freundin – sahibti/mon amie

Zahlen

eins – wâhid/un
zwei – juj/deux
drei – tlâta/trois

SPRACHHILFE

vier – arb*a/quatre
fünf – chamsa/cinq
sechs – sëtta/six
sieben – sb*a/sept
acht – tmaniya/huit
neun – tës*ud/neuf
zehn – *ashra/dix
elf – hadâsh/onze
zwölf – tnâsh/douze
13 – tlätash/treize
14 – ërb*atash/quatorze
15 – chamstâsh/quinze
16 – sëttâsh/seize
17 – sb*atash/dix-sept
18 – tamantâsh/dix-huit
19 – ts*atâsh/dix-neuf
20 – *ishrîn/vingt
21 – wâhid u-*ishrîn/vingt-et-un
22 – tnên u-*ishrîn/vingt-deux
23 – tlâta u-*ishrîn/vingt-trois
30 – tlätîn/trente
40 – ërb*în/quarante
50 – chamsîn/cinquante
60 – sëttîn/soixante
70 – sbë*în/soixante-dix
80 – tmanîn/quatre-vingts
90 – tës*în/quatre-vingts-dix
100 – mîyya/cent
200 – mîyyatên/deux cents
300 – tlâtamîyya/trois cents
1000 – alf/mille
2000 – alfên/deux mille
3000 – tlâtalâf/trois mille

Zahlenbildung wie im Deutschen: drei-und-zwanzig = tlâta u-*ishrîn; fünf-hundert-und-vierzig = chamsa-mîyya u-arb*în.
Achtung: Bei 22, 32, 42 ... 92 wird nicht „juj" als 2 verwendet, sondern das hocharabische „tnên"!

Zeitbegriffe

am Morgen – fës-sabâh bekri/au matin
am Vormittag – fës-sabâh/au matin
am Nachmittag –
  ma* d-dhar/l'après-midi (ca. 16–20 Uhr)
am Abend – fël msâ/au soir
Montag – nhar ttnên/lundi
Dienstag – nhar ttlât/mardi
Mittwoch – nhar l-ërb*/mercredi
Donnerstag – nhar l-chamîs/jeudi
Freitag – (nhar) l-djuma*/vendredi
Samstag – nhar ssëbt/samedi
Sonntag – (nhar) l-had/dimanche
Woche – sämâna/semaine
Monat – shahr/mois
Jahr – säna/*âm/année
heute – ël-yôm/aujourd'hui
gestern – ël-bârih/hier
morgen – ghadda/demain
übermorgen – ba*d ghadd/après-demain

Unterwegs

wo ist ...? – fêyn käyin/a (m/f) ...?/où est ...?
  der Busbahnhof –
  mhatta djyâl kirân/la gare routière
  der Bahnhof – lagâr/la gare
  der Taxistandplatz –
  l-blâsa dyâl taxiyât/station de taxis
  der Flugplatz – l-matâr/l'aéroport
  das Krankenhaus – l-mustashfa/l'hôpital
  ein Arzt – shi tëbêb/médecin
  die Post – l-busta/la poste
  die Bank zum Wechseln –
  l-banka dyâl ës-sarf/la banque de change
Stadt – mëdîna/ville
Dorf – qariya/village
Straße – sharî*a/boulevard
Überlandbus/se – kâr/kirân/autocar
Zug – l-trên/train
Flugzeug – ët-tayâra/avion
Fahrkarte/n – warqa/aurâq/billet/s
halten Sie! – wëqqëf!/arrêtez!
gute Reise! – trêq sälâma!/bon voyage!
Reisepass – baspôr/passeport
Auto – tomobîl/auto
Mofa – moto/mobylette
Rad – bishklêta/bicyclette
Normalbenzin – lessâns/l'essence
Diesel – mazût/Diesel
Superbenzin – mumtâz/Super
Tankstelle – bomba/station-service

Übernachtung

Hotel – shi otêl, shi funduq/un hôtel
Jugendherberge –
  dâr ësh-shabâb/
  auberge de la jeunesse
Campingplatz –
  l-muchayyam/terrain de camping

ich will ein Zimmer für ... –
   bghît shi bêt .../je veux une chambre ...
   eine Person – dyâl wâhid/à un lit
   für zwei Personen – djal juj/à deux lits
   mit Bad – bil-hammâm/avec bain
   mit Dusche – bid-dûsh/avec douche

Lebensmittel/Getränke

gib mir ... – *atîni .../donne-moi ...
Milch – halîb/lait (m)
Brot – chubz/pain (m)
Butter – zubda/beurre (m)
Zucker – sukkar/sucre (m)
Marmelade – konfitür/confiture (f)
Honig – *asël/miel (m)
Käse – frumâsh holandî/fromage (m)
Joghurt – danôn/yaourt (m), danone
Öl – ziî/huile (f)
Essig – chall/vinaigre (m)
Salz – milh/sel (m)
Pfeffer – bzâr/poivre (m)
Schaffleisch – lham dyâl hauli/mouton (m)
Lammfleisch – ... ghanmi/agneau (m)
Rindfleisch – ... beqri/boeuf (m)
Schweinefleisch – ... hallûf/porc (m)
Kamelfleisch – ... djëmal/chameau (m)
Huhn – djadja/poulet (m)
Hackfleisch – këftä/hachis (m)
Tomaten – mâtäsha/tomates (f)
Kartoffel – btata/pommes de terre
Zwiebel – bësël/oignions
Gurken – chiyâr/concombres
Karotten – chizzu/carottes (f)
Petersilie – ma*dnus/persil (m)
Pfefferminze – na*na/menthe (f)
Linsen – *addis/lentilles (f)
Knoblauch – tûma/ail (m)
Salat – shlada/salade (f)
Paprika – filfla/paprika (m)
Olive – zitun/olive (f)
Auberginen – dënshâl/aubergine (f)
Orangen – limun, ëltshin/oranges (f)
Bananen – banan/bananes (f)
Äpfel – tuffâh/pommes (f)
Wassermelonen – dëllah/pastéques (f)
Honigmelonen – bitach/melons (m)
Birnen – bu*awid/poires (f)
Pfirsiche – choch/pêches (f)
Aprikosen – mishmash/abricots (m)
Pflaumen – brqoq/plumes (f)

Weintrauben – *inab/raisins (m)
Granatapfel – rumman/grenade (f)
Datteln – tmar/dattes (f)
Feigen – karmus/figues (f)
Wein – shrab/vin
Bier – bîra/bierre (m)
Orangensaft – *asîr dël-limûn/jus d'orange
Limonade –
   la zigon, munâda/la cigogne (limonade)
Minztee – atây/thé à la menthe
Milchkaffee – qahwa bil-halîb/café au lait
Melange – qahwa mhärrsa/café cassé
schwarzer Kaffee – qahwa këhla/café noir

Glossar

Ashura/Achoura: Neujahr, auch Kinderfest
Agadir: Umfriedung; befestigter Platz; befestigter Speicher
Aguedal: Gärten und Obsthaine der Sultane
Agoumi: entspricht etwa dem Begriff „Alpweide"
Aguelmame: See
Ahaidous: Tanz der Dorfbevölkerung im nördlichen Atlas
Ahwach: Tanz der Dorfbevölkerung im südlichen Atlas
Aid al Kebir: das große Fest (erinnert an das Opfer Abrahams)
Aid al Seghir: das kleine Fest – Abschluss des Fastenmonats Ramadan
Aïn: Quelle
Aït: Söhne von ..., Leute der ... (Stammesname)
Amghar: Dorfältester; wohlhabender Dorfbewohner
Arhour: Brunnen für die Bewässerung (mit Rampe für Zugtiere)
Asif: Wasserlauf
Assarag: Tanzplatz
Azrou: Felsen

Bab: Tor, Durchgang
Balek: Warnruf wie „Achtung!"
Ben (Mz. *Beni*): Sohn des (der) ...
Bir: Brunnen
Bled: offenes Land (Gegensatz zur Stadt)

Chech: Gesichtstuch/-schleier (meist blau, weiß oder schwarz, 5–7 m lang)

GLOSSAR

Chergui: heißer Südwind, Wüstenwind
Chleuh (Schlöh): Berberstamm im Anti-Atlas
Chouari: Tragkorb mit zwei großen Taschen, den man über den Rücken des Esels legt
Couscous: Gericht aus Weizen- oder Hirsegrieß mit Schaf- oder Hühnerfleisch und Gemüse

Dir: Geländerücken; in die Ebene hinauslaufender Sporn
Dirham: marokkanische Währung (DH)
Dar (Mz. *Duar* bzw. franz. *Douar*): Haus; ländliche oder vorstädtische Siedlung; Gruppe von Zelten oder Häusern
Djama: Moschee
Djamâa/Djemâa: Versammlung der Bevölkerung eines Gebietes; Versammlungsplatz
Djabal/Djebel: Berg
Djedid: jung, neu
Djellabah: weites, mantelartiges Kleid mit Kapuze; wird von Männern und Frauen im Freien getragen
Djinn (Mz. *Djnoun*): Dämon, Geist
Doum: Zwergpalmenart

Erg: Sandwüste

Fantasia: wilder Ritt, bei dem Gewehre abgefeuert werden (aus dem Spanischen)
Fata: rituelles Gebet
Fellah: Bauer
Fina: Hauskleid der Frau; Schleier, der über das Hauskleid getragen wird
Fkih: Lehrer an einer Koranschule
Funduk (franz. Foundouk): Herberge, Karawanserai, traditionelles (Stadt-)Haus

Gara (Mz. *Gour*): isolierter Tafelberg; Zeugenberg
Gharbi: Westwind, Meerwind
Ghezzou: Raubzug; Teilnehmer an einem Raubzug
Gnawa (franz. Gnaoua): Meist schwarze Musiker (Ursprungsland Guinea), die islamischen Orden angehören und deren Gesängen und Tänzen Heilkraft zugesprochen wird; oft auf dem Djamâ-el-Fna-Platz in Marrakesch zu sehen
Guedra: röhrenförmige Töpferarbeit (mit Fell bespannt als Tamburin verwendet); Volkstanz in Guelmim

Guich: bewaffneter arbischer Stamm, vom Sultan zur Überwachung eines Gebietes angesiedelt

Hadj: Wallfahrt nach Mekka
Haik: weibliches Kleidungsstück, Überwurf (nur noch selten getragen)
Hammada: Felswüste, Steinwüste
Hammam: islamisches Bad
Haratin: dunkelhäutige, aus der marokkanischen Sahara stammende Bevölkerung
Harira: kräftige Suppe zum Fastenunterbrechen im Ramadan

Imam: frommer Mann, der das Gebet in der Moschee leitet
Imazighen: freie Leute, Freie
Igherm (Irherm): Umfriedung; befestigter Platz; befestigter Speicher

Kaftan: besticktes Kleid aus kostbarem Stoff
Kaid: siehe Qaid
Kalif: Herrscher der Gläubigen; Nachfolger Mohammeds
Kanoun/Qanun: Holzkohlebecken aus gebrannter Erde oder Metall
Kasbah: befestigter Wohnsitz einer Sippe, bzw. Ansammlung von mehren Tighremts, vor allem im südlichen Marokko
Kerkour: Pyramide, auf die jeder Vorbeigehende einen Stein legt, um Unglück abzuwenden
Kesra: rundes Brot
Khammès: Pächter, der ein Fünftel der Ernte erhält
Khettara: unterirdischer Bewässerungskanal
Khoms: Vereinigung verschiedener Stämme
Kibla (Qibla): Gebetsmauer in der Moschee, nach Osten (Mekka) gerichtet
Kissaria: Markthalle für Stoffe, Leder usw.
Koubba: siehe Qubba
Ksar (Mz. *Ksour*): von lat. „castrum"; in Marokko befestigtes Lehmdorf im Süden oder Osten des Atlas

Maghreb: Westen/Land des Sonnenuntergangs/Okzident; Sammelbegriff für die Länder Marokko, Tunesien, Algerien
Maghzen: Regierung des Sultans
Mahdi: der durch Gott bestimmte Führer (z.B. *Ibn Tumart*)

GLOSSAR

Makina: Fabrik
Marabut (franz. Marabout): islamischer Heiliger; wegen seiner Frömmigkeit und seines beispielhaften Lebens angesehener Mann bzw. sein Grabmal
Mechwar (franz. Mechouar): Versammlungsplatz der Stämme vor dem Sultanspalast
Mechoui: im geschlossenen Ofen gebratenes Schaf
Medersa: Schule, Hochschule der Muslims, zugleich Wohnhaus der Studenten
Medina: Stadt; traditioneller Stadtteil; Altstadt
Mellah: Judenviertel, Judenstadt
Mihrab: apsisförmige Gebetsnische in der Kibla (s.o.)
Minbar: Kanzel in der Moschee, meist neben der Mihrab (s.o.)
Mouloud bzw. **Maulad:** Geburtsfest des Propheten oder eines Heiligen
Moussem (franz.) bzw. **Mausim:** Fest oder Pilgerfahrt zu Ehren eines Schutzheiligen
Msid: Koranschule

Nouala: Hütte aus Schilfrohr und Lehm mit Strohhäcksel

Oued/Wadi: Wasserlauf, Fluss
Oulad/Ulad: Söhne des ...

Pastilla (auch Bastilla): mit Taubenfleisch und Eiern gefüllte Pastete (aus dem Spanischen)

Qaid: Chef, Stammesoberhaupt
Qubba: Kuppel; gebraucht für Marabut mit runder Kuppel über quadratischem Grundriss

Ramadan/Ramadhan: Fastenmonat im islamischen Kalender
Ras el Hanout: Gewürzmischung, der man allgemeine und besondere Heilwirkung zuspricht
Riad/Ryad: Innengarten eines Hauses, auch Herrenhaus oder Palast
Ribat: befestigtes Kloster
Ryal: Münzeinheit – 0,05 Dirham (vom span. „Real")

Scherif (Mz. *Schorfa*): angeblicher Nachkomme des Propheten Muhammad; siehe chérif

Seguia: offener Bewässerungskanal
Sidi: mein Herr!
Suq/Souk (franz.): in der Einzahl – Markt, meist Wochenmarkt; in der Mehrzahl – Marktgassen einer Stadt; die Wochenmärkte tragen die Namen der Tage, an denen sie stattfinden: *el had* = Sonntag, *et tnine* = Montag, *et tleta* = Dienstag, *el arba* = Mittwoch, *el khemis* = Donnerstag, *el djema* = Freitag, *es sebt* = Samstag

Tachelhit: einer der drei Berberdialekte in Marokko
Tajine: Fleisch mit Soße, in spitzdeckeligem Tontopf geschmort
Takbilt: politische Einteilung der Berberbevölkerung des Hohen Atlas (arabisch-berberische Mischform)
Taleb (Mz. *Tolba*): Student an einer islamischen Hochschule
Tamazight: einer der drei Berberdialekte in Marokko
Tarbouch: männliche Kopfbedeckung (städtisch)
Tigemmi: Haus
Tighremt: Umfriedung; befestigte Burg oder Speicherburg, auch Kasbah
Tirs: gute schwarze Ackerböden
Tit: Quelle
Tizi (franz. Col): Passübergang

Umma: Gemeinschaft der mohammedanischen Gläubigen

Zawia/Zaouia (franz.): Heiligtum, kleine Moschee; Sitz einer religiösen Bruderschaft
Zellij/Zelliges: Mosaik aus farbigen Keramikstücken, verwandt mit dem span. „azul" (= blau); „azulejos"
Zenata: nomadisierende Berber (aus dem Osten zugewandert); sie sprechen einen der drei Berberdialekte Marokkos

Literatur

Einen guten geografischen und **landeskundlichen Überblick** bietet aus der Reihe „Länderprofile" des Klett-Verlages das Buch „Marokko – ein islamisches Entwicklungsland mit kolonialer Vergangenheit" von *Klaus Müller-Hohenstein* und *Herbert Popp*. *Prof. Popp* vom Geografisch-Sozialwissenschaftlichen Institut der Universität Bayreuth hat noch einige andere Bücher zu speziellen Themen über Marokko herausgebracht, die lesenswert sind. Für Liebhaber alter Bücher sind die Reprints englischer Reiseberichte wie „A Ride in Morocco", „Morocco and the Moors", „Morocco: Its people and its places" von Darf Publishers in London (www.darfpublishers.com) eine wahre Fundgrube an Hintergrundinformationen sowie geschichtlichen und volkstümlichen Gegebenheiten. Staat und Gesellschaft sind sehr gut und informativ und durchaus kritisch in dem Buch „Staat, Öffentlichkeit und Zivilgesellschaft in Marokko" (1997, leider vergriffen) von *Dr. Sonja Hegasy* beschrieben.

Wer sich für **politische und Wirtschaftsdaten** interessiert, sollte einen Blick auf die Websites des Bundesministeriums für Wirtschaftliche Zusammenarbeit (BMZ, www.bmz.de) werfen. Dort kann man diverse Informationen zum Partnerland Marokko einsehen. Weitere wirtschaftliche Informationen (z.B. für Investoren) veröffentlicht die Germany Trade & Invest (www.gtai.de, frühere Bundesstelle für Außenhandelsinformation). Auch die Außenstelle der Industrie- und Handelskammer in Casablanca bietet diverse Publikationen an (www.dihkcasa.org).

Als **sehr gute Hintergrundliteratur** sind die sozialkritischen Romane einiger marokkanischer Schriftsteller wie *Mohammed Mrabet*, *Mohammed Choukri*, *Tahar Ben Jelloun* u.a. zu empfehlen. Besten Einblick in das marokkanische Sozialgefüge liefert auch die Soziologin und Feministin *Fatima Mernissi* mit ihren zahlreichen Büchern.

Einen stimmungsvollen Einblick in die Landschaften und Kultur Marokkos bieten natürlich diverse **Bildbände.** Doch viele Bildbände haben zwar hervorragende Fotos, aber häufig sehr klischeehafte Texte, die wenig in die Tiefe gehen, nicht aktuell sind oder nur die wichtigsten touristischen Regionen abdecken.

Das Buch **„Zeit für Marokko"** (Bruckmann Verlag) verbindet wunderschöne Fotos des professionellen Reisefotografen *Christian Heeb* mit Tipps zu den stilvollsten Unterkünften und ausführlichen Hintergrundtexten von *Astrid Därr*. Ebenfalls empfehlenswert ist das schöne Buch von *Margaret Courtney-Clarke* „Die Berberfrauen. Kunst und Kultur in Nordafrika" aus dem Frederking und Thaler-Verlag, München. Wer sich für Architektur und Innenausstattung marokkanischer Häuser interessiert, wird sich für das Buch **„Moroccan Interiors"** oder **„Morocco Style"** (dreisprachig) von *Lisa Lovatt-Smith* aus dem Taschen-Verlag begeistern. Es zeigt traditionelle Häuser, Wohnformen, Villen aus marokkanischen Städten und deren Einrichtung in hervorragender Qualität – eine echte Augenweide!

Kurzweilige Geschichten bekannter Marokko-Literaten (u.a. *Elias Canetti*, *Fatima Mernissi*, *Tahar Ben Jelloun*) enthält das Buch **„Reise nach Marokko – Kulturkompass fürs Handgepäck"** aus dem Unionsverlag.

Einen sehr guten Kurzüberblick über die marokkanische Mentalität bieten das Buch von *Muriel Brunswig-Ibrahim* **„KulturSchock Marokko"** (Reise Know-How Verlag) und das Sympathiemagazin **„Marokko verstehen"** (Studienkreis für Tourismus und Entwicklung e.V., www.sympathiemagazin.de). Beide Publikationen informieren ausgezeichnet über Land und Leute und helfen dabei, die kulturelle Barriere zwischen Tourist und lokaler Bevölkerung zu überwinden.

Wer in Marokko mehr Zeit in Städten verbringt, kann in den teilweise sehr gut sortierten Buchhandlungen eine Unzahl an französisch- und zum Teil auch englischsprachigen Titeln zu Marokko finden. Auf die große Zahl von **französischsprachiger Literatur** wird hier nicht näher eingegangen.

Spezialisiert auf Bücher über den arabischen Kulturraum sind folgende **Verlage:** Verlag Donata Kinzelbach in Mainz (www.kinzelbach-verlag.de), Edition Orient in Berlin (www.edition-orient.de), Edition Wuquf – Hanspeter Mattes (nur online unter www.wuquf.de). Der Unions-Verlag in Zürich (www.unionsverlag.com) sowie der Leno Verlag in Basel (www.lenos.ch) bringen ebenfalls viele Romane und Erzählungen arabischer Schriftsteller heraus.

Die **Deutsch-Maghrebinische Gesellschaft e.V.** (www.dmag-bonn.de) und die **Deutsch-Marokkanische Gesellschaft e.V.** (www.deumages.de) haben umfangreiche Literaturlisten herausgegeben. Bei der Deutsch-Marokkanischen Gesellschaft kann man sich auch Bücher ausleihen und eine Literaturliste im Internet einsehen.

Literatur zu Marokko

Landeskunde/Gesellschaft/ Geschichte und Politik

- *Abun-Nasr, J. M.:* A History of the Maghrib in the Islamic Period. Cambridge University Press 1987.
- *Brunswig-Ibrahim, M.:* Kulturschock Marokko. Reise Know-How Verlag 2007.
- *Bartha, I., Popp, H.* (Hrsg.): Ethnotourismus in Südmarokko. Touristische Präsentation, Wahrnehmung und Inszenierung der Berber. Maghreb Studien Passau, Heft 15, 2006.
- *Battuta, Ibn:* Reisen ans Ende der Welt 1325–1353. Edition Erdmann 1999.
- *Benítez Jump, Hernán J.:* Traditionelle städtische und ländliche Töpfergesellschaften in Marokko. VASA-Verlag 2002.
- *Berrada, H.:* Fès de Bab en Bab. Promenades dans la Medina. PM Editions 2002.
- *Brentjes, B.:* Die Mauren. Der Islam in Nordafrika und Spanien (642–1800). Koehler & Amelang Verlag 1989.
- *De Amicis, E.:* Morocco: Its People and Places. Reprint der Originalausgabe um 1882. Darf Publishers 1985.
- *Escher A./Wirth E.:* Die Medina von Fès. Fränkische Geographische Gesellschaft 1992.
- *Gaiser, W.:* Berbersiedlungen in Südmarokko. Geographisches Institut der Universität Tübingen 1968.
- *Hassan II. von Marokko:* Erinnerungen eines Königs. Quintessenz Verlag 1996.
- *Hegasy, S.:* Staat, Öffentlichkeit und Zivilgesellschaft in Marokko. Schriften des Deutschen Orient-Instituts 1997.
- *Heller, E., Mosbahi, H.:* Hinter den Schleiern des Islam – Erotik und Sexualität in der arabischen Kultur. C.H. Beck Verlag 1999.
- *Herzog, W.:* Der Maghreb: Marokko, Algerien, Tunesien. C.H. Beck Verlag 1990.
- *Kitamura, F. u. K.:* Marokko zwischen Tradition und Wandel. Hallwag Verlag 1984.
- *Kunz, R., Müller R.:* Giftgas gegen Abd el Krim. Deutschland, Spanien und der Gaskrieg gegen Spanisch-Marokko 1922–1927. Rombach Verlag 1990.
- *Lacoste-Dujardin, C.:* Mütter gegen Frauen, Mütterherrschaft im Maghreb. eFeF Verlag 1990.
- *Lessmeister, R., Popp, H.* (Hrsg.): Der marokkanische Gebirgstourismus. Governance und Organisationstrukturen in spezialtouristischen Wertketten. Maghreb Studien Passau, Heft 16, 2008.
- *Maxwell, C.:* Lords of the Atlas – the Rise and Fall of the House of Glaoua 1893–1956. Elan PR 2004.
- *Merian Marokko.* Travel House Media 1999.
- *Mernissi, F.:* Der Harem ist nicht die Welt. Luchterhand Verlag 1993.
- *dies.:* Der politische Harem – Mohammed und die Frauen. Herder Verlag 2002.
- *dies.:* Die Sultanin. Die Macht der Frauen in der Welt des Islam. Luchterhand Verlag 1991.
- *dies.:* Islam und Demokratie. Herder Verlag 2002.
- *dies.:* Geschlecht, Ideologie, Islam. Kunstmann Verlag 1998.
- *dies.:* Herrscherinnen unter dem Halbmond. Die verdrängte Macht der Frauen im Islam. Herder Verlag 2004.
- *Neumann, K.-H.:* Die Berber. Vielfalt und Einheit einer alten nordafrikanischen Kultur. DuMont Verlag 1983.
- *Oufkir, M., Fitoussi M.:* Die Gefangene. Marion v. Schröder-Verlag 1999.
- *Perrault, Gilles:* Unser Freund der König von Marokko. Abgründe einer modernen Despotie. Kiepenheuer Verlag 1992.
- *Popp, H.* (Hrsg.): Geographische Forschungen in der saharischen Oase Figuig. Passauer Schriften zur Geographie Heft 10, 1994.
- *ders.* (Hrsg.): Die Sicht des anderen – Das Marokkobild der Deutschen, das Deutschlandbild der Marokkaner. Maghreb-Studien Passau, Heft 4, 1994.

- ders: Neue Formen des Tourismus in den Maghrebländern. Wirtschaftliches und soziales Handeln der lokalen Bevölkerung. Maghreb-Studien Passau, Heft 12, 1999.
- *Reichard, H.:* Westlich von Mohammed. Geschick und Geschichte der Berber. Kiepenheuer & Witsch 1957.
- *Rössel, Karl:* Wind, Sand und (Mercedes) Sterne. Westsahara: Der vergessene Kampf um die Freiheit. Horlemann Verlag 1994.
- *Wrage, W.:* Die Straße der Kasbahs. Unter den Berbern Südmarokkos. Neumann-Neudamm Verlag 1969.
- ders.: Jenseits des Atlas. Unter den Bergen Südmarokkos. Neumann-Neudamm-Verlag 1982.

Geologie/Pflanzen und Tiere

- *Bergier, Patrick u. Fédora:* A Birdwatchers' Guide to Morocco. Bird Watchers' Guides Prion Ltd. 2003.
- *Jahn, S., Bode, R. (u.a.):* Marokko – Land der schönen Mineralien und Fossilien, Bode Verlag 2003.
- *Lüning, S. u. Geiger, M.:* Naturwunder des Maghreb. Expedition durch die Erdgeschichte Marokkos, Video-DVD, Seven Continents Science Productions.
- *Schatanek, V. u. Elkharassi, H.:* Kosmos Naturführer Sahara. Tiere, Pflanzen, Spuren. Franckh-Kosmos 2006.
- *Puknatis, M.:* Physiogeographische und landnutzungsbezogene Charakterisierung der Wüstenränder in Marokko. Grin Verlag 2007.

Kunst und Kultur

- *Betten, A.:* Marokko: Antike, Berbertraditionen und Islam. Geschichte, Kunst und Kultur im Maghreb. DuMont Kunstreiseführer 2009.
- *Bianco, S.:* Hofhaus und Paradiesgarten. Architektur und Lebensformen in der islamischen Welt. C.H. Beck 2001.
- *Hattstein, M.:* Islam: Kunst und Architektur. h.f.ullmann publishing 2007.
- *Korn, L.:* Geschichte der islamischen Kunst. C.H. Beck 2008.
- *Otto, J.:* Prähistorische Felsgravuren im Hohen Atlas. Imago Mundi 1994.
- *Rainer, K.:* Tasnacht. Teppichkunst und traditionelles Handwerk der Berber Südmarokkos. Akademische Druck- und Verlagsanstalt 1999.
- *Riße, Martina:* Volubilis. Verlag Philipp von Zabern 2001.
- *Rohlfs, Gerhard:* Reise durch Marokko, Kuhtmanns, Bremen 1868.
- *Wirth, E.:* Die orientalische Stadt im islamischen Vorderasien und Nordafrika, Verlag Philipp von Zabern 2002.

Religion

- *Lang, H.:* Der Heiligenkult in Marokko. Formen und Funktionen der Wallfahrten. Maghreb Studien Passau, Heft 3, 1992.
- *Ruthven, M.:* Der Islam – Eine kurze Einführung, Reclam Verlag 1997.
- *Schimmel, A.-M.:* Sufismus – Eine Einführung in die islamische Mystik. C.H. Beck 2008.

Bildbände

- *Brunswig-Ibrahim, M., Sarnow, S.:* Faszinierendes Marokko: Menschen, Kultur, Städte, Landschaften. Palmyra 2005.
- *Courtney-Clarke, M.:* Die Berber-Frauen. Frederking & Thaler 1997.
- *Därr, A. u. Heeb, C.:* Zeit für Marokko. Traumziele wie aus 1001 Nacht. Bruckmann Verlag 2007.
- *Lovatt-Smith, L.:* Moroccan Interiors (engl./franz.). Taschen Verlag 2004.
- *Stoeltie, B. u. R.:* Living in Morocco. Taschen Verlag 2003.
- *Winterfeld, B., Heeb, C.:* Marokko. Bruckmann Verlag 2005.
- *Wilbaux, Q., Lebrun, M.:* Marrakech – Le secret de ses Maisons-Jardins (franz./engl.). ACR Edition 1999.

Belletristik

- *Artbauer, O.:* Kreuz und quer durch Marokko. Kultur und Sittenbilder aus dem Sultanat des Westens. Stecker & Schröder 1911.
- *Aubin, E.:* Das heutige Marokko. Hüpeden & Merzyn 1905.
- *Ben Jelloun, T.:* Der Gedächtnisbaum (1989); Sohn ihres Vaters (1989); Tag der Stille in Tanger (1991); Zina oder die Nacht des Irrtums (1999); Papa, was ist ein Fremde? (2000). Alle genannten Titel sind im Rowohlt Verlag erschienen.

- ders.: Verlassen. Berliner Taschenbuch Verlag 2008.
- *Bowles, Paul:* Himmel über der Wüste. Goldmann Verlag.
- ders.: Allal, Stories aus Marokko. Rowohlt Verlag 1988.
- *Bowles, P. u. Mrabet, M.:* M'hashish, Geschichten aus Marokko. Goldmann Verlag 1998.
- *Canetti, Elias:* Die Stimmen von Marrakesch. Fischer Verlag 1980.
- *Choukri, M.:* Das nackte Brot. Piper Verlag 1993.
- *Djura:* Der Schleier des Schweigens. Von der eigenen Familie zum Tode verurteilt. Heyne Verlag 2005.
- *Driss, C.:* Ermittlungen im Landesinneren. Lenos Verlag 2007.
- ders.: Die Zivilisation Mutter. Unionsverlag 2009.
- ders.: Ein Leben voller Fallgruben. Unionsverlag 1992.
- *Elalamy, Y. A.:* Gestrandet. Kinzelbach Verlag 2008.
- *Fichte, H.:* Der Platz der Gehenkten. Fischer Verlag 1989
- *Geerdts, W.:* Landeinwärts – vom Berberdorf ins Safranland. Nieswand-Verlag 1997.
- *Kaufmann, C.:* Der Himmel über Tanger. Ullstein TB 2001.
- *Kusserow, M.:* Märchenhaftes Marokko. Von Djinns, Prinzen und wundertätigen Rabbis. Kinzelbach Verlag 2006.
- *Leisten, C.:* Marrakesch, Djemaa el Fna. Prosa. Rimbaud Verlag 2007.
- *Leitess, Lucien* (Hrsg.): Reise nach Marokko. Kulturkompass fürs Handgepäck. Unionsverlag 2008.
- *Mayne, P.:* Ein Jahr in Marrakesch. Rowohlt 1992.
- *Meyer, J. D.:* Mit Kamel und Medizin – 20 Jahre Wüstenarzt. Copress-Verlag Hoffman & Hess 1959.
- *Pelligrini, R.:* Toubib in Goulmima – Als Arzt unter Berbern. Denkmayr 1996.
- *Saillo, W.:* Tränenmond. Ich war fünf als meine Kindheit starb. Bastei Lübbe 2007.
- *Topper, U.* (Hrsg.): Märchen der Berber. Rowohlt TB 1998.
- *Wattar, T.:* Maultierhochzeit. Edition Orient 1991.

Landkarten

Als Übersichtskarte für das gesamte Land ist die Marokko-Karte von REISE KNOW-HOW (world mapping project) im Maßstab 1:1 Mio. zu empfehlen (der Atlas in diesem Buch entstammt dieser Karte). Einen sehr guten Überblick gibt auch die Marokko-Karte von **Michelin** 1:1 Mio. mit einigen Nebenkarten 1:600.000. Auf dieser Karte sind auch die Pisten und Nebenstrecken genau erkennbar (für MTB- und Geländewagenfahrer).

Wer sich für **Regionalkarten** mit detaillierten Ausschnitten interessiert oder mit GPS navigieren will, ist mit den Karten der Division Topographique (Rabat, 1:250.000) gut bedient. Sie sind verhältnismäßig neu, jedoch für die Grenzgebiete im Süden und die Westsahara nicht erhältlich. Manche Karten sind genehmigungspflichtig und nur unter großem Aufwand zu bekommen, einige Blätter vergriffen, jene über die südlichen Gebiete werden gar nicht an die Öffentlichkeit ausgeliefert. Wichtig sind die Detailkarten 1:100.000 vor allem für Bergsteiger und Mineraliensammler im Hohen Atlas, die Karten 1:250.000 auch für Geländewagenfahrer, die die Nebenpisten im Anti-Atlas und Saharabereich befahren wollen.

Als Ersatz kann man für diese Gebiete auf topografische **russische Generalstabskarten** (mit kyrillischer Beschriftung, aber deutscher Beschreibung der Legende und Übersetzung des kyrillischen Alphabets) im Maßstab 1:1 Mio., 1:500.000, 1:200.000 und 1:100.000 zurückgreifen. Sie sind für fast alle Teile Marokkos (auch digital) erhältlich bei Därr Expeditionsservice, München (Tel. 089 282032, www.daerr.de).

> **Buchtipp – Praxis-Ratgeber:**
> - Wolfram Schwieder
> **Richtig Kartenlesen**
> (REISE KNOW-HOW Verlag)

ANZEIGE

Bei den örtlichen Tourismusämtern gibt es sehr gute **touristische Karten** der Region Azilal-Zaouia Ahansal und El Ksiba, welche auch den Hohen Atlas bis ins Aït-Bougoumez-Tal und ins M'goun-Tal abdecken und für Trekker und Mountainbiker geeignet sind. Der Preis ist jedoch mit 400 DH pro Karte viel zu hoch angesetzt. Es werden von allen Karten nur Einzelblätter (gegen schriftlichen Antrag vor Ort mit Passnummer) verkauft, größere Mengen werden nicht herausgerückt. Für Trekker nützlich sind auch die Wanderkarten von *Mohammed Aït Hamza* und *Herbert Popp* „Kultur-Trekking im Dschebel Saghro (Südmarokko)" und „Kultur-Trekking im Zentralen Hohen Atlas" (erhältlich über das Geografische Institut der Universität Bayreuth: www.stadtgeo.uni-bayreuth.de/de/publications/maghreb-karten).

Eine **DVD** mit digitalen topografischen Karten für Garmin-GPS-Geräte ist erhältlich bei Garmin Deutschland (TOPO Marokko von *Michael Hantsche*, www.garmin.de) oder bei Outdoorfachhändlern wie dem Därr Expeditionsservice (www.daerr.de). Seit 2010 sind außerdem die Navigationsgeräte TomTom Start und TomTom XL mit Kartenmaterial für Marokko direkt im Land erhältlich.

Bei mitgebrachten Landkarten sollte man darauf achten, dass die **Westsahara als marokkanisches Gebiet** eingetragen ist, denn sonst werden die Karten an der Grenze konfisziert.

Marokkanischer Tee ist gut für den Magen. Und ab sofort noch viel besser fürs Herz.

Verbinden Sie Ihre Marokko-Ferien mit der Hilfe für Frauen, die durch das soziale Netz gefallen sind: Der Verein AMINA vertreibt die selbst gefertigten Produkte dieser Frauen – Tees, Gewürze, Duftsäckchen, Kosmetika und vieles mehr – und sichert ihnen damit langfristig eine Lebensgrundlage. Kaufen Sie die Produkte vor Ort im Laden «Les Délices du Sultan» in Amezrou/Zagora und unterstützen Sie direkt diese Frauen und ihre Kinder.

Mehr Informationen über das Projekt AMINA und die Produkte erhalten Sie hier: www.organisation-amina.org und www.delices-sultan.org (Laden: Route Mhamid, Amezrou/Zagora)

Mit REISE KNOW-HOW gut orientiert nach Nordafrika

Die Landkarten des **world mapping project** bieten weltweite gute Orientierung.

- Auf reiß- & wasserfestem Polyart®-Papier gedruckt: beschreibbar, kann individuell aufs passende Format gefalzt werden
- Modernes, gut lesbares Kartenbild mit Höhenlinien, Höhenangaben und farbigen Höhenschichten
- GPS-Tauglichkeit durch eingezeichnete Längen- und Breitengrade; ab Maßstab 1:300.000 zusätzlich durch UTM-Markierungen
- Klassifiziertes Straßennetz mit Entfernungsangaben
- Wichtige Sehenswürdigkeiten, herausragende Orientierungspunkte und Badestrände durch einprägsame Symbole dargestellt
- Der ausführliche Ortsindex ermöglicht das schnelle Finden des Zieles

Derzeit **über 160 Titel** lieferbar (siehe unter www.reise-know-how.de), z.B.:

- **Libyen** (1:1,6 Mio.)
- **Marokko** (1:1 Mio.)
- **Tunesien** (1:600.000)

world mapping project
REISE KNOW-HOW Verlag, Bielefeld

REISE KNOW-HOW
das komplette Programm
fürs Reisen und Entdecken

Weit über 1000 Reiseführer, Landkarten, Sprachführer und Audio-CDs
liefern unverzichtbare Reiseinformationen und faszinierende Urlaubsideen
für die ganze Welt – *professionell, aktuell und unabhängig*

Reiseführer: komplette praktische Reisehandbücher für fast alle touristisch interessanten Länder und Gebiete **CityGuides:** umfassende, informative Führer durch die schönsten Metropolen **CityTrip:** kompakte Stadtführer für den individuellen Kurztrip **world mapping project:** moderne, aktuelle Landkarten für die ganze Welt **Edition REISE KNOW-HOW:** außergewöhnliche Geschichten, Reportagen und Abenteuerberichte **Kauderwelsch:** die umfangreichste Sprachführerreihe der Welt zum stressfreien Lernen selbst exotischster Sprachen **Kauderwelsch digital:** die Sprachführer als eBook mit Sprachausgabe **KulturSchock:** fundierte Kulturführer geben Orientierungshilfen im fremden Alltag **PANORAMA:** erstklassige Bildbände über spannende Regionen und fremde Kulturen **PRAXIS:** kompakte Ratgeber zu Sachfragen rund ums Thema Reisen **Rad & Bike:** praktische Infos für Radurlauber und packende Berichte außergewöhnlicher Touren **sound)))trip:** Musik-CDs mit aktueller Musik eines Landes oder einer Region **Wanderführer:** umfassende Begleiter durch die schönsten europäischen Wanderregionen **Wohnmobil-TourGuides:** die speziellen Bordbücher für Wohnmobilisten mit allen wichtigen Infos für unterwegs

Erhältlich in jeder Buchhandlung und unter www.reise-know-how.de

www.reise-know-how.de

Unser Kundenservice auf einen Blick:

Vielfältige Suchoptionen, einfache Bedienung

Alle Neuerscheinungen auf einen Blick

Schnelle Info über Erscheinungstermine

Zusatzinfos und Latest News nach Redaktionsschluss

Buch-Voransichten, Blättern, Probehören

Shop: immer die aktuellste Auflage direkt ins Haus

Versandkostenfrei ab 10 Euro (in D), schneller Versand

Downloads von Büchern, Landkarten und Sprach-CDs

Newsletter abonnieren, News-Archiv

Die Informations-Plattform für aktive Reisende

REISE Know-How online

KulturSchock

Diese Reihe vermittelt dem Besucher einer fremden Kultur wichtiges Hintergrundwissen. **Themen** wie Alltagsleben, Tradition, richtiges Verhalten, Religion, Tabus, das Verhältnis von Frau und Mann, Stadt und Land werden nicht in Form eines völkerkundlichen Vortrages, sondern praxisnah auf die Situation des Reisenden ausgerichtet behandelt. Der **Zweck** der Bücher ist, den Kulturschock weitgehend abzumildern oder ihm gänzlich vorzubeugen. Damit die Begegnung unterschiedlicher Kulturen zu beidseitiger Bereicherung führt und nicht Vorurteile verfestigt. Die Bücher haben jeweils ca. 240 Seiten. Hier eine Auswahl:

- Jens Sobisch, **KulturSchock Cuba**
- Thiel Glatzer, **KulturSchock Afghanistan**
- D. Jödicke, K. Werner, **KulturSchock Ägypten**
- Carl D. Gördeler, **KulturSchock Brasilien**
- Hanne Chen, **KulturSchock China, mit Taiwan**
- K. Kabasci, **KulturSchock Kleine Golfstaaten/Oman**
- Rainer Krack, **KulturSchock Indien**
- Kirsten Winkler, **KulturSchock Iran**
- Martin Lutterjohann, **KulturSchock Japan**
- Muriel Brunswig, **KulturSchock Marokko**
- Klaus Boll, **KulturSchock Mexiko**
- Susanne Thiel, **KulturSchock Polen**
- Barbara Löwe, **KulturSchock Russland**
- Andreas Drouve, **KulturSchock Slowenien**
- Rainer Krack, **KulturSchock Thailand**
- Harald A. Friedl, **KulturSchock Ungarn**
- Monika Heyder, **KulturSchock Vietnam**

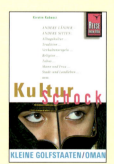

REISE KNOW-HOW Verlag, Bielefeld

Kauderwelsch?
Kauderwelsch!

Die **Sprachführer der Reihe Kauderwelsch** helfen dem Reisenden, wirklich zu sprechen und die Leute zu verstehen. Wie wird das gemacht?

- Die **Grammatik** wird in einfacher Sprache so weit erklärt, dass es möglich wird, ohne viel Paukerei mit dem Sprechen zu beginnen, wenn auch nicht gerade druckreif.
- Alle Beispielsätze werden doppelt ins Deutsche übertragen: zum einen **Wort-für-Wort,** zum anderen in „ordentliches" Hochdeutsch. So wird das fremde Sprachsystem sehr gut durchschaubar. Ohne eine Wort-für-Wort-Übersetzung ist es so gut wie unmöglich, einzelne Wörter in einem Satz auszutauschen.
- Die **Autorinnen und Autoren** der Reihe sind Globetrotter, die die Sprache im Lande gelernt haben. Sie wissen genau, wie und was die Leute auf der Straße sprechen. Deren Ausdrucksweise ist häufig viel einfacher und direkter als z.B. die Sprache der Literatur. Neben der Sprache vermitteln die Autoren Verhaltenstipps und erklären Besonderheiten des Landes.
- **Jeder Band** hat 96 bis 160 Seiten. Zu jedem Titel ist begleitendes **Audio-Material** erhältlich.
- **Kauderwelsch-Sprachführer** gibt es für über 100 Sprachen in **mehr als 220 Bänden,** z.B.:

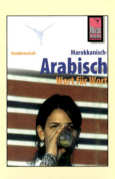

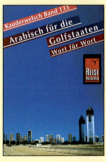

Marrokanisch-Arabisch – Wort für Wort
Band 77
**Arabisch für die Golfstaaten
– Wort für Wort**
Band 133
Tunesisch-Arabisch – Wort für Wort
Band 73

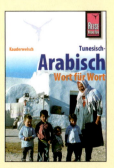

REISE KNOW-HOW Verlag, Bielefeld

www.siwatours.de

SIWA TOURS

ERHOLUNG · ABENTEUER · ERLEBNIS

Individuelle Reisen mit dem Wohnmobil.
Bestellen Sie jetzt unseren kostenlosen
Katalog im Internet, oder direkt bei:

SIWA TOURS · Marktplatz 37 · 88400 Biberach · Tel. 07351/13023 · Fax 13025

MARABOUT TRAVEL
REISEN ZU ANDEREN WELTEN

Marokko – wagen Sie einen Halt im Land der Schneeberge und Sanddünen. Naturerlebnisse mit **marabout travel**.

Marokko:	Brigitte Zahner und Lahoucine Taha
	www.maraboutreisen.ch
Schweiz:	*WeitWandern* Markus Zürcher, 3703 Aeschiried
	www.weitwandern.ch, 0041 33 654 18 42

ANZEIGE 839

www.marokkoerleben.de

Kostenlose Beratung
Tel.: +49 (0)40 - 43190752

Individualreisen · Gruppenreisen · Reisebausteine · Themenreisen

تذوق المغرب
Marokko
erleben

Marokko mit
Spezialisten
erleben

Reisen Sie mit unserer Erfahrung
Wir beraten, Sie entscheiden.
Wir buchen, Sie reisen entspannt!

Fordern Sie unseren Katalog an
...und lassen Sie sich inspirieren!

Traumhafte Unterbringung in
Riads und Kasbahs!

Reiseveranstalter Franke & Leinker Hamburg   Tel.: +49 (0)40 - 43190752 info@marokkoerleben.de

Ihre Experten für den Orient
Märchenhafte Rundreisen nach Maß

Bei uns erhalten Sie ganz individuelle und auf Ihre Wünsche und Vorstellungen zugeschnittene Reisen in die schönsten und spannendsten Regionen unserer Erde.

Egal ob Sie die einzigartige Tierwelt Afrikas, die fremden Kulturen Asiens oder die Mystik des Orients erleben möchten, wir bieten Ihnen persönliche Rundreisen nach Maß.

Zu Zweit mit eigenem Fahrer durch den Orient:

1001 Reise GmbH
Habsburgerring 1 | 50674 Köln

Tel.: 0221 – 570 855 30
Fax: 0221 – 570 855 33

Email: Info@1001Reise.net

12 Tage Syrien (4* Hotels): €1.750,-
Höhepunkte: Damaskus, Palmyra, Aleppo, Krak des Chevaliers, Baalbek

8 Tage Jordanien (3* Hotels): €995,-
Höhepunkte: Amman, Totes Meer, Kerak, Petra, Aqaba, Berg Nebo, Madaba

15 Tage Ägypten (4* - 5* Hotels): €1.095,-
Höhepunkte: Kairo, Pyramiden von Giza, Luxor, Nilkreuzfahrt, Assuan, Rotes Meer

15 Tage Marokko (3* Hotels): €1.595,-
Höhepunkte: Casablanca, Rabat, Marrakesch, Fés, Wüste, Ait Ben Hadou

9 Tage Armenien (3* - 4* Hotels): €1.295,-
Höhepunkte: Eriwan, Sewan See, Etschmiadzin, Haghpat, Noravank, Garni, Geghard

www.1001Reise.net

*Preis pro Person

ANZEIGEN

WeitWandern
www.weitwandern.ch

Der Sand, der Felsenpfad, der natürliche Boden nehmen schon deshalb den Wanderer auf, weil sie ihn zwingen, den Schritt jeden Augenblick zu wechseln, den Fuss dem Boden anzuschmiegen.

(Linschoten)

Mit der Eisenbahn und dem Schiff reisen wir in die schönsten Wandergebiete Marokkos:

Hoher Atlas, Jebel Sarhro, Jebel Zereg, Oued Draa

WeitWandern
Markus Zürcher, Allmigässli 27, PF 122, CH-3703 Aeschiried
Telefon: 0041 33 654 18 42, Fax: 0041 33 654 11 34
markus.zuercher@weitwandern.ch
www.weitwandern.ch

Rohrwick Fähr-
& Reise-Service

„DER SCHNELLE WEG NACH ISLAND UND AFRIKA"

Sonderkonditionen

NEU Venedig – Alexandria (Ägypten) und Venedig – Tartous (Syrien)

SOFORT-INFO ÜBER FREIE PLÄTZE

Telefon: / Fax: 06242 – 915829
E-Mail: rohrwick@t-online.de
Homepage: www.rohrwick.de

ANZEIGE 845

Marokko erleben

Rundreisen geführt und individuell

Königsstädte

Kamel- und Maultiertrekking

Geländewagen- und Mountainbiketouren

Themenreisen

Tombouctour GmbH
Im Brünneli 24
CH-8127 Aesch-Forch

Tel. 0041 43 205 25 00
Fax 0041 43 205 25 01
info@tombouctour.ch
www.tombouctour.ch

Tombouctour Marrakesch
Tel. 00212 524 43 01 11

Tombouctour Zagora
Tel. 00212 524 84 82 07

tombouctour@yahoo.fr

Am Rande der südmarokkanischen Wüste, im Land der Blauen Männer, inmitten der unendlichen Palmengärten, erleben Sie, was orientalische Gastfreundschaft bedeutet:

- Kulinarische Genüsse auf hohem Niveau
- Exklusive Entspannung in einer Suite
- Stilvolle und komfortable Zimmer in traditioneller Kasbaharchitektur
- Romantische Übernachtung in einem Nomadenzeltzimmer
- Erholung im Swimmingpool oder im Garten
- Für alle Sahara- und Naturhungrigen: Kameltrekking, Wanderungen, Mountainbike- und Geländewagentouren vor Ort buchbar

Chez le Pacha
1,5 km après Oulad Driss
Bounou, M'hamid El Ghizlane
Zagora

Tel. 00212 524 84 86 96
Fax 00212 524 84 86 95
www.chezlepacha.com
info@chezlepacha.com

Register

A

Abbas El Fassi 132
Abbou Lakhal 270
Abd al-Aziz 129
Abd al-Hafiz 129
Abd al-Karim al-Khattabi 129
Abd al-Krim 129
Abd al-Mu'min 125, 581
Abdallah Ibn Yasin 125
Abeïno 669
Abu Yahya Abdelhaqq 126
Abu Yaqub Yussuf 126
Abu Youssef 539
Achbarou 543
Achoura 823
Achouria 540
Adaï 639
Adar 665
Adrar Mqorn 641
Afella 577
Afella Adaï 639
Afella Ighir 641
Afourar-Schlucht 550
Afourer 382
Africanus, Leo 173, 780
Afrisol 708
Agadir (Speicher) 169, 823
Agadir 590
Agathali 692
Agd(e)z 490
Agda 563
Aghbalou 571
Aghbalou (Arbalu) Issardane 354
Aghbalou N'Kerdous 481
Aglou Plage 669
Agoudal 562, 568
Agoudim 568
Agouelmous 449
Agouim 449
Agoumi 823
Agouti 372
Aguard Oudad 640
Aguedal 823
Aguelmame 823
Aguelmame Affnourire 351
Aguelmame Azigza 352
Aguelmame Baghane 354
Aguelmame Sidi Ali 359
Aguelmame Tiffounassine 351
Aguerd Imlal 641
Aguerd n'Igherm 558
Aguerd-n-Ouqidoun 381
Ahaidous 823
Ahmad al-Hiba 129
Ahmad al-Mansur 128
Ahmed-Hansali-Stausee 364
Ahwach 823
Aid al Kebir/Aid al-Kabir 51, 823
Aid al Seghir/Aid as-Saghir 51, 823
Aid al-Adha 51
Aid al-Fitr 51, 159
AIDS 58
Aïn 823
Aïn Aicha 354
Aïn Benimathar 269
Aïn Defali 237
Aïn Diab 756
Aïn Djori 237
Aïn Ech Chair 485
Aïn El Kesaden 348
Aïn el Rhazi 563
Aïn Leuh 350
Aïn Lhassau 214
Aïn Split 798
Aïn Tissergad 688
Aïn-Aïcha 256
Âin-al-Âouda 798
Aït 823
Aït Abdallah 630, 655
Aït Abdi 369
Aït Ali 560
Aït Atta (Berber) 546
Aït Attab 376
Aït-Baha 629, 643
Aït Barka 447
Aït Ben Yaya 568
Aït Benhaddou 450
Aït-Bougoumez-Tal 370, 374, 382
Aït Bouwli 372
Aït Brahim 569
Aït Gmat 556
Aït Hadiddou 563
Aït Hani 568, 569
Aït Herbil 654
Aït Ibrirne 560
Aït Kharrou 512
Aït Khlifa 558
Aït Lekak 572

REGISTER

Aït Mansour 641
Aït Massaoud 545
Aït Melloul 629
Aït M'hamed 381
Aït Orrhar 363
Aït Ouabelli 660
Aït Ouazik 553
Aït Oudinar 560
Aït Oufella 360
Aït Ouffi 560
Aït Oufka 645, 665
Aït Ougmass 639
Aït Ouham 370
Aït Ouritane 566
Aït Ousghal 553
Aït Ouzid 558
Aït Ouzzine 548
Aït Rahal 660
Aït Ridi 468
Aït Said 374
Aït Saoun 489
Aït Semgane 511
Aït Sidi Hucein 566
Aït Taderte 562
Aït Toukhsine 561
Aït Yaha-Ousgher 562
Aït Yazza 627
Ajdir 242, 247
Ajras-Stausee 214
Akioud 577
Akka 660, 666
Akka Iguiren 663
Aksri 620
Al Adlwa Lihsane 133
Al Hoceima 243
Al Jemâa 798
Alawiden 517
Alawiten 128
Alemdoum 558
Algerien 137, 263, 268
Al-Glaoui/El Glaoui (Pascha) 396, 448
Al-Hoceima-Nationalpark 118, 240
Alkohol 24, 49, 50
Allal al-Fassi 131
Alma 620, 656
Almohaden 125, 581
Almoraviden 125
Alnif 543
Aloukrite 449
Al-Wahda-Stausee 237
Amellago 562, 568

Amghar 823
Amghrass 584
Amizmiz 584
Ammeln (Berber) 638
Ammelntal 634, 637, 638
Amtoudi 658
Analphabeten 150
Anemiter 448
Anergui 367, 639, 642
Anezal 485
Anezi 643
Anfa 756
Anfla Agaref 666
Anreise 28
Anti-Atlas 108, 588
Aoufouss 514
Aouïnet Torkoz 676
Aoulouz 489
Aourir 619
Apotheken 60
Araber 152
Arabeske 163
Arabisch 86, 818
Arbeitslosigkeit 148
Arbya Aït Boutayeb 652
Arganienbaum 108, 583
Arganienöl 180, 626, 654, 706
Arhour 823
Arkmane 257
Armee 136
Armut 148
Aroumd 576
Arous 374
Ärzte 60
Asguine 571
Ashura 52, 823
Asif 823
Asif M'goun 468, 585
Asif Ounila 449
Asif Reraïa 573
Asilah 807
Askaoun 488
Asni 574
Asrir 676
Assa 675
Assaka 639
Assaki 488
Assarag 823
Assermo 585
Assgaour 571
Assif Almouloud 639

Anhang

Assif Boulgous 658
Assif Melloul 368
Assif-n-Arous 374
Assoul 569
Atlantikküste 590, 700
Atlantisches Becken 106
Atlas-Gebirge 104
Atlas-Zeder 114
Ausreise 42
Ausrüstung 35
Außenhandel 146
Auto 32, 44, 46, 63, 65
Azaghar N-Irs 665
Azemmour 745
Azerzoun 354
Azilal 378
Azla 238
Azoura 656
Azrou 344, 823

B

Bab 823
Bab al Arba 282
Bab Azhar 281
Bab Berret 242
Bab Besen 242
Bab Boudir 280
Bab Taza 242
Bab'n'Ali 550
Bahn 31, 89
Balek 823
Banken 54
Basar 82
Bastilla 182, 825
Behindertenreisen 40
Bekrite 359
Ben 823
Ben Guerir 813
Ben Jelloun, Tahar 174
Beni Abdellah 243
Beni Ammar Zerhoun 306
Beni Bounsar 255
Beni Enzar 254
Beni Hadifa 243
Beni-Hillal-Nomaden 124
Beni-Mellal 365
Beni Nasser 255
Beni-Snassen-Berge 261
Benzin 66

Berber 123, 152, 166,
   344, 546, 563, 590, 638, 656
Berberaffen 115, 348, 359
Berber-Dekret 131
Berbermusik 176
Berkane 261
Beschneidung 157
Bevölkerung 148
Bhalil 338
Bidonville 746
Bilharziose 58
Bin-el-Ouidane-Stausee 383
Biougra 629, 652
Bir 823
Bivouac 501
Bled 823
Bordj Ksabi 283
Bordj Saida 283
Bordj Taguerroumt 542
Botschaften 41
Bou Ahmed 239
Bou Azzer 511, 664
Bou Izakarne 657
Bou Rbia 511
Bou Regreg 774
Bou Thrarar 556
Bou Zarif 666
Bouarfa 269
Boudenib 484
Boufekrane 348
Bougran-Dünen 508
Boujdour 692
Boulâouane 813
Boulemane 361
Bouloujoul 283, 360
Boumalne Dadès 470
Boumia 362
Boutabi 639
Boutferda 566
Bouznikha Plage 773, 796
Bouznou 563
Bowles, Paul 174
Brochettes 183
Bus 31, 86
Byzantiner 122

C

Cafés 48
Camping 95

Campingausrüstung 38
Cannabis 25, 41, 47, 188, 242
Cap de l'Eau 257
Cap des Trois Fourches 254
Cap Drâa 679
Cap Malabata 212
Cap Manzari 238
Cap Rhir 704
Cap Sim 706
Cap Spartel 213
Cap Tafelney 706
Casablanca 746
Cascades d'Atiq 663
Cascades de Immouzzer 619
Cascades de Tizgui 489
Cascades d'Ouzoud 377
Cascades Tazlout 550
Cathédrale des Roches 368
Cèdre Gouraud 359
Ceuta 216
Chapeau Napoléon 640
Charrane 254
Chech 823
Check-in 30
Chefchaouen 229
Chergui 824
Cherket 566
Chichaoua 730
Chleuh-Berber 590, 824
Chouari 824
Choukri, Mohamed 174
Cintra 697
Cirque de Jaffar 363
Col 825
Col Amezloug 676
Col de Jerada 269
Col de Kerdous 644
Col de Regada 274
Col du Zad 360
Cotta 213
Couscous 182, 824
Cromlech von M'Soura 806
CTM 86

D

Dadès-Schlucht 471, 560
Dakhla 693
Dalia 215
Daoura 688

Dar 94, 824
Dar Bouazza 746
Dar Tahar-Ben Abbou 731
Dattelpalmen 270
Dayet Afourgah 361
Dayet Aoua 340
Dayet er-Roumi 798
Dayet Hachlaf 340
Dayet Iffer 340
Dayet Ifrah 340
Dayet Jerane 340
Dayet Lahjeh 270
Dayet Sri 524, 526
Debdou-Bergland 282
Demnate 384
Diabat 729
Diesel 66
Dinosaurier 379, 385
Diplomatische Vertretungen 41
Dir 824
Dirham 53
Djabal 824
Djabal Adafane 495
Djabal Aderdouz 562
Djabal Akerkour 676
Djabal Amergou 237
Djabal Amsittene 706, 730
Djabal Aroudane 370
Djabal Ayachi 362
Djabal Azurki 370
Djabal Bani 504, 660
Djabal Bou Hellal 235
Djabal Bou Iblane 282, 361
Djabal Bou Naceur 283
Djabal Bouarfa 269
Djabal Djorf 272
Djabal Ech Chaouen 229
Djabal Erfoud 515
Djabal Gaberaal 283
Djabal Gru 270
Djabal Hebri 359
Djabal Kissane 490
Djabal Lekst 630, 639, 642
Djabal M'goun 374
Djabal Musa 216
Djabal Ouaklim (Adrar-n-Aklim) 665
Djabal Oukaïmeden 572
Djabal Saghro 546, 548
Djabal Siroua 487, 488
Djabal Tabayoud 676
Djabal Taskalouine 676

Djabal Tassemit 365
Djabal Tazzeka 278, 281
Djabal-Tazzeka-Nationalpark 278
Djabal Tidiquin 243
Djabal Toubkal 574, 576
Djabal Zagora 495
Djabal Zenaga 272
Djama 824
Djamâa 824
Djamâa-el-Fna (Marrakesch) 396
Djedid 824
Djellabah 824
Djinn 824
Dondouq Askur 799
Douar Tizgui 489
Doukkala 740
Doum 824
Drâa-Tal 489, 492
Drogen 25, 41, 47, 188, 242
Durchfall 56

E

EC-Karte 55, 70
Ehe 153
Einkaufen 50
Einladungen 20
Einreise 42
El Akarta 739
El Argoub 697
El Arou(w)i 274
El Ghazoua 708
El-Ghiwane, Nass 178
El Had 367
El Had-Draâ 731
El Hajeb 348
El Harhoua Plage 796
El Hiba 621
El Jadida 741
El Jebah 239
El Kasba 739
El Kebab 355
El Kelâa des M'gouna 468
El Kelâa des Sraghna 376
El Ksiba 364
El-Massira-Stausee 813
El Mengoub 485
El Mhamid 664
El Ouatia 685
Elektrizität 48

Eleonora-Falke 730
Energie 146
Enjil 283
Erdgas 146
Erdöl 146
Erfoud 514
Erg 688, 824
Erg al-Yahudi 505
Erg Chebbi 514, 517, 524, 525, 528, 535
Erg Chegaga 506
Erg M'Hazil 506
Errachidia 482
Esmougi 654
Essaouira 708
Essen 48, 180
Essmanieren 181
Et Tleta des Oued Laou 238
Ethnische Gruppen 152
Euro 54
Export 147

F

Fähren 32
Fahrrad 67
Fam el Hisn 659, 675
Familie 153
Fantasia 179, 824
Fask 676
Fata 824
Fatimiden 124
Faux guide 53
Feiertage 51
Feija 511
Fellah 824
Felsgravuren/-zeichnungen 537, 544, 554,
  572, 639, 654, 660, 675, 676
Ferienclubs 93
Ferkhana 253
Fès 307
Fès el-Bali 313
Fès el-Djedid 312
Fezna 540
Figuig 270
Film 170, 422, 450, 453
Fina 824
Finanzen 53
Fint 457
Fischerei 145
Fkih 824

REGISTER

Flüchtlinge 137
Flughäfen 43, 89
Flug-Know-how 30
Fluglinien 29, 88
Flugzeug 28
F'nideq 221
Foggara 270
Forêt des Cèdres 348
Forstwirtschaft 144
Fort Bou Jerif 677
Fossilien 358, 514, 534
Fotografieren 19
Foum Assaka 674, 678
Foum el-Oued 692
Foum Kheneg 359
Foum-Zguid 510
Frankreich 129
Französisch 86
Frauen 154
Frauen (allein reisend) 21
Fremdenführer 53
Fremdenverkehrsamt 60
Friedrich, Thomas 484
Fritissa 283
Funduk 824

G

Gabelkap 254
Gara 824
Garrigue 115
Garum 213
Gdourt 641
Geld 53
Geografie 104
Geologie 104
Gepäck 30, 35
Geschichte 121
Gesundheit 56, 816
Gesundheitswesen 151
Gewerkschaften 136
Gewürze 180
Gharbi 824
Ghezzou 824
Gîte d'étape 98
Gnawa 824
Gnawa-Musik 175
Goldene Spirale 541
Golf 85
Gorges du Ziz 513

Gouffre d'Agadir Imoucha 705
Gouffre Friouato 278
Goulmima 481
Gourizim 670
Gourrama 512
Grand Taxis 89
Grenzübergänge 45
Grotte du Chameau 263
Grottes de Chiker 278
Grüner Marsch 138
Guedra 824
Guelmim 666
Guenfouda 269
Guercif 274
Guerguerat 697
Guerruau-Stausee 274
Guich 824
Guide 53

H

Had Aït Belfa 652
Had Aït M'Zal 629
Had Rouadi 242
Had-Brachoua 798
Hadj 52, 160, 824
Haik 824
Hammada 108, 688, 824
Hammadiden 124
Hammam 824
Hammat Mulay Ali Cherif 512
Hammat Mulay Hachem 512
Handour 546, 548
Handwerk 169
Handy 72
Hanf 25, 41, 47, 188, 242
Haouz-Ebene 390
Haratin 152, 824
Harira 183, 824
Haschisch 25, 41, 47, 188, 242
Hassan II. 130
Hassan-Abdhakhil-Stausee 513
Hassi Bedi 536
Hassi Fougani 538
Hassi Labied 536
Hassi Ouzina 537
Hassi Remlia 538
Hauptsaison 95
Haut-Atlas-Oriental-Nationalpark 119
Heiligenglaube 161

REGISTER

Heirat 157
Heiratsmarkt 563
Henna 161, 573
Herkulesgrotten 213
Himmelstreppe 541
Hochsaison 91
Hoher Atlas 107, 388
Hollywood 422
Hotels 92
Hotels (Agadir) 601
Hotels (Casablanca) 758
Hotels (Essaouira) 711
Hotels (Fès) 324
Hotels (Marrakesch) 421
Hotels (Meknès) 296
Hotels (Rabat) 783
Hotels (Tanger) 203, 601

I

Ibbakliouineim 372
Ibis 118
Ibn Battuta 173
Ibn Tumart 581
Icht 659
Id Aïssa 658
Ida Ougnidif/Tioulit 629
Ida Oumarkt 652
Idni 583
Idrissiden 124
Ifar 556
Ifrane 341
Ifrane de l'Anti-Atlas 644, 652
Ifrane-Nationalpark 119, 339, 346
Ifri 486
Igherm 166, 630, 656, 824
Igli 563
Igoudmane n'Aït Ourir 551
Ikniounn 552
Ilal 545
Île du Dragon 694
Îles de Mogador 729
Iligh 644
Illalen 629
Illigh 656
Imam 824
Imazighen 824
Imelghas 370
Imi Ouazal 642
Imi'n'Tizghrt 654

Imilchil 563
Imimiki 619
Imi-Mqorn 629
Imini 449
Imi-n-Ifri 372, 384
Imi-n-Ouarg 551
Imi-n-Ouzrou 543
Imitek 665
Imiter 474
Imlil 574
Imlili 697
Immesouane 705
Immesouane Plage 705
Immi Oudar 703
Immouzzer 619
Immouzzer des Ida Outanane 620
Im-Ouzlag 654
Imouzzer Kandar 350
Impfungen 56, 816
Import 147
Imsouk 370
Industrie 146
Inezgane 627
Informationen 60
Internet 61, 74
Iouzioua Ounneïne 488
Irherm-n-Ougdal 449
Irhzer n'Ikhibi 577
Iriqui-Nationalpark 119
Iriqui-See 509, 664
Iseli-See 564
Islam 123, 133
Issaguen 243
Izemourèn 243
Izerbi 644

J

Jardin exotique de Bouknadel 799
Jdaid 536
Jemâa Ida Oussemlal 643
Jorf 540
Juba II. 123, 709
Juden 153
Jugendherbergen 98

K

Kaa Asras 239
Kaftan 824

REGISTER

Kalaat Tazrouda 253
Kalah Iris 242
Kalender (islamischer) 51
Kalif 824
Kamel 84
Kameltouren 501
Kanarenstrom 110
Kanoun 824
Karia Ba Mohamed 237
Karthager 122
Kasba Tadla 365
Kasbah 166, 824
Kasbah Aït Abou Ali 468
Kasbah Aït Arbaa 505
Kasbah Aït Arbi 560
Kasbah Aït Chaib 544
Kasbah Aït Youl 560
Kasbah Aït-Ali Ouhda 544
Kasbah Amerhidil 466
Kasbah Annoceur 361
Kasbah Boulâouane 813
Kasbah des Cigognes 456
Kasbah Meski 513
Kasbah Othmane 494
Kasbah Tamdakht 449, 452
Kasbah Tamnougalte 492
Kasbah Taouirt 492
Kasbah Taourirt 454
Kasbah Tifferouine 574
Kasbah Tiffoultoute 453, 456
Kasbahs Qaid Ali (Asslim) 490
Kebab 183
Kef el Moumen 338
Kefta 183
Kénitra 800
Keramik 81
Kerkour 824
Kerrouchèn 355
Kesra 824
Ketama 243
Khalalfa 254
Khamlia 536
Khammès 824
Khemis des Oud Ayad 376
Khemis Oulad el Hadj 732
Khemisset 812
Khenifiss-Nationalpark 686
Khénifra 353
Khettara 270, 824
Khoms 824
Kibla 824

Kinder 58, 97
Kissaria 824
Kleidung 36
Klima 109
König 131
Konsulate 41
Koran 158
Koubba 824
Kourkouda 486
Krankenhäuser 60
Kreditkarten 55
Kriminalität 76
Ksar 166, 824
Ksar-al-Kebir 801
Ksar es Seghir 215
Ksar Kerrandou 512
Küche (marokkanische) 48, 180
Kultur 162, 753
Kunst 162

L

La Bouirdia 697
Laâyoune 141, 689
Laksabi 676
Lalla Mimouna 480
Lalla Rekia 338
Lalla-Takerkoust-Stausee 584
Lamssid (Lemsid) 692
Landkarten 829
Landwirtschaft 143
Larache 801
Last Minute 31
Le Clochtons 577
Le Grand Sud 390
Legzira 671
Les Peintures 640
Literatur 173, 826
Lixus 802
Lokba 632
Loukkos 801
Lyautey, Louis Hubert 129

M

Maadid 514
Mâaziz 798
Macchie 115
Madao 630
Maestro-Karte 55, 70
Maflouka 523

REGISTER

Maghreb 824
Maghzen 824
Mahdi 824
Mahirija 282
Maider-See 538
Maison d'Hôtes 94
Makhzen 132
Makina 825
Malaria 816
Malerei 171
Mamora-Wald 796, 800, 812
Mansour-ed-Dahbi-Stausee 457
Marabut 127, 161, 825
Marihuana 25, 41, 47, 188, 242
Marocpop 175
Marokko (Landesdaten) 102
Marrakesch 390
Martil 222
Masiren 152
Massa-Nationalpark 650
Maulad 52, 825
Mauren 123
Mauretanien 680, 697
Mausim 825
Mdaouer Kebir 510
Mdaouer Seghir 510
M'diq 221
Mechoui 182, 825
Mechwar 825
Mecissi 543
Medersa 825
Medien 62
Medina 825
Mediterrania Saïdia 259
Mehdiya 800
Mehdiya Plage 796, 800
Meknès 288
Melilla 254
Mellab 542
Mellah 825
Menschenrechte 137
Merguez 183
Merhaoua 282
Meriniden 126
Mernissi, Fatima 154
Merzouga 525
Meseta 106, 109
Mesti 674
Mevlid 52
M'hamid 506
Mharz 664

Mhorr-Gazelle 120
Midelt 355
Mietwagen 63
Mihrab 825
Minbar 825
Mirhimina 664
Mirleft 670
Missour 283, 512
Mitfahrzentralen 31
Mittelmeerküste 186
Mittlerer Atlas 106, 286
Mizane-Tal 574
Mjara 237
Mlili 697
Mobil telefonieren 72
Mogador Essaouira 709
Mohamed Ibn Abdallah Ibn Tumart 125
Mohamed V. 131
Mohamed V. (Stausee) 256
Mohamed VI. 134
Mohammedia 772
Mont Gourougou 253
Moschee Hassan II. (Casablanca) 752
Mosesberg 372
Motorrad 69
M(o)ulay Idris 301
Mouloud 825
Moussem 179, 825
Mrabet, Mohamed 174
M'Sabih Talaa (Naturreservat) 120
Msemrir 561
Msid 825
M'Soura 806
Mulay Abdallah 740
Mulay al-Hassan 129
Mulay ar-Rashid 128
Mulay Bouchta 237
Mulay Bousselham 804
Mulay Bouzerktoun 731
Mulay Brahim 573
Mulay Ismail 128, 289
Mulay Mohamed 128
Mulay Sulayman 128
Mulay Yaqub 306
Müll 25
Musée Belghazi 796
Musik 175
Musikfestivals 177
Mzizel 563
Mzoudia 730

N

Nador 248
Nador Plage 805
Naila-See 686
Nasrate 505
Nationalparks 118
Naturreservate 120
Nebensaison 95
Nekob 545
Nomaden 689
Notfälle 70
Nouala 825
N'Tirifit 693
Nzala des Beni Ammar 237, 306

O

Oasen 517
Öffnungszeiten 74
Ornamentik 163
Ouaklim 552
Oualidia 739
Oualili 303
Ouanara 730
Ouanegh 360
Ouaouizarht 368
Ouaoumana 364
Ouaourioud 566
Ouarzazate 453
Ouazzane 235
Oued 825
Oued Aggai 338
Oued Agoundis (Ijoukak) 581
Oued Aït-Ameur 704
Oued Aït-Baha 629
Oued al Mrit 270
Oued Aliane 214
Oued Assaka 644, 674, 678
Oued Assaki 488
Oued Assakis 666
Oued Assif Ifrane 652
Oued Belaabi 485
Oued Bou Regreg 798
Oued Bouânane 485
Oued Bouchia 239
Oued Boughirni 675
Oued Chbika 686
Oued Choff Erg Cherg 283
Oued Cintra 697
Oued Crâa 693
Oued Dadès 465, 560
Oued Drâa 489, 676, 679, 681
Oued el Abid 368, 376
Oued el Atach 508
Oued el Feija 511
Oued el Khatt 689
Oued El Ouaar 686
Oued Feltouh 240
Oued Gheris 540, 542
Oued Guir 484, 512
Oued Ifrane 344
Oued Korifla 770, 796
Oued Ksab 708
Oued Lakhdar 382, 384
Oued Laou 238
Oued Ma Fatma 686
Oued Marrout 798
Oued Massa 649, 651
Oued Melh 663
Oued Mellah 450
Oued Misakaou 660
Oued Moulouya 257, 283
Oued Mulay Brahim 573
Oued N'Fiss 581, 583, 730
Oued Ouarzazate 489
Oued Ouerrha 237
Oued Ounila 447
Oued Ourika 570
Oued Ouringa 239
Oued Recifa 361
Oued Rheris 568
Oued Safsaf 484
Oued Sebou 800
Oued Takoucht 643
Oued Tamkouirint 705
Oued Tamrakht 619
Oued Tassaraset 706
Oued Tazlaft 543
Oued Tazlida 447
Oued Tazougart 653
Oued Tensift 732
Oued Tessaout 585
Oued Tissint 663
Oued Todrha 480
Oued Touama 447
Oued Zelmou 485
Oued Ziz 512, 525, 537, 568
Ouina 569
Ouiouane-See 352
Ouirgane 580

Oujda 137, 263
Oukaïmeden 572
Oulad 825
Oulad Ali 283
Oulad Berhil 583
Oulad M'Barek 367, 382
Oulad Rezzag 283
Ouled Driss 505
Ouled Ghanem 740
Oulmès 798
Oum el Aleg 660
Oum er-Rbia 352, 745
Oumesnat 631
Ourika 489, 570
Ourika-Tal 570
Outad-Oulad-El Haj 283
Outerbat 562
Ouzo 376
Ouzoud 377

P

Painted Rocks 640
Palmeraie (Marrakesch) 417
Parlament 132
Parteien 133
Pass 42
Passage d'Ito 348
Pastilla 825
Peñón de Velez de la Gomera 241
Petit Taxis 88
Petite Val d'Or 773
Pflanzen 112
Phönizier 122
Phosphat 146, 700, 733
Pilgerfahrt 52, 160
Pisten 65
Plage Achakar 214
Plage Baibah 732
Plage Blanche 669, 678
Plage Cap Bedouzza 739
Plage des Nations Unies 796, 799
Plage Lalla Fatma 738
Plage Sidi Bounaim 745
Plage Souiria 732
Plage Tilal 773
POLISARIO 138
Politik 131
Polizei 136
Pont d'Almou 468

Pont de Loukkos 235
Pont du Sebou 237
Pont du Zate 447
Porto Rico 697
Post 71
Prostitution 149
Protektorat 129
Punta Ziris 216

Q

Qaid 825
Qanun 824
Qubba 825

R

Rabat 774
Radfahren 85
Radio 62
Rai-Musik 175
Ramadan 52, 75, 93, 159, 825
Ras-al-Aïn 269
Ras al Ma 278
Ras el Hanout 825
Ras el-Ma 257, 306
Ras n'Ouanoukrim 577
Ras Oumlil 681
Ras Qebdane 257
Reconquista 127
Reg 688
Regierung 132, 135
Reiseapotheke 817
Reisepass 42
Reiseveranstalter 74
Reisezeit 75
Religion 158
Republik Bou Regreg 775
Réserve biologique de Sidi Boughaba 799
Réserve biologique Merja Zerga 805
Réserve des Îles d'Essaouira 120
Respekt 19
Restaurants 48
Restaurants (Agadir) 607
Restaurants (Casablanca) 761
Restaurants (Essaouira) 722
Restaurants (Fès) 329
Restaurants (Marrakesch) 429
Restaurants (Meknès) 297
Restaurants (Rabat) 789

REGISTER

Restaurants (Tanger) 206
Rheris-Tal 568
Riad 94, 164, 165, 825
Ribat 825
Ribat-el-Kheir 282
Rich 563, 568
Rif-Gebirge 104, 188, 229, 243
Rissani 520
Roches ruiniformes 341
Rohlfs, G. 780
Römer 122, 303
Rommani 770
Rose Marie Plage 773
Rosenwasser 466, 469
Routenteil A 186
Routenteil B 286
Routenteil C 388
Routenteil D 588
Routenteil E 700
Rückbestätigung 30
Ryal 825

S

Saaditen 128
Sable d'Or Plage 796
Safi 733
Safran 487
Saf-Saf 261
Sahrawi 139
Saïdia 257
Saint-Exupéry, Antoine de 687
Saka 274
Salé 774, 781
Sanddünen 517
Saour 573
Schecks 54, 71
Scheidung 157
Scherif 825
Scherifen 128
Schmuck 79
Schulwesen 149
Sebkha 688
Sebhka Bou (Bu) Areg 248
Sebkha Debira 687
Sebkha Naila 681
Sebkha Natatoulet 697
Sebkha Oum D'ba 688
Sebkha Tah 687
Sebt des Gzoula 731

Sefrou 338
Seguia 825
Selouane 261
Settat 812
Setti-Fatma 571
Sexualität 22
Sicherheit 76
Sidi 825
Sidi Abdallah 643
Sidi Abd-er Rahman 757
Sidi Abed 740
Sidi Ahmed Bernoussi 237
Sidi-Ahmed-ou-Moussa 644
Sidi Akhfennir 686
Sidi Allal El Bahraoui 812
Sidi Assaka 644
Sidi Ben Taya 376
Sidi Bibi 652
Sidi Bou Ifdail 670
Sidi Bouchta 738
Sidi Boughaba 799
Sidi Bouzid 740
Sidi Chamharouch 577
Sidi Harazem 281
Sidi Hssaine 486
Sidi Ifni 672
Sidi Kacem 238
Sidi Kaouki 706
Sidi M'Zal 630
Sidi Mbarek 707
Sidi Mohamed Ben Abdellah
  (Stausee) 671, 796
Sidi-Mokhtar 730
Sidi Moussa 372, 799
Sidi Moussa d'Aglou 648, 670
Sidi Ouarsik 674
Sidi Ouassai Plage 651
Sidi R'bat 650
Sidi Rahal 385
Sidi Rahal Plage 746
Sijilmassa 517, 520
Site d'Intérêt biologique de Gourougou 253
Skhirat Plage 773, 796
Skoura 465
Smimou 706
Snada 242
Sonnenschutz 58
Souiria 732
Souk 77, 825
Souk Anefg 665
Souk d'Afella Ighir 641, 653

Souk de Nzala 512
Souk el Khemis 469
Souk es Sebt 237
Souk Khemis-d'Issafen 665
Souk Tnine de Tarsouale 643
Source Bleue de Meski 513
Source Lalla Haya 798
Source Sacrée 508
Source Sidi Ahmed 484
Sous 588, 621
Sous-Ebene 108
Souss-Massa-Nationalpark 118
Sous-Tal 488
Souvenirs 77
Sozialwesen 148
Spanien 129, 138
Sport 83
Sprache 86, 173
Sprachhilfe 818
Staat 131
Stamm 158
Straße der Kasbahs 465
Straßen 65
Sufismus 161
Sunniten 158
Supratours 86
Suq (Souk) 77, 82, 825
Suq-al-Arba-du-Rharb 801
Suq al Had de Ikauen 254
Suq-Tnine-de-Sidi-al-Yamani 806
Surfen 85

T

Ta(l)gmout 556
Tabant 370
Tachelhit 825
Tadaft 577
Tadat 577
Taddert 447
Tadighoust 569
Tadmamt 572
Tafighart 665
Tafilalet 514, 517, 529
Tafoghalt (Taforalt) 262
Tafraoute 632
Taftecht 730
Tafza 570
Tagadirt 665
Tagadirt Nait Ali 656

Tagant 666
Tagdichte 639
Tagdilt 546, 551
Taghaoute 642
Taghazoute 703
Tagmoute 676
Tagoundoute 563
Tagounite 505
Taguenza 639
Tah 687
Tahala 630, 639, 643
Tahanaoute 573
Tahiti Plage 796
Tainzirt 657
Tajine 183, 825
Takbilt 825
Talassemtane-Nationalpark 118
Talat n'Yacoub 581
Taleh 825
Taliouine 487
Talmest 731
Talsinnt 512
Tamalout 556
Tamanar 706
Tamanart 654
Tamassint 539
Tamazight 825
Tamazirt 86
Tamdafeit 283
Tamda-See 448
Tamegroute 503
Tamelelt 376
Tameslohte 584
Tamessoult 654
Tamga 369
Tamkadout 354
Tamlalt 560
Tamnougalte 492
Tamrabet 238
Tamrakht 619
Tamri 704
Tamsahalte 545
Tamtattouchte 567
Tamtrouchte 282
Tamzadert 562
Tamzargout 620
Tanalt 639, 643
Tanger 188
Tanoutou-Fillali 354
Tansikht 494
Tan-Tan 681

REGISTER

Taounate 255
Taouz 536
Tarbouch 825
Tarfaya 687
Targa 664
Targamant 676
Targha 239
Targuist 243
Tarhjijt 657
Tarifit 86
Tariq Ibn Ziyad 124
Tarmilate 798
Taroudannt 621
Tasguent 655
Tashelhai 86
Tasla 511, 664
Tasrirte 641
Tata 656, 660
Taxi 88
Taza 275
Tazaghart 577
Tazenakht 485
Tazlout-Schlucht 551
Tazrouda 253
Tazrout 556
Tazzarine 543
Tazzeka 639
Tazzekka-Nationalpark 118
Tee 182
Telefonieren 71
Telouèt 447
Temara 773
Tendrara 269
Teppiche 81
Terkeddit-Plateau 375
Terrorismus 142
Tétouan 222
Teufelsfelsen 702
Theater 171
Tiddas 798
Tidghist 585
Tidrine 569
Tidzi 706
Tiere 112
Tifaouine 620
Tiffermit 645
Tiflèt 812
Tifnite 652
Tifrit 620
Tigemmi 825
Tighremt 166, 825

Tighssaline 364
Tigmerte 676
Tigminou 571
Tiguermine 655
Tilouggite 368
Timahdit(e) 359
Timdghast 354
Timesgouida 577
Timezguit 569
Timguelchte 642
Timidarte 494
Timoulaye 653, 657
Timoulaye n'Ouamalougt 658
Timoulilt 367
Timtbout 563
Tin Mal 581
Tin Mansour 652
Tinejdad 481
Tinerhir 474
Tinfou 504
Tinfrat 486
Tinzouline 494
Tiouri 641
Tiout 626
Tiremtmate 639
Tirhmi 644
Tirs 825
Tisernay 543
Tisgui El Haratine 660
Tislit-See 564
Tissa 256
Tisselday 449
Tissemoumine 539
Tissergate 494
Tissint 663
Tit 740, 825
Tiwadou 641, 666
Tizerkine 642
Tizgui 449
Tizgui Ida Ouballou 665
Tizi 825
Tizi Abekhnanes 361
Tizi Oulmou 282
Tizi Tirherhouzine 568
Tizi-Beni-Salmane 505
Tizi bou Zabel 282
Tizi-Mighert 657
Tizi Mlil 630, 655
Tizi-n'Rechou 355
Tizi-n-Aghouri 374
Tizi-n-Aid 566

Tizi-n-Aït Imguer 447
Tizi-n-Aït Imi 374
Tizi-n-Ali 563
Tizi-n-Bachkoum 485
Tizi-n-Eddi 572
Tizi-n-Fedghat 585
Tizi-n-Ifar 566
Tizi-n-Illissi 370
Tizi n'Oubadou 372
Tizi-n-Oughbar 382
Tizi-n-Outfi 585
Tizi-n-Taddert 468
Tizi-n-Tafilalet 554
Tizi-n-Talghemt 512
Tizi'n'Tarakatine 655
Tizi-n-Tazazert 551
Tizi-n-Test 583
Tizi-n-Tichka 447
Tizi-n-Tikkit 552
Tizi-n-Timlaine 511
Tizi-n-Tinififft 489
Tizi-n-Tirghist 370
Tizi-n-Toubkal 577
Tizi-n-Zou 362
Tizi-Tagountsa 569
Tizi-Taguergoust 511
Tiznit 645
Tizourgane 629
Tleta Akhssass 657
Tleta Bouguedra 731
Tleta-Henchane 730
Tleta-Ketama 254
Tnine Tarzoual 644
Tnine Wadai (d'Adaï) 658
Todrha-Schlucht 478, 480, 562, 566
Tollwut 58
Torres-de-Alcalá 241
Toubkal-Nationalpark 118
Toufliht 447
Toufrine 585
Toukter 569
Toumliline 568
Toundout 558
Tounfite 362, 563
Tourbist 556
Tourhat 449
Tourismus 18, 147
Touroug 542
Touzounine 660
Trampen 31, 90
Transport 86

Treibstoff 66
Trekking 83, 379, 437, 462, 546, 576
Trinken 48
Trinkgeld 91
Tunnel der Legionäre 512

U

Uhrzeit 91
Ukas 654
Ulad 825
Umayyaden 123
Umma 825
Umwelt 25
Unabhängigkeit 131
Unfall 70
Unterkunft 91
Uqba Ibn Nafi 123
USA 142

V

Vallée des hereuses 382
Vallée des Roches 340
Vallée des Roses 469
Vefat 52
Vegetation 113
Vérame, Jean 640
Verfassung 131
Verhalten 18
Verkehrsmittel 86
Verkehrsregeln 67
Versicherung 59, 99
Verwaltung 136
Viehzucht 145
Volksmusik 177
Volubilis 162, 303
Voth, Hannsjörg 541

W

Wadi 825
Wafa 52
Wahlen 132, 135
Währung 53
Wald 114
Wandalen 123
Wasser 25, 40
Wassereule 118

Wattasiden 126
Wechselkurs 53
Wechselstuben 54
Wein 182, 288, 300
Western Union 71
Westsahara 109, 138, 590, 687, 688
Wild campen 97
Wirtschaft 143
Wüste 109, 117

Y

Yacoub-El-Mansour-Stausee 581
Yussuf Ibn Tashfin 125
Yussuf-Ibn-Tashfin-Stausee 649

Z

Zabarart 255
Zagora 495
Zaio 261
Zaouiat el Bir 469
Zaouiat es Cheïkh 364
Zawia 825
Zawia Abd en Nebi 510
Zawia Amelkus 514
Zawia d'Ifrane 344
Zawia des Sidi Hamza 512
Zawia Sidi Abd el Jabar 630
Zawia Sidi Lahsain 486
Zawia Tamegroute 503
Zebzate 512
Zeghangane 253
Zegzel-Schlucht 263
Zeida 283, 354, 360
Zeit 91
Zeitungen 62
Zelliges 164, 825
Zemmour 688
Zenata 825
Ziriden 124
Ziryab 175
Ziz-Schlucht 513
Zoll 47
Zorgane 494

Danksagung

Herzlichen Dank allen Lesern, die uns ihre Erfahrungen aus Marokko mitteilten und so wesentlich bei der Aktualisierung der 12. Auflage halfen. Besonders danken wir folgenden Personen, die mit Textbeiträgen, Informationen und Hilfe bei der Recherche vor Ort zum Entstehen dieses Buches beitrugen: *Abdelkhalek Benalila, Abelaziz Benjelloun, Béatrice Buschor, Jan Cramer, Prof. Dr. Anton Escher, Fouad Filali* (www.marokko.com), *Thomas Friedrich, Mechthild Haugland, Ibrahim Karaoui, Bärbel u. Udo Klein, Edi Kunz, Sonja Ludwig* (Marokkanisches Fremdenverkehrsamt Düsseldorf), *Roger Mimo, Gaby Noack-Späth, Ahmed Ouardarass, Norbert Schmidt, Klaus Schneider, Diana* und *Günther Schulz, Thorsten Striepke* sowie *Azzedine Tazi*.

Erika Därr dankt außerdem ihrem Mann *Klaus Därr*, der sie in den vergangenen 30 Jahren so manche Wochen unermüdlich durchs Land chauffierte und dem es nicht zu doof wurde, ein ums andere Mal „Monsieur Erika" genannt zu werden ...

Fotonachweis

Fast alle Bilder sind von **Astrid und Erika Därr** (gekennzeichnet mit den Buchstabenkürzeln ad, ed und dd). Hinzu kommen *Norbert Schmidt* (ns), *Werner Gartung* (wg), *Jan Cramer* (jc) und *Brahim Karaoui* (bk).

Die Autorinnen

Erika Därr, geb. 1949, ist seit 1971 auf allen Kontinenten unterwegs. Das erste Land außerhalb Europas, das sie besuchte, war Marokko. Auf vielen mehrwöchigen Reisen, allein oder mit Familie, lernte sie Land und Leute kennen und lieben. Nach mehreren Sahara-Durchquerungen gründete sie 1976 mit ihrem Mann Klaus den mittlerweile verkauften Reiseausrüstungsladen „Därr Expeditionsservice". Sie schrieb 1981 die erste Auflage des Globetrotterführers „Marokko – vom Rif zum Anti-Atlas" und verlegte das Buch im Eigenverlag. 1984 war sie Mitbegründerin von REISE KNOW-HOW und arbeitete bis 2002 als Verlegerin – und heute noch als Autorin mehrerer Reiseführer in der Verlagsgruppe. Bis 2008 reiste sie zusammen mit ihrem Mann mehr als fünf Jahre mit einem Allrad-Wohnmobil durch alle Kontinente. Mehr über die Autorin unter www.daerr.info.

Seit der 10. Auflage hat Tochter **Astrid Därr,** geb. 1977, die komplette Aktualisierung des vorliegenden Reiseführers übernommen. *Astrid* war seit ihrem ersten Lebensjahr mit ihren Eltern in Afrika unterwegs. Inzwischen bereiste sie alle Kontinente auf eigene Faust, darunter auch mehr als 30 Länder Afrikas. Mit einem alten Toyota Landcruiser durchquerte sie Afrika in mehreren Etappen von München bis Kapstadt. Die Diplom-Geografin befasste sich schon während ihres Studiums intensiv mit dem Maghreb, u.a. mit ihrer Diplomarbeit über Investoren in der Medina von Fès. *Astrid Därr* ist Autorin diverser Reisebücher in verschiedenen Verlagen, darunter „CityTrip Marrakesch" (REISE KNOW-HOW), „Zeit für Marokko" und „Zeit für Safari" (Bruckmann Verlag). Als Reisejournalistin und Reiseleiterin ist sie mehr als fünf Monate im Jahr im Ausland unterwegs. Für den Trekkingreise-Veranstalter Hauser Exkursionen GmbH führt sie u.a. regelmäßig Reisegruppen durch Marokko. Mehr über die Autorin unter www.durchafrika.info.

ATLAS: BLATTSCHNITT, ZEICHENERKLÄRUNG   I

Die Karten auf den folgenden Seiten sind Ausschnitte aus der Marokko-Karte des **world mapping project** von REISE KNOW-HOW (siehe Seite 831).

Straßennummern	Road numbers
Autobahn / im Bau	Motorway / under construction
Schnellstraße	Dual carriageway
Fernstraße	Major route
Nebenstraße	Secondary road
Sonstige Straße (Piste)	Other road
Fahrweg / Pfad	Track / path
Schwierige oder gefährliche Strecke	Difficult or dangerous track
Entfernung in Kilometern	Distance in kilometres
Eisenbahn / Industriebahn	Railway / industrial railway
Landschaftlich schöne Strecke	Road with beautiful scenery
Fluss / Wehr	River / weir
Fluss periodisch	River periodical
Binnengewässer	Inshore waters
Salzpfanne	Salt flats
Insel periodisch	Island periodical
Ort mit Tankstelle	Place with petrol station
Erdölquelle / Erdölleitung	Oil source / oil pipeline
Flughafen / Flugplatz	Airport / airfield
Aussichtspunkt	Viewpoint
Sehenswürdigkeit, Natursehenswürdigkeit	Place of interest, place of interest (natural)
Fort sehenswert	Fort of interest
Turm / Kasbah sehenswert	Tower / Kasbah of interest
Kirche / Ruine sehenswert	Church / ruin of interest
Klosterruine sehenswert	Monastery ruin of interest
Moschee sehenswert	Mosque of interest
Marabout sehenswert	Marabout of interest
Archäologischer Fundort sehenswert	Archeological site of interest
Höhle / Bergwerk	Cave / mine
Zoo, Naturpark	Zoo, nature reserve
Oase, Brunnen	Oasis, well
Thermalbad / Strand	Spa / beach
Angeln / Surfen	Fishing / surfing
Wintersport	Wintersports
Leuchtturm	Lighthouse
Furt befestigt / natürlich	River crossing artificial / natural
Hafen / Jachthafen	Harbour / yacht harbour
Besuch empfohlen von Reise Know-How	Recommended by Reise Know-How

II Tanger, Ceuta, Rif, marokkanischer Westen

AL HOCEIMA, MELILLA, NADOR UND HINTERLAND   III

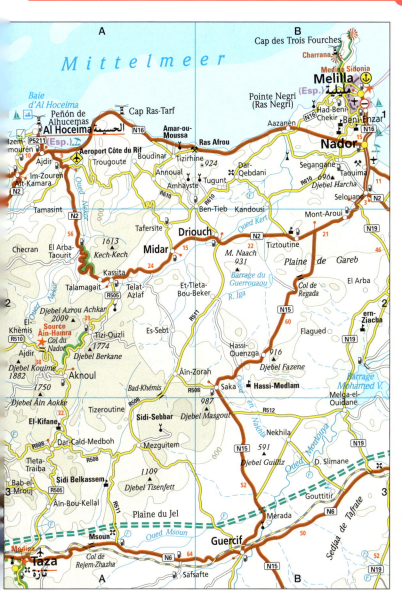

IV ATLANTIKKÜSTE, RABAT

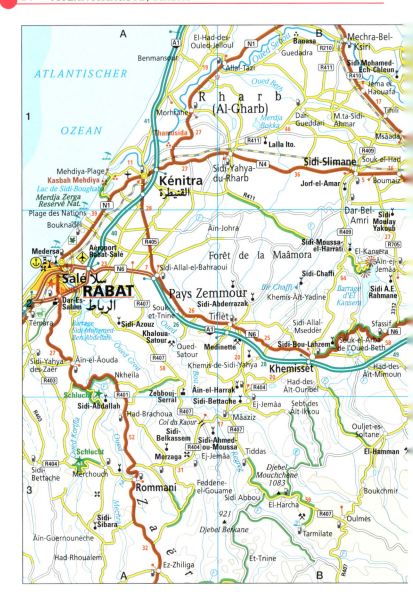

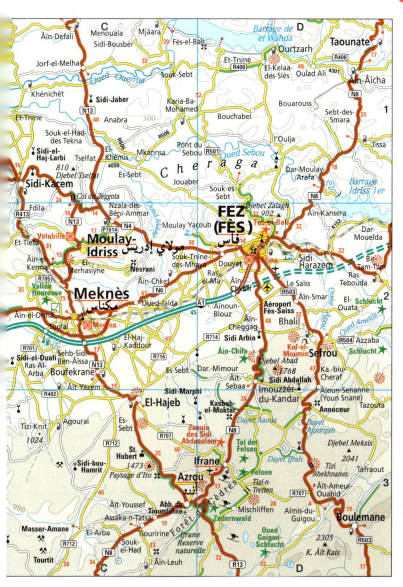

VI MITTLERER ATLAS

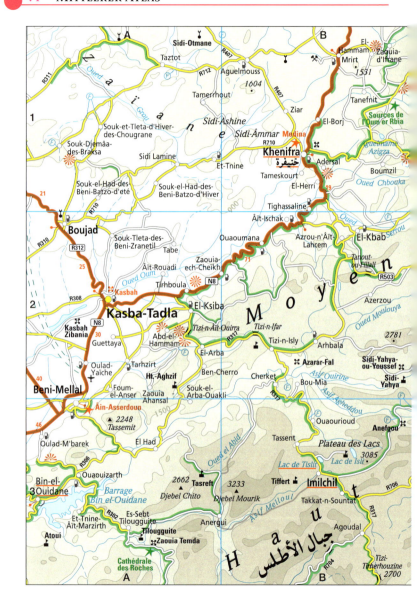

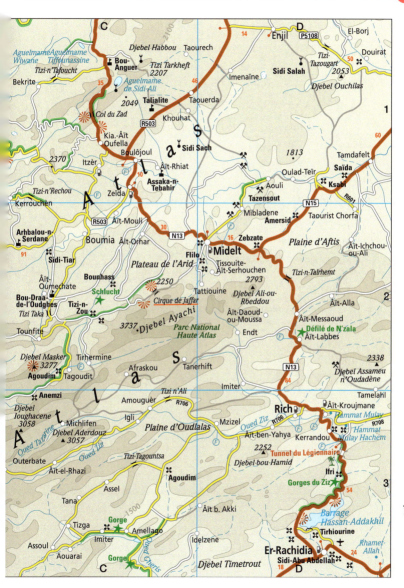

VIII STRASSE DER KASBAHS

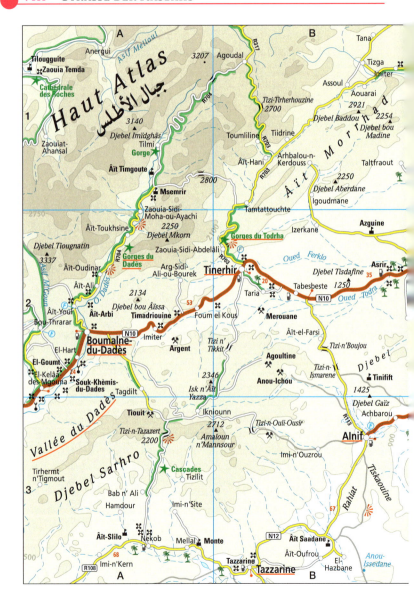

STRASSE DER KASBAHS   IX

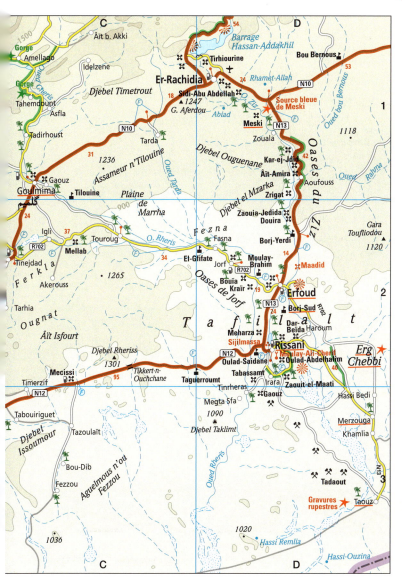

X Tiznit, Tafraoute, Aït-Baha, Anti-Atlas

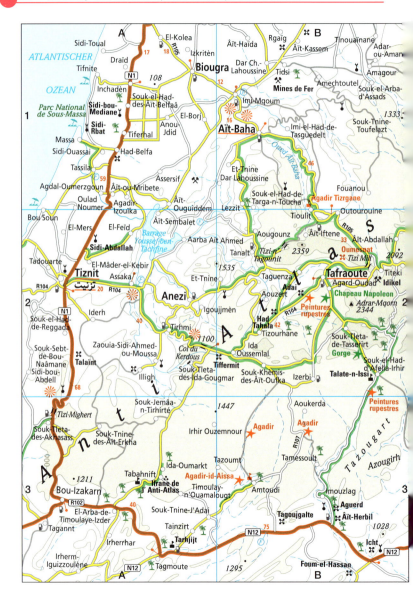